공인중개사법및중개실무

홍길성 교수　경영학박사(감정평가사) / 성대경영행정대학원 교수 / 감정평가학회장 역임
정신교 교수　법학박사 / 목포해양대 교수 / 한국부동산학회 분과위원장
김상현 교수　법학박사 / 건대 · 한북대 교수 / 한국부동산학회 학술위원 / 한국지식재단 연구위원
유원상 교수　부동산학박사 / 한양대학교 교수 / 한국부동산학회 분과위원장
양영준 교수　부동산학박사 / 제주대부동산학 교수 / 한국부동산학회 지역학회장
김동현 교수　부동산학박사 / 이학박사 / 청암대 교수 / 자산정보연구소장 / 한국부동산학회 학술위원
조광행 교수　경제학박사 / 열린사이버대 교수 / 한국부동산학회 부학회장
김성은 교수　법학박사 / 고려대 / 창신대부동산학과 교수 / 고려대법학연구원 연구위원
방경식 교수　행정학박사(부동산) / 주택산업연구원연구실장 · 한국부동산학회 수석부학회장 역임
윤황지 교수　법학박사 / 건국대 / 강남대부동산학과 전교수 / 한국부동산학회 자문위원
박기원 연구위원　부동산학전공 / 건대행정대학원 / 한국부동산학회이사 역임, 연구위원
장재원 교수　국민대법무대학원 중개실무연구 / 단국대 강사 / 한국지식재단 연구교수

부동산공법

송명규 교수　환경토지정책박사 / 단국대부동산학과 교수 / 한국부동산학회 부학회장
윤준선 교수　공학박사 / 강남대부동산건축공학부 교수 / 한국부동산학회 부학회장
성태용 교수　서울대법학전공, 아주대 로스쿨 교수 / 법제처 행정심판관리국장 역임
김행종 교수　행정학박사 / 세명대 교수 / LH토지연수석연구원 역임 / 한국부동산학회 지역학회장
김진수 교수　행정학박사 / 건국대행정대학원 교수 / 한국부동산학회 부학회장 / 한국지식재단 자문위원
이옥동 교수　경영학박사(부동산) / 성결대도시계획부동산학부 교수 / 한국부동산학회 부학회장
홍성지 교수　행정학박사 / 백석대부동산학 교수 / 한국지식재단 연구위원
김동환 교수　부동산학박사 / 서울사이버대부동산학과 교수 / 한국부동산학회 학술위원
백연기 교수　한국부동산학회 공법연구위원 겸 연구교수 / 인하대강사
이윤상 연구위원　도시계획학박사 / LH연구원 연구위원 / 한국부동산학회 학술위원
이춘호 교수　공학박사 / 강남대부동산건축공학부 교수 / 한국부동산학회 학술위원
이기우 교수　법학박사 / 호남대학교대학원장 역임 / 한국부동산법학회장 역임
김용민 교수　법학박사 / 강남대부동산학과 전교수 / 한국부동산학회 지역학회장 역임
진정수 연구위원　행정학박사(부동산학) / 국토연구원 전연구위원
조정환 교수　법학박사 / 건국대 · 대진대법무대학원장 · 한국부동산학회 부학회장 역임
김재덕 교수　법학박사 / 건국대부동산학과 교수 · LA캠퍼스총장 역임/한국지식재단 자문위원

부동산공시법

조재영 교수　법학박사 / 한양대학교 교수 / 한국부동산학회 부학회장
최승영 교수　법학박사 / 목포대지적부동산학과 교수 / 한국부동산학회 학술위원
천　영 교수　법학박사 / 감정평가사 / 건국대부동산대학원 교수 / 한국부동산학회 부학회장
이승섭 교수　서울대법학전공, 충남대로스쿨 교수 / 대전 · 인천지방법원판사역임/한국지식재단 전문위원
주명식 교수　민사집행실무연구회장 / 사법연수원 교수 / 대법원법정국장 역임
정삼석 교수　도시계획학박사 / 창신대부동산대학원 교수 / 한국지식재단 연구위원
이진경 교수　공학박사 / 감사원평가연구원 · SH연구원팀장 / 상지대교수 / 한국부동산학회 학술위원
이기우 교수　법학박사 / 호남대 교수 · 대학원장 · 한국부동산법학회장 · 한국부동산학회 자문위원 역임
송현승 교수　부동산학박사 / 평택대학교 교수 / 한국부동산학회 학술이사
윤창구 교수　경영학박사 / 인천대경영대학원부동산학과 교수 / 한국감정원연수원장 역임
임이택 교수　경영학박사 / 목포대지적부동산학과 교수 · 대학원장 · 교수협회장 / 한국부동산학회장 역임
오현진 교수　법학박사(부동산학) / 청주대지적학과 교수 · 사회과학대학장 · 한국부동산학회 부학회장 역임
박준석 변호사　건국대 / 수원지방법원/군판사역임
조형래 변호사　한국부동산학회 학술위원
손기선 연구원　부동산공시전문 / 한국지식재단 연구원 / 한국부동산학회 연구원
임석회 연구위원　지리학박사 / 대한감정평가협회 연구위원

부동산세법

이찬호 교수　경영학박사(회계학) / 부동산학박사 / 부산대학교 교수 / 한국부동산학회 지역학회장
김용구 교수　부동산학박사 / 건국대학교 부동산대학원강사 / 단국대학교 겸임교수
장　건 교수　법학박사 / 김포대부동산경영학과 교수 / 한국부동산학회 학술위원 / 한국지식재단 연구위원
황재성 교수　기획재정부 재산세과장 역임 / 세무대학교 교수
안상인 교수　경영학박사(회계학) / 창신대부동산학과 전교수 / 한국지식재단 연구위원
이옥동 교수　경영학박사(부동산) / 성결대도시계획부동산학 교수 / 한국부동산학회 부학회장
최정일 교수　경영학박사(재무, 금융) / 성결대학교 교수 / 한국부동산학회 분과위원장
양해식 교수　세무대학세법전공 / 국세청 전재직 / 중부대학겸임교수
송진영 교수　세무사시험출제위원 / 한국지식재단 연구교수
김재운 교수　부동산전공 / 남서울대부동산학과 전교수 / 한국부동산학회 윤리위원
김정완 연구원　법학박사(수) / 한국부동산학회 연구원 / 한국지식재단 연구원
오맹렬 연구원　법무전문 / 한국지식재단 연구원 / 한국부동산학회 연구원
김병준　경영학박사(금융) / 강남대실버산업학과 교수 / 한국부동산학회 학술위원
나병삼 교수　행정학박사(부동산학) / 명지전대부동산경영과 전교수
박상학 연구위원　경제박사(금융/부동산) / LH토지주택연구원 연구위원 / 한국부동산학회 분과위원장

그 밖에 시험출제위원 활동중인 교수그룹 등은 참여생략

알고 보니 경록이다

우리나라 부동산전문교육의 본산 경록 1957

한방에 합격은 경록이다

제1회 시험부터 수많은 합격자를 배출한 전문성 - 경록

별☆이☆일☆곱☆개

경록 부동산학·부동산교육 최초 독자개척 고객과 함께, 68주년 기념

1957

2025 100% PASS PROJECT

경록
공인중개사 기본서

2 1차 민법및민사특별법

1회 시험부터 수많은 합격자를 배출한 독보적 정통교재

SINCE 1957
우리나라 최초 부동산학을 개척하고 교육한 정통 부동산전문교육본산

No.1

알고 보니 경록이다

우리나라 부동산전문교육의 본산 경록 1957

머리말

매년 99% 문제가 경록 교재에서!!

경록 교재는 공인중개사사 시험 통계작성 이후 27년간 매년 99% 문제가 출제되는 독보적 정답률을 기록한 유일한 교재입니다. 경록은 우리나라 부동산 교육의 본산이며 경록교재는 우리나라 부동산교육의 정통한 역사를 이끌어가는 오리지널 교재입니다.

이 교재는 우리나라 부동산교육의 본산인 경록의 68년간 축적된 전문성을 기반으로 130여 명의 역대 최대 '시험출제위원 부동산학 대학교수그룹'이 제작, 해마다 완성도를 높여가며 시험을 리드하는 교재입니다.

특히 경록의 온라인과정 전문기획인강은 언택트시대를 리드하는 뉴 트렌드가 되었습니다. 업계 최초로 1998년부터 〈경록 + MBN TV 족집게강좌〉 8년, 현재까지 28년차 검증된 99%족집게강좌입니다.
일반 학원의 6개월에 1회 수강과정을 경록에서는 1개월마다 2회 반복완성이 가능합니다.

경록의 전문성이 곧 합격의 지름길로 이끌어 드립니다. 성공은 경록과 함께 시작됩니다.

여러분의 건투를 빕니다.

교재 구성과 활용

무엇을 공부해야 하는가
"**학습포인트**"
핵심이 무엇인지 문제의식을 가지고 공부한다.

| 학습포인트 | • 이 장(章)의 내용은 제2장 부동산의 개념 및 제3장 부동산의 특성과 연결시켜 이해하게 되면 부동산학 이론의 전반적인 내용을 체계적으로 학습할 수 있다. 부동산학은 부동산의 자연적 특성에서 비롯되어 종합식 접근방법에 의한 종합응용사회과학으로 체계화된 것이다.
• 부동산학연구의 전반을 차지하는 것은 부동산활동이다. |

주요키워드 **만화해설**

내용이 너무 어려워요
"**삽화해설**"
초학자도 쉽게 접근할 수 있도록 삽화로 풀이하였다.

 부증성(不增性)

① • 不 : 아닐 [부]
  • 增 : 증가할[증]
  • 性 : 성질 [성]
② 부증성이란 글자 그대로 '증가하지 않는 성질'을 말한다.
③ 토지의 자연적 특징 중 가장 많이 출제되는 특성임.

이 단원 알아둘 **키워드**

콕 짚어주세요.
"**키워드**"
각 장별로 중요한 주제들을 선별하였다.

CHAPTER 학습 & 출제되는 키워드

☑ 부동산학의 정의　　☑ 부동산현상의 개념　　☑ 부동산활동의 개념
☑ 부동산환경의 분야　☑ 종합식 접근방법　　　☑ 능률성의 원칙

이 단원 주요 **출제질문 예**

이렇게 문제로 출제되는 구나
"**출제질문 예**"
최근 시험에서 출제된 문항들을 정리하였다.

CHAPTER 학습 & 출제되는 질문

☑ 부동산학에 관한 설명으로 틀린 것은?
☑ 부동산활동에 관한 설명으로 옳은 것을 모두 고른 것은?

단락문제 Q2
제24회 기출개작

한국표준산업분류에 따른 부동산업에 해당하지 않는 것은?
① 주거용 건물 개발 및 공급업
② 부동산 투자 및 금융업
③ 부동산 중개 및 대리업
④ 비주거용 부동산 관리업
⑤ 기타 부동산 임대업

해설 부동산업
한국표준산업분류에 따른 부동산업에는 "부동산 투자 및 금융업"이 포함되지 않는다. **답** ②

> **잊기 전에 문제로 확인한다**
> "단락문제"
> 각 단락의 내용이 실전에서 어떻게 문제로 변환되는지 알 수 있도록 하였다.

Key Point 법정대리와 임의대리

구 분		법정대리	임의대리
발생원인		법률의 규정	법률행위(대리권수여 의사표시)
대리권의 범위		법률의 규정	대리권수여 범위 내(보충 제118조)
복임권	선임권	언제나 선임가능	① 본인의 승낙이 있는 때 ② 부득이한 경우에 한해서 가능
	책 임	무과실책임	선임감독책임 및 불통지에 한하여
대리권 소멸		본인의 사망, 대리인의 사망, 성년후견개시, 파산	본인의 사망, 대리인의 사망, 성년후견개시, 파산, 원인된 법률관계의 종료, 수권행위의 철회

> **이것이 이해의 핵심**
> "key point"
> 각 단락의 핵심내용을 압축적으로 표현하여 복습이 가능하도록 했다.

경기회복의 지역적 관찰사항
① 시장 지역을 찾는 고객의 동향
② 택지의 거래동향
③ 형성된 가격수준
④ 공가(空家)의 동향
⑤ 건축자재 등의 수요동향
⑥ 건축허가의 신청동향
⑦ 과거의 경기후퇴를 촉구한 요인의 변화 등

> **숨은 의미가 있어요**
> "wide(참고사항)"
> 참고사항과 이해를 위한 부가적 사항을 따로 정리하였다.

> **적절한 그래프 설명**
> 그래프에 첨삭 설명한 유일교재

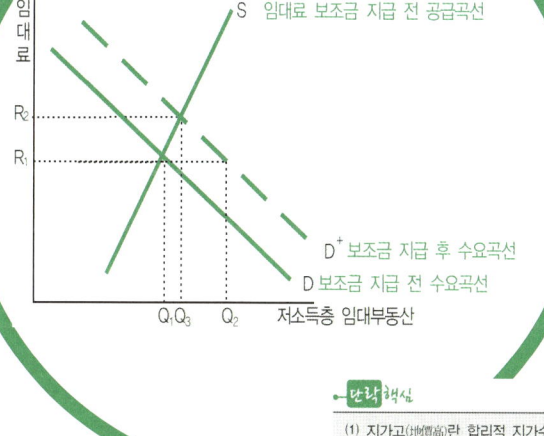

용어사전
직장주택조합
같은 직장의 근로자가 주택을 마련하기 위하여 설립한 조합

> **용어사전을 쉽게 정리**
> "용어사전"
> 독학자를 위해 관련용어를 쉽게 쉽게 풀이 하였다.

단락핵심 부동산문제
(1) 지가고(地價高)란 합리적 지가수준을 넘는 지가상태를 말한다.
(2) 양적 주택문제는 주택수가 가구 총수에 합리적인 공가율에 의한 필요공가수를 합친 필요주택수에 미달하는 현상이다.

> **이것만은 반드시 기억하자**
> "단락핵심"
> 기출 지문을 중심으로 각 단락별 핵심내용을 정리했다. 학습한 내용을 확인하고 복습 및 정리를 위해 활용할 수 있도록 하였다.

CHAPTER 02 부동산의 개념과 분류 **빈출 함정 총정리**

01 부동산은 기술(물리)적 측면의 유형적 측면에서 자연이나 공간, 위치, 환경 등
발행예시 부동산은 유형적 측면에서 자연, 공간, 위치, 지산, 자본 등으로 인식된다.

> **단원을 정리하자**
> "빈출 함정 총정리"

지속가능한 직업
공인중개사

공인중개사란

🔍 공인중개사?
공인중개사법령에 의한 공인중개사자격을 취득한 자를 말한다(「공인중개사법」 제2조 제2항).

🔍 중개업?
중개업은 다른 사람의 의뢰에 의하여 일정한 보수를 받고 중개대상물에 대한 거래당사자 간의 매매, 교환, 임대차 그 밖의 권리의 득실변경에 관한 행위의 알선을 업으로 하는 것이다(「공인중개사법」 제2조 제1호, 제3호 참조).

🔍 중개대상물?

| 토지 | 건축물 그 밖의 토지의 정착물 | 입목 |
| 광업재단 | 공장재단 | 분양권 | 입주권 |

(대판 2000.6.19. 2000도837 등 참조)

개업 공인중개사 업역
(「공인중개사법」 제14조 참조)

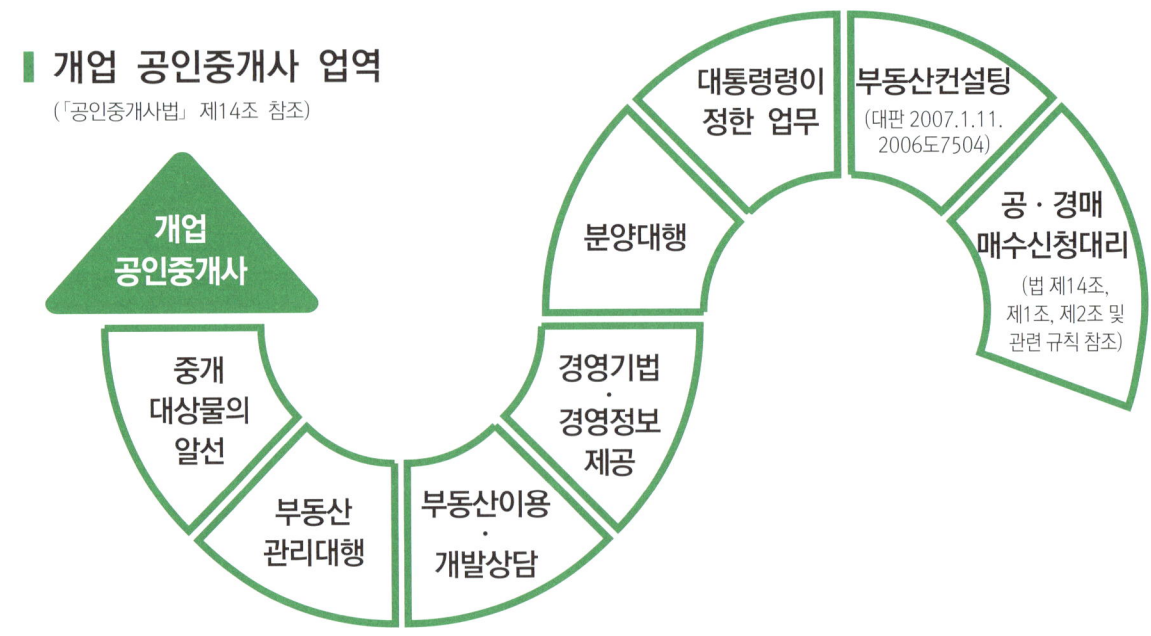

개업(창업)

중개업의 개업은 공인중개사시험에 합격한 후 소정의 교육을 받고, 개설코자 하는 사무소 소재지 시·군·구청에 "사무소" 개설 등록을 하면 된다.

개인중개사무소, 합동중개사무소, 법인중개사무소를 개설하여 영위할 수 있다.

세상에는 수많은 직업이 있으나 돈이 되고, 시장규모가 크고, 경제성이 높고, 일반 진입이 용이한 직업은 거의 없다.

100세가 되어도 건강하면 경제활동이 가능하고, 시장규모가 크고, 높은 경제성이 있고, 일반 진입이 가능한 직업은 공인중개사뿐이다.

법정취업

- **개인중개사무소, 합동중개사무소, 법인공인중개사무소의 소속공인중개사로 취업**
  11만 4천여 개(법인 포함) 중개업체의 소속공인중개사, 법인의 사원 또는 임원으로 취업(2021현재)

- **특수 중개법인 취업**(「공인중개사법」 제9조 참조)
  - **지역농업협동조합** : 농지의 매매·교환·임대차 업무
  - **산림조합** : 임야, 입목의 매매·교환 업무
  - **산업단지관리기관** : "산단" 내 공장용지·건축물의 매매·임대차 업무
  - **자산관리공사** : 금융회사 부실자산 등 비업무용 부동산의 매매 업무

일반취업(가산점 등)

공인중개사 수요는 경제성장과 함께 폭발적으로 증가한다.

국내외 부동산투자회사, 부동산투자신탁회사, LH토지주택공사, SH공사 등 각 지자체공사, 금융기관, 보험기관 등에서 유자격자를 내부적으로 보직 고려나 승급 시 가산점을 부여한다.

일반기업, 공무원 등에서 보직 참고, 승급 등의 업무소양을 가늠하는 전문자격 및 직능향상 기능을 한다.

탁월한 선택

경록의 선택은 탁월한 선택입니다. 우리나라 부동산교육의 본산으로서 65년 전통과 축적된 전문성, 그리고 국내 최대 전문가 그룹이 서포트합니다.

부동산학을 독자연구 정립하고, 최초로 한국부동산학회를 설립하였으며 대학원에 최초로 독립학과를 설립 교육하고, 공인중개사 제도를 주창, 시험시행 전부터 교육해 시험을 리드한 역사적 전통과 축적을 이룬 기관은 경록뿐입니다(설립자 김영진 박사 1957~현재).

공인중개사 시험

▌시험일정 : 매년 1회 1, 2차 동시 시행

시험 시행기관 등	인터넷 시험접수	시험일자	응시자격
• 법률근거 : 공인중개사법 • 주무부 : 국토교통부 • 시행기관 : 한국산업인력공단	• 매년 8월 둘째 주 5일간 • 특별추가 접수기간 : 별도 공지 일정은 변경될 수 있음	매년 10월 마지막 토요일	학력, 연령, 내·외국인 제한 없이 누구나 가능 (법에 의한 응시자격 결격사유에 해당하는 자는 제외)

※ 큐넷(http://www.q-net.or.kr) 참조, 이상의 일정 등은 변경될 수 있습니다.

▌시험과목 및 시험방법

구 분	시험과목	시험방법	문항 수	시험시간	휴대

1차 시험
1교시
(2과목)
	■ 부동산학개론
	  (부동산감정평가론 포함)
	■ 민법 및 민사특별법 중
	  부동산중개에 관련되는 규정
		객관식
		5지선다형
			과목당
			40문항
			(1번~80번)
				100분
				(9:30~11:10)
					계산기

2차 시험 1교시 (2과목)	■ 공인중개사의 업무 및 부동산거래신고 등에 관한 법령·중개실무 ■ 부동산공법 중 부동산중개에 관련되는 규정		과목당 40문항 (1번~80번)	100분 (13:00~14:40)	

2차 시험
2교시
(1과목)
	■ 부동산공시에 관한 법령(「부동산등기법」,
	  「공간정보의 구축 및 관리등에 관한 법률」)
	  및 부동산 관련 세법
			40문항
			(1번~40번)
				50분
				(15:30~16:20)	

※ 답안작성 시 법령이 필요한 경우는 시험시행일 현재 시행되고 있는 법령을 기준으로 작성

주의사항
1. 수험자는 반드시 입실시간까지 입실하여야 함(시험시작 이후 입실 불가)
2. 개인별 좌석배치도는 입실시간 20분 전에 해당 교실 칠판에 별도 부착함
3. 위 시험시간은 일반응시자 기준이며, 장애인 등 장애유형에 따라 편의제공 및 시험시간 연장가능
   (장애 유형별 편의제공 및 시험시간 연장 등 세부내용은 큐넷 공인중개사 홈페이지 공지사항 참조)

합격기준

구분	합격결정기준
1차 시험	매 과목 100점을 만점으로 하여 매 과목 40점 이상, 전 과목 평균 60점 이상 득점한 자
2차 시험	

시험과목 및 출제비율

구 분	시험과목	출제범위	출제비율
1차 시험 (2과목)	부동산학개론 (부동산감정평가론 포함)	부동산학개론	85% 내외
		부동산감정평가론	15% 내외
	민법 및 민사특별법 중 부동산중개에 관련되는 규정	민법(총칙 중 법률행위, 질권을 제외한 물권법, 계약법 중 총칙·매매·교환·임대차)	85% 내외
		민사특별법(주택임대차보호법, 집합건물의 소유 및 관리에 관한 법률, 가등기담보 등에 관한 법률, 부동산 실권리자명의 등기에 관한 법률, 상가건물 임대차보호법)	15% 내외
2차 시험 (3과목)	공인중개사의 업무 및 부동산거래신고 등에 관한 법령·중개실무	공인중개사법, 부동산거래신고 등에 관한 법률	70% 내외
		중개실무	30% 내외
	부동산공법 중 부동산중개에 관련되는 규정	국토의 계획 및 이용에 관한 법률	30% 내외
		도시개발법, 도시 및 주거환경정비법	30% 내외
		주택법, 건축법, 농지법	40% 내외
	부동산공시에 관한 법령 (「부동산등기법」, 「공간정보의 구축 및 관리등에 관한 법률」) 및 부동산 관련 세법	부동산등기법	30% 내외
		공간정보의 구축 및 관리 등에 관한 법률 (제2장 제4절 및 제3장)	30% 내외
		부동산 관련 세법(상속세, 증여세, 법인세, 부가가치세 제외)	40% 내외

차 례

Part1 민법총칙 (법률행위)

Chapter 1 서 설 4

1. 권리변동 5
2. 법률행위의 의의 9
3. 법률행위의 요건 11
4. 법률행위의 종류 14
- 빈출 함정 총정리 17

Chapter 2 법률행위의 목적·해석 18

제1절 서 설 19
1. 확정성 19
2. 가능성 20
3. 적법성 23
4. 사회적 타당성 26
5. 불공정한 법률행위 35

제2절 법률행위의 해석 40
1. 의 의 40
2. 법률행위해석의 성질 41
3. 법률행위해석의 기준 및 순서 41
4. 법률행위해석의 방법 44
- 빈출 함정 총정리 47

Chapter 3 의사표시 50

제1절 서 설 51
1. 의사표시의 의의 51
2. 의사표시가 의제되는 경우 52

제2절 의사와 표시의 불일치 53
1. 진의 아닌 의사표시(비진의의사표시) 54
2. 통정허위표시(가장행위) 59
3. 착오로 인한 의사표시 67

제3절 하자 있는 의사표시(사기·강박에 의한 의사표시) 77
1. 의 의 77
2. 요 건 78
3. 효 과 81
4. 적용범위 82
5. 다른 제도와의 관계 83

제4절 의사표시의 효력발생 85
1. 의사표시의 효력발생시기 85
2. 의사표시의 공시송달 87
3. 의사표시의 수령능력 87
- 빈출 함정 총정리 89

Chapter 4 법률행위의 대리 92

제1절 서 설 93
1. 대리의 의의 및 본질·사회적 작용 93
2. 대리의 허용범위 95
3. 대리의 종류 96

제2절 대리권(본인·대리인 사이의 관계) 98
1. 대리권의 의의 및 성질 98
2. 대리권의 발생 98
3. 대리권의 범위와 그 제한 100
4. 대리권의 소멸 104

제3절 대리행위(대리인과 상대방 사이의 관계) 106
1. 대리의사의 표시 / 현명주의 106
2. 대리행위의 하자(瑕疵) 108
3. 대리인의 능력 110

제4절 대리의 효과(본인과 상대방 사이의 관계) 111
1. 법률효과의 본인귀속 111
2. 본인의 능력 111

제5절 복대리(復代理) 112
1. 복대리인의 의의 및 성질 112
2. 대리인의 복임권(復任權)과 책임 113
3. 복대리인의 지위 115
4. 복대리권의 소멸 117

제6절 무권대리 118
1. 의의 및 종류 118
2. 표현대리(表見代理) 119
3. 협의의 무권대리(無權代理) 130
- 빈출 함정 총정리 137

Chapter 5 법률행위의 무효와 취소 141

제1절 서 설 142
1. 법률행위의 효력요건과의 관계 142
2. 무 효 142
3. 취 소 142

제2절 법률행위의 무효 143
1. 의 의 143
2. 무효원인 144
3. 무효의 종류 145
4. 무효의 효과 150
5. 무효행위의 전환 151
6. 무효행위의 추인(追認) 152

차 례

제3절 법률행위의 취소 157
1. 취소의 의의 및 원인 157
2. 취소권자 158
3. 취소의 방법 159
4. 취소의 효과 160
5. 취소할 수 있는 행위의 추인 161
6. 법정추인 163
7. 취소권의 단기소멸 165
   - 빈출 함정 총정리 168

Chapter 6 법률행위의 부관 170

1. 서 설 171
2. 조 건 172
3. 기 한 178
   - 빈출 함정 총정리 183

Part2 물권법

Chapter 1 물권법 총설 188

제1절 물권 총설 189
1. 물권의 의의 및 특질 189
2. 일물일권주의(물권의 객체) 193
3. 물권의 종류 198

제2절 물권의 효력 203
1. 우선적 효력 203
2. 물권적 청구권 204
   - 빈출 함정 총정리 212

Chapter 2 물권의 변동 215

제1절 총 설 216
1. 물권변동의 의의·태양 216
2. 물권변동과 공시제도 217

제2절 물권행위 221
1. 의 의 221
2. 물권행위의 성질 221

제3절 부동산물권의 변동 223
1. 물권변동의 구성요소로서 부동산등기 223
2. 법률행위에 의한 부동산물권의 변동 229
3. 법률행위에 의하지 않은 부동산물권의 변동 236
4. 등기청구권 240
5. 등기의 효력 246

제4절 동산물권의 변동 249
1. 권리자로부터의 취득 249
2. 선의취득(무권리자로부터의 취득) 251

제5절 명인방법에 의한 물권변동 257
1. 의 의 257
2. 요 건 257
3. 명인방법에 의하여 공시할 수 있는 물건 258
4. 명인방법으로 공시할 수 있는 물권변동 258
5. 명인방법과 우열관계 258

제6절 물권의 소멸 260
1. 물권일반의 소멸원인 260
2. 물권의 혼동 262
   - 빈출 함정 총정리 265

차 례

Chapter 3 점유권 268

제1절 총 설 269
1. 점유제도와 점유권 269
2. 점유의 관념화 271
3. 점유의 태양(態樣:모습, 유형) 275

제2절 점유권의 취득과 소멸 281
1. 점유권의 취득 281
2. 점유권의 소멸 283

제3절 점유권의 효력 284
1. 점유의 추정력 284
2. 점유자와 회복자와의 관계 287
3. 점유보호청구권 295
4. 자력구제권(사력구제) 301
   - 빈출 함정 총정리 302

Chapter 4 소유권 305

제1절 총 설 306
1. 소유권 서설 306
2. 토지소유권의 범위 308
3. 건물의 구분소유권 309

제2절 상린관계(相隣關係) 310
1. 서설 310
2. 건물의 구분소유자 간의 상린관계 311
3. 토지소유자 간의 상린관계 311

제3절 소유권의 취득 319
1. 취득시효(取得時效) 319
2. 선점·습득·발견 331
3. 첨부 333

제4절 소유권에 기한 물권적 청구권 337
1. 총 설 337
2. 종 류 338

제5절 공동소유 341
1. 총 설 341
2. 공유 342
3. 합유 353
4. 총유 356
   - 빈출 함정 총정리 360

Chapter 5 용익물권 365

제1절 지상권 366
- 1 의의 및 성질　366
- 2 지상권의 취득　368
- 3 지상권의 존속기간　369
- 4 지상권의 효력　371
- 5 지상권의 소멸　373
- 6 구분지상권　377
- 7 법정지상권　379
- 8 관습법상의 지상권　387

제2절 지역권 394
- 1 지역권의 의의 및 성질　394
- 2 지역권의 종류　396
- 3 지역권의 득실 및 존속기간　397
- 4 지역권의 효력　399
- 5 특수지역권　400

제3절 전세권 403
- 1 전세권의 의의 및 성질　403
- 2 전세권의 취득과 존속기간　405
- 3 전세권의 효력　408
- 4 전세권의 소멸　413
  - ■ 빈출 함정 총정리　420

Chapter 6 담보물권 425

제1절 총 설 426
- 1 채권담보제도　426
- 2 담보물권의 종류　427
- 3 담보물권의 특질(담보물권의 통유성)　427

제2절 유치권 431
- 1 유치권의 의의와 성질　431
- 2 유치권의 성립요건　433
- 3 유치권의 효력　438
- 4 유치권의 소멸　443

제3절 저당권 446
- 1 저당권의 의의 및 성질　446
- 2 저당권의 성립　448
- 3 저당권의 효력　453
- 4 저당권의 처분 및 소멸　469
- 5 특수한 저당권　471
  - ■ 빈출 함정 총정리　482

차 례

Part3 계약법

Chapter 1 계약총론 488

제1절 서 설 489
1. 채권의 발생원인 489
2. 계약의 의의 489
3. 계약자유의 원칙과 그 제한 490
4. 계약의 종류 496

제2절 계약의 성립(체결) 501
1. 서 설 501
2. 합의에 의한 계약의 성립 501
3. 의사실현에 의한 계약성립 509
4. 교차청약에 의한 계약성립 510
5. 계약체결상의 과실책임 511

제3절 계약의 효력 517
1. 서 설 517
2. 동시이행의 항변권 518
3. 위험부담 527
4. 제3자를 위한 계약 532

제4절 계약의 해제·해지 541
1. 서 설 541
2. 해제권의 발생 544
3. 해제권의 행사 550
4. 해제의 효과 552
5. 해제권의 소멸 557
6. 계약의 해지 558
- 빈출 함정 총정리 563

Chapter 2 계약각론 568

제1절 매 매 569
1. 매매의 의의 및 성질 569
2. 매매의 성립 571
3. 매매의 효력 578
4. 매도인의 담보책임 582
5. 환 매 596

제2절 교 환 601
1. 교환의 의의 및 성질 601
2. 교환의 성립 601
3. 교환의 효력 602

제3절 임대차 604

① 의의 및 성질　604

② 부동산임차권의 물권화　607

③ 임대차의 존속기간　609

④ 임대차의 효력　612

⑤ 임대차의 종료　632

⑥ 보증금과 권리금　635

⑦ 일시사용을 위한 임대차의 특례　639

- 빈출 함정 총정리　641

차 례

Part4 민사특별법

Chapter 1 주택임대차보호법 646

1. 입법목적과 적용범위 647
2. 대항력(對抗力) 650
3. 주택임대차의 존속기간 657
4. 차임·보증금의 증감청구권 661
5. 보증금에 대한 임차인의 권리 662
6. 주택임차권의 승계 675
7. 강행규정 및 소액심판법의 준용 676
8. 주택임대차위원회 676
9. 주택임대차분쟁조정위원회 677
- 빈출 함정 총정리 682

Chapter 2 상가건물 임대차보호법 686

1. 제정취지 687
2. 적용범위 687
3. 대항력(對抗力) 690
4. 존속기간 691
5. 보증금의 회수 695
6. 임차권등기명령제도 699
7. 차임 등의 증감청구권 700
8. 월차임 전환 시 산정률의 제한 701
9. 편면적 강행규정 701
10. 권리금 702
11. 전대차관계에 대한 적용 704
12. 상가건물임대차분쟁조정위원회 705
13. 주택임대차보호법과의 비교 706
- 빈출 함정 총정리 709

Chapter 3 가등기담보 등에 관한 법률 711

1. 비전형담보제도(非典型擔保制度) 712
2. 가등기담보의 성질 713
3. 가등기담보권의 설정 및 적용범위 714
4. 가등기담보권의 효력 718
5. 가등기담보권의 실행 719
6. 가등기담보권의 소멸 725
7. 양도담보에 특유한 점 727
- 빈출 함정 총정리 730

Chapter 4 집합건물의 소유 및 관리에 관한 법률 733

1. 서 설 734
2. 건물의 구분소유 735
3. 관리조직 744

4 구분소유자 등의 권리·의무·책임   755
5 재건축 및 복구   758
   ■ 빈출 함정 총정리   764

부 록 제35회 공인중개사시험
경록교재 99% 정답!! 기출문제해설

Chapter 5 **부동산 실권리자명의 등기에 관한 법률** 767

1 서 설   768
2 적용범위   769
3 명의신탁의 법률관계   772
   ■ 빈출 함정 총정리   783

PART 01 민법총칙(법률행위)

	구 분	26회	27회	28회	29회	30회	31회	32회	33회	34회	35회	계	비율(%)
민법 총칙	제1장 서설	1	0	0	0	0	0	0	1	1	0	3	0.8
	제2장 법률행위의 목적·해석	2	1	3	1	2	0	2	0	2	1	14	3.5
	제3장 의사표시	2	5	1	1	2	4	2	1	1	4	23	5.8
	제4장 법률행위의 대리	2	2	2	3	4	4	3	4	3	2	29	7.2
	제5장 무효와 취소	2	1	1	4	1	1	2	3	2	2	19	4.8
	제6장 부관(조건과 기한)	0	0	2	1	1	1	1	1	1	1	9	2.3
	소 계	9	9	9	10	10	10	10	10	10	10	97	24.3

CHAPTER 01 서 설

학습포인트

- 출제의 비중은 높지 않으나 민법의 기본적인 골격을 이루는 부분으로 추상적인 내용이지만 민법을 이해하는 데 필요하다.
- 권리변동에서는 원시취득과 승계취득의 차이점에 주의하고, 법률요건, 법률사실, 법률효과라는 개념과 관계 등에 대하여 정확한 이해가 필요하다.
- 법률행위에서는 의사표시와의 관계, 법률행위의 성립요건과 효력요건이 가장 중요하다고 할 수 있다.

CHAPTER 학습 & 출제되는 키워드

- ☑ 권리변동
- ☑ 승계취득
- ☑ 법률요건
- ☑ 사건
- ☑ 표현행위
- ☑ 감정의 표시
- ☑ 단독행위
- ☑ 채권행위
- ☑ 권리의 발생
- ☑ 권리의 변경
- ☑ 법률사실
- ☑ 법률행위
- ☑ 의사의 통지
- ☑ 성립요건
- ☑ 계약
- ☑ 물권행위
- ☑ 원시취득
- ☑ 권리의 소멸
- ☑ 용태
- ☑ 준법률행위
- ☑ 관념의 통지
- ☑ 효력요건
- ☑ 합동행위
- ☑ 준물권행위

CHAPTER 학습 & 출제되는 질문

- ☑ 권리변동의 모습에 대한 연결이 틀린 것은?
- ☑ 법률행위와 의사표시에 관한 설명 중 옳은 것은?
- ☑ 법률사실과 법률요건에 관한 설명으로 틀린 것은?
- ☑ 상대방 없는 단독행위에 관한 설명 중 틀린 것은?

제1장 서설

01 권리변동

Professor Comment
① 앞부분에 나오는 법률용어나 개념들이 이해하기 어렵다고 느껴질 수도 있으나 처음부터 완벽히 이해하려고 시간과 노력을 지나치게 소모해서는 안 된다.
② 앞으로 물권과 채권편에서 학습하게 되므로 이해가 되지 않는 부분에 대해서는 표시를 해두고 넘어가길 바란다.
③ 이해에 꼭 필요한 용어들에 대해서는 부가적으로 설명하였다.

1 의의

(1) 인간의 사회생활 가운데 법규범에 의해 규율되는 생활관계를 법률관계라고 한다. 이러한 법률관계의 내용은 구체적으로 권리와 의무의 관련성이라고 할 수 있는데 이를 권리중심으로 파악하면 권리의 발생, 변경, 소멸로 표현할 수 있다.
(2) 권리의 변동이란 이러한 권리의 발생, 변경, 소멸을 말한다.

2 권리변동의 모습 ★　　　　　　　　　　　　　　　34회 출제

(1) 권리의 발생

1) 원시취득(절대적 발생)
어떠한 권리가 타인의 권리에 기초하지 않고 특정인에게 새롭게(→원시적으로) 발생하는 것을 말한다.
예) 신축한 주택에 대한 소유권의 취득, 동산의 선의취득(제249조), 시효취득(제245조, 제246조), 무주물선점(제252조), 유실물습득(제253조), 매장물발견(제254조) 등

원시취득(原始取得)
- 原: 근원 [원]
- 始: 처음 [시]
- 取: 취할 [취]
- 得: 얻을 [득]

맨 처음 취득하는 것을 말한다.

원시취득이란 타인에게서 권리를 받는 것이 아니라 독립해서 권리를 취득하는 것을 말한다.

원시취득에는 건물신축·선의취득(동산)·시효취득·유실물 습득·매장물 발견 등이 있다.

제1편 민법총칙(법률행위)

2) 승계취득(상대적 발생)

어떠한 권리가 타인의 권리에 기인하여 특정인에게 **승계적으로 발생하는 것**을 말하는데 여기에는 설정적 승계와 이전적 승계가 있다.
→ 앞사람의 권리를 이어받는 것

① **이전적 승계**

권리의 동일성이 유지되면서 권리의 주체만 바뀌는 경우이다.

㉠ **포괄승계** → 개별적 이전 절차를 거치지 않음

하나의 취득원인에 의하여 다수의 권리를 **일괄적으로 취득**하는 것을 말한다.

예) 상속에 의한 포괄적 권리의무의 승계(제1005조), 회사의 합병(상법 제235조) 등

㉡ **특정승계** → 계약 등

개별적인 권리가 **개별적인 원인**에 의하여 취득되는 것을 말한다.

예) 특정 부동산에 대한 매매계약(제563조)에 의한 소유권 취득

> **판례** 경매에 의한 부동산 취득 = 승계취득
>
> 경매절차에서의 매수인은 경매부동산을 승계취득하는 데 불과하므로 그 부동산의 진정한 소유자에게는 대항할 수 없다(대판 2013도459)

② **설정적 승계**

권리자의 권리는 그대로 존속하면서, 신권리자가 그 권리 위에 제한적인 내용의 권리를 취득하는 것을 말한다.

예) 지상권(제279조), 전세권(제303조), 저당권(제356조) 설정 등

(2) 권리의 변경

권리가 동일성을 상실하지 않으면서 권리의 주체, 내용, 작용 등이 변경되는 것이다.

1) 주체의 변경

권리의 이전적 승계를 말한다.

승계취득(承繼取得)

- 承 : 이을 [승]
- 繼 : 이을 [계]
- 取 : 취할 [취]
- 得 : 얻을 [득]

① 승계받아 취득하는 것을 말한다.
② 승계취득에는 이전적 승계와 설정적 승계의 2가지가 있다.

이전적 승계란 매매·상속처럼 전주인(=전소유자)의 권리를 그대로 인계(=이전)받는 취득을 말한다.

매매에 의한 소유권 이전

설정적 승계란 소유자(=주인)로부터 지상권·전세권·저당권 등의 설정을 받아서 권리를 취득하는 것을 말한다.

소유자 (=지상권설정자)   취득자 (=지상권자)

지상권 설정

소유권은 변하지 않고 여전히 내꺼지!

2) 내용의 변경
① 질적 변경
물건의 인도를 목적으로 하는 채권이 채무불이행(제390조)에 의하여 손해배상채권으로 변하는 것이다.
② 양적 변경
소유권의 객체에 제한물권이 설정되어 소유권이 제한을 받거나 설정되어 있는 제한물권이 소멸되어 소유권이 원래의 완전한 상태로 회복되는 것이다.

3) 작용의 변경
선순위 저당권이 소멸하여 후순위 저당권의 순위가 승진하는 경우 등이 있다.

(3) 권리의 소멸
권리가 권리주체로부터 이탈하는 것을 말하며, 권리자체가 소멸하는 절대적·객관적 소멸(→ 목적물의 멸실 등)과 권리자체는 소멸하지 않고 권리주체만 변경하는 상대적·주관적 소멸(← 이전적 승계가 이에 해당)이 있다.

3 권리변동의 원인(법률요건과 법률사실)

(1) 법률요건
법률요건이란 권리변동(→ 발생·이전·소멸)을 생기게 하는 법적인 원인으로서 법률행위뿐만 아니라 준법률행위, 불법행위, 부당이득 등을 포함하며 이러한 법률요건을 통해 일정한 효과가 발생하는 것을 법률효과라 한다.

예) 매매계약(제563조)에 의해서 매도인은 매매목적물의 권리이전의무를, 매수인은 대금지급의무를 부담하는 바(제568조), 여기서 매매계약은 법률요건이고, 매도인의 권리이전의무와 매수인의 대금지급의무가 법률효과에 해당한다.

(2) 법률사실
법률요건을 이루고 있는 개개의 구성사실(→ 사건과 용태를 말함)을 법률사실이라 한다.

예) 매매계약(제563조)은 법률요건이고, 매매계약이 성립하기 위한 매도인·매수인의 청약과 승낙은 법률사실이다.

제1편 민법총칙(법률행위)

Wide 법률사실의 분류

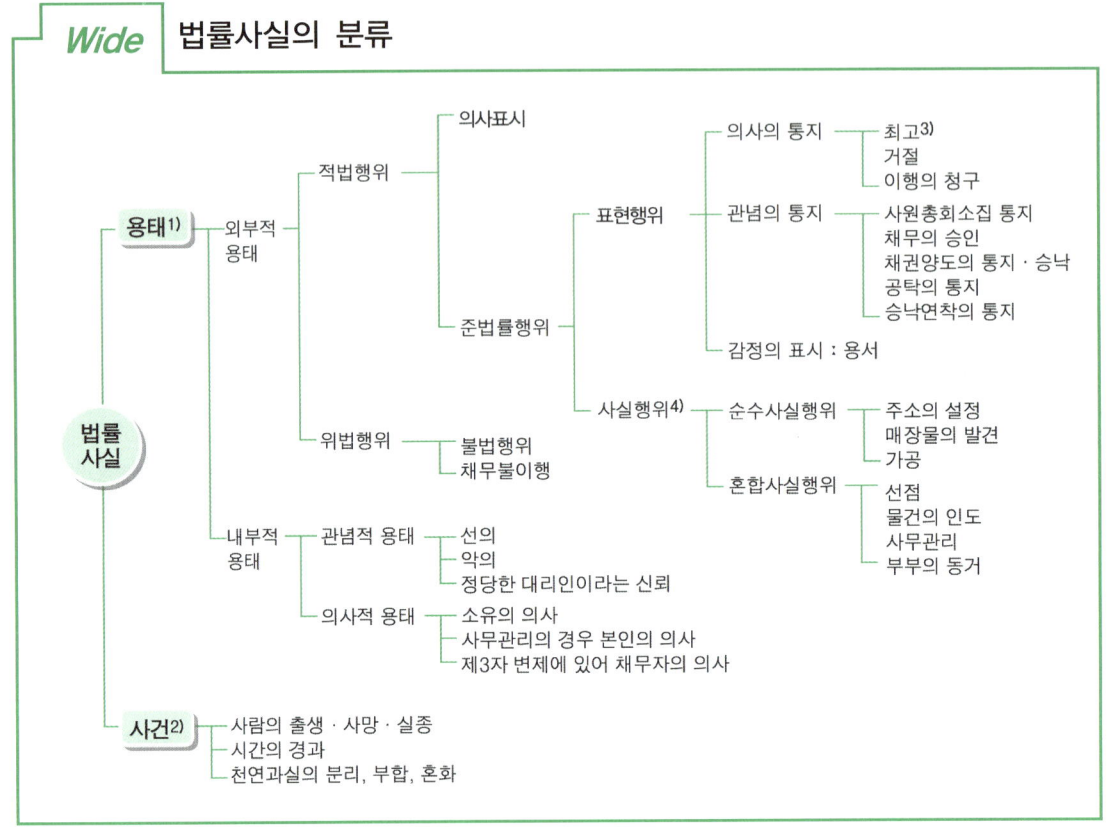

용어사전

1) **용태(容態)**: 사람의 의식이나 정신작용에 기한 것으로 의사표시, 의사의 통지, 관념의 통지, 감정의 표시, 순수사실행위, 혼합사실행위 등이 있다.
2) **사건(事件)**: 사람의 의식이나 정신작용에 기하지 않는 법률사실을 말하며, 이에는 사람의 출생·사망·실종, 물건의 멸실·부합·혼동, 부당이득, 시간의 경과 등이 있다.
3) **최고(催告)**: 일정한 행위를 하도록 상대방에게 요구(독촉)하는 의사의 통지로서, 최고의 효과는 법률에 규정된 대로 어떤 이익 또는 불이익을 받는 데에 있다.
4) **사실행위(事實行爲)**: 그 행위에 표시된 의식의 내용이 무엇인지를 묻지 않고, 단지 행위가 행하여져 있다는 것 혹은 그 행위에 대하여 발생한 결과만이 법률상의 의미가 있는 행위를 의미한다.

제1장 서설

02 법률행위의 의의   〔11·17회 출제〕

1 의 의

법률행위는 일정한 법률효과(권리·의무)의 발생을 목적으로 하는 하나 또는 수 개의 의사표시를 필수적인 구성요소로 하는 법률요건이다.

2 법률행위의 성질★   〔20회 출제〕

(1) 법률요건

법률행위는 법률요건의 하나로서 당사자가 의욕한 대로 법률효과가 발생한다는 점에 그 본질적 특성이 있다.

(2) 의사표시와의 관계

1) '의사표시'를 구성요소로 한다.
2) 의사표시를 불가결의 요소로 하므로 의사표시 없는 법률행위란 있을 수 없다.
3) 의사표시 외의 요소도 요구되는 경우가 있으므로 의사표시 그 자체는 아니다.
    예) 법인설립에 있어서의 허가 (제32조)

(3) 준법률행위와의 구별   〔11·26회 출제〕

1) 의 의

준법률행위는 '법률적 행위'라고도 하는데, 이는 일정한 정신작용을 요소로 하는 행위이지만 그 효과는 정신작용의 내용과는 별개로 법률 규정에 따라 발생한다.

법률요건

법률요건이란 일정한 법률효과를 발생시키는 원인을 총괄해서 이르는 말이다.

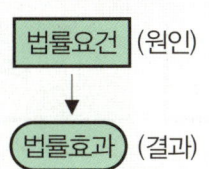

법률요건은 크게 ① 법률행위(행위자가 원하는 대로 법률효과가 발생함), ② 법률행위 이외의 것(행위자의 의사와 상관없이 법률규정에 의해 법률효과가 발생함)으로 나눌 수 있다.

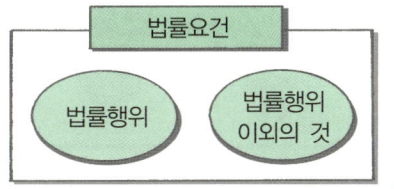

법률사실은 법률요건을 이루는 개개의 사실로서, 청약과 승낙 같은 의사표시가 법률사실에 해당한다.

제1편 민법총칙(법률행위)

2) 종 류

표현행위	의사의 통지[1]	제한능력자 상대방의 최고, 거절, 변제수령거절
	관념의 통지[2]	채권양도통지, 승낙연착통지
	감정의 표시	수증자의 망은행위에 대한 용서
사실행위	순수사실행위	매장물발견, 유실물습득, 가공
	혼합사실행위	변제[3], 물건인도

> **용어사전**
> 1) **의사의 통지(意思通知)**: 자기의 의사를 타인에게 통지하는 사법상의 행위로서 법은 의사통지자의 의욕여부와는 관계없이 일정한 법률효과를 귀속시킨다. 각종의 최고나 거절 등이 여기에 속한다.
> 2) **관념의 통지(觀念通知)**: 어떤 사실에 관한 개념(표상)을 타인에게 통지하는 행위로써 그 법률효과는 통지자의 의욕여부와는 관계없이 법률에 의하여 직접 발생한다는 점에서 의사표시와 구별된다.
> 3) **변제(辨濟)**: 채무자 기타의 자가 채무의 내용에 따라서 급부를 하여, 채권을 소멸시키는 것이다(민법 제460조 이하).

 법률행위

법률행위란 '일정한 법률효과의 발생을 목적으로 하는 의사표시를 필수적인 구성요소로 하는 법률요건'을 말한다.

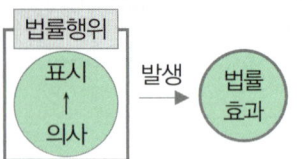

제1장 서설

03 법률행위의 요건   `11·24회 출제`

법률행위가 당사자가 뜻한 대로 효과가 발생하기 위해서는 법률행위로서 성립하여 존재하기 위한 요건(성립요건)과, 일단 성립한 법률행위가 무효나 취소가 되지 않고 완전 유효하기 위한 요건(유효요건)으로 구분된다. 그 구별실익은 "법률행위가 성립하면 유효한 것으로 추정되고, 그 효력을 부정하려는 자가 효력요건의 흠결을 입증해야 한다"는 점이다.

→ 무효: 처음부터 효과 없음 / 취소: 소급적 효력 배제

→ 요건이 존재하지 않거나 요건에 하자가 있다는 의미

1 성립요건

일반적 성립요건	법률행위주체로서 당사자, 내용으로서 목적, 필수적 요소로서 의사표시
특별성립요건	요물계약에서 물건의 인도, 요식행위에서 방식의 구비, 혼인에 있어서 신고 등

 자필증서에 의한 유언(요식행위)

자필증서에 의한 유언은 민법 제1066조 제1항의 규정에 따라 유언자가 그 전문과 연월일, 주소, 성명을 모두 자서하고 날인하여야만 효력이 있다고 할 것이므로 유언자가 주소를 자서하지 않았다면 이는 법정된 요건과 방식에 어긋난 유언으로서 그 효력을 부정하지 않을 수 없고, 유언자의 특정에 아무런 지장이 없다고 하여 달리 볼 것도 아니다(대판 2014.10.06. 2012다29564).

 법률행위의 성립요건

1) **일반성립요건**
   모든 법률행위에 일반적으로 요구되는 성립요건을 말한다.

2) **특별성립요건**
   특수한 법률행위의 성립에만 요구되는 요건이다.

일반성립요건에는 당사자·목적·의사표시의 3요소가 있다.

특별성립요건은 개개의 법률행위에 특별하게 요구되는 요건을 말한다.

특별성립요건에는 혼인의 신고, 입양의 신고, 법인의 설립등기, 유언의 증서방식 등의 경우이다.

제1편 민법총칙(법률행위)

2 효력(유효)요건 ★★★

(1) 일반적 효력(유효)요건

법률행위가 성립된 후에 모든 법률행위가 공통적으로 갖추어야 하는 법률행위 효력발생의 요건으로써 다음과 같은 것이 있다.

1) 당사자가 능력(권리능력[1]·의사능력[2]·행위능력[3])을 가지고 있을 것
2) 법률행위의 목적이 가능하고, 적법하고, 사회적 타당성을 가지며 확정할 수 있을 것
3) 의사표시에 관하여 의사와 표시가 일치하고 의사표시에 하자(瑕疵)가 없을 것

→ 사기나 강박을 의미

> **용어사전**
>
> 1) **권리능력(權利能力)**
> 권리·의무의 주체가 될 수 있는 법률상의 자격, 법인격이라고도 한다. 이는 추상적인 지위 내지 자격일 뿐 권리자체는 아니다. 권리능력을 가지는 자는 자연인과 법인이다.
>
> 2) **의사능력(意思能力)**: 법률행위를 함에 있어서 자신의 행위의 의미나 결과를 정상적인 인식력을 가지고 합리적으로 판단할 수 있는 정신적 능력 내지 지능을 말한다. 유아, 정신병자, 술에 만취한 자 등은 의사무능력자로서 이러한 자의 법률행위는 무효가 된다.
>
> 3) **행위능력(行爲能力)**
> 사법상 확정적으로 유효한 법률행위를 단독으로 할 수 있는 능력을 말하며, 미성년자·피성년후견인, 피한정후견인 등은 제한능력자로서 이러한 자가 단독으로 한 법률행위는 취소할 수 있다(제5조 이하 참조).

법률행위의 효력요건

1) **일반효력요건**
   모든 법률행위에 일반적으로 요구되는 효력요건을 말한다.

2) **특별효력요건**
   특수한 법률행위에서만 요구되는 효력요건이다.

일반효력요건에는 3가지가 있는데,
① 당사자가 능력(권리능력·의사능력·행위능력)을 가질 것

② 법률행위의 목적이 확정성·가능성·적법성·사회적 타당성을 가질 것

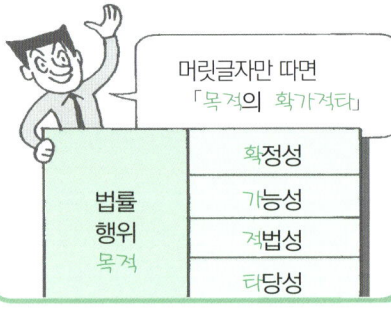

머릿글자만 따면 「목적의 확가격타」

③ 의사와 표시가 일치하고, 의사표시에 하자가 없어야 한다.

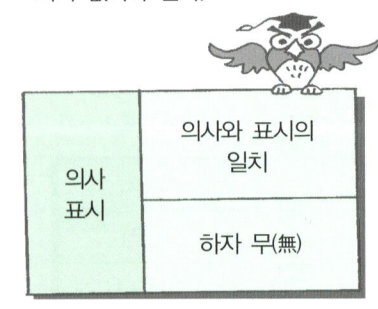

특별효력요건은 개개의 법률행위에 특별하게 요구되는 효력요건을 말한다.

대리행위에 있어서의 대리권의 존재, 유언에 있어서의 유언자의 사망 등이 특별효력 요건이지!

(2) 특별효력(유효)요건

개개의 법률행위에 특별히 요구되는 효력발생요건으로 다음과 같은 것이 있다.

1) 대리행위에 있어서 대리권의 존재
2) 조건·기한부 법률행위에 있어서 조건의 성취·기한의 도래
3) 유언(遺言)에 있어서 유언자의 사망
4) 물권변동에 있어서의 등기·인도

 농지에 관한 경매절차에서 농지취득자격증명 없이 소유권이전등기까지 경료된 경우, 그 후에 농지취득자격증명을 추완할 수 있는지 여부

농지법 소정의 농지취득자격증명은 농지를 취득하는 자가 그 소유권에 관한 등기를 신청할 때에 첨부하여야 할 서류로서 농지를 취득하는 자에게 농지취득의 자격이 있다는 것을 증명하는 것일 뿐 농지취득의 원인이 되는 <u>매매 등 법률행위의 효력을 발생시키는 요건은 아니며</u>(대판 1998. 2. 27. 97다49251 등 참조), 농지에 관한 경매절차에서 이러한 농지취득자격증명 없이 낙찰허가결정 및 대금납부가 이루어지고 그에 따른 소유권이전등기까지 경료되었다 하더라도 농지취득자격증명은 그 후에 추완하여도 무방하다 할 것이다(대판 2008.2.1. 2006다27451).

 농지를 취득할 수 없는 회사(은행)의 농지 취득 = 무효

매매예약은 위 법리에 따라 특별한 사정이 없는 한 원시적 불능인 급부를 목적으로 하는 것으로서 무효라고 할 것이고, 이는 현행 농지법의 규정에 의하여 피고가 이 사건 토지에 관하여 농지전용허가 및 이에 기한 농지취득자격증명을 발급받아 농지를 취득할 수 있는 가능성이 열려 있다고 하여 달리 볼 것은 아니다.(대판 2008. 4. 24. 2007다65665)

3 입증책임

1) (일반적)성립요건에 관한 입증책임	법률행위의 효과를 주장하는 자
2) (일반적)효력요건에 관한 입증책임	법률행위의 무효를 주장하는 자가 요건 부존재 입증

단락핵심 법률행위의 요건

(1) 법률행위의 성립요건은 당사자의 존재, 목적의 존재, 의사표시의 존재이다. (○)
(2) 법률행위가 효력요건을 갖추지 않더라도 당사자가 의도한 법률효과는 발생한다. (×)
　▶ 효력요건을 갖추어야 당사자가 의도한 법률효과가 발생한다.
(3) 농지취득자격 증명은 농지매매의 효력발생 요건이다. (×)
　▶ 이전등기의 요건에 불과하다.

04 법률행위의 종류

1 단독행위·계약·합동행위(의사표시의 개수에 따른 분류)★★

`22·24회 출제`

(1) 단독행위

1) 의 의
행위자 일방의 의사표시로 성립하는 법률행위를 말한다.

2) 종 류

`32·33회 출제`

상대방 있는 단독행위	상계[1], 채무면제, 해제, 해지, 취소, 추인, 철회, 시효이익의 포기 등
상대방 없는 단독행위	재단법인의 설립행위, 소유권의 포기, 유언, 유증[2] 등

(2) 계 약
서로 대립하는 2인 이상의 의사표시의 합치로 성립하는 법률행위를 말하는데, 계약은 다시 채권계약, 물권계약, 친족법상의 계약 등으로 나누어지는데 보통은 채권계약을 의미한다.
예 매매, 매매의 일방예약, 임대차 등

(3) 합동행위
방향을 같이하고 서로 대립하지 않는 2개 이상의 의사표시의 합치로 성립하는 법률행위를 말한다.
예 사단법인의 설립행위

> **용어사전**
> 1) **상계(相計)**: 채무자가 그 채권자에 대하여 자기도 같은 종류의 채권을 가지는 경우에, 그 채권과 채무를 대등액(對等額)에 있어서 소멸케 하는 것을 목적으로 하는 일방적 의사표시이다(제492조).
> 2) **유증(遺贈)**: 유언에 의하여 유산의 전부 또는 일부를 무상으로 타인에게 주는 행위를 말한다.

 단독행위

행위자 1인의(단독으로) 1개의 의사표시로 성립하는 법률행위이다.

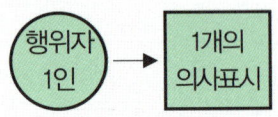

상대방 있는 단독행위는 상대방에게 도달해야만 효력이 발생한다.

상대방 있는 단독행위에는 채무면제·상계·취소·해제·동의·철회·추인·대리권수여 등이 있다.

상대방 없는 단독행위는 상대방이 없으므로 의사표시의 완성으로 곧 효력이 발생(표백주의)한다.

상대방 없는 단독행위에는 재단법인 설립행위·유언·유증·권리의 포기 등이 있다.

제1장 서설

2 채권행위·물권행위·준물권행위(법률효과에 따른 분류) ★★ 　23회 출제

법률행위는 이행의 문제와 관련하여 의무부담행위와 처분행위(물권행위와 준물권행위)로 구분된다.

(1) 채권행위(의무부담 행위)

당사자 간에 채권·채무관계를 발생시키며, '이행(履行)의 문제'를 남기는 점에서 다음의 물권행위나 준물권행위와 다르다.
→ 채무내용에 따른 급부의 실현

예 부동산 매매계약(제563조)을 체결하면 부동산의 소유권이 바로 매수인에게 이전하는 것이 아니라 매도인의 소유권이전(물권적 합의 + 등기)이라는 이행행위가 있어야 소유권이 이전한다.

(2) 물권행위 → 물권의 발생·변경·소멸

직접 물권변동을 일으키고 이행의 문제를 남기지 않는 법률행위를 말한다.

예 소유권의 이전, 저당권의 설정, 저당권의 이전

(3) 준물권행위(準物權行爲)

물권 이외의 권리를 직접 변동시키고 이행의 문제를 남기지 않는 법률행위를 말한다.

예 채권양도·지식재산권[1]의 양도·채무면제 등
→ 채권·지식재산권 등

채권양도(債權讓渡)

① 채권의 내용을 그대로 유지한 채 채권을 구채권자로부터 신채권자로 이전하는 계약이다.
② 의사(구채권자)의 진료비청구권(=채권)을 추심기관(신채권자)에게 이전하는 것도 채권양도에 해당한다.

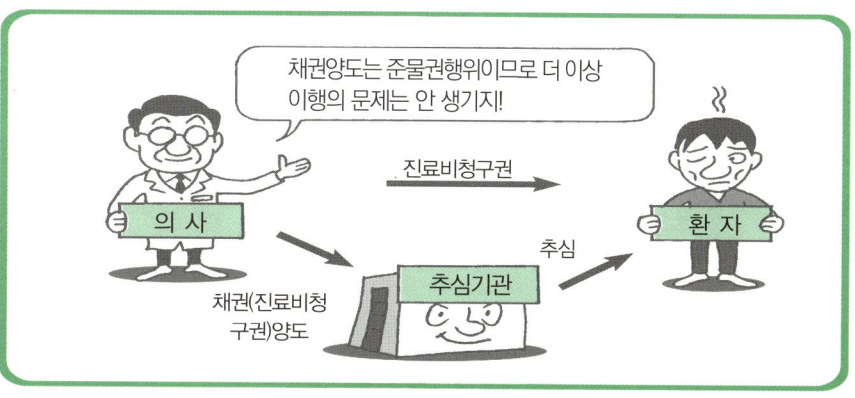

제1편 민법총칙(법률행위)

3 기타 법률행위의 분류 ★

특별한 방식의 요구	요식행위	일정한 방식에 의하여 행하여야 그 효력이 인정되는 법률행위이다. 예) 법인의 설립행위·유언·혼인·입양·어음행위·수표행위 등
	불요식 행위	특별한 방식이 요구되지 않는 법률행위이다.
효력발생의 시기	사후행위	행위자의 사망으로 그 효력이 발생하는 법률행위이다. 예) 유언·사인증여[2]
	생전행위	사후행위 이외의 일반적인 법률행위이다.
자기재산의 감소와 타인재산의 증가	출연행위	재산행위 중에서 자기의 재산을 감소시키고 타인의 재산을 증가시키는 행위 예) 매매, 임대차, 증여, 유증 등
	비출연행위	재산행위 중에서 타인의 재산을 증감케 함이 없이 행위자의 재산만이 감소하거나 또는 직접 재산의 증감에 영향을 미치지 않는 행위이다. 예) 소유권포기, 대리권 수여
출연에 대한 상대방의 출연 여부	유상행위	자기의 출연에 대응하여 상대방으로부터 출연을 받는 행위이다. 예) 매매, 임대차
	무상행위	자기의 출연에 대응하는 상대방의 출연이 없는 행위이다. 예) 증여, 사용대차
원인행위가 법률행위의 효력에 미치는 영향	유인행위	법률행위가 그 원인된 법률행위의 효력에 영향을 받는 행위이다.
	무인행위	법률행위가 그 원인된 법률행위의 효력에 영향을 받지 않는 행위이다. 예) 어음행위, 수표행위
법률행위자체의 독립성	독립행위	직접 법률관계의 변동을 일으키는 행위이다. 예) 매매, 교환, 임대차
	보조행위	다른 법률행위를 보충·확정하는 것을 목적으로 하는 행위이다. 예) 동의·추인·대리권의 수여행위
법률행위의 주종관계	주된 행위와 종된 행위	주된 법률행위의 성립과 효력에 따라 성립 및 효력이 좌우되는 행위를 종된 법률행위라고 한다. 예) 매매계약과 계약금계약, 매매계약과 손해배상액의 예정
신탁행위		당사자가 의도하는 법률효과(담보권 설정)를 초과하여 보다 큰 권리변동(소유권이전)을 일으키는 법률행위를 말한다. 예) 추심[3]을 위한 채권양도, 양도담보

> **용어사전**
>
> 1) **지식재산권**(知識財産權, 종래 지적재산권) : 저작, 발명 등의 정신적, 지능적 창조물을 독점적으로 이용하는 것을 내용으로 하는 권리로 특허권, 실용신안권, 디자인권, 상표권, 저작권 등이 이에 속한다.
> 2) **사인증여**(死因贈與) : 증여자의 사망으로 인하여 효력이 발생하는 일종의 정지조건부증여로써, 증여자의 생전에 증여계약을 하지만 그 효력의 발생은 증여자의 사망을 조건(條件)으로 하는 사인행위(死因行爲)이다.
> 3) **추심**(推尋) : 추심이란 챙겨서 찾아 가지거나 받아낸다는 뜻으로 주로 '채권을 추심한다'라고 사용된다.

서설

빈출 함정 총정리

• 경록 교재에 모든 답이 있습니다.

01 권리의 원시취득에는 선의취득, 무주물 선점, **시효취득** 등이 있다.
　　함정(X) 권리의 원시취득에는 선의취득, 무주물 선점, 지상권설정 등이 있다.

02 매매계약에 있어서 청약과 승낙은 **법률사실**이다.
　　함정(X) 매매계약에 있어서 청약과 승낙은 **법률요건**이다.

03 법률행위는 **의사표시를 구성요소로 하는 법률요건이다.**
　　함정(X) 법률행위는 의사표시 그 자체이다.

04 법률행위의 성립요건은 그 법률행위의 효과를 **주장하는 자가 그 성립요건이 존재한다는 점을 증명하여야 한다.**
　　함정(X) 법률행위의 성립요건은 그 법률행위의 효과를 부정하는 자가 그 성립요건이 부존재한다는 점을 증명하여야 한다.

05 **재단법인**의 설립행위는 상대방 없는 단독행위이다.
　　함정(X) 사단법인의 설립행위는 상대방 없는 단독행위이다.

06 **물권행위와 준물권행위는** 그에 의하여 직접 권리변동이 생기고 후에 이행이라는 문제를 남기지 않기 때문에 이를 처분행위의 일종이라고 본다.
　　함정(X) 채권행위는 그에 의하여 직접 권리변동이 생기고 후에 이행이라는 문제를 남기지 않기 때문에 이를 처분행위의 일종이라고 본다.

07 특별효력요건은 개개의 법률행위에 특별하게 요구되는 요건으로서 대리행위에 있어서 대리권의 존재, **유언에 있어서 유언자의 사망** 등이 있다.
　　함정(X) 특별효력요건은 개개의 법률행위에 특별하게 요구되는 요건으로서 대리행위에 있어서 대리권의 존재, 유언에 있어서의 방식 등이 있다.

08 계약과 합동행위는 모두 2개 이상의 의사표시를 필요로 하나, **합동행위는** 의사표시의 방향을 같이 하나 **계약은** 서로 방향을 달리한다.
　　함정(X) 계약과 합동행위는 모두 2개 이상의 의사표시를 필요로 하나, **계약은** 의사표시의 방향을 같이 하나 **합동행위는** 서로 방향을 달리한다.

CHAPTER 02 법률행위의 목적·해석

학습포인트

- 법률행위의 목적은 법률행위에 의해서 달성하려고 하는 법률효과, 즉 법률행위의 내용을 말한다.
- 법률행위의 내용은 그것이 존재하여야 할 뿐만 아니라 확정될 수 있어야 하고, 그 확정된 내용이 실현가능하고, 적법하여야 하며, 사회적으로 타당(공정)하여야만 한다.
- 법률행위의 목적이 ① 확정될 수 없을 때, ② 실현될 수 없을 때, ③ 위법한 때 ④ 반사회적인 법률행위나 폭리행위에 해당한 때에는 그 법률행위는 무효이다.

CHAPTER 학습 & 출제되는 키워드

- ☑ 법률행위의 목적
- ☑ 확정성
- ☑ 가능성
- ☑ 전부불능과 일부불능
- ☑ 적법성
- ☑ 강행법규와 임의법규
- ☑ 사회적 타당성
- ☑ 불법원인급여
- ☑ 부동산의 이중매매
- ☑ 동기의 불법
- ☑ 조건의 불법
- ☑ 불공정한 법률행위
- ☑ 법률행위의 해석
- ☑ 당사자의 목적
- ☑ 사실인 관습
- ☑ 관습법
- ☑ 임의법규
- ☑ 신의성실의 원칙
- ☑ 조리
- ☑ 자연적 해석
- ☑ 오표시 무해의 원칙
- ☑ 규범적 해석
- ☑ 보충적 해석
- ☑ 예문해석

CHAPTER 학습 & 출제되는 질문

- ☑ 다음 중 법률행위가 무효인 것은?
- ☑ 법률행위가 사회질서에 반하는 것으로 연결된 것은?
- ☑ 반사회질서의 법률행위에 속하지 않는 것은?
- ☑ 사실인 관습과 관습법에 관한 설명으로 타당한 것은?
- ☑ 계약을 해석함에 있어서 사용되는 해석방법에 관한 설명은 무엇인가?
- ☑ 다음 중 불공정한 법률행위에 관한 설명으로 타당한 것은?
- ☑ 매도인은 자기 소유의 X토지에 대하여 매수인과 매매계약을 체결하였으나 X토지의 지번 등에 착오를 일으켜 Y토지에 관하여 매수인 명의로 이전등기를 해 주었다. 다음 설명 중 틀린 것은?

제1절 서 설

(1) 법률행위의 목적은 행위자가 법률행위에 의하여 달성하려고 하는 법률효과를 말한다.
(2) 법률행위의 목적이 존재하여야만 비로소 법률행위가 성립하고, 일단 성립한 법률행위의 목적이 확정되고, 가능하며, 적법하고, 사회적 타당성이 있어야 효력을 발생한다.

Professor Comment
> 법률행위의 목적은 그 행위의 직접적 목적을 의미하고 이를 초과하는 것은 목적에 해당하지 않는다.
> 공장을 짓기 위해 토지를 매수하는 경우 토지의 취득이 목적일 뿐 공장의 신축은 법률행위의 동기에 불과하다.

01 확정성 `14·19·20회 출제`

(1) 법률행위의 목적(내용)은 확정될 수 있는 것이어야 하는데, 법률행위 목적의 확정은 결국 법률행위의 해석의 문제이다(뒤의 '법률행위의 해석' 참조).
(2) 법률행위 성립 당시에 확정되어 있지 않아도 이행기까지 확정될 수 있으면 된다.

> **판례** 계약체결 당시 가격이 확정되지 않았어도 그 확정방법과 기준을 정한 경우 계약의 성립 여부
>
> 매매계약은 매도인이 재산권을 이전하는 것과 매수인이 대가로서 대금을 지급하는 것에 관하여 쌍방 당사자의 합의가 이루어짐으로써 성립하는 것이며, <u>그 경우 매매목적물과 대금은 반드시 계약체결 당시에 구체적으로 특정할 필요는 없고 이를 사후에라도 구체적으로 특정할 수 있는 방법과 기준이 정하여져 있으면 족하다</u>(대판 2009.3.16. 2008다1842).

(3) 목적이 불확정한 법률행위는 무효이다.

제1편 민법총칙(법률행위)

02 가능성 ★★ [10회 출제]

1 가능·불능의 표준

(1) 법률행위의 목적(내용)은 실현가능하여야 한다. 그러므로 법률행위의 목적달성이 불가능한 경우(불능인 경우) 그 법률행위는 무효가 된다.

(2) 목적의 가능성 여부는 그 시대의 사회관념(거래관념)에 의하여 결정된다. 그러므로 물리적 불가능뿐만 아니라 사회관념상 불가능·법률적 불가능이 모두 포함된다.

> 예 • 물리적 불능: 한강물을 전부 퍼 올리는 것
>   • 법률적 불능: 동산에 대한 저당권 설정

2 원시적 불능·후발적 불능

(1) 의 의

1) 원시적 불능

매매계약 체결 전날 밤에 가옥이 이미 소실된 경우와 같이 법률행위 성립당시에 이미 불능인 경우를 말한다.
→ 불에 타서 없어졌다는 의미

> **판례** 회사(은행)가 체결한 농지매매 계약은 무효
>
> 매매계약은 매도인이 재산권을 이전하는 것과 매수인이 대가로서 대금을 지급하는 것에 관하여 쌍방 당사자의 합의가 이루어짐으로써 성립하는 것이며, 그 경우 매매목적물과 대금은 반드시 계약체결 당시에 구체적으로 특정할 필요는 없고 이를 사후에라도 구체적으로 특정할 수 있는 방법과 기준이 정하여져 있으면 족하다(대판 2009.3.16. 2008다1842).

2) 후발적 불능

매매계약을 체결한 후 그 이행 전에 가옥이 소실된 때와 같이 법률행위 성립시에는 가능하였으나 그 이행 전에 불능으로 된 경우를 말한다.

가능성

① 법률행위의 목적은 실현가능한 것이어야 한다.
② 여기서 실현가능이란 사회통념상 실현가능을 의미하며 따라서 '한강에 빠진 반지를 건지는 계약'은 물리적으로 가능하지만 사회통념상 불가능하므로 원시적 불능이 되어 무효가 된다.

원시적 불능은 법률행위 성립 당시부터 이미 실현 불능이므로 무효가 된다.

원시적 불능 ⇨ 무효	
전부불능 ⇩ ① 전부무효 ② 계약체결상의 과실책임 (제535조) ③ 신뢰이익 배상	일부불능(일부 무효의 법리) ⇩ ① 원칙: 전부 무효 ② 예외: 나머지 유효

후발적 불능은 법률행위 성립 당시에는 실현가능하였으나 그 이행 전에 불능이 된 경우로서 유효하며 다만 채무불이행이나 위험부담이 문제된다.

후발적 불능 ⇨ 유효	
일방의 귀책사유 있음 ⇩ 이행불능 ⇩ ① 해제(제546조) ② 손해배상청구 (제390조)	쌍방 귀책사유 없음 ⇩ 위험부담문제 ⇩ 채무자부담 원칙

(2) 효 과

1) 법률행위를 당연히 무효로 하는 것은 원시적 불능이며, 후발적 불능은 채무불이행(이행불능)의 문제나 <u>위험부담</u>(제537조·제538조)의 문제를 발생시킬 뿐이고 행위 그 자체는 무효로 되지 않는다.
   → 반대급부의 위험을 누가 부담하느냐의 문제

2) 원시적 불능의 경우 채무자가 그 불능을 알았거나 알 수 있었을 경우에는 <u>상대방이 계약의 유효를 믿음으로써 입은 손해</u>를 배상하여야 한다(제535조).
   → 신뢰이익의 배상

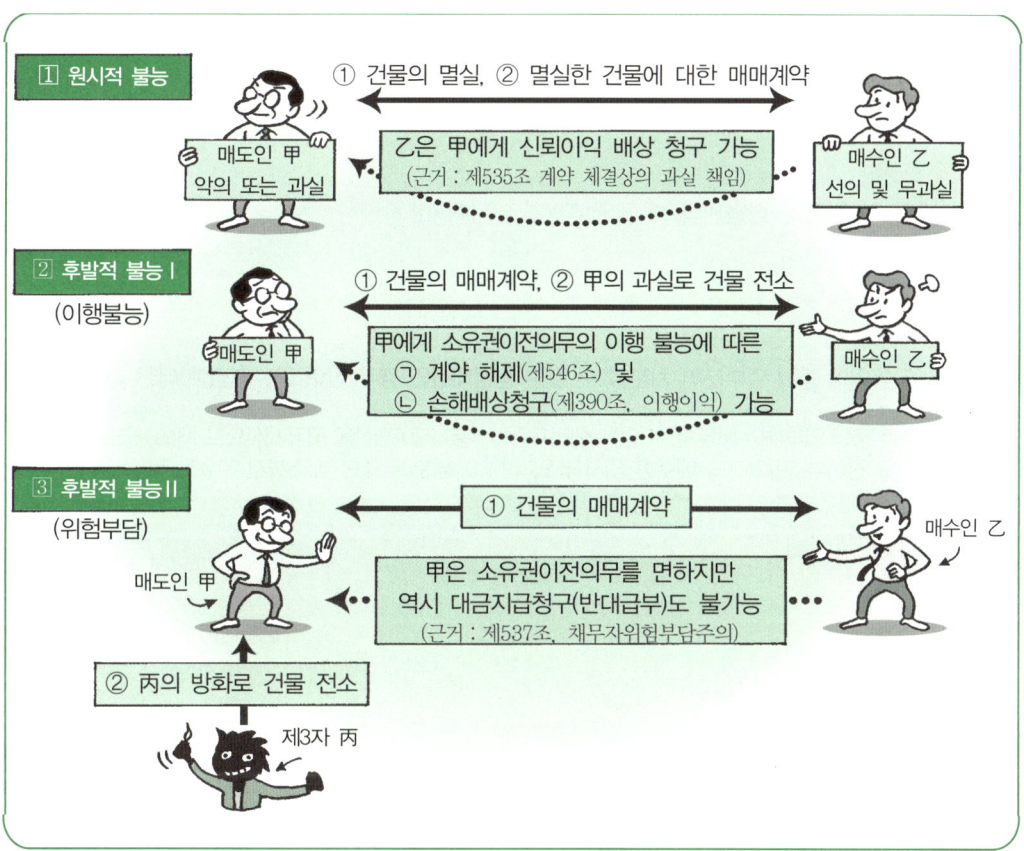

확정성

① 법률행위의 목적은 확정되어 있거나, 이행기까지는 확정할 수 있는 방법과 기준이 정해져 있어야 한다.
② 목적이 불확정한 법률행위는 무효이다.

판례문제

매매계약체결시 목적물을 "진해시 경화동 747의 77, 754의 6, 781의 15 등 3필지 및 그 외에 같은 동 소재 甲 소유 부동산 전부"라고 표시한 경우 매매계약의 효력은?

힌트!
목적물이 확정되었는지를 파악하세요!

해 설

매매계약의 목적물 중 특정된 3필지를 제외한 나머지 부동산이 토지인지 건물인지, 토지라면 그 필지, 지번, 지목, 면적, 건물이라면 그 소재지, 구조, 면적 등 어떠한 부동산인지를 알 수 있는 표시가 전혀 되어 있지 아니하고 매매계약 이후에 이를 구체적으로 특정할 수 있는 방법과 기준이 정해져 있다고 볼 수 없어 매매계약이 성립되었다고 볼 수 없다(대판 1997.1.24. 96다26176).

3 전부불능·일부불능

(1) 의 의
법률행위의 목적의 전부가 불능인 경우가 **전부불능**이고, 그 일부만이 불능인 경우가 **일부불능**이다.

(2) 효 과
1) 법률행위의 목적의 전부가 불능이면 그 법률행위는 무효이다.
2) 법률행위의 일부가 불능인 경우는 그 법률행위 전부를 원칙적으로 무효로 하지만, 그 부분이 없더라도 법률행위를 하였으리라고 인정될 때에는 무효부분을 제외한 나머지 부분만은 유효한 것으로 하고 있다(제137조).

Professor Comment
일부취소에도 이 원리가 적용된다(1편 05장 3절 취소의 방법 참조).

 불하한 국유임야 중의 일부분이 처분할 수 없는 행정재산인 경우 잔여 국유재산에 대한 매매의 효력

불하된 국유임야 중의 일부분이 처분할 수 없는 행정재산인 경우 잔여재산을 국유재산으로 처분하였을 것이라고 인정되고 매수인도 잔여부분만이라도 매수할 의사가 있다면 그 부분에 대한 매매까지 무효로 볼 것은 아니다(대판 1967.12.26. 67다2405).

제2장 법률행위의 목적·해석

03 적법성 ★

`30회 출제`

법률행위가 유효하기 위해서는 목적이 적법한 것이어야 하는데 여기서 적법이란 강행법규에 위반하지 않아야 한다는 뜻이다.

1 강행법규

`21·28회 출제`

(1) 의 의

당사자의 의사여하를 묻지 않고 무조건 적용되는 규정으로서 당사자의 합의에 의하여 그 적용을 배제하거나 이에 반하는 특약을 할 수 없는 것을 말한다. 즉 강행법규는 사적자치의 한계에 해당한다.

(2) 단속규정

행정상의 고려에 의하여 일정한 거래행위를 금지 또는 제한하고 그 위반에 대하여 형벌이나 <u>행정상 불이익을 주는 규정</u>을 말하며, <u>행위 자체의 사법상의 효과에는 영향이 없다.</u>
　→ 과태료·과징금·강제철거 등

**적법성·강행법규·
무허가음식점**

1) 적법성
 ① 법률행위가 유효하려면 그 목적이 적법하여야 한다.
 ② 적법이란 강행법규에 위반하지 않아야 한다는 뜻이다.

2) 강행법규
 ① 효력규정 → 위반시 무효
 ② 단속규정 → 위반해도 유효

3) 무허가음식점(단속규정위반)
 ① 이 경우 주인은 단속규정을 어겼으므로 벌금을 낸다.
 ② 그러나 그가 판매한 음식값은 먹은 사람에게서 받을 수 있다(유효).

토지거래허가구역에서의 중간생략등기는 (시·군·구청장의) 허가를 받지 않았으므로 효력규정위반이 되어 무효이다.

토지거래허가구역 → 중간생략등기 → 효력규정 위반 → 무 효

일반 지역에서의 중간생략등기는 「부동산등기 특별조치법」 위반에 해당하여도 단속규정 위반이므로 그 등기는 유효하다.

일반지역 → 중간생략등기 → 단속규정 위반 → 유 효

중간생략등기란 중간취득자가 있는 부동산 물권의 이전등기를 최초 양도인에게서 최종 취득자에게 바로 하는 등기를 말한다.

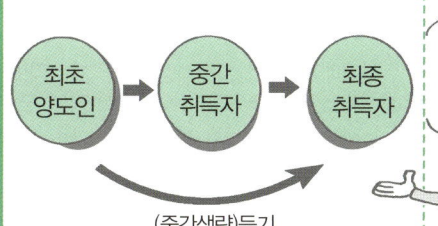
(중간생략)등기

중간생략등기가 유효하더라도 「부동산등기 특별조치법」에 의하여 중간생략등기를 한 자는 형사처벌의 대상이 된다.

중간생략등기 금지규정 위반시 3년 이하의 징역 또는 1억원 이하의 벌금에 처해지지!

제1편 민법총칙(법률행위)

판례 단속규정으로 본 판례

1. 구 주택건설촉진법상 전매금지규정(제38조의3 제1항)에 의하여 전매금지약정을 위반하여 전매계약을 체결한 경우 그 매매계약이 무효가 된다고 할 수 없다(대판 1992.2.25. 91다44544).
2. 부동산등기특별조치법상 조세포탈과 부동산투기 등을 방지하기 위하여 위 법률에서 등기하지 아니하고 제3자에게 전매하는 행위를 일정목적 범위 내에서 형사처벌하도록 되어 있으나 이로써 순차매도한 당사자 사이의 중간생략등기합의에 관한 사법상의 효과까지 무효로 한다는 취지는 아니다(대판 1993.1.26. 92다39112).
3. 금융실명제하에서의 비실명금융거래계약이라 하더라도 그 사법상 효력에는 영향이 없다(대판 2001.1.15. 2000다49091).
4. 주택공급 사업주체가 구 주택건설촉진법(1992.12.8. 법률 제4,530호로 개정되기 전의 것) 제32조, 구 주택공급에관한규칙(1993.9.1. 건설부령 제537호로 개정되기 전의 것) 제7조 제4항의 규정에 위반하여 입주자 모집공고 후에 당해 대지 및 주택을 담보로 제공하였다고 하더라도 사법적 효력까지 부인된다고 할 수는 없다(대판 1998.2.10. 97다26524).

(3) 효력규정

32회 출제

1) 의 의

법령이 일정한 행위를 제한 또는 금지하는 것에서 더 나아가 이에 위반한 행위의 사법상의 효과까지 부정하는 것을 효력규정이라 한다.

판례 효력규정으로 본 판례

1. 변호사법 제48조에 저촉되는 법률행위(변호사 아닌 자가 소송사건을 떠맡아 자기의 비용과 노력으로써 원고를 승소시켜 주고 원고로부터 그 대가를 받기로 하는 것을 내용으로 하는 것)는 그 자체가 반사회적 성격을 띠게 되어 사법상 효력도 부정된다(대판 1987.4.28. 86다카1802).
   [비교판례] 민사사건의 변호사 성공 보수 약정 ⇒ 유효
   변호사의 소송위임사무처리에 대한 보수에 관하여 의뢰인과의 사이에 약정이 있는 경우에 위임사무를 완료한 변호사는 특별한 사정이 없는 한 약정된 보수액을 전부 청구할 수 있는 것이 원칙이기는 하지만, 예외적으로 상당하다고 인정되는 범위 내의 보수액만을 청구할 수 있다고 보아야 한다.(대판 1995. 4. 25. 94다57626)
2. 국토이용관리법(현 부동산 거래신고 등에 관한 법률)상 토지거래허가 규정에 위반하여 허가 없이 한 거래계약은 무효이다(대판 1991.12.24. 90다12243).
3. 공인중개사가 법정최고액초과의 중개수수료금지규정에 위반한 약정을 한 경우 위 규정의 한도를 초과한 부분에 한해 무효로 본다(대판 2002.9.3. 2000다5406).
4. 중개사무소 개설등록에 관한 구 부동산중개업법 관련 규정들은 공인중개사 자격이 없는 자가 중개사무소 개설등록을 하지 아니한 채 부동산중개업을 하면서 체결한 중개수수료 지급약정의 효력을 제한하는 이른바 강행법규에 해당한다(대판 2010.12.23. 2008다75119).

판례 단속규정과 효력규정의 공존

1. 일임매매의 제한에 관한 증권거래법 제107조는 고객을 보호하기 위한 규정으로서 증권거래에 관한 절차를 규정하여 거래질서를 확립하려는 데 그 목적이 있는 것이므로, 고객에 의하여 매매를 위임하는 의사표시가 된 것임이 분명한 이상 사법상으로는 유효하다(대판 1996.8.23. 94다38199).
2. 주식투자가와 증권회사 사이에 주식매매거래계좌설정약정 및 투자수익보장약정, 일임매매약정이 일체로서 체결되었으나 그 중 투자수익보장이 무효인 경우, 투자수익보장약정이 무효라고 하여 주식매매거래계좌설정약정이나 일임매매약정까지 무효인 것은 아니다(대판 1996.8.23. 94다38199).
   ➡ 이는 법률행위의 일부무효에 관한 판례이기도 하다.

2) 효 과
효력규정에 위반한 행위는 사법상의 효력도 무효이며 이를 우회하려는 탈법행위도 무효가 된다.

3) 탈법행위 **14회 출제**
① 의의 : 탈법행위란 강행법규에 정면으로 위반하지는 않지만, 강행규정을 간접적으로 위반하여 강행규정이 금지하는 내용을 실질적으로 실현하는 행위를 말한다.
② 효력 : 탈법행위는 실질적으로 강행법규가 금지하고 있는 내용을 간접적·우회적으로 실현하는 행위로 무효이다.

ⓐ 국유재산 관리사무종사자의 국유재산취득 및 전매행위
국유재산에 관한 사무에 종사하는 직원이 타인 명의로 국유재산을 취득 및 전매한 행위는 강행법규인 「국유재산법」 제7조의 적용을 잠탈하기 위한 탈법행위로서 무효이며, 그 무효는 원칙적으로 누구에 대하여서나 주장할 수 있으므로 그 규정들에 위반하여 취득한 국유재산을 제3자가 전득하는 행위 또한 당연무효이다(대판 1997.6.27. 97다9529).

ⓑ 건설업면허대여계약
건설업면허대여계약은 동법에 위반하는 계약으로서 무효이고 건설업면허대여의 방편으로 체결되는 건설업양도양수계약 또한 강행규정인 위 동법 규정들의 적용을 잠탈하기 위한 행위로서 무효이다(대판 1988.11.22. 88다카7306).

ⓒ 미등기건물에 대한 생략등기
미등기건물을 승계취득한 자가 원시취득자 명의의 보존등기 없이 직접 자기명의로 보존등기를 하는 것이 탈법행위가 된다고 하더라도 양당사자 사이의 합의가 있는 이상 그 등기는 실체적 권리관계에 부합되어 유효하다(대판 1981.1.13. 80다1959).

4) 탈법행위의 한계
점유개정에 의한 질권설정을 금지하는 제332조와 관계없이 동산의 양도담보는 탈법행위가 아니다.

> **판례** 돼지를 양도담보의 목적물로 하여 소유권을 양도하되 점유개정의 방법으로 양도담보설정자가 계속하여 점유·관리하면서 무상으로 사용·수익하기로 약정한 경우, **양도담보 목적물로서 원물인 돼지가 출산한 새끼 돼지는 천연과실에 해당하고 그 천연과실의 수취권은 원물인 돼지의 사용수익권을 가지는 양도담보설정자에게 귀속되므로** 다른 특별한 약정이 없는 한 천연과실인 새끼 돼지에 대하여는 양도담보의 효력이 미치지 않는다(대판 1996.9.10. 96다25463).

2 임의법규

(1) 의 의
당사자의 의사에 의하여 그 적용을 배제할 수 있는 규정을 말하는데, 법률행위에 관해 그 요건이나 효과를 법이 규정하고 있지만 그 규정에 따를 것을 절대적으로 요구하지는 않고 당사자의 특약이 법의 규정에 우선하는 규정을 말한다. 임의법규는 사적자치를 보충해주는 성질도 있다.

(2) 적 용
'선량한 풍속 기타 사회질서에 관계 없는 규정'들이 임의법규에 해당하며 민법 '채권편'의 규정은 대부분 임의규정에 해당한다.

제1편 민법총칙(법률행위)

> **단락핵심** 법률행위의 목적(Ⅰ) – 법률행위의 확정·가능·적법
>
> (1) 계약성립 후 채무이행이 불가능하게 되더라도, 계약이 무효로 되는 것은 아니다. (○)
> (2) 법률행위의 목적이 확정되었는지 또는 가능한지 여부를 판단하는 것은 법률행위 해석의 문제이다. (○)
> (3) 탈세를 목적으로 하는 중간생략등기는 언제나 무효이다. (×)
> (4) 무허가건물의 임대행위는 유효하다. (○)
> (5) 변호사 아닌 자가 승소를 조건으로 하여 그 대가로 소송당사자로부터 소송물 일부를 양도받기로 하는 약정은 무효이다. (○)
> (6) 투자수익보장약정이 무효라고 하여 주식매매거래계좌설정약정이나 일임매매약정까지 무효가 되는 것은 아니다. (○)

04 사회적 타당성 ★★★ 12·추가15·19·20·34·35회 출제

> 제103조(반사회질서의 법률행위) 선량한 풍속 기타 사회질서에 위반한 사항을 내용으로 하는 법률행위는 무효로 한다.

1 민법 제103조의 의의

(1) 법률행위의 목적(내용)이 개개의 강행법규에 위반하지는 않더라도 선량한 풍속 기타 사회질서에 위반한 때에는 무효가 된다.

(2) 목적의 타당성은 강행법규와 더불어 사적자치의 한계에 해당한다. 여기서 선량한 풍속이란 누구나 지킬 것이 요구되는 기본적인 도덕률을 의미하고 사회질서란 질서유지를 위하여 지켜야 할 일반규범을 의미한다.

(3) 강행법규위반과의 관계

강행규정은 개개의 특정행위의 효력을 부인하는 반면, 목적의 사회적 타당성은 일반적·포괄적인 법의 근본이념에 의한 통제라는 점에서 차이가 있으며, 사회적 타당성에 반하는 행위만이 제746조의 불법원인급여에 해당한다.
→ 부당이득 반환청구가 허용되지 않는다.

제2장 법률행위의 목적·해석

2 사회질서위반행위의 유형

`16·21·22·24·26회 출제`

(1) 인륜에 반하는 행위(가족윤리에 반하는 행위)

자녀가 부모에 대하여 불법행위에 의한 손해배상청구권을 행사하거나 부부나 친자 등이 동거하지 않기로 하는 계약과 같이 인륜에 반하는 행위는 무효이다.

> **판례** 인륜에 반하는 행위유형
>
> 혼인관계가 존속중인 사실을 알면서 남의 첩이 되어 **부첩행위를 계속**한 경우에는 본처의 사전승인이 있었다 하더라도 장래의 부첩관계의 사전승인이라는 것은 **선량한 풍속에 위배**되는 행위이므로 본처에 대하여 불법행위가 성립한다(대판 1967.10.6. 67다1134).
>
> 2 피고가 원고와의 **부첩관계를 해소하기로 하는** 마당에 그동안 원고가 피고를 위하여 바친 노력과 비용 등의 희생을 배상 내지 위자하고 또 원고의 **장래 생활대책을 마련해 준다는 뜻에서** 금원을 지급하기로 약정한 것이라면 **부첩관계를 해소하는 마당에 위와 같은 의미의 금전지급약정은 공서양속에 반하지 않는다**고 보는 것이 상당하다(대판 1980.6.24. 80다458 : 위의 67다1134 판례와 비교할 것).

(2) 정의의 관념에 반하는 행위(범죄적 행위)

사회의 일반 정의관념에 반하는 행위 예컨대 '범죄 기타 부정행위를 하기로 하는 계약' 또는 '대가를 받고서 부정행위를 하지 않기로 하거나' '정당한 행위에 대한 과다한 대가약정'은 무효이다.

 부동산의 이중매매

① 원칙적으로 허용된다. 따라서 매수인 중에서 먼저 등기한 자가 소유권을 취득한다.
② 그러나 제2매수인(두번째 매수인)이 매도인의 배임행위에 적극 가담한 경우 제2매매는 무효가 된다.

제1편 민법총칙(법률행위)

 정의관념에 반하여 사회질서에 위반한다고 본 사례

1. 기업 또는 개인의 정보로 권한 없이 제3자에게 제공하여 대가를 지급받기로 하는 계약은 반사회적 법률행위로서 무효이다(대판 1978.5.9. 78다213).
2. 금전 소비대차계약과 함께 이자의 약정을 하는 경우, 양쪽 당사자 사이의 경제력의 차이로 인하여 그 이율이 당시의 경제적·사회적 여건에 비추어 사회통념상 허용되는 한도를 초과하여 현저하게 고율로 정하여졌다면, 그와 같이 <u>허용할 수 있는 한도를 초과하는 부분의 이자 약정</u>은 대주가 그의 우월한 지위를 이용하여 부당한 이득을 얻고 차주에게는 과도한 반대급부 또는 기타의 부당한 부담을 지우는 것이므로 **선량한 풍속 기타 사회질서에 위반한 사항을 내용으로 하는 법률행위로서 무효**이다(대판 2007.2.15. 2004다50426 전합).
3. 수사기관에서 참고인으로서 자신이 잘 알지 못하는 내용에 대한 허위진술을 하고 대가를 제공받기로 하는 약정은 사회질서에 반하여 무효이다(대판 2001.4.24. 2000다71999).
4. <u>어느 당사자가 그 증언이 필요함을 기화로 증언하여 주는 대가로 용인될 수 있는 정도를 초과하는 급부를 제공받기로 한 약정은 반사회질서적인 금전적 대가가 결부된 경우로 그러한 약정은 민법 제103조 소정의 반사회질서행위에 해당하여 무효로 된다</u>(대판 1994.3.11. 93다40522).

제2장 법률행위의 목적·해석

Key Point 부동산의 이중매매행위   32회 출제

1) 의의
   부동산의 이중매매는 매도인이 매수인(제1매수인)과 부동산 매매계약을 체결하고 이 상태에서 다시 제3자(제2매수인)와 체결하는 부동산 매매계약을 말한다.

2) 일반적 효력
   이중매매라는 사실 자체로 언제나 무효가 되는 것은 아니다. 그러나 그것이 선량한 풍속 기타 사회질서에 위반한 때, 즉 배임행위(제2매매행위)에 적극 가담한 경우에는 무효이다.

3) 배임행위에 적극적으로 가담한 경우
   매도인이 제1매매의 구속으로부터 벗어날 수 없는 상태에서 제2매수인이 매도인의 배임행위에 적극적으로 가담한 경우이다.
   ① 제1매매의 구속으로 벗어날 수 없는 상태
      제1매매에 의한 중도금을 받은 이후에는 통상 제1매매의 구속에서 벗어날 수 없는 경우라고 한다.
   ② '적극가담'의 의미
      적극 가담하는 행위란 매수인이 다른 사람에게 매매목적물이 매도된 것을 안다는 것만으로는 부족하고, 적어도 그 매도사실을 알고도 매도를 요청하거나 유도하여 매매계약에 이르는 정도가 되어야 한다(대판 1994.3.11. 93다55289).
      예 • 매도인이 이미 매수인에게 부동산을 매도하였음을 제2매수인이 잘 알면서도 소유권명의가 매도인에게 남아있음을 기화로 매도인에게 이중매도를 적극 권유하여 그 소유권이전등기를 한 경우는 무효이다(대판 2009.9.10. 2009다23283).
          • 매도인이 타인에게 매도한 부동산임을 알면서 증여받는 행위도 무효이다(대판 1983.4.26. 83다카57).
          • 매도인과 제2매수인이 친·인척 관계인 경우 쉽게 인정된다.
   ③ 효과(절대적 무효)
      부동산의 이중매매가 반사회적 법률행위에 해당하는 경우에는 이중매매계약은 절대적으로 무효이므로, 당해 부동산을 제2매수인으로부터 다시 취득한 제3자는 설사 제2매수인이 당해 부동산의 소유권을 유효하게 취득한 것으로 믿었더라도 이중매매계약이 유효하다고 주장할 수 없다(대판 1996.10.25. 96다29151).
   ④ 제1매수인의 권리구제 방법
      제2법률행위가 제103조 위반으로 무효가 되는 경우 제1양수인(매수인)은 양도인(매도인)을 대위하여 제2양수인(매수인)에게 그 명의의 소유권이전등기의 말소를 청구할 수 있고 다시 양도인에게 소유권이전등기를 청구하는 방식으로 매매부동산의 소유권을 자신의 명의로 할 수 있다(대판 1980.5.27. 80다565).

4) 적용범위의 확장
   ① 이미 매도된 부동산에 대하여 매도인의 배임행위에 적극 가담하여 그 부동산을 증여받거나(대판 1982.2.9. 81다1134), 근저당권을 설정한 경우(대판 2002.9.6. 2000다41820), ② 취득시효완성사실을 알고 있는 부동산소유자가 부동산을 제3자에게 매매하고 제3자가 이와 같은 행위에 적극 가담한 경우(대판 1998.4.10. 97다56495)에는 사회질서에 반하여 무효이다. 그 밖에 이중매매와 유사한 ① 신탁받은 재산, ② 양도담보로 점유하는 재산을 매매, 증여하는 경우에도 동일하게 취급한다.

(3) 개인의 자유를 극도로 제한하는 행위 〔16·17회 출제〕

개인의 정신상 또는 신체상의 자유를 극도로 제한하는 행위를 말하며, ① 평생 동안 혼인·이혼하지 않겠다는 계약 또는 ② 평생 재혼하지 않겠다는 계약 등이 그것이다.

 개인의 자유를 제한하는 행위

1. 사용자와 근로자 사이에 겸업금지약정이 존재한다고 하더라도, 그와 같은 약정이 헌법상 보장된 근로자의 직업선택의 자유와 근로권 등을 과도하게 제한하거나 자유로운 경쟁을 지나치게 제한하는 경우에는 민법 제103조에 정한 선량한 풍속 기타 사회질서에 반하는 법률행위로서 무효라고 보아야 한다(대판 2010.3.11. 2009다82244).
2. 해외파견 근무자가 귀국일로부터 3년간 회사에 근무하여야 하고, 이를 위반한 경우에는 해외파견에 소요된 경비를 배상하여야 한다는 회사의 내규는 민법 제103조나 제104조에 위반된다고 할 수 없다(대판 1982.6.22. 82다카90).

(4) 생존의 기초가 되는 재산의 처분행위 〔14회 출제〕

장래에 취득할 전 재산을 양도하는 계약, 사찰의 존립에 필요한 임야를 처분하는 계약, 전답의 관개용수를 포기하는 계약 등이 그것이다.

(5) 지나치게 사행적(射倖的)인 행위

법률이 허용하지 않는 도박행위는 무효이며 그에 관련된 도박자금을 대여하는 행위, 도박에 패한 빚을 변제하기로 약정한 계약, 보험사고를 가장하여 보험금을 취득할 목적으로 생명보험을 체결한 경우도 무효가 된다(대판 2009.5.28. 2009다12115).

 보험계약자가 다수의 보험계약을 통하여 보험금을 부정취득할 목적으로 보험계약

이러한 목적으로 체결된 보험계약에 의하여 보험금을 지급하게 하는 것은 보험계약을 악용하여 부정한 이득을 얻고자 하는 사행심을 조장함으로써 합리적인 위험의 분산이라는 보험제도의 목적을 해치게 되므로, 이와 같은 보험계약은 민법 제103조 소정의 선량한 풍속 기타 사회질서에 반하여 무효이다(대판 2005다23858).

(6) 소송행위

가압류가 반사회적 행위에 의해 이루어진 경우 그 집행의 효력을 인정할 수 없고 가압류집행 후 본집행으로 이행하기 전에 가압류목적물의 소유권을 취득한 자는 그 가압류 집행에 터잡은 강제집행절차에서 그 집행배제를 구할 수 있다(대판 1997.8.29. 96다14470)고 하여 소송행위도 사회질서에 반하는 경우 효력을 부정하였다.

3 반사회성을 판단하는 시점

(1) 원칙적으로 법률행위시를 기준으로 한다.
(2) 매매계약 체결 당시에 정당한 대가를 지급하고 목적물을 매수하는 계약을 체결하였다면 그 후 목적물이 범죄행위로 취득된 것을 알게 되어도 민법 제103조의 공서양속에 반하는 행위라고 할 수 없다(대판 2001.11.9. 2001다44987).

반사회적 행위가 아니라고 본 사안 ★★★

1 법률행위의 성립 과정에서의 불법
단지 법률행위의 성립 과정에서 불법적 방법이 사용된 데 불과한 때에는, 그 불법이 의사표시의 형성에 영향을 미친 경우에는 의사표시의 하자를 이유로 그 효력을 논의할 수는 있을지언정, 반사회질서의 법률행위로서 무효라고 할 수는 없다(대판 2002.9.10. 2002다21509).

2 전통사찰의 주지직 임명
전통사찰의 주지직을 거액의 금품을 대가로 양도·양수하기로 하는 약정이 있음을 알고도 이를 묵인 혹은 방조한 상태에서 한 종교법인의 주지임명행위가 민법 제103조 소정의 반사회질서의 법률행위에 해당하지 않는다(대판 2001.2.9. 99다38613).

3 불법비자금의 소극적 은닉
반사회적 행위에 의하여 조성된 재산인 이른바 비자금을 소극적으로 은닉하기 위하여 임치한 것이 사회질서에 반하는 법률행위로 볼 수 없다고 하여 불법원인급여가 아니다(대판 2001.4.10. 2000다49343).

4 강제집행 면탈을 목적으로 하는 부동산 명의신탁
강제집행을 면할 목적으로 부동산을 명의신탁하는 것이 불법원인급여에 해당한다고 볼 수 없다(대판 1994.4.15. 93다6130).

5 부정행위를 용서받는 대가로 손해배상과 함께 부동산을 양도한 행위
부정행위를 용서받는 대가로 손해를 배상함과 아울러 가정에 충실하겠다는 서약의 취지에서 처에게 부동산을 양도하되, 부부관계가 유지되는 동안에는 처가 임의로 처분할 수 없다는 제한을 붙인 약정은 선량한 풍속 기타 사회질서에 위반되는 것이라고 볼 수 없다(대판 1992.10.27. 92므204).

4 반사회질서행위의 효과

(1) 무효 사회질서에 위반하는 법률행위는 무효이므로 (→ 절대적 무효), 누구에 대하여도 그 무효를 주장할 수 있다. 따라서 이행 전이라면 이행할 필요가 없고 또 상대방도 그 이행을 청구할 수 없다.

(2) 추인 사회질서에 위반하는 법률행위로서 무효인 경우, 추인에 의하여도 그 무효인 법률행위를 유효로 할 수 없다.

(3) 일부무효 법률행위의 일부만이 무효로 되는 경우, 일부무효의 법리에 따른다(제137조, 제1편 5장 참조).

(4) 불법원인급여의 문제(이행 후의 문제)

 1) **원칙** 사회질서에 위반하는 법률행위에 기하여 급부한 것은 불법원인급여(제746조)로서 그 이익의 반환을 청구하지 못한다. (→ 수익자에게 확정적으로 귀속되는 바, 이를 반사적 이익이라 함)

 성매매행위 수단의 선불금 = 반환청구불가

성매매행위 및 그것을 유인·강요하는 행위는 선량한 풍속 기타 사회질서에 위반되므로, 윤락행위를 할 자를 고용·모집하거나 그 직업을 소개·알선한 자가 윤락행위를 할 자를 고용·모집함에 있어 성매매의 유인·강요의 수단으로 이용되는 선불금 등 명목으로 제공한 금품이나 그 밖의 재산상 이익 등은 불법원인급여에 해당하여 그 반환을 청구할 수 없다(대판 2004.9.3. 2004다27488, 2013.6.14. 2011다65174).

2) **예외** 불법원인이 수익자에게만 있거나 수익자의 불법성이 급여자의 불법성보다 현저히 큰 경우에는, 피해자가 급여한 것의 반환을 청구할 수 있다(제746조 단서).

 불법원인급여에 있어서 수익자의 불법성이 급여자의 불법성보다 현저히 큰 경우, 급여자의 부당이득반환청구가 허용되는지 여부(불법성 비교론)

> 대주가 <u>사회통념상 허용되는 한도를 초과하는 이율의 이자를 약정하여 지급받은 것</u>은 그의 우월한 지위를 이용하여 부당한 이득을 얻고 차주에게는 과도한 반대급부 또는 기타의 부당한 부담을 지우는 것으로서 <u>그 불법의 원인이 수익자인 대주에게만 있거나 또는 적어도 대주의 불법성이 차주의 불법성에 비하여 현저히 크다고 할 것이어서 차주는 그 이자의 반환을 청구할 수 있다</u>(대판 2007.2.15. 2004다50426).

Professor Comment
강행법규에 위반한 경우 사회질서에 반하는지 여부를 확인하고, 불법원인급여의 예외에 해당하여 반환청구할 수 있는지 여부를 다시 한 번 확인해야 한다.

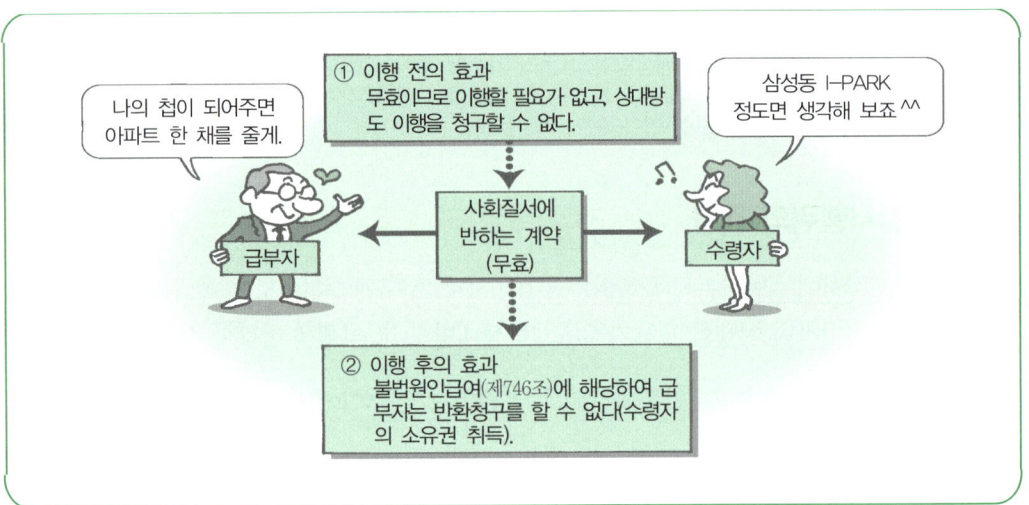

(5) 동기의 불법

1) **의 의**
   동기의 불법이란 법률행위 자체는 반사회성이 없으나 당사자가 그 의사표시를 하게 된 연유나 동기에 반사회성이 있는 경우이다.
   예) 도박을 위한 금전소비대차계약

2) **효 과**
   ① **원칙**: 법률행위의 내용이 사회질서에 반하는 것이 아니고 단지 법률행위의 연유, 동기 혹은 수단으로 한 것에 불과한 것은 이로써 법률행위를 무효로 할 수 없다.
   ② **예외**: **학설**은 불법의 동기가 표시된 때에 한하여 법률행위가 무효라고 하나, **판례**는 표시되거나 상대방에게 알려진 법률행위의 동기가 반사회적인 경우에 무효가 된다고 한다(대판. 1984.12.11. 84다카1402).

제2장 법률행위의 목적·해석

> **판례** 동기의 불법에 관한 판례
>
> **1 민법 제103조의 반사회질서행위에 동기가 포함되는지 여부**
> 제103조에 의하여 무효로 되는 반사회질서행위는 법률행위의 목적인 권리의무내용이 선량한 풍속 기타 사회질서에 위반되는 경우 뿐만 아니라 그 내용자체는 반사회질서적인 것이 아니라고 하여도 법률적으로 이를 강제하거나 그 법률행위에 반사회질서적인 조건 또는 금전적 대가가 결부됨으로써 반사회 질서적 성질을 띠게 되는 경우 및 표시되거나 상대방에게 알려진 법률행위의 동기가 반사회질서적인 경우를 포함한다(대판 1984.12.11. 84다카1402).
>
> **2 공무원의 직무와 관련된 기부행위**
> 기부행위가 공무원의 직무와 사이에 외관상 대가관계가 없는 것으로 보이더라도 사실상 공권력의 영향력에 의한 것이거나 또는 그러한 의심을 자아내는 경우가 있음을 경계하여 직무 관련 여부를 묻지 아니하고 이를 금지함으로써 공무의 순수성과 염결성이 훼손되지 않도록 함에 그 취지가 있는바, 하물며 직무와 사이에 대가관계가 인정되는 기부행위라면 이는 결코 허용되어서는 아니 된다(대판 2009.12.10. 2007다63966).
>
> **3 동기의 불법에 해당하지 않는 사례**
> 주택매매계약에 있어서 매도인으로 하여금 주택의 보유기간이 3년 이상으로 되게 함으로써 양도소득세를 부과받지 않게 할 목적으로 매매를 원인으로 한 소유권이전등기는 3년 후에 넘겨받기로 특약을 하였다고 하더라도, 그와 같은 목적은 위 특약의 연유나 동기에 불과한 것이어서 위 특약 자체가 사회질서나 신의칙에 위반한 것이라고는 볼 수 없다(대판 1991.5.14. 91다6627).

(6) 조건의 불법

법률행위가 조건과 결부됨으로써 법률행위의 전부가 무효로 될 수 있다.

단락문제 Q01   제33회 기출

다음 중 무효인 법률행위는? (다툼이 있으면 판례에 따름)

① 개업공인중개사가 임대인으로서 직접 중개의뢰인과 체결한 주택임대차계약
② 공인중개사 자격이 없는 자가 우연히 1회성으로 행한 중개행위에 대한 적정한 수준의 수수료 약정
③ 민사사건에서 변호사와 의뢰인 사이에 체결된 적정한 수준의 성공보수약정
④ 매도인이 실수로 상가지역을 실수로 그보다 가격이 비싼 상업지역이라 칭하였고 부동산 거래의 경험이 없는 매수인이 이를 믿고서 실제 가격보다 2배 높은 대금을 지급한 매매계약
⑤ 보험계약자가 오로지 보험사고를 가장하여 보험금을 취득할 목적으로 선의의 보험자와 체결한 생명보험계약

해설 단속규정 위반 유효
① 민법 제124조 자기계약 금지에 위반하지 않는 한 유효
위 규정을 효력규정으로 보아 이에 위반한 거래행위를 일률적으로 무효라고 할 경우 중개의뢰인이 직접 거래임을 알면서도 자신의 이익을 위해 한 거래도 단지 직접 거래라는 이유로 효력이 부인되어 거래의 안전을 해칠 우려가 있으므로, 위 규정은 강행규정이 아니라 단속규정이다.(대판 2017. 2. 3. 2016다259677)
② 유효 – 공인중개사 자격이 없는 자가 우연한 기회에 단 1회 타인 간의 거래행위를 중개한 경우 등과 같이 '중개를 업으로 한' 것이 아니라면 그에 따른 중개수수료 지급약정이 강행법규에 위배되어 무효라고 할 것은 아니고(대판 2012. 6.14. 2010다86525)
③ 민사사건의 변호사 성공 보후 약정 ⇒ 유효(대판 1995.4.25. 94다57626)   ④ 유효
⑤ 무효 – 보험사고를 가장하거나 혹은 그 정도를 실제보다 과장하여 보험금을 부당하게 취득할 목적으로 체결하였음을 추인할 수 있으므로, 보험계약이 민법 제103조 소정의 선량한 풍속 기타 사회질서에 반하여 무효(대판 2005.7.28. 2005다23858)

답 ⑤

제1편 민법총칙(법률행위)

단락문제 Q02
제30회 기출

반사회질서의 법률행위에 관한 설명으로 틀린 것은? (다툼이 있으면 판례에 따름)

① 반사회질서의 법률행위에 해당하는지 여부는 해당 법률행위가 이루어진 때를 기준으로 판단해야 한다.
② 반사회질서의 법률행위의 무효는 이를 주장할 이익이 있는 자는 누구든지 주장할 수 있다.
③ 법률행위가 사회질서에 반한다는 판단은 부단히 변천하는 가치관념을 반영한다.
④ 다수의 보험계약을 통하여 보험금을 부정취득할 목적으로 체결한 보험계약은 반사회질서의 법률행위이다.
⑤ 대리인이 매도인의 배임행위에 적극 가담하여 이루어진 부동산의 이중매매는 본인인 매수인이 그러한 사정을 몰랐다면 반사회질서의 법률행위가 되지 않는다.

해설 반사회질서의 법률행위

① (○) 매매계약체결 당시에 정당한 대가를 지급하고 목적물을 매수하는 계약을 체결하였다면, 비록 그 후 목적물이 범죄행위로 취득된 것을 알게 되었다고 하더라도, 계약의 이행을 구하는 것 자체가 선량한 풍속 기타 사회질서에 위반하는 것으로 볼 만한 특별한 사정이 없는 한, 그러한 사유만으로 당초의 매매계약에 기하여 목적물에 대한 소유권이전등기를 구하는 것이 민법 제103조의 공서양속에 반하는 행위라고 단정할 수 없다(대판 2001다44987).
② (○) 절대적 무효. 누구나 주장 가능
③ (○) 선량한 풍속 기타 사회질서는 부단히 변천하는 가치관념으로서 어느 법률행위가 이에 위반되어 민법 제103조에 의하여 무효인지는 법률행위가 이루어진 때를 기준으로 판단하여야 한다(대판 2015다200111).
④ (○) 보험계약자가 다수의 보험계약을 통하여 보험금을 부정취득할 목적으로 보험계약을 체결한 경우, 이러한 목적으로 체결된 보험계약에 의하여 보험금을 지급하게 하는 것은 보험계약을 악용하여 부정한 해치게 되므로, 이와 같은 보험계약은 민법 제103조 소정의 선량한 풍속 기타 사회질서에 반하여 무효이다(대판 2005다23858).
⑤ (×) (민법 제116조 제1항). 매수인(또는 그 대리자)가 배임행위에 적극 가담하여 이루어진 부동산의 이중매매는 반사회질서의 법률행위(제103조)에 속하며 반사회질서의 경우 절대적 무효이다.

답 ⑤

제2장 법률행위의 목적·해석

05 불공정한 법률행위 ★★★   13·추가15·16·18·24·25·28·34회 출제

> **제104조(불공정한 법률행위)** 당사자의 궁박·경솔 또는 무경험으로 인하여 현저하게 공정을 잃은 법률행위는 무효로 한다.

1 의의
(1) 불공정한 법률행위란 궁박, 경솔, 무경험 상태에 있어 자유로운 의사결정이 곤란한 자에 대하여 현저하게 균형을 잃은 반대급부를 강제하여 부당한 재산적 이익을 얻는 행위를 말한다.
(2) 이는 사회질서에 반하는 행위 중 한 유형으로 이를 무효로 하여 경제적 약자를 보호하고자 한다.

2 요건   29회 출제

(1) 주관적 요건

1) 상대방의 궁박·경솔·무경험
   ① **궁박**(窮迫) : 궁박은 급박한 곤궁을 의미하는 것으로서 경제적 원인에 기인할 수도 있고, 정신적 또는 심리적 원인에 기인할 수도 있다.

   > **판례** 궁박을 인정한 판례
   >
   > ① 매도인이 부동산 매도당시 가친의 병이 위독하여 그 치료비 등 비용관계로 할 수 없이 처분하게 된 궁박한 사정을 매수인이 알고 있었고, 매매목적물의 경계확정측량도 매수인이 일방적으로 하고, 그 부동산가격도 토지 16,964평을 겨우 10,000원이라는 지극히 저렴한 것이었다고 한다면 위 매매행위는 불공정한 법률행위이다(대판 1968.7.30. 68다88).
   > ② 건물의 매도인이 건물철거소송의 패소확정으로 건물을 철거당함으로써 생업이 중단될 궁박한 상태에서 시가의 3분의 1에 미달하는 금액을 대금으로 하여 이루어진 건물의 매매는 불공정한 법률행위이다(대판 1973.5.22. 73다231).
   > ③ 원고의 장남이 피고의 가옥에 불법침입한 사실을 들어 주거침입죄 등으로 고소하겠다고 협박하면서 임야 등 시가 약 255만원 상당의 원고 소유 재산을 시가 60 내지 90만원 상당의 피고 소유 가옥과 교환해주면 고소하지 않겠다고 공갈하자, 원고는 고령으로 섬에 살면서 사회적 경험이 적은데다 자식에게 어떤 변이 일어날지도 모른다는 궁박한 상태에서 경솔하게 체결한 교환계약은 불공정한 법률행위로 무효이다(대판 1980.6.24. 80다558).
   > ④ 수사기관에 30시간 이상 불법구금된 상태에서 5억여 원에 경락(매각)받은 토지지분 편취에 따른 손해배상으로 지분반환 외에 2억 4천만원을 추가지급하기로 한 합의는 지나치게 과도한 것이므로 불공정한 법률행위에 해당한다(대판 1996.6.14. 94다46374).
   > ⑤ 농촌에서 농사만 짓던 가족이 사고로 가장을 잃어 경제적으로나 정신적으로 경황이 없는 상황에서 받을 수 있는 액수의 8분의 1밖에 되지 않는 사고배상금에 합의한 경우 이는 현저하게 공정을 잃은 법률행위로서 무효이다(대판 1979.4.10. 78다2457).

   ② **경솔**(輕率) : 어떤 의사를 결정할 때 일반인이 베푸는 고려를 하지 않은 심리상태를 말한다.
   ③ **무경험**(無經驗) : 무경험이라 함은 일반적인 생활체험의 부족을 의미하는 것으로서 어느 특정영역에 있어서의 경험부족이 아니라 거래일반에 대한 경험부족을 뜻한다(대판 2002.10.22. 2002다38927).

제1편 민법총칙(법률행위)

> **판례** 무경험을 인정한 판례
>
> ❶ 무학문맹으로 나이어린 외손녀 하나만을 데리고 가옥일부를 임대한 수입으로 생계를 꾸리며 지병에 시달려오던 67세의 노파가 별다른 생활대책도 없이 시가 1,800만원 상당의 유일한 생활근거인 위 가옥을 600만원에 매도한 경우 현저하게 공정을 잃은 법률행위로서 무효이다(대판 1992.2.25. 91다40351).
> ❷ 해외파견근무 중 교통사고로 사망한 피해자의 부가 <u>별로 교육을 받지 못하고 시골에서 날품팔이로 생계를 유지하는 66세의 노인으로서 원래 아는 것과 경험이 없고</u> 사고경위도 알지 못한데다가 아들이 사망했다는 비보에 <u>큰 충격을 받아 경황이 없는 상태</u>에서 위 가해회사가 제시한 합의서에 날인한 것이라면, <u>경솔·궁박·무경험 상태에서 이루어진 현저하게 공정을 잃은 법률행위로서 무효이다</u>(대판 1987.5.12. 86다카1824).

2) 궁박·경솔·무경험의 요건구비

상대방의 궁박·경솔·무경험의 요건은 모두 구비하여야 하는 것은 아니고, 그 가운데 하나만 갖추어도 충분하다(대판 2002.10.22. 2002다38924).

3) 궁박·경솔·무경험의 판단기준

대리인에 의하여 법률행위가 이루어진 경우 그 법률행위가 불공정한 법률행위인가를 판단할 경우에 경솔·무경험은 그 대리인을 기준으로 하여 판단하여야 하고, 궁박 상태에 있었는지는 본인의 입장에서 판단되어야 한다(대판 1972.4.25. 71다2255).

Professor Comment

시험에 자주 출제되는 지문이므로 본인의 궁박, 대리인의 경솔·무경험을 본궁, 대경무로 암기한다.

4) 판단시점

궁박·경솔·무경험이나 현저한 불균형 여부를 판단하는 시점은 법률행위 당시이다(대판 1984.4.10. 81다239, 대판 2013.9.26. 2010다42075).

> **용어사전**
>
> 1) **대물변제(代物辨濟)**: 채무자가 부담하고 있는 본래의 급부에 갈음(대신)하여 다른 급부를 함으로써 채권을 소멸시키는 채권자와 변제자간의 계약을 말하며, 변제와 동일한 효력이 있다(민법 제466조).
> ⇨ **변제(辨濟)**: 채무자 기타의 자가 채무의 내용에 따라서 급여를 하여, 채권을 소멸시키는 것(민법 제460조 이하)

Professor Comment

<u>대물변제</u>[1]예약에 대하여 불공정성 여부를 판단할 경우, 그 채권액수는 변제기까지의 원리액을 기준으로 판단한다(대판 1965.6.15. 65다610).

5) 폭리행위의 악의

법률행위의 상대방이 당사자 일방의 궁박·경솔 또는 무경험의 상태를 알고서 이를 이용하려는 의사, 즉 폭리행위의 악의가 필요하다(대판 1992.10.23. 92다29337).

제2장 법률행위의 목적·해석

 불공정한 법률행위의 성립요건과 폭리행위의 악의 필요 여부

민법 제104조에 규정된 불공정한 법률행위는 피해당사자가 궁박, 경솔 또는 무경험의 상태에 있었다고 하더라도 그 상대방 당사자에게 위와 같은 피해당사자측의 사정을 알면서 이를 이용하려는 의사, 즉 <u>폭리행위의 악의가 없었다면 불공정한 법률행위는 성립되지 않는다</u>(대판 1992.10.23. 92다29337).

(2) 객관적 요건(급부와 반대급부사이에 현저한 불균형의 존재)★★★

현저히 공정을 잃은 법률행위라 함은 자기의 급부에 비하여 현저하게 균형을 잃은 반대급부를 하게 하여 부당한 재산적 이익을 얻는 행위를 의미하는 것이다.

> 예) 시가 3,400만원에 상당하는 임야를 600만원에 매매계약을 한 경우, 매도담보에 제공한 목적물의 가격이 채권액의 3배에 달한 경우 등

 기타 불공정한 법률행위에 해당한다고 한 판례

의료기관 또는 의사가 환자를 치료하고 그 치료비를 청구할 때 <u>치료행위와 그에 대한 일반의료수가 사이에 현저한 불균형이 존재</u>하고 그와 같은 불균형이 피해 당사자의 궁박, 경솔 또는 무경험에 의하여 이루어진 경우에는 민법 제104조의 불공정한 법률행위에 해당하여 무효이므로 그 지급을 청구할 수 없다(대판 1995.12.8. 95다3282).

 불공정한 법률행위가 아니라고 본 사안

1. 지역사회에서 상당한 사회적 지위와 명망을 가지고 있는 자가 간통으로 피소될 처지에서 상간자의 배우자가 상대방의 그와 같은 처지를 적극적으로 이용하여 폭리를 취하려 하였다고 볼 수 없는 경우, 고소를 하지 않기로 합의하면서 금 170,000,000원의 약속어음공정증서를 작성한 행위는 <u>불공정한 법률행위에 해당한다고 볼 수 없다</u>(대판 1997.3.25. 96다47951).
2. 원고의 사위가 피고에게 이 사건 부동산은 원고가 상속받은 것이고 피고 명의의 등기는 원인무효이니 원고에게 되돌려 주어야 한다고 말하면서 <u>원고가 소송을 제기하면 피고가 패소될 것이 분명하니 좋게 해결하는 것이 좋다는 취지의 말을 하여 시가 금 10,000,000원 정도의 부동산을 금 5,000,000원에 매매하였다고 하여 바로 민법 제104조 소정의 불공정한 법률행위에 해당한다고 할 수 없다</u>(대판 1991.11.12. 91다10732).

3 효과

(1) 절대적·확정적 무효

불공정한 법률행위는 확정적 무효이며, 누구에 대하여서도 무효를 주장할 수 있는 절대적 무효이다. 뿐만 아니라 불공정한 법률행위의 무효주장을 제한하는 부제소합의 또한 무효이다(대판 2010.7.15. 2009다50308).

(2) 무효행위의 전환과 추인

불공정한 법률행위에 해당하여 무효인 경우에도 무효행위의 전환에 관한 민법 제138조가 적용될 수 있다. 그러나 불공정한 사정을 제거하지 아니하고는 추인에 의하여 그 무효인 법률행위가 유효가 될 수는 없다.

제1편 민법총칙(법률행위)

 불공정한 법률행위에 대하여 무효행위의 전환을 인정한 사례

> 매매계약이 약정된 매매대금의 과다로 말미암아 민법 제104조에서 정하는 '불공정한 법률행위'에 해당하여 무효인 경우에도 무효행위의 전환에 관한 민법 제138조가 적용될 수 있다(대판 2010.7.15. 2009다50308).

(3) 일부 무효

법률행위의 일부만이 무효로 되는 경우 일부무효의 법리(제137조, 법률행위의 무효와 취소 참조)에 따른다.

 1개의 법률행위에 관하여 유효부분과 무효부분을 가려 판단한 판례

> 채무금의 지급담보의 의미로 부동산의 소유권이전등기에 필요한 서류를 교부한 경우에 **채무금을 약정기일까지 지급하지 못할 때에는 부동산을 완전히 채권자의 소유로 한다는 약정은 민법 제104조의 규정에 의하여 무효**라고 할지라도 **채무담보를 위하여 소유권이전등기를 하기로 한 채무담보 약정은 유효**한 것이라 할 것이고 1개의 법률행위에 관하여 유효부분과 무효부분을 가려 판단할 수 있는 것이다(대판 1967.9.19. 67다1460).

4 적용범위 ★★★

(1) 단독행위

급부와 반대급부 간의 현저한 불균형이 발생할 수 있으므로 단독행위에도 불공정한 법률행위가 적용된다.

 채권포기에 제104조의 적용 여부

> 구속된 남편을 구제하기 위하여 채무자인 회사에 대한 물품외상대금채권을 포기하는 것은 불공정한 법률행위로서 무효이다(대판 1975.5.13. 75다92).
> ※ 물품외상대금채권 포기 행위는 상대방 있는 단독행위에 해당하지만 실질적인 대가성을 인정했다.

(2) 무상행위·경매

공정성 여부를 논의할 여지가 없는 증여 등의 무상행위와 법령에 의해 공정성이 담보되는 경매에는 불공정한 법률행위가 적용되지 않는다.

 무상행위와 경매에 있어서 제104조의 적용 여부

> 1. 기부행위나 증여계약과 같이 아무런 대가 없이 당사자 일방이 상대방에게 한 일방적인 급부인 **법률행위는** 그 공정성 여부를 논의할 수 있는 성질의 법률행위가 아니다(대판 1997.3.11. 96다49650).
> 2. 적법한 절차에 의하여 이루어진 경매에 있어서는 불공정한 법률행위에 관한 **민법 제104조**와 채무자에게 불리한 약정에 관한 것으로서 효력이 없다는 제608조는 **적용될 여지가 없다**(대결 1980.3.21. 80마77).

(3) 합동행위에 적용

어업권의 소멸로 인한 손실보상금의 분배에 관한 어촌계 총회의 결의 내용이 각 계원의 어업권 행사 내용, 어업 의존도, 계원이 보유하고 있는 어업 장비나 멸실된 어업 시설 등의 제반 사정을 참작한 손실의 정도에 비추어 볼 때 현저하게 불공정한 경우에는 그 결의는 무효이다.(대판 2003.6.27. 2002다68034)

제2장 법률행위의 목적·해석

(4) 불공정한 법률행위의 입증책임[1]

무효를 주장하는 측에서 현저하게 공정을 잃은 그 법률행위가 궁박·경솔 또는 무경험에 의하였다는 점과 상대방이 그 사정을 알고 이를 이용하여서 그 법률행위가 이루어지게 되었다는 점을 주장·입증하여야 한다.

> **용어사전**
> 1) **입증책임(立證責任)**: 법원이 일정한 법률관계의 존부를 판단함에 있어 필요한 사실의 존부를 확정할 수 없는 경우에는, 어느 한 쪽의 당사자에게 불리하게 가정하여 판단하지 않을 수 없다. 이러한 가정에 의하여 당사자의 한 쪽이 입게 되는 위험 또는 불이익을 말한다.

판례 | 궁박·경솔 또는 무경험의 추정 여부

제104조의 불공정한 법률행위를 주장하는 자는 스스로 궁박·경솔·무경험으로 인하였음을 증명하여야 하고, <u>그 법률행위가 현저하게 공정을 잃었다 하여 곧 그것이 경솔하게 이루어졌다고 추정하거나 궁박한 사정이 인정되는 것은 아니다</u>(대판 1969.7.24. 69다594).

단락문제 Q03   제29회 기출

불공정한 법률행위에 관한 설명으로 틀린 것은? (다툼이 있으면 판례에 따름)

① 궁박은 정신적·심리적 원인에 기인할 수도 있다.
② 무경험은 거래일반에 대한 경험의 부족을 의미한다.
③ 대리인에 의해 법률행위가 이루어진 경우 궁박 상태는 본인을 기준으로 판단해야 한다.
④ 급부와 반대급부 사이에 현저한 불균형이 존재하는지는 특별한 사정이 없는 한 법률행위 당시를 기준으로 판단하여야 한다.
⑤ 급부와 반대급부 사이의 현저한 불균형은 피해자의 궁박·경솔·무경험의 정도를 고려하여 당사자의 주관적 가치에 따라 판단한다.

해설

⑤ (×) 폭리행위의 악의가 없었다거나 또는 객관적으로 급부와 반대급부 사이에 현저한 불균형이 존재하지 아니한다면 불공정한 법률행위 ×
① (○) 매도인이 부동산매도당시 가친의 병이 위독하여 그 치료비등 비용관계로 할 수 없이 처분하게 된 궁박한 사정을 매수인이 알고 있었고 매도인이 팔기를 꺼려하는 부분까지 매수인의 요구에 의하여 함께 팔지 않을 수 없었으며 매매목적물의 경계확정측량도 매수인이 일방적으로 하고 그 부동산가격도 토지 16,964평을 겨우 10,000원이라는 지극히 저렴한 것이었다고 한다면 위 매매행위는 본조에 해당하는 불공정한 법률행위이다(대판 1968.7.30. 68다88).
② (○) '무경험'이라 함은 일반적인 생활체험의 부족을 의미하는 것으로서 어느 특정영역에 있어서의 경험부족이 아니라 거래일반에 대한 경험부족을 뜻한다(대판 2002.10.22. 2002다38927).
③ (○) 불공정한 법률행위에 해당하는지 여부를 판단함에 있어서 경솔과 무경험은 대리인을 기준으로 하여 판단하고, 궁박은 본인의 입장에서 판단하여야 한다(대판 2002.10.22. 2002다38927).
④ (○) 불공정한 법률행위에 해당하는지는 법률행위가 이루어진 시점을 기준으로 약속된 급부와 반대급부 사이의 객관적 가치를 비교 평가하여 판단하여야 할 문제이다(대판 2013.9.26. 2010다42075).

답 ⑤

제1편 민법총칙(법률행위)

제2절 법률행위의 해석

Professor Comment

민법은 법률행위해석에 관한 일반적 원칙규정은 없고, 법 제105조(임의규정)와 제106조(사실인 관습)가 있을 뿐이다.

> 제105조(임의규정) 법률행위의 당사자가 법령 중의 선량한 풍속 기타 사회질서에 관계 없는 규정과 다른 의사를 표시한 때에는 그 의사에 의한다.
> 제106조(사실인 관습) 법령 중의 선량한 풍속 기타 사회질서에 관계 없는 규정과 다른 관습이 있는 경우에 당사자의 의사가 명확하지 아니한 때에는 그 관습에 의한다.

01 의 의

(1) 법률행위의 해석은 내심적 의사여하에 관계없이 <u>당사자가 그 표시행위에 부여한 객관적인 의미</u>를 명백하게 확정(밝히)하는 것이다.
→ 상대방의 입장에서 판단한다는 의미

 당사자 확정의 문제(의사표시 해석의 문제)

1 일반적으로 계약의 당사자가 누구인지는 그 계약에 관여한 당사자의 의사해석의 문제에 해당한다.
의사표시의 해석은 당사자가 그 표시행위에 부여한 객관적인 의미를 명백하게 확정하는 것으로서, 당사자의 내심적 의사의 여하에 관계없이 그 서면의 기재 내용에 의하여 당사자가 그 표시행위에 부여한 객관적 의미를 합리적으로 해석하여야 하며, 이 경우 문언의 객관적인 의미가 명확하다면 특별한 사정이 없는 한 문언대로의 의사표시의 존재와 내용을 인정하여야 한다(대판 2010.5.13, 2009다92487).

2 타인명의로 예금계약을 체결한 경우
甲이 배우자인 乙을 대리하여 금융기관과 乙의 실명확인 절차를 거쳐 乙명의의 예금계약을 체결한 사안에서, 甲과 乙의 내부적 법률관계에 불과한 자금 출연경위, 거래인감 및 비밀번호의 등록·관리, 예금의 인출 상황 등의 사정만으로, 금융기관과 甲 간에 甲을 예금계약의 당사자로 하기로 하는 묵시적 약정이 체결되었다 볼 수 없다(대판 2009.3.19, 2008다45828 전합).

3 지입회사직원이 계열회사 명의 보험계약을 한 경우 ; 보험계약자 및 피보험자 = 계열회사
지입회사 직원이 자기 회사의 명의로 등록되어 있는 지입차량에 관하여 자기 회사가 사고가 많아 보험료율이 높은 관계로 보험료율이 낮은 계열회사의 명의로 보험계약을 체결하기 위하여 보험회사 직원에게 그 차량이 계열회사 소유라고 말하여 보험계약자 및 피보험자 명의를 계열회사로 하는 보험계약을 체결한 경우, 지입회사의 내심의 의사는 자신을 보험계약자 내지 피보험자로 하려는 의사가 있었을지 모르나 상대방인 보험회사와 사이에 그렇게 하기로 하는 의사의 합치가 있었다고 볼 수 없고, 또 보험회사로서는 계약 명의자인 계열회사가 실제의 보험계약자 및 피보험자인 것으로 이해하고 그에 따른 보험료율 등을 정하여 보험계약을 체결한 것이라고 보여지므로, 보험계약자 및 기명피보험자는 계약 명의자인 계열회사라고 보아야 한다(대판 1998.5.12, 97다36989).

4 타인의 명의로 부동산을 낙찰 받은 자
부동산경매절차에서 대금을 부담하는 자가 타인의 명의로 경락허가결정을 받기로 약정하여 그에 따라 경락이 이루어진 경우, 경매 목적 부동산의 소유권 취득자는 명의인이며 명의신탁관계가 성립한다(대판 2005.4.28, 2004다68335).

≪비교≫ 제3자를 형식적 주 채무자로 내세운 경우 = 통정 허위표시 무효
동일인에 대한 대출액 한도를 제한한 법령이나 금융기관 내부규정의 적용을 회피하기 위하여 실질적인 주채무자가 실제 대출받고자 하는 채무액에 대하여 제3자를 형식상의 주채무자로 내세우고, 금융기관도 이를 양해하여 제3자에 대하여는 채무자로서의 책임을 지우지 않을 의도하에 제3자 명의로 대출관계서류를 작성받은 경우, 통정허위표시에 해당하는 무효의 법률행위이다(대판 2001.5.29, 2001다11765).

(2) 법률행위는 의사표시를 그 중심요소로 하므로 법률행위의 해석은 궁극적으로 의사표시의 해석으로 귀착되며, 따라서 법률행위의 해석주체는 법원이 된다.

> **[판례] 법률행위의 해석주체**
>
> 당사자 간에 체결된 계약사항에 이의가 발생하였을 때에는 어느 일방 당사자의 해석에 따른다는 조항은 재판 외에서 적용된다는 취지로 해석될지 모르나 재판관의 해석권까지 구속하는 조항이 될 수 없다(대판 1974.9.24. 74다1057).

[용어사전]
1) 사실심(事實審)과 법률심(法律審) : 어떤 사건에 대한 재판을 위해서 사실의 존부와 법률의 2가지 측면을 다 고려한 판결을 사실심이라고 하고, 반면에 법률적인 면만 고려한 판결을 법률심이라고 하는데 1심과 2심은 주로 사실심이 되고 3심(상고심)은 주로 법률심이 된다.

02 법률행위해석의 성질

법률행위의 내용을 확정하는 것은 사실문제이나, 법률행위의 해석은 이 확정된 사실을 기초로 해서 표시행위가 가지는 객관적 의미를 밝히는 일로써 일종의 법률적 가치판단에 속하는 법률문제이므로 해석이 잘못된 경우 상고이유가 되어 법률심¹⁾인 대법원에서 다툴 수 있다.

03 법률행위해석의 기준 및 순서

민법은 법률행위의 해석에는 ① 당사자의 목적, ② 관습, ③ 임의법규, ④ 신의성실의 원칙 등이 그 기준 및 순서가 된다.

> **[판례] 법률행위의 해석방법**
>
> 법률행위의 해석은 당사자가 그 표시행위에 부여한 객관적인 의미를 명백하게 확정하는 것으로서, 사용된 문언에만 구애받는 것은 아니지만, 어디까지나 당사자의 내심의 의사가 어떤지에 관계없이 그 문언의 내용에 의하여 당사자가 그 표시행위에 부여한 객관적 의미를 합리적으로 해석하여야 하는 것이고, 당사자가 표시한 문언에 의하여 그 객관적인 의미가 명확하게 드러나지 않는 경우에는 ① 그 문언의 형식과 내용, ② 그 법률행위가 이루어진 동기 및 경위, ③ 당사자가 그 법률행위에 의하여 달성하려는 목적과 ④ 진정한 의사, ⑤ 거래의 관행 등을 종합적으로 고려하여 사회정의와 형평의 이념에 맞도록 논리와 경험의 법칙, 그리고 사회일반의 상식과 거래의 통념에 따라 합리적으로 해석하여야 한다(대판 2010.7.8. 2010다9597).

1 당사자가 의도하는 목적

(1) 당사자가 그 법률행위에 의하여 달성하고자 하는 사회적·경제적 목적을 포착하여, 법률행위의 내용을 이 목적에 적합하도록 하여야 한다.

제1편 민법총칙(법률행위)

(2) 계약의 해석에 있어서는 그 계약서 문구에만 구애받는 것이 아니라 그 문언의 취지에 따름과 동시에 윤리법칙과 경험법칙에 따라 당사자의 진의(眞意)를 참작하여 해석한다.

 '최대한 노력하겠다'라고 기재한 경우의 객관적 의미

① 甲이 乙의 부실기업을 인수하면서 "종전 사장 乙에게 6년간 사장으로서의 임금을 주기로 한 약정"에 대해 "최대한 노력하겠다"고 계약서 말미에 부기한 경우 그 의미는 법적으로 부담은 할 수 없지만 사정이 허락하는 한 그 이행을 하여 주겠다는 취지로 해석함이 상당하고 따라서 중간에 보수를 중단한 경우 그것이 채무불이행이 되지 않는다(대판 1994.3.25. 93다32668).

② 특히 당사자 일방이 주장하는 계약의 내용이 상대방에게 중대한 책임을 부과하거나 그가 보유하는 소유권 등 권리의 중요한 부분을 침해 내지 제한하게 되는 경우에는 문언의 내용을 더욱 엄격하게 해석하여야 한다(대판 2014.6.26. 2014다14115).

2 관습(사실인 관습)

(1) 의 의

법률행위의 당사자가 이에 따를 것이라는 의사를 가지고 있는 것으로 인정되는 거래상의 관습(관행)으로 사회관행에 의하여 발생한 사회생활규범인 점에서 관습법과 같으나 사회의 법적 확신이나 인식에 의하여 법적 규범으로 승인된 정도에 이르지 못한 것이라는 점에서 관습법과 다르다(대판 1983.6.14. 80다3231).

 관습법과 사실인 관습의 차이

① 관습법이란 사회의 거듭된 관행으로 생성한 사회생활규범이 사회의 법적 확신과 인식에 의하여 법적 규범으로 승인·강행되기에 이른 것을 말하고, 사실인 관습은 사회의 관행에 의하여 발생한 사회생활규범인 점에서 관습법과 같으나 사회의 법적 확신이나 인식에 의하여 법적 규범으로서 승인된 정도에 이르지 않은 것을 말한다.

② 관습법은 당사자의 주장 입증을 기다림이 없이 법원이 직권으로 이를 확정하여야 하고 사실인 관습은 그 존재를 당사자가 주장 입증하여야 하나, 관습은 그 존부자체도 명확하지 않을 뿐만 아니라 그 관습이 사회의 법적 확신이나 법적 인식에 의하여 법적 규범으로까지 승인되었는지의 여부를 가리기는 더욱 어려운 일이므로, 법원이 이를 알 수 없는 경우 결국은 당사자가 이를 주장입증할 필요가 있다(대판 1983.6.14. 80다3231).

(2) 해석기준이 되기 위한 요건

1) 법령 중의 선량한 풍속 기타 사회질서에 관계 없는 규정, 즉 임의규정과 다른 관습이 있어야 한다.
2) 당사자가 그 관습에 따르는 것을 배제하고 있지 않아야 한다. 이 경우 그 관습은 임의법규에 우선하여 법률행위 해석의 기준이 된다.

(3) 증명책임(입증책임)[1]

법령과 같은 효력을 갖는 관습법은 당사자의 주장·입증을 기다림이 없이 법원이 직권으로 이를 확정하여야 하고 사실인 관습은 그 존재를 당사자가 주장·입증하여야 하나, 관습은 그 존부 자체도 명확하지 않을 뿐만 아니라 그 관습이 사회의 법적 확신이나 인식에 의하여 법적 규범으로까지 승인되었는지의 여부를 가리기는 더욱 어려운 일이므로 법원이 이를 알 수 없는 경우 결국은 당사자가 이를 주장·입증할 필요가 있다(대판 1983.6.14. 80다3231).

> **용어사전**
>
> [1] 증명책임(證明責任, 입증책임) : 소송에 있어서 어느 증명을 요하는 사실의 존부가 확정되지 않을 때에 당해사실이 존재하지 않는 것으로 취급되어 법률판단을 받게 되는 당사자일방의 위험 또는 불이익을 말하며 민사소송법에서는 종래에 입증책임이라고 하였으나 현재는 증명책임으로 표현하고 있다.

(4) 사실인 관습과 관습법의 비교

구 분	사실인 관습	관습법
의 의	사회관행에 의하여 발생한 사회생활규범이나 법적 규범으로 승인되지 못함	사회관행에 의하여 발생한 사회생활규범으로 법적 승인을 받은 것
요 건	① 관행의 성립 ② 전체 법질서 및 선량한 풍속 기타 사회질서에 반하지 않을 것	① 관행의 성립 ② 전체 법질서(헌법질서) 및 선량한 풍속 기타 사회질서에 반하지 않을 것 ③ 법적 승인을 얻을 것
효 과	강행법규에 반하지 않는 한도에서 당사자의 의사를 보충한다.	법원으로서 법령과 같은 효력을 가지므로 재판의 근거가 된다(다만 성문법에 비해 열위라고 보는 것이 통설임).
주장·입증	당사자가 관습의 존재를 주장·입증하여야 한다.	당사자의 주장·입증을 기다리지 않고, 법원이 직권으로 확정할 수 있다. 다만, 법원이 알지 못하는 경우 사실상 당사자의 주장·입증이 필요하다.

(5) 판례에 의해 확인된 관습법

1) <u>분묘기지권</u> → 분묘의 설치·관리에 관한 지상권 유사(類似)의 관습법상 물권
2) 동산의 양도담보
3) 관습법상의 법정지상권
4) 수목집단 등의 명인방법
5) 사실혼 제도(현재는 관습법을 넘어서 법률에서 직접 보호하고 있다)

3 임의법규

(1) 당사자의 의사에 의하여 그 적용을 배제할 수 있는 규정, 즉 법령 중 선량한 풍속 기타 사회질서에 관계없는 규정을 말한다(제105조, 106조).

→ 의사표시가 임의법규에 우선한다.

(2) 의사표시의 내용이나 그와 관련된 관습이 있으면 <u>임의법규</u>는 배척되나(제105조), 의사표시가 명백하지 않고 그에 관한 관습이 없으면 임의법규도 법률행위해석의 표준이 된다.

4 신의성실의 원칙[1](조리[2])

(1) 법률행위해석의 최후의 표준은 신의성실의 원칙, 즉 조리이다.
(2) 이에 관한 명문은 없으나 법률행위해석에 관한 위의 여러 기준에 의해서도 법률행위의 내용을 명확히 할 수 없는 경우에는 신의성실의 원칙 또는 법의 근본이념이 되는 조리에 따라 해석하는 것이 당연하다.

> **용어사전**
> 1) **신의성실(信義誠實)의 원칙**: 사회공동생활의 일원으로서 서로 상대방의 신뢰를 배반하지 않도록 성의를 가지고 행동해야 하는 것을 말하며, 권리남용의 금지의 원칙과 더불어 민법을 지배하는 대원칙이다.
> 2) **조리(條理)**: 사물의 본질적 법칙 또는 사물의 본성을 뜻하며, 경험칙, 신의성실, 사회통념 등으로 표현되기도 한다.

04 법률행위해석의 방법★★★

Professor Comment
통설과 판례는 실제의 해석 수단으로 아래의 3가지 방법을 구체적 사정에 따라 활용하고 있다. 그 적용되는 영역과 누구의 관점에서 이루어지는가를 중심으로 학습해야 한다.

1 자연적 해석

(1) 의 의
표의자의 진의(실제의 의사)를 밝히는 해석방법이다. 이 방법은 표의자의 이익만이 고려되고 표시상대방의 이익은 고려되지 않고, 표시행위의 객관적 의미도 고려되지 않는다.

(2) 적용사례
상대방 없는 단독행위(예) 유언)의 해석과 오표시무해(誤表示無害)의 원칙이 대표적이다.

(3) 오표시무해의 원칙★★

1) **의 의**
표의자가 표시를 잘못하였음에도 불구하고 상대방이 표의자의 진의를 올바르게 인식한 경우 표의자가 의도했던 대로 그 효과가 발생하므로 잘못된 표시행위가 표의자에게 해가 되지 않는다는 원칙을 말한다.

2) **효 력**
이 경우 당사자 간에 의사의 완전한 합의가 있기 때문에, 당사자의 실제 의사대로 그 효력이 발생한다.

제2장 법률행위의 목적·해석

 자연적 해석에 관한 판례

A가 점유하던 국유지 甲토지를 불하받은 과정에서 인근에 B가 점유하던 국유지 乙과 혼동하여 乙토지의 지번에 대하여 불하신청을 하였고 국가도 乙토지에 대한 매매계약서를 작성한 경우 계약서에 그 목적물을 甲토지가 아닌 乙토지로 표시하였다 하여도 <u>위 甲토지에 관하여 이를 매매목적물로 한다는 쌍방의 의사합치가 있는 이상 甲토지에 관한 매매계약이 성립한 것으로 본다</u>(대판 1993.10.26. 93다2629).

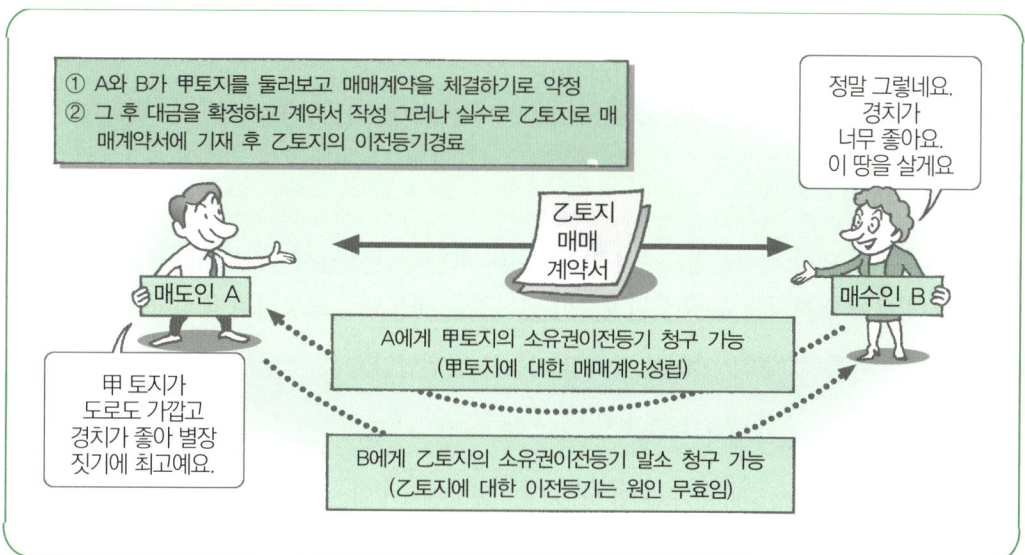

2 규범적 해석

22회 출제

(1) 의 의

상대방의 시각에 의한 해석방법으로서 법률행위의 객관적·규범적 의미를 명백하게 밝히는 것이다. 법률행위에 있어서 사실상 일치하는 이해가 확정되지 못하는 경우의 해석방법이다. 즉, <u>추정적 의사</u>를 추구하는 것이다.
→ 표시행위로부터 추단되는 효과의사

 규범적 해석에 관한 판례

1. 채권자 A가 채무자 B로부터 36만원을 수령하면서 실제는 더 받을 금전이 있는데도 36만원을 우선 받기 위해 **영수증에 「총완결」이라고 써준 경우** 모든 결재가 끝난 것으로 해석된다(대판 1969.7.8. 69다563).
2. 음식점 영업을 위한 **임대차계약을 하면서 특약으로 "모든 경우의 화재"**라고 쓴 경우 불가항력의 경우도 포함하는 것으로 해석된다(대판 1979.5.22. 79다508).

제1편 민법총칙(법률행위)

 금융실명제하에서 예금계약의 당사자 확정방법

금융실명거래 및 비밀보장에 관한 법률에 따라 실명확인 절차를 거쳐 예금계약을 체결하고 그 실명확인 사실이 예금계약서 등에 명확히 기재되어 있는 경우에는, 예금명의자를 예금계약의 당사자로 보려는 것이라고 해석하는 것이 경험법칙에 합당하다(대판 2009.3.19, 2008다45828).

(2) 규범적 해석이 허용되지 않는 경우

상대방의 신뢰보호를 위하여 인정되는 해석방법이므로 상대방의 보호의 필요성이나 가치가 없는 경우에는 규범적 해석이 허용되지 아니한다.

예) 상대방 없는 단독행위, 신분행위, 상대방이 표의자의 내심적 효과의사를 알고 있는 경우

3 보충적 해석

(1) 제3자의 시각에 의한 해석방법으로서 법률행위의 내용에 관해 당사자가 미처 생각지 못했던 공백이 있는 경우에 당사자가 흠결을 알았다면 정하였을 내용으로 보충하여 해석하는 것을 말한다.
→ 당사자의 가정적 의사

(2) 보충적 해석은 특히 계약분야에서 커다란 기능을 발휘한다.

 합의서의 작성과 보충적 해석

불법행위로 인한 손해배상에 관하여 가해자와 피해자 사이에 피해자가 일정한 금액을 지급받고 그 나머지 청구를 포기하기로 하는 합의가 이루어진 때에는 그 합의가 손해발생의 원인인 사고 후 얼마 지나지 아니하여 손해의 범위를 정확히 확인하기 어려운 상황에서 이루어진 것이고, 후발손해가 합의 당시의 사정으로 보아 예상이 불가능한 것으로서 당사자가 후발손해를 예상하였더라면 사회통념상 그 합의금액으로는 화해하지 않았을 것이라고 보는 것이 상당할 만큼 손해가 중대한 것일 때에는 당사자의 의사가 그러한 손해에 대해서까지 그 배상청구권을 포기한 것이라고 볼 수 없으므로 다시 그 배상을 청구할 수 있다(대판 1991.4.9, 90다16078).

단락핵심 법률행위의 해석

(1) ① 당사자의 목적, ② 관습, ③ 임의법규, ④ 신의성실의 원칙 등이 법률행위의 해석 기준 및 순서가 된다. (○)
(2) 관습법으로는 분묘기지권, 관습법상 법정지상권, 수목집단 등의 명인방법, 온천권 등이 있다. (×)
(3) 판례는 '부당한 내용의 계약조항은 예문이라고 하여 무효화하는 예문해석(例文解釋)'을 인정한다. (○)
(4) 법률행위의 해석은 법률문제로서 상고이유가 된다는 것이 지배적인 견해이다. (○)
(5) 69번지의 토지를 매매하면서 당사자 모두가 착각하여 계약서에 96번지로 지번을 적었다고 하더라도 그 매매계약은 69번지의 토지에 대한 것으로 유효하다. (○)
(6) 규범적 해석이란 표의자의 진의가 아니라 표시행위의 객관적 의미를 탐구하는 것을 말한다. (○)
(7) 계약분야에서 커다란 기능을 발휘하는 것은 보충적 해석이다. (○)

빈출 함정 총정리

• 경록 교재에 모든 답이 있습니다.

01 법률행위의 목적은 법률행위 성립 당시에 **확정되어 있지 않아도 이행기까지 확정될 수 있으면 된다.**
　함정(X) 법률행위의 목적은 법률행위 성립 당시에 반드시 확정되어야 한다.

02 당사자의 귀책사유 없이 후발적 불능이 된 법률행위는 **여전히 유효하다.**
　함정(X) 당사자의 귀책사유 없이 후발적 불능이 된 법률행위는 무효가 된다.

03 법률행위의 일부가 불능인 경우는 그 **법률행위 전부를 무효로 보는 것이 원칙이다.**
　함정(X) 법률행위의 일부가 불능인 경우는 그 법률행위의 나머지 부분은 여전히 유효하다.

04 주택법상 전매금지규정에 반하는 전매계약은 **유효이다.**
　함정(X) 주택법상 전매금지규정에 반하는 전매계약은 무효이다.

05 공인중개사가 법정최고액초과의 중개수수료금지규정에 위반한 약정을 한 경우 **규정의 한도를 초과한 부분에 한해 무효로 본다.**
　함정(X) 공인중개사가 법정최고액초과의 중개수수료금지규정에 위반한 약정을 한 경우 그 약정은 전부 무효가 된다.

06 사회상규에 반하여 무효인 법률행위의 경우 **선의의 제3자에게도 무효를 주장할 수 있다.**
　함정(X) 사회상규에 반하여 무효인 법률행위의 경우 선의의 제3자에게는 무효로 대항할 수 없다.

07 불공정한 법률행위는 일종의 반사회질서의 법률행위로서 **추인의 대상이 되지 않는다.**
　함정(X) 불공정한 법률행위는 일종의 반사회질서의 법률행위로서 추인의 대상이 된다.

제1편 민법총칙(법률행위)

08 부동산 이중매매계약은 특별한 사정이 없는 한 **사회질서에 반하지 않는다**.
  함정(X) 부동산 이중매매계약은 특별한 사정이 없는 한 사회상규에 반하여 무효이다.

09 법률행위의 동기가 반사회적인 경우에 **동기가 표시되었거나 상대방이 알고 있었다면 무효이다**.
  함정(X) 법률행위의 동기가 반사회적인 경우에 그 법률행위는 무효이다.

10 양도소득세를 부과받지 않게 할 목적으로 매매를 원인으로 한 소유권이전등기를 3년 후에 넘겨받기로 한 특약은 **유효하다**.
  함정(X) 양도소득세를 부과받지 않게 할 목적으로 매매를 원인으로 한 소유권이전등기를 3년 후에 넘겨받기로 한 특약은 사회상규에 반하여 무효이다.

11 법률행위가 사회질서에 반하는지 여부는 **법률행위시를** 기준으로 판단한다.
  함정(X) 법률행위가 사회질서에 반하는지 여부는 효력발생시를 기준으로 판단한다.

12 반사회적인 행위에 의하여 조성된 비자금을 소극적으로 은닉하기 위하여 임치한 것은 **사회질서에 반한다고 볼 수 없다**.
  함정(X) 반사회적인 행위에 의하여 조성된 비자금을 소극적으로 은닉하기 위하여 임치한 것은 사회질서에 반한다.

13 해외파견 근무자가 귀국일로부터 3년간 회사에 근무하여야 하고, 이를 위반한 경우에는 해외파견에 소요된 경비를 배상하여야 한다는 회사의 내규는 **사회상규에 반한다고 볼 수 없다**.
  함정(X) 해외파견 근무자가 귀국일로부터 3년간 회사에 근무하여야 하고, 이를 위반한 경우에는 해외파견에 소요된 경비를 배상하여야 한다는 회사의 내규는 사회상규에 반하여 무효이다.

14 채권포기와 같은 단독행위는 불공정한 행위가 **될 수 있으나**, 경매나 무상행위는 불공정한 행위가 **될 수 없다**.
  함정(X) 채권포기와 같은 단독행위는 불공정한 행위가 될 수 없으나, 경매나 무상행위는 불공정한 행위가 될 수 있다.

제2장 법률행위의 목적·해석

15 대리인에 의한 법률행위가 불공정한 법률행위인가를 판단할 경우에 경솔·무경험은 **대리인을** 기준으로, 궁박 여부는 **본인을** 기준으로 판단한다.
> **함정(✗)** 대리인에 의한 법률행위가 불공정한 법률행위인가를 판단할 경우에 경솔·무경험은 본인을 기준으로, 궁박 여부는 대리인을 기준으로 판단한다.

16 사회질서에 위반하는 법률행위에 기하여 급부한 것은 **그 이익의 반환을 청구하지 못한다.**
> **함정(✗)** 사회질서에 위반하는 법률행위에 기하여 급부한 것은 그 이익과 법정이자를 더하여 반환청구할 수 있다.

17 **관습법은** 법원이 직권으로 판단하지만 **사실인 관습은** 당사자가 주장·입증하여야 한다.
> **함정(✗)** 사실인 관습은 법원이 직권으로 판단하지만 관습법은 당사자가 주장·입증하여야 한다.

18 **자연적 해석에** 의할 때 표의자의 진의에 가장 부합하는 결과가 된다.
> **함정(✗)** 규범적 해석에 의할 때 표의자의 진의에 가장 부합하는 결과가 된다.

19 일반적으로 상대방 있는 법률행위에 대하여는 **규범적 해석이** 가장 적합하다.
> **함정(✗)** 일반적으로 상대방 있는 법률행위에 대하여는 자연적 해석이 가장 적합하다.

CHAPTER 03 의사표시

학습포인트

- 법률행위의 필수적 구성요소인 의사표시는 그 내부적 의사와 외부적 표시가 일치되어야 하고, 흠이 없어야 한다.
- 의사와 표시가 불일치한 경우인 비진의 의사표시, 통정허위표시, 착오와 의사결정에 외부로부터의 장애에 의해 흠결이 생긴 사기와 강박에 의한 행위에는 정상적인 효과가 주어지지 않는다.
- 의사표시는 법률행위에 있어서 가장 중요한 학습내용이 된다.

CHAPTER 학습 & 출제되는 키워드

- ☑ 의사표시
- ☑ 침묵
- ☑ 제3자
- ☑ 공법행위
- ☑ 착오에 의한 의사표시
- ☑ 중과실
- ☑ 강박에 의한 의사표시
- ☑ 도달주의·발신주의
- ☑ 의사주의·표시주의·절충주의
- ☑ 법정추인
- ☑ 신분행위
- ☑ 통정허위표시
- ☑ 동기의 착오
- ☑ 취소권
- ☑ 제3자의 사기·강박
- ☑ 의사표시의 공시송달
- ☑ 의사표시의 의제
- ☑ 진의 아닌 의사표시
- ☑ 어음행위
- ☑ 은닉행위·신탁행위
- ☑ 중요부분의 착오
- ☑ 사기에 의한 의사표시
- ☑ 의사표시의 효력발생
- ☑ 의사표시의 수령능력

CHAPTER 학습 & 출제되는 질문

- ☑ 비진의표시의 효과에 대한 설명으로 타당한 것은?
- ☑ 통정허위표시의 제3자로 보호받지 못하는 자는?
- ☑ 법률행위 내용의 중요부분에 대한 착오로 인정되지 않는 것은?
- ☑ 甲은 A(제3자를 위한 계약의 수익자가 아님)의 기망행위로 자기 소유의 건물을 乙에게 매도하고 소유권을 이전하였다. 옳은 것은?
- ☑ 의사표시의 효력발생시기에 관한 다음 기술 중 옳지 않은 것은?
- ☑ 甲은 乙에게 자신의 토지를 증여하기로 합의하였다. 그러나 세금문제를 염려하여 甲과 乙은 마치 매도하는 것처럼 계약서를 꾸며서 이전등기를 하였다. 그 뒤 乙은 丙에게 그 토지를 매도하고 이전등기를 하였다. 다음 설명 중 틀린 것은?(다툼이 있으면 판례에 의함)

제1절 서설

01 의사표시의 의의

1 의사표시의 개념

의사표시란 일정한 법률효과(권리, 의무)의 발생을 목적으로 하는 의사(효과의사)를 외부에 표시하는 행위를 말하며, 법률행위의 필수불가결한 요소가 되는 법률사실이다.

2 의사표시의 과정(구성요소)

(1) 효과의사

표의자가 일정한 법률효과를 의욕하는 의사를 말하며, 효과의사는 표의자가 가지고 있던 내심의 진정한 효과의사가 아니라 표시행위로부터 추측되는 효과의사, 즉 표시상의 효과의사이다.

(2) 표시의사

이미 결정한 효과의사를 외부에 표시하려는 의사를 말하며, 효과의사와 표시행위를 매개하려는 의사이다. 다수설은 의사표시의 독립된 구성요소로 보지 않는다.

(3) 표시행위

내심의 효과의사를 외부에 표현하는 행위를 말하며 명시적으로 하든 묵시적으로(의사를 추단할 수 있는 간접적 방법으로) 하든 상관없다.

예 • 이사를 가려고, 집을 5억원에 팔 결심을 하고 乙에게 팔겠다고 하였다.
　　• 택시를 타기 위해, 택시를 멈추게 하려고 손을 들었다.

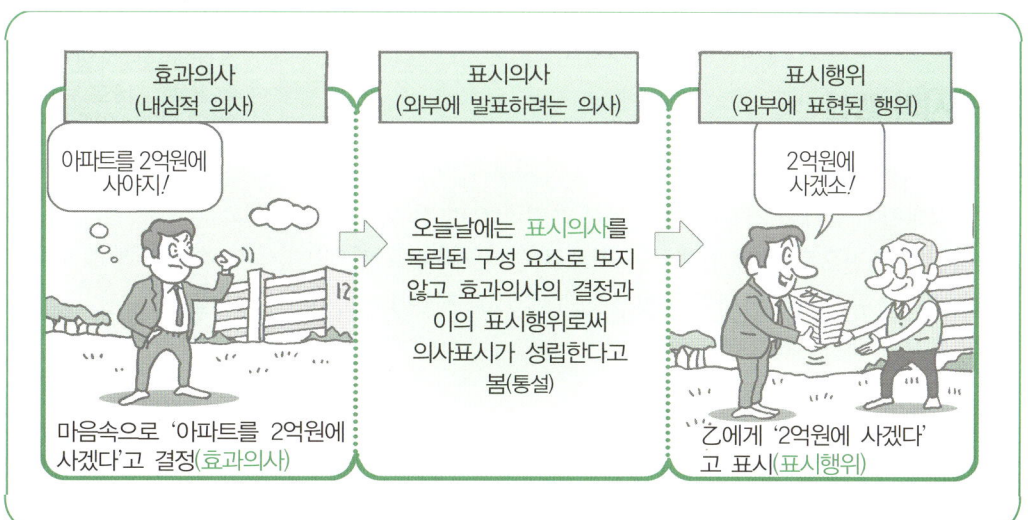

제1편 민법총칙(법률행위)

02 의사표시가 의제되는 경우

1 침묵(沈默)

침묵은 일반적으로 법적 표시가치를 가지지 못하지만, 당사자의 약정이나 거래관행에 따라 예외적으로 묵시적 의사표시로 취급될 수 있다. 이때 특별한 사정이 없다면 침묵을 의사표시로 되게 하는 정황이 있다는 사정을 침묵자가 인식하고 있어야 한다.

예 · 사단법인 총회에서 의장이 의견에 반대하는 사원은 손을 들라고 하였으나, 침묵한 경우에는 찬성의 의사표시를 한 것이 된다.
· 제한능력자 상대방이 추인 여부의 확답을 최고하였음에도 제한능력자측이 침묵한 때는 추인 또는 취소한 것으로 간주한다(제15조).
· 무권대리인의 상대방이 본인에게 최고하였음에도 본인이 침묵한 때에는 추인을 거절한 것으로 간주한다(제131조).

2 법정추인(취소권의 포기 의제[1])

취소할 수 있는 법률행위에 관하여 <u>추인할 수 있는 후에</u> <u>일정사유가 있는 경우</u> 추인한 것으로 본다(제145조).
→ 취소의 원인이 종료한 후
→ 이행, 이행의 청구, 경개, 담보의 제공, 양도, 강제집행 등

3 의사실현에 의한 계약성립

청약자의 의사표시나 관습에 의하여 승낙의 통지가 필요치 않을 때, 계약은 승낙의 의사표시로 인정되는 일정사실이 있는 때에 승낙한 것으로 의제된다(제532조).

예 버스에 승차하는 사람은 비록 무임승차의 목적으로 탔더라도 운송계약이 성립한 것으로 의제된다.

4 묵시의 갱신

임대차기간이 만료한 후 임차인이 임차물의 사용·수익을 계속하는 경우 임대인이 상당한 기간 내에 이의를 하지 않으면 전(前)임대차와 동일한 조건으로 다시 임대차한 것으로 본다(제639조 제1항). 이와 유사한 규정으로 전세권의 법정갱신(제312조 제4항), 고용계약의 묵시의 갱신(제662조) 등이 있다.

> **용어사전**
>
> 1) **의제(擬制)·간주(看做)** : 본질은 같지 않지만 법률상 다를 때에는 동일한 것으로 보고 동일한 효과를 주는 것을 말한다. 실종선고를 받은 사람을 사망한 것으로 취급하거나(민법 제28조), 무권대리인의 상대방의 최고에 대하여 본인의 확답이 없는 경우 추인을 거절한 것으로 보는 것(민법 제131조)이 예이다. 조문에는 '본다'로 표기한다.
>
> ⇨ **추정(推定)** : 사실(전제사실)로부터 증명의 주제인 사실 또는 권리를 추인하는 것을 말한다. 추정에는 사실상 추정과 법률상 추정이 있다. 사실상 추정은 반증으로 번복할 수 있지만, 법률상 추정은 반대사실의 증명(즉, 본증)이 있어야 번복될 수 있다. 조문에는 '추정한다'로 표기한다.

제2절 의사와 표시의 불일치 [32회 출제]

1 의의 및 분류

(1) 표의자의 내심적 효과의사와 표시행위로부터 추단되는 표시상의 효과의사가 일치하지 않는 경우를 말하며, 이는 다시 표의자가 스스로 그 불일치를 알고 있는 경우와 그러한 불일치를 알지 못하는 경우로 나누어진다.
→ 의사의 의식적 흠결 / → 무의식적 흠결

(2) 비진의의사표시와 허위표시가 의사의 의식적 흠결에 속하고, 착오에 의한 의사표시가 의사의 무의식적 흠결에 속한다.

2 하자 있는 의사표시와의 구별

하자 있는 의사표시란 의사표시가 타인의 위법한 간섭에 의하여 방해된 상태에서 행하여진 것으로서, 사기·강박에 의한 의사표시가 이에 해당한다.

3 비진의의사표시·통정허위표시·착오로 인한 의사표시의 비교

1) 비진의 의사표시	상대방이 비진의인 것을 모르는 경우 : 유효	
	상대방이 비진의인 것을 안 경우(악의), 알 수 있었을 경우(과실) : 무효 ① 선의의 제3자에게는 (무효를) 대항하지 못한다. ② 악의의 제3자에게는 (무효를) 대항할 수 있다.	
2) 통정허위표시 (서로 짜고 한 거짓말)	① 당사자 간에는 무효 ② 제3자와의 관계 　㉠ 선의의 제3자에게는 (무효를) 대항하지 못한다. 　㉡ 악의의 제3자에게는 (무효를) 대항할 수 있다.	
3) 착오로 인한 의사표시	법률행위의 중요부분에 대한 착오가 있는 경우	착오가 표의자의 무과실·경과실 → 취소가능
		착오가 표의자의 중과실 → 취소불가(유효)
	법률행위의 중요부분에 대한 착오가 아닌 경우	취소하지 못한다(유효).

제1편 민법총칙(법률행위)

단락문제 Q01
제32회 기출

의사와 표시가 불일치하는 경우에 관한 설명으로 옳은 것은? (다툼이 있으면 판례에 따름)

① 통정허위표시의 무효로 대항할 수 없는 제3자에 해당하는지를 판단할 때, 파산관재인은 파산채권자 일부가 선의라면 선의로 다루어진다.
② 비진의 의사표시는 상대방이 표의자의 진의 아님을 알 수 있었을 경우 취소할 수 있다.
③ 비진의 의사표시는 상대방과 통정이 없었다는 점에서 착오와 구분된다.
④ 통정허위표시의 무효에 대항하려는 제3자는 자신이 선의라는 것을 증명하여야 한다.
⑤ 매수인의 채무불이행을 이유로 매도인이 계약을 적법하게 해제했다면, 착오를 이유로 한 매수인의 취소권은 소멸한다.

해설

① (O) 총파산채권자를 기준으로 하여 파산채권자 모두가 악의로 되지 않는 한 파산관재인은 선의의 제3자라고 할 수밖에 없다.(대판 2010. 4. 29. 선고 2009다96083)
② (X) 무효이다.(민법 제107조 ①단서)   ③ (X) 통정한 허위표시와 구별된다.
④ (X) 제3자의 선의는 추정된다.
⑤ (X) 매도인이 매수인의 중도금 지급채무 불이행을 이유로 매매계약을 적법하게 해제한 후라도 매수인으로서는 상대방이 한 계약해제의 효과로서 발생하는 손해배상책임을 지거나 매매계약에 따른 계약금의 반환을 받을 수 없는 불이익을 면하기 위하여 착오를 이유로 한 취소권을 행사하여 매매계약 전체를 무효로 돌리게 할 수 있다.(대판 1996. 12. 6. 95다24982,24999)

답 ①

01 진의 아닌 의사표시 (비진의의사표시)
15·16·19·24·25·27회 출제

제107조(진의 아닌 의사표시) ① 의사표시는 표의자가 진의 아님을 알고 한 것이라도 그 효력이 있다. 그러나 상대방이 표의자의 진의아님을 알았거나 이를 알 수 있었을 경우에는 무효로 한다.
② 전항의 의사표시의 무효는 선의의 제3자에게 대항하지 못한다.

1 의의

의사표시를 하는 사람(표의자) 자신이 내심의 효과의사와 외부에 대하여 한 표시행위가 일치하지 않는다는 것을 알면서 하는 의사표시이다(비진의표시·심리유보).
예 어떤 물건을 그 값에 팔 생각 없이 가격을 떠보기 위해서 팔겠다는 의사를 표시하는 경우

2 성립요건

(1) 의사표시의 존재

의사표시, 즉 일정한 효과의사를 추단할 만한 가치 있는 의사가 있어야 하므로 법률효과의 발생을 의욕하지 않는 것이 명백한 경우(예 명백한 사교적 농담, 연극배우의 대사)에는 여기서의 비진의표시로 볼 수 없다.

(2) 의사와 표시의 불일치

내심적 효과의사와 표시행위로부터 추단되는 의사(→ 표시상의 효과의사라 함)가 일치하지 않아야 한다. 즉 표시행위에 해당하는 내심의 효과의사(→ 진의)가 없어야 한다.

> **판례 비진의표시에서 진의의 의미**
>
> 1. 진의란 특정한 내용의 의사표시를 하고자 하는 표의자의 생각을 말하는 것이지 표의자가 진정으로 마음 속에 바라는 사항을 뜻하는 것은 아니므로 표의자가 의사표시의 내용을 진정으로 마음 속에서 바라지는 아니하였다고 하더라도 당시의 상황에서는 그것을 최선이라고 판단하여 그 의사표시를 하였을 경우에는 이를 내심의 효과의사가 결여된 비진의의사표시라고 할 수 없다(대판 1993.7.16. 92다41528).
> 2. 사용자가 사직의 의사 없는 근로자로 하여금 어쩔 수 없이 사직서를 작성·제출하게 한 후 이를 수리하는 이른바 의원면직의 형식을 취하여 근로계약관계를 종료시키는 경우처럼 근로자의 사직서 제출이 진의 아닌 의사표시에 해당하는 등으로 무효이어서 사용자의 그 수리행위를 실질적으로 사용자의 일방적 의사에 의하여 근로계약관계를 종료시키는 해고라고 볼 수 있는 경우가 아닌 한, 사용자가 사직서 제출에 따른 사직의 의사표시를 수락함으로써 사용자와 근로자 사이의 근로계약관계는 합의해지에 의하여 종료되는 것이므로 사용자의 의원면직처분을 해고라고 볼 수 없다(대판 2000.4.25. 99다34475).

 진의 아닌 의사표시

① 원칙적으로 유효, 예외적으로 무효이다.
② 물의를 일으킨 사립대학교 조교수가 '사직원이 수리되지 않을 것'이라 믿고서 사태수습을 위해 형식상 이사장 앞으로 사직원을 제출한 경우, 학교법인은 그러한 사실을 알았거나 알 수 있었다고 할 수 없으므로 사직의 의사표시는 그 표시에 따라 효력을 발생한다.

진의 아닌 의사표시는 원칙적으로 유효하나 예외적으로 무효인 경우도 있다.

해외근로자가 업무상 재해의 치료를 위하여 중도 귀국함에 있어서

치료를 위해서 한국으로 보내주세요!

미리 사직의 뜻이 담긴 귀국청원서를 제출하지 아니하면 귀국시켜줄 수 없다는 회사의 강요에 의해 어쩔 수 없이 귀국청원서를 제출한 경우에 사직의 의사표시는 유효한가?

한국에 가려면 회사방침상 사직서를 써야만 하거든! 형식적인 거니까 걱정말게!!

정말이죠!

그 사직의 의사표시는 진의 아닌 의사표시이고 당시 회사도 그러한 점을 잘 알고 있었다고 보아야 하므로 무효이다(대판 1992.9.1. 92다26260).

회사의 의원면직처분은 실질상 해고에 해당하며 이는 부당해고로서 무효가 되지!

(3) 불일치에 대한 인식
표의자 스스로 그 불일치를 알고 있어야 한다.

(4) 행위의 이유나 동기의 불문
표의자가 그러한 행위를 하는 동기나 이유는 묻지 않는다. 따라서 상대방이 진의가 아닌 것을 알 것이라고 생각하고 말한 허언·농담이든 상대방 또는 제3자를 속일 생각으로 한 경우이든 모두 비진의표시가 된다.

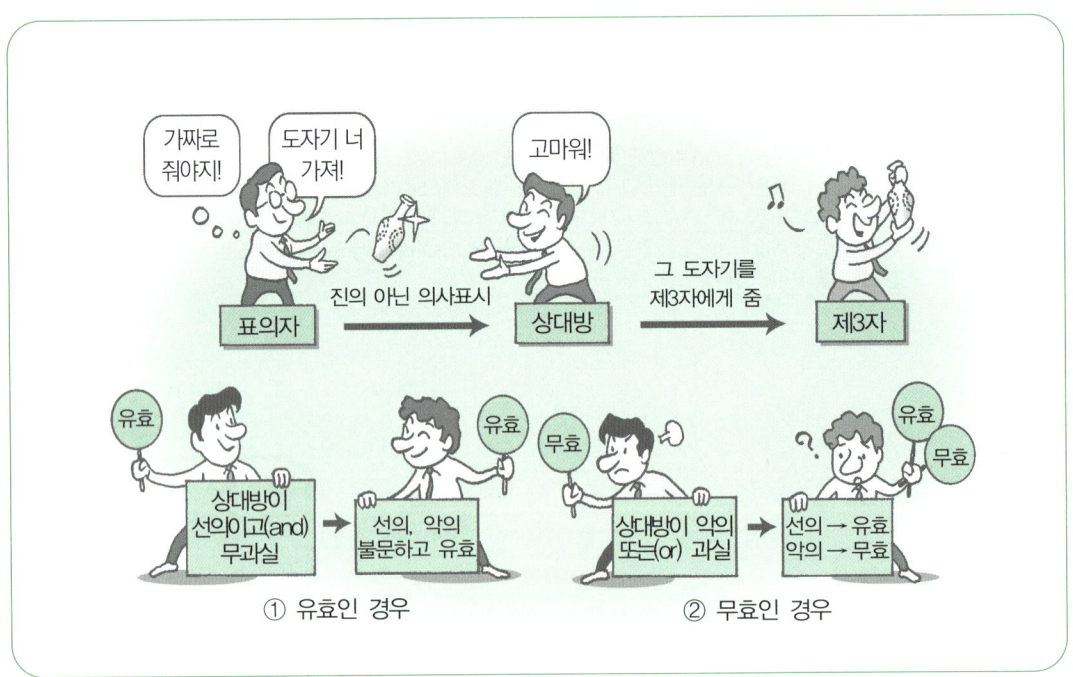

3 효 과

14·23회 출제

(1) 당사자 간의 관계
1) 원칙적으로 유효이므로 표시된 대로 효력을 발생한다. 이와 같이 표시주의를 따른 것은 불일치를 알고 의사표시를 한 표의자를 보호할 필요가 없기 때문이다.
2) 상대방이 표의자의 진의 아님을 알았거나(악의), 알 수 있었을 경우(과실)에는 무효가 된다. 알 수 있었을 경우라 함은 보통의 주의를 하면 알 수 있었는데 과실로 알지 못한 경우를 말한다.
3) 무효는 성질상 표의자만 주장할 수 있으며, 상대방은 주장할 수 없다.
4) 상대방이 악의였거나, 과실이 있었음에 대하여는 무효를 주장하는 자(표의자)가 주장·증명하여야 한다.
5) 표의자가 무효를 주장하더라도 손해배상의무를 지는 것은 아니다.

(2) 제3자와의 관계

1) 대항불가
무효가 되는 경우에도 이 무효를 가지고 선의의 제3자에게는 대항(주장)할 수 없다(거래의 안전을 위한 특별규정).

2) 제3자의 의미 → 예 상속인
제3자란 당사자와 그의 **포괄승계인** 이외의 사람으로서 그 비진의표시로 생긴 법률관계를 기초로 하여 새로운 이해관계를 가지게 된 사람을 말하며, '선의'라 함은 그 의사표시가 무효임을 알지 못하는 것이다.

3) 선의·악의 결정시기
선의·악의를 결정하는 시기는 새로운 이해관계를 맺었을 때를 표준으로 한다.

4) 선의의 추정
제3자는 선의로 추정되므로 무효를 주장하는 자가 제3자의 악의를 입증해야 한다.

5) 전득자와의 관계
① 선의의 제3자로부터 다시 전득한 자에 대해서는 이미 취득된 선의의 제3자의 권리를 승계하고 있기 때문에 악의이더라도 무효로써 대항하지 못한다(이를 엄폐물법칙이라 함. 통정허위표시의 효과 참조).
② 대항하지 못한다고 하는 것은 당사자 사이에서는 무효의 효과가 일어나지만, 제3자에 대해서는 의사표시가 무효인 것을 주장할 수 없다는 것이다.

> **판례** 비진의표시와 그 효과
>
> **1** 물의를 일으킨 사립대학교 조교수가 사직원이 수리되지 않을 것이라고 믿고 사태수습을 위하여 형식상 이사장 앞으로 사직원을 제출하였던 바 의외로 이사회에서 사직원이 수리된 경우 위 조교수의 사직원이 설사 진의에 이르지 아니한 비진의의사표시라 하더라도 <u>학교법인이나 그 이사회에서 그러한 사실을 알았거나 알 수 있었을 경우가 아니라면 그 의사표시에 따라 효력을 발생한다</u>(대판 1980.10.13. 79다2168).
>
> **2** 근로자들이 일괄적으로 사직원을 제출할 때 근로계약관계를 종료시키고자 하는 내심의 의사가 전혀 없었고, <u>사용자 또한 이러한 사정을 알고서 사직원을 수리하였다면</u> 위 근로자들의 사직의사표시는 <u>무효</u>라고 할 것이다(대판 1992.8.14. 92다21036).
>
> **3** 비진의의사표시에 해당되지 않는 경우
> 학교법인이 사립학교법상의 제한규정 때문에 그 학교의 교직원들인 소외인들의 명의를 빌려서 피고로부터 금원을 차용한 경우에 이를 진의 아닌 의사표시라고 볼 수 없다(대판 1980.7.8. 80다639).

4 적용범위

(1) 상대방 없는 의사표시 → 예 물권의 포기
1) 상대방 있는 의사표시뿐만 아니라 <u>상대방 없는 의사표시</u>에도 적용된다.
2) 상대방이 알았거나 알 수 있었을 경우에는 무효로 한다는 제107조 제1항 단서는 적용될 여지가 없기 때문에 항상 유효하다(반대의견 있음).

제1편 민법총칙(법률행위)

(2) 신분행위

혼인·입양 등의 신분행위에 있어서는 제107조 전부가 적용될 수 없고, 언제나 무효이다. 당사자의 진의가 절대적으로 존중되기 때문이다.

Professor Comment

신분행위란 신분상의 법률효과를 일으키는 법률행위로서 당사자의 진의가 중요한 역할을 한다. 따라서 재산행위를 기초로 하는 민법총칙상의 행위능력규정이나, 대리에 관한 규정은 원칙적으로 적용되지 않는다.

(3) 어음행위·주식인수 → 거래의 안전을 보호해야 하는 행위

어음행위나 주식인수의 청약과 같은 엄격한 요식행위의 경우에도 제107조 제1항 단서가 적용되지 않고 언제나 유효하다(상법 제302조 제3항).

(4) 공법행위 → 예 공무원의 사직, 각종 행정신청

공법상의 행위에는 비진의의사표시가 적용되지 않는다.

> **판례** 비진의의사표시가 공법행위에 적용되는지 여부
>
> 1. 민법의 법률행위에 관한 규정은 행위의 격식화를 특색으로 하는 공법행위에 당연히 타당하다고 말할 수 없으므로 공법행위인 영업재개업신고에 민법 제107조는 적용될 수 없다(대판 1978.7.25. 76누276).
> 2. 공무원이 사직의 의사표시를 하여 의원면직처분을 하는 경우 그 법률관계의 특수성에 비추어 진의 아닌 의사표시에 관한 민법 제107조는 그 성질상 사인의 공법행위에는 준용되지 아니하므로 그 의사가 외부에 표시된 이상 그 의사는 표시된 대로 효력을 발생한다(대판 1997.12.12. 97누13962).

단락핵심 진의 아닌 의사표시

(1) 비진의표시는 표시된 내용대로 효력이 발생함이 원칙이다. (○)
(2) 비진의표시는 상대방이 이를 비진의표시 당시 안 경우 통정허위표시와 마찬가지로 무효이다. (○)
(3) 자의로 사직서를 제출하여 한 중간퇴직의 의사표시는 비진의표시가 아니다. (○)
(4) 은행대출한도를 넘은 甲을 위해 乙이 은행대출약정서에 주채무자로 서명날인 한 경우, 은행이 이런 사정을 알았더라도 乙은 원칙적으로 대출금반환채무를 진다. (○)
(5) 공무원이 사직의 의사표시를 하여 의원면직처분을 하는 경우 비진의표시에 관한 민법 제107조가 적용된다. (×)
(6) 비진의표시에 관한 규정은 대리인이 대리권을 남용한 경우 유추적용될 수 없다. (×)
  ⇒ 판례는 비진의표시 규정을 유추적용하여 상대방이 알았거나 알 수 있었을 경우에는 본인이 무효를 주장할 수 있다고 한다.

제3장 의사표시

02 통정허위표시 (가장행위) `12·20·29·33·35회 출제`

> 제108조(통정한 허위의 의사표시) ① 상대방과 통정한 허위의 의사표시는 무효로 한다.
> ② 전항의 의사표시의 무효는 선의의 제3자에게 대항하지 못한다.

1 의의

통정허위표시는 표의자의 내심의 의사와 표시된 의사가 일치하지 아니한 것을 표의자뿐만 아니라 상대방도 알고 하는 의사표시를 말한다. 즉, 상대방과 통정(짜고서)한 진의 아닌 허위의 의사표시를 말한다.

예) 채권자 甲의 강제집행을 피하기 위하여 채무자 乙이 자기부동산에 대해서 친척인 丙과 짜고 매매 또는 증여를 가장하여 丙에게 이전등기를 해놓은 경우

2 허위표시와 구별되는 개념★★ `추가15·18·30회 출제`

(1) 은닉행위(隱匿行爲)

1) 증여를 매매로 가장하는 경우와 같이 통정허위표시인 가장매매에 의해서 숨겨진 행위인 증여를 은닉행위라 한다.
2) 은닉행위는 허위표시와는 달리 진정한 의사의 합치가 있으므로 다른 법률행위의 요건을 갖추고 있는 한 그 다른 법률행위로는 유효하다.

제1편 민법총칙(법률행위)

 판례 매매계약의 대금이 적극적 은닉행위를 수반하는 허위표시인 경우 계약의 효력

매도인이 경영하던 기업이 부도가 나서 주식을 매도하게 되자 매수인이 매매계약서상의 매매대금은 형식상 금 8,000원으로 하고 나머지 실질적인 매매대금은 매도인의 처와 상의하여 그에게 적절히 지급하겠다고 하여 매도인이 그와 같은 주식매매계약을 체결한 경우 실지 지급해야 할 매매대금의 약정은 내면적 은닉행위로서 유효하다(대판 1993.8.27. 93다12930).

(2) 신탁행위

추심을 위한 채권양도나 양도담보처럼 당사자 사이에 일정한 경제적 목적에 의한 제한을 두고 소유권을 이전하거나 채권을 양도하는 행위이다. 실제로 소유권이전 또는 채권양도라는 법률효과를 의욕하고 있으므로 허위표시가 아니며 유효하다.

예 양도담보, 추심을 위한 채권양도, 명의신탁 등

 신탁행위

제3장 의사표시

> **판례** 명의신탁부동산에 대한 가등기합의의 효력
>
> **1** 명의신탁부동산을 명의수탁자가 임의로 처분할 경우에 대비하여 명의신탁자가 명의수탁자와 합의하여 자신의 명의로 혹은 명의수탁자 이외의 다른 사람명의로 소유권이전등기청구권보전을 위한 가등기를 경료한 것이라면, <u>그와 같은 가등기를 하기로 하는 명의신탁자와 명의수탁자의 합의가 통정허위표시로서 무효라고 할 수 없다</u>(대판 1997.9.30. 95다39526).
>
> **2** 종중이 탈법 목적 없이 그 범위의 부동산을 타인에게 명의신탁하면서 명의수탁자가 이를 임의로 처분할 경우를 대비하여 종중의 명의로 소유권이전등기청구권보전을 위한 가등기를 경료한 경우 <u>그와 같은 가등기를 하기로 하는 합의는 통정허위표시로서 무효라고 할 수 없다</u>(대판 1997.9.30. 95다39526).

(3) 허수아비행위(일종의 간접대리)

배후조종자에 의하여 표면에 내세워진 자(허수아비)가 자신의 이름으로, 그리고 배후조종자의 이익과 계산으로 행위하는 것을 말한다. 허수아비 행위는 허위표시가 아니며, 유효한 행위로서 표면에 내세워진 명의자(허수아비)에게 법적 효력이 귀속하고 다만, 배후조정자와 계산의무가 있을 뿐이다.

단락문제 Q02 제35회 기출

甲은 강제집행을 피하기 위해 자신의 X부동산을 乙에게 가장매도하여 소유권이전등기를 해 주었는데, 乙이 이를 丙에게 매도하고 소유권이전등기를 해 주었다. 다음 설명 중 틀린 것은?(다툼이 있으면 판례에 따름)

① 甲과 乙 사이의 계약은 무효이다.
② 甲과 乙 사이의 계약은 채권자취소권의 대상이 될 수 있다.
③ 丙이 선의인 경우, 선의에 대한 과실의 유무를 묻지 않고 丙이 소유권을 취득한다.
④ 丙이 악의라는 사실에 관한 증명책임은 허위표시의 무효를 주장하는 자에게 있다.
⑤ 만약 악의의 丙이 선의의 丁에게 X부동산을 매도하고 소유권이전등기를 해 주더라도 丁은 소유권을 취득하지 못한다.

해설
① (×) 허위표시 무효
② (×) 채권자취소의 대상이 될 수 있다. (민법 제406조)
③ (×) 무효로 선의의 제3자에 대항하지 못한다. (민법 제108조 ②)
④ (×) 제3자의 선의 추정
⑤ (○) 취득한다. 선의의 丙이 권리자. 丁은 당연히 권리자로부터 취득한 것

답 ⑤

제1편 민법총칙(법률행위)

3 요 건★ 　　　　　　　　　　　　　　　　　　　　　14회 출제

(1) 의사표시의 존재
1) 의사표시가 있어야 한다. 즉 유효한 의사표시가 존재하는 것과 같은 외관이 있어야 한다.
2) 의사표시의 존재에 대하여는 법률효과를 발생시키려는 표의자가 주장·입증해야 하지만, <u>다른 요건들</u>은 허위표시로서 무효를 주장하는 자가 주장·입증하여야 한다.
　　→ 불일치·통정 등

(2) 진의와 표시의 불일치
표시와 진의가 불일치해야 한다. 즉, <u>표시행위의 의미</u>에 대응하는 <u>표의자의 의사</u>가 존재하지 않아야 한다.
　　→ 표시상의 효과의사　　　→ 내심적 효과의사

(3) 불일치에 대한 인식
표의자가 이러한 불일치를 알고 있어야 한다. 이 점은 비진의표시와 같으나 착오와는 구별된다.

(4) 상대방과의 통정(通情)
상대방과 통정이 있어야 한다. 즉 진의와 다른 표시행위를 함에 있어서 상대방과의 사이에 합의가 있어야 한다. 통정이 없으면 비진의의사표시가 된다.
　→ 의사합의, 짜고서 하는 것

> [용어사전]
> 1) **경료(經了)** : 완료(끝마치다)라는 뜻으로 주로 '등기를 경료한다'라고 할 때 사용된다.

> **판례** 가장매매(통정허위표시)로 추정되는 경우
> ❶ 동거하는 부부 간에는 남편이 처에게 토지를 매도하고 소유권이전등기까지 경료[1]하는 것은 특별한 사정이 없는 한 이례적인 것에 속하므로 가장매매라고 추정하는 것이 경험칙에 비추어 타당하다(대판 1978.4.25. 78다226).
> ❷ 토지를 매도하여 등기까지 넘겨준 훨씬 이후에도 매도인이 그 토지에 대한 임료를 수령하고 관리인을 임명하여 그 관리인으로부터 동 토지로부터 나오는 수익을 직접 받을 뿐 아니라 타인에게 동 토지의 매각의뢰까지 한 사실이 있다면 위 매매는 가장매매로 볼 여지가 있다(대판 1984.9.25. 84다카641).
> ❸ <u>근로자가 실제로는 동일한 사업주를 위하여 계속 근무하면서 일정기간 동안 특별히 고액의 임금이 지급되는 업무를 담당하기 위하여 형식상 일단 퇴직한 것으로 처리하고 다시 임용하는 형식을 취한 경우</u>, 그 퇴직의 의사표시는 통정허위표시로서 무효이다(대판 1988.4.25. 86다카1124).

(5) 허위표시의 이유나 동기의 불요
<u>허위표시를 하게 된 이유나 목적</u>은 묻지 않는다. 따라서 허위표시가 성립하기 위하여 제3자를 속이려는 의사는 필요하지 않다.
　　　　　　→ 이를 법률행위의 동기라고 함

4 효 과★★★　　　　　　　　　　　　　　　　　　　　11·22회 출제

(1) 당사자 사이의 관계　　　　　　　　　　　　　　　14·17회 출제
1) 무 효
　당사자 간에 있어서는 언제나 무효이다(서로 짜고 하였기 때문임).

2) 불법원인급여의 적용 여부

① 이행을 하고 있지 않으면 이행할 필요가 없고, 이행한 후이면 허위표시로 이익을 얻은 자는 <u>부당이득반환</u>의 의무를 지게 된다.
　　▶ 법률상 원인 없이 이익을 얻은 것을 반환하는 것

② 허위표시 그 자체는 불법이 아니기 때문에, 허위표시만을 이유로 해서는 제746조(불법원인급여)의 적용은 없다.

> **[판례] 통정허위표시와 반사회적 법률행위**
>
> 강제집행을 면할 목적으로 부동산에 허위의 근저당권설정등기를 경료하는 행위는 민법 제103조의 선량한 풍속 기타 사회질서에 위반한 사항을 내용으로 하는 법률행위로 볼 수 없다(대판 2004.5.28. 2003다70041, 1994.4.15. 93다61307).

3) 당사자의 추인

허위표시 자체가 불법은 아니므로 당사자가 추인하면 <u>그때부터 유효</u>가 된다.
　　　　　　　　　　　　　　　　　　　　　　　　▶ 소급효가 없다.

(2) 제3자에 대한 관계   `13·23·26·27·34회 출제`

1) 통정허위표시에서의 제3자 ★★★

통정허위표시에 있어서 보호되는 선의의 제3자란 당사자와 그의 포괄승계인 이외의 자로서 통정허위표시를 기초로 새로운 이해관계를 맺은 자에 한한다.

2) 제3자의 선의

① 선의의 의미
　㉠ 선의라 함은 의사표시가 허위표시임을 제3자가 알지 못하는 상태를 말한다.
　㉡ 제3자의 선의, 악의를 결정하는 시기는 <u>법률상의 이해관계가 생겼을 때</u>이다.
　　　　　　　　　　　　　　　　　　　　　　▶ 법률행위시

② 악의에 대한 입증책임
제3자의 선의는 추정되므로 무효를 주장하는 자가 제3자의 악의를 입증해야 한다.

> **[판례] 파산관재인이 민법 제108조 제2항의 제3자에 해당하는지 여부(적극) 및 그 선의 여부의 판단기준(= 총파산채권자)**
>
> 파산관재인은 민법 제108조 제2항의 제3자에 해당하고, 그 선의·악의도 파산관재인 개인의 선의·악의를 기준으로 할 수는 없고, 총파산채권자를 기준으로 하여 파산채권자 모두가 악의로 되지 않는 한 파산관재인은 선의의 제3자라고 할 수밖에 없다(대판 2010.4.29. 2009다96083).

③ 제3자의 과실

제3자의 과실 여부는 묻지 아니한다. 즉 제3자에게 과실이 있더라도 제3자는 보호되며, 과실상계 여부 등도 따지지 아니한다.

제1편 민법총칙(법률행위)

④ **악의의 전득자**(엄폐물 법칙)

선의의 제3자로부터 다시 전득한 자는 비록 전득 당시에 악의이더라도 통정허위표시의 당사자 및 그 승계인은 허위표시의 무효를 가지고 대항하지 못한다. 선의의 제3자가 취득한 권리를 전득자가 적법하게 승계하였기 때문이다.

3) '대항하지 못한다'의 의미

허위표시의 무효는 '선의의 제3자'에게 대항(주장)하지 못한다. 따라서 선의의 제3자에 대한 관계에서는 허위표시는 그 표시된 그대로 효력이 생긴다.

4) 대항하지 못하는 자의 범위

대항할 수 없는 자는 통정허위표시의 당사자 및 포괄승계인뿐만 아니라 당사자의 특정승계인과 채권자를 포함한다.

 대항하지 못하는 자의 범위

허위표시의 당사자 및 포괄승계인 이외의 자로서 허위표시에 의하여 외형상 형성된 법률관계를 토대로 실질적으로 새로운 법률상 이해관계를 맺은 <u>선의의 제3자에 대하여는 허위표시의 당사자뿐만 아니라 그 누구도 허위표시의 무효를 대항하지 못하고, 따라서 선의의 제3자에 대한 관계에 있어서는 허위표시도 그 표시된 대로 효력이 있다.</u>(대판 1996.4.26. 94다12074).

▶ 사례설명

① A ⇒ B : A가 B에게 통정허위표시에 의한 소유권이전의 가등기 경료
② A ⇒ 甲 : A가 甲에게 매도하여 소유권이전등기 경료
③ A ⇒ B : B가 가등기에 기한 본등기 경료, 甲명의의 소유권이전등기 직권말소
④ B ⇒ 乙 : B가 선의인 乙에게 부동산을 매도하고 소유권이전등기 경료

甲이 乙에게 통정허위표시의 무효를 이유로 소유권이전등기의 말소를 구한 사례에 대하여 甲은 선의의 乙에게 대항할 수 없다고 판시. 즉 통정허위표시는 무효이지만 제3자가 선의인 경우 통정허위표시의 무효를 가지고 제3자에게 대항할 수 없으며, 그 대항할 수 없는 자는 통정허위표시의 당사자인 A와 B뿐만 아니라 당사자의 승계인(사안에서는 甲)도 제3자(전득자를 포함) 乙에게 대항할 수 없는 자에 포함된다.

단락문제 Q03
제31회 기출

통정허위표시를 기초로 새로운 법률상 이해관계를 맺은 제3자에게 해당하지 <u>않는</u> 자는? (다툼이 있으면 판례에 따름)

① 가장채권을 가압류한 자
② 가장전세권에 저당권을 취득한 자
③ 채권의 가장양도에서 변제 전 채무자
④ 파산선고를 받은 가장채권자의 파산관재인
⑤ 가장채무를 보증하고 그 보증채무를 이행한 보증인

해설 통정허위표시와 제3자

③ (X) 통정허위표시를 기초로 새로운 이해관계를 맺은 자가 아니라 통정허위표시 이전의 이해관계인

① (O) 통정한 허위표시에 의하여 외형상 형성된 법률관계로 생긴 채권을 가압류한 경우, 그 가압류권자는 허위표시에 기초하여 새로운 법률상 이해관계를 가지게 되므로 민법 제108조 제2항의 제3자에 해당한다고 봄이 상당하다(대판 2083다70041).

② (O) 대판 98다20981

④ (O) 파산자가 상대방과 통정한 허위의 의사표시를 통하여 가장채권을 보유하고 있다가 파산이 선고된 경우 파산관재인은 그 허위표시에 따라 외형상 형성된 법률관계를 토대로 실질적으로 새로운 법률상 이해관계를 가지게 된 민법 제108조 제2항의 제3자에 해당하고, 그 선의·악의도 파산관재인 개인의 선의·악의를 기준으로 할 수는 없고, 총파산채권자를 기준으로 하여 파산채권자 모두가 악의로 되지 않는 한 파산관재인은 선의의 제3자라고 할 수밖에 없다(대판 2010.4.29.).

답 ③

단락문제 Q04
제34회 기출

통정허위표시를 기초로 새로운 법률상 이해관계를 맺은 제3자에 해당하는 자를 모두 고른 것은? (다툼이 있으면 판례에 따름)

> ㄱ. 파산선고를 받은 가장채권자의 파산관재인
> ㄴ. 가장채무를 보증하고 그 보증채무를 이행하여 구상권을 취득한 보증인
> ㄷ. 차주와 통정하여 가장소비대차계약을 체결한 금융기관으로부터 그 계약을 인수한 자

① ㄱ   ② ㄷ   ③ ㄱ, ㄴ   ④ ㄴ, ㄷ   ⑤ ㄱ, ㄴ, ㄷ

해설

ㄱ. 그 가장채권도 일단 파산재단에 속하게 되고, 파산선고에 따라 파산자와는 독립한 지위에서 파산채권자 전체의 공동의 이익을 위하여 직무를 행하게 된 파산관재인은 그 허위표시에 따라 외형상 형성된 법률관계를 토대로 실질적으로 새로운 법률상 이해관계를 가지게 된 민법 제108조 제2항의 제3자에 해당하고,(대판 2010. 4. 29. 2009다96083)

ㄴ. 그 보증인은 주채무자에 대한 구상권 취득에 관하여 법률상의 이해관계를 가지게 되었고 그 구상권 취득에는 보증의 부종성으로 인하여 주채무가 유효하게 존재할 것을 필요로 한다는 이유로 결국 그 보증인은 주채무자의 채권자에 대한 채무 부담행위라는 허위표시에 기초하여 구상권 취득에 관한 법률상 이해관계를 가지게 되었다고 보아 민법 제108조 제2항 소정의 '제3자'에 해당한다(대판 2000. 7. 6. 99다51258)

ㄷ. 계약인수자는 새로운권리취득자 x

답 ③

제1편 민법총칙(법률행위)

5 적용범위★★★

(1) 계약·상대방 있는 단독행위
계약과 상대방 있는 단독행위에 제108조가 적용됨은 의문이 없다.
→ 취소, 추인, 계약해제, 공유지분 포기, 채무변제 등

(2) 상대방 없는 단독행위
상대방이 존재하지 않아 통정할 수 없으므로 적용되지 않는다.

(3) 신분행위
혼인·이혼·입양 등 신분행위에 있어서는 본인의 진의를 존중하여야 하므로 제108조가 적용되지 않으며 언제나 무효이다. 그러나 재산법적 성질도 함께 갖는 행위에 관해서는 그 행위의 성질 내지 제도적 취지를 고려하여 본조의 적용을 긍정해야 할 경우도 있다.
→ 예 상속재산분할협의

(4) 합동행위
합동행위에는 제108조가 적용되지 않으며 언제나 유효하다.
→ 예 사단법인의 설립행위

(5) 소송행위 및 공법행위
소송행위와 공법행위는 외형적·절차적 확실성을 고도로 요구하므로 제108조가 적용되지 않는다.

6 채권자취소권[1]★

통정허위표시로 무효인 법률행위라도 채권자취소권의 대상이 된다(대판 1998.2.27. 97다50985). 비록 무효이더라도 선의의 제3자가 개입되면 그에게 무효를 주장할 수 없기 때문이다.

> **용어사전**
>
> [1] **채권자취소권(債權者取消權)**: 채무자가 채권자를 害함을 알면서 자기의 재산을 감소시키는 법률행위, 즉 사해행위를 한 경우에 채권자가 그 법률행위의 효력을 부인(취소)하고, 감소한 재산의 회복을 재판상 청구하는 권리이다(민법 제406조).

7 통정허위표시의 철회

(1) 통정허위표시의 당사자는 합의에 의하여 그 허위표시를 철회할 수 있으나, 철회 전에 이해관계를 맺은 선의의 제3자에게 대항하지 못한다.
(2) 통정허위표시의 당사자는 철회 후 제3자가 이해관계를 맺기 전에 허위표시의 외형(등기의 말소 등)을 제거하여야만 철회를 이유로 대항할 수 있다.
→ 무효를 주장할 수 있음
(3) 허위표시의 외형이 제거된 후에 이해관계를 맺은 제3자는 비록 허위표시의 존재에 관해 선의이더라도 보호되지 않는다.

제3장 의사표시

단락핵심 통정허위표시

(1) 통정허위표시는 무효이다. 하지만 이를 이유로 선의의 제3자에 대항할 수 없다. (○)
(2) 양도담보나 추심을 위한 채권양도는 신탁행위로서 허위표시가 아니다. (○)
(3) 강제집행을 면하기 위하여 甲이 소유권이전의 의사 없이 乙과 짜고 ×토지를 매매한 것처럼 꾸민 경우, 甲은 악의의 제3자 丙에게 등기말소를 청구할 수 있다. (○)
(4) 증여세를 회피하기 위하여 매매대금을 허위로 기재한 매매계약서를 작성하여 甲이 乙에게 토지를 증여하였다면 甲은 매매계약이 통정허위표시임을 이유로 乙에게 토지의 반환을 청구할 수 있다. (×)
(5) 가장양수인의 일반채권자나, 가장양수인이 파산한 경우 파산관재인은 통정허위표시의 제3자에 해당하지 않는다. (×)
(6) 파산채권자 모두가 악의가 아닌 한 파산관재인은 선의로 취급된다. (○)
(7) 통정허위표시의 당사자 및 포괄승계인뿐만 아니라 당사자의 특정승계인과 채권자도 선의의 제3자에게 대항할 수 없다. (○)
(8) 통정허위표시는 단독행위에는 적용될 여지가 없다. (×)

03 착오로 인한 의사표시   11·15·19·35회 출제

> 제109조(착오로 인한 의사표시) ① 의사표시는 법률행위의 내용의 중요부분에 착오가 있는 때에는 취소할 수 있다. 그러나 그 착오가 표의자의 중대한 과실로 인한 때에는 취소하지 못한다.
> ② 전항의 의사표시의 취소는 선의의 제3자에게 대항하지 못한다.

1 의 의

표시의 내용과 내심의 의사가 일치하지 아니함을 표의자 자신이 알지 못하는 상태, 즉 <u>표시로부터 추단되는 의사</u>(표시상의 효과의사)와 <u>진의</u>(내심의 효과의사)가 일치하지 않음에도 그 불일치를 표의자 자신이 알지 못하는 경우이다.

2 착오로 인한 의사표시의 태양(態樣) ★

(1) 표시상의 착오
내심적 효과의사를 기준으로 할 때 표시행위를 잘못하는 경우를 말한다.
예) 청약서에 100달러라고 쓰려다 10달러로 쓴 경우

(2) 내용상의 착오
표시행위자체에는 착오가 없으나 그 표시행위가 가지는 내용적 의미에 착오가 있는 경우를 말한다.
예) 임대차와 사용대차가 동일한 의미를 가진 것으로 생각하여 임대차계약으로 표시하여야 할 것을 사용대차계약이라고 표시한 경우

제1편 민법총칙(법률행위)

(3) 동기의 착오★★★　　　　　　　　　　　　　　　12·28회 출제

1) 의 의
① 동기의 착오란 효과의사를 결정하는 과정에서 표의자가 동기나 목적에 착오를 일으키는 경우이다.
② 동기의 착오는 단순히 내심적 효과의사의 형성과정에 착오가 발생한 것으로서 내심의 의사를 결정할 때의 동기 내지 내심의 의사를 결정하는 과정에 착오가 있음에 그치고 이 내심적 효과의사와 표시와의 사이에는 불일치가 없다.

예) 공장을 짓기 위해 토지를 매수했으나 그 토지가 건축이 금지된 토지인 경우

2) 효 과
① 동기의 착오가 있더라도 그 의사표시는 유효하고 착오를 이유로 취소할 수 없는 것이 원칙이다.
② 다만, ㉠ 동기가 표시되어 상대방이 알고 있거나, ㉡ 상대방에 의하여 동기의 착오가 유발된 경우에는 그 착오가 중요한 부분에 해당하고, 착오에 중대한 과실이 없다면 취소할 수 있다(대판 1989.12.26. 88다카31507, 1997.9.30. 97다26210).
③ 동기가 표시되어야 한다고 하여 상대방과 합의하여야 한다든지, 계약서에 기재되어야 하는 것은 아니다.

착오의 태양(態樣; 모습, 유형)

1) 내용상의 착오
표시행위 자체에는 착오가 없으나, 표시행위가 가지는 내용(법적 의미)에 관하여 착오가 있는 것이다.
예) 1달러와 1엔이 같은 가치인 줄 알고 100달러라고 기재할 것을 100엔으로 기재한 경우 내용상의 착오에 해당한다.

2) 동기의 착오
표의자가 의사표시를 하게 된 동기에 착오가 있는 것이다.
예) '철도가 부설된다고 믿고' 토지를 높은 가격으로 샀는데 철도부설이 안 된 경우

제3장 의사표시

 의사표시의 동기에 착오가 있음에 불과하여 취소권행사를 할 수 없는 경우

운수회사가 그의 차량운전수의 과실로 타인에게 상해를 입힌 것으로 오인하고 손해배상책임 있는 것으로 착오를 일으켜 부상자의 병원에 대한 치료비지급채무를 연대보증한 경우에, 그 착오는 동기의 착오에 불과한 것으로서, **그 동기를 계약내용으로 하는 의사를 표시하지 아니한 이상 그 착오를 이유로 위 계약을 취소할 수 없다**(대판 1979.3.27. 78다2493)

 동기의 착오를 이유로 법률행위를 취소하기 위한 요건

동기의 착오가 법률행위의 내용의 중요부분의 착오에 해당함을 이유로 표의자가 법률행위를 취소하려면 **그 동기를 당해 의사표시의 내용으로 삼을 것을 상대방에게 표시하고 의사표시의 해석상 법률행위의 내용으로 되어 있다**고 인정되면 충분하고 당사자들 사이에 별도로 그 동기를 의사표시의 내용으로 삼기로 하는 합의까지 이루어질 필요는 없지만, 그 법률행위의 내용의 착오는 보통 일반인이 표의자의 입장에 섰더라면 그와 같은 의사표시를 하지 아니하였으리라고 여겨질 정도로 그 착오가 중요한 부분에 관한 것이어야 한다(대판 2000.5.12. 2000다12259).

 동기의 착오에 해당하지만 취소를 인정한 판례

1. 귀속재산이 아닌데도 **공무원이 귀속재산이라고 하여** 토지소유자가 토지를 국가에 증여한 경우(대판 1978.7.11. 78다719)
2. **공무원의 법령 오해**에 터잡아 토지소유자가 토지를 국가에 증여한 경우(대판 1990.7.10. 90다카7460)
3. 매매대상에 포함되었다는 **시 공무원의 말을 믿고** 매매계약을 체결한 경우(대판 1991.3.27. 90다카27440)
4. 채무자가 과거 연체가 없었다는 **채권자의 진술을 믿고** 신용보증기금이 신용보증을 선 경우(대판 1992.2.25. 91다38419)
5. 매매토지의 20~30평 정도만 도로에 편입될 것이라는 **중개인의 말**(매도인도 이를 알고 있는 경우)**을 믿고 계약하였는데** 197평(전체의 30%)이 도로에 편입된 경우(대판 2000.5.12. 2000다12259)

제1편 민법총칙(법률행위)

단락문제 Q05 제31회 기출

착오에 관한 설명으로 옳은 것을 모두 고른 것은? (다툼이 있으면 판례에 따름)

> ㉠ 매도인의 하자담보책임이 성립하더라도 착오를 이유로 한 매수인의 취소권은 배제되지 않는다.
> ㉡ 경과실로 인해 착오에 빠진 표의자가 착오를 이유로 의사표시를 취소한 경우, 상대방에 대하여 불법행위로 인한 손해배상책임을 진다.
> ㉢ 상대방이 표의자의 착오를 알고 이용한 경우, 표의자는 착오가 중대한 과실로 인한 것이더라도 의사표시를 취소할 수 있다.
> ㉣ 매도인이 매수인의 채무불이행을 이유로 계약을 적법하게 해제한 후에는 매수인은 착오를 이유로 취소권을 행사할 수 없다.

① ㉠, ㉡ ② ㉠, ㉢ ③ ㉠, ㉣
④ ㉡, ㉢ ⑤ ㉡, ㉣

해설 착 오

㉠ (○) 매매계약 내용의 중요 부분에 착오가 있는 경우 매수인은 매도인의 하자담보책임이 성립하는지와 상관없이 착오를 이유로 매매계약을 취소할 수 있다(대판 2015다78703).

㉢ (○) 표의자의 상대방의 이익을 보호하기 위한 것이므로, 상대방이 표의자의 착오를 알고 이를 이용한 경우에는 착오가 표의자의 중대한 과실로 인한 것이라고 하더라도 표의자는 의사표시를 취소할 수 있다(대판 2014.11.27. 2013다49794).

㉡ (×) 불법행위로 인한 손해배상책임이 성립하기 위하여는 가해자의 고의 또는 과실 이외에 행위의 위법성이 요구되므로, 민법 제109조에서 중과실이 없는 착오자의 착오를 이유로 한 의사표시의 취소를 허용하고 있는 이상, 전문건설공제조합이 과실로 인하여 착오에 빠져 계약보증서를 발급한 것이나 그 착오를 이유로 보증계약을 취소한 것이 위법하다고 할 수는 없다(대판 1997.8.22. 97다13023).

㉣ (×) 매도인이 매매계약을 적법하게 해제한 후에도 매수인이 착오를 이유로 매매계약을 취소할 수 있는지 판례를 보면, 매도인이 매수인의 중도금지급채무불이행을 이유로 매매계약을 적법하게 해제한 후라도 매수인으로서는 상대방이 한 계약해제의 효과로서 발생하는 손해배상책임을 지거나 매매계약에 따른 계약금의 반환을 받을 수 없는 불이익을 면하기 위하여 착오를 이유로 한 취소권을 행사하여 매매계약전체를 무효로 돌리게 할 수 있다(대판 1996.12.6. 95다24982, 24999).

답 ②

(4) 법률의 착오(법률상태의 착오) → 양도세부과를 염려하여 주식회사를 설립·출자하였으나 여전히 양도세를 부과받은 경우

1) 광의의 법률의 착오는 <u>법률상태의 착오</u>와 <u>법률효과의 착오</u>를 포함하나 보통 법률상태의 착오를 의미한다.
→ 보증하려는 의사로 채무를 인수한다고 표시한 경우

2) 법률상태의 착오의 경우에는 단지 동기의 착오에 불과하므로, 예외적인 경우에 한하여 착오를 이유로 취소할 수 있을 뿐이고(동기의 착오 참조, 대판 1981.11.10. 80다2478), 법률효과의 착오에 대하여는 착오의 일반원칙이 그대로 적용된다.

제3장 의사표시

> **계약서에 의해 계약을 체결하였으나 계약으로 인한 법률효과를 제대로 알지 못한 경우**
>
> 계약의 성립을 위한 의사표시의 객관적 합치 여부를 판단함에 있어, 처분문서인 계약서가 있는 경우에는 **특별한 사정이 없는 한 계약서에 기재된 대로의 의사표시의 존재 및 내용을 인정**하여야 하고, **계약을 체결함에 있어 당해 계약으로 인한 법률효과에 관하여 제대로 알지 못하였다 하더라도 이는 계약체결에 관한 의사표시의 착오의 문제가 될 뿐이다**(대판 2009.4.23. 2008다96291).

(5) 표시기관의 착오와 전달기관의 착오

1) 표의자가 말한 것을 중개자가 상대방에게 잘못 전달하는 것을 표시기관의 착오라 하여 이는 표시상의 착오로 본다.
2) 반면에 전달기관의 착오는 의사표시의 부도달의 문제가 발생할 뿐이다.
   예) 사자(使者) A가 甲의 서신을 상대방인 乙의 주소가 아닌 다른 곳에 잘못 전달한 경우

Professor Comment

대리행위에서의 착오판단은 대리인을 기준으로 판단하므로 대리인이 비록 본인의 의사와 다른 의사표시를 한 경우라도 대리인의 의사와 일치하면 착오에 해당하지 않는다는 점을 주의하여야 한다.

(6) 오표시무해의 원칙과 구별 `25회 출제`

표의자의 진의와 표시가 불일치하더라도 상대방이 표의자의 진의에 따라 이해한 경우에는 표의자의 진의대로 법률효과가 발생하는 바 이를 오표시무해의 원칙이라 한다. 이는 표의자의 진의와 법적 효과가 일치하며 진의와 표시에 의해 추단되는 법적 효과가 다른 착오와 구별된다.

3 취소권 발생의 요건 ★★★ `35회 출제`

(1) 법률행위내용의 중요부분에 착오가 있어야 한다.

1) **법률행위의 중요부분의 착오**
   표의자가 그러한 착오가 없었더라면 그 의사표시를 하지 않았으리라고 생각될 정도로 중요한 것이어야 하고(주관적 요건), 일반인도 표의자의 처지에 있었더라면 그러한 의사표시를 하지 않았으리라고 생각될 정도로 중요한 것(객관적 요건)이어야 한다.

2) **착오의 존재에 대한 판단시기**
   의사표시 당시를 기준으로 하나, 그 대상은 현재의 사실뿐 아니라 장래의 사실에 대한 예측도 포함한다.

3) **중요부분의 착오에 대한 입증**
   취소하려는 표의자가 주장 입증해야 한다.

4) **대리행위에서의 착오**
   대리인에 의한 계약에서는 착오의 유무를 판단함에 있어 **본인이 아니라 대리인**을 기준으로 함을 주의해야 한다(제116조 제1항). → 실제 행위자

5) 판례에 나타난 중요부분의 착오

주체(당사자)가 누구인가를 중요시하는 법률행위에 있어서 주체(당사자)의 동일성에 관한 착오나 목적물의 동일성에 관한 착오, 연대보증을 보통의 보증으로 알고 보증계약을 체결한 경우 등이 보통 중요부분의 착오가 된다.

→ 법률효과의 착오

 중요부분의 착오라고 본 판례

> 기술신용보증기금이 대출은행이 잘못 작성한 거래상황확인서를 믿고 대상기업에게 연체대출금이 없는 것으로 오신하여 행한 신용보증은 법률행위의 내용의 중요부분에 착오가 있는 경우에 해당한다(대판 1996.7.26. 94다25964).

 중요부분의 착오가 아니라고 본 판례

> 甲주식회사가 퇴직근로자 乙에게 체불임금의 50% 정도를 포기하면 회사 정상화 이후 재고용이 이루어지도록 노력하겠다고 하였고, 乙은 재고용이 될 것으로 생각하여 체불임금 일부를 포기하는 내용의 합의를 한 사안에서, 乙이 甲회사의 정상화 이후에도 재고용되지 않더라도, 이는 乙의 미필적 인식에 기초한 재고용의 기대가 이루어지지 아니한 것에 불과하여 법률행위의 중요부분에 착오가 있는 것으로 볼 수 없다고 한 사례(대판 2012.12.13. 2012다65317).

(2) 표의자에게 중과실이 없어야 한다.

1) 중대한 과실의 의미
표의자의 직업, 행위의 종류, 목적 등에 비추어 보통 요구되는 주의를 현저히 결여한 것을 의미한다(대판 1997.8.2. 96다26657).

2) 중과실의 입증책임
법률행위내용의 중요부분에 해당한다는 것은 표의자가 입증책임을 지지만, 중대한 과실의 존재에 대한 입증책임은 표의자의 상대방이 진다.

3) 상대방이 착오를 이용한 경우
상대방이 표의자의 착오를 알면서 이를 이용한 경우에는 제109조 제1항 단서의 규정을 원용[1]하지 못하므로 표의자에게 중대한 과실이 있더라도 취소할 수 있다(대판 2014.11.27. 2013다49794).

> [용어사전]
> 1) **원용(援用)** : 자기의 이익을 위하여 어떤 특정한 사실을 다른 데서 끌어다가 주장하는 일(시효의 원용, 보조참가인이 행한 소송행위의 원용, 증거조사결과의 원용 등).

4) 중대한 과실에 대한 판례 정리

 중과실이라고 본 판례

1. 신용보증기금의 신용보증서를 담보로 금융채권자금을 대출해 준 금융기관이 대출자금이 모두 상환되지 않았음에도 착오로 신용보증기금에게 신용보증서 담보설정 해지를 통지한 경우, 그 해지의 의사표시는 중대한 과실에 기한 것이다(대판 2000.5.12. 99다64995).
2. 공장을 경영하는 자가 공장이 협소하여 **새로운 공장을 설립할 목적으로 토지를 매수함에 있어 토지상에 공장을 건축할 수 있는지 여부를 관할관청에 알아보지 아니한 과실**은 "중대한 과실"에 해당한다(대판 1993.6.29. 92다38881).
3. 공인중개사를 통하지 않고 토지거래를 하는 경우, **토지대장 등을 확인하지 않은 매수인**에게는 중대한 과실이 있다(대판 2009.9.24. 2009다40356).

 중과실이 아니라고 한 판례

1. **고려청자로 알고 매수한 도자기가 진품이 아닌 것으로 밝혀진 경우**, 개인 소장자인 매수인이 그 출처의 조회나 전문적 감정인의 감정 없이 매수한 점만으로는 중과실이 인정되지 않는다(대판 1997.8.22. 96다26657).
2. **부동산중개업자가 다른 점포를 매매목적물로 잘못 소개하여 매수인이 매매목적물에 관하여 착오를 일으킨 경우**, 매수인에게 중대한 과실이 없다(대판1997.11.28. 97다32772·32789).

4 착오에 의한 의사표시의 효력 ★

(1) 취소권의 발생

1) 원 칙
착오에 의한 의사표시는 원칙적으로 유효하고, 다만 법률행위의 내용의 중요부분에 착오가 있어 이를 이유로 취소권이 발생하면 표의자는 이를 행사할 수 있다(**유동적 유효**).

2) 예 외
표의자에게 중대한 과실이 있는 때에는 비록 내용의 중요부분에 착오가 있었더라도 표의자는 착오의 효과를 주장하지 못한다. 즉 표의자는 착오를 이유로 취소하지 못한다.

(2) 상대방에 대한 손해배상책임(불법행위의 성립) 부인

전문건설공제조합이 계약보증서를 발급하면서 조합원이 수급할 공사의 실제 도급금액을 확인하지 아니한 과실이 있다고 하더라도 민법 제109조에서 중과실이 없는 착오자의 착오를 이유로 한 의사표시의 취소를 허용하고 있는 이상, 전문건설공제조합이 과실로 인하여 착오에 빠져 계약보증서를 발급한 것이나 그 착오를 이유로 보증계약을 취소한 것이 **위법하다고 할 수는 없다.** (대판 1997. 8. 22. 97다13023)
← 위법성을 부정하고 있음

(3) 제3자에 대한 관계

1) 착오에 의한 의사표시의 취소는 **선의**의 제3자에게 대항하지 못한다. → 과실 여부 불문
2) 이는 거래의 안전을 보호하기 위한 특별규정이다.

> 예) 甲 → 乙 → 丙으로 매매된 경우 甲이 착오를 이유로 상대방 乙에게 계약을 취소하여도 선의의 제3자 丙에게는 매매물건의 반환청구를 하지 못한다.

제1편 민법총칙(법률행위)

5 적용범위★★★

(1) 원 칙
모든 사법상의 법률행위(의사표시)에 적용된다.

> **판례** 상대방 없는 단독행위의 경우
>
> 상대방 없는 단독행위인 재단법인에 대한 출연행위에 대해 출연자가 착오를 원인으로 그 의사표시를 취소할 수 있다(대판 1999.7.9. 98다9045).

(2) 예 외

1) 신분행위 → 혼인·입양 등
착오에 의한 신분행위는 무효가 원칙이다. 즉, 중과실이라도 상대방 및 제3자는 유효를 주장할 수 없다. 다만, 입양의 취소(제884조 제2호)와 같이 별개의 규정이 있으면 그에 따른다.

2) 단체법상 행위
재산행위에 있어서도 정형적인 거래행위나 단체행위에 있어서는 원칙적으로 제109조가 적용되지만, 거래안전이 강하게 요구되기 때문에 착오에 의한 취소를 제한하는 법률 규정들이 있다.
예 회사성립 후에는 주식인수인은 착오를 이유로 주식인수를 취소하지 못한다(「상법」 제320조 제1항).

3) 공법상 행위 및 소송행위
원칙적으로 제109조가 적용되지 않는다. 즉, 착오를 이유로 취소할 수 없다(유효).
예 행정처분, 소송행위, 소취하, 항소취하 등

> **판례** 공법상 행위 및 소송행위에 제109조의 적용 여부
>
> ❶ 국가가 사무착오로 甲에게 매각하였던 귀속토지를 다시 乙에게 매각하여 이것이 전전 양도된 후, 국가가 乙에게 매각을 취소하자 이후의 전득자들이 제109조 제2항에 의한 유효의 주장은 **행정행위의 취소에는 적용이 없다**(대판 1962.11.22. 62다655).
> ❷ 소송행위에는 그 절차의 안정성과 명확성이 요청되므로, 사기 또는 착오로 인하였다고 하더라도 민법상의 법률행위에 관한 규정에 의해 **취소할 수 없다**(대판 1964.9.15. 64다92).

→ 당사자가 서로 양보하여 분쟁을 끝낼 것을 약속하는 계약을 말함

4) 화해계약에 있어서 착오의 문제
화해계약은 그 계약으로서의 특수성으로 말미암아 화해당사자에게 화해의 목적인 분쟁에 관하여 착오를 이유로 이를 취소할 수 없다. 다만, 화해당사자의 자격 또는 화해의 목적인 분쟁이외의 사항에 관하여 착오가 있는 경우에는 착오를 이유로 취소할 수 있다(제733조).

6 관련문제★★

(1) 착오와 사기의 경합

착오가 타인의 기망행위에 의하여 발생한 때에는 착오와 사기가 경합되므로 그 요건을 입증하여 선택적으로 착오 또는 사기에 의한 의사표시임을 주장할 수 있다.

 착오에 의한 취소와 사기에 의한 취소의 선택적 행사 여부

> **1** 착오에 의한 취소와 사기에 의한 취소는 그 요건과 효과가 서로 다른 별개의 제도이므로 표의자는 어느 쪽이든 선택하여 취소할 수 있다(대판 1969.6.24. 68다1749).
> **2** 신원보증서류에 서명·날인한다는 착오에 빠진 상태로 연대보증의 서면에 서명·날인한 경우 비록 이와 같은 착오가 제3자의 기망에 의해 일어난 것이라 하더라도 특히 상대방이 그러한 제3자의 기망행위 사실을 알았거나 알 수 있었을 경우가 아닌 한 착오에 의한 의사표시에 관한 법리만을 적용하여 취소권행사의 가부를 가려야 한다[대판 2005.5.27. 2004다43824 : 사기에 의한 의사표시의 취소(제110조 제2항)규정을 적용하지 않는다는 취지임].

(2) 착오와 하자담보책임의 경합

착오로 인한 취소제도와 매도인의 하자담보책임제도는 취자가 서로 다르고, 요건과 효과도 구별된다. 따라서 매매계약 내용의 중요 부분에 착오가 있는 경우 매수인은 매도인의 하자담보책임(제109조)이 성립하는지와 상관없이 착오를 이유로 매매계약을 취소할 수 있다(대판 2015다78703).

(3) 계약의 해제와 착오(해제와 취소의 이중효)　　　청구권 경합관계　　　**23·26회 출제**

1) 계약에 대한 해제권과 착오에 의한 의사표시의 취소권은 **중첩적으로 존재**할 수 있다.
2) 즉 해제 이후에도 계약금의 반환 또는 손해배상책임을 면하기 위해 취소할 수 있다. 그러나 청약이나 승낙의 의사표시를 취소하면 계약은 소급하여 불성립(소멸)하므로 계약을 해제할 수 없고 해제할 필요도 없다.

 해제 후 취소권행사의 허용여부(해제와 취소의 이중효)

> 매도인이 매수인의 중도금 지급채무 불이행을 이유로 **매매계약을 적법하게 해제한 후라도** 매수인으로서는 상대방이 한 계약해제의 효과로서 발생하는 손해배상책임을 지거나 매매계약에 따른 계약금의 반환을 받을 수 없는 불이익을 면하기 위하여 **착오를 이유로 한 취소권을 행사하여 매매계약 전체를 무효로 돌리게 할 수 있다**(대판 1996.12.6. 95다24982).

제1편 민법총칙(법률행위)

단락핵심 착오에 의한 의사표시

(1) 동기의 착오가 상대방에 의해 유발된 경우 동기가 표시되지 않았다고 하여 중요부분의 착오가 될 수 없는 것은 아니다. (○)

(2) 전달기관의 착오는 의사표시의 불도달이 문제될 뿐이다. (○)

(3) 매매계약 당사자 모두 매매목적물인 X토지의 지번에 착오를 일으켜 계약서에 목적물을 Y토지로 표시한 경우, 착오를 이유로 의사표시를 취소할 수 없다. (○)

(4) 토지의 현황, 경계에 대한 착오는 중요부분의 착오로 볼 수 없으나, 면적·시가에 관한 착오는 중요부분의 착오에 해당한다. (×)
⇒ 토지의 현황, 경계는 중요부분의 착오이나, 면적이나 시가는 특별한 사정이 없는 한 중요부분으로 보기 어렵다.

(5) 가압류등기가 없다고 믿고 보증하였더라도 그 가압류가 원인 무효인 것으로 밝혀진 경우, 착오를 이유로 의사표시를 취소할 수 없다. (○)

(6) 공장을 경영하는 자가 새로운 공장을 설립할 목적으로 토지를 매수함에 있어 토지상에 공장을 건축할 수 있는지 여부를 알아보지 아니한 과실은 중대한 과실에 해당한다. (○)

(7) 표의자의 중대한 과실은 법률행위의 효력을 부인하는 자가 증명하여야 한다. (×)
⇒ 중대한 과실의 존재는 취소권자의 상대방, 즉 법률행위의 효력을 유지하려는 자가 증명하여야 한다. 법률행위의 효력을 부인하는 자는 취소하려는 자, 즉 취소권자를 의미한다.

(8) 화해계약은 착오를 이유로 취소할 수 없는 것이 원칙이다. (○)

(9) 매매계약의 당사자가 매매목적물에 하자가 있는 것을 모르고 매매계약을 체결한 경우 하자담보 책임에 관한 규정은 착오에 관한 제109조에 대하여 우선적으로 적용되어야 한다. (○)

(10) 매수인의 중도금 미지급을 이유로 매도인이 계약을 적법하게 해제한 후라도 매수인은 착오를 이유로 그 계약 전체를 취소할 수 있다. (○)

제3장 의사표시

제3절 하자 있는 의사표시 (사기·강박에 의한 의사표시)

→ 쌍방의 동기착오

15·18·19·21·27·35회 출제

> **제110조(사기, 강박에 의한 의사표시)** ① 사기나 강박에 의한 의사표시는 취소할 수 있다.
> ② 상대방 있는 의사표시에 관하여 제3자가 사기나 강박을 행한 경우에는 상대방이 그 사실을 알았거나 알 수 있었을 경우에 한하여 그 의사표시를 취소할 수 있다.
> ③ 전2항의 의사표시의 취소는 선의의 제3자에게 대항하지 못한다.

01 의 의

의사표시와 내심의 의사는 일치하지만 의사표시의 형성 과정에 흠이 있는 의사표시를 하자 있는 의사표시라고 한다.

▶ 제110조 제1항의 요건   ▶ 제110조 제2항의 요건

1 사기(詐欺)에 의한 의사표시

표의자가 타인의 기망행위(속임수)에 빠져 착오를 일으킴으로써 한 의사표시를 말하며, 사기란 고의로 사람을 기망하여 착오에 빠지게 하는 위법행위를 뜻한다.

2 강박(强迫)에 의한 의사표시

표의자가 타인의 강박행위(위협)에 의하여 공포심을 가지게 되고 그 해악을 피하기 위하여 행한 의사표시를 말한다.

제1편 민법총칙(법률행위)

02 요 건 ★★

1 사기에 의한 의사표시

(1) 사기자의 고의(2단의 고의)

표의자를 기망(속이는 것)하여 착오에 빠지게 하려는 고의와, 다시 그 착오에 기하여 표의자로 하여금 의사표시를 하게 하려는 고의가 있어야 한다.

> **용어사전**
> 1) 작위(作爲), 부작위(不作爲) : 사람의 행위를 적극적 동작[예] 돈을 준다, 사람을 죽인다]과 소극적 태도[예] 젖을 먹이지 아니한다]로 나누어, 전자를 작위라 하고, 후자를 부작위라고 부른다.

(2) 기망행위(欺罔行爲)**가 있을 것**

1) '기망행위'라 함은 허위사항을 진실이라고 표시하거나 진실을 은폐하는 것을 말한다.
2) 작위에 의한 명시적, 묵시적 주장뿐만 아니라 일정한 침묵(부작위)[1]도 표의자로 하여금 실제와 다른 관념을 야기, 강화하는 경우에는 기망행위가 된다.

> **판례** 기망행위에 해당한다고 한 판례
>
> ① 임차권 양도에 관한 임대인의 동의 여부 및 임대차 재계약 여부에 대한 설명 없이 임차권을 양도한 것은 기망행위에 해당한다(대판 1996.6.14. 94다41003).
> ② 가옥이 반복하여 침수되는 것, 무허가건물이라는 것, 토지가 도시계획선(현 도시관리계획선)에 걸려 있다는 것을 침묵하는 것은 사기에 해당한다(대판 1971.5.24. 70다2678).
> ③ 상품의 선전 광고에서 거래의 중요한 사항에 관하여 구체적 사실을 신의성실의 의무에 비추어 비난받을 정도의 방법으로 허위로 고지한 경우에는 기망행위에 해당하지만, 그 선전 광고에 다소의 과장 허위가 수반되는 것은 그것이 일반 상거래의 관행과 신의칙에 비추어 시인될 수 있는 한 기망성이 결여된다(대판 2009.3.16. 2008다1842).
> ④ 제품을 출하할 때부터 실제가격을 일단 할인판매가격으로 표시함으로써, 당해 상품들이 종전에는 높은 가격으로 판매되던 것인데 할인특매기간에 한하여 특별히 대폭 할인된 가격으로 판매되는 것처럼 광고하고, 할인판매기간이 끝난 후에도 판매가격을 환원치 아니하고 할인특매기간중의 가격으로 판매를 계속하는 변칙세일은 기망행위에 해당한다(대판 1993.8.13. 92다52665).

(3) 기망행위가 위법한 것일 것

기망행위가 언제나 위법한 것은 아니고, 그것이 거래상 요구되는 신의칙에 반(反)하는 것일 때 비로소 위법한 것이 된다. → 거래통념

> **판례** 기망행위의 위법성을 부정한 판례
>
> ① 매도인이 목적물의 시가를 묵비하여 이를 매수인에게 고하지 않고 허위로 시가보다 저렴한 액을 시가라고 하였더라도 매수인의 의사결정에 불법의 간섭을 한 것이 아니므로 이를 사기행위로 인한 법률행위라고 할 수 없다(대판 1959.1.29. 4291민상139).
> ② 매수인이 시가보다 저렴한 액을 시가라고 속인 것, 상품의 선전·광고에 있어서 다소의 과장이나 허위가 수반되는 것은 일반상거래의 관행과 신의칙에 비추어 시인될 수 있는 한 기망성이 없다(대판 1995.7.28. 95다19515).
> ③ 교환계약에서 어느 일방당사자가 자기가 소유하는 목적물의 시가를 묵비하여 상대방에게 고지하지 않거나 혹은 허위로 시가보다 높은 가액을 시가라고 고지하였다 하더라도 상대방의 의사결정에 불법적으로 간섭한 것이라 볼 수 없다(대판 2002.9.4. 2000다54406).

(4) 착오로 인하여 의사표시를 할 것

기망행위로 인하여 착오가 생기고 그에 기하여 의사표시를 하여야 한다. 즉, 착오와 의사표시 사이에 인과관계가 있어야 한다. 다만, 주관적 인과관계로 족하다.

→ 일반적인 사람이라면 속지 않았을 정도의 기망행위에 표의자가 착오를 일으킨 경우를 말한다.

2 강박에 의한 의사표시

(1) 강박자의 고의(2단의 고의)

표의자에게 공포심을 일으키려는 고의와 다시 그 공포심에 기하여 의사표시를 하게 하려는 고의가 있어야 한다.

(2) 강박행위가 있을 것

'강박'이란 해악(害惡)을 고지하여 공포심을 가지게 하는 행위이면 족하고, 그 방법이나 해악의 종류에는 아무런 제한이 없으며, 그 해악이 반드시 실현 가능한 것이 아니어도 무관하며, 그 해악을 실현할 의사가 있어야 하는 것도 아니다.

 판례 제110조의 강박과 의사결여의 구별

상대방 또는 제3자의 강박에 의하여 의사결정의 자유가 완전히 박탈된 상태에서 이루어진 의사표시는 효과의사에 대응하는 내심의 의사가 결여된 것이므로 무효라고 볼 수밖에 없으나, 강박이 의사결정의 자유를 완전히 박탈하는 정도에 이르지 아니하고 이를 제한하는 정도에 그친 경우에는 그 의사표시는 취소할 수 있음에 그치고 무효라고까지 볼 수 없다(대판 1984.12.11. 84다카1402).

(3) 강박행위가 위법한 것일 것

23회 출제

강박에 의한 의사표시라고 하려면 상대방이 불법으로 어떤 해악을 고지함으로 말미암아 공포를 느끼고 의사표시를 한 것이어야 하는바, 여기서 어떤 해악을 고지하는 강박행위가 위법하다고 하기 위하여는 ① 강박행위 당시의 거래관념과 제반 사정에 비추어 해악의 고지로써 추구하는 이익이 정당하지 아니하거나 ② 강박의 수단으로 상대방에게 고지하는 해악의 내용이 법질서에 위배된 경우 또는 ③ 어떤 해악의 고지가 거래관념상 그 해악의 고지로써 추구하는 이익의 달성을 위한 수단으로 부적당한 경우 등에 해당하여야 한다(대판 2010.2.11. 2009다72643).

 판례 부정행위에 대한 고소, 고발

일반적으로 부정행위에 대한 고소, 고발은 정당한 권리행사이므로 위법하다고 할 수 없으나, 부정행위에 대한 고소, 고발이 부정한 이익을 얻으려고 하는 때와 목적이 정당하다고 하여도 행위나 수단이 부당한 때에는 위법할 수가 있다(대판 1992.12.24. 92다25120).

제1편 민법총칙(법률행위)

 강박행위

1. 지역사회에서 상당한 사회적 지위와 명망을 가지고 있는 자가 유부녀와 통정한 후 상간자의 배우자로부터 고소를 당하게 되면 자신의 사회적 명예가 실추되고 구속될 여지도 있어 다소 궁박한 상태에 있었다고 볼 수는 있으나 상간자의 배우자가 상대방의 그와 같은 처지를 적극적으로 이용하여 폭리를 취하려 하였다고 볼 수 없는 경우, 고소를 하지 않기로 합의하면서 금 170,000,000원의 약속어음공정증서를 작성한 행위가 불공정한 법률행위에 해당한다고 볼 수 없다(대판 1997.3.25. 96다47951).
2. 변호사인 피고의 잘못으로 패소하였고 또 항소기간에도 도과하게 되었다는 이유로 피고의 사무실에서 농성함은 물론 대통령을 비롯한 관계요로에 피고의 비행을 진정하겠다는 등 온갖 공갈과 위협을 하면서 피고의 업무수행을 방해하므로 피고가 하는 수 없이 손해배상금조로 약속어음을 발행하였다면 이는 강박에 의한 의사표시로서 취소할 수 있다(대판 1972.1.31. 71다1688).
3. 불성실한 태도를 신문에 보도하여 업무를 못하게 하겠다고 위협하는 행위는 강박행위에 해당한다(대판 1957.5.16. 4290민상58).

(4) 공포심으로 인하여 의사표시를 할 것(인과관계)

표의자가 강박의 결과 공포심을 가지게 되고, 그 공포심으로 말미암아 의사표시를 하였어야 한다. 즉, 공포심과 의사표시 사이에 인과관계가 있어야 한다. 다만, 해악이 객관적으로 공포심을 일으킬 정도(객관적 인과관계)에 이르지 않더라도 표의자가 공포심을 일으킨 정도(주관적 인과관계)이면 족하다.

단락문제 Q06 제35회 기출

사기·강박에 의한 의사표시에 관한 설명으로 옳은 것을 모두 고른 것은?(다툼이 있으면 판례에 따름)

ㄱ. 아파트 분양자가 아파트단지 인근에 대규모 공동묘지가 조성된 사실을 알면서 수분양자에게 고지하지 않은 경우, 이는 기망행위에 해당한다.
ㄴ. 교환계약의 당사자가 목적물의 시가를 묵비한 것은 원칙적으로 기망행위에 해당한다.
ㄷ. '제3자의 강박'에 의한 의사표시에서 상대방의 대리인은 제3자에 포함되지 않는다.

① ㄱ   ② ㄴ   ③ ㄱ, ㄷ   ④ ㄴ, ㄷ   ⑤ ㄱ, ㄴ, ㄷ

해설

ㄱ. (O) 판례는 분양자에게 신의칙상의 고지의무가 있다고 하여 기망행위 인정
ㄴ. (X) 당사자 일방이 알고 있는 정보를 상대방에게 사실대로 고지하여야 할 신의칙상의 주의의무가 인정된다고 볼 만한 특별한 사정이 없는 한, 어느 일방이 교환 목적물의 시가나 그 가액 결정의 기초가 되는 사항에 관하여 상대방에게 설명 내지 고지를 할 주의의무를 부담한다고 할 수 없고.(대판 2002. 9. 4. 2000다54406, 54413)
ㄷ. (O) 상대방과 동일시되는 대리인은 제3자 아니다.

답 ③

03 효과 ★★★

1 상대방이 사기나 강박을 한 경우

표의자는 그 의사표시를 취소할 수 있다(제110조 제1항).

2 제3자가 사기·강박을 한 경우

25회 출제

(1) 제3자의 의미

여기서 제3자의 사기·강박이란 의사표시를 한 자와 의사표시의 상대방 이외의 자가 사기·강박한 경우를 의미하며, 의사표시의 제3자 (예 전득자)와 구별하여야 한다.

제3자의 사기·강박

① 하자 있는 의사표시란 사기나 강박에 의한 의사표시를 말한다.
② 사기나 강박에 의하여 행한 의사표시는 취소할 수 있다.
③ 제3자가 행한 사기나 강박에 의하여 행한 의사표시는 그 의사표시의 상대방이 사기나 강박 사실을 알았거나 알 수 있었을 때에 한하여 취소할 수 있다.
④ 여기서 제3자란 의사표시의 상대방과 동일시 할 수 없는 자를 의미한다.

> **판례** 제3자에 의한 사기·강박행위에서 제3자의 의미
>
> 1. 의사표시의 상대방이 아닌 자로서 기망행위를 하였으나 민법 제110조 제2항에서 정한 **제3자에 해당되지 아니한다고 볼 수 있는** 자란 그 의사표시에 관한 상대방의 대리인 등 상대방과 동일시할 수 있는 자만을 의미하고, 단순히 상대방의 피용자이거나 상대방이 사용자책임을 져야 할 관계에 있는 피용자(被傭者)에 지나지 않는 자는 상대방과 동일시할 수는 없어 이 규정에서 말하는 **제3자에 해당한다**(대판 1998.1.23. 96다41496).
> 2. 회사의 대리권 없는 기획실 과장에 의한 사기행위의 경우 제3자의 사기행위에 해당한다(대판 1998.1.23. 96다41496).
> 3. 은행의 출장소장이 어음할인을 부탁받자 그 어음이 부도날 경우를 대비하여 담보조로 받아두는 것이라고 속이고 금전소비대차 및 연대보증 약정을 체결한 후 그 대출금을 자신이 인출하여 사용한 사안에서, 위 출장소장의 행위는 은행 또는 은행과 동일시할 수 있는 자의 사기일 뿐 제3자의 사기로 볼 수 없다(대판 1999.2.23. 98다60828·60835).

(2) 제3자의 사기·강박으로 상대방 없는 의사표시를 한 경우

특별한 제한 없이 취소가 가능하다.
→ 다만 취소권 행사기간 10년(제척기간)의 제한은 받는다.

(3) 제3자의 사기·강박으로 상대방 있는 의사표시를 한 경우

1) 의사표시의 상대방이 그 사실을 알았거나 알 수 있었을 경우에 한하여 취소할 수 있다(제110조 제2항).
2) 선의·악의나 과실유무는 행위당시를 표준으로 한다.

3 전득자(제3자)의 보호

(1) 하자 있는 의사표시의 취소는 선의의 제3자에게 대항하지 못한다(제110조 제3항). 여기서 제3자란 사기 또는 강박에 의한 의사표시의 당사자와 그 포괄승계인 이외의 자 가운데 그 의사표시를 기초로 하여 새로운 이해관계를 맺은 자만을 가리킨다(통정허위표시 참조).
(2) 제3자는 선의이면 족하고 무과실을 요하지 않는다(제110조 제3항).
(3) 특별한 사정이 없는 한 제3자는 선의로 추정되므로, 표의자가 제3자의 악의를 입증하여야 한다(입증책임, 대판 1970.11.24. 70다2155).

04 적용범위★★

1 신분행위

신분행위에 대해서는 적용되지 않고 별도의 특칙을 두고 있다(제816조·제884조 등).

2 단체적 거래행위

→ 어음행위·주식인수행위 등

재산행위에 있어서도 행위의 외형을 믿고서 하는 **정형적·대량적 행위**에 있어서는 거래의 안전을 보호하는 것이 중요하므로 하자 있는 의사표시임을 이유로 취소할 수 없다.

3 공법행위와 소송행위

공법행위와 소송행위는 고도의 획일적 처리가 필요하므로 적용되지 않는다. 따라서 사기나 강박에 의하여 귀속재산불하의 처분(공법행위)이나 소의 취하(소송행위)를 하였다고 하더라도 제109조나 제110조를 주장하여 취소할 수 없다.

05 다른 제도와의 관계★★

1 사기와 착오의 경합

타인의 기망행위에 의하여 의사표시를 한 경우에는 제109조의 착오와 제110조의 사기가 경합하여 병존하는 것이므로, 선택적으로 행사할 수 있다. 이 경우에 표의자는 각각의 요건을 입증하여 **선택적으로 사기 또는 착오를 주장할 수 있다**.

> 청구권경합관계

 판례 제3자의 기망에 의하여 신원보증서류에 서명날인한다는 착각에 빠진 경우

제3자의 기망에 의하여 신원보증서류에 서명날인한다는 착각에 빠진 상태로 연대보증 서면에 서명날인한 것은 기명날인의 착오(또는 서명의 착오)에 해당한다. 사기에 의한 의사표시, <u>특히 상대방이 그러한 제3자의 기망행위 사실을 알았거나 알 수 있었을 경우가 아닌 한</u> 의사표시자가 취소권을 행사할 수 없다는 민법 제110조 제2항의 규정을 적용할 것이 아니라, 착오에 의한 의사표시에 관한 법리만을 적용하여 취소권 행사의 가부를 가려야 할 것이다(대판 2004다43824).

2 사기와 하자담보책임의 경합

기망에 의하여 흠있는 물건에 관한 매매가 성립한 경우에는 하자담보책임의 규정(제570조 이하)과 사기의 규정(제110조)이 경합하여 선택적으로 행사할 수 있다.

3 불법행위와 손해배상청구

사기나 강박행위는 불법행위에 해당되기 때문에(제750조), 사기나 강박을 당해서 의사표시를 한 자(예컨대 사기, 강박에 의한 분양계약)는 ① 그 의사표시를 취소하고 가해자에 대해서 손해배상을 청구할 수도 있고 ② 취소하지 않고 불법행위로 인한 손해배상만을 청구할 수도 있다.

 판례 사기에 의한 법률행위가 동시에 불법행위를 구성하는 경우 부당이득반환청구권과 손해배상청구권의 관계

법률행위가 사기에 의한 것으로서 취소되는 경우에 그 법률행위가 동시에 불법행위를 구성하는 때에는 취소의 효과로 생기는 부당이득반환청구권과 불법행위로 인한 손해배상청구권은 <u>경합하여 병존하는 것이므로, 채권자는 어느 것이라도 선택하여 행사할 수 있지만 중첩적으로 행사할 수는 없다</u>(대판 1993.4.27. 92다56087).

4 사기·강박과 제103조, 제104조와의 관계

사기 또는 강박은 사회질서에 반하는 것이나, 그것이 당연히 제103조나 제104조에 해당하는 것은 아니다. 그러나 동기·목적 등에 반사회성이 부가적으로 발견되면 무효가 된다(제103조나 제104조와 경합).

5 화해계약과 하자 있는 의사표시

화해계약의 경우 제109조의 착오에 의한 의사표시임을 이유로는 원칙적으로 취소할 수 없지만, 제110조의 사기·강박에 의한 의사표시임을 이유로는 취소할 수 있다.

> **판례 화해계약의 사기를 이유로 한 취소**
>
> 민법 제733조의 규정에 의하면, 화해계약은 화해당사자의 자격 또는 화해의 목적인 분쟁 이외의 사항에 착오가 있는 경우를 제외하고는 착오를 이유로 취소하지 못하지만, 화해계약이 사기로 인하여 이루어진 경우에는 화해의 목적인 분쟁에 관한 사항에 착오가 있는 때에도 민법 제110조에 따라 이를 취소할 수 있다고 할 것이다(대판 2008.9.11. 2008다15278).

단락핵심 사기·강박에 의한 의사표시

(1) 상품의 선전 광고에 다소의 과장 허위가 수반되는 것은 그것이 일반 상거래의 관행과 신의칙에 비추어 시인될 수 있는 한 기망성이 결여된다. (O)

(2) 甲의 대리인 乙의 사기로 乙에게 매수의사를 표시한 丙은 甲이 그 사실을 알지 못한 경우에도 사기를 이유로 법률행위를 취소할 수 있다. (O)

(3) 표의자가 제3자의 사기로 의사표시를 한 경우, 상대방이 그 사실을 과실 없이 알지 못한 때에도 그 의사표시를 취소할 수 있다. (X)
  ⇒ 상대방이 그 사실을 알았거나 알 수 있었을 때에 한하여 취소할 수 있다.

(4) 제3자의 기망행위로 신원보증서면에 서명한다는 착각에 빠져 연대보증서면에 서명한 경우, 당연히 사기를 이유로 의사표시를 취소할 수 있다. (X)
  ⇒ 판례는 이 경우 기망에 의한 의사표시가 아니라 착오에 의한 의사표시임을 이유로 상대방의 악의나 과실에 상관없이 취소할 수 있다고 하였다(대판 2005.5.27. 2004다43824).

(5) 사기에 의한 의사표시의 상대방의 포괄승계인은 사기를 이유로 한 법률행위의 취소로써 대항할 수 없는 선의의 제3자에 포함된다. (X)
  ⇒ 포괄승계인은 제3자에 해당하지 않는다.

(6) 교환계약의 당사자 일방이 상대방에게 그가 소유하는 목적물의 시가를 허위로 고지한 경우, 원칙적으로 사기를 이유로 취소할 수 있다. (X)

(7) 부정행위에 대한 고소, 고발이 부정한 이익을 얻으려고 하는 때와 목적이 정당하다고 하여도 행위나 수단이 부당한 때에는 위법할 수 있다. (O)

(8) 화해계약의 경우 기망에 의한 의사표시임을 이유로 취소할 수 없다. (X)

제4절 의사표시의 효력발생 16·35회 출제

01 의사표시의 효력발생시기 12·27회 출제

> **제111조(의사표시의 효력발생시기)** ① 상대방이 있는 의사표시는 상대방에게 도달(到達)한 때에 그 효력이 생긴다.
> ② 의사표시자가 그 통지(通知)를 발송(發送)한 후 사망(死亡)하거나 제한능력자(制限能力者)가 되어도 의사표시의 효력에 영향을 미치지 아니한다.

1 도달주의 원칙★★

(1) 도달주의

1) 도달주의의 의의

의사표시가 상대방에게 도달한 때에 효력이 생긴다는 원칙으로서 의사표시의 양 당사자의 이익을 조화한 입법주의이다(우리 민법의 태도).

2) 적용범위

① 이는 **격지자**[1]와 대화자 모두에 적용된다.
② 의사의 통지나 관념의 통지에 대해서도 도달주의 원칙이 유추적용된다.

3) 효력발생시기

상대방이 의사표시의 내용을 알 수 있는 객관적인 상태가 되면 도달이 있는 것이므로, 상대방이 그 내용을 알지 못하였더라도 효력이 발생한다.

⑩ 편지가 우편수신함에 투입된 경우, 동거하는 가족 등에게 교부된 경우

> 용어사전
>
> 1) **격지자(隔地者)**: 대화자에 대립하는 개념으로서 의사표시가 행해지는 것부터 상대방에게 도달하기까지 다소 시간이 소요되는 관계에 있는 자를 의미한다. 주의할 것은 시간적 간격을 기준으로 하므로 거리가 떨어져 있더라도 전화 등에 의하는 경우에는 대화자이다.

(2) 도달주의의 내용★★★

1) 도달의 의미   → 요지가능성설에 따른 판례의 입장

도달이란 의사표시가 **상대방이 알 수 있는 객관적 상태**에 놓이는 것, 즉 상대방의 지배에 들어가는 것을 의미한다. 수신인이 이유 없이 고의로 수령을 거절하는 경우, 의사표시는 도달된 것이다.

 채권양도통지의 도달유무

채권양도의 통지서가 들어 있는 우편물을 **채무자의 가정부가 수령한 직후 한집에 거주하고 있는 통지인인 채권자가 그 우편물을 바로 회수해 버렸다면** 그 우편물의 내용이 무엇인지를 그 가정부가 알고 있었다는 등의 특별한 사정이 없었던 이상 그 통지는 피고에게 **도달되었다고 볼 수 없을 것**이다(대판 1983.8.23. 82다카439).

제1편 민법총칙(법률행위)

2) **의사표시의 불착·연착** → 도달하지 않은 경우 / 늦게 도달한 경우

   의사표시의 불착·연착은 표의자의 불이익으로 돌아간다.

   예) 甲이 乙과 계약을 하고자 청약의 의사표시를 한 경우 청약이 乙에게 도달하지 못하면 계약이 성립되지 않아서 표의자인 甲이 불이익을 입는다.

3) **의사표시의 철회**
   ① 발신 후에라도 도달 전에는 발신자는 임의로 의사표시를 철회할 수 있다.
   ② 단, 철회의 의사표시는 늦어도 본래의 의사표시와 동시에 도달해야 한다.

4) **발신 후 표의자의 사정변화**
   ① 표의자가 그 통지를 발한 후 사망하거나 <u>행위능력을 상실</u>하여도 의사표시의 효력에 영향을 미치지 않는다(제111조 제2항). → 성년후견·한정후견 개시
   ② 대리권과 같은 권한의 상실도 의사표시의 효력에 영향을 주지 않는다.

5) **도달의 입증책임**
   의사표시의 도달에 대해서는 표의자가 입증하여야 한다.

판례 우편물의 배달과 도달주의

1. 우편법 소정의 규정에 따라 우편물이 배달되었다고 하여 언제나 상대방 있는 의사표시의 통지가 상대방에게 <u>도달하였다고 볼 수는 없으므로</u> 채권양도통지서가 채무자의 주소나 사무소가 아닌 동업자의 사무소에서 그 신원이 분명치 않은 자에게 송달된 경우에는 사회관념상 채무자가 통지의 내용을 알 수 있는 객관적 상태에 놓여졌다고 인정할 수 없다(대판 1997.11.25. 97다31281).

2. 우편물이 수취인 가구의 우편함에 투입되었다고 하더라도 분실 등을 이유로 그 우편물이 수취인의 수중에 들어가지 않을 가능성이 적지 않게 존재하는 현실에 비추어, 우편함의 구조를 비롯하여 수취인이 우편물을 수취하였음을 추인할 만한 특별한 사정에 대하여 심리를 다하지 아니한 채 아파트 경비원이 집배원으로부터 우편물을 수령한 후 이를 우편함에 넣어 둔 사실만으로 수취인이 그 우편물을 수취하였다고 <u>추단할 수 없다</u> (대판 2006.3.24. 2005다66411).

3. 최고의 의사표시가 기재된 내용증명 우편물이 발송되고 반송되지 아니하였다면 특별한 사정이 없는 한 이는 그 무렵에 송달되었다고 볼 것이다(대판 1997.2.25. 96다38322).

4. 우편법 등 관계 규정의 취지에 비추어 볼 때 우편물이 등기취급의 방법으로 발송된 경우 반송되는 등의 특별한 사정이 없는 한 그 무렵 수취인에게 배달되었다고 보아야 한다(대판 1992.3.27. 91누3819).

5. <u>수취인이나 그 가족이 주민등록지에 실제로 거주하고 있지 아니하면서 전입신고만을 해 둔 경우</u>, 주민등록지 거주자에게 송달수령의 권한을 위임하였다고 보기 어려운 사정이 인정된다면, <u>등기우편으로 발송된 납세고지서가 반송된 사실이 인정되지 아니한다고 하여 납세의무자에게 송달된 것이라고 볼 수는 없다</u>(대판 1998.2.13. 97누8977).

2 도달주의의 예외(발신주의) ★★★   20·22회 출제

발신주의란 의사표시가 상대방에게 발신되면 그 의사표시가 즉시 효력을 발생한다는 원칙이다. 이는 민활·신속을 요하는 거래나 다수의 자에게 동일한 시점을 기준으로 동일한 통지를 하여야 할 경우에 적합한 것으로 민법은 다음의 경우 발신주의를 취한다.

제3장 의사표시

(1) **제**한능력자(종래 무능력자)의 상대방의 최고에 대한 확답(제15조)
(2) **사**원총회의 소집통지(제71조)
(3) **무**권대리인의 상대방의 최고에 대한 확답(제131조)
(4) 채권자의 **채무인수**[1]인에 대한 승낙의 확답(제455조)
(5) **격**지자 사이의 계약의 승낙의 통지(제531조)

> **용어사전**
> 1) 채무인수(債務引受) : 채무의 동일성을 유지하면서 인수인에게 그대로 채무를 이전하는 것을 목적으로 하는 계약을 말한다.

02 의사표시의 공시송달

> **민사소송법 제196조(공시송달의 효력발생)** ① 첫 공시송달은 제195조의 규정에 따라 실시한 날부터 2주가 지나야 효력이 생긴다. 다만, 같은 당사자에게 하는 그 뒤의 공시송달은 실시한 다음 날부터 효력이 생긴다.
> ② 외국에서 할 송달에 대한 공시송달의 경우에는 제1항 본문의 기간은 2월로 한다.
> ③ 제1항 및 제2항의 기간은 줄일 수 없다.

표의자가 과실 없이 상대방을 알지 못하거나 상대방의 소재를 알지 못하는 경우에는 의사표시는 민사소송법 공시송달의 규정(민사소송법 제194조 이하)에 의하여 송달할 수 있다(제113조).
→ 알려야 할 사항을 법원게시판 등에 게시하여 일정한 기간이 경과되면 송달된 것으로 의제하는 제도

03 의사표시의 수령능력 〔30회 출제〕

> **제112조(제한능력자에 대한 의사표시의 효력)** 의사표시의 상대방이 의사표시를 받은 때에 제한능력자인 경우에는 의사표시자는 그 의사표시로써 대항(對抗)할 수 없다. 다만, 그 상대방의 법정대리인이 의사표시가 도달한 사실을 안 후에는 그러하지 아니하다.

(1) 우리 민법은 모든 제한능력자를 수령무능력자로 규정하고 있다(제112조 본문). 따라서 미성년자를 비롯하여 피성년후견인 및 피한정후견인은 의사표시를 수령하지 못한다.
(2) 의사표시의 수령상대방이 제한능력자인 경우 표의자는 의사표시의 효력을 주장할 수 없으나, 제한능력자측에서 그 효력을 주장할 수는 있다. 그러나 만약 법정대리인이 의사표시의 도달을 안 후에는 표의자가 의사표시의 도달을 주장할 수 있다(제112조 단서).
(3) 미성년자나 피한정후견인에게 일정한 경우에 행위능력이 인정될 수 있는데 이때에는 수령능력이 있다고 본다.
→ 예 제8조의 영업허락이 있는 경우
(4) 수령무능력자 제도는 상대방 없는 의사표시, 발신주의에 의한 의사표시, 공시송달에 의한 의사표시에는 적용되지 않는다.
→ 유언, 유증, 재단법인 설립 등

제1편 민법총칙(법률행위)

단락문제 Q07
제35회 기출

甲의 乙에 대한 의사표시에 관한 설명을 옳은 것은? (다툼이 있으면 판례에 따름)

① 甲이 부동산 매수청약의 의사표시를 발송한 후 사망하였다면 그 효력은 발생하지 않는다.
② 乙이 의사표시를 받은 때에 제한능력자이더라도 甲은 원칙적으로 그 의사표시의 효력을 주장할 수 있다.
③ 甲의 의사표시가 乙에게 도달되었다고 보기 위해서는 乙이 그 내용을 알았을 것을 요한다.
④ 甲의 의사표시가 등기우편의 방법으로 발송된 경우, 상당한 기간 내에 도달되었다고 추정할 수 없다.
⑤ 乙이 정당한 사유 없이 계약해지 통지의 수령을 거절한 경우, 乙이 그 통지의 내용을 알 수 있는 객관적 상태에 놓여 있는 때에 의사표시의 효력이 생긴다.

해설
① (×) 의사표시자가 그 통지를 발송한 후 사망하거나 제한능력자가 되어도 의사표시의 효력에 영향을 미치지 아니한다. (민법 제111조 ②)
② (×) 주장하지 못한다. 제한능력자 측에서는 주장 가능
③ (×) 도달로 족하고 알 필요까지는 없다. 요지주의 아니다.
④ (×) 등기우편, 내용증명우편의 경우에는 도달추정 (기본서 92쪽 판례 참조)
⑤ (○) 도달주의의 결과이다.

답 ⑤

단락핵심 의사표시의 효력발생

(1) 민법은 상대방 있는 의사표시에 관하여 도달주의를 원칙으로 하고 있다. (○)
(2) 행위능력이 제한되는 자는 의사표시를 수령할 능력이 없다. (○)
(3) 제한능력자에게 의사표시가 전달되었다 하더라도 표의자는 그 의사표시의 도달을 주장할 수 없지만 수령자는 의사표시의 도달을 주장할 수 있다. (○)
(4) 제한능력자에게 의사표시가 전달되었더라도 법정대리인이 그 도달을 안 후에는 표의자는 의사표시의 도달을 주장할 수 있다. (○)
(5) 공시송달은 과실 없이 상대방을 알지 못하는 때에만 할 수 있다. (×)
  ⇒ 상대방의 소재를 알지 못하는 때에도 할 수 있다.
(6) 첫 공시송달은 이를 실시한 날로부터 1주가 지나야 효력이 생긴다. (×)

의사표시

빈출 함정 총정리

• 경록 교재에 모든 답이 있습니다.

01 비진의표시는 원칙적으로 <u>유효하다고 보는 것이</u> 민법의 기본입장이다.
   함정(X) 비진의표시는 원칙적으로 무효로 보는 것이 민법의 기본입장이다.

02 甲은 증여의 의사 없이 乙에게 자기 소유의 부동산을 증여하기로 약속한 후 그 이행으로 乙에게 소유권을 이전하였을 경우 <u>원칙적으로 乙은 소유권을 취득한다.</u>
   함정(X) 甲은 증여의 의사 없이 乙에게 자기 소유의 부동산을 증여하기로 약속한 후 그 이행으로 乙에게 소유권을 이전하였을 경우 乙은 소유권을 취득할 수 없다.

03 양도담보나 추심을 위한 목적의 채권양도와 같은 신탁행위는 <u>통정허위표시에 해당하지 않는다.</u>
   함정(X) 양도담보나 추심을 위한 목적의 채권양도와 같은 신탁행위는 통정허위표시로 무효이다.

04 채권의 가장양도에서 채무자는 가장양도의 무효를 대항할 수 없는 선의의 제3자에 <u>해당하지 않는다.</u>
   함정(X) 채권의 가장양도에서 채무자는 가장양도의 무효를 대항할 수 없는 선의의 제3자에 해당한다.

05 甲은 乙에게 부동산을 증여하면서 증여세를 회피할 목적으로 상호합의하여 매매를 한 것처럼 가장한 경우 이 매매는 <u>통정허위표시로 무효이다.</u>
   함정(X) 甲은 乙에게 부동산을 증여하면서 증여세를 회피할 목적으로 상호합의하여 매매를 한 것처럼 가장한 경우 이 매매는 취소할 수 있는 행위에 해당한다.

06 통정허위표시를 당사자가 추인하면 <u>추인한 때로부터 유효가 된다.</u>
   함정(X) 통정허위표시를 당사자가 추인하면 소급하여 유효가 된다.

07 매도인이 먼저 계약을 해제한 <u>후라도 매수인은 착오를 이유로 취소할 수 있다.</u>
   함정(X) 매도인이 먼저 계약을 해제한 후라면 매수인은 착오가 있더라도 취소할 수 없다.

제1편   민법총칙(법률행위)

08 매매목적물의 시가에 관한 착오는 중요부분의 **착오가 아니므로 취소할 수 없다.**
함정(X) 매매목적물의 시가에 관한 착오는 중요부분의 착오에 해당하므로 취소할 수 있다.

09 법률행위 내용의 중요부분에 관한 착오가 **있더라도 착오에 중과실이 있는 때에는 취소할 수 없다.**
함정(X) 법률행위 내용의 중요부분에 관한 착오가 있더라도 착오에 과실이 있는 때에는 취소할 수 없다.

10 **표시기관의 착오는** 표시상의 착오에 해당한다.
함정(X) 전달기관의 착오는 표시상의 착오에 해당한다.

11 상대방의 사기에 의한 것이 아니고 제3자의 사기에 의한 법률행위는 **상대방이 그 사실을 알았거나 알 수 있었을 때에 한하여 취소할 수 있다.**
함정(X) 상대방의 사기에 의한 것이 아니고 제3자의 사기에 의한 법률행위는 무효이다.

12 각서에 서명 날인할 것을 강력히 요구하였다고 설시한 것은 **심리미진 또는 강박에 의한 의사표시의 법리를 오해한 것이라 할 것이다.**
함정(X) 각서에 서명 날인할 것을 강력히 요구하였다고 설시한 것은 강박에 의한 의사표시에 해당한다.

13 의사표시의 연착이나 부도달로 인한 불이익은 **표시자가** 입게 되는 것이 원칙이다.
함정(X) 의사표시의 연착이나 부도달로 인한 불이익은 상대방이 입게 되는 것이 원칙이다.

14 의사표시를 발한 후 표의자가 사망하거나 제한능력자가 된 경우 **그 의사표시에는 영향이 없다.**
함정(X) 의사표시를 발한 후 표의자가 사망하거나 제한능력자가 된 경우 그 의사표시는 효력을 잃는다.

15 의사표시를 발신한 후라도 **도달 전에는** 임의로 의사표시를 철회할 수 있다.
함정(X) 의사표시를 발신한 후라도 언제나 임의로 의사표시를 철회할 수 있다.

16 아파트의 경비원이 집배원으로부터 우편물을 수령한 후 이를 우편함에 **넣어 둔 사실만으로 수취인이 그 우편물을 수취하였다고 추단할 수 없다.**
함정(X) 아파트의 경비원이 집배원으로부터 우편물을 수령한 후 이를 우편함에 넣어 두었다면 수취인에게 그 우편물이 도달하였다고 보아야 한다.

제3장 의사표시

17 의사표시를 한 자가 **등기우편의 방법으로** 의사표시를 발송하였다면 특별한 사정이 없는 한 그 무렵에 송달되었다고 볼 것이다.
 함정(X) 의사표시를 한 자가 일반우편의 방법으로 의사표시를 발송하였다면 특별한 사정이 없는 한 그 무렵에 송달되었다고 볼 것이다.

18 무권대리인의 상대방의 최고에 대한 확답에 대하여는 **도달주의가 적용되지 않는다**.
 함정(X) 무권대리인의 상대방의 최고에 대한 확답에 대하여는 발신주의가 적용되지 않는다.

19 첫 공시송달이 실시된 경우 **2주가** 지나야 의사표시의 효력이 생긴다.
 함정(X) 첫 공시송달이 실시된 경우 한 달이 지나야 의사표시의 효력이 생긴다.

20 제한능력자에 대한 의사표시의 도달을 그 법정대리인이 **안 경우 표의자는 제한능력자에게 대항할 수 있다**.
 함정(X) 제한능력자에 대한 의사표시의 도달을 그 법정대리인이 안 경우라도 표의자는 제한능력자에게 대항할 수 없다.

CHAPTER 04 법률행위의 대리

학습포인트

- 대리행위의 의의와 대리행위의 3면관계에 대하여 충분한 이해가 필요하다.
- 대리에는 대리권 수여의 의사표시에 의한 임의대리와 법률의 규정에 의한 법정대리가 있고, 복대리와 무권대리가 중요한 학습내용이 된다.
- 특히 표현대리로서의 무권대리와 대리권 없이 행한 협의의 무권대리의 차이점을 확실하게 구분하여 이해해 두어야 한다.

CHAPTER 학습 & 출제되는 키워드

- ☑ 대리제도
- ☑ 유권대리·무권대리
- ☑ 대리권의 발생·범위·소멸
- ☑ 현명주의
- ☑ 무권대리
- ☑ 대리권의 범위를 넘은 표현대리
- ☑ 협의의 무권대리
- ☑ 최고권

- ☑ 대표·사자·위임
- ☑ 능동대리·수동대리
- ☑ 보존행위·이용행위·개량행위
- ☑ 대리인의 능력
- ☑ 표현대리
- ☑ 정당한 이유
- ☑ 계약의 무권대리
- ☑ 철회권

- ☑ 법정대리·임의대리
- ☑ 대리의 허용범위
- ☑ 대리행위
- ☑ 복대리
- ☑ 대리권수여표시에 의한 표현대리
- ☑ 대리권 소멸 후의 표현대리
- ☑ 추인권
- ☑ 단독행위의 무권대리

CHAPTER 학습 & 출제되는 질문

- ☑ 다음 중 허용되지 않는 행위는?
- ☑ 대리와 사자에 관한 설명으로 타당한 것은?
- ☑ 대리인이 오직 자기 또는 제3자의 이익을 위하여 대리권의 범위 안에서 대리행위를 한 경우에 관한 것 중 옳은 것은?
- ☑ 대리권수여(代理權授與)의 표시에 의한 표현대리에 관하여, 다음 기술 중 틀린 것은?
- ☑ 권한을 넘은 표현대리에 관한 설명 중 틀린 것은?
- ☑ 협의의 무권대리에 관한 다음 내용 중 틀린 것은?
- ☑ 甲의 대리인 乙이 丙소유의 부동산을 매수하는 계약을 체결하였다. 다음 설명 중 옳은 것은?

제4장 법률행위의 대리

제1절 서설

33·34회 출제

Professor Comment
대리제도의 서설부분에서는 대리가 사실행위와 불법행위에 대해서는 허용되지 않는다는 점을 기억하고 그 외는 이해위주로 학습한다.

01 대리의 의의 및 본질·사회적 작용

> **제114조(대리행위의 효력)** ① 대리인이 그 권한 내에서 본인을 위한 것임을 표시한 의사표시는 직접 본인에게 대하여 효력이 생긴다.
> ② 전항의 규정은 대리인에게 대한 제3자의 의사표시에 준용한다.

1 의 의 ★

(1) 개 념

대리는 본인과는 별개의 독립된 인격체인 대리인이 본인을 위하여 제3자(상대방)와 법률행위를 하거나, 의사표시를 수령함으로써 그 효과가 직접 본인에게 귀속하는 제도이다.

(2) 대리와 유사한 제도

1) 사자(使者)와의 구별
   ① 대리행위는 대리인이 효과의사를 직접 결정하여 표시하지만, 사자는 본인이 결정한 의사를 단지 외부에 표시해서 그 의사표시를 완성하거나 상대방에게 전달할 뿐이다.
   ② 의사를 단지 외부에 표시하는 경우를 표시기관으로써의 사자라고 하며, 상대방에게 전달하는 것을 전달기관으로써의 사자라고 한다.

2) 대표(代表)와의 구별
   ① 대리인은 본인과는 별개의 독립한 법률적 지위를 가지는 점에서 법인의 내부기관인 법인의 대표기관과 다르다.
   ② 대표는 사실행위나 불법행위에 관하여서도 성립하는 점에서 대리와는 다르다.
   ③ 법인의 대표기관의 행위에 의하여 법인이 직접 그 법률효과를 취득하는 점에서 대표는 대리와 비슷하며 이에 따라 대리에 관한 규정이 준용된다(제59조 제2항).

3) 간접대리(間接代理)와의 구별

① 상법상의 위탁매매(委託賣買)와 같이 법률효과가 일단 수탁자에게 귀속하고, 그 다음 행위자(수탁자)가 그 결과를 본인(위탁자)에게 다시 이전시키는 별개의 행위를 요구하는 것을 간접대리라고 하며(상법 제101조) 이는 대리행위가 아니다.
② 대리는 행위의 효과가 직접 본인에게 귀속되는 점에서 간접대리와 구별되며, 통상 법률용어로 "본인의 계산으로"라는 표현을 쓴다.

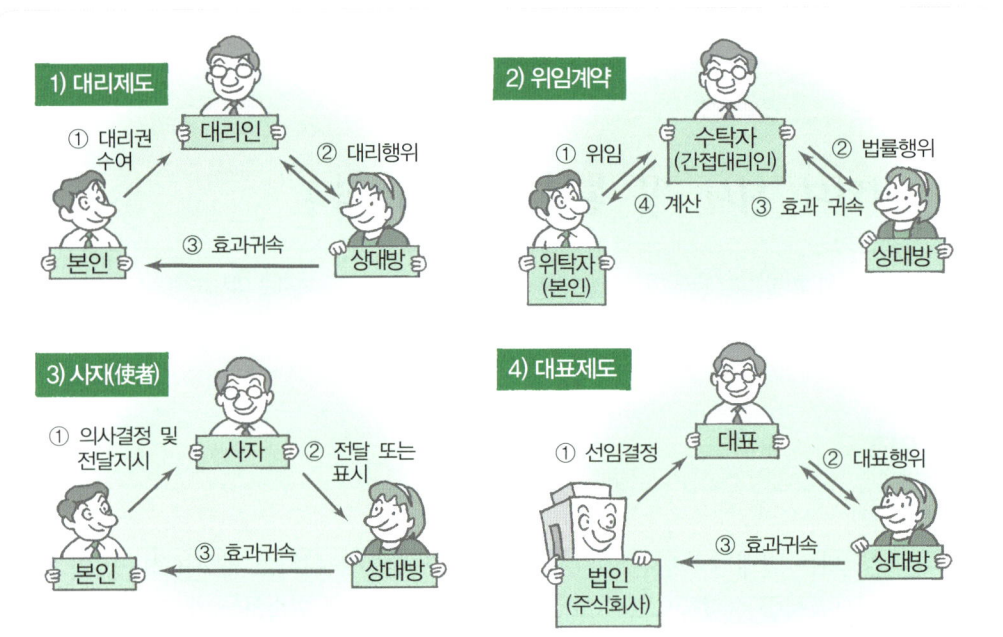

4) 중개인(仲介人) 기타 보조인과 구별

① 직접 계약을 체결하지 않고 계약체결을 주선하거나 준비하는 데 불과한 자는 대리인이 아니다.
② 타인 간의 계약의 체결을 중개하는 자, 중개만을 하는 대리상, 소개인 기타 법률행위를 행하지 않는 이행보조자·중개보조자, 체결보조자 등은 대리인이 아니다.

2 대리제도의 사회적 작용(기능)

본인의 활동범위를 확장하는 기능과 행위능력이 부족한 자(제한능력자)의 행위능력을 보충하는 기능을 한다.

임의대리	사적 자치의 확장 → 본인의 활동범위를 확장하는 기능
법정대리	사적 자치의 보충 → 특정한 행위의 비전문가나 제한능력자의 능력을 보충하는 기능

3 대리의 3면(面)관계

대리관계는 대리인이 본인의 정당한 대리인이라는 관계(대리권), 대리인이 본인을 대신하여 상대방과 법률행위를 하는 관계(대리행위), 대리행위의 결과 그 효과가 본인에게 직접 귀속되는 관계(대리의 효과)의 3면관계로 되어 있다.

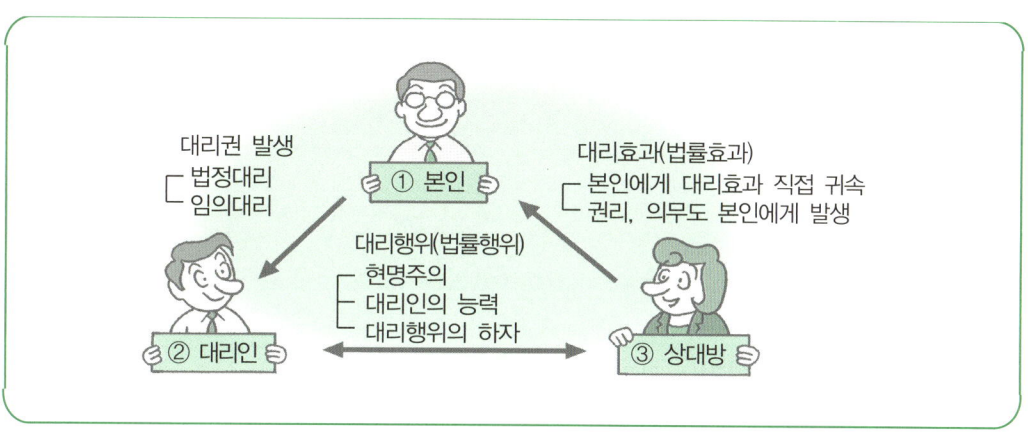

02 대리의 허용범위

1 법률행위

원칙적으로 대리가 인정되는 범위는 법률행위, 즉 의사표시를 하거나(능동대리) 또는 의사표시를 받는 것(수동대리)에 한한다.

2 대리가 허용되지 않는 경우(대리와 친하지 않은 행위)

㉠ 법률행위 이외의 것이나 ㉡ 법률행위라 하더라도 대리를 금지하는 법률의 규정이 있거나 법률행위의 성질상 대리가 적합하지 않은 경우에는 대리가 허용되지 않는다.

(1) 법률행위이나 대리행위가 허용되지 않는 경우(신분행위)

혼인·유언 등의 신분행위에는 원칙적으로 대리가 허용되지 않으나, 다만, 15세 미만자의 입양·파양의 경우에 <u>법정대리인</u>에 의한 대리가 인정된다(제869조·제899조).
　　　　　　　　└→ 부·모 등 친권자나 후견인

제1편 민법총칙(법률행위)

(2) 사실행위·불법행위·준법률행위

1) 인도(引渡)와 같은 사실행위와 불법행위에는 대리가 허용되지 않는다. 다만 대리인이 본인의 피용자인 경우에는 본인의 사용자책임(제756조)이 문제될 수 있다.

<small>사실상 지시·감독을 받는 자</small>

2) 준법률행위는 의사표시가 아니므로 대리가 허용되지 않으나, 예외적으로 의사의 통지나 관념의 통지에는 대리에 관한 규정이 유추적용된다(통설).

03 대리의 종류

1 법정대리와 임의대리 (대리권의 발생원인에 따른 분류)

대리권이 본인의 의사와 관계없이 법률규정에 의해 당연히 발생하는 것을 법정대리라 하고 본인의 임의의 의사에 의해 주어지는 것을 임의대리라고 한다.

Professor Comment

① 법정대리인으로는 친권자, 법정후견인, 부재자의 재산관리인 등이 있다.
② 회사의 부서에 따라서 부장, 과장 등을 부분적 포괄적 대리인이라 하는데 이들도 임의대리인에 속한다.

2 유권대리와 무권대리 (대리권의 유무에 의한 분류)

적법한 대리권한을 가지고 하는 대리행위를 유권대리라 하고 대리권 없이 한 대리행위를 무권대리라 한다. 무권대리에 대해서는 다시 협의의 무권대리와 표현대리로 구분한다.

대리가 허용되지 않는 경우

- 불법행위
- 사실행위
- 신분행위

* 암기: 대리불허 '불사신'

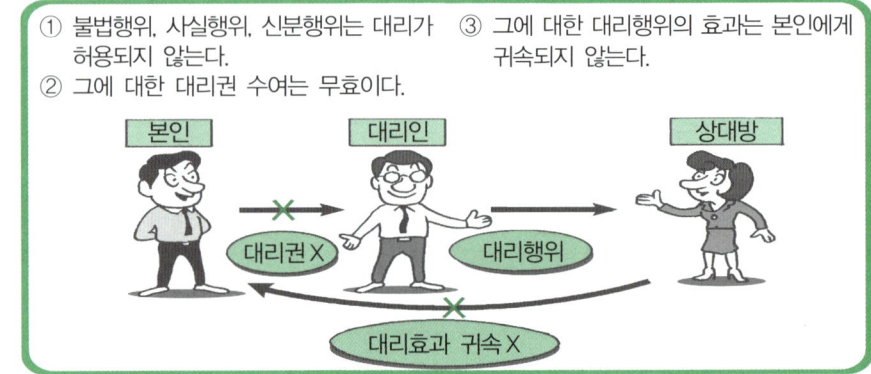

① 불법행위, 사실행위, 신분행위는 대리가 허용되지 않는다.
② 그에 대한 대리권 수여는 무효이다.
③ 그에 대한 대리행위의 효과는 본인에게 귀속되지 않는다.

3 능동대리와 수동대리(대리행위의 모습에 따른 분류)

본인을 위하여 제3자에 대하여 의사표시를 하는 대리행위를 능동대리라고 하고 본인을 위하여 제3자의 의사표시를 수령하는 대리행위를 수동대리라고 한다.

단락핵심 법률행위의 대리 서설

(1) 대리제도는 사적자치를 보충하거나 확장하기 위한 제도이다. (○)
(2) 대리행위란 대리인이 본인의 계산으로 하는 행위를 말한다. (×)
  ⇒ 대리 : '본인을 위하여', 간접대리 : '본인의 계산으로'
(3) 간접대리의 경우 법률효과가 일단 수탁자에게 귀속한다는 점에서 대리와 구별된다. (○)
(4) 사실행위와 불법행위에도 예외적으로 대리행위가 성립할 수 있다. (×)
(5) 신분행위에는 대리행위에 관한 규정이 적용되지 않는다. (○)
(6) 부재자의 재산관리인은 임의대리인이다. (×)
(7) 법정대리권은 대리권을 철회함으로써 소멸한다. (×)
(8) 회사의 부장, 과장 등의 경우도 임의대리인이 될 수 있다. (○)

제1편 민법총칙(법률행위)

제2절 대리권(본인·대리인 사이의 관계) ★★★
16·17·30·33·35회 출제

01 대리권의 의의 및 성질

1 대리권의 의의

대리권이란 대리인이 본인을 위하여 법률행위(대리행위)를 할 수 있는 법률상의 지위 또는 자격을 말한다.

> **용어사전**
> 1) **권한(權限)**: 타인을 위하여 그 자에 대한 일정한 법률효과를 발생케 하는 행위를 할 수 있는 법률상의 자격을 말한다. 대리인의 대리권, 법인의 이사의 대표권 등은 그 예이다.

2 대리권의 성질

통설인 자격설에 의하면 대리권은 권리가 아니라 행위능력과 같이 법률효과를 발생하게 하는 능력 또는 자격으로서 대리권한[1]이라고 설명될 수 있다고 한다.

02 대리권의 발생

1 법정대리권의 발생

대리권이 본인의 의사에 관계없이 법규가 정하는 바에 의하여 발생하는 것으로 다음과 같다.

(1) 본인에 대하여 일정한 신분상의 지위를 가지는 자에게 법률상 당연히 발생하는 경우
　　예 친권자, 법정후견인(제911조, 제920조)

(2) 본인 이외의 일정한 사인의 지정에 의해 발생하는 경우
　　예 지정후견인, 지정유언집행자(제931조, 제1093조)

(3) 법원의 선임에 의해 발생하는 경우
　　예 부재자[2] 재산관리인, 상속재산관리인, 유언집행자(제23조·제932조·제1023조·제1096조)

2 임의대리권의 발생(수권행위) ★
24회 출제

(1) 수권행위(授權行爲)의 의의

임의대리권은 이른바 '수권행위'에 의하여 발생하는데, 수권행위란 대리인에 대한 본인의 대리권 수여행위를 말한다.

(2) 수권행위의 방식

수권행위에는 특별한 방식을 요하지 않는다. 따라서 반드시 위임장을 교부할 필요는 없지만 교부된 위임장은 대리권존재의 유력한 증거가 된다.

(3) 수권행위의 성질

여기서 수권행위는 상대방의 수령을 요하는 단독행위(통설)이다. 따라서 대리인이 될 자의 의사표시는 필요하지 않다.

→ 승낙·동의

(4) 수권행위의 독자성

→ 예 위임[1], 고용 등

1) 수권행위는 기초적 내부관계를 발생케 하는 행위와는 구별하여야 한다.
2) 대리관계는 기초적 내부관계로부터 독립되어 있으며, 또한 대리권의 수여를 목적으로 하는 법률행위, 즉 수권행위는 기초적 내부관계와 독립하여 대리권의 발생만을 목적으로 하는 행위이다.

용어사전

1) 위임(委任) : 사무의 처리를 위탁하고 상대방이 이를 승낙함으로써 성립하는 계약을 말한다(제680조).

  판례 위임과 대리권의 관계

위임계약에 대리권수여가 부수되는 일은 있다. 그러나 위임계약의 효력은 위임자와 수임자 사이에서만 미치는 것이므로 위임종료의 사유는 대리권관계와는 아무런 관계가 없다(대판 1962.5.24. 61다251).

▶ 위 판례는 대리권의 독자성에 관한 판례이며, 대리권의 소멸사유 중 하나인 원인관계의 종료와는 구별해야 한다. 즉 위 사안에서 수권행위의 원인이 위임이었는데, 위임관계가 종료하였다면 대리권도 소멸한다.

제1편 민법총칙(법률행위)

03 대리권의 범위와 그 제한 `22·29·30회 출제`

> **제118조(대리권의 범위)** 권한을 정하지 아니한 대리인은 다음 각호의 행위만을 할 수 있다.
> 1. 보존행위
> 2. 대리의 목적인 물건이나 권리의 성질을 변하지 아니하는 범위에서 그 이용 또는 개량하는 행위

1 대리권의 범위

(1) 법정대리권의 범위
대리인이 본인에 대하여 법률효과를 귀속시키는 행위를 할 수 있는 범위를 말하며, 법정대리권의 발생을 정하는 개별 법률의 규정에 의하여 그 범위가 결정된다.

(2) 임의대리권의 범위 ★★★

1) 수권행위의 해석에 의한 범위
임의대리권의 범위는 수권행위에 의하여 정하여지므로 어느 행위가 대리권 범위 내의 행위인지 여부는 결국 개별적인 수권행위의 내용이나 수권행위의 해석에 의하여 결정된다.

> **판례 | 임의대리권의 구체적 범위**
>
> **1 매매계약을 체결할 대리권을 수여받은 대리인이 중도금 등을 수령할 권한이 있는지 여부**
> 부동산의 소유자로부터 매매계약을 체결할 대리권을 수여받은 대리인은 특별한 다른 사정이 없는 한 그 매매계약에서 약정한 바에 따라 중도금이나 잔금을 수령할 수도 있다고 보아야 한다(대판 1992.4.14. 91다43107).
>
> **2 계약을 체결할 대리권이 있는 대리인이 대금의 지급기일을 연기하여 줄 권한이 있는지 여부**
> 매매계약의 체결과 이행에 관하여 포괄적으로 대리권을 수여받은 대리인은 특별한 다른 사정이 없는 한 상대방에 대하여 약정된 매매대금지급기일을 연기하여 줄 권한도 가진다고 보아야 할 것이다(대판 1992.4.14. 91다43107).
>
> **3 통상의 대리권에 상대방의 의사표시를 수령하는 대리권을 포함하는지 여부**
> 일반적으로 말하면 수권행위의 통상의 내용으로서의 임의대리권은 그 권한에 부수하여 필요한 한도에서 상대방의 의사표시를 수령하는 이른바 수령대리권을 포함하는 것으로 보아야 한다(대판 1994.2.8. 93다39379).
>
> **4 부동산을 매수할 대리권이 있는 대리인에게 그 부동산의 처분권이 있다고 볼 수 있는지의 여부**
> 임의대리권은 그 원인된 법률관계의 종료에 의하여 소멸하는 것이므로 특별한 사정이 없는 한 부동산을 매수할 권한을 수여받은 대리인에게는 그 부동산을 처분할 대리권도 있다고 할 수 없다(대판 1991.12.12. 90다7364).

2) 수권행위로 그 범위를 정하지 않았거나 확정할 수 없는 경우(제118조) `20·30회 출제`

① **보존행위**(제1호) : 대리행위의 목적으로 되어 있는 물건이나 권리의 사용가치 또는 교환가치를 현상대로 유지하여 그 가치의 감소를 방지하는 행위를 말하는데, 대리인은 이 보존행위를 무제한으로 할 수 있다.

예) 가옥의 수선, 미등기부동산의 등기, 채권의 추심, 소멸시효의 중단, 기한이 도래한 채무의 변제, 부패하기 쉬운 물건의 처분

② **이용행위·개량행위**(제2호)
  ㉠ '이용행위'란 재산의 수익을 올리는 행위를 말하며, '개량행위'란 사용가치 또는 교환가치를 증가시키는 행위를 말한다.
  ㉡ 이들 행위는 대리의 목적인 물건이나 권리의 성질이 변하지 않는 범위에서만 할 수 있다.
  예 • 이용행위: 금전의 이자부대여, 물건의 임대
     • 개량행위: 무이자부금전소비대차를 이자부금전소비대차로 변경하는 행위, 가옥의 장식·설비
③ **처분행위**: 수권행위에 정함이 없거나 불명확한 때에는 관리행위¹⁾만 할 수 있고 처분행위는 할 수 없다.
  예 • 대여금의 영수권한만을 위임받은 대리인이 그 대여금 채무의 일부를 면제하는 경우
     • 부동산을 매수할 권한을 부여받은 대리인이 이를 처분하는 경우

> **용어사전**
> 1) **관리행위(管理行爲)**: 보존행위(물건이나 권리의 사용가치 또는 교환가치를 현상 그대로 유지하여 그 가치의 감소를 방지하는 행위)와 이용행위(재산의 수익을 꾀하는 행위)·개량행위(사용가치 또는 교환가치를 증가시키는 행위)를 통틀어 관리행위라 한다.

(3) 대리권의 범위를 넘는 행위의 효력
대리권의 범위를 넘는 대리행위를 한 경우에는 <u>무권대리행위로 무효</u>이며(→ 유동적 무효), 다만 제126조의 권한을 넘는 표현대리가 되거나, 본인의 추인에 의해 효력이 발생할 수 있다.

2 대리권의 범위에 대한 제한★★★

> 제119조(각자대리) 대리인이 <u>수인인 때에는 각자가 본인을 대리</u>한다. 그러나 법률 또는 수권행위에 다른 정하는 바가 있는 때에는 그러하지 아니하다.
> 제124조(자기계약·쌍방대리) 대리인은 <u>본인의 허락이 없으면</u> 본인을 위하여 자기와 법률행위를 하거나 동일한 법률행위에 관하여 당사자쌍방을 <u>대리하지 못한다</u>. 그러나 <u>채무의 이행은 할 수 있다</u>.

(1) 공동대리
1) **각자대리의 원칙**(제119조)
   수인의 대리인이 있는 경우에는 일반적으로 수인의 대리인 각자가 단독으로 본인을 대리하는 것(각자대리)이 원칙이다.

2) **공동대리의 예외**
   법률의 규정 또는 수권행위로 "수인의 대리인이 공동하여서만 완전한 대리행위를 할 수 있도록 정한 경우"를 말하며, 이 경우 대리인은 수인의 대리인이 공동으로 대리행위를 하여야만 완전한 대리행위가 된다.

3) **공동대리의 적용범위**
   능동대리의 경우만 적용되며, 수동대리에서는 공동대리가 되는 경우라 할지라도 각 대리인은 단독으로 의사표시를 수령할 수 있다(즉 1인이 수령하면 대리의 효과가 생김).

제1편 민법총칙(법률행위)

4) 위반의 효과(유동적 무효)
공동대리의 제한에 위반하여 1인의 대리인이 단독으로 대리행위를 한 때에는 무권대리행위로 무효이지만 표현대리가 성립하여 본인에게 법률효과가 귀속될 수 있고, 본인의 추인이 있으면 소급적으로 유효가 된다.

(2) 자기계약·쌍방대리의 금지 `17·20·27회 출제`

1) 의 의
대리인과 본인 사이의 이해관계가 충돌하는 상황을 예방하기 위한 제도이다.
① **자기계약** : 계약의 일방당사자가 그 상대방의 대리인이 되어 자신과 계약하는 대리행위이다.
  [예] 甲(본인)이 乙(대리인)에게 甲의 건물을 매도해 달라는 대리권을 수여한 경우에 대리인 자신이 매수한 경우
② **쌍방대리** : 대리인이 한편으로는 본인을 대리하고, 다른 한편으로는 상대방을 대리하여 자신만으로써 계약을 맺는 것을 말한다.
  [예] 매매계약에서 대리인이 매도인과 매수인 쌍방을 대리하여 매매계약을 하는 경우

2) 금지 및 그 예외
① **원칙적 금지** : 자기계약과 쌍방대리는 본인의 이익도모라는 대리제도의 본질에 어긋나기 때문에 원칙적으로 금지된다. 따라서 이에 위반한 행위는 무권대리행위가 된다.
② **예외적 허용**
  ㉠ 본인의 허락이 있거나(제124조 본문), <u>본인의 이익을 해 할 염려가 없는 경우</u>에는 예외적으로 허용된다(제124조 단서). → [예] 다툼 없는 채무의 이행
  ㉡ 판례는 채무의 이행이 아니더라도 '새로운 이익의 교환이 없는 행위'에 대해서는 채무의 이행에 준하여 자기계약이나 쌍방대리를 허용한다.
  [예] 부동산이전등기신청, 미성년자에게 이익만이 있는 친권자의 자기계약이나 쌍방대리 등

Professor Comment
① 예외적 허용 : 다툼 없는 채무의 이행, 부동산이전등기신청 등
② 대물변제(제466조), 경개(제500조) 등은 새로운 이해관계를 발생시키므로 자기계약이나 쌍방대리가 허용되지 않는다는 점에 주의하여야 한다.

 자기계약·쌍방대리 금지 위반의 효과

1 쌍방대리금지에 위반한 부동산 입찰행위의 효과(대리권 없는 공법상 행위로 무효)
부동산 입찰절차에서 동일물건에 관하여 이해관계가 다른 2인 이상의 대리인이 된 경우에는 그 대리인이 한 입찰은 무효이다(대결 2004.2.13. 2003마44).
▷ 사법상의 행위라면 무권대리행위에 해당하여 유동적 무효이어야 하나, 입찰행위는 공법행위에 해당하므로 확정적 무효로 보았다.

2 사채알선업자의 지위와 그에 대한 채무변제(본인의 이익을 해 할 염려가 없으므로 유효)
사채알선업자가 대주와 차주 쌍방을 대리하여 소비대차계약과 담보설정계약을 할 경우 차주가 사채업자에게 한 변제는 유효하다(대판 1997.7.8. 97다12273).

3) 적용범위
① 자기계약·쌍방대리의 금지규정은 법정대리와 임의대리 양자에 모두 적용된다.
② 법정대리에 있어서는 법정대리인과 본인과의 이익이 상반하는 경우에는 대리권이 없다고 규정하는 경우가 많다(제921조·제954조).

4) 위반의 효과
자기계약·쌍방대리의 금지에 위반하는 행위는 무권대리행위이므로 추인하면 소급하여 효력이 발생(유동적 무효)하고, 표현대리에 해당하는 경우 법률행위의 효력이 본인에게 귀속한다.

3 대리권의 남용

(1) 의 의
대리인이 외형상 대리권의 범위에서 대리행위를 하였지만 실질적으로는 대리인 자신 또는 제3자의 이익을 위해서 대리행위를 한 경우를 말한다. 이 경우에도 대리행위의 효력이 본인에게 귀속하는지 견해의 대립이 있다.

(2) 학설의 대립
① 원칙적으로 유효하나 배임적 행위임을 상대방이 알았거나(악의), 알 수 있었을 때(과실)에는 비진의표시의 규정을 유추적용하여 대리행위는 무효가 된다는 제107조 제1항 단서 **유추적용설**, ② 원칙적으로 유효하나 배임적 행위임을 상대방이 알았거나 중대한 과실로 알지 못한 때에는 상대방의 권리행사는 신의칙상(제2조) 허용되지 않는다는 **신의칙설(권리남용설)**, ③ 원칙적으로 유효하나 배임적 행위임을 상대방이 알았거나 정당한 이유 없이 알지 못했을 경우 대리권이 부정되어 무권대리가 된다는 **대리권 부인설**이 있다.

(3) 판례의 태도
1) 다수는 제107조 제1항 단서 유추적용설을 따르며, 다만 대표행위(대표권의 남용)에 대하여 신의칙설에 의한 경우가 있다.
2) 임의대리뿐만 아니라 법정대리의 경우에도 대리권남용의 법리가 적용된다.

 제107조 제1항 단서 유추적용설을 따른 판례(다수의 판례)

> 진의 아닌 의사표시가 대리인에 의하여 이루어지고 그 대리인의 진의가 본인의 이익이나 의사에 반하여 자기 또는 제3자의 이익을 위한 배임적인 것임을 그 상대방이 알았거나 알 수 있었을 경우에는 민법 제107조 제1항 단서의 유추해석상 그 대리인의 행위에 대하여 본인은 아무런 책임을 지지 않는다(대판 2001. 1. 19. 2000다20694).

제1편 민법총칙(법률행위)

> **판례 신의칙설을 따른 판례**
>
> 1. 주식회사의 대표이사가 회사의 영리목적과 관계없이 자기의 개인적인 채무변제를 위하여 회사대표이사 명의로 약속어음을 발행교부한 경우에는 그 권한을 남용한 것에 불과할 뿐 어음발행의 원인관계가 없는 것이라고 할 수는 없고, 다만 이 경우 상대방이 대표이사의 진의를 알았거나 알 수 있었을 때에는 그로 인하여 취득한 권리를 회사에 대하여 주장하는 것은 신의칙에 반하는 것이므로 회사는 상대방의 악의를 입증하여 그 행위의 효력을 부인할 수 있다(대판 1990.3.13. 89다카24360).
> 2. 법정대리인인 친권자가 자(子)의 유일한 재산을 그 사실을 아는 제3자에게 증여한 행위는 친권의 남용으로서 무효이다(대판 1997.1.24. 96다43928).

04 대리권의 소멸 [25회 출제]

> **제127조(대리권의 소멸사유)** 대리권은 다음 각 호의 어느 하나에 해당하는 사유가 있으면 소멸된다.
> 1. 본인의 사망
> 2. 대리인의 사망, 성년후견의 개시 또는 파산
>
> **제128조(임의대리의 종료)** 법률행위에 의하여 수여된 대리권은 전조의 경우 외에 그 원인된 법률관계의 종료에 의하여 소멸한다. 법률관계의 종료 전에 본인이 수권행위를 철회한 경우에도 같다.

1 법정대리권과 임의대리권 공통의 소멸원인★ [19회 출제]

(1) 본인의 사망   (2) 대리인의 사망, 성년후견의 개시, 파산

2 법정대리권 특유의 소멸원인

부재자의 재산관리인 개임(改任)(제23조), 친권상실의 선고(제924조), 후견인의 결격사유(제937조) 등이 있다.

3 임의대리권 특유의 소멸원인

원인된 법률관계의 종료, 수권행위의 철회, **본인의 파산**(반대의견 있음)
→ 파산관재인이 선임되기 때문임

제4장 법률행위의 대리

단락문제 Q01
제34회 기출

甲으로부터 甲 소유 X토지의 매도 대리권을 수여받은 乙은 甲을 대리하여 丙과 X토지에 대한 매매계약을 체결하였다. 다음 설명 중 틀린 것은? (다툼이 있으면 판례에 따름)

① 乙은 특별한 사정이 없는 한 매매잔금의 수령 권한을 가진다.
② 丙의 채무불이행이 있는 경우, 특별한 사정이 없는 한 乙은 매매계약을 해제할 수 없다.
③ 매매계약의 해제로 인한 원상회복의무는 甲과 丙이 부담한다.
④ 丙이 매매계약을 해제한 경우, 丙은 乙에게, 채무불이행으로 인한 손해배상을 청구할 수 없다.
⑤ 乙이 자기의 이익을 위하여 배임적 대리행위를 하였고 丙도 이를 안 경우, 乙의 대리행위는 甲에게 효력을 미친다.

해설

⑤ 대리권의 남용 본인에게 효력이 없다.
　대리인의 진의가 본인의 이익이나 의사에 반하여 자기 또는 제3자의 이익을 위한 배임적인 것임을 그 상대방이 알았거나 알 수 있었을 경우에는 민법 제107조 제1항 단서의 유추해석상 그 대리인의 행위에 대하여 본인은 아무런 책임을 지지 않는다(대판 2001. 1. 19. 2000다20694).
① 매매계약을 체결할 대리권을 수여받은 대리인은 특별한 다른 사정이 없는 한 그 매매계약에서 약정한 바에 따라 중도금이나 잔금을 수령할 수도 있다(대판 1992. 4. 14. 91다43107).
② 계약해제권은 본인에게 있다.
③ 당사자 즉 매도인과 매수인에게 있다.
④ 대리인에게는 손해배상의무가 없다.

답 ⑤

단락핵심 대리권

(1) 법정대리인은 본인 이외의 일정한 사인의 지정에 의하여 선임되기도 한다. (O)
(2) 수권행위는 계약에 해당한다. (X)
(3) 위임행위가 해제된 경우 대리권은 소급하여 소멸한다. (X)
(4) 특별한 약정이 없다면 금전을 이자부로 대여할 수 있으나, 은행에 예금된 금전을 사인에게 빌려줄 수는 없다. (O)
(5) 매매계약의 체결과 이행에 관하여 포괄적으로 대리권을 수여받은 대리인은 중도금이나 잔금을 수령할 권한은 있지만, 특별한 사정이 없는 한 상대방에 대하여 약정된 매매대금지급기일을 연기하여 줄 권한은 없다. (X)
(6) 대리인이 수인인 경우에는 공동대리가 원칙이다. (X)
(7) 자기계약이나 쌍방대리는 부득이한 사유가 있다면 가능하다. (X)
(8) 등기신청에는 쌍방대리가 허용된다. (O)
(9) 부동산 입찰절차에서 동일물건에 관하여 이해관계가 다른 2인 이상의 대리인이 된 경우에 대리는 그 대리인이 한 입찰은 무효이다. (O)
(10) 대리인이 본인의 이익을 위하지 아니하고 자기의 이익을 위하여 대리행위를 한 경우에, 상대방이 악의라면 그 효력이 생기지 않는다. (O)
(11) 본인의 사망, 파산은 대리권의 소멸사유이다. (X)
　⇒ 본인의 파산은 대리권소멸사유가 아니다.
(12) 수권행위의 철회는 임의대리권과 법정대리권의 공통된 소멸원인이다. (X)
(13) 대리인이 행위능력을 반드시 갖출 필요는 없지만 대리인에게 성년후견이 개시되면 대리권은 소멸한다. (O)

제3절 대리행위 (대리인과 상대방 사이의 관계)

01 대리의사의 표시 / 현명주의   14·20회 출제

> **제115조(본인을 위한 것임을 표시하지 아니한 행위)** 대리인이 본인을 위한 것임을 표시하지 아니한 때에는 그 의사표시는 자기를 위한 것으로 본다. 그러나 상대방이 대리인으로서 한 것임을 알았거나 알 수 있었을 때에는 전조 제1항의 규정(의사표시는 직접 본인에 대하여 효력이 생긴다)을 준용한다.

1 현명주의(顯名主義)의 의의

대리인이 대리행위를 할 때에 반드시 대리의사, 즉 '본인을 위한 것'임을 표시하여야 본인에게 그 효과를 발생시킬 수 있다는 원칙을 말한다.

→ 본인의 이익을 위한 것이 아님

2 "본인을 위한다"의 의미 ★

(1) 본인에게 그 행위의 법률효과를 귀속시키려는 의사, 즉 대리적 효과의사로서 그 법률행위를 한다는 것을 말하는 것이며 본인의 이익을 위해서라는 의미가 아니다.

(2) 대리인이 그의 개인적인 이익을 얻고자 권한을 남용하여 배임적 행위를 한 경우에도 대리의사는 있는 것이 되며, 그 행위는 대리행위로서 원칙적으로 유효하다(대리권 남용 참조).

3 현명방법 ★★

(1) 비요식성

대리의사, 즉 본인을 위한 것임을 표시하는 방법은 보통은 '甲의 대리인 乙'이라는 형식에 의하나, 반드시 일정한 형식으로 명시하여야 하는 것은 아니다.

(2) 본인의 특정성

본인의 성명을 명시해야 하는 것은 아니고, 법률행위의 전체에 비추어 본인을 위한 행위라는 것을 인식할 수 있는 정도의 표시가 있으면 대리관계의 표시로 볼 수 있다.

> **판례** 현명방법
>
> ❶ 위임장을 제시하였으나 대리관계의 표시 없이 매매계약을 체결한 경우
> 매매위임장을 제시하고 매매계약을 체결한 자는 매매계약서상에 그 자신의 이름만을 기재하였다 하더라도 소유자를 대리하여 매매행위를 한 것으로 본다(대판 1982.5.25. 81다1349).
> ❷ 조합의 대리인이 조합에게 상행위가 되는 법률행위를 하면서 조합을 위한 것임을 표시하지 않은 경우 그 법률행위의 효력이 조합원 전원에게 미치는지 여부
> 민법상 조합의 경우 법인격이 없어 조합 자체가 본인이 될 수 없으므로, 이른바 조합대리에 있어서는 본인에 해당하는 모든 조합원을 위한 것임을 표시하여야 하나, 반드시 조합원 전원의 성명을 제시할 필요는 없고, 상대방이 알 수 있을 정도로 조합을 표시하는 것으로 충분하다(대판 2009.1.30. 2008다79340).

4 현명하지 않은 행위의 효력 ★★★

(1) 원 칙

대리인이 본인을 위한 것임을 표시하지 않고서 한 의사표시는 그 대리인 자신을 위하여 한 것으로 본다(제115조 본문). 따라서 대리인 자신에게 그 효과가 귀속하여 그에 따른 책임을 져야 한다.

> **판례** 현명하지 아니한 행위의 효력
>
> ❶ 대리인이 본인을 위한 것임을 표시하지 아니한 경우 그 법률행위의 효력
> "甲"이 임대차계약을 체결함에 있어서 임차인 명의를 원고 명의로 하기는 하였으나 "甲의 이름이 원고인 것 같이 행세하여 계약을 체결함으로써 피고는 "甲"과 원고가 동일인인 것으로 알고 계약을 맺게 되었다면 설사 "甲"이 원고를 위하여 하는 의사로서 위 계약을 체결하였다 하더라도 위 계약의 효력은 원고에게 미치지 않는다(대판 1974.6.11. 74다165).
> ❷ 본인명의로 한 대리인의 의사표시의 효력
> 대리인은 대리인임을 표시하여 의사표시를 하여야 하는 것이 아니고 본인명의로도 할 수 있다(대판 1963.5.9. 63다67).

(2) 예 외

상대방이 대리인으로서 한 것임을 알았거나 알 수 있었을 때에는 그 의사표시는 대리행위로서 효력을 발생한다(제115조 단서).

(3) 수동대리

제115조의 규정은 수동대리에는 적용되지 않기 때문에 상대방 쪽에서 대리인에게 의사표시를 한 경우에는 의사표시해석의 문제로서 접근하게 되나 일반적으로는 효력이 발생하지 않을 것이다.

5 현명주의의 예외

비개성적인 상행위에는 현명주의가 적용되지 않는다. 즉 "상행위의 대리인이 본인을 위한 것임을 표시하지 아니하여도 그 행위는 본인에 대하여 효력이 있다(상법 제48조)."

제1편 민법총칙(법률행위)

단락문제 Q02
제12회 기출

통설과 판례에 의하는 경우, 대리행위에 관한 다음 설명 중 잘못된 것은?

① 대리인이 본인을 위한 것임을 표시하지 않고 한 대리행위의 효과는 대리인 자신을 위한 것으로 보기 때문에, 대리인은 착오를 주장하지 못한다.
② 상행위의 대리에 관하여서도 현명주의(顯名主義)가 적용된다.
③ 대리인이 본인의 이익을 위하지 아니하고 자기의 이익을 위하여 대리행위를 한 경우에, 상대방이 악의인 경우에는 그 효력이 생기지 않는다.
④ 대리인이 계약서 등의 서면에 본인의 이름만을 적고 본인의 인장을 찍는 방법으로 대리행위를 하더라도 대리행위로서 유효하다.
⑤ 대리인이 사기나 강박을 당하지 않는 한, 본인이 사기나 강박을 당했다 할지라도 본인은 대리행위를 취소할 수 없다.

해설 대리행위의 현명주의 등
① (○) (제115조)
② (×) 상행위의 대리는 비현명주의를 원칙으로 한다. 즉, 상행위의 대리인이 본인을 위한 것임을 표시하지 아니하여도 그 행위는 본인에 대하여 효력이 있다(상법 제48조).
⑤ (○) 의사표시의 효력이 의사의 흠결·사기·강박 또는 어느 사정을 알았거나 알지 못한 것으로 인하여 영향을 받을 경우에 그 사실의 유무는 대리인을 표준으로 하여 결정한다(제116조 제1항).   **답** ②

02 대리행위의 하자 (瑕疵)
13회 출제

제116조(대리행위의 하자) ① 의사표시의 효력이 의사의 흠결, 사기, 강박 또는 어느 사정을 알았거나 과실로 알지 못한 것으로 인하여 영향을 받을 경우에 그 사실의 유무는 대리인을 표준하여 결정한다.
② 특정한 법률행위를 위임한 경우에 대리인이 본인의 지시에 좇아 그 행위를 한 때에는 본인은 자기가 안 사정 또는 과실로 인하여 알지 못한 사정에 관하여 대리인의 부지를 주장하지 못한다.

1 판단기준★

(1) 의사표시의 효력이 의사의 흠결, 사기, 강박 또는 어느 사정을 알았거나 과실로 알지 못한 것으로 인하여 영향을 받을 경우에 그 사실의 유무는 **대리인을 표준**하여 결정한다(제116조 제1항).
　　→ 대리인이 사기·강박을 당하지 않는 한 본인이 사기·강박을 당했더라도 본인은 대리행위를 취소할 수 없다.

1) 대리인이 사기·강박을 당하지 않는 한 본인이 사기·강박을 당했더라도 본인은 대리행위를 취소할 수 없다.

2) 제3자가 상대방을 사기·강박한 경우에는 대리인이나 본인이 제3자의 사기·강박을 알았거나 알 수 있었을 때에 한하여 취소할 수 있다.
3) 매수인의 대리인이 악의 또는 과실이면 매수인도 하자담보책임을 주장할 수 없다.

(2) 궁박상태에 있는지의 여부는 본인을 기준으로 한다.

Professor Comment
담보책임의 요건인 선의, 무과실은 대리인을 표준으로 결정하고, 그 효과는 그대로 매수인에게 귀속한다(제116조 제2항).

2 본인의 악의

(1) 특정한 법률행위를 위임한 경우에 대리인이 본인의 지시에 좇아 그 행위를 한 때에는 본인은 자기가 안 사정 또는 과실로 인하여 알지 못한 사정에 관하여 대리인의 부지(알지 못함)를 주장하지 못한다(제116조 제2항).
(2) 본인이 비록 대리인에 의해 행해지는 법률행위의 당사자는 아닐지라도 그 효과의 귀속주체이므로 구체적 사정에 대한 본인의 악의를 보호할 수 없기 때문이다.

3 대리행위의 취소★★★

(1) 대리행위의 하자로 인한 취소권 또는 무효의 주장 등은 원칙적으로 본인에 귀속한다.
(2) 대리인이 상대방에게 사기·강박을 하여 계약을 체결한 때는 상대방은 본인의 선·악의와 관계없이 본인에 대하여 취소할 수 있다. 대리인은 제110조 제2항의 제3자에 해당하지 않기 때문이다(대리인은 당사자와 동일시 할 수 있는 자에 해당함).

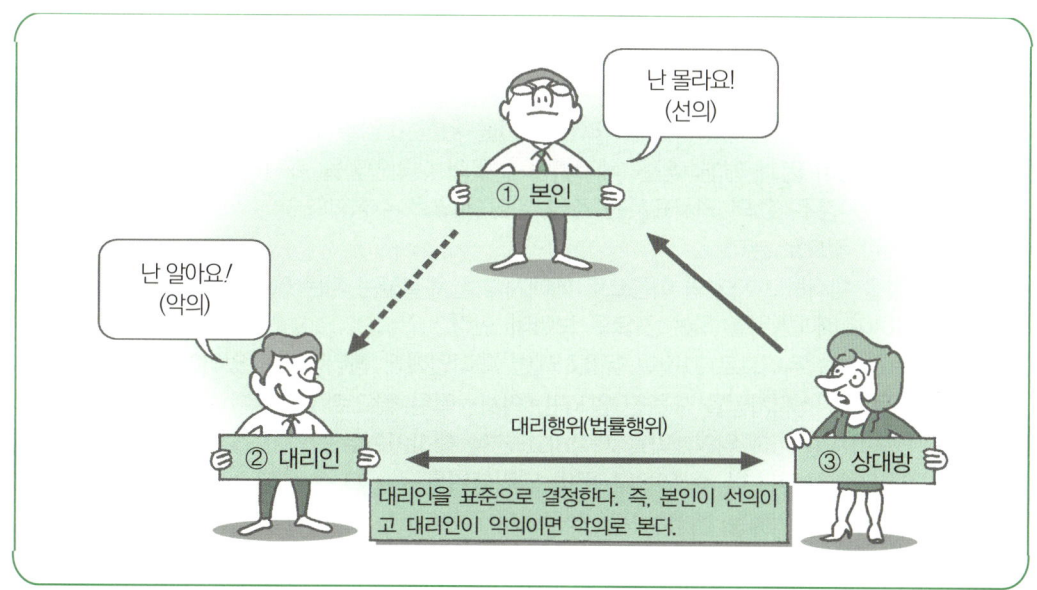

제1편 민법총칙(법률행위)

03 대리인의 능력

> **제117조(대리인의 행위능력)** 대리인은 <u>행위능력자임을 요하지 아니한다.</u>

(1) 임의대리인은 행위능력자임을 요하지 않는다(제117조). 대리행위의 효과는 본인에게 귀속하기 때문이다. 따라서 대리인은 권리능력과 의사능력만 있으면 족하다.

(2) 임의대리와 달리 법정대리의 경우에는 ① 제한능력자가 법정대리인이 되는 것을 금지하는 규정(제937조·제964조)들이 있으며, ② 그러한 규정이 없더라도 제한능력자 보호를 위하여 법정대리인은 행위능력자여야 한다는 것이 다수설이다.

단락핵심 대리행위

(1) 대리인의 행위가 대리행위로서 성립하려면 본인을 위한 것임을 표시하여야 한다. (○)
(2) 甲의 대리인 乙이 丙과 매매계약을 체결하면서 甲의 대리인임을 표시하지 않고 자신을 매수인으로 한 경우, 乙의 의사표시는 乙을 위한 것으로 추정한다. (×)
　⇒ 乙을 위한 것으로 본다.
(3) 매매위임장을 제시하고 자기의 이름으로 매매계약을 체결하는 자는 특별한 사정이 없는 한 본인을 대리하여 매매행위를 하는 것으로 보아야 한다. (○)
(4) 대리행위는 법률행위이므로 그것이 유효하려면 대리인에게 행위능력이 있어야 한다. (×)
　⇒ 대리인은 행위능력자임을 요하진 않지만, 의사능력은 필요로 한다.
(5) 甲이 제한능력자인 乙과 위임계약을 체결하고 乙을 대리인으로 선임한 경우, 乙이 제한능력을 이유로 위임계약을 취소할 수 있으나 甲이 대리행위를 취소할 수 없다. (○)
(6) 상법상의 상인의 행위에는 현명주의가 적용되지 않는다. (○)

제4절 대리의 효과 (본인과 상대방 사이의 관계)

01 법률효과의 본인귀속

(1) 대리행위로부터 발생하는 모든 법률행위상의 효과는 직접 본인에게 귀속된다.
(2) 대리행위의 하자에 따른 취소권이나 하자담보책임 등의 효과도 본인에게 귀속된다.

> **단락핵심 대리의 효과**
>
> (1) 대리인이 본인을 위한 것임을 표시하고 행한 의사표시의 효과는 본인에게 모두 직접 귀속된다. (○)
> (2) 대리인이 한 불법행위의 효과는 본인에게 귀속한다. (×)
> ⇒ 불법행위에는 대리가 허용되지 않으므로 대리인이 한 불법행위의 효과는 대리인에게 귀속된다.

02 본인의 능력 ★

(1) 본인 스스로 법률행위 내지 의사표시를 하는 것이 아니므로 의사능력이나 행위능력을 요하지 아니하나, 권리능력은 반드시 필요하다.
(2) 예컨대 외국인은 그 향유할 수 없는 권리를 한국인을 대리인으로 하여도 취득할 수 없다.

제1편 민법총칙(법률행위)

제5절 복대리 (復代理) `21·30·32·34회 출제`

> **제120조(임의대리인의 복임권)** 대리권이 법률행위에 의하여 부여된 경우에는 대리인은 본인의 승낙이 있거나 부득이한 사유가 있는 때가 아니면 복대리인을 선임하지 못한다.
> **제121조(임의대리인의 복대리인 선임의 책임)** ① 전조의 규정에 의하여 대리인이 복대리인을 선임한 때에는 본인에게 대하여 그 선임감독에 관한 책임이 있다.
> ② 대리인이 본인의 지명에 의하여 복대리인을 선임한 경우에는 그 부적임 또는 불성실함을 알고 본인에 대한 통지나 그 해임을 태만한 때가 아니면 책임이 없다.
> **제122조(법정대리인의 복임권과 그 책임)** 법정대리인은 그 책임으로 복대리인을 선임할 수 있다. 그러나 부득이한 사유로 인한 때에는 전조 제1항에 정한 책임만이 있다.
> **제123조(복대리인의 권한)** ① 복대리인은 그 권한 내에서 본인을 대리한다.
> ② 복대리인은 본인이나 제3자에 대하여 대리인과 동일한 권리의무가 있다.

01 복대리인의 의의 및 성질 `29회 출제`

1 의의

(1) 대리인에 의해 선임된 복대리인이 본인을 대리하는 관계가 복대리이다.
(2) 복대리인은 대리인이 그의 권한 내의 행위를 하게 하기 위하여 대리인 자신의 이름으로 선임한 본인의 대리인이다.

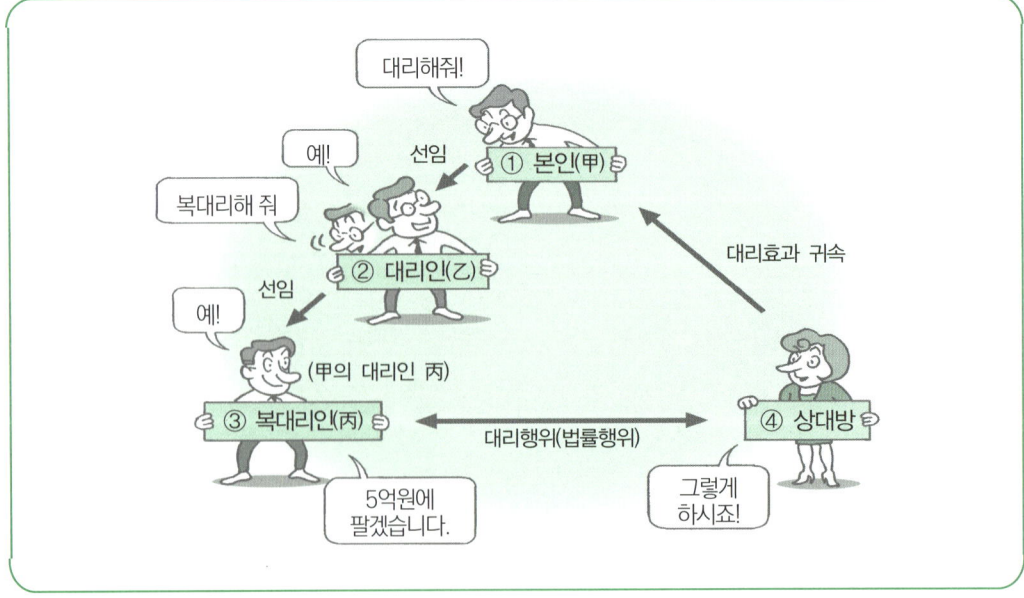

2 법적 성질★★

(1) 복대리인도 대리인이다.
대리인이 스스로 의사를 결정하고 표시하므로, 대리인의 보조자나 사자가 아니다.

(2) 본인의 대리인이다.
대리인의 대리인이 아니라 복대리인은 직접 본인을 대리한다.

(3) 복대리인은 언제나 임의대리인이다.
자기를 선임한 대리인이 법정대리인이라도 복대리인은 성질상 임의대리인이다.

02 대리인의 복임권(復任權)과 책임   13회 출제

1 복대리인의 선임행위★★★

(1) 의 의
대리인이 복대리인을 선임하는 행위를 말하는데, 이러한 복임행위는 본인의 이름이 아닌 대리인의 이름으로 이루어진다.

(2) 성 질
1) 본인과 대리인 사이의 내부관계로부터 발생한 대리인이 가지는 법률상의 일종의 권능이라 할 것이다.
2) 복대리인은 대리인 자신의 이름으로 선임하기 때문에 대리인의 복대리인 선임행위는 대리행위가 아니다.

(3) 복대리인의 복임권
1) 복대리인이 다시 복대리인을 선임하는 것도 허용된다.
2) 다만, 복대리인은 모두 임의대리인이므로 본인의 승낙이 있거나 부득이한 사유가 있는 때에 한하여 복대리인의 복임행위가 인정된다.

2 임의대리인의 복임권과 책임★★★

(1) 복임권

1) 원 칙
임의대리인은 원칙적으로 복임권이 없다. 임의대리인은 본인의 선임을 받은 자이며, 언제든지 사임할 수 있기 때문이다.

2) 예 외
본인의 승낙이 있거나, 부득이한 사유가 있는 때에는 예외적으로 복임권을 갖는다(제120조). 부득이한 사유는 본인의 소재불명 등으로 본인의 승낙을 얻을 수 없거나 또는 사임할 수 없는 사정이 있는 것을 말한다.

> **판례** 임의대리인의 복임권
>
> **1** 대리의 목적인 법률행위의 성질상 대리인 자신에 의한 처리가 필요하지 아니한 경우에는 본인이 복대리 금지의 의사를 명시하지 아니하는 한 복대리인의 선임에 관하여 묵시적인 승낙이 있는 것으로 보는 것이 타당하다(대판 1996.1.26. 94다30690).
>
> **2** 아파트 분양업무는 그 성질상 분양 위임을 받은 수임인의 능력에 따라 그 분양사업의 성공 여부가 결정되는 사무로서, 본인의 명시적인 승낙 없는 복대리인의 선임이 허용되지 아니하는 경우로 보아야 한다(대판 1999.9.3. 97다56099).

(2) 복임권을 갖는 경우의 책임

1) 원 칙
① 임의대리인이 예외적으로 복대리인을 선임한 때에는, 그 선임과 감독에 관하여 본인에 대하여 책임을 져야 한다(제121조 제1항).
② 부적당한 자를 선임하거나 또는 복대리인에 대한 감독을 소홀히 하여 복대리인이 본인에 대하여 손해를 입힌 때에는 대리인이 이를 배상할 책임이 있다.

2) 예 외
본인의 지명에 의해 복대리인을 선임한 경우에는 책임이 경감된다. 즉, 복대리인의 부적임 또는 불성실함을 알고, 본인에 대한 통지나 그 해임을 태만히 한 때에 한하여 책임을 진다(제121조 제2항).

3 법정대리인의 복임권과 책임★★★

(1) 복임권
1) 법정대리인은 항상 복임권을 갖는다.
2) 법정대리인은 그 권한이 광범위하고 사임도 용이하지 않을 뿐만 아니라, 본인의 신임을 받아서 대리인이 된 자가 아니기 때문이다.

(2) 법정대리인의 책임

1) 원칙
복대리인의 행위에 대하여는 자신에게 선임·감독의 과실여부에 상관없이 모든 책임을 지며, 이는 일종의 무과실책임이다(제122조 본문).

2) 예외
다만, 부득이한 사유로 복대리인을 선임한 경우에는 그 선임·감독상의 과실에 대해서만 책임을 진다(제122조 단서).

제4장 법률행위의 대리

단락문제 Q03 제35회 기출

甲은 자신의 토지에 관한 매매계약 체결을 위해 乙에게 대리권을 수여하였고, 乙은 甲의 대리인으로서 丙과 매매계약을 체결하였다. 다음 설명 중 옳은 것을 모두 고른 것은?(다툼이 있으면 판례에 따름)

① ㄴ ② ㄷ ③ ㄱ, ㄴ ④ ㄱ, ㄷ ⑤ ㄴ, ㄷ

해설
ㄱ. (×) 본인의 승낙 부득이한 사유에만 선임가능 (민법 제120조)
ㄴ. (○) 대리권에는 해제권 불포함
ㄷ. (×) 대리의 효과가 생긴다. (기본서 113쪽 판례 참조)

답 ①

03 복대리인의 지위   19·24회 출제

1 상대방과의 관계

(1) 복대리인은 대리인의 대리인이 아니라, 본인의 대리인이므로 상대방에 대한 관계에 있어서는 대리인의 일반원칙이 그대로 적용된다.
(2) 복대리인은 본인의 이름으로 대리행위를 하여야 한다.
(3) 복대리인은 행위능력자임을 요하지 않는다.
(4) **표현대리와 무권대리**
  1) 의 의
  복대리행위에 대해서도 표현대리 및 무권대리에 관한 규정이 적용된다. 이러한 문제는 복대리인의 대리행위 자체는 아무 이상이 없으나 복대리인을 선임한 대리인에게 대리권이 없거나 혹은 복임권이 소멸한 경우에 문제된다.

복대리인
① 대리인이 자기의 이름으로 선임한 본인의 대리인이다.
② 복대리인은 본인의 대리인이다.
③ 대리인의 대리인이 아니다.

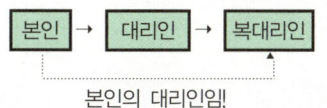

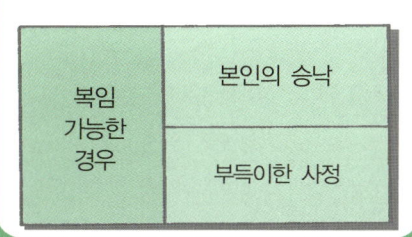

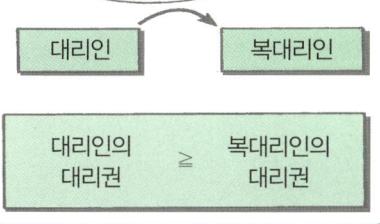

2) 복대리행위의 표현대리(表現代理)

 복대리행위와 표현대리

1 대리인이 대리권 소멸 후 선임한 복대리인과 상대방 사이의 법률행위에도 민법 제129조의 표현대리가 성립하는지 여부 : 성립함

상대방이 대리권소멸사실을 알지 못하여 복대리인에게 적법한 대리권이 있는 것으로 믿었고, 그와 같이 믿은데 과실이 없다면 민법 제129조에 의한 표현대리가 성립할 수 있다(대판 1998.5.29. 97다55317).

2 표현대리에 관한 법리

민법 제120조는 본인과 대리인과의 위임관계가 불명확한 경우에 있어서의 임의대리인의 복임권에 관한 보충규정일 뿐 복임권 없는 대리인에 의하여 선임된 복대리인의 대리행위는 어떠한 경우를 막론하고 소위 초과행위(권한을 넘는 표현대리)가 될 수 없는 성질의 행위라는 취지를 정한 것이 아니다(대판 1967.11.21. 66다2197). 즉 복대리인의 무권대리행위도 표현대리가 성립할 수 있다는 취지이다.

3) 복대리행위의 무권대리

대리인에게 대리권이 없거나 복대리인에게 대리권이 없고 또한 표현대리도 성립하지 않는 경우 (협의의)무권대리에 관한 규정이 적용된다.

2 대리인과의 관계★

(1) 복대리인은 대리인의 선임에 의해 그 지위가 발생하기 때문에 그 대리인의 지휘·감독을 받는다.
(2) 복대리인의 대리권은 대리인의 대리권에 의존하므로 대리인의 대리권보다 그 범위가 클 수 없으며, 그 기초인 대리권이 소멸하면 복대리권도 소멸한다.

3 본인과의 관계

(1) 복대리인은 대리인에 의하여 선임된 자로서, 대외적으로 복대리인이 본인의 대리인이라는 것 외에, 본인과 복대리인 사이에 아무런 내부관계가 없다. 그러나 민법은 복대리인은 본인에 대하여 대리인과 동일한 권리·의무가 있다고 정하여(제123조 제2항), 본인과 대리인 사이에서와 같은 내부관계를 인정한다.
(2) 본인·대리인 사이에 위임과 같은 내부관계가 있으면 복대리인도 본인의 수임인으로서 대리행위를 하는 데 있어서 선관주의의무(제681조), 수령한 금전 등의 인도의무(제684조), 비용상환청구권(제688조), 보수청구권(제686조) 등을 갖는다.

04 복대리권의 소멸

1 일반적 소멸원인★ 18회 출제

대리권일반의 소멸원인인 ① 본인의 사망, ② 대리인(여기서는 복대리인)의 사망, ③ 대리인의 성년후견의 개시 또는 ④ 대리인의 파산에 의해 소멸한다.

2 특유한 소멸원인★

(1) 대리인과 복대리인 사이의 내부관계의 종료
대리인·복대리인 사이의 내부관계가 복대리인의 해임 등으로 소멸함으로써 복대리권은 소멸한다.

(2) 대리인의 대리권 소멸
복대리권은 대리인의 대리권을 전제로 하여 그에 의존하므로 대리인의 대리권이 소멸하면 복대리권도 소멸한다. 즉 제한능력자인 대리인이 성년후견의 개시심판을 받으면 그가 선임한 복대리인의 대리권도 소멸한다.

단락핵심 복대리

(1) 복대리인은 대리인의 대리인이다.	(×)
(2) 대리인의 복대리인 선임행위는 대리행위가 아니다.	(○)
(3) 임의대리인은 본인의 승낙이 있을 때에만 복대리인을 선임할 수 있다.	(×)
⇒ 본인의 승낙이 있거나 부득이한 사유가 있을 때에 복대리인을 선임할 수 있다.	
(4) 본인의 지명에 의하여 임의대리인을 복대리인을 선임한 경우에는 책임이 경감된다.	(○)
(5) 법정대리인이 부득이한 사유 또는 본인의 지명에 의하여 복대리인을 선임한 경우에는 책임이 경감된다.	
⇒ 본인의 지명에 의한 경우에는 책임감경규정이 없다.	(×)
(6) 복대리인은 본인이나 제3자에 대하여 대리인과 동일한 권리의무가 있다.	(○)
(7) 대리인이 대리권 소멸 후 선임한 복대리인과 상대방 사이의 법률행위에도 표현대리가 성립할 수 있다.	(○)
(8) 대리인의 대리권이 소멸하면 당연히 복대리인의 대리권도 소멸한다.	(○)
(9) 대리인이 성년후견개시를 받더라도 그가 선임한 복대리인의 대리권이 소멸하는 것은 아니다.	(×)

제1편 민법총칙(법률행위)

제6절 무권대리(無權代理) 14·17·19·34회 출제

01 의의 및 종류

(1) 본인이 대리인에게 대리권을 수여하는 방식은 단독행위이면서 불요식행위이므로 경우에 따라서는 실제로 대리권이 없는 자가 대리행위를 하는 경우가 있다. 이러한 경우를 무권대리라 한다.

(2) 무권대리행위는 원칙적으로 무효이나, 외형상 유권대리와 구분하기 어려운 경우 이를 신뢰한 자를 보호(거래의 안전 보호)할 필요가 있으므로 표현대리제도를 두고 있다.

(3) 무권대리는 표현대리와 협의의 무권대리로 구분되며 통상 무권대리라고 하면 협의의 무권대리를 의미한다.

 무권대리의 체계

1) **광의의 무권대리**
   표현대리와 협의의 무권대리로 나뉜다.

2) **협의의 무권대리**
   표현대리가 성립하는 특별한 사정이 없는 한 대리행위의 효력은 본인에게 미치지 않는다.

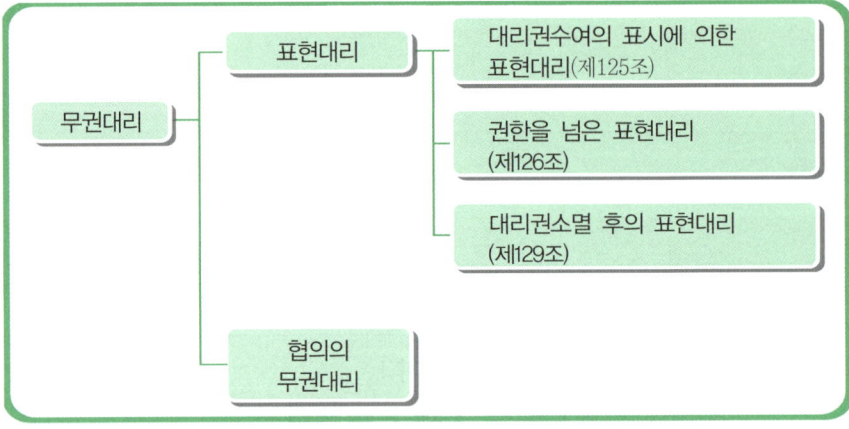

제4장 법률행위의 대리

02 표현대리 (表見代理) 15·19·29·32회 출제

> **제125조(대리권수여의 표시에 의한 표현대리)** 제3자에 대하여 타인에게 대리권을 수여함을 표시한 자는 그 대리권의 범위 내에서 행한 그 타인과 그 제3자간의 법률행위에 대하여 책임이 있다. 그러나 제3자가 대리권없음을 알았거나 알 수 있었을 때에는 그러하지 아니하다.
> **제126조(권한을 넘은 표현대리)** 대리인이 그 권한 외의 법률행위를 한 경우에 제3자가 그 권한이 있다고 믿을 만한 정당한 이유가 있는 때에는 본인은 그 행위에 대하여 책임이 있다.
> **제129조(대리권소멸 후의 표현대리)** 대리권의 소멸은 선의의 제3자에게 대항하지 못한다. 그러나 제3자가 과실로 인하여 그 사실을 알지 못한 때에는 그러하지 아니하다.

1 의의

(1) 표현대리의 일반적 의의

1) 의의

대리인에게 대리권이 없음에도 불구하고 마치 있는 것 같은 외관이 있고 본인이 외관발생에 원인을 주고 있다면 외관을 신뢰한 자나 거래의 안전을 보호하기 위하여 본인에게 책임을 지게 하는 제도이다(대판 1998.5.29. 97다55317).

2) 취지

표현대리는 무권대리인과 거래한 상대방을 보호함으로써 ① 대리제도의 신용을 유지하고 ② 거래의 안전을 도모하려는 데 그 취지가 있으며 독일법상의 외관주의[1], 내지 영미법상의 금반언의 법리[2]에서 유래한 것이다.

3) 본질

① 표현대리는 무권대리이다. 다만 상대방보호와 거래안전을 위해 본인에게 책임을 묻는 것이다. 또한 ② 법정책임이므로 당사자의 의사와 무관하게 법률 규정에 의하여 책임이 발생한다.

> **용어사전**
> 1) **외관주의(外觀主義)**: 진실에 반하는 외관(겉모습)이 존재하는 경우에 한편으로 외관을 만들어 낸 자에게는 어떤 책임사유가 있고, 다른 편으로 외관을 신뢰한 자에게는 책임사유가 없는 때에는 전자(前者)를 희생하더라도 후자(後者)를 보호하여야 한다는 원칙을 말한다.
> 2) **금반언(禁反言)의 법리**: 영미법상의 원칙으로서 일정한 선행행위(앞선행위)가 있고 그 행위에 대한 상대방의 신뢰가 생긴 후에는 자신의 선행행위와 모순되는 후행행위를 해서는 안 된다는 원칙을 말한다. 모순금지의 원칙이라고도 한다.

(2) 표현대리의 일반적 요건 22회 출제

1) 무권대리행위일 것
2) 유권대리행위의 외형을 갖출 것
3) 본인에게 귀책사유가 있을 것
4) 상대방에게 귀책사유가 없을 것
5) 대리행위의 내용은 적법할 것
   └→ 강행법규 및 사회질서에 반하지 않을 것

강행법규 위반과 표현대리

사원총회의 결의를 거쳐야 처분할 수 있는 총유재산을 대표자가 임의로 처분한 경우 이는 강행규정 위반이므로 표현대리가 적용될 수 없다(대판 2003.7.11. 2001다73626).

(3) 표현대리의 일반적 효과

1) 표현대리행위의 법률효과가 본인에게 귀속된다. 따라서 상대방은 본인에게 물권행위의 유효주장, 채무의 이행청구 등이 가능하다. 다만 신분행위에는 그 적용에 다툼이 있으므로 각 유형별로 살펴보아야 한다.
2) 과실상계는 적용되지 않는다. 표현대리는 손해배상이 아니라 채무자체의 이행을 강제하는 것이기 때문이다.
3) 표현대리의 요건이 충족된다고 하여 당연히 그 법률효과가 발생하는 것은 아니며 상대방의 주장이 필요하고, 특히 소송의 경우 변론주의의 원칙상 유권대리에 관한 주장 속에 무권대리에 속하는 표현대리의 주장이 포함되어 있다고 볼 수 없다는 것이 판례의 입장이다(대판 1983.12.13. 83다카1489).
4) 표현대리를 주장할 수 있는 자는 표현대리 행위의 직접 상대방에 한정된다(1994. 5. 27. 93다21521)

(4) 표현대리규정의 적용범위

표현대리에 관한 규정은 거래의 안전을 보호하기 위한 것으로 공법행위나 소송행위에는 적용되지 않는다.

2 대리권수여의 표시에 의한 표현대리(제125조)★★★

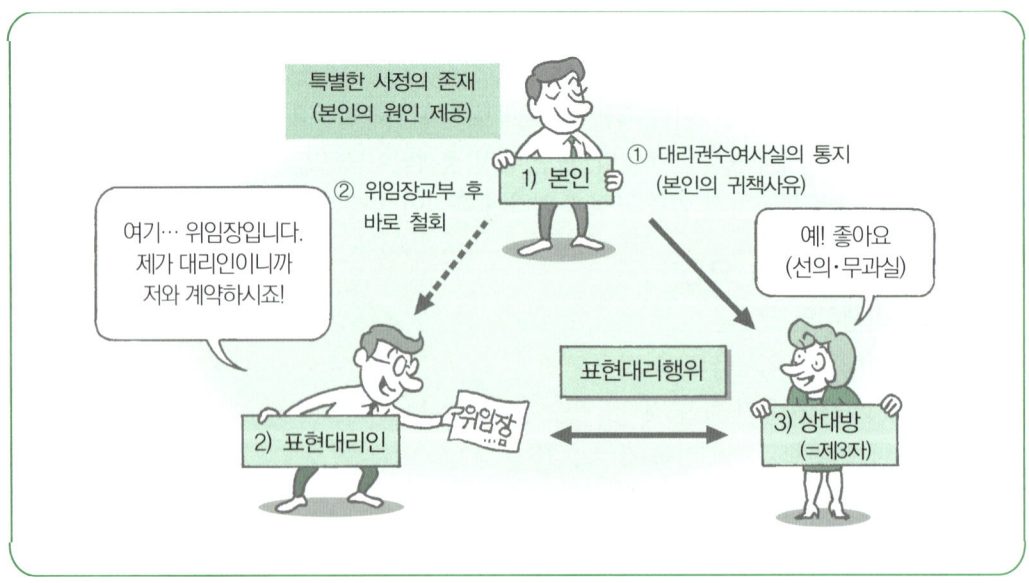

제4장 법률행위의 대리

(1) 요 건

1) 대리권수여의 표시

① **법적 성질 및 방법**

> 본인이 대리행위를 한 자에게 대리권을 수여한 사정이 있다는 사실을 대리행위의 상대방 등에게 알리는 것이므로 대리권수여행위와는 다르다는 점을 주의해야 한다.

통설은 관념의 통지로 본다. 방법상의 제한도 없으므로 서면이나 구두로 모두 가능하며 묵시적으로도 할 수 있다.

② **표시의 상대방**

㉠ 특정인뿐만 아니라 서면이나 신문광고에 의해 일반 제3자에게 할 수도 있다.

㉡ 대리인으로 표시된 자는 실제로 대리권이 있어야 할 필요가 없으며, 단순한 사자에 불과한 자이어도 무관하다(대판 1962.2.8. 4294민상192).

  판례 민법 제125조 소정의 대리권 수여의 표시에 의한 표현대리의 성립 요건

1. 대리인이 아니고 **사실행위를 위한 사자라 하더라도** 외견상 그에게 어떠한 권한이 있는 것의 표시 내지 행동이 있었다면 **표현대리의 법리가 적용된다**(대판 1962.2.8. 4294민상192).
2. 호텔 등의 시설이용 우대회원 모집계약을 체결하면서 자신의 판매점, 총대리점 또는 연락사무소 등의 **명칭을 사용하여** 회원모집안내를 하거나 입회계약을 체결하는 것을 **묵인하였다면** 민법 제125조의 **표현대리가 성립한다**(대판 1998.6.12. 97다53762).
3. 사회통념상 대리권을 추단할 수 있는 직함이나 명칭 등의 사용을 승낙 또는 묵인한 경우에도 대리권 수여의 표시가 있은 것으로 볼 수 있다(대판 1998.6.12. 97다53762).
4. 제조회사가 대리점 총판 계약을 체결하고 그 대리점을 제조회사 제품의 전문취급점 및 전국총판으로 기재한 광고를 신문에 한번 실은 사실만으로는 그 대리점을 상법상의 대리상으로 볼 수 없고, 위 광고를 제조회사가 제3자에 대하여 위 대리점에게 자사 제품의 판매에 관한 대리권을 수여함을 표시한 것으로 볼 수도 없다(대판 1999.2.5. 97다26593).

2) 표시된 대리권의 범위 내에서의 대리행위

① 무권대리인이 수여한 것으로 표시된 대리권의 범위 내에서 대리행위를 해야 한다.

② **백지위임장**¹⁾에 의하여 대리권수여를 표시한 경우, 의도와는 달리 그 위임장이 전전유통되어 대리인의 성명이 보충된 경우에 (→ 2번 이상 양도) 통설은 표현대리로서 다룬다.

> **용어사전**
> 1) 백지위임장(白紙委任狀)
> : 내용의 일부를 기재하지 않은 채로 남겨놓고 일정한 사람에게 그것을 보충시키고자 하는 형식으로 된 위임장

3) 상대방의 선의·무과실

① 상대방은 선의·무과실이어야 한다.

② 여기에서 '선의'라는 것은 '대리권이 없는 것을 모르는 것'을 말하고, '무과실'이라는 것은 '모르는 데 과실이 없는 것'을 말한다.

③ 상대방의 악의·과실에 대한 입증책임은 본인에게 있다.

(2) 효 과

1) 본인은 무권대리인의 대리행위에 대해 책임을 져야 한다. 즉, 무권대리라고 하여 그 책임을 거부할 수 없다.

2) 표현대리의 효과는 상대방이 이를 주장하는 때에 비로소 문제가 되고, 상대방이 주장하지 않는 한 본인쪽에서 표현대리를 주장하지는 못한다(본인은 추인하면 족함).
3) 상대방이 표현대리를 주장하지 않고 직접 제135조에 의하여 무권대리인의 책임을 물을 수 있는가에 대하여 부정하는 것이 다수설이다.
4) 표현대리가 성립하는 경우에 상대방에게 과실이 있다고 하더라도 **과실상계**¹⁾의 법리를 유추적용하여 본인의 책임을 경감할 수 없다.

> **용어사전**
> 1) **과실상계(過失相計)**: 채무불이행이나 불법행위가 문제되는 경우에 그 손해의 발생 또는 확대에 채권자(피해자)의 과실이 인정되면 법원이 손해배상의 책임 및 그 금액을 정함에 있어서 채권자(피해자)의 과실을 참작하는 것을 말한다(민법 제396조).

 표현대리에 과실상계의 법리를 유추적용할 수 있는지 여부 — 유추적용할 수 없음

표현대리행위가 성립하는 경우에 그 본인은 표현대리행위에 의하여 전적인 책임을 져야 하고, **상대방에게 과실이 있다고 하더라도 과실상계의 법리를 유추적용하여 본인의 책임을 경감할 수 없다**(대판 1996.7.12. 95다49554).

(3) 적용범위

1) 임의대리에 한하며, 법정대리에는 적용되지 않는다(통설, 판례). 왜냐하면 법정대리에서는 본인의 대리권수여행위가 존재하기 어렵기 때문이다.
2) 공법상 행위 혹은 소송행위에는 원칙적으로 표현대리규정이 적용될 수 없다.

 소송행위인 강제집행수락 의사표시에 표현대리 규정 적용의 가부 — 적용될 수 없음

이행지체가 있으면 즉시 강제집행을 하여도 이의가 없다는 강제집행 수락의사표시는 소송행위라 할 것이고, 이러한 소송행위에는 민법상의 표현대리규정이 적용 또는 유추적용될 수는 없다(대판 1983.2.8. 81다카621).

3) 복대리행위에도 적용된다(대판 1979.11.27. 79다1193).

제4장 법률행위의 대리

단락문제 Q04 　　제32회 기출

표현대리에 관한 설명으로 옳은 것은? (다툼이 있으면 판례에 따름)

① 본인이 타인에게 대리권을 수여하지 않았지만 수여하였다고 상대방에게 통보한 경우, 그 타인이 통보받은 상대방 외의 자와 본인을 대리하여 행위를 한 때는 민법 제125조의 표현대리가 적용된다.
② 표현대리가 성립하는 경우, 과실상계의 법리를 유추적용하여 본인의 책임을 경감할 수 있다.
③ 민법 제129조의 표현대리를 기본대리권으로 하는 민법 제126조의 표현대리는 성립될 수 없다.
④ 대리행위가 강행법규에 위반하여 무효인 경우에는 표현대리의 법리가 적용되지 않는다.
⑤ 유권대리의 주장 속에는 표현대리의 주장이 포함되어 있다.

해설

① (X) 통보받은 상대방 이외의 자와 대리행위를 한 때에는 제125조가 적용되지 아니한다.
② (X) 표현대리행위가 성립하는 경우에 그 본인은 표현대리행위에 의하여 전적인 책임을 져야 하고, 상대방에게 과실이 있다고 하더라도 과실상계의 법리를 유추적용하여 본인의 책임을 경감할 수 없다.(대판 1996. 7. 12. 95다49554)
③ (X) 한편 과거에 가졌던 대리권이 소멸되어 민법 제129조에 의하여 표현대리로 인정되는 경우에 그 표현대리의 권한을 넘는 대리행위가 있을 때에는 민법 제126조에 의한 표현대리가 성립할 수 있다.(대판 2008. 1. 31. 2007다74713)
④ (O) 학교법인을 대표하는 이사장이라 하더라도 이사회의 심의·결정을 거쳐야 하는 이와 같은 재산의 처분 등에 관하여는 법률상 그 권한이 제한되어 이사회의 심의·결정 없이는 이를 대리하여 결정할 권한이 없는 것이라 할 것이므로 이사장이 한 학교법인의 기본재산 처분행위에 관하여는 민법 제126조의 표현대리에 관한 규정이 준용되지 아니한다.(대판 1983. 12. 27. 83다548)
⑤ (X) 양자의 구성요건 해당사실, 즉 주요사실은 다르다고 볼 수 밖에 없으니 유권대리에 관한 주장 속에 무권대리에 속하는 표현대리의 주장이 포함되어 있다고 볼 수 없다. (대판 1983. 12. 13. 83다카1489)

답 ④

제1편 민법총칙(법률행위)

3 대리권의 범위를 넘은 표현대리(제126조)★★★   20·33회 출제

(1) 요 건

1) **기본대리권의 존재**

기본대리권은 임의대리권·법정대리권을 불문하며 공법상 행위의 대리권도 기본대리권이 될 수 있으나 사실행위의 위임을 받은 경우는 기본대리권이 될 수 없다(대판 1992.5.26. 91다32190).

 기본대리권의 존재를 긍정하는 판례 ★★★

① 소유권이전등기절차를 위임받은 자가 교부받은 서류로 제3자에게 매도한 경우(대판 1956.3.3. 4288 민상386·387)
② 기본대리권이 등기신청행위라 할지라도 표현대리인이 그 권한을 유월(逾越)하여 대물변제라는 사법행위를 한 경우에는 표현대리의 법리가 적용된다(대판 1978.3.28. 78다282·283). 즉 공법상의 행위도 기본대리권이 될 수 있다.

기본대리권의 존재를 부정하는 판례

① 피고가 소외인 甲의 원고와의 상거래에 대한 재정보증서와 그에 필요한 인감증명서 및 납세증명서를 소외인 甲의 언니인 소외인 乙에게 우송하였음에 지나지 아니한 것이라면 소외인 乙이 자기가 甲이라고 참칭하고 원고와 상거래를 함에 있어 위 재정보증서 등을 사용하였다는 사실만으로서는 소외인 乙이 피고로부터 표현대리를 인정할 기본적 대리권을 수여받은 것이라고 볼 수 없다(대판 1984.10.10. 84다카780).
② 사술을 써서 대리행위의 표시를 하지 아니하고 단지 본인의 성명을 모용하여 자기가 마치 본인인 것처럼 기망하여 본인 명의로 직접 법률행위를 한 경우에는 특별한 사정이 없는 한 제126조의 표현대리는 성립될 수 없다. 처가 제3자를 남편으로 가장시켜 관련 서류를 위조하여 남편 소유의 부동산을 담보로 금원을 대출받은 경우, 남편에 대한 민법 제126조의 표현대리책임을 부정한다(대판 2002.6.28. 2001다49814).
③ 원고가 부동산 소개업자인 소외인에게 "가옥이동용"의 인감증명만을 교부하여 부동산매매의 알선을 부탁한데 그치고 원고의 인감은 위 소외인이 사위(詐僞)의 방법으로 이를 교부받은 것이라면 원고가 동 소외인에게 매매 기타 처분의 권한까지 수여한 것이라고 보기 어렵다(대판 1982.4.13. 81다408).
④ 민법 제126조의 표현대리가 성립하기 위하여는 무권대리인에게 법률행위에 관한 기본대리권이 있어야 하는 바, 증권회사로부터 위임받은 고객의 유치, 투자상담 및 권유, 위탁매매약정실적의 제고 등의 업무는 사실행위에 불과하므로 이를 기본대리권으로 하여서는 권한초과의 표현대리가 성립할 수 없다(대판 1992.5.26. 91다32190).

2) **권한을 넘은 대리행위가 존재할 것**

대리인이 기본대리권의 범위를 넘는 대리행위를 해야 한다(대판 2002.6.28. 2001다49814). 권한을 넘는 행위가 기본대리권과 같은 종류이어야 할 필요가 없다.

소외 "갑"이 피고로부터 등기원인사실을 조작하여 위 부동산소유권등기를 자기개인 앞으로 이전한 후 이를 자기의 소유물이라 하여 원고에게 매각하고 그 소유권이전등기를 하여 준 것이라면 원고에 대한 그 매매계약당사자는 "갑"이고 피고는 그 당사자가 아님이 자명하므로 피고에 대한 관계에 있어 대리 내지 표현대리 이론을 적용시킬 여지가 없다.(대판 1972.12.12. 72다1530)

3) 정당한 이유의 존재(선의·무과실)

① **정당한 이유의 의의** : 상대방의 입장에서 볼 때 대리권이 존재하지 않은 데에 대하여 선의이며 과실이 없는 것. 즉 월권대리행위(대리권을 초과한 대리행위)가 행하여진 때에 존재하는 여러 사정을 객관적으로 관찰하여 보통사람이 대리권이 있다고 믿는 것이 통상적인 경우를 말한다.

② **정당한 이유의 판단기준** : 정당한 이유가 있는지 여부는 객관적으로 판단하며, 정당한 이유가 있었는지의 사정은 대리행위시를 기준으로 판단하여야 한다(대판 1987.7.7. 86다카2475).

③ **정당한 이유의 입증책임** : 통설은 다른 표현대리와 다르게 볼 특별한 이유가 없으므로 본인에게 입증책임이 있다고 한다. 따라서 본인이 상대방의 악의 또는 과실을 입증하여야 한다. 그러나 판례는 정당한 이유에 대한 입증책임을 상대방이 부담한다고 보고 있다.

> **판례** 표현대리의 주장입증 책임
>
> 계약체결의 대리권을 상대방을 특정하여 부여할 수 있는 것이며, 본조에 의한 표현대리 행위로 인정된다는 점의 주장 및 입증책임은 그것을 유효하다고 주장하는 자에게 있는 것이다(대판 1968.6.18. 68다694).

> **판례** 제126조 표현대리와 정당한 이유
>
> **정당한 이유를 인정한 판례**
> ① 불하된 귀속재산인 대지의 분할과 소유권이전등기 절차를 위임받은 자가 대리인이라고 칭하고 제3자로부터 금원을 차용하고 위 대지에 대하여 매도담보계약을 체결한 경우 제3자에게는 그 권한이 있다고 믿을 만한 정당한 이유가 있고 본인은 이에 대한 책임을 진다(대구고법 1966.4.15. 65나665).
> ② 처가 해외체류중인 남편의 대리인으로 부동산을 매수하여 남편이름으로 소유권이전등기 후 남편의 인감도장, 등기권리증, 인감증명서를 상대방에게 교부하여 상대방이 그 명의로 소유권이전등기를 마친 경우(대판 1984.11.27. 84다310)
>
> **정당한 이유를 부정한 판례**
> ① 남편 몰래 임의로 갖고 나온 남편의 인장, 아파트 분양계약서 및 유효기간이 지난 인감증명서를 처가 소지하고 금전의 차용행위나 아파트 매도행위를 한 경우(대판 1981.8.25. 80다3204)
> ② 지방은행의 예금취급소장이 그 자격을 사용하여 액면이 거액인 개인의 수표를 지급보증한 경우(대판 1980.8.12. 80다901)

(2) 효 과

제126조의 요건이 충족되면 상대방(제126조의 제3자)은 표현대리인이 한 법률행위의 효력을 본인에게 주장할 수 있다(구체적 내용은 대리권수여의 표시에 의한 표현대리와 같음).

(3) 적용범위

23·26회 출제

1) 다른 표현대리행위와의 경합

제125조나 제129조의 표현대리가 성립하는 범위를 넘어서서 법률행위를 한 경우에도 제126조가 적용될 수 있다(통설).

제1편 민법총칙(법률행위)

 제129조와 제126조의 표현대리

1 현재에 아무런 대리권도 가지지 아니한 자가, 본인을 위하여 한 어떤 대리행위가 과거에 이미 가졌던 대리권을 넘은 경우에까지, 성립하는 것은 아니다(대판 72다1631).
2 과거에 가졌던 대리권이 소멸되어 민법 제129조에 의하여 표현대리로 인정되는 경우에 그 표현대리의 권한을 넘는 대리행위가 있을 때에는 민법 제126조에 의한 표현대리가 성립할 수 있다(대판 2008.1.31. 2007다74713).

2) 제125조와 달리 법정대리에도 제126조는 적용된다(대판 1976.6.27. 97다3828).

 민법 제126조의 표현대리 규정이 법정대리에도 적용되는지 여부 — 적용됨

민법 제126조 소정의 권한을 넘는 표현대리 규정은 거래의 안전을 도모하여 거래상대방의 이익을 보호하려는 데에 그 취지가 있으므로 법정대리라고 하여 임의대리와는 달리 그 적용이 없다고 할 수 없고, 따라서 한정치산자(피한정후견인)의 후견인이 친족회(후견감독인)의 동의를 얻지 않고 피후견인의 부동산을 처분하는 행위를 한 경우에도 상대방이 친족회의 동의가 있다고 믿은 데에 정당한 사유가 있는 때에는 본인인 한정치산자에게 그 효력이 미친다(대판 1997.6.27. 97다3828).

3) 복임권이 없는 대리인에 의하여 선임된 복대리인의 행위에도 제126조가 적용된다.

 복임권 없는 대리인에 의하여 선임된 복대리인의 행위에 제126조 적용 여부

대리인이 사자 내지 임의로 선임한 복대리인을 통하여 권한 외의 법률행위를 한 경우, 상대방이 그 행위자를 대리권을 가진 대리인으로 믿었고 또한 그렇게 믿는 데에 정당한 이유가 있는 때에는, 민법 제126조를 적용함에 있어서 기본대리권의 흠결 문제는 생기지 않는다(대판 1998.3.27. 97다48982).

4) **일상가사대리권과 제126조 표현대리**★★
   ① **의의** : 부부 간에는 일상의 가사에 대해서는 대리할 수 있는 권한이 있으나(제827조), 특별한 사정이 없는 한 아내가 남편소유의 부동산을 매각하는 것과 같은 처분행위는 일상가사대리권에 속하지 아니한다(대판 1966.7.19. 66다863).

 일상가사의 판단기준

민법 제832조에서 말하는 일상의 가사에 관한 법률행위라 함은 부부가 공동생활을 영위하는 데·통상 필요한 법률행위를 말하므로 그 내용과 범위는 그 부부공동체의 생활구조, 정도와 그 부부의 생활장소인 지역사회의 사회통념에 의하여 결정되며, 문제가 된 구체적인 법률행위가 당해 부부의 일상의 가사에 관한 것인지를 판단함에 있어서는 그 법률행위의 종류·성질 등 객관적 사정과 함께 가사처리자의 주관적 의사와 목적, 부부의 사회적 지위·직업·재산·수입능력 등 현실적 생활상태를 종합적으로 고려하여 사회통념에 따라 판단하여야 한다(대판 1999.3.9. 98다46877).

   ② **일상가사대리권을 기본대리권으로 한 제126조의 적용**
   일상가사에 속하지 않더라도 판례는 부부 간의 일상가사대리권을 기본대리권으로 하여 문제의 행위에 수권이 있었다고 믿을 만한 '정당한 이유'가 있는 경우에는 권한을 넘은 표현대리를 인정한다.

제4장 법률행위의 대리

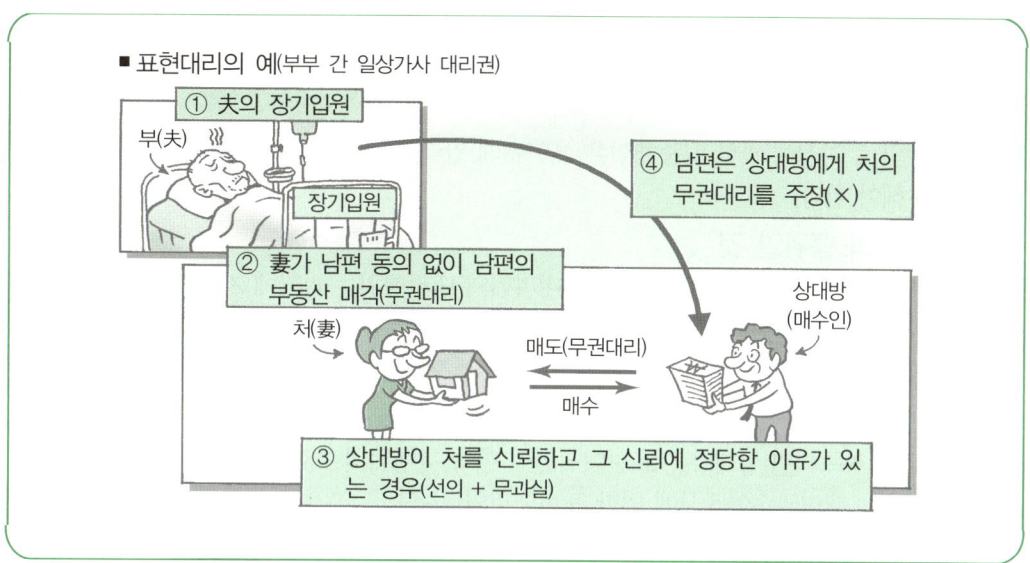

 표현대리를 인정한 판례

① 남편이 정신병으로 장기간 병원에 입원함에 있어서 입원비, 생활비, 자녀교육비 등을 준비하여 두지 않은 경우에 그 아내에게 가사대리권이 있었고 남편소유의 부동산을 적정가격으로 매도하여 그로써 위 비용에 충당하고 나머지로써 대신 들어가 살 집을 매수한 경우(대판 1970.10.30. 70다1812)
② 미국에 간 자의 처와의 사이에 남편의 채무에 관하여 남편 소유의 부동산에 대한 근저당설정계약을 체결한 경우(대판 1964.12.2. 64다1244)
③ 일상가사대리에 관하여 대리할 권한이 있는 처가 남편 몰래 남편의 인감도장, 인감증명서 등을 소지하고 대리인인양 행세하여 금원을 차용하고 그 담보로 남편 소유의 부동산에 가등기를 경료하여 준 경우(대판 1981.6.23. 80다609)

 표현대리를 부정한 판례

① 내연의 처에게 일상가사대리권이 수여되었고 남편의 인감증명, 인감도장, 위임장, 일부 등기필증 등을 지참하고 있었다 하더라도 내연의 처가 남편의 인감도장이나 등기필증 등을 용이하게 입수할 수 있는 사정을 근저당설정계약의 상대방이 쉽게 알아차릴 수 있었던 경우(대판 1984.6.26. 81다524).
② 처가 제3자를 남편으로 가장시켜 관련서류를 위조하여 남편소유의 부동산을 담보로 금원을 대출받은 경우(대판 2002.6.28. 2001다49814)

4 대리권소멸 후의 표현대리(제129조) ★★★

(1) 요 건

1) 대리권의 소멸

대리인이 이전에는 대리권을 가지고 있었으나 대리행위를 할 때에는 그 대리권이 소멸한 상태에 있어야 한다.

제1편 민법총칙(법률행위)

2) 상대방의 선의·무과실
① 상대방은 이전에 존재하였던 대리권이 행위 시에는 이미 소멸되었음을 알지 못했고, 알지 못한 것에 대해 과실이 없어야 한다.
② 선의·무과실에 관한 입증책임은 본인에게 있다. 즉, 본인이 상대방의 악의 또는 과실을 입증해야 한다.

3) 권한 내의 행위일 것
① 대리권은 이미 소멸하였지만 표현대리인의 대리행위는 과거에 가지고 있던 대리권의 범위 내에서 이루어져야 한다.
② 그 대리권의 범위를 넘은 행위에는 제129조가 아니라 제126조가 적용된다.

(2) 효 과
제129조가 충족되면 상대방은 표현대리인이 한 법률행위의 효력을 본인에게 주장할 수 있다(구체적 내용은 대리권수여표시에 의한 표현대리와 같음).

(3) 적용범위
1) 제129조는 임의대리·법정대리의 쌍방에 적용된다(대판 1975.1.28. 74다1199).
2) 제129조는 복대리인의 무권대리행위에도 적용된다(대판 1998.5.29. 97다55317).

단락문제 Q05 제32회 기출

표현대리에 관한 설명으로 옳은 것은? (다툼이 있으면 판례에 따름)

① 본인이 타인에게 대리권을 수여하지 않았지만 수여하였다고 상대방에게 통보한 경우, 그 타인이 통보받은 상대방 외의 자와 본인을 대리하여 행위를 한 때는 민법 제125조의 표현대리가 적용된다.
② 표현대리가 성립하는 경우, 과실상계의 법리를 유추적용하여 본인의 책임을 경감할 수 있다.
③ 민법 제129조의 표현대리를 기본대리권으로 하는 민법 제126조의 표현대리는 성립될 수 없다.
④ 대리행위가 강행법규에 위반하여 무효인 경우에는 표현대리의 법리가 적용되지 않는다.
⑤ 유권대리의 주장 속에는 표현대리의 주장이 포함되어 있다.

해설
① (X) 통보받은 상대방 이외의 자와 대리행위를 한 때에는 제125조가 적용되지 아니한다.
② (X) 표현대리행위가 성립하는 경우에 그 본인은 표현대리행위에 의하여 전적인 책임을 져야 하고, 상대방에게 과실이 있다고 하더라도 과실상계의 법리를 유추적용하여 본인의 책임을 경감할 수 없다.(대판 1996.7.12. 95다49554)
③ (X) 한편 과거에 가졌던 대리권이 소멸되어 민법 제129조에 의하여 표현대리로 인정되는 경우에 그 표현대리의 권한을 넘는 대리행위가 있을 때에는 민법 제126조에 의한 표현대리가 성립할 수 있다.(대판 2008.1.31. 2007다74713)
④ (O) 학교법인을 대표하는 이사장이라 하더라도 이사회의 심의·결정을 거쳐야 하는 이와 같은 재산의 처분 등에 관하여는 법률상 그 권한이 제한되어 이사회의 심의·결정 없이는 이를 대리하여 결정할 권한이 없는 것이라 할 것이므로 이사장이 한 학교법인의 기본재산 처분행위에 관하여는 민법 제126조의 표현대리에 관한 규정이 준용되지 아니한다.(대판 1983.12.27. 83다548)
⑤ (X) 양자의 구성요건 해당사실, 즉 주요사실은 다르다고 볼 수 밖에 없으니 유권대리에 관한 주장 속에 무권대리에 속하는 표현대리의 주장이 포함되어 있다고 볼 수 없다.(대판 1983.12.13. 83다카1489)

답 ②

제4장 법률행위의 대리

> **단락핵심** 표현대리

■ 표현대리
(1) 무권대리는 협의의 무권대리와 표현대리로 분류할 수 있다. (○)
(2) 표현대리를 주장할 수 있는 자는 표현대리행위의 직접상대방에 한정된다. (○)

■ 제125조 표현대리
(1) 신문광고 등으로 일반 제3자에게 대리권 수여표시를 한 경우에도 제125조의 표현대리가 성립할 수 있다. (○)
(2) 대리인으로 표시된 자는 실제로 대리권이 있어야 할 필요가 없으며 단순한 사자에 불과한 경우에도 제125조의 표현대리는 성립할 수 있다. (○)
  ⇒ 제126조의 표현대리와의 차이점이므로 반드시 알아두어야 한다.
(3) 표현대리가 성립한 경우, 상대방에게 과실이 있으면 이를 이유로 본인의 책임을 감경할 수 있다. (×)
  ⇒ 상대방에게 과실이 있는 경우 표현대리가 성립하기 어려우며, 표현대리가 성립한다고 하더라도 과실상계규정은 적용되지 않는다.

■ 제126조 표현대리
(1) 부동산 매도인의 위임을 받은 매도인이 본인이 지시한 금액보다 저렴한 가격으로 매도한 경우에는 제126조의 표현대리가 성립할 수 없다. (×)
(2) 사실행위의 위임을 받은 경우에는 제126조의 표현대리가 성립할 수 없다. (○)
(3) 권한을 넘은 대리행위가 기본대리권과 다른 종류의 행위라면 제126조의 표현대리는 성립하지 않는다. (×)
  ⇒ 무권대리행위와 기본대리권이 동일한 종류일 필요는 없다.
(4) 대리권이 소멸한 후에도 권한을 넘은 표현대리가 성립할 수 있다. (○)
(5) 법정대리권을 기본대리권으로 하는 제126조의 표현대리가 성립할 수 있다. (○)
(6) 부부 일방의 행위가 일상가사에 속하지 않더라도 그 행위에 특별수권이 주어졌다고 믿을 만한 정당한 이유가 있는 경우, 표현대리가 성립한다. (○)
(7) 무권대리인에게 권한이 있다고 믿을만한 정당한 이유가 있는가의 여부는 원칙적으로 대리행위 당시를 기준으로 결정한다. (○)
(8) 매매계약이 토지거래허가제를 위반하여 확정적으로 무효이면 표현대리 법리가 적용될 여지가 없다. (○)
(9) 등기신청대리권을 기본대리권으로 하여 사법상의 법률행위를 한 경우에도 권한을 넘은 표현대리가 성립할 수 있다. (○)

■ 제129조의 표현대리
(1) 제129조의 표현대리가 성립하기 위해서는 수여되었던 대리권의 범위 내에서 대리행위가 이루어져야 한다. (○)
(2) 제129조의 표현대리는 복대리인의 무권대리행위에는 적용될 수 없다. (×)

제1편 민법총칙(법률행위)

03 협의의 무권대리(無權代理)   12·14·추가15·16·32·33회 출제

> **제130조(무권대리)** 대리권 없는 자가 타인의 대리인으로 한 계약은 본인이 이를 추인하지 아니하면 본인에 대하여 효력이 없다.
> **제135조(상대방에 대한 무권대리인의 책임)** ① 다른 자의 대리인으로서 계약(契約)을 맺은 자가 그 대리권을 증명하지 못하고 또 본인의 추인(追認)을 받지 못한 경우에는 그는 상대방(相對方)의 선택(選擇)에 따라 계약을 이행(履行)할 책임 또는 손해를 배상할 책임이 있다.
> ② 대리인으로서 계약을 맺은 자에게 대리권이 없다는 사실을 상대방이 알았거나 알 수 있었을 때 또는 대리인으로서 계약을 맺은 사람이 제한능력자일 때에는 제1항을 적용하지 아니한다.

1 의 의

(1) 협의의 무권대리라 함은 대리인이 대리권 없이 대리행위를 한 경우에 표현대리라고 볼 수 있는 특별한 사정이 존재하지 않는 경우의 무권대리를 말한다.

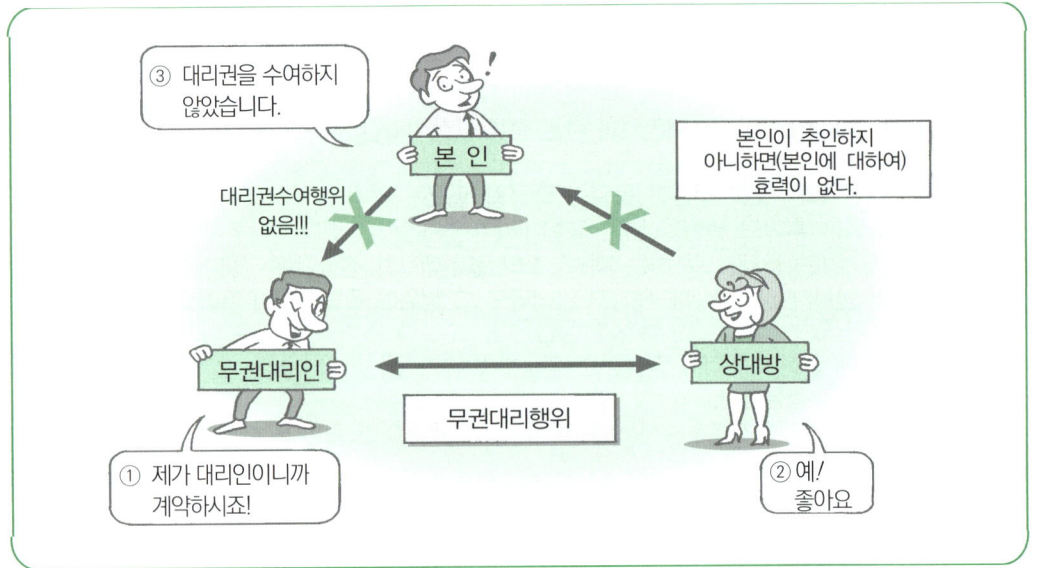

(2) 민법은 협의의 무권대리를 계약의 무권대리와 단독행위의 무권대리로 나누어 규정하고 있다.

 무권대리행위의 추인

① 본인의 추인 전에는 '유동적 무효(일단은 무효)'가 된다.
② 본인에게 추인권과 추인거절권이 인정된다.

2 계약의 무권대리 ★★★

`28·35회 출제`

(1) 본인에 대한 효과

원칙적으로 본인에게 아무런 법률효과가 미치지 않지만 본인은 추인권 및 추인거절권을 갖는다.

1) 본인의 추인권

`23·26회 출제`

① **추인[1]의 의의 및 성질**
   ㉠ 추인은 무권대리행위가 있음을 알고 그 행위의 효과를 자기에게 귀속시키도록 하는 단독행위이며 형성권이다.
   ㉡ 무권대리인 또는 상대방의 동의를 필요로 하지 않는다(대판 1982.1.26. 81다카549).

② **추인의 상대방**
   ㉠ 무권대리인이든 그와 계약을 한 상대방이든 또 무권대리로 인한 권리 또는 법률관계의 승계인에게도 가능하다(대판 1981.4.14. 80다2314).
   ㉡ 단, 무권대리인에게 한 추인은 상대방이 이것을 알 때까지는 상대방에 대하여 추인의 효과를 주장할 수 없다(제132조).

③ **추인의 방법**
   명시적이든 묵시적이든 상관없다. → 예컨대, 무권대리계약의 이행을 청구하는 것

④ **추인의 효력**
   ㉠ 추인이 있으면 처음부터 적법한 대리행위이었던 것과 마찬가지로 된다. 즉, 무권대리행위는 계약시에 소급하여 그 효력이 생기므로 상대방은 철회할 수 없다. → 무효행위의 추인과 다름
   ㉡ 다른 의사표시에 의하여 추인의 소급효를 배제할 수 있으나, 추인의 소급효로 인하여 제3자의 권리를 해하지 못한다(제133조 단서).

⑤ **일부추인**
   추인은 의사표시의 전부에 대하여 행하여져야 하고, 그 일부에 대하여 추인을 하거나 그 내용을 변경하여 추인하였을 경우에는 상대방의 동의를 얻지 못하는 한 무효이다(대판 1982.1.26. 81다카549).

> **용어사전**
> 1) 추인(追認): 법률행위를 하는 과정에서 생긴 하자(瑕)를 보충해서 그 법률행위를 완전하고 이상 없는 것으로 만드는 행위를 말한다.

판례 묵시적 추인 인정

1) 무권리자인 문중 명의로 그것도 대표자로 사칭한 자에 의하여 부동산 매매계약이 체결된 후 진정한 소유자가 그 권리자임을 주장하여 매수인으로부터 중도금을 직접 수령하였다면 위 매매계약에 따른 처분행위가 소유자에 대하여도 그 효력이 미친다(대판 1992. 2. 28. 91다15584)
2) 무권대리인이 차용금중의 일부로 본인 소유의 부동산에 가등기로 담보하고 있던 소외인에 대한 본인의 채무를 변제하고 그 가등기를 말소하고 무권대리인이 차용한 금원의 변제기일에 채권자가 본인에게 그 변제를 독촉하자 그 유예를 요청하였다면 무권대리인의 행위를 추인하였다. (대판 1973. 1. 30. 72다2309, 2310)

제1편 민법총칙(법률행위)

> **판례** 추인을 부정한 판례
>
> 1) 부가 자와 공동상속한 거주가옥의 부지를 자의 대리권 없이 매도하고 사망한 후 자가 매수인에게 그 매매대금상당액을 지급하기로 약정한 것만으로 망부의 무권대리행위를 추인한 것으로 볼 수는 없다.(대판 1991. 7. 9. 91다261)
> 2) 타인의 형사책임을 수반하는 무권대리행위에 의하여 권리의 침해를 받은자가 그 침해사실을 알고도 장기간 형사고소나 민사소송을 제기하지 않은 경우에 그 사실만으로 그 행위에 대하여 묵시적인 추인이 있었다고 단정할 수 없다.(대판 1967. 12. 18. 67다2294,2295)
> 3) 당사자가 변론기일에 불출석하여 매매사실에 관하여 의제자백한 것으로 간주되었다 하여도 그로써 그 당사자가 소외인의 무권대리매매를 추인한 것이라고 볼 수 없다.(대판 1982. 7. 13. 81다648)

2) 본인의 추인거절권
① 추인 여부는 본인의 자유이며 무권대리행위를 방치한다고 해도 본인에게도 아무런 법적 불이익이 생기지 않지만 본인은 적극적으로 추인의 의사가 없음을 통지하여 무권대리행위를 확정적으로 무효로 할 수 있다.
② 추인거절의 방법과 추인거절의 상대방은 추인의 경우와 같다.
③ 추인거절이 있은 후에는 본인은 다시 추인할 수 없으며, 상대방도 최고권이나 철회권을 행사할 수 없게 된다.

3) 상속과 무권대리행위의 추인
① 문제점
상속에 의하여 무권대리인의 지위와 본인의 지위가 동일인에게 귀속하는 경우 형식적으로는 그 당사자는 상대방에 대하여 이행 또는 손해배상의 의무를 지게 됨과 동시에 무권대리행위를 추인하거나 거절할 수 있는 지위를 모두 가지게 되므로 신의칙상 추인거절권을 행사할 수 있는지가 문제된다.

② 무권대리인이 본인을 상속하는 경우
㉠ 기본사례
아들 甲이 아버지 소유의 부동산을 대리권 없이 丁에게 처분하고 아버지의 사망으로 아버지의 지위를 상속하였다.
㉡ 판례(추인거절권 행사 부정)
아들 甲이 원래 자신의 매매행위가 무권대리행위여서 무효였다는 이유로 상대방 丁 앞으로 경료된 소유권이전등기가 무효의 등기라고 주장하여 그 등기의 말소를 청구하거나 부동산의 점유로 인한 부당이득금의 반환을 구하는 것은 금반언의 원칙이나 신의성실의 원칙에 반하여 허용될 수 없다(대판 1994.9.27. 94다20617).
㉢ 상속인이 수인인 경우(공동상속)
위 사례에서 甲 이외에 형제인 乙이 존재하여 甲과 乙이 공동상속하는 경우 乙은 추인거절권을 행사하는 데 아무런 지장이 없다. 乙은 무권대리인의 지위를 갖지 않기 때문이다. 결국 일부무효의 법리에 따라 규율된다.

제4장 법률행위의 대리

③ 본인이 무권대리인을 상속한 경우
  ㉠ 사 례
    아버지가 아들소유의 부동산을 대리권 없이 처분하고 아버지의 사망 후 아들이 아버지를 상속한 경우
  ㉡ **판례**(무권리자의 처분행위에 대하여 추인거절권 행사 긍정)
    대리형식이 아닌 무권리자 처분행위와 관련하여 권한 없이 처분행위를 한 무권리자의 지위를 상속한 상속인은 신의칙에 반하는 것으로 인정되는 특별한 사정이 없는 한 그 의무의 이행을 거절할 수 있다(대판 2001.9.25. 99다19698).

(2) 상대방에 대한 효과(최고권과 철회권)　　　**21·30회 출제**

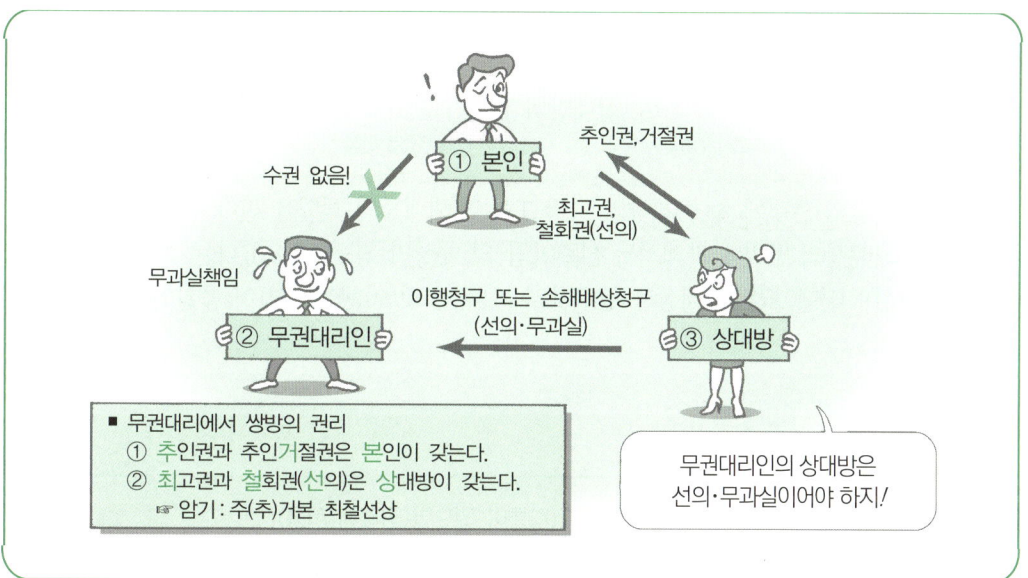

- 무권대리에서 쌍방의 권리
  ① 추인권과 추인거절권은 본인이 갖는다.
  ② 최고권과 철회권(선의)은 상대방이 갖는다.
  ☞ 암기 : 주(추)거본 최철선상

무권대리인의 상대방은 선의·무과실이어야 하지!

Professor Comment
최고권은 상대방의 선·악을 불문하고 인정되지만 철회권은 선의의 상대방에게만 인정됨을 주의할 것

1) 최고권
① 상대방은 상당한 기간을 정하여 본인에게 그 무권대리행위를 추인할 것인지의 여부를 최고할 수 있고, 본인이 그 정해진 기간 내에 확답을 발하지 않으면 추인을 거절한 것으로 본다(제131조). → 발신주의
② 최고권은 상대방이 악의인 경우에도 인정된다는 점에서 철회권과 다르다.
  → 계약 당시 무권대리행위임을 알고 있던 경우

2) 철회권
① 본인의 추인이 있을 때까지 상대방은 본인 또는 대리인에 대하여 무권대리계약을 철회할 수 있으며, 이로써 계약은 확정적으로 무효가 된다.

제1편 민법총칙(법률행위)

② 계약당시에 대리권이 없는 것을 알고 있었던 상대방은 철회할 수 없다(제134조 단서).
③ 선의·악의는 계약당시를 표준으로 결정하며 악의라는 입증책임은 본인에게 있다.

(3) 무권대리인에 대한 효과(무권대리인의 책임, 제135조) 〔18·27회 출제〕

1) 책임발생의 요건
① 무권대리인이 대리권을 증명할 수 없어야 한다.
② 상대방은 대리권 없음을 모르고 또한 모르는 데 과실이 없어야 한다.
③ 무권대리인이 행위능력자이어야 한다.
④ 무권대리인의 고의·과실을 요하지 않는 **무과실책임**[1]이며, 제3자의 기망이나 문서위조 등 위법행위로 야기되었더라도 책임이 부정되지 않는다(대판 2014.2.27. 2013다21308).
⑤ 본인의 **추인**이 없어야 하며, 상대방의 **철회**가 없어야 한다.
   → 소급하여 유효   → 무효로 확정

2) 책임의 내용
① 상대방의 선택에 좇아 계약의 이행 또는 손해배상의 책임을 진다.
② 손해배상의 범위에 관해서는 **신뢰이익**[2]의 배상만 청구할 수 있다는 견해도 있으나(신뢰이익설), **이행이익**[3]의 배상을 청구할 수 있다는 것(이행이익설)이 통설이다.

용어사전

1) 무과실책임(無過失責任) : 손해의 발생에 관하여 고의·과실이 없더라도 그 배상책임을 지는 것을 말한다.
2) 신뢰이익(信賴利益) : 무효인 계약을 유효한 것으로 믿었기 때문에 입은 손해를 말한다.
3) 이행이익(履行利益) : 계약의 유효를 전제로 하여 계약이 이행된 경우에 얻을 수 있는 이익을 말한다.

단락문제 Q06   제35회 기출

계약의 무권대리에 관한 설명으로 옳은 것은?(다툼이 있으면 판례에 따름)

① 본인이 추인하면 특별한 사정이 없는 한 그때부터 계약의 효력이 생긴다.
② 본인의 추인의 의사표시는 무권대리행위로 인한 권리의 승계인에 대하여는 할 수 없다.
③ 계약 당시 무권대리행위임을 알았던 상대방은 본인의 추인이 있을 때까지 의사표시를 철회할 수 있다.
④ 무권대리의 상대방은 상당한 기간을 정하여 본인에게 추인여부의 확답을 최고할 수 있고, 본인이 그 기간 내에 확답을 발하지 않으면 추인한 것으로 본다.
⑤ 본인이 무권대리행위를 안 후 그것이 자기에게 효력이 없다고 이의를 제기하지 않고 이를 장시간 방치한 사실만으로는 추인하였다고 볼 수 없다.

해설
① (×) 소급하여 효력이 생긴다. (민법 제133조)
② (×) 할 수 있다. (기본서 140쪽 판례 참조)
③ (×) 최고는 할 수 있으나 철회는 할 수 없다. (민법 제134조 단서)
④ (×) 추인을 거절한 것으로 본다. (민법 제131조)
⑤ (○) 추인이 있다고 단정할 수 없다. (기본서 141쪽 판례 참조)

답 ⑤

제4장 법률행위의 대리

 **Q07** 　　　　　　　　　　　　　　　　　　　제34회 기출

무권대리인 乙이 甲을 대리하여 甲 소유의 X토지를 丙에게 매도하는 계약을 체결하였다. 다음 설명 중 옳은 것은? (다툼이 있으면 판례에 따름)

① 위 매매계약이 체결된 후에 甲이 X토지를 丁에게 매도하고 소유권이전등기를 마쳤다면, 甲이 乙의 대리행위를 추인하더라도 丁은 유효하게 그 소유권을 취득한다.
② 乙이 甲을 단독상속한 경우, 특별한 사정이 없는 한 乙은 본인의 지위에서 추인을 거절할 수 있다.
③ 甲의 단독상속인 戊는 丙에 대해 위 매매계약을 추인할 수 없다.
④ 丙은 乙과 매매계약을 체결할 당시 乙에게 대리권이 없음을 안 경우에도 甲의 추인이 있을 때까지 그 매매계약을 철회할 수 있다.
⑤ 甲이 乙의 대리행위에 대하여 추인을 거절하면, 乙이 미성년자라도 丙은 乙에 대해 손해배상을 청구할 수 있다.

해설
① 민법 제133조
② 대리권한 없이 타인의 부동산을 매도한 자가 그 부동산을 상속한 후 소유자의 지위에서 자신의 대리행위가 무권대리로 무효임을 주장하여 등기말소 등을 구하는 것이 금반언원칙이나 신의칙상 허용될 수 없다(대판 1994. 9. 27. 선고 94다20617).
③ 추인은 가능하다.
④ 민법 제134조 후문
⑤ 미성년자에게는 책임추궁 불가 민법 제135조②

답 ①

 최고권·철회권

1) **최고권**
   상대방의 선의·악의를 불문하고 인정된다.

2) **철회권**
   선의의 상대방에게만 인정된다.

최고란 본인에게 무권대리행위를 추인하느냐, 않느냐의 확답을 촉구하는 행위를 말한다.

> 한 달 내에 추인 여부를 확답해줄 것을 최고합니다.

상대방의 최고에 대하여 본인이 그 기간 내에 확답을 하지 않으면 추인을 거절한 것으로 간주한다.

> 한달이 지났는데도 확답이 없으니 추인을 거절한 것이군!

제1편 민법총칙(법률행위)

3 단독행위의 무권대리

28회 출제

> **제136조(단독행위와 무권대리)** 단독행위에는 그 행위당시에 상대방이 대리인이라 칭하는 자의 대리권 없는 행위에 동의하거나 그 대리권을 다투지 아니한 때에 한하여 전6조의 규정을 준용한다. 대리권 없는 자에 대하여 그 동의를 얻어 단독행위를 한 때에도 같다.

(1) 상대방 없는 단독행위
상대방 없는 단독행위의 무권대리는 언제나 무효이며, 본인이 추인하더라도 효력이 없고 무권대리인의 책임도 생기지 않는다.

(2) 상대방 있는 단독행위
1) 원칙

상대방 있는 단독행위의 무권대리는 일방적인 의사표시에 의하여 상대방이 불안정한 지위에 놓이는 것은 부적당하므로 원칙적으로 무효이다.

2) 예외

① **능동대리**(能動代理)

상대방이 대리인이라고 칭하는 자의 대리권 없는 행위에 '동의하거나' 또는 '대리권을 다투지 아니한 때'에 한하여 계약과 동일하게 취급된다. → 제135조의 요건을 갖추면 계약이행이나 손해배상책임을 진다.

② **수동대리**(受動代理)

수동대리에 있어서는 무권대리인의 '동의를 얻어서' 행하여진 경우에만 계약과 동일하게 취급된다.

4 공법행위·소송행위

행정법상의 공법행위나 소송행위에 해당하는 행위는 정형적·획일적 처리가 중시되므로 확정적으로 무효로 보며, 무권대리에 관한 민법의 규정이 적용되지 않는다.

단락핵심 협의의 무권대리

(1) 무권대리행위는 당연히 본인에 대하여 아무런 효과를 미치지 아니한다. (○)
(2) 무권대리행위에 대한 추인의 상대방은 계약의 상대방에 한하며 상대방의 승계인에 대하여는 할 수 없다. (×)
(3) 무권대리인이 본인을 단독상속한 경우 추인을 거절할 수 있다. (×)
(4) 무권대리행위의 상대방에게는 최고권과 철회권(선의인 경우)이 인정된다. (○)
(5) 무권대리행위의 상대방은 본인의 추인 후에는 철회할 수 없다. (○)
(6) 무권대리인이 그 대리권을 증명하지 못하고 또 본인의 추인을 얻지 못한 때에는 대리인의 선택에 좇아 계약의 이행 또는 손해배상의 책임이 있다. (×)
⇒ 상대방의 선택에 좇아야 한다.

빈출 함정 총정리

• 경록 교재에 모든 답이 있습니다.

서 설

01 불법행위의 경우 **대리행위가 허용될 수 없다.**
　　함정(X) 불법행위의 경우 예외적으로 대리행위가 허용된다.

02 수동대리의 경우에는 공동대리의 원칙이 **적용되지 않는다.**
　　함정(X) 수동대리의 경우에는 공동대리의 원칙이 적용된다.

대리권

03 본인이 미성년자에게 대리권을 수여한 경우 미성년자는 수권행위를 **취소할 수 없다.**
　　함정(X) 본인이 미성년자에게 대리권을 수여한 경우 미성년자는 수권행위를 취소할 수 있다.

04 위임계약의 종료사유가 발생하더라도 당연히 **대리권이 소멸하는 것은 아니다.**
　　함정(X) 위임계약의 종료사유가 발생하더라도 당연히 대리권이 소멸한다.

05 매매계약을 체결할 대리권이 있는 자는 중도금을 수령할 권한이 있다. **또한 대금의 지급기일을 연기하여 줄 권한도 있다.**
　　함정(X) 매매계약을 체결할 대리권이 있는 자는 중도금을 수령할 권한이 있다. 그러나 대금의 지급기일을 연기하여 줄 권한은 없다.

06 대리권한을 정하지 않은 대리인은 **보존행위와 물건이나 권리의 성질이 변하지 않는 관리행위는 할 수 있으나 처분행위는 할 수 없다.**
　　함정(X) 대리권한을 정하지 않은 대리인은 보존행위는 할 수 있으나 관리행위와 처분행위는 할 수 없다.

제1편 민법총칙(법률행위)

07 자기계약은 본인의 허락이 있거나, **본인의 이익을 해할 염려가 없는 경우에 허용된다.**
　　함정(X) 자기계약은 본인의 허락이 있거나, 부득이한 경우에 허용된다.

08 대리권의 남용사유를 **상대방이 알았거나 알 수 있었다면** 대리행위의 효력을 본인에게 주장할 수 없다.
　　함정(X) 대리권의 남용사유를 상대방이 알았을 때에 한하여 대리행위의 효력을 본인에게 주장할 수 없다.

09 수권행위의 철회는 **임의대리권의 경우에만** 대리권 소멸사유가 된다.
　　함정(X) 수권행위의 철회는 임의대리와 법정대리의 공통된 대리권 소멸사유가 된다.

대리행위

10 대리인이 대리행위를 하면서 본인을 위한 것을 표시하지 아니한 경우 **대리행위로 볼 수 없는 것이 원칙이다.**
　　함정(X) 대리인이 대리행위를 하면서 본인을 위한 것을 표시하지 아니한 경우 대리행위로 보는 것이 원칙이다.

11 불공정한 법률행위에서 궁박한 상태인지 여부는 **본인을** 기준으로 판단한다.
　　함정(X) 불공정한 법률행위에서 궁박한 상태인지 여부는 대리인을 기준으로 판단한다.

12 대리인이 행한 행위에 취소원인이 있으면 그 취소권은 **본인에게귀속한다.**
　　함정(X) 대리인이 행한 행위에 취소원인이 있으면 그 취소권은 대리인에게 귀속한다.

복대리

13 **법정대리인은** 언제든지 복대리인을 선임할 수 있다.
　　함정(X) 임의대리인은 언제든지 복대리인을 선임할 수 있다.

제4장 법률행위의 대리

[14] **임의대리인이** 복대리인을 선임하기 위해서는 부득이한 사유가 있거나 본인의 승낙이 있어야 한다.
　함정(X) 법정대리인이 복대리인을 선임하기 위해서는 부득이한 사유가 있거나 본인의 승낙이 있어야 한다.

[15] 복대리인의 행위는 **표현대리로 인정될 수 있다.**
　함정(X) 복대리인의 행위는 표현대리로 인정될 수 없다.

[16] 복대리인은 **본인의** 법률행위를 대리하게 된다.
　함정(X) 복대리인은 대리인의 법률행위를 대리하게 된다.

[17] 법정대리인이 부득이한 사유로 복대리인을 선임한 때에는 **책임이 경감된다.**
　함정(X) 법정대리인이 부득이한 사유로 복대리인을 선임한 때에는 책임이 면제된다.

무권대리

[18] 유권대리의 주장 가운데 **표현대리의 주장이 포함되어 있다고 볼 수 없다.**
　함정(X) 유권대리의 주장 가운데 표현대리의 주장이 당연히 포함된다.

[19] 표현대리가 성립한 경우 상대방에게 책임 있는 사유가 **있다하더라도 과실상계를 할 수 없다.**
　함정(X) 표현대리가 성립한 경우 상대방에게 책임 있는 사유가 있다면 과실상계를 해야 한다.

[20] 본인이 자신의 명칭을 사용하여 회원모집안내를 하는 무권대리인의 행위를 묵인하였다면 민법 제125조의 표현대리가 **성립할 수 있다.**
　함정(X) 본인이 자신의 명칭을 사용하여 회원모집안내를 하는 무권대리인의 행위를 묵인하였다면 민법 제125조의 표현대리가 성립할 수 없다.

[21] 권한 넘은 표현대리가 성립하는지 여부에 대한 판단은 **대리행위 당시를** 기준으로 한다.
　함정(X) 권한 넘은 표현대리가 성립하는지 여부에 대한 판단은 사실심 변론종결시를 기준으로 한다.

제1편 민법총칙(법률행위)

22 무권대리인이 한 계약에 대하여 상대방은 상당한 기간을 정하여 본인에게 그 추인 여부의 확답을 최고할 수 있는데, **본인이 그 기간 내에 확답을 발하지 아니한 때에는** 추인을 **거절한** 것으로 본다.
> 함정(X) 무권대리인이 한 계약에 대하여 상대방은 상당한 기간을 정하여 본인에게 그 추인 여부의 확답을 최고할 수 있는데, 본인으로부터 그 기간 내에 확답을 받지 못한 때에는 추인을 승낙한 것으로 본다.

23 본인이 무권대리행위의 추인을 그 일부에 대하여만 한다면 상대방의 동의를 얻지 못하는 한 **그 추인의 효력을 인정할 수 없다.**
> 함정(X) 본인이 무권대리행위의 추인을 그 일부에 대하여만 한다면 상대방의 동의를 얻지 못하는 한 그 일부분에 한하여 추인의 효력이 있다.

24 추인의 의사표시는 무권대리인의 상대방에게 하지 아니하면 그 상대방에게 대항하지 **못하나, 상대방이 추인의 사실을 안 때에는 추인의 효력이 인정된다.**
> 함정(X) 추인의 의사표시는 무권대리인의 상대방에게 하지 아니하면 그 상대방에게 대항하지 못하며, 상대방이 추인에 대하여 동의한 때부터 추인의 효력이 발생한다.

25 대리권 없는 자가 한 계약은 본인의 추인이 있을 때까지 **선의의 상대방은** 본인이나 그 대리인에 대하여 이를 철회할 수 있다.
> 함정(X) 대리권 없는 자가 한 계약은 본인의 추인이 있을 때까지 상대방은 본인이나 그 대리인에 대하여 이를 철회할 수 있다.

26 무권대리인의 상대방은 악의인 경우 최고할 수 **있다.**
> 함정(X) 무권대리인의 상대방은 악의인 경우 최고할 수 없다.

27 타인의 대리인으로 계약을 한 자가 그 대리권을 증명하지 못하고 또 본인의 추인을 얻지 못한 때에는 **상대방의** 선택에 좇아 계약의 이행 또는 손해배상의 책임을 진다.
> 함정(X) 타인의 대리인으로 계약을 한 자가 그 대리권을 증명하지 못하고 또 본인의 추인을 얻지 못한 때에는 본인의 선택에 좇아 계약의 이행 또는 손해배상의 책임을 진다.

CHAPTER 05 법률행위의 무효와 취소

학습포인트
- 법률행위가 성립하였으나 효력요건에 흠결이 있는 경우 법률행위는 그 사유에 따라 무효가 되거나 취소할 수 있는 법률행위가 된다.
- 무효사유와 취소사유를 구별하고 그 효력의 특징과 주장방법, 행사기간, 추인의 가능성과 방법 등을 입체적으로 이해하여야 한다.

CHAPTER 학습 & 출제되는 키워드

- ☑ 무효
- ☑ 전부무효
- ☑ 유동적 무효
- ☑ 무효행위의 전환
- ☑ 철회
- ☑ 취소의 방법
- ☑ 부당이득의 반환
- ☑ 법정추인
- ☑ 절대적 무효
- ☑ 일부무효
- ☑ 무권리자의 처분행위
- ☑ 취소
- ☑ 취소권의 발생원인
- ☑ 취소의 상대방
- ☑ 일부취소
- ☑ 취소권의 단기소멸
- ☑ 상대적 무효
- ☑ 확정적 무효
- ☑ 무효행위의 추인
- ☑ 취소권
- ☑ 취소권자
- ☑ 소급적 무효
- ☑ 취소할 수 있는 행위의 추인
- ☑ 제척기간

CHAPTER 학습 & 출제되는 질문

- ☑ 법률행위의 무효와 취소에 관한 설명이다. 맞는 것은?
- ☑ 다음 중 그 효력이 다른 하나는 무엇인가?
- ☑ 다음 중 추인할 수 있는 것은?
- ☑ 甲은 토지거래허가구역 안의 토지에 대하여 乙과 매매계약을 체결하고 계약금을 수령하였다. 다음 중 판례의 태도로서 옳은 것은?
- ☑ 취소와 해제의 이동(異同)에 관한 다음 기술 중 옳지 않은 것은?
- ☑ 다음 중 법정추인사유에 해당하는 것은?

제1편 민법총칙(법률행위)

제1절 서 설

01 법률행위의 효력요건과의 관계

(1) 법률행위의 성립요건을 갖추지 못하면 그 법률행위는 불성립 또는 부존재하게 되지만, 일단 성립한 법률행위가 법률행위의 효력요건을 갖추지 못하면 유효가 되지 못하고 무효가 아니면 취소할 수 있는 법률행위가 된다.

(2) 그 결과 무효이어서 그 효력이 전혀 발생하지 않거나 효력은 발생하였어도 당사자가 취소하여 그 법률행위를 처음부터 효력이 발생하지 않았던 것과 같이 할 수도 있다.

02 무 효

(1) 무효인 행위에 기하여 이미 이행한 때에는 그 급부(給付)는 법률상 원인이 없는 부당이득으로서 반환[1] 되어야 한다(제741조).

(2) 다만, 선량한 풍속 기타 사회질서에 위배되어 무효임에도 불구하고 이행한 때에는 불법원인에 의한 급여가 되어 반환청구를 하지 못하게 된다(제746조).

> **용어사전**
>
> 1) **부당이득(不當利得)반환제도**: 법률상 원인 없이 타인의 재산 또는 노무제공으로 인해서 이득을 취하고, 타인에게는 손해를 가한 경우에는 이득을 취한 자가 그 이득을 반환하여야 하는 민법상의 제도이다(민법 제741조).

03 취 소

(1) 취소할 수 있는 법률행위라고 하더라도 취소하기 전에는 여전히 유효하다. 즉 법률행위가 성립하면 그 효과가 발생한다. 따라서 취소하기 전에는 부당이득 등의 반환을 청구할 수 없다.

(2) 취소권을 행사하면(취소하면) 그 법률행위는 소급하여 무효가 되므로 이미 이행한 급부는 부당이득으로서 반환청구할 수 있고, 물권행위의 경우 물권변동은 효력을 상실한다.

제5장 법률행위의 무효와 취소

제2절 법률행위의 무효 `32·33회 출제`

Professor Comment
법률행위의 무효는 법률행위의 성립요건은 갖추고 있다는 점에서 불성립과는 구별되며 처음부터 법률효과가 없다는 점에서 일단 유효한 법률행위의 효력을 나중에 소급적으로 소멸시키는 취소와도 구별된다.

01 의의

(1) 일단 성립한 법률행위가 효력요건을 갖추지 못함으로써 성립당시부터 당연히 그 효력이 없는 것으로 확정된 것을 말한다.
(2) 무효인 법률행위라도 당초 목적했던 법률효과를 발생시키지 못할 뿐 전혀 법률적으로 의미가 없는 것은 아니다. 즉, 무효인 법률행위도 법규정에 따른 일정한 법률효과를 발생시킨다.

무효와 취소

법률행위의 효력요건을 갖추지 못한 경우(=흠이 있는 경우) 그 정도에 따라 무효 또는 취소가 된다.

1) **무효인 법률행위**
   ① 제103조 위반행위
   ② 제104조 위반행위
   ③ 의사무능력자의 행위
   ④ 통정허위표시에 의한 법률행위
   ⑤ 강행법규 위반

2) **취소할 수 있는 법률행위**
   ① 착오에 의한 의사표시
   ② 사기·강박에 의한 의사 표시
   ③ 제한능력자의 법률행위

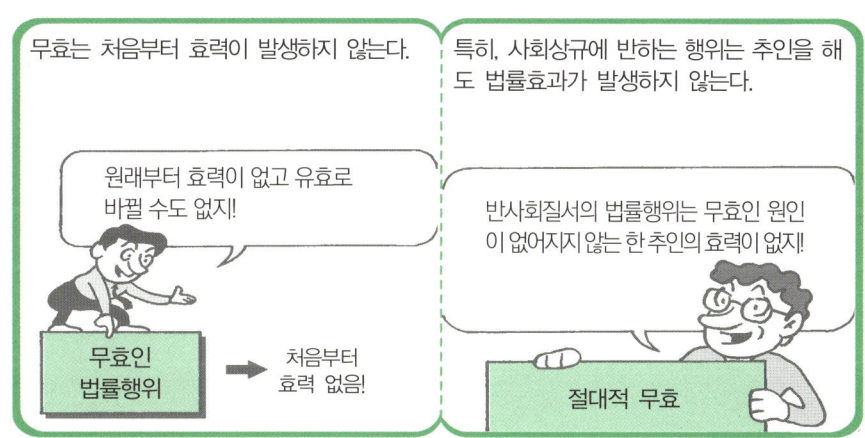

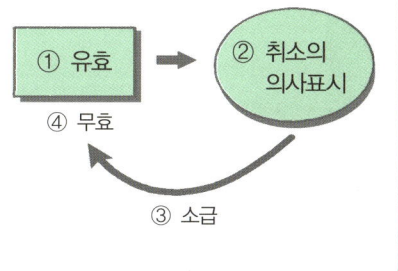

제1편 민법총칙(법률행위)

02 무효원인

구 분	무효사유	비 고
당사자에 관한 사유	① 의사무능력자의 법률행위 ② 상대방 없는 단독행위의 무권대리	절대적 무효
목적에 관한 사유	① 반사회질서의 법률행위(제103조) ② 불공정한 법률행위(제104조) ③ 강행법규에 위반하는 내용의 법률행위 또는 탈법행위 ④ 조건부 법률행위의 무효(제151조) ⑤ 원시적 불능을 목적으로 하는 법률행위(제535조)	절대적 무효
의사표시에 관한 사유	① 비진의표시 중 예외(제107조 제1항 단서) ② 허위표시(제108조 제1항)	상대적 무효
기타 각종 법령	① 토지거래허가제도(부동산 거래신고 등에 관한 법률 제11조) ② 공익법인의 기본재산 처분허가제도(공익법인의 설립·운영에 관한 법률 제11조)	유동적 무효 절대적 무효

03 무효의 종류 ★★★

1 절대적 무효·상대적 무효 ★

절대적 무효는 무효의 효과를 행위의 당사자뿐만 아니라 제3자에게도 주장할 수 있으나 상대적 무효는 법률행위 무효의 효과를 일정한 사람에게만 주장할 수 있고 제3자에게는 무효를 주장하는 것이 제한된다.

예) 절대적 무효: 의사무능력자의 행위, 반사회적질서·강행법규 위반행위 등
   상대적 무효: 비진의의사표시의 무효, 통정허위표시의 무효 등

2 당연무효·재판상 무효 ★

당연무효는 법률행위를 무효로 하기 위하여 특별한 절차나 행위를 하지 않아도 무효의 효과가 발생한다. 반면에 재판상 무효는 재판에 의하여서만 무효를 주장할 수 있다. 민법상의 무효는 기본적으로 당연무효이다.

예) 재판상 무효: 회사설립의 무효(상법 제184조), 회사합병의 무효(상법 제236조)

3 전부무효·일부무효

(1) 전부무효란 법률행위의 전부가 무효로 되는 것을 말하고 일부무효는 법률행위의 일부만 무효가 되는 것을 말한다.

(2) 민법은 전부무효를 원칙으로 하나, 법률행위가 ① 분할 가능하고, ② 당사자 사이에 일부만이라도 유효로 할 가상적 의사가 있는 경우에는 예외적으로 일부무효(일부유효)를 인정한다.

> **판례** 법률행위의 일체성과 분할가능성 ★
>
> 법률행위의 내용이 불가분인 경우에는 그 일부분이 무효일 때에도 일부 무효의 문제는 생기지 아니하나, 분할이 가능한 경우에는 민법 제137조의 규정에 따라 그 전부가 무효로 될 때도 있고, 그 일부만 무효로 될 때도 있다(대판 1994.5.24. 93다58332).

> **판례** 일부무효의 법리의 요건으로서 당사자의 가상적 의사 ★
>
> 그 당사자의 의사는 실재하는 의사가 아니라 법률행위의 일부분이 무효임을 법률행위 당시에 알았다면 당사자 쌍방이 이에 대비하여 의욕하였을 가정적 의사를 말한다(대판 1996.2.27. 95다38875).
> 주식투자가와 증권회사 사이에 주식매매거래계좌설정약정 및 투자수익보장약정, 일임매매약정이 일체로서 체결되었으나 그 중 투자수익보장이 무효인 경우, 약정 당시 고객이 투자수익보장약정이 무효임을 알았거나 알 수 있었다고 보여질 뿐 아니라 주식매매거래계좌설정약정 및 일임매매약정에 기하여 주식거래가 계속되어 새로운 법률관계가 계속적으로 형성되어 왔다면, 투자수익보장약정이 무효라고 하여 주식매매거래계좌설정약정이나 일임매매약정까지 무효가 된다고 할 수는 없다(대판 1996.8.23. 94다38199).

제1편 민법총칙(법률행위)

4 확정적 무효·유동적 무효★★★ 〔21·26·33회 출제〕

(1) 확정적 무효
법률행위의 무효는 원칙적으로 확정적·계속적으로 효력을 발생하지 않으며 후에 추인을 하더라도 이는 새로운 법률행위를 한 것으로 의제되는 것에 불과하다.

(2) 유동적 무효
→ 소급하여 유효가 되는 것이 일반적

현재는 무효이나 추후에 허가나 본인의 추인 등에 의하여 유효하게 될 수 있는 것을 말한다.
예) 토지거래허가구역에서 허가를 취득하기 전의 계약, 무권대리행위의 효력

(3) 토지거래허가를 둘러싼 이른바 유동적 무효에 관한 판례 정리★★★

1) 허가받기 전에는 유동적 무효이다.
국토이용관리법상(현 부동산 거래신고 등에 관한 법률)의 규제구역 내에서의 토지의 소유권 등 권리를 이전 또는 설정하는 내용의 거래계약은 허가를 받기 전에는 물권적 효력은 물론 채권적 효력도 발생하지 아니하여 무효라고 보아야 할 것인 바, 다만 거래계약이 처음부터 허가를 배제하거나 잠탈(潛脫)하는 내용의 계약이 아니라 허가받을 것을 전제로 한 거래계약일 경우에는, 일단 허가를 받으면 그 계약은 소급하여 유효한 계약이 되고 불허가가 된 때에는 무효로 확정되므로 허가를 받기까지는 유동적 무효의 상태에 있다(대판 1991.12.24. 90다12243).

 토지거래허가의 대상

> 토지거래허가제도는 투기적 거래를 방지하여 정상적 거래질서를 형성하려는 데에 입법 취지가 있는 점에 비추어 보면, 제3자가 토지거래허가를 받기 전의 토지 매매계약상 매수인 지위를 인수하는 경우와 달리 매도인 지위를 인수하는 경우에는 최초매도인과 매수인 사이의 매매계약에 대하여 관할 관청의 허가가 있어야만 매도인 지위의 인수에 관한 합의의 효력이 발생한다고 볼 것은 아니다(대판 2013.12.26. 2012다1863).

유동적 무효(Ⅰ)

무효는 확정적 무효와 유동적 무효로 구분할 수 있다.	유동적 무효는 처음에는 효력을 발생하지 못하나 나중에 허가 또는 추인을 받음으로써 소급하여 유효가 된다.	유동적 무효에는 무권대리, 토지거래허가구역에서의 토지거래, 협의의 무권대리행위 등이 있다.

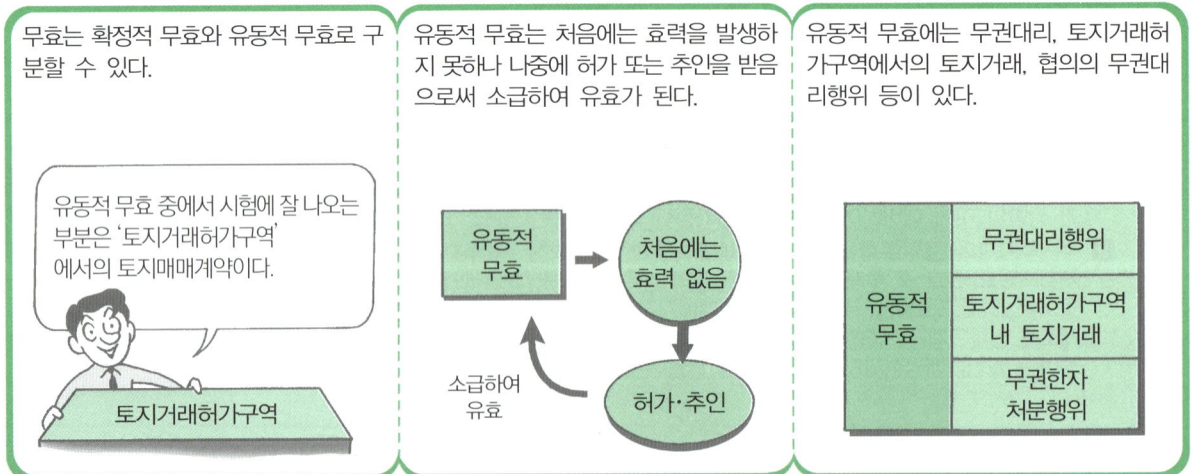

2) 유동적 무효상태에서의 법률관계★★

① **계약의 이행청구 및 손해배상청구(X)**

허가를 받기 전에는 매매계약의 채권적 효력도 전혀 발생하지 아니하여 무효이므로, 권리의 이전 또는 설정에 관한 어떠한 내용의 <u>이행청구도 할 수 없고 또한 채무불이행으로 인한 손해배상청구도 할 수 없다</u>(대판 1994.1.11. 93다22043). → 계약의 효력이 발생하지 않았기 때문

② **허가조건부 소유권이전등기청구(X)**

허가받기 전까지는 채권계약의 효력이 발생하지 아니하므로 허가가 있을 것을 조건으로 한 장래이행의 소로서의 소유권이전등기청구는 할 수 없다(대판 1991.12.24. 90다12243).

③ **계약금의 부당이득반환청구(X)**

유동적 무효상태의 매매계약을 체결하고 매수인이 이에 기하여 임의로 지급한 계약금은 그 계약이 유동적 무효상태로 있는 한 이를 부당이득으로 반환을 구할 수는 없고, 유동적 무효상태가 확정적으로 무효로 되었을 때 비로소 부당이득으로 그 반환을 구할 수 있다(대판 1993.7.27. 91다33766).

 유동적 무효(Ⅱ)

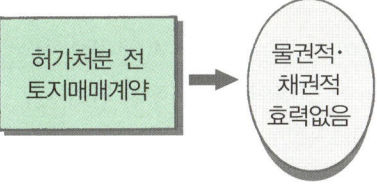

토지거래허가구역에서 토지매매계약시 허가처분 전까지 당사자 쌍방에게 물권적효력도 채권적 효력도 모두 발생하지 않는다.

따라서 당사자 쌍방은 권리의 이전 또는 설정 등에 관한 이행청구를 할 수 없다.

다만, 당사자가 계약금을 지급한 경우 해약금규정에 의하여 계약의 해제는 할 수 있다.

토지거래허가구역 내에서 중간생략등기가 이루어진 경우 제3자간 합의가 있더라도 각각의 단계마다 허가를 받지 않은 경우 그 등기는 무효이다.

토지거래허가구역에서는 거래할 때마다 등기를 해야 한다.

토지거래허가구역에서의 토지매매계약은 일단무효(유동적 무효)이다.

시·군·구청장의 허가를 받아야 유효한 거래가 되지!

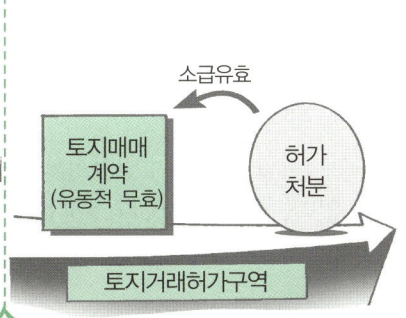

해당 시·군·구청장의 토지거래허가처분을 받으면 계약시로 소급하여 유효가 된다.

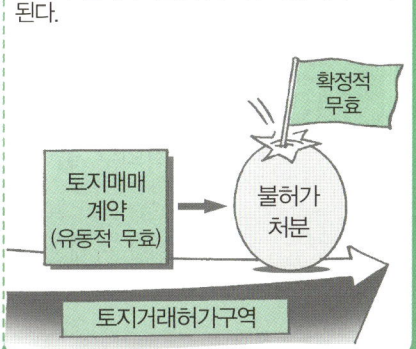

그러나 불허가처분을 받으면 확정적 무효가 된다.

④ 유동적 무효상태에서의 계약해제
  ㉠ 채무불이행에 의한 해제(X)
    허가가 있기 전에는 매수인에게 그 계약내용에 따른 대금의 지급의무가 없는 것이므로 설사 그 전에 매도인이 소유권이전등기 소요서류의 이행제공을 하였다 하더라도 매수인이 이행지체에 빠지는 것이 아니고 허가가 난 다음 그 이행제공을 하면서 대금지급을 최고하고 매수인이 이에 응하지 아니한 경우에 비로소 이행지체에 빠져 매도인이 계약을 해제할 수 있는 것이다(대판 1992.7.28. 91다33612).
  ㉡ 해약금에 의한 해제(O)★
    유동적 무효상태인 매매계약에 있어서도 당사자 사이의 매매계약은 매도인이 계약금의 배액을 상환하고 계약을 해제함으로써 적법하게 해제된다(대판 1997.6.27. 97다9369).
⑤ 토지거래허가신청절차를 위한 협력의무의 이행청구 및 그 불이행에 대한 손해배상청구와 계약해제 등
  ㉠ 협력의무의 이행청구 가부(O)★
    ⓐ 일정한 기간 내에 토지거래허가를 받기로 약정하였으나 그 약정기간이 경과한 사정(협력의무의 거부)만으로 계약이 확정적으로 무효가 되는 것은 아니다(대판 2009.4.23. 2008다50615).
    ⓑ 당사자 사이에 있어서는 그 계약이 효력있는 것으로 완성될 수 있도록 서로 협력할 의무가 있으므로, 이러한 의무에 위배하여 허가신청절차에 협력하지 않는 당사자에 대하여 상대방은 협력의무의 이행을 소송으로써 구할 이익이 있다(대판 1991.12.24. 90다12243).
  ㉡ 협력의무 불이행에 의한 손해배상청구(O)
    ⓐ 허가신청에 관한 협력의무를 이행하지 아니하고 매수인이 그 매매계약을 일방적으로 철회함으로써 매도인이 손해를 입은 경우에 매수인은 이 협력의무 불이행과 인과관계가 있는 손해를 배상하여야 한다(대판 1995.4.28. 93다26397).
    ⓑ 협력의무 불이행에 대해 상대방에게 일정한 손해액을 배상하기로 하는 약정을 유효하게 할 수 있다(대판 1994.4.15. 93다39782).
  ㉢ 토지거래신청절차청구권의 보전
    매매계약의 매수인이 매도인에 대한 토지거래허가신청절차청구권을 피보전권리로 하여 매매목적 토지의 처분을 금하는 가처분을 구할 수 있다. 또한, 토지거래허가 신청절차청구권은 보전될 수 있는 채권에 해당한다(대판 1998.12.12. 98다44376 외).
  ㉣ 협력의무 불이행에 의한 계약해제(X)★
    협력할 의무를 이행하지 아니하였음을 들어 일방적으로 유동적 무효의 상태에 있는 거래계약 자체를 해제할 수 없다(대판 1999.6.17. 98다40459).

3) 허가 없는 토지매매에 대한 중간생략등기의 효력(무효)★

토지거래허가구역 내의 토지가 토지거래허가 없이 소유자인 최초 매도인으로부터 중간 매수인 및 최종 매수인에게 순차로 매도되었다면 각 매매계약의 당사자는 각각의 매매계약에 관하여 토지거래허가를 받아야 하며, 설사 최종 매수인이 자신과 최초 매도인을 매매 당사자로 하는 토지거래허가를 받아 자신 앞으로 소유권이전등기를 경료하였다고 하더라도 이는 적법한 토지거래허가 없이 경료된 등기로서 무효이다(대판 1997.11.11. 97다33218).

4) 유동적 무효가 확정적으로 무효가 되는 경우★★★
① 처음부터 허가를 배제·잠탈하는 계약(대판 1991.12.24. 90다12243)
② 당사자가 허가신청하지 않기로 의사표시를 명백히 한 경우(대판 1993.7.27. 91다33766)
③ 관청의 불허가처분이 있는 경우(대판 1998.3.27. 97다36996)
④ 취소사유가 있어 취소권을 행사하는 경우 (예 강박에 의한 매매계약의 취소)
⑤ 정지조건부 계약에서 그 정지조건이 토지거래허가를 받기 전에 이미 불성취로 확정된 경우 (대판 1998.3.27. 97다36996)

5) 유동적 무효가 확정적으로 유효로 되는 경우
① 사후에 허가받은 경우
② 토지거래허가구역지정이 해제된 경우
③ 토지거래허가구역지정기간이 만료되었음에도 허가구역을 재지정하지 아니한 경우(대판 1999.6.17. 98다40459)

(4) 무권리자의 처분행위

1) 의의
① 타인의 재산을 처분할 권한이 없는 자가 법률행위의 당사자로서 이를 처분한 경우 그 자의 행위를 무권리자의 처분행위라 한다. (무권리자·무권한자)
② 이러한 무권리자의 처분행위는 처분자가 바로 법률행위의 당사자로 된다는 점에서, 처분자 아닌 본인이 당사자가 되는 무권대리인의 처분행위와 구별된다.
③ 무권리자의 처분행위가 유상행위인 경우, 타인권리 매매행위에 관한 규정이 적용 내지 준용되며 적어도 채권행위인 원인행위 자체는 유효하다(제569조).

2) 무권리자 처분행위에 대한 추인
① **개념**: 타인재산을 처분할 권한이 없는 자가 계약의 당사자로서 이를 처분할 경우 이러한 무권리자의 처분행위에 대한 권리자의 추인을 뜻한다.
② **추인의 근거**: 판례는 종래 무권대리의 추인에 준해 취급했는데(대판 1981.1.13. 79다2151) 근래에는 사적자치의 원칙을 그 근거로 하고 있다(대판 2001.11.9. 2001다44291).
③ **대상**: 추인의 대상은 처분행위임이 원칙이나, 변제수령행위도 추인의 대상이 된다.
④ **방법**: 추인은 묵시적으로도 가능하며 무권리자나 그 상대방 어느 쪽에 하여도 된다.
   (그 의사를 추단할 수 있는 행위를 통하여)

⑤ 효 과
　㉠ **법률행위의 당사자의 변경 여부**
　　권리자가 추인하더라도 권리자와 상대방 사이에 직접 권리·의무가 발생하는 것은 아니고, 권리자는 단지 진정한 권리자로서 갖는 추탈권 내지 목적인 권리자체를 포기한다는 의미에 불과하다.
　　→ 예 소유권에 기한 반환 청구권
　㉡ **소급효**
　　처분에 대한 추인의 효력은 소급하여 생기며, 처음부터 권리자에 의해 적법하게 처분된 것처럼 취급된다. '물권적·소급적 추인'이라고 부르는 것도 이러한 연유에서 비롯된 것이다.
　㉢ **무권리자의 부당이득반환 여부**
　　권리자가 무권리자의 처분행위를 추인한다고 해서 무권리자가 상대방으로부터 받은 대가를 정당하게 계속 보유한다는 것을 의미하지는 않으므로, 권리자는 무권리자에 대해 그가 취득한 이득을 부당이득으로서 반환할 것을 청구할 수 있다.
　㉣ **조건부 추인**
　　추인의 단독행위로서의 성질 때문에 조건부 추인은 원칙적으로 허용되지 않는다는 것이 다수설이지만, 예외적으로 권리자가 처분행위자(무권리자)로부터 부당이득을 반환받을 것을 조건으로 하는 추인은 상대방에게 불리할 것이 없으므로 허용된다는 것이 통설의 견해이다. 이 경우 권리자가 실제로 부당이득을 반환받은 때에 추인의 효과가 발생한다.

04 무효의 효과

1 행위시부터 무효

법률행위가 무효로 되면 처음부터 당연히 효력이 인정되지 않는 것이므로 당사자의 주장 등에 의해 무효로 되면 그 법률행위는 소급하여 무효로 되며, 원칙적으로 누구든지 누구에게나 주장할 수 있다.

2 무효와 부당이득

(1) 무효인 경우에는 법률행위의 내용에 따른 법률효과가 당연히 생기지 않으므로, 무효인 채권행위에 기한 채무는 그 이행행위를 아직 하지 않은 경우 그대로 소멸한다.
(2) 이미 이행한 경우에는 이행된 급부는 원칙적으로 부당이득이 되어 반환하여야 한다. 다만, 불법원인 급여에 해당하는 경우에는 반환청구가 제한된다(제746조 참조).

05 무효행위의 전환★★

> 제138조(무효행위의 전환) 무효인 법률행위가 <u>다른 법률행위의 요건을 구비하고 당사자가 그 무효를 알았더라면 다른 법률행위를 하는 것을 의욕하였으리라고 인정될 때</u>에는 다른 법률행위로서 효력을 가진다.

1 의 의

무효행위의 전환이라 함은 본래에 의도한 법률행위로서는 무효이나 다른 법률행위로서의 요건을 구비한 경우에 그 다른 법률행위로서의 효력을 인정하는 것을 말한다.

예) 지상권설정계약으로서는 무효인 계약이더라도 토지의 임대차로서 유효하면 토지의 임대차계약의 성립을 인정해 주는 것

2 요 건

(1) 일단 성립한 법률행위가 무효이어야 한다.

> **판례** 양친자관계 창설을 목적으로 입양신고에 갈음하여 친생자로 출생신고를 한 경우의 효력
>
> 당사자 사이에 양친자관계를 창설하려는 명백한 의사가 있고 기타 입양의 성립요건이 모두 구비된 경우에는 요식성을 갖춘 입양신고 대신 친생자 출생신고가 있다 하더라도 입양의 효력이 있다(대판 1977. 7. 26. 77다492).

(2) 무효인 제1의 행위가 다른 법률행위의 요건을 갖추고 있어야 한다.

(3) 당사자가 제1의 행위의 무효를 알았더라면 제2의 행위를 하는 것을 의욕하였으리라고 인정되어야 한다(제138조).

3 전환의 제한

(1) 제2의 행위가 불요식인 경우에는 전환을 인정할 수 있다.

(2) 제2의 행위가 요식행위인 경우에는 대체로 무효행위의 전환을 인정하기 어렵지만, 어떠한 사유에 의해서든 제2행위에 필요한 방식을 갖춘 경우에는 전환을 인정할 수도 있으므로 개별적으로 판단하여야 한다. 대법원은 인지나 입양과 같은 신분행위의 경우에는 법적 안정성을 위하여 상대적으로 관대하게 전환을 인정한다.

(3) 단독행위에 관해서는 행위의 성질상 전환을 인정하기 어려우나 법률규정이 있는 경우에는 허용될 수 있다.

예) 비밀증서에 의한 유언이 그 방식에 흠결이 있는 경우에 그 증서가 자필증서의 방식에 적합한 때에는 자필증서에 의한 유언으로 본다(제1071조).

(4) 불공정한 법률행위(폭리행위)로 무효가 된 법률행위도 다른 법률행위로 전환될 수 있다(대판 2010. 7. 15. 2009다50308, 자세한 것은 불공정한 법률행위 참조).

4 효과

무효인 법률행위가 새롭게 유효로 되는 것은 아니고, 위 요건들이 갖추어지게 되면 그 법률행위가 '다른' 법률행위로서의 효력을 발생한다.

06 무효행위의 추인 (追認) ★★★   22·24·29·34회 출제

> 제139조(무효행위의 추인) 무효인 법률행위는 추인하여도 그 효력이 생기지 아니한다. 그러나 당사자가 그 무효임을 알고 추인한 때에는 새로운 법률행위로 본다.

1 의 의

법률행위로서의 효과가 확정적으로 발생하지 아니하는 무효인 법률행위에 대하여, 후에 당사자가 해당 법률행위에 필요한 요건을 갖추어 이를 유효하게 하겠다는 의사표시를 한 경우 새로운 법률행위로 보는 것을 말한다.

2 추인의 요건

(1) 추인권자는 무효행위를 한 당사자이다.
(2) 법률행위가 무효임을 알고 추인하여야 한다.
(3) 새로운 법률행위로서의 요건을 갖추어야 한다.
(4) 특별한 형식을 요하지 않는다(묵시적으로도 가능하다).
(5) 묵시적으로도 가능하다(당사자가 그 행위로 발생하는 법적 지위를 충분히 이해하여야 하고, 진의에 의하여 그 행위의 효과를 자기에게 귀속시키겠다고 볼만한 사정이 있어야 한다). **25회 출제**

> **판례 묵시적 추인의 요건**
>
> 당사자가 이전의 법률행위가 존재함을 알고 그 유효함을 전제로 하여 이에 터 잡은 후속행위를 하였다고 해서 그것만으로 이전의 법률행위를 묵시적으로 추인하였다고 단정할 수는 없고, <u>묵시적 추인을 인정하기 위해서는 이전의 법률행위가 무효임을 알거나 적어도 무효임을 의심하면서도 그 행위의 효과를 자기에게 귀속시키도록 하는 의사로 후속행위를 하였음이 인정되어야 할 것</u>이다(대판 2014.3.27. 2012다106607).

3 추인의 제한

강행법규위반, 반사회질서, 불공정한 행위로서 무효가 된 법률행위는 무효사유를 제거하지 않는 한 추인하더라도 그 행위는 유효로 되지 않는다.

제5장 법률행위의 무효와 취소

 불공정한 법률행위로서 무효인 경우 추인에 의하여 유효로 되는지 여부

불공정한 법률행위로서 무효인 경우에는 추인에 의하여 무효인 법률행위가 유효로 될 수 없다(대판 1994.6.24. 94다10900).

4 추인의 효과

(1) 원칙(비소급효)

1) 무효인 법률행위는 추인(유효로 인정하는 의사표시)하더라도 그 본래의 법률효과를 발생시킬 수 없다(제139조 본문).
2) 당사자가 무효인 것을 알면서 추인한 때에는 새로운 법률행위를 한 것으로 본다(제139조 단서).

Professor Comment
① 법률행위의 무효는 불성립과 구별된다.
② 의사의 불합치(예 계약에서의 불합의)가 있는 경우에는 법률행위의 불성립(예 계약의 불성립)이 되는데 여기에는 무효행위의 추인(제139조)이 적용될 수 없다.

(2) 예외적 소급효

1) **당사자의 약정**

당사자의 약정에 따라서는 예외적으로 소급적 추인이 가능하다. 즉, 제3자의 권리를 해하지 않는 경우이거나 당사자 간에서만 효력을 갖는 소급적 추인은 가능하다(채권적 소급효).

2) **무권한자의 처분행위**

권한 없는 자가 임의로 타인의 물건을 처분하였더라도 후에 소유자 또는 권한 있는 자가 그 처분행위를 추인하면 그 효력은 소유자에게도 미친다(무권대리인의 추인과 유사).

3) **신분행위**

<u>신분행위</u>의 경우 판례는 소급적 추인을 해석상 인정한다.
　　　└→ 대표적으로 혼인·입양

 친생자관계부존재확인·양친자관계존재확인

친생자 출생신고 당시 입양의 실질적 요건을 갖추지 못하여 입양신고로서의 효력이 생기지 아니하였더라도 그 후에 입양의 실질적 요건을 갖추게 된 경우에는 무효인 친생자 출생신고는 소급적으로 입양신고로서의 효력을 갖게 된다고 할 것이다. (다만) 당사자 간에 무효인 신고행위에 상응하는 신분관계가 실질적으로 형성되어 있지 아니한 경우에는 무효인 신분행위에 대한 추인의 의사표시만으로 그 무효행위의 효력을 인정할 수 없다(대판 2000.6.9. 99므1633·1640).

제1편 민법총칙(법률행위)

단락핵심 법률행위의 무효

(1) 토지거래허가구역 내의 거래계약이 처음부터 허가를 배제할 목적으로 이루어진 경우에는 그 계약은 무효이다. (○)
(2) 일정한 기간 내에 토지거래허가를 받기로 약정한 후 그 기간이 경과하면 그 계약은 무효이다. (×)
(3) 토지거래계약이 유동적 무효인 상태에서 그 토지에 대한 토지거래허가구역 지정이 해제되면 확정적 유효가 된다. (○)
(4) 당사자가 무효임을 알고 추인한 때에는 새로운 법률행위를 한 것으로 본다. (○)
(5) 계약이 불성립하였다면, 무효행위의 전환이나 무효행위의 추인 규정이 적용되지 않는다. (○)
(6) 甲과 乙이 무효인 가등기를 유효한 등기로 전용하기로 약정하였다면 이 가등기는 소급하여 유효한 등기로 전환된다. (×)
(7) 요식행위인 유언행위는 무효행위의 전환이 이루어질 수 없다. (×)
(8) 혼인 외 출생자를 혼인 중의 출생자로 신고한 경우 인지로의 전환을 인정한다. (○)
(9) 비밀증서에 의한 유언방식으로는 무효이지만, 자필증서에 의한 유언의 방식을 갖춘 때에는 자필증서로서 유효하다. (○)

단락문제 Q01
제32회 기출

법률행위의 무효에 관한 설명으로 옳은 것은? (다툼이 있으면 판례에 따름)

① 무효인 법률행위의 추인은 그 무효의 원인이 소멸한 후에 하여야 하며 그 효력이 인정된다.
② 무효인 법률행위는 무효임을 안 날로부터 3년이 지나면 추인할 수 없다.
③ 법률행위의 일부분이 무효일 때, 그 나머지 부분의 유효성을 판단함에 있어 나머지 부분을 유효로 하려는 당사자의 가정적 의사는 고려되지 않는다.
④ 무효인 법률행위의 추인은 묵시적인 방법으로는 할 수는 없다.
⑤ 강행법규 위반으로 무효인 법률행위를 추인한 때에는 다른 정함이 없으면 그 법률행위는 처음부터 유효한 법률행위가 된다.

해설
① (○) 새로운 법률행위의 요건을 갖추어야 하기 때문이다.
② (×) 취소와 같은 기간의 제한은 없다. 민법 제139조 참조
③ (×) 민법 제137조에 정한 바에 따라 당사자가 그 무효 부분이 없더라도 법률행위를 하였을 것이라고 인정되는지의 여부에 의하여 판정되어야 할 것이고, 그 당사자의 의사는 실재하는 의사가 아니라 법률행위의 일부분이 무효임을 법률행위 당시에 알았다면 당사자 쌍방이 이에 대비하여 의욕하였을 가정적 의사를 말한다.(대판 1996. 2. 27. 95다38875)
④ (×) 묵시적으로도 가능하다.
⑤ (×) 강행법규위반은 추인하여도 무효이다.

답 ①

제5장 법률행위의 무효와 취소

단락문제 Q02
제34회 기출

법률행위의 무효와 추인에 관한 설명으로 옳은 것을 모두 고른 것은? (다툼이 있으면 판례에 따름)

ㄱ. 무효인 법률행위의 추인은 무효원인이 소멸된 후 본인이 무효임을 알고 추인해야 그 효력이 인정된다.
ㄴ. 무권리자의 처분이 계약으로 이루어진 경우, 권리자가 추인하면 원칙적으로 계약의 효과는 계약 체결시에 소급하여 권리자에게 귀속된다.
ㄷ. 양도금지특약에 위반하여 무효인 채권양도에 대해 양도대상이 된 채권의 채무자가 승낙하면 다른 약정이 없는 한 양도의 효과는 승낙시부터 발생한다.

① ㄱ   ② ㄴ   ③ ㄱ, ㄷ   ④ ㄴ, ㄷ   ⑤ ㄱ, ㄴ, ㄷ

[해설]
ㄱ. 민법 제139조 참조
ㄴ. 소급효가 있다.
ㄷ. 민법 제139조 참조

 ⑤

단락문제 Q03
제33회 기출

토지거래허가구역 내의 토지에 대한 매매계약이 체결된 경우(유동적 무효)에 관한 설명으로 옳은 것을 모두 고른 것은? (다툼이 있으면 판례에 따름)

ㄱ. 해약금으로서 계약금만 지급된 상태에서 당사자가 관할관청에 허가를 신청하였다면 이는 이행의 착수이므로 더 이상 계약금에 기한 해제는 허용되지 않는다.
ㄴ. 당사자 일방이 토지거래허가 신청절차에 협력할 의무를 이행하지 않는다면 다른 일방은 그 이행을 소구할 수 있다.
ㄷ. 매도인의 채무가 이행불능임이 명백하고 매수인도 거래의 존속을 바라지 않는 경우, 위 매매계약은 확정적 무효로 된다.
ㄹ. 위 매매계약 후 토지거래허가구역 지정이 해제되었다고 해도 그 계약은 여전히 유동적 무효이다.

① ㄱ, ㄴ   ② ㄱ, ㄹ   ③ ㄴ, ㄷ
④ ㄷ, ㄹ   ⑤ ㄱ, ㄴ, ㄷ

제1편 민법총칙(법률행위)

> **해설**
>
> ㄱ (X) 특별한 사정이 없는 한 국토이용관리법상의 토지거래허가를 받지 않아 유동적 무효 상태인 매매계약에 있어서도 당사자 사이의 매매계약은 매도인이 계약금의 배액을 상환하고 계약을 해제함으로써 적법하게 해제된다(대판 1997.6.27. 97다9369).
>
> ㄴ (O) 계약의 쌍방 당사자는 공동으로 관할 관청의 허가를 신청할 의무가 있고, 이러한 의무에 위배하여 허가신청절차에 협력하지 않는 당사자에 대하여 상대방은 협력의무의 이행을 소송으로써 구할 이익이 있다(대판 1991.12.24. 90다12243).
>
> ㄷ (O) 토지거래허가를 받는다고 하더라도 그 거래계약의 효력이 발생될 여지는 없게 되었다고 할 것이므로, 이와 같은 경우에도 또한 허가 전 거래계약의 유동적 무효 상태가 더 이상 지속된다고 볼 수 없고 그 계약관계는 확정적으로 무효가 된다(대판 1998.3.27. 97다36996).
>
> ㄹ (X) 유효 확정
>
> ③

제5장 법률행위의 무효와 취소

제3절 법률행위의 취소 `11·15·24·32·33·35회 출제`

> **제140조(법률행위의 취소권자)** 취소할 수 있는 법률행위는 제한능력자, 착오로 인하거나 사기·강박에 의하여 의사표시를 한 자, 그의 대리인 또는 승계인(承繼人)만이 취소할 수 있다.
> **제141조(취소의 효과)** 취소된 법률행위는 처음부터 무효인 것으로 본다. 다만, 제한능력자는 그 행위로 인하여 받은 이익이 현존(現存)하는 한도에서 상환(償還)할 책임이 있다.
> **제142조(취소의 상대방)** 취소할 수 있는 법률행위의 상대방이 확정한 경우에는 그 취소는 그 상대방에 대한 의사표시로 하여야 한다.

01 취소의 의의 및 원인 `21회 출제`

1 의의

일정한 사유가 있는 경우(제한능력자 또는 사기·강박 등), 일단 유효하게 성립한 법률행위의 효력을 후에 행위시에 소급하여 소멸시키는 특정인(취소권자)의 의사표시를 말한다.

(1) 본래적 의미의 취소(협의의 취소)

여기에는 제140조 내지 제146조의 규정이 원칙적으로 적용된다.

1) 제한능력자(미성년자, 피성년후견인, 피한정후견인)의 행위(제5조·제10조·제13조)
2) 착오(제109조)·사기·강박에 의한 의사표시(제110조)

(2) 기타의 취소 → 철회·해제·해지

이 밖에 취소라는 용어를 사용하나 위와 같은 <u>본래적 취소와는 성격이 다른 것</u>이 민법에는 많이 있다. 그리고 이에 대해서는 민법 제140조 이하의 규정이 적용되지 아니하므로 주체, 방법, 효과(소급효) 등에 차이가 있다.

예 • 공법상의 취소로서 실종선고[1]의 취소(제29조) 등
   • 법률행위의 취소이지만 성격이 다른 것으로서 미성년자의 영업허락의 취소(제8조 제2항), 사해행위[2]의 취소(제406조), 부부간 계약의 취소(제828조) 등

> **용어사전**
>
> 1) **실종선고(失踪宣告)**: 생사불명(生死不明)의 상태가 장기간 계속될 경우에 일정절차를 거쳐 일정시기에 사망한 것으로 보는 제도이다(민법 제27조).
>
> 2) **사해행위(詐害行爲)**: 남에게 갚아야 할 빚이 있는 사람이 고의로 땅이나 집, 예금 등을 다른 사람 명의로 바꾼다든가, 골동품이나 그림 등 재산적 가치가 있는 물건을 몰래 팔거나 숨겨두어 결국 채권자가 빚을 돌려받는 데 지장을 주는 것을 말한다(제406조).

2 구별개념 ★★

(1) 철회

아직 법률행위의 효력이 발생하기 이전에 장래를 향하여 그 효과의 발생을 저지하는 일방적 의사표시를 말하며, 장래를 향하여 효력이 발생한다는 점에서 취소와 구별된다.

예 미성년자에 대한 영업허락의 취소(제8조)

(2) 해 제

일단 유효하게 성립한 계약의 효력을 소급적으로 소멸시키는 것으로 채무불이행 또는 약정에 의해서 가능하다는 점, 계약에서만 인정된다는 점에서 취소와 구별된다.

(3) 해 지

일단 유효하게 성립한 계속적 계약의 효력을 장래에 향하여 소멸시키는 것

> **용어사전**
> 3) **형성권**(形成權) : 권리자의 일방적인 의사표시로 일정한 법률관계의 변동, 즉 법률관계를 발생·변경·소멸시키는 권리를 말한다.

3 취소권의 성질

취소권은 당사자 일방의 의사표시로 법률효과를 변동시키는 **형성권**[3]이다.

4 취소권의 발생원인

사적자치의 원칙상 취소하기 위해서는 반드시 법률상의 근거가 있어야 하며, 당사자의 약정으로 취소권을 발생시킬 수 없다는 점에서 해제권·해지권과 구별되며, 취소원인이 존재하지 않는 한 단지 법률행위의 당사자 쌍방이 모두 합의를 취소하는 의사표시를 하였다는 사정만으로는, 위 합의가 취소되어 그 효력이 상실되는 것도 아니다(대판 1994. 7. 29. 93다58431).

02 취소권자 ★★★

1 취소권자의 한정

무효와 달리 법률행위의 취소권자는 제한능력자(미성년자, 피한정후견인, 피성년후견인)와 하자 있는 의사표시를 한 자, 그 대리인 및 승계인에 한정된다(제140조).

2 취소권자 `21회 출제`

(1) 제한능력자(미성년자·피한정후견인·피성년후견인)
1) 제한능력자 자신도 취소할 수 있다.
2) 제한능력자의 취소는 이를 다시 취소할 수 없다.

(2) 하자 있는 의사표시를 한 자
취소할 수 있는 법률행위는 제한능력자, 착오로 인하거나 사기·강박에 의하여 의사표시를 한 자는 취소할 수 있다.

(3) 법정대리인·임의대리인

1) 제한능력자와 착오로 인하거나 사기·강박에 의하여 의사표시를 한 자의 임의대리인과 법정대리인을 말한다.
2) 임의대리인이 취소를 하기 위해서라면 본인으로부터 그에 관한(취소권에 대한) 대리권을 수여받아야 한다.

(4) 특정승계인·포괄승계인

1) 특정승계인과 포괄승계인 모두 포함하나 특정승계인의 경우 취소권만의 특정승계는 인정되지 않는다.
2) 취소할 수 있는 행위에 의해 취득한 권리의 특정승계가 있는 경우 취소권도 승계한다.

3 취소주장자의 입증책임

계약이 취소되었다는 주장에 대하여 상대방이 그 취소를 다투는 이상 취소를 주장하는 자가 취소의 근거사유에 해당하는 사실에 대하여 주장·입증하여야 한다.

03 취소의 방법 ★★★

추가15·29회 출제

1 상대방에 대한 단독의 의사표시

(1) 취소권은 형성권이므로 취소권자가 단독의 의사표시로써 한다.
(2) 취소의 의사표시에는 취소의 대상이 확정되어 있어야 하나 취소원인까지 밝힐 필요는 없으며, 묵시적인 방법으로도 가능하다.
(3) 상대방이 확정되어 있는 경우에는 상대방에 대한 의사표시로써 하여야 하며, 상대방이 확정되어 있지 아니한 경우에는 객관적 방법으로 취소의 의사표시를 외부에 나타내면 된다.
  └→ 예 소유권 포기의 취소
(4) 상대방이 다수인 경우에는 상대방 전원에게 의사표시를 하여야 한다.

2 취소의 상대방

(1) 취소의 상대방은 취소 대상인 법률행위의 상대방이다. 따라서 전득자(轉得者)는 취소의 상대방이 아니다.
(2) 다만, 취소 후에는 취소된 행위의 무효를 이유로 전득자에 대하여 물권적 청구권을 행사할 수 있지만, 이 경우 선의의 제3자 보호규정(제109조 제2항) 때문에 그 청구가 제한될 수 있다.

제1편 민법총칙(법률행위)

04 취소의 효과 ★★★

1 소급적 무효

취소한 법률행위는 처음부터 무효인 것으로 본다(제141조 본문).

`20·23·26회 출제`

> **판례** 취소의 효과
>
> ① 매매계약을 적법하게 해제한 후라도 매수인으로서는 상대방이 한 계약해제의 효과로서 발생하는 손해배상책임을 지거나 매매계약에 따른 계약금의 반환을 받을 수 없는 불이익을 면하기 위하여 착오를 이유로 한 취소권을 행사하여 위 매매계약 전체를 무효로 돌리게 할 수 있다(대판 1991.8.27, 91다11308).
> ② 법률행위가 일단 취소된 이상 그 후에는 당초의 의사표시를 다시 확정적으로 유효하게 할 수는 없고, 다만 무효인 법률행위의 추인의 요건과 효력으로서 추인할 수는 있으나, 무효행위의 추인은 그 무효 원인이 소멸한 후에 하여야 그 효력이 있다(대판 1997.12.12, 95다38240).

2 절대적 취소와 상대적 취소

(1) 제한능력을 이유로 한 취소(절대적 취소)

모든 자에게 취소의 효과를 주장할 수 있다.

(2) 착오·사기·강박에 의한 취소(상대적 취소)

선의의 제3자에게 대항하지 못한다(제108조 제2항, 제109조 제2항, 제110조 제3항).

3 부당이득반환의무

(1) 원 칙

1) 취소된 행위에 의하여 이미 이행되었으면 당사자들은 서로 부당이득반환의무를 진다.
2) 이때 선의의 수익자는 그 받은 이익이 현존하는 한도에서 반환의무를 부담하지만, 악의의 수익자는 그 받은 이익에 이자를 붙여 반환하고 손해가 있으면 이를 배상하여야 한다(제741조·제748조).

(2) 제한능력자에 대한 특칙

1) 민법은 제한능력자를 보호하기 위하여 제한능력을 이유로 취소한 경우에는 '받은 이익이 현존하는 한도[1]'에서 상환할 책임이 있다(제141조 단서)고 규정하고 있다.
2) 취소에 따른 반환은 부당이득(제741조)에 해당하므로 반환을 청구하는 자가 ① 급부의 존재, ② 급부에 대한 법률상 원인이 없음, ③ 반환청구의 목적물이 존재함을 증명하여 그 원물의 반환을 청구하고, 원물반환이 불가능한 경우에는 그 가액의 반환을 청구할 수 있을 뿐이다.
   → 예) 목적물의 멸실
3) 다만, 판례에 의하면 금전상의 이득이나 기타 이와 유사한 대체물의 경우에는 현존하는 것으로 추정되므로 미성년자 등이 현존하지 아니함을 증명해야 한다.

> **용어사전**
>
> [1] **현존이익(現存利益)**: 어떤 사실에 의하여 받은 이익이 그 후의 멸실·훼손·소비 등에 의하여 감소한 때에 있어서, 그 잔여의 이익을 현존이익이라고 한다. 따라서 낭비한 때에는 이익은 현존하지 않으나, 필요한 비용에 충당하였으면 이득은 남아 있는 것이 된다.

제5장 법률행위의 무효와 취소

 이익이 현존하고 있다는 사실에 대한 입증책임

① 선의의 수익자에 대한 부당이득반환청구에 있어서 이익이 현존하고 있다는 사실은 반환청구권자에게 그 입증책임이 있다(대판 1970. 2. 10. 69다2171).
② 법률상 원인 없이 타인의 재산 또는 노무로 이익을 얻고 그로 인하여 타인에게 손해를 가한 경우, 그 취득한 것이 금전상의 이득인 때에는 그 금전은 이를 취득한 자가 소비하였는가의 여부를 불문하고 현존하는 것으로 추정되고, 그 취득한 것이 성질상 계속적으로 반복하여 거래되는 물품으로서 곧바로 판매되어 환가될 수 있는 금전과 유사한 대체물인 경우에도 마찬가지이다(대판 2009. 5. 28. 2007다20440·20457).

4 일부취소

법률행위의 일부분에 취소원인이 존재하는 경우에는 원칙적으로 전부에 대한 취소를 하는 것이나, 다음과 같은 요건을 갖춘 때에는 일부만을 취소할 수 있다.
→ 일부무효의 법리 유추

(1) 하나의 법률행위의 일부분에만 취소사유가 있고 그 법률행위가 가분적이거나 그 목적물의 일부가 특정될 수 있는 경우라야 한다(대판 1997. 2. 10. 97다44737).
(2) 나머지 부분이라도 이를 유지하려는 당사자의 가정적 의사가 인정되는 경우에는 그 일부만의 취소도 가능하다(대판 1997. 2. 10. 97다44737).

 법률행위 일부취소의 한계

매매계약 체결시 토지의 일정 부분을 매매 대상에서 제외시키는 특약을 한 경우, 이는 매매계약의 대상 토지를 특정하여 그 일정 부분에 대하여는 매매계약이 체결되지 않았음을 분명히 한 것으로서 그 부분에 대한 어떠한 법률행위가 이루어진 것으로는 볼 수 없으므로, 그 특약만을 기망에 의한 법률행위로서 취소할 수는 없다(대판 1999. 3. 26. 98다56607).

(3) 일부취소가 있으면 그 취소된 부분만 무효가 되고 나머지 부분은 유효하게 존속한다.

05 취소할 수 있는 행위의 추인★★

제143조(추인의 방법, 효과) ① 취소할 수 있는 법률행위는 제140조에 규정한 자가 추인할 수 있고 추인 후에는 취소하지 못한다.
② 전조의 규정은 전항의 경우에 준용한다.
제144조(추인의 요건) ① 추인은 취소의 원인이 소멸된 후에 하여야만 효력이 있다.
② 제1항은 법정대리인 또는 후견인이 추인하는 경우에는 적용하지 아니한다.

제1편 민법총칙(법률행위)

1 의 의

(1) 법률행위를 취소할 수 있음에도 불구하고 취소하지 않겠다는 의사표시로, 말하자면 '취소권을 포기하는 의사표시'를 추인이라 한다.
(2) 이에 의하여 취소할 수 있는 법률행위는 확정적으로 유효한 것이 된다.

2 요 건   **21회 출제**

(1) 추인권자가 하여야 한다(추인권자는 취소권자와 일치함).
(2) 추인은 '취소의 원인이 종료한 후'에 하여야 한다. 따라서 제한능력을 취소원인으로 하는 경우에는 <u>능력자가 된 후</u>에, 착오·사기·강박을 취소원인으로 하는 경우에는 그러한 상태를 벗어난 후에 추인하여야 효력이 있다.
→ 성년이 된 때, 성년후견·한정후견의 종료 심판
(3) 법정대리인이 추인하는 경우에는 위의 **(2)**와 같은 제한이 없다.
(4) 추인은 그 행위가 취소할 수 있는 행위임을 알고 하여야 한다.

> **판례** 취소할 수 있는 행위에 대한 추인의 요건
>
> 추인은 취소권을 가지는 자가 취소원인이 종료한 후에 취소할 수 있는 행위임을 알고서 추인의 의사표시를 하거나 법정추인사유에 해당하는 행위를 행할 때에만 법률행위의 효력을 유효로 확정시키는 효력이 발생한다(대판 1997.5.30, 97다2986).

(5) 추인은 취소 전에만 가능하다. 이미 취소한 후에는 다시 추인할 수 없으며 단지 무효행위의 추인의 효과가 인정될 수 있을 뿐이다. 또한 취소권자가 수인인 경우에 그 중 1인이 취소하여도 추인할 수 없다.

3 방 법

취소의 방법과 동일하게 상대방에 대한 추인의 의사표시가 도달하면 효력이 발생한다.

4 효 과

(1) 추인 후에는 취소 또는 철회할 수 없으며 그 법률행위는 새로운 법률행위를 함이 없이 완전히 유효한 것으로 확정된다. 따라서 추인의 소급효는 의미가 없다.
(2) 추인권자(취소권자와 동일)가 수인인 경우 그 중 1인이 추인한 경우에도 다른 취소권자 역시 취소할 수 없다.

제5장 법률행위의 무효와 취소

06 법정추인 ★★★ 30회 출제

> **제145조(법정추인)** 취소할 수 있는 법률행위에 관하여 전조의 규정에 의하여 <u>추인할 수 있는 후에</u> 다음 각호의 사유가 있으면 추인한 것으로 본다. 그러나 <u>이의를 보류한 때에는 그러하지 아니하다.</u>
> 1. 전부나 일부의 이행
> 2. <u>이행의 청구</u>
> 3. 경개
> 4. 담보의 제공
> 5. 취소할 수 있는 행위로 취득한 권리의 전부나 일부의 양도
> 6. 강제집행

1 의 의

(1) 객관적으로 보아 추인이라고 인정할 만한 일정한 사실이 있는 경우에, 취소권자의 의사의 여하를 불문하고 법률상 추인한 것으로 보는 것이다(제145조).

(2) 이는 상대방의 불안정한 지위를 구제(보호)하기 위한 제도이다.

법정추인

① 객관적으로 추인이라고 인정할 수 있는 사유가 있는 경우 법률상 추인한 것으로 보는 제도이다.
② 법정추인이 인정되면(취소권자가) 취소할 수 없다.

  규정

법정추인의 요건(=사유)에는 이와 같이 6가지가 있으며

암기할 때는 중요글자만 따서 '**이청경 담양강!**' 이라고 외운다.

■ **법정추인의 요건**
① 전부나 일부의 **이**행
② 이행의 **청**구(다만 상대로부터 이행청구받는 것은 포함되지 않음)
③ **경**개
④ **담**보의 제공
⑤ 취소할 수 있는 행위로 취득한 권리의 전부나 일부의 **양**도(취소권자가 양도하는 것만 포함함)
⑥ **강**제집행

법정추인은 취소할 수 있는 법률행위의 상대방이 가진 불안정한 지위를 구제하여 주는 제도이다.

법정추인은 추인 여부를 놓고 당사자 간에 다투는 것을 방지해준다.

특히 ② '**이행의 청구**'는 취소권자가 상대방의 이행을 청구하는 것을 말하며, ⑤ '**양도**'는 취소권자가 양도하는 것을 말한다.

단, 상대로부터 이행청구받는 것(상대방이 취소권자에게 이행청구하는 것)과 상대방이 양도하는 것은 포함 안됨!

제1편 민법총칙(법률행위)

2 요건

13·16·25·27회 출제
35회 출제

(1) 법정추인의 사유

1) 전부나 일부의 이행(제1호)
취소권자가 상대방에게 이행한 경우와 상대방의 이행을 수령한 경우를 포함한다.

2) 이행의 청구(제2호)
취소권자가 상대방의 이행을 청구(예 매매대금의 이행독촉)하는 것을 말한다.

Professor Comment
상대방으로부터 이행청구를 받는 것은 취소권자의 권리행사가 아니므로 법정추인사유에 포함되지 않는다.

3) 경개(제3호)
법정추인사유로서의 경개[1]는 취소권자가 채권자로서 하는 경우이거나 채무자로서 하는 경우이거나 상관없다.

> **용어사전**
> 1) **경개(更改)**: 구채무와 중요한 부분이 다른 신채무를 성립시킴으로써 구채무를 소멸시키는 계약(예컨대, 매매대금채무를 금전소비대차채무로 변경하는 것)을 경개라 한다(민법 제500조).

4) 담보의 제공(제4호)
취소권자가 채무자로서 물적 담보 또는 인적 담보를 제공하는 경우뿐만 아니라, 채권자로서 그 제공을 받는 때도 포함한다.

5) 취소할 수 있는 행위로 취득한 권리의 전부나 일부의 양도(제5호)
취소권자가 매매계약으로 취득한 소유권이전등기청구권을 타인에게 양도하는 경우에는 법정추인이 되지만 상대방이 취득한 권리를 양도하는 것은 법정추인이 되지 않는다.

6) 강제집행(제6호)
취소권자가 채권자로서 집행한 때뿐만 아니라, 채무자로서 집행을 받는 때에도 포함한다고 해석된다(채권자의 집행청구시에 취소권을 행사할 기회가 있었기 때문).

(2) 시기

1) 이상의 행위는 추인할 수 있는 후에, 즉 '취소의 원인이 종료한 후'에 행하여진 것이어야 한다.
2) 취소원인의 종료 전이라도 제한능력자(피성년후견인 제외)가 법정대리인의 동의를 얻어서 또는 법정대리인이 스스로 이들 행위를 한 경우에는 법정추인이 된다.

(3) 방법

1) 취소권자가 위의 행위를 함에 있어서 '**이의를 보류**'하지 않았어야 한다(제145조 단서). ← 법정추인에 해당하는 행위를 하지만 추인의 의미가 아니라는 것을 명백히 하는 것
2) 취소권자는 법정추인에 해당하는 행위를 할 때 그것이 취소할 수 있는 행위라는 점을 알고 있을 필요도 없다.

3 효과

(1) 위와 같은 사실에 기하여 법률상 당연히 추인한 것으로 본다. 즉, 추인으로 간주된다.
(2) 추인에 있어서와 마찬가지로 취소할 수 있는 법률행위는 유효한 것으로 확정된다.

07 취소권의 단기소멸 ★

29회 출제

> 제146조(취소권의 소멸) 취소권은 추인할 수 있는 날로부터 3년 내에, 법률행위를 한 날로부터 10년 내에 행사하여야 한다.

1 인정취지

법률관계의 조속한 확정과 상대방의 불안정한 지위를 고려하여 민법은 취소권에 관하여 단기의 존속기간을 정하고 있다.

2 행사기간

사실상의 장애는 포함하지 않음

(1) 취소권은 추인할 수 있는 날로부터 3년 내에, 법률행위를 한 날로부터 10년 내에 행사하여야 한다(제146조).
(2) 여기서 취소할 수 있는 날이란 ① 취소의 원인이 종료할 것 ② 기타 법률상의 장애가 없는 상태로서 취소권자가 법률행위로 추인할 수도 있고 취소할 수도 있는 상황을 말한다(대판 1998.11.27. 98다7421).
(3) 이상의 어느 기간(3년이든, 10년이든)의 만료에 의하여 취소권은 소멸한다. 즉, 어느 한 쪽이 먼저 경과한 경우에 소멸한다.

3 기간의 성질

이 기간의 성질은 **소멸시효**[1]기간이 아니라 **제척기간**[2](除斥期間)이다. 따라서 기간의 정지·중단은 인정되지 않는다.

4 취소권 소멸의 효과

취소권이 소멸하면 더 이상 취소할 수 없게 되므로 그 행위는 확정적으로 유효한 행위가 된다(유동적 유효에서 확정적 유효가 된다).

용어사전

1) **시효(時效)**: 일정한 사실상태가 법률이 정한 기간 동안 계속된 경우, 그 사실상의 상태가 진실된 법률관계와 일치하는지에 관계없이 그대로 존중하고 그에 적합한 법률효과를 발생시키는 제도이다.

2) **제척기간(除斥期間)**: 일정한 권리에 관하여 법률이 정한 존속기간으로서 제척기간이 경과하면 권리는 당연히 소멸하고, 따라서 당사자의 원용을 기다릴 필요 없이 법원은 이를 재판의 기초로 삼아야 한다는 점에서 소멸시효와 구별된다.

제1편 민법총칙(법률행위)

5 적용범위

(1) 취소권의 행사기간은 사법행위에 적용되며, 공법행위에는 적용이 없다. (행정사 각종 신청, 소송행위 등)

(2) 취소권의 행사로 발생하는 부당이득반환청구권은 취소권을 행사한 때로부터 별개로 소멸시효가 진행된다(대판 1991.2.22. 90다13420).

단락핵심   법률행위의 취소

(1) 제한능력자는 단독으로 취소할 수 있으며 그때에는 취소를 다시 취소할 수 없다. (○)
(2) 취소할 수 있는 행위의 추인은 취소의 원인이 종료한 후에 하여야 한다. (○)
(3) 법정대리인은 취소원인의 종료 전에도 제한능력을 이유로 취소할 수 있는 법률행위를 취소할 수 있다. (○)
(4) 착오로 인한 법률행위의 취소권자는 표의자와 그 대리인 및 승계인이다. (○)
(5) 甲이 乙의 강박에 의해 乙에게 부동산을 매도하고 乙이 丙에게 전매했다면, 甲은 丙에게 의사표시를 취소할 수 있다. (×)
(6) 甲과 乙 사이의 매매계약이 적법하게 취소되면 계약은 장래에 향하여 소멸하므로 甲과 乙은 이행된 것을 반환할 필요가 없다. (×)
(7) 제한능력자 甲이 행위능력자 乙과 체결한 계약을 제한능력을 이유로 적법하게 취소한 경우, 乙은 자신이 받은 이익이 현존하는 한도에서만 상환할 책임이 있다. (×)
  ⇒ 현존이익을 한도로 상환할 책임이 있는 자는 제한능력자 甲이다.
(8) 하나의 법률행위가 가분적이거나 그 목적물의 일부가 특정될 수 있고, 그 나머지 부분을 유지하려는 당사자의 가정적 의사가 인정되는 경우, 그 일부만의 취소도 가능하다. (○)

제5장 법률행위의 무효와 취소

단락문제 Q04
제27회 기출

법률행위의 취소에 관한 설명으로 옳은 것은?

① 취소권은 취소할 수 있는 날로부터 3년 내에 행사하여야 한다.
② 취소권은 취소사유가 있음을 안 날로부터 10년 내에 행사하여야 한다.
③ 제한능력을 이유로 법률행위가 취소된 경우 악의의 제한능력자는 받은 이익에 이자를 붙여서 반환해야 한다.
④ 법정대리인의 추인은 취소의 원인이 소멸한 후에 하여야만 효력이 있다.
⑤ 취소할 수 있는 법률행위는 추인할 수 있는 후에 취소권자의 이행청구가 있으면 이의를 보류하지 않는 한 추인한 것으로 본다.

해설 법정추인

①, ② 취소권은 추인할 수 있는 날로부터 3년 내에, 행위를 한 날로부터 10년 내에 행사하여야 한다(법 제146조).
③ 제한능력자는 그 행위로 인하여 받은 이익이 현존하는 한도에서 상환할 책임이 있다(법 제141조 단서).
④ 법정대리인 또는 후견인이 추인하는 경우에는 취소의 원인이 소멸되기 전이라도 가능하다(법 제144조 제2항).
⑤ (법 제145조 제2호)

답 ⑤

단락문제 Q05
제35회 기출

취소할 수 있는 법률행위의 법정추인 사유가 <u>아닌</u> 것은?

① 혼동
② 경개
③ 취소권자의 이행청구
④ 취소권자의 강제집행
⑤ 취소권자인 채무자의 담보제공

해설

① (×) 물권과 채권의 소멸사유
②, ③, ④, ⑤ (○) 취소할 수 있는 법률행위의 법정추인 사유 (민법 제145조)

답 ①

법률행위의 무효와 취소

CHAPTER 05

빈출 함정 총정리

• 경록 교재에 모든 답이 있습니다.

01 무효행위를 추인하면 **추인한 때로부터** 새로운 법률행위로 **본다**.
　　함정(X) 무효행위를 추인하면 소급하여 새로운 법률행위로 추정한다.

02 불공정한 법률행위로서 무효인 경우 추인에 의하여 **유효로 할 수 없다**.
　　함정(X) 불공정한 법률행위로서 무효인 경우 추인에 의하여 소급하여 유효가 된다.

03 법률행위의 일부가 무효인 때에는 **법률행위 전부가 무효가 되는 것이 원칙이다**.
　　함정(X) 법률행위의 일부가 무효인 때에는 그 무효부분을 제외한 다른 부분은 유효함이 원칙이다.

04 계약체결과정에서 양당사자의 의사표시가 합치하지 않았다면 **무효행위의 전환이나 무효행위의 추인규정이 적용되지 않는다**.
　　함정(X) 계약체결과정에서 양당사자의 의사표시가 합치하지 않았다면 무효행위의 전환이 문제된다.

05 법률행위를 취소하면 **처음부터 소급하여 효력을 잃는다**.
　　함정(X) 법률행위를 취소하면 취소한 때로부터 무효가 된다.

06 제한능력자는 단독으로 법률행위를 취소한 후, 제한능력을 이유로 그 취소의 의사표시를 **다시 취소할 수 없다**.
　　함정(X) 제한능력자는 단독으로 법률행위를 취소한 후, 제한능력을 이유로 그 취소의 의사표시를 다시 취소할 수 있다.

07 취소권은 **취소권자 및 그 승계인과 대리인만** 행사할 수 있다.
　　함정(X) 취소권은 취소권자만 행사할 수 있다.

08 취소할 수 있는 법률행위를 **추인하면 그 법률행위는 처음부터 유효한 행위로 평가된다**.
　　함정(X) 취소할 수 있는 법률행위를 추인하면 그 법률행위는 추인한 때로부터 유효한 행위가 된다.

제5장 법률행위의 무효와 취소

09 해제권은 **법령 또는 약정에 의해서** 발생하고 취소권은 법령에 의해서 발생하는 것이 원칙이다.
> **함정(X)** 해제권은 약정에 의해서만 발생하고 취소권은 법령에 의해서 발생하는 것이 원칙이다.

10 **취소권은** 모든 법률행위에서 인정될 수 있지만 **해제권은** 계약에만 인정된다.
> **함정(X)** 해지권은 모든 법률행위에서 인정될 수 있지만 **취소권은** 계약에만 인정된다.

11 **해제의** 효과로서 원상회복의무가 발생하나, **취소의** 효과로서 부당이득반환의무가 생긴다.
> **함정(X)** 취소의 효과로서 원상회복의무가 발생하나, 해제의 효과로서 부당이득반환의무가 생긴다.

12 제한능력을 이유로 법률행위를 취소한 경우에는 **현존이익만 반환하면 된다**.
> **함정(X)** 제한능력을 이유로 법률행위를 취소한 경우에는 받은 이익의 전부를 반환하여야 한다.

13 취소할 수 있는 법률행위에 의해 발생한 채권에 대하여 **일부의 이행을 청구한 경우에는 추인한 것으로 본다**.
> **함정(X)** 취소할 수 있는 법률행위에 의해 발생한 채권에 대하여 일부의 이행을 청구한 것에 불과한 경우에는 추인한 것으로 볼 수 없다.

14 취소할 수 있는 법률행위의 취소는 반드시 **명시적으로 해야 할 필요는 없다**.
> **함정(X)** 취소할 수 있는 법률행위의 취소는 반드시 명시적으로 하여야 한다.

15 하나의 법률행위가 가분적이거나 그 목적물의 일부가 특정될 수 있고, 그 나머지 부분을 유지하려는 당사자의 **가정적 의사가** 인정되는 경우에는 그 일부만의 취소도 가능하다.
> **함정(X)** 하나의 법률행위가 가분적이거나 그 목적물의 일부가 특정될 수 있고, 그 나머지 부분을 유지하려는 당사자의 현실적인 의사가 인정되는 경우에는 그 일부만의 취소도 가능하다.

16 토지거래허가구역에서 토지거래허가 없이 토지매매계약을 체결한 후 허가구역지정이 해제되었다가 다시 허가구역으로 지정된 경우 **허가를 받지 않아도 소유권이전등기를 청구할 수 있다**.
> **함정(X)** 토지거래허가구역에서 토지거래허가 없이 토지매매계약을 체결한 후 허가구역지정이 해제되었다가 다시 허가구역으로 지정된 경우 허가를 받아야만 토지매매계약은 효력을 발생한다.

CHAPTER 06
법률행위의 부관

학습포인트

- 법률행위의 당사자가 법률효과의 발생 또는 소멸을 제한하기 위하여 임의로 부가시킨 부수적 의사표시를 부관이라고 하고 여기에는 조건과 기한이 대표적이다.
- 조건은 법률행위의 효력의 발생 또는 소멸을 장래의 발생 여부가 불확실한 사실의 성부에 의존하게 하는 부관을 말하고, 기한은 장래에 발생(도래)할 것이 명백한 사실에 의존하게 하는 부관이다.
- 조건의 유형들과 기한의 이익포기에 대해 중점적으로 학습한다.

CHAPTER 학습 & 출제되는 키워드

- ☑ 부관
- ☑ 조건
- ☑ 정지조건
- ☑ 해제조건
- ☑ 수의조건
- ☑ 비수의조건
- ☑ 가장조건
- ☑ 불법조건
- ☑ 기성조건
- ☑ 불능조건
- ☑ 조건을 붙일 수 없는 행위
- ☑ 조건부 법률행위의 효력
- ☑ 반신의 행위
- ☑ 기한
- ☑ 시기
- ☑ 종기
- ☑ 기한을 붙일 수 없는 행위
- ☑ 기한부 법률행위의 효력
- ☑ 기한도래 전의 효력
- ☑ 기한도래 후의 효력
- ☑ 기한의 이익
- ☑ 기한이익의 포기
- ☑ 기한이익의 상실
- ☑ 기한이익상실의 특약

CHAPTER 학습 & 출제되는 질문

- ☑ 조건에 관한 다음 설명 중 옳은 것은?
- ☑ 조건부권리에 관한 다음 기술 중 틀린 것은?
- ☑ 다음 중 기한의 이익을 갖지 못하는 자는?
- ☑ 조건 및 기한에 관한 다음의 기술 중 틀린 것은?

01 서설

Professor Comment
법률행위의 부관은 법률행위의 효력의 발생과 소멸에 관한 것이며 법률행위의 성립의 문제가 아니다.

1 조건과 기한의 성질

(1) 법률행위효력의 문제
법률행위가 성립하면 원칙적으로 곧바로 법률효과가 발생하지만, 당사자가 법률행위를 하면서 법률행위의 효력의 발생·소멸을 장래의 일정한 사실에 의존하게 할 수도 있다. 이와 같이 법률행위의 효력의 발생 또는 소멸에 관하여 이를 제한하기 위하여 당해 법률행위의 내용으로서 덧붙여지는 부수적 약정을 법률행위의 부관이라 한다.

(2) 부관의 종류
부관에는 조건과 기한 및 부담이 있다. 민법은 총칙에서 조건과 기한에 대한 일반규정을 두고 있다. 부담에 대하여는 부담부 증여(제561조)와 부담부 유증(제1088조) 등 특별규정을 두고 있다.

(3) 조건과 기한의 구별
장래의 일정한 사실의 발생이 불확실한 경우가 조건이고, 확실한 경우가 기한이다.

> **판례** 정지조건인지 불확정기한인지를 판단하는 기준
>
> 부관이 붙은 법률행위에 있어서 부관에 표시된 사실이 발생하지 아니하면 채무를 이행하지 아니하여도 된다고 보는 것이 상당한 경우에는 조건으로 보아야 하고, 표시된 사실이 발생한 때에는 물론이고 반대로 발생하지 아니하는 것이 확정된 때에도 그 채무를 이행하여야 한다고 보는 것이 상당한 경우에는 표시된 사실의 발생여부가 확정되는 것을 불확정기한으로 정한 것으로 보아야 한다(대판 2003.8.19. 2003다24215, 대판 2013.8.22. 2013다26128).

2 조건부·기한부 법률행위의 효력

(1) 법률행위내용의 일부
조건과 기한은 법률행위의 효력의 발생 또는 소멸에 영향을 주는 법률행위의 내용의 일부이다.

(2) 유동적인 법적 상태
조건과 기한은 법률행위의 특별효력요건이므로 정지조건이 성취되지 않은 조건부법률행위나 시기가 도래하지 않은 법률행위의 효력은 유동적인 상태에 있게 된다.

제1편 민법총칙(법률행위)

02 조 건   11·12·14·19·21·29·32·33·34회 출제

1 조건의 의의

> 제147조(조건성취의 효과) ① 정지조건있는 법률행위는 조건이 성취한 때로부터 그 효력이 생긴다.
> ② 해제조건있는 법률행위는 조건이 성취한 때로부터 그 효력을 잃는다.
> ③ 당사자가 조건성취의 효력을 그 성취 전에 소급하게 할 의사를 표시한 때에는 그 의사에 의한다.

(1) 개 념

1) 법률행위의 효력의 발생 또는 소멸을 장래의 불확실한 사실에 의존케 하는 법률행위의 부관을 말한다.
2) 조건이 되는 사실은 발생할지 발생하지 않을지가 객관적으로 불명한 장래의 사실이어야 하는데, 이 점에서 장래 도래할 것이 확실한 기한과 다르다.

(2) 조건부 법률행위

조건이 붙은 법률행위를 조건부 법률행위라고 한다. 이러한 법률행위에 있어서 그 효력을 판단하는 시점은 법률행위의 성립시이고 조건성취시가 아니다.

 기성조건·불능조건

1) **기성조건**
   - 旣: 이미 [기]
   - 成: 이룰 [성]

   법률행위 당시에 이미 이루어진 조건이다.

2) **불능조건**
   - 不: 아니 [불]
   - 能: 능할 [능]

   객관적으로 이루어질 수 없는 조건(즉, 불가능한 조건)이다.

건축허가가 난다는 조건으로 토지매매계약의 효력이 발생하기로 정하였는데
"이 토지에 건축허가가 나야 계약이 유효한 것입니다."

계약 이전에 이미 건축허가가 난 상태라면, 이는 조건이 없는 계약이 된다(건축허가라는 정지조건이 기성조건이 됨).
"어라! 이미 건축허가가 나있는 토지니까 계약은 그냥 유효네!"

반대의 경우를 보자. 건축불허가가 확정된다면 토지매매계약의 효력을 상실하기로 하였는데(건축불허가를 해제조건으로 한 계약)
"이 토지에 건축불허가가 확정되면 계약은 무효가 됩니다."

계약 이전에 행정관청에서 건축불허가를 확정한 상태라면, 이 계약은 무효가 된다(건축불허가라는 해제조건이 기성조건이 됨).
"어라! 이미 건축불허가가 나있는 토지니까 계약은 무효네!"

2 조건의 종류 ★★

`22·23·25·28회 출제`

(1) 정지조건과 해제조건

1) 정지조건(停止條件)

조건이 성취한 때부터 법률행위의 효력이 생기는 것을 말한다(제147조 제1항).

- 중개사 시험에 합격하면 자동차를 선물하겠다
- 행정청의 가격인가를 조건으로 하는 매매계약

판례 소유권 유보부 특약 ; 정지주건부 매매

동산의 매매계약을 체결하면서, 매도인이 대금을 모두 지급받기 전에 목적물을 매수인에게 인도하지만 대금이 모두 지급될 때까지는 목적물의 소유권은 매도인에게 유보되며 대금이 모두 지급된 때에 그 소유권이 매수인에게 이전된다는 내용의 이른바 소유권유보의 특약을 한 경우, 목적물의 소유권을 이전한다는 당사자 사이의 물권적 합의는 매매계약을 체결하고 목적물을 인도한 때 이미 성립하지만 대금이 모두 지급되는 것을 정지조건으로 하므로(대판 1999. 9. 7. 선고 99다30534)

판례 정지조건부 법률행위에 해당한다는 사실에 대한 입증책임 ; 법률효과를 다투려는 자

어떠한 법률행위가 조건의 성취시 법률행위의 효력이 발생하는 소위 <u>정지조건부 법률행위에 해당한다는 사실은 그 법률행위로 인한 법률효과의 발생을 저지하는</u> 사유로서 그 법률효과의 발생을 다투려는 자에게 주장·입증책임이 있다(대판 1993. 9. 28. 93다20832).

2) 해제조건(解除條件)

조건이 성취한 때부터 법률행위의 효력을 잃게 되는 것을 말한다(제147조 제2항).

 자동차를 주되 시험에 불합격하면 다시 반환한다.

판례 약혼예물 수수의 법적 성질

약혼예물의 수수는 약혼의 성립을 증명하고 혼인이 성립한 경우 당사자 내지 양가의 정리를 두텁게 할 목적으로 수수되는 것으로 <u>혼인의 불성립을 해제조건으로 하는 증여와 유사한 성질</u>을 가진다(대판 1996. 5. 14. 96다5506).

기성조건과 불능조건의 파악

음수와 양수의 곱셈식에 의해 유효(= 조건 없는 법률행위)인지 무효인지 빨리 파악할 수 있다.

×	기성조건(+)	불능조건(-)
정지조건(+)	+(유효)	-(무효)
해제조건(-)	-(무효)	+(유효)

기성조건(+)이 정지조건(+)이면 '+'이니까 유효가 되어 조건 없는 법률행위가 되는군!

제1편 민법총칙(법률행위)

(2) 가장조건★★★

> 제151조(불법조건, 기성조건) ① 조건이 선량한 풍속 기타 사회질서에 위반한 것인 때에는 그 법률행위는 무효로 한다.
> ② 조건이 법률행위의 당시 이미 성취한 것인 경우에는 그 조건이 정지조건이면 조건 없는 법률행위로 하고 해제조건이면 그 법률행위는 무효로 한다.
> ③ 조건이 법률행위의 당시에 이미 성취할 수 없는 것인 경우에는 그 조건이 해제조건이면 조건 없는 법률행위로 하고 정지조건이면 그 법률행위는 무효로 한다.

1) 가장조건의 종류
외견상 조건에 유사하나 실질적으로는 조건으로서 효력이 발생하지 못하는 사항을 말한다. 이에는 불법조건·기성조건·불능조건 및 법정조건이 있다.

2) 불법조건(不法條件)
선량한 풍속 기타 사회질서에 반하는 조건을 말하며, 이 같은 불법조건이 붙은 법률행위는 정지조건이든 해제조건이든 무효이다. 이때에는 불법조건만 무효인 것이 아니고 법률행위 전체가 무효이다.
  예 丙을 살인하는 조건으로 부동산을 증여하는 것

3) 기성조건   **13회 출제**
① 법률행위 당시에 이미 성취되어 있는 조건이다.
② 기성조건이 정지조건이면 조건 없는 법률행위가 되고, 해제조건이면 무효가 된다.
  예 건축허가가 난다는 조건부로 토지매매계약의 효력이 발생하기로 정하였는데, 이 계약 이전에 실은 이미 건축허가가 난 상태였다면 이 계약은 조건이 없는 계약이 된다.

4) 불능조건(不能條件)
① 객관적으로 성취될 수 없는 조건을 말한다.
② 불능조건이 정지조건인 경우에는 무효이고, 해제조건이면 조건 없는 법률행위로서 유효하다.
  예 한강에 빠진 반지를 건져주면 일정 금액을 지급한다는 약속

5) 법정조건(法定條件)
① 법률이 일정한 사실을 요건으로 법률행위의 효력이 발생하도록 하는 조건을 말하며, 당사자가 합의해서 약정한 것이 아니므로 진정한 조건이 아니고 가장조건일 따름이다.
② 다시 말하면 법정조건은 법률행위의 부관으로 볼 수 없다. → 법률요건에 불과함
  예 법인설립에 있어서 주무관청의 허가, 유언에 있어서 유언자의 사망

3 조건을 붙일 수 없는 법률행위(조건과 친하지 않은 행위)★★★   **21·24회 출제**

(1) 사적자치의 원칙과 조건
사적자치의 원칙상 법률행위에 조건을 붙이는 것은 일반적으로 허용되나 거래의 안전이나 법적 안정성의 유지를 위하여 또는 사회질서의 유지를 위하여 조건의 부가를 금지하는 경우가 있는데 이를 '조건에 친하지 않은 법률행위'라 한다.

(2) 공익상의 제한

1) 가족법상의 행위
혼인, 인지, 입양, 파양 상속의 포기 또는 승인 등은 조건을 붙일 수 없다.

2) 어음행위·수표행위 → 거래의 안전이 매우 중요한 행위
어음행위·수표행위 등에는 원칙적으로 조건을 붙일 수 없으나, 예외적으로 어음보증은 조건을 붙일 수 있다(대판 1986.9.9. 84다카2310).

3) 조건부 물권행위
물권행위에도 조건이나 기한을 붙일 수 있으며, 해제조건이나 종기는 등기도 가능하다(「부동산등기법」 제53조·제54조).

(3) 사익상의 제한(사적자치상의 한계)

1) 원 칙
단독행위(해제, 해지, 취소, 상계, 추인 등)에 조건을 붙이면 상대방의 지위를 매우 불리하게 할 염려가 있으므로, 원칙적으로 허용되지 않는다.

2) 예 외   → 예 채무면제
예외적으로 채무의 면제나 유증과 같이 상대방에게 이익을 주거나 상대방의 동의가 있는 경우, 또는 상대방이 결정할 수 있는 사실을 조건으로 하는 경우 조건을 붙여도 상관없다.

(4) 조건을 붙일 수 없는 법률행위에 조건을 붙인 경우
법률에 규정이 있는 경우에는 그에 의하고, 법률에 규정이 없는 경우에는 조건만 무효가 되는 것이 아니라 법률행위 전체가 무효이다.

4 조건부 법률행위의 효력★★★

> 제148조(조건부권리의 침해금지) 조건있는 법률행위의 당사자는 조건의 성부가 미정한 동안에 조건의 성취로 인하여 생길 상대방의 이익을 해하지 못한다.
> 제149조(조건부권리의 처분 등) 조건의 성취가 미정한 권리의무는 일반규정에 의하여 처분, 상속, 보존 또는 담보로 할 수 있다.
> 제150조(조건성취, 불성취에 대한 반신의행위) ① 조건의 성취로 인하여 불이익을 받을 당사자가 신의성실에 반하여 조건의 성취를 방해한 때에는 상대방은 그 조건이 성취한 것으로 주장할 수 있다.
> ② 조건의 성취로 인하여 이익을 받을 당사자가 신의성실에 반하여 조건을 성취시킨 때에는 상대방은 그 조건이 성취하지 아니한 것으로 주장할 수 있다.

제1편 민법총칙(법률행위)

(1) 조건의 성부 확정 전의 효력(조건부권리의 침해금지) **23회 출제**

1) 조건부권리

조건의 성취로 일정한 이익을 취득하게 될 자는 그 조건이 **성부미정**(成否未定)인 동안 그에 대한 기대를 가지게 되는데 민법은 이 **기대를 일종의 권리**로서 보호하고 있으며 이를 '조건부권리'라고 한다.

↖ 성취 여부가 불분명한 기간

[용어사전]
1) **기대권**(期待權): 장래에 일정한 사실이 발생하면 일정한 법률적 이익을 누릴 수가 있다고 하는 기대 내지 희망을 내용으로 하는 권리를 말한다. 이를 희망권(希望權) 또는 조건부권리(條件附權利)라고도 한다.

2) 조건부권리의 내용

① 조건부권리의 의무자는 조건의 성취로 인하여 생길 상대방의 이익을 해할 수 없으며(제148조), 조건부권리를 침해한 때에는 불법행위책임(손해배상책임)을 진다.
② 조건부권리도 일반규정에 의한 처분·상속·보존 또는 담보의 대상이 된다(제149조).

↳ 압류·가압류 등

 조건성취(또는 불성취)**에 대한 반신의 행위**

① '반신의 행위'란 신의성실의 원칙(=신의칙)에 반하여 하는 행위를 말한다.
② 조건성취로 의제되는 시점 신의칙에 반하는 위반행위가 없었더라면 조건이 성취되었으리라고 추산되는 시점이다(대판 1998. 12. 22. 98다42356).

조건의 성취로 불이익을 받을 당사자가 신의성실에 반하여 조건의 성취를 방해한 때에는

상대방은 그 조건이 성취한 것으로 주장할 수 있다.

당신이 방해했으므로 이 조건은 성취된 것입니다.

■ **주의할 점!**
조건성취를 주장할 수 있다고 해서, 당연히 조건성취가 되는 것은 아니다.

조건의 성취로 인하여 이익을 받을 당사자가 신의성실에 반하여 조건을 성취시킨 때에는

상대방은 그 조건이 성취하지 아니한 것으로 주장할 수 있다.

신의칙에 반하므로 이 조건은 성취된 것이 아닙니다.

■ **주의할 점!**
조건불성취를 주장할 수 있다고 해서, 당연히 조건불성취가 되는 것은 아니다.

(2) 조건의 성부 확정 후의 효력★

1) 정지조건부 법률행위에 있어서는 조건이 성취되면 법률행위의 효력이 발생하고, 불성취로 확정되면 무효로 된다.
2) 해제조건부 법률행위에 있어서는 조건이 성취하면 효력은 소멸하고, 불성취로 확정되면 유효한 법률행위로 확정된다(제147조 제1·2항).
3) 조건성취의 효력은 원칙적으로 소급하지 않는다. 그러나 당사자가 특히 그 효력을 성취 이전에 소급시키려는 의사를 표시한 때에는 그 의사에 의한다(제147조 제3항).

(3) 조건성취·불성취에 대한 반신의행위★★★
17·20회 출제

1) 성취와 불성취의 입증책임

① 정지조건부 법률행위의 경우에는 법률행위의 효과를 주장하는 자가 법률행위가 성립하였음을 주장·입증하면, 그 효력을 부정하는 자가 정지조건부 법률행위임을 주장·입증하여야 하고, 정지조건부 법률행위임이 밝혀지면 법률행위의 효과를 주장하는 자가 조건의 성취를 주장·입증하여야 한다.

② 해제조건부 법률행위의 경우에는 법률행위의 효과를 주장하는 자가 법률행위의 성립을 주장·입증하면 효력을 부정하는 자가 해제조건부 법률행위라는 점과 함께 해제조건의 성취까지 주장·입증하여야 한다.

판례 조건부 증여라고 보아야 할 경우 조건성취 사실에 대한 입증책임

원고가 피고 교회의 담임 목사직을 자진 은퇴하겠다는 의사를 표명한 데 대하여 피고 교회에서 은퇴위로금으로 이건 부동산을 증여하기로 한 것이라면 이 증여는 원고의 자진사임을 조건으로 한 증여라고 보아야 할 것이므로 <u>원고가 위 증여계약을 원인으로 피고에게 소유권이전등기를 구하려면 적어도 그 후 자진사임함으로써 그 조건이 성취되었음을 입증할 책임이 있다</u>(대판 1984.9.25. 84다카967).

2) 반신의행위에 대한 조건성취·불성취 의제

① 조건의 성취로 인하여 불이익을 받을 당사자가 신의성실에 반하여 조건의 성취를 방해한 때에는 상대방은 그 조건이 성취한 것으로 주장할 수 있다.

② 조건의 성취로 인하여 이익을 받을 당사자가 신의성실에 반하여 조건을 성취시킨 때에는 상대방은 그 조건이 성취하지 아니한 것으로 주장할 수 있다.

예 ㉠ 부동산 중개인에게 매매계약 완성 시 보수지급약속을 한 후 고의로 계약을 불성립시킨 경우
㉡ 시험합격 시에 학비지급을 약속한 경우 부정합격한 때

제1편 민법총칙(법률행위)

단락핵심 조건

(1) 조건이 선량한 풍속 기타 사회질서에 위반한 것인 때에는 그 법률행위는 무효로 한다. (○)
(2) 조건의 성취로 인하여 불이익을 받을 당사자가 신의성실에 반하여 조건의 성취를 방해한 때에는 상대방은 그 조건이 성취한 것으로 주장할 수 있다. (○)
(3) 취소나 해제에는 일반적으로 조건을 붙일 수 없다. (○)
(4) 동산의 소유권유보부매매에서 소유권유보의 특약을 한 경우 그 특약은 해제조건이다. (×)
(5) 조건부 권리는 조건의 성취 여부가 미정인 동안에도 일반규정에 의해 담보로 할 수 있다. (○)
(6) 조건부 법률행위에 있어 조건의 내용 자체가 불법이어서 무효일 경우 조건만을 분리하여 무효로 할 수 있다. (×)
(7) 조건의 성취로 불이익을 받을 자가 신의성실에 반하여 조건의 성취를 방해한 때에는 그 조건은 성취되지 않은 것으로 본다. (×)
(8) 반신의 행위로 조건성취가 불가능하게 된 경우 조건성취가 의제되는 시기는 신의성실에 반하는 행위가 없었더라면 조건이 성취되었으리라고 추산되는 때이다. (○)

03 기 한 [32회 출제]

> 제152조(기한도래의 효과) ① 시기있는 법률행위는 기한이 도래한 때로부터 그 효력이 생긴다.
> ② 종기있는 법률행위는 기한이 도래한 때로부터 그 효력을 잃는다.

1 기한의 의의·종류★

(1) 의 의

법률행위의 효력의 발생·소멸 또는 채무의 이행을 장래에 발생(도래)할 것이 확실한 사실에 의존케 하는 부관을 말하며, 기한이 붙은 법률행위를 기한부 법률행위라고 한다.

 임대기한을 "본건 토지를 임차인에게 매도할 때까지"로 약정한 경우에 기간의 약정이 없는 임대차계약인가 여부

임대차계약을 체결함에 있어서 임대기한을 "본건 토지를 임차인에게 매도할 때까지"로 정하였다면 별다른 사정이 없는 한 그것은 도래할지의 여부가 불확실한 것이므로 기한을 정한 것이라고 볼 수 없으니 위 임대차계약은 기간의 약정이 없는 것이라고 해석함이 상당하다(대판 1974.5.14. 73다631).

(2) 종류 　　　　　　　　　　　　　　　　　　　　　17·20회 출제

1) 시기와 종기
① **시기**(始期) : 기한 가운데서 법률행위의 효력의 발생 또는 법률행위의 효과로 발생하는 채무의 이행에 관한 것을 말한다.
② **종기**(終期) : 법률행위의 효력의 소멸시기를 정하는 기한을 말한다.

2) 확정기한과 불확정기한
① **확정기한** : 도래시기가 확정되어 있는 기한을 말한다.
　예 「내년 1월 1일부터」와 같이 그 발생(도래)하는 시기가 확정되어 있는 기한
② **불확정기한** : 도래시기가 확정되어 있지 않은 기한을 말한다.
　예 「내가 사망한 때」와 같이 그 발생(도래)시기가 확실치 않은 기한

Professor Comment
불확정기한이라 하더라도 그 기한이 도래한다는 점은 확실하다는 점에 주의해야 한다.

2 기한을 붙일 수 없는 법률행위(기한과 친하지 않은 행위)★★★

(1) 법률효과가 즉시 발생할 것을 요하는 경우
혼인·입양 등의 신분행위에 시기를 붙이는 것은 허용되지 않는다. 왜냐하면 법률행위에 시기를 붙이게 되면 그 기한이 도래해야 효력이 발생하기 때문이다.

(2) 소급효를 가지는 경우
소급효가 있는 행위(주로 단독행위임)에 시기를 붙이는 것은 무의미하다. 이 때문에 취소, 상계의 의사표시, 합의해제 등에는 기한을 붙이지 못한다.

3 기한부 법률행위의 효력★★

(1) 기한의 도래(불소급의 원칙)
1) 기일의 도래 또는 기간의 경과, 기한의 이익포기, 기한의 이익상실로 인하여 기한은 도래한다.
2) 기한도래의 효과는 절대 소급하지 않으며, 당사자의 특약에 의하여서도 소급효를 인정할 수 없다. 이 점이 조건과 구별되는 점이다. 이를 인정하면 기한의 본질과 모순되기 때문이다.

(2) 기한도래 전의 효력

1) 기한부 권리의 침해금지
기한부 법률행위의 당사자는 기한의 도래가 미정인 동안에 기한의 도래로 인하여 생길 상대방의 이익을 해하지 못한다(제154조).

2) 처분 등
기한의 도래가 미정인 권리·의무는 일반규정에 의하여 처분·상속·보존·담보로 할 수 있다(제154조·제149조).

(3) 기한도래 후의 효력

1) **시가부 법률행위**
   시기 있는 법률행위는 기한이 도래한 때로부터 그 효력이 생긴다.

2) **종기부 법률행위**
   종기 있는 법률행위는 기한이 도래한 때로부터 그 효력을 잃는다.

4 기한의 이익★

(1) 의 의
기한이 존재하는 것, 즉 기한이 도래하지 않음으로써 그 동안 법률행위의 당사자가 받는 이익을 말한다.

(2) 기한의 이익에 대한 추정

1) 기한의 이익은 채권자만이 가지는 경우(무상임치[1]), 채무자만이 가지는 경우(무이자 소비대차[2])와 쌍방이 가지는 경우가 있다.
2) 민법은 당사자의 특약이나 법률행위의 성질상 반대의 취지가 존재하지 않는 한 기한은 채무자의 이익을 위한 것으로 추정하고 있다. 따라서 기한의 이익이 채권자에게 있음을 주장하려면 채권자가 이를 입증하여야 한다.

(3) 기한이익의 포기

1) 기한의 이익은 이를 포기할 수 있다. 예컨대 변제기가 도래하기 전에 미리 변제한다면 변제기까지의 남는 기한의 이익을 포기하는 것이다.
2) 기한의 이익이 상대방을 위하여도 존재하는 경우라 할지라도 포기할 수 있다. 다만 그로 말미암아 발생한 상대방의 손해를 배상해야 한다 (제153조 제2항).
   예 이자부 소비대차의 채무자는 이행기까지의 이자를 지급하고 기한 전에 변제가능

(4) 기한이익의 상실(제388조)

1) **인정취지**
   기한의 이익은 채무자에게 있는 것으로 추정되나 채무자가 경제적 신용을 상실했다고 인정되는 사유가 발생하면 채무자는 기한의 이익을 상실하며, 채권자의 기한 전의 이행청구를 거절하지 못한다.

2) **기한이익의 상실사유**
   ① 채무자가 담보를 손상하거나 감소 또는 멸실하게 한 때
   ② 채무자가 담보제공의 의무를 이행하지 않은 때
   ③ 채무자가 파산한 때(채무자 회생 및 파산에 관한 법률 제425조)
   ④ 당사자 간의 특약이 있을 때

용어사전

1) **임치(任置)**: 당사자 일방이 상대방에 대하여 금전이나 유가증권 기타 물권의 보관을 위탁하고 상대방이 이를 승낙함으로써 성립하는 계약을 말한다. 임치할 때에 물건을 맡기는 자를 임치인이라고 하고, 보관하는 자를 수치인이라 한다.

2) **소비대차(消費貸借)**: 당사자 일방이 금전 기타 대체물의 소유권을 상대방에게 이전할 것을 약정하고 상대방은 그와 같은 종류, 품질 및 수량으로 반환할 것을 약정하므로 효력이 발생하는 계약이다.

⇨ **대체물(代替物)·부대체물(不代替物, 비대체물)**: 금전이나 쌀과 같이, 일반의 거래에 있어서, 그 물건의 개성을 문제삼지 않고 동종류의 다른 물건으로 바꿀 수 있는 물건을 대체물이라 하고, 이에 대하여 토지·예술품과 같이 개성에 착안하여 동종의 다른 물건으로 바꿀 수 없는 물건을 부대체물이라 한다.

기한이익의 상실에 관한 민법 제388조의 법적 성격(임의규정)

기한이익의 상실에 관한 민법 제388조는 임의규정이므로 당사자 사이에 제388조와 다른 내용의 약정이 있는 경우에는 그 약정에 따라 기한이익의 상실 여부를 판단하여야 한다(대판 2001.10.12. 99다56192).

(5) 기한이익상실의 특약

1) 의 의
계약을 체결함에 있어서 장래 일정한 사유가 발생하면 채무자가 기한의 이익을 상실하기로 하는 약정을 말하는데, 이러한 약정은 원칙적으로 유효하다.

2) 종류
① **정지조건부 기한이익상실의 특약**
  일정한 사유가 발생하면 채권자의 청구를 요함이 없이 당연히 기한의 이익이 상실되어 이행기가 도래한다.

② **형성권적 기한이익상실의 특약**
  일정한 사유가 발생한 후 채권자의 통지나 청구 등 채권자의 의사행위를 기다려 비로소 이행기가 도래한다. 일반적으로 기한이익상실의 특약이 채권자를 위하여 둔 것인 점에 비추어 명백히 정지조건부 기한이익상실의 특약이라고 볼만한 특별한 사정이 없는 이상 형성권적 기한이익상실의 특약으로 추정한다(대판 2002.9.4. 2002다28340).

단락핵심 기 한

(1) 기한의 이익은 포기할 수 있으나, 상대방의 이익을 해치지 못한다. (○)
(2) 기한은 채무자의 이익을 위한 것으로 간주되나, 채무자는 기한의 이익을 포기할 수 있다. (×)
 ⇒ 기한은 채무자의 이익을 위한 것으로 추정될 뿐이다.
(3) 불확정한 사실이 발생한 때를 이행기한으로 정한 경우, 그 사실의 발생이 불가능하게 된 때에도 기한이 도래한 것으로 본다. (○)

제1편 민법총칙(법률행위)

단락문제 Q01
제35회 기출

법률행위의 부관에 관한 설명으로 틀린 것은? (다툼이 있으면 판례에 따름)

① 조건의사가 있더라도 외부에 표시되지 않으면 그것만으로는 조건이 되지 않는다.
② 기한이익 상실특약은 특별한 사정이 없는 한 정지조건부 기한이익 상실특약으로 추정한다.
③ 조건을 붙일 수 없는 법률행위에 조건을 붙인 경우, 다른 정함이 없으면 그 법률행위 전부가 무효로 된다.
④ '정지조건부 법률행위에 해당한다는 사실'에 대한 증명책임은 그 법률행위로 인한 법률효과의 발생을 다투는 자에게 있다.
⑤ 불확정한 사실이 발생한 때를 이행기한으로 정한 경우, 그 사실의 발생이 불가능하게 된 때에도 기한이 도래한 것으로 보아야 한다.

해설
① (O) 조건도 의사표시
② (×) 형성권적 기한의 이익 상실의 특약으로 추정 (기본서 190쪽 판례 참조)
③, ④ (O)
⑤ (O) 판례 당사자가 불확정한 사실이 발생한 때를 이행기한으로 정한 경우에 있어서 그 사실이 발생한 때는 물론 그 사실의 발생이 불가능하게 된 때에도 이행기한은 도래한 것으로 보아야 한다. (대판 1989. 6. 27. 88다카10579)

답 ②

단락문제 Q02
제34회 기출

법률행위의 부관에 관한 설명으로 틀린 것은? (다툼이 있으면 판례에 따름)

① 조건이 선량한 풍속 기타 사회질서에 위반한 경우, 그 조건만 무효이고 법률행위는 유효하다.
② 법률행위에 조건이 붙어 있는지 여부는 조건의 존재를 주장하는 자에게 증명책임이 있다.
③ 기한은 특별한 사정이 없는 한 채무자의 이익을 위한 것으로 추정한다.
④ 조건부 법률행위에서 기성조건이 해제조건이면 그 법률행위는 무효이다.
⑤ 종기(終期) 있는 법률행위는 기한이 도래한 때로부터 그 효력을 잃는다.

해설
① 법률행위 전부가 무효
② 법률행위의 조건이 붙어 있다고 주장하는 자가 입증해야 한다.
③ 민법 제153조①
④ 민법 제151조② 후단
⑤ 민법 제152조②

답 ①

빈출 함정 총정리

• 경록 교재에 모든 답이 있습니다.

01 해제조건이 불능이면 그 법률행위는 조건 없는 법률행위가 된다.
함정(X) 정지조건이 불능이면 그 법률행위는 조건 없는 법률행위가 된다.

02 기성조건이 정지조건으로 되어 있는 법률행위는 조건 없는 법률행위이다.
함정(X) 불능조건이 해제조건으로 되어 있는 법률행위는 조건 없는 법률행위이다.

03 내가 죽으면 내 집을 증여하겠다는 유증의 의사표시는 불확정 기한의 법률행위이다.
함정(X) 내가 죽으면 내 집을 증여하겠다는 유증의 의사표시는 정지조건부 법률행위이다.

04 단독행위는 상대방에게 이익만 주거나, 상대방의 동의가 있거나, 상대방에게 결정권이 유보되어 있는 경우에 한하여 조건을 붙일 수 있다.
함정(X) 단독행위는 절대로 조건을 붙일 수 없다.

05 상계의 의사표시는 조건부나 기한부로 할 수 없다.
함정(X) 상계의 의사표시는 조건부로 할 수 없으나 기한부로 할 수 있다.

06 어음의 발행이나 배서는 조건부로 할 수 없으나 어음보증은 조건부로 할 수 있다.
함정(X) 어음의 발행이나 배서는 조건부로 할 수 없으며 어음보증도 조건부로 할 수 없다.

07 조건부권리를 처분권자의 허락없이 처분하면 이는 불법행위에 해당하고 그 처분행위도 무효이다.
함정(X) 조건부권리를 처분권자의 허락없이 처분하더라도 이는 불법행위라고 볼 수 없다.

08 신의칙에 반하는 행위로써 조건성취를 불가능하게 한 경우 조건성취가 의제되는 시기는 신의칙에 반하는 행위가 없었더라면 조건이 성취되었으리라고 추산되는 시점이다.
함정(X) 신의칙에 반하는 행위로써 조건성취를 불가능하게 한 경우 조건성취가 의제되는 시기는 신의칙에 반하는 행위가 종료한 때이다.

제1편 민법총칙(법률행위)

09 혼인·약혼·입양행위에는 조건을 붙일 수 **없다**.
　함정(X) 혼인·약혼·입양행위에는 조건을 붙일 수 있다.

10 유증은 유언자의 단독행위**이지만 상대방에게 유리한 행위이므로 조건부 유증이 가능하다**.
　함정(X) 유증은 유언자의 단독행위이므로 조건을 붙일 수 없다.

11 **무이자로** 금전을 대여하는 자는 변제기까지의 기한의 이익을 갖지 못한다.
　함정(X) 이자부 소비대차로 금전을 대여하는 자는 변제기까지의 기한의 이익을 갖지 못한다.

12 기한이익상실의 특약은 일반적으로 그 특약이 **채권자를** 위하여 둔 것임에 비추어 명백히 **정지조건부** 기한이익 상실특약이라고 볼 만한 특별한 사정이 없는 한 **형성권적** 기한이익 상실특약으로 추정하는 것이 판례의 태도이다.
　함정(X) 기한이익상실의 특약은 일반적으로 그 특약이 **채무자를** 위하여 둔 것임에 비추어 명백히 형성권적 기한이익 상실특약이라고 볼 만한 특별한 사정이 없는 한 정지조건부 기한이익 상실특약으로 추정하는 것이 판례의 태도이다.

13 **형성권적** 기한이익 상실특약으로 인정되는 경우에는 권리자가 이행의 청구를 한 때로부터 이행기가 도래한다.
　함정(X) 정지조건부 기한이익 상실특약으로 인정되는 경우에는 권리자가 이행의 청구를 한 때로부터 이행기가 도래한다.

제6장 법률행위의 부관

PART 02 물권법

출제비율

36%

	구 분	26회	27회	28회	29회	30회	31회	32회	33회	34회	35회	계	비율(%)
물권법	제1장 물권법 총설	1	1	0	0	1	1	2	2	2	1	11	2.8
	제2장 물권의 변동	2	1	1	1	2	3	2	0	2	2	16	4.0
	제3장 점유권	1	1	2	2	1	1	2	1	1	1	13	3.3
	제4장 소유권	3	4	4	5	4	2	3	3	2	3	33	8.3
	제5장 용익물권	4	2	3	3	3	3	3	4	3	4	32	8.0
	제6장 담보물권	4	6	5	4	4	4	3	3	4	2	39	9.8
	소 계	15	15	15	15	15	14	14	14	14	13	144	36.0

CHAPTER 01 물권법 총설

학습포인트

- 이 장은 물권의 의의, 채권과 비교되는 특질, 물권종류의 개관과 물권의 일반적 효력에 관하여 다룬다.
- 특히 물권의 대상인 물건과 일물일권주의, 물권법정주의의 개념 등을 정확히 이해하여 두는 것이 필요하다.

CHAPTER 학습 & 출제되는 키워드

- ☑ 물권의 의의
- ☑ 주물과 종물
- ☑ 권리의 양도성
- ☑ 점유권과 소유권
- ☑ 민법상의 물권
- ☑ 물권의 효력
- ☑ 반환청구권
- ☑ 물권적 청구권의 주체
- ☑ 독립된 물건
- ☑ 독점적·배타적 지배
- ☑ 일물일권주의
- ☑ 용익물권
- ☑ 특별법상의 물권
- ☑ 우선적 효력
- ☑ 방해제거청구권
- ☑ 비용부담
- ☑ 특정한 물건
- ☑ 권리의 절대성
- ☑ 물권법정주의
- ☑ 담보물권
- ☑ 관습법상의 물권
- ☑ 물권적 청구권
- ☑ 방해예방청구권
- ☑ 다른 청구권과의 관계

CHAPTER 학습 & 출제되는 질문

- ☑ 일물일권주의에 관한 설명으로 타당한 것은?
- ☑ 다음 중 관습법상의 물권이 아닌 것은?
- ☑ 다음 중 소유권에 관한 물권적 청구권에 대한 내용이 아닌 것은?
- ☑ 민법상 물권에 관한 설명으로 틀린 것은?(다툼이 있으면 판례에 따름)

제1장 물권법 총설

제1절 물권 총설   17·32회 출제

Professor Comment

물권법 총설은 그 자체로 자주 출제되지는 않지만 물권법을 이해하기 위한 기초로 반드시 익혀두어야 한다.

01 물권의 의의 및 특질   35회 출제

물권(특히 소유권)이란 법이 인정하는 재산권으로서 그 본질에 관하여 법이 규정하는 바는 없으나, 일반적으로 '특정의 물건을 직접 지배해서 이익을 얻는 배타적인 권리'라 한다. 이것은 물권을 그 객체(특정의 물건)와 내용(직접적·배타적 지배권)이라는 2가지 측면에서 고찰한 것이다.

1 특정된 독립의 물건에 대한 권리(객체면)★   16회 출제

(1) 물건에 대한 권리

1) 원칙

물권의 객체가 되려면 원칙적으로 유체물 및 전기, 기타 관리할 수 있는 자연력(제98조)이어야 한다. 물건이란 유체물[1], 전기 및 관리가능한 자연력(물, 공기, 햇빛 등)을 말한다.

  예) 유체물 = 부동산(토지 및 그 정착물인 건물, 수목의 집단 등) + 동산(부동산 외의 물건)

> **용어사전**
>
> 1) 유체물(有體物), 무체물(無體物) : 유체물은 공간의 일부를 차지하고 유형적 존재를 가지는 물건을 말하며, 반면 무체물은 전기·열·광·음향·향기·에너지 등과 같이 객관적으로 인식할 수 있는 형태가 없이 다만, 사고상(思考上)의 존재에 지나지 않는 것을 말한다. 다만 관리할 수 없는 해, 달, 금성 등은 유체물이지만 물권의 객체가 될 수 없다.

물 권

- 物 : 물건 [물]
- 權 : 권리 [권]

① 특정한 물건을 직접 지배하여 얻는 배타적인 권리이다.
② 종류 : 소유권 등 8종

물권의 대상이 되는 물건은 바로 부동산학에서 배운 재산(동산과 부동산)이며, 물권은 모든 사람에게 주장할 수 있는 절대적인 권리이다.

> 그 누가 뭐라 해도 이 집(물건)의 소유권(물권)은 나한테 있지!

채권은 물건(동산과 부동산)을 거래하면서 생기는 채무관계에 대한 권리를 말한다.

> 물건을 샀으니까 채무(대금지불의무)가 생겼지! 그래서 나는 채무자!

> 난 돈을 받아야 하니까 채권자이지!

2) 예외

유가증권에 대한 유치권(제320조), 재산권에 대한 권리질권(제345조), 지상권·전세권을 목적으로 하는 저당권(제371조)에서와 같이 권리도 물권의 객체가 될 수 있다.

Professor Comment
① 권리도 물권의 객체가 될 수 있는데, 즉 준점유(제210조), 권리질권(제345조), 저당권(제371조)이 그것이다.
② 이 가운데 저당권은 지상권과 전세권을 목적으로 한다는 것을 기억할 필요가 있다.

(2) 현존하고 특정된 물건에 대한 권리

1) 물권은 물건에 대한 배타적 지배를 본질적 내용으로 하므로 특정되어 있지 않은 물건에 대해서는 물권이 성립할 수 없다.
2) 현존하지 않는 물건에 대해서도 물권은 성립할 수 없다. 권리의 대상인 물건이 구체적으로 확정되어야 물건을 직접 지배하여 사용·수익·처분할 수 있기 때문이다.

[예] 甲이 장래에 제작할 자동차 10대 가운데 3대에 대하여 甲이 장래에 乙에게 소유권을 이전한다는 채권을 인정할 수는 있지만, 제작되지 아니한 자동차 3대에 대하여 乙의 소유권을 인정할 수 없다.

(3) 독립된 물건에 대한 권리

1) 물권의 객체는 독립한 물건이어야 한다.
2) 물권은 원칙적으로 거래상 하나의 물건으로 생각되는 독립물 위에만 성립하며 물건의 일부나 구성부분에는 물권이 성립할 수 없는 것이 원칙이다.

[예] 정화조, 흙, 돌, 건물의 옥개부분, 논둑, 시설부지에 정착된 레일(구성부분)

> **판례** 저당권의 효력이 저당부동산에 종된 권리에까지 미치는지 여부
>
> **1** 종물에 해당하지 않는 경우
> 피해자 소유의 축사 건물 및 그 부지를 임의경매절차에서 매수한 사람이 위 부지 밖에 설치된 피해자 소유 소독시설을 통로로 삼아 위 축사건물에 출입한 사안에서, 위 소독시설은 축사출입차량의 소독을 위하여 설치한 것이기는 하나 별개의 토지 위에 존재하는 독립한 건조물로서 축사 자체의 효용에 제공된 종물이 아니므로, 위 출입행위는 건조물침입죄를 구성한다(대판 2007.12.13. 2007도7247).
> **2** 민법 제358조 본문은 "저당권의 효력은 저당부동산에 부합된 물건과 종물에 미친다"고 규정하고 있는 바, 이 규정은 저당부동산(구분건물의 전유부분)에 종된 권리(사후대지 상용권)에도 유추적용된다(대판 1995.8.22. 94다12722).

2 직접적·배타적 지배권(내용면)

(1) 물건에 대한 직접적 지배권

타인의 행위를 개입시키지 않고 특정의 물건을 직접 지배하여 사용·수익할 수 있어야 한다. 이를 다른 표현으로 배타적 관리가능성이라고 하며 배타적 관리가능성이 없는 것(해, 달 등)은 물건이라고 할 수 없으며 물권의 객체가 될 수 없다.

(2) 물건에 대한 배타적(독점적) 지배권

사유재산제도의 당연한 귀결로서 1개의 물건 위에 양립할 수 없는 물권이 2개 이상 동시에 성립할 수 없다. 그러나 채권은 동시에 성립할 수 있다.

> 예 같은 부동산 위에 소유권이 동시에 성립할 수 없는 반면, 동일물에 대하여 이중으로 매매계약을 체결하였더라도 매수인들 사이에 우열이 없으며 양자의 채권이 병존할 수 있는 것이다.

3 권리의 절대성(효과면)

(1) 의 의

절대권으로서의 물권의 특성은 2가지 의미로 이해된다.

1) 대세권

① 물권자는 물권을 모든 사람에게 주장할 수 있다. 이와 같이 물권은 대세적 효력을 가지기 때문에 절대권 또는 대세권이라 할 수 있다.
② 이에 반하여 채권은 특정의 채권자와 채무자 사이의 채권관계로부터 발생하는 권리로서 특정의 채무자에 대해서만 주장할 수 있을 뿐이므로 상대권 또는 대인권이라 할 수 있다.

물권과 채권

1) **물권과 채권의 규율**
   물권은 물권법에서 다루고 채권은 채권법에서 다룬다.

2) **채권의 물권화 경향**
   채권을 물권과 같이 다루고자 하는 경향으로 예를 들어 주택임대차의 경우 주택임대차보호법상의 대항력을 갖추면 후순위물권에 우선한다.

2) 추급력(침해의 금지)

물권은 어느 누구의 침해로부터도 보호된다는 의미로서 물권적 청구권이 인정되므로 다른 사람에게 인도되더라도 물권자는 그 반환을 청구할 수 있고, 방해의 배제 및 예방을 청구할 수 있으며, 상대방의 고의·과실을 요구하지 않는다.

(2) 물권의 (대인적)절대성의 예외

→ 압류·가압류 등기

1) 처분금지가처분과 같은 상대적 처분금지의 취지가 등기된 경우 그 이후에 소유권을 승계취득한 자는 처분금지자에 대해서는 소유권을 주장할 수 없다.
2) 소유권이 신탁적으로 이전된 경우 신탁자는 수탁자에 대하여는 소유권을 주장할 수 있지만, 대외적으로는 수탁자만이 소유자로서의 권리를 행사할 수 있을 뿐이고, 신탁자는 소유권을 행사할 수 없다(따라서 수탁자만이 주위토지통행권을 행사할 수 있음).

4 양도성

물권의 양도성은 보장되며, 특약에 의해서도 양도성을 배제할 수 없는 것이 원칙이다. 다만 전세권은 약정에 의해 양도성을 배제할 수 있다(제306조).

단락핵심 물권과 채권의 차이점

(1) 물권에는 배타성이 있으나 채권에는 배타성이 없다.	(○)
(2) 물권은 법률 또는 관습법에 의하지 않고는 임의로 창설할 수 없으나 채권은 그러하지 아니하다.	(○)
(3) 채권은 특정인의 행위를 객체로 하나 물권은 물건을 객체로 하는 재산권이다.	(○)
(4) 주물과 다른 사람의 소유에 속하는 물건은 종물이 될 수 없다.	(○)

제1장 물권법 총설

02 일물일권주의 (물권의 객체)

1 의의 및 근거

(1) 의 의
'일물일권주의'란 하나의 물권의 객체(목적물)는 하나의 독립한 물건이어야 한다는 원칙을 말한다.

(2) 인정근거
1) 물권은 물건에 대한 배타적 지배를 본질적 내용으로 하기 때문에 동일물에 대한 동일한 지배가 허용될 수 없다.
2) 물건의 일부나 구성부분에 또는 다수의 물건 위에 1개의 물권이 성립할 수 있게 하면 물건에 대한 지배관계가 복잡하고 그 공시가 곤란하거나 혼란스럽게 된다.
3) 일물일권주의는 결국 물권관계를 단순화·명료화하여 공시(公示)함으로써 물권거래의 원활과 안전을 도모하려는 데 그 궁극적인 목적이 있다.

2 일물일권주의의 내용 ★★★

(1) 1개의 물건의 표준
1) 토지
   ① 토지는 연속되어 있지만 편의상 인위적으로 구분하여 각 구역을 1필지라 하여 독립성을 인정하고, 1필마다 별도로 등기하여 각 필마다 별개의 물권이 성립하게 된다.
   ② 1필의 토지의 일부만에 대한 물권이나 수 필의 토지에 대한 하나의 물권은 성립될 수 없음이 원칙이나, 용익물권은 1필의 토지 일부를 객체로 할 수 있다.
   예 제289조의2(구분지상권), 제293조 제2항(지역권), 부동산등기법 제72조 제1항 제6호(전세권) 등

 토지의 필지 = 공간정보의 구축 및 관리 등에 관한 법률에 따라 결정

> 토지의 개수는 지적법(현 공간정보의 구축 및 관리 등에 관한 법률)에 의한 지적공부상의 필수, 분계선에 의하여 결정되는 것이고, 경계확정소송의 대상이 되는 '경계'란 공적으로 설정 인증된 지번과 지번과의 경계선을 가리키는 것이고, 사적인 소유권의 경계선을 가리키는 것은 아니다(대판 1997.7.8. 96다36517).

2) 건물
   ① 건물은 **토지의 정착물**[1]이지만 토지로부터 완전히 독립된 별개의 부동산이고, 하나의 물건으로서 물권의 객체가 된다.
   ② 1개의 물건인 건물의 일부는 물권의 객체가 될 수 없으나, 예외적으로 전세권의 객체가 될 수 있다(「부동산등기법」 제72조 제1항 제6호).

제2편 물권법

 판례 건물의 개수 = 사회통념에 따라 결정

건물의 개수는 토지와 달리 공부상의 등록에 의하여 결정되는 것이 아니라 사회통념 또는 거래관념에 따라 물리적 구조, 거래 또는 이용의 목적물로서 관찰한 건물의 상태 등 객관적 사정과 건축한 자 또는 소유자의 의사 등 주관적 사정을 참작하여 결정되는 것이다(대판 1997.7.8. 96다36517).

3) 수목의 집단

수목은 본래 그것이 부착하고 있는 토지의 정착물이며, 독립하여 물권의 객체가 되지 못하는 것이 원칙이지만 「입목에 관한 법률」에 의하여 등기된 수목의 집단, 즉 '입목'이나 이른바 명인방법에 의한 '수목의 집단 또는 수목'은 토지와는 별개의 독립한 부동산으로 취급한다.

4) 미분리의 천연과실²⁾

본래 미분리의 천연과실은 수목의 일부이나, 명인방법에 의하여 공시함으로써 독립한 부동산으로서 거래의 목적으로 할 수 있다.

예 상엽(桑葉 ; 뽕잎)·엽연초(葉煙草)·과수(果樹)의 열매 등

> **용어사전**
> 1) 토지의 정착물(定着物) : 토지에 계속적으로 부착 내지 고착(固着)되어 있는 물건으로서 그러한 상태로 사용되는 것이 그 물건의 거래상의 성질로 인정되는 것이다.
> 2) 천연과실(天然果實)과 법정과실(法定果實) : 천연과실이란 물건의 용법에 의하여 수취되는 산출물(우유나 말의 새끼 등)을 말하며, 법정과실이란 물건의 사용대가로 받는 금전 기타의 물건(임대차에서 생기는 사용료 등)을 말한다.

Professor Comment

① 원물(元物)과 과실(果實) : 물건 자체 또는 물건의 사용대가로서 생기는 경제적 이익(수익)을 과실이라 하고, 과실을 생기게 하는 물건을 원물이라 한다.
② 미분리과실(未分離果實) : 원물(元物)로부터 아직 분리되지 않은 천연과실을 말한다.

5) 농작물

① 농작물도 수목과 마찬가지로 통상 토지의 부합물로 보아야 할 것 같으나 통설은, ㉠ 정당한 권원에 의하여 ㉡ 타인의 토지에서 경작·재배한 농작물로서 ㉢ 수확기에 있는 것은 ㉣ 별도의 공시방법(등기·명인방법)을 갖추지 않아도 토지에 부합하지 않고 별개의 독립한 부동산으로 취급된다고 한다.
② 이에 더 나아가 판례는 정당한 권원의 유무도 묻지 않으며, 수확기에 이를 정도라면 독립한 물건으로서 경작자의 소유에 속한다고 한다.

Professor Comment

판례의 태도에 의한다고 하더라도, 경작자에게 '타인 토지의 권한 없는 이용으로 인한 부당이득반환의 의무'는 존속함을 주의해야 한다. 즉, 경작자는 농작물의 소유권을 취득하지만 토지소유자에게 임대료 상당의 부당이득을 반환해야 한다.

수목의 소유권

타인의 토지상에 권원없이 식재한 수목의 소유권은 토지소유자에게 귀속되고 권원에 의하여 식재한 경우에는 그 소유권이 식재한 자에게 있다(대판 1980.9.30. 80도1874).

(2) 1개의 물권의 의미

1) 양립불가능한 물권
① 서로 양립할 수 없는 내용의 물권이 하나의 물건 위에 2개 이상 동시에 성립하는 것이 법률상 불가능하다.
② 다만 서로 다른 내용의 물권은 동시에 성립할 수 있다.
예 동일물 위에 2개의 소유권 또는 2개의 지상권이 성립할 수 없으나 서로 내용이 다른 소유권과 제한물권은 가능한 것이다.

2) 공유관계
공유에 있어서는 다수의 공유자가 서로 분량적으로 제한된 하나의 물권을 가지고 있는데 불과한 것이므로 일물일권주의에 어긋나지 않는다.

3 일물일권주의의 예외★

(1) 민법상의 예외
토지나 건물의 일부에 대해 용익물권을 설정할 수 있게 하였다든지, 토지의 상하 어느 층만을 객체로 하는 구분지상권의 인정(제289조의2), 건물의 구분소유제도 등이 있다(제215조).

(2) 특별법상의 예외

1) 구조상·기능상의 독립성을 가진 물건의 일부나 수개의 물건이 유기적으로 결합해서 전체로서 종합적인 가치를 발휘하고 있는 물건의 집합에 대하여 1개의 물권의 성립을 인정하는 경우가 있다.
   예 각종 **재단저당**¹⁾법, 입목에 관한 법률 등

2) 집합건물의 일부에 관한 구분소유권을 인정한다(「집합건물의 소유 및 관리에 관한 법률」 참조).

용어사전

1) **재단저당(財團抵當)**: 하나의 기업경영을 위한 토지·건물·기계·기구 등 물적 설비 및 그 기업에 관한 면허·특허 그 밖의 특권 등이 결합하여 유기적 일체가 된 것(이른바 재단)을 일괄하여 담보가치를 파악하고, 그것을 저당권의 목적으로 인정하는 제도이다.

 독립된 구분소유의 대상

집합건물인 상가건물의 지하주차장이 그 건물을 신축함에 있어서 건축법규에 따른 부속주차장으로 설치되기는 하였으나, 분양계약상의 특약에 의하여 그 건물을 분양받은 구분소유자들의 동의 아래 공용부분에서 제외되어 따로 분양되었고, 그 구조상으로나 이용상으로도 상가건물의 지상 및 지하실의 점포, 기관실 등과는 독립된 것으로서, 이와 분리하여 구분소유의 대상이 될 수 있다(대판 1995.12.26. 94다44675).

제2편 물권법

(3) 집합적 물건(이른바 집합물)에 대한 물권의 성립 `22회 출제`

1) 의 의
   ① 일물일권주의 원칙상 수 개의 물건 위에 하나의 물권이 성립할 수 없다.
   ② 사회적 요청이 강하고 특정성과 독립성을 인정할 수 있고 적당한 공시방법을 갖출 수 있다면, 그 한도에서 하나의 물권의 성립을 인정할 수 있는 바, 이는 「공장 및 광업재단 저당법」 등 특별법에 의해 입법적으로 뒷받침되고 있다.
   ③ 문제는 이러한 특별법이 없는 경우에도 물건의 집합에 하나의 물권성립을 인정할 수 있는가에 있다.

2) 판례(긍정)
   일정한 점포 내의 상품과 같이 증감·변동하는 상품 일체에 대해서도 이른바 집합물에 대한 양도담보로서 그 목적물을 종류·장소·수량지정 등의 방법에 의해 특정할 수만 있다면 그 집합물 전체를 하나의 재산권으로 하는 담보의 설정이 가능하다(대판 1988.10.25. 85누941 등 다수).
   → 예 양만장 내 뱀장어 전부, 돈사 안의 돼지 전부 등

3) 성립요건
   ① **목적물 범위의 특정**
      ㉠ 그 목적동산이 담보설정자의 다른 물건과 구별될 수 있도록 그 종류·장소·수량지정 등의 방법에 의해 외부적·객관적으로 특정되어야 한다.
      ㉡ 판례가 인정한 예를 보면, 제강회사가 반입하는 열연코일 등 원자재, 공장에 있는 철강제품과 원자재, 일정한 양만장 내의 뱀장어 등 어류 전부, 돼지사육 농장에 있는 돼지 등이 있다.
   ② **공시방법**
      ㉠ 집합동산양도담보의 경우 동산의 공시방법 즉 인도하면 되나 대체로 점유개정에 의하므로 사실상 외부에서는 그러한 사실을 알기 어렵다는 문제가 있다.
      ㉡ 양도담보 설정 후에 새로이 담보목적물에 추가되는 물건은 별도의 양도담보 설정계약이나 점유개정을 할 필요가 없다(대판 1990.12.26. 88다카20224).

4) 관련문제(집합동산의 이중양도담보)
   ① 집합동산양도담보를 설정한 후 이를 다시 제3자에게 이중으로 양도담보로 제공하는 경우가 많이 발생한다.
   ② 제2의 양도담보권 설정행위는 무권리자의 처분행위에 불과하여 무효이다. 다만, 제2의 양도담보권 설정행위의 상대방은 선의취득의 요건(점유개정 이외의 방법으로 인도를 받는 경우)을 갖추면 양도담보권을 선의취득할 수 있을 뿐이다.

제1장 물권법 총설

판례 집합물의 양도담보

1. 돈사에서 대량으로 사육되는 돼지를 집합물에 대한 양도담보의 목적물로 삼은 경우, 그 돼지는 번식, 사망, 판매, 구입 등의 요인에 의하여 증감 변동하기 마련이므로 양도담보권자가 그 때마다 별도의 양도담보권설정계약을 맺거나 점유개정의 표시를 하지 않더라도 하나의 집합물로서 동일성을 잃지 아니한 채 양도담보권의 효력은 항상 현재의 집합물 위에 미치게 된다(대판 2004.11.12. 2004다22858).

2. 금전채무를 담보하기 위하여 채무자가 그 소유의 동산을 채권자에게 양도하되 점유개정의 방법으로 인도하고 채무자가 이를 계속 점유하기로 약정한 경우 특별한 사정이 없는 한 그 동산의 소유권은 신탁적으로 이전되는 것에 불과하여, 채권자와 채무자 사이의 대내적 관계에서는 채무자가 소유권을 보유하나 대외적인 관계에서의 채무자는 동산의 소유권을 이미 채권자에게 양도한 무권리자가 되는 것이어서 다시 다른 채권자와 사이에 양도담보설정계약을 체결하고 점유개정의 방법으로 인도하더라도 선의취득이 인정되지 않는 한 나중에 설정계약을 체결한 채권자로서는 양도담보권을 취득할 수 없는데, 현실의 인도가 아닌 점유개정의 방법으로는 선의취득이 인정되지 아니하므로 결국 뒤의 채권자는 적법하게 양도담보권을 취득할 수 없다(대판 2005.2.18. 2004다37430, 2007.2.22. 2006도8649).

Professor Comment

공동저당은 수 개의 저당권이 공통된 목적을 위해 존재하는 것에 불과하므로 일물일권주의의 예외는 아니다.

단락문제 Q01
제27회 기출

민법상 물권에 관한 설명으로 틀린 것은? (다툼이 있으면 판례에 따름)

① 토지의 일부에 대하여도 점유취득시효로 소유권을 취득할 수 있다.
② 1동 건물의 일부도 구조상·이용상 독립성이 있으면 구분행위에 의하여 독립된 부동산이 될 수 있다.
③ 미분리의 과실은 명인방법을 갖추면 독립된 소유권의 객체로 된다.
④ 토지에서 벌채되어 분리된 수목은 독립된 소유권의 객체로 된다.
⑤ 농지 소유자의 승낙 없이 농작물을 경작한 경우 명인방법을 갖추어야만 토지와 별도로 독립된 소유권의 객체로 된다.

해설 일물일권주의

일물일권주의란 1개의 물건 위에 동일한 내용의 물권이 동시에 성립하지 못한다는 원칙으로서, 이는 민법상의 규정에 의해서가 아니라 물권의 배타성에서 도출되는 당연한 원칙이다.
⑤ (×) 남의 땅에 권한없이 경작 재배한 농작물의 소유권은 그 경작자에게 있다(대판 1969.2.18. 68도906)고 하여 명인방법 등을 요구하지 않는다.

답 ⑤

단락핵심 일물일권주의

(1) 물권의 객체는 원칙적으로 특정·독립한 물건이다. (○)
(2) 용익물권은 토지나 건물의 일부 위에 설정될 수 있다. (○)
(3) 담보물권은 건물의 일부 위에 설정될 수 있으나 공유지분에는 설정할 수 없다. (×)
(4) 특별법으로 직접 규정하지 아니하더라도 집합물을 단일한 물권의 객체로 인정할 수 있다. (○)

제2편 물권법

03 물권의 종류   `19회 출제`

> 제185조(물권의 종류) 물권은 <u>법률 또는 관습법</u>에 의하는 외에는 임의로 창설하지 못한다.

1 물권법정주의★★

(1) 의의 및 근거

1) 의 의

물권의 종류·내용은 법률이 정한 한도 내에서만 인정되며, 당사자가 그 밖의 물권을 자유로이 창설하거나 내용을 변경하는 것을 금한다는 원칙을 말한다.

2) 근 거

① 물권법정주의는 자유로운 소유권을 확보하기 위하여, 즉 물건에 대한 절대적 지배권이라는 소유권의 본질에서 당연히 도출되는 것이다.
② 물권을 공시하기 위해서는 물권의 내용이 유형화되어 법정되어야 한다.

(2) 민법 제185조의 해석

1) '법률'의 의미

법률이라고 하는 것은 일정한 절차와 형식에 의해 제정된 형식적 의미의 법률만을 가리키며, 명령이나 규칙같은 것은 포함되지 않는다.

2) 관습법에 의한 물권의 인정

관습법에 의한 물권은 성문법이 특별히 규정하지 않는 종류·내용의 물권을 만들어낼 수 있을 뿐이라는 견해(보충적 효력설)가 통설과 판례의 견해이다.
예) 관습법상 지상권, 분묘기지권, 동산양도담보권

3) '임의로 창설하지 못한다'의 의미

① **종류강제**
  법률 또는 관습법에 인정된 물권 중 어느 하나에 대하여서만 선택할 수 있고, 임의로 창설할 수 없다. 이에 위반하여 새로운 물권을 창설하는 물권행위는 무효이다.
  예) 일반 동산에 대하여 저당권을 설정하는 것은 무효

② **내용강제**
  당사자가 선택한 물권은 법률 또는 관습법이 정하는 바에 따라서 효력이 발생할 뿐이고, 당사자가 임의로 그 내용을 변경할 수 없다. 이에 위반하는 물권행위는 무효이다. 따라서 계약의 자유를 제한하게 된다.
  예) 담보목적부동산을 채권자가 사용, 수익하는 것을 내용으로 하는 저당권설정은 무효

③ 당사자 사이의 효력

민법 제185조에 위반하는 법률행위(물권행위)는 무효이다. 그러나 당사자 간의 채권적 효력은 인정될 수 있다(반대설 있음).

> **판례** 법률이 인정하지 않는 새로운 종류의 물권을 창설하는 것이 허용되는지 여부에 대한 판례
>
> 민법 제185조는 '물권은 법률 또는 관습법에 의하는 외에는 임의로 창설할 수 없다'고 규정하여 이른바 물권법정주의를 선언하고 있고, 물권법의 강행규정성은 이를 중핵으로 하고 있으므로, 법률(성문법과 관습법)이 인정하지 않는 새로운 종류의 물권을 창설하는 것은 허용되지 아니한다. 따라서 <u>관습상의 사도통행권(私道通行權)인정은 물권법정주의에 위배된다</u>(대판 2002.2.26. 2001다64165).

단락문제 Q02   제35회 기출

물권에 관한 설명으로 옳은 것은?(다툼이 있으면 판례에 따름)

① 관습법에 의한 물권은 인정되지 않는다.
② 저당권은 법률규정에 의해 성립할 수 없다.
③ 부동산 물권변동에 관해서 공신의 원칙이 인정된다.
④ 1필 토지의 일부에 대해서는 저당권이 성립할 수 없다.
⑤ 물건의 집단에 대해서는 하나의 물권이 성립하는 경우가 없다.

해설
① (×) 인정된다. 물권법정주의 (민법 제185조)
② (×) 법정저당권의 성립 (민법 제649조)
③ (×) 부동산에는 공신의 원칙 부인
④ (○)
⑤ (×) 있다. 특별법(재단저당법, 입목에 관한 법률)상의 예외, 관습법(집합물의 양도담보)상의 인정

답 ④

단락문제 Q03   제33회 기출

토지를 점유할 수 있는 물권을 모두 고른 것은?

| ㄱ. 전세권 | ㄴ. 지상권 | ㄷ. 저당권 | ㄹ. 임차권 |

① ㄱ   ② ㄱ, ㄴ   ③ ㄱ, ㄹ   ④ ㄷ, ㄹ   ⑤ ㄱ, ㄴ, ㄷ

해설
ㄱ, ㄴ. 점유할 수 있는 물권   ㄷ. 점유할 권능 X   ㄹ. 채권

답 ②

제2편 물권법

단락문제 Q04
제32회 기출

물권에 관한 설명으로 틀린 것은? (다툼이 있으면 판례에 따름)

① 민법 제185조에서의 '법률'은 국회가 제정한 형식적 의미의 법률을 의미한다.
② 사용·수익 권능을 대세적·영구적으로 포기한 소유권도 존재한다.
③ 처분권능이 없는 소유권은 인정되지 않는다.
④ 근린공원을 자유롭게 이용한 사정만으로는 공원이용권이라는 배타적 권리를 취득하였다고 볼 수는 없다.
⑤ 온천에 관한 권리를 관습법상의 물권이라고 볼 수는 없다.

해설

① (O) 국회에서 제정한 형식적 의미의 법률을 말한다.
② (X) 소유권의 핵심적 권능에 속하는 사용·수익의 권능이 소유자에 의하여 대세적으로 유효하게 포기될 수 있다고 하면, 이는 결국 처분권능만이 남는 민법이 알지 못하는 새로운 유형의 소유권을 창출하는 것으로서, 객체에 대한 전면적 지배권인 소유권을 핵심으로 하여 구축된 물권법의 체계를 현저히 교란하게 된다.(대판 2009. 3. 26. 2009다228,235)
③ (O) 민법 제185조 물권법정주의에 반한다.
④ (O) 도시공원법상 근린공원으로 지정된 공원은 일반 주민들이 다른 사람의 공동 사용을 방해하지 않는 한 자유로이 이용할 수 있지만 그러한 사정만으로 인근 주민들이 누구에게나 주장할 수 있는 공원이용권이라는 배타적인 권리를 취득하였다고는 할 수 없다.(대판 1995. 5. 23. 94마2218)
⑤ (O) 온천에 관한 권리를 관습상의 물권이라 볼 수 없고 온천수는 민법 제235조, 제236조 소정의 공용수 또는 생활상 필요한 용수에 해당하지 아니한다.(대판 1970. 5. 26. 69다1239)

답 ②

2 물권의 종류 ★★
18회 출제

(1) 민법상의 물권

점유권·소유권·**지상권·지역권·전세권** · **유치권·질권·저당권** 등 8종이 있다.
　　　　　　　　→ 용익물권　　　　　　→ 담보물권

1) 점유권과 본권

점유권은 어떤 물건을 '사실상의 지배(점유)'하고 있을 때 그것을 법률적으로 정당화할 수 있는 권원[1]의 유무를 묻지 않고서 그 사실상의 지배 자체를 보호하는 것을 목적으로 하는 물권임에 반하여 **본권**은 어떤 물건을 현재 지배하고 있느냐의 여부에 관계없이 목적물을 '지배할 수 있는 권리'이다.

용어사전

1) **권원(權原)** : 어떤 법률적 또는 사실적 행위를 하는 것을 정당화하는 법률상의 원인. 예컨대 타인의 토지에 물건을 부속시키는 권원은 지상권·임차권 등이다(민법 제256조).

2) 소유권과 제한물권(본권의 분류)

소유권은 일정한 물건을 전면적으로, 즉 사용가치와 교환가치의 전부에 관하여 지배할 수 있는 권리이므로 '완전물권'이라고도 하나 **제한물권**은 일정한 물건을 어떤 제한된 방향에서 제한된 방법으로 특정의 목적을 위하여 지배할 수 있는 권리로서 원칙적으로 타인의 물건 위에 성립한다는 의미에서 '타물권(他物權)'이라고도 한다.

3) 용익물권과 담보물권(제한물권의 분류)

용익물권은 물건의 사용가치만을 지배하는 것(민법상 지상권·지역권·전세권의 3가지)이지만 **담보물권**은 물건이 가지는 교환가치를 목적으로 하는 것으로 이는 다시 법률의 규정에 의하여 일정한 요건이 갖추어질 때에 당연히 성립하는 <u>법정담보물권</u>과 당사자 간의 약정에 의하여 성립하는 <u>약정담보물권</u>으로 구분된다.

예) 질권과 저당권 ←

→ 예) 유치권

4) 부동산물권과 동산물권(물권의 객체에 의한 분류)

점유권과 소유권·유치권은 동산이나 부동산 모두에 성립될 수 있지만, 지상권·지역권·전세권·저당권은 부동산 위에만, 질권은 동산 위에만 성립할 수 있다.

(2) 특별법상의 물권

1) 가등기담보권 및 양도담보권

가등기담보나 양도담보는 미리 담보목적물에 대한 소유권이전청구권보전의 가등기를 하거나 소유권 자체를 이전하는 형식을 취하는 변칙적인 채권담보제도이다.

2) 기타 특별법상의 물권(참고만 하세요)

상법에 의한 상사유치권·상사질권·선박저당권·선박채권자의 우선특권 등과 각 개별법률에 의한 공장재단저당권·자동차저당권·항공기저당권·광업재단저당권·어업권 등이 있다.

(3) 관습법상의 물권(용익물권의 지상권 참조) `26회 출제`

1) 관습법상의 법정지상권

동일인의 소유에 속하던 대지와 그 지상건물이 매매 등 일정한 원인으로 인하여 각각 소유자를 달리하게 된 경우에 건물의 소유자에게 인정되는 관습상의 지상권을 말한다.

2) 분묘기지권

타인의 토지 위에 분묘(墳墓)를 설치하는 때에는 일정한 요건 하에 지상권에 유사한 물권이 성립한다.

제2편 물권법

단락핵심 물권의 종류

(1) 물권법정주의에 위반한 물권은 효력이 없다. (○)
(2) 미등기무허가 건물의 양수인은 소유권을 취득한 것은 아니지만 소유권 유사의 관습법상의 물권을 취득한다. (×)
   ⇒ 판례는 위와 같은 지위를 인정하지 않는다.
(3) 온천권은 관습법상의 물권이라고 할 수 없다. (○)
(4) 미등기무허가 건물의 양수인은 그 소유권이전등기를 경료받지 않는 한 건물에 대한 소유권을 취득할 수 없고, 그러한 건물의 취득자에게 소유권에 준하는 관습법상의 물권이 있다고 볼 수 없다. (○)
(5) 관습상의 사도통행권은 인정되지 않는다. (○)
   ⇒ 민법은 사도통행권은 인정하지 않지만 상린관계 중 주위토지통행권을 인정하고 있으며, 지역권으로 사도통행권과 유사한 효과를 얻을 수 있다.
(6) 지상권과 지역권은 토지만을 객체로 하나 전세권은 토지뿐만 아니라 건물도 객체로 한다. (○)
(7) 유치권은 부동산을 객체로 할 수도 있다. (○)
   ⇒ 질권은 동산만을 객체로 하고 저당권은 부동산만을 객체로 하나, 유치권은 동산과 부동산을 모두 객체로 한다.
(8) 가등기담보권은 관습과 판례에 의하여 규정되던 것을 입법을 통하여 해결한 예이다. (○)

제1장 물권법 총설

제2절 물권의 효력 [17회 출제]

Professor Comment
여기에서는 모든 물권에 공통하는 효력으로서 우선적 효력과 물권적 청구권을 다루고 그 밖에 개별 물권에만 인정되는 효력(당사자의 권리·의무)은 해당 부분에서 살펴보기로 한다.

01 우선적 효력

1 물권 상호간의 우선적 효력 [14회 출제]

(1) 상호 배타적 관계인 물권 사이의 법률관계
물권은 목적물을 배타적으로 지배하는 권리이므로 상호 배타적인 물권이 동일물 위에 중복하여 성립할 수 없으므로 먼저 성립한 물권만 효력이 있고, 후에 성립한 물권은 무효이다.
> 예 동일 물건에 대하여 甲이 소유권을 취득한 후 乙이 소유권을 취득하거나, 甲이 지상권을 취득한 후 乙이 지상권을 취득할 수 없다.

(2) 양립 가능한 물권 상호간

1) 원칙
   ① **소유권과 제한물권**
   소유권과 제한물권이 동일물 위에 존재하게 되면 성질상 제한물권이 소유권에 언제나 우선한다.
   ② **제한물권 상호간**
   제한물권은 구체적 종류(용익물권과 담보물권, 담보물권 상호간)에 따라 병존할 수 있고, 이 경우에는 시간적으로 먼저 성립한 제한물권이 우선한다. 따라서 용익물권과 담보물권 상호간에도 먼저 성립한 물권이 나중에 성립한 물권에 우선한다.
   > 예 지상권 설정 후에도 저당권을 설정할 수 있으며, 그 반대로 저당권을 설정한 후 지상권을 설정하는 것도 가능하다. 다만 전자의 경우에는 저당권이 실행되어도 선순위인 지상권은 존속하지만, 후자의 경우에는 저당권의 실행으로 후순위의 지상권은 소멸할 뿐이다.

 판례

전세권 존속기간이 시작되기 전에 마친 전세권설정등기가 원칙적으로 유효한 것으로 추정되며 전세권의 순위는 등기된 순서에 따라 결정된다(대판 2018. 1. 25. 2017마1093)

2) 예외
   점유권은 사실상의 지배로 성립하기 때문에 우선적 효력과 관계가 없다. 따라서 점유권은 본권과 병존하여 존재할 수 있다.

제2편 물권법

2 채권에 우선하는 효력

(1) 원 칙

어떤 물건에 관하여 물권과 채권이 함께 존재하는 경우에는 그 성립의 선후와는 관계없이 물권이 우선한다.

(2) 예 외

1) 채권이 대항요건을 갖춘 예로 ① 채권이 가등기된 경우, ② 등기된 부동산임차권, ③ 등기된 환매권, ④ 확정일자 있는 임차보증금(우선변제권) 등이 있다. 이 경우에는 (가)등기 등 대항력의 발생시기와 물권이 성립한 시기를 비교하여 그 선후에 따라 우열이 결정된다.
2) 특별법상의 소액보증금(최우선변제권)의 경우에는 물권보다 언제나 우선한다.

02 물권적 청구권   22·30·32·33·34회 출제

1 의의 및 인정취지

(1) 의 의

물권적 청구권이란 물권에 대한 지배가 어떤 사정으로 말미암아 <u>방해당하고 있거나</u> 또는 <u>방해당할 염려가 있는 경우</u>에, 물권자가 방해자에 대하여 그 방해의 제거 또는 예방에 필요한 일정한 행위(작위 또는 부작위)를 청구할 수 있는 권리를 말한다.

→ 방해배제청구
→ 방해예방청구

(2) 인정취지

물권적 청구권을 인정하는 것은 물권의 효력, 즉 목적물에 대한 직접적이고 배타적인 지배권을 확보하기 위한 것으로서, 타인에 의해 물건에 대한 지배권을 침해당한 경우에 지배권을 다시 회복하는 것은 물권의 본질적 요청을 충족시키기 위한 것이다.

2 종 류

Professor Comment

반환청구권은 지역권과 저당권에서는 인정되지 않는데 점유할 권리를 그 내용으로 하지 않기 때문이다.

제1장 물권법 총설

(1) 내용에 따른 분류

1) 반환청구권
목적물의 점유를 침탈하거나 반환을 거부함으로써 물권이 침해되는 경우에 물권자가 침해자에 대하여 그 반환을 청구할 수 있는 권리이다.

예 甲의 토지 위에 乙이 무단으로 건물을 지은 경우

2) 방해제거청구권
목적물에 대한 점유의 침탈 및 반환거부 이외의 방법으로 물권의 행사가 방해되는 경우에 물권자가 방해자에 대하여 방해의 제거를 청구하는 권리이다.

예 甲의 토지 위에 乙이 승낙 없이 건축자재를 쌓아 놓은 경우

3) 방해예방청구권
물권의 침해가 현실적으로 발생하지는 않았지만 장래에 발생할 염려가 있는 경우에 그 발생을 저지하기에 필요한 일체의 작위 및 부작위를 청구할 수 있는 권리이다.

예 甲의 집 담장이 乙의 집 쪽으로 곧 무너질 우려가 있는 경우

물권적 청구권의 의의

① 청구권(請求權)이란 특정인이 다른 특정인에게 일정한 행위를 요구하는 권리를 말한다.
② 물권적 청구권은 물권으로부터 파생된 권리이므로, 물권적 청구권만을 양도할 수 없다. 따라서 물권을 양도하면 물권적 청구권도 수반하여 이전된다.

물권적 청구권이란 물권이 침해(또는 방해)를 당하거나 당할 우려가 있는 경우 그 침해자에게 침해의 제거 또는 예방을 청구할 수 있는 권리를 말한다.

물권적 청구권에는
① 물권적 반환청구권,
② 물권적 방해제거청구권,
③ 물권적 방해예방청구권의 3가지가 있다.

물권적 청구권은 침해자(또는 방해자)의 고의·과실과 관계없이 청구할 수 있다.

물권적 청구권은 침해자의 고의가 있어도 청구 가능하고, 고의가 없어도 청구 가능하지!

(2) 전제가 되는 물권에 따른 분류 `23회 출제`

1) 점유권에 기한 물권적 청구권
제204조 내지 제206조의 점유보호청구권(반환청구, 방해제거청구, 방해예방청구)

2) 본권에 기한 물권적 청구권
소유권(제213조·제214조), 지상권(제290조), 지역권(제301조), 전세권(제319조), 저당권(제370조)의 물권적 청구권

3) 점유를 수반하는 물권
점유를 수반하는 물권의 경우에 점유권에 기한 물권적 청구권과 본권에 기한 물권적 청구권이 경합할 수 있다.

Professor Comment
질권에는 명문규정이 없어 그 인정 여부에 대해 논란이 있을 수 있지만 입법상의 착오로 보고 질권에도 물권적 청구권을 인정한다(통설).

3 법적 성질★★

(1) 특수한 독립된 청구권
물권적 청구권은 독립한 청구권이지만 특정인(침해자)에 대하여 일정한 행위를 청구할 수 있는 권리로서 채권과 그 성격이 유사하나, 순수한 채권은 아니다.

(2) 물권에 의존하는 권리
물권으로부터 파생된 권리이지만 항상 물권과 그 운명을 같이 하므로, 물권이 이전·소멸하면 물권적 청구권도 이전·소멸하고, 물권적 청구권만을 보유하거나 양도할 수 없다.

물권적 청구권의 내용

① **반환청구권**은 목적물에 대한 지배(=점유)가 침해된 경우에 이를 점유하고 있는 자에게 그 반환을 청구하는 것을 말한다.

② **방해제거청구권**은 물권자가 물건에 대한 지배를 부분적으로 방해받고 있는 경우에 그 방해자에게 방해의 제거를 청구하는 것을 말한다.

③ **방해예방청구권**은 장차 침해될 염려가 있는 경우 그 침해예방에 필요한 행위를 상대방에게 청구하는 것을 말한다.

제1장 물권법 총설

(3) 채권적 청구권과의 우열
물권의 채권에 대한 우선적 효력에 의하여 물권적 청구권은 채권적 청구권에 우선한다.

(4) 소멸시효 대상 여부
소유권에 기한 물권적 청구권은 소멸시효에 걸리지 않지만(판례), 제한물권에 기한 물권적 청구권의 소멸시효의 대상적격 여부에 대하여는 판례는 없고, 학설의 대립이 있다.

Professor Comment

소유권은 소멸시효에 걸리지 않음에도 불구하고 물권적 청구권만 시효로 소멸한다면 소유자는 소유권은 있어도 물건의 반환을 청구할 수 없고, 점유자는 소유권이 없으나 반환할 필요가 없다는 부당한 상태가 될 것이기 때문에 소멸시효에 걸리지 않는다.

> **판례** 소유권 = 소멸시효 부인   **31회 출제**
>
> **1 채권변제 후의 양도담보설정자의 말소등기청구권**
> 채권담보의 목적으로 이루어지는 부동산 양도담보의 경우에 있어서 피담보채무가 변제된 이후에 양도담보권설정자가 행사하는 등기청구권은 양도담보권설정자의 실질적 소유권에 기한 물권적청구권이므로 따로이 시효소멸되지 아니한다(대판 1979.2.13. 78다2412).
>
> **2 합의해제에 따른 매도인의 원상회복청구권**
> 매매계약이 합의해제된 경우에도 매수인에게 이전되었던 소유권은 당연히 매도인에게 복귀하는 것이므로 합의해제에 따른 매도인의 원상회복청구권은 소유권에 기한 물권적 청구권이라고 할 것이고 이는 소멸시효의 대상이 되지 아니한다(대판 1982.7.27. 80다2968).

4 발생요건★

(1) 물권에 대한 침해 또는 침해의 우려가 있을 것
물권적 청구권은 물권이 존재하는 것만으로써 당연히 발생하는 것이 아니라, 특정인에 의해 물권이 침해되거나 침해당할 염려가 있음을 요건으로 하여 비로소 발생한다.

Professor Comment

침해란 사용가치와 교환가치에 있어서의 제한이 존재하고, 그 제한에 정당한 사유가 존재하지 않는 것, 즉 그 제한이 위법한 것을 요구한다.

(2) 침해자의 고의·과실은 불필요
1) 물권을 침해하거나 침해할 염려가 있는 사실은 반드시 어떤 자의 고의·과실로 인한 행위에 의거할 필요는 없고, 객관적인 침해사실만 있으면 충분하다.
2) 폭풍우와 같은 불가항력으로 인한 침해의 경우에도 물권적 청구권이 발생한다.
   → 또는 침해염려

5 청구권행사의 당사자 ★

(1) 주 체
현재 물권을 침해당하고 있거나 당할 염려가 있는 물권자이다.

(2) 상대방
1) 물권적 청구권의 상대방은 현재 물권을 침해하고 있거나 또는 침해할 염려가 있는 상태를 유지하고 있는 자이다.
2) 앞서 침해자였더라도 현재 침해를 하고 있지 않고, 침해의 우려도 없는 자는 물권적 청구권 행사의 상대방이 될 수 없다.
   예 甲의 토지에 乙이 불법건축물을 건축한 후 현재는 丙에게 매각되어 丙이 점유하고 있는 경우, 물권적 청구권(방해제거청구권)은 실질적으로 침해상태를 지배하고 있는 丙에게 행사되어야 한다.

6 청구권의 내용(효력)

(1) 침해의 제거 또는 예방
물권적 청구권은 그때그때의 침해의 태양에 따라서 목적물의 반환·방해의 제거 또는 예방을 청구하는 것이다.

(2) 행위청구권인지 인용청구권인지 여부
1) 상대방에게 적극적으로 일정한 행위로 청구할 수 있다는 견해(행위청구권설)
2) 상대방에게 단지 소극적으로 인용의무를 질 뿐이라는 견해(인용청구권설)
3) 행위청구권의 입장이라는 것이 판례의 입장이다(대판 2014.11.27. 2014다52612).

(3) 비용부담문제
소유자는 소유권을 방해하는 자에 대하여 그 방해제거행위를 청구할 수 있고, 그 방해예방행위를 청구하거나 예상되는 손해의 배상에 대한 담보를 지급할 것을 청구할 수 있으나, 소유자가 침해자에 대하여 방해제거 행위 또는 방해예방행위를 하는 데 드는 비용을 청구할 수 있는 권리는 위 규정에 포함되어 있지 않으므로, 소유자가 민법 제214조에 기하여 방해배제 비용 또는 방해예방 비용을 청구할 수는 없다(대판 2014다52612).

(4) 물권적 청구권의 이행불능과 전보배상
물권적 청구권의 이행불능으로 인한 전보배상청구권이 인정되지 않는다.

제1장 물권법 총설

 판례 물권적 청구권의 이행불능

❶ 소유자가 자신의 소유권에 기하여 실체관계에 부합하지 아니하는 등기의 명의인을 상대로 그 등기말소나 진정명의 회복 등을 청구하는 경우에, 그 권리는 물권적 청구권으로서의 방해배제청구권(민법 제214조)의 성질을 가진다. 그러므로 <u>소유자가 그 후에 소유권을 상실함으로써 이제 등기말소 등을 청구할 수 없게 되었다면, 이를 위와 같은 청구권의 실현이 객관적으로 불능이 되었다고 파악하여 등기말소 등 의무자에 대하여 그 권리의 이행불능을 이유로 민법 제390조상의 손해배상청구권을 가진다고 말할 수 없다.</u> 위 법규정에서 정하는 채무불이행을 이유로 하는 손해배상청구권은 계약 또는 법률에 기하여 이미 성립하여 있는 채권관계에서 본래의 채권이 동일성을 유지하면서 그 내용이 확장되거나 변경된 것으로서 발생한다. 그러나 위와 같은 등기말소청구권 등의 물권적 청구권은 그 권리자인 소유자가 소유권을 상실하면 이제 그 발생의 기반이 아예 없게 되어 더 이상 그 존재 자체가 인정되지 아니하는 것이다. 이러한 법리는 선행소송에서 소유권보존등기의 말소등기청구가 확정되었다고 하더라도 그 청구권의 법적 성질이 채권적 청구권으로 바뀌지 아니하므로 마찬가지이다.

❷ 국가 명의로 소유권보존등기가 경료된 토지의 일부 지분에 관하여 甲 등 명의의 소유권이전등기가 경료되었는데, 乙이 등기말소를 구하는 소를 제기하여 국가는 乙에게 원인무효인 등기의 말소등기절차를 이행할 의무가 있고 甲 등 명의의 소유권이전등기는 등기부취득시효 완성을 이유로 유효하다는 취지의 판결이 확정되자, 乙이 국가를 상대로 손해배상을 구한 사안에서, 甲 등의 등기부취득시효 완성으로 토지에 관한 소유권을 상실한 乙이 불법행위를 이유로 소유권 상실로 인한 손해배상을 청구할 수 있음은 별론으로 하고, 애초 국가의 등기말소의무 이행불능으로 인한 채무불이행책임을 논할 여지는 없고, 또한 토지의 소유권 상실로 인한 손해배상을 구하는 乙의 청구에 대하여 당사자가 주장하지 아니한 소유권보존등기 말소등기절차 이행의무의 이행불능으로 인한 손해배상책임을 인정할 수 없음에도, 이와 달리 손해배상책임을 인정한 원심판결에 법리오해와 처분권주의 위반의 위법이 있다(대판 2012.5.17. 2010다28604).

7 다른 청구권과의 관계 ★★

Professor Comment

물권적 청구권과 불법행위에 의한 손해배상청구권의 가장 큰 차이점은 고의·과실을 필요로 하는지 여부이다.

(1) 물권적 청구권은 보충적인 것이 아니므로 물권침해의 사실이 다른 청구권의 발생요건을 충족시키는 경우에는 물권적 청구권은 다른 청구권과 **경합**¹⁾한다.
    ㉠ 물권적 청구권+손해배상청구권, 물권적 청구권+부당이득반환청구권, 점유권에 기한 물권적 청구권+본권에 기한 물권적 청구권 등

(2) 불법원인에 의한 급여자는 부당이득반환청구를 하지 못함은 물론 소유권에 기인한 반환청구도 할 수 없다(대판 1979.11.13. 79다483).

1) **권리의 경합(競合)**: 동일한 목적과 결과를 가져오는 수 개의 권리가 동시에 1인에게 존재하는 상태를 말한다.

단락핵심 물권적 청구권

(1) 물권적 청구권은 침해자의 고의·과실을 요하지 않는다. (○)
(2) 물권적 청구권은 물권과 분리하여 양도하지 못한다. (○)
(3) 지역권 및 저당권에서는 목적물반환청구권이 인정되지 않는다. (○)
(4) 소유권에 기한 물권적 청구권은 소멸시효의 대상이 된다. (×)

제2편 물권법

단락문제 Q05 제32회 기출

물권적 청구권에 관한 설명으로 옳은 것은? (다툼이 있으면 판례에 따름)

① 소유권을 양도한 전소유자가 물권적 청구권만을 분리, 유보하여 불법점유자에 대해 그 물권적 청구권에 의한 방해배제를 할 수 있다.
② 물권적 청구권을 행사하기 위해서는 그 상대방에게 귀책사유가 있어야 한다.
③ 소유권에 기한 방해배제청구권에 있어서 방해에는 과거에 이미 종결된 손해가 포함된다.
④ 소유권에 기한 물권적 청구권은 그 소유권과 분리하여 별도의 소멸시효의 대상이 된다.
⑤ 소유권에 기한 물권적 청구권은 그 소유자가 소유권을 상실하면 더 이상 인정되지 않는다.

해설
① (X) 소유권을 양도한 전소유자는 물권적 청구권을 행사할 수 없다.
② (X) 침해의 객관적 사실로 족하다.
③ (X) 불법행위에 기한 손해배상은 별론으로 하고 과거에 종결된 방해는 방해배제 청구권의 대상이 되지 못한다.
④ (X) 소멸시효의 대상이 아니다. (대판 1982. 7. 27. 80다2968)
⑤ (O) 소유권을 상실하면 당연히 소유권에 기한 물권적 청구권을 상실한다.

답 ⑤

단락문제 Q06 제31회 기출

물권적 청구권에 관한 설명으로 옳은 것은? (다툼이 있으면 판례에 따름)

① 소유권에 기한 물권적 청구권은 소멸시효의 대상이다.
② 타인 토지에 무단으로 신축된 미등기건물을 매수하여 대금을 지급하고 점유하는 자는 건물철거 청구의 상대방이 될 수 있다.
③ 소유자는 허무인(虛無人) 명의로 등기한 행위자를 상대로 그 등기의 말소를 구할 수 없다.
④ 저당권자는 목적물에서 임의로 분리, 반출된 물건을 자신에게 반환할 것을 청구할 수 있다.
⑤ 소유자가 말소등기의무자에 의해 소유권을 상실하여 소유권에 기한 등기말소를 구할 수 없는 경우, 그 의무자에게 이행불능에 의한 전보배상청구권을 가진다.

해설 **물권적 청구권**
② (O) 타인의 토지 위에 건립된 건물이 미등기이고 그 건물로 인하여 그 토지의 소유권이 침해되는 경우 그 건물을 철거할 의무자는 그 건물을 법률상·사실상 처분할 수 있는 지위에 있는 사람이다(1991.6.11. 91다11278).
① (X) 양도담보권설정자가 행사하는 등기청구권은 양도담보권설정자의 실질적 소유권에 기한 물권적 청구권이므로 따로이 시효소멸되지 아니한다(대판 1979.2.13. 78다2412).
③ (X) 할 수 있다. 허무인 명의의 등기는 당연 무효
④ (X) 저당권은 목적물의 점유를 수반하지 아니한다. 반환청구 불가
⑤ (X) 전보배상을 청구할 수 없다.

답 ②

제1장 물권법 총설

단락문제 Q07 제30회 기출

물권적 청구권에 관한 설명으로 틀린 것은? (다툼이 있으면 판례에 따름)

① 소유권에 기한 물권적 청구권은 소멸시효에 걸리지 않는다.
② 상대방의 귀책사유는 물권적 청구권의 행사요건이 아니다.
③ 물권적 방해배제청구권의 요건으로 요구되는 방해는 개념상 손해와 구별된다.
④ 임차인은 임차목적물에 관한 임대인의 소유권에 기한 물권적 청구권을 대위행사할 수 없다.
⑤ 유치권자는 점유권에 기한 물권적 청구권을 행사할 수 있다.

해설 물권적 청구권

④ (×) 대위행사할 수 있다(민법 제404조 참조).
① (○) 채권담보의 목적으로 이루어지는 부동산 양도담보의 경우에 있어서 피담보채무가 변제된 이후에 양도담보권설정자가 행사하는 등기청구권은 양도담보권설정자의 실질적 소유권에 기한 물권적 청구권이므로 따로이 시효소멸되지 아니한다(대판 78다2412).
② (○) 귀책사유 불문
③ (○) 손해배상은 불법행위의 성립요건에 해당한다.
⑤ (○) 유치권에는 물권적 청구권이 없으나 점유권에 기한 물권적 청구권은 가능하다.

답 ④

단락문제 Q08 제34회 기출

물권적 청구권에 관한 설명으로 틀린 것은? (다툼이 있으면 판례에 따름)

① 저당권자는 목적물에서 임의로 분리, 반출된 물건을 자신에게 반환할 것을 청구할 수 있다.
② 진정명의회복을 원인으로 한 소유권이전등기청구권의 법적 성질은 소유권에 기한 방해배제청구권이다.
③ 소유자는 소유권을 방해하는 자에 대해 민법 제214조에 기해 방해배제비용을 청구할 수 없다.
④ 미등기 무허가건물의 양수인은 소유권에 기한 방해배제청구권을 행사할 수 없다.
⑤ 소유권에 기한 방해배제청구권은 현재 계속되고 있는 방해원인의 제거를 내용으로 한다.

해설 물권적 청구권

① 반환 청구불가. 저당권에는 반환청구권이 없다
② 판례
③ 소유자가 침해자에 대하여 방해제거 행위 또는 방해예방 행위를 하는 데 드는 비용을 청구할 수 있는 권리는 위 규정에 포함되어 있지 않으므로, 소유자가 민법 제214조에 기하여 방해배제 비용 또는 방해예방 비용을 청구할 수는 없다(대판 2014. 11. 27. 2014다52612).
④ 법률상 소유자가 아니다.
⑤ 민법 제214조 참조

답 ①

물권법 총설

CHAPTER 01

빈출 함정 총정리

• 경록 교재에 모든 답이 있습니다.

물권법정주의

01 **물권은** 절대권이고 **채권은** 상대권이다.
　　함정(X) 채권은 절대권이고 물권은 상대권이다.

02 물권법정주의에 위반하는 법률행위는 **절대적 무효행위이다**.
　　함정(X) 물권법정주의에 위반하는 법률행위는 유동적 무효이다.

03 물권법은 강행규정성을 가지며, 물권은 법률 또는 **관습법에** 의하는 외에는 임의로 창설하지 못한다.
　　함정(X) 물권법은 강행규정성을 가지며, 물권은 법률 또는 관습에 의하는 외에는 임의로 창설하지 못한다.

물권의 종류

04 지상권은 **토지만을 그 객체로** 하는 물권이다.
　　함정(X) 지상권은 토지와 건물을 객체로 하는 물권이다.

05 도시공원법상 일반주민의 자유이용이 인정되는 근린공원으로 지정된 **사정만으로는 인근 주민들에게 관습법상 공원이용권이 인정되지 않는다**.
　　함정(X) 도시공원법상 일반주민의 자유이용이 인정되는 근린공원으로 지정된 사정이 있다면 인근 주민들에게는 관습법상 공원이용권이 인정된다.

06 전세권은 **용익물권이면서 담보물권의 성격도 함께 가진다**.
　　함정(X) 전세권은 순수한 용익물권의 모습을 보인다.

일물일권주의

07 1개의 물건 위에 **동일한 내용의** 물권이 동시에 성립하지 못하는 것이 원칙이다.
　　함정(X) 1개의 물건 위에 여러 개의 물권이 동시에 성립하지 못하는 것이 원칙이다.

08 하나의 물건을 다수인이 공유하는 것은 일물일권주의의 **예외라고 할 수 없다.**
　　함정(X) 하나의 물건을 다수인이 공유하는 것은 일물일권주의의 예외이다.

09 성숙한 농작물은 **토지와는 독립한 물건으로 다루어진다.**
　　함정(X) 성숙한 농작물은 토지의 정착물로 토지의 구성요소를 이룬다.

10 **분필절차를 밟지 않더라도** 1필의 토지의 일부 위에 전세권을 설정할 수 있다.
　　함정(X) 반드시 분필하여야만 1필의 토지의 일부 위에 전세권을 설정할 수 있다.

11 1필지의 일부에는 독립된 소유권이 성립할 수 없지만, 1필지의 토지의 일부에 관하여 토지의 분할을 명하지 않고서 그 필지에 대한 소유권이전등기를 명한 판결도 적법할 수 있다.
　　함정(X) 1필지의 일부에는 독립된 소유권이 성립할 수 없지만, 1필지의 토지의 일부에 관하여 토지의 분할을 명하지 않고서 그 필지에 대한 소유권이전등기를 명한 판결도 적법할 수 있다판결은 집행불능의 판결이다.

12 관습법상의 물권으로는 분묘기지권, **동산양도담보** 등이 있다.
　　함정(X) 관습법상의 물권으로는 분묘기지권, 온천권 등이 있다.

물권의 효력

13 물권적 청구권은 물권과 분리하여 양도할 수 **없다.**
　　함정(X) 물권적 청구권은 물권과 분리하여 양도할 수 있다.

14 물권적 청구권은 현재 **물권을 침해하고 있는 자 및 침해할 우려가 있는 자**에게 행사할 수 있다.

제2편 물권법

함정(X) 물권적 청구권은 현재 물권을 침해하고 있는 자에게만 행사할 수 있다.

15 지역권자와 **저당권자는** 점유물반환청구권이 인정되지 않는다.
함정(X) 지역권자와 지상권자는 점유물반환청구권이 인정되지 않는다.

16 물권적 청구권과 손해배상청구권은 **병존하는 경우도 있으나 언제나 그러한 것은 아니다.**
함정(X) 물권적 청구권과 손해배상청구권은 항상 병존한다.

17 소유권에 기한 물권적 청구권은 **소멸시효에 걸리지 않는다.**
함정(X) 소유권에 기한 물권적 청구권은 20년의 소멸시효에 걸린다.

18 소유권과 제한물권이 동일물 위에 존재하게 되면 **성질상 제한물권이 우선한다.**
함정(X) 소유권과 제한물권이 동일물 위에 존재하게 되면 성질상 소유권이 우선한다.

19 물권과 채권 간에는 **원칙적으로** 물권이 우선한다.
함정(X) 물권과 채권 간에는 언제나 물권이 우선한다.

CHAPTER 02 물권의 변동

학습포인트

- 물권변동의 태양과 특히 부동산 물권변동과 공시제도, 동산물권변동 그리고 물권의 소멸사유 등을 학습하게 된다.
- 부동산 물권변동요건으로서 등기제도에 관하여 공시법에서 상세히 다루게 되지만 민법 및 민사특별법의 시험에서도 매년 1~2문제, 그리고 개별 물권법 출제지문에서 등기와 관련시켜 출제되는 경향이 있으므로 평소에 물권법이론과 등기법의 절차적 내용과는 항상 연관시켜 학습할 것이 요구된다.

CHAPTER 학습 & 출제되는 키워드

- ☑ 물권변동
- ☑ 절대적·상대적 소멸
- ☑ 공신의 원칙
- ☑ 물권행위의 독자성·무인성
- ☑ 법률행위에 의한 부동산물권변동
- ☑ 중간생략등기
- ☑ 법률행위에 의하지 않은 부동산물권변동
- ☑ 등기의 효력
- ☑ 명인방법에 의한 물권변동
- ☑ 원시취득·승계취득
- ☑ 공시의 원칙
- ☑ 물권행위
- ☑ 부동산등기
- ☑ 중복등기
- ☑ 무효등기의 유용
- ☑ 동산물권의 변동
- ☑ 물권의 소멸
- ☑ 주체·내용·작용의 변경
- ☑ 대항요건주의·성립요건주의
- ☑ 의사주의·형식주의
- ☑ 가등기
- ☑ 미등기 매수인의 지위
- ☑ 등기청구권
- ☑ 선의취득

CHAPTER 학습 & 출제되는 질문

- ☑ 물권변동 일반에 관한 설명 중 옳은 것은?
- ☑ 공시의 원칙과 공신의 원칙에 관한 다음 설명 중 옳지 않은 것은?
- ☑ 甲과 乙 사이에 甲소유의 토지를 乙에게 이전하는 매매계약이 체결된 후, 甲은 이러한 사정을 잘 아는 丙에게 이를 다시 매도하고 이전등기까지 마친 경우, 다음 중 가장 옳은 것은?
- ☑ 다음 중 등기하여야 부동산에 관한 물권변동의 효력이 발생하는 경우로 짝지어진 것은?
- ☑ 선의취득에 관한 설명으로 옳은 것은?
- ☑ 도품(盜品) 및 유실물(遺失物)의 선의취득에 관한 설명으로 틀린 것은?
- ☑ 혼동으로 인해 밑줄 친 권리가 확정적으로 소멸하는 경우는?

제1절 총설 **11회 출제**

01 물권변동의 의의·태양

1 물권변동의 의의

물권의 변동이란 물권의 발생·변경·소멸을 총칭하는 개념으로서 이를 주체의 입장에서 본다면 물권의 득실변경을 의미한다.

2 물권변동의 태양★

(1) 원인에 따른 분류

1) **법률행위**(즉, 물권행위)**에 의한 물권변동**
   당사자의 의사에 의한 물권변동으로 공시방법(등기·인도)을 필요로 한다(제186조).

2) **법률규정에 의한 물권변동**
   당사자의 의사와는 관계없이 주로 법률의 규정에 의하여 일어나는 물권변동으로 공시방법을 필요로 하지 않는다(제187조). 단, 취득시효에 의한 소유권의 취득에 있어서는 등기를 요한다(제245조 제1항).
   예 공용수용, 상속, 판결(형성판결만 이에 해당함), 경매, 시효(취득시효, 소멸시효) 등에 의한 변경

Professor Comment
암기법 – 공·상·판·매·시

(2) 객체에 따른 분류
변동하는 물권이 부동산물권이냐 동산물권이냐에 따라 부동산물권의 변동과 동산물권의 변동으로 나눌 수 있다.

(3) 내용에 따른 분류

물권의 발생 (물권의 취득)	원시취득 (절대적 취득)	시효취득, 선의취득, 무주물선점, 유실물습득, 매장물발견, 가옥의 신축 등		
	승계취득 (상대적 취득)	이전적 승계	포괄승계	상속, 포괄유증, 회사합병 등
			특정승계	매매, 증여, 교환 등
		설정적 승계	지상권, 전세권, 저당권 등의 설정	
물권의 변경	주체의 변경	물권의 승계취득		
	내용의 변경	성질적 변경	물상대위, 유치권자의 별제권 행사	
		수량적 변경	제한물권의 설정 및 소멸, 첨부 등	
	작용의 변경	1번 저당권의 소멸로 2번 저당권의 순위승진 등		
물권의 소멸	절대적 소멸	목적물 멸실, 소멸시효, 물권포기		
	상대적 소멸	물권의 양도		

02 물권변동과 공시제도

1 물권변동과 공시의 필요성

(1) 물권은 배타성을 가지므로, 물권의 내용과 변동을 어떤 외부적 표상에 의하여 일반인이 인식할 수 있도록 하지 않으면, 제3자에게 불측의 손해를 주게 되며 거래의 안전을 해치게 된다.

(2) 이에 따라 물권의 귀속과 그 내용을 일정한 표지에 의하여 일반인에게 알리는 제도가 필요한 바, 이러한 제도를 공시제도라 한다.

(3) 근대법은 '공시의 원칙'을 채용하는 한편, 나아가 그러한 공시를 신뢰한 자를 보호할 것을 내용으로 하는 '<u>공신의 원칙</u>'을 제한적으로 채용하고 있다.
　　　　　　　　→ '손이 손을 보호한다'라는 법언으로 표현됨

2 공시의 원칙★★★

Professor Comment
　공시의 원칙은 의사주의와 형식주의 모두에 적용된다.

(1) 의의 및 기능

물권변동은 언제나 외부에서 그것을 인식할 수 있는 일정한 표상, 즉 공시방법을 갖추어야 한다는 원칙을 말한다. 이는 주로 물권의 배타성으로 인해 제3자가 입게 될지도 모를 뜻하지 않은 손해를 방지하여 거래의 안전을 보호하기 위한 것이다.

(2) 공시방법의 종류

공시방법	대 상	공시방법	대 상
등 기	부동산, 선박, 입목	등 록	자동차, 항공기, 건설장비 등
인도(점유의 이전)	일반동산	명인방법	수목의 집단, 미분리과실 등

(3) 공시제도의 확장

공시제도는 물권에 한해서 인정되는 것은 아니며, 광업권·어업권·무체재산권과 같이 배타적인 성격을 갖는 권리는 물론, **채권양도**[1]나 **혼인·인지·입양과 같은 신분법상의 법률관계의 성립**에 있어서도 인정되고 있다.

> 예 채권양도에 있어서의 **대항요건**[2](제450조), 주택임대차에 있어서의 주택의 인도와 주민등록(「주택임대차보호법」 제3조), 혼인에 있어서의 신고 등

용어사전

1) **채권양도(債權讓渡)**: 채권을 그 내용의 동일성을 변경시키지 아니하고 이전함을 목적으로 하는 구채권자와 신채권자간의 계약을 말한다.

2) **대항요건(對抗要件)**: 이미 성립한 권리관계를 타인에 대하여 주장하기 위한 요건. 주로 당사자 사이에서 효력이 생긴 권리관계를 제3자에게 주장할 때에 쓰여진다(민법 제692조).

 공시의 원칙

- **公**: 공개할 [공]
- **示**: 보일 [시]

1) **공 시**
   공개적으로 보인다는 뜻

2) **공시의 원칙**
   물권변동을 외부에서 인식할 수 있도록 일정한 표상, 즉 공시방법을 갖추어야 한다는 원칙

(4) 공시방법에 대한 입법태도

1) **대항요건주의(의사주의)** : 프랑스민법과 일본민법

   공시방법을 갖추지 않더라도 당사자 사이에서는 물권변동의 효력이 발생하며, 다만 그 물권변동을 제3자에게 대항하지 못하도록 하는 주의이다.

2) **성립요건주의(형식주의)** : 독일민법과 한국민법

   공시방법을 갖추지 않으면 제3자에 대한 관계에서는 물론이고 당사자 사이에서도 물권변동의 효력을 발생시키지 않는 주의이다.

3 공신의 원칙★★

18회 출제

(1) 의 의

공시방법을 신뢰해서 거래한 자가 있는 경우에 비록 공시방법이 진실한 권리관계와 일치하고 있지 않더라도, 마치 그 공시된 대로의 권리가 존재하는 것처럼 다루어서 그 자의 신뢰를 보호해야 한다는 원칙을 말하며, '사람은 자기가 신뢰를 둔 곳에서 그 신뢰를 찾아야 한다'라든가 '손이 손을 지켜야 한다'라는 법언으로 표현된다.

(2) 입법례 및 민법의 입장

1) **동산의 경우**

   비록 그 내용에는 다소간 차이가 있을지라도 각국의 입법례가 거의 예외 없이 인정하고 있으며, 우리 민법도 이를 규정하고 있다(선의취득, 제249조).

2) **부동산의 경우**

   부동산물권의 경우 독일민법·스위스민법에서 이 원칙을 인정하고 있고, 영미법계에 있어서도 등기에 공신력을 인정하고 있으나, 우리 민법은 프랑스민법이나 일본민법 등과 더불어 부동산물권에 관하여 공신의 원칙을 채용하지 않고 있다. 따라서 위조된 등기를 과실 없이 신뢰하여 부동산을 매수하더라도 특별한 사정이 없는 한 매수인은 소유권을 취득할 수 없다.

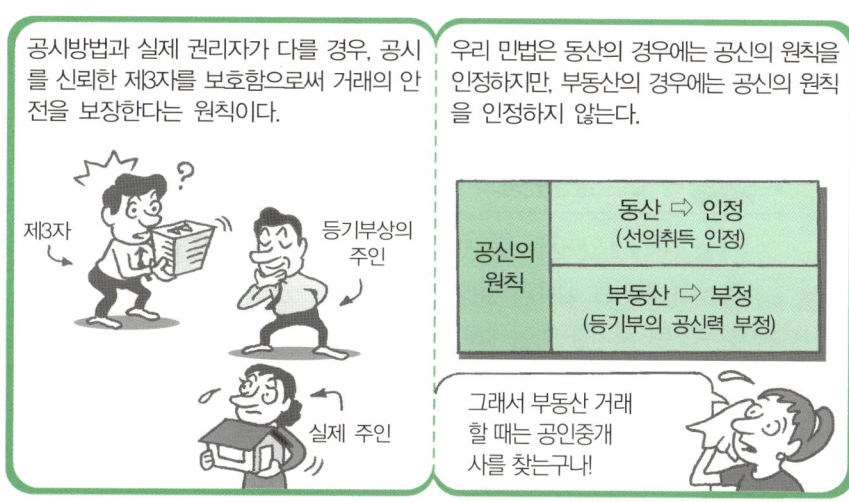

3) 제3자 보호
① 부동산등기에 공신력이 인정되지 않는 결과 선의의 제3자는 불이익을 당할 수 있다.
② 이를 구제하기 위해 민법은 제3자 보호규정을 두어 선의의 제3자를 보호하고 있다.
예 의사표시에 관한 규정들(제107조·제108조·제110조), 계약해제시 원상회복에 관한 규정(제548조 제1항 단서)

(3) 공신의 원칙의 장·단점
거래의 안전이 보장된다는 점에서 장점을 가지지만 반면 진정한 권리자가 권리를 잃게 될 수 있으므로 법적 안정성에 위협을 준다.

(4) 공신의 원칙의 확장
물권행위는 아니지만 표현대리, **채권의 준점유자**[1]에 대한 변제(제470조), 지시채권 소지인에 대한 변제(제518조) 등의 규정은 공신의 원칙과 유사한 결과를 가져온다.

> **용어사전**
> 1) 채권의 준점유자(準占有者): 채권의 준점유자란 거래의 관념상 진정한 채권자라고 믿게 할 만한 외관을 갖춘 자를 말한다. 예컨대 위조된 영수증소지자를 들 수 있다.

(5) 공시의 원칙과 공신의 원칙의 관계
공시의 원칙이 채택되고 있다고 하여 공신의 원칙이 모두 채택되는 것은 아니다. 즉, 공시의 원칙 채택과 공신의 원칙의 채택은 서로 논리적 연관관계에 있는 것은 아니다.

공시의 원칙	공신의 원칙
1) 상대방을 소극적으로 보호 2) 정적 안전에 중점 3) 물권변동에 있어서 어느 나라나 인정 4) 우리 민법은 부동산 및 동산의 물권변동에 모두 인정	1) 상대방을 적극적으로 보호 2) 동적 안전에 중점 3) 물권변동에 있어서 각국의 입법에 따라 다르다. 4) 우리 민법은 동산물권의 변동에만 인정

단락핵심 물권변동과 공시제도
(1) 형식주의에 있어서는 물권변동은 물권적 합의 외에 일정한 형식을 갖추어야 물권변동이 생긴다. (○)
(2) 우리 민법은 점유의 공신력은 인정하나 등기의 공신력은 인정하지 않는다. (○)
(3) 위조된 등기를 과실 없이 신뢰하여 부동산을 매수하더라도 특별한 사정이 없는 한 매수인은 소유권을 취득할 수 없다. (○)
(4) 공시의 원칙이 공신의 원칙보다 거래의 안전을 보호하기에 유리하다. (×)

제2절 물권행위

01 의의

1 개념
물권행위란 직접적으로 물권변동의 효과를 가져오는 법률행위를 말하며, 예컨대 소유권이전의 합의·저당권설정의 합의·전세권설정의 합의 등이 물권행위이다.

2 법적 성질
(1) 물권행위는 물권적 의사표시만으로 성립하는 불요식행위이고, 등기나 인도 등의 공시방법은 그 효력발생요건이다(학설 대립 있음).
(2) 물권행위는 처분행위이므로 처분자에게는 처분권한이 있어야 하며, 그 목적물이 특정되고 현존하여야 한다.

3 채권행위와의 구별
물권행위는 직접 물권변동을 일으키고 이행의 문제를 남기지 않는다는 점에서, 채권·채무를 발생시킬 뿐 아니라 그 이행의 문제를 남기게 되는 채권행위와 대립되는 개념이다.

02 물권행위의 성질

Professor Comment
이 부분은 매우 현학적이므로 판례의 태도만 알고 있으면 충분하다.

1 물권행위의 독자성

(1) 의의
물권행위는 논리적으로 볼 때 채권행위와 개념상 구별되고, 물권변동을 목적으로 하는 채권행위를 전제로 해서 그 이행으로서 이루어지는 것이라고 분석되지만, 현실적으로도 채권행위와 구별하여 이루어지는가의 문제이다.

(2) 민법의 해석

민법은 물권변동에 관하여 형식주의를 취하면서도 채권행위와 물권행위의 관계에 관한 명백한 규정을 두고 있지 않기 때문에 크게 다투어지고 있으나 다수설과 달리 판례는 독자성을 부정한다(대판 1977.5.24. 75다1394).

2 물권행위의 무인성

(1) 의 의

채권행위와 구별되어 행해진다고 할 때(물권행위의 독자성을 인정할 때) 물권행위의 원인이 되는 채권행위가 어떠한 이유로 인해 무효이거나 취소되는 경우에 그 이행으로서 행해진 물권행위의 효력은 어떻게 되느냐의 문제이다.

유인성설(판례)	물권행위의 독립성을 부정하므로, 채권행위가 무효, 불성립, 해제, 취소가 된 경우에 이미 이루어진 물권행위도 당연히 법률적 운명을 같이 한다. 즉 소급하여 무효가 된다.
무인성설(다수설)	채권행위와 물권행위는 별개의 행위이므로 채권행위가 무효, 불성립, 해제, 취소가 된 경우에도 이미 이루어진 물권행위는 원칙적으로 영향을 받지 않는다. 즉 유효하다.

 물권도 계약의 해제로 인하여 당연히 복귀되는지 여부

민법 제548조 제1항 본문에 의하면 계약이 해제되면 각 당사자는 상대방을 계약이 없었던 것과 같은 상태에 복귀케 할 의무를 부담한다는 뜻을 규정하고 있는 바 우리의 법제가 물권행위의 독자성과 무인성을 인정하고 있지 않은 점과 민법 제548조 제1항 단서가 거래안전을 위한 특별규정이란 점을 생각할 때 계약이 해제되면 그 계약의 이행으로 변동이 생겼던 물권은 당연히 그 계약이 없었던 원상태로 복귀한다 할 것이다(대판 1977.5.24. 75다1394).

(2) 독자성과 무인성의 관계

물권행위의 무인성 문제는 물권행위의 독자성을 인정할 때 비로소 발생하는 것이고, 독자성을 부정하면 물권행위는 당연히 유인성을 띠게 된다.

제2장 물권의 변동

제3절 부동산물권의 변동 `15·16·17·18·29회 출제`

01 물권변동의 구성요소로서 부동산등기 `22회 출제`

1 등기의 의의

등기란 국가기관인 등기관이 법정절차에 따라서 등기부라고 불리는 공적 장부에 부동산에 관한 상황과 권리관계를 기재하는 것 또는 그러한 기재 자체를 말한다.

Professor Comment

"등기부"란 전산정보처리조직에 의하여 입력·처리된 등기정보자료를 대법원규칙으로 정하는 바에 따라 편성한 것을 말하며, "등기기록"이란 1필의 토지 또는 1개의 건물에 관한 등기정보자료를 말하나 엄격히 구별하지는 않는다.

2 등기부의 구성 ★

(1) 부동산등기부의 종류

등기부에는 <u>토지등기부와 건물등기부</u>가 있다(「부동산등기법」제14조 제1항).
→ 민법이 건물과 토지를 별개의 물건으로 보기 때문임

(2) 등기부의 구성 (「부동산등기법」제14조)

1) **등기번호란** : 각 토지 또는 건물대지의 지번을 기재한다.
2) **표제부**
   ① **표시번호란** : 표시란에 등기한 순서를 기재한다.
   ② **표시란** : <u>부동산의 상황</u>과 그 변경에 관한 사항을 기재한다.
   → 위치·면적·층수·구조 등
3) **갑구**(甲區, 소유권)
   ① **순위번호란** : 사항란에 기재한 순서를 기재한다.
   ② **사항란** : 소유권에 관한 사항을 기재한다.
   예) 소유권보존, 이전등기, (가)압류등기, 소유권이전청구권의 보전을 위한 가등기, 경매개시결정등기, 환매권등기, 처분금지가처분등기 등
4) **을구**(乙區, 소유권 이외의 권리)
   ① **순위번호란** : 사항란에 기재한 순서를 기재한다.
   ② **사항란** : 소유권 이외의 권리에 관한 사항을 기재한다.
   예) 지상권, 지역권, 전세권, 저당권, 권리질권, 임차권

3 등기의 종류 ★★

기입등기	새로운 등기원인에 의하여 어떠한 사항을 등기부에 새로 기입하는 등기를 말한다. 예 소유권보존등기, 소유권이전등기, 저당권설정등기, 지상권설정등기 등
경정등기	원시적으로(등기시부터) 등기와 실체관계가 일치하지 않는 경우, 이를 고치기 위한 등기로 등기관 또는 신청인이 고의, 과실로 기재 사항에 착오가 있거나 일부를 빠뜨린 때의 등기이다.
변경등기	등기 후의 사정변경으로 그 등기된 사실과 실체관계가 불일치하는 경우, 그 불일치를 고치기 위한 등기로서 소유자의 주소나 성명이 변경되거나 저당권의 이율변경 및 전세권의 존속기간의 변경이 있는 경우에 하는 등기이다.
말소등기	기존의 등기에 부합하는 실체관계가 존재하지 않게 된 경우, 그 등기를 법률적으로 소멸시키는 등기로서 변제에 의한 저당권말소등기 등이 있다.
회복등기	말소회복 등기	기존의 등기의 일부 또는 전부가 부적법하게 말소된 경우 이를 회복시키기 위한 등기로서 저당권의 소멸원인이 없음에도 불구하고 부적법하게 저당권말소등기가 행해진 때에 이를 부활시키는 말소회복등기 등이 있다.
	멸실회복 등기	등기소의 화재, 전쟁 및 천재지변 등으로 등기부의 일부 또는 전부가 멸실된 경우에 이의 회복을 위한 등기이다.
멸실등기	당해 부동산이 화재, 해몰, 수몰, 지반의 붕괴, 하천화 등으로 멸실된 경우 행하여지는 등기로 권리관계에 관한 등기가 아니라, 부동산이 멸실되었다는 등기이므로 표제부의 등기 내지 사실의 등기에 속한다. 그러나 토지나 건물의 일부가 멸실된 때에는 변경등기를 하여야 한다.

4 등기의 절차

(1) 등기의 신청

1) **원칙(공동신청주의)**

   ① **의 의**

   등기의 신청은 등기권리자와 등기의무자가 등기소에 출석하여 공동으로 신청하여야 한다는 것으로 우리의 등기법상의 원칙이다(「부동산등기법」 제23조).

   ② **등기권리자와 등기의무자**

   등기부상 등기에 의하여 권리를 얻거나 의무를 면하는 자로 표시된 자로서 등기절차상의 개념으로서 실체법상의 개념인 등기청구권자와 구별된다.

   예 甲소유 부동산에 관하여 乙, 丙명의의 원인무효의 등기가 차례로 마쳐진 경우, 丙명의의 말소등기에 관하여 등기청구권자는 甲, 등기청구의 상대방은 丙이지만, 등기권리자는 乙, 등기의무자는 丙이다.

2) **예외**(단독신청)

   ① 공동신청에 의하지 않더라도 등기의 진정을 보장할 수 있는 경우

   예 판결(이행·확인·형성 판결 모두 포함), 멸실회복등기

   ② 당해 등기의 성질상 등기의무자가 없는 경우

   예 미등기부동산 소유권의 보존등기, 부동산의 분합 기타의 변경등기, 등기명의인의 표시변경등기, 상속에 의한 등기

제2장 물권의 변동

(2) 등기신청의 접수 및 등기의 기재

1) 등기관의 처리

신청을 받은 등기관은 ① 신청을 접수하고(전산정보처리조직에 저장된 때에도 접수된 것으로 본다) ② 등기신청을 검토하여 위법한 경우 보정을 명하거나 각하할 수 있고, ③ 적법한 경우에는 등기부에 등기(기재)한 후 ④ 신청인 등에게 그 사실을 알린다(등기완료의 통지).

2) 등기의 효력발생

등기관이 등기를 마친 경우 그 등기는 접수한 때부터 효력을 발생한다(「부동산등기법」 제6조 제2항).

5 가등기

(1) 의 의

부동산 물권 또는 등기가 가능한 채권에 대한 청구권을 보전하려 할 때 또는 그 청구권이 시기부, 정지조건부이거나 기타 장래에 있어서 확정될 것인 때에 그 본등기의 순위보전을 위하여 하는 예비등기를 말한다(「부동산등기법」 제88조).

→ 예비등기와 예고등기(현재 폐지)의 개념에 유의할 것

(2) 요건 및 절차

1) 청구권의 존재

「부동산등기법」 제88조가 말하는 청구권은 채권적 청구권을 말하며, 물권적 청구권은 이에 해당하지 아니한다. 즉, 물권적 청구권을 보전하기 위해서는 가등기를 할 수 없다(대판 1982.11.23. 81다카1110).

> **판례 가등기의 허용범위**
>
> ① 甲이 乙과의 합의하에 제3자로부터 토지를 乙의 이름으로 매수하여 매매대금을 완납하고 乙의 명의로 소유권이전등기를 경료한 다음, 乙에 대한 다른 채권자들이 그 토지에 대하여 압류, 가압류, 가처분을 하거나 乙이 甲의 승낙 없이 토지를 임의로 처분해 버릴 경우의 위험에 대비하기 위하여 甲명의로 소유권이전등기청구권 보전을 위한 가등기를 경료하였다면, 위 가등기를 경료하기로 하는 甲과 乙 사이의 약정이 통정허위표시로서 무효라고 할 수는 없고, 나아가 甲과 乙 사이에 실제로 매매예약의 사실이 없었다고 하여 그 가등기가 무효가 되는 것도 아니다(대판 1995.12.26. 95다29888).
>
> ② 매매계약 당시 계약당사자 사이에 계약이 해제되면 매수인은 매도인에게 소유권이전등기를 하여 주기로 하는 약정이 있는 경우에는 매도인은 그 약정에 기하여 매수인에 대하여 소유권이전등기절차의 이행을 청구할 수 있다 할 것이고 이 경우의 매도인의 소유권이전등기청구권은 물권변동을 목적으로 하는 청구권이라 할 것이므로 이러한 청구권은 가등기에 의하여 보전될 수 있는 것이다(대판 1982.11.23. 81다카1110).

2) 당사자의 신청

가등기의무자와 가등기권리자의 공동신청이 허용됨은 물론이며, 가등기의무자의 승낙서 또는 가처분명령의 정본을 첨부하여 가등기권리자의 단독신청에 의하여 행하여질 수 있다(「부동산등기법」 제89조).

(3) 효력

1) 본등기 전의 효력
가등기를 한 이후에 본등기를 하지 않은 상태에서는 가등기 자체만으로는 실체법상 아무런 효력이 없다. 그러나 불법말소된 가등기는 회복청구할 수 있다.

2) 본등기 후의 효력
가등기에 의한 본등기를 하면 그 본등기의 순위는 가등기순위에 의하므로, 본등기의 순위가 가등기순위로 소급한다. 그러나 물권변동의 효과가 소급하는 것은 아니다.

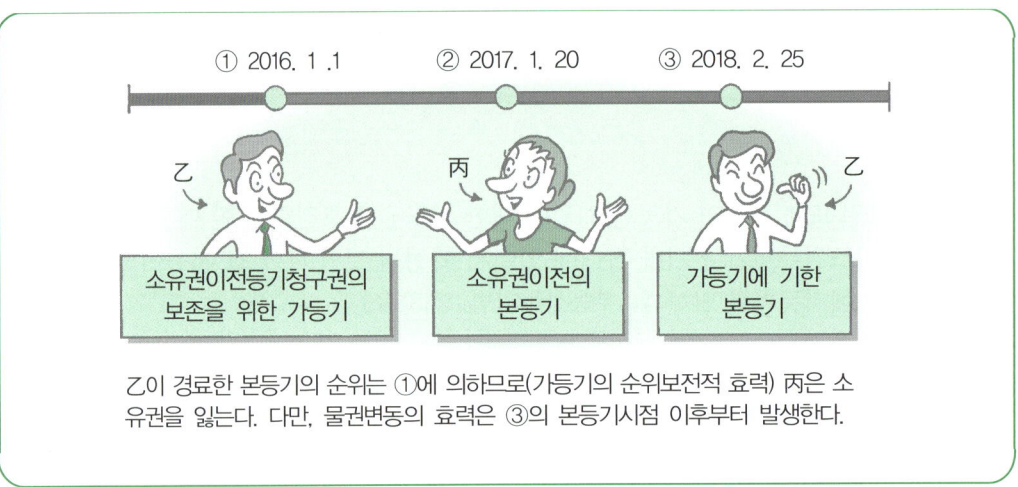

(4) 관련 문제

1) 가등기의 가등기 허용 여부
가등기에 의해 보전되는 청구권은 양도성이 인정되고 공시방법까지 마련된 재산권이므로, 양도시에는 양도인과 양수인의 공동신청으로 그 가등기상의 권리의 이전등기를 가등기에 대한 부기등기의 형식으로 경료할 수 있다(대판 1998.11.19. 98다24105).
▶ 주등기에 부가하여 하는 등기

2) 담보가등기

① **담보가등기의 요건 및 절차**
통상의 가등기와 형태는 동일하나, 채무변제의 확보를 목적으로 한다는 점에서 차이가 있다.

② **담보가등기의 효력**
담보가등기는 순위보전의 효력뿐만 아니라, 담보가등기로서 경매에 참가하여 우선변제를 받을 실체법상의 효력이 인정된다. 즉 담보가등기권리자는 목적물의 경매를 청구할 수 있고(「가등기담보 등에 관한 법률」 제12조), 목적물에 경매 등이 개시된 경우에 가등기인 채로 그 순위에 따라 우선변제권을 행사할 수 있다(「가등기담보 등에 관한 법률」 제13조).

(5) 가등기에 기한 본등기 절차

1) 소유권에 기한 가등기 후 중간처분의 등기가 있는 경우

① 가등기 후에 제3자에게 소유권이전의 본등기가 된 경우 가등기권리자는 가등기의무자인 전 소유자(가등기 할 때의 소유자)를 상대로 본등기청구권을 행사해야 한다.

 판례 가등기가 이루어진 부동산에 관하여 제3취득자 앞으로 소유권이전등기가 마쳐진 후 그 가등기가 말소된 경우 그 가등기의 회복등기청구의 상대방

말소된 등기의 회복등기절차의 이행을 구하는 소에서는 회복등기의무자에게만 피고적격이 있는바, 가등기가 이루어진 부동산에 관하여 제3취득자 앞으로 소유권이전등기가 마쳐진 후 그 가등기가 말소된 경우 그와 같이 말소된 가등기의 회복등기절차에서 회복등기의무자는 가등기가 말소될 당시의 소유자인 제3취득자이므로, 그 가등기의 회복등기청구는 회복등기의무자인 제3취득자를 상대로 하여야 한다(대판 2009.10.15. 2006다43903).

② 가등기권리자가 그 소유권이전의 본등기를 한 경우에는 등기관은 가등기 이후에 경료된 제3자의 등기를 직권말소할 수 있다(대판 1962.12.24. 4294민재항675).

2) 가등기권리자가 수인인 경우의 권리행사 방법

① 수인의 가등기채권자가 1인 채무자에 대한 매매예약 완결권을 행사하는 경우, 매매예약 완결의 의사표시 자체는 채무자에 대하여 복수채권자 전원이 행사하여야 하며 채권자가 채무자에 대하여 예약이 완결된 매매목적물의 소유권이전의 본등기를 구하는 소는 필요적 공동소송으로서 매매예약완결권을 준공유하고 있던 복수채권자 전원이 제기하여야 할 것이다(대판 1984.6.12. 83다카2282). → 형성권의 준공유

② 공유자가 다른 공유자의 동의 없이 공유물을 처분할 수는 없으나 그 지분은 단독으로 처분할 수 있으므로, 복수의 권리자가 소유권이전청구권을 보존하기 위하여 가등기를 마쳐 둔 경우 특별한 사정이 없는 한 그 권리자 중 한 사람은 자신의 지분에 관하여 단독으로 그 가등기에 기한 본등기를 청구할 수 있다(대판 2002.7.9. 2001다43922). → 각 지분의 매수인이 행하는 보존행위에 불과함

단락핵심 물권변동의 구성요소로서 부동산등기

(1) 건물이 멸실한 후 재축한 경우에 행해지는 것은 멸실회복등기이다. (×)
(2) 신축건물에 대해 행하는 등기는 보존등기이다. (○)
(3) 경정등기는 후발적으로 등기와 실체관계가 불일치할 때 행하여지는 등기이다. (×)
 ⇒ 변경등기에 대한 설명이다.
(4) 가등기에 의한 본등기가 행해지면 물권행위의 효력은 가등기시로 소급하여 발생한다. (×)
(5) 복수의 권리자가 소유권이전청구권을 보전하기 위하여 가등기를 마쳐 둔 경우 특별한 사정이 없다면 그 권리자 중 한 사람은 자신의 지분에 관하여 단독으로 가등기에 기한 본등기를 청구할 수 있다. (○)
(6) 가등기권리자가 그 소유권이전의 본등기를 한 경우에는 등기관은 가등기 이후에 경료된 제3자의 등기를 직권말소 한다. (○)

제2편 물권법

단락문제 Q01
제32회 기출

청구권보전을 위한 가등기에 관한 설명으로 틀린 것은? (다툼이 있으면 판례에 따름)

① 가등기된 소유권이전청구권은 가등기에 대한 부기등기의 방법으로 타인에게 양도될 수 있다.
② 정지조건부 청구권을 보전하기 위한 가등기도 허용된다.
③ 가등기에 기한 본등기 절차에 의하지 않고 별도의 본등기를 경료받은 경우, 제3자 명의로 중간처분의 등기가 있어도 가등기에 기한 본등기 절차의 이행을 구할 수 없다.
④ 가등기는 물권적 청구권을 보전하기 위해서는 할 수 없다.
⑤ 소유권이전청구권을 보전하기 위한 가등기에 기한 본등기를 청구하는 경우, 가등기 후 소유자가 변경되더라도 가등기 당시의 등기명의인을 상대로 하여야 한다.

해설

① (O) 가등기로 인하여 그 권리가 공시되어 결과적으로 공시방법까지 마련된 셈이므로, 이를 양도한 경우에는 양도인과 양수인의 공동신청으로 그 가등기상의 권리의 이전등기를 가등기에 대한 부기등기의 형식으로 경료할 수 있다고 보아야 한다.(대판 1998. 11. 19. 98다24105)
② (O) 부동산등기법 제88조
③ (X) 그 가등기에 기한 본등기 절차에 의하지 아니하고 별도로 가등기권자 명의의 소유권이전등기가 경료되었다고 하여 가등기 권리자와 의무자 사이의 가등기 약정상의 채무의 본지에 따른 이행이 완료되었다고 할 수는 없으니, 특별한 사정이 없는 한, 가등기권자는 가등기의무자에 대하여 그 가등기에 기한 본등기 절차의 이행을 구할 수도 있다.(대판 1995. 12. 26. 95다29888)
④ (O) 제2조에 규정된 물권 또는 부동산임차권의 변동을 목적으로 하는 청구권을 말하는 것이라 할 것이므로 부동산등기법상의 가등기는 위와 같은 청구권을 보전하기 위해서만 가능하고 이같은 청구권이 아닌 물권적 청구권을 보존하기 위해서는 할 수 없다. (대판 1982. 11. 23. 81다카1110)
⑤ (O) 본래의 부동산소유자를 상대로 하여야 한다.

답 ③

02 법률행위에 의한 부동산물권의 변동

`15·22·27회 출제`

> **제186조(부동산물권변동의 효력)** 부동산에 관한 법률행위로 인한 물권의 득실변경은 등기하여야 그 효력이 생긴다.

1 민법 제186조

`14·21회 출제`

(1) 민법 제186조는 "부동산에 관한 법률행위로 인한 물권의 득실변경은 등기하여야 그 효력이 생긴다"고 규정하여 형식주의를 취하고 있다.

(2) 법률행위(물권행위)로 인한 부동산물권의 변동에 있어서는 등기가 그 효력발생요건으로 되어 있다(제186조).

2 등기를 요하는 물권변동 ★

(1) 등기대상

1) "법률행위에 의한" 물권의 득실변경

법률행위로 인한 물권의 득실변경에 등기가 필요한 것이므로, 점유권, 유치권과 같이 물건의 점유사실에 기한 물권의 득실변경은 등기대상에서 제외된다.

등기대상물권	소유권·지상권·지역권·전세권·저당권·권리질권 (부동산임대차·환매권은 채권임에도 불구하고 등기대상에 해당함)
비등기대상 물권	점유권·유치권·특수지역권

2) "득실변경"의 의미

물권의 득실변경이란 물권의 설정, 이전, 변경은 물론이고 처분의 제한 및 소멸을 포함하는 것으로 보아야 한다.

(2) 점유시효취득과 등기

점유취득시효에 의한 부동산소유권의 취득은 점유라는 사실에 기한 물권변동임에도 불구하고 법률규정이 직접 등기를 요구하고 있다(제245조 제1항). 이때 등기는 소유권이전등기의 형식을 취하는 점에 유의해야 한다.

3 문제되는 경우

(1) 원인행위의 실효에 따른 물권의 복귀
1) 물권행위의 원인행위인 채권행위가 무효, 취소 또는 해제된 경우에 그 실효된 원인행위의 이행으로서 이루어진 물권변동이 말소등기를 하여야만 원상태로 복귀하는가의 문제이다.
2) 물권행위의 유인성을 인정하면 물권행위가 원인행위인 채권행위와 독립하여 행하여지고 또한 유효한 경우에도 원인행위가 취소되면 그러한 물권변동은 처음부터 없었던 것이 되므로 <u>말소등기 없이도 물권은 당연히 복귀</u>하게 된다(판례의 일관된 입장).
   → 물권적 직접효과설

(2) 재단법인 출연재산의 귀속시기
1) 민법 제48조에 의하면 출연재산이 부동산물권인 경우 그 부동산물권이 재단법인에 귀속하는 시기가 법인이 성립한 때로 되는 반면 민법 제186조에 의하면 등기를 한 때가 되므로 이에 대한 견해가 대립하고 있다.
2) 다수설은 제48조가 제187조에서 말하는 기타의 법률규정에 해당하므로 등기나 인도가 필요하지 않다(등기불요설, 재단법인의 존속보장 중시)고 보는 입장이다.
3) 소수설은 재단법인의 설립행위인 출연행위도 법률행위에 해당하므로 제186조에 따라 등기가 필요하다는 입장(등기필요설, 거래안전 중시)이다.
4) 판례는 출연자와 법인 간에는 등기 없이도 출연부동산이 법인설립과 동시에 법인에게 귀속되지만, 제3자에게 대항하기 위해서는 제186조에 의하여 등기하여야 한다(대판 1993.9.14. 93다8054)고 판시하고 있는 바, 이는 구 민법상의 대항요건주의를 취한 것으로 현행 민법과 조화될 수 없다는 비판을 받고 있다.

4 물권변동의 요건으로서 등기의 유효요건 ★★★   13·21회 출제

(1) 형식적 유효요건
1) 등기의 존재(기재)
   ① 등기부에 기재
      등기의 신청이 있었다 해도 어떤 사정으로 등기가 실행되지 않으면(등기부에 기재되지 않으면) 등기가 있다고 할 수 없다.
   ② 불법말소된 경우
      등기는 물권변동의 효력발생요건일 뿐 효력존속요건이 아니므로 불법말소된 경우 물권은 소멸하지 않고 말소된 등기의 회복등기가 행하여지면 말소된 종전의 등기와 동일한 순위의 효력을 가진다(대판 1997.9.30. 95다39526).
2) 표제부의 하자(형식적 하자의 부존재 Ⅰ)
   ① 대상 부동산의 존재
      존재하지 않는 부동산 또는 그 지분에 대한 등기는 당연 무효이다.

② **표제부의 기재와 부동산 실제와의 일치**
㉠ 표시에 다소 착오나 오류가 있더라도 그것이 그 부동산을 표시함에 족한 정도로 동일성 또는 유사성이 있는 경우에는 그 등기는 부동산을 공시하는 것으로서 유효하다(대판 1975.4.22. 74다2188).
㉡ 일반적으로 부동산에 관한 등기의 지번표시에 실질관계와 동일성 혹은 유사성조차 인정할 수 없는 착오 또는 오류가 있는 경우에는 그 등기는 무효로서 공시의 기능도 발휘할 수 없고 경정등기도 허용할 수 없는 것이나 이러한 경우에도 같은 부동산에 대하여 따로 보존등기가 존재하지 아니하거나 등기의 형식상으로 보아 예측할 수 없는 손해를 미칠 우려가 있는 이해관계인이 없는 경우에는 당해 오류있는 등기의 경정을 허용하여 그 경정된 등기를 유효하다고 보아야 한다(대판 1975.4.22. 74다2188).

3) **1부동산 1등기용지의 원칙**(형식적 하자의 부존재 Ⅱ) - **중복등기**(이중보존등기)★★★
① **의 의**
부동산 1등기용지주의에 의해 하나의 부동산에는 하나의 등기만 이루어져야 하는데, 내용에 있어 서로 모순되는 2개 이상의 등기가 절차의 잘못으로 기재된 경우의 문제를 말한다.
② **표시란의 이중등기**(이중보존등기)
부동산의 실제상황과 일치하는 보존등기만이 효력을 가진다.
③ **부동산의 실제상황과 일치하는 수 개의 보존등기**
㉠ **등기명의인이 동일인 경우**
1부동산 1등기용지의 원칙상 먼저 행하여진 등기만이 유효하고 뒤에 행하여진 등기는 무효이다.
㉡ **등기명의인이 동일인이 아닌 경우**
종래 판례는 실체관계를 가지고 판단하였으나(실체법설), 현재는 먼저 된 소유권보존등기가 원인무효라는 아무런 자료가 없다면 뒤에 된 소유권보존등기는 실체관계에 부합하는지 여부를 따져 볼 필요 없이 무효라고 하여 절충설로 변경하였다(대판 1990.11.27. 87다카2961).

4) **신청절차의 적법**
① 등기는 「부동산등기법」이 정하는 신청절차에 따라 행하여져야만 한다.
② 신청절차의 하자가 있다고 하여 반드시 무효가 되는 것은 아니다.
③ 당사자에게 등기신청의 의사가 있고, 또한 등기가 실체관계와 부합하는 경우 그 등기는 유효하다.
예 위조문서에 의한 등기, 무권대리인의 신청에 의한 등기, 등기의무자인 사자명의로 신청된 등기 등이 실체의 권리관계와 일치하는 경우
④ **관할등기소**
등기는 관할등기소에서 하여야 하며, 관할위반의 등기는 당연무효(절대무효)이다(「부동산등기법」 제29조 제1호).

사자명의(死者名義)로 신청한 등기의 유효성

등기의무자인 사자명의의 신청으로 행해진 등기라도 그 등기가 사자의 공동상속인들의 의사에 따라 이루어진 것이고, 현재의 실체적 권리관계에 합치되면 유효하다(대판 1954.4.27. 4287민상336).

 등기가 실체관계와 부합한다는 의미

등기절차에 어떤 하자가 있다고 하더라도 유효한 원인행위 또는 법률의 규정에 따른 <u>등기청구권에 상응하는 등기가 이미 경료</u>되었고, <u>진정한 권리자(등기의무자)가 현재의 등기명의인(등기권리자)의 등기청구권행사를 저지할 만한 실체법상의 대항사유가 없어서 진실한 권리관계와 합치되는 것</u>을 말한다(대판 1994.6.28. 93다55777).

(2) 실질적 유효요건

1) 물권행위와의 시간적 불합치

① **등기가 선행된 경우**

선행하는 등기는 그에 부합하는 물권행위가 없으므로 우선은 효력이 없으나 후에 그에 대응하는 물권행위가 있게 되면 유효한 등기로서 물권변동을 일으킨다.

② **물권행위 후 당사자의 사망 또는 행위능력의 상실**

물권행위가 있은 후, 등기를 하기 전에 당사자가 사망하거나 행위능력을 상실한 경우에도 물권행위의 효력에는 아무런 영향을 주지 않는다.

2) 물권행위와의 내용적 불합치★★★

① **권리의 종류·내용의 불일치**

물권행위상의 권리의 종류 또는 내용과 등기상의 권리의 종류 또는 내용이 합치하지 않는 경우에는 언제나 무효이다.

② **권리내용의 양적 불일치**

→ 일부무효의 법리

<u>원칙적으로는 전부무효</u>로 하나, 특별한 사정이 인정되는 경우(제3자의 이익을 해하지 아니하는 경우) 일치하는 부분에 대하여 대한 유효성을 인정할 수 있다.

예 등기상 1억원에 대한 저당권이 설정되어 있으나 실제로는 채무액이 5천만원에 불과한 경우에는 5천만원에 한하여 유효한 등기로 인정될 수 있다.

③ **중간생략등기**(등기과정의 불일치) 18·20·23·24회 출제

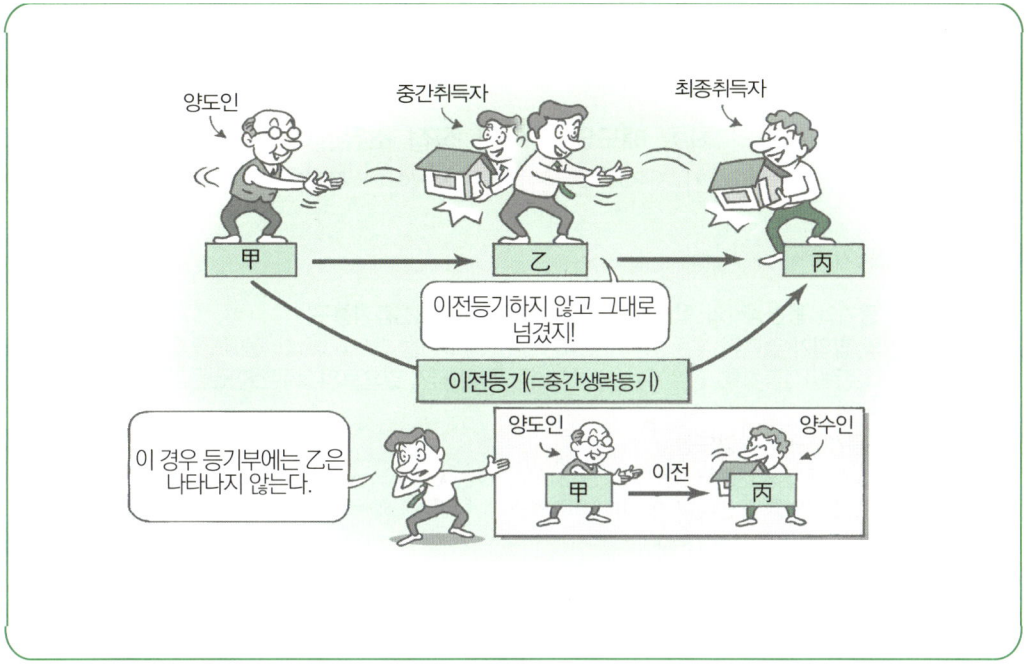

㉠ **의 의**
 부동산물권이 최초의 양도인으로부터 중간취득자에게, 중간취득자로부터 최종취득자에게 전전 이전되어야 할 경우에 그 중간취득자에의 등기를 생략하고 최초의 양도인으로부터 직접 최후의 양수인에게 하는 등기를 말한다.

㉡ **중간생략등기 합의의 사법상 유효성**
 「부동산등기 특별조치법」에 위반한 중간생략합의에 대해, 판례는 이를 단속규정으로 보아 사법상 효력까지 무효로 하지 않는다(대판 1998.9.25. 98다22543).

㉢ **이미 경료된 중간생략등기의 효력**
 ⓐ 판례는 동의 또는 3자합의를 요건으로 유효성을 인정하면서도 그 요건을 대폭 완화하여 합의는 묵시적(默示的)으로나 순차적으로도 가능하다고 한다(대판 1982.7.13. 81다254).
 ⓑ 그러한 합의가 없더라도 이미 중간생략등기가 적법한 등기원인에 기하여 성립되어 있는 때에는 합의가 없었음을 이유로 무효를 주장할 수 없고, 따라서 그 말소를 청구하지 못한다고 하고 있다(대판 1980.2.12. 79다2104).
 ⓒ 마찬가지로 건물양수인 명의로 보존등기를 한 경우에도 실체관계에 부합하는 유효한 등기라고 본다(대판 1981.1.13. 80다1959).

ⓓ 다만, 토지거래허가구역 내의 토지에 관하여 매매계약을 체결한 후 중간매수인이 자신명의로 이전등기를 함이 없이 최종매수인에게 재차 매도하고 최종매수인이 토지거래허가를 받아 자신명의로 이전등기를 경료한 경우에는 무효이다(대판 1996.6.28. 96다3982).

ⓔ **최종매수인의 최초 매도인에 대한 직접 소유권이전등기청구가능성**
판례는 관계당사자 전원의 의사합치가 있어야만 직접 청구가능하다고 한다.

> **판례 중간생략등기**
>
> **1 중간생략 등기와 중간생략의 합의가 없는 경우의 소유권이전등기청구**
> 중간생략등기의 합의가 없다면 부동산의 전전매수인은 매도인을 대위하여 그 전매도인인 등기명의자에게 매도인 앞으로의 소유권이전등기를 구할 수는 있을지언정 직접 자기 앞으로의 소유권이전등기를 구할 수는 없다(대판 1969.10.28. 69다1351).
>
> **2 소유권이전등기청구권의 양도성**
> 매매로 인한 소유권이전등기청구권은 특별한 사정이 없는 이상 그 권리의 성질상 양도가 제한되고 그 양도에 채무자의 승낙이나 동의를 요한다고 할 것이므로 통상의 채권양도와 달리 양도인의 채무자에 대한 통지만으로는 채무자에 대한 대항력이 생기지 않으며 반드시 채무자의 동의나 승낙을 받아야 대항력이 생긴다(대판 2001.10.9. 2000다51216).
>
> **3 미등기부동산을 양수한 경우의 등기**
> 토지대장상 소유권 이전 등록을 받은 자는 대장상 최초의 소유자 명의인 앞으로 보존등기를 한 다음에 이전 등기를 하여야 한다. 그러나 이미 등기된 경우에는 유효한 등기로 본다(대판 2009.10.15. 2009다48633).

④ **실제와 다른 등기원인에 의한 등기**
현재의 권리상태와 일치한다면 등기원인이 다르더라도 유효한 등기로 본다.
예 증여에 의한 소유권이전등기를 매매에 의한 이전등기로 한 경우, 원인무효인 등기의 말소를 진정한 등기명의의 회복을 원인으로 소유권이전등기를 한 경우 등

3) **무효등기의 유용 ★★★** 　　　　　　　　　　　　　　　　　　　　　　　　14·26회 출제

① **의 의**
어떤 등기가 행하여져 있으나, 그것이 실체적 권리관계에 부합하지 않는 것이어서 무효로 된 후에 그 등기에 부합하는 실체적 권리관계가 있게 된 때에, 그 무효등기를 새로운 권리관계의 공시방법으로 사용하는 것을 말한다.

② **요 건**
㉠ 무효등기는 원시적으로 무효인 경우와, 후발적으로 무효가 된 경우를 포함한다.
㉡ 무효등기에 부합하는 실체적 권리관계가 사후에 발생하여야 한다.
㉢ 무효등기유용의 합의가 있어야 한다. 다만, 묵시적 합의도 가능하다.
㉣ 유용의 합의 전에 이해관계가 있는 제3자가 없어야 한다.

③ **표제부의 유용**　　　　　　　　　　　　　　→ 판례는 저당권의 유용을 인정한 바 있음
㉠ 표제부의 유용은 허용되지 않으며, 사항란의 등기에 한하여 인정한다.
㉡ 멸실된 건물의 보존등기를 멸실한 후 신축한 건물의 보존등기로 유용하는 것은 중복등기의 우려가 있어서 허용되지 않는다(대결 2012.10.29. 2012마1235).

④ 저당권등기의 유용

㉠ 등기원인의 하자로 인하여 등기가 원시적 무효인 경우에는 등기와 부합하는 실체관계가 있으면 그때부터 등기가 유효로 된다.
㉡ 유효한 등기였으나 후에 실체관계가 없어져 무효로 된 경우에는 유용하기 전에 새로운 이해관계를 가지게 된 제3자가 없는 한 유효성을 인정한다.

> **판례** 원인무효인 등기를 유용하기로 하는 합의의 효력
>
> 甲과 乙 사이에 乙의 甲에 대한 채무담보조로 乙소유의 부동산에 이미 경료되어 있던 丙 명의의 원인무효인 근저당권설정등기에 터잡아 이전등기를 경료하는 방법을 취하기로 합의하여 甲앞으로 근저당권이전의 부기등기를 한 경우 **甲과 乙 사이의 위와 같은 합의는 그 유용하기로 한 甲 명의의 근저당권이전등기가 경료되기 이전에 이미 위 부동산에 대하여 처분금지가처분을 하여 둠으로써 등기상의 이해관계를 가지게 된 丁에 대한 관계에 있어서는 그 효력이 없다**(대판 1994.1.28. 93다31702).

5 등기를 갖추지 않은 부동산 매수인의 지위(미등기매수인의 지위)★★★ `35회 출제`

(1) 법률상 소유권 취득의 불가능
1) 형식주의(제186조) 원칙상 매수인은 소유권을 취득하지 못한다.
2) 법률상의 소유자인 매도인의 채권자가 강제집행을 하는 경우에 매수인은 이의를 제기하지 못하고, 매도인의 파산시 **환취권**[1]과 **별제권**[2]이 없다.
3) 물론 매수인의 채권자는 목적물을 대상으로 강제집행할 수 없다.

(2) 점유자로서의 권리
1) 미등기의 매수인이더라도 매매계약의 이행으로 인도받은 때에는 이를 점유·사용할 권리가 있다.
2) 매수인은 점유보호청구권(제204조 내지 제206조)을 행사할 수 있다.
3) 매수인이 점유하고 있는 동안에는 매매계약에 따른 소유권이전등기 청구권에 대한 소멸시효가 진행하지 않는다.

(3) 매도인의 소유권에 기한 반환청구권 부인
매도인이 소유권에 기한 반환청구(제213조 본문)를 할 때에, 점유자는 반환을 거절할 수 있다(동조 단서).

(4) 등기청구권과 소멸시효
1) 매수인은 매도인에게 등기청구권을 행사할 수 있다.
2) 매수인의 점유가 계속되는 한 등기청구권은 시효에 걸리지 않는다(대판 1976.11.6. 76다148).

(5) 과실수취권
목적물을 인도받은 부동산취득자는 목적부동산으로부터 발생하는 과실을 수취할 수 있다(제587조 본문). 다만, 대금을 지급하지 않은 경우에는 인도받은 날 이후로 대금의 이자를 지급해야 한다(제587조 단서).

용어사전

1) **환취권(還取權)**: 파산재단에 속하지 않는 제3자의 특정재산을 파산재단의 재산으로 관리하고 있을 때 그 재산의 실제 소유자인 제3자가 그 반환 또는 인도를 구하는 권리를 말하며 대표적인 것은 소유권이며, 용익물권이나 점유권도 환취권의 기초가 될 수 있다.

2) **별제권(別除權)**: 파산재단에 속한 특정재산 중에서 담보권을 가진 채권자가 파산절차에 의하지 않고 일반 파산 채권자보다 우선적으로 변제를 받을 수 있는 권리를 말한다.

제2편 물권법

03 법률행위에 의하지 않은 부동산물권의 변동 11·24·25·35회 출제

> 제187조(등기를 요하지 아니하는 부동산물권취득) 상속, 공용징수, 판결, 경매 기타 법률의 규정에 의한 부동산에 관한 물권의 취득은 등기를 요하지 아니한다. 그러나 등기를 하지 아니하면 이를 처분하지 못한다.

1 의의

법률행위가 아닌 사유로 물권변동이 일어나는 경우에는 원칙적으로 등기를 요하지 아니하며, 이를 '법률의 규정에 의한 물권변동'이라고 한다(제187조).

2 내용

(1) 상속·공용징수·판결·경매 기타 법률의 규정에 의한 부동산에 관한 물권의 취득은 등기를 요하지 않는다.
(2) 등기 없이 법률상 당연히 부동산 물권변동의 효과가 발생한다.
(3) 등기하기 전에는 처분할 수 없다(제187조 단서).

법률행위에 의하지 않은 부동산물권의 변동

법률규정에 의한 물권변동으로서 등기 없이도 물권변동 효력이 발생한다.

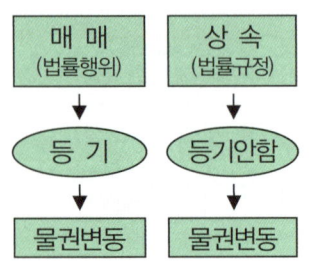

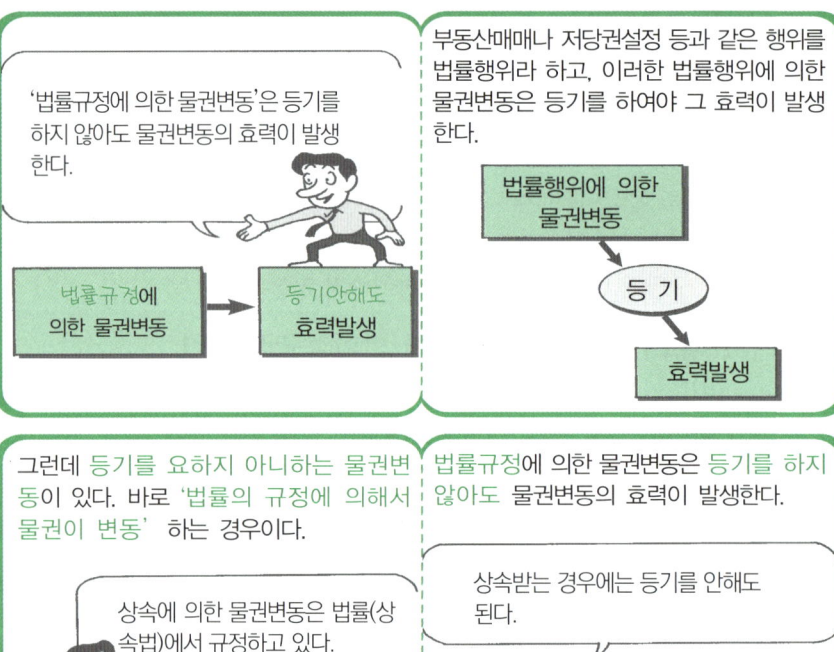

3 상속·공용징수·판결·경매에 의한 물권변동 ★★

(1) 상속에 의한 물권변동

피상속인의 사망으로 피상속인의 부동산물권은 상속인에게 당연히, 즉 등기 없이 이전된다. 포괄적 유증(包括的 遺贈 ; 제1078조)의 경우도 마찬가지이다.

(2) 공용징수(수용)에 의한 물권변동

1) 공용징수란 공익사업을 위하여 타인의 재산권을 법률의 규정에 의하여 강제적으로 취득하는 것이다.
2) 공용징수에 의한 경우 물권의 변동시기는 원칙적으로 수용기일이다. 즉, 협의수용시에는 협의에서 정해진 시기, 재결수용시에는 수용개시일(수용기일)이다.

(3) 판결에 의한 물권변동 ▶ 형성판결만 의미한다.

1) <u>부동산물권의 변동을 목적으로 하는</u> 판결이 확정되면 그에 의하여 등기 없이 당연히 물권변동의 효력이 발생한다.
2) 다만, 판결에는 **확인판결**[1]·**이행판결**[2]·**형성판결**[3]이 있는 바, 판결의 효력으로서 등기 없이 직접 물권변동을 일으키는 것은 형성판결뿐이다.

> **판례** 등기 없이 물권변동을 일으키는 판결의 의미
>
> 공유물분할의 소송절차 또는 조정절차에서 공유자 사이에 공유토지에 관한 현물분할의 협의가 성립하여 그 합의사항을 조서에 기재함으로써 조정이 성립하였다고 하더라도, 그와 같은 사정만으로 재판에 의한 공유물분할의 경우와 마찬가지로 그 즉시 공유관계가 소멸하고 각 공유자에게 그 협의에 따른 새로운 법률관계가 창설되는 것은 아니고, 공유자들이 협의한 바에 따라 토지의 분필절차를 마친 후 각 단독소유로 하기로 한 부분에 관하여 다른 공유자의 공유지분을 이전받아 등기를 마침으로써 비로소 그 부분에 대한 대세적 권리로서의 소유권을 취득하게 된다고 보아야 한다(대판 2013.11.21. 2011두1917).

용어사전

1) **확인(確認)판결** : 기존의 법률상태, 즉 이미 어떠한 원인에 의하여 발생한 법률의 효력을 확인하거나 사실관계의 존부를 선언하는 판결로서 새로운 권리변동의 발생·변경·소멸과는 무관한 판결을 말한다.
2) **이행(履行)판결** : 민사소송법상 원고의 주장대로 피고에게 일정한 급여를 명령하는 판결이다.
3) **형성(形成)판결** : 권리변동의 형성을 목적으로 하는 판결로서 형성판결의 확정으로 인하여 등기와는 관계없이 그 판결에서 선언한 법률관계의 발생·변경·소멸이 이루어진다.

(4) 경매에 의한 물권변동

1) 경매란 일반적으로 구두(또는 서면)로 하는 경쟁체결의 방법에 의한 매매를 가리키며 이는 공경매(公競賣)와 사경매(私競賣)로 나누어진다.
2) 제187조에서의 경매란 국가기관이 행하는 '공경매'에 한한다.
3) 공경매는 「민사집행법」에 의한 경매와 「국세징수법」에 의한 공매가 있다.
4) 경매로 인한 물권변동의 시기는 **경락대금 납부일**이다.
   ▶ 실제로 납부한 날을 의미

4 기타 법률의 규정에 의한 물권변동★★★

(1) 혼동에 의한 물권의 소멸(제191조)
(2) 부합(附合)
(3) 매장물 발견으로 인한 소유권의 취득(제254조·제256조)
(4) 법정지상권(제360조)
(5) 피담보채권소멸에 의한 담보물권의 소멸(제369조)
(6) 법정저당권의 취득(제649조)
(7) 법률규정에 의한 부동산의 국가귀속(제80조·제1058조,「도시개발법」제66조)
(8) 회사합병으로 인한 소유권의 취득(「상법」제235조 등)
(9) 분배농지의 상환완료에 의한 소유권취득(대판 1962.5.10. 4294민상1232)
(10) 구분소유건물의 공용부분에 대한 지분이전(「집합건물의 소유 및 관리에 관한 법률」제13조)
(11) 용익물권의 존속기간만료에 의한 소멸(「부동산등기법」제54조)
(12) 공유수면매립지의 소유권취득(「공유수면 관리 및 매립에 관한 법률」제46조)
(13) 몰수(沒收)에 의한 물권변동(대판 1999.6.25. 97다57078)
(14) 환지처분

Professor Comment

부동산의 점유시효취득(제245조)의 경우에는 법률규정에 의한 물권변동임에도 불구하고 명문으로 등기를 요구하고 있음에 주의하여야 한다.

상속받은 주택을 팔려면?

법률규정에 의한 물권변동이라 하더라도 해당 물권을 처분하려면 반드시 등기해야 한다. 따라서 먼저 등기해야 처분할 수 있다(팔기 전에 등기부터 해야 함).

제2장 물권의 변동

5 물권변동의 성질상 등기가 불필요한 경우

(1) 등기능력 없는 부동산물권의 변동(예컨대, 점유권·유치권·분묘기지권·특수지역권 등)
(2) 법률행위의 무효·취소 또는 해제로 인한 물권의 복귀
(3) 관습법상의 법정지상권의 취득(대판 1966.9.20. 66다1434)
(4) 신축건물의 소유권취득(대판 1979.6.12. 78다1992)
(5) 신축건물의 구분소유성립(대판 2013.1.17. 2010다71578)
(6) 소멸시효의 완성으로 인한 물권의 소멸(대판 1979.2.13. 78다2157)
(7) 포락(浦落) 등 부동산의 멸실에 의한 토지소유권의 소멸(대판 1965.3.30. 64다1951)

단락문제 Q02 제35회 기출

등기 없이도 부동산 물권취득의 효력이 있는 경우를 모두 고른 것은?(다툼이 있으면 판례에 따름)

ㄱ. 매매
ㄴ. 건물신축
ㄷ. 점유시효취득
ㄹ. 공유물의 현물분할판결

① ㄱ, ㄴ   ② ㄴ, ㄷ   ③ ㄴ, ㄹ   ④ ㄷ, ㄹ   ⑤ ㄱ, ㄷ, ㄹ

해설
ㄱ. 매매 법률행위 등기 요
ㄴ. 사실행위
ㄷ. 등기 요 (민법 제245조①)
ㄹ. 등기 불요 (민법 제187조)

답 ③

단락문제 Q03 제34회 기출

민법 제187조(등기를 요하지 아니하는 부동산물권취득)에 관한 설명으로 틀린 것은? (다툼이 있으면 판례에 따름)

① 상속인은 상속 부동산의 소유권을 등기 없이 취득한다.
② 민법 제187조 소정의 판결은 형성판결을 의미한다.
③ 부동산 강제경매에서 매수인이 매각 목적인 권리를 취득하는 시기는 매각대금 완납시이다.
④ 부동산소유권이전을 내용으로 하는 화해조서에 기한 소유권취득에는 등기를 요하지 않는다.
⑤ 신축에 의한 건물소유권취득에는 소유권보존등기를 요하지 않는다.

해설
④ 판례) 등기해야 소유권이전의 효력이 있다.
① 민법 제187조
② 맞다
③ 맞다
⑤ 사실행위에 의한 물권의 취득 (대판 2013. 1. 17. 2010다71578 참조)

답 ④

제2편 물권법

단락핵심 부동산물권의 변동

■ **법률행위에 의한 부동산물권의 변동**
(1) 등기 전의 매수인은 임야를 매수한 사실을 들어 그 임야의 임차인에게 임야에 대한 소유권을 주장할 수 있다. (×)
(2) 중간생략등기의 제2매수인은 매도인에 대하여 소유권이전등기청구권을 행사할 수 있다. (×)
(3) 중간생략등기의 합의가 있는 경우 제1매매의 당사자가 매매대금을 인상하는 약정을 체결한 경우, 甲은 인상분의 미지급을 이유로 丙의 소유권이전등기청구를 거절할 수 있다. (○)

■ **법률행위에 의하지 않은 부동산물권의 변동**
(1) 부동산의 경우에 법률의 규정에 의한 물권의 취득은 등기를 하여야 그 효력이 발생한다. (×)
(2) 점유취득시효를 완성한 점유자는 등기없이도 소유권을 취득한다. (×)

04 등기청구권

12·15·32회 출제

1 등기청구권의 의의

(1) 의 의
공동신청주의의 실현을 위하여 등기권리자나 등기의무자의 일방(주로 등기권리자)이 타방(주로 등기의무자)에 대하여 등기에 협력하여 줄 것을 청구할 수 있는 실체법상의 권리이다.

> **용어사전**
> 1) 촉탁에 의한 등기: 등기는 당사자의 신청에 의하는 것이 원칙이나, 예외로 법률의 규정이 있는 경우 법원 및 그 밖의 관공서가 등기소에 촉탁하여 등기하는 경우가 있는데, 이를 등기촉탁 또는 촉탁등기라 한다.

(2) 등기청구권의 발생
1) 이는 「부동산등기법」이 등기의 신청은 주로 등기권리자와 등기의무자의 공동신청으로 하게 한 결과로 발생하는 권리이다.
2) 등기권리자 또는 등기명의인이 단독으로 신청하는 경우에는 문제되지 않는다.
3) 경매에 의한 이전등기와 같이 **촉탁에 의한 등기**[1]의 경우에도 등기청구권이 문제되지 않는다.

(3) 등기신청권과의 구별
1) 등기기관이라는 국가기관에 대하여 등기를 신청하는 일종의 공권인 등기신청권과 구별해야 한다.
2) 단독신청의 경우에는 등기신청권의 문제만 남는다.

등기청구권	사권(私權) 甲 → 乙	▶ 甲과 乙은 私人
등기신청권	공권(公權) 甲 → 등기기관	

2 등기청구권의 발생원인과 성질★★

22회 출제

(1) 법률행위로 인한 물권변동의 경우
판례는 물권행위의 독자성을 부인하면서 등기청구권은 채권행위에서 발생하는 것이고 그 성질도 채권적 청구권이라는 입장이다.

(2) 실체관계와 등기가 일치하지 않는 경우
실체관계와 등기의 불일치를 제거하기 위해 등기청구권이 발생하는데, 이때의 등기청구권은 물권의 효력으로서 발생하는 일종의 물권적 청구권이다.

예 위조서류에 의한 이전등기시·매매에 의하여 이전등기가 되었으나 매매가 무효인 경우·명의신탁의 해지시의 등기청구권

(3) 시효로 인한 물권의 득실의 경우
점유취득시효에 의한 부동산소유권의 취득은 법률규정에 의한 물권변동이나 등기하여야 취득한다. 따라서 등기청구권이 문제되는데, 판례는 이때의 등기청구권의 성질을 채권적 청구권으로 보고 있다.

 매매로 인한 소유권이전등기청구권의 양도

> 특별한 사정이 없는 이상 양도가 제한되고 양도에 채무자의 승낙이나 동의를 요한다고 할 것이므로 통상의 채권양도와 달리 양도인의 채무자에 대한 통지만으로는 채무자에 대한 대항력이 생기지 않으며 반드시 채무자의 동의나 승낙을 받아야 대항력이 생긴다. 그러나 취득시효완성으로 인한 소유권이전등기청구권의 양도의 경우에는 매매로 인한 소유권이전등기청구권에 관한 양도제한의 법리가 적용되지 않는다(대판 2015다36167).

(4) 기타의 경우
부동산임대차에서 당사자 간에 반대약정이 없으면 등기청구권이 발생하며(제621조) **부동산환매권의 경우** 당사자 사이의 약정에 의하여 등기청구권이 발생하며 양자는 모두 채권적 청구권이다(제592조).

3 등기청구권과 소멸시효★★★

21회 출제

(1) 소멸시효에 걸리는 등기청구권
법률행위로 인한 등기청구권은 채권적 청구권이므로 그 권리를 행사할 수 있는 때로부터 원칙적으로 10년의 소멸시효에 걸린다.

(2) 소멸시효에 걸리지 않는 등기청구권
1) 소유권에 기한 등기청구권
실제 소유자와 등기가 일치하지 않는 경우에 소유자의 등기청구권은 물권적 청구권으로서의 성질을 가진다. 따라서 소유권에 기한 등기청구권은 소멸시효에 걸리지 않는다.

예 적법한 명의신탁이 성립한 경우 명의신탁 해지 후의 등기청구권

2) 인도받아 점유하고 있는 매수인의 등기청구권

매수인이 매매목적물을 인도받아 점유하고 있는 경우에는 다른 채권과는 달리 소멸시효에 걸리지 않는다고 한다.

 인도받아 점유하고 있는 자의 등기청구권

1 부동산을 매수한 자가 그 목적물을 인도받아 점유하는 경우
시효제도의 존재이유에 비추어 보아 부동산 매수인이 그 목적물을 인도받아서 이를 사용수익하고 있는 경우에는 그 매수인의 등기청구권은 다른 채권과는 달리 소멸시효에 걸리지 않는다고 해석함이 타당하다(대판 1976.11.6. 76다148).

2 매수인이 부동산을 인도받아 사용·수익하다가 제3자에게 그 부동산을 처분한 경우
부동산의 매수인이 그 부동산을 인도받은 이상 이를 사용·수익하다가 그 부동산에 대한 보다 적극적인 권리 행사의 일환으로 다른 사람에게 그 부동산을 처분하고 그 점유를 승계하여 준 경우에도 이전등기청구권의 소멸시효는 진행되지 않는다고 보아야 한다(대판 1999.3.18. 98다32175).

➡ 다만 점유시효취득자가 그 부동산을 처분하고 점유를 승계하여 준 경우에는 등기청구권이 소멸시효에 걸린다는 점을 주의할 것(대판 1996.3.8. 95다34866).

3) 소유권 이외의 물권에 기한 등기청구권

소유권 이외의 물권에 기한 등기청구권의 경우에도 물권 자체가 소멸시효에 걸리는 경우가 있겠으나, 이때의 등기청구권도 물권적 청구권으로서 본권과 운명을 같이 한다(물권설정을 위한 채권적 계약에 기한 등기청구권과 구별되어야 함).

4 등기청구권의 행사

(1) 행사방법

등기청구권은 실체법상의 권리로서 상대방에 대한 의사표시로써 행사할 수 있으며 상대방이 의무를 이행하지 않으면 그 의사표시를 구하는 소(訴)를 제기하여 판결을 받아 단독신청에 의하여 등기를 할 수 있다(제389조 제2항).

(2) 등기청구권자(등기청구권과 등기인수청구권)

등기청구권은 "보통 등기권리자가 등기의무자에 대하여 행사하는 경우(등기청구권)"가 많으나 "등기의무자도 부동산 소유명의에 의한 공조(公租), 공과(公課)를 면하기 위하는 등의 이유로 등기권리자에 대하여 행사할 수 있다(등기인수청구권)".

 등기인수청구권

등기의무자가 자기 명의로 있어서는 안 될 등기가 자기 명의로 있음으로 인하여 사회생활상 또는 법상 불이익을 입을 우려가 있는 경우에는 소의 방법으로 등기권리자를 상대로 등기를 인수받아 갈 것을 구하고 그 판결을 받아 등기를 강제로 실현할 수 있도록 한 것이다(대판 2001.2.9. 2000다60708).

제2장 물권의 변동

 중간생략등기의 합의가 없는 경우의 등기청구권

중간생략등기의 합의가 없다면 부동산의 전전매수인은 매도인을 대위하여 그 전매도인인 등기명의자에게 매도인 앞으로의 소유권이전등기를 구할 수는 있을지언정 직접 자기 앞으로의 소유권이전등기를 구할 수는 없다(대판 1969.10.8. 69다1351).

5 진정명의회복을 원인으로 한 소유권이전등기청구권 [34회 출제]

(1) 의 의
1) 실체적 법률관계와 부합하지 않는 무효의 등기가 경료된 경우 말소등기를 통해 등기부 기재와 실체적 법률관계의 합치를 도모함이 원칙적인 형태이다.
2) 그런데 이러한 말소등기 이외에도 이미 자기 앞으로 소유권을 표상하는 등기가 되어 있었거나 법률에 의해 소유권을 취득한 자는 진정한 등기명의의 회복을 원인으로 한 소유권이전등기절차의 이행을 직접 구할 수 있다(대판 1990.11.27. 89다카12398).

(2) 법적 성격 및 말소등기청구와의 관계
1) 말소등기청구와 마찬가지로 물권적 청구권의 성격을 가진다.
2) 말소등기청구와 진정명의회복을 원인으로 한 소유권이전등기청구는 모두 자신의 물권적 권리를 회복하려는 동일한 목적을 위한 것이므로, 양자는 동일한 청구이며 양 청구권을 소송상 행사함에 있어 앞의 청구가 뒤의 청구에 기판력이 미친다.

 진정명의회복을 위한 소유권이전등기청구권

1. 진정명의회복을 원인으로 한 소유권이전등기청구권과 무효등기의 말소청구권은 어느 것이나 진정한 소유자의 등기명의를 회복하기 위한 것으로서 실질적으로 그 목적이 동일하고, 두 청구권 모두 소유권에 기한 방해배제청구권으로서 그 법적 근거와 성질이 동일하므로, 비록 전자는 이전등기, 후자는 말소등기의 형식을 취하고 있다고 하더라도 그 소송물은 **실질상 동일한** 것으로 보아야 하고,
2. 따라서 소유권이전등기말소청구소송에서 패소확정판결을 받았다면 그 기판력은 그 후 제기된 진정명의회복을 원인으로 한 소유권이전등기청구소송에도 미친다(대판 2001.9.20. 99다37894).

(3) 인정사례
1) **무효등기를 제3자에게 대항할 수 없는 경우**
   예) 허위표시에 기해 甲소유 부동산을 乙에게 소유권이전등기 후 그 등기가 무효라는 것을 모르는 丙 앞으로 저당권설정등기가 마쳐진 경우 丙의 저당권을 보호하면서 甲에게로 소유권을 회복하기 위해서 진정명의회복을 원인으로 한 이전등기청구를 할 수 있다.
2) **무효등기에 기해 순차로 등기가 경료되어 있는 경우**
   예) 甲으로부터 乙, 丙, 丁, 戊 순으로 이전등기가 되었으나, 甲과 乙 간의 매매가 불공정한 행위로 무효여서 甲이 소유권을 회복하려고 하나, 乙, 丙, 丁 중 행방이 묘연한 자가 있는 경우 허용된다.
3) **사해행위 취소에 따른 원상회복을 구하는 경우**
   예) 甲의 채무자 乙이 사해행위로 丙에게 乙의 유일한 재산인 부동산을 양도하고, 그 후 선의의 丁이 저당권을 설정한 후 甲이 채권자 취소권을 행사하여 일탈 재산의 원상회복을 구할 경우 허용된다.

(4) 요 건

1) **물권을 취득한 자일 것**(대판 2001.9.20. 99다37894)
   ① 이미 자기 앞으로 소유권을 표상하는 등기가 되어 있었던 자
   ② 법률에 의하여 소유권을 취득한 자

2) 타인 명의의 등기가 경료되어 있을 것

3) 청구의 상대방은 현재의 명의자일 것
   → 소송법상 피고적격이라고 함

(5) 효 과
이전등기를 경료함으로써 등기와 실제 권리관계가 일치하게 된다.

단락문제 Q04 제34회 기출

부동산 소유권이전등기청구권에 관한 설명으로 옳은 것은? (다툼이 있으면 판례에 따름)

① 교환으로 인한 이전등기청구권은 물권적 청구권이다.
② 점유취득시효 완성으로 인한 이전등기청구권의 양도는 특별한 사정이 없는 한 양도인의 채무자에 대한 통지만으로는 대항력이 생기지 않는다.
③ 매수인이 부동산을 인도받아 사용·수익하고 있는 이상 매수인의 이전등기청구권은 시효로 소멸하지 않는다.
④ 점유취득시효 완성으로 인한 이전등기청구권은 점유가 계속되더라도 시효로 소멸한다.
⑤ 매매로 인한 이전등기청구권의 양도는 특별한 사정이 없는 한 양도인의 채무자에 대한 통지만으로 대항력이 생긴다.

해설
③ 매수인의 사용수익상태를 더욱 보호하여야 할 것이므로 그 매수인의 등기청구권은 다른 채권과는 달리 소멸시효에 걸리지 않는다고 해석함이 타당하다(대판 1976. 11. 6. 76다148)
① 채권적 청구권
②, ⑤ 매매로 인한 소유권이전등기청구권의 양도는 특별한 사정이 없는 이상 양도가 제한되고 양도에 채무자의 승낙이나 동의를 요한다고 할 것이므로 통상의 채권양도와 달리 양도인의 채무자에 대한 통지만으로는 채무자에 대한 대항력이 생기지 않으며 반드시 채무자의 동의나 승낙을 받아야 대항력이 생긴다.
그러나 취득시효완성으로 인한 소유권이전등기청구권은 채권자와 채무자 사이에 아무런 계약관계나 신뢰관계가 없고, 그에 따라 채권자가 채무자에게 반대급부로 부담하여야 하는 의무도 없다.
따라서 취득시효완성으로 인한 소유권이전등기청구권의 양도의 경우에는 매매로 인한 소유권이전등기청구권에 관한 양도 제한의 법리가 적용되지 않는다(대판 2018. 7. 12. 2015다36167).
④ 소멸하지 않는다.

답 ③

제2장 물권의 변동

단락문제 Q05 제32회 기출

등기청구권에 관한 설명으로 옳은 것을 모두 고른 것은? (다툼이 있으면 판례에 따름)

> ㉠ 등기청구권이란 등기권리자와 등기의무자가 함께 국가에 등기를 신청하는 공법상의 권리이다.
> ㉡ 부동산 매수인이 그 목적물을 인도받아 이를 사용수익하고 있는 이상 그 매수인의 등기청구권은 시효로 소멸하지 않는다.
> ㉢ 취득시효완성으로 인한 소유권이전등기청구권은 시효완성 당시의 등기명의인이 동의해야만 양도할 수 있다.

① ㉠ ② ㉡ ③ ㉢ ④ ㉠, ㉡ ⑤ ㉡, ㉢

해설

㉠ (X) 등기신청권을 말한다.
㉡ (O) 부동산 매수인이 그 목적물을 인도받아서 이를 사용수익하고 있는 경우에는 매수인의 사용수익상태를 더욱 보호하여야 할 것이므로 그 매수인의 등기청구권은 다른 채권과는 달리 소멸시효에 걸리지 않는다.(대판 1976. 11. 6. 76다148)
㉢ (X) 양도의 대상인 소유권이전등기청구권이 취득시효완성과 같이 그 등기청구권의 채권자와 채무자 사이에 아무런 계약관계나 신뢰관계가 없고, 그에 따라 채권자가 채무자에게 반대급부로 부담하여야 하는 의무도 없는 법률관계로부터 발생한 경우에는 그 등기청구권의 양도에 매매로 인한 소유권이전등기청구권에 관한 양도제한의 법리가 적용되지 않는다.(지판 2018. 10. 4. 선고 2018나55227)

답 ②

단락핵심 등기청구권

(1) 판례는 비록 매수인이 목적물의 인도나 명도를 받았다 하여도 등기청구권은 소멸시효에 걸린다고 한다. (X)
  ⇒ 판례는 목적부동산을 인도받아 사용·수익 중에 있는 부동산 매수인의 등기청구권은 채권적 청구권이지만 소멸시효에 걸리지 않는다고 한다.
(2) 등기청구권은 등기의무자와 등기권리자가 함께 등기공무원에 신청하는 등기신청권과 유사한 개념이다. (X)
  ⇒ 등기청구권은 등기의무자에 대한 사법상 권리이지만, 등기신청권은 국가에 대한 공권이다.
(3) 등기의무자가 자기 명의로 있어서는 안 될 등기가 자기 명의로 있음으로 인하여 사회생활상 또는 법상 불이익을 입을 우려가 있는 경우에는 소의 방법으로 등기권리자를 상대로 등기를 인수받아 갈 것을 청구할 수 있다. (O)
(4) 진정명의 회복을 위한 등기청구권은 자기 명의로 등기를 하였던 자에게만 인정된다. (X)
  ⇒ 법률에 의하여 소유권을 취득했던 자도 진정명의 회복을 위한 소유권등기를 청구할 수 있다.

05 등기의 효력

1 등기의 효력 일반★★★

(1) 권리변동효력
1) 권리변동의 효력은 등기의 가장 본질적 효력이다.
2) 법률행위를 하고 등기를 하면 그 부동산에 대한 권리가 변동된다(제186조). 즉 등기는 부동산 물권변동의 성립요건 및 효력발생요건이다.
3) 권리변동에 관하여 등기관이 등기를 마친 경우 그 등기는 접수한 때부터 효력을 발생한다(「부동산등기법」 제6조 제2항).

(2) 순위확정력
1) 동일한 부동산에 관하여 등기한 권리의 순위는 그 등기의 선후에 따라 정해진다. 다만, 저당권의 등기는 선순위의 저당권이 소멸한 때에는 후순위의 저당권의 순위가 상승한다.
2) 같은 구에 한 등기의 전후는 순위번호에 의한다.
3) 다른 구에 한 등기의 전후는 접수번호에 의한다.
4) 부기등기의 순위는 주등기의 순위에 의한다. 그러나 부기등기 상호간의 순위는 그 등기 순서에 의한다.

(3) 추정적 효력(권리추정적 효력)★★★

추가 15·19·23·30회 출제

Professor Comment
등기의 추정력은 추정의 목적범위와 추정의 효과, 추정이 깨어지는 경우에 대한 내용만 숙지하면 시험준비로 충분할 것이다.

1) 의의
① 등기가 있으면, 그 등기의 유효·무효에 관계없이 등기된 대로 권리관계가 존재하는 것으로 추정되는 효력을 말한다.
② 명시적인 법령의 근거가 없음에도, 판례는 등기의 추정력을 법률상 추정으로 본다.

2) 물적 범위
① 추정력이 미치는 범위는 등기절차의 적법추정, 등기사항의 적법추정, 등기원인의 적법추정 등이 인정된다.
② 한편 제200조는 점유의 추정력을 규정하는데, 부동산의 경우에는 등기의 추정력이 점유의 추정력에 우선한다.
③ 가등기는 추정력이 인정되지 않는다.

3) 인적 범위

① 의 의

등기의 추정력은 등기명의인뿐만 아니라 제3자도 추정의 효과를 원용할 수 있고, 등기명의인의 불이익을 위해서도 인정된다.

② 권리변동의 당사자 사이

판례는 소유권이전등기의 명의인은 제3자에 대하여 뿐만 아니라, 그 전 소유자에 대하여도 적법한 등기원인에 의하여 소유권을 취득한 것으로 추정된다(대판 2000.3.10. 99다65462). 이는 점유추정력이 당사자 간에는 미치지 않는 것과 구별된다.

→ 소유권보존등기의 경우 이런 효력이 인정되지 않는다(대판 2013.7.11. 2012다201410).

4) 추정의 효과

① 입증책임

등기의 추정력에 의하여 등기부상의 법률관계가 일응 진정한 것으로 추정되므로 반대사실의 주장을 하는 자가 입증책임을 진다.

② 무과실추정

등기의 내용을 신뢰하는 것은 무과실로 추정된다(대판 1994.6.28. 94다7829).

> **판례** 임야소유권이전등기에관한특별조치법에 의하여 경료된 소유권보존등기의 추정력
>
> ○임야소유권이전등기에관한특별조치법(현재 폐지됨)에 의한 소유권보존등기가 경료된 임야에 관하여서는 그 임야를 사정받은 사람이 따로 있는 것으로 밝혀진 경우라도 그 등기는 동법 소정의 적법한 절차에 따라 마쳐진 것으로서 실체적 권리관계에 부합하는 등기로 추정된다 할 것이다(대판 1987.10.13. 86다카2928).

> **판례** 동산 소유권이전등기 등에 관한 특별조치법에 따른 등기의 추정력
>
> '구 부동산 소유권이전등기 등에 관한 특별조치법'(이하 '특별조치법'이라고만 함)에 의하여 경료된 등기는 실체적 권리관계에 부합하는 등기로 추정되고, 특별조치법 소정의 보증서나 확인서가 허위 또는 위조된 것이라거나 그 밖의 사유로 적법하게 등기된 것이 아니라는 입증이 없는 한 특별조치법에 의하여 경료된 이전등기의 추정력은 깨어지지 않는 것이다(대판 2009.4.23. 2008다94264).
> ▶ 통상의 보존등기는 쉽게 추정이 깨어지는 데 반하여, 특별조치법에 의한 별개의 절차에 의하여 경료된 보존등기는 그 추정력의 번복을 쉽게 인정하지 않음을 주의해야 한다.

(4) 대항력(對抗力)[1]★

1) 임차권·환매권 등은 채권으로서 당사자 간의 계약만으로 성립한다.
2) 이를 등기하면 당사자 외의 제3자에게도 대항(주장)할 수 있다. 따라서 임차권의 등기나 환매권의 등기는 성립요건이 아니라 대항요건이다.

용어사전

1) 대항력(對抗力) : 이미 성립한 권리관계를 타인에게 주장할 수 있는 힘. 즉, 일단 유효하게 성립한 권리관계를 제3자가 부인하는 경우에 그 부인을 물리칠 수 있는 법률상의 권능(權能)이다.

(5) 공신력의 부정　　　　　　　　　　　　　　　　　　　　　　　　　　　　13회 출제

1) 부실등기를 선의로 신뢰하고 거래한 자는 보호되지 않는다.
2) 부동산거래에서는 선의취득, 즉 공신의 원칙은 인정되지 않는데, 이로 인해 거래의 안전이 깨어지는 문제가 있다.
3) 사기, 강박, 착오, 비진의표시, 허위표시 등에 의한 법률행위인 경우에는 그 행위가 취소·무효가 되어도 선의의 제3자는 보호되는데, 이는 등기의 공신력과는 무관하게 보호되는 것이다.

(6) 점유적 효력의 인정 여부

점유와 등기를 별개의 요건이므로 등기가 되어 있다고 하여 점유가 당연히 인정되는 것은 아니다. 그러나 등기사실이 인정되면 특별한 사정이 없는 한 점유사실도 인정되므로, 법원은 등기사실을 인정하면서 특별한 사정의 설시 없이 점유사실을 인정할 수 없다고 판단해서는 아니 된다(대판 2013.7.11. 2012다201410).

21·25회 출제

2 가등기의 효력 ★★★

(1) 본등기 전의 효력

본등기 전의 가등기만으로는 어떠한 실체법상의 효력이 인정되지 않으며, 본등기와 같은 추정력도 인정되지 않는다. 또한 처분금지가처분의 등기가 경료된다고 하여도 처분 자체가 금지되는 것은 아니다.

(2) 본등기 후의 효력(본등기 순위보전의 효력)

가등기에 기해 본등기를 하면 본등기의 순위는 가등기의 순위에 의한다(「부동산등기법」 제91조). 그러나 물권변동의 시기는 가등기를 한 때로 소급하는 것이 아니라, 본등기를 하는 때에 발생한다는 것을 주의해야 한다.

단락핵심 등기의 효력

(1) 권리변동에 관하여 등기관이 등기를 마친 경우 그 등기는 그때부터 효력을 발생한다.　(×)
(2) 가등기에 기한 본등기가 행해지더라도 물권변동의 시기가 가등기시까지 소급하는 것은 아니다.　(○)
(3) 가등기 자체로 어떤 효력이 발생하지는 않는다.　(○)
(4) 건물소유권 보존등기의 명의인이 건물을 신축하지 않은 것으로 밝혀진 경우 등기의 추정력은 깨어진다.　(○)
(5) 점유자의 권리추정규정은 특별한 사정이 없는 한 등기에 표상되어 있는 부동산물권에 대하여는 적용되지 않는다.　(○)
(6) 점유자가 자주점유의 권원을 주장하였으나 이것이 인정되지 않는 것만으로도 자주점유의 추정이 번복되어 타주점유로 전환된다.　(×)
(7) 전후 양 시점의 점유자가 다르더라도 점유의 승계가 증명된다면 점유계속은 추정된다.　(○)

제4절 동산물권의 변동

이 절에서는 법률행위에 의한 동산물권변동만을 다루고 법률의 규정에 의한 동산물권변동은 소유권 부분에서 다룬다.

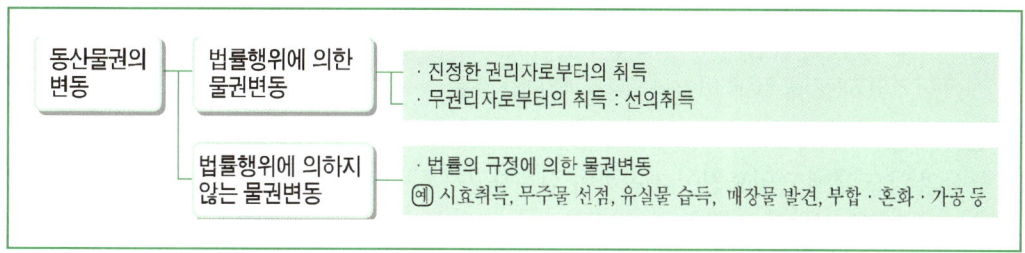

01 권리자로부터의 취득

> 제188조(동산물권양도의 효력, 간이인도) ① 동산에 관한 물권의 양도는 그 동산을 인도하여야 효력이 생긴다.
> ② 양수인이 이미 그 동산을 점유한 때에는 당사자의 의사표시만으로 그 효력이 생긴다.
> 제189조(점유개정) 동산에 관한 물권을 양도하는 경우에 당사자의 계약으로 양도인이 그 동산의 점유를 계속하는 때에는 양수인이 인도받은 것으로 본다.
> 제190조(목적물반환청구권의 양도) 제3자가 점유하고 있는 동산에 관한 물권을 양도하는 경우에는 양도인이 그 제3자에 대한 반환청구권을 양수인에게 양도함으로써 동산을 인도한 것으로 본다.

1 의 의

(1) 민법은 동산물권의 변동에 있어서도 성립요건주의를 채택하고 있는 바(제188조 제1항), 물권행위와 공시방법인 인도가 물권변동의 요건이다.

(2) 물권행위는 부동산물권변동에서 다루었으므로, 이하에서는 인도에 대하여 살펴본다.

2 동산물권변동의 요건으로서 인도★

(1) 인도의 의의

인도란 점유의 이전, 즉 물건에 대한 사실상 지배의 이전을 의미하며 법률행위로 인한 동산물권의 변동의 효력발생요건이다.

(2) 인도의 태양(態樣)

1) 현실의 인도
현실적으로 물건을 교부하는 것과 같이 물건에 대한 사실상의 지배를 이전하는 것을 말한다. (→점유)
- 예) 甲이 乙에게 옷을 팔고 넘겨주는 경우

2) 간이인도
양수인이 이미 목적물을 점유(간접점유를 포함)하고 있는 경우에 당사자 사이의 점유이전에 대한 의사표시(물권적 합의)만으로 양수인이 인도받는 것으로 하는 것을 말한다.
- 예) 甲이 乙의 자동차를 임차하여 쓰고 있다가 매입하는 경우

3) 점유개정
동산의 양도 후에도 양도인이 계속하여 점유하고자 하는 경우에 당사자 간에 소유권이전 및 점유매개관계를 설정함으로써 인도가 있는 것으로 간주하는 것을 말한다.
- 예) 甲이 乙에게 자동차를 매각한 후 매도인이 그 자동차를 임차하여 계속 사용하는 경우

4) 목적물반환청구권의 양도
대여 등의 원인으로 제3자가 점유하고 있는 동산을 제3자가 점유한 상태로 양도하고자 하는 경우에 양도인이 갖고 있는 그 제3자에 대한 반환청구권을 양수인에게 양도함으로써 그 동산의 인도가 있는 것으로 본다.
- 예) 甲이 乙에게 빌려준 카메라를 丙에게 팔고 丙도 이 카메라를 乙에게 임대하는 경우

3 민법 제188조의 적용범위★

(1) 법률행위에 의한 이전
인도가 물권변동의 요건으로서 요구되어 있는 것은 동산에 관한 물권의 양도, 즉 법률행위에 의한 이전에 한한다.

(2) 소유권의 양도
'동산에 관한 물권'이란 소유권에 한하는 것임을 유의하여야 한다. 왜냐하면 점유권, 유치권, 질권은 점유를 성립요건 또는 존속요건으로 삼기 때문이다.

 점유개정

점유개정에서는 관념상 인도가 있는 것으로 간주한다.

02 선의취득 (무권리자로부터의 취득) **19회 출제**

> **제249조(선의취득)** 평온, 공연하게 동산을 양수한 자가 선의이며 과실 없이 그 동산을 점유한 경우에는 양도인이 정당한 소유자가 아닌 때에도 즉시 그 동산의 소유권을 취득한다.
> **제250조(도품, 유실물에 대한 특례)** 전조의 경우에 그 동산이 도품이나 유실물일 때에는 피해자 또는 유실자는 도난 또는 유실한 날로부터 2년 내에 그 물건의 반환을 청구할 수 있다. 그러나 도품이나 유실물이 금전인 때에는 그러하지 아니하다.
> **제251조(도품, 유실물에 대한 특례)** 양수인이 도품 또는 유실물을 경매나 공개시장에서 또는 동종류의 물건을 판매하는 상인에게서 선의로 매수한 때에는 피해자 또는 유실자는 양수인이 지급한 대가를 변상하고 그 물건의 반환을 청구할 수 있다.

1 서 설

Professor Comment
① 선의취득이 동산의 취득시효와 근본적으로 구별되는 점은 일정요건을 갖추면 즉시 취득한다는 점이다.
② 즉 선의에 의한 동산취득시효(제246조 제2항)는 선의·무과실로 점유를 개시하였더라도 5년의 기간이 경과하여야 한다.

(1) 의 의

무권리자인 양도인으로부터 동산에 대한 권리를 양수하였더라도, 양도인이 그 동산을 점유하여 권리자로서의 외관을 갖추었으며, 양수인이 평온·공연하게 양수하고, 양도인이 무권리자인 점에 대하여 양수인이 선의·무과실이라면 그 동산에 대한 권리를 취득한다(제249조).

> 예 A가 B에게 임대해 준 동산을 B가 C에게 양도했을 경우, C가 그 물건(동산)이 A의 소유라는 것을 모르고(선의), 또 과실도 없이 양수했다면 C가 그 물건을 선의취득하게 되고, 소유자인 A는 C에게 그 물건의 반환청구를 할 수 없게 되는 것이다.

(2) 인정취지

동산의 거래는 빈번하고, 계속적으로 이루어지기 때문에 거래관계의 안전을 위하여 동산의 점유에 공신력을 인정함으로써 진정한 권리자의 보호라는 정적 안전보다는 선의의 거래자보호라는 동적 안전을 우선할 필요가 있다.

2 요건

무권리자로부터 취득한 동산에 관한 권리를 취득하기 위해서는 ㉠ 동산일 것, ㉡ 평온·공연·선의·무과실에 의하여 양수할 것, ㉢ 거래행위가 유효할 것, ㉣ 점유의 이전(인도)이 있을 것을 요한다.

(1) 객체에 관한 요건

1) 동산에 관한 권리취득일 것

선의취득은 동산의 점유에 공신력(公信力)을 인정하는 제도이므로 그 목적물(객체)은 동산에 한정되며 그 중 점유의 이전을 효력요건으로 하는 동산의 소유권과 질권에 한정된다.

① 등기나 명인방법으로 공시되는 부동산은 선의취득할 수 없다.
② 이득상환청구권, 주택입주권, 골프장회원권, 정기예금채권 등 일반적 채권(債權)은 원칙적으로 **선의취득대상이 아니다.** → 債權과 債券을 구별할 것
③ 지시채권·무기명채권 등 증권적 채권(債權)은 민법 제514조, 제524조에 의하여 선의취득이 인정된다.
④ 유가증권(어음·수표, 주권 등)은 민법 외의 다른 법(어음법, 수표법, 상법)에 의하여 선의취득을 할 수 있다.

선의취득

동산의 거래에서 양도인에게 처분권이 없음에도 처분권이 있다고 믿고 거래를 한 경우 그 동산의 권리취득을 인정해주는 제도이다.

2) 등기·등록의 대상이 아닐 것

동산일지라도 선박, 자동차 등과 같이 등기·등록을 갖춘 동산은 법률상 부동산과 같이 취급되므로 선의취득의 대상이 될 수 없다.

Professor Comment
20톤 미만의 선박은 일반동산과 같지만, 20톤 이상의 선박은 권리변동을 등기하여야 제3자에게 대항할 수 있다(대항요건주의).

3) 금전

금전은 금액 자체를 의미하기 때문에 그것이 단순한 물건으로 거래되는 경우(기념품, 수집용 골동품) 이외에는 선의취득의 대상이 되지 않는다.

(2) 양도인(처분자)에 관한 요건

1) 양도인이 점유하고 있을 것이 필요하다. 전주(前主)의 점유는 직접점유이든 간접점유이든, 자주점유이든 타주점유이든 묻지 않는다.
2) 양도인은 무권리자일 것, 즉 양수인이 처분권 없는 자로부터 동산을 취득한 경우다.

 가압류한 물건을 매수하였을 때의 소유권(선의취득)취득 가부

집달리가 어느 유체동산을 가압류하였다 하더라도 집달리가 종전의 소유자에게 계속하여 그 보관을 명한 경우에 있어서는 점유자의 사법상의 점유가 소멸되는 것이 아니며, 그 물건을 점유하는 소유자가 이를 타인에게 매도하고 그 타인이 선의로 점유인도를 받은 경우에는 그 타인은 그 물건의 소유권을 적법하게 취득한다(대판 1966.11.22. 66다1545).

3) 대리행위와 선의취득

대리인이 본인의 소유 아닌 동산을 처분한 때에는 선의취득이 가능하나, 대리권 없는 자가 본인 소유의 물권을 대리행위로 처분하는 경우에는 원칙적으로 선의취득의 적용은 인정될 수 없다(계약당사자인 본인이 정당한 권리자이기 때문이며, 이 경우 표현대리가 적용될 수 있음).

 선의취득을 위한 양수인의 요건

평온·공연·선의·무과실로 동산의 점유 취득

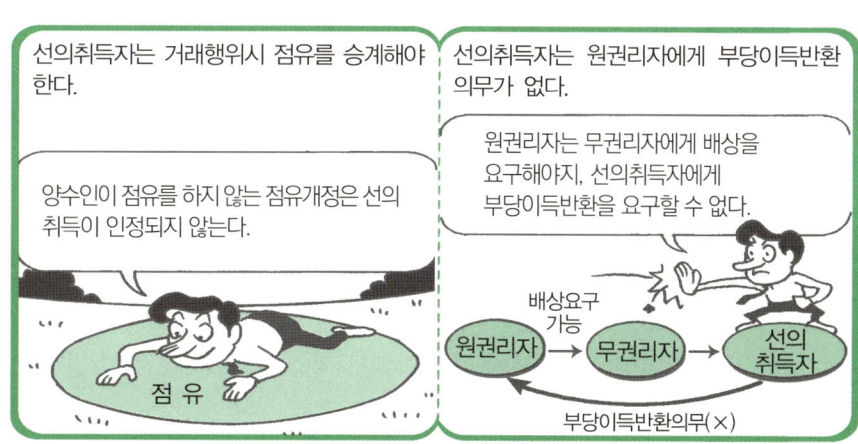

(3) 양수인(취득자)에 관한 요건

1) 점유취득의 평온·공연·선의·무과실
① 통설에 의하면 평온·공연·선의는 제197조 제1항에 의하여, 무과실은 학설상 추정되므로 취득자의 상대방이 폭력·은비·악의 또는 과실을 입증하여야 한다.
② 판례는 동산질권의 선의취득에서 취득자의 선의·무과실을 동산질권자가 입증하여야 한다(대판 1981.12.22. 80다2910)고 본다. → 인도와 물권행위가 모두 완료된 때
③ 선의·무과실의 기준시점은 <u>물권행위가 완성되는</u> 때인 것이므로 물권적 합의가 동산의 인도보다 먼저 행해지면 인도된 때를, 인도가 물권적 합의보다 먼저 행해지면 물권적 합의가 이루어진 때를 기준으로 해야 한다(대판 1991.3.22. 91다70).

2) 거래행위가 유효할 것
① 선의취득은 거래의 안전을 보호하는 제도이므로 선의취득을 위해서는 동산에 대한 개별적인 거래행위, 즉 매매나 증여, 경매 등 특정승계가 있어야 한다.
② 부동산물권은 선의취득이 있을 수 없으며 동산물권 중에서도 소유권과 질권에 한한다.
③ 거래행위 당사자 중 어느 쪽이든 제한능력·착오·사기·강박·대리권의 흠결 등과 같은 거래행위의 무효·취소사유가 있어 거래행위가 실효한 때에는 선의취득은 인정되지 않는다.

Professor Comment
유효한 거래행위가 있어야 하므로 상속에 의한 취득, 거래행위를 매개로 하지 않은 사실행위(예 타인의 산림을 자기의 것으로 오인하여 벌채한 경우)에 의한 취득의 경우에는 선의취득이 인정되지 않는다.

3) 인도
① 선의취득하기 위해서는 취득자가 양도인으로부터 현실인도나 간이인도 또는 목적물 반환청구권의 양도로써 목적물의 점유를 취득하여야 한다(대판 1981.8.20. 80다2530, 대판 1999.1.26. 97다48906).
② 따라서 점유개정에 의한 인도만으로는 선의취득이 인정되지 않는다(대판 1978.1.17. 77다1872).

3 효과 ★★

(1) 물권의 취득
선의취득의 요건이 갖추어지면 무권리자와 거래한 자라도 그 거래의 목적이 된 동산물권(소유권이나 질권)을 즉시 취득한다.

(2) 원시취득
1) 취득자는 양도인(처분자)이 가지고 있던 권리를 승계취득하는 것이 아니라, 처분자가 무권리자임에도 불구하고 법률의 규정에 의한 것이므로 새로운 권리를 원시취득하는 것이다.
2) <u>기존의 권리</u>에 대하여 존재하였던 제한은 소멸하는 것이 원칙이다.
   └→ 前主가 향유하던 권리

(3) 부당이득반환의 문제

선의취득자는 유상·무상행위를 묻지 않고 <u>원권리자</u>에 대하여 부당이득을 반환할 의무가 없다.
→ 원소유자

4 도품(盜品) 또는 유실물(遺失物)에 관한 특칙 ★★★

(1) 서 설

1) 의의
선의취득요건을 갖추고 있더라도 그 객체(목적물)가 도품 또는 유실물인 때에는 피해자 또는 유실자에게 일정기간 동안 반환청구권을 인정함으로써 선의취득의 효력을 2년간 제한하고 있다(제250조 본문).

2) 제도의 취지
소유자의 의사에 기하지 않고서 그의 점유를 떠난 동산에 대하여는 소유자에게 도난일, 유실일부터 2년간 반환을 청구할 수 있도록 하여 정적 안전을 보호한다.

(2) 요 건

1) 도품 또는 유실물

① 도 품
절도 또는 강도가 점유자의 의사에 반하여 적극적으로 점유를 이탈시킨 물건이다.

② 유실물
외부의 작용 없이 소극적으로 점유자의 의사에 기하지 않고서 그의 점유를 이탈한 것으로서 도품이 아닌 것을 말한다. 따라서 사기·공갈·횡령 등에 의하여 점유가 이탈된 물건은 이에 포함되지 않는다.

> **판례** 도품 또는 유실물의 의미
>
> 민법 제250조, 제251조의 도품, 유실물에는 ㉠ 점유수탁자가 적극적으로 제3자에게 부정처분한 위탁물 횡령의 경우는 포함되지 않고, ㉡ 점유보조자가 횡령한 경우에는 비록 형사상 절도죄가 성립함은 별론으로 하더라도 위탁물 횡령의 경우와 다를 바 없으므로 이 역시 민법 제250조의 도품, 유실물에 해당하지 않는다(대판 1991.3.22. 91다70).

2) 금전의 제외
① 금전은 원칙적으로 선의취득의 대상이 아니지만 기념주화나 특정연도에 제작된 화폐와 같이 단순한 동산으로 취급되는 경우에는 선의취득의 대상이 될 수 있다.
② 금전이 선의취득의 대상물건인 때에는 특칙이 적용되지 않는다(제250조 단서).

(3) 효 과

1) **원칙** : 무상
   ① 선의취득한 동산이 도품이나 유실물인 때에는 피해자 또는 유실자는 2년 내에 물건의 반환을 청구할 수 있다.
   ② 상대방은 반환청구기간 내에 도품 또는 유실물을 취득하여 현재 그 물건을 점유하고 있는 자이다.

2) **예외** : 유상
   ① 취득자가 경매나 공개시장 또는 동종류의 물건을 판매하는 상인에게서 선의로 매수한 경우에는 취득자가 지급한 대가를 변상하여야 한다. (→ 선의취득자가 취득시 지급한 대가(시가가 아님))
   ② 주의할 점은 제251조는 선의취득자가 '선의'일 경우만 규정하고 있으나, 제251조는 제249조를 전제로 한 규정이므로 이는 '선의·무과실'로 해석하여야 한다(대판 1991.3.22. 91다70).
   ③ 민법 제251조의 규정은 선의취득자에게 그가 지급한 대가의 변상을 받을 때까지는 그 물건의 반환청구를 거부할 수 있는 항변권만을 인정한 것이 아니고 피해자가 그 물건의 반환을 청구하거나 어떠한 원인으로 반환을 받은 경우에는 <u>그 대가변상의 청구권이 있다는 취지</u>이다(대판 1972.5.23. 72다115). (→ 선의취득한 물건을 먼저 반환한 이후에도 대가의 변상을 청구할 수 있다.)

단락핵심 선의취득

(1) 선의취득시 양수인은 평온·공연·선의·무과실로 동산을 양수하고 이를 점유하여야 하는데, 판례는 양수인의 무과실은 이를 추정하지 않는다. (○)
(2) 선의취득에 의하여 취득할 수 있는 동산물권은 소유권과 질권, 2가지가 있다. (○)
(3) 무상으로 선의취득을 하더라도 취득자가 원권리자에 대하여 부당이득반환의무를 지지 않는다. (○)
(4) 우리 민법상 선의취득제도는 부동산에 대해서도 인정된다. (×)
(5) 무효인 매매계약에 의해 동산의 점유를 취득한 자는 선의취득을 하지 못한다. (○)
(6) 점유개정에 의해 이중으로 양도담보권을 설정한 경우 나중에 담보권을 설정받은 채권자는 현실인도를 받기 전이라도 양도담보권을 취득할 수 있다. (×)
(7) 양수인이 유실물을 공개시장에서 매수한 때에는 그가 선의인 한, 과실 여부와 관계없이, 유실자는 양수인이 지급한 대가를 변상하고 그 물건의 반환을 청구할 수 있다. (×)
   ⇒ 제251조는 제249조에 의한 선의취득이 인정된 것을 전제로 하므로, 선의취득이 인정되기 위해서는 선의·무과실이어야 하므로 과실이 있는 자는 제251조의 적용대상이 아니다.

제5절 명인방법에 의한 물권변동

01 의의

명인방법(明認方法)이란 토지로부터 분리하지 않은 수목의 집단이나 미분리과실 등의 지상물을 독립된 거래의 객체로 함에 이용되는 관습법상의 공시방법으로, 그 지상물의 소유자가 누구인지를 외부의 제3자가 명백하게 인식하기에 족한 것을 말한다.

예) 입목을 매수한 양수인이 '입산금지 소유자○○○'라고 쓴 팻말을 부착한 경우

02 요건 ★★

1 특정성(特定性)

(1) 어떤 범위의 지상물이 목적물인지 알 수 있어야 한다.
(2) '특정의 임야 속의 수목의 일정수량'과 같이 특정되지 않은 수목을 거래하고 명인방법을 갖추더라도 그것은 효력이 없으나(대판 1975.11.25. 73다1323), 넓은 지역의 수목에 대하여 일부분에만 명인방법을 갖추어진 경우에는 특정이 가능한 부분에 한해서는 공시의 효력이 미친다.

2 소유권귀속의 대외적 표시

(1) 지상물이 독립한 물건이며 현재의 <u>소유자가 누구라는 것</u>을 인식할 수 있어야 한다. → 반드시 실명일 필요는 없음
(2) 확정된 판결에 기해 지상입목들이 특정인의 소유에 속한다는 집행관의 공시문을 붙인 팻말을 임야 입구에 설치해도 명인방법으로 유효하다(대판 1989.10.13. 89다카9064).

3 계속성

→ 존속요건이라 함
<u>명인방법은 계속되어야 한다.</u> 즉, 일단 명인방법을 갖추었더라도 후에 제3자가 권리를 취득할 당시에 명인방법을 갖추지 않은 상태였다면, 제3자에 대하여 지상물의 독립된 소유권을 인정할 수 없다.

03 명인방법에 의하여 공시할 수 있는 물건

(1) 수목의 집단과 미분리의 과실이 명인방법에 의해 공시될 수 있으며, 공시된 물건은 부동산으로 취급된다.
(2) 수목의 집단은 인공적으로 식재된 것이든 천연의 것이든 묻지 않으며, 미분리의 과실에는 과수의 열매뿐 아니라 입도·상엽·엽연초·인삼·농작물 등도 포함된다.

> **판례** 입인삼에 대한 물권변동의 공시방법
>
> 입인삼에 대한 물권변동의 유효요건인 공시방법은 점유이전만으로는 부족하나, 권리변동이 있음을 일반인에게 알리는 문구를 기재한 팻말을 본건 인삼포를 통과하는 사람이라면 누구나 쉽게 볼 수 있는 곳에 설치하는 명인방법으로 족하다(대판 1972.2.29. 71다2573).

(3) 다만, 「입목에 관한 법률」이 적용되어 동법에 의한 소유권보존등기가 경료되면, 그 이후에 명인방법을 갖추더라도, 등기가 우선하므로 명인방법에 의한 물권변동으로 대항할 수 없다.

04 명인방법으로 공시할 수 있는 물권변동 ★★

명인방법은 소유권이전의 형식만 공시할 수 있으므로 소유권이전이나 양도담보를 설정할 수 있으나, 저당권이나 질권의 설정은 불가능하나, 입목에 관한 법률에 의해서는 저당권도 공시할 수 있다.

05 명인방법과 우열관계

1 수 개의 명인방법 간의 우열관계

명인방법 역시 물권변동의 성립요건으로 보아야 하므로, 입목을 이중양도한 경우 명인방법을 먼저 갖춘 쪽이 소유권을 취득한다.

2 명인방법과 기타의 공시방법 간의 우열관계

명인방법과 등기가 경합하는 경우 먼저 공시방법을 갖춘 양수인이 우선한다.

단락핵심 명인방법에 의한 물권변동

(1) 매수한 입목을 특정하지 않고 한 명인방법에는 물권변동의 효력이 생기지 않는다. (○)
(2) '특정의 임야 속의 수목의 일정수량'과 같이 특정되지 않은 수목을 거래하고 명인방법을 갖추더라도 그것은 효력이 없다. (○)
(3) 명인방법을 갖춘 입목은 저당권은 설정할 수 있으나, 비전형담보인 양도담보는 설정할 수 없다. (×)
(4) 확정된 판결에 기해 지상입목들이 특정인의 소유에 속한다는 집행관의 공시문을 붙인 팻말을 임야입구에 설치해도 명인방법으로 유효하다. (○)
(5) 일단 명인방법을 갖추었다면 후에 제3자가 권리를 취득할 당시에 명인방법을 갖추지 않은 상태였더라도 제3자에 대하여 지상물의 독립된 소유권을 인정할 수 있다. (×)

제6절 물권의 소멸 [11·17회 출제]

물권의 소멸원인에는 모든 물권에 공통된 소멸원인과 물권의 종류에 따라 특별한 소멸원인이 있으나 여기서는 전자(前者)에 관해서만 설명하기로 한다.

물권의 소멸	상대적 소멸 (물권의 주체가 변동)	물권의 주체가 변경될 뿐 물권 자체는 여전히 존재 - 매매, 교환, 상속, 공용수용 등
	절대적 소멸 (물권 자체가 소멸)	1) 공통 원인: 목적물 멸실, 소멸시효, 포기, 혼동, 몰수
		2) 각종 물권의 특수한 원인: 전세권의 소멸통고(단, 등기요부에 대하여는 학설대립), 담보물권의 피담보채권소멸

01 물권일반의 소멸원인

1 목적물의 멸실

(1) 물권은 일정한 물건에 대한 권리이므로 그 목적물이 멸실하면 물권도 당연히 소멸하게 된다. 이때 그 멸실 여부는 사회통념에 따라 결정해야 할 것이다.
  예) 건물의 지진, 화재, 폭격, 철거되거나, 하천 주변 토지가 포락(물에 잠김)된 경우

(2) 목적물이 물리적으로 완전히 소멸된 경우가 아니라 물질적 변형물로서 잔존하는 경우에는 그에 대한 물권으로서 존속하게 되며, 특히 담보물권에 있어서는 목적물의 가치적 변형물 위에 존속하게 된다[**물상대위**(物上代位)[1]].

> **용어사전**
> 1) **물상대위**(物上代位): 담보물권의 목적물의 멸실·훼손·공용징수에 의하여, 그 물건의 소유자가 금전 기타의 물건을 받을 청구권(보험금 등의 청구권)을 취득한 경우에, 그 담보물권이 이 청구권 위에 효력을 미치는 것이다(민법 제342조·제370조).

2 소멸시효

(1) 물권은 재산권의 일종이며, 민법은 소유권을 제외한 그 밖의 재산권은 20년의 소멸시효기간을 정해 놓고 있다. 즉 채권 10년, 그 밖의 단기소멸시효 3년, 1년 등이 있다(제162조 이하 참조).

(2) 점유권과 유치권은 점유를 상실하면 권리자체가 소멸하므로 성질상 소멸시효가 적용되지 않고, 담보물권은 피담보채권이 존속하는 한 독립하여 소멸시효에 걸리지 않는다(담보물권의 실효성을 확보하기 위한 규정이다).

(3) 실제로 소멸시효의 완성에 의한 물권의 소멸은 용익물권(用益物權), 즉 지상권·지역권·전세권이다.

제2장 물권의 변동

3 물권의 포기

(1) <u>물권을 소멸시키는 물권자의 의사표시</u>와 등기에 의해 물권은 소멸한다. 물권의 포기는 법률행위에 의한 물권변동이기 때문이다. → 물권적 단독행위
(2) 지상권 또는 전세권이 저당권의 목적이 되면, 그 지상권 또는 전세권자는 저당권자의 동의 없이 포기할 수 없다.
(3) 사용·수익권만의 포기 등과 같이, 물권의 일부권능만을 채권적으로 포기하는 것도 가능하다(대판 2006.5.12. 2005다31736).

4 공용징수(공용수용)

(1) 공용징수는 공익을 위하여 사인의 특정 재산권을 법률의 힘에 의하여 강제적으로 취득하는 것을 말한다.
(2) 공용징수에 의하여 공익사업의 주체(수용자)는 원시적으로 권리를 취득하게 되므로 그에 따라 토지소유자(피수용자)의 권리와 목적물 위에 존재하고 있는 제3자의 권리는 모두 소멸한다.

 혼동으로 제한물권이 소멸되지 않는 경우(Ⅰ)

① 혼동한 물권이 제3자의 권리의 목적인 때에는 제한물권이 소멸되지 않는다.
② 따라서 저당목적물인 토지에 대한 1번 저당권자가 그 토지를 취득하더라도 2번 저당권자가 있는 경우 1번 저당권은 소멸하지 않는다.

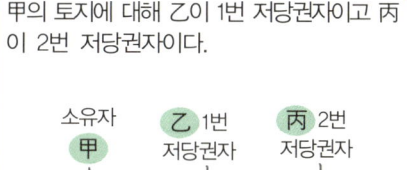

甲의 토지에 대해 乙이 1번 저당권자이고 丙이 2번 저당권자이다.

乙이 甲의 토지를 취득하더라도 乙의 1번 저당권은 소멸하지 않는다.

내가 매수하여 소유권을 이전받았어도 1번 저당권은 유효하지!

만일 乙의 저당권이 소멸하면 丙이 1번 저당권자가 되며, 甲의 토지를 경매할 경우 乙은 배당을 받을 수 없게 된다.

따라서 乙이 甲의 토지를 취득하더라도 乙의 1번 저당권은 소멸하지 않는다.

내가 소유권을 이전받았어도 경매시 1순위 저당권자는 바로 나란 말이지!

제2편 물권법

5 혼동(混同)

(1) 서로 대립하는 2개의 법률상의 지위 또는 자격이 동일인에게 귀속되는 것을 말하는데, 이 경우 그 중 한쪽의 지위 또는 자격은 다른 쪽에 흡수되어 소멸하는 것이 원칙이다.
  - 예) 최후순위저당권자가 그의 후순위이해관계인이 없는 경우 목적부동산의 소유권을 취득하면 그 저당권은 혼동으로 소멸한다.

(2) 소유권과 점유권은 서로 양립할 수 있으므로 혼동에 의해 소멸하는 일은 없다.

02 물권의 혼동

> 제191조(혼동(混同)으로 인한 물권의 소멸) ① 동일한 물건에 대한 소유권과 다른 물권이 동일한 사람에게 귀속한 때에는 다른 물권은 소멸한다. 그러나 그 물권이 제3자의 권리의 목적이 된 때에는 소멸하지 아니한다.
> ② 전항의 규정은 소유권 이외의 물권과 그를 목적으로 하는 다른 권리가 동일한 사람에게 귀속한 경우에 준용한다.
> ③ 점유권에 관하여는 전2항의 규정을 적용하지 아니한다.

1 소유권과 제한물권과의 혼동 ★★★

(1) 원 칙

동일물에 대한 소유권과 제한물권이 동일한 사람에게 귀속하면 원칙적으로 제한물권은 소멸한다.
  - 예) 저당권자가 저당부동산의 소유권을 취득하거나 또는 지상권자가 소유권자를 상속하는 경우 등에는 그 저당권이나 지상권은 혼동으로 인하여 소멸한다.

(2) 예 외

제191조 제1항 단서는 그 물권이 제3자의 권리의 목적이 된 때만을 규정하고 있지만, 통설과 판례는 법문의 취지를 고려하여 그 물권이나 물건이 제3자의 권리의 목적이 된 경우(범위의 확장) 중 권리보호의 가치가 인정되는 경우(범위의 축소)로 한정하고 있다.

1) 그 물건이 제3자의 권리의 목적인 때
  ① 소멸하지 않는 경우

  한 물건에 대한 소유권과 제한물권이 한 사람에게 돌아갔을 때에는 제한물권은 소멸하는 것이 원칙이나 그 물건이 제3자의 권리목적으로 되어 있고, 또한 제3자의 권리가 혼동된 제한물권보다 아래 순위에 있을 때에는 혼동된 제한물권이 소멸하지 아니한다(대판 1999. 4. 13. 98도4022).

제2장 물권의 변동

예 甲이 X토지 위에 1번 저당권을 취득하고, 제3자 丙이 X토지 위에 후순위(2번) 저당권을 취득한 경우에 甲이 X토지의 소유권을 취득하더라도 甲의 저당권은 소멸하지 않는다.

➡ 그러나 甲의 소유권 취득원인이 상속인 경우에는 甲은 저당권뿐만 아니라, 저당권의 피담보채무도 상속하므로 채권과 채무가 혼동으로 소멸하고 그 결과 담보물권의 부종성에 따라 저당권도 소멸한다는 점을 주의하여야 한다.

② 소멸하는 경우(권리보호의 가치가 없는 경우)

예 Y토지에 대하여 乙이 1번저당권을, 丙이 2번저당권을 가지는 경우에 丙이 Y토지의 소유권을 취득한 때에는 丙의 2번저당권이 존속한다고 하더라도 소멸한 경우와 차이가 없으므로 혼동의 예외를 인정할 필요가 없다.

甲이 가등기에 기한 본등기 절차에 의하지 아니하고 乙로부터 별도의 소유권이전등기(예: 상속)를 경료받았다고 하여 혼동의 법리에 의하여 甲의 가등기에 기한 본등기청구권이 소멸하는 것은 아니다(대판 1995.12.26. 95다29888).

2) 혼동되는 제한물권이 제3자의 권리의 목적인 때

예 지상권자 甲이 그 목적토지에 대한 소유권을 취득하더라도 그 지상권이 제3자 乙의 저당권의 목적으로 되어 있는 경우에는 지상권이 소멸하지 않는다.

 혼동으로 제한물권이 소멸되지 않는 경우(Ⅱ)

① 혼동한 제한물권이 제3자의 권리의 목적인 때에는 소멸하지 않는다.
② 지상권에 저당권이 설정된 경우 저당권 보호를 위해 지상권은 혼동으로 소멸하지 않는다.

2 제한물권과 그 제한물권을 목적으로 하는 다른 권리와의 혼동★★★ 　25회 출제

(1) 원 칙
제한물권과 그 제한물권을 목적으로 하는 권리가 혼동한 경우(다른 제한물권이 동일인에게 귀속되는 경우)에는 그 다른 권리는 원칙적으로 소멸한다.

예 지상권에 대하여 저당권을 가지는 자가 그 지상권을 취득한 때에는 저당권은 혼동으로 소멸한다.

(2) 예 외
해석상 소유권과 제한물권 간의 혼동에서 발생하는 예외를 인정한다.

1) 혼동한 권리가 제3자의 권리의 목적인 때
예 甲의 지상권에 대하여 乙이 저당권을 가지고, 乙의 저당권은 다시 丙의 질권의 목적으로 되어 있는 경우에 乙이 그 지상권을 취득하더라도 乙의 저당권은 소멸하지 않는다.

2) 제한물권이 제3자의 권리의 목적일 때

단락핵심 물권의 소멸

(1) 물권의 소멸원인으로는 변제, 목적물의 멸실, 혼동 등이 있다. (×)
(2) 甲의 지상권에 대하여 乙이 저당권을 가지고, 乙의 저당권은 다시 丙의 질권의 목적으로 되어 있는 경우에 乙이 그 지상권을 취득하더라도 乙의 저당권은 소멸하지 않는다. (○)

빈출 함정 총정리

• 경록 교재에 모든 답이 있습니다.

서 설

01 부동산 점유취득시효에 의한 물권(소유권)취득은 법률의 규정에 의한 **물권변동이지만 등기하여야 물권을 취득한다.**
　함정(X) 부동산 점유취득시효에 의한 물권(소유권)취득은 법률의 규정에 의한 물권변동으로 등기 없이도 물권을 취득한다.

02 등기를 요하지 않고 부동산의 물권취득이 된 경우에도 **처분하기 위해서는** 등기를 필요로 한다.
　함정(X) 등기를 요하지 않고 부동산의 물권취득이 된 경우에도 제3자에게 대항하기 위해서는 등기를 필요로 한다.

03 물권의 포괄적 승계로는 회사의 합병, **상속** 등이 있다.
　함정(X) 물권의 포괄적 승계로는 회사의 합병, 특정유증 등이 있다.

공시의 원칙과 공신의 원칙

04 **공시의 원칙이라** 함은 물권의 변동은 언제나 외부에서 인식할 수 있는 표상을 갖추어야 한다는 원칙이다.
　함정(X) 공신의 원칙이라 함은 물권의 변동은 언제나 외부에서 인식할 수 있는 표상을 갖추어야 한다는 원칙이다.

05 공신의 원칙과 공시의 원칙은 논리적 정합성을 가지는 것이 아니다.
　함정(X) 공신의 원칙은 반드시 공시의 원칙을 전제로 한다.

제2편 물권법

06 **동산은** 인도를 공시방법으로 하고 **부동산은** 등기를 공시방법으로 한다.
　　함정(X) 부동산은 인도를 공시방법으로 하고 동산은 등기를 공시방법으로 한다.

07 민법은 **부동산의** 경우에는 공신의 원칙을 인정하지 않지만 **동산**의 경우에는 인정하고 있다.
　　함정(X) 민법은 동산의 경우에는 공신의 원칙을 인정하지 않지만 부동산의 경우에는 인정하고 있다.

등 기

08 등기관이 등기를 마친 경우 그 등기는 **접수한 때부터** 효력을 발생한다.
　　함정(X) 등기관이 등기를 마친 경우 그 등기는 등기를 마친 때부터 효력을 발생한다.

09 등기에는 실체적 권리관계에 대한 **추정력이** 인정된다.
　　함정(X) 등기에는 실체적 권리관계에 대한 공신력이 인정된다.

10 매수인이 목적물의 인도나 명도를 받아 점유하고 있는 **경우에는 등기청구권은 소멸시효에 걸리지 않는다.**
　　함정(X) 매수인이 목적물의 인도나 명도를 받아 점유하고 있는 경우라도 등기청구권은 10년의 소멸시효에 걸린다.

11 임야소유권이전등기에관한특별조치법에 의한 소유권 보존등기가 경료된 임야에 관하여 그 임야를 사정받은 사람이 따로 있다는 **것으로 밝혀지더라도 등기의 추정력이 유지된다.**
　　함정(X) 임야소유권이전등기에관한특별조치법에 의한 소유권 보존등기가 경료된 임야에 관하여 그 임야를 사정받은 사람이 따로 있다는 것으로 밝혀지면 등기의 추정력이 깨어진다.

12 중간생략등기는 **실체적 권리관계에 부합하므로 유효한 등기가 된다.**
　　함정(X) 중간생략등기는 강행규정위반으로 무효이다.

제2장 물권의 변동

13 어떤 등기가 있으면 이에 부합하는 권리관계가 존재하는 것으로 **추정된다**.
   함정(X) 어떤 등기가 있으면 이에 부합하는 권리관계가 존재하는 것으로 간주된다.

14 물권변동청구권보전의 가등기는 권리의 순위보전의 효력만이 있고, 권리변동의 효력은 생기지 아니하며 **본등기시에 권리변동효력이 생긴다**.
   함정(X) 물권변동청구권보전의 가등기는 권리의 순위보전의 효력만이 있고, 권리변동의 효력은 생기지 아니하며 본등기를 하면 소급하여 효력이 발생한다.

물권의 소멸

15 부동산 물권의 목적물이 멸실하면 **물권도 당연히 소멸한다**.
   함정(X) 부동산 물권의 목적물이 멸실하면 멸실 등기를 한 때에 물권이 소멸한다.

16 소멸시효의 대상으로 되는 물권은 **지역권, 지상권** 등이다.
   함정(X) 소멸시효의 대상으로 되는 물권은 소유권, 유치권 등이다.

17 **포기에 의한 물권의 소멸은 법률행위로 인한 물권변동으로서 등기를 하여야만 효력이 생긴다**.
   함정(X) 물권의 포기는 등기하여야 제3자에게 대항할 수 있다.

18 동일한 물건에 대한 소유권과 다른 물권이 동일한 사람에게 귀속한 때에는 **다른 물권은** 소멸한다. 그러나 **그 물권이** 제3자의 권리의 목적이 된 때에는 소멸하지 아니한다.
   함정(X) 동일한 물건에 대한 소유권과 다른 물권이 동일한 사람에게 귀속한 때에는 **소유권은** 소멸한다. 그러나 **소유권이** 제3자의 권리의 목적이 된 때에는 소멸하지 아니한다.

19 가등기 후 다른 중간처분의 등기가 전혀 없는 경우 가등기권자가 가등기에 기한 본등기가 아니라 별도의 소유권이전등기를 **받았더라도 등기청구권은 소멸하지 않는다**.
   함정(X) 가등기 후 다른 중간처분의 등기가 전혀 없는 경우 가등기권자가 가등기에 기한 본등기가 아니라 별도의 소유권이전등기를 받았다면 등기청구권은 소멸한다.

CHAPTER 03 점유권

학습포인트

- 물건의 사실상 지배를 내용으로 하는 점유권은 그 취득과 소멸 그리고 점유권의 효력, 점유권에 기한 물권적 청구권과 준점유 등을 중심으로 학습하게 된다.
- 준점유의 경우 출제비중은 대단히 낮으므로 간단히 개념정도만 이해하면 될 것이다. 그러나 점유자와 회복자의 관계는 아주 중요한 부분이므로 철저히 학습해야 한다.

CHAPTER 학습 & 출제되는 키워드

- ☑ 점유제도
- ☑ 점유권과 본권
- ☑ 점유설정의사
- ☑ 점유의 관념화
- ☑ 점유보조자
- ☑ 간접점유
- ☑ 자주점유
- ☑ 타주점유
- ☑ 선의점유
- ☑ 악의점유
- ☑ 과실 있는 점유·과실 없는 점유
- ☑ 하자 있는 점유·하자 없는 점유
- ☑ 점유권의 취득과 소멸
- ☑ 점유의 추정력
- ☑ 점유자와 회복자의 관계
- ☑ 과실수취권
- ☑ 비용상환청구권
- ☑ 점유보호청구권
- ☑ 점유물반환청구권
- ☑ 점유물방해배제청구권
- ☑ 점유물방해예방청구권
- ☑ 점유의 소와 본권의 소
- ☑ 자력구제권
- ☑ 준점유

CHAPTER 학습 & 출제되는 질문

- ☑ 점유권에 관한 다음 설명 중 틀린 것은?
- ☑ 특별한 사정이 없는 한 타주점유자인 경우를 모두 고른 것은?
- ☑ 자주점유와 타주점유에 관한 설명으로 틀린 것은?
- ☑ 점유자와 회복자의 관계에 관한 설명 중 옳은 것을 모두 고른 것은?
- ☑ 甲 소유의 물건을 점유할 권리 없이 점유하여 비용을 지출한 현재의 점유자 乙에 대해 甲이 소유권에 기하여 반환을 청구하였다. 단, 乙은 그 물건으로부터 과실을 취득한 것은 없다. 다음 중 틀린 것은?

제1절 총설 【11회 출제】

01 점유제도와 점유권

1 점유제도

물건을 사실상 지배하고 있는 경우에 그 지배를 정당화시켜 주는 법적 권리의 존재 여부를 불문하고 그 사실상의 지배상태 자체에 대하여 <u>일정한 법률효과</u>를 부여하는 제도이다.
→ 권리의 적법추정·과실수취권·시효취득 등

2 점유권과 점유

(1) 점유권의 의의
1) 물건에 대한 사실상의 지배, 즉 점유를 법률요건으로 하여 발생하는 물권이다.
   ① 물건을 사실상 지배하는 자는 점유권이 있다.
   ② 점유자가 물건에 대한 사실상의 지배를 상실한 때에는 점유권이 소멸한다. 그러나 제204조의 규정에 의하여 점유를 회수한 때에는 그러하지 아니하다.
2) 우리 민법은 점유라는 사실에 의하여 점유권이 발생하고, 다시 이 점유권으로부터 여러 가지의 법률효과가 발생하는 것으로 규정하고 있다.

(2) 점유(占有)의 의의
점유란 물건이 그 사람의 사실적 지배에 속한다고 보여지는 객관적 관계를 말하는 것이다.

(3) 점유의 성립
1) 사실상의 지배
   ① 의의 : 사실상의 지배라 함은 사회관념상 물건이 어떤 사람의 지배 내에 있다고 할 수 있는 객관적 관계를 말한다.

 점유권·본권

1) **점유권**
   물건을 사실상 지배하는 권리이다.
2) **본권**
   점유를 정당화할 수 있는 권리이다.
   예 소유권, 지상권, 전세권 등

점유권이란 물건을 사실상 지배하는 권리를 말한다.

사실상의 지배가 인정되려면
① 계속 점유하고 있고,
② 타인의 간섭을 배제할 가능성이 있어야 하고,
③ 점유설정의사(사실상 물건을 지배하려는 의사)를 가지고 있어야 한다.

점유를 하고 있으면 본권(법률상의 권리)이 있는지 여부는 묻지 않는다.

훔친 핸드폰인데 내가 점유하고 있으므로 점유권은 나에게 있지. 그러나 점유할 권리인 본권은 없지!

② **사실상 지배의 판단**
　㉠ 물건에 대하여 일정한 거리가 있다 하더라도, 물리적 지배가능성이 있는 경우에는 사실상 지배가 인정된다.
　　㉮ 주차장에 세워둔 자동차, 여행 중 집에 보관하고 있는 물건 등은 점유가 인정된다.

> **판례** 물건에 대한 점유의 의미
>
> 1. 사실상의 지배가 있다고 하기 위해서는 반드시 물건을 물리적·현실적으로 지배하는 것만을 의미하는 것이 아니고 물건과 사람의 시간적·공간적 관계와 본권관계·타인지배의 가능성 등을 고려하여 사회관념에 따라 합목적적으로 판단해야 한다(대판 1992.11.10. 92다37710).
> 2. 타인 소유의 지상에 건물을 소유 혹은 점유하는 자는 동시에 그 대지를 점유하고 있는 것으로 본다(대판 1960.7.28. 4292민상1002).
> 3. 토지 공유자는 그 지상의 건물을 공동점유하는 것이다(대판 1977.4.26. 76다2501).
> 4. 특히 임야에 대한 점유의 이전이나 점유의 계속은 반드시 물리적이고 현실적인 지배를 요한다고 볼 것은 아니다(대판 2014.05.29. 2014다202622).

　㉡ 사실상 지배는 어느 정도 계속(시간적 계속성)되어야 하고, 타인의 간섭을 배제할 수 있는 가능성이 있어야 한다.
　　㉮ 옆 사람에게서 연필을 잠시 빌리거나, 강단의 강연자가 컵을 잠시 사용하는 경우에는 연필과 컵에 대한 점유가 인정되지 않는다.
　㉢ 본권(점유할 권리)의 유무는 원칙적으로 문제가 되지 않으므로 도인(盜人)과 같이 도품에 대하여 본권은 없으나 점유권을 가지고 있는 자가 있고, 반대로 도난당한 피해자와 같이 점유할 권리는 가지나 점유권은 없는 자가 있을 수 있다.

③ **점유권과 점유할 권리**
　㉠ 점유권과 점유할 권리 즉 본권은 구별된다. 즉, 점유권은 물건의 사실적 지배자체에 대하여 인정하는 권리임에 대하여, 점유할 권리(본권)는 점유하는 것을 정당화할 수 있는 권리이다.
　㉡ 점유할 권리는 소유권 및 지상권, 전세권, 유치권, 질권, 임차권, 사용대차권 등이 있다.

2) **점유설정의사**
　① 점유의 성립에 있어서 점유의사가 있어야 하는 것은 아니나, 사실상의 지배를 하고자 하는 <u>자연적 의사</u>는 있어야 한다. → 점유설정의사
　② 점유설정의사는 자연적 의사이므로 의사무능력자 및 제한능력자도 점유할 수 있다.

단락핵심 점유제도와 점유권

(1) 사실상 지배가 계속되는 한 점유할 권리의 소멸로 점유권이 소멸하지 않는다. (○)
　⇒ 점유권과 본권은 별개의 권리이기 때문이다.
(2) 점유권은 점유의사가 반드시 필요하다. (×)
(3) 본권이 없는 점유는 점유권으로 인정받을 수 없다. (×)

제3장 점유권

02 점유의 관념화

1 서설

(1) 점유란 물건에 대한 사실상의 지배로 성립한다고는 하지만 반드시 물리적으로 물건에 대하여 직접 실력을 미친다는 것을 의미하지는 않는다.
(2) 법률상으로는 물건에 대하여 직접 실력을 미치고 있으면서도 점유가 인정되지 않는 경우가 있는가 하면(예 점유보조자), 반대로 직접 실력을 미치지 않고 있으면서도 점유가 인정되는 경우가 있다(예 간접점유자).
(3) 이와 같이 점유의 개념이 직접적인 실력의 행사라는 물리적·가시적인 사실로부터 분리되는 현상을 '점유의 관념화(占有觀念化)'라고 한다.

점유의 관념화

1) **직접점유**
   물건을 직접 지배하는 것이다.
2) **간접점유**
   직접점유를 매개로 한 점유이다.
3) **점유보조자**
   직접점유자의 수족에 불과한 자로서 점유권이 인정되지 않는다.

2 직접적인 실력행사는 있으나 점유가 인정되지 않는 경우(점유보조자) ★★

> **제195조(점유보조자)** 가사상·영업상 기타 유사한 관계에 의하여 타인의 지시를 받아 물건에 대한 사실상의 지배를 하는 때에는 그 타인만을 점유자로 한다.

(1) 의 의
1) 가사상·영업상 기타 유사한 관계에 의하여 타인의 지시를 받아 물건에 대한 사실상 지배를 하는 때에는 그 <u>타인만을 점유자</u>로 한다(제195조). ➡ 즉 점유보조자는 점유자가 아님
2) 이와 같이 물건에 대하여 실력을 행사하면서도 사실상의 지배, 즉 점유를 인정받지 못하는 자를 점유보조자라고 한다.
3) 대표기관 기타 법인의 기관이 법인을 위해 물건을 사실상 지배하는 경우 그것은 곧 법인 자체의 점유이므로 법인의 기관은 점유보조자가 아니다.

(2) 요 건
1) 점유보조자가 점유자를 위하여 물건에 대한 사실상의 지배를 행사하고 있어야 한다.
2) 점유보조자가 점유자의 지시에 따라야 할 관계(점유보조관계)가 있어야 한다. 다만 이들 사이의 법률관계가 유효하여야 하는 것은 아니다.

(3) 효 과
1) 점유보조자는 점유자가 아니며 점유주만이 점유자이다.
2) 점유보조자는 점유자가 아니므로 점유보호청구권이 인정되지 않는다.
3) 점유보조자는 자력구제권을 갖는다.

> **판례** 처가 부(夫) 등과 함께 토지 및 건물을 점유·사용하는 경우 처의 점유
>
> 처가 아무런 권원 없이 토지와 건물을 주택 및 축사 등으로 계속 점유·사용하여 오고 있으면서 소유자의 명도요구를 거부하고 있다면 비록 그 시부모 및 부(夫)와 함께 이를 점유하고 있다고 하더라도 <u>처는</u> 소유자에 대한 관계에서 단순한 점유보조자에 불과한 것이 아니라 <u>공동점유자로서 이를 불법점유하고 있다</u>고 봄이 상당하다(대판 1998.6.26, 98다16456).

> **판례** 법인의 기관
>
> 법인의 기관이 직무를 수행함에 있어서 물건을 사실상 지배함으로써 점유를 취득하는 경우에는 법인의 점유가 인정된다. 따라서 대표기관은 법인의 점유보조자가 아니다(대판 1982.4.13, 80도537).

3 직접적인 실력행사는 없으나 점유가 인정되는 경우 ★★★   〔19·30회 출제〕

> **제194조(간접점유)** 지상권, 전세권, 질권, 사용대차, 임대차, 임치 기타의 관계로 타인으로 하여금 물건을 점유하게 한 자는 간접으로 점유권이 있다.

Professor Comment

점유보조자는 점유자가 아니고 간접점유자는 점유자라는 것이고, 다만 자력구제권의 인정 여부에 대한 예외를 기억하고 있으면 된다.

(1) 간접점유

1) 의 의
간접점유란 어떤 자(甲)가 타인(乙)과의 일정한 법률관계(점유매개관계)에 기하여 그 타인에게 점유를 이전한 경우에 그 자(甲)에게 인정되는 점유이다.

2) 성립요건
① 점유매개자(임차인 등)가 직접점유하고 있어야 한다.
② 점유매개관계(임대차 등)가 존재하고 있어야 한다.
③ 점유매개관계는 중첩적으로 존재할 수도 있다.
④ 점유매개관계는 반드시 유효해야 하는 것은 아니다.

3) 효력
① **직접점유자와 간접점유자의 대내적 관계**
  ㉠ 직접점유자(임차인 등) → 간접점유자(임대인 등) : 점유보호청구권 인정
  ㉡ 간접점유자(임대인 등) → 직접점유자(임차인 등) : 점유보호청구권 부인

② **간접점유자의 점유보호청구권**
대외적 관계에서 직접점유자가 제3자에 의하여 그 점유를 침탈당하거나 방해당하고 있는 경우에 간접점유자도 점유보호청구권을 갖는다(제207조).

③ **간접점유자의 자력구제권**
직접점유자에 대한 제3자의 침해가 있는 경우에 간접점유자의 자력구제권이 인정될 수 있는가가 문제되고 있으나, 다수설은 간접점유자는 점유자인지의 여부를 식별하기 곤란하다는 이유로 자력구제권을 부정한다.

제2편 물권법

(2) 상속에 의한 점유의 승계

1) 피상속인이 사망하면 점유권은 당연히 상속인에게 이전하기 때문에(제193조), 피상속인의 사망으로 상속이 개시되면 피상속인이 점유하고 있었던 물건은 당연히 상속인의 점유가 된다.
2) 상속인이 사실상 지배하거나 관리하고 있을 필요가 없으며, 상속의 개시를 알고 있을 필요도 없다.
3) 상속·합병은 자주점유를 인정할 수 있는 새로운 권원이 아니므로 상속에 의하여 점유권을 취득한 경우 상속인이 새로운 권원에 의해 자기 고유의 점유를 시작하지 않는 한 피상속인의 점유를 떠나 자기만의 점유주장을 할 수 없다(대판 2004.9.24. 2004다27273).

단락문제 Q01 제30회 기출

간접점유에 관한 설명으로 틀린 것은? (다툼이 있으면 판례에 따름)

① 「주택임대차보호법」상의 대항요건인 인도(引渡)는 임차인이 주택의 간접점유를 취득하는 경우에도 인정될 수 있다.
② 점유취득시효의 기초인 점유에는 간접점유도 포함된다.
③ 직접점유자가 그 점유를 임의로 양도한 경우 그 점유이전에 간접점유자의 의사에 반하더라도 간접점유가 침탈된 것은 아니다.
④ 간접점유자에게는 점유보호청구권이 인정되지 않는다.
⑤ 점유매개관계를 발생시키는 법률행위가 무효라 하더라도 간접점유는 인정될 수 있다.

해설 간접점유

④ (×) 간접점유자에게 점유보호청구권이 인정되나, 자력구제권은 인정되지 않는다.
① (○) 주택임대차보호법 제3조 제1항 소정의 대항력은 임차인이 당해 주택에 거주하면서 이를 직접 점유하는 경우뿐만 아니라 타인의 점유를 매개로 하여 이를 간접점유하는 경우에도 인정될 수 있을 것이다(대판 2000다55645).
② (○) 토지에 대한 취득시효완성으로 인한 소유권이전등기청구권은 그 토지에 대한 점유가 계속되는 한 시효로 소멸하지 아니하고, 여기서 말하는 점유에는 직접점유뿐만 아니라 간접점유도 포함한다고 해석하여야 한다(대판 94다28468).
③ (○) 직접점유자에 의한 점유양도 = 반환 청구권 부인
직접점유자가 임의로 점유를 타인에게 양도한 경우에는 그 점유이전이 간접점유자의 의사에 반한다 하더라도 간접점유자의 점유가 침탈된 경우에 해당하지 않는다(대판 92다5300).
⑤ (○) 유효하지 않은 사실상의 관계에도 간접 점유는 성립한다.

답 ④

단락핵심 점유의 관념화

(1) 간접점유자는 목적물반환청구권을 양도함으로써(제190조) 간접점유를 승계시킬 수 있다. (○)
(2) 점유보조자로 인정되기 위해서는 점유보조관계의 원인인 법률관계가 유효하여야 한다. (×)
(3) 법인은 대표기관은 법인의 점유보조자이다. (×)
(4) 직접점유자는 간접점유자에 대해서는 점유보호청구권을 행사할 수 없다. (×)
(5) 피상속인이 사망하면 점유권은 특별한 절차 없이 당연히 상속인에게 이전한다. (○)

제3장 점유권

03 점유의 태양(態樣)   14·19·20·29·33회 출제

제197조(점유의 태양) ① 점유자는 소유의 의사로 선의, 평온 및 공연하게 점유한 것으로 추정한다.
② 선의의 점유자라도 본권에 관한 소에 패소한 때에는 그 소가 제기된 때로부터 악의의 점유자로 본다.

1 자주점유와 타주점유 ★★   14회 출제

(1) 자주점유(自主占有)의 의의

1) 자주점유란 '소유의 의사'를 가지고 하는 점유(사실상의 지배)를 말한다.
2) 소유의 의사라 함은 소유자가 할 수 있는 것과 같은 배타적 지배를 사실상 행사하려고 하는 의사를 말한다.
3) 법률상 그러한 지배를 할 수 있는 권한, 즉 소유권을 가지고 있거나 소유권이 있다고 믿고 있어야 하는 것은 아니다.

소유의 의사와 점유

① 소유의 의사가 있는 점유는 자주점유이다.
② 자주점유 이외의 점유는 타주점유이다(소유의사 없음).
③ 자주점유에 있어서 소유의 의사로 점유한다고 함은 소유자와 동일한 지배를 하는 의사로 점유한다는 것을 의미하는 것이고, 점유자가 그 물건의 소유자임을 믿고 있어야 하는 것은 아니다(대판 1980.5.27. 80다671).

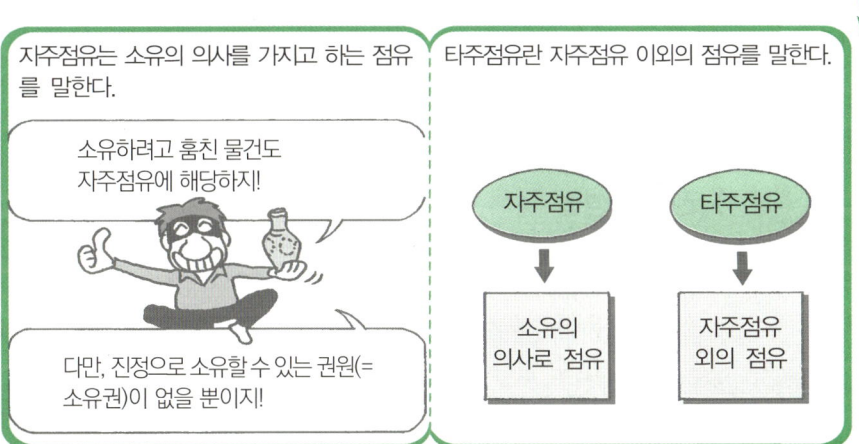

판례 취득시효에 있어서 자주점유의 의미

취득시효에 있어서 자주점유라 함은 소유자와 동일한 지배를 사실상 행사하려는 의사를 가지고 하는 점유를 의미하는 것이지, 법률상 그러한 지배를 할 수 있는 권한, 즉 소유권을 가지고 있거나 소유권이 있다고 믿고서 하는 점유를 의미하는 것은 아니다(대판 1994.10.21. 93다12176).

(2) 타주점유(他主占有)의 의의 〔추가15회 출제〕

타주점유란 자주점유 이외의 점유를 말하는데, 타인이 소유권을 가지고 있다는 것을 전제로 하여 하는 점유이다.

예) 지상권자, 전세권자, 임차인, 수치인, 명의수탁자 등이 하는 점유.

판례 타주점유로 인정된 사안

1 타인의 토지 위에 분묘를 설치·소유하는 경우
타인의 토지 위에 분묘를 설치 또는 소유하는 자는 그 분묘의 보존 및 관리에 필요한 범위 내에서만 타인의 토지를 점유하는 것이므로, 점유권원의 성질상 소유의 의사가 추정되지 아니한다(대판 1994.11.8. 94다31549).

2 공유자의 점유
공유 부동산은 공유자 한 사람이 전부를 점유하고 있다고 하여도, 다른 특별한 사정이 없는 한 권원의 성질상 다른 공유자의 지분비율의 범위 내에서는 타주점유이다(대판 1996.7.26. 95다51861).

3 농지개혁법에 의한 농지매수
국가가 구 농지개혁법에 따라 농지를 매수한 것은 자경하는 농민 등에게 분배하기 위한 것이고, 분배하지 아니하기로 확정되는 경우에는 원소유자에게 환원될 것이 매수 당시부터 예정되어 있는 것이므로 국가의 매수농지에 대한 점유는 진정한 소유자의 지배를 배제하려는 의사를 가지고 하는 자주점유라고 볼 수 없고, 권원의 성질상 타주점유로 보아야 한다(대판 2011.7.28. 2011다15094).

(3) 양자의 구별기준

1) 권원의 성질

① 자주점유와 타주점유는 소유의 의사의 유무에 따라 구별되는데, 이러한 소유의 의사의 유무는 점유취득의 원인이 된 사실, 즉, 권원의 성질에 의하여 '객관적'으로 결정된다. 그러므로 국유대지를 자기가 불하받은 것으로 일방적으로 믿고 있었다는 사실만으로는 자주점유라고 할 수 없다(대판 1998.2.10. 96다679).

② 매수인이나 도인(盜人) 등은 언제나 소유의 의사를 가지는 자주점유자이지만, '지상권자·전세권자·질권자·임차인·수치인' 등은 언제나 소유의 의사가 없는 타주점유자가 된다.

2) 자주점유의 추정

① 권원(權原)의 성질상 자주점유인지 타주점유인지를 판정할 수 없는 때에는 점유자는 소유의 의사로써 점유(자주점유)하는 것으로 추정된다(제197조 제1항).

② 자주점유가 아님을 주장하는 자가 상대방의 점유가 타주점유임을 입증할 책임이 있다(대판 2003.8.22. 2001다23225·23232).

③ 비록 소송 중에 점유할 권원이 없다고 밝혀졌다 하여도 그로 인해 바로 자주점유에 대한 추정이 깨어졌다고 볼 것은 아니다(대판 2008.5.8. 2007다77279).

④ 다음의 경우에는 자주점유의 추정이 깨어진다.
  ㉠ 점유자가 <u>성질상 소유의 의사가 없는 것으로 보이는 권원</u>에 바탕을 두고 점유를 취득한 사실이 증명된 경우 ▶ 예 지상권, 전세권, 임대차 등
  ㉡ 점유자가 타인의 소유권을 배제하여 자기의 소유물처럼 배타적 지배를 행사하는 의사를 가지고 점유하는 것으로 볼 수 없는 객관적 사정이 증명된 경우

> **판례 | 자주점유의 추정**
>
> **1** 자주점유의 추정이 유지되는 경우
> 국가나 지방자치단체가 토지의 취득절차에 관한 서류를 제출하지 못하고 있다는 사정만으로 자주점유의 추정이 번복되지 않는다(대판 2010.10.14. 2008다92268).
>
> **2** 자주점유의 추정이 번복되는 경우
> 1) 점유자가 점유 개시 당시 소유권 취득의 원인이 될 수 있는 법률행위 기타 법률요건 없이 그와 같은 법률요건이 없다는 사실을 잘 알면서 타인 소유의 부동산을 무단점유한 것이 입증된 경우에도 특별한 사정이 없는 한 소유의 의사가 있는 점유라는 추정은 깨어졌다고 보아야 한다(대판 2003.8.22. 2001다23225·23232).
> 2) 지방자치단체나 국가가 적법한 공공용 재산의 취득절차를 밟는 등 토지를 점유할 수 있는 일정한 권원 없이 사유토지를 도로부지에 편입시킨 경우에도 소유의 의사가 있는 점유라는 추정은 깨어진다(대판 2012.5.10. 2011다52017).
> 3) 점유자가 **점유 개시 당시에 소유권 취득의 원인이 될 수 있는 법률행위 기타 법률요건이 없이 그와 같은 법률요건이 없다는 사실을 잘 알면서** 타인 소유의 부동산을 무단점유한 것임이 입증된 경우에는 특별한 사정이 없는 한 점유자는 **타인의 소유권을 배척하고 점유할 의사를 갖고 있지 않다고 보아야 할 것이다**(대판 2013.6.27. 2011다101865).
> ▶ 즉 점유의 추정이 번복됨.

(4) 자주점유와 타주점유의 구별실익

구 분	자주점유	타주점유
취득시효의 요건	인 정	부 인
무주물선점의 요건	인 정	부 인
선의점유자의 회복자에 대한 배상책임의 범위	현존이익의 범위 내에서 배상	손해의 전부를 배상

(5) 점유의 전환

1) 타주점유에서 자주점유로의 전환
① 타주점유자가 새로운 권원에 의하여 소유의 의사를 가지고 점유를 시작하는 경우에 자주점유로 전환된다.
② 타주점유자가 그로 하여금 타주점유를 하게 한 자(간접점유자)에게 대하여 소유의 의사를 표시한 경우에 자주점유로 전환된다.
③ 상속은 자주점유로 전환되기 위한 새로운 권원에 해당하지 않는다(대판 1997.12.12. 97다40012).

2) 자주점유에서 타주점유로의 전환
① 소유자의 경우 토지를 매도(대판 1995.5.23. 94다51871)하거나, 소유권을 포기한 때 또는 강제집행으로 경락(대판 1968.7.30. 68다523)된 때에는 타주점유로 전환된다.
② 매수인의 경우 매매계약을 해제하거나(대판 1972.2.22. 71다2306) 취소한 때에는 타주점유로 전환된다.

 판례 자주점유의 추정과 점유의 전환

> 점유의 시초에 <u>자신의 토지에 인접한 타인 소유의 토지를 자신 소유 토지의 일부로 알고서 점유하게 된 자는 나중에 그 토지가 자신 소유의 토지가 아니라는 점을 알게 되었다거나 지적측량 결과 경계 침범 사실이 밝혀지고 그로 인해 상호분쟁이 있었다고 하더라도 그러한 사정만으로 그 점유가 타주점유로 전환되는 것은 아니다</u>(대판 2001.5.29. 2001다5913).

2 선의점유와 악의점유 ★★

22회 출제

(1) 선의점유의 의의

선의점유란 점유할 수 있는 권리, 즉 본권(本權)이 없음에도 불구하고 본권이 있다고 <u>오신</u>해서 하는 점유를 말한다. ← 잘못하여 신뢰하는 상태

 판례 민법 제201조 제1항 소정의 과실수취권이 인정되는 '선의의 점유자'의 의미

> 민법 제201조 제1항은 "선의의 점유자는 점유물의 과실을 취득한다"라고 규정하고 있는 바, 여기서 선의의 점유자라 함은 과실수취권을 포함하는 권원이 있다고 오신한 점유자를 말하고, 다만 그와 같은 <u>오신을 함에는 오신할 만한 정당한 근거가 있어야 한다</u>(대판 2000.3.10. 99다63350).

(2) 악의점유의 의의
1) 악의점유란 본권이 없다는 것을 알면서 점유하는 상태를 말한다.
2) 판례의 태도(대판 2000.3.10. 99다63350)에 의하면 정당한 이유가 없는 경우 즉, 본권이 존재하지 않는 것에 대하여 의심을 품으면서(오신에 정당한 이유가 없는 경우) 하는 점유의 경우에도 제201조(과실수취권)에 있어서는 악의의 점유와 같이 본다.

(3) 선의점유로 추정

1) 선의인지 악의인지 불분명한 경우 선의점유로 추정된다(제197조 제1항).
2) 선의의 점유자라도 본권에 관한 소에 패소한 때에는 그 <u>소가 제기된 때에 소급</u>하여 악의점유자로 본다(제749조 제2항). → 부당한 반환의무의 지체를 예방하기 위함

(4) 선의점유와 악의점유의 구별실익

구 분	선의점유	악의점유
점유자의 과실취득권	인 정	부 인
선의취득	인 정	부 인
점유자의 회복자에 대한 책임	• 자주점유 : 현존이익의 범위 내에서 배상 • 타주점유 : 손해 전부를 배상	손해의 전부를 배상
취득시효	• 부동산 등기부 취득시효	부 인

3 과실 있는 점유와 과실 없는 점유

(1) 과실 있는 점유와 과실 없는 점유

본권이 있다고 오신한 데 과실이 있는 경우를 과실 있는 점유, 그에 대하여 과실이 없는 경우를 과실 없는 점유라 한다.

(2) 입증책임

1) 민법상 선의점유는 추정되지만, 무과실은 추정되지 않으므로(통설), 과실 없는 점유를 주장하는 자에게 그 입증책임이 있다.
2) 선의취득에서는 무과실도 추정된다는 것이 다수설이나 판례는 무과실이 추정되지 않는다고 본다.

(3) 구별실익

등기부취득시효와 선의취득에서는 과실 없는 점유가 요구된다.

제2편 물권법

4 하자 있는 점유와 하자 없는 점유

Professor Comment

① 평온점유라 함은 점유자가 그 점유를 취득하는 데 법률이 허용할 수 없는 강폭행위를 쓰지 않은 것을 말하고, 폭력점유(강폭에 의한 점유)는 평온한 점유가 아닌 점유를 통틀어서 지칭하는 것이다.
② 그리고 공연한 점유는 남몰래 하지 않는 점유를 말하고, 은비점유는 남몰래 하는 점유를 말한다.

(1) 하자 있는 점유와 하자 없는 점유

강폭(强暴)·은비(隱秘)·악의·과실·불계속 등 완전한 점유로서의 효력발생을 저해하는 요소가 있는 점유를 하자 있는 점유라 하고, 평온·공연·선의·무과실·계속인 점유를 하자 없는 점유라 한다.

(2) 구별실익

취득시효, 선의취득, 점유자의 과실수취권 등에서 이를 구별할 실익이 있다.

단락핵심 점유의 태양

(1) 타주점유자인 피상속인을 상속한 자가 새로운 권원에 의하여 다시 소유의사로 점유한 경우에는 자주점유로 전환된다. (○)
(2) 소유의사의 유무는 점유취득의 원인이 된 권원의 성질에 의하여 객관적으로 결정된다. (○)
(3) 자기소유 부동산을 타인에게 매도하고 대금전액을 지급받아 인도의무를 지고 있는 자의 점유는 특별한 사정이 없는 한 타주점유로 전환된다. (○)
(4) 권원의 성질상 자주점유인지 타주점유인지 불분명한 점유는 자주점유로 추정된다. (○)
(5) 피상속인의 점유가 소유의 의사가 없는 경우 그 상속으로 인한 점유도 타주점유이다. (○)
(6) 물건을 매수하여 점유하고 있으나 매매가 무효인 것을 모르는 매수인은 자주점유자이다. (○)
(7) 타주점유자가 새로운 권원에 기하여 소유의 의사를 가지고 점유를 시작했으면 그 때부터 자주점유자가 된다. (○)

제2절 점유권의 취득과 소멸 `32회 출제`

01 점유권의 취득

> 제192조(점유권의 취득과 소멸) ① 물건을 사실상 지배하는 자는 점유권이 있다.
> ② 점유자가 물건에 대한 사실상의 지배를 상실한 때에는 점유권이 소멸한다. 그러나 제204조의 규정에 의하여 점유를 회수한 때에는 그러하지 아니하다.

1 직접점유의 취득

(1) 원시취득
점유의 성립, 즉 어떤 물건에 대한 사실적 지배가 성립되면 점유의 원시취득이 인정되며 그 법률효과로서 점유권도 원시적으로 취득된다(제192조 제1항).
예 유실물 습득, 무주물 선점 등

(2) 승계취득
1) **특정승계**(양도)
   물건에 대한 사실적 지배를 특정인에게 양도함으로써 이루어지는 점유권의 승계(현실인도, 간이인도)를 말한다.

2) **포괄승계**(상속·합병[1])
   ① 상 속
   피상속인의 사망으로 상속이 개시되면 어떤 물건에 대하여 가졌던 피상속인의 점유는 동일한 모습으로 상속인에게 이전된다(제193조).
   ② 회사합병 등
   회사의 합병에 의해서도 상속의 경우와 마찬가지로 점유의 포괄승계가 이루어진다(상법 제235조 등).

> **용어사전**
> 1) **합병(合併)**: 둘 이상의 것을 1개로 통합하거나 흡수해서 하나로 만드는 것을 의미한다.

2 간접점유의 취득형태

(1) 원시취득
예 지상권, 전세권, 질권, 임대차 등
1) 직접점유자였던 자가 **점유매개관계**를 설정하여 간접점유자가 된다.
2) 직접점유자가 점유개정에 의하여 점유매개자가 된다.
3) 점유자 아닌 자가 스스로는 직접점유를 취득하고 동시에 제3자에게 간접점유를 취득시킴으로써 제3자는 간접점유자가 된다.

(2) 승계취득
직접점유자에 대한 목적물 반환청구권을 양수함으로써 간접점유자가 된다.

3 점유권취득의 효과★★

26회 출제

(1) 원시취득의 효과
취득한 그때부터 점유권자로서 점유권의 모든 효력을 누구에게나 주장할 수 있다.

(2) 승계취득의 효과

1) 점유의 분리·병합

① 의 의

점유권의 승계인은 그의 선택에 따라서 자기의 점유만을 주장하거나, 자기의 점유와 전점유자의 점유를 아울러 주장할 수도 있다(제199조 제1항).

② 하자의 승계

전(前)점유자의 점유를 아울러 주장하는 경우에는 그 하자까지도 함께 승계한다(제199조 제2항).

③ 취득시효기간의 기산점

전점유자의 점유기간 중의 임의시점을 택하여 전점유자의 점유의 승계를 주장할 수 없고, 현재의 점유자는 자기의 점유개시일이나 전주의 점유개시일을 선택할 수 있을 뿐이다(대판 1998.4.10. 97다56822).

2) 상속에의 적용 여부

점유의 분리·병합은 상속의 경우에는 적용되지 않는다(대판 1972.6.27. 72다535).

02 점유권의 소멸

1 직접점유의 소멸

Professor Comment

혼동, 소멸시효에 의한 소멸은 점유권에는 적용되지 않는다. 점유권은 소유권과 병존할 수 있으며, 점유의 상실(지배가능성의 상실)로 당연히 소멸하기 때문이다.

(1) 원 칙
1) 직접점유의 소멸은 점유자가 물건에 대한 사실적 지배의 상실에 의해서 소멸한다.
2) 사실상의 지배의 상실 여부는 사회통념에 의하여 결정되며, 사실상의 지배가 <u>일시적으로 지장을 받고 있는 데 불과한 경우</u>에는 점유권이 소멸되지 않는다.
   └→ 예 가축의 일시도주

(2) 예 외
직접점유의 소멸은 타인의 침탈에 의하여 점유를 상실한 경우에도 점유자가 침탈 후 1년 이내에 점유회수청구권의 행사에 의하여 점유를 회수하면 점유는 처음부터 상실되지 않았던 것으로 다루어진다(제192조 제2항 단서).

2 간접점유의 소멸

간접점유는 목적물의 멸실이나 유실 등으로 직접점유자가 점유를 상실하거나 또는 직접점유자와의 <u>점유매개관계가 단절됨</u>으로써 소멸한다.
         └→ 예 직접점유자가 점유물을 횡령한 경우

제2편 물권법

제3절 점유권의 효력 〔12회 출제〕

01 점유의 추정력

> 제198조(점유계속의 추정) 전후양시에 점유한 사실이 있는 때에는 그 점유는 계속한 것으로 추정한다.
> 제200조(권리의 적법의 추정) 점유자가 점유물에 대하여 행사하는 권리는 적법하게 보유한 것으로 추정한다.

1 계속성의 추정
(1) 전·후 양 시점에 점유한 사실이 있는 때에는 그 점유는 계속한 것으로 추정한다(제198조).
(2) 전후 양 시점의 점유자가 다른 경우에도 점유의 승계가 입증되면 점유계속은 추정된다(대판 1996.9.20. 96다24279·24286).

2 적법성의 추정
(1) 점유자가 점유물에 대하여 행사하는 권리는 적법하게 보유한 것으로 추정된다(제200조).
(2) 따라서 소유자임을 주장하며 점유하는 자는 정당한 소유자로 추정된다.

3 추정의 범위 ★★
(1) 물적 범위
　1) 추정되는 권리
　　물권에 한하지 않고, 점유를 내용으로 하는 모든 권리를 포함한다.
　2) 점유의 객체(등기·등록의 대상이 되는 물건은 제외)
　　제200조는 점유물이라고 규정하여 모든 물건에 적용되는 것으로 해석할 여지가 있지만, 부동산의 등기제도, 선박·자동차 등의 등기·등록제도의 취지상 등기·등록의 대상이 되는 물건에 대하여는 등기·등록의 추정력이 점유의 추정력보다 우선한다.
　　　→ 즉, 등기·등록한 자가 적법한 권리를 가진 것으로 추정함

 판례 부동산 점유의 효력
부동산의 경우에는 등기에 추정력이 인정되고 제200조(권리의 적법추정)가 적용되지 아니한다(대판 1982.4.13. 70다729).

　3) 미등기 토지의 점유추정력
　　등기 대상인 토지가 등기되지 아니한 경우에는, 토지대장에 등록된 자가 소유자로 추정된다(대판 1976.9.28. 76다1431).

(2) 인적 범위

1) 추정의 효과는 점유자뿐만 아니라 제3자도 이를 원용할 수 있다. 따라서 강제집행을 청구한 채권자도 채무자의 점유의 추정력을 주장할 수 있다.
2) 등기의 추정력과 달리 점유의 양수인은 양도인에 대하여는 제200조의 적용을 주장할 수 없다. 따라서 점유이전의 당사자 사이에 다툼이 있으면 양수인은 자신의 점유가 적법한 것을 스스로 증명해야 한다(대판 1964.12.8. 64다714).  점유이전의 당사자 사이에는

단락문제 Q02 제31회 기출

등기와 점유의 추정력에 관한 설명으로 틀린 것은? (다툼이 있으면 판례에 따름)

① 등기부상 권리변동의 당사자 사이에서는 등기의 추정력을 원용할 수 없다.
② 전·후 양시(兩時)에 점유한 사실이 있는 때에는 그 점유는 계속한 것으로 추정한다.
③ 원인없이 부적법하게 등기가 말소된 경우, 권리소멸의 추정력은 인정되지 않는다.
④ 점유자의 권리추정 규정은 특별한 사정이 없는 한 부동산 물권에는 적용되지 않는다.
⑤ 소유권이전등기의 원인으로 주장된 계약서가 진정하지 않은 것으로 증명되면 등기의 적법추정은 깨진다.

해설 등기와 점유의 추정력
① (×) 부동산에 관하여 소유권이전등기가 마쳐져 있는 경우 그 등기명의자는 제3자에 대하여서뿐만 아니라, 그 전 소유자에 대하여서도 적법한 등기원인에 의하여 소유권을 취득한 것으로 추정된다(대판 2000.3.10. 99다65462).
② (○) 제198조
③ (○) 원인 없이 말소된 등기의 효력을 다투는 쪽에서 그 무효 사유를 주장·입증하여야 한다(대판 1997. 9. 30. 95다39526).
④ (○) 점유자의 권리추정의 규정은 특별한 사정이 없는 한 부동산물권에 대하여는 적용되지 아니한다(대판 1970.7.24. 70다729).
⑤ (○) 소유권이전등기의 원인으로 주장된 계약서가 진정하지 않은 것으로 증명된 이상 그 등기의 적법추정은 복멸되는 것이고 계속 다른 적법한 등기원인이 있을 것으로 추정할 수는 없다(대판 1998. 9. 22. 98다29568).

답 ①

제2편 물권법

단락핵심 점유의 추정력

(1) 점유자는 평온·공연하게 점유하는 것으로 추정한다. (○)
(2) 점유의 적법성은 추정되나 점유계속은 추정되지 않는다. (×)
(3) 양수인과 양도인 사이에는 제200조의 점유의 적법추정에 관한 규정이 적용되지 않는다. (○)
(4) 점유자의 무과실은 추정된다. (×)
(5) 부동산 등기명의인이 매도인인 경우 그를 소유자로 믿고 그 부동산을 매수하여 점유하는 자는 특별한 사정이 없는 한 과실 없는 점유자에 해당한다. (○)
(6) 등기의 적법추정에 관한 효력은 부동산의 매수인과 매도인 사이에도 적용된다. (○)

제3장 점유권

02 점유자와 회복자와의 관계 13·16·23·24·27·28·29회 출제

> **제201조(점유자와 과실)** ① 선의의 점유자는 점유물의 과실을 취득한다.
> ② 악의의 점유자는 수취한 과실을 반환하여야 하며 소비하였거나 과실(過失)로 인하여 훼손 또는 수취하지 못한 경우에는 그 과실의 대가를 보상하여야 한다.
> ③ 전항의 규정은 폭력 또는 은비에 의한 점유자에 준용한다.
> **제202조(점유자의 회복자에 대한 책임)** 점유물이 점유자의 책임있는 사유로 인하여 멸실 또는 훼손한 때에는 악의의 점유자는 그 손해의 전부를 배상하여야 하며 선의의 점유자는 이익이 현존하는 한도에서 배상하여야 한다. 소유의 의사가 없는 점유자는 선의인 경우에도 손해의 전부를 배상하여야 한다.
> **제203조(점유자의 상환청구권)** ① 점유자가 점유물을 반환할 때에는 회복자에 대하여 점유물을 보존하기 위하여 지출한 금액 기타 필요비의 상환을 청구할 수 있다. 그러나 점유자가 과실을 취득한 경우에는 통상의 필요비는 청구하지 못한다.
> ② 점유자가 점유물을 개량하기 위하여 지출한 금액 기타 유익비에 관하여는 그 가액의 증가가 현존한 경우에 한하여 회복자의 선택에 좇아 그 지출금액이나 증가액의 상환을 청구할 수 있다.
> ③ 전항의 경우에 법원은 회복자의 청구에 의하여 상당한 상환기간을 허여할 수 있다.

1 서설

물건의 점유자와 그 물건의 회복자 간에는 ① 점유기간 중 과실(果實)은 누가 취득하느냐 ② 점유자는 회복자에 대하여 어떤 책임을 지느냐 ③ 점유자는 회복자에 대하여 비용상환청구를 할 수 있느냐의 3가지 문제가 생긴다.

→ 필요비와 유익비

선의점유자의 과실취득권

① 선의점유자란 본권(과실취득권을 포함하는 본권임)이 없는데 있다고 오신한 점유자를 말한다.
② 악의점유자란 본권이 없음을 아는 점유자를 말한다. 또한 과실취득권을 인정하지 않는 본권(질권·유치권)을 가지고 있다고 오신한 자도 악의점유자이다.

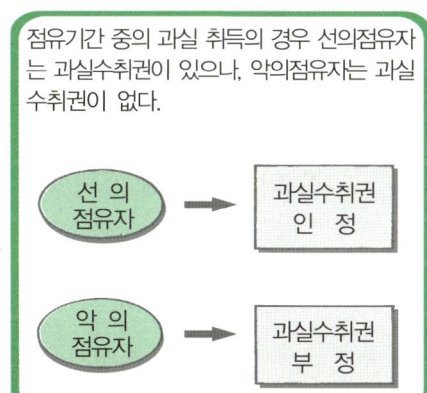

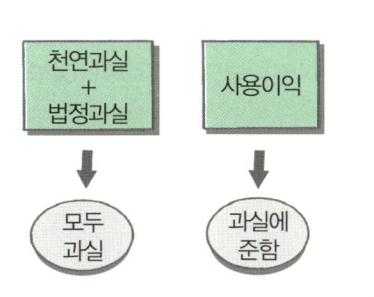

2 과실의 수취★★★

(1) 선의점유자의 과실취득권(과실수취권)

1) 의의

민법은 선의의 점유자에게 과실취득권을 규정하여 부당이득의 반환의무를 배제한다. 그 결과 선의점유자가 보호된다(제201조 제1항).

2) 선의의 의미

→ 예 소유권·지상권·전세권 등   예 저당권 등 ←

① 선의점유자란 과실취득권을 포함하는 본권이 있다고 오신한 자만을 가리키며, 과실취득권을 포함하지 않는 본권을 가지고 있다고 오신한 자는 포함되지 않는다.
② 선의에 대한 과실유무를 불문하는 것이 통설의 입장이지만 판례는 그 범위를 좁혀 오신할 만한 정당한 근거가 있어야 한다는 입장이다(대판 2000.3.10. 99다63350).

 민법 제201조 제1항 소정의 과실수취권이 인정되는 '선의의 점유자'의 의미

> 민법 제201조 제1항은 "선의의 점유자는 점유물의 과실을 취득한다"라고 규정하고 있는 바, 여기서 선의의 점유자라 함은 과실수취권을 포함하는 권원이 있다고 오신한 점유자를 말하고, 다만 그와 같은 오신을 함에는 오신할만한 정당한 근거가 있어야 한다(대판 2000.3.10. 99다63350).

3) 선의의 결정시기

과실에 관하여 독립한 소유권이 성립하는 시기는 천연과실에 있어서는 원물로부터 분리한 때이고(제102조 제1항), 법정과실에 있어서는 선의가 존속한 일수의 비율에 따라 취득한다(제102조 제2항).

4) 악의의 의제

① 선의의 점유자라도 본권에 관한 소에서 패소한 때에는 그 소(訴)가 제기된 때로부터 악의의 점유자로 간주된다(제197조 제2항).
② 비록 선의일지라도 폭력 또는 은비(隱秘)에 의한 점유자는 과실의 취득에 관하여는 악의의 점유자와 동일시된다(제201조 제3항).

5) 불법행위와의 관계

통설은 불법행위의 규정을 적용할 수 없다고 하나 판례는 "선의점유자에게 과실취득권이 있다고 하여도 그에게 과실(過失)이 있어서 진정한 소유자에 대하여 불법행위를 구성하는 경우에는 손해배상책임이 있다(대판 1966.7.19. 66다994)"고 한다.

6) 부당이득반환 여부

① 여기서의 과실에는 천연과실과 법정과실을 모두 포함하며 사용이익도 포함한다.
② 과실취득은 법률의 규정에 의해 인정되는 것이므로 부당이득반환의 문제는 생기지 않는다.

제3장 점유권

> **판례** 선의로 타인의 토지를 점유·사용한 자의 부당이득반환 여부
>
> <u>토지를 사용함으로써 얻는 이득은 그 토지로 인한 과실과 동일시할 것이므로</u>, 민법 제201조 제1항에 의하여 선의의 점유자는 <u>비록 법률상 원인 없이 타인의 토지를 점유·사용하고 이로 말미암아 그에게 손해를 입혔다 하더라도 그 점유·사용으로 인한 이득을 그 타인에게 반환할 의무는 없다</u>(대판 1995.5.12. 95다573·580).

(2) 악의점유자 등의 과실(果實)반환의무 ★★

1) 악의점유자의 의의
악의의 점유자와 악의점유자로 의제되는 자를 포함하여 과실 수취권이 없는 모든 자(본권에 관한 소에서 패소한 자, 폭력 또는 은비에 의한 점유자 등)를 의미한다.

2) 효과
① **수취과실의 반환의무**
악의의 점유자는 과실취득권이 인정되지 않으며 수취한 과실은 반환하여야 한다.

② **대가의 보상의무**
수취한 과실을 소비하였거나 과실로 인하여 훼손 또는 수취하지 못한 경우에는 그 대가를 보상하여야 한다.
→ 제3자에 대한 양도 포함
→ 예 수확기에 있는 곡식을 밭에 내버려두어 썩게 하는 것

③ **불법행위책임과의 관계**
㉠ 제201조 제2항은 악의점유자의 과실반환 및 대가보상에만 관한 것이며, 일반불법행위의 규정에 의한 피해자의 손해전보(損害塡補)를 배제하는 것이 아니기 때문에 둘은 경합적으로 적용될 수 있다. → 즉, 선택적으로 책임을 물을 수 있음
㉡ 그러나 불법행위의 경우, 고의·과실, 위법성, 책임을 모두 입증해야 함에 반하여 동규정의 경우에는 점유자의 악의 또는 폭력, 은비에 의한 점유인 점을 입증하면 족하므로 동조의 주장이 보다 용이하다.

PART **02** 물권법

 점유물의 멸실·훼손에 대한 책임

① 점유물이 점유자의 책임 없는 사유로 멸실·훼손된 경우에는 점유자에게 책임이 없다.
② 그러나 책임있는 사유로 멸실·훼손된 경우 점유자는 손해배상 책임을 진다.

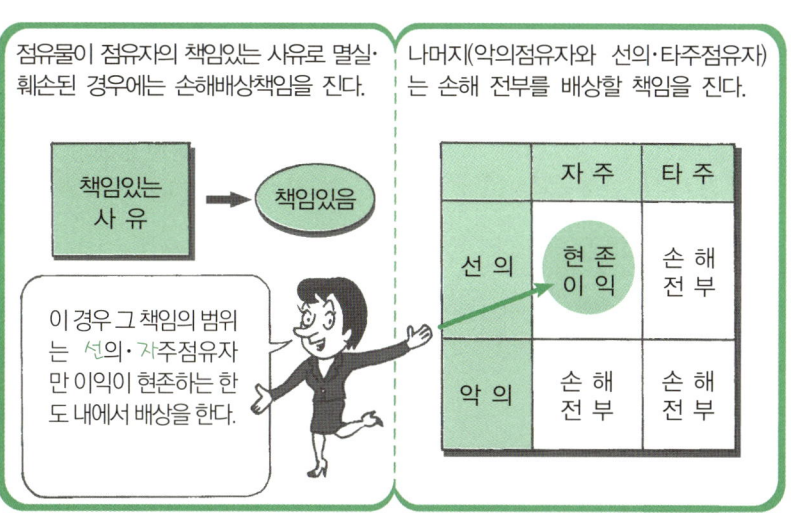

④ 이자의 가산문제

제201조 제2항은 악의의 점유자는 과실수취권이 인정되지 않는다는 취지일 뿐, 제748조 제2항에 의한 이자지급의무까지 배제하는 취지는 아니라는 것이 판례의 입장이며, 따라서 받은 이익에 이자를 붙여 반환하여야 한다(대판 2003. 11. 14. 2001다61869).

3 점유물의 멸실·훼손에 대한 책임★★

Professor Comment
선의점유자로서 현존이익의 한도에서 책임을 지기 위해서는 선의뿐만 아니라 소유의 의사(자주점유)가 있어야 한다.

(1) 선의점유자이며 자주점유자인 경우의 책임

소유의 의사를 가지고 점유한 선의점유자는 점유물의 멸실·훼손에 대해 이익이 현존하는 범위 내에서 배상할 책임을 진다(제202조 전단).

점유자의 비용상환청구권

1) 점유자의 비용상환청구권
   ① 필요비상환청구
   ② 유익비상환청구
2) 선의·악의의 점유자 모두에게 인정된다.

필요비는 물건을 통상 사용하는데 적합한 상태로 보존하는 데 지출되는 비용을 말하며, 선의·악의 점유자 모두 점유물반환시 회복자에게 청구가 가능하다.

다만, 과실을 취득한 경우에는 통상의 필요비를 청구하지 못한다.

유익비는 점유물을 개량 또는 가치를 증가하기 위하여 지출한 비용을 말한다.

점유한 건물에 샹들리에를 설치하는 경우 유익비를 청구할 수 있다.

유익비의 경우에는 점유물의 가액이 현저히 증가한 경우, 회복자의 선택에 좇아 그 지출금액이나 증가액의 상환을 청구할 수 있다.

(2) 악의점유자이거나 타주점유자인 경우의 책임

악의의 점유자는 자주점유자이든 타주점유자이든 관계없이 점유물의 멸실·훼손으로 생긴 손해의 전부를 배상할 책임을 지며(제202조 전단), 소유의 의사 없이 점유한 자(예컨대, 임차인·수치인·질권자)는 비록 선의자라 할지라도 악의점유자의 경우와 마찬가지로 멸실·훼손에 의한 <u>손해를 전부 배상</u>하여야 한다(제202조 후단). ← 불법행위책임의 범위와 동일함

4 점유자의 비용상환청구권 ★★★   19·25회 출제

(1) 요 건
1) 점유자가 점유물에 관하여 필요비나 유익비 등 비용을 지출하였어야 한다.
2) 과실취득이나 멸실·훼손에 대한 책임과 달리 점유자의 선의·악의 또는 소유의 의사의 유무에 따라 그 내용에 있어서 차이가 생기지는 않는다.

(2) 내 용
1) **필요비의 상환청구**(제203조 제1항)
   ① 필요비란 점유물을 보존하는 데 들인 비용을 말한다.
   - 예) 물건의 수선비나 기타 공조(公租)·공과금(公課金) 등
   ② 점유자가 과실을 취득한 경우에는 '통상의 필요비'는 청구하지 못한다.
   - 예) 통상의 필요비: 보존비, 수선비, 수리비, 부품교체비 등 사용·수익의 보존에 통상 필요한 비용으로 대규모 수선비용은 이에 해당하지 않는다.
   ③ 지상권자나 전세권자와 같이 스스로 점유물을 보존해야 할 의무가 있는 경우에는 회복자(지상권설정자나 전세권설정자)에 대하여 필요비의 상환을 청구할 수 없다.

2) **유익비의 상환청구**(제203조 제2항)
   ① 유익비란 물건의 보존(현상유지)을 넘어서는 지출비용으로서 그 물건의 가치를 증대시키는 개량비용을 말한다.
   - 예) 황무지를 개간, 통로개설, 지반공사 등에 지출한 비용 등이 유익비에 해당한다.
   ② 이때 유익비가 되기 위하여는 비용지출의 결과가 점유물의 구성부분이 되어야 한다(점유물에 부합하여야 함). 즉, 비용지출의 결과, 점유물과는 별개의 독립한 물건이 존재한다면, 그 독립된 물건은 점유자의 소유이므로 점유물 반환시에 회수할 수 있을 뿐이고, 법령의 특별한 규정이 있는 경우에 한하여 매수청구권의 대상이 될 수도 있다.
   ③ 유익비의 지출로 그 가액의 증가가 현존하는 경우에 한하여 '회복자(回復者)의 선택'에 좇아 그 지출금액이나 증가액의 상환을 청구할 수 있다.
   ④ 대항력 없는 임차인이 유익비를 지출한 임차건물이 경매에 의해 소유자가 교체된 경우 임차인은 신소유자를 상대로 제203조 제2항에 의한 유익비의 상환을 청구할 수 없고 임대인에게 제626조 제2항에 의해 임대차계약상의 유익비상환청구만을 할 수 있다는 점을 주의하여야 한다(대판 2003.7.25. 2001다64752).

⑤ 임차인이 대항력을 갖춘 경우에는 임차건물의 양수인이 임대인의 지위를 승계하므로 임대건물의 양도인(임대인)에게는 유익비상환청구권을 행사할 수 없고, 오히려 임차건물의 양수인에게만 제626조 제2항의 유익비상환청구권을 행사할 수 있을 뿐이다.

(3) 유치권에 의한 보호

1) 비용상환청구권은 필요비·유익비의 어느 것이나 제320조에서 말하는 '물건에 관하여 생긴 채권'에 해당하므로, 점유자는 그 상환을 받을 때까지 유치권에 의한 보호를 받을 수 있다.
2) 유치권이 성립하기 위해서는 채권(비용상환청구권)의 변제기가 도래해야 한다.
   ① 비용상환의 시기에 관하여 약정이 있는 경우에는 그 약정된 시기가 도래해야 한다.
   ② 유익비상환청구에 있어서 회복자는 법원으로부터 상당한 유예기간을 허락받아서 유치권의 성립을 저지할 수 있다(제203조 제3항). 그러나 필요비에 대해서는 상환기간의 유예가 허용되지 않는다.
3) 점유자의 점유가 불법행위에 의한 경우에도 비용상환은 청구할 수 있지만 이 경우에는 유치권이 성립하지 않는다(제320조 제2항).

(4) 행사시기

점유자의 필요비 또는 유익비상환청구권은 점유자가 회복자로부터 점유물의 반환을 청구받거나 회복자에게 점유물을 반환한 때 비로소 회복자에게 행사할 수 있다(대판 1994.9.9. 94다4592, 대판 2011.12.13. 2009다5162).

 유익비상환청구가 있는 경우 실제 지출한 비용과 현존하는 증가액을 모두 산정하여야 하는지 여부 — 산정함

유익비의 상환범위는 점유자 또는 임차인이 유익비로 지출한 비용과 현존하는 증가액 중 회복자 또는 임대인이 선택하는 바에 따라 정하여진다고 할 것이고, 따라서 유익비상환의무자인 회복자 또는 임대인의 선택권을 위하여 그 유익비는 실제로 지출한 비용과 현존하는 증가액을 모두 산정하여야 할 것이다(대판 2002.11.22. 2001다40381).

단락문제 Q03
제34회 기출

점유자와 회복자의 관계에 관한 설명으로 옳은 것은? (다툼이 있으면 판례에 따름)

① 점유물이 점유자의 책임 있는 사유로 멸실된 경우, 선의의 타주점유자는 이익이 현존하는 한도에서 배상해야 한다.
② 악의의 점유자는 특별한 사정이 없는 한 통상의 필요비를 청구할 수 있다.
③ 점유자의 필요비상환청구에 대해 법원은 회복자의 청구에 의해 상당한 상환기간을 허여할 수 있다.
④ 이행지체로 인해 매매계약이 해제된 경우, 선의의 점유자인 매수인에게 과실취득권이 인정된다.
⑤ 은비(隱祕)에 의한 점유자는 점유물의 과실을 취득한다.

해설
② (O) 민법 제203조① 선악 구별하지 않음
① (X) 민법 제202조
③ (X) 민법 제203조③ 유익비에 한하여 인정
④ (X) 계약관계에는 민법 제201조가 적용되지 않는다.
⑤ (X) 민법 제201조③

답 ②

단락문제 Q04
제33회 기출

점유자와 회복자의 관계에 관한 설명으로 옳은 것은? (다툼이 있으면 판례에 따름)

① 악의의 점유자가 점유물의 과실을 수취하여 소비한 경우, 특별한 사정이 없는 한 그 점유자는 그 과실의 대가를 보상하여야 한다.
② 은비(隱祕)에 의한 점유자는 점유물의 과실을 수취할 권리가 있다.
③ 점유물의 전부가 점유자의 책임있는 사유로 멸실된 경우, 선의의 자주점유자는 특별한 사정이 없는 한 그 멸실로 인한 손해의 전부를 배상해야 한다.
④ 점유자는 특별한 사정이 없는 한 회복자가 점유물의 반환을 청구하기 전에도 그 점유물의 반환 없이 그 회복자에게 유익비상환청구권을 행사할 수 있다.
⑤ 악의의 점유자는 특별한 사정이 없는 한 점유물에 지출한 통상의 필요비의 상환을 청구할 수 없다.

해설
① (O) 제201조 제2항
② (X) 제201조 제3항
③ (X) 제202조 후문. 선의의 점유자는 이익이 현존하는 한도에서 배상하여야 한다.
④ (X) 제203조 반환할 때
⑤ (X) 제203조 참조. 비용 상환에는 선·악을 구별하지 않는다.

답 ①

제2편 물권법

단락문제 Q05 제31회 기출

점유자와 회복자의 관계에 관한 설명으로 옳은 것은? (다툼이 있으면 판례에 따름)

① 선의의 점유자는 과실을 취득하더라도 통상의 필요비의 상환을 청구할 수 있다.
② 이행지체로 인해 매매계약이 해제된 경우, 선의의 점유자인 매수인에게 과실취득권이 인정된다.
③ 악의의 점유자가 책임있는 사유로 점유물을 훼손한 경우, 이익이 현존하는 한도에서 배상해야 한다.
④ 점유자가 유익비를 지출한 경우, 점유자의 선택에 좇아 그 지출금액이나 증가액의 상환을 청구할 수 있다.
⑤ 무효인 매매계약의 매수인이 점유목적물에 필요비 등을 지출한 후 매도인이 그 목적물을 제3자에게 양도한 경우, 점유자인 매수인은 양수인에게 비용상환을 청구할 수 있다.

해설
⑤ (○) 유치권 성립 민법 제320조
① (×) 제203조 제1항 단서
② (×) 계약관계에는 제203조가 적용되지 않는다.
③ (×) 손해의 전부배상 제202조
④ (×) 회복자의 선택. 제203조 제2항

답 ⑤

단락핵심 점유자와 회복자의 관계

(1) 자기에게 본권이 없는 것을 알면서 타인의 물건을 점유하고 있는 자도 보존을 위해 필요비를 지출한 경우에 회복자에게 그 상환을 청구할 수 있다. (○)
(2) 통상의 필요비는 점유자가 과실을 취득한 경우에는 그 상환을 청구하지 못한다. (○)
(3) 악의점유자는 자주점유이든 타주점유이든 그 귀책사유로 점유물이 멸실·훼손된 경우에 손해전부에 대한 책임을 진다. (○)
(4) 악의의 점유자인 경우에도 지출한 필요비의 상환을 청구할 수 있다. (○)
(5) 점유자가 물건을 사용하면서 손상된 부품을 교체하는 데 비용을 지출하였다면, 이는 필요비에 해당한다. (○)
(6) 점유자의 책임 있는 사유로 물건이 훼손된 경우, 점유자가 선의의 자주점유자라면 이익이 현존하는 한도에서 배상하여야 한다. (○)
(7) 점유자가 유익비를 지출한 경우 가액의 증가가 현존한 때에 한하여 점유자의 선택에 따라 지출금액이나 증가액의 상환을 청구할 수 있다. (×)
(8) 점유가 불법행위로 인하여 개시되었다면, 점유자가 지출한 유익비의 상환청구권을 기초로 하는 유치권의 주장은 배척된다. (○)

03 점유보호청구권

`16·19·35회 출제`

> 제204조(점유의 회수) ① 점유자가 점유의 침탈을 당한 때에는 그 물건의 반환 및 손해의 배상을 청구할 수 있다.
> ② 전항의 청구권은 침탈자의 특별승계인에 대하여는 행사하지 못한다. 그러나 승계인이 악의인 때에는 그러하지 아니하다.
> ③ 제1항의 청구권은 침탈을 당한 날로부터 1년 내에 행사하여야 한다.
> 제205조(점유의 보유) ① 점유자가 점유의 방해를 받은 때에는 그 방해의 제거 및 손해의 배상을 청구할 수 있다.
> ② 전항의 청구권은 방해가 종료한 날로부터 1년 내에 행사하여야 한다.
> ③ 공사로 인하여 점유의 방해를 받은 경우에는 공사착수 후 1년을 경과하거나 그 공사가 완성한 때에는 방해의 제거를 청구하지 못한다.
> 제206조(점유의 보전) ① 점유자가 점유의 방해를 받을 염려가 있는 때에는 그 방해의 예방 또는 손해배상의 담보를 청구할 수 있다.
> ② 공사로 인하여 점유의 방해를 받을 염려가 있는 경우에는 전조 제3항의 규정을 준용한다.

1 의의

점유보호청구권은 본권의 유무와는 관계없이 점유 그 자체를 보호하기 위하여 인정되는 일종의 물권적 청구권으로 민법상 점유물반환청구권·점유물방해제거청구권·점유물방해예방청구권 등 3가지가 있다.

2 성질

(1) 점유보호청구권은 일종의 물권적 청구권으로 현존의 물적 지배상태가 본래 있어야 할 상태에 합치하느냐를 묻지 않고서 그대로(→ 점유의 사실관계 그 자체를) 보호하는 것이다.

(2) 점유의 침해에 기한 손해배상청구권은 불법행위에 기하여 발생하는 채권이며, 그 성립요건이나 효과에 있어서 점유보호청구권과 구별되므로 이 둘은 양립가능하다.

3 종류★★★

`21회 출제`

(1) 점유물반환청구권

1) 의의

점유자가 점유를 침탈당한 때에 그 물건의 반환을 청구할 수 있는 권리이다.

2) 요건

① 점유를 침탈당하였을 것, 즉 점유자가 그 의사에 기하지 않고 사실적 지배를 빼앗겼어야 한다. 따라서 착오나 사기에 의하여 타인에게 스스로 점유를 이전한 경우에는 점유물반환청구를 할 수 없다(대판 1992.2.28. 91다17443).

간접점유의 침탈인지 여부

직접점유자가 임의로 점유를 타에 양도한 경우에는 점유이전이 간접점유자의 의사에 반한다 하더라도 간접점유자의 점유가 침탈된 경우에 해당하지 않는다(대판 1993.3.9. 92다5300).

② 반환청구권은 점유침탈자의 고의·과실을 요하지 않으며, 점유의 이전을 청구할 권리가 있더라도, 적법한 절차를 거치지 않았다면 반환청구의 상대방이 된다.

3) 당사자
① 청구권자는 침탈당한 자(직접점유자, 간접점유자, 본권 없는 자도 포함됨)이고 상대방은 점유의 침탈자 및 그 승계인이다.
② 승계인 중 특정승계인에 대해서는 그 자가 악의인 경우에만 반환청구권을 행사할 수 있다(제204조 제2항).
③ 엄폐물법칙(掩蔽物法則)이 적용되는 바, 선의의 특정승계인으로부터 전득한 자가 악의라 하더라도 전득자에 대해서는 반환청구할 수 없다는 것이 통설의 입장이다.

4) 내 용
① 물건의 반환을 청구하는 것이다.
② 간접점유자의 경우, 직접점유자에게 반환할 것을 청구할 수 있고, 직접점유자가 그 물건의 반환을 받을 수 없거나 이를 원하지 아니하는 때에는 자기에게 반환할 것을 청구할 수 있다(제207조 제2항).

5) 행사기간
점유물반환청구권은 침탈을 당한 날로부터 1년 내에 행사하여야 하는데, 여기의 행사기간은 "그 기간 내에 소를 제기해야 하는 출소기간(제척기간)"으로 보는 것이 판례이다(대판 2002.4.26. 2001다8097).

(2) 점유물방해제거청구권
1) 의 의
점유자가 점유의 방해를 받은 경우에 그 방해의 제거를 청구할 수 있는 권리이다.

 점유보호청구권

① 직접점유자와 간접점유자는 점유보호청구권을 갖는다.
② 그러나 점유보조자는 점유보호청구권을 갖지 못한다.

2) 요 건
① 점유의 방해를 받았을 것, 즉 점유의 침탈 이외의 방법으로 기존의 점유상태에 대한 부분적 침해를 받았을 것을 요한다(대판 1987.6.9. 86다카2942).
② 그 방해는 <u>위법한 방해</u>이어야 한다. → 사회생활상 인용할 수 없을 정도이어야 한다.
③ 방해제거청구는 방해자의 고의·과실을 요하지 않는다.

3) 내용
방해의 제거를 청구할 수 있다.

4) 행사기간
① **행사기간의 제한**
방해제거청구는 그 성질상 방해가 존속하는 동안은 언제나 청구할 수 있으나, 공사로 인하여 점유의 방해를 받은 경우에는 공사착수 후 1년을 경과하거나 그 공사가 완성한 때에는 방해의 제거를 청구하지 못한다.
② **적용범위**
방해가 종료한 때에는 방해제거의 청구가 필요하지 않으므로 제205조 제2항의 "방해가 종료한 날로부터 1년 내에 행사하여야 한다"는 규정은 손해배상청구에만 적용된다고 보며 그 성격은 반환청구권과 마찬가지로 출소기간(제척기간)으로 본다(대판 2002.4.26. 2001다8097참조).

(3) 손해배상청구권

1) 의의
점유를 침탈당하였거나, 점유를 방해받고 있는 경우, 손해가 발생하였다면 반환청구권이나, 방해제거청구권과 함께 또는 단독으로 그 손해의 배상을 청구할 수 있다.

2) 요건
① 점유의 침탈이나 점유의 방해가 존재하여야 한다. 침탈이나 방해의 의미는 앞의 반환청구 및 방해제거청구에서와 같다.
② 침탈자의 고의·과실이 필요하다. 왜냐하면 여기의 손해배상청구권은 제750조의 불법행위에 따른 손해배상청구권의 성격을 갖기 때문이다.
③ 그 침탈과 방해는 위법해야 하고, 침탈자는 책임능력이 있을 것을 요한다.

3) 당사자
① 청구권자는 침탈당한 자(직접점유자, 간접점유자, 본권 없는 자도 포함됨)이고 상대방은 침탈자 및 방해자이다.
② 반환청구의 상대방이 특정승계인(악의)을 포함하는 데 반하여 손해배상청구권의 상대방은 침탈자와 방해자 및 그 포괄승계인에 한정된다.

4) 내용
① 손해의 배상을 청구할 수 있다.
② 손해배상의 범위는 일반불법행위책임과 동일하게 전 손해의 배상이며, 지연이자를 포함한다.

5) 행사기간
손해배상청구권은 침탈을 당한 날로부터 1년 내에 행사하여야 하는데, 위와 같은 제척기간은 재판 외에서 권리행사하는 것으로 족한 기간이 아니라 반드시 그 기간 내에 소를 제기해야 하는 출소기간으로 보며, 침탈에 의한 경우나 방해에 의한 경우를 불문한다(대판 2002.4.26. 2001다8097·8103).

(4) 점유물방해예방청구권

1) 의의
점유자가 점유의 방해를 받을 염려가 있는 때에 그 방해의 예방 또는 손해배상의 담보를 청구할 수 있는 권리이다.

2) 요건
점유의 방해를 받을 염려가 있어야 한다. 그러한 상태의 유무는 점유자의 주관에 의하여 결정될 것이 아니라 구체적 사정하에서 일반사회통념에 따라 객관적으로 판단되어야 할 것이다.

3) 내용
① 방해의 예방청구는 방해의 염려를 일으키는 원인을 제거하여 방해를 미연에 방지하는 조치를 청구하는 것이며, 상대방의 부작위(不作爲)는 물론 작위도 청구할 수 있다.
② 방해의 예방과 손해배상의 담보청구는 결국 동일한 목적을 추구하는 것이기 때문에 점유자는 어느 한쪽만을 선택적으로 청구할 수 있을 뿐이다.

4) 행사기간
① **원칙** : 방해의 염려가 존속하는 동안은 언제든지 이 청구권을 행사할 수 있다.
② **예외** : 공사로 인하여 점유방해의 염려가 생긴 때에는 공사착수 후 1년을 경과하거나 그 공사가 완성한 때에는 청구하지 못한다.

제3장 점유권

단락핵심 점유보호청구권

(1) 점유자가 점유의 침탈을 당한 때에는 그 물건의 반환 및 손해의 배상을 청구할 수 있다. (○)
(2) 甲이 점유하고 있는 물건을 乙이 침탈하여 선의의 丙에게 양도하고, 다시 丙이 악의의 丁에게 양도한 때에는 甲은 丁에게 점유권에 기하여 그 물건의 반환을 청구하지 못한다. (○)
(3) 점유의 방해를 받은 점유자는 방해의 제거 및 손해의 배상을 청구할 수 있으나, 손해배상을 청구하려면 방해자의 고의나 과실이 있어야 한다. (○)
(4) 점유의 방해를 받을 염려가 있을 때 점유자는 방해의 예방과 손해배상의 담보를 함께 청구할 수 있다. (×)
(5) 점유자가 사기에 의해 점유를 이전한 경우 점유물반환청구권을 행사할 수 없다. (○)
(6) 점유자가 점유의 침탈을 당한 경우 침탈자의 선의의 매수인으로부터 악의로 이를 전득한 자에 대해 점유물반환청구권을 행사할 수 있다. (×)
(7) 점유회수청구권의 행사기간은 출소기간이다. (○)
(8) 간접점유자는 점유회수청구권의 상대방이 될 수 없다. (×)
(9) 직접점유자가 자기 의사에 기하여 점유물을 제3자에게 인도한 경우, 간접점유자는 제3자에게 점유회수를 청구할 수 없다. (○)

단락문제 Q06 제35회 기출

점유보호청구권에 관한 설명으로 틀린 것은? (다툼이 있으면 판례에 따름)

① 점유권에 기인한 소는 본권에 관한 이유로 재판하지 못한다.
② 과실 없이 점유를 방해하는 자에 대해서도 방해배제를 청구할 수 있다.
③ 점유자가 사기를 당해 점유를 이전한 경우, 점유물반환을 청구할 수 없다.
④ 공사로 인하여 점유의 방해를 받은 경우, 그 공사가 완성한 때에는 방해의 제거를 청구하지 못한다.
⑤ 타인의 점유를 침탈한 뒤 제3자에 의해 점유를 침탈당한 자는 점유물반환청구권의 상대방이 될 수 있다.

해설
① (○) 민법 제208조②
② (○) 물권적청구권의 성립에는 과실 불요
③ (○) 침탈당한 경우여야 한다. (민법 제204조, 기본서 304쪽 판례 참조)
④ (○) 민법 제205조③
⑤ (×) 민법 제204조 침탈한 점유자이면 본권 없는 점유자라도 반환청구 가능

답 ⑤

4 점유의 소와 본권의 소와의 관계★★　　　　28회 출제

> **제208조(점유의 소와 본권의 소와의 관계)** ① 점유권에 기인한 소와 본권에 기인한 소는 서로 영향을 미치지 아니한다.
> ② 점유권에 기인한 소는 본권에 관한 이유로 재판하지 못한다.

(1) 의 의
점유보호청구권에 의거하는 소를 '점유의 소(訴)'라 하고, 소유권·지상권·전세권 등 본권에 의거하는 소를 '본권의 소'라 한다.

(2) 상호독립성
1) 양자는 본질적으로 그 기초와 목적을 달리하기 때문에 서로 영향을 미치지 아니하므로(제208조 제1항) 양소(兩訴)를 동시에 또는 각각 제기할 수 있고, 어느 일방의 소에서 패소하더라도 타방의 소를 제기할 수 있다.
2) 양자의 판결이 모순되더라도 이는 판결의 집행시에 해결하면 된다.
　　　　　　　　　　　　　　　→ 예 소유권자가 점유를 회복하지만 점유자에게 손해를 배상하도록 한다.

04 자력구제권(사력구제)

> 제209조(자력구제) ① 점유자는 그 점유를 부정히 침탈 또는 방해하는 행위에 대하여 자력으로써 이를 방위할 수 있다.
> ② 점유물이 침탈되었을 경우에 부동산일 때에는 점유자는 침탈 후 직시 가해자를 배제하여 이를 탈환할 수 있고 동산일 때에는 점유자는 현장에서 또는 추적하여 가해자로부터 이를 탈환할 수 있다.

1 의의

자력구제라 함은 자기의 권리를 보존하기 위하여 또는 그 실현을 위하여 점유자 자신의 힘으로 점유를 방위, 탈환하는 것을 말하며 자조행위(自助行爲)라고도 한다.

2 자력구제권자

통설에 의하면 점유보조자에게 점유권은 인정되지 않지만 자력구제권은 인정되나 간접점유자는 점유권은 인정되나 자력구제권은 인정되지 않는다.

3 종류 및 내용 ★

(1) 자력방위권

1) 점유자는 그 점유를 부정하게 침탈 또는 방해하는 행위에 대하여 자력으로 이를 방위할 수 있다(제209조 제1항).
2) 이는 점유의 침탈이 일어나기 전 또는 일어나려고 하는 경우에만 가능한 것이다.

(2) 자력탈환권

1) 점유가 현실적으로 침탈된 경우에는 일정한 시간적 한계 내에서 실력으로써 이를 탈환할 수 있다(제209조 제2항).
2) 부동산의 경우에는 침탈 후 즉시 가해자를 배제할 수 있고, 동산의 경우에는 현장에서 또는 추적하여 탈환할 수 있다.
3) 그 이후에는 자력탈환은 불가능하고 단지 점유보호청구권에 기한 반환청구를 하거나 제척기간이 지난 경우에는 본권에 기한 구제를 받을 수밖에 없다.

점유권

CHAPTER 03

• 경록 교재에 모든 답이 있습니다.

점유권 총설

01 제한능력자는 점유의사가 **인정되므로 점유할 수 있다.**
함정(X) 제한능력자는 점유의사가 인정될 수 없어 점유할 수 없다.

02 건물의 소유자는 현실적으로 건물이나 그 부지를 점거하고 있지 **아니하고 있더라도 그 건물의 소유를 위하여 그 부지를 점유한 것이다.**
함정(X) 건물의 소유자는 현실적으로 건물이나 그 부지를 점거하고 있지 아니한 경우라면 그 부지를 점유한 것으로 볼 수 없다.

03 점유보조자는 점유자를 대신하여 **자력구제권을** 행사할 수 있다.
함정(X) 점유보조자는 점유자를 대신하여 반환청구권을 행사할 수 있다.

04 법인의 대표기관은 **법인의 점유보조자가 아니다.**
함정(X) 법인의 대표기관은 법인의 점유보조자로 본다.

05 간접점유자는 **직접점유자가 아니므로 자력구제권은 없다.**
함정(X) 간접점유자는 자력구제권을 행사할 수 있다.

06 점유매개관계가 무효인 경우 **점유매개관계가 인정될 수 있다.**
함정(X) 점유매개관계가 무효인 경우 점유매개관계는 인정되지 않는다.

07 **직접점유자는 간접점유자에** 대하여 점유보호청구권을 행사할 수 있으나, **간접점유자는 직접점유자에게** 점유보호청구권을 행사할 수 없다.
함정(X) 간접점유자는 직접점유자에 대하여 점유보호청구권을 행사할 수 있으나, 직접점유자는 간접점유자에게 점유보호청구권을 행사할 수 없다.

제3장 점유권

08 피상속인이 사망하면 그의 점유권은 **피상속인이 사망한 때에** 상속인에게 이전한다.
　함정(X) 피상속인이 사망하면 그의 점유권은 상속인이 피상속인의 사망을 안 때에 상속인에게 이전한다.

점유권의 효력

09 **자주점유가 아님을 주장하는 자는 스스로 상대방의 점유가 타주점유임을 입증하여야 한다.**
　함정(X) 자주점유를 주장하는 자는 스스로 자신의 점유가 자주점유임을 증명하여야 한다.

10 점유물 위에 행사되는 권리는 적법하게 보유된 것으로 **추정된다**.
　함정(X) 점유물 위에 행사되는 권리는 적법하게 보유된 것으로 본다.

11 점유자는 자주점유를 하는 것으로 **추정된다**. 즉, 점유는 평온, 공연, 선의, 적법, 자주점유로 **추정된다**.
　함정(X) 점유자는 자주점유를 하는 것으로 간주된다. 즉, 점유는 평온, 공연, 선의, 적법, 자주점유로 간주된다.

12 선의점유자라도 본권에 관한 소에서 패소하면 그 소가 제기된 때로부터 악의점유자로 **본다**.
　함정(X) 선의점유자라도 본권에 관한 소에서 패소하면 그 소가 제기된 때로부터 악의점유자로 추정된다.

13 점유물이 점유자의 책임 있는 사유로 멸실 또는 훼손한 때에는 악의의 점유자는 그 손해의 전부를 배상하여야 하며, 선의의 자주점유자는 **이익이 현존하는 한도에서 배상하면 된다**.
　함정(X) 점유물이 점유자의 책임 있는 사유로 멸실 또는 훼손한 때에는 악의의 점유자는 그 손해의 전부를 배상하여야 하며, 선의의 자주점유자는 손해를 배상할 책임이 없다.

14 **비용상환청구권을 행사할 때에는 선의·악의 점유 여부를 고려할 필요가 없다.**
　함정(X) 악의의 점유자는 비용상환을 청구할 수 없다.

제2편 물권법

[15] 점유자의 필요비 또는 유익비 상환청구권은 **점유자가 회복자로부터 점유물의 반환을 청구받거나 회복자에게 점유물을 반환한 때 비로소 회복자에게 행사할 수 있다.**
- **함정(X)** 점유자의 필요비 또는 유익비 상환청구권은 점유자가 회복자에게 점유물을 반환한 후에 비로소 행사할 수 있다.

[16] 점유물 반환청구권을 행사하기 **위해서는 반드시 1년 이내에 소를 제기하여야만 한다.**
- **함정(X)** 점유물 반환청구권을 행사하기 위해 반드시 소를 제기할 필요는 없다.

[17] **손해배상청구권이** 인정되기 위해서는 고의·과실이 필요하지만, **점유물방해제거청구권이** 인정되기 위해서는 고의·과실 여부를 판단할 필요가 없다.
- **함정(X)** 점유물 방해제거청구권이 인정되기 위해서는 고의·과실이 필요하지만, 손해배상청구권이 인정되기 위해서는 고의·과실 여부를 판단할 필요가 없다.

[18] 점유물 방해예방청구권과 손해배상의 담보청구는 **선택적으로 행사할 수 있다.**
- **함정(X)** 점유물 방해예방청구권과 손해배상의 담보청구는 중첩적으로 행사할 수 있다.

[19] 점유권에 기한 소와 본권에 기한 소는 **별개이므로 양 소를 동시에 또는 별도로 제기하는 것도 가능하며, 점유소권이 패소하더라도 본권의 소를 제기할 수 있으며, 상대방의 점유의 소에 대해 본권자는 본권의 반소를 제기할 수도 있다.**
- **함정(X)** 점유권에 기한 소와 본권에 기한 소는 그 결과가 통일되어야 하므로 동시에 진행하여야 한다.

[20] 선의로 타인의 토지를 점유사용한 경우 토지소유자가 손해를 입었더라도 그 사용이익은 반환하지 않아도 된다. **그러나 점유자의 선의에 과실이 있다면 불법행위가 성립한다.**
- **함정(X)** 선의로 타인의 토지를 점유사용한 경우 토지소유자가 손해를 입었더라도 그 사용이익은 반환하지 않아도 된다. 또한 점유자의 선의에 과실이 있다고 하더라도 불법행위가 성립할 수 없다.

CHAPTER 04 소유권

학습포인트

- 소유권은 물권을 전면적으로 지배할 수 있는 권리, 즉 물건에 대한 사용·수익·처분권능의 전부를 내포하는 물권의 가장 핵심적인 권리이며 사유재산제도를 근간으로 하는 자본주의 경제체제를 받쳐주는 근간이 되므로 대단히 중요하다.
- 소유권의 취득과 소유권에 기한 물권적 청구권, 공동소유 등이 중점적으로 학습할 내용이다.
- 상린관계는 학습할 내용으로는 많은 편이나 출제비중은 적다. 하지만, 개별 물권법 출제시 관련지문으로 출제되는 경우가 있으므로 중요내용을 중심으로 학습해 두면 될 것이다.

CHAPTER 학습 & 출제되는 키워드

- ☑ 소유권
- ☑ 상린관계
- ☑ 경계에 관한 상린관계
- ☑ 시효이익의 포기
- ☑ 발견
- ☑ 혼화
- ☑ 반환·방해제거·방해예방청구
- ☑ 합유
- ☑ 토지소유권의 범위
- ☑ 생활방해의 금지와 인용
- ☑ 소유권의 취득
- ☑ 선점
- ☑ 첨부
- ☑ 가공
- ☑ 공동소유
- ☑ 총유
- ☑ 건물의 구분소유권
- ☑ 주위토지통행권
- ☑ 취득시효
- ☑ 습득
- ☑ 부합
- ☑ 소유권에 기한 물권적 청구권
- ☑ 공유

CHAPTER 학습 & 출제되는 질문

- ☑ 다음 중 상린관계에 대하여 민법의 규정보다 관습이 우선 적용되는 경우는 모두 몇 개인가?
- ☑ 주위토지통행권에 관한 설명으로 틀린 것은?
- ☑ 甲소유의 X토지를 乙이 소유의 의사로 평온·공연하게 20년간 점유하였지만, 등기 전에 甲이 丙에게 그 토지를 매도하고 유효하게 이전등기를 해준 경우에 관한 설명으로 옳은 것은?
- ☑ 다음 중 소유권의 취득에 관한 판례의 입장으로 틀린 것은?
- ☑ 부합(附合)에 관한 다음 기술 중 틀린 것은?
- ☑ 다음은 공동소유의 형태들이다. 그 중 성질을 달리하는 것은?
- ☑ 甲, 乙, 丙이 토지를 공유하고 있는데, 丙의 지분은 3분의 2이다. 다음 중 옳은 것은?

제2편 물권법

제1절 총설
`32회 출제`

01 소유권 서설

> 제211조(소유권의 내용) 소유자는 법률의 범위 내에서 그 소유물을 사용, 수익, 처분할 권리가 있다.
> 제212조(토지소유권의 범위) 토지의 소유권은 정당한 이익있는 범위 내에서 토지의 상하에 미친다.

1 소유권의 의의
`29회 출제`

소유권은 물건을 법적 범위 내에서 전면적·배타적으로 지배할 수 있는 권리, 즉 소유하는 물건에 대한 자유로운 사용·수익·처분권능[1]의 전부를 내포하는 가장 기본적인 물권이다(제211조).

용어사전
1) **권능(權能)**: 권리의 내용을 이루는 각개의 법률상의 힘을 말한다. 예컨대 소유권은 권리이지만 그 내용인 사용권, 수익권, 처분권 등은 권능이다.

2 소유권의 내용

(1) 민법 제211조
소유권의 내용으로서 민법 제211조는 예시적으로 소유물에 대한 사용·수익·처분권능을 들고 있다.

(2) 사용·수익·처분의 의미

1) **사용**
   사용이란 물건을 그 용도에 따라서 쓰는 것이다.

2) **수익**
   수익이란 물건으로부터 생기는 과실(천연과실 및 법정과실)을 수취하는 것이다.

3) **처분**
   처분이란 물건의 법률적·물리적 상태를 변경시키는 것으로 물건의 양도나 제한물권의 설정 등 법률상의 처분(거래) 외에 물질적(사실적) 처분(예컨대, 물건의 파괴·소비·용도의 변경 등)을 포함하는 것이다.

판례 소유권의 사용·수익권능의 대세적 포기

1. 소유권의 핵심적 권능에 속하는 사용·수익의 권능이 소유자에 의하여 대세적으로 유효하게 포기될 수 있다고 하면, 이는 결국 **처분권능만이 남는 민법이 알지 못하는 새로운 유형의 소유권을 창출하는 것으로서**, 객체에 대한 전면적 지배권인 소유권을 핵심으로 하여 구축된 **물권법의 체계를 현저히 교란**하게 된다.
2. 토지의 소유권자가 그 토지에 관한 사용수익권을 점유자에 대한 관계에서 채권적으로 '포기'하였다고 하여도, 그것이 **점유자의 사용·수익을 일시적으로 인정하는 취지라면, 이는 사용대차의 계약관계에 다름 아니다.** 그렇다면 **사용대주인 소유권자는 계약관계의 해지 기타 그 종료를 내세워 토지의 반환 및 그 원상회복으로서의 건물의 철거**(민법 제615조 참조)**를 청구할 수 있다.** 그러므로 사용수익권의 채권적 포기를 이유로 위 청구들이 배척되려면, 그 **포기가 일시적인 것이 아닌 영구적인 것이어야 한다**(대판 2009.3.26. 2009다228·235).
   ▶ 소유권의 사용·수익권능의 일시적 포기는 사용대차계약관계로 해결되며, 이와 달리 사용·수익권능의 영구적 포기를 허용하는 것은 물권법정주의에 반하여 허용되지 않는다는 의미이다.

3 소유권의 특질

(1) 혼일성
1) 소유권은 물건(목적물)에 대한 통일된 원천적 지배권이며, 사용·수익·처분 및 기타 권능의 단순한 집합이 아니다.
2) 소유권과 제한물권이 동일인에게 귀속하면 제한물권이 혼동(混同)으로 소멸한다.

(2) 탄력성
제한물권의 설정으로 물건에 대한 현실적 지배가 일시적으로 정지하더라도 그 원인이 된 제한물권이 소멸하면 소유권은 당연히 본래의 원만한 상태로 복귀하는 탄력성을 갖고 있다.

(3) 항구성
소유권은 소멸시효에 걸리지 않는다. 타인에게 소유권이 취득되지 않는 한 소유권은 항구적으로 존속한다.

(4) 관념성
물권성의 기초가 되는 물건에 대한 직접지배라는 것은 소유권에 있어서는 관념적으로만 인정되며, 권리자의 사실적 지배와 관계없이 인정된다.

(5) 전면성
소유권의 물적 지배권능은 물건(목적물)에 대한 사용가치와 교환가치의 전부에 전면적으로 미친다.

 소유권

소유한 물건을 '사용·수익·처분할 수 있는 권리'를 말한다.

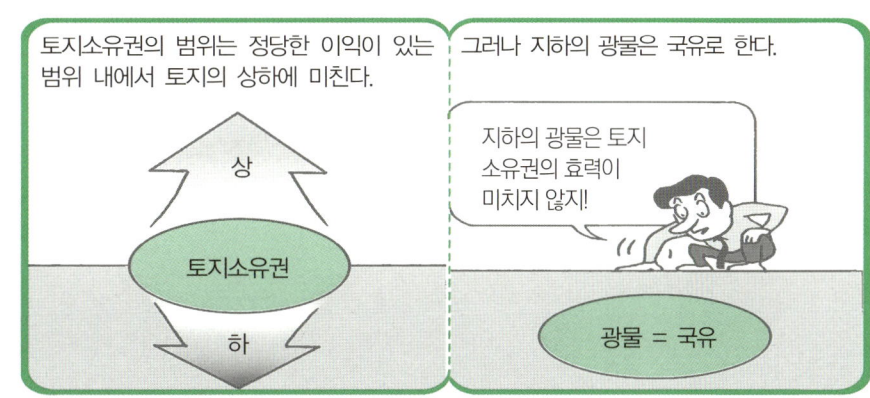

02 토지소유권의 범위

1 토지의 상하

(1) 토지의 소유권

토지의 소유권은 정당한 이익이 있는 범위 내에서 토지의 상하에 미친다. 따라서 지표뿐만 아니라 지상의 공간이나 지하에까지 미친다.

예 토지의 구성부분(나무, 흙, 돌, 지하수, 온천수 등)은 토지소유권의 객체이지 독립한 물권의 객체가 아니다.

(2) 광 물

지중(地中)의 광물 가운데에는 준물권인 광업권의 객체인 것이 있으며(「광업법」 제3조 참조), 그러한 광물에 대하여는 토지소유권의 효력이 미치지 않는다.

(3) 지하수

1) 지하수는 토지의 구성부분을 이루는 것으로서 그에 대한 이용권도 토지소유권의 내용에 포함된다.
2) 온천에 관한 권리는 관습상의 물권이나 준물권이라 할 수 없고, 온천수는 공용수 또는 생활상 필요한 용수에 해당되지 않는다(대판 1972.8.29. 72다1243).

2 토지소유권의 경계

→ 공간정보의 구축 및 관리 등에 관한 법률 및 그 하위 법령
→ 토지대장·임야대장을 의미하며 등기부는 이에 해당하지 않는다.

(1) 토지소유권의 경계는 <u>지적법령</u>에 따른 <u>지적공부에 의하여 결정</u>된다.

(2) 어떤 토지가 지적공부에 1필지의 토지로 등록되면 그 토지의 소재, 지번, 지적 및 경계는 다른 특별한 사정이 없는 한 이 등록으로써 특정되고 그 소유권의 범위는 현실의 경계와 관계없이 공부상의 경계에 의하여 확정되는 것이다(대판 1993.11.9. 93다22845).

03 건물의 구분소유권

1 의의

구분소유권이란 1동(棟)의 건물을 구조상·기능상 독립성을 갖춘 수 개의 부분으로 구분하여 그 각 부분[전유부분(專有部分)]에 성립하는 독립의 소유권을 가리킨다(제215조 제1항,「집합건물의 소유 및 관리에 관한 법률」제2조 제1호).

2 성립

(1) 성립요건

구분소유권이 성립하기 위해서는 그 부분이 구조상·기능상 독립성을 가져야 할 뿐만 아니라 이를 구분소유의 객체로 하겠다는 구분행위가 필요하다. 여기서 구분행위는 일종의 법률행위로서, 그 시기나 방식에 특별한 제한이 있는 것은 아니고 처분권자의 구분의사가 객관적으로 외부에 표시되면 인정되므로 반드시 구분건물로 등기되거나 집합건축물대장에 등록될 필요는 없다(대판 2013.1.17. 2010다71578).

> **판례** 건물의 일부분이 구분건물이 되기 위한 요건
>
> 1. 구분건물이 되기 위하여는 ⊙ 객관적·물리적인 측면에서 구분건물이 구조상, 이용상의 독립성을 갖추어야 하고, ⓒ 그 건물을 구분소유권의 객체로 하려는 의사표시 즉 구분행위가 있어야 하는 것이다.(대판 1999.7.27. 98다35020).
> 2. 구분행위는 건물의 물리적 형질에 변경을 가함이 없이 법률관념상 건물의 특정 부분을 구분하여 별개의 소유권의 객체로 하려는 일종의 법률행위로서, <u>그 시기나 방식에 특별한 제한이 있는 것은 아니고 처분권자의 구분의사가 객관적으로 외부에 표시되면 인정된다. 따라서 구분건물이 물리적으로 완성되기 전에도 건축허가 신청이나 분양계약 등을 통하여 장래 신축되는 건물을 구분건물로 하겠다는 구분의사가 객관적으로 표시되면 구분행위의 존재를 인정할 수 있고, 이후 1동의 건물 및 그 구분행위에 상응하는 구분건물이 객관적·물리적으로 완성되면 아직 그 건물이 집합건축물대장에 등록되거나 구분건물로서 등기부에 등기되지 않았더라도 그 시점에서 구분소유가 성립</u>한다(대판 2013.1.17. 2010다71578).

(2) 성립시기

구분행위가 반드시 건물의 객관적·물리적 요건을 갖춘 후에 있어야 할 필요는 없으며, 구분행위가 먼저 있더라도 그 이후 구분건물이 객관적·물리적으로 완성되면 그 시점에 구분소유가 성립한다(대판 2013.1.17. 2010다71578).

제2절 상린관계(相隣關係) `33회 출제`

01 서설

1 상린관계의 의의

(1) 서로 인접하고 있는 부동산(토지·건물)의 소유자·점유자 상호 간의 이용을 조절할 것을 목적으로 하는 법률관계를 말한다.
(2) 이는 독립된 권리가 아니라 소유권에 종속된 것으로서 소유권의 내용 그 자체이다.
(3) 상린관계에 관한 규정은 임의규정이므로 당사자 간의 특약이 가능하다.

2 적용범위

(1) 지상권·전세권
토지소유자 간의 상린관계에 관한 민법 제216조 이하의 규정은 지상권과 전세권에도 준용된다(제290조·제319조).

(2) 토지임차권
채권에 불과한 임차권자는 이를 직접 주장할 수 없다. 다만, 대항력 있는 토지임차인은 이를 직접 원용할 수 있고, 대항력이 없더라도 임대인의 권리를 대위행사할 수 있다.

상린관계가 인정되는 것

주위토지통행권, 인지(인접토지)사용청구권, 수도, 가스관, 전신시설권, 지하수, 배수 등

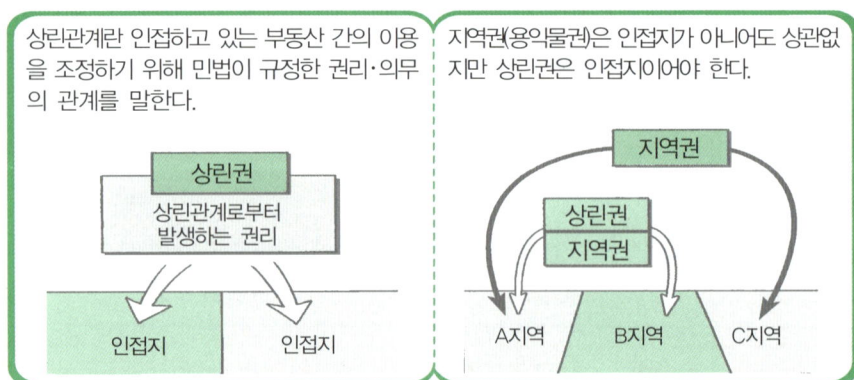

3 지역권과의 비교

> **Key Point** 상린관계와 지역권의 비교
>
> | 구 분 | 상린관계 | 지역권 |
> |---|---|---|
> | 발생원인 | 법률상 당연히 발생 | 설정계약+등기 |
> | 인접지 여부 | 인접지를 필연적으로 전제한다. | 요역지와 승역지가 반드시 인접하여야 하는 것은 아니다. |
> | 적용대상 | 토지 및 건물 | 토 지 |
> | 성 격 | 소유권의 내용 | 독립한 물권 |
> | 소멸시효적용 | 소멸시효에 걸리지 않는다. | 소멸시효가 적용된다. |

02 건물의 구분소유자 간의 상린관계

1 민법 제215조

<u>건물의 공용부분</u> 및 <u>건물의 부속물의 공용부분</u>은 각 구분소유자 전원의 공유(共有)에 속하는 것으로 추정한다. ➡ 공통의 벽·복도·계단 등 ➡ 공동출입문·화장실 등

2 특별법

「집합건물의 소유 및 관리에 관한 법률」에서는 '공용부분은 구분소유자 전원의 공유에 속한다'고 하여(동법 제10조 제1항) 전유부분과의 분리처분을 금하며, 공용부분의 관리 기타 의무부담은 그 지분비율(전유부분의 면적비율)에 의하도록 규정하고 있다(제4편 제4장 참조).

03 토지소유자간의 상린관계

Professor Comment

상린관계는 조문수가 많은 데 한번 정독해 두면 유익하다. 그러나 관습과 관련된 규정이나 주위토지통행권(제219조, 제220조)은 자주 출제되므로 면밀히 검토해야 한다.

제2편 물권법

1 인지사용청구권(제216조)

(1) 토지소유자는 경계나 그 근방에서 담 또는 건물을 축조하거나 수선하기 위하여 필요한 범위 내에서 이웃토지의 사용을 청구할 수 있다. 그러나 주거에 들어가려면 승낙을 얻어야 하며, 이웃사람이 손해를 받은 경우에는 보상을 청구할 수 있다.

(2) 이웃토지의 사용을 이웃사람이 거절하면 판결로 이에 갈음할 수 있지만, 주거출입에 대하여 이웃사람이 거절하면 판결로도 승낙에 갈음할 수 없다는 것이 통설이다.

2 생활방해의 금지와 인용(제217조)★

(1) 의 의

토지소유자는 매연·열기체·액체·음향·진동 기타 이와 유사한 것으로 이웃 토지의 사용을 방해하거나 이웃 거주자의 생활에 고통을 주지 아니하도록 적당한 조치를 할 의무가 있다.

(2) 요 건

1) 매연·열기체·액체·음향·진동 기타 이와 유사한 것이 발생하여야 한다.
2) "기타 이와 유사한 것"이란 가스, 악취, 먼지 등을 포함하나, 광선을 벽으로 막는 것과 같은 소극적 방해는 포함되지 않는다는 것이 통설이나, 판례는 일조권 침해와 관련된 판결에서도 제214조 이외에 제217조를 근거규정으로 적시하고 있다.
3) 그로 인해 이웃토지의 사용을 방해하거나, 이웃 거주자의 생활에 고통을 주어야 한다.
4) 생활방해의 사태가 이웃 토지의 통상의 용도에 적당한 것이 아니어야 하며, 통상의 용도에 적당한 것인지의 여부는 사회통념에 따라 객관적으로 판단한다.

(3) 효 과

이웃 거주자는 물권적 청구권의 일환으로 생활에 고통을 주지 아니하도록 적당한 조치를 청구할 수 있다.

(4) 입증책임

요건 중 매연 등의 존재와 사용방해 또는 생활상의 고통은 적당한 조치를 청구하는 자가 입증해야 하나, 통상의 용도에 적당한 범위라는 점은 상대방이 주장·입증하여야 한다.

3 수도 등 시설권(제218조)

(1) 의 의

토지소유자는 타인의 토지를 통과하지 아니하면 필요한 수도·소수관·가스관·전선 등을 시설할 수 없거나 과다한 비용(단순히 스스로 그와 같은 시설을 하는 것이 타인의 토지 등을 이용하는 것보다 비용이 더 든다는 정도로는 과다한 비용에 해당하지 않음)을 요하는 경우에는 타인의 토지를 통과하여 이를 시설할 수 있다.

(2) 요 건

위의 경우 이로 인한 손해가 가장 적은 장소와 방법을 선택하여 이를 시설할 것이며, 타토지의 소유자의 청구에 의하여 손해를 보상하여야 한다.

(3) 변 경

시설을 한 후 사정의 변경이 있는 때에는 타토지의 소유자는 그 시설의 변경을 청구할 수 있다. 시설변경의 비용은 토지소유자가 부담한다.

4 주위토지통행권(제219조) ★★

추가15·18·20·24·27회 출제

(1) 의 의

1) 토지소유자가 인접한 토지를 통로로 사용할 수 있는 권리이다.
2) 여기서 토지소유자는 외부적 관계에서 소유권을 행사할 수 있는 자이므로 **명의신탁자는 이에 해당하지 아니한다**(대판 2008.5.8. 2007다22767). → 명의수탁자(등기부상의 명의인)만이 주장 가능

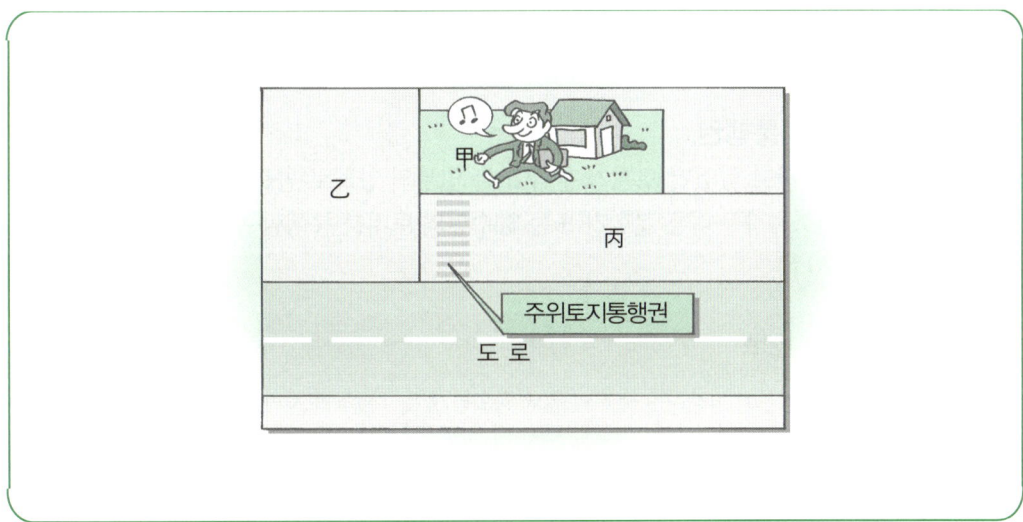

(2) 요 건

1) 어느 토지와 공로 사이에 그 토지의 용도에 필요한 통로가 없을 것
2) 그 토지소유자는 주위의 토지를 통행 또는 통로로 하지 아니하면 공로에 출입할 수 없거나, 출입에 과다한 비용을 요할 것

> **판례** 공로에 통하는 기존 통로가 있는 경우 주위토지통행권의 인정 여부
>
> 주위토지통행권은 어느 토지가 타인 소유의 토지에 둘러싸여 공로에 통할 수 없는 경우뿐만 아니라, 이미 기존의 통로가 있더라도 그것이 당해 토지의 이용에 부적합하여 실제로 통로로서의 충분한 기능을 하지 못하고 있는 경우에도 인정된다(대판 2003.8.19. 2002다53469).

(3) 효 과

1) 토지소유자는 다른 토지를 통행하거나 또는 통로를 개설할 수 있고, 이 때에 통행지 또는 통로개설지에 가장 손해가 적은 장소와 방법을 선택하여야 한다(제219조 제1항).
2) 토지의 이용방법에 따라서는 자동차 등이 통과할 수 있는 통로의 개설도 허용되지만 단지 토지이용의 편의를 위해 다소 필요한 상태라고 여겨지는 정도에 그치는 경우까지 자동차의 통행을 허용할 것은 아니다(대판 2006.6.2. 2005다70144).
3) 주위토지통행권의 본래적 기능발휘를 위해서는 그 통행에 방해가 되는 담장과 같은 축조물도 통행권의 행사에 의하여 철거되어야 한다(대판 2006.6.2. 2005다70144).
4) 통행권자는 통행지소유자의 손해를 보상하여야 한다(제219조 제2항).
5) 주위토지통행권은 현재의 토지의 용법에 따른 이용의 범위에서 인정되는 것이지 더 나아가 장차의 이용상황까지 미리 대비하여 통행로를 정할 것은 아니다(대판 1996.11.29. 96다33433).
6) 주위토지통행권이 인정되었다고 하더라도 나중에 그 토지에 접하는 공로가 개설되어 그 통행권을 인정할 필요가 없어지면 그 주위토지통행권은 소멸한다(대판 1998.3.10. 97다47118).
7) 주위토지통행권자는 주위토지통행권이 인정되는 때에도 그 통로개설이나 유지비용을 부담하여야 한다(대판 2006.10.26. 2005다30993).

(4) 무상의 주위토지통행권

기존에 공로에 통하고 있었던 토지가 분할 또는 일부의 양도로 공로에 통하지 못하는 토지로 된 경우에, 그 토지소유자는 다른 분할자 또는 양수인의 토지를 통행할 수 있고, 이 경우에는 보상의 무가 없다(제220조).

 무상의 주위토지통행권

1. 무상의 주위토지통행권이 발생하는 토지의 일부 양도라 함은 1필의 토지의 일부가 양도된 경우뿐만 아니라 일단으로 되어 있던 동일인 소유의 수필의 토지 중 일부가 양도된 경우도 포함된다(대판 2005.3.10. 2004다65589·65596).
2. 무상주위통행권에 관한 민법 제220조의 규정은 토지의 직접 분할자 또는 일부 양도의 당사자 사이에만 적용되고 포위된 토지 또는 피통행지의 특정승계인에게는 적용되지 않으며(대판 2009.8.20. 2009다38247·38254), 이러한 법리는 분할자 또는 일부 양도의 당사자가 무상주위통행권에 기하여 이미 통로를 개설해 놓은 다음 특정승계가 이루어진 경우라 하더라도 마찬가지라 할 것이다(대판 2002.5.31. 2002다9202).
   ➡ 무상의 주위토지통행권이 승계되는 것은 아니다. 그러나 계약의 구체적 상황에 따라 양수인에게 무상의 주위토지통행권이 인정될 수 있다.

제4장 소유권

단락핵심 주위토지통행권

(1) 통행지소유자는 통행권자의 허락을 얻어 사실상 통행하는 자에게 손해보상을 청구할 수 있다. (×)
(2) 통행권은 이미 기존통로가 있더라도 그것이 통행권자의 토지이용에 부적합하여 그 기능을 상실한 경우에도 인정된다. (○)
(3) 토지분할로 인하여 공로에 통하지 못하는 토지가 생긴 경우, 포위된 토지의 특별승계인에게는 무상의 주위토지통행권이 인정되지 않는다. (○)
(4) 대외적으로 소유권을 주장할 수 없는 명의신탁자에게는 통행권이 인정되지 않는다. (○)
(5) 통행권자는 통행지소유자의 점유를 배제할 권능이 없고, 그 소유자도 통행권자가 통행지를 배타적으로 점유하지 않는 이상 통행지의 인도를 청구할 수 없다. (○)

5 물에 관한 상린관계(제221조 이하)   추가15회 출제

(1) 배수에 관한 상린관계

1) 자연적 배수

① **자연유수**(自然流水)**의 승수의무**(承水義務)**와 권리**(제221조)
   ㉠ 토지소유자는 이웃 토지로부터 자연히 흘러오는 물을 막지 못한다.
   ㉡ 고지소유자는 이웃 저지에 자연히 흘러내리는 이웃 저지에서 필요한 물을 자기의 정당한 사용범위를 넘어서 이를 막지 못한다.
   ㉢ 토지소유자는 소극적으로 이웃토지로부터 자연히 흘러 들어오는 물을 막지 못한다는 것뿐이지 적극적으로 그 자연유수의 소통을 유지할 의무까지 부담하는 것은 아니다(대판 1977.11.22. 77다1588).

② **소통공사권**(疏通工事權)(제222조)
   흐르는 물이 저지에서 폐색(막힌)된 때에는 고지소유자는 자비(自費)로 소통에 필요한 공사를 할 수 있다.

③ **저수·배수·인수를 위한 공작물에 대한 공사청구권**(제223조)
   토지소유자가 저수, 배수 또는 인수하기 위하여 공작물을 설치한 경우에 공작물의 파손 또는 폐색으로 타인의 토지에 손해를 가하거나 가할 염려가 있는 때에는 타인은 그 공작물의 보수, 폐색의 소통 또는 예방에 필요한 청구를 할 수 있다.
   → 물이 고이는 것

④ **관습에 의한 비용부담**(제224조)
   위 ②의 소통공사권과, ③의 공작물에 대한 공사청구권의 비용부담에 관한 관습이 있으면 그 관습에 의한다.

2) 인공적 배수

① **처마물에 대한 시설의무**(제225조)
   토지소유자는 처마물이 이웃에 직접 낙하하지 아니하도록 적당한 시설을 하여야 한다.

② **여수소통권**(제226조) *남은 물*
고지소유자는 침수지를 건조하기 위하여 가용(家用)이나 농공업용의 여수(餘水)를 소통하기 위하여 공로, 공류 또는 하수도에 달하기까지 저지에 물을 통과하게 할 수 있다.

③ **유수용 공작물의 사용권**(流水用工作物使用權, 제227조)
㉠ 토지소유자는 그 소유지의 물을 소통하기 위하여 이웃토지소유자가 시설한 공작물을 사용할 수 있다.
㉡ 공작물을 사용하는 자는 그 이익을 받는 비율로 공작물의 설치와 보존의 비용을 분담하여야 한다.

(2) 여수급여청구권(제228조)

토지소유자는 과다한 비용이나 노력을 요하지 아니하고는 가용이나 토지이용에 필요한 물을 얻기 곤란한 때에는 이웃 토지소유자에게 보상하고 여수의 급여를 청구할 수 있다.

(3) 유수(流水)에 관한 상린관계(제229조)

1) **수류지가 사유(私有)인 때**
① **수류변경권**(水流變更權, 제229조)
구거(溝渠, 도랑) 기타 수류지의 소유자는 대안(對岸)의 토지가 타인의 소유인 때에는 그 수로나 수류의 폭을 변경하지 못한다. *반대편 둑*
② **언(둑)의 설치·이용권**(堰設置·利用權)(제230조)
수류지의 소유자가 언을 설치할 필요가 있는 때에는 그 언을 대안(對岸)에 접촉하게 할 수 있다. 그러나 이로 인한 손해를 보상하여야 한다.

2) **수류지가 공유(公有)인 때**(공유하천용수권)
① **공유하천용수권의 의의** *물에 잇닿아 있는 육지*
공유하천의 연안(沿岸)에서 농·공업을 경영하는 자는 이를 이용하기 위하여 타인의 용수를 방해하지 아니하는 범위 내에서 필요한 인수를 할 수 있고, 이를 위하여 필요한 공작물을 설치할 수 있는 권리를 말한다(제231조). *물을 끌어옴*
② **하류연안의 용수권 보호**
위 ①의 인수(引水)나 공작물로 인하여 하류연안의 용수권을 방해하는 때에는 그 용수권자는 방해의 제거 및 손해의 배상을 청구할 수 있다(제232조).

(4) 지하수용수권

상린자는 그 공용에 속하는 원천이나 수도를 각 수요의 정도에 응하여 타인의 용수를 방해하지 아니하는 범위 내에서 각각 용수할 권리가 있다(제235조).

제4장 소유권

6 경계에 관한 상린관계(제237조 이하)★★★
17·25·26회 출제

(1) 경계표·담의 설치권(제237조)
1) 설치 및 비용부담
   ① 인접하여 토지를 소유한 자는 공동비용으로 통상의 경계표나 담을 설치할 수 있다.
   ② 그 비용은 쌍방이 절반하여 부담한다. 다만, 이와 다른 관습이 있으면 그 관습에 의한다.

Professor Comment
경계표와 담의 설치비용은 쌍방이 절반함에 반하여, 측량비용은 그 면적에 비례하여 부담한다.

2) 담의 특수시설권(제238조)
   인지(隣地)소유자는 자기의 비용으로 담의 재료를 통상보다 양호한 것으로 할 수 있으며 그 높이를 통상보다 높게 할 수 있고 또는 방화벽 기타 특수시설을 할 수 있다.

3) 경계표 등의 공유추정(제239조)
   경계에 설치된 경계표·담·구거 등은 상린자의 공유로 추정한다. 그러나 경계표·담·구거 등이 상린자일방의 단독비용으로 설치되었거나 담이 건물의 일부인 경우에는 그러하지 아니하다.

(2) 수지·목근의 제거권(제240조)
17회 출제
1) 인접지의 수지(나무가지)가 경계를 넘은 때에는 그 소유자에 대하여 가지의 제거를 청구할 수 있고, 이에 응하지 않으면 직접 제거할 수 있다.
2) 인접지의 목근(나무뿌리)이 경계를 넘은 때에는 임의로 제거할 수 있다.

7 토지의 심굴 및 공작물설치의 상린관계(제241조 이하)★★★
28회 출제

(1) 토지의 심굴금지(제241조)
토지소유자는 이웃토지의 지반이 붕괴할 정도로 자기의 토지를 심굴하지(깊이 파지) 못한다. 그러나 충분한 방어공사를 한 때에는 그러하지 아니하다(제241조).

(2) 경계선부근의 건축제한(제242조)
1) 건물을 축조함에는 특별한 관습이 없으면 경계로부터 반미터 이상의 거리를 두어야 한다(제242조 제1항). '경계로부터 반 미터'는 경계로부터 건물의 가장 돌출된 부분까지의 거리를 말한다(대판 2011.7.28. 2010다108883).
2) 인접지 소유자는 이를 위반한 자에 대하여 건물의 변경이나 철거를 청구할 수 있다. 그러나 건축에 착수한 후 1년을 경과하거나 건물이 완성된 후에는 손해배상만을 청구할 수 있다(동조 제2항).

(3) 차면시설의무
경계로부터 2m 이내의 거리에서 이웃주택의 내부를 관망할 수 있는 창이나 마루를 설치한 경우에는 적당한 차면시설을 하여야 한다(제243조).

제2편 물권법

(4) 지하시설 등에 대한 제한
우물을 파거나, 용수, 하수 또는 오물 등을 저치할 지하시설을 하는 때에는 <u>경계로부터 2m 이상의 거리를 두어야 하며</u> 저수지, 구거 또는 지하실 공사에는 <u>경계로부터 그 깊이의 반 이상의 거리를 두어야 한다</u>(제244조).

단락문제 Q01
제33회 기출

민법상 상린관계에 관한 설명으로 옳은 것을 모두 고른 것은? (다툼이 있으면 판례에 따름)

> ㄱ. 토지 주변의 소음이 사회통념상 수인한도를 넘지 않은 경우에도 그 토지소유자는 소유권에 기하여 소음피해의 제거를 청구할 수 있다.
> ㄴ. 우물을 파는 경우에 경계로부터 2미터 이상의 거리를 두어야 하지만, 당사자 사이에 이와 다른 특약이 있으면 그 특약이 우선한다.
> ㄷ. 토지소유자가 부담하는 자연유수의 승수의무(承水義務)에는 적극적으로 그 자연유수의 소통을 유지할 의무가 포함된다.

① ㄱ   ② ㄴ   ③ ㄷ   ④ ㄱ, ㄴ   ⑤ ㄴ, ㄷ

해설
ㄱ (X) 제217조 제2항 이웃 거주자는 전항의 사태가 이웃 토지의 통상의 용도에 적당한 것인 때에는 이를 인용할 의무가 있다.
ㄴ (O) 제244조 제1항 우물을 파거나 용수, 하수 또는 오물 등을 저치할 지하시설을 하는 때에는 경계로부터 2미터 이상의 거리를 두어야 하며 저수지, 구거 또는 지하실공사에는 경계로부터 그 깊이의 반 이상의 거리를 두어야 한다.
ㄷ (X) 적극적 의무는 포함되지 않는다(제221조 제1항).

답 ②

단락핵심 상린관계
14회 출제

(1) 인접지의 수목가지가 경계를 넘은 때에는 그 소유자에 대하여 가지의 제거를 청구함이 없이 임으로 제거할 수 있다. (X)
  ⇒ 수목뿌리와 달리 수목의 소유자가 가지의 제거청구에 응하지 아니한 때에 그 가지를 제거할 수 있다.
(2) 부동산소유자는 이웃의 전세권자에 대하여도 상린관계에 따라야 한다. (O)
(3) 인접하여 토지를 소유한 자는 자기의 비용으로 통상의 경계표나 담을 설치하여야 한다. (X)
  ⇒ 경계표·담의 설치비용은 인지소유자가 쌍방이 절반하여 부담한다(제237조 제1항·제2항).
(4) 공용물(公用物)에 대하여는 안온방해(安穩妨害)의 금지규정이 적용된다. (O)
(5) 기존의 통로보다 더 편리하다는 이유만으로 다른 곳으로 통행할 권리를 갖는 것은 아니다. (O)
(6) 분할이나 토지의 일부 양도로 포위된 토지의 특정승계인의 경우에는 주위토지통행권에 관한 일반원칙에 따라 그 통행권의 범위를 따로 정하여야 한다. (O)

제4장 소유권

제3절 소유권의 취득
11·14·19·33회 출제

01 취득시효 (取得時效)

제245조(점유로 인한 부동산소유권의 취득기간) ① 20년간 소유의 의사로 평온, 공연하게 부동산을 점유하는 자는 등기함으로써 그 소유권을 취득한다.
② 부동산의 소유자로 등기한 자가 10년간 소유의 의사로 평온, 공연하게 선의이며 과실 없이 그 부동산을 점유한 때에는 소유권을 취득한다.
제246조(점유로 인한 동산소유권의 취득기간) ① 10년간 소유의 의사로 평온, 공연하게 동산을 점유한 자는 그 소유권을 취득한다.
② 전항의 점유가 선의이며 과실 없이 개시된 경우에는 5년을 경과함으로써 그 소유권을 취득한다.
제247조(소유권취득의 소급효, 중단사유) ① 전2조의 규정에 의한 소유권취득의 효력은 점유를 개시한 때에 소급한다.
② 소멸시효의 중단에 관한 규정은 전2조의 소유권취득기간에 준용한다.

부동산소유권의 취득시효

① 부동산소유권의 취득시효에는 점유취득시효와 등기부취득시효 2가지가 있다.
② 점유취득시효는 등기해야 소유권을 취득한다.
③ 등기부 취득시효는 전(前)점유자의 등기의 승계도 주장할 수 있다.

제2편 물권법

1 시효취득제도의 의의 및 존재이유

(1) 의 의

권리를 행사하고 있는 것과 같은 외관이 일정한 기간동안 계속하는 경우에, 권리취득의 효과가 생기는 것으로 하는 제도이다(시효취득, 취득시효란 용어를 혼용한다).

(2) 존재이유

주로 영속한 사실상태에 법적 효력을 주어 사회질서의 안정을 도모하려는 것과 증거보전 내지 입증의 곤란을 구제하려는 것이 그 이유가 된다. → 사실현상의 존중

2 시효취득되는 권리

26회 출제

시효취득의 대상이 되는 권리	시효취득의 대상이 될 수 없는 권리
1) 소유권 2) 전세권 3) 지상권(대판 1994.10.14. 94다9849) 4) 질 권 5) 준물권(광업권·어업권) 6) 무체재산권(저작권, 특허권, 상표권 등) 7) 계속되고 표현된 지역권	1) 점유를 수반하지 않는 물권(저당권) 2) 한번 행사하면 소멸하는 권리(취소권·환매권·해제권) 3) 가족관계를 전제로 하는 권리(부양청구권) 4) 계속적이 아니거나 표현되지 않은 지역권 5) 법률의 규정에 의해 성립되는 점유권·유치권 6) 채 권

3 부동산소유권의 시효취득★★★

12·20·22·23·25·30·32·34회 출제

(1) 종 류

1) 민법규정

부동산소유권의 취득시효에 대해서 그 요건의 차이에 따라 일반(점유)취득시효와 등기부취득시효의 2가지로 나누어 규정하고 있다(제245조 제1·2항).

2) 점유취득시효(일반취득시효)

20년간 소유의 의사로 평온·공연하게 부동산을 점유하고, 등기함으로써 소유권을 취득하는 경우를 말한다(제245조 제1항).

3) 등기부취득시효

부동산의 소유자가 아니면서 소유자로 등기된 자가 10년간 소유의 의사로 평온·공연하게, 선의이며 과실 없이 그 부동산을 계속하여 점유한 때에는 소유권을 취득하는 것을 등기부취득시효라고 한다(제245조 제2항).

(2) 점유취득시효

1) 시효취득의 대상(객체)

① **토지의 일부**

토지의 일부도 점유취득시효는 가능하다. 다만 그 부분이 다른 부분과 구분되어 시효취득자의 점유에 속한다는 것을 인식하기에 족한 **객관적인 징표**가 계속적으로 존재하여야 한다(대판 1989. 4. 25, 88다카9494).

→ 예) 담·논두렁·언덕 등

② **공유지분**

공유지분도 시효취득이 가능하다. 뿐만 아니라 토지의 일부와 달리 객관적인 증표가 필요한 것도 아니다(대판 1975. 6. 24, 74다1877).

③ **자기물건**

시효취득의 목적물은 타인의 부동산임을 요하지 않고, **자기소유의 부동산**이라도 시효취득의 목적물이 될 수 있다(대판 2001. 7. 3, 2001다17572).

→ 성명불상자인 토지도 가능

④ **국유나 공유의 부동산**

원칙적으로 시효취득의 대상이 되지 않으나(국유재산법 6조 ②) **일반재산**인 경우에 한하여 시효취득할 수 있다.

→ 행정재산을 제외한 재산을 말하며 종래에는 잡종재산이라고 불렸다.

소유자가 점유자의 점유취득을 방해한 경우의 법률관계

甲은 자기의 토지에 乙이 20년간 점유를 하여 취득시효를 완성한 사실을 알고 있으면서도 그 토지를 제3자인 丙에게 팔았다. 토지를 매수한 丙은 소유권이전등기를 마쳤다. 이 경우의 법률관계는?

이 경우 소유자 甲은 점유자인 乙이 소유권을 취득하지 못하게 한 불법행위책임을 지게 되어 손해배상을 해야 한다.

제3자인 丙은 악의라도 소유권을 확정적으로 취득하며, 전 소유자의 소유권이전등기의무를 승계하지 않는다.

이때 만일 제3자인 丙이 소유자의 배임행위에 적극가담하여 매수한 경우에는 반사회질서행위가 되어 무효가 된다(대판 1994. 4. 12, 93다60779, 이중매매를 참조할 것).

제2편 물권법

원래 잡종재산이던 것이 행정재산으로 된 경우 잡종재산일 당시에 취득시효가 완성되었다고 하더라도 행정재산으로 된 이상 이를 원인으로 하는 소유권이전등기를 청구할 수 없다.(대판 96다10782)

⑤ 집합건물의 공용부분
집합건물의 공용부분은 취득시효에 의한 소유권 취득의 대상이 될 수 없다(대판 2013. 12. 12. 2011다78200).

 집합건물의 대지지분

20년간 평온 공연하게 집합건물을 점유한 구분소유자들은 각 전유부분의 면적 비율에 따라 대지권으로 등기되어야 할 지분에서 부족한 지분에 관하여 등기명의인을 상대로 점유취득시효완성을 원인으로 한 지분이전등기를 청구할 수 있다.(대판 2012다72469)

2) 소유의 의사(자주점유)
① 취득시효의 요건으로서 점유는 소유의 의사로 하는 점유, 즉 자주점유이어야 한다.
② 소유의 의사는 점유권원의 성질에 따라 객관적으로 판단한다.

 자주점유로 본 판례

공유자들이 분할 전 토지의 전체면적 중 각 점유부분을 구분소유(상호명의신탁)한다고 믿고서 그 각 점유부분의 대략적인 면적에 해당하는 만큼의 지분에 관해 소유권이전등기를 경료받은 경우(대판 2002. 1. 11. 2001다50531)

 타주점유로 본 판례

1 처분권한이 없는 자로부터 그 사실을 알면서 부동산을 취득하거나 어떠한 법률행위가 무효임을 알면서 그 법률행위에 의하여 부동산을 취득하여 점유하게 된 경우(대판 2000. 9. 29. 99다50705)
2 공유토지는 공유자 1인이 그 전부를 점유하고 있어도 특별한 사정이 없는 한 그 권원의 성질상 다른 공유자의 지분비율 범위 내에서는 타주점유이다(대판 1968. 4. 30. 67다2862외 다수).

 자주점유의 추정이 깨어지는지 여부에 관한 판례

1 부동산을 매수하여 이를 점유하게 된 자는 그 매매가 무효가 된다는 사정이 있음을 알았다는 등의 특단의 사정이 없는 한 그 점유의 시초에 소유의 의사로 점유한 것이라고 할 것이다(대판 1994. 12. 27. 94다25513).
2 자주점유자가 시효취득기간 진행 중 당해부동산의 전 소유자를 상대로 소유권이전등기 말소등기청구소송을 제기하였다가 패소확정되었다고 하더라도 자주점유가 타주점유로 되는 것은 아니다(대판 1981. 3. 24. 80다2226). 다만 소유자가 점유자에게 반환소송을 제기하여 소유자가 승소(점유자가 패소)확정된 경우에는 타주점유이다.
3 점유자가 스스로 매매 또는 증여와 같은 권원을 주장하였으나 이것이 인정되지 않는 경우에도 원래 위와 같은 자주점유의 권원에 대한 입증책임이 점유자에게 있지 아니한 이상 자주점유의 추정이 번복되거나 또는 점유권원의 성질상 타주점유라고 볼 수 없다(대판1983. 7. 12. 82다708·709, 82다카1792·1793).

3) 평온·공연한 점유

취득시효의 요건으로서의 점유는 평온하고 공연한 것이어야 하는데, 평온, 공연한 점유이면 충분하고, 선의·무과실은 그 요건이 아니다.

4) 20년의 점유계속

① 취득시효의 기산점
  ㉠ 시효기간 중 등기명의인이 동일하고 그 명의인에 대하여 시효취득을 주장하는 경우 시효기간의 기산점을 어디에 두든지 상관없으나, 시효기간 만료 후 이해관계 있는 제3자가 있는 경우에는 시효이익을 주장하는 자가 시효기산점을 임의로 선택할 수 없고, 점유가 개시된 때를 그 기산점으로 볼 것이다(대판 1982. 1. 26. 81다826).
  ㉡ 전 점유자의 점유를 승계하여 자신의 점유기간을 통산하여 20년이 경과한 경우에 있어서도 전 점유자가 점유를 개시한 이후의 임의의 시점을 그 기산점으로 삼을 수 있으나, (대판 1998. 5. 12. 97다8496, 8502), 점유가 순차로 여러 사람에게 승계된 경우에도 그 직전 점유자의 점유만을 병합 주장하거나 그 모든 전점유자의 점유를 병합주장하는 것은 그 주장하는 사람의 임의선택에 속하고, 다만 이와 같은 경우에도 이해관계 있는 제3자가 있는 경우에는 어느 단계의 점유의 개시시를 기산점으로 해야 하고 점유시기를 점유기간 중의 임의의 시점을 선택할 수 없는 것이다. (대판 81다826)

② 2차의 시효기간이 경과한 경우

입인삼에 대한 물권변동의 공시방법

부동산 점유취득시효 완성 후 제3자 명의의 소유권이전등기가 마쳐진 경우 <u>그 소유권 변동시를 새로운 기산점으로 삼아 2차 취득시효의 완성을 주장할 수 있으며 새로운 2차 점유취득시효가 개시되어 그 취득시효기간이 경과하기 전에 등기부상 소유명의자가 변경된 경우, 그 취득시효 완성 당시의 등기부상 소유명의자에게 시효취득을 주장할 수 있다</u>(대판 2009. 7. 16. 2007다15172 전합).

점유기간의 계산

1 취득시효에 있어서 점유기간의 기산일을 임의선택할 수 있는 경우
취득시효 기간의 계산에 있어 그 점유 개시의 기산일은 임의로 선택할 수 없으나, <u>소유자에 변경이 없는 경우에는 취득시효 완성을 주장할 수 있는 시점에서 보아 그 기간이 경과된 사실만 확정되면 된다</u>(대판 1998. 4. 14. 97다44089). 또한 <u>취득시효완성 후 토지소유자의 변동이 있어도 당초의 점유자가 계속 점유하고 있고 소유자가 변동된 시점을 새로운 기산점으로 삼아도 다시 취득시효의 기산점이 완성되는 경우</u>, 소유권변동시를 새로운 취득시효의 기산점으로 삼아 취득시효의 완성을 주장할 수 있다(대판 1994. 3. 22. 93다46360).

2 취득시효기간 중 계속해서 등기명의자가 동일한 경우에는 그 기산점을 어디에 두든지 간에 취득시효의 완성을 주장할 수 있는 시점에서 보아 기간이 경과한 사실만 확정되면 충분하다.(92다12377)

3 사해행위 수익자의 점유가 취득시효의 기초가 되는지 여부
사해행위가 취소되더라도 부동산은 여전히 수익자의 소유이고, 다만 채권자에 대한 관계에서 채무자의 책임재산으로 환원되어 강제집행을 당할 수 있는 부담을 지고 있는 데 지나지 않는다. <u>수익자의 등기부취득시효가 인정되려면, 자기 소유 부동산에 대한 취득시효가 인정될 수 있다는 것이 전제되어야 한다. 그러나 부동산에 관하여 적법·유효한 등기를 하여 소유권을 취득한 사람이 당해 부동산을 점유하는 경우에는 특별한 사정이 없는 한 사실상태를 권리관계로 높여 보호할 필요가 없고, 부동산의 소유명의자는 부동산에 대한 소유권을 적법하게 보유하는 것으로 추정</u>되어 소유권에 대한 증명의 곤란을 구제할 필요 역시 없으므로, 그러한 점유는 취득시효의 기초가 되는 점유라고 할 수 없다(대판 2016. 11. 25. 2013다206313).

5) 이전등기

① **이전등기와 소유권의 취득**
   ㉠ 점유취득시효는 법률의 규정에 의한 물권변동이지만 등기하여야만 소유권을 취득한다(대판 1995.9.5, 95다24586).
   ㉡ 등기청구권의 법적 성질은 채권적 청구권이다. 다만, 목적물에 대한 점유가 계속되는 한 시효로 소멸하지 아니한다(대판 1995.2.10, 94다28468).
   ㉢ 점유취득시효완성을 이유로 소유권이전등기를 청구하려면 시효완성당시의 진정한 소유자를 상대로 하여야 한다.

② **소급효**
   ㉠ 취득시효에 의한 소유권취득의 효력은 점유를 개시한 때에 소급한다(제247조 제1항). 따라서 시효기간 중 점유자가 수취한 과실은 부당이득반환의 대상이 되지 아니한다.
   ㉡ 취득시효에 의한 소유권취득은 원시취득이다. 따라서 전주의 권리에 존재하였던 모든 제한은 시효취득과 함께 소멸한다. 그러나 취득시효의 기초가 된 점유가 이미 타인의 권리(가령 지역권)를 인용하고 있는 경우에는 그 권리의 제한이 있는 소유권을 취득한다.
   ㉢ 소급효를 무제한 인정할 경우 제3자의 권리를 해할 우려가 있는 바, 판례는 다음과 같이 소급효를 제한하고 있다.
      ⓐ 소유권이 소급적으로 점유자에게 이전한다고 하더라도, 전주의 사용·수익이 부당이득이 되는 것은 아니다.
      ⓑ 시효기간 중에 원소유자가 당해 물건에 대해 저당권 설정 기타 법률행위를 한 경우 그 법률행위는 <u>유효하고</u>(대판 1999.7.9, 97다53632), 소급적으로 무권한자의 처분행위가 되는 것은 아니다.
      → 시효취득자는 저당권 등의 제한이 있는 부동산을 취득함

 판례 **소급효의 제한**(원시취득의 효력 제한)

> 시효취득자가 원소유자에 의해 그 토지에 설정된 근저당권의 피담보채무를 변제하는 것은 시효취득자가 용인하여야 할 그 토지상의 부담을 제거하여 완전한 소유권을 확보하기 위한 것으로서 그 자신의 이익을 위한 행위이므로 위 변제액 상당에 대해 원소유자에게 대위변제를 이유로 구상권을 행사하거나 부당이득을 이유로 그 반환청구권을 행사할 수는 없다(대판 2006.5.12, 2005다75910).

③ **점유취득시효완성 후 등기 전의 원소유자에 대한 관계**
   ㉠ 시효의 경과만으로 자신이 소유자라는 확인을 구할 수는 없다.
   ㉡ 소유자는 시효완성자에게 건물의 철거나 대지의 인도를 구할 수 없으며, 점유로 인한 부당이득반환청구권을 행사할 수 없다.
   ㉢ 시효완성당시의 소유자가 시효완성의 사실을 알고 제3자에게 매도한 경우 점유자는 소유자를 상대로 불법행위에 의한 손해배상청구권을 행사할 수 있다. 그러나 채무불이행 책임을 물을 수는 없다.

㉣ 취득시효완성을 이유로 소유권이전등기의무가 이행불능된 경우에는 이행불능 전에 소유명의자에 대하여 시효완성을 이유로 그 권리를 주장하거나 행사한 경우에 한하여 대상청구권을 행사할 수 있다.

㉤ 소유자의 점유자에 대한 소유권이전등기의무가 이행불능이 된 후라도 원 소유자가 일시 상실하였던 소유권을 회복한 것이라면 그에 대하여 시효취득의 효과를 주장할 수 있다(대판 1999.2.12. 98다40688).

④ **점유취득시효완성 후 등기 전의 새로운 권리자에 대한 관계**

㉠ 점유취득시효완성 후의 등기 전의 새로운 권리자에 대하여는 시효취득완성의 효과를 주장할 수 없다.

㉡ 점유취득시효완성 후 점유자가 소유권이전등기를 하기 전에 제3자가 원소유자로부터 소유권이전등기·지상권·전세권·저당권 등의 등기를 경료하면 제3자에 대하여 시효취득을 주장할 수 없으며 다만 그 등기가 원소유자의 배임행위에 적극적으로 가담한 경우에는 제3자의 등기가 사회상규에 반하여 무효라고 주장할 수 있을 뿐이다.

㉢ 점유취득시효완성 후 점유자가 소유권이전등기를 하기 전에 원소유자가 제3자에게 명의신탁을 한 경우에는 등기명의인을 대위하여 적법한 명의신탁을 해지하여 원소유자 명의로 소유권이전등기를 청구할 수 있으므로 수탁자에 대하여 점유취득시효완성의 효과를 주장할 수 있다. 그러나 명의신탁관계에 있던 대상물(부동산)이 점유취득시효완성 후 등기 전에 (명의신탁 해지로) 신탁자 명의로 복귀된 경우에는 시효완성을 주장할 수 없다.

시효완성 후 소유권이전등기 전 가등기를 취득한 자에 대한 관계

취득시효가 완성된 부동산에 대하여 제3자 명의로 가등기만 경료한 경우 시효취득자명의의 소유권이전등기 자체는 불가능하지 않다고 하더라도 시효취득자는 특별한 사정이 없는 한 그가 이전받을 부동산에 대하여 가등기를 부담하게 됨으로 인한 손해를 입은 것이라고 보아야 한다(대판 1989.4.11. 88다카8217).
➡ 즉, 시효완성 후 가등기를 경료한 자에 대하여도 점유자는 시효취득의 효과를 주장하지 못한다.

시효완성 후 소유권이전등기 전에 제3자에게 유효하게 명의신탁된 경우

부동산에 관한 점유취득시효기간이 경과하였다고 하더라도 그 점유자가 자신의 명의로 등기하지 아니하고 있는 사이에 먼저 제3자 명의로 소유권이전등기가 경료되어 버리면, 특별한 사정이 없는 한, 그 제3자에 대하여는 시효취득을 주장할 수 없으나, 그 제3자가 취득시효기간만료 당시의 등기명의인으로부터 신탁 또는 명의신탁받은 경우라면 종전 등기명의인으로서는 언제든지 이를 해지하고 소유권이전등기를 청구할 수 있고, <u>점유시효취득자로서는 종전 등기명의인을 대위하여 이러한 권리를 행사할 수 있으므로, 그러한 제3자가 소유자로서의 권리를 행사하는 경우 점유자로서는 취득시효완성을 이유로 이를 저지할 수 있다</u>(대판 1995.9.5. 95다24586).
➡ 즉 시효취득자는 신탁자의 명의신탁해지권을 대위행사하여 신탁자 명의의 등기를 갖춘 후 신탁자에 대하여 이전등기를 청구할 수 있다.

판례 점유취득시효 완성 당시의 소유권보존등기 또는 이전등기가 무효인 경우, 시효취득자의 권리행사 방법

점유취득시효 완성을 원인으로 한 소유권이전등기청구는 시효 완성 당시의 소유자를 상대로 하여야 하므로 시효 완성 당시의 소유권보존등기 또는 이전등기가 무효라면 원칙적으로 그 등기명의인은 시효취득을 원인으로 한 소유권이전등기청구의 상대방이 될 수 없고, 이 경우 **시효취득자는 소유자를 대위하여 위 무효등기의 말소를 구하고 다시 위 소유자를 상대로 취득시효 완성을 이유로 한 소유권이전등기를 구하여야 한다**(대판 2007.7.26. 2006다64573).

⑤ **점유취득시효 완성 후 등기 전 점유자의 목적물 양도**(점유이전)
  ㉠ 점유취득시효 완성 후 점유자가 그 부동산을 제3자에게 양도하고 점유를 이전한 경우 이미 취득한 전 점유자의 소유권이전등기청구권이 소멸하는 것은 아니지만, 이전등기청구권의 소멸시효는 진행한다(대판 1996.3.8. 95다34866).
  ㉡ 점유를 이전받은 자는 현재의 소유자에게 전 점유자의 이전등기청구권을 근거로 직접 소유권이전등기를 청구할 수 없으며, 다만 전 점유자의 소유자에 대한 소유권이전등기청구권을 대위행사할 수 있을 뿐이다(대판 1995.3.28. 93다47745). 그러나 점유의 이전에도 불구하고 점유기간 중 소유명의인에 변동이 없다면, 현재의 시점으로부터 역산하여 20년이 경과한 시점을 취득시효의 기산점으로 삼아 자신의 시효취득 하였음을 주장하여 직접 소유권이전등기를 청구할 수 있다(대판 1998.5.12. 97다8496).

(3) 등기부취득시효

1) 등기부시효취득의 대상(객체)과 점유의 태양
시효취득의 대상은 동일하며 자주, 평온, 공연한 점유이어야 한다.

2) 등기
목적부동산에 대하여 등기부상 소유자로 '등기'되어 있어야 한다. 다만 그 등기가 중복등기로 무효인 후등기를 근거로 한 것이라면 등기부취득시효는 인정할 수 없다(대판 1996.10.17. 96다12511).

3) 선의·무과실
① 선의·무과실로 점유하여야 한다. 그러나 점유에 있어서의 선의·무과실은 전(全) 시효기간 동안 계속되어야 하는 것은 아니며, 점유개시 당시에만 있으면 충분하다.
② 점유자의 선의는 추정되나(제197조), 무과실은 추정되지 아니하므로 시효취득을 주장하는 자가 자신에게 과실이 없음을 증명하여야 한다.

4) 10년간의 점유
시효기간은 10년이다. 즉 10년 동안 점유가 계속되어야 한다.

5) 등기의 승계
부동산의 소유자로 등기된 기간과 점유기간이 때를 같이 하여 다같이 10년임을 요하지는 않고 앞 사람의 등기까지 아울러 10년 동안 부동산의 소유자로 등기되어 있으면 족하다(대판 1989.12.26. 87다카2176).

제4장 소유권

6) 소유권의 취득
① 등기부취득시효는 등기된 채로 10년의 점유기간이 경과함으로써 <u>소유권을 취득하며</u>, 이는 원시취득이며 소급효가 인정된다.
　　별개의 절차가 필요 없음 ←
② 등기부취득시효가 완성된 이후에는 점유자 명의의 등기가 말소되더라도 소유권을 상실하는 것은 아니다.

단락문제 Q02
제34회 기출

부동산 점유취득시효에 관한 설명으로 옳은 것은? (다툼이 있으면 판례에 따름)

① 국유재산 중 일반재산이 시효완성 후 행정재산으로 되더라도 시효완성을 원인으로 한 소유권이전등기를 청구할 수 있다.
② 시효완성 당시의 소유권보존등기가 무효라면 그 등기명의인은 원칙적으로 시효완성을 원인으로 한 소유권이전등기청구의 상대방이 될 수 없다.
③ 시효완성 후 점유자 명의로 소유권이전등기가 경료되기 전에 부동산 소유명의자는 점유자에 대해 점유로 인한 부당이득반환청구를 할 수 있다.
④ 미등기부동산에 대한 시효가 완성된 경우, 점유자는 등기 없이도 소유권을 취득한다.
⑤ 시효완성 전에 부동산이 압류되면 시효는 중단된다.

해설
② 시효취득자는 소유자를 대위하여 위 무효등기의 말소를 구하고 다시 위 소유자를 상대로 취득시효 완성을 이유로 한 소유권이전등기를 구하여야 한다(대판 2007. 7. 26. 2006다64573).
① 행정재산은 시효취득의 대상이 아니다.
③ 판례
④ 등기 없이 소유권을 취득하지 못한다.
⑤ 부동산에 대한 압류는 취득시효 진행 중단사유가 아니다.

답 ②

단락문제 Q03
제32회 기출

부동산의 점유취득시효에 관한 설명으로 틀린 것은? (다툼이 있으면 판례에 따름)

① 성명불상자(姓名不詳者)의 소유물에 대하여 시효취득을 인정할 수 있다.
② 국유재산도 취득시효기간 동안 계속하여 일반재산인 경우 취득시효의 대상이 된다.
③ 점유자가 자주점유의 권원을 주장하였으나 이것이 인정되지 않는 경우, 특별한 사정이 없는 한 자주점유의 추정은 번복된다.
④ 점유의 승계가 있는 경우 시효이익을 받으려는 자는 자기 또는 전(前)점유자의 점유개시일 중 임의로 점유기산점을 선택할 수 있다.
⑤ 취득시효완성 후 소유권이전등기를 마치지 않은 시효완성자는 소유자에 대하여 취득시효 기간 중의 점유로 발생한 부당이득의 반환의무가 없다.

> **해설**
> ① (O) 시효로 인한 부동산 소유권의 취득은 원시취득으로서 취득시효의 요건을 갖추면 곧 등기청구권을 취득하는 것이고 또 타인의 소유권을 승계취득하는 것이 아니어서 시효취득의 대상이 반드시 타인의 소유물이어야 하거나 그 타인이 특정되어 있어야만 하는 것은 아니므로 성명불상자의 소유물에 대하여 시효취득을 인정할 수 있다.(대판 1992. 2. 25. 91다9312)
> ② (O) 국유재산법 제7조 제2항은 "행정재산은 민법 제245조에도 불구하고 시효취득의 대상이 되지 아니한다"라고 규정하고 있으므로, 국유재산에 대한 취득시효가 완성되기 위해서는 그 국유재산이 취득시효기간 동안 계속하여 행정재산이 아닌 시효취득의 대상이 될 수 있는 일반재산이어야 한다.(대판 2010. 11. 25. 2010다58957)
> ③ (X) 점유자가 스스로 매매 또는 증여와 같은 자주점유의 권원을 주장하였으나 이것이 인정되지 않는 경우에도 원래 이와 같은 자주점유의 권원에 관한 입증책임이 점유자에게 있지 아니한 이상 그 점유권원이 인정되지 않는다는 사유만으로 자주점유의 추정이 번복된다거나 또는 점유권원의 성질상 타주점유라고는 볼 수 없다.(대판 1983. 7. 12. 82다708, 709 ,82다카1792, 1793)
> ④ (O) 점유가 순차 승계된 경우에 있어서는 취득시효의 완성을 주장하는 자는 자기의 점유만을 주장하거나 또는 자기의 점유와 전 점유자의 점유를 아울러 주장할 수 있는 선택권이 있으며, 전 점유자의 점유를 아울러 주장하는 경우에도 어느 단계의 점유자의 점유까지를 아울러 주장할 것인가도 이를 주장하는 사람에게 선택권이 있다.(대판 1998. 4. 10. 97다56822)
> ⑤ (O) 점유자가 그 명의로 소유권이전등기를 경료하지 아니하여 아직 소유권을 취득하지 못하였다고 하더라도 소유명의자는 점유자에 대하여 점유로 인한 부당이득반환청구를 할 수 없다. (대판 1993. 5. 25. 92다51280)
>
> ③

4 동산소유권의 취득시효

구 분	점유취득시효(제246조 제1항)	단기취득시효(제246조 제2항)
의 의	10년간 소유의 의사로 평온·공연하게 동산을 점유한 자는 그 소유권을 취득한다.	점유를 개시한 때에 선의·무과실이었고 5년간 소유의 의사로 평온·공연하게 동산을 점유한 자는 그 소유권을 취득한다.
요 건	① 10년간의 자주점유 ② 평온·공연한 점유	① 5년간의 자주 점유 ② 선의·무과실의 점유개시 ③ 평온·공연한 점유

5 소유권 이외의 재산권의 취득시효

(1) 소유권 이외의 재산권 즉 지상권, 전세권, 지역권 등의 취득시효에는 소유권의 취득시효에 관한 규정이 준용된다(제248조).

(2) 다만, 무체재산권과 같이 점유를 수반하지 않는 권리에서는 점유 대신 준점유가 요건이다.

6 시효이익의 포기

(1) 의 의

물건의 점유자는 시효완성의 이익을 받지 않겠다는 의사표시를 할 수 있는데, 이것을 시효이익의 포기라고 한다.

(2) 요 건

1) 소멸시효이익의 포기에 관한 민법 제184조 제1항을 유추하여 취득시효기간이 완성한 후에는 이를 포기할 수 있다.
2) 시효이익의 포기는 하나의 의사표시이다. 따라서 명시적이든 묵시적이든 관계없다.
3) 시효이익의 포기는 시효완성 사실을 알면서 하여야 한다.

(3) 시효이익의 포기로 볼 수 없는 경우

취득시효 완성 후 점유의 상실이나 매수협의를 했다고 해서 시효이익을 포기했다고 볼 수 없다.
→ 통상 분쟁을 해결하기 위해 취하는 행동이기 때문임

 시효이익의 포기로 본 판례

1. 시효취득 완성 후 상호 간의 토지를 교환하기로 약정하여 그 등기를 마쳤다면, 시효이익을 포기하였다(대판 1991.8.13. 91다16983).
2. 국유재산을 점유하여 취득시효가 완성된 후 국가와 국유재산 대부계약을 체결하고 대료를 납부한 사실만으로는 시효이익을 포기하였다고 보기 어렵지만, 그 전에 밀린 점용료를 변상금이란 명목으로 납부하는 데까지 나갔다면 취득시효 완성의 이익을 포기한다는 적극적인 의사표시를 한 것으로 봄이 상당하다(대판 1998.3.10. 97다53304).
3. 토지의 점유자가 그 소유자에게, 소유자가 점유자를 상대로 한 소송의 확정판결에서 점유자로 하여금 소유자에게 임료 상당의 부당이득으로 지급할 것을 명한 금액보다 거의 배나 되는 금액을 지급하기로 하고 그 금원을 4년여 동안이나 아무 이의 없이 지급하여 온 이상 단순히 판결에 기한 강제집행을 모면하기 위한 일시적 방편이라고 하기보다는 이로써 점유자와 소유자 사이에 토지에 관한 임대차계약이 체결된 것으로 보아야 하고, 따라서 점유자는 그 토지에 관한 시효 완성의 사실을 알고 그 이익을 포기한 것으로 추정함이 상당하다(대판 1997.10.24. 97다14606).
4. 취득시효완성 후 그 사실을 모르고 당해 토지에 관하여 어떠한 권리도 주장하지 않기로 하였다고 하더라도 이에 반하여 시효주장을 하는 것은 특별한 사정이 없는 한 신의칙상 허용되지 않는다(대판 1998.5.22. 96다24101).
5. 취득시효 완성을 원인으로 한 소유권 이전등기절차 이행청구의 소에서 적극적으로 시효의 이익을 포기하겠다고 표명한 바 없을지라도 소송 계속 중 원고가 그 토지에 대한 피고의 소유를 인정하여 피고와 합의하여 위 소송을 취하한 것이라면 또 그때 취득시효가 완성되었던 것이 인정된다면 특별한 사정이 없는 한 이는 원고가 그 취득시효의 완성을 알면서 그 시효의 이익을 피고에게 포기하는 의사표시를 한 것으로 봄이 상당하다(대판 1973.9.29. 73다762).

 시효이익의 포기가 아니라고 본 판례

1. 선대의 점유 당시 취득시효가 완성되었으나 그 사망 후 상속인들이 국유재산대부신청을 하여 국유재산대부계약은 체결하였으나 변상금은 납부하지 않은 상태에서 선대의 점유취득시효 완성을 원인으로 한 소유권이전등기를 청구한 사안에서, 어떤 사람이 20년이 넘도록 평온·공연하게 국가 소유의 토지를 점유해 왔다면 그 점유는 자주점유로 추정되고, 취득시효가 완성된 후 그 점유자가 국가와 국유재산대부계약을 체결하였다고 하더라도 그것만으로는 그 기간 중의 점유가 타주점유라거나 점유자가 취득시효 완성의 이익을 포기하는 적극적인 의사표시를 한 것으로 보기는 어렵다(대판 1996.11.12. 96다32959).
2. 점유자의 취득시효 완성 후 소유자가 토지에 대한 권리를 주장하는 소를 제기하여 승소판결을 받은 사실이 있다고 하더라도 그 판결에 의하여 시효중단의 효력이 발생할 여지는 없고, 점유자가 그 소송에서 그 토지에 대한 시효취득을 주장하지 않았다고 하여 시효이익을 포기한 것이라고도 볼 수 없으며 그 토지에 대한 점유자의 점유가 평온·공연한 점유가 아니게 되는 것도 아니다(대판 1996.10.29. 96다23573·23580).
3. 점유로 인한 부동산 소유권의 취득기간이 경과한 뒤에 점유자가 소유자에게 그 부동산을 매수하자고 제의한 일이 있었다는 것만으로는 점유자가 위 부동산이 그 소유자의 소유임을 승인하여 타주점유로 전환되었다거나 시효의 이익을 포기하였다고는 보기 어렵다(대판 1992.9.1. 92다26543).

제2편 물권법

단락핵심 취득시효

(1) 자기의 소유물도 취득시효의 객체가 된다. (○)
(2) 점유취득시효의 요건으로서의 점유는 자주점유이어야 하고 평온·공연한 점유이어야 한다. (○)
(3) 점유는 평온·공연하여야 하므로, 간접점유로는 취득시효를 완성할 수 없다. (×)
(4) 부동산의 등기부취득시효를 주장하려면 당해 부동산의 점유자가 소유자는 아니지만 소유자로 등기되어 있어야 하는데, 여기서 등기기간은 반드시 10년간 그의 명의로 등기되어 있어야 하는 것은 아니고 전자명의의 등기기간까지 포함하여 10년이면 충분하다. (○)
(5) 점유취득시효 완성 후 일시적으로 타에 소유권이전등기가 되었다가 시효완성 당시의 소유명의인이 다시 소유권을 회복한 경우, 시효완성자는 소유명의인에게 시효완성을 주장할 수 있다. (○)
(6) 등기부취득시효가 완성되기 위해서는 과실 없이 점유를 개시하여야 한다. (○)
(7) 점유취득시효가 완성되더라도, 등기를 하여야 소유권을 취득한다. (○)
(8) 취득시효에 의한 소유권취득의 효과는 점유를 개시한 때에 소급한다. (○)
(9) 토지에 대한 취득시효의 완성을 이유로 소유권이전등기를 청구하려면 시효완성 당시의 소유자를 상대로 하여야 한다. (○)
(10) 시효완성 당시의 소유권보존등기 또는 이전등기가 무효라면 원칙적으로 그 등기명의인은 시효완성을 원인으로 한 소유권이전등기청구의 상대방이 될 수 없다. (○)
(11) 부동산에 대한 점유취득시효가 완성되었다고 하더라도 이를 등기하지 아니하고 있는 사이에 그 부동산에 관하여 제3자에게 소유권이전등기가 마쳐지면 점유자는 그 제3자에게 대항할 수 없다. (○)
(12) 점유취득시효 완성 후 아직 소유권이전등기가 경료되지 아니한 경우, 소유명의인은 시효완성자에 대하여 점유로 인한 부당이득반환청구를 할 수 없다. (○)
(13) 등기부취득시효의 완성으로 시효취득한 후에 그 부동산에 관한 등기가 불법 말소된 경우 시효완성자는 소유권을 상실한다. (×)
(14) 부동산 소유자가 자신의 부동산에 대하여 취득시효가 완성된 사실을 알면서도 이를 제3자에게 처분하였고, 그 제3자가 적극 가담하였다면 그 처분은 무효이다. (○)

02 선점·습득·발견

Professor Comment
선점·습득·발견 중에서 부동산 소유권의 취득사유가 될 수 있는 것은 발견뿐이다.

1 무주물선점(無主物先占)

(1) 의 의
무주(無主)의 동산을 소유의 의사로 점유한 자는 그 소유권을 취득한다(제252조 제1항).

(2) 요 건

1) 무주물일 것
   ① 무주물이란 현재 소유자가 없는 물건을 말한다.
   ② 야생하는 동물은 무주물이고, 사양(飼養)하는 야생동물도 다시 야생상태로 돌아가면 무주물이 된다(제252조 제3항). → 사육하는

2) 동산일 것
   ① 선점에 의한 소유권의 취득은 동산에만 인정된다.
   ② 무주의 부동산은 모두 국유가 된다(제252조 제2항).

3) 소유의 의사로 점유할 것
   점유보조자나 점유매개자에 의한 (간접)점유라도 무방하나 자주점유이어야 한다.

(3) 효 과
선점한 자(간접점유자 포함)는 그 물건의 소유권을 취득한다.

2 유실물습득(遺失物拾得)

(1) 의 의
유실물을 법률에 정한 바에 의하여 공고한 후 6개월 내에 그 소유자가 권리를 주장하지 아니하면 습득자가 그 소유권을 취득하는 것을 말한다(제253조).

(2) 요 건

1) 유실물일 것
   ① 유실물이란 점유자의 의사에 의하지 않고 그 점유를 떠난 물건으로서 도품이 아닌 것을 말한다.
   ② 유실물이라도 문화재는 유실물습득에 의한 소유권취득의 대상에서 제외되며, 언제나 국유가 된다(제255조 제1항).

2) 습득하였을 것

습득이란 유실물의 점유를 취득하는 것을 말한다. 이때 소유의 의사는 필요없으며 유실물임을 알고 있을 필요도 없다.

3) 공고 후 6개월 내 소유자의 권리주장이 없을 것

습득 후 「유실물법」이나 「수상에서의 수색·구조 등에 관한 법률」이 정하는 바에 따라 공고한 후 6개월 내에 그 소유자가 권리를 주장하지 않아야 한다.

(3) 효 과

유실물을 습득한 자는 그 유실물의 소유권을 취득한다.

3 매장물발견

(1) 의 의

매장물은 법률에 정한 바에 의하여 공고한 후 1년 내에 그 소유자가 권리를 주장하지 아니하면 발견자가 그 소유권을 취득하는데(제254조 본문). 이를 매장물발견이라 한다.

(2) 요 건

1) 매장물일 것

① 매장물이란 토지 기타의 물건 속에 매장되어 있어 누구의 소유에 속하는가를 쉽사리 판별하기 어려운 물건을 말한다.
② 매장물은 보통 동산(動産)일 것이나 반드시 그에 한하는 것은 아니다.
③ 다만, 발견한 매장물이 문화재인 때에는 사적(私的) 소유권취득의 대상이 되지 않으며, 언제나 국유가 된다(제255조 제1항).

2) 발견하였을 것

① 발견이란 매장물의 존재를 처음으로 아는 것이며, 반드시 그 점유를 취득할 필요는 없다.
② 발견은 타인을 통하여 행해질 수도 있다.

단락핵심 선점·습득·발견

(1) 매장물은 법률이 정한 바에 의하여 공고한 후 1년 내에 소유자가 권리를 주장하지 않으면 발견자가 그 소유권을 취득한다. (○)
(2) 무주의 토지는 국유이므로 선점의 대상이 되지 않는다. (○)

03 첨부

Professor Comment

첨부에서는 부동산에의 부합(제256조)을 유의하여야 하고, 저당권의 범위(제358조)와의 관계를 살펴서 학습한다.

1 의 의

첨부란 민법상 소유권취득의 원인으로 규정된 부합, 혼화, 가공의 3자를 총칭하는 개념으로서 어떤 물건에 타인의 물건이 결합하거나 타인의 노력이 가하여지는 것을 말하며 소유권자가 변경되고 그에 따른 부수적 효과가 발생한다.

2 부 합★★★

`11·28·29·30회 출제`

제256조(부동산에의 부합) 부동산의 소유자는 그 부동산에 부합한 물건의 소유권을 취득한다. 그러나 타인의 권원에 의하여 부속된 것은 그러하지 아니하다.
제257조(동산간의 부합) 동산과 동산이 부합하여 훼손하지 아니하면 분리할 수 없거나 그 분리에 과다한 비용을 요할 경우에는 그 합성물의 소유권은 주된 동산의 소유자에게 속한다. 부합한 동산의 주종을 구별할 수 없는 때에는 동산의 소유자는 부합 당시의 가액의 비율로 합성물을 공유한다.

(1) 의 의

부합이란 첨부의 한 형태로서 소유자를 각각 달리하는 수 개의 물건이 결합하여 1개의 물건으로 되는 것을 말하며, 결합된 물건을 합성물[1]이라 한다.

> **용어사전**
> 1) **합성물(合成物)**: 여러 개의 물건이 각각 개성을 잃지 않고 결합하여 단일한 형체를 이루고 있는 물건을 말한다(예컨대 건물, 보석반지, 자동차 등).

Professor Comment

① 집합물(集合物)은 그 구성요소가 되는 개별적 물건의 독립성이 인정됨에도 불구하고, 사회·경제적 필요성에 의하여, 수 개의 물건을 일정한 범위로 특정하여 그 전체를 거래상의 한 단위로 다루는 물건을 말한다(예컨대, 한 상점의 상품 전체, 공장의 시설이나 기계의 전부 등).
② 단일물(單一物)은 거래통념상 1개의 물건을 말하며, 형체상 단일한 일체를 이루고 각 구성부분은 개성을 잃어 독립성이 인정되지 않는 물건을 말한다(예컨대 임야 내의 자연석으로 제작한 석불, 1필지의 토지 등).

(2) 부동산에의 부합

`16회 출제`

1) 요 건
   ① 동산이 부동산에 부착·합체되어 분리·복구하는 것이 사회관념상 곤란하거나 사회경제상 매우 불리한 정도에 이르러야 한다.
   ② 부동산에 부합하는 물건은 동산뿐만 아니라 부동산도 가능하다고 한다.

건물이 다른 건물에 부합하기 위한 요건

주건물에 부합된 건물인가 여부의 판단기준의 하나는 과연 부속된 부분이 독립한 건물로서의 가치와 기능을 시인할 수 있는가 아니면 오로지 주건물에 부착되어 분리하여서는 독립된 건물로서의 가치가 없고 주건물의 사용편의에 제공될 뿐인가 하는 것이다(대판 1991.4.12. 90다11967).

2) 부합의 정도

① 사회관념상 부합물이 거래상 독립성을 잃을 정도로 결합될 것을 요구한다.
② 부속한 물건을 분리하여도 경제적 가치가 있는 경우에 한하여 독립한 소유권이 인정되고, 분리하면 경제적 가치가 없는 경우에는 부합이 성립된다.

→ 현저히 감소하는 경우 포함

 주유소의 지하 유류저장탱크가 토지에 부합되는지 여부 2가지 판례 비교

1 주유소의 지하에 매설된 유류저장탱크를 토지로부터 분리하는 데 과다한 비용이 들고 이를 분리하여 발굴할 경우 그 경제적 가치가 현저히 감소할 것이 분명하므로 그 유류저장탱크는 토지에 부합되었다고 본다(대판 1995.6.29. 94다6345).

2 甲이 토지소유자 乙에게서 토지를 임차한 후 주유소 영업을 위하여 지하에 유류저장조를 설치한 사안에서, 유류저장조의 매설 위치와 물리적 구조, 용도 등을 감안할 때 이를 토지로부터 분리하는 데에 과다한 비용을 요하거나 분리하게 되면 경제적 가치가 현저히 감소되므로 토지에 부합된 것으로 볼 수 있으나, 사실상 분리 복구가 불가능하여 거래상 독립한 권리의 객체성을 상실하고 토지와 일체를 이루는 구성 부분이 되었다고는 보기 어렵고, 또한 甲이 임차권에 기초하여 유류저장조를 매설한 것이므로, 위 유류저장조는 민법 제256조 단서에 의하여 설치자인 甲의 소유에 속한다(대판 2012.1.26. 2009다76546).

※ **1**의 판례는 유류저장탱크가 토지에 부합된 사안이고, **2**의 판례는 임차인이 임차권에 의해 유류저장조를 부속한 것으로 독립성이 인정된 사안이다. 임차권과 독립성을 언급할 경우에만 **2**의 사례라고 판단한다.

3) 효과

① **원칙**

부동산의 소유자는 원칙적으로 부합한 동산의 소유권을 취득한다(제256조 본문). 다만 부당이득 또는 비용상환청구 등에 의하여 부합된 물건의 가치를 보상해야 한다.

② **예외**

예외적으로 '타인의 권원에 의하여' 부속된 물건으로서 독립성을 갖는 것은 부동산소유자의 소유로 되지 않고 부속시킨 자의 소유가 된다(동조 단서).

→ 건물의 증축부분 등

부동산과의 부합

1 증축부분의 기존건물에 부합 여부
건물이 증축된 경우에 증축부분의 기존건물에 부합 여부는 증축부분이 기존건물에 부착된 물리적 구조뿐만 아니라, 그 용도와 기능의 면에서 기존건물과 독립된 경제적 효용을 가지고 거래상 별개의 소유권의 객체가 될 수 있는지 여부 및 증축하여 이를 소유하는 자의 의사 등을 종합하여 판단하여야 한다(대판 1963.2.21. 62다913. 대판 1968.6.4. 68다613·614).

2 농작물의 소유권
타인의 토지에서 경작·재배한 농작물의 소유권은 그 권원의 유무에 관계없이 언제나 그 경작자에게 있다. 즉, 성숙하여 수확기에 있는 농작물은 언제나 토지에 부합하지 않는다(대판 1999.7.27. 99다14518).

➡ 이 판례는 유의해야 한다. 예컨대 A가 B의 농지에 농작물을 불법적으로 재배하여 그 농작물은 A의 소유라 하더라도 A가 B에 대한 불법행위로 인한 손해배상책임까지 면하는 것은 아니다. 즉 B는 불법행위를 손해에 충당하기 위하여 A가 재배한 농작물을 가질 수 없게 함으로써 농작물 재배자를 보호하려는 것이다.

3 임차인이 권원에 의하여 증축한 부분이 독립한 소유권의 객체가 되기 위한 요건
증축된 부분이 구조상으로나 이용상으로 기존 건물과 구분되는 독립성이 있는 때에는 구분소유권이 성립하여 증축된 부분은 독립한 소유권의 객체가 된다(대판 1994.6.10. 94다11606).

4 단순히 임차인의 승낙만 받은 경우
토지소유자의 승낙 없이 그 임차인의 승낙만을 받아 그 부동산 위에 나무를 심었다면 특별한 사정이 없는 한 토지소유자에 대하여 그 나무의 소유권을 주장할 수 없다(대판 1989.7.11. 88다카9067).

➡ 임차권을 기초로 하는 경우에는 그 임차권의 목적이 무엇인가를 고려해야 한다. **3** 경우에는 건물 소유를 목적으로 하는 임차권으로서 건물의 증축이 허용된다고 보지만, **4** 임차권은 수목의 식재가 임차권의 목적이 아니었던 사례이므로 구별해야 한다.

(3) 동산 간의 부합

1) 주종의 구별이 가능한 경우
동산과 동산이 부합하여 훼손하지 아니하면 분리할 수 없거나 또는 그 분리에 과다한 비용을 요할 경우 부합한 동산 간에 주종을 구별할 수 있을 때는 주된 동산의 소유자가 소유권을 취득한다.

2) 주종의 구별이 불가능한 경우
부합한 동산 간에 주종을 구별할 수 없는 때에는 동산의 소유자 모두가 부합 당시의 가액의 비율로 공유한다.

3 혼화(동산 + 동산)

(1) 의 의
각기 다른 소유자에게 속한 수 개의 동산이 서로 섞여져서 원물을 구별할 수 없게 된 것을 말한다.
예 곡물, 금전, 술, 기름 등

(2) 효 과
혼화는 그 본질이 동산간의 부합과 다름없다. 따라서 이에 대해서는 동산 간의 부합에 관한 규정이 준용된다(제258조).

4 가공(동산 + 노력)★

(1) 의 의
가공이란 타인의 동산에 노력을 가하여 새로운 물건을 만들어내는 것이다. 즉, 물건과 사람의 노동이 합체되는 것이다.

(2) 효 과

1) 원칙

가공물의 소유권은 원칙적으로 원재료의 소유자에게 귀속된다(재료주의).
예) 甲이 다이아몬드 원석을 제공하여 乙이 보석으로 가공한 경우

2) 예외

예외적으로 가공으로 인한 가액의 증가가 원재료의 가액보다 현저히 다액인 때에는 가공자의 소유로 한다. (단순히 다액에 불과한 것으로는 부족하다.)
예) 甲이 고령토를 제공하여 乙이 최고급 도자기를 만든 경우

5 첨부의 효과

(1) 소유권의 귀속 변경
위의 부합·혼화·가공의 효과에 따라 소유권자가 변경되어 단독소유가 되거나, 공유가 된다.

(2) 부합하는 물건을 목적으로 한 권리(제260조 제1·2항)
1) 부합에 의하여 동산의 소유권이 소멸한 때에는 그 동산을 목적으로 한 다른 권리도 소멸한다.
2) 동산의 소유자가 합성물, 혼화물 또는 가공물의 단독소유자가 된 때에는 그 목적물에 대한 권리는 합성물, 혼화물 또는 가공물에 존속한다.
3) 동산의 소유자가 합성물, 혼화물 또는 가공물의 공유자가 된 때에는 그 지분에 존속한다.

> **판례** 부합과 부당이득반환
>
> 매도인에게 소유권이 유보된 자재가 제3자와 매수인 사이에 이루어진 도급계약의 이행으로 제3자 소유 건물의 건축에 사용되어 부합된 경우, 매도인으로서는 그에 관한 보상청구를 할 수 없다(대판 2017다282391)

(3) 구상권의 발생(제261조)
첨부에 의하여 손해를 받은 자는 부당이득의 반환을 청구할 수 있다.
예) 甲이 자신의 금(Gold)과 乙소유의 다이아몬드 원석을 가공하여 반지를 만들었으나 소유권이 乙에게 귀속될 때
① 甲은 부당이득반환(금의 가액과 가공비용)을 청구할 수 있고, 부당이득반환청구권을 피담보채권으로 하여 다이아몬드에 유치권을 행사할 수 있다.
② 甲의 금에 양도담보권을 가지고 있던 丙은 권리를 잃지만, 乙의 다이아몬드에 양도담보권을 가지고 있던 丁은 반지에 대하여 권리를 행사할 수 있다.
③ 만약 반지가 甲과 乙의 공유가 되었다면 丙과 丁은 각각 甲과 乙의 지분에 대하여 권리를 행사할 수 있다.

제4장 소유권

> **단락핵심 첨부**
>
> (1) 건물에 다른 건물이 부합할 수 있다. (○)
> (2) 주유소의 지하에 매설된 유류저장탱크는 토지에 부합된다. (○)
> (3) 성숙하여 수확기에 있는 농작물은 언제나 토지에 부합하지 않는다. (○)
> (4) 가공물의 소유권은 원칙적으로 원재료의 소유자에게 귀속되므로 甲의 고령토로 乙이 최고급 도자기를 만든 경우 甲이 소유권을 취득한다. (×)
> ⇒ 가공으로 인한 가액의 증가가 원재료의 가액보다 현저한 경우에 해당하므로 乙이 소유권을 취득한다.

제4절 소유권에 기한 물권적 청구권   19·20·29·35회 출제

01 총설   18회 출제

> **제213조(소유물반환청구권)** 소유자는 그 소유에 속한 물건을 점유한 자에 대하여 반환을 청구할 수 있다. 그러나 점유자가 그 물건을 점유할 권리가 있는 때에는 반환을 거부할 수 있다.
> **제214조(소유물방해제거, 방해예방청구권)** 소유자는 소유권을 방해하는 자에 대하여 방해의 제거를 청구할 수 있고 소유권을 방해할 염려있는 행위를 하는 자에 대하여 그 예방이나 손해배상의 담보를 청구할 수 있다.

1 의의

(1) 소유권은 물권 중에서도 법률상 가장 완전한 지배내용을 갖고 있어서, 물권 내용의 실현이 어떠한 사정으로 방해되는 경우에는 물권의 일반적 효력으로서 물권적 청구권이 발생한다.

(2) 그러나 물권적 청구권이 발생하였다고 하여 바로 손해배상을 청구할 수 있는 것은 아니다(대판 2003.3.28. 2003다5917).

2 민법 규정

민법은 소유권에 관하여 소유물반환청구권·소유물방해제거청구권·소유물방해예방청구권의 3가지를 모두 인정하고, 이를 각종의 제한물권에 관하여 준용하고 있다.

제2편 물권법

02 종류

1 소유물반환청구권★★　　20·27회 출제

(1) 의 의
소유권자는 그 소유에 속한 물건을 점유한 자에 대하여 반환을 청구할 수 있다(제213조). 이것을 소유물반환청구권이라고 한다.

예) 甲이 乙의 물건(동산, 부동산)을 점유하고 있는 경우

(2) 요 건

1) **청구권자**
   ① 청구권의 주체는 점유를 잃은 소유자이다. 따라서 미등기매수인은 청구권자가 될 수 없다.
   ② 명의신탁의 경우에 대외적 관계에서는 등기명의자인 명의수탁자만이 소유자로 취급되므로 명의신탁자는 소유물반환청구권을 행사하지 못한다.
   ③ 제3자가 공유물을 불법점유하는 경우 공유자는 보존행위의 일종으로서 공유물 전부를 자기에게 반환할 것을 청구할 수 있다.
   ④ 합유자도 보존행위는 단독으로 할 수 있다는 제272조 단서의 규정에 비추어 청구권자가 될 수 있다.
   ⑤ 건물의 소유자가 그 건물의 소유를 통하여 타인 소유의 토지를 점유하고 있다고 하더라도 그 토지소유자로서는 그 건물의 철거와 그 대지 부분의 인도를 청구할 수 있을 뿐, 자기 소유의 건물을 점유하고 있는 자에 대하여 그 건물에서 퇴거할 것을 청구할 수는 없다(대판 1999.7.9. 98다57457·57464).

2) **청구의 상대방**
   ① 사실심 변론종결시 현재 그 물건을 점유하여 소유자의 점유를 방해하고 있는 자(현재의 점유자)이다.
   ② 현재의 점유자이면 직접점유자는 물론이고 간접점유자도 상대방이 된다.
   ③ 점유보조자는 상대방이 될 수 없다.
   ④ 건물임차인의 경우 건물의 점거에 필요한 한도에서 건물이 세워진 부지도 아울러 점유하고 있으므로 토지의 소유자는 건물의 임차인을 상대로 그 건물로부터의 퇴출을 청구할 수 있다(대판 2010.8.19. 2010다43801).

3) **고의·과실의 불요**
상대방의 고의·과실 등의 귀책사유는 그 요건이 아니다.

4) **상대방에게 점유할 권리가 없을 것**
상대방이 자기의 점유를 정당하게 하는 권리(점유할 권리)를 가지고 있지 않아야 한다. 따라서 상대방이 지상권, 전세권, 임차권, 유치권 등을 가지는 경우에는 반환청구권이 인정되지 않는다.

판례 법정지상권을 가진 건물소유자로부터 건물을 양수하면서 지상권까지 양도받기로 한 자

법정지상권이 붙은 건물의 소유권을 양수하였으나 그 지상권등기를 취득하지 아니한 사람에 대해 토지소유자가 건물철거 및 대지인도를 청구하는 것은 신의성실의 원칙상 허용될 수 없다(대판 1985.4.9. 84다카1131).

(3) 효 과
1) 소유물반환청구권의 내용은 소유물의 반환, 즉 점유의 이전을 하는 것이다.
2) 소유자가 간접점유를 하고 있는 경우에는 소유자 자신에게 반환할 것을 청구할 수 있다.

2 소유물방해제거청구권   [21회 출제]

(1) 의 의
소유권의 내용실현을 방해하고 있는 자에 대하여 그 방해의 제거를 청구할 수 있는 권리이다(제214조 전단). 예 대지를 점유할 권원 없이 대지 위에 물건을 쌓아놓는 경우

(2) 요 건
1) 점유침탈(占有侵奪) 이외의 방법
상대방이 소유권행사를 방해하고 있어야 한다. 방해배제청구권은 현재 계속되고 있는 소유권에 대한 방해의 원인을 제거함으로써 소유권의 내용을 실현하는 것을 목적으로 하는 것이고, 이미 발생한 방해결과의 제거를 내용으로 할 수는 없다.

판례 소유권에 기한 방해배제청구의 상대방
1. 건축물대장에 건축물 대지로 잘못 기재된 지번의 토지 소유자라고 주장하는 자가 지번의 정정신청을 거부하는 건축물 소유자를 상대로 건축물대장 지번의 정정을 신청하라는 의사의 진술을 구하는 소는 토지소유권의 방해배제를 위한 유효하고도 적절한 수단으로서 소의 이익이 있다(대판 2014.11.27. 2014다206075).
2. 쓰레기 매립으로 조성한 토지에 소유자가 매립에 동의하지 않은 쓰레기가 매립되어 있다 하더라도 그 쓰레기가 현재 소유권에 대하여 별도의 침해를 지속하고 있다고 볼 수 없으므로 소유권에 기한 방해배제청구권을 행사할 수 없다(대판 2003.3.28. 2003다5917).

2) 고의·과실의 불요
이때 상대방의 고의·과실 등 귀책사유는 그 요건이 아니다.

3) 청구권의 주체
청구권의 주체는 소유권 행사를 방해당하는 현재의 소유자이다.

4) 청구의 상대방
① 청구의 상대방은 현재의 방해상태를 지배하는 지위에 있는 자이다.
② 방해물이 제3자에게 양도된 경우에는 방해상태를 최초에 야기한 자가 아니라 현재 <u>그것을 지배하는 자</u>가 상대방이 된다.
　　　　　└→ 예 현재의 점유자·등기명의인 등

(3) 효 과

방해의 효과를 제거할 것을 청구할 수 있고, 장래에 방해행위를 하지 아니할 것을 아울러 청구할 수 있다.

> **방해배제청구와 손해배상**
>
> 소유자가 자신의 소유권에 기하여 실체관계에 부합하지 아니하는 등기의 명의인을 상대로 그 등기말소나 진정명의회복 등을 청구하는 경우에, 그 권리는 물권적 청구권으로서의 방해배제청구권(민법 제214조)의 성질을 가진다. 그러므로 소유자가 그 후에 소유권을 상실함으로써 이제 등기말소 등을 청구할 수 없게 되었다면, 이를 위와 같은 청구권의 실현이 객관적으로 불능이 되었다고 파악하여 등기말소 등 의무자에 대하여 그 권리의 이행불능을 이유로 <u>민법 제390조상의 손해배상청구권을 가진다고 말할 수 없다</u>(대판 2012.5.17, 2010다28604).

3 소유물방해예방청구권

(1) 의 의

장차 소유권행사를 방해할 염려가 있는 행위를 하는 자에 대하여 그 예방이나 손해배상의 담보를 청구하는 권리이다(제214조 후단).

예 이웃집 옹벽에 균열이 생겨 붕괴의 위험이 있는 경우

(2) 요 건

1) **청구권의 주체**

   청구권의 주체는 타인에 의해 소유권행사를 방해당할 염려가 있는 물건의 <u>소유자</u>이다.

   → 물권적 청구권과 물권은 서로 분리될 수 없음

2) **청구의 상대방**

   ① 청구의 상대방은 장차 소유권행사를 방해할 염려가 있는 행위를 하는 자이다.
   ② 스스로 어떤 행위를 하는 자임을 요하지 않고 방해를 일으킬 염려되는 사실(사정)을 그 지배 내에 가지고 있는 자이면 충분하다.

3) **방해할 염려**

   객관적 사정으로 상대방이 장차 소유권행사를 방해할 염려가 있어야 한다. 즉, <u>방해상태의 발생가능성이 객관적으로 대단히 크고, 또한 강한 것</u>이어야 한다.
   └→ 개연성

(3) 효 과

방해의 염려를 생기게 하는 원인을 제거해서 방해를 방지하는 조치를 청구하거나 손해배상의 담보를 청구할 수 있으며, 이와 같은 권리는 동시에 행사할 수는 없고 선택적으로 해야 한다.

제5절 공동소유

12·15·18·33회 출제

01 총설

공동소유란 1개의 물건을 2인 이상의 다수인이 공동으로 소유하는 관계를 말하는데, 민법은 공유(共有)·합유(合有)·총유(總有)의 3가지 형태를 규정하고 있다.

Professor Comment
지분의 인정 여부, 공동소유자의 권리내용 및 그 행사방법이 중요하다. 조문과 기출지문을 중심으로 학습한다.

Key Point 공유·합유·총유의 비교

구 분	공유(共有)	합유(合有)	총유(總有)
인적 결합의 형태	공동소유자 사이에 인적 결합관계가 매우 약한 극히 개인주의적인 소유형태	조합체(제271조)로서, 단체의 독립성 보다는 구성원의 개별성 강조	• 권리능력 없는 사단(제275조) • 단체성 강조
지분의 처분	지분은 자유롭게 처분 가능(제263조)	지분의 처분 제한(제273조)	지분이 없음
분할청구	각 공유자는 언제든지 분할을 청구(제268조)	합유물의 분할청구불가 (제273조 제2항)	할 수 없음
공동소유물의 처분·변경	공유자 전원의 동의(제264조)	합유자 전원의 동의(제272조)	사원총회의 결의(제276조 제1항)
공동소유물의 사용	지분의 비율로 사용(제263조)	조합계약 기타 규약의 정함에 따름(제271조 제2항)	정관 기타 규약의 정함에 따름(제276조 제2항)
공동소유물이 부동산인 경우의 등기방식	공유자 전원의 명의로 등기를 하되, 그 지분을 분수적으로 기재(부동산등기법 제48조 제4항)	합유자 전원의 명의로 등기를 하되, 합유의 취지를 기재(부동산등기법 제48조 제4항)	사단 자체의 명의로 등기(부동산등기법 제26조, 제48조 제3항)
사 례	수인이 공동매입한 물건	수인의 동업자 재산	종중·동창회·정당의 재산

제2편 물권법

02 공 유

16·19·20·30·32·35회 출제

> 제262조(물건의 공유) ① 물건이 지분에 의하여 수인의 소유로 된 때에는 공유로 한다.
> ② 공유자의 지분은 균등한 것으로 추정한다.
> 제263조(공유지분의 처분과 공유물의 사용, 수익) 공유자는 그 지분을 처분할 수 있고 공유물 전부를 지분의 비율로 사용, 수익할 수 있다.
> 제264조(공유물의 처분, 변경) 공유자는 다른 공유자의 동의 없이 공유물을 처분하거나 변경하지 못한다.
> 제265조(공유물의 관리, 보존) 공유물의 관리에 관한 사항은 공유자의 지분의 과반수로써 결정한다. 그러나 보존행위는 각자가 할 수 있다.
> 제266조(공유물의 부담) ① 공유자는 그 지분의 비율로 공유물의 관리비용 기타 의무를 부담한다.
> ② 공유자가 1년 이상 전항의 의무이행을 지체한 때에는 다른 공유자는 상당한 가액으로 지분을 매수할 수 있다.

1 공유의 의의 및 특색

(1) 공유의 의의 및 법적 성질

1) **의 의** 공유란 물건이 지분에 의하여 수인의 소유로 귀속되고 있는 공동소유의 형태를 말한다.

2) **법적 성질**

   그 법률적 성질은 1개의 소유권이 분량적으로 분할되어 여러 사람에게 속하고 있는 상태라는 것이 통설, 판례이다. → 일물일권주의와의 조화

   예 甲, 乙, 丙이 1대의 자동차를 공유하는 경우에 3인이 지분으로서 각각 1개의 소유권을 가지고 있는 것이 아니라 1개의 소유권의 1/3씩(지분)가지고 있는 것을 의미한다.

공동소유

하나의 물건을 2인 이상이 공동으로 소유하는 것이다.
- ① 공 유
- ② 합 유
- ③ 총 유

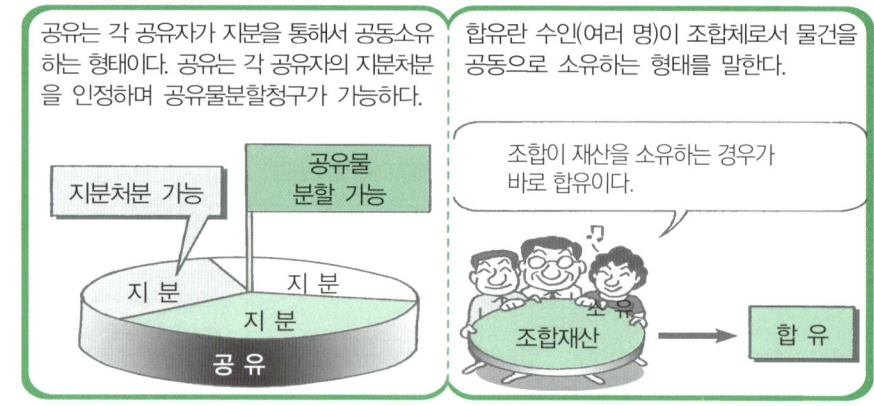

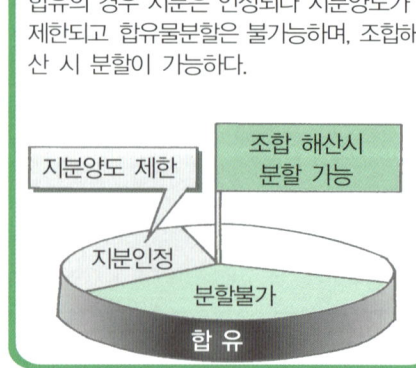

(2) 공유의 특색

공유는 공유자 사이에 공동목적을 위한 결합관계가 존재하지 않는다. 아무런 결합관계 내지 단체적 구속이 없으므로 언제든지 공동소유관계를 해소해서 각자의 단독소유로 전환할 수 있는 매우 개인주의적인 공동소유형태이다. → 공유물분할청구권

2 공유관계의 성립 ★

(1) 법률행위에 의한 성립 (당사자의 의사에 의한 성립)

1) 공유는 1개의 물건을 수인이 공유한다는 뜻의 의사의 합치에 의하여 성립할 수 있다.
2) 이때 그 물건이 부동산인 때에는 등기(공유 및 지분)를 하여야 한다.
   예) 하나의 물건을 여러 사람이 공동으로 양수하는 경우

(2) 법률의 규정에 의한 성립

1) 구분소유건물에 있어서의 공용부분(제215조 제1항)
2) 인지(隣地)의 경계에 설치된 경계표, 담, 구거 등(제239조)
3) 수인공동의 무주물선점(제252조), 유실물습득(제253조), 매장물발견(제254조 본문), 타인의 물건 속에서의 매장물발견(제254조 단서)
4) 주종을 구별할 수 없는 동산의 부합(제257조 후단) 및 혼화(제258조)
5) 공유물의 과실(제102조)
6) 수인의 상속인에 의한 공동상속재산(제1006조)·공동포괄수유재산(제1078조)
7) 귀속불명의 부부재산(제830조 제2항)

3 공유의 지분 및 내부관계 ★★★   21·26·27·28회 출제

(1) 지분의 비율

1) 지분의 비율을 정하는 방법
   지분의 비율은 원칙적으로 그 공유의 성립원인이 되는 법률행위(당사자 간의 계약)나 법률의 규정에 의하여 정하여진다.

2) 지분의 비율이 정해지지 않은 경우 (균등 추정)
   당사자 간의 약정이나 법률의 규정에 의하여 지분의 비율이 확정되지 않은 경우에는 균등한 것으로 추정된다(제262조 제2항).

(2) 지분의 내용(공유자 간의 내부관계)

1) 공유물의 사용·수익(제263조)
공유자는 공유물 전부를 지분의 비율로 사용·수익할 수 있다.

2) 공유물의 처분·변경(제264조)
① 공유자는 다른 공유자 전원의 동의 없이 공유물을 처분하거나 변경하지 못한다. 전체로서의 공유물은 공유자 전원에게 속하기 때문이다. → 공유지분의 처분과 구별할 것
② 여기서 처분이란 사실상의 처분은 물론 법률상의 처분도 포함(예 공유토지상의 지상권설정, 건물신축 등)하며, 변경이란 목적물이 멸실하지 않는 범위 내에서 그 성질을 변하게 하는 것을 말한다.
③ 따라서 공유자 중 1인이 제3자에게 공유물에 저당권 설정을 약정한 경우 약정 자체는 유효하지만, 그 설정등기에는 전원동의가 필요하다.

 공유자 지분 과반수의 동의를 얻어 건축한 경우 관습법상 지상권의 성립 여부

> 토지공유자의 한 사람이 다른 공유자의 지분 과반수의 동의를 얻어 건물을 건축한 후 토지와 건물의 소유자가 달라진 경우 토지에 관하여 관습법상의 법정지상권이 성립되는 것으로 보게 되면 이는 토지공유자의 1인으로 하여금 자신의 지분을 제외한 다른 공유자의 지분에 대하여서까지 지상권설정의 처분행위를 허용하는 셈이 되어 부당하다. 그리고 이러한 법리는 민법 제366조의 법정지상권의 경우에도 마찬가지로 적용되고, 나아가 토지와 건물 모두가 각각 공유에 속한 경우에 토지에 관한 공유자 일부의 지분만을 목적으로 하는 근저당권이 설정되었다가 경매로 인하여 그 지분을 제3자가 취득하게 된 경우에도 마찬가지로 적용된다(대판 2014.9.4. 2011다73038).
> ※ 구분소유적 공동소유의 사례(제6장의 관습법상 법정지상권 참고)와 구별할 것

3) 공유물의 관리·보존(제265조)
① **공유물의 관리** → 1/2지분권자는 이에 해당하지 않음을 주의할 것
  ㉠ 공유물의 관리는 공유물의 이용·개량행위로서 처분이나 변경에 이르지 아니하는 행위이다. 이에 관한 사항은 공유자의 지분의 과반수로써 결정한다.
  ㉡ 과반수의 공유지분을 가진 공유자는 공유토지의 전부 또는 특정부분을 배타적으로 사용·수익할 것을 정할 수 있으므로(제265조에 의해 관리권이 있으므로), 소수지분권자는 과반수 지분권자를 상대로 공유물의 인도를 청구할 수 없다(대판 2001.11.27. 2000다33638·33645). 다만, 부당이득의 반환은 청구할 수 있다.
  ㉢ 과반수 지분권자라 하더라도 나대지에 새로운 건물을 건축하는 행위는 관리행위를 넘어서는 처분행위에 해당하는 것이므로 단독으로 결정할 수 없는 바, 소수지분권자는 그 행위의 중지를 청구할 수 있다.

② **공유물의 보존**
  ㉠ 보존행위란 목적물의 멸실·훼손을 방지하고 그 현상을 유지하기 위하여 행하는 사실상·법률상의 모든 행위를 말한다. 보존행위는 각자가 단독으로 할 수 있다.
  ㉡ 보존행위를 공유자 각자가 할 수 있는 것은 긴급을 요하는 경우가 많고 다른 공유자에게 이익이 되기 때문이다

제4장 소유권

 공유물의 소수지분권자가 공유물의 전부 또는 일부를 독점적으로 점유·사용하는 경우, 다른 소수지분권자가 공유물의 보존행위로서 인도청구 불가

공유물의 소수지분권자가 다른 공유자와 협의 없이 공유물의 전부 또는 일부를 독점적으로 점유·사용하고 있는 경우, 다른 소수지분권자가 공유물의 보존행위로서 공유물의 인도를 청구할 수 없고, 지분권에 기초하여 공유물에 대한 방해 상태를 제거하거나 공동 점유를 방해하는 행위의 금지 등을 청구할 수 있다(대판 2020. 5. 21. 2018다287522).

4) **공유물에 관한 부담**(제266조)
   ① 공유물의 관리비용 기타의 의무는 각 공유자가 그 지분의 비율로 부담한다.
   ② 단, 공유자가 1년 이상 의무를 이행하지 않을 때에는 다른 공유자는 상당한 가액으로 지분을 매수할 수 있다.

(3) 지분의 처분

→ 공유물의 처분과 명확히 구별할 것

1) 공유자는 다른 공유자의 동의 없이 자유로이 그 지분을 처분할 수 있다.
2) 이를 금하는 당사자 간의 특약은 유효하나 그것은 당사자 간에 채권적 효력을 가질 뿐이고, 양수인은 지분권을 취득한다.
3) 공유지분이 양도된 경우에는 종래의 공유관계는 그대로 양수인에게 승계된다.

(4) 지분의 탄력성

공유자 중의 1인이 그 지분을 포기하거나 상속인 없이 사망한 때에는 그 지분은 다른 공유자에게 각각 그 지분의 비율로 귀속한다(제267조).

4 공유의 외부관계 ★★

24회 출제

(1) 지분권의 대외적 주장

지분권은 소유권의 실질을 가지므로 공유자는 단독으로 다른 공유자 또는 제3자에 대하여 지분권을 행사할 수 있다.

1) **지분권 확인 청구**
   ① 공유자가 자신의 지분만을 확인하는 경우에는 단독으로 할 수 있음(아래 판례).
   ② 공유자 중 1인이 다른 공유자의 지분을 확인하기 위해서는 공유자 전원이 필수적 공동소송의 방법으로 하여야 한다(공유관계의 대외적 주장 참조).

공유자 전원이 원고(또는 피고)가 되지 않으면 부적법하여 각하 판결을 받음

 지분권 확인청구

공유자의 지분은 다른 공유자의 지분에 의하여 일정한 비율로 제한을 받는 것을 제외하고는 독립한 소유권과 같은 것으로서 공유자는 그 지분을 부인하는 제3자에 대하여 각자 그 지분권을 주장하여 지분의 확인을 소구하여야 한다(대판 1994.11.11. 94다35008).

2) 반환 및 방해제거

제3자(공유자 아닌 자)가 공유물에 대한 점유를 침탈하거나 그 외의 방해행위를 하는 경우에, 각 공유자는 그의 지분에 기하여 단독으로 자기에게 공유물전부의 반환(인도) 또는 그에 대한 방해배제를 청구할 수 있으며, 공유부동산이 법률상 원인 없이 타인 명의로 등기된 경우 그 말소를 구할 수 있다.

3) 지분권에 기한 시효중단

각 공유자는 자기의 지분권에 기하여 단독으로 자기지분에 관한 시효를 중단시킬 수 있다. 이 경우 시효중단의 효과는 자기의 지분에만 발생한다(대판 1979.6.26. 79다639).

4) 공유자가 가등기를 마쳐 둔 경우 일부공유자가 단독으로 본등기를 청구할 수 있다.

 공동매수인의 가등기에 기한 본등기청구

① 복수의 권리자가 소유권이전청구권을 보존하기 위하여 가등기를 마쳐 둔 경우 특별한 사정이 없는 한 그 권리자 중 한 사람은 자신의 지분에 관하여 단독으로 그 가등기에 기한 본등기를 청구할 수 있다. 이는 명의신탁 해지에 따라 발생한 소유권이전청구권을 보존하기 위하여 복수의 권리자 명의로 가등기를 마쳐 둔 경우에도 마찬가지이다(대판 2002.7.9. 2001다43922·43939).

② 수인의 채권자가 각기 그 채권을 담보하기 위하여 채무자와 채무자 소유의 부동산에 관하여 수인의 채권자를 공동매수인으로 하는 1개의 매매예약을 체결하고 그에 따라 수인의 채권자 공동명의로 그 부동산에 가등기를 마친 경우, 수인의 채권자가 공동으로 매매예약완결권을 가지는 관계인지 아니면 채권자 각자의 지분별로 별개의 독립적인 매매예약완결권을 가지는 관계인지는 매매예약의 내용에 따라야 하고, 매매예약에서 그러한 내용을 명시적으로 정하지 않은 경우에는 수인의 채권자가 공동으로 매매예약을 체결하게 된 동기 및 경위, 그 매매예약에 의하여 달성하려는 담보의 목적, 담보 관련 권리를 공동 행사하려는 의사의 유무, 채권자별 구체적인 지분권의 표시 여부 및 그 지분권 비율과 피담보채권 비율의 일치 여부, 가등기담보권 설정의 관행 등을 종합적으로 고려하여 판단하여야 한다(대판 2012.2.16. 2010다82530).

③ 수인의 채권자가 공동으로 매매예약완결권을 가지는 관계인 경우, 매매예약완결권의 행사와 이에 따른 소유권의 이전등기를 구하는 소의 제기는 다같이 매매예약완결권의 처분행위라 할 것이므로 매매예약완결의 의사표시는 복수채권자 전원에 의하여 공동으로 행사되어야 하며 매매예약이 완결된 매매목적물에 대한 소유권이전의 본등기의 이행을 구하는 소는 필요적 공동소송으로서 매매예약완결권을 준공유하고 있던 복수채권자 전원에 의하여 제기되어야 한다(대판 1985.10.8. 85다카604).

④ 공동명의로 담보가등기를 마친 수인의 채권자가 각자의 지분별로 별개의 독립적인 매매예약완결권을 가지는 경우, 채권자 중 1인은 단독으로 자신의 지분에 관하여 가등기담보 등에 관한 법률이 정한 청산절차를 이행한 후 소유권이전의 본등기절차 이행청구를 할 수 있다(대판 2012.2.16. 2010다82530).

(2) 공유관계의 대외적 주장

→ 필수적 공동소송

지분에 의하지 않고 전체로서의 공유관계를 주장해서 공유관계의 확인, 등기의 청구, 시효중단을 하고자 하는 경우에는 공유자 전원이 공동으로 하여야 한다(통설). 공유자 중 1인이 제3자에 대하여 다른 공유자의 지분을 확인 청구하는 경우에도 같다.

 공유관계의 대외적 주장

공유자 전원의 명의로 이전등기를 청구하는 경우에는 공유자 각자가 단독으로 할 수 있는 보존행위가 아니므로 공유자 전원이 공동으로 청구하여야 한다(대판 1961.5.4. 4292민상853).

제3자 또는 공유자의 1인 명의의 무효등기

3자명의로 부동산의 공유자의 1인은 당해 부동산에 관하여 제3자 명의로 원인무효의 소유권보존등기가 경료되어 있는 경우 공유물에 관한 보존행위로서 제3자에 대하여 그 등기 전부의 말소를 구할 수 있다고 할 것이나, 그 제3자가 당해 부동산의 공유자 중의 1인인 경우에는 그 소유권보존등기는 동인의 공유지분에 관하여는 실체관계에 부합하는 등기라고 할 것이므로, 이러한 경우 공유자의 1인은 단독 명의로 등기를 경료하고 있는 공유자에 대하여 그 공유자의 공유지분을 제외한 나머지 공유지분 전부에 관하여만 소유권보존등기 말소등기절차의 이행을 구할 수 있다 할 것이다(대판 2006. 8. 24. 2006다32200).

(3) 공유자에 대한 제3자의 권리행사

1) 소유권확인청구 또는 소유권이전등기청구

제3자의 공유자에 대한 소유권확인청구나, 소유권이전등기청구는 반드시 공유자 전원을 상대로 할 필요는 없으며 공유자 각자에 대하여 그 지분의 한도 내에서 할 수 있다(대판 1964. 12. 29. 64다1504).

2) 공동상속인들의 건물철거의무의 성질

"공동상속인들의 건물철거의무는 그 성질상 불가분채무라고 할 것이고 각자 그 지분의 한도 내에서 건물 전체에 대한 철거의무를 지는 것이다(대판 1980. 6. 24. 80다756)"라고 판시하면서 공동상속인 중의 1인에 대한 청구를 인용한 바 있다.

3) 공동상속인 등의 소유권이전의무

공동상속인을 상대로 피상속인이 이행하여야 할 부동산 소유권이전등기 절차이행을 청구하는 소는 필수적 공동소송이 아니다(대판 1964. 12. 29. 64다1504).

(4) 부당이득반환

1) 공유자 1인이 공유물을 배타적으로 사용하거나 제3자가 공유물을 불법점유한 경우에 각 공유자는 단독으로 부당이득의 반환을 청구할 수 있다. 다만, 부당이득의 범위는 자신의 지분비율에 한정된다.
2) 다른 공유자의 동의 없이 지분의 범위를 초과하여 사용·수익하는 경우에도 마찬가지이다.

5 공유물의 분할 ★★★   15·20·29·35회 출제

제268조(공유물의 분할청구) ① 공유자는 공유물의 분할을 청구할 수 있다. 그러나 5년 내의 기간으로 분할하지 아니할 것을 약정할 수 있다.
② 전항의 계약을 갱신한 때에는 그 기간은 갱신한 날로부터 5년을 넘지 못한다.
③ 전2항의 규정은 제215조, 제239조의 공유물에는 적용하지 아니한다.
제269조(분할의 방법) ① 분할의 방법에 관하여 협의가 성립되지 아니한 때에는 공유자는 법원에 그 분할을 청구할 수 있다.
② 현물로 분할할 수 없거나 분할로 인하여 현저히 그 가액이 감손될 염려가 있는 때에는 법원(法院)은 물건의 경매를 명할 수 있다.
제270조(분할로 인한 담보책임) 공유자는 다른 공유자가 분할로 인하여 취득한 물건에 대하여 그 지분의 비율로 매도인과 동일한 담보책임이 있다.

(1) 분할자유의 인정

각 공유자는 원칙적으로 언제든지 공유물의 분할을 청구할 수 있다(제268조 제1항 본문).
→ 상호명의신탁의 경우 공유자는 공유물분할청구를 할 수는 없다.

(2) 분할자유의 제한(분할금지)

1) 공유자는 5년 내의 기간 동안 공유물을 분할하지 아니할 것을 약정할 수 있다(제268조 제1항 단서). 그리고 이 약정을 갱신할 수 있으나, 그 기간은 갱신한 날로부터 5년을 넘지 못한다(제268조 제2항). 그러나 이를 제3자에게 주장하기 위해서는 등기하여야 한다(부동산등기법 제67조 제1항).

2) 법률상 공유로 추정되는 구분소유건물의 공용부분(제215조)과 경계선상의 경계표(제239조) 등에 대해서는 분할청구가 인정되지 않는다.

(3) 분할의 방법

1) **공유물분할청구권**

각 공유자에게는 공유물분할청구권이 인정되며, 그것은 일종의 형성권이다.

2) **협의에 의한 분할**

① **현물분할** : 공유물을 분량적으로 분할하는 것으로 (예 토지의 분할) 가장 보편적인 분할방법이다.

② **대금분할** : 공유물을 타(他)에 매각하여 그 대금을 나누는 방법이다.

③ **가격배상** : 공유자 중의 한 사람이 다른 공유자의 지분을 매수하여 그 대가를 지급하고 단독소유권을 취득하는 방법이다.

3) **재판에 의한 분할**(공유물분할의 소)

① **소의 제기**

㉠ 공유자 중 1인은 불분할 약정 또는 법률의 규정이 없는 한 언제든지 소를 제기할 수 있다.

㉡ 소를 제기하는 자는 나머지 공유자 전원을 피고로 하여야 하며(고유필수적 공동소송), 그 성질은 형식적 형성의 소이다.

㉢ 그러나 이미 공유자 간에 분할협의가 이루어졌으나 그 이행이 이루어지지 않는 것에 불과한 경우에는 공유물분할청구를 할 것이 아니라 분할협의에 따른 이행의 소를 제기하여야 한다(대판 1995.1.12. 94다30348).

② **분할방법**

㉠ 법원은 현물분할방식을 원칙으로 하나 현물로 분할할 수 없거나 분할로 인하여 그 가액이 현저히 감소될 우려가 있는 때에는 공유물을 경매하여 그 대금을 분할한다(대판 2009.9.10. 2009다40219). 다만 건축허가나 신고 없이 건축된 미등기 건물에 대하여는 경매에 의한 공유물분할이 허용되지 않는다(대판 2013.9.13. 2011다69190).

㉡ 그 밖에 일부에 대해서는 현물로 하고 다른 공유자에 대하여는 가격배상만 하는 방법의 공유물분할도 가능하며(대판 2004.10.14. 2004다30583), 공유자 상호 간에 금전으로 경제적 가치의 과부족을 조정하게 하여 분할하는 것도 현물분할의 한 방법으로 허용된다(대판 2004.7.22. 2004다10183).

ⓒ 그러나 분할청구자 지분의 일부에 대하여만 공유물 분할을 명하고 일부 지분에 대하여는 이를 분할하지 아니한 채 공유관계를 유지하도록 할 수는 없다(대판 2011.3.10. 2010다92506).

(4) 공유물 분할의 효과

추가15회 출제

1) 공유관계의 종료
분할에 의하여 각 공유자의 지분의 교환(현물분할의 경우) 또는 매매(가격배상의 경우)가 있게 되고 공유관계는 종료하게 된다. 다만 예외적으로 수인 중 일부에게 공유관계를 유지시키는 분할이 이루어지는 경우도 있다.

2) 효과의 불소급
분할의 효과는 소급하지 않는다.

3) 공유자 간의 담보책임
분할은 지분의 교환·매매의 실질을 가지므로 각 공유자는 다른 공유자가 분할로 인하여 취득한 물건에 대하여 그 지분의 비율로 매도인과 동일한 담보책임을 진다(제270조).

4) 지분상의 담보물권에 미치는 영향

> 공유자의 한 사람의 지분위에 설정된 근저당권 등 담보물권은 특단의 합의가 없는 한 공유물분할이 된 뒤에도 종전의 지분비율대로 공유물 전부의 위에 그대로 존속하는 것이고 근저당권설정자 앞으로 분할된 부분에 당연히 집중되는 것은 아니다(대판 1989. 8. 8. 88다카24868).

단락문제 Q04

제35회 기출

공유물분할에 관한 설명으로 옳은 것을 모두 고른 것은? (다툼이 있으면 판례에 따름)

ㄱ. 재판상 분할에서 분할을 원하는 공유자의 지분만큼은 현물분할하고, 분할을 원하지 않는 공유자는 계속 공유로 남게 할 수 있다.
ㄴ. 토지의 협의분할은 등기를 마치면 그 등기가 접수된 때 물권변동의 효력이 있다.
ㄷ. 공유자는 다른 공유자가 분할로 인하여 취득한 물건에 대하여 그 지분의 비율로 매도인과 동일한 담보책임이 있다.
ㄹ. 공유자 사이에 이미 분할협의가 성립하였는데 일부 공유자가 분할에 따른 이전등기에 협조하지 않은 경우, 공유물분할소송을 제기할 수 없다.

① ㄱ   ② ㄴ, ㄷ   ③ ㄷ, ㄹ   ④ ㄱ, ㄴ, ㄹ   ⑤ ㄱ, ㄴ, ㄷ, ㄹ

제2편 물권법

[해설]
ㄱ. (O) 재판에 의한 공유물 분할의 방법 및 공유물분할청구의 소에서 분할청구자 지분의 일부에 대하여만 공유물 분할을 명하고 일부 지분에 대하여는 이를 분할하지 아니한 채 공유관계를 유지하도록 할 수 있다. (대판 2011. 3. 10. 2010다92506)
ㄴ. (O) 부동산등기법 제6조②
ㄷ. (O) 민법 제270조
ㄹ. (O) 공유지분 이전청구소송을 제기할 수 있다.

답 ⑤

단락문제 Q05
제35회 기출

공유물분할에 관한 설명으로 옳은 것을 모두 고른 것은? (다툼이 있으면 판례에 따름)

ㄱ. 재판상 분할에서 분할을 원하는 공유자의 지분만큼은 현물분할하고, 분할을 원하지 않는 공유자는 계속 공유로 남게 할 수 있다.
ㄴ. 토지의 협의분할은 등기를 마치면 그 등기가 접수된 때 물권변동의 효력이 있다.
ㄷ. 공유자는 다른 공유자가 분할로 인하여 취득한 물건에 대하여 그 지분의 비율로 매도인과 동일한 담보책임이 있다.
ㄹ. 공유자 사이에 이미 분할협의가 성립하였는데 일부 공유자가 분할에 따른 이전등기에 협조하지 않은 경우, 공유물분할소송을 제기할 수 없다.

① ㄱ   ② ㄴ, ㄷ   ③ ㄷ, ㄹ   ④ ㄱ, ㄴ, ㄹ   ⑤ ㄱ, ㄴ, ㄷ, ㄹ

[해설]
ㄱ. (O) 재판에 의한 공유물 분할의 방법 및 공유물분할청구의 소에서 분할청구자 지분의 일부에 대하여만 공유물 분할을 명하고 일부 지분에 대하여는 이를 분할하지 아니한 채 공유관계를 유지하도록 할 수 있다. (대판 2011. 3. 10. 2010다92506)
ㄴ. (O) 부동산등기법 제6조②
ㄷ. (O) 민법 제270조
ㄹ. (O) 공유지분 이전청구소송을 제기할 수 있다.

답 ⑤

제4장 소유권

단락핵심 공유

(1) 공유지분은 균등한 것으로 추정한다. (○)
(2) 공물의 처분, 변경에는 공유자 전원의 동의가 있어야 하나 공유지분을 처분할 경우에는 공유자가 단독으로 할 수 있다. (○)
(3) 각 공유자는 단독으로 공유물의 분할을 청구할 수 있고, 이때 공유물의 분할은 공유자의 지분의 과반수로써 정한다. (×)
(4) 공유자의 약정으로 일정기간 분할을 금지할 수 있다. 그러나 제3자에게 이를 대항하기 위해서는 등기하여야 한다. (○)
(5) 건물에 대한 과반수 지분의 공유자로부터 건물의 특정부분의 배타적 사용을 허락받은 점유자에 대하여 소수지분의 공유자는 그 점유자가 사용하는 건물부분에서의 퇴거를 청구할 수 없다. (○)
(6) 공유자가 상속인 없이 사망한 경우 그 지분은 국가가 된다. (×)
(7) 공유자 중 1인이 다른 공유자의 지분권을 대외적으로 주장하는 행위는 공유물의 보존행위로 볼 수 있다. (×)
(8) 이미 공유자 간에 분할협의가 이루어졌으나 그 이행이 이루어지지 않는 경우에도 공유물의 분할을 청구할 수 있다. (×)
(9) 공유물분할의 소가 제기된 경우 공유물분할청구자 지분의 일부에 대하여만 공유물분할을 명하고 일부지분에 대하여는 공유관계를 유지할 수 있다. (×)

단락문제 Q06   제35회 기출

부동산 공유에 관한 설명으로 틀린 것은? (다툼이 있으면 판례에 따름)

① 공유물의 보존행위는 공유자 각자가 할 수 있다.
② 공유자는 공유물 전부를 지분의 비율로 사용·수익할 수 있다.
③ 공유자는 다른 공유자의 동의 없이 공유물을 처분하거나 변경하지 못한다.
④ 공유자는 자신의 지분에 관하여 단독으로 제3자의 취득시효를 중단시킬 수 없다.
⑤ 공유물 무단점유자에 대한 차임 상당 부당이득반환청구권은 특별한 사정이 없는 한 각 공유자에게 지분 비율만큼 귀속된다.

해설
① (○) 민법 제265조 단서
② (○) 민법 제263조
③ (○) 민법 제264조
④ (×) 단독중단 가능 판례 보존행위
　공유자의 한 사람이 공유물의 보존행위로서 제소한 경우라도, 동 제소로 인한 시효중단의 효력은 재판상의 청구를 한 그 공유자에 한하여 발생하고, 다른 공유자에게는 미치지 아니한다. (대판 1979. 6. 26. 선고 79다639)
⑤ (○)

답 ④

제2편 물권법

단락문제 Q07
제32회 기출

甲, 乙, 丙은 X토지를 각 1/2, 1/4, 1/4의 지분으로 공유하고 있다. 이에 관한 설명으로 옳은 것은? (단, 구분소유적 공유관계는 아니며, 다툼이 있으면 판례에 따름)

① 乙이 X토지에 대한 자신의 지분을 포기한 경우, 乙의 지분은 甲, 丙에게 균등한 비율로 귀속된다.
② 당사자 간의 특약이 없는 경우, 甲은 단독으로 X토지를 제3자에게 임대할 수 있다.
③ 甲, 乙은 X토지에 대한 관리방법으로 X토지에 건물을 신축할 수 있다.
④ 甲, 乙, 丙이 X토지의 관리에 관한 특약을 한 경우, 그 특약은 특별한 사정이 없는 한 그들의 특정승계인에게도 효력이 미친다.
⑤ 丙이 甲, 乙과의 협의 없이 X토지를 배타적·독점적으로 점유하고 있는 경우, 乙은 공유물에 대한 보존행위로 X토지의 인도를 청구할 수 있다.

해설

① (X) 민법 제267조 다른 공유자에게 각 지분의 비율로 귀속한다.
② (X) 민법 제265조 지분 과반수로 결정한다.
③ (X) 건물의 신축은 처분행위로 보아 전원동의를 요한다.
④ (O) 공유자 간의 공유물에 대한 사용수익·관리에 관한 특약은 공유자의 특정승계인에 대하여도 당연히 승계된다고 할 것이나, 민법 제265조는 "공유물의 관리에 관한 사항은 공유자의 지분의 과반수로써 결정한다."라고 규정하고 있으므로, 위와 같은 특약 후에 공유자에 변경이 있고 특약을 변경할 만한 사정이 있는 경우에는 공유자의 지분의 과반수의 결정으로 기존 특약을 변경할 수 있다.(대판 2005. 5. 12. 2005다1827)
⑤ (X) 공유물의 소수지분권자인 피고가 다른 공유자와 협의하지 않고 공유물의 전부 또는 일부를 독점적으로 점유하는 경우 다른 소수지분권자인 원고가 피고를 상대로 공유물의 인도를 청구할 수는 없다.(대판 2020. 5. 21. 2018다287522)

답 ④

제4장 소유권

03 합유 〔34회 출제〕

> **제271조(물건의 합유)** ① 법률의 규정 또는 계약에 의하여 수인이 조합체로서 물건을 소유하는 때에는 합유로 한다. 합유자의 권리는 합유물 전부에 미친다.
> ② 합유에 관하여는 전항의 규정 또는 계약에 의하는 외에 다음 3조의 규정에 의한다.
> **제272조(합유물의 처분, 변경과 보존)** 합유물을 처분 또는 변경함에는 합유자 전원의 동의가 있어야 한다. 그러나 보존행위는 각자가 할 수 있다.
> **제273조(합유지분의 처분과 합유물의 분할금지)** ① 합유자는 전원의 동의 없이 합유물에 대한 지분을 처분하지 못한다.
> ② 합유자는 합유물의 분할을 청구하지 못한다.
> **제274조(합유의 종료)** ① 합유는 조합체의 해산 또는 합유물의 양도로 인하여 종료한다.
> ② 전항의 경우에 합유물의 분할에 관하여는 공유물의 분할에 관한 규정을 준용한다.

1 합유의 의의 및 특색 〔27회 출제〕

(1) 합유의 의의

합유(合有)란 수인(數人)이 조합 이른바 **합수적 조합체**로서 물건을 공동으로 소유하는 형태를 말한다(제271조 제1항 전단). → 예 동업단체

(2) 합유의 특색

1) 합유에 있어서도 각 합유자에게 합유물에 대한 지분이 인정된다.

Professor Comment
> 이 점에서 공유와 같고, 총유와 다르다.

2) 각 합유자에게는 공유에서와 달리 지분처분의 자유와 분할청구권이 인정되지 않는다.

판례 | 합유의 특색

1 수인이 부동산을 공동으로 매수한 경우, 매수인들 사이의 법률관계는 공유관계로서 단순한 공동매수인에 불과하여 매도인은 매수인 수인에게 그 지분에 대한 소유권이전등기의무를 부담하는 경우도 있을 수 있고, 그 수인을 조합원으로 하는 조합체에서 매수한 것으로서 매도인이 소유권 전부의 이전의무를 그 조합체에 대하여 부담하는 경우도 있을 수 있다(대판 2006.4.13. 2003다25256).

2 매수인들이 상호 출자하여 공동사업을 경영할 것을 목적으로 하는 조합이 조합재산으로서 부동산의 소유권을 취득하였다면 민법 제271조1항의 규정에 의하여 당연히 그 조합체의 합유물이 되고, 다만 그 조합체가 합유 등기를 하지 아니하고 그 대신 조합원 1인의 명의로 소유권이전등기를 하였다면 이는 조합체가 그 조합원에게 명의신탁한 것으로 보아야 한다(대판 2006.4.13. 2003다25256).

3 합유재산를 합유자 1인 명의로 소유권보존등기를 한 것은 실질관계에 부합하지 않는 원인무효의 합유다(대판 1970.12.29. 69다22).
※ 합유물의 경우 지분을 처분할 경우에도 합유자 전원의 동의가 필요하기 때문이다.

2 합유의 성립

(1) 계약에 의한 조합체의 합유
1) 당사자 간의 계약에 의하여 조합이 성립하는 경우에 조합의 재산에 대하여 합유가 성립한다.
2) 계약에 의한 조합성립의 예로는 동업계약과 계가 있다.

(2) 법률의 규정에 의한 조합
민법상 조합의 조합재산, 수탁자가 수인인 경우의 수탁재산 등이 있다.

3 합유관계의 내용★★

(1) 불가분성
1) 합유자의 권리, 즉 지분은 합유물 전부에 미친다(제271조 후단).
2) 이것은 합유자가 그 지분에 따라 합유물을 전체로서 사용·수익할 수 있다는 뜻이다.

(2) 합유물의 보존 및 처분·변경
합유물을 처분 또는 변경하려면 합유자 전원의 동의가 있어야 하나(제272조 본문) 목적물(합유물)의 보존행위는 각 합유자가 단독으로 할 수 있다(제272조 단서).

(3) 합유지분의 처분
각 합유자가 합유물에 대하여 갖는 지분은 임의로 처분하지 못하며, 합유자 전원의 동의를 얻어야 한다(제273조 제1항).

(4) 합유물의 분할금지
합유자는 합유물의 분할을 청구하지 못한다(제273조 제2항). 그러나 이는 임의규정으로 이와 다른 합유자 간의 특약이 가능하다.

 합유재산

합유로 소유권이전등기가 마쳐진 부동산에 대하여 원고의 명의신탁해지로 인한 소유권이전등기이행청구소송은 <u>합유재산에 관한 소송</u>으로서 고유필요적 공동소송으로서 <u>합유자 전원을 피고로 해야 한다</u>(대판 1983.10.25. 83다카850).

4 합유의 종료 ★★

(1) 조합체의 해산
우선 조합체를 성립시킨 계약 또는 합유자 전원의 합의로써 결정하고 그렇지 못할 경우에는 공유물의 분할에 관한 규정을 준용한다(제274조 제2항).

(2) 합유물의 양도
1) 합유자 전원의 동의에 의하여 타인에게 양도하는 경우 합유관계는 종료한다.
2) 조합재산을 구성하는 수 개의 물건 중의 일부를 양도한 경우에는 나머지 합유물에 대한 합유관계는 존속한다.

 합유자 중 1인이 사망한 경우 합유관계의 상대적 소멸

> 부동산의 합유자 중 일부가 사망한 경우 합유자 사이에 특별한 약정이 없는 한 사망한 합유자의 상속인은 합유자로서의 지위를 승계하는 것이 아니므로 해당 부동산은 잔존 합유자가 2인 이상일 경우에는 잔존 합유자의 합유로 귀속되고 잔존 합유자가 1인인 경우에는 잔존 합유자의 단독소유로 귀속된다(대판 1994. 2. 25. 93다39225).

단락문제 Q08   제34회 기출

민법상 합유에 관한 설명으로 틀린 것은? (특약은 없으며, 다툼이 있으면 판례에 따름)

① 합유자의 권리는 합유물 전부에 미친다.
② 합유자는 합유물의 분할을 청구하지 못한다.
③ 합유자 중 1인이 사망하면 그의 상속인이 합유자의 지위를 승계한다.
④ 합유물의 보존행위는 합유자 각자가 할 수 있다.
⑤ 합유자는 그 전원의 동의 없이 합유지분을 처분하지 못한다.

해설
③ 부동산의 합유자 중 일부가 사망한 경우 합유자 사이에 특별한 약정이 없는 한 사망한 합유자의 상속인은 합유자로서의 지위를 승계하는 것이 아니므로 해당 부동산은 잔존 합유자가 2인 이상일 경우에는 잔존 합유자의 합유로 귀속되고 잔존 합유자가 1인인 경우에는 잔존 합유자의 단독소유로 귀속된다(대판 1994. 2. 25. 93다39225).
① 민법 제271조① 후문
② 민법 제273조②
④ 민법 제272조 단서
⑤ 민법 제272조 본문

답 ③

단락핵심 합유

(1) 합유물을 처분 또는 변경하려면 합유자 전원의 동의가 있어야 한다.   (○)
(2) 부동산의 합유자가 사망한 경우에는 그 상속인이 합유자로서의 지위를 승계한다.   (×)
(3) 합유자는 합유물의 분할을 청구하지 못한다.   (○)

제2편 물권법

04 총유

> 제275조(물건의 총유) ① 법인이 아닌 사단의 사원이 집합체로서 물건을 소유할 때에는 총유로 한다.
> ② 총유에 관하여는 사단의 정관 기타 규약에 의하는 외에 다음 2조의 규정에 의한다.
> 제276조(총유물의 관리, 처분과 사용, 수익) ① 총유물의 관리 및 처분은 사원총회의 결의에 의한다.
> ② 각 사원은 정관 기타의 규약에 좇아 총유물을 사용, 수익할 수 있다.
> 제277조(총유물에 관한 권리의무의 득상) 총유물에 관한 사원의 권리의무는 사원의 지위를 취득상실함으로써 취득상실된다.

1 총유의 의의 및 특색★

(1) 총유의 의의

1) 총유(總有)란 법인이 아닌 사단의 재산소유형태(제275조 제1항)이며, 단체주의적 색채가 강하다.
2) 법인이 아닌 사단이란 실질은 사단에 해당하지만 법인이 아닌 단체를 말하며 권리능력 없는 사단이라고도 한다.
   예) 종중·문중, 교회, 동창회, 재건축조합, 사찰재산, 촌락단체의 재산, 어촌계, 동·리의 재산 등

(2) 총유의 특색

1) 지분의 불인정
   공유나 합유에서와 달리 지분이 인정되지 않는다.
2) 관리·처분권능과 사용·수익권능의 양분
   소유권의 내용이 관리·처분 등의 권능과 사용·수익 등의 권능으로 양분되어 전자는 구성원의 총체에, 후자는 각 구성원에 귀속하는 특색을 가진다.
   (비법인사단의 단독사유 ← 관리처분권능)
   (→ 사용·수익권능)

2 총유의 등기

부동산의 총유는 등기를 하여야 하며, 그 등기신청은 사단의 명의로 그 대표자 또는 관리인이 이를 한다(「부동산등기법」 제26조).

3 총유관계의 내용★★

총유관계의 구체적 내용은 사단의 정관 기타 규약에서 정한 바가 있으면 그에 의하고, 그러한 것이 없으면 다음의 일반적인 원칙에 의한다(제275조 제2항).

(1) 관리·처분

총유물의 관리 및 처분은 사원총회의 결의에 의한다.

제4장 소유권

 판례 **채무부담행위**

> 비법인사단이 타인 간의 금전채무를 보증하는 행위를 총유물의 관리·처분행위로 볼 수 없다. 따라서 비법인사단인 재건축조합의 조합장이 채무보증계약을 체결하면서 조합규약에서 정한 조합 임원회의 결의 등 절차를 거치지 않았다 하더라도 그 보증계약은 다른 특별한 사정이 없는 한 유효하다(대판 2007.4.19. 2004다60072).

(2) 사용·수익

각 사원은 정관 기타 규약에 좇아 총유물을 사용·수익할 수 있다.

(3) 보존행위(총회결의 필요)

총유재산에 관한 소송은 ① 법인 아닌 사단이 그 명의로 사원총회의 결의를 거쳐서 하거나 또는 ② 그 구성원 전원이 당사자가 되어 필수적 공동소송의 형태로 할 수 있을 뿐 그 사단의 구성원은 설령 그가 사단의 대표자라거나 사원총회의 결의를 거쳤다 하더라도 그 소송의 당사자가 될 수 없고, 이러한 법리는 총유재산의 보존행위로서 소를 제기하는 경우에도 마찬가지라 할 것이다(대판 2005.9.15. 2004다44971). ← 필수적 공동소송의 형태

(4) 사원의 권리·의무

총유물에 관한 사원의 권리의무는 사원의 지위를 취득·상실함으로써 당연히 취득·상실한다.

단락핵심 **총유**

(1) 수인이 조합체로서 물건을 가지는 경우에는 합유가 되고, 법인이 아닌 사단의 사원이 집합체로서 물건을 가지는 경우에는 총유가 된다. (○)
(2) 총유물의 지분은 동등한 것으로 추정된다. (×)
(3) 총유물의 관리 및 처분권능은 법인 아닌 사단에 귀속되나, 총유물의 사용 및 수익권능은 그 구성원 각자에게 귀속된다. (○)
(4) 총유물의 관리 및 처분은 사원총회에 의하나 보존행위는 구성원 각자가 할 수 있다. (×)
(5) 총유재산의 보존행위로서 소를 제기하는 경우에는 그 사단의 대표자가 그 소송의 당사자가 될 수 있다. (×)
(6) 일부교인들이 교회를 탈퇴하여 그 교회 교인으로서의 지위를 상실하게 되면, 종전 교회의 재산은 그 교회에 소속된 잔존 교인들의 총유로 귀속됨이 원칙이다. (○)

제2편 물권법

단락문제 Q09
제35회 기출

甲소유 토지에 乙이 무단으로 건물을 신축한 뒤 丙에게 임대하여 丙이 현재 그 건물을 점유하고 있다. 다음 설명 중 **틀린** 것은? (다툼이 있으면 판례에 따름)

① 甲은 丙을 상대로 건물에서의 퇴거를 청구할 수 없다.
② 甲은 乙을 상대로 건물의 철거 및 토지의 인도를 청구할 수 있다.
③ 甲은 乙을 상대로 토지의 무단 사용을 이유로 부당이득반환청구권을 행사할 수 있다.
④ 만약 乙이 임대하지 않고 스스로 점유하고 있다면, 甲은 乙을 상대로 건물에서의 퇴거를 청구할 수 없다.
⑤ 만약 丙이 무단으로 건물을 점유하고 있다면, 乙은 丙을 상대로 건물의 인도를 청구할 수 있다.

해설
① (×) 건물소유자가 아닌 사람이 건물을 점유하고 있는 경우, 토지소유자가 건물점유자에 대하여 퇴거청구를 할 수 있는지 여부(적극) (대판 2010. 8. 19. 2010다43801)
② (○) 건물의 소유자가 그 건물의 소유를 통하여 타인 소유의 토지를 점유하고 있다고 하더라도 그 토지 소유자로서는 그 건물의 철거와 그 대지 부분의 인도를 청구할 수 있을 뿐, 자기 소유의 건물을 점유하고 있는 자에 대하여 그 건물에서 퇴거할 것을 청구할 수는 없다. (대판 1999. 7. 9. 98다57457, 57464)
③ (○) 소유자로서의 권리
④ (○) ②의 해설
⑤ (○) 점유물 반환청구권 행사 가능

답 ①

단락문제 Q10
제32회 기출

소유권에 관한 설명으로 **틀린** 것은? (다툼이 있으면 판례에 따름)

① 기술적 착오로 지적도상의 경계선이 진실한 경계선과 다르게 작성된 경우, 그 토지의 경계는 실제의 경계에 따른다.
② 토지가 포락되어 원상복구가 불가능한 경우, 그 토지에 대한 종전 소유권은 소멸한다.
③ 타인의 토지를 통과하지 않으면 필요한 수도를 설치할 수 없는 토지의 소유자는 그 타인의 승낙 없이도 수도를 시설할 수 있다.
④ 포위된 토지가 공로에 접하게 되어 주위토지통행권을 인정할 필요성이 없어진 경우에도 그 통행권은 존속한다.
⑤ 증축된 부분이 기존의 건물과 구조상·이용상 독립성이 없는 경우, 그 부분은 기존의 건물에 부합한다.

제4장 소유권

해설
① (O) 기술적인 착오로 말미암아 지적공부상의 경계가 진실한 경계선과 다르게 잘못 작성되었다는 등의 특별한 사정이 있는 경우에는 그 토지의 경계는 지적공부에 의하지 않고 실제의 경계에 의하여 확정하여야 한다.(대판 2000. 5. 26. 98다15446),
② (O) 1972년 이전부터 포락되었고 이러한 상태가 일시적이 아니고 장기간 계속된 것으로 보아 포락으로 당시에 이미 그 토지에 관한 소유권은 소멸된 것으로 봄이 타당하다. (대판 1995. 8. 25. 선고 95다18659)
③ (O) 민법 제218조 ①
④ (X) 일단 주위토지통행권이 발생하였다고 하더라도 나중에 그 토지에 접하는 공로가 개설됨으로써 주위토지통행권을 인정할 필요성이 없어진 때에는 그 통행권은 소멸한다. (대판 1998. 3. 10. 97다47118)
⑤ (O) 민법 제256조 본문

답 ④

단락문제 Q11 (제33회 기출)

민법상 공동소유에 관한 설명으로 옳은 것은? (다툼이 있으면 판례에 따름)

① 공유자끼리 그 지분을 교환하는 것은 지분권의 처분이므로 이를 위해서는 교환당사자가 아닌 다른 공유자의 동의가 필요하다.
② 부동산 공유자 중 일부가 자신의 공유지분을 포기한 경우, 등기를 하지 않아도 공유지분 포기에 따른 물권변동의 효력이 발생한다.
③ 합유자 중 1인은 다른 합유자의 동의 없이 자신의 지분을 단독으로 제3자에게 유효하게 매도할 수 있다.
④ 합유물에 관하여 경료된 원인 무효의 소유권이전등기의 말소를 구하는 소는 합유자 각자가 제기할 수 있다.
⑤ 법인 아닌 종중이 그 소유 토지의 매매를 중개한 중개업자에게 중개수수료를 지급하기로 하는 약정을 체결하는 것은 총유물의 관리·처분행위에 해당한다.

해설
① (X) 제253조 공유자는 그 지분을 처분할 수 있고
② (X) 부동산 공유자의 공유지분 포기의 의사표시가 다른 공유자에게 도달하더라도 민법 제186조에 의하여 등기를 하여야 공유지분 포기에 따른 물권변동의 효력이 발생한다(대판 2016.10.27. 2015다52978).
③ (X) 제272조 전문. 합유물을 처분 또는 변경함에는 합유자 전원의 동의가 있어야 한다.
④ (O) 제273조 ① 단서
⑤ (X) 처분행위가 아니고, 채무부담행위이다.
  토지의 매매를 중개한 중개업자에게 중개수수료를 지급하기로 하는 약정을 체결하는 것은 총유물 그 자체의 관리·처분이 따르지 아니하는 단순한 채무부담행위에 불과하여 이를 총유물의 관리·처분행위라고 할 수 없다(대판 2012.4.12. 2011다107900).

답 ④

CHAPTER 04 소유권

· 경록 교재에 모든 답이 있습니다.

소유권 총설

01 지하수와 온천수는 **토지소유권과는 별도의 물권으로 인정되지 않는다**.
　함정(X) 지하수와 온천수는 관습상 별개의 물권으로 다루어진다.

02 소유권은 지표뿐만 아니라 지하에 미친다. 그리고 **지상공간에까지 미친다**.
　함정(X) 소유권은 지표뿐만 아니라 지하에 미친다. 그러나 지상공간에는 미치지 못한다.

03 구분소유권이 성립하기 위해서는 객관적 물리적인 측면에서 구조상·이용상의 독립성 이외에 구분행위가 **필요하나 구분행위가 반드시 등기나 등록에 한정되는 것은 아니다**.
　함정(X) 구분소유권이 성립하기 위해서는 객관적 물리적인 측면에서 구조상·이용상의 독립성 이외에 구분행위가 필요하나 구분행위는 등기나 등록 또는 이에 준하는 것이어야 한다.

상린관계

04 인접지의 수목의 **가지가** 경계를 넘은 경우 수목의 소유자에게 가지나 뿌리의 제거를 청구할 수 있고 이에 응하지 않을 때에 한하여 임의로 제거할 수 있다.
　함정(X) 인접지의 수목의 뿌리가 경계를 넘은 경우 수목의 소유자에게 가지나 뿌리의 제거를 청구할 수 있고 이에 응하지 않을 때에 한하여 임의로 제거할 수 있다.

05 인접하여 토지를 소유한 자는 공동비용으로 통상의 경계표나 담을 설치할 수 있으며 그 비용은 **관습에 의하고 관습이 없으면 쌍방이 절반하여 부담**한다.
　함정(X) 인접하여 토지를 소유한 자는 공동비용으로 통상의 경계표나 담을 설치할 수 있으며 그 비용은 각 소유자의 면적에 비례하여 부담한다.

제4장 소유권

06 주위토지통행권을 인접토지의 **명의수탁자가** 취득한다.
함정(X) 주위토지통행권을 인접토지의 명의신탁자가 취득한다.

07 건물을 축조함에는 경계로부터 **반미터** 이상의 거리를 두어야 한다.
함정(X) 건물을 축조함에는 경계로부터 2미터 이상의 거리를 두어야 한다.

소유권의 취득

08 시효취득의 대상이 되는 권리는 소유권, 전세권, 지상권, 질권, 광업권, **지역권** 등이다.
함정(X) 시효취득의 대상이 되는 권리는 소유권, 전세권, 지상권, 질권, 광업권, 저당권 등이다.

09 권원에 의하여 부속시킨 것이라도 그 부속물이 독립성이 없어 기존의 물건에 부합된 경우 **부속시킨 자는 부당이득반환청구권을 가진다**.
함정(X) 권원에 의하여 부속시킨 것이라도 그 부속물이 독립성이 없어 기존의 물건에 부합된 경우 부속시킨 자는 매수청구권을 행사할 수 있다.

10 점유를 수반하지 않는 저당권은 시효취득의 대상이 될 수 없고, 지역권도 원칙적으로 시효취득의 대상이 될 수 **없다**.
함정(X) 점유를 수반하지 않는 저당권은 시효취득의 대상이 될 수 없고, 지역권도 원칙적으로 시효취득의 대상이 될 수 있다.

11 자기의 소유물은 취득시효의 객체가 될 수 **있다**.
함정(X) 자기의 소유물은 취득시효의 객체가 될 수 없다.

12 시효기간 만료 후 이해관계 있는 제3자가 있는 경우에는 시효이익을 주장하는 자가 시효기산점을 임의로 선택할 수 **없다**.
함정(X) 시효기간 만료 후 이해관계 있는 제3자가 있는 경우에는 시효이익을 주장하는 자가 시효기산점을 임의로 선택할 수 있다.

13 **20년간** 소유의 의사로 평온, 공연하게 부동산을 점유하는 자는 등기함으로써 그 소유권을 취득한다.

제2편 물권법

함정(X) 10년간 소유의 의사로 평온, 공연하게 부동산을 점유하는 자는 등기함으로써 그 소유권을 취득한다.

14 타인의 토지 위에 분묘를 설치·소유하는 자는 다른 특별한 사정이 없는 한 **소유의 의사가 인정되지 않는다**.
함정(X) 타인의 토지 위에 분묘를 설치·소유하는 자는 다른 특별한 사정이 없는 한 소유의 의사가 인정된다.

15 점유취득시효의 요건으로서 점유는 자주점유, 평온, **공연한** 점유이어야 한다.
함정(X) 점유취득시효의 요건으로서 점유는 자주점유, 평온, 공연, 선의, 무과실의 점유이어야 한다.

16 판례는 토지의 일부에 대한 점유취득시효를 **인정하나 분할 및 분필등기를 하여야 소유권을 취득한다**.
함정(X) 판례는 토지의 일부에 대한 점유취득시효를 인정하므로 분필등기 없이도 소유권을 취득한다.

17 시효완성에 의한 등기청구권은 취득시효완성 당시의 진정한 소유자에 대하여 청구할 수 있는 **채권적 청구권이다**.
함정(X) 시효완성에 의한 등기청구권은 취득시효완성 당시의 진정한 소유자에 대하여 청구할 수 있는 물권적 청구권이다.

18 등기부취득시효가 인정되기 위해서는 **부동산의 소유자로 등기된 기간과 점유기간이 때를 같이 하여 다같이 10년임을 요하지는 않고 앞 사람의 등기까지 아울러 10년 동안 부동산의 소유자로 등기되어 있으면 족하다**.
함정(X) 등기부취득시효가 인정되기 위해서는 부동산의 소유자로 등기된 기간과 점유기간이 때를 같이하여 다같이 10년임을 요한다.

19 **선의취득은** 동산에만 인정되나 **점유취득시효는** 동산과 부동산에 모두 인정된다.
함정(X) 점유취득시효는 동산에만 인정되나 선의취득은 동산과 부동산에 모두 인정된다.

20 금전은 선의취득의 **대상에서 제외되는 것이 원칙이다**.
함정(X) 금전은 선의취득의 대상이 될 수 없다.

21 선의취득을 할 수 있는 권리는 소유권과 **질권에** 한한다.
함정(X) 선의취득을 할 수 있는 권리는 소유권과 유치권에 한한다.

제4장 소유권

22 **목적물반환청구권의 양도에 의해서도** 선의취득할 수 있다.
　함정(X) 점유개정에 의해서도 선의취득할 수 있다.

23 **등록된 자동차는** 선의취득의 대상이 되지 않는다.
　함정(X) 미등기 선박은 선의취득의 대상이 되지 않는다.

24 판례에 의할 때, 양수인의 평온, 공연, **선의는** 추정된다.
　함정(X) 판례에 의할 때, 양수인의 평온, 공연, 선의, 무과실은 추정된다.

25 거래행위에 무효사유가 있는 경우에는 선의취득이 **인정되지 않는다**.
　함정(X) 거래행위에 무효사유가 있는 경우에는 선의취득이 인정된다.

26 선의취득한 점유는 **자주점유가 아닐 수도 있다**.
　함정(X) 선의취득한 점유는 자주점유이어야 한다.
　　※ 질권을 선의취득할 경우 그 점유는 타주점유이다.

소유권에 기한 물권적 청구권

27 **명의신탁자는** 제3자에 대하여 소유물반환청구권을 행사하지 못한다.
　함정(X) 명의수탁자는 제3자에 대하여 소유물반환청구권을 행사하지 못한다.

28 점유보조자에게 물권적 청구권을 행사할 수 **없다**.
　함정(X) 점유보조자에게 물권적 청구권을 행사할 수 있다.

29 소유자는 소유물방해예방청구권과 손해배상의 담보를 **선택적으로** 행사할 수 있다.
　함정(X) 소유자는 소유물방해예방청구권과 손해배상의 담보를 중첩적으로 행사할 수 있다.

30 쓰레기 매립으로 조성한 토지에 소유자가 매립에 동의하지 않은 쓰레기가 매립되어 있다면 소유자는 소유권에 기한 방해배제청구권을 행사할 수 **없다**.
　함정(X) 쓰레기 매립으로 조성한 토지에 소유자가 매립에 동의하지 않은 쓰레기가 매립되어 있다면 소유자는 소유권에 기한 방해배제청구권을 행사할 수 있다.
　　※ 방해배제청구권은 인정되지 않고 손해배상청구권만 인정된다.

공동소유

31 공유자는 공유물의 처분·변경을 하는 데에 **공유자 전원의 동의를** 요하며, 이는 합유의 경우에도 동일하다.
　함정(X) 공유자는 공유물의 처분·변경을 하는 데에 **공유지분의 과반수를** 요하며, 이는 합유의 경우에도 동일하다.

32 공유지분권자가 자기의 지분 위에 단독으로 저당권을 설정하는 **것은 가능하나, 저당권설정 후 자신의 지분을 포기하는 경우에는 저당권자의 동의가 필요하다.**
　함정(X) 공유지분권자가 자기의 지분 위에 단독으로 저당권을 설정하는 **것이 가능하며 저당권설정 후 자신의 지분을 제한없이 포기할 수 있다.**

33 **합유물의** 처분·변경에는 **합유자** 전원의 동의를 요하나, 보존행위는 각자가 단독으로 할 수 있다.
　함정(X) 총유물의 처분·변경에는 총유자 전원의 동의를 요하나, 보존행위는 각자가 단독으로 할 수 있다.

34 비법인사단의 대표자가 보증계약을 체결하는 경우 **총회의 결의가 필요하지 않다.**
　함정(X) 비법인사단의 대표자가 보증계약을 체결하는 경우 총회의 결의가 **없다면 보증계약이 무효이다.**

35 일부교인들이 교회를 탈퇴하여 그 교회교인으로서의 지위를 상실하게 되면 **종전 교회의 재산은 그 교회에 소속된 잔존 교인들의 총유로 귀속된다.**
　함정(X) 일부교인들이 교회를 탈퇴하여 그 교회교인으로서의 지위를 상실하게 되면 탈퇴한 교인과 잔존 교인이 공동으로 교회의 재산을 관리할 수 있다.

36 총유재산의 보존행위로서 소를 제기하는 경우에는 **비법인사단이 그 명의로 사원총회의 결의를 거쳐 수행하든가 구성원 전원이 필수적 공동소송의 형태로 할 수 있을 뿐이다.**
　함정(X) 총유재산의 보존행위로서 소를 제기하는 경우에는 **그 구성원이 단독으로 소를** 제기할 수 있다.

CHAPTER 05 용익물권

학습포인트

- 용익물권에는 지상권, 지역권, 전세권이 있다.
- 특히 지상권에서는 법정지상권, 지상권의 존속기간, 지상권의 효력 등과 구분지상권을 주요한 학습내용으로 하며, 지역권은 그 특질과 공유관계에 따른 효력을 잘 이해하고 정리해 두어야 한다.
- 전세권은 임대차와의 차이점 등을 비교하여 이해·정리해야 하며, 전세권의 특질로서 담보물권성과 전전세 가능여부 및 그에 따른 법률문제 등을 정확히 학습해두어야 한다.

CHAPTER 학습 & 출제되는 키워드

- ☑ 용익물권
- ☑ 지상권의 존속기간
- ☑ 지상권의 효력
- ☑ 지상권의 소멸
- ☑ 분묘기지권
- ☑ 지역권의 소멸
- ☑ 전세금증감청구권
- ☑ 경매청구권

- ☑ 지상권
- ☑ 계약갱신청구권
- ☑ 지상권의 처분
- ☑ 구분지상권
- ☑ 지역권
- ☑ 전세권
- ☑ 전전세
- ☑ 부속물매수청구권

- ☑ 지상권의 취득
- ☑ 지상물매수청구권
- ☑ 지료
- ☑ 법정지상권
- ☑ 요역지와 승역지
- ☑ 건물전세권의 법정갱신
- ☑ 우선변제적 효력
- ☑ 전세권자의 지상물매수청구권

PART 02 물권법

CHAPTER 학습 & 출제되는 질문

- ☑ 다음은 지상권과 임차권을 비교 설명한 것이다. 맞는 것은?
- ☑ 지상권에 관한 설명으로 옳은 것은?
- ☑ 대지와 건물을 동일인이 소유하고 있었으나 적법한 원인에 의하여 그 소유자를 달리한 경우, 관습상 법정지상권이 성립한다. 다음 중 그 적법한 원인이라고 볼 수 있는 것은 몇 개인가?
- ☑ 다음 지역권과 상린관계(相隣關係)와의 대비를 설명한 것 중에서 옳은 것은?
- ☑ 전세권에 관한 설명으로 옳은 것은?
- ☑ 甲은 자기소유의 X건물에 대하여 을(乙)에게 전세권을 설정해 주었다. 다음 중 옳은 설명을 모두 고른 것은?
- ☑ 용익물권에 관한 설명으로 옳은 것은?

제2편 물권법

제1절 지상권
13·15·17·19·32·34회 출제

01 의의 및 성질
23회 출제

> **제279조(지상권의 내용)** 지상권자는 타인의 토지에 건물 기타 공작물이나 수목을 소유하기 위하여 그 토지를 사용하는 권리가 있다.
> **제289조(강행규정)** 제280조 내지 제287조의 규정에 위반되는 계약으로 지상권자에게 불리한 것은 그 효력이 없다.

1 의 의
14회 출제

지상권은 타인의 토지에 건물 기타의 공작물이나 수목을 소유하기 위하여 그 토지를 사용할 수 있는 권리로서, 부동산(토지)용익물권의 일종이다.

2 법적 성질 ★★
11·26회 출제

(1) 타물권
1) 지상권은 '타인의 토지'에 대한 권리이다.
2) 지상권의 객체인 토지는 원칙적으로 1필의 토지이어야 하지만, 1필의 <u>토지의 일부</u>라도 상관없다 (제289조의 2). → 수평적·수직적 일부 모두 가능

(2) 건물 등의 소유를 위한 권리
1) 지상권은 '건물 기타의 공작물이나 수목'을 소유하기 위한 권리이다.
2) 여기서 공작물은 교량, 광고탑, 지하도, 우물, 터널 등을 말하며, <u>수목</u>이란 식림의 대상이 되는 모든 식물을 말한다. → 수목의 식재를 위해서는 구분지상권 설정 불가

 지상권·용익물권

1) **지상권**
   타인의 토지를 사용하는 용익물권이다.
2) **용익물권**
   타인의 물건을 사용·수익(=용익)하는 권리이다.
   종류 ┬ 지상권
        ├ 지역권
        └ 전세권

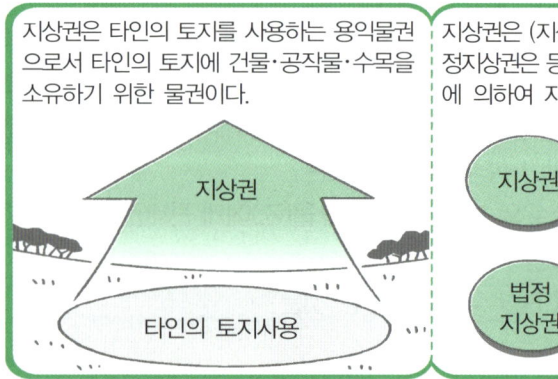

(3) 용익물권

1) 지상권은 '타인의 토지를 사용'하는 권리, 즉 용익물권이다.
2) 지상권은 토지의 사용을 본체로 하므로(토지사용권) 공작물이나 수목이 현존하지 않는 때에도 설정계약에 의하여 지상권은 <u>유효하게 성립한다</u>. → 부종성이 인정되지 않음
3) 지상권은 토지의 사용을 본체로 하기 때문에 토지를 점유할 권리를 포함하며, 상린관계의 규정이 준용된다.

(4) 물 권

1) 물권으로서 당연히 양도성과 상속성을 가진다. 이러한 점에서 본질적으로 채권에 불과한 임차권과 다르다.
2) 토지사용의 대가인 지료의 지급은 지상권의 요소가 아니다. 이 점에서 차임의 지급이 그 요소가 되는 임차권과 다르다.
   예 전세권에서는 전세금의 지급, 임차권에서는 차임의 지급이 본질적 요소이다.

제2편 물권법

02 지상권의 취득

29회 출제

1 법률행위에 의한 취득

(1) 설정계약에 의한 취득

지상권은 토지소유자와 타인의 토지를 사용하려는 자(지상권자) 간의 지상권설정에 대한 물권적 합의와 등기를 하는 때에 취득한다.

(2) 유언 또는 양도에 의한 취득

유언과 지상권의 양도 등에 의해서 지상권을 승계취득할 수 있으며, 물론 이 경우에도 등기를 하여야 그 효력이 발생한다.

2 법률의 규정에 의한 취득

(1) 상속·판결 등에 의한 취득

1) 상속·판결·경매·공용징수·취득시효 및 기타 법률의 규정에 의하여 지상권이 취득될 수 있다.

> **판례** 경매에 의한 건물의 취득과 그 대지에 관한 법정지상권의 취득
>
> 건물 소유를 위하여 법정지상권을 취득한 사람으로부터 <u>경매에 의하여 그 건물의 소유권을 이전받은 매수인은</u> 매수 후 건물을 철거한다는 등의 매각조건하에서 경매되는 경우 등 특별한 사정이 없는 한 <u>건물의 매수취득과 함께 위 지상권도 당연히 취득한다</u>. 그리고 지료액 또는 그 지급시기 등 <u>지료에 관한 약정은 이를 등기하여야만 제3자에게 대항할 수 있는 것</u>이므로, 지료의 등기를 하지 아니한 이상 토지소유자는 구 지상권자의 지료연체 사실을 들어 지상권을 이전받은 자에게 대항하지 못한다(대판 2013.9.12. 2013다43345).

2) 이러한 법률의 규정에 의한 지상권의 취득은 등기 없이 효력이 발생하지만(제187조), 예외적으로 점유취득시효로 인한 지상권의 취득은 등기함으로써 효력이 생긴다.

(2) 성문법상 법정지상권의 취득

33회 출제

법정지상권은 토지와 그 지상건물(또는 입목)이 동일인에게 속하고 있었으나 경매 기타의 사유로 각각 소유자를 달리하게 된 때에 그 건물소유자(또는 입목소유자)에게 법률상 당연히 인정되는 지상권이다. 등기 없이도 취득하지만, 처분하기 위해서는 등기가 필요하다.

(3) 관습법상 법정지상권의 취득

분묘기지권과 관습법상의 법정지상권이 있다. 관습법상 법정지상권도 등기 없이 취득하지만, 처분하기 위해서는 등기가 필요하다.

03 지상권의 존속기간

1 존속기간을 약정하는 경우★★★

(1) 민법의 태도
지상권의 존속기간은 당사자가 설정행위로써 임의로 정할 수 있으나, 최단기간에 대하여는 일정한 제한이 있다.

(2) 최단기간
1) 지상권의 존속기간을 약정하는 경우에, 그 기간은 다음의 연한보다 단축하지 못한다(제280조 제1항).

① 석조, 석회조, 연와조 또는 이와 유사한 견고한 건물이나 수목의 소유를 목적으로 하는 때	30년
② 그 밖의 건물의 소유를 목적으로 하는 때	15년
③ 건물 이외의 공작물의 소유를 목적으로 하는 때	5년

2) 만일 설정행위에서 위와 같은 기간보다 짧은 기간을 정한 때에는 그 존속기간을 위의 최단기간까지 연장한다(제280조 제2항).
3) '기존의' 공작물이나 수목의 사용을 목적으로 하는 지상권을 설정하는 경우에는 최단기간의 적용을 받지 않는다(대판 1996.3.22. 95다49318).

(3) 최장기간
민법은 최장기간에 대해서는 규정이 없으므로 지상권의 존속기간을 영구무한으로 정할 수 있는가에 한하여 견해가 대립하고 있으나, 영구로 약정하는 것도 허용된다는 것이 다수설, 판례의 입장이다(대판 2001.5.29. 99다66410).

2 존속기간을 약정하지 않은 경우★★

(1) 지상물의 종류와 구조에 따른 기간
계약으로 지상권의 존속기간을 정하지 아니한 때에는 지상물의 종류와 구조에 따른 최단존속기간을 존속기간으로 한다(연장함).
→ 위 기간보다 짧게 정한 경우에 위 기간까지

(2) 공작물의 종류와 구조를 정하지 아니한 경우
지상권설정당시에 공작물의 종류와 구조를 정하지 아니한 때에는 지상권은 보통 건물의 소유를 목적으로 한 것으로 본다(제281조 제2항). 즉, 그 존속기간은 15년이다.

(3) 편면적 강행규정
존속기간에 관한 규정은 강행규정이므로 이에 반하여 지상권자에게 불리한 약정은 무효이다(제289조).
→ 편면적 강행규정

3 계약의 갱신과 존속기간★★★

> **제283조(지상권자의 갱신청구권, 매수청구권)** ① 지상권이 소멸한 경우에 건물 기타 공작물이나 수목이 현존한 때에는 지상권자는 계약의 갱신을 청구할 수 있다.
> ② 지상권설정자가 계약의 갱신을 원하지 아니하는 때에는 지상권자는 상당한 가액으로 전항의 공작물이나 수목의 매수를 청구할 수 있다.

(1) 지상권자의 갱신청구권

1) 의 의

지상권이 존속기간의 만료로 소멸한 경우에 건물 기타 공작물이나 수목이 현존한 때에는 지상권자는 계약의 갱신을 청구할 수 있다(제283조 제1항).

2) 법적 성질

지상권자의 지상권 갱신청구권은 형성권이 아니다. 이에 반하여 지상권자의 지상물매수청구권은 형성권이다.

3) 지상권자의 지상물매수청구권

① 지상권설정자는 갱신을 거절할 수 있다. 그러나 거절한 경우에는 지상권자는 상당한 가액으로 지상물의 매수를 청구할 수 있다.
② 지료연체를 이유로 토지소유자(지상권설정자)가 그 지상권소멸청구를 하여 지상권이 소멸된 경우에는 매수청구권이 인정되지 않는다(대판 1972.12.26. 72다2085).

(2) 계약갱신과 존속기간

1) 계약으로 지상권을 갱신한 경우에는 지상권의 존속기간은 갱신한 날로부터 그 최단존속기간보다 단축하지 못한다. 그러나 최단기간보다 장기의 기간을 정하는 것은 무방하다(제284조).
2) 계약을 갱신하면서 존속기간이나 지료 등에 관하여 새로이 정한 바가 없으면 그것은 전계약과 동일한 것으로 추정한다(통설).

단락핵심 지상권의 존속기간

(1) 지상권설정 당시에 공작물의 종류와 구조를 정하지 않은 경우에는 그 지상권의 존속기간은 10년이다. (×)
⇒ 이 경우 존속기간은 15년이다.
(2) 지상권의 존속기간에는 최장기의 제한이 없다. (○)
(3) 지료연체를 이유로 토지소유자가 그 지상권소멸청구를 하여 지상권이 소멸된 경우에는 매수청구권이 인정되지 않는다. (○)

제5장 용익물권

04 지상권의 효력

1 토지사용권

(1) 토지사용권의 내용과 범위

1) 설정행위로 정한 목적의 범위
   ① 지상권자는 설정행위로써 정한 목적의 범위 내에서 토지를 사용할 권리를 갖는다.
   ② 지상권설정의 목적(지상권설정의 목적은 등기사항임.「부동산등기법」제69조 제1호) 이외로 사용할 수 없다.

2) 토지사용권이 미치는 토지의 범위
   토지사용권이 미치는 토지의 범위는 공작물 또는 수목의 부지뿐만 아니라 그들을 소유하는 목적을 달성하는 데 필요한 범위에서 <u>주위의 공지</u>도 포함한다.
   → 위요지라 함

(2) 상린관계규정의 준용

지상권은 토지를 사용하는 권리이므로 인접하는 토지의 이용을 조절하는 것을 목적으로 하는 상린관계에 관한 규정(제216조~제244조)은 당연히 지상권자 사이 또는 지상권자와 인지소유자 사이에 준용된다(제290조).

(3) 점유권과 물권적 청구권

1) 점유권
   지상권은 토지를 점유할 권리를 포함한다.

2) 물권적 청구권
   ① 토지사용이 방해되는 때에는 지상권에 기한 물권적 청구권이 인정된다.
   ② 물권적 청구권은 반환·방해제거·방해예방 등 3종이 모두 인정된다.

> **판례** 토지에 관하여 저당권과 함께 지상권을 취득하는 경우
>
> 토지에 관하여 저당권을 취득함과 아울러 그 저당권의 담보가치를 확보하기 위하여 지상권을 취득하는 경우, 제3자가 비록 토지소유자로부터 신축중인 지상 건물에 관한 건축주 명의를 변경받았다 하더라도, 그 지상권자에게 대항할 수 있는 권원이 없는 한 지상권자로서는 제3자에 대하여 목적 토지 위에 건물을 축조하는 것을 중지하도록 요구할 수 있다(대결 2004.3.29. 2003마1753).

2 지상권의 처분★★★ `25회 출제`

> **제282조(지상권의 양도, 임대)** 지상권자는 타인에게 그 권리를 <u>양도하거나</u> 그 권리의 존속기간 내에서 그 토지를 <u>임대할 수 있다.</u>

(1) 처분의 자유
1) 지상권자는 지상권설정자의 동의 없이도 타인에게 그 권리를 양도하거나 그 권리의 존속기간 내에서 그 토지를 임대할 수 있다.
2) 이는 강행규정으로 이에 위반하는 약정으로서 지상권자에게 불리한 것은 효력이 없다.

(2) 담보제공
지상권은 저당권의 목적이 될 수 있다(제371조 제1항). 즉 지상권을 담보로 제공할 수도 있다.

(3) 지상물의 양도와 지상권
1) 지상물을 양도한 경우에 다른 의사표시가 없는 이상 (종된)지상권도 당연히 이전하는 것으로 본다.
2) 지상물을 양도하더라도 지상권이전등기를 하지 않는 한 지상권양도의 효력은 생기지 않는다.

3 지료(地料)★★

(1) 지료지급의무의 발생
1) 의의
   지료(地料)란 토지사용의 대가를 말하며, 지료지급이 지상권의 요소는 아니나 당사자가 지료의 지급을 약정하면 지료지급의무가 생긴다.

2) 지료등기의 효력
   지료액 또는 그 지급시기 등 지료에 관한 약정은 이를 <u>등기</u>하여야 제3자에게 대항할 수 있다. → 대항요건

 판례 토지소유권 또는 지상권의 이전과 지료지급

> 지상권에 있어서 유상인 지료에 관하여 지료액 또는 그 지급시기 등의 약정은 이를 등기하여야만 그 뒤에 **토지소유권 또는 지상권을 양수한 사람 등 제3자에게 대항할 수 있고, 지료에 관하여 등기되지 않은 경우에는 무상의 지상권으로서 지료증액청구권도 발생할 수 없다**(대판 1999.9.3. 99다24874).

(2) 지료증감청구권
1) 의 의
   지료가 토지에 관한 조세 기타 부담의 증감이나 지가의 변동으로 인하여 상당하지 아니하게 된 때에는 당사자는 그 증감을 청구할 수 있다(제286조).

2) 법적 성질
지료증감청구권은 형성권으로 당사자의 일방적 의사표시에 의하여 효력이 생긴다.

3) 편면적 강행규정
지료감액청구권을 부인하는 당사자 간의 특약은 무효이다(제289조).

(3) 지료체납의 효과

15회 출제

지상권자가 <u>2년 이상의 지료</u>를 지급하지 않을 때에는 지상권설정자는 지상권의 소멸을 청구할 수 있다(제287조).
→ 연속하여 2년일 필요는 없고 2년분의 지료에 달하면 족함

단락핵심 지상권의 효력

(1) 특약으로 지상권을 저당권의 목적으로 하는 것을 금지할 수 있다. (×)
(2) 지료가 2년 이상 연체되면 지상권은 소멸한다. (×)
(3) 지상권자가 2년 이상 지료를 연체하면 설정자는 지상권의 소멸을 청구할 수 있다. (○)
(4) 각 지상권자의 지료지급 연체가 토지소유권의 양도 전후에 이루어진 경우 토지양수인에 대한 연체기간이 2년이 되어야만 양수인이 지상권 소멸청구를 할 수 있는 것은 아니다. (×)
(5) 지료가 등기되지 않은 약정지상권이 타인에게 매도되어 이전등기된 경우 지료증액청구권이 발생하지 않는다. (○)
(6) 지료감액청구권을 부인하는 당사자 간의 특약은 무효이다. (○)

---

05 지상권의 소멸

> **제287조(지상권소멸청구권)** 지상권자가 <u>2년 이상의 지료</u>를 지급하지 아니한 때에는 지상권설정자는 지상권의 소멸을 청구할 수 있다.

1 소멸사유

(1) 물권일반의 소멸사유

28회 출제

① 목적물(토지)의 멸실
② 존속기간의 만료
③ 혼동
④ 소멸시효의 완성
⑤ 지상권에 우선하는 저당권의 실행에 의한 경매
⑥ 토지수용 등

(2) 지상권 특유의 소멸사유 ★★★

29회 출제

1) 지상권설정자의 소멸청구

① 지상권자가 2년 이상의 지료의 체납이 있는 경우에 지상권설정자는 지상권의 소멸을 청구할 수 있다(제287조).

Professor Comment

지상권(2년 이상의 지료 연체, 제287조), **전세권**(정해진 용법에 따르지 않은 경우, 제311조)**의 소멸청구사유와 민법 및 주택임대차보호법상 임대차**(2기의 차임 연체, 제640조)**, 상가건물 임대차보호법상의 임대차**(3기의 차임연체, 동법 제10조의8)**를 잘 구별해야 한다.**

② 2년 이상의 지료의 체납이란 체납된 지료의 합산액이 2년분 이상이 되는 것을 의미하고 계속해서 2년분의 지료를 체납한 경우로 한정되는 것은 아니다.

 지료연체 후 일부를 지급한 사례

> 지상권자가 2년 이상의 지료를 지급하지 아니한 때에는 지상권설정자는 지상권의 소멸을 청구할 수 있으나, 지상권설정자가 지상권의 소멸을 청구하지 않고 있는 동안 지상권자로부터 연체된 지료의 일부를 지급받고 이를 이의 없이 수령하여 연체된 지료가 2년 미만으로 된 경우에는 지상권설정자는 종전에 지상권자가 2년분의 지료를 연체하였다는 사유를 들어 지상권자에게 지상권의 소멸을 청구할 수 없으며, 이러한 법리는 토지소유자와 법정지상권자 사이에서도 마찬가지이다(대판 2014.8.28. 2012다102384).

③ 지료의 등기를 하지 않는 이상 토지소유자는 구 지상권자의 지료연체 사실을 들어 지상권을 이전받은 자에게 대항하지 못한다(대판 1996.4.26. 95다52864).
④ 지료의 체납이 토지소유권 양도의 전후에 걸쳐 이루어진 경우(지료등기가 있는 경우)에는 특정한 소유자에 대하여 2년분 이상의 지료를 체납한 때에 소멸청구할 수 있다(대판 2001.3.13. 99다17142).
⑤ 지료의 체납이 지상권자에게 책임있는 사유로 인한 것이어야 한다.
⑥ 지상권이 저당권의 목적이 된 때에는 지상권의 소멸청구는 저당권자에게 통지한 후 상당한 기간이 경과함으로써 그 효력이 생긴다(제288조).
⑦ 위와 다른 특약으로서 지상권자에게 불리한 것은 무효이다.
⑧ 소멸청구에 의하여 지상권이 소멸하는 데에 등기를 필요로 하는지에 대해 견해 대립이 있으나, 판례는 명확한 입장을 밝힌 바가 없다.

2) 지상권의 포기와 그 제한

지상권의 포기는 원칙적으로 지상권자의 자유이며 그에 따른 등기의 실행으로 지상권은 소멸한다. 그러나 ① 포기함으로써 토지소유자에게 손해(지료수입감소)가 생길 때에는 그 손해를 배상하여야 하고, 특히 ② 지상권이 저당권의 목적이 된 경우에는 저당권자의 동의 없이 포기할 수 없다.

3) 지상권이 피담보채권에 부종하는 경우

지상권은 용익물권으로 담보물권의 특성인 부종성이 인정되지 않는다. 다만 특수한 경우 피담보채권의 소멸로 지상권이 소멸될 수 있다(아래 판례 참조).

> **판례** 지상권에 부종성이 인정되는 특수한 경우
>
> 근저당권 등 담보권 설정의 당사자들이 그 목적이 된 토지 위에 차후 용익권이 설정되거나 건물 또는 공작물이 축조·설치되는 등으로써 그 목적물의 담보가치가 저감하는 것을 막는 것을 주요한 목적으로 하여 채권자 앞으로 아울러 지상권을 설정하였다면, 그 피담보채권이 변제 등으로 만족을 얻어 소멸한 경우는 물론이고 시효소멸한 경우에도 그 지상권은 피담보채권에 부종하여 소멸한다(대판 2011.4.14. 2011다6342).

2 소멸의 효과★★★

> **제285조(수거의무, 매수청구권)** ① 지상권이 소멸한 때에는 지상권자는 건물 기타 공작물이나 수목을 수거하여 토지를 원상에 회복하여야 한다.
> ② 전항의 경우에 지상권설정자가 상당한 가액을 제공하여 그 공작물이나 수목의 매수를 청구한 때에는 지상권자는 정당한 이유 없이 이를 거절하지 못한다.

(1) 지상물수거권 및 수거의무

1) 지상권이 소멸한 때에는 지상권자는 건물 기타 공작물이나 수목을 수거하여 토지를 원상에 회복하여야 한다(제285조 제1항).
2) 지상물의 수거는 지상권소멸 후 지체 없이 하여야 하나, 수거를 위하여 필요한 기간동안 토지의 사용을 계속할 수 있다(통설).

(2) 지상물매수청구권

1) **지상권설정자의 지상물매수청구권**(제285조 제2항)

   지상권이 소멸한 때에 지상권설정자가 상당한 가액을 제공하여 그 공작물이나 수목의 매수를 청구한 때에는 지상권자는 정당한 이유 없이 이를 거절하지 못한다.

계약갱신청구권과 지상물매수청구권

① 지상권 소멸시 건물·공작물·수목이 현존할 경우 지상권자는 계약갱신청구권을 갖는다.
② 지상권에는 계약갱신청구권이 인정되나, 전세권에는 인정되지 않는다.

제2편 물권법

2) 지상권자의 지상물매수청구권(제283조)
① 지상권자의 갱신청구에 대하여 지상권설정자가 그것을 거절한 경우에는 지상물의 매수를 청구할 수 있다.
② 지상권자 건물매수를 청구한 경우라도 건물 소유권 이전에 필요한 등기관련서류 등을 제공하기 전까지는 건물부지의 지상료 상당의 부당이익을 반환해야 한다(대판 2001.6.1. 99다60535).

3) 법적 성질
매수청구권은 형성권으로서(통설), 그 행사에 의하여 곧바로 지상물에 대한 매매가 성립하게 된다(대판 1972.7.25. 72다653).

4) 지료체납의 경우
지상권자가 2년간 지료를 지급하지 아니하여 지상권소멸청구를 당한 경우는 지상물매수청구권을 행사하지 못한다(대판 1993.6.29. 93다10781).

5) 편면적 강행규정
매수청구권에 관한 규정은 강행규정으로서 이에 위반되는 약정으로 지상권자에게 불리한 것은 무효이다.

(3) 유익비상환청구권
1) 필요비는 지상권자 스스로 부담하므로 인정되지 않고, 유익비만 상환청구할 수 있다.
2) 유익비를 지상권자가 부담한다는 특약이 있을 때에는 유익비상환청구권은 인정되지 않는다.
   → 유익비상환청구권 포기특약 가능

단락핵심 지상권의 소멸

(1) 지상권이 소멸하더라도 현존하는 건물, 공작물 기타 수목을 위하여 지상권자는 계약의 갱신을 청구할 수 있다. (○)
(2) 지상권설정자가 계약의 갱신을 원하지 않는 경우 지상권자는 지상물의 매수를 청구할 수 있다. (○)
(3) 지상권이 소멸하면 지상권 설정자는 현존하는 건물의 매수를 청구할 수 있다. (○)

제5장 용익물권

06 구분지상권

> **제289조의2(구분지상권)** ① 지하 또는 지상의 공간은 상하의 범위를 정하여 건물 기타 공작물을 소유하기 위한 지상권의 목적으로 할 수 있다. 이 경우 설정행위로써 지상권의 행사를 위하여 토지의 사용을 제한할 수 있다.
> ② 제1항의 규정에 의한 구분지상권은 제3자가 토지를 사용·수익할 권리를 가진 때에도 그 권리자 및 그 권리를 목적으로 하는 권리를 가진 자 전원의 승낙이 있으면 이를 설정할 수 있다. 이 경우 토지를 사용·수익할 권리를 가진 제3자는 그 지상권의 행사를 방해하여서는 아니 된다.

1 의의 및 특질★★

13회 출제

(1) 구분지상권의 의의

구분지상권은 타인의 토지의 **지하 또는 지상에 일정한 범위**를 정하여(수직적 일부) **건물 기타 공작물**(터널, 고가도로, 지하철 송전선 등 포함, 수목 제외)을 소유하기 위하여 그 구분층을 사용할 것을 내용으로 하는 지상권이다(제289조의2). 이는 토지를 입체적으로 이용하게 하여 토지이용의 효율성을 높이기 위해 인정되는 것이다.

(2) 구분지상권의 특질(일반지상권과의 차이)

1) 일반지상권은 토지의 상하 전층을 객체로 하나, 구분지상권은 토지의 상하의 어떤 층만을 객체로 한다.
2) 일반지상권은 건물 기타의 공작물뿐만 아니라 수목을 소유하기 위하여서도 설정할 수 있으나, 토지의 상하 전부를 이용해야 하는 수목의 소유를 위해서는 구분지상권을 설정할 수 없다.

2 구분지상권의 설정

(1) 합의와 등기

일반지상권의 설정에서와 마찬가지로 당사자 사이에 구분지상권의 설정에 관한 물권적 합의와 등기에 의하여 설정된다.

(2) 설정범위의 확정

구분지상권을 설정하기 위해서는 그 객체가 되는 목적토지의 상하의 범위, 즉 구분층의 한계를 확정하여야 하며, 그것을 등기하여야 한다.

구분지상권·수목소유 목적

1) **구분지상권**
   구분지상권 설정합의+등기

2) **수목소유 목적**
   ① 지상권 설정이 가능하다.
   ② 그러나 구분지상권은 불가하다.

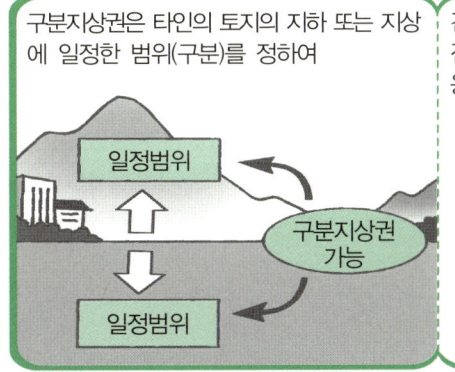

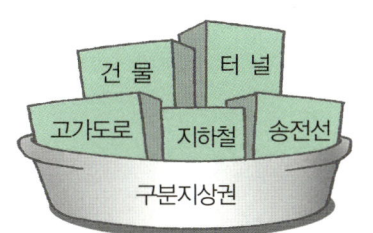

(3) 권리자 전원의 승낙 지상권·지역권·전세권 등의 물권과 등기된 임차권 등 ←

구분지상권을 설정하려는 토지에 제3자가 당해토지를 사용·수익할 권리를 가진 때에는 그 권리자 및 권리를 목적으로 하는 권리를 가진 자 전원의 승낙이 있어야 한다(제289조의2 제2항 전단).

3 구분지상권의 효력

(1) 일반지상권의 준용
일반지상권의 내용을 규정한 제279조를 제외하고 지상권에 관한 민법의 규정은 모두 구분지상권에 준용된다(제290조 제2항).

(2) 소유자의 사용권제한 특약
1) 구분지상권의 설정으로 토지소유자의 사용권이 완전배제되는 것은 아니나 설정행위로써 구분지상권의 행사를 위하여 토지소유자의 사용권을 제한하는 특약을 할 수 있다(제289조의2 제1항 후단).
2) 이를 등기하면 토지소유자 이외의 제3자에게도 대항할 수 있다(「부동산등기법」 제69조 제5호).

(3) 승낙자의 의무
구분지상권이 당해 토지에 대한 용익권을 가지는 제3자 전원의 승낙을 얻어 설정된 경우, 그들 제3자는 구분지상권의 정당한 행사를 방해해서는 아니 될 의무를 부담한다(제289조의2 제2항 후단).

판례 용익권자의 방해금지

상가아파트 건물 1층 옥상 위에 일정 층수까지 건물을 추가로 신축하기 위한 공간을 사용할 수 있는 내용의 구분지상권을 가진 자가 건물 1층 위에 2, 3층에 해당하는 건물을 준공하여 이를 분양하였다면 수분양자에게 2, 3층 건물의 존립 및 사용·수익에 필요한 구분지상권도 일체로서 양도한 것으로 본다(대판 2001.5.29. 99다66410).

제5장 용익물권

07 법정지상권   22·24회 출제

1 법정지상권의 의의

(1) 의 의

법정지상권은 토지와 그 지상건물(또는 입목)이 동일인에게 속하고 있었으나 경매 기타의 사유로 각각 소유자를 달리하게 될 때 그 건물소유자에게 법률상 당연히 인정되는 지상권을 말한다.

(2) 제도의 취지

이는 미리 그 지상건물이나 입목을 위한 지상권을 설정할 수 없는 경우에 법률상 당연히 토지의 사용을 확보해 줌으로써 독립된 부동산으로 되어 있는 건물이나 입목법에 의한 입목의 이용 내지 존립을 보호하는 기능을 수행한다.

2 법정지상권이 인정되는 경우

(1) 전세권 보호를 위한 법정지상권(제305조 제1항)
(2) 저당권실행에 의한 법정지상권(제366조)
(3) 가등기담보권의 실행에 의한 법정지상권(「가등기담보 등에 관한 법률」 제10조)
(4) 입목에 관한 법률에 의한 법정지상권(「입목에 관한 법률」 제6조 제1항)

3 법정지상권의 내용

(1) 법정지상권은 법률에 의하여 당연히 성립하고 그 등기를 요하지 않는다. 다만, 이를 제3자에게 처분하려면 등기를 하여야 한다.
(2) 법정지상권의 존속기간은 특별한 규정이 없는 한 기간을 정하지 않은 지상권으로 본다.

법정지상권

① 법률상 당연히 인정되는 지상권이다.
② 법정지상권을 제3자에게 처분하려면 등기를 하여야 한다.

4 전세권보호를 위한 법정지상권

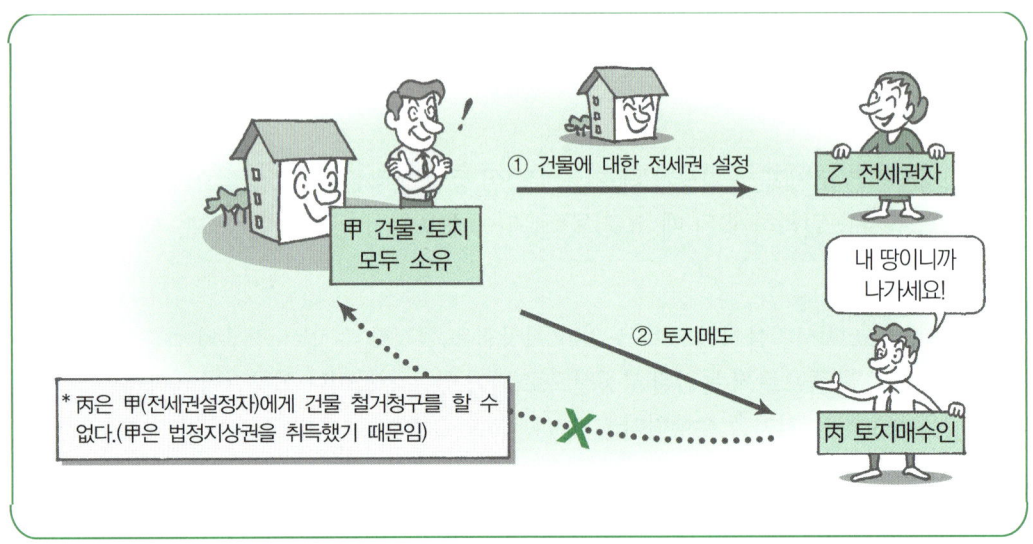

(1) 전세권설정당시에 토지소유자와 건물소유자가 동일인이었으나, 토지의 양도 등으로 토지소유자와 건물소유자가 다르게 된 경우 건물소유자는 법정지상권을 취득한다.

(2) 법정지상권을 취득하는 자는 전세권자가 아니라 건물소유자(전세권설정자)이다.
　　　전세권자가 취득한다고 보면, 전세권의 소멸시에 지상권도 같이 소멸하거나,
　　　전세권자가 전세권 없는 지상권을 취득하게 되는 문제가 발생하기 때문이다.

5 저당권실행에 의한 법정지상권 ★★★　　　　　　　　　　　35회 출제

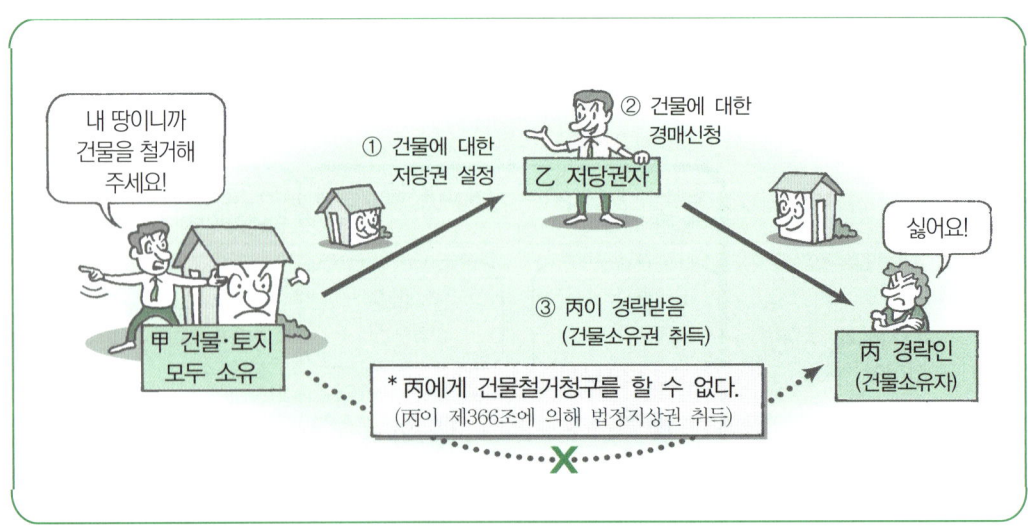

(1) 의 의
토지와 그 지상의 건물이 동일인 소유였으나, 저당물의 경매로 인하여 토지와 그 지상건물이 다른 소유자에 속한 경우에는 토지소유자는 건물소유자에 대하여 지상권을 설정한 것으로 본다(제366조).

→ 저당권자가 아님을 주의할 것

(2) 성립요건

1) 건물이 저당권 설정 당시에 존재할 것
① 건물이 없는 토지에 저당권을 설정한 후에 저당권설정자가 건물을 지은 경우에는 법정지상권이 성립되지 않는다.
② 건물은 저당권설정 당시에 실제로 있으면 되고 보존등기까지 있어야 하는 것은 아니므로 미등기건물인 경우에도 법정지상권은 성립한다(대판 2004.6.11. 2004다13533).
③ 저당권 설정 당시 건물이 존재한 이상 그 이후 건물을 개축, 증축하는 경우는 물론이고 건물이 멸실되거나 철거된 후 재축, 신축하는 경우에도 법정지상권이 성립하며, 이 경우의 법정지상권의 내용인 존속기간, 범위 등은 구 건물을 기준으로 하여 그 이용에 일반적으로 필요한 범위 내로 제한된다(대판 1991.4.26. 90다19985).

2) 소유자가 동일할 것
저당권설정 당시에 토지와 건물이 각각 다른 소유자에게 속하고 있었던 때에는 법정지상권은 성립되지 않는다.

3) 저당권의 설정
토지와 건물의 어느 한 쪽이나 또는 둘 위에 저당권이 설정되어야 한다.

4) 경매로 소유자가 달라질 것
① 여기서의 경매는 저당권실행경매를 의미한다.
② 그 밖의 사유(매매 등)로 소유자가 달라진 경우에는 관습법상의 법정지상권이 성립할 수 있다.

5) 특약의 배제
민법 제366조는 강행규정이며, 저당권설정 당사자의 특약으로 법정지상권의 성립을 막을 수는 없다(대판 1988.10.25. 87다카1564).

> **판례** 법정지상권 성립을 부정한 예
>
> 토지에 관하여 저당권이 설정될 당시 그 지상에 토지소유자에 의한 건물의 건축이 개시되기 이전이었다면, 건물이 없는 토지에 관하여 저당권이 설정될 당시 근저당권자가 토지소유자에 의한 건물의 건축에 동의하였다고 하더라도 법정지상권이 성립되지 않는다(대판 2003.9.5. 2003다26051).

(3) 효과(내용)

1) 법정지상권의 범위
보통의 지상권자와 같이 건물의 대지에 한정되지 않으며, 이용의 필요한도 내에서 대지 이외의 부분까지도 미친다.

2) 존속기간
민법 제280조 제1항이 정하는 기간으로 보는 것이 상당하다(대판 1992.6.9. 92다4857).

3) 지 료
먼저 당사자의 협의에 의하여 결정하고, 협의가 되지 않는 경우에는 당사자의 청구로 법원이 정한다(제366조 제1항).

4) 법정지상권의 양도
① 법정지상권을 취득한 자가 그 건물을 제3자에게 양도하는 경우, 그 건물에 대한 이전등기 이외에 별도의 이전등기(부기등기)가 있어야 한다.
② 법정지상권을 가진 건물소유자로부터 건물을 양수하면서 법정지상권까지 양도받기로 한 자는 채권자대위의 법리에 따라 전건물소유자 및 대지소유자에 대하여 차례로 지상권의 설정등기 및 이전등기절차이행을 구할 수 있다 할 것이므로 이러한 법정지상권을 취득할 지위에 있는 자에 대하여 대지소유자가 소유권에 기하여 건물철거를 구함은 지상권의 부담을 용인하고 그 설정등기절차를 이행할 의무있는 자가 그 권리자를 상대로 한 청구라 할 것이어서 신의성실의 원칙상 허용될 수 없다(대판 1985.4.9. 84다카1131).

5) 경매에 의한 법정시상권 취득(등기 불요)
건물소유를 위하여 법정지상권을 취득한 자로부터 경매에 의하여 그 건물의 소유권을 이전받은 경락인은 경락 후 건물을 철거한다는 등의 매각조건하에서 경매되는 경우 등 특별한 사정이 없는 한 건물의 경락취득과 함께 위 지상권도 당연히 취득한다(대판 1985.2.26. 84다카1578).

(4) 법정지상권의 소멸
존속기간의 만료, 토지소유자의 소멸 청구, 지상권자의 포기, 혼동, 당사자 간의 합의에 의해서 소멸한다.

 판례 법정지상권

1 건물양수인에 대한 대지소유자의 건물철거청구의 당부 ― 허용될 수 없음
법정지상권을 가진 건물소유자로부터 건물을 양수하면서 법정지상권까지 양도받기로 한 자는 채권자대위의 법리에 따라 전건물소유자 및 대지소유자에 대하여 차례로 지상권의 설정등기 및 이전등기절차이행을 구할 수 있다 할 것이므로 이러한 법정지상권을 취득할 지위에 있는 자에 대하여 대지소유자가 소유권에 기하여 건물철거를 구함은 지상권의 부담을 용인하고 그 설정등기절차를 이행할 의무있는 자가 그 권리자를 상대로 한 청구라 할 것이어서 신의성실의 원칙상 허용될 수 없다(대판 1985.4.9. 84다카1131·1132).

2 법정지상권이 건물의 소유에 부속되는 종속적인 권리인지 여부 ― 종속적인 권리아님
민법 제366조 소정의 법정지상권은 건물의 유지, 존립을 위하여 특별히 인정된 권리이기는 하지만 그렇다고 하여 위 법정지상권이 건물의 소유에 부속되는 종속적인 권리가 되는 것이 아니며 하나의 독립된 법률상의 물권으로서의 성격을 지니고 있는 것이기 때문에 건물의 소유자가 건물과 법정지상권 중 어느 하나만을 처분하는 것도 가능하다(대판 2001.12.27. 2000다1976).

(5) 공동저당권의 예외

1) 공동저당이란 동일한 피담보채권을 위하여 수 개의 물건에 저당권을 설정하는 것을 말한다.
2) 토지와 건물을 공동저당의 목적으로 한 경우에도 저당권의 실행으로 건물과 토지의 소유자가 달라지면 법정지상권이 성립한다.
3) 그러나 공동저당의 목적인 건물이 철거된 후 그 자리에 새 건물이 신축된 경우에는 공동저당이 아닌 경우와는 달리, 법정지상권이 인정되지 않는다(아래 판례). 만약 법정지상권을 인정한다면 건물에 설정된 저당권은 건물의 철거로 소멸하므로, 저당권자가 건물의 경락대금에서는 변제받지 못하는 반면, 토지의 가치는 법정지상권의 제한을 받는 이중의 부담을 지게 되기 때문이다.

 동일인 소유의 토지와 그 지상건물에 관하여 공동저당권이 설정된 후 건물이 철거되고 신축된 경우 법정지상권의 성립 여부 ― 성립하지 않음

동일인의 소유에 속하는 토지 및 그 지상 건물에 관하여 공동저당권이 설정된 후 그 지상건물이 철거되고 새로 건물이 신축된 경우에는 특별한 사정이 없는 한 저당물의 경매로 인하여 토지와 그 신축건물이 다른 소유자에 속하게 되더라도 그 신축건물을 위한 법정지상권은 성립하지 않는다(대판 2003.12.18. 98다43601).

6 가등기담보권의 실행에 의한 법정지상권

동일한 소유자에 속하는 토지 또는 건물에 가등기담보 등이 설정되어 담보권의 실행으로 토지와 건물의 소유자가 각각 다르게 된 때에는 토지 위에 건물의 소유를 목적으로 하는 지상권이 설정된 것으로 본다(「가등기담보 등에 관한 법률」 제10조).

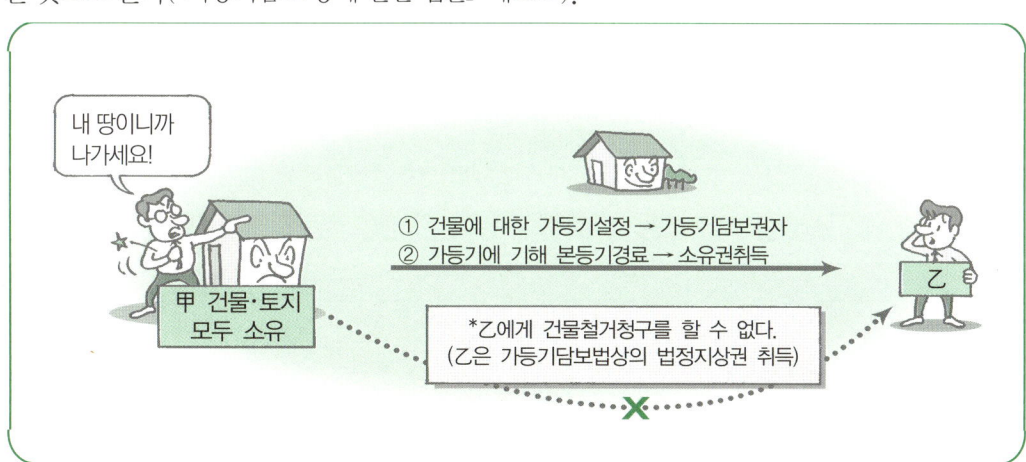

7 「입목에 관한 법률」에 의한 법정지상권

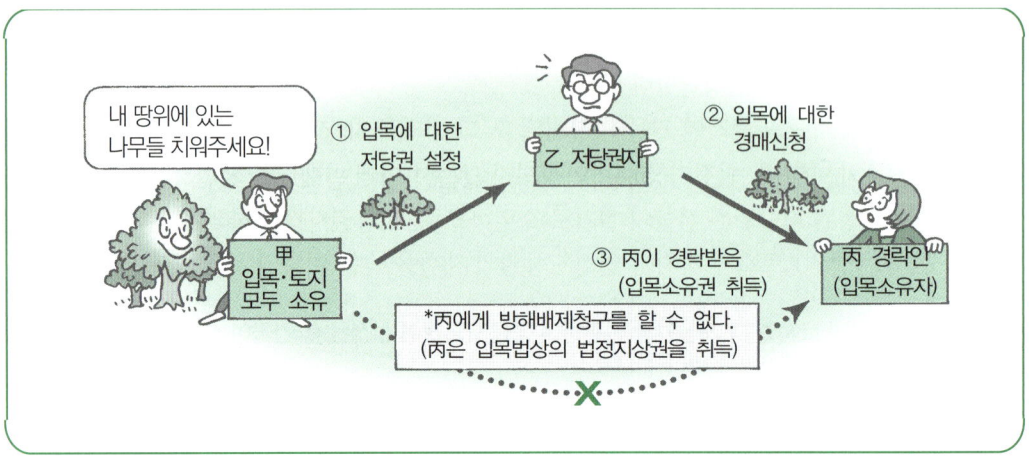

입목의 경매 기타 사유로 인하여 토지와 입목이 각각 다른 소유자에게 속하게 되는 경우에는 토지소유자는 입목소유자에 대하여 지상권을 설정한 것으로 본다(「입목에 관한 법률」 제6조 제1항).

단락핵심 법정지상권

(1) 동일 소유자에게 속하는 건물과 토지 모두가 동시에 저당권의 목적이 되어도 법정지상권 성립에 지장이 없다. (○)
(2) 법정지상권의 성립에는 등기가 필요하지 않으나 그 처분에는 등기가 필요하다. (○)
(3) 저당권설정 당시 존재하던 건물이 멸실하여 재축한 경우에도 법정지상권은 인정된다. (○)
(4) 저당권설정 당시 동일소유자에게 귀속되었으면 그 후 토지와 건물의 소유자가 달라져도 법정지상권은 성립된다. (○)
(5) 법정지상권이 있는 건물의 소유권이전등기청구권을 가진 자는 건물 소유권을 취득하기 전에 법정지상권만을 양수할 수 없다. (×)

제5장 용익물권

단락문제 Q01
제29회 기출

법정지상권에 관한 설명으로 옳은 것은? (다툼이 있으면 판례에 따름)

① 저당목적물인 토지에 대하여 법정지상권을 배제하는 저당권설정 당사자 사이의 약정은 효력이 없다.
② 법정지상권자가 지상건물을 제3자에게 양도한 경우 제3자는 그 건물과 함께 법정지상권을 당연히 취득한다.
③ 법정지상권이 있는 건물을 양수한 사람은 지상권등기를 마쳐야 양도인의 지상권갱신청구권을 대위행사할 수 있다.
④ 토지 또는 그 지상건물이 경매된 경우 매각대금 완납 시를 기준으로 토지와 건물의 동일인 소유 여부를 판단한다.
⑤ 건물을 위한 법정지상권이 성립한 경우 그 건물에 대한 저당권이 실행되면 경락인은 등기하여야 법정지상권을 취득한다.

해설 법정지상권

① (○) 민법 제366조는 가치권과 이용권의 조절을 위한 공익상의 이유로 지상권의 설정을 강제하는 것이므로 저당권 설정 당사자 간의 특약으로 저당목적물인 토지에 대하여 법정지상권을 배제하는 약정을 하더라도 그 특약은 효력이 없다(대판 1988.10.25. 87다카1564).
② (×) 별도의 이전등기(부기등기)가 있어야 한다.
③ (×) (다수의견)법정지상권을 가진 건물소유자로부터 건물을 양수하면서 법정지상권까지 양도받기로 한 자는 채권자대위의 법리에 따라 전건물소유자 및 대지소유자에 대하여 차례로 지상권의 설정등기 및 이전등기절차이행을 구할 수 있다(대판 1985.4.9. 84다카1131,1132 전합).
④ (×) 민법 제366조 소정의 법정지상권은 저당권 설정 당시 동일인의 소유에 속하던 토지와 건물이 경매로 인하여 양자의 소유자가 다르게 된 때에 건물의 소유자를 위하여 발생한다(대판 1992.6.12. 92다7221).
⑤ (×) 상속, 공용징수, 판결, 경매 기타 법률의 규정에 의한 부동산에 관한 물권의 취득은 등기를 요하지 아니한다. 그러나 등기를 하지 아니하면 이를 처분하지 못한다(제187조).

답 ①

단락문제 Q02
제33회 기출

甲에게 법정지상권 또는 관습법상 법정지상권이 인정되는 경우를 모두 고른 것은? (다툼이 있으면 판례에 따름)

ㄱ. 乙 소유의 토지 위에 乙의 승낙을 얻어 신축한 丙 소유의 건물을 甲이 매수한 경우
ㄴ. 乙 소유의 토지 위에 甲과 乙이 건물을 공유하면서 토지에만 저당권을 설정하였다가, 그 실행을 위한 경매로 丙이 토지소유권을 취득한 경우
ㄷ. 甲이 乙로부터 乙 소유의 미등기건물과 그 대지를 함께 매수하고 대지에 관해서만 소유권이전등기를 한 후, 건물에 대한 등기 전 설정된 저당권에 의해 대지가 경매되어 丙이 토지소유권을 취득한 경우

① ㄱ ② ㄴ ③ ㄱ, ㄷ ④ ㄴ, ㄷ ⑤ ㄱ, ㄴ, ㄷ

제2편 물권법

해설

ㄱ. (×) 토지·건물의 소유자가 동일인이어야 한다.
ㄴ. (○) 건물공유자의 1인이 그 건물의 부지인 토지를 단독으로 소유하면서 그 토지에 관하여만 저당권을 설정하였다가 위 저당권에 의한 경매로 인하여 토지의 소유자가 달라진 경우에도, 위 토지 소유자는 자기뿐만 아니라 다른 건물공유자들을 위하여도 위 토지의 이용을 인정하고 있었다고 할 것인 점, 저당권자로서도 저당권 설정 당시 법정지상권의 부담을 예상할 수 있었으므로 불측의 손해를 입는 것이 아닌 점, 건물의 철거로 인한 사회경제적 손실을 방지할 공익상의 필요성도 인정되는 점 등에 비추어 위 건물공유자들은 민법 제366조에 의하여 토지 전부에 관하여 건물의 존속을 위한 법정지상권을 취득한다고 보아야 한다(대판 2011.1.13. 2010다67159).
ㄷ. (×) 미등기건물을 그 대지와 함께 매도하였다면 비록 매수인에게 그 대지에 관하여만 소유권이전등기가 경료되고 건물에 관하여는 등기가 경료되지 아니하여 형식적으로 대지와 건물이 그 소유 명의자를 달리하게 되었다 하더라도 매도인에게 관습상의 법정지상권을 인정할 이유가 없다(대판 2002.6.20. 2002다9660).

답 ②

 **Q03** 제35회 기출

저당물의 경매로 토지와 건물의 소유자가 달라지는 경우에 성립하는 법정지상권에 관한 설명으로 옳은 것을 모두 고른 것은? (다툼이 있으면 판례에 따름)

> ㄱ. 토지에 관한 저당권설정 당시 해당 토지에 일시사용을 위한 가설건축물이 존재하였던 경우, 법정지상권은 성립하지 않는다.
> ㄴ. 토지에 관한 저당권설정 당시 존재하였던 건물이 무허가건물인 경우, 법정지상권은 성립하지 않는다.
> ㄷ. 지상건물이 없는 토지에 저당권을 설정받으면서 저당권자가 신축 개시 전에 건축을 동의한 경우, 법정지상권은 성립하지 않는다.

① ㄴ　　② ㄷ　　③ ㄱ, ㄴ　　④ ㄱ, ㄷ　　⑤ ㄱ, ㄴ, ㄷ

해설

ㄱ. (○) 가설건축물에 관하여 민법 제366조의 법정지상권이 성립하는지 여부(원칙적 소극) (대판 2022. 2. 10. 선고 2016다262635, 262642)
ㄴ. (×) 무허가 건물에도 법정지상권이 성립
ㄷ. (○) 건물이 없는 토지에 관하여 저당권이 설정될 당시 근저당권자가 토지소유자에 의한 건물의 건축에 동의하였다고 하더라도 법정지상권이 성립되지 않는다. (대판 2003. 9. 5. 2003다26051)

답 ④

08 관습법상의 지상권

1 관습법상의 법정지상권 ★★★   14·18·28회 출제

(1) 의 의
1) 관습법상의 법정지상권이란 동일인의 소유에 속하였던 토지와 건물 중의 어느 한쪽이 매매 등의 원인으로 인하여 그 소유자를 각각 달리하게 될 경우에, 특히 그 건물을 철거한다는 특약이 없는 이상 건물소유자가 당연히 취득하게 되는 지상권을 말한다.
2) 관습법상의 법정지상권은 건물과 토지의 소유권이 분리될 경우, 건물이 철거되어 발생하는 사회경제적 낭비를 예방하기 위한 것이다.

관습법상 법정지상권을 인정한 판례

① 매수인의 의사에 따라 건물만이 매도된 경우에도 관습상의 법정지상권이 인정된다(대판 1997.1.21. 96다40080).
② 건물부지의 공유자들이 그 대지를 분할하여 그 건물부지를 공유자 중의 한사람의 단독소유로 귀속된 경우에는 특별한 사정이 없는 한 그 건물소유자는 그 건물을 위하여 관습에 의한 법정지상권을 취득한다(대판 1967.11.14. 67다1105).
③ 원고와 피고가 1필지의 대지를 구분소유적으로 공유하고 피고가 자기 몫의 대지 위에 건물을 신축하여 점유하던 중 위 대지의 피고지분만을 원고가 경락취득한 경우 피고는 관습법상의 법정지상권을 취득한다(대판 1990.6.26. 89다카24094).

관습법상 법정지상권을 부정한 판례

① 원래 동일인에게의 소유권 귀속이 원인무효로 이루어졌다가 그 뒤 그 원인무효임이 밝혀져 그 등기가 말소됨으로써 그 건물과 토지의 소유자가 달라지게 된 경우에는 관습상의 법정지상권을 허용할 수 없다(대판 1999.3.26. 98다64189).
② 원소유자로부터 대지와 건물이 한 사람에게 매도되었으나 대지에 관하여만 그 소유권이전등기가 경료되고 건물의 소유 명의가 매도인 명의로 남아 있게 되어 형식적으로 대지와 건물이 그 소유 명의자를 달리하게 된 경우에 있어서는, 관습에 의한 법정지상권을 인정할 필요는 없다(대판 1998.4.24. 98다4798).
③ 미등기 무허가건물의 양수인이라 할지라도 그 소유권이전등기를 경료받지 않는 한 건물에 대한 소유권을 취득할 수 없고, 그러한 건물의 취득자에게 소유권에 준하는 관습상의 물권이 있다고 볼 수 없다(대판 1996.6.14. 94다53006).
④ 환지처분은 관습법상의 법정지상권 취득의 원인이 되지 않는다(대판 1991.4.9. 89다카1305).
⑤ 토지소유권을 명의신탁받은 명의수탁자가 명의신탁관계의 존속중 그 토지 위에 건물을 신축한 후 명의신탁이 해지되어 등기명의가 명의신탁자에게 환원된 경우 수탁자는 관습법상의 법정지상권을 취득할 수 없다(대판 1986.5.27. 86다카62).

(2) 성립요건
1) 소유자의 동일

"처분 당시에" 토지와 건물의 소유자가 동일인이어야 한다(원시적으로 동일인의 소유였을 필요는 없음). 동일인의 소유에 속하는 이상 미등기의 무허가건물인 경우라도 상관없다.

제2편 물권법

Professor Comment

법정지상권(제366조)과의 중요한 차이는 소유자의 동일시점이 "저당권설정 당시"가 아니라는 점이다.

 환매등기와 법정지상권의 성립

특별한 사정이 없는 한 환매권의 행사에 따라 토지와 건물의 소유자가 달라진 경우 그 건물을 위한 관습상의 법정지상권은 애초부터 생기지 않는다(대판 2010.11.25. 2010두16431).

2) 매매 등으로 인하여 소유자가 달라질 것 [추가15회 출제]

토지와 건물 중의 어느 한쪽이 <u>매매 등의 원인</u>으로 처분되어 그 소유자가 달라야 한다.
→ 증여·국세징수법에 의한 공매·강제경매 등

 형식상 건물과 토지의 소유자가 달라지나 법정지상권이 부정되는 경우

대지와 그 지상의 건물이 원래 甲의 소유이었는데, 甲이 대지와 건물을 乙에게 매도하고, 乙은 건물에 관하여는 소유권이전등기를 하지 아니하고 대지에 관하여만 그 이름으로 소유권이전등기를 경료함으로써 건물의 소유명의가 甲 명의로 남아 있게 되어 형식적으로 대지와 건물이 그 소유명의자를 달리하게 된 것이라면 대지와 건물의 점유사용 문제는 그 매매계약 당사자 사이의 계약에 따라 해결할 수 있는 것이므로 甲과 乙 사이에 있어서는 관습에 의한 법정지상권을 인정할 필요는 없다(대판 1993.12.28. 93다26687).

3) 철거특약의 부존재 → 저당권 실행에 의한 법정지상권과의 차이점
① 당사자 사이에 건물을 철거한다는 조건(특약)이 없어야 한다.
② 건물철거의 특약은 이를 존재한다고 주장하는 자가 입증책임을 진다.

4) 등기의 불요
① 등기는 성립요건이 아니다.
② 법정지상권을 취득한 자는 토지가 양도된 경우에도 법정지상권 취득당시의 토지소유자 뿐만 아니라 그의 승계취득자에 대하여도 등기 없이 대항할 수 있다. 그러나 취득한 관습법상의 법정지상권을 처분하려면 등기를 하여야 한다(제187조).

 관습법상의 법정지상권

건물을 철거한다는 특약이 없어야 성립되며 등기 없이 성립되기는 하나 이를 처분하려면 등기하여야 한다.

(3) 효과(내용)

1) 일반지상권의 준용

원칙적으로 일반지상권과 다를 바 없으며 민법의 지상권에 관한 규정이 준용된다. 다만 그 존속기간 및 효력범위는 법정지상권 성립 당시의 건물을 기준으로 한다.

판례 법정지상권 성립 후 건물이 증·개축되거나 신축된 경우, 법정지상권의 효력 범위

민법 제366조 소정의 법정지상권이나 관습상의 법정지상권이 성립한 후에 건물을 개축 또는 증축하는 경우는 물론 건물이 멸실되거나 철거된 후에 신축하는 경우에도 법정지상권은 성립하나, 다만 <u>그 법정지상권의 범위는 구건물을 기준으로 하여 그 유지 또는 사용을 위하여 일반적으로 필요한 범위 내의 대지 부분에 한정</u>된다(대판 1997.1.21. 96다40080).

2) 존속기간

존속기간은 존속기간을 정하지 아니한 지상권으로 본다(대판 1988.4.12. 87다카2404). 따라서 법정지상권 성립 당시에 존재하던 건물의 종류에 따라 최단존속기간인 30년 또는 15년 동안 법정지상권이 존속하는 것으로 본다. 그러므로 법정지상권이 성립한 후에 건물을 개축 또는 증축하는 경우는 물론이거니와 건물이 동일성을 상실할 정도로 멸실되거나 철거된 후에 신축하는 경우에도 <u>법정지상권은 존속하나</u>, 그 범위는 구 건물을 기준으로 한다(대판 1991.11.8. 90다15716).

지상권은 부종성이 없다.

3) 지료

지료는 ① 당사자의 협의가 이루어지지 않으면, ② 청구에 의하여 법원이 결정한다(제366조 단서의 유추적용).

판례 법정지상권의 법률관계

❶ 장차 법정지상권을 취득할 지위에 있는 자의 토지소유자에 대한 부당이득반환의무

법정지상권자라 할지라도 대지 소유자에게 지료를 지급할 의무는 있는 것이고, 법정지상권이 있는 건물의 양수인으로서 장차 법정지상권을 취득할 지위에 있어 대지 소유자의 건물철거나 대지 인도 청구를 거부할 수 있다 하더라도 <u>그 대지를 점유·사용함으로 인하여 얻은 이득은 부당이득으로서 대지 소유자에게 반환할 의무가 있다</u>(대판 1997.12.26. 96다34665).

❷ 법정지상권자의 지료지급금액

자기 소유의 건물을 위하여 그 기지소유자 "甲"의 대지 위에 법정지상권을 취득한 "乙"은 그 사용에 있어서 어떠한 제한이나 하자도 없는 타인 소유의 토지를 직접적으로 완전하게 사용하고 있다고 할 수 있고 이 경우에 "乙"이 "甲"에게 <u>지급하여야 할 지료는 아무런 제한 없이 "甲"소유의 토지를 사용함으로써 얻는 이익에 상당하는 댓가가 되어야 하고 건물이 건립되어 있는 것을 전제로 한 임료상당 금액이 되어서는 안 된다</u>(대판 1975.12.23. 75다2066).

(4) 관습법상 법정지상권이 붙은 건물의 양수인의 지위

1) 설정등기 및 이전등기 → 규범적 해석 : 양도계약과 물권적 합의는 존재

관습법상의 법정지상권을 취득한 건물 소유자가 건물을 양도한 경우에는 특별한 사정이 없는 한 건물과 함께 법정지상권도 양도하는 것으로 본다. 그러나 건물양수인이 건물에 대하여 소유권이전등기를 경료하였더라도 건물을 위한 법정지상권의 설정등기 및 이전등기를 경료하지 못한 때에는 대지소유자에게 관습법상의 법정지상권을 주장할 수 없다. 즉 이 경우 그 법정지상권은 원래의 법정지상권자(건물양도인)에게 유보되어 있다(대판 1988.9.27. 87다카279).

2) 건물전득자의 법정지상권설정등기청구권의 대위행사

건물양수인은 건물양도인을 대위하여 토지소유자에 대하여 건물소유자였던 법정지상권자의 법정지상권설정등기를 청구할 수 있다(대판 1988.9.27. 87다카279).

3) 토지소유자의 건물철거청구권의 부인

법정지상권을 가진 건물소유자로부터 건물을 양수한 자에게 대하여 토지소유자는 소유권에 기하여 건물철거를 청구할 수 없다(대판 1988.9.27. 87다카279).

4) 부당이득반환의무

건물양수인이 법정지상권을 취득하였다 할지라도 그 대지를 점유·사용함으로써 얻은 이득은 부당이득으로서 대지소유자에게 반환하여야 한다(대판 1988.10.24. 87다카1604).

→ 토지의 사용료 상당 → ① 당사자 합의, ② 법원의 결정

단락문제 Q04 제33회 기출

甲에게 법정지상권 또는 관습법상 법정지상권이 인정되는 경우를 모두 고른 것은? (다툼이 있으면 판례에 따름)

ㄱ. 乙 소유의 토지 위에 乙의 승낙을 얻어 신축한 丙 소유의 건물을 甲이 매수한 경우
ㄴ. 乙 소유의 토지 위에 甲과 乙이 건물을 공유하면서 토지에만 저당권을 설정하였다가, 그 실행을 위한 경매로 丙이 토지소유권을 취득한 경우
ㄷ. 甲이 乙로부터 乙 소유의 미등기건물과 그 대지를 함께 매수하고 대지에 관해서만 소유권이전등기를 한 후, 건물에 대한 등기 전 설정된 저당권에 의해 대지가 경매되어 丙이 토지소유권을 취득한 경우

① ㄱ   ② ㄴ   ③ ㄱ, ㄷ   ④ ㄴ, ㄷ   ⑤ ㄱ, ㄴ, ㄷ

해설

ㄱ (×) 토지 건물의 소유자가 동일인이어야 한다.
ㄴ (○) 건물공유자의 1인이 그 건물의 부지인 토지를 단독으로 소유하면서 그 토지에 관하여만 저당권을 설정하였다가 위 저당권에 의한 경매로 인하여 토지의 소유자가 달라진 경우에도, 위 토지 소유자는 자기뿐만 아니라 다른 건물공유자들을 위하여도 위 토지의 이용을 인정하고 있었다고 할 것인 점, 저당권자로서도 저당권 설정 당시 법정지상권의 부담을 예상할 수 있었으므로 불측의 손해를 입는 것이 아닌 점, 건물의 철거로 인한 사회경제적 손실을 방지할 공익상의 필요성도 인정되는 점 등에 비추어 위 건물공유자들은 민법 제366조에 의하여 토지 전부에 관하여 건물의 존속을 위한 법정지상권을 취득한다고 보아야 한다(대판 2011.1.13. 2010다67159).
ㄷ (×) 미등기건물을 그 대지와 함께 매도하였다면 비록 매수인에게 그 대지에 관하여만 소유권이전등기가 경료되고 건물에 관하여는 등기가 경료되지 아니하여 형식적으로 대지와 건물이 그 소유 명의자를 달리하게 되었다 하더라도 매도인에게 관습상의 법정지상권을 인정할 이유가 없다(대판 2002.6.20. 2002다9660).

답 ②

단락핵심 관습법상 법정지상권

(1) 甲과 乙이 구분소유적으로 공유하는 토지 중 甲이 배타적으로 사용하는 특정부분 위에 乙이 건물을 신축한 뒤, 대지의 분할등기가 이루어져 건물의 대지부분이 甲의 단독소유가 된 경우 관습상 법정지상권이 성립한다. (×)
(2) 관습법상 법정지상권이 붙은 건물을 양수한 자는 토지소유자의 건물철거청구를 거절할 수 있고, 오히려 법정지상권설정등기청구권을 대위행사 할 수 있다. (○)

2 분묘기지권(墳墓基地權)★★★   17·26·35회 출제

(1) 의 의

분묘기지권은 타인의 토지에 분묘(내부에 시신이 안장되어 있는 것)를 설치한 자가 그 분묘를 유지 관리하기 위하여 일정 범위의 타인소유 토지를 사용할 수 있는 권리로서 판례에 의하여 인정된 지상권과 유사한 용익물권이다.

(2) 성립요건

1) 분묘기지권은 관습법상 물건으로 그 성립에 등기를 요하지 않으며(대판 1955.9.29. 4288민상210). 포기의 의사표시만으로 소멸한다(대판 1992.6.23. 92다14762).
2) 판례에 의하면 다음과 같은 3가지 경우에 성립한다.
   ① 토지소유자의 승낙을 얻어 그의 소유지 내에 분묘를 설치한 경우(대판 2000.9.26. 99다14006)
   ② 타인 토지에 승낙 없이 분묘를 설치하고 20년간 평온·공연하게 그 분묘의 기지를 점유함으로써 취득시효가 완성된 경우(대판 1955.9.29. 4288민상210)
   ③ 자기 토지에 분묘를 설치한 후 그 분묘기지에 대한 소유권을 유보하거나 분묘도 함께 이전한다는 특약을 함이 없이 토지를 처분한 경우(대판 1955.9.29. 4288민상210)

3) 어느 경우나 분묘(내부에 시신이 안장되어 있는 것)라는 점이 전제되어야 하며, 외부에서 존재를 인식할 수 있는 것(봉분이나 비석 등)이어야 한다.

 장래를 위한 분묘기지권의 인정 여부

분묘기지권은 이미 설치되어 있는 분묘의 소유를 위해서만 인정되고 **장래에 분묘를 설치하기 위해서나 그 밖의 다른 목적을 위해서는 인정되지 않는다**(대판 1958.6.12. 4290민상71).

(3) 권리의 내용

1) **토지사용권의 범위**

   분묘기지권이 미치는 지역은 위 목적을 달성할 수 있는 범위 내라 할 것이므로 분묘의 기지뿐만 아니라 분묘의 보호 및 제사에 필요한 범위의 빈 땅에도 미친다(대판 1965.3.23. 65다17).

 기존의 분묘기지권이 미치는 범위 내에서 쌍분형태의 분묘를 새로이 설치할 수 있는지 여부

부부 중 일방이 먼저 사망하여 이미 그 분묘가 설치되고 그 분묘기지권이 미치는 범위 내에서 그 후에 사망한 다른 일방의 합장을 위하여 쌍분 형태의 분묘를 설치하는 것도 허용되지 않는다(대판 1997.5.23. 95다29086).
➡ 분묘기지권이 미치는 토지의 범위와 분묘기지권의 존속기간에 영향을 미치기 때문으로, 단분의 형태라도 합장할 권능은 인정되지 않는다(대판 2001.8.21. 2001다28367).

2) **분묘기지권의 존속기간**

   ① 분묘기지권의 존속기간은 당사자의 약정이 있는 등 특별한 사정이 없으면 권리자가 분묘의 수호와 봉사를 계속하며 그 분묘가 존속하고 있는 동안은 분묘기지권은 존속한다(대판 1994.8.26. 94다28970).
   ② 권리자가 상당한 기간 분묘의 수호와 봉사를 저버린 경우에는 토지소유자는 그 분묘의 이전을 청구할 수 있다. 그리고 분묘기지권은 분묘가 존속하는 동안 인정되는 것이므로 이장으로 인하여 더 이상 분묘수호와 봉제사에 필요 없게 된 부분이 생겨났다면 그 부분에 대해서는 분묘기지권은 소멸한다(대판 1994.12.23. 94다15530).

3) **분묘기지권의 지료** → 지료는 지상권의 성립요건이 아님을 고려할 것

   지료에 관해서는 견해가 대립하나, **특별한 사정이 없는 한 무상**인 것으로 본다.

 토지소유자의 분묘기지권자에 대한 지료지급청구권

시효로 분묘기지권을 취득한 사람은 토지소유자가 분묘기지에 관한 지료를 청구하면 그 청구한 날부터의 지료를 지급하여야 한다고 봄이 타당하다.(대판 2021. 4. 29. 2017다228007)

단락문제 Q05 제32회 기출

지상권에 관한 설명으로 틀린 것을 모두 고른 것은? (다툼이 있으면 판례에 따름)

㉠ 담보목적의 지상권이 설정된 경우 피담보채권이 변제로 소멸하면 그 지상권도 소멸한다.
㉡ 지상권자의 지료지급 연체가 토지소유권의 양도 전후에 걸쳐 이루어진 경우, 토지양수인은 자신에 대한 연체기간이 2년 미만이더라도 지상권의 소멸을 청구할 수 있다.
㉢ 분묘기지권을 시효취득한 자는 토지소유자가 지료를 청구한 날부터의 지료를 지급할 의무가 있다.

① ㉠   ② ㉡   ③ ㉢   ④ ㉠, ㉡   ⑤ ㉡, ㉢

해설

㉠ (O) 그 목적물의 담보가치가 저감하는 것을 막는 것을 주요한 목적으로 하여 채권자 앞으로 아울러 지상권을 설정하였다면, 그 피담보채권이 변제 등으로 만족을 얻어 소멸한 경우는 물론이고 시효소멸한 경우에도 그 지상권은 피담보채권에 부종하여 소멸한다. (대판 2011. 4. 14. 선고 2011다6342)
㉡ (X) 지상권자가 그 권리의 목적이 된 토지의 특정한 소유자에 대하여 2년분 이상의 지료를 지불하지 아니한 경우에 그 특정의 소유자는 선택에 따라 지상권의 소멸을 청구할 수 있으나, 지상권자의 지료 지급 연체가 토지소유권의 양도 전후에 걸쳐 이루어진 경우 토지양수인에 대한 연체기간이 2년이 되지 않는다면 양수인은 지상권소멸청구를 할 수 없다. (대판 2001. 3. 13. 99다17142)
㉢ (O) 구 장사 등에 관한 법률의 시행일인 2001. 1. 13. 이전에 타인의 토지에 분묘를 설치하여 20년간 평온·공연하게 분묘의 기지를 점유함으로써 분묘기지권을 시효로 취득한 경우, 분묘기지권자는 토지소유자가 지료를 청구하면 그 청구한 날부터의 지료를 지급할 의무가 있다. (대판 2021. 4. 29. 2017다228007)

답 ②

단락문제 Q06 제31회 기출

지상권에 관한 설명으로 옳은 것을 모두 고른 것은? (다툼이 있으면 판례에 따름)

㉠ 지료의 지급은 지상권의 성립요소이다.
㉡ 기간만료로 지상권이 소멸하면 지상권자는 갱신청구권을 행사할 수 있다.
㉢ 지료체납 중 토지소유권이 양도된 경우, 양도 전·후를 통산하여 2년에 이르면 지상권소멸청구를 할 수 있다.
㉣ 채권담보를 위하여 토지에 저당권과 함께 무상의 담보지상권을 취득한 채권자는 특별한 사정이 없는 한 제3자가 토지를 불법점유하더라도 임료상당의 손해배상청구를 할 수 없다.

① ㉡   ② ㉠, ㉢   ③ ㉡, ㉣   ④ ㉢, ㉣   ⑤ ㉠, ㉢, ㉣

해설

㉠ (X)
㉡ (O) 제283조 제1항
㉢ (X) 지상권자의 지료 지급 연체가 토지소유권의 양도 전후에 걸쳐 이루어진 경우 토지양수인에 대한 연체기간이 2년이 되지 않는다면 양수인은 지상권소멸청구를 할 수 없다(2001. 3. 13. 99다17142).
㉣ (O) 담보목적지상권에는 사용·수익권이 없다.

답 ③

제2편 물권법

제2절 지역권 11·32·33·34·35회 출제

01 지역권의 의의 및 성질 14·16·20·24·30회 출제

> 제291조(지역권의 내용) 지역권자는 일정한 목적을 위하여 타인의 토지를 자기토지의 편익에 이용하는 권리가 있다.
> 제292조(부종성) ① 지역권은 요역지소유권에 부종하여 이전하며 또는 요역지에 대한 소유권 이외의 권리의 목적이 된다. 그러나 다른 약정이 있는 때에는 그 약정에 의한다.
> ② 지역권은 요역지와 분리하여 양도하거나 다른 권리의 목적으로 하지 못한다.

1 의 의 ★★

(1) 개 념
지역권은 일정한 목적을 위하여 타인의 토지(승역지)를 자기토지(요역지)의 편익에 이용하는 권리로서 부동산(토지)용익물권의 일종이다(제291조).

(2) 타인의 토지를 이용하는 권리

1) **인접 여부**
   지역권의 성립에는 반드시 편익을 주는 토지(→승역지)와 편익을 얻는 토지(→요역지)가 존재하여야 하나, 요역지와 승역지는 반드시 서로 인접하고 있어야 하는 것은 아니다.

2) **유상성**
   ① 지역권은 유상(지료)·무상의 어느 것으로 하거나 무방하다.
   ② 대가(지료)를 약정하면 지역권의 내용으로는 인정되나 그것은 등기사항이 아니므로(→등기할 수 없다.), 제3자에게는 대항할 수 없다.

(3) 요역지(要役地)와 승역지(承役地) 사이의 관계

1) **지역권자**
   지역권은 토지 사이의 이용의 조절을 목적으로 하는 것이므로 토지소유자 사이에서만 인정되는 것이 아니라, 지역권이 설정된 후에 있어서는 요역지와 승역지의 지상권자·전세권자·임차인 사이에서도 인정된다.

2) **토지의 일부**
   ① 요역지는 1필의 토지이어야 하며 토지의 일부를 위한 지역권을 설정할 수는 없다.
   ② 승역지는 1필의 토지 일부이어도 무관하므로 토지의 일부 위에도 지역권이 성립할 수 있다. (→등기시 도면 첨부)

제5장 용익물권

2 법적 성질

(1) 요역지 위의 권리에 종(從)된 권리
`13·25회 출제`

1) 수반성
지역권은 요역지소유권에 부종하여 이전하며 또는 요역지에 대한 소유권 이외의 목적이 된다. 즉, 지역권이 요역지 위의 권리(소유권 등)와 법률적 운명을 같이 한다. 다만 다른 약정이 있는 때에는 그 약정에 의한다.

2) 부종성
지역권은 요역지로부터 분리하여 이를 양도하거나 다른 권리의 목적으로 하지 못한다(제292조 제2항).

(2) 지역권의 불가분성
`27회 출제`

1) 공유자 1인의 지역권 소멸 금지(제293조)
① 토지공유자의 1인은 그의 지분에 관하여 그 토지를 위한 지역권 또는 그 토지가 부담하는 지역권을 소멸하게 하지 못한다(동조 제1항).
② 요역지 또는 승역지가 분할되거나 일부 양도된 경우에는 지역권은 요역지의 각 부분을 위하여 또는 승역지의 각 부분에 존속한다(동조 제2항 본문).

지역권

① 지역권은 토지에 관한 권리이며 사람에 관한 권리는 아니다.
② 지역권은 자기 토지의 편익을 위해 타인의 토지를 이용할 뿐이므로 다른 물권과 달리 배타성이 없다.

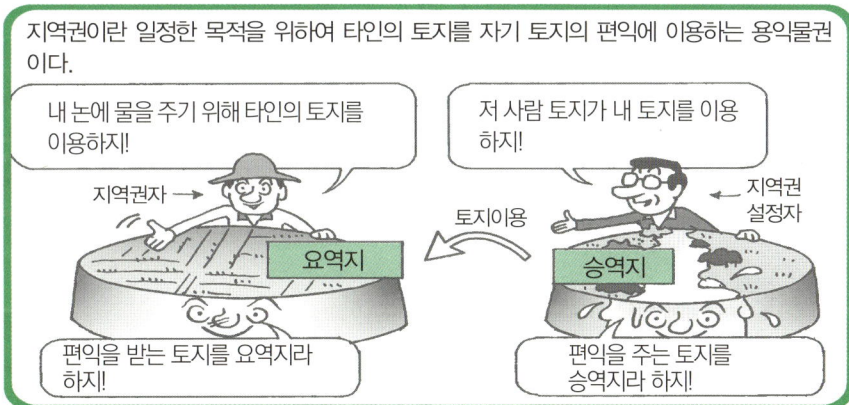

2) 취득과 불가분성(제295조)

① 공유자의 1인이 지역권을 취득한 때에는 다른 공유자도 이를 취득한다(동조 제1항).
② 점유에 의한 지역권의 취득시효의 중단은 지역권을 행사하는 모든 공유자에 대해서 하지 않으면 그 효력이 없다(동조 제2항).

3) 소멸시효의 중단·정지(제296조)

요역지가 수인의 공유인 경우, 공유자 중 1인에 의한 지역권 소멸시효의 중단 또는 정지는 다른 공유자를 위하여서도 효력이 있다.

02 지역권의 종류

1 작위지역권·부작위지역권

지역권자가 일정한 행위를 할 수 있고 승역지이용자가 이를 인용하여야 할 의무를 부담하는 내용의 지역권을 작위지역권이라 하고, 승역지이용자가 일정한 행위를 하지 않을 의무를 부담하는 내용의 지역권을 부작위지역권이라 한다.
→ 이를 부작위의무라고 한다.

2 계속지역권·불계속지역권

→ 일정한 설비로 통로를 개설한 통행지역권이나 인수지역권(引水地役權)·부작위지역권

지역권의 내용의 실현이 끊임 없이 계속되는 지역권을 계속지역권이라 하고 때때로 관리자의 행위를 통하여 지역권의 내용이 실현되는 지역권을 불계속지역권이라 하며 계속지역권만이 시효취득이 가능하다.
→ 설비를 하지 않은 통행지역권이나 인수지역권

3 표현지역권·불표현지역권

지역권의 존재를 외부에서 인식할 수 있는 외형적 사실을 수반하는 지역권을 표현지역권이라 하고 그러한 외형적 사실을 수반하지 않는 지역권을 불표현지역권이라 한다. 표현지역권만 시효취득의 대상이 된다.

03 지역권의 득실 및 존속기간

1 지역권의 취득 ★

28회 출제

(1) 일반취득사유

지역권은 보통 설정계약(물권계약)과 등기에 의하여 취득되고, 그 밖에 유언·상속 및 취득시효의 완성으로 취득한다. 특히 요역지의 소유권 또는 사용권(용익물권)의 이전에 수반하여 취득한다(제292조 제1항).

(2) 시효취득

1) 시효취득의 대상
   ① 지역권 중에서 계속되고 표현된 것만이 시효취득의 대상이 된다.
   ② 이 경우의 취득도 등기하여야 효력이 발생한다.
   예 일정한 설비로 통로를 개설하고 계속적으로 사용하는 경우

2) 공유
   공유자 중의 1인이 공유지를 위한 지역권을 시효취득하는 때에는 다른 공유자도 이를 취득한다(제295조 제1항).

3) 시효취득되는 통행지역권은 요역지의 소유자가 타인의 소유인 승역지 위에 통로를 개설할 것을 요건으로 한다(대판 1993.5.11. 91다46861).

4) 지역권은 토지사용권을 가진 자(토지의 소유자, 지상권자, 전세권자 등)에게 인정되는 권리이므로 요역지의 불법점유자는 시효취득할 수 없다(대판 2001.4.13. 2001다8493).

2 지역권의 존속기간 ★

(1) 민법의 태도

민법은 아무런 규정도 두고 있지 않다. 그러나 당사자가 약정하는 존속기간이 유효함은 물론이며, 그것을 등기한 때에는 제3자에게도 대항할 수 있다.

(2) 영구무한의 지역권

권리의 성질상 영구무한의 지역권도 설정할 수 있다는 것이 통설이다.

3 지역권의 소멸

(1) 일반소멸사유

① 요역지 또는 승역지의 멸실　⑤ 약정소멸사유의 발생　② 지역권의 포기
⑥ 승역지의 수용　　　　　　　③ 혼 동　　　　　　　⑦ 제3자에 의한 승역지의 시효취득
④ 존속기간의 만료　　　　　　⑧ 소멸시효의 완성 등

(2) 승역지의 시효취득

1) **원칙**
   승역지가 제3자에 의하여 시효취득되는 때에는 지역권은 <u>소멸하는 것이 원칙</u>이다. → 시효취득은 원시취득이다.

2) **예외**(다음은 소멸되지 않음)
   ① 그 제3자가 지역권의 존재를 인용하면서 점유를 계속한 경우
   ② 취득시효가 진행하는 동안에 지역권자가 그의 권리를 행사한 경우

(3) 소멸시효의 완성

1) 지역권은 소멸시효에 걸리는 권리로서 20년간 이를 행사하지 않으면 소멸시효의 완성으로 소멸한다.
2) 요역지가 공유인 경우의 소멸시효는 모든 공유자에 관하여 완성한 때에만 효력이 있고, 지역권자가 지역권의 내용 중 일부분을 행사하지 않는 경우에는 그 불행사 부분만이 시효로 소멸한다.

단락핵심 지역권의 득실 및 존속기간

(1) 민법은 지역권의 대가와 존속기간에 관해 규정을 두고 있지 않다. (○)
(2) 민법에서 지역권의 존속기간은 10년을 넘지 못한다고 규정하고 있다. (×)
   ⇒ 민법은 지역권의 존속기간에 대해 규정하고 있지 않다.

제5장 용익물권

04 지역권의 효력

1 지역권자의 권리★★

29회 출제

(1) 요역지의 편익을 위한 승역지 사용권
지역권자는 설정행위나 시효취득의 기초가 된 점유에 의하여 정해진 목적의 범위 내에서 승역지를 자기토지의 편익에 사용할 수 있다.

(2) 지역권에 기한 물권적 청구권
지역권의 내용에 따른 지역권자의 승역지에 대한 지배가 방해되는 경우에는 지역권에 기한 물권적 청구권이 발생하나 승역지를 점유할 권능이 없기 때문에 목적물 반환청구권은 인정될 여지가 없고, 방해제거청구권과 방해예방청구권만 인정된다(제301조).

2 승역지 소유자의 권리·의무 (인용의무, 부작위의무)

(1) 기본적 의무
승역지 소유자는 승역지가 요역지의 편익에 이용되는 범위에서 지역권자의 행위를 인용할 의무와 일정한 이용을 하지 않을 부작위의무를 부담한다.

(2) 부수적 의무
계약에 의하여 승역지소유자가 자기의 비용으로 지역권의 행사를 위하여 공작물의 설치 또는 수선의 의무를 부담한 때에는 승역지소유자의 특별승계인도 그 의무를 부담한다(제298조).

(3) 위기(委棄)에 의한 부담면제

26회 출제

승역지의 소유자는 지역권에 필요한 부분의 토지소유권을 지역권자에게 위기(委棄)하여 위의 부담을 면할 수 있다(제299조).

> 위기란 간단히 말해 소유권을 지역권자에게 넘긴다는 의미이다.

(4) 공작물의 공동사용
승역지의 소유자는 지역권자가 승역지에 설치한 공작물을 사용할 수 있으나 지역권 행사를 방해할 수 없고, 수익정도의 비율에 따라 설치·보존상의 비용을 부담한다(제300조).

단락핵심 지역권의 효력

(1) 지역권이 침해당한 때에는 지역권자는 방해제거·방해예방청구권만 가지고 반환청구권은 가지지 않는다. (○)
(2) 승역지의 소유자는 지역권에 필요한 부분의 토지소유권을 지역권자에게 위기할 수 있다. (○)

제2편 물권법

05 특수지역권

1 의의

어느 지역의 주민이 집합체의 관계로 각자가 타인의 토지에서[목적토지를 지역주민이 공동소유, 즉 총유(總有)하는 경우는 여기서 제외함] 초목, 야생물 및 토사의 채취, 방목 기타의 수익을 하는 권리를 특수지역권이라 한다.

2 성질

(1) 인역권(人役權)

지역권과 달리 편익을 받는 것은 토지가 아니라 일정한 지역주민, 즉 사람이다. 따라서 일종의 '인역권(人役權)'인 성질을 갖고 있다.

(2) 양도·상속성

인역권이기 때문에 양도성·상속성이 없다.

(3) 요역지의 부존재

특수지역권에는 편익을 주는 토지(승역지)는 존재하지만, 편익을 얻는 토지(요역지)는 존재하지 않는다.

3 적용법규

먼저 이에 관한 관습이 있으면 우선적으로 적용된다.

단락문제 Q07 제35회 기출

지역권에 관한 설명으로 틀린 것은?

① 지역권은 요역지와 분리하여 양도할 수 없다.
② 지역권은 표현된 것이 아니더라도 시효취득할 수 있다.
③ 요역지의 소유권이 이전되면 다른 약정이 없는 한 지역권도 이전된다.
④ 요역지의 공유자 1인은 그 토지 지분에 관한 지역권을 소멸시킬 수 없다.
⑤ 공유자의 1인이 지역권을 취득한 때에는 다른 공유자도 지역권을 취득한다.

해설

① (○) 민법 제292조②   ② (×) 지역권은 계속되고 표현된 것에 한하여 제245조의 규정을 준용한다.(민법 제294조)
③ (○) 민법 제292조①   ④ (○) 민법 제293조①   ⑤ (○) 민법 제295조①

참조 : 민법 제245조(점유로 인한 부동산소유권의 취득기간)
 ① 20년간 소유의 의사로 평온, 공연하게 부동산을 점유하는 자는 등기함으로써 그 소유권을 취득한다.
 ② 부동산의 소유자로 등기한 자가 10년간 소유의 의사로 평온, 공연하게 선의이며 과실없이 그 부동산을 점유한 때에는 소유권을 취득한다.

답 ②

제5장 용익물권

단락문제 Q08   제34회 기출

지역권에 관한 설명으로 틀린 것은? (다툼이 있으면 판례에 따름)

① 지역권은 요역지와 분리하여 양도할 수 없다.
② 공유자 중 1인이 지역권을 취득한 때에는 다른 공유자도 이를 취득한다.
③ 통행지역권을 주장하는 자는 통행으로 편익을 얻는 요역지가 있음을 주장·증명해야 한다.
④ 요역지의 불법점유자도 통행지역권을 시효취득할 수 있다.
⑤ 지역권은 계속되고 표현된 것에 한하여 시효취득할 수 있다.

해설
④ 권리자가 아닌 토지의 불법점유자는 토지소유권의 상린관계로서 위요지 통행권의 주장이나 통행지역권의 시효취득 주장을 할 수 없다(대판 1976. 10. 29. 76다1694).
① 민법 제292조②
② 민법 제295조①
③ 맞다.
⑤ 민법 제294조

답 ④

단락문제 Q09   제33회 기출

지역권에 관한 설명으로 옳은 것은? (다툼이 있으면 판례에 따름)

① 요역지는 1필의 토지 일부라도 무방하다.
② 요역지의 소유권이 이전되어도 특별한 사정이 없는 한 지역권은 이전되지 않는다.
③ 지역권의 존속기간을 영구무한으로 약정할 수는 없다.
④ 지역권자는 승역지를 권원 없이 점유한 자에게 그 반환을 청구할 수 있다.
⑤ 요역지공유자의 1인은 지분에 관하여 그 토지를 위한 지역권을 소멸하게 하지 못한다.

해설
① (X) 요역지는 1필의 토지여야 한다.
② (X) 제292조 ① 지역권은 요역지소유권에 부종하여 이전하며 또는 요역지에 대한 소유권 이외의 권리의 목적이 된다.
③ (X) 영구지역권 인정
④ (X) 지역권에는 승역지를 점유할 권리가 없기 때문에 반환청구권이 없다. 제301조에 의한 214조만 준용. 213조는 준용되지 않는다.
⑤ (O) 제293조 ① 토지공유자의 1인은 지분에 관하여 그 토지를 위한 지역권 또는 그 토지가 부담한 지역권을 소멸하게 하지 못한다.

답 ⑤

제2편 물권법

단락문제 Q10 제32회 기출

지역권에 관한 설명으로 틀린 것은?

① 지역권은 요역지와 분리하여 따로 양도하거나 다른 권리의 목적으로 하지 못한다.
② 1필의 토지의 일부에는 지역권을 설정할 수 없다.
③ 요역지의 공유자 중 1인이 지역권을 취득한 경우, 요역지의 다른 공유자도 지역권을 취득한다.
④ 지역권에 기한 승역지 반환청구권은 인정되지 않는다.
⑤ 계속되고 표현된 지역권은 시효취득의 대상이 될 수 있다.

해설

① (O) 민법 제292조 ②
③ (O) 민법 제295조 ①
⑤ (O) 민법 제294조

② (X) 토지의 일부에도 설정할 수 있다. 등기신청시 도면 첨부
④ (O) 방해제거 청구권은 인정된다.

답 ②

제5장 용익물권

제3절 전세권   18·20·21·30·32·34·35회 출제

01 전세권의 의의 및 성질

> **제303조(전세권의 내용)** ① 전세권자는 <u>전세금을 지급</u>하고 <u>타인의 부동산을 점유</u>하여 그 부동산의 용도에 좇아 <u>사용·수익</u>하며, 그 부동산 전부에 대하여 후순위권리자 기타 채권자보다 전세금의 <u>우선변제를 받을 권리</u>가 있다.
> ② <u>농경지는 전세권의 목적으로 하지 못한다.</u>

1 전세권의 의의

(1) 전세권은 전세금을 지급하고 타인의 부동산을 점유하여 그의 용도에 좇아 사용·수익하는 것을 내용으로 하는 한편, 그 부동산 전부를 담보로 후순위권리자 기타 채권자보다 전세금의 우선변제권이 인정되는 특수한 용익물권이다(제303조 제1항).

(2) 이러한 전세권은 외국의 입법례에서는 유례가 없는 우리나라의 특유한 제도이다.

전세권
① 전세금을 지급하고 타인의 부동산을 사용·수익하는 권리이다.
② 일상생활에서 쓰는 '전세'라는 용어는 물권법상의 전세권이 아니라 채권으로서의 전세(=임대차)이다.

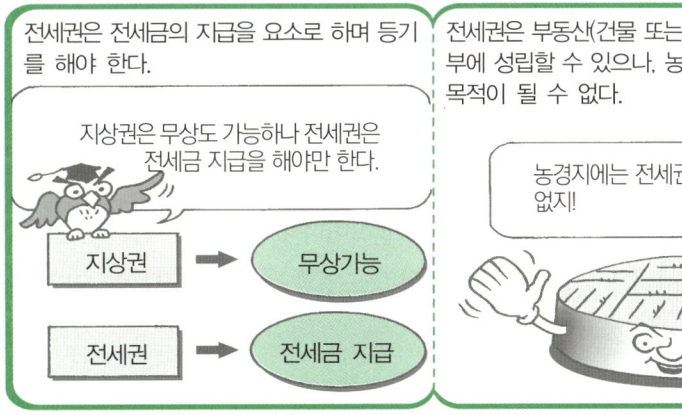

2 전세권의 성질★★★　　　　　　　　　　　　　　　　　　　26회 출제

(1) 타인의 부동산에 대한 권리
1) 건물뿐만 아니라 토지도 전세권의 목적이 될 수 있다.
2) 전세권 객체인 부동산은 <u>1필의 토지의 일부</u> 또는 1동의 건물의 일부라도 된다.
3) 농경지는 전세권의 목적으로 할 수 없다(제303조 제2항).
　　　　　　　　　　　　　　　　➤ 지상권과 달리 수평적 일부만 가능

(2) 사용·수익하는 권리
1) 목적부동산을 점유할 수 있는 권리가 당연히 포함되고, 전세권자가 토지를 사용하는 관계에서는 소유자와 마찬가지로 상린관계의 규정이 준용된다(제319조).
2) 전세권은 건물뿐만 아니라 토지도 그 목적으로 할 수 있는 바, 토지에 건물 기타 공작물이나 수목을 소유하기 위한 목적으로 전세권을 설정할 수 있다는 것이 통설이다.

(3) 전세권의 성립요소로서의 전세금　　　　　　　　　　　　13·27회 출제
1) 전세금이란 전세권자가 전세권 설정시 전세권설정자에게 지급하는 금전을 말한다.
2) 전세권은 전세금의 지급을 성립요건으로 하므로 전세금을 지급하고 전세금을 등기하여 비로소 전세권이 성립한다.
3) 전세금은 반드시 현실적으로 수수되어야만 하는 것은 아니고 기존의 채권으로 갈음할 수 있으나(대판 1995.2.10. 94다18508) 금전으로 환산하여 등기할 수 있어야 한다.

(4) 물권(제한물권·타물권)
1) 전세권은 채권적 전세에서와 같은 부동산소유자에 대한 권리가 아니라, 직접 그 객체인 부동산을 지배하여 사용·수익하는 권리이다.
2) 전세권은 물권으로서 당연히 양도성과 상속성을 갖는다. 다만 <u>양도금지의 특약은 가능</u>하다(제306조).
　　　　　　　　　　　　　　　　➤ 지상권과의 차이

(5) 특수한 물권(담보물권성의 겸유)
1) 전세권설정등기를 마친 민법상의 전세권은 그 성질상 용익물권적 성격과 담보물권적 성격을 겸비한 것으로서, 전세권의 존속기간이 만료되면 전세권의 용익물권적 권능은 전세권설정등기의 말소 없이도 당연히 소멸하고 단지 전세금반환채권을 담보하는 담보물권적 권능의 범위 내에서 전세금의 반환시까지 그 전세권설정등기의 효력이 존속한다(대판 2005.3.25. 2003다35659).
2) 기타 부종성, 수반성, 불가분성, 물상대위성을 갖는다.

제5장 용익물권

📘 단락핵심 전세권의 의의 및 성질

(1) 전세금의 지급은 전세권의 요소이다. (○)
(2) 전세금의 지급은 현실적으로 수수되어야 하는 것은 아니고, 기존의 채권으로 전세금의 지급에 갈음할 수 있다. (○)
(3) 전세권이 설정된 토지 위에 제3자가 건물을 무단으로 건축한 경우, 특별한 사정이 없는 한 토지소유자가 아닌 전세권자는 건물의 철거를 청구할 수 없다. (×)

3) 전세권의 설정계약, 전세금 지급, 전세권 설정등기가 있으면 존속기간 전이라도 유효한 것으로 추정된다.

📕 판례 기간 전 설정된 전세권등기의 효력

전세권 존속기간이 시작되기 전에 마친 전세권설정등기도 특별한 사정이 없는 한 유효한 것으로 추정된다. 한편 부동산등기법 제4조 제1항은 "같은 부동산에 관하여 등기한 권리의 순위는 법률에 다른 규정이 없으면 등기한 순서에 따른다"라고 정하고 있으므로, 전세권은 등기부상 기록된 전세권설정등기의 존속기간과 상관없이 등기된 순서에 따라 순위가 정해진다(대판 2017마1093).

02 전세권의 취득과 존속기간 `21·30회 출제`

1 전세권의 취득

(1) 취득사유

전세권은 전세권의 양도나 상속에 의해서도 취득할 수 있지만, 보통은 당사자 간의 전세권설정계약에 의하여 취득된다.

(2) 설정계약에 의한 취득

1) 설정계약에 의한 취득은 법률행위로 인한 물권변동이므로 <u>등기</u>하여야 효력이 발생함은 물론이다.  → 성립요건

2) 전세권설정계약은 합의 외에 전세금의 지급이 그 성립요건이지만 전세권자의 점유취득, 즉 인도가 전세권설정계약의 성립요건인 것은 아니다.

2 전세권의 존속기간★★★   14회 출제

> 제312조(전세권의 존속기간) ① 전세권의 존속기간은 10년을 넘지 못한다. 당사자의 약정기간이 10년을 넘는 때에는 이를 10년으로 단축한다.
> ② 건물에 대한 전세권의 존속기간을 1년 미만으로 정한 때에는 이를 1년으로 한다.
> ③ 전세권의 설정은 이를 갱신할 수 있다. 그 기간은 갱신한 날로부터 10년을 넘지 못한다.
> ④ 건물의 전세권설정자가 전세권의 존속기간 만료 전 6월부터 1월까지 사이에 전세권자에 대하여 갱신거절의 통지 또는 조건을 변경하지 아니하면 갱신하지 아니한다는 뜻의 통지를 하지 아니한 경우에는 그 기간이 만료된 때에 전(前)전세권과 동일한 조건으로 다시 전세권을 설정한 것으로 본다. 이 경우 전세권의 존속기간은 그 정함이 없는 것으로 본다.

(1) 존속기간을 정한 경우

1) **최장기간 및 최단기간**
   ① **최장기간**(토지·건물전세권)
      최장 10년을 넘지 못한다(제312조 제1항 전단). 당사자의 약정기간이 10년을 넘는 때에는 10년으로 단축된다(제312조 제1항 후단).
   ② **최단기간**(건물전세권)
      ㉠ 원칙적으로 최단기간의 제한이 없다.
      ㉡ 그러나 건물의 경우 최단존속기간을 1년으로 한다. 따라서 존속기간을 1년 미만으로 정한 때에는 1년을 약정한 것으로 법률상 다루어진다(제312조 제2항).
      ➡ 토지전세권의 경우에는 최단기간의 제한이 없다는 점에 주의할 것

2) **설정계약의 갱신**(제312조 제3항)
   ① 존속기간이 만료하면 당사자 간의 합의로써 설정계약을 갱신할 수 있다(제312조 제3항 전단). 그러나 이 경우에도 존속기간은 갱신한 날로부터 10년을 넘지 못한다(제312조 제3항 후단).
   ② 전세권설정계약의 갱신은 당사자 간의 합의로써만 가능한 것으로 토지전세권자에게 지상권에서와 같은 갱신청구권을 인정한 것이 아님은 물론 임대차 계약에서와 같은 묵시의 갱신도 인정되지 않는다.
      ➡ 건물전세권만 인정되는 점에 주의!!

3) **건물전세권의 법정갱신**(묵시의 갱신, 제312조 제4항)   21·30회 출제
   ① 건물의 전세권설정자가 전세권의 존속기간만료 전 6월부터 1월까지 사이에 전세권자에 대하여 갱신거절의 통지 또는 조건을 변경하지 아니하면 갱신하지 아니한다는 통지를 하지 않을 것
   ② 존속기간이 만료된 때에 이전의 전세권과 동일한 조건으로 다시 전세권을 설정한 것으로 보며, 존속기간은 정함이 없는 것으로 본다.

 전세권의 묵시적 갱신과 그 등기의 요부

건물전세권의 법정갱신(제312조 제4항)은 법률의 규정에 의한 부동산에 관한 물권의 변동이므로 전세권갱신에 관한 등기를 필요로 하지 아니하고 **전세권자는 그 등기 없이도 전세권설정자나 그 목적물을 취득한 제3자에 대하여 그 권리를 주장할 수 있다**(대판 1989.7.11. 88다카21029).

4) 등기

존속기간은 등기하여야 제3자에게 대항할 수 있으며, 등기가 없으면 존속기간의 약정이 없는 경우로 다루어진다.

> **판례** 전세권의 존속기간 및 순위
>
> 전세권이 용익물권적인 성격과 담보물권적인 성격을 모두 갖추고 있는 점에 비추어 전세권 존속기간이 시작되기 전에 마친 전세권설정등기도 특별한 사정이 없는 한 유효한 것으로 추정된다. 한편 전세권은 등기부상 기록된 존속기간과 상관없이 전세권이 등기된 순서에 따라 등기권리의 순위가 정해진다(대판 2018.1.25. 2017마1093).

(2) 존속기간을 정하지 않은 경우(제313조)

1) 각 당사자는 언제든지 상대방에 대하여 전세권의 소멸을 통고할 수 있고 상대방이 이 통고를 받은 날로부터 6월이 경과하면 전세권은 소멸한다.
2) 이 전세권의 소멸통고에 의하여 전세권이 소멸하는 데에는 등기필요설과 등기불요설이 대립하고 있으며, 이에 대한 판례는 아직 없다.

단락핵심 전세권의 취득과 존속기간

(1) 토지전세권의 존속기간이 만료되어 설정계약을 갱신하는 경우 그 존속기간은 갱신한 날로부터 10년을 넘지 못한다. (○)
(2) 건물에 대한 전세권이 법정갱신된 경우, 전세권자는 그 등기 없이도 건물의 양수인에게 전세권을 주장할 수 있다. (○)
(3) 전세권의 존속기간을 1년으로 약정하더라도 전세권자는 그 존속기간을 2년 주장할 수 있다. (×)
(4) 각 당사자는 언제든지 상대방에 대하여 전세권의 소멸을 통고할 수 있고 상대방이 이 통고를 받은 날로부터 6월이 경과하면 전세권은 소멸한다. (○)

제2편 물권법

03 전세권의 효력 [24회 출제]

1 당사자의 기본적 권리·의무 ★★★

(1) 전세권자의 점유권과 사용·수익권
1) 전세권자는 목적부동산을 점유하여 그 부동산의 용도에 좇아 사용·수익할 권리가 있다(제303조 제1항).
2) 수익이란 천연과실(果實) 또는 법정과실의 취득을 의미한다.
3) 건물의 전세권의 효력은 그 건물의 소유를 목적으로 한 지상권 또는 임차권에 대하여 미치므로 필요한 범위에서 대지 및 부근의 토지를 사용할 수 있다.

(2) 전세권자의 원상회복·손해배상의무
전세권자는 설정행위나 목적부동산의 성질에 의하여 정해진 용도에 따라서 목적물을 사용·수익할 의무가 있으며, 이에 위반할 경우 전세권설정자는 전세권의 소멸을 청구할 수 있으며(제311조 제1항), <u>전세권설정자</u>의 선택에 따라서 원상회복 또는 손해배상을 청구할 수 있다(동조 제2항).
→ 전세권자의 선택이 아님을 주의

(3) 전세권자의 현상유지·수선의무
전세권자는 목적물의 현상의 유지와 통상의 관리에 속한 수선을 해야 할 의무를 부담하기 때문에 필요비를 지출하였더라도 임대차와 달리 필요비상환청구권이 인정되지 않는다(제309조).

(4) 전세권자의 물권적 청구권
1) 전세권의 내용의 실현이 방해되는 때에는 그 태양에 따라서 물권적 청구권(반환·방해제거·방해예방 등)이 모두 인정된다(제319조).
2) 점유권에 기한 물권적 청구권도 행사할 수 있음은 물론이다.

(5) 전세권설정자의 인용의무
1) 전세권자의 사용·수익권이 인정되는 범위 내에서 전세권설정자는 자신이 목적부동산을 사용하거나 다른 제3자에게 사용·수익시킬 수 없으며 전세권자의 부동산사용을 방해해서는 안 된다(소극적 인용의무).
2) 임대인과 달리 설정자가 부동산사용에 적합한 상태를 만들어 줄 적극적인 의무는 없다.

(6) 상린관계규정의 준용
상린관계의 규정(제216조 내지 제244조)은 당연히 인지의 전세권자 사이 또는 인지의 전세권자와 토지소유자 및 지상권자 사이에 준용된다(제319조).

2 건물전세권의 효력

(1) 지상권·임차권에 대한 효력
1) 타인의 토지에 있는 건물에 전세권이 설정된 경우의 전세권의 효력은 그 건물의 소유를 목적으로 한 지상권 또는 임차권에 미친다(제304조 제1항).
2) 이 경우 전세권설정자는 전세권자의 동의 없이 지상권 또는 임차권을 소멸하게 하는 행위를 하지 못한다(제304조 제2항).

(2) 법정지상권★★
1) 동일소유자에 속하는 대지와 건물 중 건물에 대해서만 전세권을 설정하여 사용·수익하던 중 대지만에 대한 소유권의 변동이 일어난 경우, 그 대지소유권의 특별승계인은 전세권설정자에 대하여 지상권을 설정한 것으로 본다(제305조 제1항 본문).
2) 법정지상권이 성립된 경우에 대지소유자는 타인에게 그 대지를 임대하거나 이를 목적으로 한 지상권 또는 전세권을 설정하지 못한다(제305조 제2항).

3 전세금증감청구권

> **제312조의2(전세금증감청구권)** 전세금이 목적부동산에 관한 조세·공과금 기타 부담의 증감이나 경제사정의 변동으로 인하여 상당하지 아니하게 된 때에는 당사자는 장래에 대하여 그 증감을 청구할 수 있다. 그러나 증액의 경우에는 대통령령이 정하는 기준에 따른 비율을 초과하지 못한다.

(1) 의 의
전세금이 목적부동산에 관한 조세·공과금 기타 부담의 증감이나 경제사정의 변동으로 인하여 상당하지 아니하게 된 때에는 당사자는 장래에 대하여 그 증감을 청구할 수 있다(제312조의2 본문).

(2) 법적 성질
전세금증감청구권은 형성권으로서의 성질을 가지므로 증액 또는 감액을 청구하는 당사자의 일방적 의사표시만으로 효과가 발생한다.

(3) 증액의 제한
1) 전세금의 증액청구의 비율은 약정한 전세금의 20분의 1을 초과하지 못한다(민법 제312조의2 단서의 시행에 관한 규정 제2조).
2) 전세금의 증액청구는 전세권설정계약이 있는 날 또는 약정한 전세금의 증액이 있는 날로부터 1년 이내에는 이를 하지 못한다(동규정 제3조).

4 전세권의 처분 ★★★　　　　　　　　　　　　　　　　　　　　　12·17회 출제

> 제306조(전세권의 양도, 임대 등) 전세권자는 전세권을 타인에게 양도 또는 담보로 제공할 수 있고 그 존속기간 내에서 그 목적물을 타인에게 전전세(轉傳貰) 또는 임대할 수 있다. 그러나 설정행위로 이를 금지한 때에는 그러하지 아니하다.
> 제307조(전세권양도의 효력) 전세권양수인은 전세권설정자에 대하여 전세권양도인과 동일한 권리의무가 있다.

(1) 처분의 자유

1) 원칙
전세권은 물권이기 때문에 원칙적으로 처분의 자유가 인정된다(제306조 본문).

2) 예외
당사자는 설정행위로써 이를 금지할 수 있다(제306조 단서). 다만, 전세권처분금지의 특약은 이를 등기함으로써 제3자에게 대항할 수 있다. 따라서 등기하지 않은 경우 전세권의 처분은 유효하며, 다만 전세권자는 전세권설정자에게 채무불이행에 따른 손해배상의무를 진다.

(2) 전세권의 양도·담보제공·임대　　　　　　　　　　　　　　추가15회 출제

1) 양도
① 설정행위로써 금지되어 있지 않는 한 전세권자는 임의로(전세권설정자의 동의 없이) 전세권을 양도할 수 있다(제306조).
② 전세권의 양수인은 전세권설정자에 대하여 양도인과 동일한 권리·의무를 가진다(제307조).
③ 전세권양도의 대금에 대해서는 아무런 제한이 없으므로 설정자에게 지급된 전세금의 액보다 고액이더라도 무방하다. 다만, 그 초과분에 대해서는 전세권설정자가 (반환)책임을 지지 않는다.

2) 담보제공
① 설정행위로 금하지 않은 이상 전세권자는 임의로 전세권을 타인에게 담보로 제공할 수 있다(제306조). 그러나 실무상으로는 전세권을 목적으로 하는 저당권을 설정하여 담보로 활용하고 있다.
② 이 경우 전세권자는 저당권자의 동의 없이 전세권을 소멸하게 하는 행위를 하지 못한다(제371조 제2항).

3) 임대
① 설정행위로 금하지 않은 이상 전세권자는 그 존속기간 내에서 그 목적물을 타인에게 임대할 수 있다(제306조).
② 이 경우 전세권자의 책임은 가중된다. 즉 전세권의 목적부동산을 임대한 경우 전세권자는 임대하지 아니하였으면 면할 수 있는 불가항력으로 인한 손해에 대하여도 그 책임을 부담한다(제308조).

4) 전세권을 존속시키면서 전세금반환채권만을 양도할 수 있는지 여부

① 원칙적으로 인정되지 않는다.
② 다만, 장래에 그 전세권이 소멸하는 경우 전세금반환채권이 발생하는 것을 조건으로 그 장래의 조건부 채권을 양도하는 것은 가능하다(대판 2002.8.28. 2001다69122)고 하여 실질적으로 전세금반환채권의 처분을 허용하고 있다.
③ 「부동산등기법」은 아래 판례에 따라 전세권(전세권의 용익물권적 성격)이 소멸한 경우 전세금반환채권의 일부양도에 따른 전세권 일부이전등기를 가능하도록 하였다.

> **판례** 전세금반환청구권의 분리 양도
>
> 1. 전세권이 존속하는 동안은 전세권을 존속시키기로 하면서 전세금반환채권만을 전세권과 분리하여 확정적으로 양도하는 것은 허용되지 않는 것이며, 다만 전세권 존속 중에는 장래에 그 전세권이 소멸하는 경우에 전세금반환채권이 발생하는 것을 조건으로 그 장래의 조건부 채권을 양도할 수 있을 뿐이라 할 것이다(대판 2002.8.23. 2001다69122).
> 2. 전세권설정계약의 당사자 사이에 그 계약이 합의해지된 경우 전세권설정등기는 전세금반환채권을 담보하는 효력은 있다고 할 것이나, 그 후 당사자 간의 약정에 의하여 전세권의 처분이 따르지 않는 전세금반환채권만의 분리양도가 이루어진 경우에는 양수인은 유효하게 전세금반환채권을 양수하였다고 할 것이고, 그로 인하여 전세금반환채권을 담보하는 물권으로서의 전세권마저 소멸된 이상 그 전세권에 관하여 가압류부기등기가 경료되었다고 하더라도 아무런 효력이 없다(대판 1999.2.5. 97다33997).

(3) 전전세(轉傳貰)

1) 의 의

① 전전세란 전세권자의 전세권을 유지하면서 그 존속기간 내에서 그 목적물에 대해 타인에게 전세권을 다시 설정하는 것을 말한다(제306조).
② 이러한 전전세권의 설정은 원전세의 범위 내에서 할 수 있으며, 원전세권의 일부를 목적으로 하는 전전세권도 유효하다.

2) 요건

전전세권 설정의 합의와 등기를 요하며, 전전세금을 지급하여야 한다.
① 전전세권의 설정은 원전세의 범위 내에서 할 수 있다.
② 전전세금은 원전세금의 금액을 한도로 하여야 한다(통설).
③ 전전세권의 존속기간은 원전세권의 존속기간 내이어야 한다.

3) 효과

① 전전세권자는 전세권자로서의 모든 권리(경매청구권 포함)를 갖는다. 그러나 원전세권설정자에 대하여는 직접으로 아무런 권리의무를 갖지 않는다.
② 전전세권이 설정되어도 원전세권은 소멸되지 않는다.
③ 전세권자는 전전세하지 않았더라면 면할 수 있었을 불가항력으로 인한 손해에 대하여도 책임을 진다(제308조). 이는 승낙받은 전대차에서 전대인(임차인)이 과실책임을 지는 것과 구별된다.

④ 전세권이 소멸하면 전전세권도 소멸한다. 그러나 전전세권이 존속하는 동안 전세권자는 <u>원전세권을 소멸시키는 행위</u>를 하지 못한다.
→ 예 전세권의 포기

5 우선변제적 효력

(1) 전세권자는 전세금의 반환에 관하여 후순위권리자 기타 채권자보다 우선변제를 받을 권리가 있다(제303조 제1항 후단).

(2) 전세권자의 이러한 우선변제권[1]의 실행은 통상 민사집행법에 의하여 전세권의 목적부동산을 경매하는 방법에 의하게 될 것이다(제318조).
→ 담보권의 실행 등을 위한 임의경매

(3) 건물의 일부에 전세권이 설정된 경우 전세권자는 건물전체에서 우선변제 받을 수 있는지 여부는 별론으로 하고, 건물 전체에 대하여 경매를 신청할 수는 없다(대결 1992.3.10. 91마256·257).

> **용어사전**
> 1) **우선변제권(優先辨濟權)** : 채무자의 재산이 총채권액보다 부족한 경우에 어떤 채권자가 채무자의 전재산 또는 특정재산에서 다른 채권자보다 먼저 변제를 받을 수 있는 권리를 말한다.

단락핵심 전세권의 효력

(1) 전세권자와 임차인은 목적물에 지출한 필요비와 유익비의 상환을 청구할 수 있다. (×)
　⇒ 전세권자에게 필요비상환청구권은 인정되지 아니한다.
(2) 전세권의 일부에 전전세권을 설정하는 것도 가능하다. (○)
(3) 전세권자에게 경매권은 있으나 우선변제권은 없다. (×)
　⇒ 우선변제권이 인정된다.
(4) 원전세권의 소멸은 전전세권의 소멸원인이 된다. (○)
(5) 전세권은 임차권과 달리 전세권자와 그 양수인 사이의 합의만으로 유효하게 양도될 수 있다. (○)
(6) 장래 전세권이 소멸하는 경우에 전세금반환채권이 발생하는 것을 조건으로 전세권과 분리하여 그 조건부 채권을 전세권 존속 중에도 양도할 수 있다. (○)
(7) 건물의 일부에 전세권이 설정된 경우 전세권자는 건물전체에서 우선변제 받을 수 있는지 여부는 별론으로 하고, 건물 전체에 대하여 경매를 신청할 수는 있다. (×)
　⇒ 목적물에 대하여 이해관계를 맺고 있는 제3자를 보호하기 위한 해석이다.

04 전세권의 소멸

1 물권일반의 소멸사유

① 존속기간의 만료
③ 소멸시효의 완성
⑤ 약정소멸사유의 발생
⑦ 토지수용 등
② 혼 동
④ 전세권의 포기
⑥ 전세권에 우선하는 저당권의 실행에 의한 경매

2 전세권에 특유한 소멸사유★★★ **11회 출제**

> 제311조(전세권의 소멸청구) ① 전세권자가 전세권설정계약 또는 그 목적물의 성질에 의하여 정하여진 용법으로 이를 사용, 수익하지 아니한 경우에는 전세권설정자는 전세권의 소멸을 청구할 수 있다.
> ② 전항의 경우에 전세권설정자는 전세권자에 대하여 원상회복 또는 손해배상을 청구할 수 있다.
> 제313조(전세권의 소멸통고) 전세권의 존속기간을 약정하지 아니한 때에는 각 당사자는 언제든지 상대방에 대하여 전세권의 소멸을 통고할 수 있고 상대방이 이 통고를 받은 날로부터 6월이 경과하면 전세권은 소멸한다.
> 제314조(불가항력으로 인한 멸실) ① 전세권의 목적물의 전부 또는 일부가 불가항력으로 인하여 멸실된 때에는 그 멸실된 부분의 전세권은 소멸한다.
> ② 전항의 일부멸실의 경우에 전세권자가 그 잔존부분으로 전세권의 목적을 달성할 수 없는 때에는 전세권설정자에 대하여 전세권 전부의 소멸을 통고하고 전세금의 반환을 청구할 수 있다.

(1) 전세권설정자의 소멸청구

1) 전세권자가 전세권설정계약 또는 그 목적물의 성질에 의하여 정하여진 용법으로 이를 사용·수익하지 않는 경우 전세권설정자는 전세권의 소멸을 청구할 수 있다(제311조 제1항).
   예 처분금지 특약위반, 목적물의 수선·유지의무위반시

2) 전세권 소멸청구권의 행사를 통해 전세권이 소멸하는 데에 등기가 필요한지 여부에 대해서는 학설이 대립하고 있다(판례 없음).

3) 소멸청구 시에 전세권설정자는 전세권자에 대하여 원상회복 또는 손해배상을 청구할 수 있다(제311조 제2항).

(2) 전세권의 소멸통고

전세권의 존속기간을 약정하지 아니한 때에는 각 당사자는 언제든지 상대방에 대하여 전세권의 소멸을 통고할 수 있고, 상대방이 이 통고를 받은 날로부터 6월이 경과하면 전세권은 소멸한다(제313조).

→ 소멸청구시에는 즉시 소멸

(3) 목적부동산의 멸실

1) **전부멸실의 경우**
   ① 어떠한 사유로든 전세권의 목적부동산 전부가 멸실한 때에는 전세권은 소멸한다(제314조 제1항).
   ② 다만, 목적물의 멸실이 전세권자의 귀책사유로 인한 때에는 전세권자는 손해배상책임이 있다(제315조 제1항).

2) **일부멸실의 경우**
   ① **불가항력에 의한 일부멸실**
      ㉠ 잔존부분만으로 전세권의 목적을 달성할 수 있으면 전세권은 잔존부분에 존속한다.
      ㉡ 잔존부분만으로 목적을 달성할 수 없으면 전세권자는 전세권의 소멸을 통고하고 전세금의 반환을 청구할 수 있다.
   ② **전세권자의 귀책사유에 의한 일부멸실**
      잔존부분만으로 전세권의 목적을 달성할 수 없는 경우에는 전세권설정자는 제311조에 의한 전세권의 소멸을 청구할 수 있다. ➡ 사회통념에 의해 판단함

(4) 전세권의 포기

전세권은 자유로이 포기할 수 있다. 다만 전세권을 목적으로 하는 저당권이 설정된 경우에는 저당권자의 동의가 있어야 한다(제371조 제2항). 법률행위에 의한 물권변동이므로 등기가 필요하다.

3 소멸의 효과 ★★★

> **제317조(전세권의 소멸과 동시이행)** 전세권이 소멸한 때에는 전세권설정자는 전세권자로부터 그 목적물의 인도 및 전세권설정등기의 말소등기에 필요한 서류의 교부를 받는 동시에 전세금을 반환하여야 한다.

(1) 동시이행

전세권이 소멸한 때에는 그 전세권설정자는 전세권자로부터 그 목적물의 인도 및 전세권설정등기의 말소등기에 필요한 서류의 교부를 받는 동시에 전세금을 반환하여야 한다(제317조).

 전세권 소멸의 효과

1 전세권 목적물을 인도받은 전세권설정자의 부당이득반환의무 여부 — 소극
전세권자가 그 목적물을 인도하였다고 하더라도 전세권설정등기의 말소등기에 필요한 서류를 교부하거나 그 이행의 제공을 하지 아니하는 이상, 전세권설정자는 전세금의 반환을 거부할 수 있고, 이 경우 다른 특별한 사정이 없는 한 그가 전세금에 대한 이자상당액의 이득을 법률상 원인 없이 얻는다고 볼 수 없다(대판 2002.2.5. 2001다62091).

2 전세권이 성립한 후 전세목적물의 소유권이 이전된 경우 전세금반환청구의 상대방
전세권이 성립한 후 전세목적물의 소유권이 이전된 경우 민법이 전세권 관계로부터 생기는 상환청구, 소멸청구, 갱신청구, 전세금증감청구, 원상회복, 매수청구 등의 법률관계의 당사자로 규정하고 있는 전세권설정자 또는 소유자는 모두 목적물의 소유권을 취득한 신소유자로 새길 수밖에 없다고 할 것이므로, … 신소유자는 … 전세권이 소멸하는 때에 전세권자에 대하여 전세권설정자의 지위에서 전세금반환의무를 부담하게 된다(대판 2006.5.11. 2006다6072).

(2) 전세권자의 경매청구권

1) 의의
전세권설정자가 전세금의 반환을 지체한 때에는 전세권자는 민사집행법이 정한 바에 의하여 전세권의 목적물에 대하여 경매를 청구할 수 있다(제318조).

2) 요건
① 전세권이 소멸하여 전세금 반환청구권이 발생한 후
② 전세권설정자가 그 반환을 지체하여야 한다.
③ 그러나 전세금반환청구의무와 전세권말소등기에 필요한 서류의 교부의무는 동시이행의 관계이므로 전세권자는 그 서류 등을 전세권설정자에게 이행제공하여야 지체에 빠뜨릴 수 있다.
④ 다만 전세권의 목적물이 아닌 나머지 건물부분에 대하여는 경매신청을 할 수 없다(아래 판례 참조).

 전세권자의 전세목적물에 대한 경매청구의 요건

전세권자의 전세목적물인도의무 및 전세권설정등기 말소등기의무와 전세권설정자의 전세금반환의무는 서로 동시이행의 관계에 있으므로 전세권자인 채권자가 전세목적물에 대한 경매를 청구하려면 우선 전세권설정자에 대하여 **전세목적물의 인도의무 및 전세권설정등기말소의무의 이행제공을 완료하여 전세권설정자를 이행지체에 빠뜨려야 한다**(대결 1977.4.13. 77마90).

 전세권의 목적물이 아닌 나머지 건물부분에 대하여 경매신청을 할 수 있는지 여부(소극)

건물의 일부에 대하여 전세권이 설정되어 있는 경우 그 전세권자는 전세권의 목적물이 아닌 나머지 건물부분에 대하여는 우선변제권은 별론으로 하고 경매신청권은 없으므로, 위와 같은 경우 전세권자는 **전세권의 목적이 된 부분을 초과하여 건물 전부의 경매를 청구할 수 없다**(대결 2001.7.2. 2001마212).

3) 관련문제(전세권을 목적으로 한 저당권의 실행)
① 전세권이 존속 중인 경우에는 '전세권' 자체를 실행의 대상으로 한다.
② 전세권이 기간만료 기타 사유로 소멸한 경우에는 더 이상 전세권 자체에 대하여 저당권을 실행할 수 없게 되고, 이러한 경우에는 전세금반환채권에 대하여 추심명령 또는 전부명령을 받거나, 제3자가 전세금반환채권에 대하여 실시한 강제집행절차에서 배당요구를 하는 등의 방법으로 자신의 권리를 행사할 수 있다(대판 2008.3.13. 2006다29372·29389).
③ 전세권저당권이 설정된 경우에도 전세권이 기간만료로 소멸되면 전세권설정자는 전세금반환채권에 대한 제3자의 압류 등이 없는 한 전세권자에 대하여만 전세금반환의무를 부담한다(대판 1999.9.17. 98다31301).

(3) 부속물수거권
전세권이 소멸한 때에는 전세권자는 그 목적물을 원상에 회복하여야 하며, 그 목적물에 부속시킨 물건은 수거할 수 있다(제316조 제1항 본문).

(4) 부속물매수청구권

1) **전세권설정자의 매수청구권** → 지상권설정자·전세권설정자(○), 임대인(×)

   목적부동산에 부속시킨 물건에 대하여 전세권설정자가 매수를 청구한 때에는 전세권자는 정당한 이유 없이 이를 거절하지 못한다(제316조 제1항 단서).

2) **전세권자의 매수청구권** → 부속 → 매수청구권 / 부합 → 비용반환청구권

   전세권자가 부속물건을 전세권설정자의 동의를 얻어 부속시킨 것이거나 전세권설정자로부터 매수한 것인 때에는 전세권설정자에 대하여 매수를 청구할 수 있다(제316조).

3) **매수청구권의 성질**

   전세권설정자나 전세권자의 부속물매수청구권은 형성권이라는 것이 통설이므로, 청구권의 행사(일방적 의사표시)가 있으면 곧 부속물에 대한 매매는 성립하게 된다.
   ← 매매대금은 당사자의 합의 또는 법원의 결정에 의함

(5) 지상물매수청구권 [25회 출제]

1) 토지임차인의 건물 기타 공작물의 매수청구권에 관한 민법 제643조의 규정은 성질상 토지의 전세권에도 유추 적용될 수 있다.

2) 지상물매수청구권이 인정되기 위해서는 ① 전세권이 건물 기타 공작물의 소유 등을 목적으로 한 것으로서 ② 기간이 만료되어야 하고 ③ 건물 기타 지상시설이 현존하여야만 한다(대판 2007.9.21. 2005다41740).

(6) 전세권자의 유익비상환청구권

1) 목적물을 개량하기 위하여 지출한 금액 기타 유익비에 관하여는 그 가액의 증가가 현존한 경우에 한하여 전세권설정자의 선택에 좇아 그 지출액이나 증가액의 상환을 청구할 수 있다(제310조 제1항).

2) 전세권자에게는 목적물의 유지·수선의무가 있으므로(제309조), 필요비상환청구권은 인정되지 않는다.

(7) 별제권(別除權)

전세권설정자가 파산한 경우 별제권이 인정된다(「채무자회생 및 파산에 관한 법률」 제411조).

(8) 등 기

전세권이 소멸하면 전세권말소등기를 한다.

(9) 전세금반환채권의 일부양도에 따른 전세권 일부이전등기

전세권이 소멸한 후(존속기간 만료 또는 전세권소멸이 증명된 경우) 전세금의 일부가 이전된 때에는 이를 등기할 수 있다. 이 경우 등기관은 양도액을 등기한다(「부동산등기법」 제73조).

제5장 용익물권

단락핵심 전세권의 소멸

(1) 전세권이 소멸한 경우에 전세금에 관하여 우선변제권이 있다. (○)
(2) 전세권자가 전세권설정계약에 의하여 정해진 용법으로 사용·수익하지 아니하면 전세권설정자는 전세권의 소멸을 청구할 수 있다. (○)
(3) 전세권의 목적부동산이 멸실하면 멸실된 부분의 전세권은 당연히 소멸한다. (○)
(4) 전세권을 목적으로 한 저당권이 설정되었는데 전세권이 소멸하면 전세권 자체에 대하여 저당권을 실행할 수 없다. (○)
(5) 전세권자는 전세권설정자의 동의를 얻지 않고 부속시킨 물건의 매수를 청구할 수 있다. (×)
(6) 전세권이 소멸한 경우 지상물매수청구권에 관한 규정이 없으나 판례는 이를 인정한다. (○)
(7) 전세권이 소멸한 후 전세금의 일부가 이전된 때에는 이를 등기할 수 있다. (○)

단락문제 Q11 제35회 기출

전세권에 관한 설명으로 틀린 것은?

① 전세금의 반환은 전세권말소등기에 필요한 서류를 교부하기 전에 이루어져야 한다.
② 전세권자는 전세권설정자에 대하여 통상의 수선에 필요한 비용의 상환을 청구할 수 없다.
③ 전전세한 목적물에 불가항력으로 인한 손해가 발생한 경우, 그 손해가 전전세하지 않았으면 면할 수 있는 것이었던 때에는 전세권자는 그 책임을 부담한다.
④ 대지와 건물을 소유한 자가 건물에 대해서만 전세권을 설정한 후 대지를 제3자에게 양도한 경우, 제3자는 전세권설정자에 대하여 대지에 대한 지상권을 설정한 것으로 본다.
⑤ 타인의 토지에 지상권을 설정한 자가 그 위에 건물을 신축하여 그 건물에 전세권을 설정한 경우, 그 건물소유자는 전세권자의 동의 없이 지상권을 소멸하게 하는 행위를 할 수 없다.

해설
① (×) 동시이행관계
② (○) 전세권은 물권이기 때문에 전세권자가 필요비를 지출해야 한다.
③ (○) 민법 제308조
④ (○) 민법 제305조① 前文
⑤ (○) 제304조①②

답 ①

제2편 물권법

단락문제 Q12
제34회 기출

전세권에 관한 설명으로 옳은 것은? (다툼이 있으면 판례에 따름)

① 전세권설정자의 목적물 인도는 전세권의 성립요건이다.
② 타인의 토지에 있는 건물에 전세권을 설정한 경우, 전세권의 효력은 그 건물의 소유를 목적으로 한 지상권에 미친다.
③ 전세권의 사용·수익 권능을 배제하고 채권담보만을 위해 전세권을 설정하는 것은 허용된다.
④ 전세권설정자는 특별한 사정이 없는 한 목적물의 현상을 유지하고 그 통상의 관리에 속한 수선을 해야 한다.
⑤ 건물전세권이 법정갱신된 경우, 전세권자는 이를 등기해야 제3자에게 대항할 수 있다.

해설
② 민법 제304조
① 전세권 설정요건 = 전세권설정계약 + 전세금의 지급 + 전세권설정 등기
③ 전세권은 용익물권
④ 설정자에게는 유지 수선의무가 없다. 임대인과의 차이
⑤ 물권의 변동이므로 전세권갱신에 관한 등기를 필요로 하지 아니하고 전세권자는 그 등기없이도 전세권설정자나 그 목적물을 취득한 제3자에 대하여 그 권리를 주장할 수 있다(대판 1989. 7. 11. 88다카21029).

답 ②

단락문제 Q13
제32회 기출

전세권에 관한 설명으로 틀린 것은? (다툼이 있으면 판례에 따름)

① 전세금의 지급은 전세권 성립의 요소이다.
② 당사자가 주로 채권담보의 목적을 갖는 전세권을 설정하였더라도 장차 전세권자의 목적물에 대한 사용수익권을 완전히 배제하는 것이 아니라면 그 효력은 인정된다.
③ 건물전세권이 법정갱신된 경우 전세권자는 전세권갱신에 관한 등기 없이도 제3자에게 전세권을 주장할 수 있다.
④ 전세권의 존속기간 중 전세목적물의 소유권이 양도되면, 그 양수인이 전세권설정자의 지위를 승계한다.
⑤ 건물의 일부에 대한 전세에서 전세권설정자가 전세금의 반환을 지체하는 경우, 전세권자는 전세권에 기하여 건물 전부에 대해서 경매청구할 수 있다.

제5장 용익물권

> **해설**

① (O) 민법 제301조 참조
② (O) 전세권이 용익물권적 성격과 담보물권적 성격을 겸비하고 있다는 점 및 목적물의 인도는 전세권의 성립요건이 아닌 점 등에 비추어 볼 때, 당사자가 주로 채권담보의 목적으로 전세권을 설정하였고, 그 설정과 동시에 목적물을 인도하지 아니한 경우라 하더라도, 장차 전세권자가 목적물을 사용·수익하는 것을 완전히 배제하는 것이 아니라면, 그 전세권의 효력을 부인할 수는 없다.(대판 1995. 2. 10. 94다18508)
③ (O) 전세권의 법정갱신은 법률의 규정에 의한 부동산에 관한 물권의 변동이므로 전세권갱신에 관한 등기를 필요로 하지 아니하고 전세권자는 그 등기 없이도 전세권설정자나 그 목적물을 취득한 제3자에 대하여 그 권리를 주장할 수 있다. (대판 1989. 7. 11. 선고 88다카21029)
④ (O) 민법이 전세권 관계로부터 생기는 상환청구, 소멸청구, 갱신청구, 전세금증감청구, 원상회복, 매수청구 등의 법률관계의 당사자로 규정하고 있는 전세권설정자 또는 소유자는 모두 목적물의 소유권을 취득한 신 소유자로 새길 수밖에 없다.(광주고법 2006. 2. 8. 선고 2005나7794)
⑤ (X) 전세권의 목적물이 아닌 나머지 건물부분에 대하여는 우선변제권은 별론으로 하고 경매신청권은 없으므로, 위와 같은 경우 전세권자는 전세권의 목적이 된 부분을 초과하여 건물 전부의 경매를 청구할 수 없다.(대판 2001. 7. 2. 2001마212)

답 ⑤

단락문제 Q14 제31회 기출

甲은 자신의 X건물에 관하여 乙과 전세금 1억원으로 하는 전세권설정계약을 체결하고 乙명의로 전세권설정등기를 마쳐주었다. 이에 관한 설명으로 틀린 것은? (다툼이 있으면 판례에 따름)

① 전세권존속기간을 15년으로 정하더라도 그 기간은 10년으로 단축된다.
② 乙이 甲에게 전세금으로 지급하기로 한 1억원은 현실적으로 수수될 필요 없이 乙의 甲에 대한 기존의 채권으로 전세금에 갈음할 수도 있다.
③ 甲이 X건물의 소유를 위해 그 대지에 지상권을 취득하였다면, 乙의 전세권의 효력은 그 지상권에 미친다.
④ 乙의 전세권이 법정갱신된 경우, 乙은 전세권갱신에 관한 등기 없이도 甲에 대하여 갱신된 전세권을 주장할 수 있다.
⑤ 합의한 전세권 존속기간이 시작되기 전에 乙 앞으로 전세권설정등기가 마쳐진 경우, 그 등기는 특별한 사정이 없는 한 무효로 추정된다.

> **해설**

⑤ (X) 전세권의 성립 = 전세권설정합의 + 전세금지급 + 등기
① (O) 제312조 제1항
② (O) 전세금의 지급은 전세권 성립의 요소가 되는 것이지만 그렇다고 하여 전세금의 지급이 반드시 현실적으로 수수되어야 하는 것은 아니고, 기존의 채권으로 전세금의 지급에 갈음할 수도 있다(대판 94다 18508).
③ (O) 제304조 제1항
④ (O) 전세권의 법정갱신(민법 제312조 제4항)은 법률의 규정에 의한 부동산에 관한 물권의 변동이므로 전세권갱신에 관한 등기를 필요로 하지 아니하고 전세권자는 그 등기없이도 전세권설정자나 그 목적물을 취득한 제3자에 대하여 그 권리를 주장할 수 있다(대판 1989.7.11. 88다카21029).

답 ⑤

용익물권

CHAPTER 05

빈출  총정리

• 경록 교재에 모든 답이 있습니다.

지상권

01 지료는 지상권의 설정을 위한 필수적 요소가 아니다.
함정(X) 무상의 지상권은 설정할 수 없다.

02 지상권에는 **최단기간**의 제한은 있으나 **최장기간**의 제한은 없다.
함정(X) 지상권에는 최장기간의 제한은 있으나 최단기간의 제한은 없다.

03 토지의 일부에 대하여 분필절차를 거치지 않고 지상권을 설정할 수 있다.
함정(X) 토지의 일부에 대하여는 지상권을 설정할 수 없다.

04 수목의 소유를 목적으로 한 지상권의 **최단존속기간**은 30년이다.
함정(X) 수목의 소유를 목적으로 한 지상권의 최장존속기간은 30년이다.

05 지상권의 양도 또는 목적물의 **임대를 제한하는 당사자 간의 특약은 무효이다**.
함정(X) 지상권의 양도 또는 목적물의 임대는 당사자가 미리 합의하여야 가능하다.

06 분묘기지권의 시효취득은 **분묘의 소유자가** 하는 것이며, 분묘의 소유자가 아닌 분묘관리자가 장기간 관리하더라도 관리자는 시효취득할 수 없다.
함정(X) 분묘기지권의 시효취득은 분묘의 관리자가 하는 것이며, 분묘의 소유자가 아닌 분묘관리자가 장기간 관리하더라도 관리자는 시효취득할 수 없다.

07 분묘기지권을 시효취득한 경우 원칙적으로 **지료를 지급할 필요가 없다**.
함정(X) 분묘기지권을 시효취득한 경우 원칙적으로 지료를 지급하여야 한다.

08 관습법상의 법정지상권의 **성립은 당사자의 특약으로 배제할 수 있다**.
함정(X) 관습법상의 법정지상권의 성립을 배제하는 특약은 사회상규에 반한다.

제5장 **용익물권**

09 민법 제366조의 저당권실행에 의한 법정지상권 규정은 특약으로 그 적용을 배제할 수 **없다**.
  함정(✗) 민법 제366조의 저당권실행에 의한 법정지상권 규정은 특약으로 그 적용을 배제할 수 있다.

10 매수인의 의사에 따라 건물만이 매도된 **경우에도 관습상의 법정지상권이 인정된다**.
  함정(✗) 매수인의 의사에 따라 건물만이 매도된 경우라면 관습법상의 법정지상권이 인정되지 않는다.

11 공유자 중 1인 또는 수인 소유의 건물이 있는 공유대지를 분할하여 대지의 소유권이 공유에서 단독소유로 바뀐 경우 특별한 사정이 없는 한 건물소유자는 관습법상의 법정지상권을 **취득한다**.
  함정(✗) 공유자 중 1인 또는 수인 소유의 건물이 있는 공유대지를 분할하여 대지의 소유권이 공유에서 단독소유로 바뀐 경우 특별한 사정이 없는 한 건물소유자는 관습법상의 법정지상권을 취득할 수 없다.

12 법정지상권은 성립에는 등기가 필요하지 않으나 **처분에는 등기가 필요하다**.
  함정(✗) 법정지상권은 성립에는 등기가 필요하지 않으나 제3자에게 대항하기 위해서는 등기하여야 한다.

13 타인의 토지 위에 토지소유자의 승낙을 얻어 신축한 건물을 매수·취득한 자는 관습법상의 법정지상권을 취득할 수 **없다**.
  함정(✗) 타인의 토지 위에 토지소유자의 승낙을 얻어 신축한 건물을 매수·취득한 자는 관습법상의 법정지상권을 취득할 수 있다.

14 공동저당의 목적인 건물이 철거된 후 그 자리에 새 건물이 신축된 경우에는 법정지상권이 **인정되지 않는다**.
  함정(✗) 공동저당의 목적인 건물이 철거된 후 그 자리에 새 건물이 신축된 경우에는 법정지상권이 인정된다.

15 수목의 소유를 위하여 구분지상권을 **설정할 수 없다**.
  함정(✗) 수목의 소유를 위하여 구분지상권을 설정할 수 있다.

지역권

16 지역권의 존속기간은 **민법에 규정되지 않았다**.
함정(✗) 지역권의 존속기간은 민법에서 30년으로 제한하고 있다.

17 지역권은 요역지와 분리하여 양도하거나 다른 권리의 목적으로 **하지 못한다**.
함정(✗) 지역권은 요역지와 분리하여 양도하거나 다른 권리의 목적으로 할 수 있다.

18 요역지 또는 승역지가 분할되거나 일부 양도된 경우에는 지역권은 **요역지의 각 부분을 위하여 또는 승역지의 각 부분에 존속한다**.
함정(✗) 요역지 또는 승역지가 분할되거나 일부 양도된 경우에는 지역권은 소멸한다.

19 **지역권의 시효취득은 계속되고 표현된 것에 한하여 인정된다**.
함정(✗) 지역권은 시효취득의 대상이 되지 못한다.

20 지역권자는 **점유물반환청구권을 행사할 수 없다**.
함정(✗) 지역권자는 당연히 점유물반환청구를 할 수 있다.

21 요역지가 수인의 공유인 경우, 공유자 중 1인에 의한 지역권 소멸시효의 중단 또는 정지는 다른 공유자를 위하여서도 **효력이 있다**.
함정(✗) 요역지가 수인의 공유인 경우, 공유자 중 1인에 의한 지역권 소멸시효의 중단 또는 정지는 다른 공유자를 위하여서도 효력이 없다.

22 **승역지**가 제3자에 의하여 시효취득되는 때에는 지역권은 소멸하는 것이 원칙이다.
함정(✗) 요역지가 제3자에 의하여 시효취득되는 때에는 지역권은 소멸하는 것이 원칙이다.

23 승역지의 소유자는 지역권자가 승역지에 설치한 공작물을 사용할 수 있으나 지역권 행사를 방해할 수 없고, 수익정도의 비율에 따라 설치·보존상의 비용을 부담한다.
함정(✗) 승역지의 소유자는 지역권자가 승역지에 설치한 공작물을 무상으로 사용할 수 있다.

전세권

24 **전세금은 전세권의 필수적 요소이나 기존의 채권으로 갈음할 수 있다.**
함정(X) 무상의 전세권도 설정할 수 있다.

25 전세권은 물권으로서 당연히 양도성과 상속성이 있다. **그러나 양도배제특약도 가능하다.**
함정(X) 전세권은 물권으로서 당연히 양도성과 상속성이 있다. 그러므로 양도배제특약은 무효이다.

26 전세권자는 **필요비**상환청구권은 없으나 **유익비**상환청구권은 있다.
함정(X) 전세권자는 유익비상환청구권은 없으나 필요비상환청구권은 있다.

27 전세권의 존속기간은 **10년**을 넘지 못한다.
함정(X) 전세권의 존속기간은 30년을 넘지 못한다.

28 **건물전세권의** 최단기간은 1년이며, 법정갱신이 인정된다.
함정(X) 전세권의 최단기간은 1년이며, 법정갱신이 인정된다.

29 전세권자는 전세금의 감액청구권이 **있다.**
함정(X) 전세권자는 전세금의 감액청구권이 없다.

30 전세금의 증액청구의 비율은 약정한 전세금의 **20분의 1을** 초과하지 못한다.
함정(X) 전세금의 증액청구의 비율은 약정한 전세금의 10분의 1을 초과하지 못한다.

31 농경지에 대해서는 **전세권의** 목적으로 할 수 없다.
함정(X) 농경지에 대해서는 임대차의 목적으로 할 수 없다.

32 건물 일부에 전세권을 설정받은 전세권자는 우선변제권은 별론으로 하고 건물전체에 대해서 경매신청을 할 수 **없다.**
함정(X) 건물 일부에 전세권을 설정받은 전세권자는 우선변제권은 별론으로 하고 건물전체에 대해서 경매신청을 할 수 있다.

33 전세권의 목적부동산에 부속시킨 물건에 대하여 전세권설정자가 매수를 청구한 때에는 **전세권자는 정당한 이유 없이 이를 거절하지 못한다.**

제2편 물권법

함정(X) 전세권의 목적부동산에 부속시킨 물건에 대하여 전세권설정자가 매수를 청구한 때에는 **전세권자는 이를 거절할 수 없다**.

34 전세권이 존속하는 동안에도 전세권을 존속시키기로 하면서 전세금반환채권만을 전세권과 분리하여 **확정적으로 양도하는 것도 허용되지 않는다**.
  함정(X) 전세권이 존속하는 동안에도 전세권을 존속시키기로 하면서 전세금반환채권만을 전세권과 분리하여 확정적으로 양도할 수 있다.

35 전세권의 기간이 만료한 후 전세금반환채권의 일부를 양도한 경우 **이를 등기할 수 있다**.
  함정(X) 전세권의 기간이 만료한 후 전세금반환채권의 일부를 양도한 경우 이는 제3자에게 대항할 수 없다.

36 전세권양도의 **대금에 대해서는 아무런 제한이 없으므로 설정자에게 지급된 전세금의 액보다 고액이더라도 무방하다**.
  함정(X) 전세권양도의 대금은 전세금을 초과할 수 없다.

37 전세권이 소멸한 경우 전세권 설정자는 전세권자로부터 그 목적물의 인도 및 **전세권설정등기의 말소등기에 필요한 서류의 교부를 받는** 동시에 전세금을 반환하여야 한다.
  함정(X) 전세권이 소멸한 경우 전세권 설정자는 전세권자로부터 그 목적물의 인도 및 전세권설정등기의 말소와 동시에 전세금을 반환하여야 한다.

CHAPTER 06 담보물권

학습포인트

- 채권의 물적 담보제도로서 질권, 유치권, 저당권 가운데 동산 중심의 질권을 제외하고 유치권과 저당권을 중심으로 출제범위가 정해져 있다.
- 특히 유치권은 부동산유치권으로서 어떤 효력이 주어지는지, 담보물권의 꽃이라고 하는 저당권과 특히 금융실무에서 활용되는 근저당권 등의 내용을 정확히 이해하고 실제사례 등에서 어떻게 적용될 수 있는지를 학습해야 한다.

CHAPTER 학습 & 출제되는 키워드

- ☑ 채권담보제도
- ☑ 담보물권
- ☑ 부종성
- ☑ 수반성
- ☑ 불가분성
- ☑ 물상대위성
- ☑ 유치권
- ☑ 견련성
- ☑ 점유의 적법성
- ☑ 유치권배제특약
- ☑ 경매권·간이변제충당권
- ☑ 타담보의 제공
- ☑ 질권
- ☑ 저당권
- ☑ 저당권설정계약
- ☑ 저당권등기의 유용
- ☑ 피담보채권
- ☑ 우선변제적 효력
- ☑ 저당권의 실행
- ☑ 일괄경매청구권
- ☑ 저당권과 용익권의 관계
- ☑ 법정지상권
- ☑ 공동저당
- ☑ 근저당

CHAPTER 학습 & 출제되는 질문

- ☑ 담보물권의 공통된 성질에 관한 설명으로 옳은 것은?
- ☑ 유치권에 관한 설명 중 옳은 것을 모두 고르면?
- ☑ 甲은 자기소유 X건물의 전면적 수리를 乙에게 의뢰하였고, 대금지급기일이 경과했음에도 그 대금을 지급함이 없이 수리를 완료한 乙에게 건물의 반환을 요구한다. 다음 중 틀린 것은?
- ☑ 저당권에 관한 설명 중 옳은 것은?
- ☑ 甲은 채무자 乙소유의 부동산에 저당권을 설정받았다. 다음 설명 중 틀린 것은?
- ☑ 저당권침해에 대한 다음 설명 중 틀린 것은?
- ☑ 근저당권의 피담보채권이 확정되는 시기가 아닌 것은?

제2편 물권법

제1절 총설

01 채권담보제도

1 담보의 의의

채권담보는 채권자가 채권의 일반적 효력을 보강하여 채권의 실현을 확보하기 위한 법률적 수단이다.

2 인적 담보제도

채무자의 일반재산 이외의 제3자(보증인)의 일반재산을 가지고 채권을 담보하려는 제도(연대채무 및 보증채무)이며, 채권법에서 다룬다.

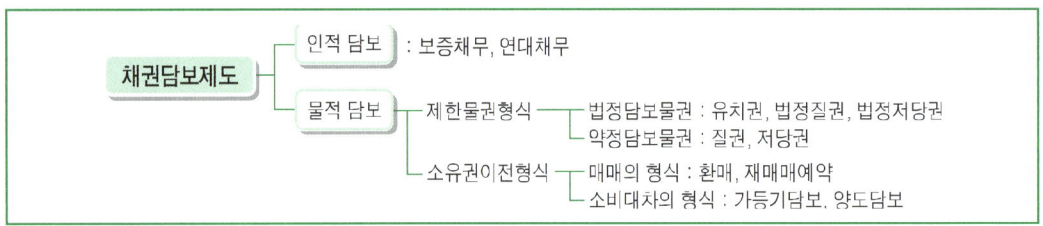

3 물적 담보제도

(1) 물적 담보제도에는 여러 형태가 있으며, 그 법률구성의 차이에 따라 크게 '제한물권의 법리에 의한 것'과 '소유권이전의 법리에 의한 것'으로 나뉘어진다.

(2) 제한물권의 법리에 의한 것은 채무자가 여전히 담보목적물의 소유권을 보유한 채 그 교환가치만을 활용하는 방법으로 민법상의 담보물권이 이에 속하며 특별법상의 공장저당, 광업저당, 가등기담보 등이 있다.

(3) 소유권이전의 법리에 의한 것은 소유권자체를 채권자에게 이전하되 다만 그것을 채권담보의 목적에 제한하는 법률구성을 취하는 채권담보제도로서 양도담보, 환매, 재매매의 예약, 대물변제의 예약, 소유권유보부매매 등이 이에 속한다.

(4) 양도담보나 소유권유보부 매매의 경우 담보물권인지 여부를 외형상으로 판단하기 어렵다는 문제가 있다.

02 담보물권의 종류

1 근거법률에 따른 분류

(1) 민법상의 담보물권
1) 유치권·질권·저당권 등 3가지가 있다.
2) 용익물권인 전세권은 담보물권적 성질도 겸유하고 있다.
   → 전세금의 반환시까지 목적물 반환을 거부할 수 있음

(2) 특별법상의 담보물권
상사유치권과 상사질권, 선박저당권, 선박채권자의 우선특권, 임금우선특권, 소액보증금우선특권 등이 있다.

2 성립원인에 따른 분류

(1) 법정담보물권
1) 특정채권의 담보를 유일의 목적으로 하여 당사자의 약정이 없었더라도 법률상 당연히 발생하는 담보물권을 말한다. 다만, 법정질권의 경우 압류 등의 추가적인 요건이 필요할 수 있다.
   예 유치권(상사유치권 포함), 법정질권, 법정저당권
2) 유치권의 경우에는 특약으로 유치권의 성립을 배제할 수 있다.

(2) 약정담보물권   → 법률행위에 의한 물권변동이므로 등기가 필요함
1) 당사자의 약정(계약)에 의해 성립되는 담보물권을 말한다.
   예 저당권, 질권
2) 법률행위에 의한 물권이므로 물권적 합의와 함께 등기를 하여야 성립한다(제186조).

03 담보물권의 특질 (담보물권의 통유성)   추가15회 출제

1 부종성★

(1) 의 의
피담보채권이 성립하고 있지 않거나 또는 소멸하고 없는 때에는 담보물권도 소멸하는 성질을 말한다. 즉, 피담보채권의 존재 없이는 담보물권은 존재할 수 없다.

(2) 인정범위
유치권 기타 법정담보물권에서 강하게 작용한다.

(3) 부종성의 완화
근저당과 같이 채권이 성립하지 않고 장래에 있어서 성립하는 경우에도 저당권이 성립되거나 피담보채권이 일시적으로 소멸하더라도 근저당권 자체가 소멸하지 않는 것과 같은 경우를 말하며 질권이나 저당권 등 약정담보물권에서 인정된다. 또한, 조건이나 기한부라 하더라도 특정채권이 장래 발생할 가능성이 확실한 때에는 약정담보물권의 성립이 가능하다.

2 수반성
채권양도에 의하여 피담보채권이 그 동일성을 유지하면서 이전하면 담보물권도 따라서 이전하고, 피담보채권 위에 부담이 설정되면 담보물권도 그 부담에 복종하는 성질을 말한다.

3 불가분성

(1) 의 의
담보물권은 피담보채권의 전부가 변제될 때까지 목적물의 전부에 대하여 효력이 미친다는 성질을 말한다.

(2) 범 위
1) 목적물의 일부가 불가항력으로 멸실되더라도 피담보채권의 전부를 잔존목적물로 담보한다.
2) 피담보채권의 일부가 변제 기타의 사유로 소멸하더라도 담보물권은 잔존하는 피담보채권에 관하여 목적물 전부에 인정된다.

(3) 예외 및 완화
1) 공동저당에서 동시배당의 경우 경매가액에 비례해 채무를 분담한다(제368조).
2) 유치권의 경우 다른 담보를 제공하고 유치권의 소멸을 청구할 수 있다(제327조).

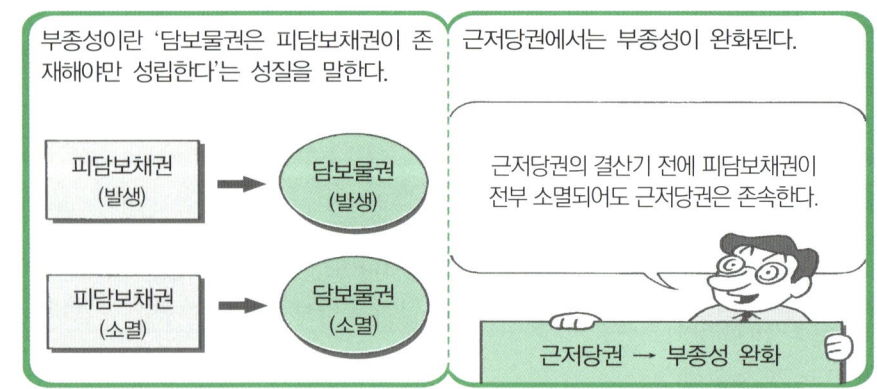

4 물상대위성 ★★

23회 출제

(1) 의 의

담보물권은 목적물이 멸실·훼손·공용징수로 인해 멸실되더라도 그 목적물의 가치를 대표하는 **변형물**에 담보물권의 효력이 미친다는 성질을 말한다.

└→ 보상금·보험금 등

(2) 인정범위

→ 우선변제권이 인정되지 않기 때문임

1) 전세권, 질권, 저당권 등에 인정되며, 우선변제권이 없는 <u>유치권은 물상대위성이 부정된다.</u>
2) 담보목적물의 매각대금, 전세금, 보증금, 차임 등의 금전에는 물상대위가 인정되지 않는다.
3) 행사요건
   ① 물상대위가 인정되는 대표물은 목적물의 멸실·훼손 또는 공용징수로 인하여 담보물권설정자가 받을 금전 기타 물건이다.
   ② 담보물권자가 물상대위권을 행사하기 위해서는 담보권설정자가 금전 기타의 물건을 인도받기 전에 압류하여야 하는데, 담보권자 자신이 스스로 압류할 것을 요하지 아니하고 후순위담보권자나 일반채권자가 압류하여도 특정성은 보전된다(대판 1998.9.22. 98다12812).

담보물권과 물상대위성

① 담보물권에는 유치권·질권·저당권이 있다.
② 다만, 물상대위권은 질권·저당권에만 인정된다.

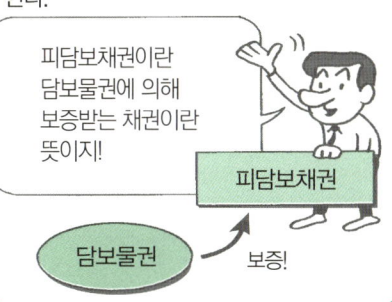

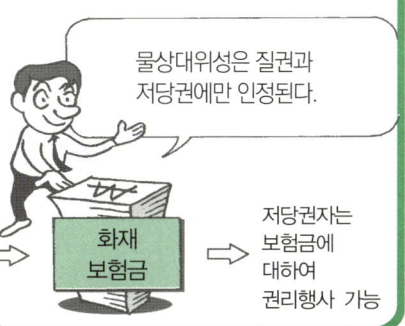

4) 행사방법
① 담보권자의 물상대위권은 통상적으로는 물상대위권의 목적인 채권 등을 압류한 다음 추심 또는 전부명령을 신청하는 방법을 취한다.
② 담보물권자의 물상대위권은 그 권리실행의사를 담보권자 스스로 법원에 명확하게 표시하는 방법으로 담보권자 자신에 의해 행사되어야 하며, 담보권자가 이러한 물상대위권의 행사에 나아가지 아니한 채 단지 담보권의 등기가 된 것만으로는 그 변형물로부터 우선변제를 받을 수 없다.

단락핵심 담보물권의 특질

(1) 담보물권은 부종성을 가지므로 타인명의의 저당권설정은 무효가 원칙이다. (○)
(2) 근저당권의 경우 부종성이 완화된다. (○)
(3) 유치권에는 물상대위성이 인정된다. (×)
(4) 담보물권자가 물상대위권을 행사하기 위해서는 담보권설정자가 금전 기타의 물건을 인도받기 전에 압류하여야 하는데, 담보권자 자신이 스스로 압류할 것을 요하지 아니한다. (○)
   ⇒ 특정만 되면 족하기 때문이다.

제6장 담보물권

제2절 유치권
16·17·20·24·33·34·35회 출제

01 유치권의 의의와 성질

> 제320조(유치권의 내용) ① 타인의 물건 또는 유가증권을 점유한 자는 그 물건이나 유가증권에 관하여 생긴 채권이 변제기에 있는 경우에는 변제를 받을 때까지 그 물건 또는 유가증권을 유치할 권리가 있다.
> ② 전항의 규정은 그 점유가 불법행위로 인한 경우에 적용하지 아니한다.

1 유치권의 의의

13회 출제

(1) 의 의

→ 유치권 = 동산 + 부동산
질 권 = 동산 + 채권
저당권 = 부동산

유치권은 타인의 물건 또는 유가증권을 점유한 자가 그 물건이나 유가증권에 관하여 생긴 채권을 가지는 경우에 그 변제를 받을 때까지 그 물건 또는 유가증권을 유치할 수 있는 권리이다(제320조). 유치권은 공평의 원칙에 근거한다.

Professor Comment

타인의 물건을 점유하는 자가 그 물건에 관한 채권을 가지고 있음에도 불구하고, 물건을 반환한 후 별도의 추심절차를 거치는 것은 법률관계를 복잡하게 하여 채권자에게 불공평하기 때문이다.

(2) 동시이행항변권과의 비교

1) 동시이행의 항변권이란 쌍무계약으로부터 생긴 양 채권이 있는 경우에 당사자 일방은 상대방이 채무의 이행을 제공할 때까지 자기의 채무이행을 거절할 수 있는 것을 말한다(제536조).
2) 이는 대가관계에 있는 쌍방의 채무는 동시에 이행되는 것이 공평하고 또 신의에 적합하다는 이유에서 인정된 것으로 유치권의 인정근거와 비슷하다.
3) 유치권은 독립의 물권인 데 반해 동시이행의 항변권은 쌍무계약에서 발생하는 채권에 따르는 권능으로 양자는 근본적인 차이를 갖고 있고, 그 발생원인이나 거절할 수 있는 급부의 내용·권리자의 주의의무·타담보의 제공에 의한 소멸 여부에 있어 차이가 있다.

2 법적 성질 ★★

(1) 점유할 수 있는 권리

유치권은 목적물을 점유할 수 있는 권리를 포함하는 독립의 물권으로서 목적물의 소유권이 누구에게 속하는가에 상관없이 그 권리를 주장할 수 있다.

(2) 제한물권
타인의 물건이나 유가증권 위에 성립하는 제한적 권리이다.

(3) 추급력의 부정
목적물에 대한 점유를 잃으면 유치권은 소멸하며, 물권으로서의 추급력이 없다.

> 그러나 일시적인 점유이탈이 있었으나 점유보호청구권에 의해 점유를 회복한 때에는 소멸하지 않는다.

Professor Comment
추급이란 것은 사전적 의미로는 뒤쫓아 가서 따라잡는다는 것이지만, 법적으로는 어떤 권리가 계속 물건에 그 효력을 유지한다는 뜻이다.

(4) 법정담보물권
1) 일정한 요건을 갖추면 법률상 당연히 성립하는 법정담보물권이므로, 부동산유치권에 있어서는 등기가 필요없다.
2) 부종성, 수반성, 불가분성이 있다.
3) 유치권은 목적물의 교환가치의 지배를 목적으로 하는 것이 아니므로 우선변제권이 없고 이를 전제로 하는 물상대위성도 없다. 그러나 경매권은 있다.

단락핵심 유치권의 의의와 성질

(1) 동시이행의 항변권에 의하여 거절할 수 있는 급부에는 제한이 없으나, 유치권에 의하여 거절할 수 있는 것은 물건의 인도이다. (○)
(2) 유치권의 목적부동산이 제3자에게 양도된 경우, 유치권자는 특별한 사정이 없는 한 제3자에게 유치권을 주장할 수 있다. (○)
(3) 유치권은 상당한 담보를 제공하고 소멸시킬 수 있으나, 동시이행의 항변권은 그렇지 못하다. (○)
(4) 유치권과 동시이행의 항변권은 다같이 공평의 원리에 의거하여 인정된 것이다. (○)
(5) 유치권은 특정채권담보를 위한 법정담보물권인 데 대하여 동시이행의 항변권은 쌍무계약의 권능이다. (○)
(6) 동시이행의 항변권과 유치권이 동시에 성립하는 경우, 권리자는 이를 선택적으로 행사할 수 없다. (×)

02 유치권의 성립요건 `18·21·30회 출제`

1 유치권의 목적물 ★★

(1) 유치권의 목적이 될 수 있는 것은 <u>타인</u>의 물건(동산·부동산) 또는 유가증권이다(제320조 제1항).
→ 채무자뿐만 아니라 제3자의 물건도 가능하다.

 물건의 일부에 대한 유치권도 성립한다.

> 타인의 임야의 일부를 개간하였는데, 거래상 개간부분과 다른 부분과의 분할이 가능함을 쉽게 알 수 있는 경우에는 유치권의 객체는 임야 중 개간부분에 한하며, 따라서 소유자의 임야인도청구에 대하여 개간자가 유치권을 행사하여 인도청구 전부를 배척한 것은 위법하다(대판 1968.3.5. 67다2786).

(2) <u>유가증권</u>이란 재산적 가치가 있는 재산권이 포함된 증권으로서 그 권리행사에 증권의 소지가 필요한 것을 말한다.   → 예 어음·수표

(3) 부동산유치권도 등기가 불필요하다.

2 피담보채권과 목적물과의 견련성 ★★★ `21·23·25·27·32회 출제`

(1) 의 의

유치권에 의하여 담보되는 채권, 즉 피담보채권은 유치권의 목적물에 관하여 생긴 것이어야 한다. "관하여"의 의미를 견련성이라고 하는데, 견해의 대립은 있으나, 판례는 ① 채권이 목적물 자체로부터 발생한 경우와 ② 채권이 목적물의 반환청구권과 동일한 법률관계 또는 사실관계로부터 발생한 경우를 인정하고 있다.

Professor Comment
채권과 목적물의 점유 사이의 견련성까지는 필요로 하지 않음이 판례의 입장이며, 채권이 목적물 자체를 목적으로 하는 경우에는 견련성이 부정된다는 것도 기억해야 한다.

(2) 채권이 목적물 자체로부터 발생한 경우

1) 이에 속하는 채권으로는 목적물에 지출한 비용의 상환청구권, 물건의 하자로 인하여 생긴 손해의 배상청구권, 유가증권의 유상수치(有償受置)로 인하여 생긴 보수청구권 등이 있다.

 도급계약에서 수급인이 신축건물에 대하여 유치권을 가지는 경우

> 주택건물의 신축공사를 한 수급인이 그 건물을 점유하고 있고 또 그 건물에 관하여 생긴 공사금 채권이 있다면, 수급인은 그 채권을 변제받을 때까지 건물을 유치할 권리가 있다(대판 1995.9.15. 95다16202).

2) 유치권에 있어서는 피담보채권은 목적물을 원인으로 하여 발생하는 것이어야 하므로 채권이 목적물 자체를 목적으로 하는 경우에는 목적물과의 견련성(牽連性)은 인정되지 않는다.

→ 예) 임차물을 사용·수익하는 임차인의 채권, 즉 임차권

 임차인의 임차보증금반환청구권이나 손해배상청구권 – 유치권 부정

건물임대차에 있어서 임차보증금반환청구권이나 임대인이 건물시설을 아니하기 때문에 임차인에게 건물을 임차 목적대로 사용 못한 것을 이유로 하는 손해배상청구권은 모두 민법 제320조 소정의 소위 그 건물에 관하여 생긴 채권이라 할 수 없다(대판 1976.5.11. 75다1305).

 이른바 계약명의신탁에 있어 명의신탁자가 명의수탁자에 대하여 가지는 매매대금 상당의 부당이득반환청구권 – 유치권 부정

명의신탁자와 명의수탁자가 이른바 계약명의신탁약정을 맺고 명의수탁자가 당사자가 되어 명의신탁약정이 있다는 사실을 알지 못하는 소유자와 부동산에 관한 매매계약을 체결한 뒤 수탁자 명의로 소유권이전등기를 마친 경우에 … 명의신탁자의 (명의수탁자에 대한) 부당이득반환청구권은 부동산 자체로부터 발생한 채권이 아닐 뿐만 아니라 소유권 등에 기한 부동산의 반환청구권과 동일한 법률관계나 사실관계로부터 발생한 채권이라고 보기도 어려우므로, 결국 민법 제320조 제1항에서 정한 유치권 성립요건으로서의 목적물과 채권 사이의 견련관계를 인정할 수 없다(대판 2009.3.26. 2008다34828).

 건축자재대금과 그 건축자재로 지은 건물 – 유치권 부정

甲이 건물 신축공사 수급인인 乙주식회사와 체결한 약정에 따라 공사현장에 시멘트와 모래 등의 건축자재를 공급한 사안에서, 甲의 건축자재대금채권은 매매계약에 따른 매매대금채권에 불과할 뿐 건물 자체에 관하여 생긴 채권이라고 할 수는 없음에도 건물에 관한 유치권의 피담보채권이 된다고 본 원심판결에 유치권의 성립요건인 채권과 물건 간의 견련관계에 관한 법리오해의 위법이 있다(대판 2012.1.26. 2011다96208).

3) 채무불이행으로 인한 손해배상청구권은 원래의 채권의 연장이라 할 것이므로 물건과 원래의 채권과의 사이에 견련관계가 있는 경우에는 그 손해배상채권과 그 물건과의 사이에도 견련관계가 있다 할 것으로서, 손해배상채권에 관하여 유치권항변을 내세울 수 있다(대판 1976.9.28. 76다582).

(3) 채권이 목적물의 반환청구권과 동일한 법률관계 또는 사실관계로부터 발생한 경우

1) 동일한 법률관계에 의하여 발생한 채권

예컨대, 물건 또는 유가증권에 대한 매매계약이 취소된 경우의 매매대금상환청구권·물건의 수선료채권 또는 운송인의 운임청구권 등의 채권이 있다.

 동일한 법률관계에서 발생한 채권

다세대주택의 창호 등의 공사를 완성한 하수급인이 공사대금채권 잔액을 변제받기 위하여 위 다세대주택 중 한 세대를 점유하여 유치권을 행사하는 경우(유치권의 불가분성은 그 목적물이 분할가능하거나, 수개의 물건인 경우에도 적용되므로) 그 유치권은 위 한 세대에 대하여 시행한 공사대금만이 아니라 다세대주택 전체에 대하여 시행한 공사대금채권의 잔액 전부를 피담보채권으로 하여 성립한다(대판 2007.9.7. 2005다16942).

2) 동일한 사실관계에 의하여 발생한 채권

우연히 서로 물건을 바꾸어 간 경우의 상호간 상환청구권이 있다.

(4) 채권과 목적물의 점유와의 견련성은 불요

피담보채권과 목적물과의 견련성 이외에 다시 채권과 목적물의 점유(占有) 사이에 견련관계가 있어야 하는가가 문제되나, 채권은 목적물의 점유 중에 또는 점유와 더불어 생긴 것이어야 할 필요가 없으므로 유치물을 점유하기 전에 발생된 채권이라도 그 후 그 물건의 점유를 취득했다면 유치권은 성립한다(대판 1965.3.30. 64다1977).

단락문제 Q01   제32회 기출

유치권 성립을 위한 견련관계가 인정되는 경우를 모두 고른 것은? (다툼이 있으면 판례에 따름)

- ㉠ 임대인과 임차인 사이에 건물명도시 권리금을 반환하기로 약정을 한 때, 권리금반환청구권을 가지고 건물에 대한 유치권을 주장하는 경우
- ㉡ 건물의 임대차에서 임차인의 임차보증금반환 청구권으로써 임차인이 그 건물에 유치권을 주장하는 경우
- ㉢ 가축이 타인의 농작물을 먹어 발생한 손해에 관한 배상청구권에 기해 그 타인이 그 가축에 대한 유치권을 주장하는 경우

① ㉠   ② ㉡   ③ ㉢   ④ ㉠, ㉢   ⑤ ㉡, ㉢

해설

㉠ (X) 임대인과 임차인 사이에 건물명도시 권리금을 반환하기로 하는 약정이 있었다 하더라도 그와 같은 권리금반환청구권은 건물에 관하여 생긴 채권이라 할 수 없으므로 그와 같은 채권을 가지고 건물에 대한 유치권을 행사할 수 없다. (대판 1994. 10. 14. 93다62119)

㉡ (X) 건물의 임대차에 있어서 임차인이 임대인에게 지급한 임차보증금반환청구권이나 임대인이 건물시설을 아니하기 때문에 임차인에게 건물을 임차목적대로 사용 못한 것을 이유로 하는 손해배상청구권은 모두 민법 320조 소정 그 건물에 관하여 생긴 채권이라 할 수 없다. (대판 1976. 5. 11. 75다1305)

㉢ (O) 채권이 목적물 자체로부터 발생, 견련성 인정

답 ③

3 피담보채권이 변제기에 있을 것   26회 출제

채권(피담보채권)이 변제기에 있어야 한다. 변제기의 도래 전에 유치권을 인정하면 변제기 전의 채무의 이행을 간접적으로 강제하는 것이 되어 부당하기 때문이다. 또한 유익비상환청구권의 행사에 대하여 법원이 유예기간을 허용하면(제203조 제3항·제310조 제2항) 유치권은 소멸한다. 변제기가 연기되었기 때문이다.

4 유치권자가 목적물을 점유할 것 ★★   23회 출제

(1) 목적물을 점유하고 있어야 하므로 점유를 잃으면 유치권은 소멸한다.
(2) 점유상태는 직접점유든 간접점유든 상관없다(대결 2002.11.27. 2002마3516). 그러나 채무자를 직접점유자로 하여 채권자가 간접점유하는 경우에는 유치권이 성립하지 않는다(대판 2008.4.11. 2007다27236).

5 점유의 적법성(제320조 제2항)★★

(1) 불법행위로 인한 점유

1) 이에는 점유의 취득이 침탈이나 사기·강박 등에 의한 경우뿐만 아니라, 채무자에게 대항할 수 있는 점유의 권원 없이 이를 알거나 중과실로 알지 못하고 점유를 시작한 경우도 포함된다.
2) 부동산의 불법점유자(不法占有者)가 그 부동산에 관하여 필요비 또는 유익비를 지출하더라도 그의 반환채권을 위한 유치권은 성립하지 않는다.

> **판례 경매개시결정의 등기 이후의 점유취득**
>
> 부동산에 경매개시결정의 기입등기가 경료되어 압류의 효력이 발생한 후에 채무자가 제3자에게 당해 부동산의 점유를 이전함으로써 그 하여금 유치권을 취득하게 하는 경우 그와 같은 점유의 이전은 처분행위에 해당한다는 것이 당원의 판례이나, 이와 달리 부동산에 가압류등기가 경료되어 있을 뿐 현실적인 매각절차가 이루어지지 않고 있는 상황하에서는 채무자의 점유이전으로 인하여 제3자가 유치권을 취득하게 된다고 하더라도 이를 처분행위로 볼 수는 없다(대판 2011.11.24. 2009다19246).

(2) 점유개시 후의 권원상실

1) 처음에는 적법하게 점유를 취득하였으나 권원이 소멸한 후에 지출된 비용에 대해서는 유치권은 성립하지 않는다.

> **판례 임대차계약의 해제·해지 후의 유치권의 성립부정**
>
> 건물임차인이 임대차계약의 해제·해지 후에도 계속 건물을 점유하고 그 기간 동안에 필요비나 유익비를 지출하더라도 그 상환청구권에 관해서는 유치권이 성립하지 않는다(대판 1975.4.22. 73다2010).

2) 점유자의 점유권원은 소멸하였으나 <u>적법하게 물건을 점유하고 있는 동안</u>에 지출된 비용에 대해서는 유치권이 성립한다.

　→ 예 임대차보증금반환시까지의 동시이행의 항변 중 점유, 유치권 성립 후의 점유 등

 유치권의 배제 가능성

① 유치권은 당사자 간 특약으로 배제가 가능하다.
② 임차보증금을 피담보채권으로 하여 유치권이 성립될 수는 없다. 다만, 이 경우 동시이행항변권은 인정된다.

(3) 점유가 적법하지만 유치권을 주장할 수 없는 경우

 경매개시결정의 등기 이후의 채권발생과 유치권

채무자 소유의 건물에 관하여 증·개축 등 공사를 도급받은 수급인이 경매개시결정의 기입등기가 마쳐지기 전에 채무자에게서 건물의 점유를 이전받았다 하더라도 <u>경매개시결정의 기입등기가 마쳐져 압류의 효력이 발생한 후에 공사를 완공하여 공사대금채권을 취득함으로써 그때 비로소 유치권이 성립한 경우</u>에는, 수급인은 유치권을 내세워 <u>경매절차의 매수인에게 대항할 수 없다</u>(대판 2011.10.13. 2011다55214).

6 유치권을 배제하는 특약이 없을 것 ★

유치권은 법률상 당연히 성립하나 당사자 사이에 미리 유치권의 발생을 배제하는 특약을 맺으면 유치권은 성립하지 않는다.

 유치권포기의 특약

건물의 임차인이 <u>임대차관계 종료시에는 건물을 원상으로 복구하여 임대인에게 명도하기로 약정</u>한 것은 건물에 지출한 각종 <u>유익비 또는 필요비의 상환청구권을 포기하기로 한 취지의 특약</u>이라고 볼 수 있다(대판 1975.4.22. 73다2010).

단락핵심 유치권의 성립요건

(1) 어떤 물건을 점유하기 전에 그에 관하여 발생한 채권에 대해서는 후에 채권자가 그 물건의 점유를 취득하더라도 유치권이 성립하지 않는다. (×)
  ⇒ 유치권의 성립에는 채권자의 채권과 유치권의 목적인 물건과의 일정한 관련이 있으면 충분하고 반드시 채권과 점유가 동시에 발생하여야 하는 것은 아니다.
(2) 채무자 소유가 아닌 타인의 물건에 관해서도 유치권은 성립할 수 있다. (○)
  ⇒ 임차인이 수리를 맡긴 시계에 대하여도 유치권이 성립한다.
(3) 채권이 목적물의 반환의무와 동일한 사실관계로부터 발생한 경우에도 유치권은 성립한다. (○)
(4) 임차인이 임대차기간 만료 전에 임차목적물을 보존하기 위해 비용을 지출한 경우, 비용상환청구권은 목적물에 관하여 생긴 채권으로 본다. (○)
(5) 건물임차인이 점유할 권원이 없음을 알면서 계속 건물을 점유하여 유익비를 지출한 경우, 그 비용상환청구권에 관하여 유치권은 성립하지 않는다. (○)
(6) 점유가 불법행위로 인하여 개시되었다면, 점유자가 지출한 유익비의 상환청구권을 기초로 하는 유치권의 주장은 배척된다. (○)
(7) 채권자가 채무자를 직접점유자로 하여 간접점유하는 경우에도 유치권은 성립할 수 있다. (×)
(8) 임대인과 권리금반환약정을 체결한 임차인은 권리금반환채권을 담보하기 위해 임차목적물을 유치할 권리가 있다. (×)

제2편 물권법

03 유치권의 효력

> 제321조(유치권의 불가분성) 유치권자는 채권전부의 변제를 받을 때까지 유치물 전부에 대하여 그 권리를 행사할 수 있다.
> 제322조(경매, 간이변제충당) ① 유치권자는 채권의 변제를 받기 위하여 유치물을 경매할 수 있다.
> ② 정당한 이유있는 때에는 유치권자는 감정인의 평가에 의하여 유치물로 직접 변제에 충당할 것을 법원에 청구할 수 있다. 이 경우에는 유치권자는 미리 채무자에게 통지하여야 한다. **12·19회 출제**
> 제323조(과실수취권) ① 유치권자는 유치물의 과실을 수취하여 다른 채권보다 먼저 그 채권의 변제에 충당할 수 있다. 그러나 과실이 금전이 아닌 때에는 경매하여야 한다.
> ② 과실은 먼저 채권의 이자에 충당하고 그 잉여가 있으면 원본에 충당한다.
> 제324조(유치권자의 선관의무) ① 유치권자는 선량한 관리자의 주의로 유치물을 점유하여야 한다.
> ② 유치권자는 채무자의 승낙 없이 유치물의 사용, 대여 또는 담보제공을 하지 못한다. 그러나 유치물의 보존에 필요한 사용은 그러하지 아니하다.
> ③ 유치권자가 전 2항의 규정에 위반한 때에는 채무자는 유치권의 소멸을 청구할 수 있다.
> 제325조(유치권자의 상환청구권) ① 유치권자가 유치물에 관하여 필요비를 지출한 때에는 소유자에게 그 상환을 청구할 수 있다.
> ② 유치권자가 유치물에 관하여 유익비를 지출한 때에는 그 가액의 증가가 현존한 경우에 한하여 소유자의 선택에 좇아 그 지출한 금액이나 증가액의 상환을 청구할 수 있다. 그러나 법원은 소유자의 청구에 의하여 상당한 상환기간을 허여할 수 있다.

21회 출제

1 유치권자의 권리★★★

Professor Comment

유치권에는 경매권은 있으나 우선변제권이 없다는 점에 유의. 그러나 유치권자는 경락인에 대하여도 목적물을 유치할 수 있어 사실상 변제가 확보되는 셈이다. 다만 경락인에 대한 변제청구권이 인정되는 것은 아니다.

(1) 목적물의 유치권

1) 유치한다의 의미

유치한다는 것은 목적물의 점유를 계속하고 인도를 거절하는 것을 의미한다.

 미등기건물의 점유자가 건물에 대한 유치권으로 건물철거청구권을 갖는 대지소유자에게 대항할 수 있는지 여부 — 대항할 수 없음

미등기건물의 점유자가 그 건물의 원시취득자에게 그 건물에 관한 유치권이 있다고 하더라도, 건물철거권을 가지고 있는 대지소유자에게 그 건물의 존재와 점유가 불법행위가 되고 있다면 그 유치권으로 토지소유자에게 대항할 수 없다(대판 1989.2.14. 87다카3073).
➡ 유치권은 유치물에 대한 권리에 불과할 뿐이므로 유치물에 대하여 가지는 권리(사안에서는 유치물인 건물에 대한 철거권)를 배제하는 것은 아니기 때문이다.

2) 부당이득반환 여부

건물 또는 토지 임차인이 그의 비용상환청구권에 관한 유치권을 행사함에 있어 종전대로 부동산을 계속하여 사용할 수 있지만 그 동안의 이득은 부당이득으로 반환해야 한다.

3) 유치권의 행사

유치권은 물권이기 때문에 유치권자는 채무자뿐만 아니라 목적물의 양수인 또는 매수인에 대해서도 대항할 수 있다. 그러나 목적물의 양수인 등에게 직접 변제를 청구할 수 있는 것은 아니다(대판 1996.8.23. 95다8713).

4) 유치권 행사의 효과

목적물인도청구의 소에 대하여 피고가 유치권에 의하여 인도를 거절한 때에는 채권의 <u>변제와 상환으로 목적물을 인도하라는 상환급부의 판결</u>을 해야 한다.
→ 사실상의 최우선변제의 효과를 누릴 수 있음

 저당권 설정 후에 성립한 유치권의 효력

> 유치권은 특별한 사정이 없는 한 그 성립시기에 관계없이 경매절차에서의 매각으로 인하여 소멸하지 않고, 그 성립시기가 <u>저당권 설정 후라고 하여 달리 볼 것이 아니다</u>. 따라서 경매개시결정등기가 되기 전에 유치권을 취득한 사람은 경매절차의 매수인에게 유치권으로 대항할 수 있다(대판 2009.1.15. 2008다70763 ; 대판 2014.4.10. 2010다84932).

(2) 경매권과 간이변제충당권 등

1) 경매권
① 유치권자는 채권의 변제를 받기 위하여 유치물을 경매할 수 있다(제322조 제1항).
② 경매는 「민사집행법」이 정하는 절차에 의하며, 채무자에게 미리 채무의 이행을 최고하고 경매에 붙인다는 뜻을 통지하여야 한다(통설).

2) 간이변제충당권

① **의의**
정당한 이유있는 때에는 유치권자는 유치물로써 직접 채권의 변제에 충당할 것을 법원에 청구할 수 있다(제322조 제2항).

② **요건**   → 폭리를 막기 위한 요건임
 ㉠ <u>정당한 이유</u>가 있을 것
  예 목적물의 가치가 적어 경매에 의하는 것이 불합리할 경우 등
 ㉡ 법원에 청구할 것
 ㉢ 목적물의 환가(換價)는 감정인의 평가에 의할 것
 ㉣ 미리 채무자에게 그 뜻을 통지할 것

③ **효과**
 ㉠ 법원이 간이변제충당을 허가하는 결정을 하면 유치권자는 유치물의 소유권을 취득한다.
 ㉡ 이 경우 평가액의 한도에서 유치권자는 채권의 변제를 받은 것이 되어 채권은 소멸한다.

Professor Comment

경매는 많은 비용을 요하고 절차가 번거롭기 때문에 일정한 요건하에 유치물로써 직접 변제에 충당할 수 있는 방법으로 간이변제충당권을 인정하고 있는 것이다.

3) 우선변제권

유치권에는 원칙적으로 우선변제권이 없으나 기술한 목적물에 대한 유치권, 간이변제충당권, 과실수취권 등을 통하여 사실상 우선변제권이 인정되는 것과 같다.

4) 별제권(別除權)

① 별제권이란 파산 등의 사유가 발생한 경우에도 파산채권자가 되어 법정절차에 따른 변제를 받는 것이 아니라 독립하여 변제받을 수 있는 권리를 말하는데, 이는 보통 우선변제권이 인정되는 채권자에게 인정된다.
② 채무자회생 및 파산에 관한 법률에서는 유치권에 우선변제권이 인정되지 않음에도 불구하고 유치권자에게 별제권을 인정하고 있다(「채무자회생 및 파산에 관한 법률」제411조).

(3) 과실수취권(果實收取權)

1) 유치권자는 유치물의 과실(천연과실 및 법정과실)을 수취하여 다른 채권보다 먼저 그 채권의 변제에 충당할 수 있다.
2) 과실은 먼저 채권의 이자에 충당하고 그 잉여가 있으면 원본에 충당한다.

(4) 유치물사용권

1) 유치권자는 채무자의 승낙이 있거나, 유치물의 보존에 필요한 경우 유치물을 사용할 수 있다(제324조 제2항). 이런 사유 없이 유치권자가 유치물을 사용하면 채무자(유치물의 소유자)는 유치권의 소멸을 청구할 수 있다(제324조 제3항).
2) 채무자(소유자)의 승낙을 얻은 경우에는 이로 인한 이득은 변제에 충당한다(제324조 제2항의 반대해석). 그러나 그 밖의 경우에는 부당이득으로 반환하여야 한다. 다만 유치권자는 상계하여 사실상 우선변제를 받을 수도 있다(아래판례 참조).

 유치물인 신축건물의 거주와 유치물의 보존에 필요한 사용 및 부당이득

공사대금채권에 기하여 유치권을 행사하는 자가 스스로 유치물인 주택에 거주하며 사용하는 것은 특별한 사정이 없는 한 유치물인 주택의 보존에 도움이 되는 행위로서 유치물의 보존에 필요한 사용에 해당한다고 할 것이다. 그리고 유치권자가 유치물의 보존에 필요한 사용을 한 경우에도 특별한 사정이 없는 한 차임에 상당한 이득을 소유자에게 반환할 의무가 있다(대판 2009.9.24. 2009다40684).

➡ 이 경우 유치권자는 자신의 공사금채권을 자동채권으로, 채무자의 차임상당의 부당이득채권을 수동채권으로 하여 상계를 주장하여 실질적으로 우선변제의 효과를 달성할 수 있다.

(5) 비용상환청구권

1) 필요비

① 유치물에 관하여 필요비를 지출한 때에는 그 상환을 청구할 수 있다(제325조 제1항).
② 점유자의 비용상환청구권의 경우 점유자가 과실을 취득한 때에는 통상의 필요비청구는 할 수 없는 데 비해(제203조 제1항 단서) 유치권자는 과실을 수취하여도 채권의 변제에 충당하는 것이므로(제323조 제1항) 통상의 필요비의 경우에도 상환을 청구할 수 있다는 차이점이 있다.

2) 유익비
① 유치물에 관하여 유익비를 지출한 때에는 그 가액의 증가가 현존한 경우에 한하여 소유자의 선택에 좇아 그 지출한 금액이나 증가액의 상환을 청구할 수 있다.
② 점유자의 상환청구권은 점유물 반환시(제203조 제1항), 임차인의 상환청구권은 임대차종료시(제626조 제2항)에 행사할 수 있는 데 대하여 유치권자의 유익비상환청구권은 언제든지, 즉 유치권의 존속 중에도 이를 행사할 수 있다.

 점유할 권원이 없음을 알면서 계속 건물을 점유하여 유익비를 지출한 경우 – 유치권 부정

점유물에 대한 유익비상환청구권을 기초로 하는 <u>유치권의 주장을 배척하려면</u> 적어도 그 <u>점유가 불법행위로 인하여 개시되었거나 유익비지출 당시 이를 점유할 권원이 없음을 알았거나 이를 알지 못함이 중대한 과실에 기인하였다고 인정할만한 사유</u>의 상대방 당사자의 주장입증이 있어야 한다(대판 1966.6.7. 66다600).

(6) 물권적 청구권
유치권에는 점유권에 기한 점유보호청구권 이외의 <u>본권</u>에 기한 물권적 청구권은 인정되지 않는다.
→ 유치권을 의미

2 유치권자의 의무★★★

(1) 선관주의의무
유치물을 선량한 관리자의 주의로 점유해야 한다.

(2) 임의사용·처분금지
채무자의 승낙 없이 유치물의 사용, 대여 또는 담보제공을 하지 못한다. 보존에 필요한 범위 내의 사용권한과 구별해야 한다.

 채무자의 승낙 없는 유치권자의 임대행위의 효력

유치권의 성립요건인 유치권자의 점유는 직접점유이든 간접점유이든 관계없지만, 유치권자는 채무자의 승낙이 없는 이상 그 목적물을 타에 임대할 수 있는 처분권한이 없으므로(제324조 제2항 참조), 유치권자의 그러한 임대행위는 소유자의 처분권한을 침해하는 것으로서 소유자에게 그 임대의 효력을 주장할 수 없다(대결 2002.11.27. 2002마3516).

(3) 의무위반의 효과
유치권자가 위와 같은 의무에 위반한 때에는 채무자는 유치권의 소멸을 청구할 수 있다.

단락핵심 유치권의 효력

(1) 유치권자에게 우선변제권은 없으나, 채무자가 파산한 경우에는 별제권을 갖는다. (○)
(2) 유치권자는 채권 전부의 변제를 받을 때까지 유치물 전부에 대하여 그 권리를 행사할 수 있다. (○)
(3) 물건의 인도청구소송에서 피고의 유치권항변이 인용되는 경우, 법원은 그 물건에 관하여 생긴 채권의 변제와 상환으로 물건을 인도할 것을 명하여야 한다. (○)
(4) 유치권자가 소유자의 승낙 없이 제3자에게 유치물을 임대한 경우, 임차인은 소유자에게 임대차의 효력을 주장할 수 없다. (○)
(5) 유치권자에게는 사용·수익권이 있으므로 과실수취권이 인정된다. (×)
  ⇒ 유치권자에게는 원칙적으로 사용·수익권이 인정되지 않는다. 다만 과실을 수취하여 이로부터 우선변제를 받을 권리는 인정된다.
(6) 유치권자가 유치물을 임의로 사용한 경우 유치권은 당연히 소멸한다. (×)

04 유치권의 소멸　　　24·28회 출제

> 제326조(피담보채권의 소멸시효) 유치권의 행사는 채권의 소멸시효의 진행에 영향을 미치지 아니한다.
> 제327조(타담보제공과 유치권소멸) 채무자는 상당한 담보를 제공하고 유치권의 소멸을 청구할 수 있다.
> 제328조(점유상실과 유치권소멸) 유치권은 점유의 상실로 인하여 소멸한다.

1 일반적 소멸사유★

(1) 목적물의 멸실·수용·혼동·포기 등으로 소멸한다. 다만, 유치권은 소멸시효에 걸려 소멸하지는 않는다.
(2) 유치권은 담보물권의 공통소멸사유인 피담보채권의 소멸로 소멸하며(부종성), 유치권의 행사는 피담보채권의 소멸시효의 진행에 영향을 미치지 아니한다(제326조).

2 특수한 소멸사유★★★

Professor Comment
유치권자의 의무위반 등에 의한 소멸청구(제324조 제3항)와 타담보의 제공(제327조)으로 인한 소멸청구에 의한 소멸은 유치권자의 승낙이 필요한지 여부와 형성권 여부에 있어 구별된다. 전자는 유치권자의 승낙이 불필요하고 형성권의 성질을 가진다.

(1) 채무자의 소멸청구

유치권자가 선관주의의무에 위반하거나 채무자의(소유자와 채무자가 동일인이 아닌 때에는 소유자 뿐) 승낙 없이 유치물을 사용·대여·담보제공한 때에는 채무자가 유치권의 소멸을 청구할 수 있고(형성권), 그에 의해 유치권은 소멸한다.

(2) 채무자의 타담보 제공

1) 채무자(해석상 목적물의 소유자도 가능)는 상당한 담보를 제공하고 유치권의 소멸을 청구할 수 있다(제327조).
2) 담보는 인적 담보이든 물적 담보이든 불문하나 담보의 제공 자체에는 유치권자의 승낙(또는 이를 대신하는 판결)이 있어야 한다.
3) 유치물의 가격이 채권액에 비하여 과다한 경우에는 채권액 상당의 가치가 있는 담보를 제공하면 족하다(대판 2001.12.11. 2001다59866).

(3) 점유의 상실

1) 유치권은 점유의 상실로 인하여 소멸한다(제328조).
2) 유치물의 점유를 제3자가 침탈한 경우 점유물반환청구권에 의하여 점유를 회복할 수 있다(제204조 제1항). 점유가 회복되면 유치권은 소급하여 효력을 회복한다.

제2편 물권법

단락문제 Q02 〈제35회 기출〉

민법상 유치권에 관한 설명으로 틀린 것은? (다툼이 있으면 판례에 따름)

① 권리금반환청구권은 유치권의 피담보채권이 될 수 없다.
② 유치권의 행사는 피담보채권 소멸시효의 진행에 영향을 미치지 않는다.
③ 공사대금채권에 기하여 유치권을 행사하는 자가 스스로 유치물인 주택에 거주하며 사용하는 것은 특별한 사정이 없는 한 유치물의 보존에 필요한 사용에 해당한다.
④ 유치권에 의한 경매가 목적부동산 위의 부담을 소멸시키는 법정매각조건으로 실시된 경우, 그 경매에서 유치권자는 일반채권자보다 우선하여 배당을 받을 수 있다.
⑤ 건물신축공사를 도급받은 수급인이 사회통념상 독립한 건물이 되지 못한 정착물을 토지에 설치한 상태에서 공사가 중단된 경우, 수급인은 그 정착물에 대하여 유치권을 행사할 수 없다.

해설

① (○) 목적물에 관하여 생긴 채권이 아니다. (민법 제320조)
② (○) 민법 제326조
③ (○) 공사대금채권에 기하여 유치권을 행사하는 자가 스스로 유치물인 주택에 거주하며 사용하는 것은 특별한 사정이 없는 한 유치물인 주택의 보존에 도움이 되는 행위로서 유치물의 보존에 필요한 사용에 해당한다고 할 것이다. (대판 2009. 9. 24. 2009다40684)
④ (×) 유치권자에게는 우선배당 받을 권리가 없다.
⑤ (○) 독립한 물건이 아니기 때문이다.

답 ④

단락문제 Q03 〈제34회 기출〉

민법상 유치권에 관한 설명으로 틀린 것은? (다툼이 있으면 판례에 따름)

① 유치권자는 유치물에 대한 경매권이 있다.
② 유치권 발생을 배제하는 특약은 무효이다.
③ 건물신축공사를 도급받은 수급인이 사회통념상 독립한 건물이 되지 못한 정착물을 토지에 설치한 상태에서 공사가 중단된 경우, 그 토지에 대해 유치권을 행사할 수 없다.
④ 유치권은 피담보채권의 변제기가 도래하지 않으면 성립할 수 없다.
⑤ 유치권자는 선량한 관리자의 주의로 유치물을 점유해야 한다.

해설

② 민법 제320조는 임의규정
① 민법 제322조①
③ 토지에 대하여는 유치권의 효력이 미치지 않는다.
④ 민법 제320조①
⑤ 민법 제324조①

답 ②

단락문제 Q04 제33회 기출

민법상 유치권에 관한 설명으로 옳은 것은? (다툼이 있으면 판례에 따름)

① 유치권자는 유치물에 대한 경매신청권이 없다.
② 유치권자는 유치물의 과실인 금전을 수취하여 다른 채권보다 먼저 피담보채권의 변제에 충당할 수 있다.
③ 유치권자는 채무자의 승낙 없이 유치물을 담보로 제공할 수 있다.
④ 채권자가 채무자를 직접점유자로 하여 간접점유하는 경우에도 유치권은 성립한다.
⑤ 유치권자는 유치물에 관해 지출한 필요비를 소유자에게 상환 청구할 수 없다.

해설

① (X) 제322조 ① 유치권자는 채권의 변제를 받기 위하여 유치물을 경매할 수 있다.
② (O) 제323조 유치권자는 유치물의 과실을 수취하여 다른 채권보다 먼저 그 채권의 변제에 충당할 수 있다. 그러나 과실이 금전이 아닌 때에는 경매하여야 한다.
③ (X) 제324조 ② 유치권자는 채무자의 승낙 없이 유치물의 사용, 대여 또는 담보제공을 하지 못한다.
④ (X) 채무자를 직접점유자로 하여 채권자가 간접점유하는 경우에도 유치권이 성립하지 않는다(대판 2008.4.11. 2007다27236).
⑤ (X) 제325조 ① 유치권자가 유치물에 관하여 필요비를 지출한 때에는 소유자에게 그 상환을 청구할 수 있다.

답 ②

제2편 물권법

제3절 저당권
15·추가15·16·18·34회 출제

01 저당권의 의의 및 성질

제356조(저당권의 내용) 저당권자는 채무자 또는 제3자가 점유를 이전하지 아니하고 채무의 담보로 제공한 부동산에 대하여 다른 채권자보다 자기채권의 우선변제를 받을 권리가 있다.

1 저당권의 의의

저당권은 채무자 또는 제3자(물상보증인)가 점유를 이전하지 아니하고 채무의 담보로 제공한 부동산 및 기타의 목적물에 대하여 채무의 변제가 없는 경우에 다른 채권자보다 자기채권의 우선변제를 받는 권리이다(제356조).

 저당권

저당권은 채권을 담보할 뿐이고 저당권자가 직접 저당물을 사용·수익하지는 않는다.

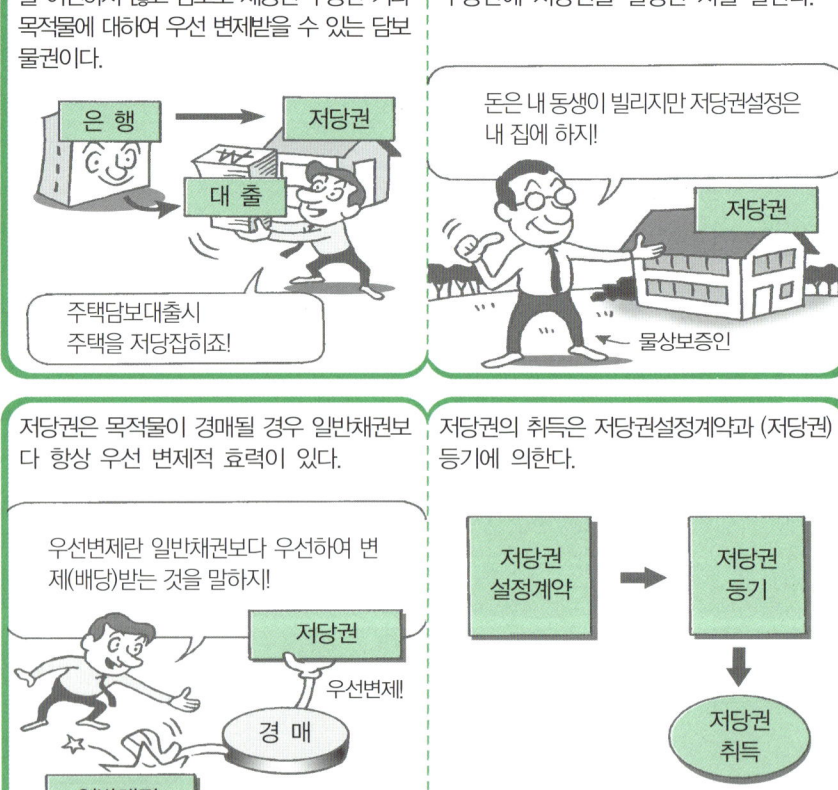

2 법적 성질★

(1) 저당권의 특질

1) 약정담보물권
당사자 간의 합의에 기하여 성립하는 약정담보물권이다. 다만, 예외적으로 법정저당권이 성립하는 경우가 있다(제649조).

2) 제한물권(타물권)
자기가 가지는 물건이나 권리 위에 저당권이 성립하는 것은 혼동의 예외에 해당되는 경우뿐이다. 즉 소유자 저당은 우리 민법에서 인정되지 않는다.

3) 우선변제적 효력
저당권자는 목적물로부터 다른 채권자에 앞서서 우선변제를 받을 수 있다.

4) 유치적 효력 부정
목적물에 대한 점유를 요소로 하지 않는다. 그러므로 유치적 효력은 없다.

(2) 담보물권으로서의 통유성

Professor Comment
통유성(通有性)이란 공통적으로 가지고 있는 성질이라는 뜻이다.

1) 부종성
부종성이 인정되므로 피담보채권이 무효 또는 취소된 경우에 저당권이 성립하지 않는다. 다만 근저당권에서는 부종성의 완화가 인정된다.

2) 수반성
피담보채권에 수반하므로 피담보채권이 상속·양도 등으로 승계되는 때에는 저당권도 함께 이전한다.

3) 불가분성
담보물권인 이상 저당권에도 인정된다. 다만 공동저당의 경우에는 예외가 인정된다.

4) 물상대위성
저당권에는 우선변제적 효력이 인정되므로 물상대위성이 인정된다.

제2편 물권법

3 근대적 저당권의 특질(원칙)

1) 공시의 원칙	등기·등록 등에 의하여 엄격히 공시된다.
2) 특정의 원칙	개개의 특정되고 현존하는 목적물 위에만 성립한다.
3) 순위확정의 원칙	저당권의 순위는 등기의 순위(전후)에 의하여 결정된다.
4) 독립의 원칙	근저당의 인정(제357조)으로 부종성을 다소 완화하고 있을 뿐이다.
5) 유통성의 확보	우리 민법은 적극적으로 채용하고 있지는 않다.

단락핵심 저당권의 의의 및 성질

(1) 저당권을 담보한 채권이 시효완성 기타 사유로 소멸한 때에는 저당권도 소멸한다. (○)
(2) 채무자 이외의 제3자도 저당권설정자가 될 수 있다. (○)
(3) 저당권에 의하여 담보할 수 있는 채권은 금전채권에 한하지 않는다. (○)
(4) 등기된 입목이나 등록된 건설기계는 저당권의 객체가 된다. (○)

02 저당권의 성립 `11·15·18회 출제`

1 저당권설정계약 ★★★

(1) 의의 및 성질

1) 의 의
저당권은 약정담보물권으로서 저당권설정을 목적으로 하는 당사자 간의 물권적 합의와 등기에 의하여 성립하는 것이 원칙인데, 이 저당권설정을 목적으로 하는 당사자 간의 물권적 합의가 저당권설정계약이다.

2) 성 질
① **처분행위**: 저당권의 설정은 처분행위이므로 설정자는 목적물을 처분할 권리 내지 권능을 가지고 있어야 한다.
② **종된 계약**: 저당권은 채권의 존재를 필요로 하므로 저당권설정계약은 피담보채권계약에 종된 계약이다.
③ **불요식 계약**: 저당권설정계약은 불요식이며, 조건이나 기한을 붙일 수 있다.
　　　　　　　　　　　　　　　　→ 저당권 등기와는 무관함을 주의할 것

(2) 계약의 당사자

1) 당사자
당사자는 저당권자와 저당권설정자이다.

2) 저당권자
저당권자는 피담보채권의 채권자(소유자 저당은 불가)에 한하는 것이 원칙이나 제3자 명의의 저당권도 유효하다.

3) 저당권설정자
저당권설정자는 채무자에 한하지 않으며 제3자(물상보증인[1])라도 상관없다.

> **용어사전**
> 1) **물상보증인**: 타인의 채무를 위해 자신의 부동산에 저당권을 설정하는 자를 물상보증인이라 한다. 따라서 물상보증인을 "채무 없이 책임을 지는 자"라고도 한다.

> **판례** 저당권의 성립요건에 대한 판례
>
> **1** 제3자 명의의 근저당권 설정등기의 유효성
> 근저당권은 채권담보를 위한 것이므로 원칙적으로 채권자와 근저당권자는 동일인이 되어야 하지만, 제3자를 근저당권 명의인으로 하는 근저당권을 설정하는 경우 그 점에 대하여 채권자와 채무자 및 제3자 사이에 합의가 있고, 채권양도, 제3자를 위한 계약, 불가분적 채권관계의 형성 등 방법으로 채권이 그 제3자에게 실질적으로 귀속되었다고 볼 수 있는 특별한 사정이 있는 경우에는 제3자 명의의 근저당권설정등기도 유효하다(대판 2001. 3. 15. 99다48948).
>
> **2** 근저당권 설정시 명의신탁자가 수탁자를 채무자로 등재한 경우의 피담보채권
> 자기 소유 부동산을 타인에게 명의신탁한 명의신탁자가 제3자와의 거래관계에서 발생하는 차용금 채무를 담보하기 위하여 위 부동산에 제3자 명의로 근저당권을 설정함에 있어서 당사자 간의 편의에 따라 명의수탁자를 채무자로 등재한 경우 위 부동산의 근저당권이 담보하는 채무는 명의신탁자의 제3자에 대한 채무로 보아야 한다(대결 1999. 7. 22. 99마2870).
>
> **3** 제3자를 채무자로 등기한 경우의 저당권설정등기의 유효성
> 부동산을 매수한 자가 소유권이전등기를 마치지 아니한 상태에서 매도인인 소유자의 승낙아래 매수부동산을 타인에게 담보로 제공하면서 당사자 사이의 합의로 편의상 매수인 대신 등기부상 소유자인 매도인을 채무자로 하기로 하여 경료된 저당권설정등기는 실제채무자인 매수인의 근저당권자에 대한 채무를 담보하는 것으로 유효하다(대판 1999. 6. 25. 98다47085).

저당권의 설정등기

(1) 저당권의 성립요건
부동산을 목적으로 하는 민법상의 저당권은 물권행위(설정계약) 외에 부동산물권변동의 일반원칙에 따라 등기를 하여야 성립한다(제186조).

(2) 등기의 내용

1) 등기사항
등기사항은 채권자·채무자, 채권액, 약정이 있는 경우 변제기·이자 및 그 발생시기 또는 지급시기·원본 또는 이자의 지급장소 등이다(「부동산등기법」 제75조).

2) 저당권설정등기의 비용
① 특약이 없으면 채무자가 부담하는 것이 거래의 관행으로 본다(대판 1962.2.15. 4294민상291).
② 다만, 은행 약관으로 저당권설정비용을 소비자(채무자)에게 전가시키는 것은 불공정 약관에 해당한다(대판 2010.10.14. 2008두23184, 서울고법 2011.4.6. 2010누35571).

(3) 저당권등기의 유용

1) 의의
저당권의 등기가 행해진 후에 설정계약이 무효가 되거나 피담보채권이 변제되어 소멸되었음에도 불구하고 등기가 말소되지 않은 채로 존재하는 경우에 당사자 간의 계약으로 이미 무효가 된 그 등기를 다른 채권을 담보하기 위한 저당권의 등기로 이용할 수 있느냐의 문제를 말한다.

2) 허용 여부
저당권의 등기가 무효로 된 후에 그 부동산에 대하여 제3자가 새로운 이해관계를 가지게 된 때에는 등기를 유용(流用)할 수 없지만, 이해관계인이 없는 경우에는 유용할 수 있다(등기의 효력 참조).

(4) 저당권등기의 불법말소

1) 저당권등기의 불법말소
부동산에 관하여 근저당권설정등기가 경료되었다가 그 등기가 아무런 원인 없이 말소되었다는 사정만으로는 곧바로 근저당권이 소멸하는 것은 아니다. 물권변동에서 등기는 존속요건이 아니기 때문이다.

→ 오히려 말소회복등기를 청구할 수 있음.

2) 예외적으로 소멸하는 경우
① **불법말소 후 경매**
근저당권설정등기가 불법말소된 후 부동산이 경매절차에서 경락되면 그 부동산에 존재하였던 근저당권은 당연히 소멸하는 것이므로, 근저당권설정등기가 원인 없이 말소된 이후에 그 근저당 목적물인 부동산에 관하여 다른 근저당권자 등 권리자의 경매신청에 따라 경매절차가 진행되어 경락허가결정이 확정되고 경락인이 경락대금을 완납하였다면, 원인 없이 말소된 근저당권은 이에 의하여 소멸한다(대판 1998.10.2. 98다27197).

② **저당권자의 구제**
→ (근)저당권자는 배당받은 자에 대하여 부당이득의 반환을 청구할 수 있다.
근저당권이 소멸한 근저당권자는 채무자 및 경락대금으로 배당받은 자에 대하여 부당이득의 반환을 청구할 수 있으며, 불법말소한 자에 대하여는 불법행위책임을 물을 수 있다.

3 저당권의 객체(목적물) ★★

22회 출제

저당권은 등기·등록 등의 공시방법이 마련되어 있는 물건 또는 권리에 대해서만 설정할 수 있다.

(1) 민 법
부동산(토지, 건물), 지상권, 전세권 등이다.

(2) 민법 이외의 법률
「상법」상 등기된 선박, 입목, 광업권, 어업권, 공장재단, 광업재단, 자동차, 항공기, 건설기계 등이 있다.

(3) 문제되는 경우

1) **토지의 일부**
   1필의 토지의 일부인 경우는 저당권을 설정하지 못하지만 분필하여 분할등기 후 저당권의 설정이 가능하다.

2) **건물의 일부**
   1동의 건물의 일부인 경우도 저당권을 설정하지 못하고 구분소유권의 목적인 경우에만 저당권

3) **농지**
   농지에도 저당권의 설정은 가능하다. → 전세권과의 차이점

4) **입목**
   입목법에 의해 입목등기된 입목은 저당권의 대상이 된다(「입목에 관한 법률」 제3조 제2항).

4 피담보채권(저당권을 설정할 수 있는 채권) ★★

30회 출제

(1) 금전채권
피담보채권은 금전채권이 대표적이지만 반드시 그에 한정되는 것은 아니다. 따라서 금전채권이 아니더라도 저당권실행시에 금전채권으로 확정될 수 있으면 족하다.

(2) 채권의 일부나 수 개의 채권
1) 피담보채권은 어느 채권의 일부이거나 수 개의 채권을 합한 것이라도 상관없다.
2) 그리고 채무자가 각각 다른 수 개의 채권에 관하여 물상보증인이 1개의 저당권을 설정할 수도 있다.
3) 채권자가 각각 다른 수 개의 채권을 1개의 저당권으로 담보할 수도 있다.

(3) 장래의 채권
현존하는 특정의 채권인 것이 원칙이지만, 장래의 특정채권은 물론이고, 장래의 증감변동하는 다수의 채권이라도 ① 최고액이 한정되고 ② 일정시기에 확정될 것이면 무방하다.

5 법정저당권의 성립

(1) 저당권은 원칙상 당사자 간의 합의와 등기에 의하여 성립하는 약정담보물권이지만, 예외로서 법률상 당연히 저당권이 성립하는 경우가 있다.

(2) 토지임대인이 변제기를 경과한 최후 2년의 차임채권에 의하여 그 지상의 임차인소유건물을 압류한 경우이다(제649조).

(3) 이 경우 법정저당권이 성립하는 시기는 압류등기시이다.

6 부동산공사수급인의 저당권설정청구권

(1) 의 의
부동산공사의 수급인은 보수에 관한 채권을 담보하기 위해 도급인에 대하여 그 부동산을 목적으로 한 저당권의 설정을 청구할 수 있다(제666조).

(2) 성 립
이 청구권의 행사로 당연히 저당권이 성립하는 것이 아니라 이에 기해 수급인은 등기청구권을 취득할 뿐이므로 저당권은 수급인과 도급인 사이에 합의와 설정등기가 있어야 성립한다.

03 저당권의 효력 16·19·21·27·30회 출제

1 저당권의 효력이 미치는 범위 ★★★ 29회 출제

> 제358조(저당권의 효력의 범위) 저당권의 효력은 저당부동산에 부합된 물건과 종물에 미친다. 그러나 법률에 특별한 규정 또는 설정행위에 다른 약정이 있으면 그러하지 아니하다.
> 제359조(과실에 대한 효력) 저당권의 효력은 저당부동산에 대한 압류가 있은 후에 저당권설정자가 그 부동산으로부터 수취한 과실 또는 수취할 수 있는 과실에 미친다. 그러나 저당권자가 그 부동산에 대한 소유권, 지상권 또는 전세권을 취득한 제3자에 대하여는 압류한 사실을 통지한 후가 아니면 이로써 대항하지 못한다.
> 제360조(피담보채권의 범위) 저당권은 원본, 이자, 위약금, 채무불이행으로 인한 손해배상 및 저당권의 실행비용을 담보한다. 그러나 지연배상에 대하여는 원본의 이행기일을 경과한 후의 1년분에 한하여 저당권을 행사할 수 있다.

(1) 피담보채권의 범위

1) 저당권은 원본, 이자, 위약금, 채무불이행으로 인한 손해배상 및 저당권의 실행비용을 담보한다.
2) 이자에 관한 특약이 있는 경우에는 이율·발생기·지급시기·지급장소를 등기하여야 하며, 이행기까지의 이자채권은 저당권에 의하여 무제한 담보된다.
3) 지연배상에 대하여는 원본의 이행기일을 경과한 후의 1년분에 한하여 저당권을 행사할 수 있다.
   → 채무불이행에 의한 손해배상

 저당권의 피담보채무의 범위

> 저당권의 피담보채무의 범위에 관하여 민법 제360조가 지연배상에 대하여는 원본의 이행기일을 경과한 후의 1년분에 한하여 저당권을 행사할 수 있다고 규정하고 있는 것은 저당권자의 제3자에 대한 관계에서의 제한이며 채무자나 저당권설정자가 저당권자에 대하여 대항할 수 있는 것이 아니다(대판 1992.5.12, 90다8855). 즉 채무자나 저당권설정자(물상보증인)은 지연배상의 전부를 변제해야 저당권의 말소를 청구할 수 있다.

(2) 목적물의 범위 22·23·26·32회 출제

1) **부합물**(附合物)
   ① 저당권의 효력은 목적부동산에 부합된 물건, 즉 부합물에도 미친다(제358조 본문).
   ② 부합물이란 목적부동산에 결합되어 독립성을 잃고 목적부동산과 일체가 된 물건을 말하며 목적토지상의 수목, 건물의 부속시설·증축부분 등이 이에 해당한다.

 증축된 건물부분의 기존건물에 부합 여부와 관련문제

> 저당건물이 증축된 경우에 그 증축부분이 독립성을 가지지 않는다면 저당권의 효력은 증축부분에도 미친다(대결 1967.6.15, 67마439). 그러나 증축된 부분이 기존건물과 별개의 건물로 인정되거나(대판 1988.2.23, 87다카600), 기존의 건물을 헐고 새로운 건물을 지은 경우(대판 1992.3.31, 91다39184)에는 저당권의 효력이 미치지 않는다.

③ 부합의 시기는 이를 묻지 않는다. 즉, 저당권설정 후에 부합된 물건이라도 저당권의 효력이 미친다.
   → 매우 자주 출제되고 있음

④ 부합물이 목적부동산으로부터 분리된 경우(예 저당산림이 벌채된 경우)에는 저당권의 효력이 미치지 않는다. 다만, 분리된 물건이 아직 목적부동산과 결합하여 공시(公示)의 작용이 유지되는 경우에는 저당권의 효력이 미친다.
⑤ 예외적으로 법률에 특별한 규정이 있거나, <u>설정행위에서 다른 약정을 한 경우에는 저당권의 효력이 부합물에 미치지 않는다.</u> → 다만, 등기하여야 제3자에게 대항할 수 있다(부동산등기법 제75조 제1항 제7호).

2) 종물(從物)
① 저당권의 효력은 목적부동산의 종물에도 미친다(제358조 본문).
② 종물도 저당권설정시에 존재한 것이든, 그 이후에 부가된 것이든 저당권의 효력이 미치며, 부합물의 경우와 같은 예외가 있게 된다(제358조 단서).
③ 저당권의 효력은 종된 권리에도 미친다.

 판례 저당권의 효력 범위

1 건물저당권의 효력은 토지의 임차권에도 미친다.
저당권의 효력은 건물뿐만 아니라 건물의 소유를 목적으로 한 토지의 임차권에도 미친다(대판 1992.3.31. 91다39184).

2 저당권의 효력은 종된 권리에도 미친다.
<u>민법 제358조 본문은 저당부동산에 종된 권리에도 유추적용되어 건물에 대한 저당권의 효력은 그 건물의 소유를 목적으로 하는 지상권에도 미친다.</u> 따라서 건물에 대한 저당권이 실행되어 경락인이 그 건물의 소유권을 취득한 경우에는 경락인이 건물을 제3자에게 양도한 때에는 특별한 사정이 없는 한 건물과 함께 종된 권리인 지상권도 양도하기로 한 것으로 본다(대판 1996.4.26. 95다52864).

3 저당권의 효력은 종된 권리인 대지사용권에도 미친다.
집합건물 구분소유자의 대지사용권은 전유부분과 분리처분이 가능하도록 규약으로 정하였다는 등의 특별한 사정이 없는 한 전유부분과 종속적 일체불가분성이 인정되므로, <u>구분건물의 전유부분에 대한 저당권 또는 경매개시결정과 압류의 효력은 당연히 종물 내지 종된 권리인 대지사용권에까지 미치고, 그에 터잡아 진행된 경매절차에서 전유부분을 경락받은 자는 그 대지사용권도 함께 취득한다.</u>

4 종된 권리에 설정된 저당권도 저당권의 실행으로 함께 소멸한다.
구 민사소송법(2002.1.26. 법률 제6626호로 전문 개정되기 전의 것) 제608조 제2항 및 현행 민사집행법 제91조 제2항에 의하면 매각부동산 위의 모든 저당권은 경락으로 인하여 소멸한다고 규정되어 있으므로, <u>집합건물의 전유부분과 함께 그 대지사용권인 토지공유지분이 일체로서 경락되고 그 대금이 완납되면, 설사 대지권 성립 전부터 토지만에 관하여 별도등기로 설정되어 있던 근저당권이라 할지라도 경매과정에서 이를 존속시켜 경락인이 인수하게 한다는 취지의 특별매각조건이 정하여져 있지 않았던 이상 위 토지공유지분에 대한 범위에서는 매각부동산 위의 저당권에 해당하여 소멸한다</u>(대판 2008.3.13. 2005다15048).

3) 과실
① **원칙**
천연과실이거나 법정과실이거나 원칙적으로 저당권의 효력이 미치지 않는다. 저당목적물의 사용수익권한은 저당권설정자에게 있기 때문이다.

② **예외**
저당권의 효력은 저당부동산에 대한 압류가 있은 후에 저당권설정자가 그 부동산으로부터 수취한 과실 또는 수취할 수 있는 과실에 미친다.

제6장 담보물권

4) 목적토지상의 건물 `16회 출제`
건물과 토지는 별개의 물건이므로 토지만을 저당권의 객체로 한 경우 그 위의 건물에는 저당권의 효력이 미치지 않는다.

5) 물상대위(제1절의 물상대위성 참조) `27회 출제`
① 저당권은 본래의 목적물에 대해서 뿐만 아니라 그 대표물(금전, 기타 물건)에 대하여도 이를 행사할 수 있다. 단, 지급 또는 인도 전에 압류하여야 하며 저당권자 자신이 압류하지 않은 경우에도 효력이 있다.
  예) 저당목적물에 화재보험계약이 체결되었는데, 목적물이 멸실한 경우 저당토지는 화재보험금(손해배상금)에 대하여도 저당권을 행사할 수 있다.
② 전세권을 목적으로 설정된 저당권에 있어서는 전세권의 존속기간이 만료하여 전세권이 소멸한 경우에는 전세금반환청구권에 대하여 물상대위를 할 수 있다(자세한 것은 "전세권을 목적으로 하는 저당권의 실행" 부분 참조).

6) 구분건물의 전유부분만에 설정된 저당권의 효력범위
구분건물의 전유부분만에 관하여 설정된 저당권의 효력은 대지사용권의 분리처분이 가능하도록 규약으로 정하는 등의 특별한 사정이 없는 한 그 전유부분의 소유자가 사후에라도 대지사용권을 취득함으로써 전유부분과 대지권이 동일 소유자의 소유에 속하게 되었다면, 그 대지사용권에까지 미치고 여기의 대지사용권에는 지상권 등 용익권 이외에 대지소유권도 포함된다(대판 1995.8.22. 94다12722).

단락문제 Q05 제32회 기출

저당권의 효력이 미치는 목적물의 범위에 관한 설명으로 틀린 것은? (다툼이 있으면 판례에 따름)

① 당사자는 설정계약으로 저당권의 효력이 종물에 미치지 않는 것으로 정할 수 있다.
② 저당권의 목적토지가 「공익사업을 위한 토지 등의 취득 및 보상에 관한 법률」에 따라 협의취득된 경우, 저당권자는 그 보상금청구권에 대해 물상대위권을 행사할 수 없다.
③ 건물 소유를 목적으로 토지를 임차한 자가 그 토지 위에 소유하는 건물에 저당권을 설정한 경우 건물 소유를 목적으로 한 토지임차권에도 저당권의 효력이 미친다.
④ 저당목적물의 변형물인 금전에 대해 이미 제3자가 압류한 경우 저당권자는 물상대위권을 행사할 수 없다.
⑤ 저당부동산에 대한 압류 이후의 저당권설정자의 저당부동산에 관한 차임채권에도 저당권의 효력이 미친다.

> **해설**
> ① (O) 민법 제358조 단서
> ② (O) 공용용지의 취득 및 손실보상에 관한 특례법에 따라 저당권이 설정된 토지의 취득에 관하여 토지소유자와 사업시행자 사이에 협의가 성립된 경우에 동 토지의 저당권자는 토지소유자가 수령할 보상금에 대하여 민법 제370조 제342조에 의한 물상대위를 할 수 없다.(대판 1981. 5. 26. 80다2109)
> ③ (O) 민법 제358조 토지임차권은 건물에 종된 권리
> ④ (X) 저당권자 자신이 압류할 필요는 없다.(대판 2002다13539)
> ⑤ (O) 민법 제359조 본문
>
> 답 ④

2 우선변제적 효력 `21회 출제`

(1) 우선변제권의 내용
목적물로부터 우선변제를 받을 권리가 있으며, 이는 저당권의 본체적 효력이다.

1) 일반채권자에 대한 관계
일반채권자에 대하여서는 언제나 우선한다(물권의 채권에 대한 우선적 효력).

2) 저당권자 상호 간의 관계
동일한 부동산 위에 수 개의 저당권이 경합하는 때의 우선변제는 각 저당권의 설정순위, 즉 설정등기의 선후에 의한다(제370조·제333조).

3) 저당권과 전세권과의 관계
① 전세권이 먼저 설정되고 후에 저당권이 설정된 경우에는 전세권자가 경매를 신청하면 양자 모두 소멸하고 배당순위는 설정등기의 순위에 의한다.
② 후순위자인 저당권자가 경매를 신청하는 경우에는 선순위의 전세권은 소멸하지 않고, 전세권자는 매수인에게 대항할 수 있다.

 판례 **1번 저당권 설정 후에 대항력을 취득한 주택임차권의 효력**

후순위저당권의 실행으로 목적부동산이 경락되어 그 선순위저당권이 함께 소멸한 경우라면 비록 후순위저당권자에게는 대항할 수 있는 임차권이더라도 소멸된 선순위저당권보다 뒤에 등기되었거나 대항력을 갖춘 임차권은 함께 소멸하고, 따라서 이와 같은 경우의 경락인은 주택임대차보호법 제3조에서 말하는 임차주택의 양수인 중에 포함되지 않는다 할 것이므로, 경락인에 대하여 그 임차권의 효력을 주장할 수 없다(대판 1987.2.24. 86다카1936).

③ 1번 저당권, 전세권, 2번 저당권이 순서대로 설정된 사안에서 2번 저당권자가 경매신청하여 경락되면 전세권은 소멸한다. 이 경우 <u>1번 저당권도 소멸하므로 이에 후순위인 전세권도 당연히 소멸하기 때문이다</u>(대판 1987.2.24. 86다카1936). ← 이를 소제주의라 함

제6장 담보물권

4) 국세우선권과의 관계
① 저당목적물 자체에 부과된 국세와 가산금은 법정기일 전에 설정된 저당채권에 대하여도 언제나 우선한다.
　→ 상속세·증여세 등
　→ 신고·고지·통지에 의한 납세의무성립일 또는 납기개시일
② 저당목적물의 소유자가 체납하고 있는 국세는 그 법정기일 전에 설정된 저당채권에 우선하지 않는다.

5) 별제권(別除權)
① 저당부동산의 소유자가 파산한 경우에는 저당권자는 별제권을 가진다(「채무자 회생 및 파산에 관한 법률」 제411조).
② 별제권이란 일반채권자들이 파산시 안분배당을 받는 것과 달리 파산재단에 속한 특정재산에서 우선변제를 받을 권리를 말한다.

6) 일반재산에 대한 집행
→ 우선변제권이 인정되지 않는 상태로
저당부동산의 매각대금으로부터 배당받고 부족한 잔여가 있는 경우, 저당권자는 채무자의 일반재산에 대하여도 일반채권자의 자격으로 법원으로부터 집행권원을 부여받아 강제집행할 수 있다.

7) 압류·가압류 등이 설정된 경우
① 저당권 등이 설정된 이후에 압류 등이 있다하더라도 저당권자의 우선변제권이 여전히 인정된다.
② 가압류채권 이후에 설정된 저당권은 채권에 우선하지 못하고, 경락대금은 가압류채권자와 저당권자 간에 안분비례 배당한다.

 판례 저당권자와 가압류채권자 간의 배당사례

가등기담보권자(甲 : 채권액 10억원)는 그 담보가등기가 경료된 부동산에 대하여 경매 등이 개시된 경우에 다른 채권자보다 자기 채권에 대하여 우선변제를 받을 권리가 있다고 할 것이고 이 경우 그 순위에 관하여는 그 담보가등기권리를 저당권으로 보고 그 담보가등기가 경료된 때에 저당권설정등기가 행해진 것으로 보게 되므로, 가등기담보권에 대하여 선순위 및 후순위 가압류채권이 있는 경우 부동산의 경매에 의한 매득금 중 경매비용을 제외한 나머지 금원(배당할 금원 : 12억원)을 배당함에 있어 가등기담보권자(甲)는 선순위 가압류채권(乙 : 채권액 6억원)에 대하여는 우선변제권을 주장할 수 없어 그 피담보채권과 선순위 및 후순위 가압류채권에 대하여 1차로 채권액에 따른 안분비례에 의하여 평등배당을 하되, 담보가등기권리자는 위 후순위 가압류채권자(丙 : 채권액 8억원)에 대하여는 우선변제권이 인정되어 그 채권으로부터 받을 배당액으로부터 자기의 채권액을 만족시킬 때까지 이를 흡수하여 변제받을 수 있으며 선순위와 후순위 가압류채권이 동일인의 권리라 하여 그 귀결이 달라지는 것이 아니다(대판 1992.3.27. 91다44407).

➡ 판례에 따른 사례 해결

　　배당할 금원 = 12억원, 乙의 채권 = 6억원, 甲의 채권 = 10억원, 丙의 채권 = 8억원

- 1차 안분배당
　乙 = 12 × 6/24 = 3억원, 甲 = 12 × 10/24 = 5억원, 丙 = 12 × 8/24 = 4억원
- 2차 甲의 우선변제권 인정 (乙에 대하여는 부정, 丙에 대하여는 인정)
　乙 = 3억원, 甲 = 9억원(5억원 + 4억원), 丙 = 0원(4억원 − 4억원)

제2편 물권법

(2) 저당권의 실행(담보권실행 경매에 의한 실행) <small>추가15·20·24회 출제</small>

> **제363조(저당권자의 경매청구권, 경매인)** ① 저당권자는 그 채권의 변제를 받기 위하여 저당물의 경매를 청구할 수 있다.
> ② 저당물의 소유권을 취득한 제3자도 경매인이 될 수 있다.

1) 의의
저당권자는 그 채권의 변제를 받기 위하여 저당물의 경매를 청구할 수 있다. (청구 → 신청)

2) 요건
① 경매에 의하여 저당권을 실행하기 위해서는 유효한 채권과 저당권이 존재하여야 한다.
② 채권의 이행기가 도래하고 있어야(즉, 이행지체가 있어야) 한다.
③ 제3취득자에 대한 통지는 요건이 아니다.

3) 경매절차

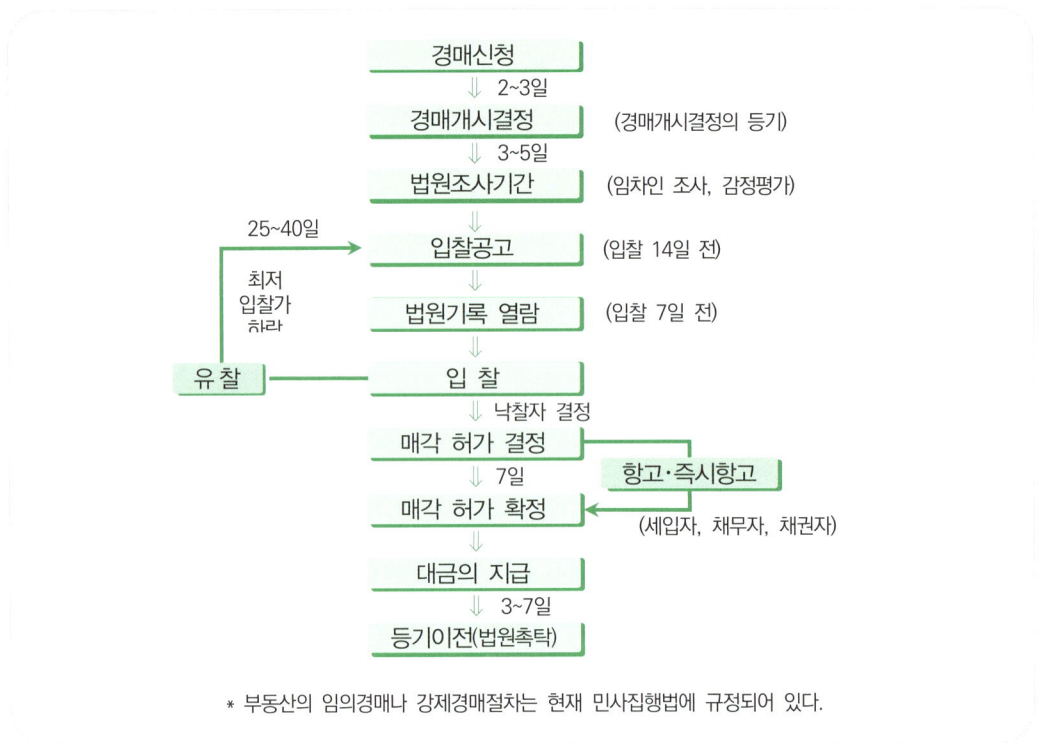

* 부동산의 임의경매나 강제경매절차는 현재 민사집행법에 규정되어 있다.

4) 배당순위

1순위	집행비용	경매를 실행하는 데 필요한 각종 비용
2순위	비용상환채권	제3자 등(제3취득자, 임차인, 전세권자 등)이 경매 목적물에 투입한 필요비·유익비
3순위	최우선변제금	소액임차보증금(주택·상가) / 최종 3개월분의 임금과 재해보상금(근로기준법 제38조 제2항) / 최종 3년간의 퇴직금(근로자퇴직급여 보장법 제12조)
4순위	집행목적물에 대한 국세 등	국세·지방세·그 가산금 중 경매목적물에 대해 직접 부과된 것에 한정된다(예를 들어 취득세, 보유세 등).
5순위	우선변제권이 인정되는 채권	저당권·전세권의 피담보채권 / 대항력과 확정일자를 갖춘 주택·상가의 임차보증금반환채권 다만, 국세 및 지방세의 법정 기일 전에 설정(등기 또는 대항력 취득)된 것에 한정된다.
6순위	임금채권	임금 기타 근로관계로 인해 발생한 채권
7순위	일반 국세 등	국세·지방세 및 이에 관한 체납처분비, 가산금 등의 징수금 다만, 국세 및 지방세의 법정 기일 전에 전세권이나 저당권이 설정된 경우에 한한다.
8순위	공과금 등	국세 및 지방세의 다음 순위로 징수하는 공과금 중 산업재해보상보험료·국민건강보험료·국민연금보험료·고용보험료 등
9순위	일반채권	위의 채권 이외의 통상의 채권

* 다만 1. 매각재산에 조세채권의 법정기일 전에 설정된 저당권·전세권이 존재하는 경우이다.　　2. 동순위의 채권은 안분비례하여 배당한다.

(3) 일괄경매청구권(一括競賣請求權)

1) 의 의

① 민법은 저당권의 실행을 쉽게 하기 위하여 토지를 목적으로 저당권을 설정한 후에 그 설정자가 그 저당토지 위에 건물을 축조한 때에는 저당권자는 토지와 함께 그 건물에 대해서도 (일괄)경매를 청구할 수 있도록 하였다(제365조 본문). 그러나 그 건물의 경매대가에 대해서는 우선변제 받을 권리가 없다(동조 단서).

② 저당권설정자는 저당권설정 후에도 그 지상에 건물을 신축할 수 있는데, 후에 그 저당권의 실행으로 토지가 제3자에게 경락될 경우에 건물을 철거하여야 한다면 ㉠ 사회경제적으로 현저한 불이익이 생기게 되어 이를 방지할 필요가 있으므로 이러한 이해관계를 조절하고, ㉡ 저당권자에게도 저당토지상의 건물의 존재로 인하여 생기게 되는 경매의 어려움을 해소하여 저당권의 실행을 쉽게 할 수 있도록 정책적으로 고려한 것이다.

2) 요 건

① 저당권설정 후에 저당토지상에 건물이 신축된 경우이어야 하므로 저당권설정 당시에 이미 건물이 존재하고 있는 경우에는 법정지상권이 문제된다.

② 저당권설정자가 아닌 토지소유자 등 제3자가 건물을 지은 경우에는 일괄경매청구권이 인정되지 않는다.

③ 토지만을 경매하여 그 대금으로 충분히 피담보채권의 변제를 받을 수 있다 하더라도 일괄경매가 가능하다.

일괄경매청구권의 요건

1. 토지와 그 지상건물의 소유자가 이에 대해 공동저당권을 설정한 후 건물을 철거하고 그 토지상에 새로이 건물을 축조하여 소유하고 있는 경우에는 저당권자는 그 토지와 신축건물의 일괄경매를 청구할 수 있다(대결 1998.4.28. 97마2935).
2. 저당권설정자가 신건물을 축조한 후 토지의 소유권을 보유한 채 건물만 제3자에게 소유권을 인정한 경우 일괄경매청구권이 인정되지 않는다(대결 1999.4.20. 99마146).
3. 저당지상의 건물에 대한 일괄경매청구권은 저당권설정자가 건물을 축조한 경우뿐만 아니라 저당권설정자로부터 저당토지에 대한 용익권을 설정받은 자가 그 토지에 건물을 축조한 경우라도 그 후 저당권설정자가 그 건물의 소유권을 취득한 경우에는 저당권자는 토지와 함께 그 건물에 대하여 경매를 청구할 수 있다(대판 2003.4.11. 2003다3850).

3) 효과

① **우선변제효력의 범위**

토지·건물을 일괄경매하는 경우에도 저당권의 우선변제적 효력은 건물에 관하여는 미치지 않으므로 그 건물의 경매대가에 대해서는 우선변제를 받을 권리가 없다(제365조 단서). 다만, 일반채권자로서 건물의 경매대금에서 변제를 받을 수 있다.

② **토지와 건물의 동일인에의 경락**

토지와 건물을 동일인에게 경락시켜 건물을 유지하려는 것이 그 취지이므로 토지와 건물은 동일인에게 경락되어야 한다.

 일괄경매청구권

① 일괄경매청구권이 인정된다 하더라도 토지저당권자가 건물로부터 우선변제(=배당)를 받을 수는 없다.
② 또한 일괄경매청구권을 행사하려면 권리행사 당시 토지와 건물이 동일소유자 소유여야 한다.

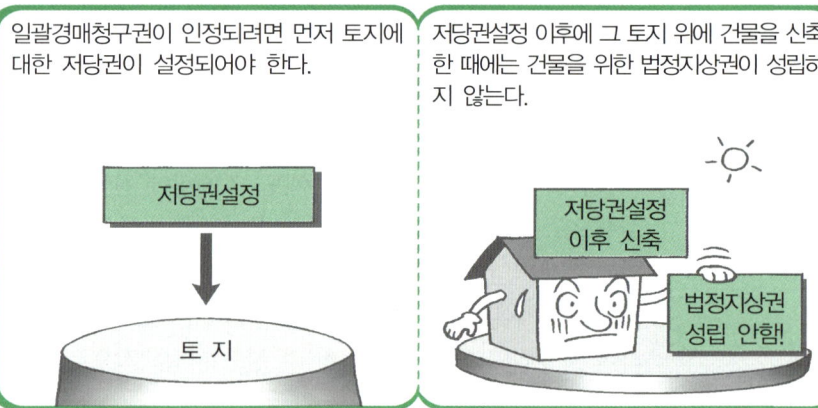

③ 일괄경매청구권은 저당권자의 권리이므로 그 행사가 강제되지 않으며, 토지만으로 충분히 변제받을 수 있다고 하더라도 과잉경매가 되지 않는다.

단락문제 Q06   제31회 기출

甲은 乙소유의 X토지에 저당권을 취득하였다. X토지에 Y건물이 존재할 때, 甲이 X토지와 Y건물에 대해 일괄경매를 청구할 수 있는 경우를 모두 고른 것은? (다툼이 있으면 판례에 따름)

㉠ 甲이 저당권을 취득하기 전, 이미 X토지 위에 乙의 Y건물이 존재한 경우
㉡ 甲이 저당권을 취득한 후, 乙이 X토지 위에 Y건물을 축조하여 소유하고 있는 경우
㉢ 甲이 저당권을 취득한 후, 丙이 X토지에 지상권을 취득하여 Y건물을 축조하고 乙이 그 건물의 소유권을 취득한 경우

① ㉠   ② ㉡   ③ ㉠, ㉢   ④ ㉡, ㉢   ⑤ ㉠, ㉡, ㉢

해설 저당권자의 일괄경매청구권
㉠ (×) 법정지상권 성립 제366조   ㉡ (○) 제365조
㉢ (○) 그 후 저당권설정자가 그 건물의 소유권을 취득한 경우에는 저당권자는 토지와 함께 그 건물에 대하여 경매를 청구할 수 있다(대판 2003.4.11. 2003다3850).   **답** ④

(4) 제3취득자의 지위   32회 출제

제364조(제3취득자의 변제) 저당부동산에 대하여 소유권, 지상권 또는 전세권을 취득한 제3자는 저당권자에게 그 부동산으로 담보된 채권을 변제하고 저당권의 소멸을 청구할 수 있다.
제367조(제3취득자의 비용상환청구권) 저당물의 제3취득자가 그 부동산의 보존, 개량을 위하여 필요비 또는 유익비를 지출한 때에는 제203조 제1항, 제2항의 규정에 의하여 저당물의 경매대가에서 우선상환을 받을 수 있다.

1) 제3취득자의 의의

저당권설정자는 저당권의 설정 후에도 그 목적부동산의 소유권을 양도하거나 지상권 또는 전세권을 설정할 수 있는데, 이러한 경우 목적부동산의 양수인·지상권자·전세권자 등을 통틀어 저당부동산의 제3취득자라고 한다.

2) 제3취득자의 변제

> 단순한 제3자의 변제시에는 채무전부를 변제해야하나, 동 규정에 의해 제3취득자는 채권자의 우선 변제권이 인정되는 범위의 채권만 변제하면 저당권이 소멸한다.

① 저당부동산에 대하여 소유권·지상권 또는 전세권을 취득한 제3자는 저당권자에게 그 부동산으로 담보된 채권을 변제하고 저당권의 소멸을 청구할 수 있다.
② 제3자가 저당부동산으로 담보된 채무를 변제하면 변제자는 **채권자**를 **대위**[1]하고 **구상권**[2]을 가진다(제481조).
③ 피담보채권의 변제기 전에는 제3취득자는 변제를 할 수 없다.

용어사전
1) **대위(代位)**: 권리의 주체 또는 객체인 지위에 갈음(대신)하는 것을 말한다.
2) **구상권**: 타인을 위하여 변제를 한 자가 그 타인에 대하여 가지는 반환청구권을 의미한다.

④ 경매개시결정 이후에 권리를 취득한 제3자에게도 변제권을 인정한다(대결 1974.10.26. 74마440).

3) 제3취득자의 비용상환청구권
① 저당물의 제3취득자가 그 부동산의 보존·개량을 위하여 필요비 또는 유익비를 지출한 때에는 저당물의 경매대가에서 우선상환을 받을 수 있다(제367조, 제203조 제1항·제2항).
② 제203조 제3항은 준용되지 아니하므로, **상환기간의 허여는 허용되지 않는다.** → 저당권 실행절차를 신속히 종결시키기 위함이다.

4) 경매인
저당물의 소유권을 취득한 자(제3취득자)는 **경매인이 될 수 있다**(제363조 제2항). → 경매절차에 참가하여 매수인이 될 수 있다.

단락문제 Q07 제32회 기출

저당부동산의 제3취득자에 관한 설명으로 옳은 것을 모두 고른 것은? (다툼이 있으면 판례에 따름)

㉠ 저당부동산에 대한 후순위저당권자는 저당부동산의 피담보채권을 변제하고 그 저당권의 소멸을 청구할 수 있는 제3취득자에 해당하지 않는다.
㉡ 저당부동산의 제3취득자는 부동산의 보존·개량을 위해 지출한 비용을 그 부동산의 경매대가에서 우선상환을 받을 수 없다.
㉢ 저당부동산의 제3취득자는 저당권을 실행하는 경매에 참가하여 매수인이 될 수 있다.
㉣ 피담보채권을 변제하고 저당권의 소멸을 청구할 수 있는 제3취득자에는 경매신청 후에 소유권, 지상권 또는 전세권을 취득한 자도 포함된다.

① ㉠, ㉡ ② ㉠, ㉣ ③ ㉡, ㉢
④ ㉠, ㉢, ㉣ ⑤ ㉡, ㉢, ㉣

해설
㉠ (O) 민법 제364조
㉡ (X) 민법 제367조
㉢ (O) 민법 제363조②
㉣ (O) 민법 364조의 규정에 의하여 저당권의 소멸을 청구할 수 있는 제3취득자는 경매신청 전 또는 경매개시결정 전에 소유권, 지상권 또는 전세권을 취득한 자에 한하지 않는다. (대결 1974. 10. 26.74마440) **답 ④**

제6장 담보물권

단락핵심 저당권의 우선변제적 효력

(1) 물상보증인이 저당부동산을 제3자에게 양도하고, 그 제3취득자가 저당권의 피담보채무의 이행을 인수한 경우, 저당권이 실행되면 물상보증인이 채무자에 대한 구상권을 취득한다. (○)

(2) 甲의 토지에 乙이 저당권을 취득한 후 丙이 토지 위에 축조한 건물의 소유권을 甲이 취득한 경우, 乙은 토지와 건물에 대해 일괄경매를 청구하여 그 매각대금 전부로부터 우선변제를 받을 수 있다. (×)

(3) 토지저당권의 효력은 제3자가 무단으로 경작한 수확기의 농작물에도 미친다. (×)
⇒ 농작물의 소유권은 경작자에게 있다는 것이 판례이고, 따라서 저당권의 효력은 제3자가 무단으로 경작한 농작물에 미치지 아니한다.

(4) 저당권자도 채무자의 일반재산에 대하여 강제집행할 수 있다. (○)

(5) 저당권은 타인의 권원에 의하여 부속시킨 것에는 효력이 미치지 않는다. (○)

(6) 저당물의 소유권을 취득한 제3자도 경매절차에서 매수인이 될 수 있다. (○)

(7) 저당물에 제3자 명의로 원인무효의 소유권이전등기가 있는 경우, 저당권자는 그 등기의 말소를 청구할 수 있다. (×)
⇒ 저당권에 침해가 있는 경우라고 보기 힘들므로 물권적 청구권이 발생하지 않는다.

(8) 물상보증인이 저당물에 필요비를 지출한 경우, 저당물의 매각대금에서 우선상환을 받을 수 있다. (×)

(9) 후순위저당권의 실행으로 저당물이 매각된 경우, 선순위저당권은 소멸하지 않는다. (×)

단락문제 Q08 제33회 기출

법률에 특별한 규정 또는 설정행위에 다른 약정이 없는 경우, 저당권의 우선변제적 효력이 미치는 것을 모두 고른 것은? (다툼이 있으면 판례에 따름)

ㄱ. 토지에 저당권이 설정된 후 그 토지 위에 완공된 건물
ㄴ. 토지에 저당권이 설정된 후 토지소유자가 그 토지에 매설한 유류저장탱크
ㄷ. 저당토지가 저당권 실행으로 압류된 후 그 토지에 관하여 발생한 저당권설정자의 차임채권
ㄹ. 토지에 저당권이 설정된 후 토지의 전세권자가 그 토지에 식재하고 등기한 입목

① ㄴ   ② ㄱ, ㄹ   ③ ㄴ, ㄷ   ④ ㄱ, ㄷ, ㄹ   ⑤ ㄴ, ㄷ, ㄹ

해설

ㄱ. (×) 저당권 설정 전후 불문 건물에는 미치지 않는다.
ㄴ. (○) 주유소의 지하에 매설된 유류저장탱크를 토지로부터 분리하는 데 과다한 비용이 들고 이를 분리하여 발굴할 경우 그 경제적 가치가 현저히 감소할 것이 분명하다는 이유로, 그 유류저장탱크는 토지에 부합되었다(대판 1995. 6. 29. 94다6345).
ㄷ. (○) 제359조 본문
저당권의 효력은 저당부동산에 대한 압류가 있은 후에 저당권설정자가 그 부동산으로부터 수취한 과실 또는 수취할 수 있는 과실에 미친다.
ㄹ. (×) 제358조 단서, 제256조 단서

답 ③

3 저당권과 용익권의 관계★★★

(1) 저당권과 용익권(예 전세권)의 관계

1) **저당권과 용익권의 설정**

   저당권은 저당권설정자의 사용·수익권능에 영향을 미치지 아니하므로 저당권과 전세권 또는 저당권과 지상권은 동일한 부동산에 존재할 수 있다.

2) **용익권이 저당권의 실행에 의하여 소멸하는지 여부**

   ① 용익권(전세권이나 지상권)이 저당권보다 먼저 등기된 경우에는 저당권이 실행되더라도 용익권자는 그 용익권을 가지고 경락인에게 대항할 수 있다.
   ② 저당권이 설정된 후 용익권을 취득한 경우에는 저당권이 실행되면 그 경락인에게 대항할 수 없다. 특히 경매를 신청한 저당권자의 저당권과 용익권설정의 시기의 전후에 의하여 결정되지 아니하고, 그 부동산 위의 최고순위의 저당권과 용익권설정의 우열에 의하여 결정된다는 점이 중요하다.
   ③ 저당권 실행에 의하여 전세권이 소멸하는 경우에 전세권자는 전세금에 대하여 등기순위에 따라 우선변제 받을 수 있으며 저당권실행 도중 전세권이 기간의 만료 등으로 소멸하는 경우에도 동일하다.

(2) 법정지상권

1) 토지와 그 지상건물이 동일인 소유로서 저당권이 설정된 후 저당물의 경매로 인하여 토지와 그 지상건물이 소유자를 달리하게 된 때에는 토지소유자는 그 지상건물의 소유자에 대하여 법률상 당연히 지상권을 설정한 것으로 본다(제366조).
2) 성립요건 및 효과는 지상권 부분을 참조할 것

단락핵심 저당권과 용익권의 관계

(1) 저당권이 실행되는 경우 저당권자에 우선하는 전세권자가 배당요구를 하더라도 전세권은 매각으로 소멸하지 않는다. (×)
(2) 저당권에 기한 경매절차 중에 전세권의 기간이 만료하면 전세권자는 전세금의 우선변제를 청구할 수 있다. (○)

단락문제 Q09 제33회 기출

2019. 8. 1. 甲은 乙에게 2억 원(대여기간 1년, 이자 월 1.5%)을 대여하면서 乙 소유 X토지(가액 3억 원)에 근저당권(채권최고액 2억 5천만 원)을 취득하였고, 2020. 7. 1. 丙은 乙에게 1억 원(대여기간 1년, 이자 월 1%)을 대여하면서 X토지에 2번 근저당권(채권최고액 1억 5천만 원)을 취득하였다. 甲과 丙이 변제를 받지 못한 상황에서 丙이 2022. 6. 1. X토지에 관해 근저당권 실행을 위한 경매를 신청하면서 배당을 요구한 경우, 이에 관한 설명으로 옳은 것은? (다툼이 있으면 판례에 따름)

> ㄱ. 2022. 6. 1. 甲의 근저당권의 피담보채권액은 확정되지 않는다.
> ㄴ. 甲에게 2022. 6. 1. 이후에 발생한 지연이자는 채권최고액의 범위 내라도 근저당권에 의해 담보되지 않는다.
> ㄷ. 甲이 한 번도 이자를 받은 바 없고 X토지가 3억 원에 경매되었다면 甲은 경매대가에서 3억 원을 변제받는다.

① ㄱ ② ㄴ ③ ㄱ, ㄷ ④ ㄴ, ㄷ ⑤ ㄱ, ㄴ, ㄷ

해설

ㄱ. (O) 후순위 근저당권자가 경매를 신청한 경우 선순위 근저당권의 피담보채권은 그 근저당권이 소멸하는 시기, 즉 경락인이 경락대금을 완납한 때에 확정된다고 보아야 한다(대판 1999.9.21. 99다26085).
ㄴ. (X) 확정 전에 발생한 원본채권에 관하여 확정 후에 발생하는 이자나 지연손해금 채권은 채권최고액의 범위 내에서 근저당권에 의하여 여전히 담보되는 것이다(대판 2007.4.26. 2005다38300).
ㄷ. (X) 제357조(근저당) ②
  전항(근저당)의 경우에는 채무의 이자는 최고액 중에 산입한 것으로 본다.

답 ①

4 저당권침해에 대한 구제★★★

> 제362조(저당물의 보충) 저당권설정자의 책임있는 사유로 인하여 저당물의 가액이 현저히 감소된 때에는 저당권자는 저당권설정자에 대하여 그 원상회복 또는 상당한 담보제공을 청구할 수 있다.

(1) 저당권침해의 의의

저당권의 침해란 채무자 또는 제3자가 작위 또는 부작위에 의하여 목적물의 멸실·훼손·제거 및 기타 그 담보가치(교환가치)를 감소케 하는 것을 말한다.
 저당산림의 부당한 벌채, 저당건물의 관리태만으로 인한 붕괴, 종물의 부당한 분리 등

(2) 각종의 구제방법

1) 물권적 청구권

① 저당권자는 그 물권에 기하여 침해의 제거 또는 예방을 청구할 수 있다(방해제거청구권, 방해예방청구권).
② 저당권자는 목적물을 점유하지 않기 때문에 반환청구권은 인정되지 않는다.
③ 채무가 이미 변제되었음에도 불구하고 선순위의 저당권등기가 말소되지 않는 경우에는 후순위저당권자는 그 말소를 청구할 수 있다.

> **판례** 저당권자의 저당목적물에 대한 방해배제청구권의 내용
>
> 공장저당권의 목적 동산이 저당권자의 동의를 얻지 아니하고 설치된 공장으로부터 반출된 경우에는 저당권자는 점유권이 없기 때문에 설정자로부터 일탈한 저당목적물을 저당권자 자신에게 반환할 것을 청구할 수는 없지만, 저당목적물이 제3자에게 선의취득되지 아니하는 한 원래의 설치 장소에 원상회복할 것을 청구함은 저당권의 성질에 반하지 아니함은 물론 저당권자가 가지는 방해배제권의 당연한 행사에 해당한다(대판 1996.3.22. 95다55184).

④ 저당권등기가 불법말소된 경우에는 말소된 등기의 회복을 청구할 수 있다. 그러나 회복되기 전에 경매가 행하여져 매수인이 매각대금을 완납하였다면 저당권말소등기의 회복등기를 청구할 수 없다(대판 1997.11.25. 97다35771).
⑤ **저당목적물의 일부의 강제집행에 대한 제3자 이의의 소**
저당목적물은 부합물·종물과 함께 일체를 이루어 채권을 담보하므로 이런 부합물·종물에 대해 일반채권자가 강제집행을 할 경우 저당권의 침해가 성립하게 된다. 이 경우 저당권자는 제3자 이의의 소를 제기할 수 있다.
→ 당해 절차의 당사자가 아닌 자가 제기하는 소의 한 종류

30회 출제

2) 손해배상청구권

① 저당권에 대한 침해가 침해자의 고의 또는 과실에 기한 때에는 불법행위를 이유로 손해배상을 청구할 수 있다(제750조).
② 이 손해배상청구권은 저당권의 실행 전이라도 행사할 수 있다(통설).
③ 물권적 청구권과 달리 침해에도 불구하고 저당권자가 채권의 완전한 만족을 얻을 수 있다면 손해는 없는 것이기 때문에 손해배상청구권은 인정되지 않는다.

근저당권의 공동담보물 중 일부가 멸실된 경우

1. 근저당권의 공동 담보물 중 일부를 권한 없이 멸실·훼손하거나 담보가치를 감소시키는 행위로 인하여 근저당권자가 나머지 저당 목적물만으로 채권의 완전한 만족을 얻을 수 없게 되었다면 근저당권자는 불법행위에 기한 손해배상청구권을 취득한다.
2. 이때 이와 같은 불법행위 후 근저당권이 확정된 경우 근저당권자가 입게 되는 손해는 채권최고액 범위 내에서 나머지 저당 목적물의 가액에 의하여 만족을 얻지 못하는 채권액과 멸실·훼손되거나 또는 담보가치가 감소된 저당 목적물 부분(이하 '소멸된 저당 목적물 부분'이라 한다)의 가액 중 적은 금액이다.
3. 여기서 나머지 저당 목적물의 가액에 의하여 만족을 얻지 못하는 채권액은 위 근저당권의 실행 또는 제3자의 신청으로 개시된 경매절차에서 근저당권자가 배당받을 금액이 확정되었거나 확정될 수 있는 때에는 그 금액을 기준으로 하여 산정하며, 그렇지 아니한 경우에는 손해배상청구소송의 사실심 변론종결시를 기준으로 산정하여야 하고, 소멸된 저당 목적물 부분의 가액 역시 같은 시점을 기준으로 산정하여야 한다(대판 2009.5.28. 2006다42818).

3) 담보물보충청구권

① 저당권설정자의 책임있는 사유로 인하여 저당물의 가액이 현저히 감소된 때에는 저당권자는 저당권설정자에 대하여 그 원상회복 또는 상당한 담보제공을 청구할 수 있다.

Professor Comment

담보물을 보충함으로써 저당권을 존속시켜 투자목적을 달성한다. 즉 투자자본의 이윤을 확보하는 동시에 채무자도 보호한다.

② 담보물보충청구권을 행사하는 경우에는 손해배상청구권이나 기한의 이익의 상실로 인한 즉시변제청구권을 행사하지 못한다(통설).

4) 기한이익의 상실

① 채무자가 담보물을 손상·감소·멸실하게 한 때에는 기한의 이익을 잃는다.
② 이때에 저당권자는 곧 변제를 청구하거나 저당권을 실행할 수 있다.

단락핵심 저당권 침해에 대한 구제

(1) 건물의 저당권자는 저당권의 침해를 이유로 자신에게 건물을 반환할 것을 청구할 수 있다. (×)
(2) 저당권자는 목적물을 점유하지 않기 때문에 반환청구권은 인정되지 않는다. (○)
(3) 저당권이 침해된 경우 저당권자가 담보물보충청구권을 행사하면 이와 동시에 즉시변제청구권을 행사할 수 없다. (○)

5 지상권·전세권을 목적으로 하는 저당권의 실행

(1) 지상권·전세권을 목적으로 하는 저당권
토지와 건물 외에 지상권과 전세권을 목적으로 저당권을 설정할 수 있다(제371조 제1항).

(2) 실행방법
1) 지상권·전세권이 존속 중인 경우에는 '**지상권·전세권' 자체를 실행의 대상**으로 한다. → 즉 지상권·전세권을 경매에 붙임.
2) 지상권이 기간만료 기타 사유로 소멸한 경우에는 저당권도 소멸한다.
3) 전세권의 존속기간이 만료하면 전세권의 용익물권적 권능이 소멸하기 때문에 그 전세권에 대한 저당권자는 더 이상 전세권 자체에 대하여 저당권을 실행할 수 없게 되고, 이러한 경우에는 전세금반환채권에 대하여 **추심명령 또는 전부명령**을 받거나, 제3자가 전세금반환채권에 대하여 실시한 강제집행절차에서 배당요구를 하는 등의 방법으로 자신의 권리를 행사할 수 있다(대판 2008.3.13. 2006다29372·29389). → 채권자가 전세권설정자에게 전세금의 반환을 직접 청구

판례 전세권을 목적으로 한 저당권의 실행

1 전세권이 기간만료로 종료된 경우 전세권은 전세권설정등기의 말소등기 없이도 당연히 소멸하고, 저당권의 목적물인 전세권이 소멸하면 저당권도 당연히 소멸하는 것이므로 전세권을 목적으로 한 저당권자는 전세권의 목적물인 부동산의 소유자에게 더 이상 저당권을 주장할 수 없다.

2 전세권저당권이 설정된 경우에도 전세권이 기간만료로 소멸되면 전세권설정자는 전세금반환채권에 대한 제3자의 압류 등이 없는 한 전세권자에 대하여만 전세금반환의무를 부담한다고 보아야 한다(대판 1999.9.17. 98다31301).

단락핵심 전세권을 목적으로 하는 저당권

(1) 지상권을 목적으로 저당권을 설정한 자는 저당권자의 동의 없이 지상권을 포기하지 못한다. (○)
(2) 전세권을 목적으로 하는 저당권을 실행하는 경우에는 전세권 자체를 실행의 대상으로 한다. (○)
(3) 저당권의 목적물인 전세권이 소멸하면 저당권도 당연히 소멸한다. (○)

04 저당권의 처분 및 소멸

> **제361조(저당권의 처분제한)** 저당권은 그 담보한 채권과 분리하여 타인에게 양도하거나 다른 채권의 담보로 하지 못한다.

1 저당권의 처분

21·28회 출제

(1) 처분의 제한
1) 우리 민법은 근대 저당권의 한 특질인 독립의 원칙에 역행하여 오히려 저당권의 부종성 내지 수반성을 강화함으로써 저당권에 대한 처분의 자유를 제한하고 있다.
2) 저당권은 그 담보한 채권과 분리하여 타인에게 양도하거나 다른 채권의 담보로 하지 못한다(제361조).

(2) 저당권부 채권의 양도
저당권은 언제나 피담보채권과 결합해서만 양도할 수 있기 때문에 저당권이전등기를 하여야 양도의 효력이 생기며 아울러 채권양도의 대항요건(채무자에 대한 통지나 채무자의 승낙)을 갖추지 않으면 채무자나 제3자에게 대항하지 못한다.

(3) 저당권부 채권의 입질(入質)
1) 저당권의 피담보채권이 입질(질권의 목적으로 하는 것)되는 경우에는 저당권도 함께 질권의 목적이 된다.
2) 다만, 이 경우에는 그 저당권등기에 질권의 부기등기를 하여야만 질권의 효력이 저당권에 미친다.

2 저당권의 소멸

25회 출제

> **제369조(부종성)** 저당권으로 담보한 채권의 시효완성 기타의 사유로 인하여 소멸한 때에는 저당권도 소멸한다.

(1) 일반적 소멸사유
목적물의 멸실·혼동·포기 등과 같은 물권일반에 공통되는 소멸원인과 피담보채권의 소멸과 같은 담보물권에 공통되는 소멸원인에 의하여 소멸하는 외에, 경매 또는 제3취득자의 변제 등에 의하여 소멸한다.

> **판례 저당권의 소멸**
>
> 1. 피담보채권이 소멸하면 저당권은 그 부종성에 의하여 당연히 소멸하게 되므로, 그 말소등기가 경료되기 전에 그 저당권부채권을 가압류하고 압류 및 전부명령을 받아 저당권 이전의 부기등기를 경료한 자 할지라도, 그 가압류 이전에 그 저당권의 피담보채권이 소멸된 이상, 그 근저당권을 취득할 수 없고, 실체관계에 부합하지 않는 그 근저당권 설정등기를 말소할 의무를 부담한다(대판 2002.9.24. 2002다27910).
> 2. 부동산에 관하여 근저당권설정등기가 경료되었다가 그 등기가 위조된 등기서류에 의하여 아무런 원인 없이 말소되었다는 사정만으로는 곧바로 근저당권이 소멸하는 것은 아니라고 할 것이지만, 부동산이 경매절차에서 경락되면 그 부동산에 존재하였던 근저당권은 당연히 소멸한다(대판 1998.10.2. 98다27197).

(2) 기 타

1) 소멸시효
피담보채권이 소멸시효로 소멸하면 그에 따라 저당권도 소멸한다. 그러나 저당권만이 단독으로 소멸시효에 걸리는 일은 없다(통설).

2) 지상권 또는 전세권을 목적으로 하는 저당권
① 지상권 또는 전세권을 목적으로 저당권을 설정한 자는 저당권자의 동의 없이 지상권 또는 전세권을 소멸하게 하는 행위를 하지 못한다.
② 지상권 또는 전세권이 소멸하면 그것을 목적으로 하는 저당권도 소멸한다.

(3) 피담보채무의 소멸·부존재와 등기말소청구

1) 채권양도와 더불어 근저당권이 이전된 후 피담보채무의 소멸이나 근저당권설정등기가 당초 원인 무효임이 밝혀진 경우, 근저당권설정자는 주등기인 근저당권설정등기의 말소만 구하면 되고, 이 경우 근저당권 설정등기말소청구의 상대방은 근저당권의 양수인이다(대판 2000.4.11. 2000다5640).

2) 채권양도의 무효·취소·해제로 인하여 근저당권의 이전원인이 무효로 된 경우 양도인이 양수인을 상대로 부기등기인 <u>이전등기의 말소를 구해야 한다</u>(대판 2005.6.10. 2002다15412).
→ 근저당권의 성립자체는 유효하기 때문임

(4) 소유권을 상실한 저당권설정자의 저당권설정등기 말소청구

저당권 설정 후 당해 부동산의 소유권이 제3자에게 이전되었는데 그 피담보채권이 변제 등의 사유로 소멸한 경우, 신소유권자가 소유권에 기한 물권적 청구권의 행사로서 저당권등기의 말소를 청구할 수 있음은 물론 근저당권설정자인 종전의 소유자도 근저당권설정계약의 당사자로서 근저당권설정등기의 말소를 구할 수 있는 계약상 권리가 있으므로 근저당권자에게 근저당권설정등기의 말소를 청구할 수 있다(대판 1994.1.25. 93다16338).

단락핵심 저당권의 처분 및 소멸

(1) 저당권을 피담보채권과 분리하여 양도할 수 없다. (○)
(2) 저당권을 양도하기 위해서 물상보증인의 합의나 동의가 필요하지는 않다. (○)
(3) 피담보채권이 소멸시효로 소멸하면 그에 따라 저당권도 소멸하며, 저당권이 단독으로 소멸시효에 걸리면 저당권은 소멸한다. (×)
⇒ 저당권은 단독으로 소멸시효에 걸리지 않는다.

제6장 담보물권

05 특수한 저당권

> **제357조(근저당**(根抵當)) ① 저당권은 그 담보할 채무의 최고액만을 정하고 채무의 확정을 장래에 보류(保留)하여 이를 설정할 수 있다. 이 경우에는 그 확정될 때까지의 채무의 소멸 또는 이전은 저당권에 영향을 미치지 아니한다.
> ② 전항의 경우에는 채무의 이자는 최고액 중에 산입한 것으로 본다.

Professor Comment

근저당과 공동저당은 매우 중요하다. 최근 들어 자주 출제되고 있고, 난이도도 높은 부분이다.

1 근저당★★★

11·12·15·추가15·16·20·33·34·35회 출제

(1) 근저당의 의의

계속적인 거래관계(예컨대, 당좌대월계약)로부터 생기는 다수의 불특정의 채권을 장래의 결산기에 있어서 일정한 한도액까지 담보하기 위한 저당권이다(제357조).

근저당

저당권의 피담보채권의 확정시기는 저당권설정 당시이나, 근저당권의 피담보채권의 확정시기는 결산기(또는 변제기)이다.

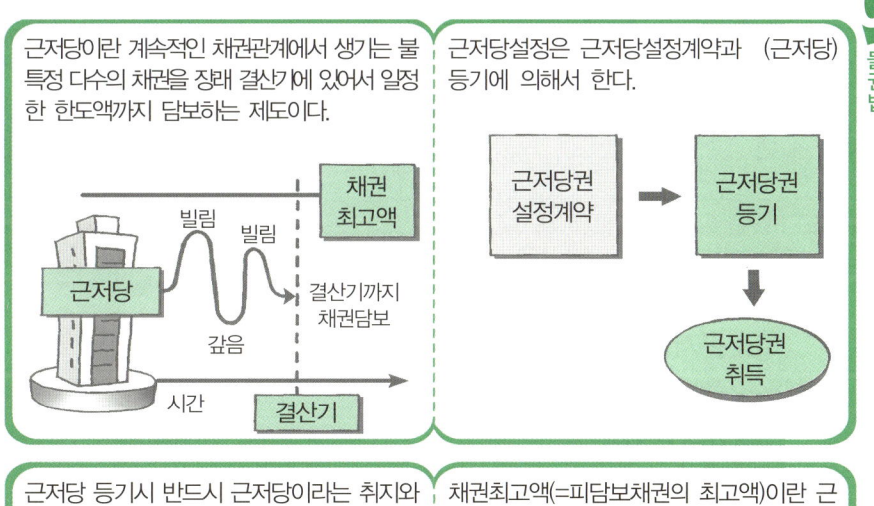

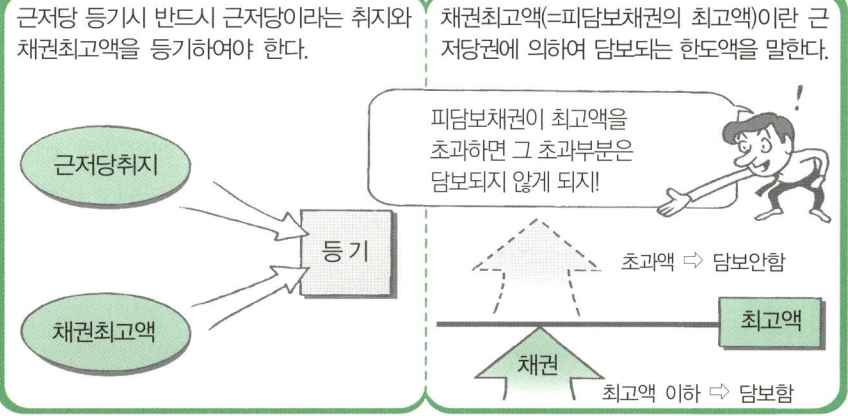

(2) 근저당권의 특질

1) 불특정채권의 담보
장래에 증감하여 변동하는 것이 예정되고 있는 일단의 불특정의 채권을 담보하는 점에서 현재 또는 장래의 특정채권을 담보하는 본래의 저당권과는 차이가 있다.

2) 부종성의 완화
① 근저당에 있어서는 이른바 저당권의 부종성이 완화된다.
② 근저당권에 있어서는 피담보채권이 증감·변동하여 일정한 액수로 고정되어 있지 않으므로, 일시적으로 피담보채권이 소멸되더라도 근저당은 소멸되지 않는다.

3) 채권최고액의 담보
원본과 이자를 합산한 것이 최고액을 넘으면 초과부분을 <u>담보하지 못한다</u>. 일반채권자로 배당은 받을 수 있다.

4) 포괄근저당[1]
포괄근저당도 유효성을 인정하는 것이 보통이나 근저당권설정계약 체결의 경위와 목적 등을 고려하여 담보되는 채권(피담보채권)의 범위는 제한하여 해석하는 것이 보통이다(대판 1994.9.30. 94다20242).

> **용어사전**
> 1) 포괄근저당(包括根抵當) : 근저당의 형식을 취하지만 기본계약 없이 당사자 사이에 발생하는 현재와 장래의 모든 채권을 일정한 한도액까지 담보하기로 하는 내용의 것을 말한다.

 포괄근저당의 유효성과 피담보채무의 제한

근저당권설정계약서가 부동문자로 인쇄된 일반거래약관의 형태를 취하고 있다고 하더라도 이는 처분문서이므로 그 진정 성립이 인정되는 때에는 특별한 사정이 없는 한 그 계약서의 문언에 따라 의사표시의 내용을 해석하여야 하고 다만, 그 근저당권설정계약 체결의 경위와 목적, 피담보채무액, 근저당권설정자와 채무자 및 채권자와의 상호관계 등 제반 사정에 비추어 당사자의 의사가 계약서 문언과는 달리 일정한 범위 내의 채무만을 피담보채무로 약정한 취지라고 해석하는 것이 합리적이라고 인정되는 경우에 당사자의 의사에 따라 그 담보책임의 범위를 제한할 수 있다(대판 1996.9.20. 96다27612).

(3) 근저당권의 설정
근저당권의 설정도 보통의 저당권을 설정하는 경우와 같이 물권적 합의와 등기가 있어야 한다.

1) 설정계약
① **당사자**
근저당권설정자는 채무자인 것이 보통이지만, 채무자 이외의 자(물상보증인)라도 가능하다.

② **최고액과 피담보채권의 범위 기준**
최고액과 피담보채권의 기초가 되는 계속적 계약관계, 예를 들어 <u>당좌대월계약</u> 등의 기본계약이 있어야 한다. 기본계약이 무효이면 저당권도 성립할 수 없다.
일정기간 수표 등을 발행하고 추후에 결산하는 상인과 은행 사이의 계약

③ **존속기간 또는 결산기**
이를 정하느냐 여부는 자유이나 기본계약에서 결산기가 정하여지는 것이 보통이고, 존속기간도 그에 의해 결정된다.

2) 등기

① 등기원인과 최고액
근저당 등기에는 반드시 근저당이란 뜻과 피담보채권의 최고액을 명시하여야 한다.

② 이 자
채무의 이자는 최고액 중에 산입한 것으로 본다.

③ 존속기간
근저당의 존속기간이 약정된 경우 이를 반드시 등기하여야 하는 것은 아니나 그에 관한 등기가 있으면 그 기간만료시가 결산기이며, 따라서 그 후의 채권은 근저당에 의하여 담보될 수 없다.   우선변제권이 인정되지 않아 일반채권자의 지위에서만 배당청구 가능

(4) 근저당의 효력

14·24회 출제

1) 피담보채권의 범위
① 근저당에 의하여 담보되는 채권은 설정계약에서 정한 최고액을 한도로 한다.
② 원본, 이자, 위약금, 채무불이행으로 인한 손해배상액이 채권최고액의 범위 내에서 포함된다.
③ 지연이자는 저당권에서와 달리 이행기일 경과 후의 1년 분에 한하지 않고 모든 지연이자가 최고액에 포함되는 것으로 해석된다. 다만, 근저당실행비용은 포함되지 않음

> **판례 피담보채권의 범위**
>
> 채권최고액을 초과하는 부분에 대하여도 근저당권의 효력이 미친다는 당사자 간의 특약이 있더라도 이러한 특약을 제3자에게 대항할 수 없다(대판 1971.4.6. 71다26).

2) 피담보채권의 확정(근저당권의 확정)

① 계속적 거래관계의 종료
근저당권에 의하여 담보되는 피담보채권은 근저당권의 설정계약 내지 기본계약상의 결산기의 도래, 존속기간의 만료, 근저당계약의 해지에 의해서 확정된다.

② 경매신청
㉠ 근저당권자가 경매를 신청하는 경우에는 채무자와 더 이상 거래관계를 계속하지 않겠다는 의사로 보아야 하므로 경매 신청시에 피담보채권이 확정된다.
㉡ 후순위저당권자 기타 채권자가 경매를 신청한 경우에는 경락인이 경락대금을 완납한 때 근저당권의 피담보채권이 확정된다.

③ 채무자가 파산선고를 받은 때
④ 채무자에 대한 회생절차(회사정리절차) 개시결정이 있는 때
⑤ 물상보증인이 설정한 근저당권의 채무자가 합병으로 소멸하고, 물상보증인 또는 그로부터 합병 전에 저당목적물의 소유권을 취득한 제3자가 합병 후 존속회사 또는 신설회사를 위하여 근저당권설정계약을 존속시키는 데 동의하지 않은 경우, 합병 당시를 기준으로 근저당권의 피담보채무가 확정된다(대판 2010.1.28. 2008다12057).

⑥ 피담보채권이 확정되면 이후에 발생하는 채권은 더 이상 근저당권에 의하여 담보되지 않는다(대판 1993.3.12. 92다48567). 또한 피담보채권이 확정되면 근저당권은 보통의 저당권과 같이 취급된다(대판 2002.11.26. 2001다73022). 그러나 확정 전에 발생한 원본채권에 관하여, 확정 후에 발생하는 이자나 지연손해금 채권은, 채권최고액의 범위 내에서 근저당권에 의하여 여전히 담보된다(대판 2007.4.26. 2005다38300).

 근저당권자의 피담보채권

채권최고액의 정함이 있는 근저당권에 있어서 채권의 총액이 그 채권최고액을 초과하는 경우, 적어도 근저당권자와 채무자 겸 근저당권설정자와의 관계에 있어서는 위 채권 전액의 변제가 있을 때까지 근저당권의 효력은 채권최고액과는 관계없이 잔존채무에 여전히 미친다(대판 2001.10.12. 2000다59081).

3) 채권액이 최고액을 초과하는 경우

① 채무자에 대한 효과

담보물권의 불가분성 ← 채무자인 근저당권설정자는 채권최고액이 아니라 그것을 초과하여 현실적으로 존재하는 채권전액을 변제하여야 근저당권을 소멸시킬 수 있다.

② 물상보증인 등에 대한 효과

물상보증인인 근저당권설정자나 제3취득자는 최고액까지만 변제하고 근저당의 소멸을 청구할 수 있다.

 근저당권자의 채권총액이 채권최고액을 초과하는 경우 근저당권의 효력이 미치는 범위

근저당권자의 경매신청 등의 사유로 인하여 근저당권의 피담보채권이 확정되었을 경우, 확정 이후에 새로운 거래관계에서 발생한 원본채권은 그 근저당권에 의하여 담보되지 아니하지만, 확정 전에 발생한 원본채권에 관하여 확정 후에 발생하는 이자나 지연손해금 채권은 채권최고액의 범위 내에서 근저당권에 의하여 여전히 담보되는 것이다(2005다38300).

(5) 근저당의 처분

근저당은 그 기초가 된 거래관계와 함께 양도할 수 있으나(대판 1993.03.12. 92다48567), 이는 채권의 양도를 포함하므로 근저당권자와 양수인 이외에 채무자를 포함하는 3면계약으로써 행해져야 하며 등기함으로써 그 효력이 생긴다. 피담보채권과 분리된 근저당권만의 양도는 담보물권의 부종성 및 수반성에 반하여 허용되지 않는다.

 근저당권의 이전

1 근저당 거래관계가 계속되는 관계로 근저당권의 피담보채권이 확정되지 아니하는 동안에는 그 채권의 일부가 대위변제되었다 하더라도 그 근저당권이 대위변제자에게 이전될 수 없다(대판 2000.12.26. 2000다54451).
2 근저당권에 의하여 담보되는 피담보채권이 확정되게 되면, 그 피담보채권액이 그 근저당권의 채권최고액을 초과하지 않는 한 그 근저당권 내지 그 실행으로 인한 경락대금에 대한 권리 중 그 피담보채권액을 담보하고 남는 부분은 저당권의 일부이전의 부기등기의 경료여부와 관계없이 대위변제자에게 법률상 당연히 이전된다(대판 2002.7.26. 2001다53929).

(6) 근저당의 소멸

1) 피담보채권의 발생가능성의 소멸
피담보채권이 확정된 때에 채권이 존재하지 않거나 채권이 변제된 때, 그리고 근저당실행이 종료된 때에 근저당은 소멸한다.

2) 근저당설정계약의 해지
피담보채권이 확정되기 전이라도 채권을 변제하고 소멸시키거나 거래의 계속을 원하지 않는 경우 근저당설정계약을 해지하고 설정등기의 말소를 청구할 수 있다.

단락문제 Q10 (제35회 기출)

근저당권에 관한 설명으로 옳은 것을 모두 고른 것은? (다툼이 있으면 판례에 따름)

> ㄱ. 채무자가 아닌 제3자도 근저당권을 설정할 수 있다.
> ㄴ. 피담보채무 확정 전에는 채무자를 변경할 수 있다.
> ㄷ. 근저당권에 의해 담보될 채권최고액에 채무이자는 포함되지 않는다.

① ㄱ   ② ㄷ   ③ ㄱ, ㄴ   ④ ㄴ, ㄷ   ⑤ ㄱ, ㄴ, ㄷ

해설
ㄱ. (O) 물상보증인
ㄴ. (O) 판례
ㄷ. (×) 포함된다. (민법 제357조)

답 ③

단락문제 Q11 (제34회 기출)

근저당권에 관한 설명으로 틀린 것은? (다툼이 있으면 판례에 따름)

① 채권최고액에는 피담보채무의 이자가 산입된다.
② 피담보채무 확정 전에는 채무자를 변경할 수 있다.
③ 근저당권자가 피담보채무의 불이행을 이유로 경매신청을 한 경우, 특별한 사정이 없는 한 피담보채무액은 그 신청시에 확정된다.
④ 물상보증인은 채권최고액을 초과하는 부분의 채권액까지 변제할 의무를 부담한다.
⑤ 특별한 사정이 없는 한, 존속기간이 있는 근저당권은 그 기간이 만료한 때 피담보채무가 확정된다.

> **해설**
> ④ 보증인(제3자)응 최고액 초과부분에 변제할 의무가 없다.
> ① 민법 제357조
> ② 확정 전에는 채무자를 변경할 수 있다.
> ③ 근저당권자가 피담보채무의 불이행을 이유로 경매신청을 한 경우에는 경매신청시에 근저당권의 피담보채무액이 확정되고, 그 이후부터 근저당권은 부종성을 가지게 되어 보통의 저당권과 같은 취급을 받게 된다(대판 1997. 12. 9. 97다25521).
> ⑤ 기간 만료로 소멸
>
> **답** ④

2 공동저당 ★★★   12·13·18·29회 출제

> **제368조(공동저당**(共同抵當)**과 대가의 배당, 차순위자의 대위**(次順位者代位) ① 동일한 채권의 담보로 수 개의 부동산에 저당권을 설정한 경우에 그 부동산의 경매대가를 동시에 배당하는 때에는 각 부동산의 경매대가에 비례하여 그 채권의 분담(分擔)을 정한다.
> ② 전항의 저당부동산 중 일부의 경매대가를 먼저 배당하는 경우에는 그 대가에서 그 채권전부의 변제를 받을 수 있다. 이 경우에 그 경매한 부동산의 차순위저당권자는 선순위저당권자가 전항의 규정에 의하여 다른 부동산의 경매대가에서 변제를 받을 수 있는 금액의 한도에서 선순위자를 대위(代位)하여 저당권을 행사할 수 있다.

(1) 의의 및 특질

1) 의의

동일한 채권을 담보하기 위하여 수 개의 부동산 위에 설정되는 저당권을 말하는데 '총괄저당'이라고도 한다.

2) 특질

각 부동산마다 1개의 저당권이 성립되어 목적물의 수만큼의 저당권이 성립하는 것이나, 불가분적으로 결합되어 있기 때문에 저당권실행에 의하여 전액의 변제를 받음으로써 다른 저당권도 소멸한다.

 공동저당

① 공동저당을 총괄저당이라고도 한다.
② 공동저당이 설정되려면 공동저당설정계약과 등기가 필요하다.

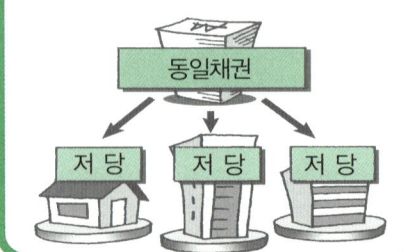
공동저당이란 동일한 채권을 담보하기 위하여 수 개의 부동산 위에 설정하는 저당권을 말한다.

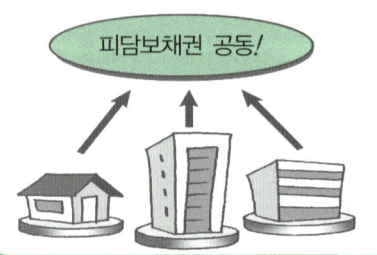
공동저당은 각각의 부동산마다 저당권이 설정된 것이고 단지 피담보채권을 공동으로 할 뿐이다.

(2) 공동저당의 성립(설정계약 + 등기)

1) 설정계약
① 하나의 채권의 담보로서 수 개의 부동산 위에 저당권이 설정되면 성립하며, 각 목적부동산에 대한 저당권이 동시에 공동저당으로서 설정되어야 하는 것은 아니다.
② 목적부동산의 전부나 일부가 제3자의 소유이더라도 상관없다. 이 경우 목적부동산을 제공한 자를 물상보증인이라 한다.

2) 등기
① 각 부동산에 관하여 저당권설정의 등기를 요하는데, 각각의 저당권 등기에 있어서 다른 부동산과 함께 1개의 채권의 공동담보로 되어 있다는 것을 함께 기재하여야 한다(부동산등기법 제78조). 또한, 목적부동산의 수가 5개 이상인 때에는, 절차의 번거로움을 피하기 위해 등기신청서에 공동담보목록을 첨부케 하여 이로써 공동담보관계를 공시하며 공동담보목록은 등기부의 일부로 간주한다.
② 동일한 채권을 중첩적으로 담보하기 위하여 수개의 저당권을 설정했다면 비록 공동저당임을 등기하지 아니하였더라도 공동저당관계가 성립한다.

> **판례** 공동근저당권과 등기
> 공동저당관계의 등기를 공동저당권의 성립요건이나 대항요건이라고 할 수 없다. 따라서 근저당권설정자와 근저당권자 사이에서 **동일한 기본계약에 기하여 발생한 채권을 중첩적으로 담보하기 위하여 수 개의 근저당권을 설정하기로 합의하고 이에 따라 수 개의 근저당권설정등기를 마친 때에는 부동산등기법 제149조에 따라 공동근저당관계의 등기를 마쳤는지 여부와 관계없이** 그 수 개의 근저당권 사이에는 각 **채권최고액이 동일한 범위 내에서 공동근저당관계가 성립**한다(대판 2010.12.23, 2008다57746).

(3) 후순위저당권자와의 관계(제368조) 〔14·27회 출제〕

1) 동시배당에 있어서의 부담의 안분
① 각 부동산의 경매대가에 비례하여 그 채권의 분담을 정하며(제368조 제1항), 이는 후순위저당권자가 있든 없든 불문하고 적용된다(통설).
② 각 부동산의 경매가격에 비례하여 그 채권의 분담을 정하고 나머지를 후순위저당권자의 변제에 충당한다.
③ 공동저당의 목적물 중 어떤 부동산의 매득금만으로 채권 전액을 변제하기에 족한 경우에는 다른 부동산의 매각을 허용하여서는 안 된다.
④ **적용범위의 확대** →최우선변제권
　㉠ 「**주택임대차보호법**」 소정의 **소액보증금반환청구권**은 법정담보물권으로서, 주택임차인이 대지와 건물 모두로부터 배당을 받는 경우에는 마치 그 대지와 건물 전부에 대한 공동저당권자와 유사한 지위에 서게 되므로 대지와 건물이 동시에 매각되어 주택임차인에게 그 경매대가를 동시에 배당하는 때에는 민법 제368조 제1항을 유추적용하여 대지와 건물의 경매대가에 비례하여 그 채권의 분담을 정하여야 한다(대판 2003.9.5, 2001다66291).

ⓒ 공동근저당, 일반저당권이 저당권설정 후 저당물을 추가하여 공동저당권이 된 경우에도 제368조 제1항이 적용된다(대판 2014.4.10. 2013다36040).

⑤ **적용범위의 한계**
ⓐ 부동산과 선박에 대하여는 공동저당에 관한 규정이 유추적용 또는 확장적용되지 않으며(대판 2002.7.12. 2001다53264)
ⓑ 공동저당물 중 일부가 물상보증인 소유인 경우에는 안분배당하지 않고(제368조 제1항 적용 배제) 채무자 소유 부동산의 경매대가에서 공동저당권자에게 우선적으로 배당을 하고, 부족분이 있는 경우에 한하여 물상보증인 소유 부동산의 경매대가에서 추가로 배당하여야 한다(2010.4.15. 2008다41475).

2) **이시(異時)배당에 있어서의 후순위저당권의 대위**
① 공동저당의 목적물 중 일부만이 경매되어 그 대가를 먼저 배당하는 때에는 공동저당권자는 그 대가에서 채권전부의 변제를 받을 수 있는 바(제368조 제2항 전단), 그 요건은 다음과 같다.
ⓐ 공동저당물 중 일부의 경매대가가 먼저 배당되었을 것
ⓑ 공동저당권자가 일부의 경매대가로부터 그 부동산의 책임분담액을 초과하는 배당을 받을 것
ⓒ 후순위저당권자가 동시배당에 의할 때보다 불이익할 것
② 이 경우에 그 경매한 부동산의 차(후)순위 저당권자는 선순위저당권자가 동시에 배당을 하였다고 한다면 다른 부동산의 경매대가에서 변제를 받을 수 있는 한도에서 선순위자를 대위하여 저당권을 행사할 수 있다(제368조 제2항 후단).
③ 공동저당권자가 그 채권의 전부뿐만 아니라 일부밖에 변제받지 못한 경우에도 후순위권자의 대위가 인정된다(다만 공동저당권자가 전액을 변제 받은 후에야 대위권 실행이 가능하므로 이 경우의 대위권은 일종의 기대권이다).

 공동저당에서 후순위저당권자의 기대권 보호

<u>선순위 공동저당권자가 피담보채권을 변제받기 전에 공동저당 목적 부동산 중 일부에 관한 저당권을 포기한 경우에는, 후순위저당권자가 있는 부동산에 관한 경매절차에서, 저당권을 포기하지 아니하였더라면 후순위저당권자가 대위할 수 있었던 한도에서는 후순위저당권자에 우선하여 배당을 받을 수 없다</u>고 보아야 하고, 이러한 법리는 동일한 채권의 담보를 위하여 공유인 부동산에 공동저당의 관계가 성립된 경우에도 마찬가지로 적용된다고 보아야 한다(대판 2011.10.13. 2010다99132).

④ 대위권자의 범위에는 공동저당권자의 모든 후순위저당권자가 이에 해당된다.
⑤ **대위등기**(代位登記)
동시배당을 하지 않아서 후순위저당권자 등이 다른 부동산의 경매대가에서 변제를 받을 수 있는 때에는 대위등기를 할 수 있다. 이 경우 등기관은 매각 부동산(소유권 외의 권리가 저당권의 목적일 때에는 그 권리), 매각대금, 선순위저당권자가 변제받은 금액을 기록한다(「부동산등기법」 제80조). 대위등기를 하지 아니하면 다른 부동산의 제3취득자에게 대항할 수 없다.

제6장 담보물권

⑥ **적용범위**

후순위저당권의 대위에 관한 제368조 제2항 후문의 규정은 공동저당의 목적물이 모두 채무자 소유의 부동산인 경우에만 적용된다(대판 2001.6.1. 2001다21854).

 동일인 소유의 토지와 그 지상건물에 관하여 공동저당권이 설정된 후 건물이 철거되고 신축된 경우 법정지상권의 성립 여부 — 성립하지 않음

동일인의 소유에 속하는 토지 및 그 지상 건물에 관하여 공동저당권이 설정된 후 그 지상건물이 철거되고 새로 건물이 신축된 경우에는 특별한 사정이 없는 한 저당물의 경매로 인하여 토지와 그 신축건물이 다른 소유자에 속하게 되더라도 그 신축건물을 위한 법정지상권은 성립하지 않는다(대판 2003.12.18. 98다43601).

(4) 선순위저당권자와의 관계

공동저당의 목적물 가운데 어느 부동산 위에 선순위저당권자가 존재하는 경우에는 공동저당권자는 모든 부동산을 일괄하여 경매할 수 없고, 선순위저당권이 존재하는 부동산만은 따로 경매하여야 한다.

(5) 제3자(물상보증인)의 물건에 공동저당이 설정된 경우

1) **문제점**

공동저당의 목적물이 모두 채무자 소유의 부동산인 경우에는 제368조가 적용되지만, 저당 목적물 중 어느 하나가 제3자(물상보증인)의 소유인 경우에 후순위권리자간의 우열관계에 대하여 문제가 발생한다.

2) **변제자대위**[1]**와 후순위저당권자의 물상대위의 충돌**(공동저당 목적물의 일부가 물상보증인 소유인 경우)

> **용어사전**
> 1) **변제자대위(辨濟者代位)**: 제3자 또는 공동채무자의 1인이 변제를 하여 채무자에 대하여 구상권을 취득한 경우에 이 구상권(求償權)의 효력을 확보하기 위하여 채권자가 가지는 채권에 관한 권리가 변제자에게 이전하는 것을 말한다.

예시사례

채무자 A소유의 X토지(경락대금 4억)와 물상보증인 B소유의 Y토지(경락대금 6억)에 채권자 甲의 1번 공동저당권(피담보채권 6억)이 설정된 후 X토지에는 乙의 2번 저당권(피담보채권 1억)이, Y토지에는 丙의 2번 저당권(피담보채권 1억)이 각각 설정되었다.

① **물상보증인의 부동산 Y토지에 대하여 먼저 경매가 실행된 경우**

㉠ 판례는 X토지의 경매대가에서 甲이 남은 채권액을 변제 받은 후 물상보증인이 제공한 부동산의 2순위 권리자인 丙이 가장 우선하고, 그 뒤에 물상보증인 B, 그리고 마지막으로 채무자 부동산의 2순위 권리자인 乙이 변제 받는다고 한다. 따라서 甲은 Y토지에서 6억을 이미 배당받았으므로 X토지의 경락대금(4억)에서 0원(6억-6억), 丙은 1억, 물상보증인 B가 3억(4억-1억)을 배당받고 乙은 배당받을 것이 없다.

㉡ 만약 X토지의 경락대금이 13억원인 경우에는 甲은 0원, 丙은 1억, 물상보증인 B는 5억 그리고 乙은 1억의 배당을 받고, 채무자 A가 나머지 6억(13억-7억)을 배당받는다.

② 채무자소유의 부동산 X토지에 대하여 먼저 경매가 이루어진 경우
  ㉠ 판례에 의하면 Y토지의 경매대가에서 甲이 남은 채권액을 변제 받은 후 丙이 가장 우선하고, 그 뒤에 물상보증인이 배당받으며, 乙은 배당에 참가할 수 없다고 한다(대판 1996.3.8. 95다36596). 따라서 甲은 X토지에서 4억을 이미 배당받았으므로 Y토지의 경락대금(6억)에서 2억(6억-4억), 丙은 1억, 물상보증인 B가 3억(6억-2억-1억)을 배당받는다. 乙은 Y토지의 배당에 참가할 수 없다.
  ㉡ 만약 Y토지의 경락대금이 13억원인 경우에는 甲은 2억, 丙은 1억, 물상보증인 B가 10억(13억-2억-1억)을 배당받으며, 乙은 Y토지의 배당에 참가할 수 없다.

 판례 공동저당에 있어서 물상보증인 소유 부동산의 후순위저당권자의 대위와 물상보증인의 변제자대위의 우선순위

공동저당의 목적인 채무자 소유의 부동산과 물상보증인 소유의 부동산에 각각 채권자를 달리하는 후순위저당권이 설정되어 있는 경우, 물상보증인 소유의 부동산에 대하여 먼저 경매가 이루어져 그 경매대금의 교부에 의하여 1번저당권자가 변제를 받은 때에는 물상보증인은 채무자에 대하여 구상권을 취득함과 동시에, 민법 제481조, 제482조의 규정에 의한 변제자대위에 의하여 채무자 소유의 부동산에 대한 1번 저당권을 취득하고, 이러한 경우 물상보증인 소유의 부동산에 대한 후순위저당권자는 물상보증인에게 이전한 1번 저당권으로부터 우선하여 변제를 받을 수 있다(대판 1994.5.10. 93다25417).

 판례 채무자 소유 부동산의 후순위저당권자의 대위권이 물상보증인 소유의 부동산에까지 미치는지 여부

채권자가 물상보증인 소유 토지와 공동담보로 주채무자 소유 토지에 1번 근저당권을 취득한 후 이와 별도로 주채무자 소유 토지에 2번 근저당권을 취득한 사안에서, 먼저 주채무자의 토지에 대하여 피담보채무의 불이행을 이유로 근저당권이 실행되어 경매대금에서 1번 근저당권의 피담보채권액을 넘는 금액이 배당된 경우에는, 변제자 대위의 법리에 비추어 볼 때 민법 제368조 제2항은 적용되지 않으므로 후순위(2번) 저당권자인 채권자는 물상보증인 소유 토지에 대하여 자신의 1번 근저당권을 대위행사할 수 없고, 따라서 물상보증인의 근저당권설정등기는 그 피담보채무의 소멸로 인하여 말소되어야 한다(대판 1996.3.8. 95다36596).

Professor Comment
채무자 소유의 부동산에 2순위 저당권을 취득한 乙을 丙이나 물상보증인보다 열위에 두는 이유는, 乙의 경우 이미 채무자 소유의 부동산에 공동저당권이 설정되어 공동저당의 피담보채무 총액을 알고, 그러한 부담을 안고 후순위저당권을 취득하였기 때문이다.

3) 물상보증인과 저당목적물의 제3취득자
  물상보증인(공동저당물을 제공한 채무자 이외의 자)은 저당권의 등기에 미리 그 대위를 부기하지 아니하면 저당물에 권리를 취득한 제3자에 대하여 채권자를 대위하지 못한다(제482조 제2항 제1호).

제6장 담보물권

> **판례** 채무자소유 부동산과 물상보증인 소유 부동산의 공동저당
>
> 공동근저당의 목적인 채무자 甲소유 부동산과 물상보증인 乙소유 부동산 중 乙소유 부동산에 먼저 경매가 이루어져 공동근저당권자인 丙이 변제를 받았는데, 乙소유 부동산에 대한 후순위저당권자 丁이 乙명의로 대위의 부기등기를 하지 않고 있는 동안 丙이 임의로 甲소유 부동산에 설정되어 있던 공동근저당권을 말소하였고, 그 후 甲소유 부동산에 戊명의의 근저당권이 설정되었다가 경매로 그 부동산이 매각된 사안에서, 민법 제482조 제2항 제1호에 의하여 甲과 丁은 戊에게 대항할 수 없다(대판 2011.8.18. 2011다30666).

단락문제 Q12   제34회 기출

甲은 乙에게 1억원을 대여하면서 乙 소유의 Y건물에 저당권을 취득하였다. 다음 설명 중 옳은 것을 모두 고른 것은?
(다툼이 있으면 판례에 따름)

> ㄱ. 乙이 甲에게 피담보채권 전부를 변제한 경우, 甲의 저당권은 말소등기를 하지 않아도 소멸한다.
> ㄴ. 甲은 Y건물의 소실로 인하여 乙이 취득한 화재보험금청구권에 대하여 물상대위권을 행사할 수 있다.
> ㄷ. 甲은 저당권을 피담보채권과 분리하여 제3자에게 양도하지 못한다.

① ㄱ   ② ㄷ   ③ ㄱ, ㄴ   ④ ㄴ, ㄷ   ⑤ ㄱ, ㄴ, ㄷ

해설
ㄱ. 저당권의 부종성으로 말소등기 없이도 당연소멸
ㄴ. 물상대위권 인정
ㄷ. 민법 제361조

답 ⑤

담보물권

CHAPTER 06

빈출 함정 총정리

• 경록 교재에 모든 답이 있습니다.

담보물권 총설

01 유치권에는 우선변제권과 대상청구권이 **인정되지 않는다**.
함정(X) 유치권에는 우선변제권과 대상청구권이 인정된다.

02 피담보채권의 일부가 변제 기타의 사유로 **소멸하더라도 담보물권은 잔존하는 피담보채권에 관하여 목적물 전부에 인정된다**.
함정(X) 피담보채권의 일부가 변제 기타의 사유로 소멸하면 담보물권은 목적물의 일부에 한하여 인정된다.

유치권

03 유치권은 유치물의 점유를 **상실하면 소멸한다**.
함정(X) 유치권은 유치물의 점유를 상실하여도 소멸하지 않는다.

04 유치권의 점유는 **적법하여야 하고 불법점유자는 유치권을 행사할 수 없다**.
함정(X) 유치권의 점유는 반드시 적법해야 하는 것이 아니다.

05 유치권은 **동산과 부동산에 모두 인정된다**.
함정(X) 유치권은 동산에만 인정된다.

06 **유치권이 성립하려면 피담보채권의 변제기가 도래하여야 한다**.
함정(X) 피담보채권의 변제기가 도래하기 전에도 유치권으로 채권을 담보할 수 있다.

07 동시이행의 항변권은 유치권과 **달리 제3자에 대하여 주장할 수 없다**.
함정(X) 동시이행의 항변권은 유치권과 마찬가지로 제3자에 대하여 주장할 수 있다.

제6장 담보물권

08 임차인의 임차보증금반환청구권이나 손해배상청구권은 건물에 관하여 생긴 채권이라 할 수 **없다**.
　함정(X) 임차인의 임차보증금반환청구권이나 손해배상청구권은 건물에 관하여 생긴 채권이라 할 수 있다.

09 유치권이 성립하기 위해서는 채권과 **목적물** 사이에 견련성이 필요하다.
　함정(X) 유치권이 성립하기 위해서는 채권과 목적물의 점유 사이에 견련성이 필요하다.

10 유치권배제의 **특약도 가능하다**.
　함정(X) 유치권배제의 특약은 허용되지 않는다.

11 유치권에 **간이변제충당권은** 인정되지만 **우선변제권은** 인정되지 않는다.
　함정(X) 유치권에 우선변제권은 인정되지만 간이변제충당권은 인정되지 않는다.

12 유치권자는 채무자의 승낙 **없이 임의로 유치물을 사용, 대여, 담보제공을 하지 못한다**.
　함정(X) 유치권자는 채무자의 승낙 없이도 사용할 수 있다.

저당권

13 저당권자는 목적물의 점유하지 **아니하므로 점유는 저당권설정자에게 남겨둔다. 따라서 저당권자에게는 점유권에 기한 점유물반환청구권이 없다**.
　함정(X) 저당권자는 목적물의 점유하지 아니하지만 점유보호청구권은 인정된다

14 지상권이나 전세권에 저당권을 설정한 경우 **이들 권리를 소멸시킬 때에는 저당권자의 동의를 요한다**.
　함정(X) 지상권이나 전세권에 저당권을 설정한 경우 지상권자나 전세권자는 단독으로 이를 소멸시킬 수 있다.

15 저당권의 효력은 원칙적으로 목적물의 과실(천연과실이든 법정과실이든)에 **미치지 않는다**.
　함정(X) 저당권의 효력은 원칙적으로 목적물의 과실(천연과실이든 법정과실이든)에 미친다.

제2편 물권법

16 저당권의 피담보채권이 미치는 범위는 원본, **이자**, 위약금, 채무불이행으로 인한 손해배상 및 저당권의 실행비용을 담보한다.
　함정(X) 저당권의 피담보채권이 미치는 범위는 원본, 1년분의 이자, 위약금, 채무불이행으로 인한 손해배상 및 저당권의 실행비용을 담보한다.

17 甲 토지에 A의 저당권이 설정된 후 B가 지상권을 취득한 후 다시 C의 후순위저당권이 설정되었고, 결국 C의 저당권이 실행된 경우 B의 지상권은 **소멸한다**.
　함정(X) 甲 토지에 A의 저당권이 설정된 후 B가 지상권을 취득한 후 다시 C의 후순위저당권이 설정되었고, 결국 C의 저당권이 실행된 경우 B의 지상권은 **존속한다**.

18 甲 소유의 토지에 乙이 저당권을 설정한 후 甲이 그 토지상에 건물을 신축한 경우 乙은 저당권의 실행으로 건물에 대하여 **일괄경매를 청구할 수 있다**.
　함정(X) 甲 소유의 토지에 乙이 저당권을 설정한 후 甲이 그 토지상에 건물을 신축한 경우 乙은 저당권의 실행으로 건물에 대하여 **경매를 청구할 수 없다**.

19 일괄경매청구권이 인정되면 토지의 저당권자는 건물의 대금에서 우선변제를 받을 수 **없다**.
　함정(X) 일괄경매청구권이 인정되면 토지의 저당권자는 건물의 대금에서 우선변제를 받을 수 있다.

20 자신의 토지에 저당권을 설정해 준 후 그 토지를 제3자에게 매도한 자는 피담보채권의 소멸을 이유로 저당권의 말소를 청구할 수 **있다**.
　함정(X) 자신의 토지에 저당권을 설정해 준 후 그 토지를 제3자에게 매도한 자는 피담보채권의 소멸을 이유로 저당권의 말소를 청구할 수 없다.

21 근저당자의 피담보채권은 **근저당권자가 경매를 신청하면** 확정된다.
　함정(X) 근저당자의 피담보채권은 배당할 때 확정된다.

22 근저당권의 존속기간은 **등기할 필요가 없다**.
　함정(X) 근저당권의 존속기간은 반드시 등기하여야 한다.

23 근저당권의 채권최고액에는 **이자는** 포함되나 **근저당 실행비용은** 포함되지 않는다.
　함정(X) 근저당권의 채권최고액에는 근저당 실행비용은 포함되나 지연이자는 포함되지 않는다.

제6장 담보물권

24 공동저당을 설정할 목적으로 하나의 피담보채권을 위해 수 개의 부동산에 저당권을 설정하였다. **이때 공동저당임을 등기하지 아니하더라도 공동저당으로 보아야 한다.**

> 함정(X) 공동저당을 설정할 목적으로 하나의 피담보채권을 위해 수 개의 부동산에 저당권을 설정하였다. 이때 공동저당임을 등기하지 아니하면 공동저당으로 볼 수 없다.

25 공동저당물 중 어느 하나에 먼저 저당권을 실행하는 경우 채권자는 그 저당물의 대가에서 **채권의 전부를 변제받을 수 있다.**

> 함정(X) 공동저당물 중 어느 하나에 먼저 저당권을 실행하는 경우 채권자는 그 저당물의 대가에서 경매대가의 비율에 따라 변제받을 수 있다.

26 채무자의 토지와 물상보증인의 토지에 공동저당권이 설정된 경우 **물상보증인 소유의 토지 위에 후순위저당권을 가진 자는 채무자소유 토지의 후순위 저당권자에** 우선한다.

> 함정(X) 채무자의 토지와 물상보증인의 토지에 공동저당권이 설정된 경우 **채무자소유 토지의 후순위 저당권자는 물상보증인 소유의 토지 위에 후순위 저당권을 가진 자에** 우선한다.

PART 03 계약법

출제비율

25%

	구 분	26회	27회	28회	29회	30회	31회	32회	33회	34회	35회	계	비율(%)
계약법	제1장 계약총론	5	5	5	5	4	7	5	6	3	8	53	13.3
	제2장 계약각론	5	5	5	5	6	3	5	4	7	2	47	11.8
	소 계	10	10	10	10	10	10	10	10	10	10	100	25.0

CHAPTER 01 계약총론

학습포인트

- 우리들의 일상은 계약의 그물망에서 살아간다고 할 수 있을 정도로 오늘날의 사회생활에서 계약의 중요성은 크다.
- 이 장에서는 계약의 성립 과정, 성립된 계약의 효력과 계약의 해제·해지 즉, 계약의 모든 과정을 학습하게 된다.
- 특히 계약의 효력에서 나타나는 동시이행의 항변권, 위험부담의 문제 등은 자주 출제되는 부분이다.

CHAPTER 학습 & 출제되는 키워드

- ☑ 계약
- ☑ 계약의 종류
- ☑ 낙성계약·요물계약
- ☑ 의사실현에 의한 계약성립
- ☑ 동시이행의 항변권
- ☑ 수익의 의사표시
- ☑ 해제의 불가분성
- ☑ 제3자의 권리

- ☑ 계약자유의 원칙
- ☑ 쌍무계약·편무계약
- ☑ 계속적 계약·일시적 계약
- ☑ 교차청약에 의한 계약성립
- ☑ 위험부담
- ☑ 계약의 해제
- ☑ 해제의 소급효
- ☑ 해지권

- ☑ 약관의 규제에 관한 법률
- ☑ 유상계약·쌍무계약
- ☑ 청약과 승낙
- ☑ 계약체결상의 과실책임
- ☑ 제3자를 위한 계약
- ☑ 합의해제·약정해제·법정해제
- ☑ 원상회복의무
- ☑ 사정변경에 의한 해지

CHAPTER 학습 & 출제되는 질문

- ☑ 계약일반에 관한 설명으로 틀린 것은?
- ☑ 계약의 종류에 대한 설명으로 틀린 것은?
- ☑ 동시이행의 항변권에 관한 다음 기술 중 옳은 것은?
- ☑ 다음 중 위험부담(危險負擔)의 법리가 적용되지 않는 경우는?
- ☑ A가 자기의 점포를 B에게 양도하고, B가 그 대금을 C에게 지급하기로 하는 계약이 A·B 간에 체결되었다. 다음 설명 중 타당한 것은?
- ☑ 계약해제의 효과에 대한 다음 설명 중 옳은 것은?
- ☑ 甲소유 토지의 매수인 乙이 중도금을 그 이행기에 지급하지 않고 있다. 소유권이전은 잔금지급과 동시에 하기로 하였다. 다음 중 틀린 것은?

제1장 계약총론

제1절 서 설

18회 출제

01 채권의 발생원인

채권의 발생원인은 당사자의 의사표시에 의한 약정채권과 법률규정에 의한 법정채권으로 구별된다.

1 약정채권 발생원인

매매, 교환, 임대차 등 15가지의 채권계약 및 준물권계약, 신분계약, 그 밖의 리스계약 등 비전형 계약

Professor Comment

15가지 전형계약
① 증여 ② 매매 ③ 교환 ④ 소비대차 ⑤ 사용대차
⑥ 임대차 ⑦ 고용 ⑧ 도급 ⑨ 여행 ⑩ 현상광고
⑪ 위임 ⑫ 임치 ⑬ 조합 ⑭ 종신정기금 ⑮ 화해

2 법정채권 발생원인

불법행위(제750조), 부당이득(제741조), 사무관리(제734조)

02 계약의 의의

1 계약이란

(1) 의 의

일정한 법률효과의 발생을 목적으로 하는 복수 당사자의 서로 대립하는 의사표시의 합치, 즉 '합의'에 의하여 성립하는 법률행위이다.

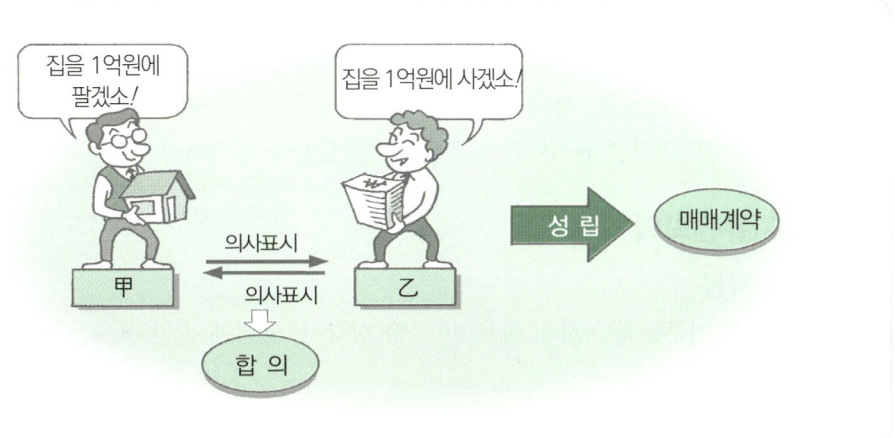

(2) 광의와 협의의 계약

계약은 그 발생하는 법률효과에 따라 공법상의 계약과 사법상의 계약으로 나눌 수 있고, 사법상의 계약은 광의와 협의의 2가지 의미로 사용되고 있다.

2 광의의 계약

광의의 계약에는 채권의 발생을 목적으로 하는 채권계약과 물권의 변동을 목적으로 하는 물권계약, 물권 이외의 재산권의 변동을 목적으로 하는 준물권계약(채권양도 등), 혼인과 같은 가족(신분)법상의 법률관계의 변동을 목적으로 하는 가족법상의 계약 등이 있다.

3 협의의 계약

(1) 협의의 계약은 채권계약(매매, 교환, 임대차 등), 즉 일정한 채권의 발생을 목적으로 하는 계약만을 말한다.
(2) 민법은 이 협의의 계약에 관한 통칙만을 정하고 있지만 그 성질이 허용하는 한 광의의 계약에도 유추적용될 수 있다.

4 계약법의 특질

계약법은 원칙적으로 임의규정이며 보편성을 갖고 있다. 특히 신의성실의 원칙이 강하게 요구된다.

03 계약자유의 원칙과 그 제한

1 계약자유원칙의 의의

계약자유의 원칙이란 사적자치의 원칙의 가장 전형적인 표현으로서 계약에 의한 법률관계의 형성은 법률의 제한이 없는 한, 각자의 자유에 맡겨지며 법도 그러한 자유의 결과(합의)를 법적 구속력 있는 것으로 승인한다는 원칙이다. 그러나 그 부작용을 제거하기 위해 다양한 제한이 존재한다.

↳ 독과점·매점매석·부동산투기 등 시장의 지배와 경제력의 남용

2 계약자유원칙의 내용 ★

(1) 체결의 자유
　계약의 체결 여부는 당사자의 자유이다. 즉 청약 및 승낙에 관한 자유를 포함한다.
(2) 상대방선택의 자유
　누구와 계약을 체결할 것인가는 당사자의 자유이다. 이를 체결의 자유의 한 내용으로 보기도 한다.

제1장 계약총론

(3) 내용결정의 자유
계약내용을 어떻게 정하든 그것은 당사자의 자유이며, 내용결정의 자유는 일단 성립한 계약의 내용을 후에 변경하거나 그 내용변경의 권한을 보류하는 것도 포함한다.

(4) 방식의 자유
계약은 의사표시의 합치 자체가 법적 구속력의 근거로서 이해되고 있으므로 계약은 원칙적으로 합의만으로 성립하고, 특별한 방식을 필요로 하지 않는다.

Professor Comment
계약해제의 자유는 인정되지 않는다.

3 계약자유원칙의 제한★

(1) 체결의 자유(상대방선택의 자유 포함)에 대한 제한
당사자의 일방이 타방과 특정내용의 계약을 체결하여야 할 법률적 의무를 부담하는 경우에는 그 당사자일방의 계약체결의 자유는 제한된다.
→ 즉, 체약강제에 의한 제한

예) 전기(「전기사업법」제14조)·가스(「도시가스사업법」제19조)·수도(「수도법」제39조) 등의 공급계약, 공증인(「공증인법」제4조), 집행관(「집행관법」제14조), 매수청구권(민법상 형성권)

(2) 내용결정의 자유에 대한 제한
1) 강행법규에 위반하는 사항을 계약내용으로 할 수는 없으며(강행법규에 의한 제한), 선량한 풍속 기타 사회질서에 위반하는 사항을 내용으로 하는 계약도 무효이다(사회질서에 의한 제한).
2) 전쟁이나 경제적 위기상황시의 통제경제체제 하에서는 공정가격 등 계약의 내용을 법률로 규제하는 일이 있는데, 이러한 규제된 계약에 의하여도 계약내용결정의 자유는 제한된다.
3) 그 외에 사실상 계약내용결정의 자유를 제한하는 중요한 경우가 오늘날 널리 사용되고 있는 보통거래약관에 의한 제한이다.

(3) 방식의 자유에 대한 제한
1) 방식의 자유에 대한 제한은 법률관계의 명확, 증거의 보전 및 당사자의 신중한 계약체결의 유도 등에 그 이유가 있다.
2) 은행이 체결하는 보증계약은 서면에 의해야 하고, 대부업법에 의한 대부계약은 서면으로 해야 할 뿐만 아니라, 계약내용 중 중요한 내용은 자필로 기재하여야 한다.

(4) 계약에 대한 행정법상의 규제
1) 계약의 유효요건
계약자유가 인정되는 범위 내에서 체결된 계약이라 하더라도 그 계약이 유효하기 위해서는 일정한 행정관청의 허가나 신고, 증명이 있어야 하는 경우가 있다.

2) 허가를 요하는 계약
① 국토교통부장관 또는 시·도지사에 의하여 토지거래허가지역으로 지정된 특정지역(규제지역) 내의 토지에 관한 거래계약
② 학교법인의 기본재산의 처분계약
③ 전통사찰이 소유하는 재산의 처분계약
④ 향교재산의 처분계약

3) 신고를 요하는 계약
외국인이 국내 토지를 취득하는 계약(「부동산 거래신고 등에 관한 법률」 제8조 제1항)

4) 증명을 요하는 계약
농지취득자격증명(「농지법」 제8조) 등

5) 검인을 요하는 계약
부동산소유권이전계약(매매·교환·증여계약, 「부동산등기 특별조치법」 제3조)

4 약관의 규제에 관한 법률★★★　　　　　　　　　　　　19·32회 출제

(1) 약관의 규제에 관한 법률의 제정

1) 약관의 의의
약관이란 그 명칭·형태·범위를 불문하고 계약의 일방 당사자가 다수의 상대방과 계약을 체결하기 위하여 일정한 형식에 의하여 미리 마련한 계약조항을 말한다.

2) 약관의 이용과 규제의 필요성
약관은 대량적 거래에 신속한 거래가 가능하도록 하는 장점이 있음에도 불구하고, 약관내용이 작성자에 의하여 일방적으로 만들어지므로 계약의 자유를 제한하거나 공정한 거래를 침해할 수 있는 측면도 지니고 있기 때문에 약관의 규제에 관한 법률을 제정하여 약관의 내용을 통제하고 있다.

(2) 약관과 계약내용

1) 구속력의 근거
① 보통거래약관이 계약당사자에 대하여 구속력을 갖는 것은 그 자체가 법규범 또는 법규범적 성질을 가지기 때문이 아니라 당사자가 그 약관의 규정을 계약내용에 포함시키기로 합의하였기 때문이다(대판 1998.9.8. 97다53663).

> **판례** 상가분양 시 "업종제한약정" 약관의 효력과 그 인적 범위
>
> 건축회사가 상가를 건축하여 각 점포별로 업종을 지정하여 분양한 경우 그 수분양자나 수분양자의 지위를 양수한 자는 특별한 사정이 없는 한 그 상가의 점포 입주자들에 대한 관계에서 상호 간에 명시적이거나 또는 묵시적으로 분양계약에서 약정한 업종제한 등의 의무를 수인하기로 동의하였다고 봄이 상당하므로, 상호 간의 업종제한에 관한 약정을 준수할 의무가 있다. 그리고 이때 전체 점포 중 일부 점포에 대해서만 업종이 지정된 경우라고 하더라도, 특별한 사정이 없는 한 적어도 업종이 지정된 점포의 수분양자나 그 지위를 양수한 자들 사이에서는 여전히 같은 법리가 적용된다고 보아야 한다(대판 2010.5.27. 2007다8044).

② 따라서 개별적 교섭에 따른 당사자 사이에 약관과 다른 내용의 합의가 있는 경우에는 개별약정우선의 원칙에 따라 그 합의대로 계약내용이 정해진다(동법 제4조).

> **판례** 개별교섭과 개별약정우선의 원칙
>
> 1. 계약의 일방 당사자가 약관을 마련하여 두었다가 어느 한 상대방에게 이를 제시하여 계약을 체결하는 경우에도 그 상대방과 사이에 특정 조항에 관하여 개별적인 교섭(또는 흥정)을 거침으로써 상대방이 자신의 이익을 조정할 기회를 가졌다면, 그 특정 조항은 약관의 규제에 관한 법률의 규율대상이 아닌 개별약정이 된다고 보아야 한다.
> 2. 이때 개별적인 교섭이 있었다고 하기 위해서는, 비록 그 교섭의 결과가 반드시 특정 조항의 내용을 변경하는 형태로 나타나야 하는 것은 아니라 하더라도, 적어도 계약의 상대방이 약관을 제시한 자와 사이에 거의 대등한 지위에서 당해 특정 조항에 대하여 충분한 검토와 고려를 한 뒤 영향력을 행사함으로써 미리 마련된 특정 조항의 내용에 구속되지 아니하고 이를 변경할 가능성이 있었어야 하고, 이처럼 약관 조항이 당사자 사이의 합의에 의하여 개별약정으로 되었다는 사실은 이를 주장하는 사업자 측에서 증명하여야 한다(대판 2014.6.12. 2013다214864).

2) 명시·설명의무(계약으로의 편입)

① **원칙**
  ㉠ 약관의 내용이 상대방에게 효력을 미치기 위해서는 사업자는 고객에게 약관의 내용을 일반적으로 예상되는 방법으로 명시하고 약관에 정하여져 있는 사항 중 중요한 내용을 고객이 이해할 수 있도록 설명하여야 한다(동법 제3조 제2·3항).
  ㉡ 명시·설명하지 아니하면 약관의 내용으로 편입되지 아니하므로 그 내용은 효력이 없다.

② **예외**
  다음의 사항은 명시·설명의무가 면제된다.
  ㉠ 계약의 성질상 설명이 현저하게 곤란한 경우이거나 법령에 규정되어 있는 사항(동조 제3항 단서)
  ㉡ 상대방이 그 내용을 충분히 잘 알고 있거나, 거래상 일반적이고 공통된 것이어서 고객이 별도의 설명 없이도 충분히 예상할 수 있었던 사항

> **명시·설명의무에 관한 판례**
>
> **1 약관의 중요내용의 의미**
> 약관의 규제에 관한 법률 제3조 제2항이 규정하는 약관의 '중요한 내용'이라 함은 '고객의 이해관계에 중대한 영향을 미치는 사항으로서 사회통념상 그 사항의 지·부지가 계약 체결 여부에 영향을 미칠 수 있는 사항'을 말한다(대판 2007.8.23. 2005다59475·59482·59499).
>
> **2 명시·설명의무가 없는 경우**
> 보험약관에 정하여진 사항이라고 하더라도 거래상 일반적이고 공통된 것이어서 보험계약자가 별도의 설명 없이도 충분히 예상할 수 있었던 사항이거나 이미 법령에 의하여 정하여진 것을 되풀이하거나 부연하는 정도에 불과한 사항에 대하여서는 보험자에게 명시·설명의무가 인정된다고 할 수 없고, 또 보험계약자나 그 대리인이 이미 약관의 내용을 충분히 잘 알고 있는 경우에는 보험자로서는 보험계약자 또는 그 대리인에게 약관의 내용을 따로 설명할 필요가 없다(대판 2004.11.25. 2004다28245).

(3) 약관해석의 원칙

1) 작성자 불이익의 원칙
약관의 내용이 명백하지 못하거나 의심스러운 때에는 고객에게 유리하게, 작성자에게는 불리하게 해석하여야 한다(동법 제5조 제2항).

2) 객관적(통일적) 해석의 원칙
약관은 모든 고객에게 객관적으로 동일하게 해석되어야 한다(동법 제5조 제1항).

3) 신의성실의 원칙
당사자 일방의 이익에 치우쳐서는 안 되며, 신의성실의 원칙에 따라 공정하게 해석하여야 한다(동법 제5조 제1항).

(4) 약관의 효력 〔17회 출제〕

1) 약관의 무효와 계약의 효력
① 신의칙에 반하여 공정성을 잃은 약관은 무효가 된다(동법 제6조 제1항).
② 약관의 일부조항이 무효이더라도 계약은 나머지 부분만으로 유효함이 원칙이다(동법 제16조). 이는 민법 제137조가 일부무효인 경우 전부 무효를 원칙으로 하는 것과 구별해야 한다.

2) 불공정의 추정(동법 제6조 제2항)
① 고객에 대하여 부당하게 불리한 조항
② 고객이 계약의 거래형태 등 제반사정에 비추어 예상하기 어려운 조항
③ 계약의 목적을 달성할 수 없을 정도로 계약에 따르는 본질적 권리를 제한하는 조항

(5) 효력유지적 축소해석 또는 수정해석의 허용 여부

「약관의 규제에 관한 법률」 제6조 내지 제14조 위반으로 계약조항이 무효로 되는 경우 그 조항 전부의 무효를 선언하는 대신, 상당성의 범위를 초과하는 부분만의 무효선언이 상당하다고 인정되는 범위 내에서 효력을 유지시킬 수 있다(대판 1991.12.24. 90다카23899).

제1장 계약총론

판례 무면허운전면책조항에 대한 수정해석

무면허운전면책조항이 보험계약자나 피보험자의 지배 또는 관리가능성이 없는 무면허운전의 경우에까지 적용된다고 보는 경우에는 그 조항은 신의성실의 원칙에 반하는 공정을 잃은 조항으로서 약관의 규제에 관한 법률 제6조 제1항·제2항, 제7조 제2호·제3호의 각 규정에 비추어 무효라고 볼 수밖에 없기 때문에 <u>위 무면허운전면책조항은 위와 같은 무효의 경우를 제외하고 무면허운전이 보험계약자나 피보험자의 지배 또는 관리가능한 상황에서 이루어진 경우에 한하여 적용되는 조항으로 수정해석을 할 필요가 있으며</u> 무면허운전이 보험계약자나 피보험자의 지배 또는 관리가능한 상황에서 이루어진 경우라고 함은 구체적으로는 무면허운전이 보험계약자나 피보험자 등의 명시적 또는 묵시적 승인 하에 이루어진 경우를 말한다(대판 1991.12.24. 90다카23899).

단락핵심 약관의 규제에 관한 법률

(1) 골프장 운영회사가 불특정다수의 회원에게 적용하기 위하여 만든 골프클럽운영회칙 중 당사자의 권리·의무에 관한 규정은 약관의 성질을 갖는다. (O)
(2) 고객에게 부당하게 불리한 약관조항은 공정을 잃은 것으로 추정한다. (O)
(3) 약관의 일부조항이 무효이더라도 계약은 나머지 부분만으로 유효함이 원칙이다. (O)

단락문제 Q01 제32회 기출

약관에 관한 설명으로 틀린 것은? (다툼이 있으면 판례에 따름)

① 고객에게 부당하게 과중한 지연 손해금 등의 손해배상 의무를 부담시키는 약관 조항은 무효로 한다.
② 약관내용이 명백하지 못한 때에는 약관작성자에게 불리하게 제한해석해야 한다.
③ 보통거래약관은 신의성실의 원칙에 따라 그 약관의 목적과 취지를 고려하여 공정하고 합리적으로 해석해야 한다.
④ 고객에게 부당하게 불리한 약관조항은 공정을 잃은 것으로 추정된다.
⑤ 보통거래약관의 내용은 개개 계약체결자의 의사나 구체적인 사정을 고려하여 구체적·주관적으로 해석해야 한다.

해설
① (O) 약관 규제에 관한 법률 제8조   ② (O) 약관 규제에 관한 법률 제5조 ②
③ (O) 약관 규제에 관한 법률 제5조 ①   ④ (O) 약관 규제에 관한 법률 제6조 ② 제1호
⑤ (X) 약관 규제에 관한 법률 제6조 ①

답 ⑤

제3편 계약법

04 계약의 종류
22·28·30·33·35회 출제

민법규정 여부	전형계약(민법규정에 있음), 비전형계약(민법규정에 없음)
대가적 의미 여부	쌍무계약(서로 대가적), 편무계약(일방만이 채무부담, 비대가적)
대가적 출연 여부	유상계약(서로 대가적 출연), 무상계약(서로 대가적 출연없음)
특별한 사실 여부	낙성계약(의사표시합치만), 요물계약(의사표시+인도 등)
급부실현의 계속성	계속적 계약(채권관계가 계속적으로 실현), 일시적 계약(채권관계가 일정한 시점에서 실현)

1 전형계약·비전형계약

(1) 전형계약(典型契約)

전형계약이란 민법전의 채권편 제2장에 규정되어 있는 15종의 계약유형을 말하며, 이를 '유명(有名)계약'이라고도 한다.

예 증여·매매·교환·소비대차·사용대차·임대차·고용·도급·현상광고·위임·임치·조합·종신정기금·화해·여행계약 등

(2) 비전형계약(非典型契約)

1) 비전형계약이란 위의 전형계약을 제외한 그 밖의 계약유형을 가리키며, 법률상 특별한 이름이 없다고 해서 '무명(無名)계약'이라고도 한다.
2) 비전형계약 중에서 2개 이상의 전형계약이 혼합된 계약유형을 특히 '혼합계약'이라 한다.
   예 제작물판매계약·학원수강계약·호텔숙박계약 등

전형계약·비전형계약

1) **전형계약**
   민법에 규정된 15종의 계약이다.
2) **비전형계약**
   민법에 규정되지 않은 계약이다.

제1장 계약총론

2 쌍무계약·편무계약 ★

(1) 쌍무계약(雙務契約)
1) 쌍무계약이란 계약의 쌍방당사자가 서로 대가적(상환적·교환적) 의미를 가지는 채무를 부담하는 계약을 말한다.
2) 각 당사자가 상대방으로 하여금 일정한 급부(給付)[1]를 할 것을 약속케 함과 동시에 자기도 그 대가로서 교환적으로 급부할 것을 약속하는 계약이다.

예 매매·교환·임대차·고용·도급·조합·화해 등이 이에 속하며, 소비대차·위임·임치도 유상(有償)인 때에는 역시 쌍무계약이다.

> **용어사전**
> 1) **급부(給付)와 반대급부(反對給付)**: 급부란 채권관계에 있어 채권자의 청구에 의해 행해지는 채무자의 행위를 말하며, 쌍무계약에 있어서 일방이 하는 급부에 대하여 타방이 하는 급부를 반대급부라고 한다.

(2) 편무계약(片務契約)
편무계약이란 당사자의 일방만이 채무를 부담하거나 또는 쌍방당사자가 채무를 부담하더라도 그 채무가 서로 대가적 의미(상환성)를 갖지 않는 계약을 말한다.

예 증여·사용대차·현상광고가 이에 속하고, 소비대차·위임·임치도 무상인 때에는 역시 편무계약이다.

(3) 구별의 실익
쌍무계약에서는 서로 대가적 채무의 견련성이 인정되어 동시이행항변권이나 위험부담의 문제가 생기지만 편무계약에서는 생기지 않는다.

3 유상계약·무상계약 ★

(1) 유상계약(有償契約)
1) 유상계약이란 계약의 쌍방당사자가 서로 대가성을 가지는 재산상의 출연의무를 지는 계약을 말한다. (← 일방의 재산상 손실이 타방의 경제적 이익이 되는 행위)

예 전형계약 중에서 유상계약에 속하는 것으로 매매·교환·임대차·고용·도급·조합·화해·현상광고 등

2) 편무계약인 경우에도 계약의 성립시에 출연(出捐)이 행하여지는 경우(즉, 요물계약일 때, 예컨대 현상광고)에는 유상계약이다. 즉 편무계약이 항상 무상계약은 아니다.

Professor Comment

전형계약 중 쌍무계약은 모두 유상계약이나 모든 유상계약이 쌍무계약은 아니다. 현상광고(제675조)의 법적 성질에 관해 견해의 대립이 있으나 계약으로 본다면 유상계약이지만 편무계약이다.

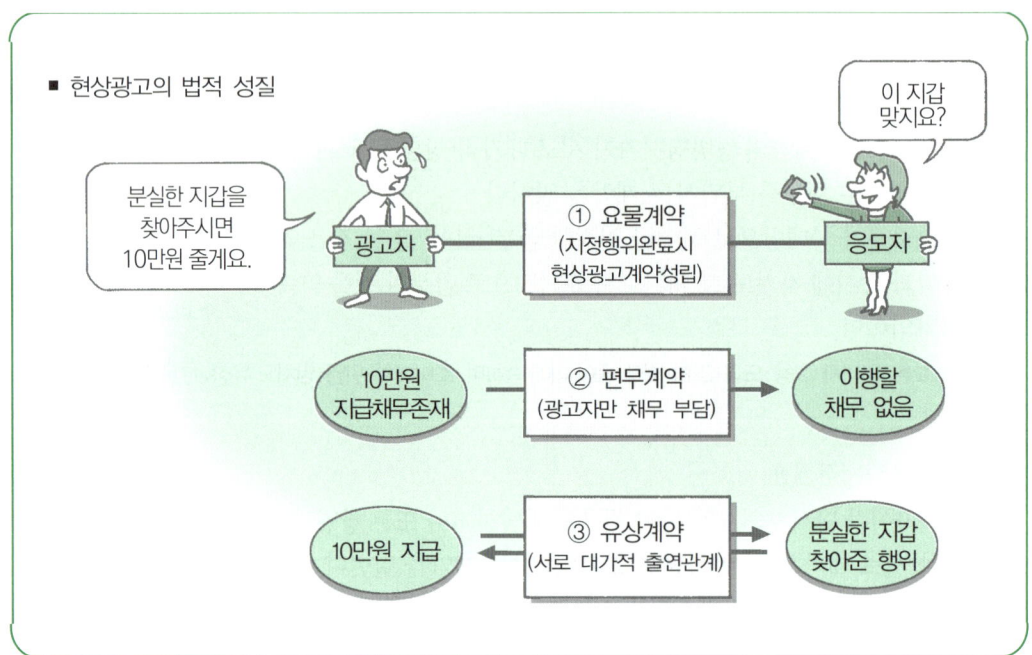

(2) 무상계약(無償契約)

무상계약이란 계약당사자의 일방만이 출연(급부)의무를 진다든가 또는 쌍방당사자가 출연(급부)의무를 지더라도 그들 사이에 대가성이 없는 계약을 말한다.
예 전형계약 중에서 무상계약에 속하는 것으로 증여·사용대차·무상임치·무상위임 등

(3) 구별의 실익

유상계약에는 매매에 관한 규정, 특히 매도인의 담보책임에 관한 규정이 준용되나 무상계약에는 준용되지 않는다(제567조).

4 낙성계약·요물계약 ★   20·26회 출제

(1) 낙성계약(諾成契約)
  1) 낙성계약이란 당사자의 합의만으로 성립하는 계약을 말한다.
  2) 예컨대, 매매계약은 당사자 간의 계약내용에 대한 합의만으로 성립되고, 대금지급이나 목적물의 인도는 계약성립 후의 채무이행일 뿐이다.

(2) 요물계약(要物契約)
  1) 요물계약이란 당사자의 합의 외에 목적물의 인도·일의 완성 등 급부를 하여야만 성립하는 계약이다.
     예 전형계약 중 현상광고, 비전형계약 중 계약금계약, 대물변제계약 등
  2) 계약금계약을 합의했지만 계약금 중 일부만 지급했다면 그 계약금계약은 아직 효력이 없다.

5 계속적 계약·일시적 계약 ★

(1) 계속적 계약
계속적 계약이란 채권의 목적인 급부의 실현이 시간적으로 계속성을 갖는 경우, 즉 급부의무가 일정기간 동안 계속되는 계약을 말한다.

예 소비대차·사용대차·임대차·고용·위임·임치·조합·종신정기금 등이 이에 속한다.

(2) 일시적 계약
일시적 계약이란 채권의 목적인 급부가 특정의 시점에 집중되어 있는 경우, 즉 채무의 이행기가 도래한 시점에 이행함으로써 채권관계가 종료되는 계약을 말한다.

예 매매·교환 등은 일시적 계약에 속한다.

(3) 구별의 실익
해제시 계약이 성립한 때로 소급하여 효력이 상실된다.
해지시 해지 한 때로부터 계약의 효력이 상실된다.

1) 일시적 계약은 일정사유가 발생하면 <u>해제</u>를 하게 되나, 계속적 계약은 <u>해지</u>를 하게 된다. 다만 특별한 사정이 있는 경우 해제를 인정할 수 있음을 주의한다.
2) 계속적 계약은 사정변경의 원칙[1]에 따른 계약 내용의 변경(차임증감청구권)이 인정될 수 있다.

> **용어사전**
> 1) **사정변경(事情變更)의 원칙**: 계약체결당시의 사정이 현저히 변경된 결과, 당초에 정하여진 계약의 효과를 그대로 유지·강제하는 것이 신의와 공평에 반하는 부당한 결과를 발생시킬 경우에 계약의 법률효과를 새로운 사정에 적합하도록 변경하거나 또는 부정하여야 한다는 원칙이다.

6 예약·본계약

(1) 예약(豫約)

1) 의 의
예약은 장래 일정한 계약을 체결할 의무를 부담하는 계약을 말하며, 이 예약에 기하여 장래에 체결될 계약이 본계약이다. 당장 본계약을 체결하는 것이 곤란한 사정이 있는 경우에 장래의 본계약의 체결을 확실하게 하는 데 이용된다.

2) 종류
① **편무예약·쌍무예약**
당사자 일방이 본계약 체결의 청약을 하면 상대방은 본계약 체결의 승낙의무를 부담하는 계약으로서 그 중 당사자일방만이 본계약 체결의 청약을 할 수 있는 예약상의 권리를 가지고 상대방은 승낙할 의무를 부담하는 경우가 편무예약이고 당사자쌍방이 모두 이러한 권리를 가지는 경우가 쌍무예약이다.

② **일방예약·쌍방예약**
당사자 일방이 본계약 체결의 의사표시를 하면 상대방의 승낙을 기다리지 않고 본계약이 성립하는 경우로서 본계약 체결의 의사표시를 할 수 있는 권한, 즉 예약완결권을 당사자 일방이 가지는 경우가 일방예약이고 당사자 쌍방이 가지는 경우가 쌍방예약이다.

③ **차이점**
예컨대 매도인 甲과 매수인 乙이 부동산을 매매함에 있어 매매예약을 체결한 경우 예약상의 권리를 乙이 가지고 있는 편무예약이라면, 乙이 청약을 하면 매매계약이 성립하는 것이 아니라 甲은 매매계약체결을 위한 승낙의무를 부담할 뿐이나, 일방예약이라면 乙의 예약완결권행사로 甲이 승낙할 의무를 부담하는 것이 아니라 바로 매매계약이 성립한다.

3) **민법의 규정**
① 민법은 매매의 일방예약에 관하여 규정하고(제564조)이를 다른 유상계약에 준용하고 있다(제567조).
② 그러나 계약자유의 원칙상 일방예약만 허용되는 것이 아니라 편무예약·쌍무예약, 일방예약·쌍방예약 모두 허용된다.

(2) 본계약(本契約)
1) 예약에 기하여 장차 맺어질 계약이 본계약이다.
2) 본계약이 불능·불법 등의 이유로 무효인 때에는 예약도 당연히 무효이다.

단락핵심 계약의 종류

(1) 교환계약은 낙성·불요식계약이다. (○)
(2) 모든 유상계약은 쌍무계약이다. (×)
  ⇒ 현상광고는 유상계약이지만 편무계약에 해당한다.
(3) 예약완결권을 당사자 일방이 가지는 경우가 편무예약이다. (×)

단락문제 Q02 제35회 기출

민법상 계약에 관한 설명으로 옳은 것은?

① 매매계약은 요물계약이다. ② 도급계약은 편무계약이다.
③ 교환계약은 무상계약이다. ④ 증여계약은 요식계약이다.
⑤ 임대차계약은 유상계약이다.

해설
① (×) 매매는 낙성계약 ② (×) 도급은 쌍무계약
③ (×) 교환은 유상계약 ④ (×) 증여는 불요식계약
⑤ (○)

답 ⑤

제1장 계약총론

> **단락문제 Q03** 제31회 기출
>
> 계약의 종류와 그에 해당하는 예가 잘못 짝지어진 것은?
> ① 쌍무계약 – 도급계약　　② 편무계약 – 무상임치계약
> ③ 유상계약 – 임대차계약　　④ 무상계약 – 사용대차계약
> ⑤ 낙성계약 – 현상광고계약
>
> **해설**
> 현상광고계약은 요물계약이다.　　　　　　　　　　　　　　　　　**답** ⑤

제2절 계약의 성립 (체결)   11·12·15·16·18·19·35회 출제

01 서설   14회 출제

(1) 계약은 원칙적으로 당사자 사이의 의사표시의 교환에 의한 합의에 의하여 체결된다.
(2) 민법은 이러한 합의에 의한 계약의 성립(체결)뿐만 아니라, 교차청약(제533조)·의사실현에 의한 계약의 성립(제532조)에 관해서도 규정하고 있다.
(3) 매매 등 유상계약에서 계약체결에 드는 비용은 당사자 쌍방이 균분(均分)하여 부담한다(제566조·제567조).
(4) 계약이 성립하기 위하여는 당사자의 서로 대립하는 수 개의 의사표시의 합치가 필요하다.

02 합의에 의한 계약의 성립   21회 출제

1 계약의 성립요건과 효력요건   17회 출제

(1) 성립요건

계약은 당사자의 합의로 성립되는데, 합의가 있기 위해서는 의사표시의 <u>내용적 일치</u>와 의사표시의 <u>상대방에 대한 일치</u>가 있어야 한다.
　　　　　　　→ 주관적 합의　　　　　　　→ 객관적 합의

제3편 계약법

 계약의 성립을 위한 당사자 사이의 '의사의 합치'의 정도

1. 계약이 성립하기 위하여는 당사자 사이에 의사의 합치가 있을 것이 요구되고 이러한 의사의 합치는 당해 계약의 내용을 이루는 모든 사항에 관하여 있어야 하는 것은 아니나 그 본질적 사항이나 중요사항에 관하여는 구체적으로 의사의 합치가 있거나 적어도 장래 구체적으로 특정할 수 있는 기준과 방법 등에 관한 합의는 있어야 한다(대판 2001.3.23. 2000다51650).
2. 수급인이 일의 완성을 약속하고 도급인이 그에 대하여 보수를 지급하기로 하는 명시적 또는 묵시적 의사표시를 한 경우에는 비록 보수의 액이 구체적으로 합의되지 않았어도 도급계약의 성립을 인정할 수 있다(대판 2013.5.24. 2012다112138).

 행위자가 타인의 이름으로 계약을 체결한 경우 계약당사자 확정방법

1. 우선 행위자와 상대방의 의사가 일치한 경우에는 그 일치한 의사대로 행위자 또는 명의인을 계약의 당사자로 확정해야 하고, 행위자와 상대방의 의사가 일치하지 않는 경우에는 그 계약의 성질·내용·목적·체결 경위 등 그 계약체결 전후의 구체적인 제반 사정을 토대로 상대방이 합리적인 사람이라면 행위자와 명의자 중 누구를 계약 당사자로 이해할 것인가에 의하여 당사자를 결정하여야 한다(대판 2003.12.12. 2003다44059).
2. 예금계약의 당사자 확정이 문제된 사안에서, 甲이 乙을 대리하여 丙 은행 담당직원에게 乙명의의 예금거래 신청을 함과 아울러 실명확인 절차에 필요한 증표로 乙의 호적등본 및 실명확인증표를 제출하여 乙을 예금명의자로 하는 예금계좌 개설을 신청하였고, 丙은행 담당직원은 이러한 신청을 받아들여 재정경제부의 금융실명제 업무기준에 따라 乙명의의 실명확인 절차를 거친 다음 乙명의 예금계약서를 작성한 후 乙명의의 통장을 발행하는 등 乙과 예금계약을 체결할 의사를 표시하였으므로, 실명확인 절차를 거쳐 작성된 乙명의 예금계약서 등의 증명력을 번복하기에 충분할 정도의 명확한 증명력을 가진 구체적이고 객관적인 증거에 의하여 그 당시 丙 은행과 甲 사이에 乙과의 예금계약을 부정하여 乙의 예금반환청구권을 배제하고 甲과 예금계약을 체결하여 甲에게 예금반환청구권을 귀속시키려는 명확한 의사의 합치가 있었다고 인정되는 경우에 해당하지 아니하는 한, 예금계좌의 예금반환청구권이 귀속되는 예금계약의 당사자는 乙이라고 보아야 한다(대판 2011.9.29. 2011다47169).

(2) 효력요건
1) 당사자에게 권리능력·의사능력·행위능력이 있어야 한다.
2) 내용이 실현가능하고, 확정, 적법, 사회적 타당성을 갖추어야 한다.
3) 의사표시가 일치하고 하자가 없어야 한다.

2 청약★★★　　　　　　　　　　　　　　17·20·24·29·32·33회 출제

제527조(계약의 청약의 구속력) 계약의 청약은 이를 철회하지 못한다.
제528조(승낙기간을 정한 계약의 청약) ① 승낙의 기간을 정한 계약의 청약은 청약자가 그 기간 내에 승낙의 통지를 받지 못한 때에는 그 효력을 잃는다.
　② 승낙의 통지가 전항의 기간 후에 도달한 경우에 보통 그 기간 내에 도달할 수 있는 발송인 때에는 청약자는 지체 없이 상대방에게 그 연착의 통지를 하여야 한다. 그러나 그 도달 전에 지연의 통지를 발송한 때에는 그러하지 아니하다.
　③ 청약자가 전항의 통지를 하지 아니한 때에는 승낙의 통지는 연착되지 아니한 것으로 본다.
제529조(승낙기간을 정하지 아니한 계약의 청약) 승낙의 기간을 정하지 아니한 계약의 청약은 청약자가 상당한 기간 내에 승낙의 통지를 받지 못한 때에는 그 효력을 잃는다.

(1) 청약의 의의 및 성질

1) 의의
청약은 이에 대응하는 승낙과 결합하여 일정한 계약을 성립시킬 것을 목적으로 하는 일방적 의사표시이다.

2) 성질
청약은 승낙과의 합치를 통해 합의(→ 또는 계약)라는 법률행위를 성립시키는 상대방 있는 의사표시로서 법률사실이다.

Professor Comment
청약은 의사표시이기는 하나 법률행위는 아니다.

(2) 요 건

1) 청약자
청약은 장차 체결될 계약의 일방당사자가 될 자인 특정인에 의해서 행해져야 한다. 그러나 의사표시 속에 청약자가 누구인가를 반드시 명시하여야 하는 것은 아니다.
예) 자동판매기나 무인신문판매대의 설치

2) 청약의 상대방
청약은 상대방 있는 의사표시이지만 청약의 상대방은 특정인이 아니더라도 무방하다. 즉, 불특정다수인에 대한 청약도 유효하다. (→ 승낙의 상대방은 특정인이어야 한다.)
예) 구체적 판매조건을 제시한 신문광고

3) 청약의 방법
청약의 의사표시방법은 반드시 명시적일 필요는 없고, 그러한 의사의 존재를 객관적으로 알 수 있으면 된다.

4) 내용의 확정성
청약은 상대방의 승낙으로 곧 계약이 체결될 수 있도록 계약내용이 명확히 표시되어야 한다. 다만, 반드시 청약 그 자체 속에 명시되어야만 하는 것은 아니고 의사표시의 해석에 의하여 밝혀질 수 있으면 된다.

(3) 청약의 유인과의 구별

1) 의의
청약은 그에 응하는 승낙만 있으면 곧 계약을 성립시킬 것을 목적으로 하는 일방적·확정적 의사표시로서 상대방으로 하여금 자기에게 청약을 하도록 유인하기 위한 행위, 즉 '청약의 유인'과는 구별해야 한다.

2) 청약의 유인의 성질

청약의 유인은 합의(계약)를 구성하는 의사표시가 되지 못하며, 유인을 받은 자가 그것을 기초로 청약을 했을 경우 유인한 자가 다시 그에 대한 승낙을 하여야만 비로소 계약이 성립된다.

3) 청약의 유인의 예
① 불특정다수인에 대한 구인광고, 상품판매광고, 상품목록의 배부
② 상가·아파트의 분양광고(대판 2015.5.28. 2014다24327)
③ 버스·기차·기선 등의 시간표의 게시
④ 경매나 입찰의 일정공고

> **판례 청약과 청약의 유인**
>
> **1** 청약은 이에 대응하는 상대방의 승낙과 결합하여 일정한 내용의 계약을 성립시킬 것을 목적으로 하는 **확정적인 의사표시인 반면 청약의 유인은** 이와 달리 **합의를 구성하는 의사표시가 되지 못하므로** 피유인자가 그에 대응하여 의사표시를 하더라도 계약은 성립하지 않고 다시 유인한 자가 승낙의 의사표시를 함으로써 비로소 계약이 성립하는 것으로서 **서로 구분되는 것**이다. 그리고 위와 같은 구분 기준에 따르자면, 상가나 아파트의 분양광고의 내용은 청약의 유인으로서의 성질을 갖는 데 불과한 것이 일반적이라 할 수 있다(대판 2007.6.1. 2005다5812·5829·5836).
>
> **2** 상가를 분양하면서 그 곳에 첨단 오락타운을 조성·운영하고 전문경영인에 의한 위탁경영을 통하여 분양계약자들에게 일정액 이상의 수익을 보장한다는 광고를 하고 분양계약 체결시 이러한 광고내용을 계약상대방에게 설명하였더라도, 체결된 분양계약서에는 이러한 내용이 기재되지 않은 점과 그 후의 위 상가 임대운영경위 등에 비추어 볼 때, **위와 같은 광고 및 분양계약 체결시의 설명은 청약의 유인에 불과할 뿐이다**(대판 2001.5.29. 99다55601·55618).

Key Point 청약과 청약의 유인의 구별

구 분	청 약	청약의 유인
계약내용의 명시	계약내용이 확실히 명시되었을 때	계약내용이 확실히 명시되지 않을 때
계약당사자의 중시	계약당사자가 중요시되지 않을 때	계약당사자가 중시될 때
사 례	① 버스 정차장에 정차 ② 정차한 택시에 승차 ③ 입찰공고(그 내용이 확정적일 때) ④ 자동판매기 설치	① 구인광고(기술자 채용공고) ② 하숙방이 있다는 광고 ③ 기차, 기선, 버스의 시간표 게시 ④ 상품목록의 배포 ⑤ 물품판매광고

(4) 청약의 효력   25·26회 출제

1) 청약의 효력발생시기
① 청약의 효력(승낙적격)은 의사표시의 효력발생시기에 관한 일반원칙에 따라 청약의 의사표시가 상대방에 도달한 때로부터 발생한다(제111조 제1항).
② 불특정인에 대한 청약은 그 의사표시가 알려진 때에 효력이 발생한다.

제1장 계약총론

2) 청약의 구속력(형식적 효력)　　　　　　　　　　　　　　**추가15회 출제**
① 청약이 그 효력을 발생한 때(의사표시가 상대방에 도달한 때)에는 청약자가 임의로 이를 철회하지 못한다(제527조). 이를 청약의 구속력이라 한다.
② 청약의 구속력은 승낙기간 동안 존속한다.

3) 승낙적격(실질적 효력)
① **의 의**
청약은 그에 응하는 승낙만 있으면 곧 계약을 성립시키는 효력이 있는 바, 이러한 승낙을 받을 수 있는 효력을 가리켜 승낙적격 또는 승낙능력이라 한다.
② **승낙기간**(청약의 존속기간)
청약이 승낙적격을 갖는 기간을 '승낙기간'이라 하며, 승낙기간이 정해져 있는 청약에 대하여는 그 기간 내에 한하여 승낙할 수 있고(제528조 제1항), 승낙기간이 정해져 있지 않은 경우에는 상대방이 승낙여부를 결정·통지하는 데 필요한 상당한 기간 동안 존속한다(제529조).

4) 청약수령자의 지위
① 청약수령자는 청약의 수령에 의해 아무런 법적 의무를 부담하지 않는다. 즉, 승낙 여부는 원칙적으로 자유이며(계약자유의 원칙), 낙부(諾否)의 회답을 할 의무도 없다.
② 다만, 예약이나 법률에 의하여 승낙의무가 있는 경우가 있다.

[판례] '미리 정한 기간 내에 이의를 하지 아니하면 승낙한 것으로 간주한다'의 의미

청약은 청약의 상대방에게 청약을 받아들일 것인지 여부에 관하여 회답할 의무가 있는 것은 아니므로, <u>청약자가 미리 정한 기간 내에 이의를 하지 아니하면 승낙한 것으로 간주한다는 뜻을 청약시 표시하였다고 하더라도 이는 상대방을 구속하지 아니하고</u> 그 기간은 경우에 따라서는 단지 승낙기간을 정하는 의미를 가질 수 있을 뿐이다(대판 1999.1.29. 98다48903).

　　Q04　　　　　　　　　　　　　　　　제32회 기출

청약에 관한 설명으로 옳은 것은? (단, 특별한 사정은 없으며, 다툼이 있으면 판례에 따름)
① 불특정다수인에 대한 청약은 효력이 없다.
② 청약이 상대방에게 도달하여 그 효력이 발생하더라도 청약자는 이를 철회할 수 있다.
③ 당사자 간에 동일한 내용의 청약이 상호교차된 경우, 양 청약이 상대방에게 발송된 때에 계약이 성립한다.
④ 계약내용이 제시되지 않은 광고는 청약에 해당한다.
⑤ 하도급계약을 체결하려는 교섭당사자가 견적서를 제출하는 행위는 청약의 유인에 해당한다.

해설
① (X) 불특정 다수인에 대한 청약도 가능하다.　　② (X) 민법 제527조
③ (X) 민법 제533조　　　　　　　　　　　　　④ (X)청약의 유인이다.
⑤ (O) 견적서는 청약의 유인이라 할 수 있다.　　　　　　　　　　　　　**답 ⑤**

3 승낙 ★★★   20·23회 출제

> **제530조(연착된 승낙의 효력)** 전2조의 경우에 연착된 승낙은 청약자가 이를 새 청약으로 볼 수 있다.
> **제534조(변경을 가한 승낙)** 승낙자가 청약에 대하여 조건을 붙이거나 변경을 가하여 승낙한 때에는 그 청약의 거절과 동시에 새로 청약한 것으로 본다.

(1) 승낙의 의의와 요건

1) 의의 및 승낙의 자유
① 승낙은 청약의 상대방이 청약자가 행한 청약내용을 모두 수용하고 계약을 성립시킬 목적으로 청약자에 대하여 행하는 상대방 있는 의사표시로써 계약이라는 법률행위(법률요건)를 구성하는 법률사실이다.
② 승낙 여부는 특별한 사정이 없는 한 승낙자의 자유이며, 회답할 의무도 없다.

2) 요 건
① **승낙의 방법**
승낙의 방법은 원칙적으로 자유(계약자유의 원칙)이며, 승낙의 의사표시는 묵시적[1]으로도 할 수 있다.
② **승낙의 상대방**
승낙은 특정의 청약에 대하여 행하여지는 것이므로 반드시 특정의 청약자에 대하여 하여야 한다. 즉 청약과 달리 불특정다수인에 대한 승낙은 있을 수 없다.
③ **청약과의 일치**(변경을 가한 승낙)
승낙은 청약의 내용과 일치하여야 계약이 성립하며, 객관적으로 합치하지 않는 승낙, 즉 청약에 조건을 붙이거나 그 내용에 변경을 가한 승낙은 승낙으로서 효력이 없고, 단지 청약의 거절과 동시에 새로운 청약을 한 것으로 간주된다(제534조).

> **용어사전**
> 1) **명시적(明示的)·묵시적(黙示的) 의사표시**: 명시적 의사표시는 언어나 문자 등에 의하여 명백하게 표시되는 것을 말하며, 이에 비하여 언어나 문자 등에 의하여 직접적으로 명백하게 표시되어 있지는 않지만 여러 사정을 종합하여 판단했을 때 간접적으로 추정될 수 있는 것을 묵시적 의사표시라 한다.

(2) 승낙기간과 승낙의 효력발생시기

1) 승낙기간이 정해져 있는 경우(제528조)
① 승낙기간이 정해져 있는 경우에는 승낙의 통지가 그 기간 내에 도달하지 않는 한 청약의 승낙적격은 상실하고 계약은 성립하지 않는다(동조 제1항).
② 승낙의 통지가 정해진 기간 후에 도달한 경우에 보통 그 기간 내에 도달할 수 있는 발송인 때에는 청약자는 지체 없이 상대방에게 그 연착의 통지를 하여야 한다(동조 제2항).
③ 청약자가 연착통지를 하지 아니한 때에는 승낙의 통지는 연착되지 아니한 것으로 본다(동조 제3항). 즉 연착하지 않고, 적법한 기간 내에 도달한 것으로 간주되어 계약은 승낙을 발송한 때에 유효하게 성립한다(제531조).

2) 승낙기간이 정해져 있지 않는 경우(제529조)
① 상당한 기간이 지나면 승낙능력을 상실하므로 그 이후에 한 승낙은 계약을 성립시키지 못한다.
② 승낙을 거절하면 승낙적격을 상실한다.

3) 연착된 승낙
승낙기간을 지나 도착한, 즉 연착된 승낙은 원칙적으로 승낙으로서의 효력을 갖지 못하며, 다만 청약자가 이를 새로운 청약으로 볼 수 있다(제530조).

Key Point | 청약과 승낙

승낙기간을 정한 청약	기간 내에 승낙의 통지를 받지 못한 경우	실 효
	기간 후에 승낙의 통지를 받은 경우	새로운 청약
	승낙기간 내 도착할 수 있었으나 연착된 경우	연착통지 없으면 계약 성립
승낙기간을 정하지 않은 청약	상당한 기간 후에 승낙의 통지를 받지 못한 경우	실 효
	상당한 기간 후에 승낙의 통지를 받은 경우	새로운 청약
변경된 승낙	승낙자가 조건을 붙이거나 변경을 가한 경우	새로운 청약

4 계약의 성립시기

22회 출제

> 제531조(격지자 간의 계약성립시기) 격지자 간의 계약은 승낙의 통지를 발송한 때에 성립한다.

(1) 격지자간
1) 격지자 간의 계약은 승낙의 통지를 발송한 때에 성립한다(제531조).
2) 승낙의 통지가 발송되었더라도 그것이 승낙기간(또는 상당한 기간) 내에 청약자에게 도달하지 않으면 계약은 불성립으로 끝나게 된다(제528조 제1항·제529조 참조).
3) 결론적으로 격지자간의 계약은 승낙의 통지가 청약자에게 승낙기간 내에 도달되지 않은 것을 해제조건으로 하여 발송시에 성립한다(다수설).

→ 이를 발신주의라 한다. 이에 의하면 승낙자는 승낙을 철회할 수 있고, 승낙자가 승낙의 발송사실을 증명하면, 상대방(청약자)이 승낙의 불도달을 증명해야 한다.

(2) 대화자간
1) 대화자 간의 계약의 성립시기에 관하여는 특별한 규정이 없다.
2) 의사표시의 효력발생시기에 관한 일반원칙(도달주의)에 따라 승낙의 의사표시가 청약자(대화의 상대방)에게 도달한 때 계약은 성립한다(제111조 제1항).

제3편 계약법

단락핵심 합의에 의한 계약의 성립

(1) 청약은 그 의사표시가 상대방에게 도달한 때 효력이 생긴다. (○)
(2) 승낙자가 변경을 가하여 승낙한 때에는 청약은 효력을 상실한다. (○)
(3) 당사자 사이에 계약의 내용을 이루는 본질적 사항이나 중요사항에 관하여 구체적으로 의사합치가 있으면 계약이 성립한다. (○)
(4) 승낙자가 청약에 대해 조건을 붙여 승낙한 때는 청약을 거절하고 새로 청약한 것으로 본다. (○)
(5) 승낙자가 청약과 승낙이 불합치했음에도 합치하는 것으로 오신한 경우 계약은 성립하지만, 당사자는 계약을 취소할 수 있다. (×)
   ⇒ 계약은 성립하지 않으며, 취소할 필요도 없다.
(6) 청약은 계약의 내용을 결정할 수 있을 정도의 사항을 포함시키는 구체적·확정적 의사표시여야 한다. (○)
(7) 공매매(公賣買)계약 체결 당시 목적물과 대금이 구체적으로 확정되지 않았다면, 사후에 구체적으로 확정될 수 있는 방법과 기준이 정해져 있더라도 계약의 성립을 인정할 수 없다. (×)

03 의사실현에 의한 계약성립

> **제532조(의사실현에 의한 계약성립)** 청약자의 의사표시나 관습에 의하여 승낙의 통지가 필요하지 아니한 경우에는 계약은 승낙의 의사표시로 인정되는 사실이 있는 때에 성립한다.

1 의의

계약체결에 있어서 청약자의 의사표시나 관습에 의하여 승낙의 통지가 필요하지 아니한 경우에는 명시적인 승낙의 의사표시가 없어도 '승낙의 의사표시로 인정되는 사실'이 있는 때에 계약은 성립한다(제532조). *사실을 알고 있을 때가 아님*

2 요건

(1) 승낙의 통지를 필요로 하지 않는 경우

청약자가 청약을 하면서 승낙의 통지를 할 필요가 없음을 미리 밝혔거나, 관습에 의하여 승낙의 통지를 필요로 하지 않는 경우라야 한다.
예 제과점에 빵을 주문하지 않았으나 배달이 된 경우 배가 고파서 먹어버린 경우

(2) 승낙의 의사표시로 인정되는 사실이 있는 경우

1) 계약에 기하여 취득하게 될 권리의 행사로 볼 수 있는 행위
   예 청약과 함께 송부된 물건을 사용·소비하는 행위
2) 계약상의 채무의 이행으로 볼 수 있는 행위
   예 주문받은 상품을 송부하는 행위
3) 계약상의 채무의 이행을 위한 준비행위를 하는 것
   예 주문을 장부에 기입하는 행위

> **판례** 의사실현에 의한 계약 성립
>
> 예금계약은 예금자가 예금의 의사로 표시하면서 금융기관에 돈을 제공하고 금융기관이 그 의사에 따라 그 돈을 받아 확인하면 그로써 성립하며, 금융기관의 직원이 그 받은 돈을 금융기관에 입금하지 않고 횡령하였다 하더라도 예금계약의 성립에는 아무런 지장이 없다(대판 1996.1.26. 95다26919).

3 계약의 성립시기

의사실현에 의한 계약의 성립시기는 '의사 실현의 사실이 있는 때'이지 청약자가 그 사실을 안 때가 아니다.

제3편 계약법

04 교차청약에 의한 계약성립

> **제533조(교차청약)** 당사자 간에 동일한 내용의 청약이 상호교차된 경우에는 양 청약이 상대방에게 도달한 때에 계약이 성립한다.

1 의의

(1) 의의
교차청약이란 서로 다른 쌍방당사자가 각각 같은 내용을 가지는 계약의 청약을 서로 행한 경우를 가리키며 이 경우에도 계약의 성립이 인정된다(제533조).

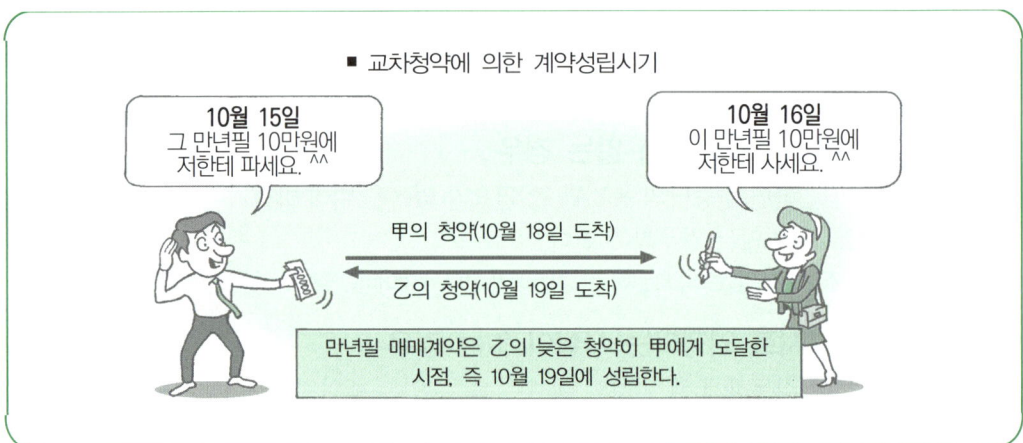

(2) 인정근거
비록 2개의 의사표시가 청약과 승낙의 관계에 있지는 않지만 같은 내용의 제안이 서로 교환됨으로써 실질적으로 쌍방 당사자의 의사합치가 이루어지고 있으므로 계약의 성립을 부인할 이유가 없는 것이다.

2 계약의 성립시기 [28회 출제]

당사자 간에 동일한 내용의 청약이 상호교차된 경우에는 양 청약이 상대방에게 도달한 때에 계약이 성립한다(제533조). 즉 늦은 청약이 도달한 시점에 계약이 성립한다.

단락핵심 교차청약에 의한 계약성립

(1) 교차청약이 성립하기 위해서는 2개의 청약이 서로 내용상 합치하여야 한다. (○)
(2) 교차청약에 있어 양 청약의 의사표시가 동시에 도달하지 않은 경우 늦게 도달하는 청약이 도달한 때 계약이 성립한다. (○)

05 계약체결상의 과실책임 (불능계약의 신뢰책임) `16·17·19·35회 출제`

> **제535조(계약체결상의 과실)** ① 목적이 불능한 계약을 체결할 때에 그 불능을 알았거나 알 수 있었을 자는 상대방이 그 계약의 유효를 믿었음으로 인하여 받은 손해를 배상하여야 한다. 그러나 그 배상액은 계약이 유효함으로 인하여 생길 이익액을 넘지 못한다.
> ② 전항의 규정은 상대방이 그 불능을 알았거나 알 수 있었을 경우에는 적용하지 아니한다.

1 의의 및 성질 ★★

(1) 의 의
계약의 성립과정에 있어서 당사자의 일방이 그에게 책임 있는 사유로 상대방에게 손해를 준 때에 부담하여야 할 배상책임을 말하나 민법은 목적의 불능으로 인한 손해에 한하는 것으로 좁게 규정하고 있다.

(2) 성 질
계약체결상의 과실책임에 대하여는 판례는 불법행위책임의 일종으로 보나, 통설은 일반적으로 계약책임으로 구성하고 있다.

계약체결상의 과실책임

계약체결시 당사자 일방의 책임 있는 사유로 상대방에 손해를 준 때에 상대방에게 부담해야 할 배상책임이다.

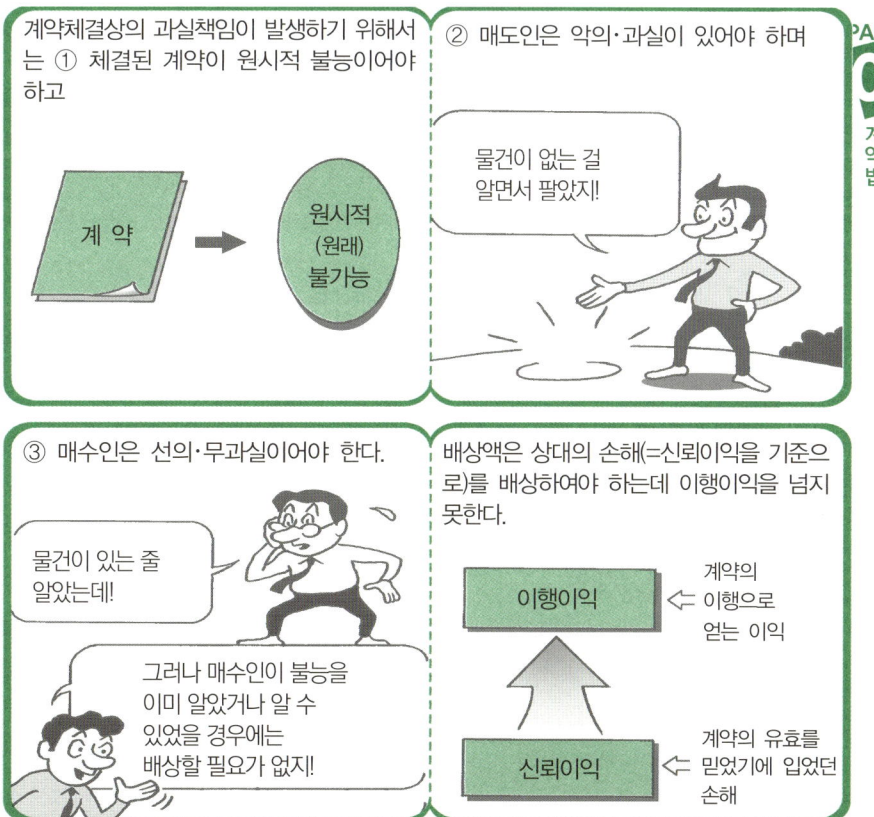

2 요건★★★

23회 출제

(1) 외견상 계약체결행위가 있었을 것
계약의 준비 내지 교섭을 넘어서 외견상 계약의 성립이라고 볼 수 있어야 한다.

(2) 계약이 목적불능으로 무효일 것
1) 계약의 목적이 원시적·객관적으로 실현불능하여 계약이 무효로 되는 경우라야 한다.
   예 특정물의 인도(引渡)를 목적으로 하는 계약에 있어서 목적물이 계약체결당시 멸실된 경우나 사실상 이행이 불가능한 경우
2) 목적의 원시적·주관적 불능이나 매매 등 유상계약에 있어서 목적의 일부불능은 이에 해당되지 않는다.

(3) 급부의무자의 악의 또는 과실
1) 급부의무자 중 일방은 그 목적불능을 알았거나(악의) 알 수 있었어야(과실) 한다.
2) 급부불능에 관한 급부의무자의 과실은 추정되는 것이 보통이다.

 원시적 일부 불능의 경우 계약 체결상의 과실책임 여부

부동산매매계약에 있어서 실제면적이 계약면적에 미달하는 경우에는 그 매매가 수량지정매매에 해당할 때에 한하여 민법 제574조, 제572조에 의한 대금감액청구권을 행사함은 별론으로 하고, 그 매매계약이 그 미달부분만큼 일부 무효임을 들어 이와 별도로 일반 부당이득반환청구를 하거나 그 부분의 원시적 불능을 이유로 민법 제535조가 규정하는 계약체결상의 과실에 따른 책임의 이행을 구할 수 없다(대판 2002.4.9. 99다47396).

(4) 상대방의 선의·무과실 및 손해의 발생
1) 상대방은 선의이며 무과실이어야 한다. 즉, 상대방도 그 목적불능임을 알았거나 알 수 있었을 경우에는 계약체결상의 과실책임이 발생하지 않는다.
2) 위와 같은 일방당사자의 귀책사유로 인해 계약이 무효로 됨으로써 상대방이 손해를 입었어야 한다.

 상대방이 계약의 목적불능을 알았거나 알 수 있었을 경우

원고는 이미 소(訴)외 인에게 분배된 이 사건 토지를 피고로부터 매수할 때에 이에 관하여 소송이 계속중임을 알고서 매수하였으므로 이 사건 매매계약이 이행불능의 것이라는 사정을 알았거나 알 수 있었을 경우라 할 것이니 피고에게 신뢰이익의 손해배상을 청구할 수 없다(대판 1972.5.9. 72다384).

3 효과★

(1) 손해배상책임
목적불능으로 무효가 된 계약에 관하여 귀책사유(歸責事由)있는 자는 계약의 무효로 상대방이 입은 손해를 배상하여야 한다.

(2) 책임의 범위
배상하여야 할 손해는 신뢰이익이다. 그러나 이행이익을 넘지 못한다.
→ 계약의 유효로 상대방이 얻었을 이익액

(3) 민법 제535조 제1항 단서의 의미

원시적 불능을 목적으로 하는 계약은 무효이기 때문에, 계약의 유효를 전제로 하는 이행이익을 청구할 수 없고 상대방이 그 계약을 유효하다고 믿었음으로 인하여 입은 손해, 즉 신뢰이익을 배상하여야 하나 신뢰이익이 이행이익보다 많을 수가 있으므로, 이 경우에는 이행이익을 넘지 않도록 배상책임을 정한 것이다.

 계약의 원시적 이행불능으로 인한 손해배상의 범위

> 공사금의 지급에 갈음한 임야사용권 부여가 원시적으로 이행불능이라면 그 공사계약은 유효하게 성립할 수 없다 할 것이므로 <u>계약체결상의 과실책임을 이유로 하는 신뢰이익의 배상을 구할 수 있을지언정</u> 그 계약의 후발적 불능을 이유로 이행에 대신하는 <u>전보배상을 구할 수는 없다</u>(대판 1975.2.10. 74다584).

4 계약의 성립이 부당하게 파기된 경우 (계약성립의 부당파기 : 불법행위책임) `18회 출제`

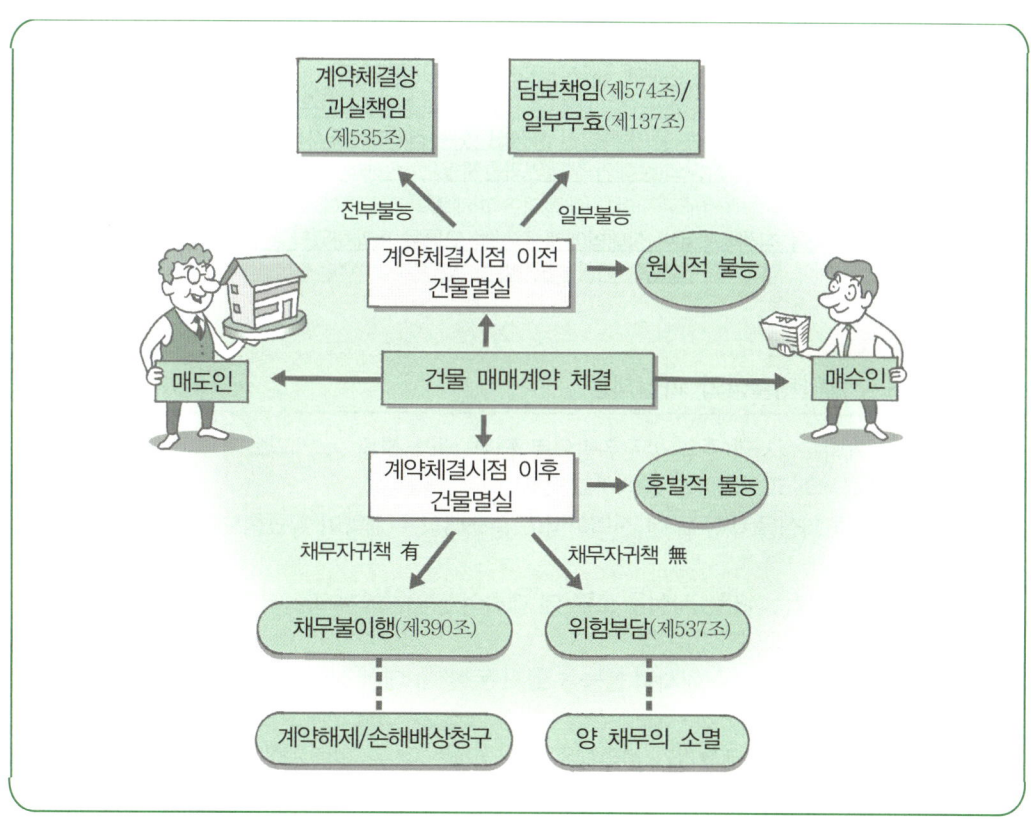

어느 일방이 교섭단계에서 계약이 확실하게 체결되리라는 정당한 기대 내지 신뢰를 부여하여 상대방이 그 신뢰에 따라 행동하였음에도 상당한 이유 없이 계약의 체결을 거부하여 손해를 입혔다면 불법행위를 구성한다.

제3편 계약법

Professor Comment

계약체결상의 과실책임을 원시적 불능 이외의 경우에까지 확대적용하자는 학설도 주장되고 있으나 수험생으로서는 계약의 부당파기에 대하여 불법행위책임을 인정하고 있는 판례의 입장만 알고 있으면 될 것이다.

판례 계약의 성립이 부당하게 파기된 경우(불법행위책임)

1 학교법인이 사무직원 채용통지를 하였다가 채용하지 않은 경우의 책임 여부
학교법인이 사무직원 채용시험의 최종합격자로 결정·통지한 뒤 여러 번 발령을 미루다가 1년이 경과한 후 원고를 직원으로 채용할 수 없다고 통지한 경우 원고는 그때까지 임용만 기다리면서 다른 일에 종사하지 못하였다면 <u>불법행위로 인한 손해를 배상할 책임이 있다</u>(대판 1993.9.10. 92다42897).

2 계약교섭의 부당한 중도파기가 불법행위를 구성하는지 여부
어느 일방이 교섭단계에서 계약이 확실하게 체결되리라는 정당한 기대 내지 신뢰를 부여하여 상대방이 그 신뢰에 따라 행동하였음에도 상당한 이유 없이 계약의 체결을 거부하여 손해를 입혔다면 이는 신의성실의 원칙에 비추어 볼 때 <u>계약자유원칙의 한계를 넘는 위법한 행위로서 불법행위를 구성한다</u>(대판 2003.4.11. 2001다53059).

3 계약교섭의 부당한 중도파기로 인한 손해배상의 범위 및 계약의 성립을 기대하고 이행을 위하여 지출한 비용 상당의 손해가 상당인과관계 있는 손해에 해당한다고 볼 수 있는 경우
<u>만일 이행의 착수가 상대방의 적극적인 요구에 따른 것이고, 바로 위와 같은 이행에 들인 비용의 지급에 관하여 이미 계약교섭이 진행되고 있었다는 등의 특별한 사정이 있는 경우에는 당사자 중 일방이 계약의 성립을 기대하고 이행을 위하여 지출한 비용 상당의 손해가 상당인과관계 있는 손해에 해당한다</u>(대판 2004.5.28. 2002다32301).

4 정신적 고통에 대한 손해배상에 관하여 침해행위와 피해법익의 유형에 따라서는 계약교섭의 파기로 인한 불법행위가 <u>인격적 법익을 침해함으로써 상대방에게 정신적 고통을 초래하였다고 인정되는 경우라면</u> 그러한 정신적 고통에 대한 손해에 대하여는 <u>별도로 배상을 구할 수 있다</u>(대판 2003.4.11. 2001다53059).

단락핵심 계약체결상의 과실책임

(1) 다수설은 계약교섭시의 주의의무 위반으로 인한 생명·신체 등 계약외적 법익이 침해된 경우에도 계약체결상의 과실책임을 인정하고 있다. (○)
(2) 계약체결상의 과실을 이유로 한 신뢰이익의 손해배상은 계약이 유효함으로 인하여 생길 이익액을 넘지 못한다. (○)
(3) 계약이 원시적 불능이라는 사실을 모른 데 대하여 상대방에게 과실이 있는 경우에는 계약체결상의 과실책임은 인정되지 않는다. (○)
(4) 계약체결상의 과실책임은 원시적 불능을 알지 못한 데 대한 상대방의 선의를 요하나 무과실까지 요하지는 않는다. (×)
(5) 계약교섭의 부당한 중도파기가 불법행위를 구성하는 경우, 신뢰손해에 한정해서 손해배상을 청구할 수 있다는 것이 판례이다. (○)
(6) 부동산매매에 있어서 실제면적이 계약면적에 미달하는 경우 그 미달부분이 원시적 불능임을 이유로 계약체결상의 과실책임을 물을 수 없다. (○)
(7) 건축공사의 대가로서 임야사용권을 부여하기로 약정하였으나 그 임야사용권이 원시적 이행불능이라면, 계약체결상의 과실을 이유로 손해배상책임이 인정된다. (○)

제1장 계약총론

단락문제 Q05
제35회 기출

계약의 성립과 내용에 관한 설명으로 틀린 것은? (다툼이 있으면 판례에 따름)

① 격지자 간의 계약은 승낙의 통지를 발송한 때에 성립한다.
② 관습에 의하여 승낙의 통지가 필요하지 않는 경우, 계약은 승낙의 의사표시로 인정되는 사실이 있는 때에 성립한다.
③ 당사자 간에 동일한 내용의 청약이 상호교차된 경우, 양 청약이 상대방에게 도달한 때에 계약이 성립한다.
④ 승낙자가 청약에 대하여 변경을 가하여 승낙한 때에는 그 청약의 거절과 동시에 새로 청약한 것으로 본다.
⑤ 선시공·후분양이 되는 아파트의 경우, 준공 전 그 외형·재질에 관하여 분양광고에만 표현된 내용은 특별한 사정이 없는 한 분양계약의 내용이 된다.

해설
① (○) 민법 제531조 발신주의
② (○) 민법 제532조 의사실현
③ (○) 민법 제533조 교차청약
④ (○) 민법 제534조
⑤ (×) 단순한 광고내용은 청약의 내용이 아니다.

답 ⑤

단락문제 Q06
제35회 기출

계약체결상의 과실책임에 관한 설명으로 옳은 것을 모두 고른 것은? (다툼이 있으면 판례에 따름)

ㄱ. 계약이 의사의 불합치로 성립하지 않는다는 사실을 알지 못하여 손해를 입은 당사자는 계약체결 당시 그 계약이 불성립될 수 있다는 것을 안 상대방에게 계약체결상의 과실책임을 물을 수 있다.
ㄴ. 부동산 수량지정 매매에서 실제면적이 계약면적에 미달하는 경우, 그 부분의 원시적 불능을 이유로 계약체결상의 과실책임을 물을 수 없다.
ㄷ. 계약체결 전에 이미 매매목적물이 전부 멸실된 사실을 알지 못하여 손해를 입은 계약당사자는 계약체결 당시 그 사실을 안 상대방에게 계약체결상의 과실책임을 물을 수 있다.

① ㄱ ② ㄴ ③ ㄱ, ㄷ ④ ㄴ, ㄷ ⑤ ㄱ, ㄴ, ㄷ

해설
ㄱ. (×) 목적불능의 계약체결이 해당. 계약의 불성립은 해당 안 됨 (민법 제535조)
ㄴ. (○) 판례(99다47396)의 경우 민법535조의 적용 배제. 매도인의 담보책임(제574조 제572조)을 적용해야 한다고 함
ㄷ. (○) 민법 제535조①

답 ④

제3편 계약법

단락문제 Q07
제33회 기출

甲은 乙에게 우편으로 자기 소유의 X건물을 3억 원에 매도하겠다는 청약을 하면서, 자신의 청약에 대한 회신을 2022. 10. 5.까지 해 줄 것을 요청하였다. 甲의 편지는 2022. 9. 14. 발송되어 2022. 9. 16. 乙에게 도달되었다. 이에 관한 설명으로 틀린 것을 모두 고른 것은? (다툼이 있으면 판례에 따름)

> ㄱ. 甲이 2022. 9. 23. 자신의 청약을 철회한 경우, 특별한 사정이 없는 한 甲의 청약은 효력을 잃는다.
> ㄴ. 乙이 2022. 9. 20. 甲에게 승낙의 통지를 발송하여 2022. 9. 22. 甲에게 도달한 경우, 甲과 乙의 계약은 2022. 9. 22.에 성립한다.
> ㄷ. 乙이 2022. 9. 27. 매매가격을 2억 5천만 원으로 조정해 줄 것을 조건으로 승낙한 경우, 乙의 승낙은 청약의 거절과 동시에 새로 청약한 것으로 본다.

① ㄱ ② ㄴ ③ ㄱ, ㄴ ④ ㄴ, ㄷ ⑤ ㄱ, ㄴ, ㄷ

해설

ㄱ. (X) 청약철회 불가 제527조(계약의 청약의 구속력) – 계약의 청약은 이를 철회하지 못한다.
ㄴ. (X) 제531조(격지자간의 계약성립시기) – 격지자 간의 계약은 승낙의 통지를 발송한 때에 성립한다.
ㄷ. (O) 제534조(변경을 가한 승낙) – 승낙자가 청약에 대하여 조건을 붙이거나 변경을 가하여 승낙한 때에는 그 청약의 거절과 동시에 새로 청약한 것으로 본다.

답 ③

단락문제 Q08
제31회 기출

甲은 승낙기간을 2020.5.8.로 하여 자신의 X주택을 乙에게 5억원에 팔겠다고 하고, 그 청약은 乙에게 2020.5.1. 도달하였다. 이에 관한 설명으로 틀린 것은? (다툼이 있으면 판례에 따름)

① 甲의 청약은 乙에게 도달한 때에 그 효력이 생긴다.
② 甲이 청약을 발송한 후 사망하였다면, 그 청약은 효력을 상실한다.
③ 甲이 乙에게 "2020.5.8까지 이의가 없으면 승낙한 것으로 본다"고 표시한 경우, 乙이 그 기간까지 이의 하지 않더라도 계약은 성립하지 않는다.
④ 乙이 2020.5.15. 승낙한 경우, 甲은 乙이 새로운 청약을 한 것으로 보고 이를 승낙함으로써 계약을 성립시킬 수 있다.
⑤ 乙이 5억원을 5천만원으로 잘못 읽어, 2020.5.8. 甲에게 5천만원에 매수한다는 승낙이 도달하더라도 계약은 성립하지 않는다.

해설

① (O) 제111조 제1항
② (X) 제111조 제2항
③ (O) 청약자가 미리 정한 기간 내에 이의를 하지 아니하면 승낙한 것으로 간주한다는 뜻을 청약시 표시하였다고 하더라도 이는 상대방을 구속하지 아니하고 그 기간은 경우에 따라 단지 승낙기간을 정하는 의미를 가질 수 있을 뿐이다(대판 1999.1.29. 98다48903).
④ (O) 제530조
⑤ (O) 의사의 불합치. 계약의 불성립

답 ②

제1장 계약총론

제3절 계약의 효력

01 서설

1 개관

(1) 계약이 유효하게 체결되면 각 당사자 간에는 계약에 따른 법률효과로서 각종 권리·의무가 발생하게 된다. 다만, 그 구체적인 내용은 당해계약의 종류·목적 등에 따라 각각 다르다.

(2) 민법이 규정하고 있는 계약의 일반적 효력으로 동시이행의 항변권(제536조)·위험부담(제537조·제538조)·제3자를 위한 계약(제539조) 등이 있다. 그러나 동시이행의 항변권과 위험부담은 모든 계약에 인정되는 것이 아니라 쌍무계약에 관해서만 인정된다.

2 쌍무계약의 특질(견련성)

(1) 의의

쌍무계약에서 양 채무가 갖고 있는 상호의존성을 특히 견련성이라 하며, 이에 따라 쌍무계약상의 양 채무는 채무의 성립(발생)·이행·존속(소멸)에 있어서 법률적 운명을 같이하게 된다.

쌍무계약의 효력

청약과 승낙에 의해 쌍무계약이 성립하면 계약은 효력을 발생한다.

1) 위험부담
   ① 원칙
      채무자 위험부담
   ② 예외
      채권자 위험부담

2) 채권자 위험부담 사유
   채권자가 위험부담하는 경우는 2가지로서 ① 채권자 귀책사유, ② 채권자 수령지체이다.

3) 위험부담에서 위험의 의미
   급부의무가 불능으로 된 경우에 발생하는 불이익

(2) 내 용

1) 성립상의 견련성
쌍무계약에 기하여 발생할 일방의 채무가 불능, 불법으로 처음부터 성립하지 않는 때는 타방의 채무도 성립하지 않는 것을 의미한다.

2) 이행상의 견련성
쌍무계약에 있어서 상대방의 채무가 이행될 때까지는 자기의 채무를 이행하지 않아도 되는 것을 말하며, 동시이행의 항변권은 이를 제도화한 것이다.

3) 존속상의 견련성
쌍무계약에 있어서 일방의 채무가 채무자에게 책임 없는 사유로 이행불능이 되어 소멸한 경우 상대방의 채무도 소멸하는 것을 말하며, 위험부담의 문제가 이에 해당한다.

02 동시이행의 항변권
12·13·18·19·22·29·32·35회 출제

> **제536조(동시이행의 항변권)** ① 쌍무계약의 당사자 일방은 상대방이 그 채무이행을 제공할 때까지 자기의 채무이행을 거절할 수 있다. 그러나 상대방의 채무가 변제기에 있지 아니하는 때에는 그러하지 아니하다.
> ② 당사자 일방이 상대방에게 먼저 이행하여야 할 경우에 상대방의 이행이 곤란할 현저한 사유가 있는 때에는 전항 본문과 같다.

1 의의 및 성질★

(1) 의의 및 인정근거

1) 의 의
쌍무계약에 있어서 상대방이 자기의 채무는 이행하지 않은 채 반대급부만을 청구해 올 경우 급부를 거절할 수 있는 권리를 말한다(제536조).
예 부동산매매계약에서 매도인은 매수인이 대금을 완불할 때까지는 등기서류와 명도를 거절할 수 있는 권리

 동시이행의 항변권(Ⅰ)

쌍무계약에서 서로 대가관계에 있는 채무를 서로 동시에 이행하는 것이 공평하다는 점에 근거한다.
예 부동산매매시 매도인의 경우 매수인의 대금완불 때까지 동시이행의 항변권을 주장하여 소유권이전(등기서류+명도)을 거절할 수 있다.

2) 인정근거

이 항변권의 인정근거는 공평의 원칙 내지 신의칙에 있다. 즉 쌍무계약에서 발생하는 대가관계에 있는 채무는 서로 동시에 이행하는 것이 공평하고 신의에 부합하기 때문이다.

 채무상호 간의 동시이행의 관계를 인정한 판례

1. 근저당설정등기있는 부동산의 매매계약에 있어서는 특별한 사정이 없는 한 <u>매도인의 소유권이전등기의무와 아울러 근저당설정등기의 말소의무도 매수인의 대금지급의무와 동시이행관계에 있다</u>고 할 것이다(대판 1979.11.13. 79다1562).
2. <u>동시이행의 관계에 있는 쌍방의 채무 중 어느 한 채무가 이행불능이 됨으로 인하여 발생한 손해배상채무도</u> 여전히 다른 채무와 동시이행의 관계에 있다(대판 2000.2.25. 97다30066).

 동시이행관계를 부정한 판례

1. 채권담보로 경료된 가등기의 말소가 피담보채무의 변제와 동시이행관계에 있는지 여부
채무담보의 목적으로 경료된 채권자 명의의 소유권이전등기나 그 청구권보전의 가등기의 말소를 구하려면 <u>먼저 채무를 변제하여야 하고 피담보채무의 변제와 교환적으로 말소를 구할 수는 없다</u>(대판 1984.9.11. 84다카781).
2. 임대차보증금반환의무는 임차권등기 말소의무보다 선이행의무이다.
<u>임차권등기는 임차인으로 하여금 기왕의 대항력이나 우선변제권을 유지하도록 해주는 담보적 기능만을 주목적으로 하는 점 등에 비추어 볼 때, 임대인의 임대차보증금의 반환의무가 임차인의 임차권등기 말소의무보다 먼저 이행되어야 할 의무이다</u>(대판 2005.6.9. 2005다4529).
3. 부동산에 관한 매매계약을 체결한 후 매수인 앞으로 소유권이전등기를 마치기 전에 매수인으로부터 그 부동산을 다시 매수한 제3자의 처분금지가처분신청으로 매매목적부동산에 관하여 가처분등기가 이루어진 상태에서 매도인과 매수인 사이의 매매계약이 해제된 경우, 매도인만이 가처분이의 등을 신청할 수 있을 뿐 매수인은 가처분의 당사자가 아니어서 가처분이의 등에 의하여 가처분등기를 말소할 수 있는 법률상의 지위에 있지 않고, 제3자가 한 가처분을 매도인의 매수인에 대한 소유권이전등기의무의 일부이행으로 평가할 수 없어 그 가처분등기를 말소하는 것이 매매계약 해제에 따른 매수인의 원상회복의무에 포함된다고 보기도 어려우므로, 위와 같은 가처분등기의 말소와 매도인의 대금반환의무는 동시이행의 관계에 있다고 할 수 없다(대판 2009.7.9. 2009다18526).

(2) 성 질

1) 연기적 항변권

상대방의 청구권행사에 대하여 그 작용을 저지할 수 있는 실체법상의 항변권[1]으로서 청구권의 행사를 일시적(상대방의 채무이행의 제공시까지)으로 저지할 수 있는 연기적(延期的) 항변권에 속한다.

2) 동시이행의 항변권과 유치권

① **공통점**
양자는 그 인정근거(공평의 원칙)가 같다.

② **차이점**
그 법률구성에 있어 유치권은 독립의 물권인데 반해, 동시이행의 항변권은 쌍무계약에서 발생하는 채권에 따르는 한 권능이라는 점을 비롯해, 그 발생원인이나 거절할 수 있는 급부의 내용, 권리자의 주의의무, 타담보의 제공에 의한 소멸여부 등에 있어 차이가 있다(유치권 부분 참조).

용어사전

1) **항변권(抗辯權)**: 상대방의 청구권의 행사에 대하여 그 작용을 저지할 수 있는 효력을 가지는 권리를 말하며, 이는 권리의 행사에 대한 방어라는 의미에서 반대권이라고도 한다.

2 성립요건★★★

21·26회 출제

(1) 동일한 쌍무계약으로부터 발생한 양 채무(兩債務)의 존재

1) 동일한 쌍무계약에 의하여 당사자 쌍방이 서로 대가적 의미 있는 채무를 부담하고 있는 경우라야 한다.

 별개의 약정에 의한 채권 상호간의 동시이행 항변권

당사자 쌍방이 각각 별개의 약정으로 채무를 부담하게 된 경우에는 당사자 간의 특약으로 그 채무이행과 상대방의 어떤 채무이행과를 견련시켜 동시이행을 하기로 특약한 사실이 없는 한 상대방이 자기에게 이행할 채무가 있다 하더라도 동시이행의 항변권이 생긴다고 할 수는 없다(대판 1990.4.13. 89다카23794).

2) 채무가 동일성을 유지하는 한 당사자는 바뀌어도 상관없다.
   예 채권양도, 채무인수, 포괄승계, 전부명령 등에 의한 당사자 변경

3) 양 채무의 존재를 그 요건으로 하므로 일방의 채무가 이행불능 기타 원인으로 소멸한 때에는 동시이행의 항변권도 소멸한다.

4) 하나의 계약으로 둘 이상의 민법상의 전형계약을 포괄하는 내용의 계약을 체결한 경우에 당사자 일방의 여러 의무가 포괄하여 상대방의 여러 의무와 대가관계에 있다고 인정되면, 이러한 당사자 일방의 여러 의무와 상대방의 여러 의무는 동시이행의 관계에 있다(대판 2011.2.10. 2010다77385).

 동시이행의 항변권(Ⅱ)

동시이행의 항변권의 성립요건
① 대가적 채무의 존재
② 상대방 채무의 변제기 도래
③ 상대방의 이행제공 없는 이행청구

(2) 상대방의 채무가 변제기에 있을 것

1) 원칙
① 항변권을 행사하려면 원칙적으로 상대방의 채무가 변제기에 있어야 한다(제536조 제1항 단서).
② 법률의 규정이나 관습·특약에 의하여 일방이 선이행의무를 지는 경우에는 선이행의무자는 원칙적으로 항변권을 행사할 수 없다.

2) 예외
① 선이행의무 있는 채무자라도 그 이행을 지체하고 있는 동안 상대방의 채무의 변제기가 도래한 경우에는 선이행의무자도 상대방의 청구에 대하여 동시이행의 항변권을 주장할 수 있다.

 매수인이 중도금 지급의무를 불이행한 상태에서 잔대금 지급기일이 도과된 경우 중도금지급의무도 소유권이전등기의무와 동시이행의 관계에 서는지 여부

> 매수인이 선이행 의무있는 중도금을 지급하지 않았다 하더라도 계약이 해제되지 않은 상태에서 잔대금 지급일이 도래하여 그 때까지 중도금과 잔대금이 지급되지 아니하고 잔대금과 동시이행관계에 있는 매도인의 소유권이전등기 소요서류가 제공된 바 없이 그 기일이 도과하였다면, 그 때부터는 <u>매수인은 중도금을 지급하지 아니한 데 대한 이행지체의 책임을 지지 아니한다</u>(대판 2002.3.29. 2000다577).

② 상대방의 채무가 변제기에 있지 않고 일방이 선이행의무를 부담하고 있는 경우에도 상대방의 이행이 곤란할 현저한 사유가 있는 때에는 선이행의무자에게 동시이행의 항변권이 인정된다(불안의 항변권, 제536조 제2항).

 불안의 항변권

> 민법 제536조 제2항은 선(先)이행의무를 지고 있는 당사자가 상대방의 이행이 곤란할 현저한 사유가 있는 때에는 자기의 채무이행을 거절할 수 있다고 규정하고 있는바, 그러한 경우란 선이행채무를 지게 된 채권자가 계약 성립 후 채무자의 신용불안이나 재산상태의 악화 등의 사정으로 반대급부를 이행받을 수 없는 사정변경이 생기고 이로 인하여 당초의 계약내용에 따른 선이행의무를 이행케 하는 것이 공평과 신의칙에 반하게 되는 경우를 말한다(대판 2002.11.26. 2001다833).

(3) 상대방이 자기채무의 이행 없이 이행을 청구하였을 것

1) 상대방이 자기의 채무에 대해서는 그 이행이나 이행의 제공을 하지 않고 그와 대가관계에 있는 채무의 이행만을 청구해 왔어야 한다.
2) 채권자지체[1](수령지체)인 경우에도 이행의 제공을 계속하지 않거나 다시 하지 않은 경우 동시이행의 항변권을 행사할 수 있다.

용어사전

1) **채권자지체(債權者遲滯)**: 채무자가 채무내용에 좇은 제공을 하였음에도 불구하고 채권자가 그 수령을 받을 수 없거나 수령을 거절하기 때문에 이행이 지연되고 있는 상태를 말한다(민법 제400조).

민법 제536조 제2항 및 신의칙에 의한 이행거절권능과 이행지체책임

쌍무계약의 당사자 일방이 계약상 선이행의무를 부담하고 있는데 그와 대가관계에 있는 상대방의 채무가 아직 이행기에 이르지 아니하였지만 이행기의 이행이 현저히 불투명하게 된 경우에는 민법 제536조 제2항 및 신의칙에 의하여 그 당사자에게 반대급부의 이행이 확실하여 질 때까지 선이행의무의 이행을 거절할 수 있고, 이와 같이 대가적 채무 간에 이행거절의 권능을 가지는 경우에는 비록 이행거절 의사를 구체적으로 밝히지 아니하였다고 할지라도 이행거절 권능의 존재 자체로 이행지체책임은 발생하지 않는다(대판 1999.7.9. 98다13754·13761).

(4) 항변권의 원용[1]

1) 이상의 요건을 갖춘 경우 동시이행의 항변권 자체는 성립(발생)하지만 항변권자가 동시이행의 항변권을 원용(주장)하여야 현실화된다.

> **용어사전**
> 1) **원용(援用)**: 어떤 사실을 다른 곳에서 인용하여 법률상 자기에게 유리하게 주장 또는 항변하는 일

2) 다만 이행지체의 저지효력과 상계금지의 효력은 항변권의 존재 자체로부터 생긴다.

(5) 동시이행항변권 적용의 확장

다음과 같이 동시이행항변권의 적용범위를 확대하고 있다.

1) 원래 쌍무계약에서 인정되는 동시이행의 항변권을 비쌍무계약에 확장함에 있어서는 양 채무가 동일한 법률요건으로부터 생겨서 공평의 관점에서 보아 견련적으로 이행시킴이 마땅한 경우라야 한다(대판 2000.10.27. 2000다36118).

2) 동시이행의 항변권의 제도의 취지에서 볼 때 당사자가 부담하는 각 채무가 쌍무계약에 있어 고유의 대가관계에 있는 채무가 아니라고 하더라도, 구체적인 계약관계에서 각 당사자가 부담하는 채무에 관한 약정 내용에 따라 그것이 대가적 의미가 있어 이행상의 견련관계를 인정하여야 할 사정이 있는 경우에는 동시이행의 항변권을 인정할 수 있다(대판 2006.6.9. 2004다24557).

3 효력★★★

(1) 이행거절권능(연기적 항변권)

1) 동시이행의 항변권을 가진 자는 이 항변권을 원용(주장)함으로써 상대방이 이행의 제공을 할 때까지 자기채무의 이행을 거절할 수 있다.
2) 동시이행의 항변권은 사실상 상대방의 채무이행을 담보하는 기능을 수행한다.

(2) 이행지체의 저지

1) 동시이행의 항변권을 가진 자는 비록 이행기에 이행하지 않아도 이행지체가 되지 않는다. 이를 특별히 주장할 필요도 없다.
2) 그 결과 이행지체를 전제로 한 손해배상책임 및 계약의 해제 등이 발생하지 않는다.

(3) 상계금지

1) 동시이행의 항변권이 붙은 채권은 이를 자동채권으로 하여 자기의 채무와 상계할 수 없다. 그러나 항변권이 붙은 자기의 채권을 수동채권으로 하여 상계할 수 있다.
2) 항변권이 붙어 있는 채권을 자동채권으로 하여 다른 채무(수동채권)와의 상계를 허용한다면 상대방의 항변권행사의 기회를 상실하게 하는 결과가 되므로 이와 같은 상계는 그 성질상 허용될 수 없다.
3) 상계의 의사표시를 하는 자의 채권을 자동채권이라 하고, 상대방의 채권을 수동채권이라 한다.
   > 예 甲이 乙에게 보증금반환채권 1,000만원을 가지고 있고, 乙이 甲에게 1,000만원의 차용금채권을 가지고 있는 경우, 甲이 乙에게 상계를 주장하면 보증금반환의무와 동시이행관계에 건물명도의무에 대한 乙의 동시이행의 항변권을 잃게 되기 때문에 상계할 수 없다.

(4) 소송상의 효력

소송에 있어서 동시이행의 항변권이 원용된 경우 법원은 피고에 대하여 원고의 이행과 상환(相換)으로 이행할 것을 명하는 <u>일부승소판결</u>을 내리게 된다.
→ 상환이행판결

4 동시이행항변권의 행사와 권리남용

항변권을 행사하는 자의 상대방이 그 동시이행의 의무를 이행하기 위하여 과다한 비용이 소요되거나 또는 그 의무의 이행이 실제적으로 어려운 반면 그 의무의 이행으로 인하여 항변권자가 얻는 이득은 달리 크지 아니하여 동시이행의 항변권의 행사가 주로 자기 채무의 이행만을 회피하기 위한 수단이라고 보여지는 경우에는 그 항변권의 행사는 권리남용으로서 배척되어야 할 것이다(대판 2001.9.18. 2001다9304).

제3편 계약법

단락핵심 동시이행의 항변권

(1) 상대방의 채무는 원칙적으로 변제기에 있어야 한다. (○)
(2) 공평의 원리와 신의성실의 원칙에 근거한다. (○)
(3) 계약해제로 인한 각 당사자의 원상회복의무, 전세계약의 종료시 전세금반환의무와 전세목적물 인도 및 전세권말소등기에 필요한 서류의 교부의무는 각각 동시이행관계가 인정된다. (○)
(4) 쌍방의 채무가 별개의 계약에 기한 것이더라도 특약에 의해 동시이행의 항변권이 발생할 수 있다. (○)
(5) 동시이행관계에 있는 어느 일방의 채권이 전부명령 등으로 제3자에게 이전되더라도 그 동일성이 인정되는 한 동시이행관계는 존속한다. (○)
(6) 동시이행의 항변권이 인정되려면 공평의 관념과 신의칙에 입각하여 양당사자의 채무가 서로 대가적 의미로 관련되어 있을 것을 요한다. (○)
(7) 가압류등기가 있는 부동산 매매계약에서 특약이 없는 한 매도인의 소유권이전등기의무·가압류 등기말소의무와 매수인의 대금지급의무 간에는 동시이행관계에 있다. (○)
(8) 경매가 무효가 되어 근저당권자가 근저당채무자를 대위하여 매수인(경락인)에게 소유권이전 등기말소를 청구하는 경우, 그 등기말소의무와 근저당권자의 배당금반환의무는 동시이행관계에 있다. (×)
(9) 쌍무계약이 무효가 되어 각 당사자가 서로 취득한 것을 반환하여야 할 경우, 각 당사자의 반환의무는 동시이행관계에 있다. (○)
(10) 당사자 일방의 책임 있는 사유로 채무이행이 불능으로 되어 그 채무가 손해배상채무로 바뀌게 되면 동시이행관계는 소멸한다. (×)

단락문제 Q09

제35회 기출

동시이행의 항변권에 관한 설명으로 틀린 것은? (다툼이 있으면 판례에 따름)

① 서로 이행이 완료된 쌍무계약이 무효로 된 경우, 당사자 사이의 반환의무는 동시이행관계에 있다.
② 구분소유적 공유관계가 해소된 경우, 공유지분권자 상호간의 지분이전등기의무는 동시이행관계에 있다.
③ 동시이행의 항변권이 붙어 있는 채권은 특별한 사정이 없는 한 이를 자동채권으로 하여 상계하지 못한다.
④ 양 채무의 변제기가 도래한 쌍무계약에서 수령지체에 빠진 자는 이후 상대방이 자기 채무의 이행제공 없이 이행을 청구하는 경우, 동시이행의 항변권을 행사할 수 있다.
⑤ 채무를 담보하기 위해 채권자 명의의 소유권이전등기가 된 경우, 피담보채무의 변제의무와 그 소유권이전등기의 말소의무는 동시이행관계에 있다.

해설

① (○) 판례가 인정

계약이 해제되면 계약당사자는 상대방에 대하여 원상회복의무와 손해배상의무를 부담하는데, 이 때 계약당사자가 부담하는 원상회복의무뿐만 아니라 손해배상의무도 함께 동시이행의 관계에 있다. (대판 1996. 7. 26. 95다25138, 25145)

② (○) 판례
③ (○) 자동채권으로 상계하지 못한다. 수동채권으로는 상계 가능
④ (○) 상대방의 이행제공이 계속되어야 동시이행의 항변권을 상실한다.
⑤ (×) 동시이행의 관계 (가등기 담보등에 관한 법률 제4조③)

답 ⑤

단락문제 Q10 제33회 기출

특별한 사정이 없는 한 동시이행의 관계에 있는 경우를 모두 고른 것은? (다툼이 있으면 판례에 따름)

> ㄱ. 임대차계약 종료에 따른 임차인의 임차목적물 반환의무와 임대인의 권리금 회수 방해로 인한 손해배상의무
> ㄴ. 「주택임대차보호법」상 임차권등기명령에 따라 행해진 임차권등기의 말소의무와 임대차보증금 반환의무
> ㄷ. 구분소유적 공유관계의 해소로 인하여 공유지분권자 상호간에 발생한 지분이전등기의무

① ㄱ ② ㄷ ③ ㄱ, ㄴ
④ ㄴ, ㄷ ⑤ ㄱ, ㄴ, ㄷ

해설

ㄱ (×) 목적물 반환과 임대차보증금 반환이 동시이행 관계
ㄴ (×) 보증금 반환이 선이행

임차권등기는 임차인으로 하여금 기왕의 대항력이나 우선변제권을 유지하도록 해 주는 담보적 기능만을 주목적으로 하는 점 등에 비추어 볼 때, 임대인의 임대차보증금의 반환의무가 임차인의 임차권등기 말소의무보다 먼저 이행되어야 할 의무이다(대판 2005.6.9. 2005다4529).

ㄷ (○) 동시이행관계

답 ②

제3편 계약법

단락문제 Q11 제32회 기출

동시이행관계에 있는 것을 모두 고른 것은? (단, 이에 관한 특약은 없으며, 다툼이 있으면 판례에 따름)

㉠ 부동산의 매매계약이 체결된 경우 매도인의 소유권이전등기의무와 매수인의 잔대금지급의무
㉡ 임대차 종료시 임대인의 임차보증금 반환의무와 임차인의 임차물 반환의무
㉢ 매도인의 토지거래허가 신청절차에 협력할 의무와 매수인의 매매대금지급의무

① ㉠ ② ㉡ ③ ㉢
④ ㉠, ㉡ ⑤ ㉡, ㉢

해설
㉠ (O) 민법 제536조
㉡ (O) 임대차계약의 기간이 만료된 경우에 임차인이 임차목적물을 명도할 의무와 임대인이 보증금 중 연체차임 등 당해 임대차에 관하여 명도시까지 생긴 모든 채무를 청산한 나머지를 반환할 의무는 동시이행의 관계가 있다.(대판 1977. 9. 28. 77다1241,1242)
㉢ (X) 민법 제536조

답 ④

단락문제 Q12 제31회 기출

동시이행의 관계에 있는 것을 모두 고른 것은? (다툼이 있으면 판례에 따름)

㉠ 임대차 종료시 임차보증금 반환의무와 임차물 반환의무
㉡ 피담보채권을 변제할 의무와 근저당권설정등기 말소의무
㉢ 매도인의 토지거래허가 신청절차에 협력할 의무와 매수인의 매매대금 지급의무
㉣ 토지임차인이 건물매수청구권을 행사한 경우, 토지임차인의 건물인도 및 소유권이전등기의무와 토지임대인의 건물대금지급의무

① ㉣ ② ㉠, ㉡ ③ ㉠, ㉣ ④ ㉡, ㉢ ⑤ ㉠, ㉢, ㉣

해설
㉠ (O) 임대차계약이 종료된 경우에는 임대인의 임차보증금반환의무와 임차인의 임차목적물반환의무는 동시이행의 관계에 있다(울산지방법원 2005.10.14. 2005노338).
㉡ (X) 채권변제가 선이행
㉢ (X) 토지거래허가 전에는 채권 채무 불성립 ㉣ (O) 매매성립(판)

답 ③

제1장 계약총론

03 위험부담 (危險負擔)   12·13·14·18·34·35회 출제

> **제537조(채무자위험부담주의)** 쌍무계약의 당사자 일방의 채무가 당사자쌍방의 책임 없는 사유로 이행할 수 없게 된 때에는 채무자는 상대방의 이행을 청구하지 못한다.
> **제538조(채권자귀책사유로 인한 이행불능)** ① 쌍무계약의 당사자 일방의 채무가 채권자의 책임있는 사유로 이행할 수 없게 된 때에는 채무자는 상대방의 이행을 청구할 수 있다. 채권자의 수령지체중에 당사자쌍방의 책임 없는 사유로 이행할 수 없게 된 때에도 같다.
> ② 전항의 경우에 채무자는 자기의 채무를 면함으로써 이익을 얻은 때에는 이를 채권자에게 상환하여야 한다.

1 의 의

위험부담이란 쌍무계약상의 일방채무가 채무자의 책임 없는 사유로 이행불능되어 소멸한 경우 그에 대응하는 상대방의 반대급부의무가 소멸하는가가 문제이다.

예) 건물 소유자 甲이 乙과 건물매매계약을 체결하였는데 계약체결후 甲과 乙의 책임 없는 사유(예컨대 태풍 또는 제3자의 방화 등)로 건물이 멸실한 경우

2 입법주의

채무자주의	① 양 채무 사이의 존속상의 견련성을 인정하여 반대채무도 소멸케 하는 입법주의이다. ② 채무자는 자기채무를 면하지만 동시에 반대급부의 청구권도 잃게 되어 위험은 결국 채무자가 부담하도록 하는 것이다.
채권자주의	채무자가 채무를 면하더라도 반대채무의 이행을 청구할 수 있게 하여 채권자가 그 위험을 부담하는 입법주의이다.
소유자주의	이행불능(목적물의 멸실) 당시의 그 목적물의 소유자에게 위험을 부담시키는 입법주의이다.

3 민법의 입장

(1) 민법은 채무자부담주의를 채택하고, 다만 공평의 원칙상 채권자의 귀책사유로 이행불능이 발생한 때에는 채권자가 위험을 부담하도록 하고 있다(제537조·제538조).

(2) 부동산에 대해서 위험의 이전시기는 원칙적으로 등기한 때이지만 등기에 앞서 인도가 행해진 때에는 부동산 인도시이다.

4 채무자위험부담주의(원칙) ★★★   24·28·29·30회 출제

(1) 요 건

1) 쌍무계약의 대가적 채무
   ① 위험부담 자체가 쌍무계약상의 대가적 채무사이에 존속상의 견련성을 인정하는 제도이므로 문제되는 두 채무는 쌍무계약상의 대가적 채무이어야 한다.
   ② 편무계약에서는 위험부담의 문제는 발생하지 않는다.

2) 일방채무의 후발적 불능
① 일방채무가 후발적으로 이행불능하게 되었어야 한다.
② 이때 가능·불능의 판단은 거래관념에 따르며, 이행기를 기준으로 한다.

3) 당사자 쌍방의 책임 없는 사유
① 당사자 쌍방의 책임 없는 사유란 천재지변 등 불가항력인 경우는 물론이고 제3자의 행위로 인한 경우도 포함한다.
② 채무자의 귀책사유로 불가능이 된 때에는 손해배상채무가 종래의 채무에 갈음하고, 위험부담의 문제는 생기지 않는다.

> **판례** 후발적 불능사유에 대하여 채무자의 귀책사유를 인정한 사례
>
> **1** 계약당사자 일방이 자신이 부담하는 계약상 채무를 이행하는 데 장애가 될 수 있는 사유를 계약을 체결할 당시에 알았거나 예견할 수 있었음에도 이를 상대방에게 고지하지 아니한 경우에는, 비록 그 사유로 말미암아 후에 채무불이행이 되는 것 자체에 대하여는 그에게 어떠한 잘못이 없다고 하더라도, 상대방이 그 장애사유를 인식하고 이에 관한 위험을 인수하여 계약을 체결하였다거나 채무불이행이 상대방의 책임 있는 사유로 인한 것으로 평가되어야 하는 등의 특별한 사정이 없는 한, 그 채무가 불이행된 것에 대하여 귀책사유가 없다고 할 수 없다.
>
> **2** 지방공사가 아파트 분양공고 및 분양계약 체결 당시, 아파트 부지에 대한 문화재 발굴조사과정에 유적지가 발견되어 현지 보존결정이 내려질 경우 아파트 건설사업 자체가 불가능하게 되거나 그 추진·실행에 현저한 지장을 가져올 수 있음을 충분히 알았음에도 입주자 모집공고문과 분양계약서에 이에 관한 구체적 언급을 하지 않았고, 이를 별도로 수분양자들에게 알리지도 않은 사안에서, 아파트 수분양자들이 위 장애사유에 관한 위험을 인수하였다고 볼 수 없으므로, 분양계약에 따른 아파트 공급의무 불이행에 대한 귀책사유가 지방공사에 있다(대판 2011.8.25. 2011다43778).

(2) 효 과

1) 반대급부청구권의 소멸
채무자는 상대방의 이행을 청구하지 못한다(제537조). 즉, 채무자는 이행불능된 자기채무를 면하나 동시에 상대방에 대한 반대급부청구권도 잃는다.

2) 이미 이행한 반대급부의 반환
상대방이 이미 반대급부를 전부 또는 일부를 이행(이미 지불한 계약금, 중도금 등)한 때에는 부당이득반환의무가 발생한다.

3) 일부불능의 경우 대금감액 등
① 일부불능인 경우 채무자는 불능인 범위 내에서 채무를 면(免)함과 동시에 그 범위 내에서 대금감액 등 반대급부를 받을 권리도 잃는다.
② 임대차에 있어서는 이러한 취지를 명문으로 규정하고 있다(제627조).

4) 대상청구권(代償請求權) → 이를 代償이라 함
대상청구권은 채무가 채권성립 후의 후발적인 사유로 이행이 불가능하게 되고 그 사유로 채무자가 급부목적물에 대신하는 이익을 취득한 경우 채권자 그 이익의 반환을 청구할 수 있는 권리이다.

제1장 계약총론

예 토지소유자인 甲이 乙과 토지매매계약을 체결했는데 토지가 국가에 의하여 수용된 경우 원칙적으로 甲과 乙의 책임 없는 사유로 甲의 급부의무인 토지소유권이전의무가 이행불능되어 甲의 급부의무는 물론이고 乙의 반대급부의무인 매매대금지급의무도 소멸하나, 甲이 국가로부터 토지수용에 따른 보상금청구권(토지소유권에 대한 대상)이 있는 경우 乙이 자신의 반대급부의무인 매매대금을 甲에게 지급하고 보상금청구권의 양도를 구할 수 있다.

> **판례 대상청구권의 인정 여부**
>
> 우리 민법에는 이행불능의 효과로서 채권자의 전보배상청구권과 계약해제권 외에 별도로 대상청구권을 규정하고 있지 않으나 해석상 대상청구권을 부정할 이유가 없다(대판 1992.5.12. 92다4581·92다4598).

5) 위험부담에 관한 규정은 임의규정으로서 특약에 의해 달리 정할 수 있다.

5 채권자의 위험부담(예외)★★★   22·27회 출제

(1) 요 건

1) 채권자의 귀책사유로 인한 이행불능인 경우(제538조 제1항 전단)

이행불능이 채권자만의 책임있는 사유로 발생한 경우에는 채권자주의가 적용되어 채무자는 반대급부를 청구할 수 있다.

예 이삿짐운송계약에서 운송인(이삿짐센터)은 약정시간에 준비하고 차량을 가지고 장소에 도착하였으나, 이사가는 자의 부득이한 사유로 그 날에 이사를 할 수 없는 경우에는 운임을 지급하여야 함이 원칙이다.

2) 채권자지체 중의 이행불능인 경우(제538조 제1항 후단)

채권자의 수령지체 중에 당사자 쌍방의 책임 없는 사유로 이행불능의 상태가 된 경우에는 채권자에게 책임 있는 사유로 이행불능이 된 경우와 동일하게 다룬다.

예 소 한 마리의 매매계약에서 인도일에 매수인이 수령을 지체하다가 강변에 매어 둔 그 소가 홍수로 떠내려갔더라도 매수인은 소값을 지급하여야 함이 원칙이다.

(2) 효 과

1) 채권자의 위험부담

① 채무자는 이행불능된 자기채무에 대해서는 급부의무를 면하지만 채권자에 대한 반대급부청구권은 그대로 보유한다.
② 일부불능의 경우에는 채무자도 이행이 가능한 잔존급부에 관해서는 이행을 하여야 하며, 이 경우에도 채권자에 대해서는 전부의 반대급부청구권을 갖는다.

> **판례 채권자 위험부담의 요건 및 반대급부 청구**
>
> 1 사용자의 근로자에 대한 해고가 무효인(또는 취소된) 경우(또는 사용자의 근로자에 대한 퇴직처분이 무효인 경우) 근로자는 근로계약관계가 유효하게 존속함에도 불구하고 사용자의 귀책사유로 인하여 근로를 제공하지 못하였으므로 민법 제538조 제1항에 의하여 그 기간 중에 근로를 제공하였을 경우에 받을 수 있는 반대급부인 임금의 지급을 청구할 수 있다(대판 1981.12.22. 81다626).
> 2 민법 제538조 제1항2문 소정의 '채권자의 수령지체 중에 당사자 쌍방의 책임 없는 사유로 이행할 수 없게 된 때'에 해당하기 위해서는 현실 제공이나 구두 제공이 필요하다(대판 2004.3.12. 2001다79013).
> ▷ 다만, 그 제공의 정도는 그 시기와 구체적인 상황에 따라 신의성실의 원칙에 어긋나지 않게 합리적으로 정하여야 한다.

2) 이익상환의무

채무자는 자기채무를 면함으로써 이익을 얻은 때에는 이를 채권자에게 상환하여야 한다(제538조 제2항). 채무자가 이중의 이득을 얻는 것은 부당하기 때문이다.

 이익상환의무(손익공제)

사용자의 귀책사유로 인하여 해고된 근로자가 해고기간 중에 다른 직장에 종사하여 얻은 이익(이른바 중간수입)은 민법 제538조 제2항에서 말하는 채무를 면함으로써 얻은 이익에 해당하므로, 사용자는 위 근로자에게 해고기간 중의 임금을 지급함에 있어 위의 이익의 금액을 임금액에서 공제할 수 있다(대판 1991.6.28. 90다카25277).

Key Point — 계약체결상의 과실책임·이행불능·위험부담의 비교

구 분	계약체결상의 과실책임	이행불능	위험부담
문제되는 시점	원시적 불능	후발적 불능	후발적 불능
당사자에 대한 요건	원시적 불능에 관한 채무자의 악의 또는 과실의 존재와 상대방의 선의·무과실	이행불능에 관한 채무자의 귀책사유 필요	당사자 쌍방(채무자·채권자)의 책임 없는 사유로 인한 이행불능
문제되는 계약	제한 없음	제한 없음	쌍무계약에서 문제됨
효 과	이행이익을 한도로 한 신뢰이익의 배상청구권	손해배상청구권·계약해제권	채무자의 반대급부청구권소멸(채권자의 귀책사유 있는 경우 예외적으로 존속)

단락핵심 위험부담

(1) 민법은 채무자위험부담주의를 원칙으로 한다. (○)
(2) 위험부담의 상황에 대하여 판례는 대상청구권도 인정하고 있다. (○)
(3) 채권자의 수령지체 중에 쌍방의 책임 없는 사유로 이행불능 상태가 된 경우에는 채권자의 책임 있는 사유로 이행불능이 된 경우와 동일하게 다룬다. (○)

제1장 계약총론

단락문제 Q13 제35회 기출

甲은 X건물을 乙에게 매도하고 乙로부터 계약금을 지급받았는데, 그 후 甲과 乙의 귀책사유 없이 X건물이 멸실되었다. 다음 설명 중 옳은 것을 모두 고른 것은? (다툼이 있으면 판례에 따름)

> ㄱ. 甲은 乙에게 잔대금의 지급을 청구할 수 있다.
> ㄴ. 乙은 甲에게 계약금의 반환을 청구할 수 있다.
> ㄷ. 만약 乙의 수령지체 중에 甲과 乙의 귀책사유 없이 X건물이 멸실된 경우, 乙은 甲에게 계약금의 반환을 청구할 수 있다.

① ㄴ   ② ㄷ   ③ ㄱ, ㄴ   ④ ㄱ, ㄷ   ⑤ ㄴ, ㄷ

해설
ㄱ. (×) 채무자위험부담 (민법 제536조)
ㄴ. (○) 이미 급부한 것 반환
ㄷ. (×) 채권자위험부담 (민법 제538조)

답 ①

단락문제 Q14 제31회 기출

쌍무계약상 위험부담에 관한 설명으로 **틀린** 것은? (다툼이 있으면 판례에 따름)

① 계약당사자는 위험부담에 관하여 민법규정과 달리 정할 수 있다.
② 채무자의 책임있는 사유로 후발적 불능이 발생한 경우, 위험부담의 법리가 적용된다.
③ 매매목적물이 이행기 전에 강제수용된 경우, 매수인이 대상청구권을 행사하면 매도인은 매매대금 지급을 청구할 수 있다.
④ 채권자의 수령지체 중 당사자 모두에게 책임없는 사유로 불능이 된 경우, 채무자는 상대방의 이행을 청구할 수 있다.
⑤ 당사자 일방의 채무가 채권자의 책임있는 사유로 불능이 된 경우, 채무자는 상대방의 이행을 청구할 수 있다.

해설
② (×) 제537조
① (○) 위험부담 규정은 임의 규정
③ (○) 채무자위험부담주의(제537조)
④ (○) 채권자위험부담주의(제538조 제1항 단서)
⑤ (○) 채권자위험부담주의(제538조 제1항 본문)

답 ②

제3편 계약법

단락문제 Q15   제34회 기출

甲과 乙은 甲 소유의 X토지에 대하여 매매계약을 체결하였으나 그 후 甲의 채무인 소유권이전등기의무의 이행이 불가능하게 되었다. 다음 설명 중 옳은 것을 모두 고른 것은? (다툼이 있으면 판례에 따름)

> ㄱ. 甲의 채무가 쌍방의 귀책사유 없이 불능이 된 경우, 이미 대금을 지급한 乙은 그 대금을 부당이득법리에 따라 반환청구할 수 있다.
> ㄴ. 甲의 채무가 乙의 귀책사유로 불능이 된 경우, 특별한 사정이 없는 한 甲은 乙에게 대금지급을 청구할 수 있다.
> ㄷ. 乙의 수령지체 중에 쌍방의 귀책사유 없이 甲의 채무가 불능이 된 경우, 甲은 乙에게 대금 지급을 청구할 수 없다.

① ㄱ   ② ㄷ   ③ ㄱ, ㄴ   ④ ㄴ, ㄷ   ⑤ ㄱ, ㄴ, ㄷ

해설
ㄱ. 채무자 위험부담주의 민법 제537조
ㄴ. 채권자 위험부담 민법 제538조
ㄷ. 채권자 위험부담

답 ③

04 제3자를 위한 계약   13·17·20·22·25·28·32·33·34·35회 출제

제539조(제3자를 위한 계약) ① 계약에 의하여 당사자 일방이 제3자에게 이행할 것을 약정한 때에는 그 <u>제3자는 채무자에게 직접 그 이행을 청구할 수 있다.</u>
② 전항의 경우에 제3자의 권리는 <u>그 제3자가 채무자에 대하여 계약의 이익을 받을 의사를 표시한 때에 생긴다.</u>

1 의의 및 3면관계

(1) 의 의

제3자를 위한 계약이란 계약당사자가 아닌 제3자로 하여금 직접 계약으로부터 생긴 권리를 취득하게 하는 것을 목적으로 하는 계약을 말한다.
예 타인을 위한 보험계약, 물건운송계약, 병존적 채무인수, 공탁 등

(2) 제3자를 위한 계약에 있어서 3면관계

제1장 계약총론

1) 보상관계(기본관계)
① 보상이란 낙약자가 제3자에게 행하는 급부에 대하여 요약자로부터 보상을 받는 것을 의미한다(요약자와 낙약자의 관계).
② 보상관계는 계약의 내용을 이루므로 무효, 취소 등이 있으면 계약의 효력에 영향을 미친다.

 제3자를 위한 계약

① '타인을 위한 보험계약'이 대표적인 제3자를 위한 계약이다.
② 수익자(제3자)가 수익의 의사표시를 하지 않아도 당연히 권리를 취득하는 계약에는 보험·운송·신탁·공탁 등이 있다.

제3자를 위한 계약의 해제와 이미 급부한 것의 반환청구의 상대방

제3자를 위한 계약관계에서 낙약자와 요약자 사이의 법률관계(이른바 기본관계)를 이루는 계약이 해제된 경우 그 계약관계의 청산은 계약의 당사자인 낙약자와 요약자 사이에 이루어져야 하므로, 특별한 사정이 없는 한 낙약자가 이미 제3자에게 급부한 것이 있더라도 낙약자는 계약해제에 기한 원상회복 또는 부당이득을 원인으로 제3자를 상대로 그 반환을 구할 수 없다(대판 2005.7.22. 2005다7566·7573).

2) 출연관계(대가관계)
① 요약자와 제3자와의 관계를 말한다.
② 출연관계가 결여된 경우에도 제3자를 위한 계약은 유효하고, 다만 요약자와 제3자 사이에서 부당이득의 반환이 문제될 뿐이다.

3) 급부관계(낙약자와 수익자의 관계)
① 낙약자와 제3자 사이에는 계약이 존재하지 않는다.
② 제3자는 수익의 의사표시를 낙약자에게 하여야 하며(제539조 제2항), 그리하면 낙약자에 대하여 제3자의 권리가 확정된다.

 대가관계가 기본관계에 미치는 영향

제3자를 위한 계약의 체결 원인이 된 요약자와 제3자(수익자) 사이의 법률관계(이른바 대가관계)의 효력은 제3자를 위한 계약 자체는 물론 그에 기한 요약자와 낙약자 사이의 법률관계(이른바 기본관계)의 성립이나 효력에 영향을 미치지 아니하므로 낙약자는 요약자와 수익자 사이의 법률관계에 기한 항변으로 수익자에게 대항하지 못하고, 요약자도 대가관계의 부존재나 효력의 상실을 이유로 자신이 기본관계에 기하여 낙약자에게 부담하는 채무의 이행을 거부할 수 없다(대판 2003.12.11. 2003다49771).

2 구별해야 할 법률관계★

(1) 부진정 제3자를 위한 계약(이행인수)
1) 이행인수(履行引受)는 채무자의 채무를 인수한 자가 그 채무를 채무자에게 이행할 것을 약정하는 채무자와 인수인사이의 계약이다. 제3자를 위한 계약에서는 제3자가 직접 권리를 취득하나 이행인수에서는 채권자가 채무를 인수한 이행인수인에 대해 직접 이행청구를 할 수 없다.

2) **부동산 매도인 甲, 매수인 乙, 乙의 甲에 대한 매매대금채무를 인수한 丙이 있는 경우**
① 乙과 丙 사이에서 丙은 乙에게 매매대금을 지급하기로 약정한 경우 이는 이행인수로서 甲은 丙에게 매매대금청구를 할 수 없고 丙도 甲에게 매매대금지급의무를 부담하지 않는다.
② 甲, 乙, 丙 3자의 약정으로 丙이 甲에 대해서 직접 매매대금을 지급하기로 약정한 경우 이는 제3자를 위한 계약으로서 甲이 수익자가 되어 낙약자인 丙에게 직접 매매대금청구를 할 수 있고 丙도 직접 지급할 의무를 부담한다.

(2) 제3자에게 의무를 부담하게 하는 계약

1) 제3자에게 의무를 부담하게 하는 계약은 그의 동의가 없는 한 무효이다.
2) 다만, 판례에 의하면 제3자에게 권리를 취득케 함과 동시에 일정한 대가의 지급 기타 일정한 채무를 부담시키는 것도 유효하다(대판 1965.11.9. 65다1620).

(3) 법률행위의 대리

1) 제3자를 위한 계약은 계약당사자 이외의 자에게 계약의 효력이 미친다는 점에서 대리와 유사하다.
2) 유효한 대리행위가 인정되기 위해서는 본인이 대리인에게 대리권을 수여하거나 대리인에게 법률의 규정에 의한 대리권이 존재하여야 하지만, 제3자를 위한 계약의 경우에는 요약자가 제3자(수익자)로부터 이러한 수권 없이 계약을 체결한다.

3 성립요건★★★

(1) 보상관계의 유효

1) 당사자(요약자와 낙약자) 사이에 유효한 계약이 성립하고 있어야 한다.
2) 보상관계의 무효, 취소, 해제 등 흠결은 제3자를 위한 계약에 영향을 미친다.

(2) 제3자 수익약정

제3자로 하여금 직접 권리를 취득하게 하는 의사표시가 있어야 하고, 이러한 의사표시를 '제3자약관'이라 한다.

(3) 수익자의 특정

1) 권리를 취득하게 되는 제3자는 계약성립시에 현존·특정되어 있지 않아도 된다.
2) 다만, 계약이 효력을 발생하여 채무가 이행되기 위해서는 제3자가 <u>특정되고 현존</u>(권리능력 존재)하여야 한다. ← 이행시에 현존·특정되면 족함

(4) 계약의 목적

1) 제3자가 취득하는 권리는 채권에 한하지 않으며, 물권이라도 상관없다. 따라서 상대방(낙약자)이 제3자에게 저당권이나 지상권을 설정하게 하는 것도 가능하다.
2) 계약의 당사자가 제3자에 대하여 채권을 가진 경우, 낙약자가 제3자의 채무를 면제하기로 하는 계약도 제3자를 위한 계약에 준하여 유효하다(대판 2004.9.3. 2002다37405).

4 제3자의 지위 ★★★

〔24·30회 출제〕

> **제540조(채무자의 제3자에 대한 최고권)** 전조의 경우에 채무자는 상당한 기간을 정하여 계약의 이익의 향수 여부의 확답을 제3자에게 최고할 수 있다. 채무자가 그 기간 내에 확답을 받지 못한 때에는 제3자가 계약의 이익을 받을 것을 거절한 것으로 본다.

(1) 기본적인 지위
1) 제3자는 계약당사자가 아니다. 따라서 제3자는 계약해제권이나 취소권은 행사하지 못한다.
2) 제3자 보호규정(제108조~제110조)의 적용에 있어서는 제3자가 아니라 당사자와 마찬가지로 취급된다.

← 의사표시의 선의의 제3자 보호

(2) 수익의 의사표시 전의 지위
〔15·추가15·16·20·27회 출제〕

1) **형성권의 보유**
   제3자는 계약이 체결된 때부터 수익의 의사표시라는 일방적 의사표시에 의하여 권리취득의 효과를 생기게 할 수 있는 일종의 형성권을 가진다.

2) **형성권의 상속·양도**
   ① 이 형성권은 상속·양도는 물론이고 채권자대위권[1]의 목적이 될 수 있다.
   ② 다만, 형성권으로서 계약성립시부터 기산하여 10년의 제척기간에 걸린다.

   > **용어사전**
   > 1) 채권자대위권(債權者代位權) : 채권자가 자기의 채권을 보전하기 위하여 자기 채무자에게 속하는 권리를 대신 행사할 수 있는 권리이다(민법 제404조, 제405조).

3) **형성권의 소멸**
   존속기간 내에 행사하지 않으면 형성권은 소멸하게 되며 또한 수익의 의사표시 전까지는 당사자의 계약으로 변경 또는 소멸될 수 있다(제541조의 반대해석).

4) **낙약자의 최고**
   채무자(낙약자)가 상당한 기간을 정하여 이익의 향수 여부의 확답 여부를 최고할 수 있고, 채무자가 그 기간 내에 확답을 받지 못한 때에는 제3자가 수익을 거절한 것으로 간주된다(제540조).

(3) 수익의 의사표시 후의 지위
1) **권리취득**
   ① 제3자는 계약당사자는 아니나 수익의 의사표시를 함으로써 낙약자에 대하여 직접 권리를 취득한다(제539조 제1항·제2항).
   ② 수익의 의사표시는 낙약자를 상대로 하여야 하며, 명시적 또는 묵시적으로 할 수 있다.
   ③ 수익의 의사표시 후 낙약자의 채무불이행이 있는 경우 수익자는 손해배상청구권을 갖는다.

2) **제3자의 권리변경·소멸금지**
   제3자가 수익의 의사표시를 한 후에는 계약당사자가 이를 변경 또는 소멸시키지 못한다(제541조). 다만, 해제는 예외이다(요약자의 지위참조).

> **[판례] 제3자를 위한 계약에 있어 제3자의 권리를 변경·소멸시키는 행위의 효력**
>
> 제3자를 위한 계약에 있어서, 제3자가 민법 제539조 제2항에 따라 수익의 의사표시를 함으로써 제3자에게 권리가 확정적으로 귀속된 경우에는, 요약자와 낙약자의 합의에 의하여 제3자의 권리를 변경·소멸시킬 수 있음을 <u>미리 유보하였거나, 제3자의 동의가 있는 경우가 아니면 계약의 당사자인 요약자와 낙약자는 제3자의 권리를 변경·소멸시키지 못하고</u>, 만일 계약의 당사자가 제3자의 권리를 임의로 변경·소멸시키는 행위를 한 경우 이는 제3자에 대하여 효력이 없다(대판 2002.1.25. 2001다30285).

3) 손해배상청구권
수익의 의사표시 후 낙약자의 채무불이행이 있는 경우 수익자는 손해배상청구권을 갖는다.

4) 해제권·취소권의 부정
제3자는 계약의 당사자가 아니므로 해제권이나 취소권을 가지지 못한다.

5 요약자의 지위 ★★

(1) 제3자에의 급부청구권
1) 요약자는 낙약자에 대하여 제3자에 대한 채무를 이행할 것을 청구할 권리를 갖는다.
2) 이러한 권리는 제3자가 수익의 의사표시를 하기 전에도 존재한다.

(2) 계약해제권
제3자의 수익의 의사표시 후 낙약자의 채무불이행의 경우 요약자가 제3자의 동의나 승낙 없이 단독으로 계약을 해제할 수 있다(대판 1970.2.24. 69다1410).

> **[판례] 요약자의 단독해제 가능성**
>
> 제3자를 위한 유상쌍무계약의 경우 특별한 사정이 없는한 낙약자의 귀책사유로 인한 이행불능 또는 이행지체가 있을 때 요약자의 해제권이 허용되지 않는 독립된 권리를 제3자에게 부여하는 것이 계약당사자의 의사라 볼 수 없고, 또한 요약자가 낙약자에게 반대급부 의무를 부담하고 있는 경우에 이러한 해제권을 허용치 아니함은 부당한 결과를 가져온다 할 것이므로 위와같은 이행불능 또는 이행지체가 있을 때에는 <u>요약자는 제3자의 동의 없이 계약당사자로서 계약을 해제할 수 있다고 해석함이 상당하다</u>(대판 1970.2.24. 69다1410·1411).

6 낙약자의 지위 ★★   [26·29회 출제]

> **제542조(채무자의 항변권)** <u>채무자는</u> 제539조의 계약에 기한 <u>항변으로 그 계약의 이익을 받을 제3자에게 대항할 수 있다.</u>

(1) 급부의무·반대급부청구권
1) 낙약자는 소정의 급부를 제3자에게 하여야 할 채무를 직접 제3자에 대하여 부담하며, 그 반면 요약자에 대하여 반대급부를 청구할 수 있다.
2) 쌍무계약의 경우 낙약자의 제3자에 대한 급부의무와 요약자의 낙약자에 대한 반대급부의무는 동시이행의 관계에 있다.

제3편 계약법

(2) 항변권(抗辯權)

1) 낙약자는 계약에 기한 항변으로 제3자에게 대항할 수 있다(제542조).
2) 여기서의 항변이란 제3자의 권리의 존재를 부인하고 그 행사를 저지할 수 있는 모든 사실의 주장 중에서 요약자와 낙약자 사이에 계약에 기인한 것에 한정된다.

Wide | 제3자를 위한 계약

구 분	유 형
제3자를 위한 계약인 경우	타인을 위한 보험(상법 제639조), 병존적 채무인수, 제3자에게 반환을 약정하는 소비대차 내지 임치계약
제3자를 위한 계약이 아닌 경우	이행인수, 면책적 채무인수, 계약인수

단락핵심 제3자를 위한 계약

(1) 제3자를 위한 계약에 있어서 낙약자의 채무불이행이 있으면 제3자는 계약을 해제할 수 있다. (×)
(2) 제3자의 권리는 낙약자에 대하여 계약의 이익을 향수할 의사를 표시한 때에 일어난다. (○)
(3) 제3자에게 취득시키려는 권리는 채권에 한하지 않고 물권 기타의 권리이더라도 무방하다. (○)
(4) 제3자가 하는 수익의 의사표시의 상대방은 요약자이다. (×)
(5) 수익의 의사표시를 한 제3자는 낙약자의 채무불이행을 이유로 계약을 해제할 수 없다. (○)
(6) 수익의 의사표시는 제3자를 위한 계약의 성립요건이 아니다. (○)

단락문제 Q16
제35회 기출

매도인 甲과 매수인 乙 사이에 매매대금을 丙에게 지급하기로 하는 제3자를 위한 계약을 체결하였고, 丙이 乙에게 수익의 의사표시를 하였다. 다음 설명 중 옳은 것은? (다툼이 있으면 판례에 따름)

① 乙의 대금채무 불이행이 있는 경우, 甲은 丙의 동의 없이 乙과의 계약을 해제할 수 없다.
② 乙의 기망행위로 甲과 乙의 계약이 체결된 경우, 丙은 사기를 이유로 그 계약을 취소할 수 있다.
③ 甲과 丙의 법률관계가 무효인 경우, 특별한 사정이 없는 한 乙은 丙에게 대금지급을 거절할 수 있다.
④ 乙이 매매대금을 丙에게 지급한 후에 甲과 乙의 계약이 취소된 경우, 乙은 丙에게 부당이득반환을 청구할 수 있다.
⑤ 甲과 乙이 계약을 체결할 때 丙의 권리를 변경시킬 수 있음을 유보한 경우, 甲과 乙은 丙의 권리를 변경시킬 수 있다.

해설
① (×) 동의 없이 해제 가능
② (×) 제3자 丙에게는 취소권이 없다.
③ (×) 甲과 병의 법률관계는 제3자를 위한 계약의 효력에 영향이 없다.
④ (×) 乙은 丙에게 반환청구할 수 없고 계약당사자 간에 해결해야 한다.
⑤ (○) 丙의 수익의 의사표시에 불구하고 권리변경 유보에 따라 변경할 수 있다.

답 ⑤

단락문제 Q17
제34회 기출

甲은 그 소유의 토지를 乙에게 매도하면서 甲의 丙에 대한 채무변제를 위해 乙이 그 대금 전액을 丙에게 지급하기로 하는 제3자를 위한 계약을 乙과 체결하였고, 丙도 乙에 대해 수익의 의사표시를 하였다. 다음 설명 중 틀린 것은?
(다툼이 있으면 판례에 따름)

① 乙은 甲과 丙 사이의 채무부존재의 항변으로 丙에게 대항할 수 없다.
② 丙은 乙의 채무불이행을 이유로 甲과 乙 사이의 계약을 해제할 수 없다.
③ 乙이 甲의 채무불이행을 이유로 계약을 해제한 경우, 특별한 사정이 없는 한 乙은 이미 이행한 급부의 반환을 丙에게 청구할 수 있다.
④ 甲이 乙의 채무불이행을 이유로 계약을 해제하면, 丙은 乙에게 채무불이행으로 인해 자신이 입은 손해의 배상을 청구할 수 있다.
⑤ 甲은 丙의 동의 없이도 乙의 채무불이행을 이유로 계약을 해제할 수 있다.

해설
③ 제3자 丙은 손해배상책임을 지지 않는다.
① 요약자·제3자 간의 법률관계의 존부는 제3자를 위한 계약의 요건이 아니다.
② 제3자 丙에게는 계약해제권이 없다.
④ 수익의 의사표시를 한 丙은 채무자 乙에게 직접 청구할 수 있다.
⑤ 제3자를 위한 유상 쌍무계약의 경우 요약자는 낙약자의 채무불이행을 이유로 제3자의 동의없이 계약을 해제할 수 있다(대판 1970. 2. 24. 69다1410, 1411).

답 ③

단락문제 Q18
제31회 기출

甲은 자신의 X부동산을 乙에게 매도하면서 대금채권을 丙에게 귀속시키기로 하고, 대금지급과 동시에 소유권이전등기를 해주기로 했다. 그 후 丙은 乙에게 수익의 의사를 표시하였다. 이에 관한 설명으로 옳은 것은? (다툼이 있으면 판례에 따름)

① 甲과 乙은 특별한 사정이 없는 한 계약을 합의해제할 수 있다.
② 乙이 대금지급의무를 불이행한 경우, 丙은 계약을 해제할 수 있다.
③ 甲이 乙의 채무불이행을 이유로 계약을 해제한 경우, 丙은 乙에 대하여 손해배상을 청구할 수 있다.
④ 甲이 소유권이전등기를 지체하는 경우, 乙은 丙에 대한 대금지급을 거절할 수 없다.
⑤ 乙이 甲의 채무불이행을 이유로 계약을 해제한 경우, 乙은 이미 지급한 대금의 반환을 丙에게 청구할 수 있다.

해설
③ (○)
① (×) 제3자의 동의가 있는 경우가 아니면 계약의 당사자인 요약자와 낙약자는 제3자의 권리를 변경·소멸시키지 못하고, 만일 계약의 당사자가 제3자의 권리를 임의로 변경·소멸시키는 행위를 한 경우 이는 제3자에 대하여 효력이 없다(대판 2002.1.25. 2001다30285).
② (×) 甲과 乙만이 계약해제권을 갖는다. 제3자를 위한 계약의 당사자가 아닌 수익자는 계약의 해제권이나 해제를 원인으로 한 원상회복청구권이 있다고 볼 수 없다(대판 1994.8.12. 91다41559).
④ (×) 거절할 수 있다.
⑤ (×) 제3자를 위한 계약관계에서 낙약자와 요약자 사이의 법률관계(이른바 기본관계)를 이루는 계약이 해제된 경우, 낙약자가 이미 제3자에게 급부한 것에 대해 계약해제에 기한 원상회복 또는 부당이득을 원인으로 제3자를 상대로 그 반환을 구할 수 없다(대판 2005.7.22. 2005다7566).

답 ③

제4절 계약의 해제·해지

`11·13·15·추가15·19·20·33회 출제`

01 서설

> **제543조(해지, 해제권)** ① 계약 또는 법률의 규정에 의하여 당사자의 일방이나 쌍방이 해지 또는 해제의 권리가 있는 때에는 그 해지 또는 해제는 상대방에 대한 의사표시로 한다.
> ② 전항의 의사표시는 철회하지 못한다.
> **제544조(이행지체와 해제)** 당사자 일방이 그 채무를 이행하지 아니하는 때에는 상대방은 상당한 기간을 정하여 그 이행을 최고하고 그 기간 내에 이행하지 아니한 때에는 계약을 해제할 수 있다. 그러나 채무자가 미리 이행하지 아니할 의사를 표시한 경우에는 최고를 요하지 아니한다.
> **제545조(정기행위와 해제)** 계약의 성질 또는 당사자의 의사표시에 의하여 일정한 시일 또는 일정한 기간 내에 이행하지 아니하면 계약의 목적을 달성할 수 없을 경우에 당사자 일방이 그 시기에 이행하지 아니한 때에는 상대방은 전조의 최고를 하지 아니하고 계약을 해제할 수 있다.
> **제546조(이행불능과 해제)** 채무자의 책임있는 사유로 이행이 불능하게 된 때에는 채권자는 계약을 해제할 수 있다.

1 해제의 의의 ★★

(1) 개념

계약의 해제란 해제권을 가진 당사자 일방의 의사표시에 의해 유효하게 성립하여 존재하는 계약관계를 해소하고 처음부터 계약이 존재하지 않았던 것과 같은 상태에 복귀시키는 것을 말한다.

 甲이 그 소유 건물에 대하여 乙과 매매계약을 체결하였으나, 乙이 대금지급을 지체하고 있는 경우 甲은 乙에게 대금과 지연배상을 청구할 수 있지만, 이 경우 甲이 일방적으로 乙과의 계약을 해소하여 계약의 구속으로부터 벗어날 수도 있다.

(2) 해제계약(합의해제)과의 구별   `32회 출제`

1) 당사자 쌍방의 합의에 의해 계약이 해소되는 경우가 있는데 이를 합의해제 또는 해제계약이라 한다.

> **판례** 합의서 중 본 합의서 내용이 불이행된 때에는 합의내용 전부를 무효로 한다는 부분의 의미
>
> 합의서 중 "본 합의서 내용이 불이행된 때에는 합의내용 전부 무효로 소멸함"이라는 부분은 합의서 내용대로 이행이 되지 아니하는 경우 합의는 무효가 된다는 취지임이 문언상 명백하므로, **당사자 일방이 채무를 불이행한 경우 이를 이유로 타방 당사자에게 계약을 해제할 권리를 유보한 것이라고 볼 수 없다**(대판 1997.11.11, 96다36579).

2) 합의해제·해지에는 해제·해지에 관한 민법규정이 적용되지 않는다(대판 1997. 11. 14. 97다6193). 다만, 판례는 제3자 보호규정(제548조 제1항 단서)의 적용은 긍정한다(대판 1980. 5. 13. 79다932).
3) 합의해제에 의해서는 계약만 소급적으로 무효가 될 뿐, 채무불이행을 전제하지 아니하므로 특약이 없는 한 손해배상청구는 할 수 없다.
4) 합의해제는 명시적 합의뿐만 아니라 묵시적으로도 가능하다(대판 1996.6.25. 95다12682·12699).

제3편 계약법

 판례 묵시적 합의해제를 인정하기 위한 정도

계약의 합의해제는 명시적으로 뿐만 아니라 **당사자 쌍방의 묵시적인 합의에 의하여도 할 수 있으나**, 묵시적인 합의해제를 한 것으로 인정하려면 매매계약이 체결되어 그 대금의 일부가 지급된 상태에서 당사자 쌍방이 장기간에 걸쳐 잔대금을 지급하지 아니하거나 소유권이전등기절차를 이행하지 아니함으로써 이를 방치한 것만으로는 부족하고, **당사자 쌍방에게 계약을 실현할 의사가 없거나 계약을 포기할 의사가 있다고 볼 수 있을 정도에 이르렀다고 할 수 있어야 한다**(대판 1996.6.25. 95다12682·12699).
➡ 합의 취소는 허용되지 않는다는 점을 주의해야 한다.

(3) 취소와의 구별   [16회 출제]

해제와 취소는 일단 성립한 법률행위를 해제권자 또는 취소권자의 일방적 의사표시에 의하여 소급적으로 해소시킨다는 점에서는 유사하지만 그 대상이나 사유, 효과 등에 있어서 차이가 있다(법률행위의 취소부분 참조).

(4) 해제조건과의 구별

1) 법률행위를 함에 있어 해제조건을 붙인 경우에는 그 조건의 성취로 계약은 당연히 실효하게 되는데, 이는 해제권의 행사가 있어야 그 효과가 발생하며 소급효가 있는 해제와 구별하여야 한다.

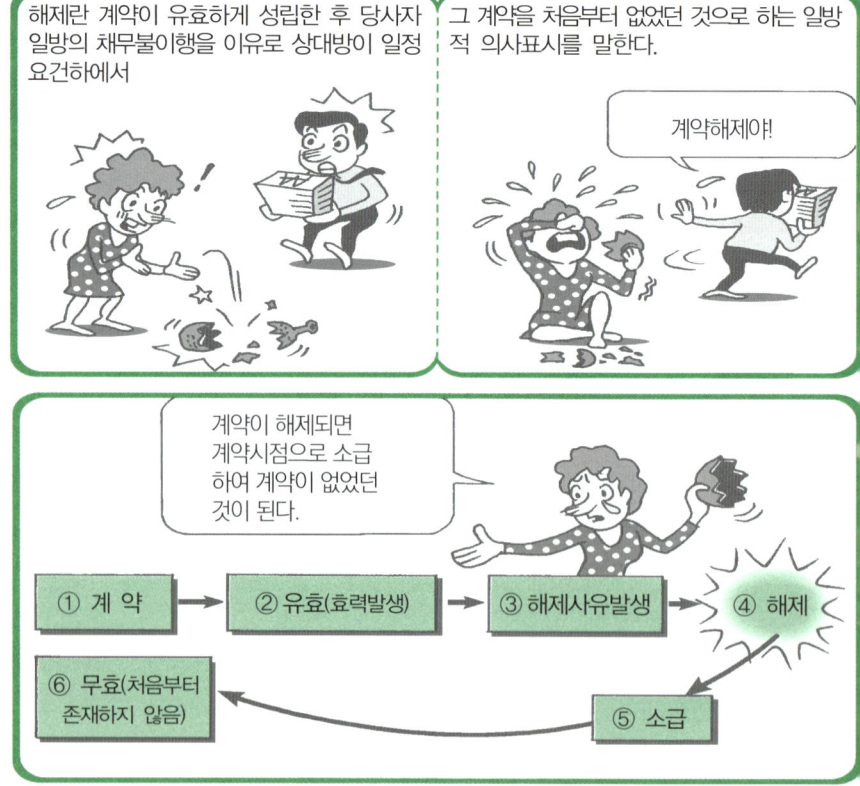

2) 실권약관(失權約款)

이는 채무불이행의 경우에는 채권자측의 특별한 의사표시가 없더라도 당연히 계약의 효력을 잃게 하는 취지의 약관이다. 즉, 채무불이행을 해제조건으로 하여 계약을 실효시킨다는 합의인 점에서 해제조건부 계약에 속한다.

(5) 철회와의 구별

→ 소급효가 문제되지 않는다.

철회는 아직 <u>법률행위의 효력이 발생하지 않은 행위에 대해</u> 그 효력발생을 저지시키는 것으로, 이미 효력을 발생하고 있는 계약의 효력을 소급적으로 실효시키는 해제와 구별된다.

2 해제 및 해제권의 성질 ★★★

(1) 해제는 법률의 규정이나 당사자 간의 약정에 의하여 해제권을 가진 자의 일방적 의사표시로 효력이 발생하는 상대방 있는 단독행위이다.

(2) 해제권은 일방적 의사표시로 권리관계의 변동을 가져오는 권리로서 형성권이며, 계약당사자나 그 승계인만이 이를 가질 수 있고 해제권만을 양도할 수 없다.

(3) **약정해제권과 법정해제권**

해제권에는 당사자가 계약에서 미리 어느 일방 또는 쌍방에 그것을 유보함으로써 갖게 되는 약정해제권과 법률의 규정에서 주어지는 법정해제권이 있다.

단락핵심 계약의 해제·해지

(1) 해제는 일방적 의사표시에 의하여 효력이 발생하나, 해제계약은 쌍방의 합의에 의하여 효력이 발생한다. (○)
(2) 해제는 의사표시가 있어야 하나, 실권약관은 의사표시가 필요없다. (○)
(3) 해제와 취소는 모두 일방적 의사표시에 의하여 법률행위의 효력을 소급적으로 소멸시킨다. (○)
(4) 해제는 계약에 특유한 제도인 데 대하여 취소는 모든 법률행위에 대하여 인정되는 제도이다. (○)
(5) 해제의 효과는 원상회복의무와 손해배상청구권의 발생에 있으나, 취소의 효과는 이미 급부가 되어 있을 경우 부당이득반환의무가 발생한다. (○)

02 해제권의 발생

1 약정해제권의 발생 ★★

(1) 해제권의 유보

약정해제권은 당사자가 약정한 해제사유가 충족되면 발생한다. 이와 같이 계약에서 미리 해제권의 발생을 정하여 놓은 것을 해제권의 유보라고 한다.

(2) 계약금의 수수

1) 계약에서 명백히 해제권을 보류하지 않았더라도 약정해제권이 발생하는 경우가 있는데 계약금의 교부가 그것이다(매매편 참조).
2) 다른 특약이 없는 한 계약금이 교부된 계약에는 해제권이 유보된 것으로 추정된다(제565조).

2 법정해제권의 발생 ★★★

(1) 이행지체로 인한 해제권 ★★★

1) 최고를 요하는 경우

① 채무자의 이행지체

㉠ 이행지체가 되려면 채무의 이행기가 도래하였고 이행이 가능함에도 불구하고, 채무자가 고의·과실 등 책임있는 사유(귀책사유)로 이행을 하지 않아야 한다. 또한 이행지체가 위법한 것이어야 한다.

㉡ <u>불이행을 정당화하는 사유</u>가 있으면 이행지체가 되지 않는다.
　　→ 예를 들어 동시이행의 항변권이나 유치권

㉢ 쌍무계약에 있어 채무자가 동시이행의 항변권을 가지는 경우에는 채권자는 자기채무에 대하여 이행의 제공을 해두어야 한다.

> **판례** 계약해제를 위한 이행제공
>
> **1 쌍무계약에 있어서 계약을 해제하기 위한 이행제공의 정도**
> <u>동시이행관계에 있는 쌍무계약에 있어서는 상대방의 채무불이행을 이유로 계약을 해제하려고 하는 자는</u> 동시이행의 관계에 있는 자기 채무의 이행을 제공하여야 하고 그 채무를 이행함에 있어 상대방의 행위를 필요로 하는 때에는 <u>언제든지 현실적으로 이행할 수 있는 준비를 완료하고 그 뜻을 상대방에게 통지하여 그 수령을 최고하여야만 상대방으로 하여금 이행지체에 빠지게 할 수 있다.</u> 단순히 이행의 준비태세를 갖추고 있는 것만으로는 부족하다(대판 1987.1.20. 85다카2197).
>
> **2 이행불능을 이유로 한 계약해제시 잔대금지급의무의 이행제공이 필요한지 여부** - 필요하지 않음
> 매도인의 매매계약상의 소유권이전등기의무가 이행불능이 되어 이를 이유로 매매계약을 해제함에 있어서는 상대방의 잔대금지급의무가 매도인의 소유권이전등기의무와 동시이행관계에 있다고 하더라도 그 이행의 제공을 필요로 하는 것이 아니다(대판 2003.1.24. 2000다22850).

② 최고(催告)
　㉠ 채무자에 대하여 상당한 기간을 정하여 그 기간 내에 이행할 것을 최고하여야 한다.
　㉡ 최고는 채무자에 대하여 일정기간 내에 채무를 이행할 것을 청구하는 행위로서 그 법적 성질은 '의사의 통지'이다.
　㉢ 이행의 최고는 반드시 일정기간을 명시하여 최고하여야 하는 것이 아니고 최고한 때로부터 상당한 기간이 경과하면 해제권이 발생한다(대판 1994.11.25. 94다35930).
　㉣ 최고의 방법에는 특별한 형식이 없으며, 채무의 동일성을 알 수 있고 일정기일 또는 일정기간 내에 이행할 것을 요구하는 것으로 충분하다.
　㉤ 현저히 과다한 최고에 기한 계약해제는 효력이 없다.

판례 정지조건부 최고의 유효성

정지조건부해제의사를 표시한 최고, 즉 <u>소정의 기일이나 기간 내에 이행이 없으면 별도의 해제의 의사표시 없이 계약은 당연히 해제된다는 뜻을 표시한 최고도 유효</u>하다(대판 1981.4.14. 80다2381).

판례 과다최고의 효력

<u>채권자의 이행최고가 본래 이행하여야 할 채무액을 초과하는 경우에도</u> 본래 급부하여야 할 수량과의 차이가 비교적 적거나 채권자가 급부의 수량을 잘못 알고 과다한 최고를 한 것으로서 <u>과다하게 최고한 진의가 본래의 급부를 청구하는 취지라면, 그 최고는 본래 급부하여야 할 수량의 범위 내에서 유효하다고 할 것이나, 그 과다한 정도가 현저하고 채권자가 청구한 금액을 제공하지 않으면 그것을 수령하지 않을 것이라는 의사가 분명한 경우에는 그 최고는 부적법</u>하고 이러한 최고에 터잡은 계약의 해제는 그 효력이 없다(대판 2004.7.9. 2004다13083).

③ 유예기간 내의 불이행
　㉠ 채무자가 정해진 유예기간 내에 채무를 이행하지 않아야 한다.
　㉡ 해제권은 유예기간이 만료한 때에 발생한다.

2) 최고를 요하지 않는 경우　**18·20회 출제**
① 정기행위
　㉠ 정기행위란 ⓐ 계약의 성질이나 ⓑ 당사자의 의사표시에 의하여 일정한 시일 또는 일정한 기간 내에 이행하지 않으면 계약목적을 달성할 수 없는 급부를 말한다.
　㉡ 급부가 정기행위(定期行爲)인 때에는 이행지체로 즉시 채권자에게 해제권이 발생하므로, 최고나 유예기간의 경과를 요하지 않는다(제545조).
　㉐ 결혼예복주문계약에서 결혼식에 입도록 예복을 인도하지 못하면, 즉 채무불이행하면 주문자는 최고(독촉) 없이도 바로 이 정기행위를 해제할 수 있을 것이다.
　㉢ 최고 없이도 해제권이 발생하는 것이지 해제의 효과가 발생하는 것은 아니다. 따라서 해제의 효과는 해제권을 행사한 때에 발생한다.

② 기한 없는 채무
   ㉠ 이행기가 정하여져 있지 않은 채무, 즉 기한 없는 채무의 채무자는 이행청구를 받은 때로부터 이행지체의 책임을 진다(제387조 제2항).
   ㉡ 이 경우 채권자는 해제권발생을 위하여 또 한번의 이행청구(최고)를 할 필요는 없다.
③ 해제권발생요건을 경감하는 특약
   ㉠ 당사자들이 최고를 하지 않아도 해제할 수 있다는 특약을 한 경우에도 최고 없이 계약을 해제할 수 있다.
   ㉡ 다만, 이러한 특약은 채무자에게 불리하게 되는 것이므로 신의칙에 위반되지 않아야 한다.

(2) 이행불능으로 인한 해제권★★ `23·25회 출제`

1) 이행불능
① 채권이 성립한 후 이행이 불능으로 되었어야 한다. 즉, 후발적 불능에 한한다.
② 이행지체 후의 이행불능은 이행불능으로 다루며, 일부불능은 일부의 이행지체의 경우와 같이 다루어진다.
③ 불능이 채무자의 귀책사유로 인한 것이어야 하며, 그 입증책임은 채무자에게 있다.
④ 이행불능이 위법한 것이어야 한다.

판례 매매목적물인 부동산에 대한 근저당설정등기나 가압류등기가 말소되지 않은 경우, 매수인이 이를 이유로 계약을 해제하기 위한 요건

> 매매목적물인 부동산에 근저당권설정등기나 가압류등기가 있는 경우에 매도인으로서는 위 근저당권설정등기나 가압류등기를 말소하여 완전한 소유권이전등기를 해 주어야 할 의무를 부담한다고 할 것이지만, 매매목적물인 부동산에 대한 ① 근저당권설정등기나 가압류등기가 말소되지 아니하였다고 하여 바로 매도인의 소유권이전등기의무가 이행불능으로 되었다고 할 수 없고, ② 매도인이 미리 이행하지 아니할 의사를 표시한 경우가 아닌 한, 매수인이 매도인에게 상당한 기간을 정하여 그 이행을 최고하고 그 기간 내에 이행하지 아니한 때에 한하여 계약을 해제할 수 있다(대판 2003.5.13, 2000다50688).

2) 최고 불요
① 해제권은 이행불능과 동시에 발생한다. 따라서 <u>최고는 필요가 없다.</u> 이행이 불가능하기 때문임
② 채무의 이행기가 도래하지 않은 경우에도 이행기까지 기다릴 필요 없이 해제권이 발생한다.

(3) 불완전이행으로 인한 해제권
민법에 규정은 없으나 학설은 불완전이행의 경우에도 채무불이행의 제3유형으로 인정하여 해제권의 발생을 인정한다.

1) 불완전이행
① 이행행위가 있었어야 한다. 이 점에서 이행지체나 이행불능과 구별된다.
② 이행이 불완전하였어야 한다. 즉 급부의 목적물 또는 내용에 하자가 있거나, 이행방법이 불완전하여 '채무의 내용에 좇은 이행'이라고 할 수 없는 경우라야 한다.
③ 불완전이행이 채무자의 귀책사유로 인한 것이어야 한다.
④ 불완전이행이 위법한 것이어야 한다.

2) 최고의 요부
① 완전이행이 가능한 경우
상당한 기간을 정하여 완전이행을 최고한 후 유예기간이 경과한 때 해제권이 발생한다.
② 완전이행이 불가능한 경우
최고 없이 즉시 해제할 수 있다.

3) 부수적 채무의 불이행과 해제
계약의 목적이 되는 주된 의무(임대차 계약에서의 차임지급), 즉 급부의무 이외의 부수적 의무(임대차 계약에서의 공과금납부의무)에 대한 불이행만으로서는 해제권(임대차 계약에 대한 해제권)이 발생하지 않는다.

 여러 필지의 토지매매에서 매도인이 그 중 1필지상에 있는 분묘 2기의 이장을 약속한 경우, 분묘이장의무는 부수적 의무로서 그의 위반을 이유로 계약전부를 해제할 수 없다.

> **판례** 부수적 의무의 불이행으로는 계약해제가 불가능하다는 판시
>
> 매매계약시 향후 작성할 검인계약서상의 매매대금을 실제 대금과는 달리 매매대상 부동산의 과세표준액으로 작성하기로 약정하였으나 매수인이 이를 이행하지 않은 경우 <u>검인계약서상의 매매대금에 관한 위 약정부분은 위 매매계약에 부수되는 의무를 규정한 것에 불과한 것이어서</u> 그 불이행에 의하여 위 매매계약의 목적을 달성할 수 없게 되는 등의 특별한 사정이 없는 한 <u>그 불이행만을 들어 매도인이 위 매매계약을 해제할 수는 없다</u>(대판 1992.6.23. 92다7795).

(4) 채무자의 이행거절로 인한 해제

1) 이행지체 중에 채무자가 미리 자기의 채무를 이행하지 아니할 의사를 표시한 경우에는 최고나 유예기간의 경과를 요하지 않고 즉시 해제할 수 있다(제544조 단서).

2) 이행거절이 채무불이행으로 인정되기 위해서는 위법한 것으로 평가되는 경우에 한하므로 동시이행의 항변권이 있어 적법하게 이행을 거절하는 경우는 이에 해당하지 아니하며, 이행거절의사 표시가 적법하게 철회된 경우 상대방으로서는 자기채무의 이행을 제공하고서 상당한 기간을 정하여 이행을 최고한 후가 아니면 해제할 수 없다.

3) 이행지체 전이더라도 채무자가 이행거절의 의사를 명백히 한 경우에는 이행기일까지 기다릴 필요 없이 즉시 계약을 해제할 수 있다(대판 1993.6.25. 93다11821).

> **판례** 채무자가 미리 이행거절의 의사표시를 한 경우로 본 판례
>
> 1. 부동산매매계약에서 매매목적물에 대한 소유권이전등기를 매수인이 지정하는 자의 명의로 이행키로 약정하였음에도 <u>매수인이 근거 없는 대금감액 요구를 내세울 뿐 아니라 매도인의 소유권이전등기의무이행에 필요한 등기명의인의 지정조차 이행하지 아니한 경우</u>(대판 1991.3.27. 90다8374).
> 2. 쌍무계약에 있어서 <u>당사자 일방이 아직 자기의 채무를 모두 이행하지 못하였음에도 불구하고 이미 자기의 채무를 모두 이행하였다고 주장하면서 상대방 채무의 이행을 구하는 제소까지 한 경우</u>(대판 1993.12.24. 93다26045).

제3편 계약법

 채무자가 미리 이행거절의 의사표시를 한 것으로 보지 않은 판례

1 채무자가 채무의 이행기가 도래되지 아니하였다고 믿을 만한 상당한 근거가 있어 이를 이유로 그 이행을 거절하였다면, 후에 법원의 판결에 의하여 채무의 이행기가 도래한 것으로 최종 판명되었다고 하더라도 그것만으로는 채무자가 자기 채무를 이행하지 아니할 의사를 명백히 표시한 경우에 해당한다고 할 수 없다(대판 1996.7.30. 96다17738).

2 甲이 乙로부터 토지와 건물의 소유권을 이전받는 대가로 토지에 설정된 근저당권의 피담보채무 등을 인수하기로 약정을 하였으나, 乙이 토지에 관하여 丙명의로 소유권이전등기청구권가등기를 경료한 채 위 약정에 따른 소유권이전등기를 지체하자 甲이 토지에 관한 가압류를 신청한 사안에서, 甲과 乙 사이에 약정을 해제하기로 하는 합의가 성립하였다거나 甲에게 계약을 실현할 의사가 없거나 계약을 포기할 의사가 있다고 볼 수 없고, 또한 가압류신청 전후의 여러 사정을 감안하면 가압류신청서를 제출한 사실만으로 甲의 이행거절의사가 명백하고 종국적으로 표시되었다고 단정하기도 어려우므로, 위 약정이 합의해제되었다거나 甲의 이행거절로 해제되었다고 볼 수 없다(대판 2011.2.10. 2010다77385).

(5) 사정변경에 의한 해제권 ★★★

1) 의의

계약 당시 예상하지 않았고 또 예상할 수도 없었던 사정변경(事情變更)이 발생한 결과, 계약내용대로의 구속력을 인정한다면 신의칙에 반하는 경우 당사자는 계약을 해제할 수 있는가의 문제이다.

2) 인정 여부

① 판례는 이를 일관되게 부정해 오고 있으나, 최근 전향적 판례를 내놓았다(아래 판례).
② 다만, 계속적 계약관계에서는 일정한 경우 해지를 인정하고 있다(해지권 참조).

 사정변경으로 인한 계약해제가 인정되는 경우

이른바 사정변경으로 인한 계약해제는 계약성립 당시 당사자가 예견할 수 없었던 현저한 사정의 변경이 발생하였고 그러한 사정의 변경이 해제권을 취득하는 당사자에게 책임 없는 사유로 생긴 것으로서, 계약내용대로의 구속력을 인정한다면 신의칙에 현저히 반하는 결과가 생기는 경우에 계약준수 원칙의 예외로서 인정되는 것이고, 여기에서 말하는 사정이라 함은 계약의 기초가 되었던 객관적인 사정으로서, 일방당사자의 주관적 또는 개인적 사정을 의미하는 것은 아니다(대판 2007.3.29. 2004다31302).

(6) 채권자지체(수령지체)로 인한 해제권

1) 인정 여부

채권자지체가 법정해제권의 발생원인이 되느냐에 관해서 다수설은 채권자지체를 채권관계에 있어서의 협력의무에 대한 위반, 즉 채무불이행의 일종으로 보아 그의 일반적 효과로서 해제권이 생긴다고 본다(판례는 아직 없다).

2) 요건

① 채권의 성질상 이행에 채권자의 협력을 필요로 하는 경우라야 한다.
② 채무의 내용에 좇은 이행의 제공이 있어야 한다.
③ 채권자가 수령을 거부하거나 수령을 할 수 없는 상태에 있어야 한다.

④ 채권자의 수령거부 또는 수령불능이 그의 귀책사유로 인한 것이라야 한다.
⑤ 채권자지체가 위법한 것이라야 한다.

3) 최고

채무자는 상당한 기간을 정하여 수령을 최고한 후 그 기간 내에 수령이 없을 때 계약을 해제할 수 있다.

단락핵심 해제권의 발생

(1) 매도인의 책임 있는 사유로 매도인의 채무의 이행이 불가능하게 되면, 매수인은 이행의 최고 없이 계약을 해제할 수 있다. (○)
(2) 법정해제권의 발생요건인 채무불이행에는 특별한 사정이 없는 한 부수적 채무의 불이행이 포함되지 않는다. (○)
(3) 꽃가게 주인의 과실로, 결혼식 시작 전에 배달해주기로 한 화환이 결혼식이 끝날 때까지 배달되지 못했다면, 특약이 없는 한 그 매매계약은 자동으로 해제된다. (×)
(4) 당사자 일방이 채무를 이행하지 않겠다는 의사를 명백히 표시하였다가 이를 적법하게 철회했더라도 그 상대방은 최고 없이 계약을 해제할 수 있다. (×)
(5) 토지거래허가를 요하는 계약의 당사자는 토지거래허가신청절차에 협력할 의무를 부담하지만, 협력의무 불이행을 이유로 그 계약을 일방적으로 해제할 수 없다. (○)
(6) 법정해제권을 배제하는 약정이 없으면, 약정해제권의 유보는 법정해제권의 성립에 영향을 미칠 수 없다. (○)

제3편 계약법

03 해제권의 행사

> **제547조(해지, 해제권의 불가분성)** ① 당사자의 일방 또는 쌍방이 수인인 경우에는 계약의 해지나 해제는 그 전원으로부터 또는 전원에 대하여 하여야 한다.
> ② 전항(前項)의 경우에 해지나 해제의 권리가 당사자 1인에 대하여 소멸한 때에는 다른 당사자에 대하여도 소멸한다.

1 해제의 방법 ★★

26회 출제

(1) 행사방법
  1) 해제권의 행사는 상대방에 대한 의사표시로 한다(제543조 제1항).
  2) 해제의 의사표시의 방식에는 아무런 제한이 없으므로 서면뿐만 아니라 구두로도 할 수 있다.

(2) 조건과 기한
  1) 해제의 의사표시에는 원칙적으로 조건이나 기한을 붙이지 못한다.
  2) 다만, 상대방을 불이익하게 만들지 않는 조건을 붙이는 것은 가능하므로, 최고기간 내의 불이행을 정지조건으로 하는 해제의 의사표시(일정기간 내에 이행하지 않으면 계약은 당연히 해제된 것으로 한다는 조건 등)는 유효하다.

(3) 철회 여부
  해제의 의사표시는 철회하지 못한다(제543조 제2항). 다만 상대방의 동의나 승낙이 있으면 가능하다.

(4) 제척기간
  해제권은 형성권으로서 10년의 제척기간이 적용된다(통설).

 중도금과 잔대금에 관련한 이행지체(중도금과 잔대금의 구별)

1 중도금을 약정한 일자에 지급하지 않은 경우
매매계약에 있어서 **매수인이 중도금을 약정한 일자에 지급하지 아니하면 그 계약을 무효로 한다고 하는 특약이 있는 경우** 매수인이 약정대로 중도금을 지급하지 아니하면(해제의 의사표시를 요하지 않고) 그 **불이행자체로써 계약은 그 일자에 자동적으로 해제된 것이라고 보아야 한다**(대판 1991.8.13. 91다13717).

2 잔대금을 약정한 일자에 지급하지 않은 경우
부동산 매매계약에 있어서 **매수인이 잔대금 지급기일까지 그 대금을 지급하지 못하면 그 계약이 자동적으로 해제된다는 취지의 약정이 있더라도** 특별한 사정이 없는 한 매수인의 잔대금 지급의무와 매도인의 소유권이전등기의무는 동시이행 관계에 있으므로 매도인의 소유권이전등기에 필요한 서류를 준비하여 매수인에게 알리는 등 이행의 제공을 하여 매수인으로 하여금 이행지체에 빠지게 하였을 때에 비로소 자동적으로 매매계약이 해제된다고 보아야 하고 **매수인이 그 약정기한을 도과하였더라도 이행지체에 빠진 것이 아니라면 대금 미지급으로 계약이 자동해제된 것으로 볼 수 없다**(대판 1998.6.12. 98다505).

▷ 중도금이 이행지체된 경우 매도인은 해제할 수 있으나, 지체상태가 계속되어 잔대금지급시에 이르면 잔대금지급과 목적물의 이전의무는 동시이행관계에 있으므로 매수인을 이행지체에 빠뜨린 후 해제할 수 있다.

2 해제권의 불가분성★★★

28회 출제

(1) 행사의 불가분
당사자의 일방 또는 쌍방이 수인인 경우에는 계약의 해제나 해지는 그 전원으로부터 또는 전원에 대하여 하여야 한다(제547조 제1항). 다만, 반드시 공동으로 동시에 하여야 하는 것은 아니다.

(2) 소멸의 불가분
해지나 해제의 권리가 당사자 1인에 대하여 소멸한 때에는 다른 당사자에 대하여도 소멸한다(제547조 제2항).

(3) 임의규정(배제특약의 가능)
해제의 불가분성에 관한 제547조 규정은 법률관계가 복잡하게 되는 것을 막기 위한 취지의 임의규정이므로 당사자 전원의 특약으로 이를 배제할 수 있다(대판 1994.11.18. 93다46209).

(4) 예 외
1) 명의신탁에 있어 수탁자가 수인인 경우 일부의 수탁자에 대해 신탁해지의 의사표시를 하면 그 일부의 자에 한해 신탁해지의 효과가 발생한다(대판 1979.5.22. 73다467).
   → 실질적으로 수개의 지분이전계약이다.
2) <u>공유부동산을 형식상 하나의 매매계약에 의해 동일한 매수인에게 처분</u>한 경우 일부공유자가 매수인의 매매대금 지급의무불이행을 원인으로 한 그 공유지분에 대한 매매계약을 해제하는 것은 가능하다(대판 1995.3.28. 94다59745).

단락핵심   해제권의 행사

(1) 해제의 의사표시의 방식에는 아무런 제한이 없으나, 이에 조건이나 기한을 붙이지 못한다.   (○)
(2) 당사자의 일방 또는 쌍방이 수인인 경우, 계약의 해제는 그 전원으로부터 또는 전원에 대하여 하여야 한다.   (○)

제3편 계약법

04 해제의 효과
13·14·30·35회 출제

> **제548조(해제의 효과, 원상회복의무)** ① 당사자 일방이 계약을 해제한 때에는 각 당사자는 그 상대방에 대하여 원상회복의 의무가 있다. 그러나 제3자의 권리를 해하지 못한다.
> ② 전항의 경우에 반환할 금전에는 그 받은 날로부터 이자를 가하여야 한다.
> **제549조(원상회복의무와 동시이행)** 제536조의 규정은 전조의 경우에 준용한다.
> **제551조(해지, 해제와 손해배상)** 계약의 해지 또는 해제는 손해배상의 청구에 영향을 미치지 아니한다.

1 해제의 소급효 ★★★
24회 출제

(1) 원 칙

1) 해제에 의하여 계약은 처음부터 존재하지 않았던 것으로 되어, 해제된 계약자체로부터 생겼던 채권, 채무 기타의 법률효과는 해제에 의해 모두 소급적으로 소멸한다.
2) 이에 따라 계약에 기초해 이미 이행된 급부는 법률상 원인을 상실하므로 부당이득으로 되어 수령자에게 부당이득반환의무가 생긴다.

 물권도 계약의 해제로 인하여 당연히 복귀되는지 여부

우리의 법제가 물권행위의 독자성과 무인성을 인정하고 있지 않는 점과 민법 제548조 제1항 단서가 거래안정을 위한 특별규정이란 점을 생각할 때 계약이 해제되면 그 계약의 이행으로 변동이 생겼던 물권은 당연히 그 계약이 없었던 원상태로 복귀한다 할 것이다(대판 1977.5.24. 75다1394).

(2) 소급효의 제한
15·추가15·21·23·27·30·35회 출제

1) 제3자의 권리 보호

① 해제에 의하여 계약이 소급적으로 소멸하더라도 제3자의 권리를 해하지 못한다(제548조 제1항 단서). ← 완전한 권리를 의미함.

 "제3자"의 "권리"의 의미

민법 제548조 제1항 단서에서 말하는 제3자란 일반적으로 그 해제된 계약으로부터 생긴 법률효과를 기초로 하여 해제 전에 새로운 이해관계를 가졌을 뿐 아니라 등기, 인도 등으로 완전한 권리를 취득한 자를 말하는 것인데, 해제된 매매계약에 의하여 채무자의 책임재산이 된 부동산을 가압류 집행한 가압류채권자도 원칙상 위 조항 단서에서 말하는 제3자에 포함된다(대판 2005.1.14. 2003다33004).

② 해제에 의하여 소멸하는 채권 그 자체의 양수인, 그 외 전부채권자(轉付債權者), (가)압류[1] 채권자(押留債權者), 제3자를 위한 계약의 수익자 등은 제3자에 포함되지 않는다. 다만, 계약해제 전 그 계약의 '목적물'을 (가)압류한 가압류 채권자는 제3자에 포함됨을 주의해야 한다.

[용어사전]

1) **압류(押留)** : 넓은 의미로는 국가기관이 특정 물건 또는 권리에 대해 사인(私人)의 사실상 또는 법률상 처분을 금하는 행위를 의미하며, 좁은 의미로는 금전채권에 대한 강제집행의 제1단계로서 집행기관이 채무자의 재산을 확보하고 채무자의 처분을 제한하는 강제적 행위를 말한다.

2) 계약해제에 불구하고 보호되는 제3자
① 계약해제 전 그 계약의 목적물을 가압류한 가압류 채권자
② 소유권을 취득하였다가 계약해제로 인해 소유권을 상실한 임대인으로부터 그 계약이 해제되기 전 주택을 임차 받아 「주택임대차보호법」 소정의 대항요건을 갖춘 임차인

3) 계약해제로 보호받지 못하는 경우 〔30회 출제〕
① 계약상 채권의 양수인
② 계약상 채권에 대한 압류·전부 채권자
③ 토지매매가 해제된 경우, 그 지상건물의 양수인
④ 아파트 분양신청권이 전전매매된 후 최초의 매매당사자가 계약을 합의해제한 경우 그 분양신청권을 전전매수한 자
⑤ 전세권한을 부여받은 매수인으로부터 임차권을 설정받은 임차인
⑥ 매도인의 가처분등기 후 목적물에 대한 가압류채권자
⑦ 제3자를 위한 계약에서 수익자

4) 해제 후의 권리취득자
해제의 의사표시를 했으나, 말소등기를 하지 않은 동안에 권리를 취득한 자가 제3자에 포함되는지와 관련하여 선의인 경우에 한하여 포함하는 것으로 해석하는 것이 판례의 입장이다(대판 1985.4.9. 94다카130).

판례 해제 후의 권리취득자

> 계약 당사자의 일방이 계약을 해제하였을 때에는 계약은 소급하여 소멸하여 해약 당사자는 각 원상회복의 의무를 지게 되나, 이 경우 계약해제로 인한 <u>원상회복등기 등이 이루어지기 이전에 계약의 해제를 주장하는 자와 양립되지 아니하는 법률관계를 가지게 되었고 계약해제 사실을 몰랐던 제3자에 대하여는 계약해제를 주장할 수 없는바, 이러한 법리는 실권약관부 매매계약이 실권약관에 의하여 소급적으로 실효된 경우에도 같다</u>(대판 1996.11.15. 94다35343).

2 원상회복의무 ★★★ 〔29회 출제〕

(1) 제548조의 의의
1) 해제가 되면 당사자는 처음부터 계약이 성립하지 않았던 상태로 복귀할 의무를 부담하게 되는데(제548조 제1항 본문), 이에 따라서 계약상의 의무를 아직 이행하지 않은 경우에는 이행의무를 면하고, 이미 이행한 경우에는 계약이 없었던 상태로 회복시킬 의무를 부담한다.
2) 원상회복의무는 부당이득의 성격을 갖게 되고, 현존이익의 반환을 원칙으로 하는 부당이득에 관한 제741조의 특칙으로 본다(대판 2013.12.12. 2013다14675).

(2) 원상회복의 범위

1) 원물반환 및 가액반환

① **원물반환**
물건이 급부되어 있었던 경우에는 원물을 반환하여야 한다.

② **가액반환**
㉠ 원물의 멸실, 훼손 등으로 인해 원물을 반환할 수 없는 경우에는 그 가격(해제당시의 가격)을 반환하여야 한다.
㉡ 노무 내지 물건의 이용의 급부 등 처음부터 원물의 반환이 성질상 불가능한 경우에는 그 가격(급부당시의 가격)을 반환하여야 한다.

2) 과실·비용의 반환
금전이 급부되어 있는 경우에는 금전에 관하여 받은 날로부터 이자를 붙여서 반환하여야 한다(제548조 제2항).

 계약해제로 인한 원상회복의무의 범위

1 일반적인 해제의 경우
계약해제의 효과로서의 원상회복의무를 규정한 민법 제548조 제1항 본문은 부당이득에 관한 특별 규정의 성격을 가진 것이라 할 것이어서, 그 이익 반환의 범위는 이익의 현존 여부나 선의·악의에 불문하고 특단의 사유가 없는 한 받은 이익의 전부이다(대판 1997.12.9. 96다47586).

2 금전반환시 이자의 성격
1) 법정해제권 행사의 경우 당사자 일방이 그 수령한 금전을 반환함에 있어 그 받은 때로부터 법정이자를 부가함을 요하는 것은 원상회복의 범위에 속하는 것이며 일종의 부당이득반환의 성질을 가지는 것이고 반환의무의 이행지체로 인한 것이 아니므로, 부동산 매매계약이 해제된 경우 매도인의 매매대금 반환의무와 매수인의 소유권이전등기말소등기 절차이행의무가 동시이행의 관계에 있는지 여부와는 관계없이 매도인이 반환하여야 할 매매대금에 대하여는 그 받은 날로부터 민법 소정의 법정이율인 연 5푼의 비율에 의한 법정이자를 부가하여 지급하여야 하고, 이와 같은 법리는 약정된 해제권을 행사하는 경우라 하여 달라지는 것은 아니다(대판 2000.6.9. 2000다9123).
2) 계약해제 시 반환할 금전에 가산할 이자에 관하여 당사자 사이에 약정이 있는 경우에는 특별한 사정이 없는 한 이행지체로 인한 지연손해금도 그 약정이율에 의하기로 하였다고 보는 것이 당사자의 의사에 부합한다. 다만 그 약정이율이 법정이율보다 낮은 경우에는 약정이율에 의하지 아니하고 법정이율에 의한 지연손해금을 청구할 수 있다고 봄이 타당하다(대판 2013.4.26. 2011다50509).
3) 계약의 해제로 인한 원상회복청구권에 대하여 해제자가 해제의 원인이 된 채무불이행에 관하여 '원인'의 일부를 제공하였다는 등의 사유를 내세워 신의칙 또는 공평의 원칙에 기하여 일반적으로 손해배상에 있어서의 과실상계에 준하여 권리의 내용이 제한될 수 있다고 하는 것은 허용되어서는 아니 된다(대판 2014.3.13. 2013다34143).

3 합의해제의 경우
계약의 합의해제에 대하여는 제548조 제2항의 적용이 없으므로, 당사자 사이에 약정이 없는 이상 합의해제로 인하여 반환할 금전에 그 받은 날로부터의 이자를 가하여야 할 의무가 있는 것은 아니다(대판 1996.7.30. 95다16011).

3 손해배상★★★

(1) 해제와 양립
계약의 해제는 손해배상의 청구에 영향을 미치지 아니한다(제551조). 따라서 당사자는 채무불이행으로 인한 손해가 있는 경우 계약을 해제함과 동시에 손해배상도 청구할 수 있다.

(2) 적용범위
법정해제시만 인정되고 약정해제나 합의해제시는 인정되지 않는다.
→ 채무불이행을 전제하지 않는다.

 계약의 합의해제와 채무불이행으로 인한 손해배상청구

> 계약이 합의해제된 경우에는 그 해제시에 당사자 일방이 상대방에게 손해배상을 하기로 특약하거나 손해배상청구를 유보하는 의사표시를 하는 등 다른 사정이 없는 한 채무불이행으로 인한 손해배상을 청구할 수 없다(대판 1989.4.25. 86다카1147).

(3) 손해배상범위

1) 원 칙 → 종래의 일관된 판례
판례는 계약당사자의 일방이 계약해제와 아울러 하는 손해배상의 청구도 채무불이행으로 인한 손해배상과 다를 것이 없으므로 전보배상으로서 그 계약의 이행으로 인하여 채권자가 얻을 이익, 즉 이행이익을 손해로서 청구하여야 하고 그 계약이 해제되지 아니하였을 경우 채권자가 그 채무의 이행으로 소요하게 된 비용, 즉 신뢰이익의 배상은 청구할 수 없는 것이다(1983.5.24. 82다카1667)라고 하여 원칙적으로 이행이익의 배상을 인정한다.

2) 예 외 → 최근의 전향적 판례
이행이익배상에 갈음하여 신뢰이익의 배상을 구할 수도 있다고 한 판례가 있으나, 전원합의체 판례가 아니어서 종래 입장을 변경한 것으로 볼 수는 없으므로 아래 판례를 알고 있으면 족하다.

 계약해제와 아울러 손해배상을 청구하는 경우 신뢰이익의 배상을 구할 수 있는지 여부 — 배상을 구할 수 있음

> 채무불이행을 이유로 계약해제와 아울러 손해배상을 청구하는 경우에 그 계약이행으로 인하여 채권자가 얻을 이익, 즉 이행이익의 배상을 구하는 것이 원칙이지만, 그에 갈음하여 그 계약이 이행되리라고 믿고 채권자가 지출한 비용 즉 신뢰이익의 배상을 구할 수도 있다고 할 것이고, 그 신뢰이익 중 계약의 체결과 이행을 위하여 통상적으로 지출되는 비용은 통상의 손해로서 상대방이 알았거나 알 수 있었는지의 여부와는 관계없이 그 배상을 구할 수 있고, 이를 초과하여 지출되는 비용은 특별한 사정으로 인한 손해로서 상대방이 이를 알았거나 알 수 있었던 경우에 한하여 그 배상을 구할 수 있다고 할 것이고, 다만 그 신뢰이익은 과잉배상금지의 원칙에 비추어 이행이익의 범위를 초과할 수 없다(대판 2002.6.11. 2002다2539).

Key Point 합의해제·약정해제·법정해제의 비교

구 분	소급효	법정이자의 반환	손해배상
합의해제	O	X	X
약정해제	O	O	X
법정해제	O	O	O

제3편 계약법

4 동시이행관계★★

해제로 인한 당사자 쌍방의 원상회복의무는 동시이행관계에 있다(제549조·제536조·제548조). 판례는 계약당사자가 부담하는 원상회복의무뿐만 아니라 손해배상의무도 함께 동시이행의 관계에 있다(대판 1996.7.26. 95다25138·25145).

단락핵심 해제의 효과

(1) 해제로써 대항하지 못하는 제3자에는 해제의 의사표시가 있은 후 등기말소 전에 선의로 목적물에 권리를 취득한 자도 포함된다. (○)
(2) 계약해제에 관한 민법의 규정은 해제계약에는 적용되지 않는다. (○)
(3) 토지 매매계약이 해제되면, 매수인은 특별한 사정이 없는 한 인도받은 토지를 반환하여야 한다. (○)
(4) 부동산매매계약의 해제 후 해제를 원인으로 하는 소유권이전등기의 말소등기가 있기 전에 해제사실을 모르는 제3자가 저당권을 취득한 경우 해제는 그 제3자에 대해서 효력이 없다. (○)

단락문제 Q20 제32회 기출

합의해제에 관한 설명으로 틀린 것은? (다툼이 있으면 판례에 따름)

① 부동산매매계약이 합의해제된 경우, 다른 약정이 없는 한 매도인은 수령한 대금에 이자를 붙여 반환할 필요가 없다.
② 당사자 쌍방은 자기 채무의 이행제공 없이 합의에 의해 계약을 해제할 수 있다.
③ 합의해제의 소급효는 법정해제의 경우와 같이 제3자의 권리를 해하지 못한다.
④ 계약이 합의해제된 경우 다른 사정이 없는 한, 합의해제시에 채무불이행으로 인한 손해배상을 청구할 수 있다.
⑤ 매도인이 잔금기일 경과 후 해제를 주장하며 수령한 대금을 공탁하고 매수인이 이의 없이 수령한 경우, 특별한 사정이 없는 한 합의해제된 것으로 본다.

해설

① (○) 당사자 사이에 약정이 없는 이상 합의해제로 인하여 반환할 금전에 그 받은 날로부터의 이자를 가하여야 할 의무가 있는 것은 아니다.(대판 1996. 7. 30. 선고 95다16011)
② (○) 채무의 이행제공을 요하지 아니한다.
③ (○) 계약의 합의해제에 있어서도 민법 제548조의 계약해제의 경우와 같이 이로써 제3자의 권리를 해할 수 없다.(대판 1991. 4. 12. 91다2601)
④ (×) 계약이 합의해제된 경우에는 그 해제시에 당사자 일방이 상대방에게 손해배상을 하기로 특약하거나 손해배상 청구를 유보하는 의사표시를 하는 등 다른 사정이 없는 한 채무불이행으로 인한 손해배상을 청구할 수 없다.(대판 1989. 4. 25. 86다카1147, 86다카1148)
⑤ (○) 매도인이 잔대금 지급기일 경과후 계약해제를 주장하여 이미 지급받은 계약금과 중도금을 반환하는 공탁을 하였을 때, 매수인이 아무런 이의 없이 그 공탁금을 수령하였다면 위 매매계약은 특단의 사정이 없는 한 합의해제된 것으로 봄이 상당하다. (대판 1979. 10. 10. 79다1457)

답 ④

05 해제권의 소멸

1 일반적 소멸원인★

(1) 이행의 제공으로 인한 소멸
이행지체로 인한 해제권이 발생한 후라도 채권자가 해제권을 행사하기 전에 채무자가 채무내용에 좇은 이행 또는 이행의 제공을 하면 해제권은 소멸한다(통설).

(2) 해제권의 실효
채권자가 해제권을 취득한 후 장기간 이를 행사하지 않음으로써 더 이상 해제권이 행사되지 않을 것으로 채무자가 믿을 만한 사정이 있는 경우에는 해제권은 실효된다(통설).

> **판례** 해제권의 실효
>
> 해제권을 갖는 자가 상당한 기간이 경과하도록 이를 행사하지 아니하여 상대방으로서도 이제는 그 권리가 행사되지 아니할 것이라고 신뢰할만한 정당한 사유를 갖기에 이르러 그 후 새삼스럽게 이를 행사하는 것이 법질서 전체를 지배하는 신의성실의 원칙에 위반하는 것으로 인정되는 결과가 될 때에는 이른바 실효의 원칙[1]에 따라 그 해제권의 행사가 허용되지 않는다고 보아야 할 것이다(대판 1994. 11. 25. 94다12234).

용어사전
1) 실효(失效)의 원칙 : 권리를 포기한 것으로 인정할만한 행위를 한 경우 또는 장기간 권리를 행사하지 않는 경우 신의칙상 그 권리의 행사를 인정하지 않는 원칙을 말한다.

(3) 제척기간의 만료
해제권은 이른바 형성권으로서 10년의 제척기간에 걸린다. (→ 권리의 존속기간)

(4) 해제권의 포기
해제권자는 이미 발생한 그의 해제권을 포기할 수 있으며, 포기는 상대방에 대한 의사표시로 한다.

2 해제권에 특유한 소멸원인

(1) 상대방의 최고에 의한 소멸
당사자 간의 계약이나 법률규정에 의해 해제권의 행사기간이 정해지지 않은 때에는 상대방은 해제권자에게 상당한 기간을 정하여 해제권행사 여부의 확답을 최고할 수 있고, 그 기간 내에 상대방이 해제의 통지를 받지 못하면 해제권은 소멸한다(제552조).

(2) 목적물의 훼손·반환불능·가공 또는 개조
해제권자가 고의 또는 과실로 계약의 목적물을 현저히 훼손하거나 반환할 수 없게 된 때 또는 가공이나 개조하여 다른 종류의 물건으로 변경한 때에는 해제권은 소멸한다(제553조).

(3) 다수 당사자 중 1인의 해제권소멸(해제의 불가분성)
당사자의 일방 또는 쌍방이 수인(數人)인 경우 1인에 관하여 해제권이 소멸하면 다른 모든 자에 관하여도 해제권이 소멸한다(제547조 제2항).

제3편 계약법

06 계약의 해지

> 제550조(해지의 효과) 당사자 일방이 계약을 해지한 때에는 계약은 장래에 대하여 그 효력을 잃는다.

1 해지의 의의 및 성질 ★★　　　　　　　　　　　　　　　　27회 출제

(1) 의 의

1) 개 념

해지권을 가진 당사자 일방의 의사표시에 의해 계속적·회귀적 급부를 목적으로 하는 계약관계를 장래에 향하여 소멸케 하는 것을 말한다.

2) 해제와의 구별

해지는 오직 장래에 향하여 효력을 발생하는 점에서(비소급적), 계약의 효력을 소급적으로 소멸시키는 해제와 구별된다.

해제와 해지

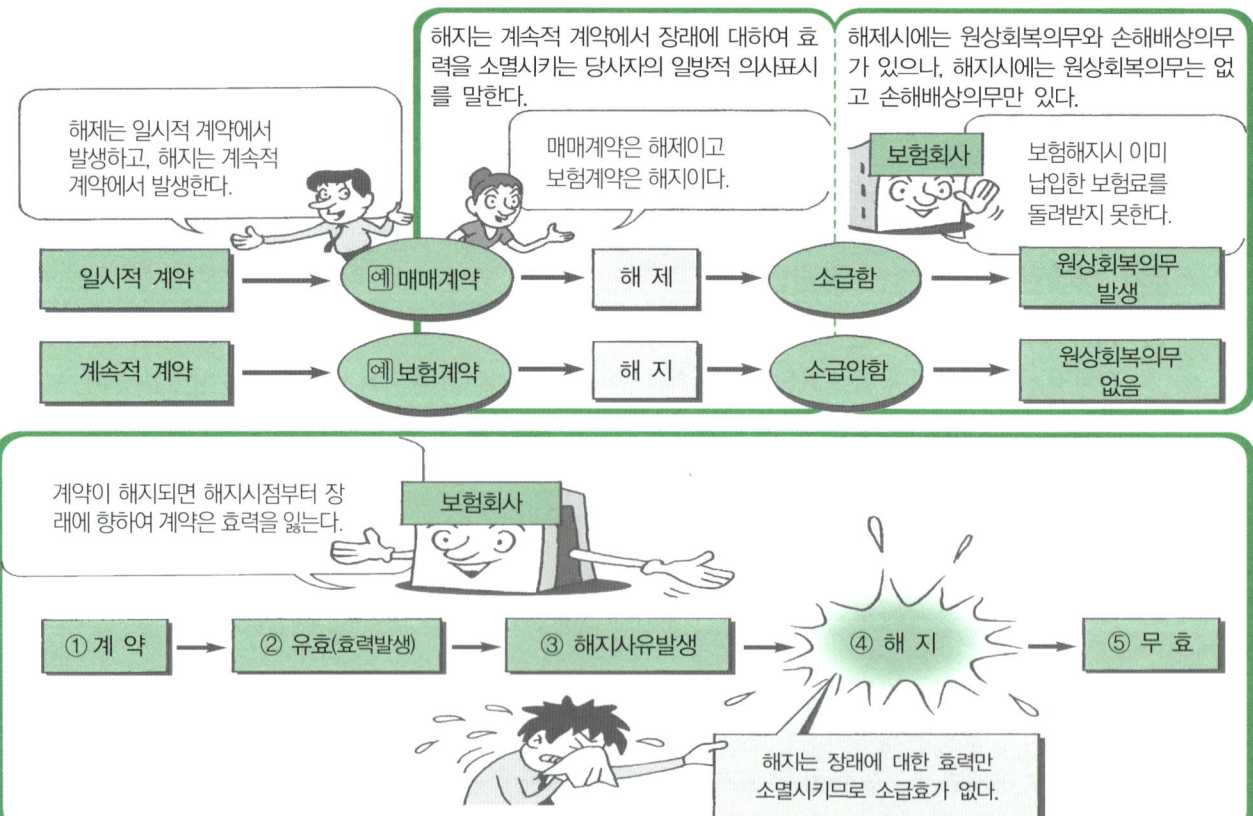

제1장 계약총론

3) 해지가 인정되는 계약(계속적 채권관계)
① 해지는 계속적·회귀적 급부를 목적으로 하는 계약관계, 즉 계속적 채권관계를 발생시키는 계약만을 대상으로 한다.
② 민법상의 전형계약 중에서는 소비대차·사용대차·임대차·고용·위임·임치·조합·종신정기금 등이 이에 속한다.
③ 계속적 계약에 있어서도 채무자가 채무내용에 좇은 이행을 하기 시작한 후에 있어서만 해지가 문제되며, 이행 전에는 해제의 대상이 된다.

(2) 해지의 성질
해제와 같이 해지권자의 일방적 의사표시로 성립하는 상대방 있는 단독행위이다.

2 해지권의 발생 및 소멸★★

(1) 해지권의 발생
1) 약정해지권의 발생
① 기간의 정함이 없는 경우에는 각 당사자에게 원칙적으로 해지의 자유가 인정되므로 언제든지 해지의 통고를 할 수 있으며, 당사자 간의 계약(합의)으로 해지권을 유보할 수 있다.
② 다만, 해지사유가 지나치게 일방에게 불리한 경우에는 신의칙에 비추어 허용될 수 없다고 보아야 할 경우도 있으며, 약관의 형태로 이루어진 경우에는 「약관의 규제에 관한 법률」에 의해 무효로 될 수도 있다.

2) 법정해지권의 발생
① 법률규정에 의한 해지
민법은 해제와 달리 법정해지권의 일반적인 발생사유에 관하여는 규정을 두지 않고 각종의 계속적 계약에서 개별적으로 규정하고 있다.
예 임차인의 의사에 반한 임대인의 보존행위(제625조), 사용대차, 임대차의 경우 당사자의 사망 또는 파산(제614조, 제637조) 등

② 사정변경에 의한 해지 → 해지권을 인정한 것이지 당연히 해지되는 것은 아님
판례는 계속적 보증계약에서 사정변경을 이유로 **해지권을 인정**하고 있다.

판례 사정변경에 의한 해지의 인정 여부

이른바 계속적인 보증계약에 있어서, 보증계약 당시의 사정에 현저한 변경이 생긴 경우에는 보증인은 보증계약을 해지할 수 있다고 보아야 할 것인 바, **회사의 임원이나 직원의 지위**에 있기 때문에 회사의 요구로 부득이 회사와 제3자 사이의 계속적 거래로 인한 회사의 채무에 대하여 보증인이 된 자가 그 후 회사로부터 퇴사하여 임원이나 직원의 지위를 떠난 때에는, 보증계약 성립당시의 사정에 현저한 변경이 생긴 경우에 해당하므로 **사정변경을 이유로 보증계약을 해지할 수 있다**(대판 1990.2.27. 89다카1381).

(2) 해지권의 소멸

1) 해지권도 형성권으로서 10년의 제척기간에 걸리며 당사자 간의 약정이나 법률의 규정에 의해 그보다 단기간인 경우에는 그 기간 내에 행사하여야 한다.
2) 해지권은 해지권자의 의사표시로 포기할 수 있다.

3 해지권의 행사

(1) 해지의 방법
해지권은 형성권이므로 상대방에 대한 일방적 의사표시로 행사한다.

(2) 철회 여부
해제와 마찬가지로 해지의 의사표시는 철회하지 못하며(제543조 제2항), 다만 상대방이 해지의 철회를 승낙하면 철회할 수도 있다.

(3) 해지권행사의 불가분
다수당사자 간에는 불가분성을 가지므로 계약의 해지는 전원으로부터 또는 전원에 대하여 하여야 한다(제547조).

4 해지의 효과 ★★ `20회 출제`

(1) 계약관계의 비소급적 소멸
계약을 해지한 때에는 계약은 장래에 대하여 그 효력을 잃고 해지 이전의 계약관계에는 영향을 미치지 않는다. 따라서 해지 이전에 발생한 계약채무 중 미이행채무는 해지에 관계없이 그대로 이행하여야 하며, 이미 이행한 급부는 수령자가 그대로 보유한다.

(2) 청산의무
당사자가 계속적 계약관계의 존속을 전제로 하여 인도한 물건이나 보증금이 있는 경우 그것은 원상회복되어야 한다.

(3) 손해배상
해지는 손해배상의 청구에 영향을 미치지 않는다(제551조).

 판례 임대차계약에서 해제를 할 수 있는지 여부

> 임차인이 임대차계약에 따라 임대인으로부터 임차목적물을 명도받아 점유를 계속하여 온 경우에는, 임차목적물에 있는 법률적 제한으로 말미암아 임차의 목적을 다할 수 없게 되어 임대인의 담보책임을 묻는다 하더라도 계약의 효력을 장래에 향하여 소멸하게 하는 해지를 할 수는 있으나, 그 효력을 소급적으로 소멸시키는 해제를 할 수는 없다(대판 1994.11.22, 93다61321).

제1장 계약총론

Key Point 해제와 해지

해 제	일시적 계약	계약의 소급소멸	원상회복의무	손해배상청구병존
해 지	계속적 계약	비소급소멸	청산의무	손해배상청구병존

단락핵심 계약의 해지

(1) 해지권은 계속적 채권관계를 발생시키는 계약만을 대상으로 한다. (○)
(2) 계속적 계약이라도 이행하기 전이라면 해제의 대상이 된다. (○)
(3) 해지권행사에는 불가분성의 원칙이 적용되지 않는다. (×)
(4) 사정변경에 따라 해지권이 발생할 수는 없다. (×)
(5) 해지의 의사표시는 철회하지 못하며, 다만 상대방이 해지의 철회를 승낙하면 철회할 수도 있다. (○)

단락문제 Q21   제35회 기출

매도인 甲과 매수인 乙 사이의 X주택에 관한 계약이 적법하게 해제된 경우, 해제 전에 이해관계를 맺은 자로서 '계약해제로부터 보호되는 제3자'에 해당하지 않는 자는? (다툼이 있으면 판례에 따름)

① 乙의 소유권이전등기청구권을 압류한 자
② 乙의 책임재산이 된 X주택을 가압류한 자
③ 乙명의로 소유권이전등기가 된 X주택에 관하여 저당권을 취득한 자
④ 乙과 매매예약에 따라 소유권이전등기청구권보전을 위한 가등기를 마친 자
⑤ 乙명의로 소유권이전등기가 된 X주택에 관하여 주택임대차보호법상 대항요건을 갖춘 자

해설
② (×) 부동산 매도인이 중도금의 수령을 거절하였을 뿐만 아니라 계약을 이행하지 아니할 의사를 명백히 표시한 경우 매수인은 신의성실의 원칙상 소유권이전등기의무 이행기일까지 기다릴 필요 없이 이를 이유로 매매계약을 해제할 수 있다(대판 1993.6.25. 93다11821).
① (○) 제551조
④ (○)
③ (○) 상대방의 채무불이행 = 동시이행의 항변권 상실
⑤ (○) 제547조 제1항

답 ②

제3편 계약법

단락문제 Q22 제35회 기출

매도인 甲과 매수인 乙 사이의 X주택에 관한 계약이 적법하게 해제된 경우, 해제 전에 이해관계를 맺은 자로서 '계약해제로부터 보호되는 제3자'에 해당하지 않는 자는? (다툼이 있으면 판례에 따름)

① 乙의 소유권이전등기청구권을 압류한 자
② 乙의 책임재산이 된 X주택을 가압류한 자
③ 乙명의로 소유권이전등기가 된 X주택에 관하여 저당권을 취득한 자
④ 乙과 매매예약에 따라 소유권이전등기청구권보전을 위한 가등기를 마친 자
⑤ 乙명의로 소유권이전등기가 된 X주택에 관하여 주택임대차보호법상 대항요건을 갖춘 자

해설
① 계약해제에 의하여 소멸될 권리(소유권 이전청구권) 위에 가압류한 자는 보호받는 제3자가 아니다.
②, ③, ④, ⑤ 보호받는 제3자에 해당

답 ①

계약총론

- 경록 교재에 모든 답이 있습니다.

약 관

01 약관이 효력을 가지는 이유는 당사자가 그 약관의 규정을 계약내용에 포함시키기로 합의하였기 때문이다.
함정(X) 약관은 자치법규로 보아야 한다.

02 약관의 내용과 다르게 합의한 사항이 있을 때에는 **그 합의사항이 약관에 우선한다**.
함정(X) 약관의 내용과 다르게 합의한 사항이 있을 때에는 그 합의사항은 효력이 없다.

03 약관에 의해 성립된 계약에서 전체약관 중 일부가 무효라면, **일부무효가 원칙이다**.
함정(X) 약관에 의해 성립된 계약에서 전체약관 중 일부가 무효라면, 약관 전체가 무효가 된다.

계약의 종류

04 **전세금계약**, 보증금계약, 계약금계약, 대물변제(계약), 현상광고는 요물계약이다.
함정(X) 임대차계약, 보증금계약, 계약금계약, 대물변제(계약), 현상광고는 요물계약이다.

계약의 성립과 효력

05 착오가 있더라도 계약은 성립한다. 그러나 무의식적인 불합의가 있으면 계약은 성립하지 않는다.
함정(X) 착오가 있거나 무의식적인 불합의가 있으면 계약은 성립하지 않는다.

제3편 계약법

06 격지자 간의 계약은 승낙의 **부도달을 해제조건으로** 하여 승낙의 통지를 발송한 때 성립한다.
   함정(X) 격지자 간의 계약은 승낙의 도달을 정지조건으로 하여 승낙의 통지를 발송한 때 성립한다.

07 청약은 상대방 있는 **의사표시이지만 그 상대방이 반드시 특정될 필요는 없다.**
   함정(X) 청약은 상대방 있는 의사표시이므로 그 상대방이 특정되어야 한다.

08 청약은 법률사실에 해당하며, 청약 **후에는 임의로 철회할 수 없다.**
   함정(X) 청약은 법률사실에 해당하며, 청약 후에도 임의로 철회할 수 있다.

09 당사자 사이에 동일한 내용의 청약이 서로 교차된 경우에는 두 청약이 모두 상대방에게 **도달한 때에** 계약이 성립한다.
   함정(X) 당사자 사이에 동일한 내용의 청약이 서로 교차된 경우에는 두 청약이 모두 상대방에게 발송된 때에 계약이 성립한다.

10 승낙자가 변경을 가하여 승낙한 때에는 **그 청약을 거절함과 아울러 새로운 청약을 한 것으로 본다.**
   함정(X) 승낙자가 변경을 가하여 승낙한 때에는 그 승낙은 전혀 효력이 없다.

11 승낙을 거절하였다가 다시 승낙기간 내에 이를 번복하여 승낙한 경우 **계약은 성립하지 않는다.**
   함정(X) 승낙을 거절하였다가 다시 승낙기간 내에 이를 번복하여 승낙한 경우 승낙이 도달한 때에 계약이 성립한다.

12 격지자간의 계약에 있어서 승낙의 의사표시는 **그 의사표시를 발송한** 때에 효력이 발생한다.
   함정(X) 격지자간의 계약에 있어서 승낙의 의사표시는 그 의사표시가 상대방에게 도달한 때에 효력이 발생한다.

13 승낙기간을 정한 계약의 청약에 대하여 승낙이 기간 내에 도달할 수 있도록 발송되었으나 결국 연착된 경우 청약자가 연착의 통지를 하지 아니하면 연착되지 아니한 것으로 **본다.**
   함정(X) 승낙기간을 정한 계약의 청약에 대하여 승낙이 기간 내에 도달할 수 있도록 발송되었으나 결국 연착된 경우 청약자가 연착의 통지를 하지 아니하면 연착되지 아니한 것으로 추정된다.

제1장 계약총론

14 청약에 대하여 청약의 상대방이 침묵하고 있는 경우에 그 상대방에게 청약에 대한 동의를 하려는 내심의 결의가 **있더라도 원칙적으로 승낙이 되지 않는다**.
　함정(X) 청약에 대하여 청약의 상대방이 침묵하고 있는 경우에 그 상대방에게 청약에 대한 동의를 하려는 내심의 결의가 있었다면 승낙이 될 수 있다.

계약체결상의 과실책임

15 계약이 원시적 불능이라는 사실을 모르는 데 대하여 상대방에게 과실이 있는 경우에는 **계약체결상의 과실책임은 인정되지 않는다**.
　함정(X) 계약이 원시적 불능이라는 사실을 모르는 데 대하여 상대방에게 과실이 있는 경우에는 계약체결상의 과실책임은 인정되나 과실상계의 대상이 된다.

16 계약체결상의 과실책임은 상대방의 **신뢰이익의 배상을** 그 내용으로 한다.
　함정(X) 계약체결상의 과실책임은 상대방의 이행이익의 배상을 그 내용으로 한다.

17 대법원은 계약교섭의 부당파기의 경우 계약체결상의 과실책임을 **인정하지 않는다**.
　함정(X) 대법원은 계약교섭의 부당파기의 경우 계약체결상의 과실책임을 인정한다.

18 청약자의 의사표시나 관습에 의하여 승낙의 통지가 필요하지 않는 경우에는 승낙의 의사표시로 인정되는 **사실이 있는 때에** 계약이 성립한다.
　함정(X) 청약자의 의사표시나 관습에 의하여 승낙의 통지가 필요하지 않는 경우에는 승낙의 의사표시로 인정되는 사실을 상대방이 안 때에 계약이 성립한다.

동시이행의 항변권

19 동시이행의 항변권은 **쌍무계약을 체결한 당사자 및 그 승계인에 대하여 인정된다**.
　함정(X) 동시이행의 항변권은 제3자에 대하여 주장할 수 있다.

20 동시이행의 항변권이 인정되기 위해서는 **상대방의 채무가 변제기에 있어야 하는 것이 원칙이다**.
　함정(X) 동시이행의 항변권이 인정되기 위해서는 상대방의 채무가 변제기에 있을 필요는 없다.

제3편 계약법

21 일방이 선이행하여야 할 경우 상대방의 이행이 현저히 곤란한 사유가 있는 때에는 선이행의무자이더라도 이행기에 이행을 거절할 수 있다.
함정(X) 일방이 선이행하여야 할 경우라면 항변권이 인정될 수 없다.

위험부담

22 당사자의 일방의 채무가 쌍방의 책임 없는 사유로 그 채무를 이행할 수 없게 된 때에는 **상대방의 채무이행을 청구하지 못한다**.
함정(X) 당사자의 일방의 채무가 쌍방의 책임 없는 사유로 그 채무를 이행할 수 없게 된 때에는 **손해배상을 청구할 수 있다**.

23 채권자가 수령지체 중에 당사자 쌍방의 책임 없는 사유로 이행할 수 없게 된 때에는 채무자는 상대방의 이행을 청구할 수 **있다**.
함정(X) 채권자가 수령지체 중에 당사자 쌍방의 책임 없는 사유로 이행할 수 없게 된 때에는 채무자는 상대방의 이행을 청구할 수 없다.

제3자를 위한 계약

24 타인을 위한 보험계약의 경우 요약자와 **낙약자가** 계약당사자이다.
함정(X) 타인을 위한 보험계약의 경우 요약자와 제3자가 계약당사자이다.

25 제3자를 위한 계약에서 제3자가 반드시 계약당시에 **현존할 필요는 없다**.
함정(X) 제3자를 위한 계약에서 제3자가 반드시 계약당시에 현존하여야 한다.

26 제3자의 수익의 의사표시는 계약의 **성립요건이 아니다**.
함정(X) 제3자의 수익의 의사표시는 계약의 성립요건이다.

27 요약자가 제3자를 위한 계약을 해제하기 **위해 제3자의 승낙을 받을 필요는 없다**.
함정(X) 요약자가 제3자를 위한 계약을 해제하기 위해서는 제3자의 승낙을 받아야 한다.

계약의 해제

제1장 계약총론

28 부수적 채무의 불이행이 **있는 것만으로는 해제할 수 없다**.
　함정(X) 부수적 채무의 불이행이 있으면 채권자는 해제할 수 있다.

29 정기행위의 채무불이행에 따른 해제권을 **행사할 때에는 최고를 요하지 아니한다**.
　함정(X) 정기행위의 채무불이행에 따른 해제권을 행사하려면 반드시 최고를 하여야 한다.

30 해제로 인하여 계약이 소급적으로 **실효되더라도 해제권자는 손해배상을 청구할 수 있다**.
　함정(X) 해제로 인하여 계약이 소급적으로 실효되면 손해배상을 청구할 수 없다.

31 '매수인이 중도금을 약정한 일자에 지급하지 아니하면 그 계약을 무효로 한다'고 하는 특약이 있는 경우 이는 **해제조건부 계약이지 해제권 유보가** 아니다.
　함정(X) '매수인이 중도금을 약정한 일자에 지급하지 아니하면 그 계약을 무효로 한다'고 하는 특약이 있는 경우 이는 해제권 유보이지 해제조건부 계약이 아니다.

32 **해제는** 소급효를 가지나, **해제조건은** 원칙적으로 소급효가 없다.
　함정(X) 해제조건은 소급효를 가지나, 해제는 원칙적으로 소급효가 없다.

33 제3자를 위한 계약에 있어서 낙약자의 채무불이행이 **있더라도 제3자는 계약을 해제할 수 없다**.
　함정(X) 제3자를 위한 계약에 있어서 낙약자의 채무불이행이 있다면 제3자는 계약을 해제할 수 있다.

계약의 해지

34 **계약의 해지는 손해배상의 청구에 영향을 미치지 않는다**.
　함정(X) 계약을 해지하면 손해배상을 청구할 수 없다.

35 계약해지의 효력은 **장래에 향하여 발생한다**.
　함정(X) 계약해지의 효력은 계약성립 당시에 소급한다.

36 민법이 정하는 각종의 해지기간에 관한 규정은 **강행규정이다**.
　함정(X) 민법이 정하는 각종의 해지기간에 관한 규정은 임의규정이다.

37 계약당사자의 일방 또는 쌍방이 수인인 경우 해지(해제)는 **전원으로부터 또는 전원에 대하여 하여야 한다**.
　함정(X) 계약당사자의 일방 또는 쌍방이 수인인 경우 해지(해제)는 그 중 누구나 할 수 있다.

CHAPTER 02 계약각론

학습포인트

- 매매에서는 담보책임의 내용을 잘 정리해두어야 한다. 환매의 경우 등기법 및 가담법과 연관시켜 이해해두어야 할 것이다.
- 교환의 경우 그 학습내용이 간단하지만 최근에 자주 출제되고 있음에 유의하자.
- 임대차는 민사특별법의 주택임대차와 상가건물임대차를 비교하여 학습해야 할 내용이다. 즉 임대차는 물권에서는 전세권과, 민사특별법에서는 주택임대차 및 상가건물임대차와 서로 관련이 되는 부분이므로 많은 시간을 할애하여 학습이 이루어져야만 한다.

CHAPTER 학습 & 출제되는 키워드

- ☑ 매매
- ☑ 계약비용의 부담
- ☑ 매도인의 담보책임
- ☑ 교환
- ☑ 임대차의 존속기간
- ☑ 상태유지의무
- ☑ 지상물매수청구권
- ☑ 보증금
- ☑ 매매의 예약
- ☑ 매매의 효력
- ☑ 환매
- ☑ 임대차
- ☑ 계약에 의한 갱신
- ☑ 비용상환의무
- ☑ 임차권의 양도
- ☑ 권리금
- ☑ 계약금
- ☑ 과실의 귀속
- ☑ 재매매의 예약
- ☑ 부동산임차권의 물권화
- ☑ 법정갱신(묵시의 갱신)
- ☑ 부속물매수청구권
- ☑ 임차권의 전대
- ☑ 일시사용을 위한 임대차의 특례

CHAPTER 학습 & 출제되는 질문

- ☑ 매매와 관련된 다음 기술 중 맞는 것은?
- ☑ 당사자 사이에 다른 약정이 없는 경우, 매수인의 권리·의무에 관한 다음 설명 중 틀린 것은?
- ☑ 甲과 乙은 면적을 가격결정에 제일 중요한 요소로 정하여 甲의 토지 100평을 乙에게 매매하였으나 매수 후 乙이 측량한 결과 90평으로 밝혀진 경우 甲의 담보책임에 관한 설명으로 틀린 것은?
- ☑ 매도인의 담보책임에 대한 설명으로 옳은 것은?
- ☑ 환매에 관한 다음 설명 중 옳지 않은 것은?
- ☑ 乙이 甲으로부터 토지를 임차한 뒤에 그 지상에 건물 한 채를 신축한 경우 다음의 기술 중 틀린 것은?
- ☑ 보증금(保證金) 및 권리금(權利金)에 관한 기술 중 틀린 것은?

제1절 매매 추가15·16·30·34회 출제

01 매매의 의의 및 성질

제563조(매매의 의의) 매매는 당사자 일방이 재산권을 상대방에게 이전할 것을 약정하고 상대방이 그 대금을 지급할 것을 약정함으로써 그 효력이 생긴다.

1 의의
당사자의 일방이 상대방에게 재산권을 이전할 것을 약정하고, 상대방이 이에 대하여 그 대금을 지급할 것을 약정함으로써 성립하는 계약이다(제563조).

2 법적 성질 ★★

(1) 쌍무·유상계약
1) 매매는 재산권의 이전의무와 대금의 지급의무가 서로 견련관계에 있으므로 쌍무계약이며, 양 급부의 이행은 서로 대가성을 갖는 출연관계에 서 있기 때문에 유상계약이다.
2) 매매는 유상계약 가운데 가장 대표적인 계약이므로 원칙적으로 다른 유상계약에 준용된다(제567조).

(2) 낙성·불요식 계약
1) 매매는 당사자 간의 의사의 합치만으로 성립하므로 **낙성계약**이다. → 대금의 지급 등을 요하지 않음
2) 매매계약은 어떠한 방식도 요구하지 않으므로 **불요식 계약**이다. 따라서 계약서 등을 작성하지 않아도 매매계약은 성립한다. → 검인계약서 등이 강제되지 않음

제3편 계약법

3 매매의 목적★★★　　　　　　　　　　　　　　　　　　　　　28회 출제

(1) 재산권의 이전
  1) 재산권은 성질상 또는 법률상 처분이 가능한 것이어야 한다.
  2) 재산권은 현재 매도인에게 귀속하고 있어야 하는 것은 아니므로, 타인의 물건의 매매도 유효하다(제569조 참조).
  3) 또한 반드시 현존하는 것일 필요도 없다.
     예 생산 전의 물품공급계약

(2) 대금의 지급
매도인의 재산권이전에 대해 반대급부로 매수인은 대금을 지급하여야 하며, 금전 이외의 물건이나 권리의 이전을 약정하는 것은 매매가 아니라 교환이 된다.

(3) 매매목적물과 대금의 특정
매매계약에 있어서 그 목적물과 대금은 반드시 계약체결 당시에 구체적으로 특정될 필요는 없고 이를 사후에라도 구체적으로 특정할 수 있는 방법과 기준이 정해져 있으면 족하다(대판 1997.1.24. 96다26176).

단락핵심　매매의 목적

(1) 매매계약은 낙성계약이므로 의사의 합치만으로 효력이 발생한다. (○)
(2) 현존하지 아니하는 물건에 대한 매매계약은 무효이다. (×)
(3) 매매계약의 목적물은 계약체결 당시에 구체적으로 특정되어야 하는 것은 아니다. (○)

02 매매의 성립

> **제564조(매매의 일방예약)** ① 매매의 일방예약은 상대방이 매매를 완결할 의사를 표시하는 때에 매매의 효력이 생긴다.
> ② 전항의 의사표시의 기간을 정하지 아니한 때에는 예약자는 상당한 기간을 정하여 매매완결여부의 확답을 상대방에게 최고할 수 있다.
> ③ 예약자가 전항의 기간 내에 확답을 받지 못한 때에는 예약은 그 효력을 잃는다.

매매는 낙성·불요식 계약으로서 어떤 형식으로든 매도인의 재산권이전과 매수인의 대금지급에 관하여 합의만 있으면 유효하게 성립한다. 민법은 매매의 성립과 관련하여 3가지 특칙을 다음과 같이 두고 있다.

1 매매의 예약 (제564조) ★★★   28회 출제

(1) 의 의
예약은 장래 일정한 계약을 체결할 의무를 부담하는 계약을 말하며, 이 예약에 기하여 장래에 체결될 계약이 본계약이다. 당장 본계약을 체결하는 것이 곤란한 사정이 있는 경우에 장래의 본계약의 체결을 확실하게 하는 데 이용된다.

(2) 법적 성질
예약완결권자의 완결의 의사표시를 정지조건으로 하는 정지조건부 매매라고 한다.

(3) 종 류
예약은 편무예약과 쌍무예약, 일방예약과 쌍방예약으로 구별할 수 있다(자세한 것은 계약총론의 '예약·본계약'을 참조할 것)

 매 매

특정한 방식을 요구하지 않는 '불요식 계약'이다.

(4) 일방예약의 추정　　　추가15·33·34회 출제

1) 추정규정

민법은 매매의 일방예약은 상대방이 매매를 완결할 의사를 표시하는 때에 매매의 효력이 생긴다고 규정하여 매매의 예약에 대하여 일방예약으로 추정한다(제564조).

2) 성립요건

일방예약이 성립하려면 그 예약에 터잡아 맺어질 본계약의 요소가 되는 내용이 확정되어 있거나 적어도 확정될 수 있어야 한다(대판 1988.2.23. 86다카2768).

3) 예약완결권

① 매매의 일방예약에 의하여 예약권리자가 상대방에 대하여 매매완결의 의사표시를 할 수 있는 권리를 말한다.

② 일방적 의사표시에 의하여 본계약인 매매를 성립시키므로 형성권이며, 양도성이 있으며, 또한 부동산매매계약의 예약완결권은 가등기할 수 있다.

③ 행사기간

　㉠ 당사자가 계약에서 정할 수 있으며 그 기간에는 제한이 없다.

　㉡ 만약 당사자가 기간을 정하지 않은 때에는 의무자는 상당한 기간을 정하여 매매완결의 확답을 상대방에게 최고할 수 있고, 그 기간 내에 확답을 받지 못한 때에는 그 예약은 효력을 잃는다.

　㉢ 수인이 공동으로 행사하는 경우 전원이 행사기간 내에 행사해야 한다.

④ 예약완결권자가 예약의무자에 대해서 행사해야 하며, 예약완결권을 행사하면 본계약인 매매가 성립한다.

⑤ 예약완결권은 형성권이므로 10년 간 행사하지 않으면 소멸하며, 그 기간은 제척기간이다(대판 2003.1.10. 2000다26425).

 매매예약 완결권의 법적 성질 및 그 행사기간

매매의 일방예약에서 예약자의 상대방이 매매예약 완결의 의사표시를 하여 매매의 효력을 생기게 하는 권리, 즉 **매매예약의 완결권은 일종의 형성권으로서 당사자 사이에 그 행사기간을 약정한 때에는 그 기간 내에, 그러한 약정이 없는 때에는 그 예약이 성립한 때로부터 10년 내에 이를 행사하여야** 하고, 그 기간을 지난 때에는 예약 완결권은 제척기간의 경과로 인하여 소멸한다(대판 1995.11.10. 94다22682·22699).

단락문제 Q01
제34회 기출

매매의 일방예약에 관한 설명으로 틀린 것은? (다툼이 있으면 판례에 따름)

① 일방예약이 성립하려면 본계약인 매매계약의 요소가 되는 내용이 확정되어 있거나 확정할 수 있어야 한다.
② 예약완결권의 행사기간 도과 전에 예약완결권자가 예약 목적물인 부동산을 인도받은 경우, 그 기간이 도과되더라도 예약완결권은 소멸되지 않는다.
③ 예약완결권은 당사자 사이에 행사기간을 약정한 때에는 그 기간 내에 행사해야 한다.
④ 상가에 관하여 매매예약이 성립한 이후 법령상의 제한에 의해 일시적으로 분양이 금지되었다가 다시 허용된 경우, 그 예약완결권 행사는 이행불능이라 할 수 없다.
⑤ 예약완결권 행사의 의사표시를 담은 소장 부본의 송달로써 예약완결권을 재판상 행사하는 경우, 그 행사가 유효하기 위해서는 그 소장 부본이 제척기간 내에 상대방에게 송달되어야 한다.

해설
② 예약완결권의 행사기간 경과로 소멸
① 적어도 일방예약이 성립하려면 그 예약에 터잡아 맺어질 본계약의 요소가 되는 내용이 확정되어 있거나 적어도 확정될 수 있어야 한다(대판 1988. 2. 23. 86다카2768).
③ 민법 제564조② 참조
④ 이행불능 아니다.
⑤ 상대방 있는 의사표시 도달주의 민법 제111조①

답 ②

단락문제 Q02
제33회 기출

甲은 그 소유의 X부동산에 관하여 乙과 매매의 일방예약을 체결하면서 예약완결권은 乙이 가지고 20년 내에 행사하기로 약정하였다. 이에 관한 설명으로 옳은 것은? (다툼이 있으면 판례에 따름)

① 乙이 예약체결시로부터 1년 뒤에 예약완결권을 행사한 경우, 매매는 예약체결시로 소급하여 그 효력이 발생한다.
② 乙의 예약완결권은 형성권에 속하므로 甲과의 약정에도 불구하고 그 행사기간은 10년으로 단축된다.
③ 乙이 가진 예약완결권은 재산권이므로 특별한 사정이 없는 한 타인에게 양도할 수 있다.
④ 乙이 예약완결권을 행사기간 내에 행사하였는지에 관해 甲의 주장이 없다면 법원은 이를 고려할 수 없다.
⑤ 乙이 예약완결권을 행사하더라도 甲의 승낙이 있어야 비로소 매매계약은 그 효력이 발생한다.

제3편 계약법

> **해설**
> ① (X) 제564조(매매의 일방예약) 매매의 일방예약은 상대방이 매매를 완결할 의사를 표시하는 때에 매매의 효력이 생긴다.
> ② (X) 약정에 따라 20년이다.
> ③ (O) 재산권 양도가능
> ④ (X) 제척기간에 관하여는 법원의 직권조사사항이다. 일반 소멸시효기간이 아니라 제척기간으로서 제척기간이 도과하였는지 여부는 당사자의 주장에 관계없이 법원이 당연히 조사하여 고려하여야 할 사항이다.(대판 1996.9.20. 96다25371)
> ⑤ (X) 제564조 참조
>
> **답** ③

2 계약금(제565조)★★★

15·18·20·23·25·27·28·29·30·34회 출제

> **제565조(해약금)** ① 매매의 당사자 일방이 계약당시에 금전 기타 물건을 계약금, 보증금 등의 명목으로 상대방에게 교부한 때에는 당사자간에 다른 약정이 없는 한 당사자의 일방이 이행에 착수할 때까지 교부자는 이를 포기하고 수령자는 그 배액을 상환하여 매매계약을 해제할 수 있다.
> ② 제551조의 규정은 전항의 경우에 이를 적용하지 아니한다.

(1) 계약금의 의의 및 계약금계약

1) 계약금

계약금은 매매 등의 계약(유상계약)을 체결할 때에 당사자의 일방으로부터 상대방에게 교부되는 금전 기타의 유가물을 말한다.
→ 반드시 금전일 필요는 없으나 가액으로 평가할 수 있어야 한다.

2) 계약금계약

① 금전이나 유가물의 교부를 요건으로 하므로 요물계약이다. → 합의된 금전 등을 전부지급해야 유효

 계약금의 지급약정만 한 경우에도 계약금에 의한 해제가 가능한지(계약금계약의 요물성)

> 교부자가 계약금의 잔금 또는 전부를 지급하지 아니하는 한 계약금계약은 성립하지 아니하므로 당사자가 임의로 주계약을 해제할 수는 없다(대판 2008.3.13. 2007다73611).

② 계약금은 매매계약이 성립되기 위한 필수적 요소는 아니므로 계약금계약은 매매계약에 부수하여 체결되는 종된 계약이다.
③ 계약금계약은 종된 계약이긴 하지만 반드시 주된 계약과 동시에 성립하여야 하는 것은 아니다.

(2) 계약금의 종류

1) 증약금

증약금은 계약체결의 증거로서의 의미를 갖는 금전이다. 계약금은 언제나 증약금으로서의 작용을 하며, 이는 계약금의 최소한도의 성질이라 할 수 있다.

2) 위약금

① **의 의** 채무불이행의 경우에 이행확보의 수단으로써 채무자가 채권자에게 지급할 것을 약속한 금전을 말하며, 손해배상액의 예정으로서의 성질을 갖는 것과 위약벌로서의 성질을 갖는 것이 있다.

② 손해배상액의 예정

채무불이행의 경우에 계약금을 교부한 자는 이를 몰수당하고 교부받은 자가 위약시에는 그 배액을 상환할 것을 약정하는 경우의 계약금으로써, 계약금이 손해배상액의 예정으로서의 효력을 발생하려면 당사자 사이에 특약이 있어야 한다.

예) 당사자 한쪽이 채무를 이행하지 아니한 경우는 계약금을 교부한 자는 그것을 몰수당하고 교부받은 자는 그 배액을 상환할 것을 약정한 경우

 계약금은 특약이 없는 경우에도 위약금의 성질을 갖는지 여부

유상계약을 체결함에 있어서 계약금이 수수된 경우 계약금은 해약금의 성질을 가지고 있어서, 이를 위약금으로 하기로 하는 특약이 없는 이상 계약이 당사자 일방의 귀책사유로 인하여 해제되었다 하더라도 상대방은 계약불이행으로 입은 실제 손해만을 배상받을 수 있을 뿐 계약금이 위약금으로서 상대방에게 당연히 귀속되는 것은 아니다(대판 1996.6.14. 95다54693).

③ 위약벌

계약이행을 간접적으로 강제하는 작용을 하고 당사자 일방이 위약을 하였을 때에는 상대방에게 귀속하기로 약정한 금전(대판 1991.4.26. 90다6880)을 말하며 채무불이행에 의한 손해배상이라기보다는 계약의 불이행 자체에 부과하는 금전벌이므로 감액청구가 허용되지 않으며(다만 과도하게 무거울 때에는 그 일부 또는 전부가 공서양속에 반하여 무효로 된다), 위약벌 이외에 별도의 손해배상청구가 가능하다.

3) 해약금

① 계약의 해제권을 유보하는 작용을 하는 계약금을 말한다.
② 계약금이 교부되면 다른 특별한 의사표시가 없더라도 당연히 해제권이 보류된 것으로 보아 쌍방당사자에게 해제의 자유가 인정된다.

 토지거래허가를 받지 않아 유동적 무효상태인 매매계약의 계약금 해제 – 해제 가능

특별한 사정이 없는 한 국토이용관리법상(현 부동산 거래신고 등에 관한 법률)의 토지거래허가를 받지 않아 유동적 무효 상태인 매매계약에 있어서도 당사자 사이의 매매계약은 매도인이 계약금의 배액을 상환하고 계약을 해제함으로써 적법하게 해제된다(대판 1997.6.27. 97다9369).

 계약금의 해약금 추정

계약금은 해약금으로 추정되므로 중도금 지급 전에 매수인은 계약금을 포기하고 매도인은 그 2배를 지급하고 계약을 해제할 수가 있다.

3 해약금의 추정★★★

26·30회 출제

(1) 민법 제565조

계약금이 교부된 경우 다른 약정이 없는 한 계약금·보증금 등 그 명칭에 관계없이 원칙적으로 해약금의 성질을 가진 것으로 추정한다.

(2) 해제의 방법 및 시기

1) 당사자 간에 다른 약정이 없는 한 당사자의 일방이 이행에 착수할 때까지 교부자는 이를 포기하고 수령자는 그 배액(倍額)을 상환하여 매매계약을 해제할 수 있다.

> **판례** 제565조의 다른 약정에 해당되지 않는 계약내용
>
> 매매계약서에 '본 계약을 매도자가 위약하였을 때에는 계약금의 배액을 매수자에게 배상하고 매수자가 위약했을 때에는 계약금은 무효가 되고 반환청구를 할 수가 없다'는 계약조항이 있는 경우 민법 제565조의 해약권의 발생을 저지하는 당사자 간의 다른 약정에 해당하지 않는다(대판 1996.10.25. 95다33726).

2) 이행의 착수란 객관적으로 외부에서 인식할 수 있는 정도로 채무의 <u>일부를 이행</u>하거나 이행을 하기 위해 <u>필요한 전제행위</u>를 하는 것을 말하며, 단순히 이행의 준비만으로는 부족하다.
   → 대금 지급을 위해 대출을 한 경우 등
   → 중도금·할부금의 지불 등

3) 이행의 착수는 그 이행기의 약정이 있는 경우에도 당사자가 이행기 전에는 착수하지 아니하기로 하는 특약을 하는 등 특별한 사정이 없는 한 이행기 전에도 이행에 착수할 수 있다(대판 2002.11.26. 2002다46492).

4) 여기서 말하는 당사자 일방이란 상대방에게만 국한할 것은 아니므로 상대방뿐만 아니라 계약의 일부이행에 착수한 자는 비록 상대방이 이행에 착수하지 않았다 하더라도 해제권을 행사할 수 없다(대판 2000.2.11. 99다62074).

> **판례** 이행의 착수를 인정한 판례
>
> **1** 토지매수인이 잔대금의 지급을 위하여 매도인의 대리인에게 <u>잔금을 준비</u>하여 왔음을 알리면서 <u>이전등기서류의 준비 여부를 문의</u>하고 매도인측이 계약을 이행할 의사가 없는 것이 아닌가 하는 의심이 들만한 행동을 하므로 그날 토지에 대한 처분금지가처분신청을 한 경우 매매계약의 잔대금지급의 이행에 착수하였다(대판 1993.5.25. 93다1114).
>
> **2** 원고가 피고의 동의하에 이 사건 부동산 매매계약의 계약금 및 중도금의 지급을 위하여 <u>어음(위 어음은 소외 현대건업 주식회사가 발행한 은행도어음으로서 그 지급기일에 모두 정상적으로 결제되었다)을 교부</u>하였다면 원고는 이 사건 부동산 매매계약의 이행에 착수하였다고 못 볼 바 아니라 할 것이다(대판 2002.11.26. 2002다46492).
>
> **3** 매매계약 당사자의 일방 또는 쌍방이 이행에 착수한 후에 당초 매매계약의 내용을 그대로 유지하면서 다만 이미 수수된 계약금과 중도금의 합금금원을 새로이 계약금으로, 나머지 미지급 금원을 잔금으로 하고 그 잔금 지급 일자를 새로이 정하는 내용의 재계약을 체결하였다 하더라도, 당사자 간에 <u>다른 약정이 없는 한</u> 당사자 일방이나 상대방이 새로이 결정된 <u>계약금의 배액상환 또는 포기로써 해제권을 행사할 수는 없다</u>(대판 1994.11.11. 94다17659).

제2장 계약각론

 이행의 착수를 인정하지 않은 판례

1. 이행기 이전에 매수인이 잔대금을 제공하지 않고 <u>단순히 수령을 최고하는 것만으로는 이행착수가 되지 않는 다</u>(대판 2002.11.26. 2002다46492).
2. 매도인이 매수인에 대하여 <u>매매계약의 이행을 최고하고 매매잔대금의 지급을 구하는 소송을 제기한 것만으로는 이행에 착수하였다고 볼 수 없다</u>(대판 2008.10.23. 2007다72274·72281).
3. 국토의 계획 및 이용에 관한 법률(현 부동산 거래신고 등에 관한 법률)에 정한 토지거래계약에 관한 허가구역으로 지정된 구역 안의 토지에 관하여 매매계약이 체결된 후 계약금만 수수한 상태에서 당사자가 토지거래허가신청을 하고 이에 따라 관할관청으로부터 그 허가를 받았다 하더라도, 그러한 사정만으로는 아직 이행의 착수가 있다고 볼 수 없다(대판 2009.4.23. 2008다62427).

5) 행사방법
① 해제의 의사표시를 하여야 한다.
② 교부자는 포기의 의사를 표시하면 족하다.
③ 수령자는 그 배액을 현실로 제공해야 하나 상대방이 수령하지 않는다고 하여 공탁할 필요는 없다(대판 1981.10.27. 80다2784).

 계약금의 배액을 상환하고 계약해제 시 상대의 수령을 거절하는 경우에 공탁의 여부

매매 당사자 간에 계약금을 수수하고 계약해제권을 유보한 경우에 매도인이 계약금의 배액을 상환하고 계약을 해제하려면 계약해제의 의사표시 외에 계약금 배액의 이행의 제공이 있으면 족하고, <u>상대방이 이를 수령하지 아니한다 하여 이를 공탁할 필요는 없다</u>(대판 1981.10.27. 80다2784).

(3) 해제의 효과 `22회 출제`

1) 해약금에 의한 해제는 계약이 소급하여 무효가 되는 점은 통상의 해제와 동일하나, 원상회복의무가 생기지 않으며, 손해배상청구권은 발생하지 않는다(아직 이행 전이고 약정해제이기 때문임)는 점에서 구별된다(제565조 제2항).
2) 당사자 일방이 위약한 경우에 그 계약금을 위약금으로 하는 특약이 있는 경우에 한하여 손해배상액의 예정으로서의 성질을 함께 가진다.

 해약금과 손해배상 예정액의 성질을 겸한 계약금의 감액 — 허용됨

"대금불입 불이행시 계약은 자동무효가 되고 이미 불입된 금액은 일체 반환하지 않는다."고 되어 있는 매매계약에 기하여 <u>계약금이 지급된 경우, 그 계약금은 해약금으로서의 성질과 손해배상 예정으로서의 성질</u>을 겸하고 있고, 매수인의 주장취지에는 매수인의 채무불이행을 이유로 매도인이 몰취한 <u>계약금은 손해배상 예정액으로서는 부당히 과다하므로 감액되어야 하고 그 감액 부분은 부당이득으로서 반환하여야 한다는 취지도 포함되어 있다고 해석함이 상당하며 <u>계약금이 손해배상 예정액으로서 과다하다면 감액 부분은 반환되어야 한다</u>(대판 1996.10.25. 95다33726).

4 계약비용의 부담 ★

24회 출제

(1) 내 용
1) 매매계약에 관한 비용은 당사자 쌍방이 균분하여 부담한다(제566조).
2) 다만, 이 규정은 임의규정이므로 이에 관하여 특약이 가능하다.

(2) 계약비용의 의미
1) 매매계약에 관한 비용이란 계약체결함에 있어서 일반적으로 요하는 비용을 말하며, 이행 또는 이행의 수령에 요하는 비용은 이에 포함되지 않는다.
2) 목적물의 측량이나 평가·계약서작성비 등은 이에 속하나 등기비용은 이에 포함되지 않는다.

→ 등기비용은 관행상 매수인이 부담한다.

단락핵심 | 매매의 성립

(1) 예약완결권을 일방만 가지는 경우가 편무예약이다. (×)
　⇒ 일방예약이다.
(2) 매매의 예약은 일방예약으로 추정한다. (○)
(3) 계약금은 손해배상액의 예정으로 본다. (×)
　⇒ 해약금으로 추정한다.
(4) 매도인은 매수인이 이행에 착수하기 이전에 한해서만 계약금의 배액을 지급하고 계약을 해제할 수 있다. (○)
(5) 계약금계약을 체결하였다면 계약금의 일부만이라도 지급되었다면 계약금계약에 따라 해제할 수 있다. (×)
(6) 계약금 포기에 의한 계약해제의 경우, 계약은 소급적으로 무효가 되어 당사자는 원상회복의무를 부담한다. (×)
(7) 매매계약에 관한 비용은 당사자 쌍방이 균분하여 부담하며 매매계약의 이행에 따르는 등기비용도 마찬가지다. (×)

03 매매의 효력

11·13·19·20회 출제

> 제568조(매매의 효력) ① 매도인은 매수인에 대하여 매매의 목적이 된 권리를 이전하여야 하며 매수인은 매도인에게 그 대금을 지급하여야 한다.
> ② 전항의 쌍방의무는 특별한 약정이나 관습이 없으면 동시에 이행하여야 한다.

1 매도인의 권리 및 의무 ★★★

(1) 재산권이전의무
1) 매도인은 매매의 목적인 재산권을 매수인에게 이전하여야 한다(제568조 제1항).
2) 이전이란 매수인이 매매의 목적인 재산권을 완전히 취득케 하는 것이며, 이전하는 권리는 특별한 사정이 없는 한 아무런 부담이 없는 완전한 것이어야 한다.

(2) 목적물인도의무
1) 매도인의 목적물인도의무에 관하여 명문규정을 두고 있지 않으나, 해석상 당연히 인정되므로 지상권이나 전세권과 같이 점유를 수반한 물권인 재산권을 매도할 때에는 매수인에게 등기와 함께 점유의 이전도 함께 해야 한다.
2) 다른 특약이 없는 한 종물(從物) 또는 종(從)된 권리도 이전하여야 한다(제100조 제2항).

(3) 동시이행의 관계
1) 매도인의 재산권이전의무는 특별한 약정이나 관습이 없으면, 원칙적으로 매수인의 대금지급의무와 동시이행관계에 선다(제568조 제2항).
2) 매도인의 목적물인도의무와 매수인의 대금지급의무도 동시이행의 관계에 있다는 것이 판례이다(대판 1988. 12. 6. 87다카2739·2740).
3) 제한물권이나 기타 부담이 설정되어 있는 부동산의 매매에서는 매도인의 부담제거의무도 대금지급과 동시이행관계에 선다(대판 1992. 11. 26. 91다23103).
   예 저당권말소등기서류의 교부와 매매대금의 지급

(4) 과실의 귀속 **20·34회 출제**
매매계약 후에도 목적물 인도 전이면 그 과실은 매도인이 취득한다(제587조). 그러나 매수인이 이미 매매대금을 지급한 때에는 목적물인도전이라도 그 과실은 매수인에게 속한다. 왜냐하면 이 경우에도 매도인이 과실을 수취한다면 매도인은 대금의 이자와 과실이라는 이중의 이득을 얻게 되어 부당하기 때문이다.

1) **매도인 귀속**
   ① 매매계약이 있은 후 아직 인도하지 않은 매매의 목적물로부터 생긴 과실은 매도인에게 속한다.
   ② 매도인이 목적물의 인도를 지체한 경우라도 매수인으로부터 대금을 지급받기 전이면 여전히 과실취득권이 인정된다.

2) **매수인 귀속**
   ① 매매목적물의 인도 전이라도 매수인이 매매대금을 완납한 때에는 그 이후의 과실수취권은 매수인에게 귀속된다.
   ② 매수인이 매매목적물을 인도받은 후에는 매수인이 과실을 수취한다.

제3편 계약법

> **판례** 매매계약에 있어서 매매대금 완납 후의 과실수취권의 귀속
>
> **1** 특별한 사정이 없는 한 매매계약이 있은 후에도 인도하지 아니한 목적물로부터 생긴 과실은 매도인에게 속하나, 매매목적물의 인도 전이라도 매수인이 매매대금을 완납한 때에는 그 이후의 과실수취권은 매수인에게 귀속된다(대판 1993.11.9. 93다28928).
>
> **2** 민법 제587조에 의하면, 매매계약 있은 후에도 인도하지 아니한 목적물로부터 생긴 과실은 매도인에게 속하고, 매수인은 목적물의 인도를 받은 날로부터 대금의 이자를 지급하여야 한다고 규정하고 있는바, 이는 매매당사자 사이의 형평을 꾀하기 위하여 매매목적물이 인도되지 아니하더라도 매수인이 대금을 완제한 때에는 그 시점 이후의 과실은 매수인에게 귀속되지만, 매매목적물이 인도되지 아니하고 또한 매수인이 대금을 완제하지 아니한 때에는 매도인의 이행지체가 있더라도 과실은 매도인에게 귀속되는 것이므로 매수인은 인도의무의 지체로 인한 손해배상금의 지급을 구할 수 없다(대판 2004.4.23. 2004다8210).
>
> **3** 매수인의 대금지급의무와 매도인의 소유권이전등기의무가 동시이행관계에 있는 등으로 매수인이 대금지급을 거절할 정당한 사유가 있는 경우에는 매매목적물을 미리 인도받았다 하더라도 위 민법 규정에 의한 이자를 지급할 의무는 없다고 보아야 한다(대판 2013.6.27. 2011다101865).

2 매수인의 권리 및 의무★★★   14·34회 출제

(1) 대금지급의무

1) 이행기
매매의 당사자 일방에 대한 의무이행의 기한이 있는 때에는 상대방의 의무이행에 대하여도 동일한 기한이 있는 것으로 추정한다(제585조).

2) 이자의 지급
매수인은 목적물의 인도를 받은 날로부터 대금의 이자를 지급하여야 한다. 그러나 대금의 지급에 관하여 기한이 있는 때에는 그 기한이 도래하기까지는 이자를 지급할 필요가 없다(제587조 후단).

3) 지급장소
대금의 지급장소는 원칙적으로 채권자의 현주소에서 하여야 하지만, 매매목적물의 인도와 동시에 대금을 지급할 경우 그 인도장소에서 대금을 지급한다(제586조).
→ 이행의 편의를 위한 규정

(2) 대금지급거절권

1) 매매의 목적물에 대하여 권리를 주장하는 자가 있는 경우에 매수인이 매수한 권리의 전부나 일부를 잃을 염려가 있는 때에는 매수인은 그 위험의 한도에서 대금의 전부나 일부의 지급을 거절할 수 있다(제588조 본문).
2) 매수인에게 대금지급거절권이 있는 경우에 매도인은 매수인에 대하여 대금의 공탁을 청구할 수 있다(제589조).
   → 변제·담보·보험 등의 목적으로 금전·유가증권 기타 물건을 공탁소에 임치하는 것을 말한다.
3) 매수인은 동시이행의 항변권을 갖는 동안 자기의 대금지급을 거절할 수 있다(제536조).

(3) 목적물수령의무
민법상 명문규정은 없으나, 해석상 매수인에게는 신의칙상의 목적물수령의무가 인정될 수 있다는 견해가 있으며, 구법시대의 판례도 이에 따르고 있다. 하지만 현재는 견해 대립이 심하다.

제2장 계약각론

판례 목적물수령의무

채권자는 채무자의 채무이행의 제공을 수령하여야 할 의무가 있고 만약 채권자가 위 의무에 위배하여 그 수령을 지체한 경우에는 그 이후에 있어서의 불가항력에 대한 이행불능에 대하여도 채권자에게 책임이 있다고 해석함이 신의성실의 원칙상 타당하다(대판 1958.5.8. 4290민상372).

단락핵심 매매의 효력

(1) 매매계약 후 인도 전에 목적물로부터 생긴 과실은 매수인에게 속한다. (×)
  ⇒ 매도인에게 속한다. 그러나 매수인이 대금은 지급한 이후에는 매수인에게 속한다.
(2) 대금지급의 기한이 없는 때에는 매수인은 목적물의 인도를 받은 날로부터 대금의 이자를 지급하여야 한다. (○)
(3) 매도인의 소유에 속하지 않는 부동산의 매매도 유효하다. (○)
(4) 매매목적물이 인도되지 않았더라도 매수인이 대금을 완제한 경우, 그 이후의 목적물의 과실은 특약이 없는 한 매수인에게 귀속된다. (○)
(5) 매매계약에 관한 비용은 당사자 쌍방이 균분하여 부담한다. (○)

단락문제 Q03   제34회 기출

매매에서 과실의 귀속과 대금의 이자 등에 관한 설명으로 옳은 것을 모두 고른 것은? (대금지급과 목적물인도는 동시이행관계에 있고, 다툼이 있으면 판례에 따름)

> ㄱ. 매매계약 후 목적물이 인도되지 않더라도 매수인이 대금을 완제한 때에는 그 시점 이후 목적물로부터 생긴 과실은 매수인에게 귀속된다.
> ㄴ. 매수인이 대금지급을 거절할 정당한 사유가 있는 경우, 매수인은 목적물을 미리 인도받더라도 대금 이자의 지급의무가 없다.
> ㄷ. 매매계약이 취소된 경우, 선의의 점유자인 매수인의 과실취득권이 인정되는 이상 선의의 매도인도 지급받은 대금의 운용이악 내지 법정이자를 반환할 의무가 없다.

① ㄱ   ② ㄴ   ③ ㄱ, ㄷ   ④ ㄴ, ㄷ   ⑤ ㄱ, ㄴ, ㄷ

해설
ㄱ. 매매계약이 있은 후에도 인도하지 아니한 목적물로부터 생긴 과실은 매도인에게 속하나, 매매목적물의 인도 전이라도 매수인이 매매대금을 완납한 때에는 그 이후의 과실수취권은 매수인에게 귀속된다(대판 1993. 11. 9. 93다28928).
ㄴ. 맞다. 예컨대 대금지급 기한미도래
ㄷ. 맞다

답 ⑤

04 매도인의 담보책임　　14·추가15·16·18·22회 출제

1 서 설 ★

(1) 담보책임의 의의

1) 매매의 목적인 물건 또는 권리에 하자(흠) 내지 불완전한 점이 있는 때에, 매도인이 매수인에 대하여 부담하는 책임을 말한다.
   예 자동차를 구입하였더니 엔진부분이 고장이 나 있었다든지, 구입한 택지가 당초 제시된 면적을 가지고 있지 않는 경우
2) 공평의 원칙, 거래신용의 보호 취지에서 인정되는 제도이다.

(2) 담보책임의 성질

1) 법정책임
   ① 담보책임은 매매계약의 유상성(有償性)에 비추어 매수인을 보호하고 일반거래의 동적 안전을 보장하기 위하여 인정되는 법정책임이라는 견해와, 담보책임도 기본적으로 계약상 당사자에 의해 약정된 채무의 불이행에 대한 책임이라는 견해가 대립한다.
   ② 판례는 제570조, 제572조, 제581조의 담보책임은 채무불이행책임설·이행이익배상설을 취하지만, 그 이외의 담보책임의 경우는 **법정책임설·신뢰이익배상책임설**을 취하고 있다.
   　　　　　　　　　　　　　　　귀책사유 불필요 ←　　　　→ 이행이익의 한도 내에서
2) 무과실책임
   매도인의 담보책임은 고의·과실 등의 책임사유를 요하지 않는 일종의 무과실책임이다.

(3) 적용범위

1) 매도인의 담보책임은 특정물매매에서 뿐만 아니라 불특정물(종류물)의 매매에서도 인정된다(제581조).
2) 원시적 일부불능의 경우에 인정된다. 예를 들면 목적물의 수량부족 즉 실제 90평의 토지를 100평이 되는 것으로 하여 매매계약이 체결된 경우이다.

(4) 담보책임의 내용　　추가15회 출제

계약해제권, 대금감액청구권, 완전물급부청구권, 손해배상청구권이 인정되며 자세한 것은 뒤에서 본다.

2 권리의 하자(흠)에 대한 담보책임 ★★★　　12·14·17·24·33회 출제

(1) 전부가 타인의 권리인 경우의 담보책임

> **제569조(타인의 권리의 매매)** 매매의 목적이 된 권리가 타인에게 속한 경우에는 매도인은 그 권리를 취득하여 매수인에게 이전하여야 한다.
> **제570조(동전(同前)—매도인의 담보책임)** 전조의 경우에 매도인이 그 권리를 취득하여 매수인에게 이전할 수 없는 때에는 매수인은 계약을 해제할 수 있다. 그러나 매수인이 계약 당시 그 권리가 매도인에게 속하지 아니함을 안 때에는 손해배상을 청구하지 못한다.

제2장 계약각론

1) 요건

매매목적인 권리자체는 존재하지만 그 권리가 계약당시부터 전부 <u>타인소유이어서 권리를 이전하는 것이 불가능한</u> 상태이어야 한다.

→ 계약자체가 불능을 이유로 무효가 되는 것은 아님을 주의할 것

 판례 타인의 권리매매에 해당하는지에 관한 판례

1 부동산 매수인이 소유권이전등기 없이 이를 제3자에게 전매한 경우 — 해당 안 됨
甲이 丙의 이름으로 주식회사 A로부터 이 사건 오피스텔을 분양받은 후 그 소유권이전등기를 하지 아니한 채 乙에게 이를 매도하였다면, 그 매도인 甲은 이 사건 오피스텔을 사실상 처분할 수 있을 뿐 아니라 법률상으로도 처분할 수 있는 권원에 의하여 乙에게 매도한 것이므로 이를 민법 제569조 소정의 타인의 권리의 매매에 해당한다고 해석할 수는 없다(대판 1996.4.12. 95다55245).

2 명의신탁자가 신탁 부동산을 매도한 경우 — 해당 안 됨
명의신탁한 부동산을 명의신탁자가 매도하는 경우에 명의신탁자는 그 부동산을 사실상 처분할 수 있을 뿐 아니라 법률상으로도 처분할 수 있는 권원에 의하여 매도한 것이므로 이를 민법 제569조 소정의 타인의 권리의 매매라고 할 수 없다(대판 1996.8.20. 96다18656).

 매도인의 담보책임

① 매수인을 보호하기 위한 법정책임이며 무과실책임(= 과실이 있든 없든 매도인이 모두 책임짐)이다.
② 특히 중요한 부분인 '㉠ 일부가 타인의 권리인 경우의 담보책임, ㉡ 수량부족·일부멸실에 대한 담보책임'의 내용은 반드시 알아야 한다.

매도인의 담보책임의 내용

* 담보책임이 있는 경우 : O, 담보책임이 없는 경우 : X

담보책임의 원인	매수인의 선의·악의	대금감액 청구권	해제권	손해배상 청구권
1) 일부가 타인의 권리인 경우	선의	O	일정한 경우 O	O
	악의	O	X	X
2) 수량부족·일부멸실	선의	O	일정한 경우 O	O
	악의	X	X	X

2) 내용

① 계약해제권
매수인은 선의·악의를 불문하고 계약해제권을 갖는다.

② 손해배상청구권
선의의 매수인은 해제와 더불어 **손해배상**을 청구할 수 있다. → 판례는 이행이익의 배상을 인정함

③ 선의의 매도인에 대한 보호 → 자기의 물건인 줄 알고
㉠ 매도인도 **타인소유임을 모르고** 매도한 경우에는 계약해제권을 갖는다(제571조).
㉡ 이때 선의의 매수인에 대해서는 손해를 배상하여야 하나, 악의의 매수인에 대하여는 손해배상책임이 없다.

판례 | 타인권리의 매매와 매수인의 손해배상청구권

타인의 권리를 매매의 목적으로 한 경우에 있어서 그 권리를 취득하여 매수인에게 이전하여야 할 매도인의 의무가 매도인의 귀책사유로 인하여 이행불능이 되었다면 매수인이 매도인의 담보책임에 관한 민법 제570조 단서의 규정에 의해 손해배상을 청구할 수 없다 하더라도 채무불이행 일반의 규정(민법 제546조, 제390조)에 좇아서 계약을 해제하고 손해배상을 청구할 수 있다(대판 1993.11.23. 93다37328).

판례 | 매매목적인 수 개의 권리 중 일부의 이전불능의 경우 제571조 적용가능성

민법 제571조 제1항은 선의의 매도인이 매매의 목적인 권리의 전부를 이전할 수 없는 경우에 적용될 뿐 매매의 목적인 권리의 일부를 이전할 수 없는 경우에는 적용될 수 없고, 마찬가지로 **수 개의 권리를 일괄하여 매매의 목적으로 정하였으나 그 중 일부의 권리를 이전할 수 없는 경우에도 위 조항은 적용될 수 없다**(대판 2004.12.9. 2002다33557).

④ 제척기간
해제권이나 손해배상청구권에는 제척기간의 제한이 없다.

(2) 일부가 타인의 권리인 경우의 담보책임

> 제572조(권리의 일부가 타인에게 속한 경우와 매도인의 담보책임) ① 매매의 목적이 된 권리의 일부가 타인에게 속함으로 인하여 매도인이 그 권리를 취득하여 매수인에게 이전할 수 없는 때에는 매수인은 그 부분의 비율로 대금의 감액을 청구할 수 있다.
> ② 전항의 경우에 잔존한 부분만이면 매수인이 이를 매수하지 아니하였을 때에는 선의의 매수인은 계약전부를 해제할 수 있다.
> ③ 선의의 매수인은 감액청구 또는 계약해제 외에 손해배상을 청구할 수 있다.
> 제573조(전조의 권리행사의 기간) 전조의 권리는 매수인이 선의인 경우에는 사실을 안 날로부터, 악의인 경우에는 계약한 날로부터 1년 내에 행사하여야 한다.

1) 요건
매매목적인 권리의 일부가 타인에 속하여 매도인이 이행기까지 그 부분을 취득하여 매수인에게 이전할 수 없어야 한다.

예) 공유자 중의 1인이 공유물전부를 매도한 경우, 甲이 乙의 토지 100평을 1억원에 매수하였는데 그 중 20평이 丙의 소유인 경우

2) 내용

① 계약해제권
선의의 매수인은 이전가능한 부분만으로 계약목적을 달성할 수 없는 경우에는 계약전부를 해제할 수 있다.

② 손해배상청구권
선의의 매수인은 손해배상청구권도 갖는다.
→ 판례는 이행이익의 배상을 인정함

판례 매매의 목적이 된 권리의 일부가 타인에게 속한 경우 — 이행이익 상당액

매매의 목적이 된 권리의 일부가 타인에게 속함으로 인하여 매도인이 그 권리를 취득하여 매수인에게 이전할 수 없게 된 때에는 선의 매수인은 매도인에게 담보책임을 물어 이로 인한 손해배상을 청구할 수 있는 바, 이 경우에 매도인이 매수인에 대하여 배상하여야 할 손해액은 원칙적으로 매도인이 매매의 목적이 된 권리의 일부를 취득하여 매수인에게 이전할 수 없게 된 때의 이행불능이 된 권리의 시가, 즉 이행이익 상당액이라고 할 것이어서, 불법등기에 대한 불법행위책임을 물어 손해배상청구를 할 경우의 손해의 범위와 같이 볼 수 없다(대판 1993.1.19. 92다37727).

③ 대금감액청구권
매수인은 선의·악의에 관계없이 이전할 수 없는 부분의 비율로 대금감액청구권을 행사할 수 있다.

일부 타인 권리매매와 수량부족 등 담보책임

① 계약해제권은 '매수인 선의 + 계약목적 달성불가능'이어야 가능하다.
② 매수인 선의인 경우에는 '손해배상청구권 + 대금감액청구권'을 갖는다.
③ 매수인 악의인 경우에는 오직 '대금감액청구권'만 갖는다.

④ 제척기간

매수인의 권리는 매수인이 선의이면 이전불능인 사실을 안 날로부터 1년 내에, 매수인이 악의이면 계약한 날로부터 1년 내에 행사하여야 한다. 여기서 '사실을 안 날'이란 단순히 목적물이 부족되는 사실을 안 날이 아니라 매도인이 그 부족분을 취득하여 매수인에게 이전할 수 없는 것이 확실하게 된 사실을 안 날을 의미한다(대판 1997.6.13. 96다15596).

(3) 수량부족·일부멸실에 대한 담보책임 〔15·16·28·32회 출제〕

> **제574조(수량부족, 일부멸실의 경우와 매도인의 담보책임)** 전2조의 규정은 <u>수량을 지정한 매매의 목적물이 부족되는 경우</u>와 <u>매매목적물의 일부가 계약당시에 이미 멸실된 경우</u>에 매수인이 그 부족 또는 멸실을 알지 못한 때에 <u>준용</u>한다.

1) 요건

① 목적물의 수량이 계약당시부터 부족되어 있거나 계약당시부터 일부멸실되어 있는 경우라야 한다(제574조).
㉠ 일정구획의 토지의 평수를 지정하고 그 평수에 따라 대금을 정한 매매에서 실제의 평수가 부족하거나, 건물의 매매에 있어 부속건물이 계약 전에 이미 소실되어 있는 경우
② '수량을 지정한 매매'란 당사자가 매매목적물인 특정물이 일정한 수량을 가지고 있다는 데 주안을 두고 대금도 이 수량을 기초로 하여 정한 경우를 말한다.
③ 매수인은 수량 부족에 대하여 선의이어야 한다.
④ 본조는 특정물의 매매에 관해서만 적용된다.

> **판례** 수량을 지정한 경우가 아니라고 한 판례
>
> **1** <u>토지의 매매에 있어 목적물을 등기부상의 평수에 따라 특정한 경우라도 당사자가 그 지정된 구획을 전체로서 평가하였고 평수에 의한 계산이 하나의 표준에 지나지 아니하여 그것이 당사자들 사이에 대상토지를 특정하고 그 대금을 결정하기 위한 방편이었다고 보일 때에는</u> 이를 가리켜 수량을 지정한 매매라 할 수 없다(대판 1991.4.9. 90다15433).
> **2** <u>매매계약서에 토지의 면적을 등기부상 기재에 따라 기재하고 그 면적에 평당 가격을 곱한 금액에서 우수리 돈을 감액하는 방법으로 매매대금을 결정하였으나 그 토지가 도로, 잡목 등으로 인근 토지와 경계가 구분되어 있으며 매수인이 매매계약 체결 전 그 토지를 현장답사하여 현황을 확인한 경우</u> 그 토지 매매는 '수량을 지정한 매매'가 아니라 구획된 경계에 따라 특정하여 매매한 것이다(대판 1998.6.29. 98다13914).
> **3** 일반적으로 담보권실행을 위한 임의경매에 있어서 경매법원이 경매목적인 토지의 등기부상 면적을 표시하는 것은 단지 토지를 특정하여 표시하기 위한 방법에 지나지 아니한 것이고, 그 최저경매가격을 결정함에 있어 감정인이 단위면적당 가액에 공부상의 면적을 곱하여 산정한 가격을 기준으로 삼았다 하여도 이는 당해 토지 전체의 가격을 결정하기 위한 방편에 불과하다 할 것이어서, 특별한 사정이 없는 한 이를 민법 제574조 소정의 '수량을 지정한 매매'라고 할 수 없다(대판 2003.1.24. 2002다65189).

제2장 계약각론

> **판례** 수량을 지정한 경우라고 한 판례
>
> ❶ 건물 일부의 임대차계약을 체결함에 있어 임차인이 건물면적의 일정한 수량이 있는 것으로 믿고 계약을 체결하였고, 임대인도 그 일정 수량이 있는 것으로 명시적 또는 묵시적으로 표시하였으며, 또한 임대차보증금과 월임료 등도 그 수량을 기초로 하여 정하여진 경우에는, 그 임대차는 수량을 지정한 임대차라고 봄이 타당하다(대판 1995.7.14. 94다3834).
> ❷ 목적물이 일정한 면적(수량)을 가지고 있다는 데 주안을 두고 대금도 면적을 기준으로 하여 정하여지는 아파트분양계약은 이른바 수량을 지정한 매매라 할 것이다(대판 2002.11.8. 99다58136).

> **판례** 수량을 지정한 매매계약 후에 수량부족이 발생한 경우 민법 제574조 — 적용불가
>
> 아파트 분양계약이 수량을 지정한 매매에 해당된다 하더라도, 이전등기된 공유대지지분이 부족하게 된 원인이 분양계약 당시 분양계약자들과 주택건설사업자가 공유지분 산정의 기초가 되는 아파트 대지를 실제와 다르게 잘못 알고 있었기 때문이 아니라, 주택건설사업자가 분양계약 당시 공유지분 산정의 기초가 된 아파트 대지 중 일부를 분양계약 후에 비로소 공용시설용 대지에 편입하여 시에 기부채납하였기 때문이라면(후발적 불능에 기한 것이라면), 주택건설사업자에 대하여 민법 제574조에 의한 담보책임을 물을 수는 없다(대판 1996.10.12. 94다56098).

2) 내용

① **계약해제권**
잔존한 부분만으로는 매수하지 아니하였을 때에는 계약의 전부를 해제할 수 있다. → 가상적 의사

② **손해배상청구권**
계약해제권 외에도 손해배상청구권을 갖는다. → 신뢰이익의 범위에서 인정됨(통설)

③ **대금감액청구권**
부족한 수량 또는 멸실한 비율만큼 대금감액을 청구할 수 있다.

④ **제척기간**
위의 권리는 매수인이 수량부족 또는 일부멸실의 사실을 안 때로부터 1년 내에 행사하여야 한다. 사실을 안 날이란 매도인이 그 부족분을 취득하여 매수인에게 이전할 수 없는 것이 확실하게 된 사실을 안 날을 의미한다(대판 2002.11.8. 99다58136).

(4) 제한물권에 의한 제한에 따른 담보책임

> **제575조(제한물권있는 경우와 매도인의 담보책임)** ① 매매의 목적물이 지상권, 지역권, 전세권, 질권 또는 유치권의 목적이 된 경우에 매수인이 이를 알지 못한 때에는 이로 인하여 계약의 목적을 달성할 수 없는 경우에 한하여 매수인은 계약을 해제할 수 있다. 기타의 경우에는 손해배상만을 청구할 수 있다.
> ② 전항의 규정은 매매의 목적이 된 부동산을 위하여 존재할 지역권이 없거나 그 부동산에 등기된 임대차계약이 있는 경우에 준용한다.
> ③ 전2항의 권리는 매수인이 그 사실을 안 날로부터 1년 내에 행사하여야 한다.

1) 요건

① 매매의 목적물에 대해 ㉠ 지상권, 지역권, 전세권, 질권 또는 유치권의 목적이 되어 있거나 ㉡ 부동산을 위하여 있어야 할 지역권이 설정되어 있지 않거나 ㉢ 그 부동산에 등기된(대항력 있는) 임차권이 존재할 것
② 매수인은 선의일 것

2) 내용
① **계약해제권**
계약목적을 달성할 수 있는 경우에는 인정되지 않고, 매수인이 계약의 목적을 달성할 수 없는 경우에만 계약을 해제할 수 있다.

② **손해배상청구권**
계약목적을 달성할 수 있는지 여부와 관계없이 <u>손해배상청구권</u>을 갖는다. ▶ 신뢰이익의 범위에서 인정됨

③ **제척기간**
계약해제권과 손해배상청구권은 매수인이 그 사실을 안 날로부터 1년 이내에 행사하여야 한다. 매수인이 악의였던 경우에는 담보책임을 물을 수 없으므로 계약한 때로부터 기산할 필요가 없다.

(5) 저당권·전세권의 행사에 따른 담보책임 `20·26회 출제`

> **제576조(저당권, 전세권의 행사와 매도인의 담보책임)** ① 매매의 목적이 된 부동산에 설정된 <u>저당권 또는 전세권의 행사로 인하여 매수인이 그 소유권을 취득할 수 없거나 취득한 소유권을 잃은 때에는 매수인은 계약을 해제할 수 있다.</u>
> ② 전항의 경우에 매수인의 출재로 그 소유권을 보존한 때에는 매도인에 대하여 그 상환을 청구할 수 있다.
> ③ 전2항의 경우에 <u>매수인이 손해를 받은 때에는 그 배상을 청구할 수 있다.</u>

1) 요건
① 매매목적인 부동산 위에 설정되어 있던 저당권, 전세권의 행사로 매수인이 목적부동산의 소유권을 취득할 수 없는 때(제576조 제1항)
② 매수인이 유효하게 소유권을 취득한 후 저당권 또는 전세권의 행사(경매청구)로 매수인이 목적부동산의 소유권을 잃은 때(제576조 제1항)
③ 매수인이 그의 출재(出財)로 소유권을 보존한 때(제576조 제2항) 다만 매매계약시 피담보채권액 또는 전세금을 공제하고 매매대금을 정한 경우에는 담보책임을 물을 수 없다.

 가등기의 목적이 된 부동산의 매수인이 그 뒤 가등기에 기한 본등기가 경료됨으로써 소유권을 상실하게 된 경우 담보책임에 관하여 준용되는 법조문

가등기의 목적이 된 부동산을 매수한 사람이 그 뒤 가등기에 기한 본등기가 경료됨으로써 그 부동산의 소유권을 상실하게 된 때에는 매매의 목적 부동산에 설정된 저당권 또는 전세권의 행사로 인하여 매수인이 취득한 소유권을 상실한 경우와 유사하므로, <u>이와 같은 경우 민법 제576조의 규정이 준용된다고 보아 같은 조 소정의 담보책임을 진다고 보는 것이 상당하고 민법 제570조에 의한 담보책임을 진다고 할 수 없다</u>(대판 1992.10.27. 92다21784).

2) 내용
① **저당권·전세권의 행사로 권리를 잃거나 취득할 수 없는 경우**
매수인은 저당권·전세권의 존재에 관한 선의·악의 여부를 불문하고 계약을 해제할 수 있고 또한 손해배상청구권을 행사할 수 있다.

② **매수인의 출재가 있는 경우**
매수인의 출재로 그 소유권을 보존한 때에는 저당권·전세권의 존재에 관한 선의·악의여부에 불구하고 매도인에 대하여 상환을 청구하고 손해배상을 청구할 수 있다.

제2장 계약각론

단락문제 Q04 제33회 기출

권리의 하자에 대한 매도인의 담보책임과 관련하며 '악의의 매수인에게 인정되는 권리'로 옳은 것을 모두 고른 것은?

> ㄱ. 권리의 전부가 타인에게 속하여 매수인에게 이전할 수 없는 경우 – 계약해제권
> ㄴ. 권리의 일부가 타인에게 속하여 그 권리의 일부를 매수인에게 이전할 수 없는 경우 – 대금감액청구권
> ㄷ. 목적물에 설정된 저당권의 실행으로 인하여 매수인이 소유권을 취득할 수 없는 경우 – 계약해제권
> ㄹ. 목적물에 설정된 지상권에 의해 매수인의 권리행사가 제한되어 계약의 목적을 달성할 수 없는 경우 – 계약해제권

① ㄱ, ㄴ   ② ㄱ, ㄹ   ③ ㄴ, ㄷ
④ ㄷ, ㄹ   ⑤ ㄱ, ㄴ, ㄷ

해설
악의의 매수인에게 인정된 권리 : ㄱ 제570조(계약해제), ㄴ 제572조(대금감액청구), ㄷ 제576조(계약해제)
선의의 매수인에게만 인정된 권리 : ㄹ 제575조

답 ⑤

3 물건의 하자(흠)에 대한 담보책임(하자담보책임) ★★★   23·28회 출제

> 제580조(매도인의 하자담보책임) ① 매매의 목적물에 하자가 있는 때에는 제575조 제1항의 규정을 준용한다. 그러나 매수인이 하자 있는 것을 알았거나 과실로 인하여 이를 알지 못한 때에는 그러하지 아니하다.
> ② 전항의 규정은 경매의 경우에 적용하지 아니한다.
> 제581조(종류매매와 매도인의 담보책임) ① 매매의 목적물을 종류로 지정한 경우에도 그 후 특정된 목적물에 하자가 있는 때에는 전조의 규정을 준용한다.
> ② 전항의 경우에 매수인은 계약의 해제 또는 손해배상의 청구를 하지 아니하고 하자 없는 물건을 청구할 수 있다.

(1) 요 건
1) 매매목적물의 하자
① 매매의 목적물에는 제한이 없다. 즉 목적물 자체는 특정물이건 불특정물(종류물)이건 상관없다(제581조).
② 하자란 매매목적물이 계약당시 당사자 쌍방이 합의한 품질이나 성능을 갖지 못한 경우 또는 일반적으로 그 물건이 가질 것으로 기대되는 통상의 품질·성능을 결여한 경우를 의미한다.

하자의 의미

① 매매의 목적물이 거래통념상 기대되는 객관적 성질·성능을 결여하거나, 당사자가 예정 또는 보증한 성질을 결여한 경우에 매도인은 매수인에 대하여 그 하자로 인한 담보책임을 부담한다 할 것이다(대판 2000.1.18. 98다18506).

② 매도인이 매수인에게 공급한 기계가 통상의 품질이나 성능을 갖추고 있는 경우, 그 기계에 작업환경이나 상황이 요구하는 품질이나 성능을 갖추고 있지 못하다 하여 하자가 있다고 인정할 수 있기 위하여는, 매수인이 매도인에게 제품이 사용될 작업환경이나 상황을 설명하면서 그 환경이나 상황에 충분히 견딜 수 있는 제품의 공급을 요구한 데 대하여, 매도인이 그러한 품질과 성능을 갖춘 제품이라는 점을 명시적으로나 묵시적으로 보증하고 공급하였다는 사실이 인정되어야만 할 것임은 물론이나, 매도인이 매수인에게 기계를 공급하면서 당해 기계의 카탈로그와 검사성적서를 제시하였다면, 매도인은 그 기계가 카탈로그와 검사성적서에 기재된 바와 같은 정도의 품질과 성능을 갖춘 제품이라는 점을 보증하였다고 할 것이므로, 매도인이 공급한 기계가 매도인이 카탈로그와 검사성적서에 의하여 보증한 일정한 품질과 성능을 갖추지 못한 경우에는 그 기계에 하자가 있다고 보아야 한다(대판 2000.10.27. 2000다30554·30561).

③ 매매의 목적이 된 물건에 법률적 장애가 발생한 경우에는 권리의 하자가 아니라 <u>물건의 하자</u>라는 것이 판례이다. 따라서 경매에 관한 담보책임 규정(제578조)이 적용되지 않는다. → 권리의 내용 자체에 하자가 있기 때문

 법률적 장애가 물건의 하자인지, 특정물 매매의 하자 판단 기준 시기

건축을 목적으로 매매된 토지에 대하여 건축허가를 받을 수 없어 건축이 불가능한 경우, 위와 같은 법률적 제한 내지 장애 역시 매매목적물의 하자에 해당한다 할 것이나, 다만 위와 같은 하자의 존부는 매매계약 성립시를 기준으로 판단하여야 할 것이다(대판 2000.1.18. 98다18506).

④ **하자의 존재시기**

특정물의 경우에는 계약체결시(대판 2000.1.18. 98다18506, 통설), 불특정물의 경우에는 특정시(통설)를 기준으로 하자를 판단한다.

2) **매수인의 선의·무과실**

① 매수인은 선의이고 선의인데 과실이 없어야 한다(제580조 제1항·제581조 제1항).

② 여기서 과실이란 보통 일반인에게 요구되는 정도의 통상의 주의를 기울였더라면 알 수 있었던 하자를 부주의로 알지 못하는 것을 의미한다.

③ 이에 대한 입증책임은 매도인에게 있다(통설).

(2) 내 용

1) **특정물[1] 매매의 경우**

① **계약해제권**: 계약목적달성이 불가능한 경우에는 계약을 해제할 수 있다. 그러나 수량적으로 분할 가능한 일부에만 하자가 있고 잔존부분만으로도 계약의 목적을 달성할 수 있다면 그 하자 있는 일부에 관하여서만 해제할 수 있다.

② **손해배상청구권**
목적물의 하자가 계약목적달성이 불가능할 정도로 중대한 것이 아닌 경우에는 손해배상만을 청구할 수 있다.

용어사전

[1] **특정물**: 구체적인 거래에 있어서 당사자가 물건의 개성을 중시하여 동종의 다른 물건으로 바꾸지 못하게 한 물건을 말하고, 다른 물건으로 바꿀 수 있게 한 물건이 불특정물이다.

③ 제척기간
계약해제 및 손해배상의 청구는 모두 매수인이 목적물의 하자를 안 때로부터 6월 내에 하여야 한다.

2) 불특정물매매의 경우

① 계약해제권 및 손해배상청구권
매매목적의 달성가능 여부에 따라 특정물매매에서와 같이 계약해제 및 손해배상 또는 손해배상만을 청구할 수 있다.

② 완전물급부청구권
㉠ 특칙으로서 매수인은 계약의 해제 또는 손해배상의 청구를 하지 아니하고 완전물급부를 청구할 수 있으며, 이는 반드시 하자로 인해 계약목적을 달성할 수 없는 경우에 한하지 않는다.
㉡ 다만, 매매목적물의 하자가 경미하여 수선 등의 방법으로도 계약의 목적을 달성하는 데 별다른 지장이 없는 반면 매도인에게 하자 없는 물건의 급부의무를 지우면 다른 구제방법에 비하여 지나치게 큰 불이익이 매도인에게 발생되는 경우에는 완전물급부청구권의 행사가 제한된다(대판 2014.5.16. 2012다72582).

Professor Comment
신차를 구입하였는데 계기판에 하자가 있는 경우, 자동차 판매회사는 계기판 모듈을 교체해 주면 족하고, 새 차로 교환해 줄 필요는 없다(대판 2014.5.16. 2012다72582).

③ 제척기간
위의 권리는 매수인이 하자를 안 날로부터 6월 내에 행사하여야 한다.

3) 적용범위
물건의 하자로 인한 담보책임은 경매에 있어서는 적용되지 않는다.

 판례 물건의 하자 ; 담보책임과 불법행위로 인한 담보책임의 경합

토지 매도인이 성토작업을 기화로 다량의 폐기물을 은밀히 매립하고 그 위에 토사를 덮은 다음 도시계획사업을 시행하는 공공사업시행자와 사이에서 정상적인 토지임을 전제로 협의취득절차를 진행하여 이를 매도함으로써 매수자로 하여금 그 토지의 폐기물처리비용 상당의 손해를 입게 하였다면 매도인은 이른바 불완전이행으로서 채무불이행으로 인한 손해배상책임을 부담하고, 이는 하자 있는 토지의 매매로 인한 민법 제580조 소정의 하자담보책임과 경합적으로 인정된다(대판 2004.7.22. 2002다51586).

 판례 물건의 하자로 인한 확대손해 ; 매도인의 귀책사유요건

매매목적물의 하자로 인한 확대손해에 대하여 매도인에게 배상책임을 지우기 위해서는 하자 없는 목적물을 인도하지 못한 의무위반 사실 외에 그러한 의무위반에 대하여 매도인에게 귀책사유가 있어야 채무불이행책임을 물을 수 있다(대판 2003.7.22. 2002다35676).

제3편 계약법

단락문제 Q05
제31회 기출

불특정물의 하자로 인해 매도인의 담보책임이 성립한 경우, 매수인의 권리로 규정된 것을 모두 고른 것은?

> ㉠ 계약해제권　　　　　　　㉡ 손해배상청구권
> ㉢ 대금감액청구권　　　　　㉣ 완전물급부청구권

① ㉢　　② ㉠, ㉢　　③ ㉡, ㉣　　④ ㉠, ㉡, ㉣　　⑤ ㉠, ㉡, ㉢, ㉣

해설
④ (×) 제581조에 의한 제580조의 준용 대금감액청구는 수량부족 등에만 적용된다.　　**답** ④

4 채권매매와 매도인의 담보책임 ★

> **제579조(채권매매와 매도인의 담보책임)** ① 채권의 매도인이 채무자의 자력을 담보한 때에는 매매계약당시의 자력을 담보한 것으로 추정한다.
> ② 변제기에 도달하지 아니한 채권의 매도인이 채무자의 자력을 담보한 때에는 변제기의 자력을 담보한 것으로 추정한다.

(1) 개 관
민법은 매도인이 매매의 목적이 된 채권과 관련해서 채무자의 자력을 담보하는 특약을 하였으나, 채무자의 자력이 없거나 부족한 경우에 이에 대한 담보책임을 부담하도록 하고 있다(제579조).

(2) 채무자의 자력기준시기

1) 변제기에 도달한 채권
이미 변제기에 도달한 채권을 양도하면서 채무자의 자력을 담보한 매도인은 매매계약 당시의 자력을 담보한 것으로 추정한다.
→ 채무자의 자력이 미치지 못하는 범위 내에서 매도인이 책임을 짐

2) 변제기에 도달하지 않은 채권
변제기에 도달하지 않은 채권을 양도하면서 채무자의 자력을 담보한 경우에는 변제기의 자력을 담보한 것으로 추정한다.

(3) 내 용
1) 매수인이 채권의 변제를 못 받아 입은 손해를 배상하는 것이다.
2) 책임의 범위는 담보한 시기에 있어서의 채권액(이자 포함)이다.

5 경매에 있어서의 담보책임 ★   23·29회 출제

> **제578조(경매와 매도인의 담보책임)** ① 경매의 경우에는 경락인은 전8조의 규정에 의하여 채무자에게 계약의 해제 또는 대금감액의 청구를 할 수 있다.
> ② 전항의 경우에 채무자가 자력이 없는 때에는 경락인은 대금의 배당을 받은 채권자에 대하여 그 대금 전부나 일부의 반환을 청구할 수 있다.
> ③ 전2항의 경우에 채무자가 물건 또는 권리의 흠결을 알고 고지하지 아니하거나 채권자가 이를 알고 경매를 청구한 때에는 경락인은 그 흠결을 안 채무자나 채권자에 대하여 손해배상을 청구할 수 있다.

(1) 요 건

물건의 하자에 대한 담보책임은 인정되지 않고, 권리의 하자에 대해서만 담보책임이 인정된다.
 경매된 권리의 전부 또는 일부가 타인에게 속하거나 또는 제한을 받는 경우

> **판례 경매에 있어서 담보책임에 관한 판례**
>
> **1 제578조의 채무자의 범위**
> 민법 제578조 제1항의 채무자에는 임의경매에 있어서의 물상보증인도 포함되는 것이므로 경락인이 그에 대하여 적법하게 계약해제권을 행사했을 때에는 물상보증인은 경락인에 대하여 원상회복의 의무를 진다(대판 1988.4.12. 87다카2641).
>
> **2 경매가 무효인 경우의 담보책임 부정**
> 경락인이 강제경매절차를 통하여 부동산을 경락받아 대금을 완납하고 그 앞으로 소유권이전등기까지 마쳤으나, 그 후 강제경매절차의 기초가 된 채무자 명의의 소유권이전등기가 원인무효의 등기이어서 경매 부동산에 대한 소유권을 취득하지 못하게 된 경우, 이와 같은 강제경매는 무효라고 할 것이므로 경락인은 경매 채권자에게 경매대금 중 그가 배당받은 금액에 대하여 일반 부당이득의 법리에 따라 반환을 청구할 수 있고, 민법 제578조 제1항, 제2항에 따른 경매의 채무자나 채권자의 담보책임은 인정될 여지가 없다(대판 2004.6.24. 2003다59259).

(2) 내 용

1) 채무자 또는 채권자가 하자의 존재에 대하여 선의인 경우

선의의 경락인은 채무자에 대해 계약의 해제 또는 대금감액의 청구를 할 수 있는데(제578조 제1항), 계약해제 또는 대금감액청구시 채무자의 무자력으로 만족을 얻지 못한 때에는 채권자에 대하여 그 대금전부나 일부의 반환을 청구할 수 있다(제578조 제2항).

2) 채무자 또는 채권자가 하자의 존재에 대하여 악의인 경우

① 채무자가 물건 또는 권리의 흠결을 알고 고지하지 않은 경우에는 경락인은 손해배상도 청구할 수 있다(제578조 제3항).
② 채권자가 하자의 존재를 알고 경매를 청구한 때에는 경락인은 위 권리 외에 채권자에 대해서 손해배상을 청구할 수 있다(제578조 제3항).

(3) 제척기간

계약해제권·대금감액청구권·손해배상청구권은 모두 1년의 제척기간에 걸린다.

6 담보책임에 관한 특약의 효력★

25회 출제

(1) 임의규정
매도인의 담보책임에 관한 민법규정은 원칙적으로 강행규정이 아니다.

(2) 원 칙
신의칙(信義則)에 반하지 않는 한도에서 당사자 사이의 특약으로 민법이 규정하는 매도인의 담보책임을 배제하거나, 경감 또는 가중하는 것이 가능하다.
→ 다만, 신의칙의 범위 내에서만 허용됨

(3) 예 외
1) 담보책임발생의 요건이 되는 어떤 사실(권리의 흠결이나 물건의 하자)을 매도인이 알고 있었음에도 이를 매수인에게 고지(告知)하지 않은 경우에는 면책특약이 있더라도 매도인은 담보책임을 면할 수 없다(제584조).
2) 담보책임발생의 요건이 되는 권리를 매매계약을 맺기 전에 매도인이 스스로 제3자에게 설정 또는 양도한 경우에도 면책특약은 무효이다(제584조).

7 다른 제도와의 관계

(1) 착오에 의한 취소와의 관계
매매계약 내용의 중요 부분에 착오가 있는 경우 매수인은 매도인의 하자담보책임이 성립하는지와 상관없이 착오를 이유로 매매계약을 취소할 수 있다(대판 2015다78703).

(2) 사기에 의한 취소와의 관계
매매계약의 경우 제110조에 의한 취소권과 매도인의 담보책임은 경합할 수 있다.

제2장 계약각론

Key Point 매도인의 담보책임

담보책임의 유형	매수인의 선의·악의	책임의 내용(매수인의 권리)			제척기간
		대금감액 청구권	해제권	손해배상 청구권	
전부가 타인의 권리인 경우 (제570조)	선 의	규정없음	인정	인정	제한없음
	악 의	규정없음	인정	부정	제한없음
일부가 타인의 권리인 경우 (제572조)	선 의	인정	잔존부분만이라면 매수하지 않았을 경우에만 있음	인정	하자를 안 날부터 1년
	악 의	인정	부정	부정	계약한 날부터 1년
수량부족·일부 멸실인 경우(제574조)	선 의	인정	잔존부분만이라면 매수하지 않았을 경우에만 인정	인정	하자를 안 날부터 1년
	악 의	부정	부정	부정	—
용익권에 의한 제한 (제575조)	선 의	규정없음	목적달성할 수 없는 경우에만 인정	인정	하자를 안 날부터 1년
	악 의	규정없음	부정	부정	—
저당권·전세권에 의한 제한(제576조)	선 의	규정없음	경매시에만 인정	경매시에만 인정	제한 없음
	악 의				
특정물(토지·건물 등)의 하자(제580조)	선 의 무과실	규정없음	목적달성할 수 없는 경우에만 인정	인정	하자를 안 날부터 6월
	악의 또는 과실	규정없음	부정	부정	—
종류물(불특정물)의 하자 (제581조)	선 의 무과실	규정없음	목적달성할 수 없는 경우에만 인정	손해배상청구권 또는 완전물급부 청구권 (추완요구)	하자를 안 날부터 6월
	악의 또는 과실	규정없음	부정	부정	—

단락핵심 매도인의 담보책임

(1) 매도인의 담보책임에는 불특정물의 매매에 있어서는 인정되지 않는다. (×)
(2) 계약 당시 매수인이 목적물에 하자가 있음을 안 경우 매도인은 하자담보책임을 지지 않는다. (○)
(3) 수량을 지정한 매매에서 계약 당시 매매목적물의 수량부족을 안 매수인은 대금감액을 청구할 수 있다. (×)
(4) 매수인이 매매 목적인 권리의 전부가 제3자에 속한 사실을 알고 있었더라도 매도인이 이를 취득하여 이전할 수 없는 때에는 매매계약을 해제할 수 있다. (○)

제3편 계약법

05 환 매
11·17·19·22·30·32·33·34회 출제

> **제590조(환매의 의의)** ① 매도인이 매매계약과 동시에 환매할 권리를 보류한 때에는 그 영수한 대금 및 매수인이 부담한 매매비용을 반환하고 그 목적물을 환매할 수 있다.
> ② 전항의 환매대금에 관하여 특별한 약정이 있으면 그 약정에 의한다.
> ③ 전2항의 경우에 목적물의 과실과 대금의 이자는 특별한 약정이 없으면 이를 상계한 것으로 본다.
> **제591조(환매기간)** ① 환매기간은 부동산은 5년, 동산은 3년을 넘지 못한다. 약정기간이 이를 넘는 때에는 부동산은 5년, 동산은 3년으로 단축한다.
> ② 환매기간을 정한 때에는 다시 이를 연장하지 못한다.
> ③ 환매기간을 정하지 아니한 때에는 그 기간은 부동산은 5년, 동산은 3년으로 한다.
> **제592조(환매등기)** 매매의 목적물이 부동산인 경우에 매매등기와 동시에 환매권의 보류를 등기한 때에는 제3자에 대하여 그 효력이 있다.
> **제594조(환매의 실행)** ① 매도인은 기간 내에 대금과 매매비용을 매수인에게 제공하지 아니하면 환매할 권리를 잃는다.
> ② 매수인이나 전득자가 목적물에 대하여 비용을 지출한 때에는 매도인은 제203조의 규정에 의하여 이를 상환하여야 한다. 그러나 유익비에 대하여는 법원은 매도인의 청구에 의하여 상당한 상환기간을 허여할 수 있다.

환매(換買)

- 換 : 돌아올 [환]
- 買 : 살 [매]

① 이전에 팔았던 것을 다시 사올 것을 약정하는 계약이다.
② 환매기간이 경과한 경우 환매권은 소멸한다.

환매란 매도인이 매매계약과 동시에 일정기간(환매기간) 내에 그 물건을 도로 사올 것을 약정하는 계약이다.

5년 후에 환매(다시 사는 것)하는 조건으로 지금 파는 거야!

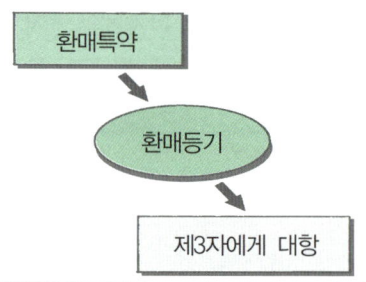

환매특약의 실효(失效)를 위해서 부동산환매는 반드시 등기해야 제3자에게 대항할 수 있다.

환매특약 → 환매등기 → 제3자에게 대항

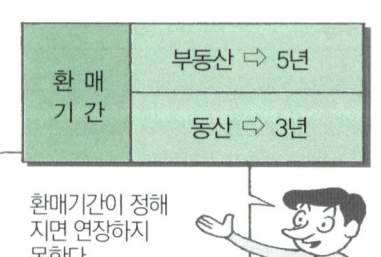

부동산의 환매기간은 5년을 넘지 못하고 동산은 3년을 넘지 못한다.

| 환매기간 | 부동산 ⇨ 5년 |
| | 동산 ⇨ 3년 |

환매기간이 정해지면 연장하지 못한다.

환매기간이 도래했을 때 환매권자(매도인)가 환매의무자(매수인)에게 환매대금(매매대금과 비용)을 제공하고 환매의 뜻을 표시하면 환매가 실행된다.

시간 됐으니까 나한테 도로 환매해!

제2장 계약각론

1 의의 및 성질 ★★   〔27회 출제〕

(1) 의 의
환매란 매도인이 매매계약과 동시에 특약으로 환매권을 보류한 경우에 그 환매권을 일정한 기간 내에 행사하여 매매의 목적물을 도로 사는 것을 말한다(제590조 제1항).
  예) 甲이 乙에게 부동산을 매각하면서 5년 이내에 다시 살 것을 약속하는 경우

(2) 환매권의 성질
1) 환매권자의 일방적 의사표시로 효력이 발생하는 권리로서 형성권이다.
2) 양도할 수 있다.
3) 매매등기와 동시에 환매권의 보류를 등기한 때에는 제3자에 대하여 효력이 있다(제592조).

> **판례** 환매권자가 환매권등기가 경료된 이후 매수인으로부터 부동산을 전득한 제3자
>
> 부동산에 관하여 매매등기와 아울러 환매특약의 등기가 경료된 이후 그 부동산 매수인으로부터 그 부동산을 전득한 제3자가 환매권자의 환매권 행사에 대항할 수 없다(대판 1994.10.25. 94다35527).

2 재매매의 예약과의 비교

(1) 의 의
매도인이 매수인에게 목적물을 매도한 후, 장차 다시 그 목적물을 매도인이 매수할 것을 예약하는 경우로서 그 예약이 환매의 요건을 갖추지 않은 것을 재매매의 예약(再賣買豫約)이라 한다.

(2) 작용(기능)
환매나 재매매의 예약이나 매매에 기초한 소유권이전형식의 변칙적인 채권담보제도로 작용한다. 즉, 양자 모두 **매도담보**의 일종이다.
  → 담보물의 소유권 자체를 채권자에게 이전하고 피담보채무를 변제하면 담보물의 소유권을 되돌려 받는 유형의 담보제도

(3) 목적물의 범위
환매나 재매매의 예약이나 목적물에는 제한이 없고 부동산·동산·기타 재산권 모두에 가능하다.

(4) 계약의 동시성
1) 환매의 특약은 반드시 매매계약과 동시에 하여야 한다. 그러나 재매매의 예약에는 그러한 제한이 없다.
2) 원매매계약 이후에 별도의 환매특약이 행해진 경우, 환매의 요건을 충족시키지는 못하지만 재매매의 예약으로 되어 재매매의 예약완결권이 생긴다.

(5) 대금의 동액성
환매의 대금은 원칙적으로 원매매의 대금에 한정되나, 재매매의 예약에는 대금에 관한 제한이 없고 계약자유의 원칙에 따라 자유로이 정할 수 있다.

(6) 존속기간의 제한
환매의 기간은 부동산은 5년, 동산은 3년으로 제한되나, 재매매의 예약에서는 이러한 제한이 없다.

(7) 등기능력
목적물이 부동산인 경우 환매에 있어서는 매매등기와 동시에 **환매권의 보류를 등기하여야 한다**(제592조). 재매매의 예약에 있어서는 실체법상 규정이 없고 청구권 일반의 보전문제로서 가등기를 할 수 있을 뿐이다.

> 환매권을 등기하지 아니하면 제3자에게 환매권을 주장할 수 없다.

3 환매의 요건 ★★★

(1) 목적물
환매의 목적물에는 제한이 없기 때문에 동산·부동산은 물론이고, 그 밖의 재산권(채권·무체재산권)도 환매의 목적물이 될 수 있다.

(2) 환매권의 보류
1) 환매의 특약은 매매계약과 동시에 하여야 한다(제590조 제1항).
2) 환매의 특약은 매매계약에 종(從)된 계약이다. 따라서 매매계약의 무효·취소는 환매의 특약도 무효로 한다.

(3) 환매대금
1) 당사자 간의 약정으로 환매대금을 정한 경우에도 그 금액은 원매매대금, 그에 대한 이자 및 매매비용의 합산액을 넘지 못한다.
2) 환매대금은 다른 특약이 없으면 원매매대금에 원매수인이 부담한 매매비용을 더한 금액이다(제590조 제1·2항).

(4) 환매기간
1) 약정하는 경우
   ① 환매기간은 부동산은 5년, 동산은 3년을 넘지 못한다(제591조 제1항 전단).
   ② 당사자의 약정기간이 이를 넘는 때에는 부동산은 5년, 동산은 3년으로 단축된다.
   ③ 일단 환매기간을 정한 때에는 다시 이를 연장하지 못한다(제591조 제2항).
2) 약정하지 않은 경우
   환매기간을 약정하지 않은 경우에는 그 기간은 부동산은 5년, 동산은 3년으로 한다(제591조 제3항).

4 환매의 실행★★

(1) 행사방법
1) 환매권의 행사는 환매기간 내에 환매대금(매매대금과 비용)을 상대방에 제공함과 동시에 그 뜻을 표시하여야 한다.
2) 환매대금을 제공하지 않은 환매의 의사표시는 무효이며, 제공이 없는 경우 환매기간의 만료로 환매권은 소멸한다(제594조 제1항).
3) 매매의 목적물이 부동산인 경우 환매권이 등기된 때에는 목적물의 전득자에 대하여도 환매권을 행사할 수 있다.
4) 환매권자의 채권자는 환매권을 대위행사할 수 있으며, 이 경우 매수인도 법원이 선임한 감정인의 평가액에서 매도인이 반환할 금액을 공제한 잔액으로 채무를 변제하고 잉여가 있으면 이를 매도인에게 지급하여 환매권을 소멸시킬 수 있다(제593조).

(2) 환매권의 양도성
환매권은 양도성이 있기 때문에 환매권의 양수인은 환매권을 행사하여 자신에게 목적물을 양도할 것을 청구할 수 있다.

5 환매의 효과★★★

(1) 소유권의 회복시기
환매의 법적 성격에 따라 견해의 대립이 있으나 판례는 등기를 한 때에 권리가 복귀한다고 한다(대판 1990.12.26. 90다카16914).

(2) 환매목적물에 대한 비용상환
매수인이나 매매목적물의 양수인이 목적물에 대하여 필요비 또는 유익비를 지출한 때에는 점유자의 회복자에 대한 비용상환청구권의 규정(제203조)에 의하여 그 비용의 상환을 청구할 수 있다.

(3) 과실과 이자의 상계
1) 목적물의 과실과 대금의 이자는 특별한 약정이 없으면 이를 상계한 것으로 본다(제590조 제3항).
2) 매수인은 환매가 있을 때까지 목적물을 용익하여 취득한 과실을 반환할 필요가 없다.
3) 매도인은 환매할 때까지의 대금의 이자를 지급할 필요가 없다.

6 공유지분의 환매

(1) 공유자는 공유물에 대한 자기의 지분을 단독으로 처분할 수 있으므로(제263조), 환매의 특약 하에 공유지분을 매도하는 것도 자유이다.
(2) 공유지분의 환매에 있어서 목적물이 분할되거나 경매된 경우에는 매도인은 매수인이 받은 또는 받을 부분이나 대금에 대하여 환매권을 행사할 수 있다(제595조 전문).

제3편 계약법

(3) <u>매수인</u>이 공유물의 분할이나 경매에 대하여 <u>매도인</u>에게 통지하지 아니한 경우에는 매수인은 그 분할이나 경매로써 매도인에게 대항하지 못한다(제595조 후문).
 → 환매의무자   → 환매권자

(4) 이와 같이 제3자에 대하여도 분할이나 경매의 무효를 주장하기 위해서는 환매권이 등기되어 있어야 한다.

단락핵심 환매

(1) 환매는 소유권이전형식에 의한 담보작용을 한다. (○)
(2) 환매권자는 최초의 매매대금과 매수인이 부담한 매매비용을 반환하고 환매할 수 있다. (○)
(3) 매매목적물이 부동산인 경우에 매매등기와 동시에 환매권의 유보를 등기한 때에는 제3자에게 효력이 있다. (○)
(4) 환매의 목적물은 동산, 부동산 기타 재산권이다. (○)
(5) 환매기간을 정한 경우에는 다시 이를 연장하지 못한다. (○)
(6) 매매계약과 동시에 하지 않은 환매계약은 환매로서의 효력이 없다. (○)
(7) 부동산에 관한 환매는 환매권 특약의 등기가 없어도 제3자에 대해 효력이 있다. (×)

단락문제 Q06
제33회 기출

부동산의 환매에 관한 설명으로 틀린 것은? (다툼이 있으면 판례에 따름)

① 환매특약은 매매계약과 동시에 이루어져야 한다.
② 매매계약이 취소되어 효력을 상실하면 그에 부수하는 환매특약도 효력을 상실한다.
③ 환매 시 목적물의 과실과 대금의 이자는 특별한 약정이 없으면 이를 상계한 것으로 본다.
④ 환매기간을 정하지 않은 경우, 그 기간은 5년으로 한다.
⑤ 환매기간을 정한 경우, 환매권의 행사로 발생한 소유권이전등기청구권은 특별한 사정이 없는 한 그 환매기간 내에 행사하지 않으면 소멸한다.

해설

① (○) 제590조(환매의 의의) 제1항
매도인이 매매계약과 동시에 환매할 권리를 보류한 때에는 그 영수한 대금 및 매수인이 부담한 매매비용을 반환하고 그 목적물을 환매할 수 있다.
② (○) 환매특약은 매매계약의 종된 계약
③ (○) 제590조 제3항
전2항의 경우에 목적물의 과실과 대금의 이자는 특별한 약정이 없으면 이를 상계한 것으로 본다.
④ (○) 591조 제3항
환매기간을 정하지 아니한 때에는 그 기간은 부동산은 5년, 동산은 3년으로 한다.
⑤ (×) 환매권의 행사로 발생한 소유권이전등기청구권은 일반 소멸시효(10년) 적용

답 ⑤

제2장 계약각론

제2절 교환 11·12·15·18·24·25·27·32회 출제

제596조(교환의 의의) 교환은 당사자 쌍방이 금전 이외의 재산권을 상호이전할 것을 약정함으로써 그 효력이 생긴다.
제597조(금전의 보충지급의 경우) 당사자 일방이 전조의 재산권이전과 금전의 보충지급을 약정한 때에는 그 금전에 대하여는 매매대금에 관한 규정을 준용한다.

01 교환의 의의 및 성질★★

1 의의
교환(交換)은 당사자 쌍방이 금전 이외의 재산권을 상호이전할 것을 약정함으로써 성립하는 계약이다(제596조).

2 성질
교환계약은 민법상 전형계약의 하나이며, 매매와 마찬가지로 낙성·쌍무·유상·불요식계약이며, 재산권이전계약에 속한다.

02 교환의 성립★★★

1 재산권이전의 약정
교환은 당사자 쌍방이 서로 금전 이외의 재산권을 이전하기로 약정함으로써 성립한다. 만일, 당사자의 일방이 금전만 지급하는 경우에는 매매에 해당한다.

교 환
교환은 유상계약이므로 매매에 관한 규정이 준용된다.

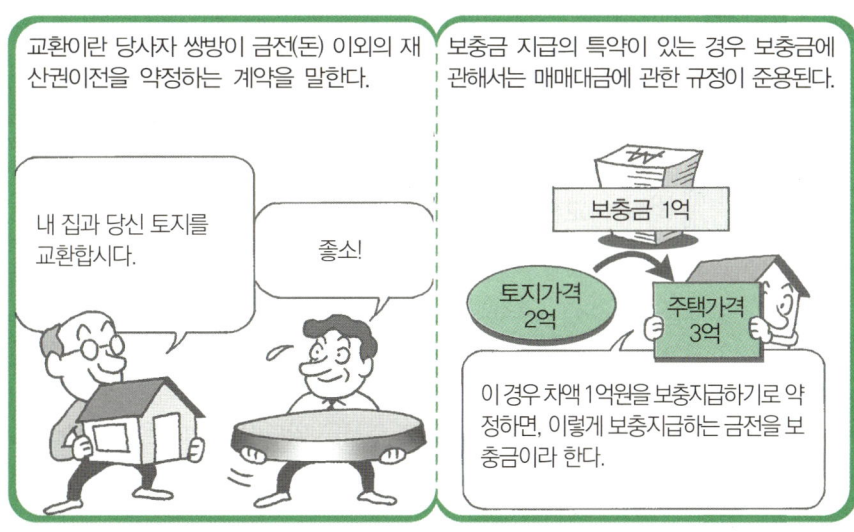

교환이란 당사자 쌍방이 금전(돈) 이외의 재산권이전을 약정하는 계약을 말한다.

내 집과 당신 토지를 교환합시다.

좋소!

보충금 지급의 특약이 있는 경우 보충금에 관해서는 매매대금에 관한 규정이 준용된다.

보충금 1억
토지가격 2억
주택가격 3억

이 경우 차액 1억원을 보충지급하기로 약정하면, 이렇게 보충지급하는 금전을 보충금이라 한다.

2 문제되는 경우

(1) 보충금부 교환
1) 당사자 쌍방이 서로 이전하는 목적물의 가격이 균등하지 않아 당사자의 일방이 금전 이외의 재산권과 함께 일정액의 금전을 보충하여 지급하기로 한 경우도 교환에 해당한다.
2) 보충금의 지급에 대하여는 매매대금에 관한 규정이 준용된다(제597조).

(2) 환금계약(換金契約)
환금(換金), 즉 당사자 쌍방이 서로 특정의(또는 특종의) 화폐를 이전하는 계약은 교환이 아니며, 무명계약의 일종이다.

03 교환의 효력 ★

1 매매규정의 준용
(1) 유상계약이므로 매매에 관한 규정이 준용되게 된다(제567조).
(2) 보충금부 교환, 즉 보충금지급의 특약이 있는 교환에 있어서는 그 보충금에 관하여는 매매대금에 관한 규정이 준용된다(제597조).

2 동시이행의 관계
쌍무계약이므로 동시이행의 항변권 및 위험부담에 관한 규정이 적용된다(제536조~제538조).

> **판례** 교환계약의 당사자가 목적물의 시가를 묵비한 경우 기망에 해당하는지 여부 — 해당 안 됨
>
> 당사자 일방이 알고 있는 정보를 상대방에게 사실대로 고지하여야 할 신의칙상의 주의의무가 인정된다고 볼만한 특별한 사정이 없는 한, 어느 일방이 교환 목적물의 시가나 그 가액 결정의 기초가 되는 사항에 관하여 상대방에게 설명 내지 고지를 할 주의의무를 부담한다고 할 수 없고, 일방 당사자가 자기가 소유하는 목적물의 시가를 묵비하여 상대방에게 고지하지 아니하거나 혹은 허위로 시가보다 높은 가액을 시가라고 고지하였다 하더라도 이는 상대방의 의사결정에 불법적인 간섭을 한 것이라고 볼 수 없다(대판 2002.9.4. 2000다54406·54413).

 단락핵심 교환

(1) 교환에 있어서는 목적물의 가격이 같지 않을 때는 차액을 금전으로 지급할 것을 약정하는 수가 있다. (○)
(2) 재산권이 아닌 노무제공이나 일의 완성 등은 교환계약의 목적이 될 수 없다. (○)
(3) 교환계약의 각 당사자는 목적물의 하자에 대하여 담보책임을 부담하지 않는다. (×)
(4) 교환계약은 유상계약이므로 이에는 매매의 규정이 준용된다. (○)
(5) 부동산 소유권의 이전 대가로 주식을 양도받는 약정은 교환계약이다. (○)

제2장 계약각론

단락문제 Q07
제32회 기출

부동산의 교환계약에 관한 설명으로 옳은 것을 모두 고른 것은? (다툼이 있으면 판례에 따름)

> ㉠ 유상·쌍무계약이다.
> ㉡ 일방이 금전의 보충지급을 약정한 경우 그 금전에 대하여는 매매대금에 관한 규정을 준용한다.
> ㉢ 다른 약정이 없는 한 각 당사자는 목적물의 하자에 대해 담보책임을 부담한다.
> ㉣ 당사자가 자기 소유 목적물의 시가를 묵비하여 상대방에게 고지하지 않은 경우, 특별한 사정이 없는 한 상대방의 의사결정에 불법적인 간섭을 한 것이다.

① ㉠, ㉡
② ㉢, ㉣
③ ㉠, ㉡, ㉢
④ ㉡, ㉢, ㉣
⑤ ㉠, ㉡, ㉢, ㉣

해설

㉠ (O) 유상·쌍무계약
㉡ (O) 민법 제597조
㉢ (O) 민법 제567조에 의한 매매규정 준용
㉣ (X) 일방 당사자가 자기가 소유하는 목적물의 시가를 묵비하여 상대방에게 고지하지 아니하거나 혹은 허위로 시가보다 높은 가액을 시가라고 고지하였다 하더라도 이는 상대방의 의사결정에 불법적인 간섭을 한 것이라고 볼 수 없다. (대판 2002. 9. 4. 2000다54406, 54413).

답 ③

제3절 임대차 `11·13·14·15·16·18·34·35회 출제`

01 의의 및 성질

> **제618조(임대차의 의의)** 임대차는 당사자 일방이 상대방에게 목적물을 사용, 수익하게 할 것을 약정하고 상대방이 이에 대하여 차임을 지급할 것을 약정함으로써 그 효력이 생긴다.
> **제623조(임대인의 의무)** 임대인은 목적물을 임차인에게 인도하고 계약존속중 그 사용, 수익에 필요한 상태를 유지하게 할 의무를 부담한다.

1 의 의

임대차는 당사자의 일방(임대인)이 상대방(임차인)에게 목적물을 사용·수익하게 하고, 그 대가로서 상대방이 차임을 지급할 것을 약정함으로써 성립하는 계약이다(제618조).

예 甲이 乙의 주택 또는 상가건물의 차임을 지급하기로 하고 빌리는 것

 임대인이 소유권 상실과 이행불능

계약의 이행불능 여부는 사회통념에 의하여 이를 판정하여야 할 것인 바, 임대차계약상의 임대인의 의무는 목적물을 사용수익케 할 의무로서, <u>목적물에 대한 소유권 있음을 성립요건으로 하고 있지 아니하여 임대인이 소유권을 상실하였다는 이유만으로 그 의무가 불능하게 된 것이라고 단정할 수 없다</u>(대판 1994.5.10. 93다37977).

2 성 질 ★★★

(1) 물건의 사용·수익을 목적으로 하는 채권계약

  1) 임대차의 목적물 → 이때에는 일종의 무명계약이 될 수 있음
   ① 임대차의 목적물은 물건에 한하며, <u>권리나 기업은 대상이 될 수 없다.</u>
   ② 물건 중에서도 소비를 목적으로 하는 대체물은 원칙적으로 소비대차의 목적이 되고 임대차의 목적이 되지 못한다.

 임대차

임대차의 목적물은 물건(동산과 부동산)이다.

③ 농지는 원칙적으로 임대차의 목적물이 될 수 없고, 극히 제한적인 경우에 한해서 가능하다.
④ 물건의 일부는 물론 타인의 물건에 대해서도 성립한다.
⑤ 임대차의 목적물이 임대인의 소유이어야 할 필요는 없고, 처분할 권한이 있어야 하는 것도 아니다. 그러므로 타인 소유임을 알고 계약한 임차인은 목적물이 타인 소유물이라는 사실을 이유로 계약을 해제할 수 없다.

> **판례 임차목적물이 타인소유일 경우의 법률관계**
>
> **1 타인소유의 부동산을 임대한 경우와 착오로 계약을 취소할 수 있는지 여부**
> 타인소유의 부동산을 임대한 것이 임대차계약을 해지할 사유는 될 수 없고 목적물이 반드시 임대인의 소유일 것을 특히 계약의 내용으로 삼은 경우라야 착오를 이유로 임차인이 임대차계약을 취소할 수 있다(대판 1975.1.28. 74다2069).
>
> **2 임대차기간 중 임차목적물의 소유권을 취득한 제3자의 요구로 임차인이 그 임차목적물을 인도한 경우**
> 임대차는 당사자 일방이 상대방에게 목적물을 사용·수익하게 할 것을 약정하고 상대방이 이에 대하여 차임을 지급할 것을 약정함으로써 성립하는 것으로서 임대인이 그 목적물에 대한 소유권 기타 이를 임대할 권한이 있을 것을 성립요건으로 하고 있지 아니하므로, 임대차계약이 성립된 후 그 존속기간 중에 임대인이 임대차 목적물에 대한 소유권을 상실한 사실 그 자체만으로 바로 임대차에 직접적인 영향을 미친다고 볼 수는 없지만, 임대인이 임대차 목적물의 소유권을 제3자에게 양도하고 그 소유권을 취득한 제3자가 임차인에게 그 임대차 목적물의 인도를 요구하여 이를 인도하였다면 임대인이 임차인에게 임대차 목적물을 사용·수익케 할 의무는 이행불능이 되었다고 할 것이다(대판 1996.3.8. 95다15087).

2) 사용·수익하는 계약
목적물의 소유권을 취득하지 않고, 사용·수익한 목적물 자체를 반환하여야 하는 점에서 소비대차와 다르다.

3) 차임의 지급
① 임대차에 있어서는 사용·수익의 대가로서 차임을 지급하는 것이 그 요소이다. 이점이 사용대차와 다르다.
② 차임은 금전에 한하지 않으며, 곡물이나 기타의 대체물로 지급할 수 있다.

Professor Comment
사용대차란 당사자의 일방이 상대방에게 무상으로 사용·수익하게 하기 위하여 목적물을 인도할 것을 약정하고 상대방은 이것을 사용·수익한 후 그 물건을 반환할 것을 약정함으로써 성립하는 계약이다(제609조).

(2) 낙성, 쌍무·유상, 불요식 계약 → 목적물의 인도는 계약의 이행에 해당함
당사자 간의 합의만으로 성립하는 낙성계약이며, 차임의 지급을 요소로 하는 유상·쌍무계약이며, 특별한 방식을 필요로 하지 않는 불요식 계약이다.

(3) 계속적 계약
사용수익의 존속기간 중간 계속적 관계를 맺게 되어 임대인과 임차인간의 인적 신뢰가 중요하며 양도 및 전대가 제한된다. → 임대인의 승낙을 필요로 한다.

제3편 계약법

Key Point 건물전세권·임차권·주택임대차 보호법상의 임차권(주택임차권) 비교

분류	건물전세권	임차권	주택임차권
성질	물권	채권	채권
대항력	인정	① 원칙 : 부정 ② 예외 : 인정 　등기 또는 제621조	① 원칙 : 부정 ② 예외 : 인정 　주택인도와 주민등록
처분	자유	임대인의 동의 필요	임대인의 동의 필요
존속기간	최단 1년(건물만) 최장 10년(건물·토지)	20년 초과 불가 규정 (위헌결정으로 효력상실)	최소 2년 보장
법정갱신	건물 전세에 한해 인정(존속기간 ×)	모두 인정(존속기간 ×)	인정(최단존속기간 2년)
사용대가	전세금	차임	차임
증감청구	인정(제312조 제2항)	인정(제628조)	인정(주택임대차보호법 제7조)
유지비	전세권자가 부담(제309조)	임대인 부담	임대인 부담
우선변제권	인정(제303조)	부정	인정(주택임대차보호법 제3조 제2항)
부속물수거권·매수청구권	인정	인정	인정

단락핵심 임대차의 의의 및 성질

(1) 임대차는 물건의 사용, 수익을 목적으로 하는 채권계약이다. (○)
(2) 임대차는 낙성, 유상, 쌍무계약이며 불요식계약이다. (○)
(3) 임대차는 사용, 수익의 대가로써 차임을 지급하는 것이 그 요소이다. (○)
(4) 임대차는 기업이나 권리를 대상으로 성립할 수 있다. (×)
　⇒ 임대차의 목적물은 물건에 한정된다.
(5) 임대차의 목적물은 반드시 임대인의 소유이어야 한다. (×)
　⇒ 임대인은 목적물에 대한 관리권한이 있으면 인도의무를 이행할 수 있다.

02 부동산임차권의 물권화

> 제621조(임대차의 등기) ① 부동산임차인은 당사자 간에 반대약정이 없으면 임대인에 대하여 그 임대차등기절차에 협력할 것을 청구할 수 있다.
> ② 부동산임대차를 등기한 때에는 그때부터 제3자에 대하여 효력이 생긴다.
> 제622조(건물등기있는 차지권의 대항력) ① 건물의 소유를 목적으로 한 토지임대차는 이를 등기하지 아니한 경우에도 임차인이 그 지상건물을 등기한 때에는 제3자에 대하여 임대차의 효력이 생긴다.
> ② 건물이 임대차기간만료 전에 멸실 또는 후폐한 때에는 전항의 효력을 잃는다.

1 의의

임차권은 단순한 채권이지만, 부동산임차인의 법률상 지위를 용익물권자에 상당할 정도로 강화시킴으로써 부동산임차권을 물권에 접근시키는 것을 '부동산임차권의 물권화 경향'이라 한다.

2 부동산임차권의 물권화 내용 ★   26·29·30회 출제

(1) 대항력의 강화

1) **대항력의 의의**

   임차권을 임대인 이외의 제3자(예 목적물의 양수인·전세권자 등)에 대하여 주장할 수 있는 힘을 말한다.

2) **부동산임차인의 등기청구권**

   민법은 부동산임차인에게 반대약정이 없는 한 등기청구권을 인정하고(제621조 제1항), 등기된 부동산임차권은 제3자에게 대항할 수 있도록 하고 있다(동조 제2항).

3) **건물등기 있는 토지임대차**

   건물의 소유를 목적으로 하는 토지(대지)임대차에 있어서는 그 임대차를 등기하지 않은 경우에도 그 지상건물을 등기함으로써 대지의 임차권을 제3자에게 대항할 수 있도록 하고 있다(제622조 제1항).

4) **주택·상가건물의 임대차**

   주택의 임대차에 있어서는 그 임차권을 등기하지 않더라도 임차인이 주택의 인도와 주민등록을 마친 때, 상가건물의 임대차에 있어서는 사업자등록을 마친 때는 그 익일(翌日)부터 제3자에 대하여 대항할 수 있도록 함과 동시에 임차주택(임차상가건물)의 양수인은 임대인의 지위를 승계한 것으로 본다.

(2) 방해의 배제

1) **채권자체에 의한 효력**

   ① 원칙적으로 임차권 자체에 의하여서는 침해의 배제를 청구할 수 없다.
   ② 임차인은 임대인인 소유자의 물권적 청구권을 대위행사할 수는 있으나 이 경우 임대인에게 권리를 주장할 수 있는 자(목적물의 양수인 등)에게는 권리행사가 어려운 한계가 있다.

2) 점유권에 의한 효력

임차인은 점유를 취득한 경우에는 점유권에 기하여 손해배상과 점유보호청구권을 행사할 수 있다.

3) 등기된 임차권의 효력

임차권이 등기된 경우 임차인은 제3자의 임차권 방해에 대하여 직접 그 방해의 배제를 청구할 수 있다.

 판례 등기된 임차권이 침해된 경우, 그 임차권에 기한 방해배제를 청구할 수 있는지 여부

> 등기된 임차권에는 용익권적 권능 외에 임차보증금반환채권에 대한 담보권적 권능이 있고, 임대차기간이 종료되면 용익권적 권능은 임차권등기의 말소등기 없이도 곧바로 소멸하나 담보권적 권능은 곧바로 소멸하지 않는다고 할 것이어서, <u>임차권자는 임대차기간이 종료한 후에도 임차보증금을 반환받기까지는 임대인이나 그 승계인에 대하여 임차권등기의 말소를 거부할 수 있다고 할 것이고, 따라서 임차권등기가 원인 없이 말소된 때에는 그 방해를 배제하기 위한 청구를 할 수 있다</u>(대판 2002.2.26, 99다67079).

(3) 임차권의 존속보장

임대차의 존속기간(제651조) 규정은 위헌결정으로 삭제되었다. 다만, 그러나 주거용 건물의 임대차에 있어서는 「주택임대차보호법」 제4조 제1항에 의하여 2년의 최단존속기간이 보장되며 일정한 범위의 상가건물은 「상가건물 임대차보호법」 제9조 제1항에 의하여 1년의 최단존속기간이 보장된다.

단락핵심   부동산임차권의 물권화

(1) 토지임차인이 지상건물을 등기하기 전에 제3자가 그 토지에 관하여 물권취득의 등기를 한 때에는 임차인이 그 지상건물을 등기하더라도 제3자에 대하여 임대차의 효력을 주장할 수 없다. (○)
(2) 임차인은 임차목적물 침해자에 대하여 소유자인 임대인의 물권적 청구권을 대위행사할 수 있다. (○)

03 임대차의 존속기간 〔추가15회 출제〕

> **제619조(처분능력, 권한 없는 자의 할 수 있는 단기임대차)** 처분의 능력 또는 권한 없는 자가 임대차를 하는 경우에는 그 임대차는 다음 각호의 기간을 넘지 못한다.
> 1. 식목(植木), 채염(採鹽) 또는 석조(石造), 석회조(石灰造), 연와조(煉瓦造) 및 이와 유사한 건축을 목적으로 한 토지의 임대차는 10년
> 2. 기타 토지의 임대차는 5년
> 3. 건물 기타 공작물의 임대차는 3년
> 4. 동산의 임대차는 6월

1 기간의 약정이 있는 경우 ★★★

(1) 최장기간

헌법재판소는 '민법(1958. 2. 22. 법률 제471호로 제정된 것) 제651조 제1항은 침해의 최소성과 법익균형성 요건을 충족시키지 못하여 헌법에 위반된다'고 판시하였고, 이에 따라 2016년 제651조가 삭제되었다. 따라서 20년이던 최장기간의 제한도 없다고 할 수 있다.

(2) 최단기간

1) 민법

임대차의 최단기간에 관하여는 민법상 아무런 제한규정이 없다.

2) 주택임대차보호법

「주택임대차보호법」상 주택(주거용 건물) 임대차에는 <u>최단기간을 2년</u>으로 하고 있다.
→ 임차인은 2년 미만의 기간 주장이 가능함

2 기간의 약정이 없는 경우 ★★★

(1) 당사자의 해지통고

1) 당사자는 언제든지 계약해지의 통고를 할 수 있고, 이 경우 상대방이 그 통고를 받은 날로부터 일정한 기간이 경과하면 해지의 효력이 생긴다(제635조).
2) 즉 토지, 건물 기타의 공작물의 임대차에 있어서는 임대인이 해지통고한 경우에는 6월, 임차인이 해지통고한 경우에는 1월, 동산임대차에 있어서는 5일이 경과하면 해지의 효력이 생긴다.

(2) 편면적 강행규정

민법 제635조는 강행규정으로 이에 위반하는 약정으로서 임차인에게 불리한 것은 무효이다(제652조).

(3) 존속기간을 약정한 임대차에의 준용

임대차기간의 만료로 임대차관계는 종료하지만, 당사자의 일방 또는 쌍방이 그 기간 내에 해지할 권리를 유보한 경우에는 제635조가 준용된다(제636조).

3 임대차의 갱신★★★

(1) 계약에 의한 갱신(합의갱신)
1) 당사자의 합의로 계약을 하는 경우 그 기간은 갱신한 날로부터 10년을 넘지 못한다(제651조 제2항).
2) 갱신의 횟수에는 제한이 없으며 몇 번이고 할 수 있다.
3) 건물 기타 공작물의 소유 또는 식목, 채염, 목축을 목적으로 한 토지임대차의 기간이 만료한 경우에 건물, 수목 기타 지상시설이 현존하는 때에는 토지임차인에게 '계약갱신청구권'이 인정된다(제643조).

(2) 묵시의 갱신(법정갱신)

> 제639조(묵시의 갱신) ① 임대차기간이 만료한 후 임차인이 임차물의 사용, 수익을 계속하는 경우에 임대인이 상당한 기간 내에 이의를 하지 아니한 때에는 전임대차와 동일한 조건으로 다시 임대차한 것으로 본다. 그러나 당사자는 제635조의 규정에 의하여 해지의 통고를 할 수 있다.
> ② 전항의 경우에 전임대차에 대하여 제3자가 제공한 담보는 기간의 만료로 인하여 소멸한다.

1) 의의
임대차기간이 만료한 후에도 임차인이 임차물의 사용, 수익을 계속하는 경우에 임대인이 상당한 기간 내에 이의를 하지 아니한 때에는 전임대차와 동일한 조건으로 다시 임대차한 것으로 본다(제639조 제1항 본문).

▶ 민법 제639조 제2항에서 말하는 담보라 함은 질권, 저당권 그 밖의 보증등을 가리키는 것으로 보아야 할 것이고 건물의 임차보증금채권이 양도되었을 경우까지도 포함되는 개념이라고 해석할 수 없다(대판 76다951).

2) 내용
① 위의 경우 그 존속기간만은 기간의 약정이 없는 것으로 되므로 당사자는 언제든지 해지의 통고를 할 수 있고, 일정한 기간의 경과로 해지의 효력이 생긴다(제639조 제1항 단서·제635조).
② 묵시의 갱신이 있게 되면 전임대차에 대하여 제3자가 제공한 담보는 기간의 만료로 인하여 소멸한다(제639조 제2항). 그러나 당사자가 제공한 담보는 계속 효력을 갖는다.

> **판례** 제639조 제2항이 당사자들의 합의에 따른 임대차 기간연장의 경우에도 적용되는지 여부(소극)
>
> 민법 제639조 제1항의 묵시의 갱신은 임차인의 신뢰를 보호하기 위하여 인정되는 것이고, 이 경우 같은 조 제2항에 의하여 제3자가 제공한 담보는 소멸한다고 규정한 것은 담보를 제공한 자의 예상하지 못한 불이익을 방지하기 위한 것이라 할 것이므로, 민법 제639조 제2항은 당사자들의 합의에 따른 임대차 기간연장의 경우에는 적용되지 않는다(대판 2005.4.14. 2004다63293).

4 단기임대차의 존속기간

(1) 단기임대차의 최장기간(제619조)
처분의 능력 또는 권한 없는 자가 임대차를 하는 경우에는 다음의 기간을 넘지 못한다.

1) 식목(植木), 채염(採鹽) 또는 석조(石造), 석회조(石灰造), 연와조(煉瓦造) 및 이와 유사한 건축을 목적으로 한 토지의 임대차는 10년
2) 기타 토지의 임대차는 5년
3) 건물 기타 공작물의 임대차는 3년
4) 동산의 임대차는 6월

(2) 단기임대차의 갱신(제620조)
단기임대차의 기간도 갱신할 수 있으나 다음의 기간 안에 미리 갱신하여야 한다.

1) 토지에 대하여는 기간만료 전 1년
2) 건물 기타 공작물에 대하여는 기간만료 전 3월
3) 동산에 대하여는 기간만료 전 1월

단락핵심 임대차의 존속기간

(1) 임대차의 존속기간은 원칙적으로 10년을 넘지 못한다. 만일 당사자가 10년을 넘는 기간을 약정한 때에는 10년으로 단축된다. (×)
  ⇒ 임대차의 존속기간은 20년을 넘지 못하고, 당사자의 약정기간이 20년을 넘는 때는 이를 20년으로 단축한다는 규정은 헌법재판소의 위헌결정 후 삭제되었다.
(2) 처분의 능력 또는 권한 없는 자가 임대차를 하는 경우에는 그 존속기간이 10년을 넘을 수 없다. (○)

법정갱신(묵시의 갱신)·보증금

1) **법정갱신(묵시의 갱신)**
  전(前) 임대차와 동일한 조건으로 다시 임대차한 것으로 본다. 다만, 당사자는 언제든지 계약해지의 통고를 할 수 있다.

2) **보증금**
  임차인이 차임채무 등을 담보하기 위하여 임대인에게 교부하는 금전이다.

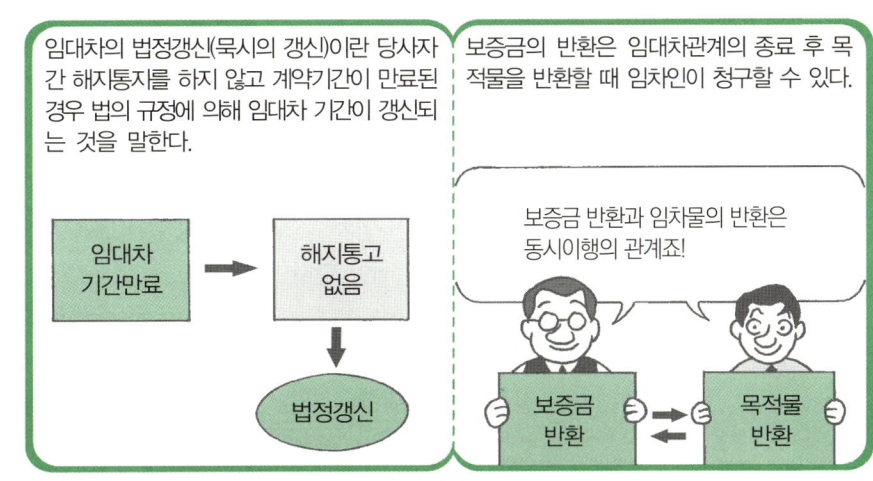

임대차의 법정갱신(묵시의 갱신)이란 당사자 간 해지통지를 하지 않고 계약기간이 만료된 경우 법의 규정에 의해 임대차 기간이 갱신되는 것을 말한다.

임대차 기간만료 → 해지통고 없음 → 법정갱신

보증금의 반환은 임대차관계의 종료 후 목적물을 반환할 때 임차인이 청구할 수 있다.

보증금 반환과 임차물의 반환은 동시이행의 관계죠!

보증금 반환 ⇄ 목적물 반환

04 임대차의 효력

12·16·17·18·19회 출제

1 임대인의 권리 ★★

14회 출제

(1) 차임지급·증액청구권

1) 임대인의 권리로서 가장 중요한 것은 차임지급청구권이다.
2) 임차물에 대한 공과부담의 증감 기타 경제사정의 변동으로 인하여 약정한 차임이 상당하지 아니하게 된 때에는 당사자는 장래에 대한 차임의 증감을 청구할 수 있다(제628조).
3) 차임불증액의 특약이 있더라도 그 약정 후 그 특약을 그대로 유지시키는 것이 신의칙에 반한다고 인정될 정도의 사정변경이 있다고 보여지는 경우에는 형평의 원칙상 임대인에게 차임증액청구를 인정하여야 한다(대판 1996.11.12. 96다34061).

(2) 법정담보물권

1) 토지임대차
  ① 법정저당권
    토지임대인이 변제기를 경과한 최후 2년의 차임채권에 의하여 그 지상에 있는 임차인소유의 건물을 압류하면 법정저당권을 취득한다(제649조). 법정저당권의 성립시기는 압류결정이 임차인에게 송달된 때 또는 압류결정의 기입등기가 된 때이다(「민사집행법」 제83조 제4항).
  ② 법정질권
    토지임대인이 임대차에 관한 채권에 의하여 임차지에 부속 또는 그 사용의 편익에 공용한 임차인소유의 동산 및 그 토지의 과실을 압류한 때에는 법정질권을 취득한다(제648조).

2) 건물임대차
  건물 기타 공작물의 임대인이 임대차에 관한 채권에 의하여 그 건물이나 공작물에 부속한 임차인소유의 동산을 압류한 때에는 법정질권을 취득한다(제650조).

(3) 목적물반환청구권

임대인은 임대차가 종료하면 목적물반환청구권을 갖는다.

2 임대인의 의무 ★★★

24회 출제

(1) 목적물인도의무 등

1) 인도의무와 사용·수익하게 할 의무
  임대인은 계약이 존속하는 동안 임차인으로 하여금 목적물을 사용·수익하게 할 의무를 부담하며, 목적물을 임차인에게 인도해야 한다(제623조).

2) 보호의무
  임대인이 임차인의 안전배려 또는 도난방지 등 보호의무를 부담하는지 여부에 관하여 판례는 통상의 임대차와 일시사용을 위한 임대차인 숙박계약에서 다르게 보고 있다.

판례 통상의 임대차관계에 있어서 임대인의 보호의무 — 부정

통상의 임대차관계에 있어서 임대인의 임차인에 대한 의무는 특별한 사정이 없는 한 단순히 임차인에게 임대목적물을 제공하여 임차인으로 하여금 이를 사용·수익하게 함에 그치는 것이고, 더 나아가 <u>임차인의 안전을 배려하여 주거나 도난을 방지하는 등의 보호의무까지 부담한다고 볼 수 없을 뿐만 아니라</u> 임대인이 임차인에게 임대목적물을 제공하여 그 의무를 이행한 경우 임대목적물은 임차인의 지배 아래 놓이게 되어 그 이후에는 임차인의 관리하에 임대목적물의 사용·수익이 이루어지는 것이다(대판 1999.7.9. 99다10004).

 판례 숙박업자의 투숙객에 대한 보호의무의 내용과 이를 위반한 경우의 책임

공중접객업인 숙박업을 경영하는 자가 투숙객과 체결하는 숙박계약의 경우 <u>숙박업자는 고객에게 위험이 없는 안전하고 편안한 객실 및 관련 시설을 제공함으로써 고객의 안전을 배려하여야 할 보호의무를 부담</u>하며 이러한 의무는 숙박계약의 특수성을 고려하여 <u>신의칙상 인정되는 부수적인 의무</u>로서 숙박업자가 이를 위반하여 고객의 생명·신체를 침해하여 투숙객에게 손해를 입힌 경우 불완전이행으로 인한 채무불이행책임을 부담하고, 이 경우 <u>피해자로서는 구체적 보호의무의 존재와 그 위반 사실을 주장·입증하여야 하며 숙박업자로서는 통상의 채무불이행에 있어서와 마찬가지로 그 채무불이행에 관하여 자기에게 과실이 없음을 주장·입증하지 못하는 한 그 책임을 면할 수는 없다</u>(대판 2000.11.24. 2000다38718·38725).

(2) 상태유지의무

1) 목적물수선의무

① 계약기간 중 목적물이 사용·수익에 적합하지 못한 상태로 된 경우 임대인은 목적물을 수선해 줄 의무를 진다.

② 수선의 필요가 천재 기타 불가항력으로 생긴 때는 물론 그 상태가 임차인의 귀책사유로 야기된 경우에도 수선의무를 인정하는 것이 통설이다.

③ 목적물수선의무는 특약으로 면제(免除)될 수 있다. 그러나 특약으로 면제받을 수 있는 것은 통상 생길 수 있는 <u>소규모의 수선에 한한다.</u>
　　　　　　　　　　　　　　→ 그렇지 않으면 임대차의 본질에 반한다.

 판례 수선의무의 범위

1 임대차계약에서 특별히 임대차의 목적을 단란주점 영업용으로 정한 것이 아니었을 뿐 아니라 계약 당시에는 별도의 단란주점영업허가 시설기준조차 제정되어 있지 아니하였던 경우, <u>임대인으로서는 그 목적물이 통상의 사용수익에 필요한 상태를 유지하여 주면 족하고 임차인의 특별한 용도인 단란주점영업을 위한 사용수익에 적합한 구조나 성상 기타 상태를 유지하게 할 의무까지 있다고 할 수는 없다</u>(대판 1996.11.26. 96다28172).

2 제1차 집중호우에 따라 갑이 공장 및 부지를 사용·수익할 수 없는 장해가 발생하였더라도 임대인 을이 부담하는 수선의무의 범위에 집중호우가 발생할 경우 임야가 붕괴될 수 있는 가능성을 염두에 두고 공장에 피해가 발생하지 아니하도록 방호조치를 취할 의무까지 포함된다고 볼 수 없다(대판 2012.3.29. 2011다107405).
　▶ 2차 집중호우로 공장이 침수되어 임차인이 임대인의 수선의무 위반을 문제 삼았던 사안임

3 <u>특약에 의하여 임대인이 수선의무를 면하거나 임차인이 그 수선의무를 부담하게 되는 것은 통상 생길 수 있는 파손의 수선 등 소규모의 수선에 한한다</u> 할 것이고, 대파손의 수리, 건물의 주요 구성부분에 대한 대수선, 기본적 설비부분의 교체 등과 같은 <u>대규모의 수선은 이에 포함되지 아니하고 여전히 임대인이 그 수선의무를 부담한다</u>고 해석함이 상당하다(대판 1994.12.9. 94다34692, 대판 2008.3.27. 2007다91336·91343).

④ 임대인이 임대물의 보존행위를 하는 때에는 임차인은 이를 거절하지 못하나(제624조), 임차인의 의사에 반하여 보존행위를 하고 이로 인해 임차목적을 달성할 수 없는 때에는 임차인은 계약을 해지할 수 있다(제625조).

2) 방해제거의무
① 제3자가 목적물에 대한 점유침탈 등 그 사용·수익을 방해하는 경우 임대인은 그 방해상태를 제거해 줄 의무가 있다.
② 방해제거의무는 임차인이 임차권에 기한 <u>방해배제청구권</u>(→ 대항력 있는 임대차)이나 점유보호청구권에 의해 스스로 제거할 수 있는 것과는 별도로 임대인에게 부과되는 의무이다.

3) 기타의 상태유지의무
상가건물의 경우 상권의 활성화 의무가 있다는 견해가 있으나 판례는 이를 매우 제한적으로 보고 있다.

> **판례** **상가임대인의 상가가 활성화 의무**
>
> **1** 상가임대인이 입점주들로부터 지급받은 장기임대료 등을 적절히 집행하여 상가 활성화와 상권 형성을 위해 노력하고 이를 위해 입점주들과 협력할 의무가 있다고 볼 수는 있을지언정, 나아가 전반적인 경기의 변동이나 소비성향의 변화 등과 상관없이 상가임대인이 전적으로 책임지고 상가가 활성화되고 상권이 형성된 상태를 조성하여야 할 의무까지 부담한다고 볼 수는 없다.
> **2** 상가임대인이 상가가 활성화되지 않은 점 등을 감안하여 일정 기간 임대료와 관리비를 면제해 준 점, 상가임대인이 입점주들에게 임대차보증금 반환을 임대차기간 만료시로 유예하면서 폐점할 수 있는 기회를 제공하였음에도 입점주 스스로의 판단에 의해 폐점하지 아니한 점 등 제반 사정에 비추어 볼 때, 상가의 활성화 및 상권의 형성이 당초의 기대에 미치지 못하였다는 사정만으로 당초의 임대차계약 내용에 당사자가 구속되는 것이 신의칙상 현저히 부당하게 되었다고 볼 수 없다(대판 2009.8.20. 2008다94769).

(3) 비용상환의무(임차인의 비용상환청구권) **22회 출제**

1) 필요비
임차인이 임차물의 보전에 관한 필요비를 지출한 때에는 임대차의 종료를 기다리지 않고서 곧 그 상환을 청구할 수 있다(제626조 제1항).

2) 유익비
① 의 의
유익비라 함은 임차인이 임차물의 객관적 가치를 증가시키기 위하여 투입한 비용을 말한다. 따라서 비용지출의 결과가 임차물의 객관적 가치증가와는 관계없이 임차인의 <u>주관적인 목적을 위한 것</u>(→ 임차인의 영업을 위한 간판 등)이거나, 비용을 들여 임차목적물에 부속시킨 물건이 임차물의 구성부분이 되지 않고 독립한 물건이 되는 때에는 (부속물매수청구권이 문제될 뿐) 유익비상환청구는 인정되지 않는다.

제2장 계약각론

 유익비를 부정한 경우

1. 삼계탕집을 경영하기 위하여 합계 금 9,643,000원을 들여 보일러, 온돌방, 방문틀, 주방내부, 합판을 이용한 점포장식, 가스, 실내전등, 계단전기 등을 설치하고 페인트 도색을 하는 등 공사를 하였고, 그로 인하여 현재에도 금 8,147,000원 정도의 가치가 남아 있는 사실을 인정하면서도 이 사건 <u>건물의 본래의 용도 및 피고의 이용실태 등에 비추어 피고가 지출한 위 비용은 어디까지나 피고가 위 건물에서 삼계탕집을 경영하기 위한 것이지 건물의 보존을 위한다거나 그 객관적 가치를 증가시키기 위한 것이 아니어서 이를 필요비 또는 유익비라고 할 수 없다</u>(대판 1993.10.8. 93다25738·93다25745).

2. 甲이 임차한 점포에서 카페영업을 하기 위한 공사를 하고, 또 카페의 규모를 확장하면서 내부시설공사를 하고, 또는 창고지붕의 보수공사를 하고 공사비를 지출한 사실을 인정할 수 있으나, <u>창고지붕의 보수공사비는 통상의 관리비에 속하고, 나머지 공사비인 점포의 내부시설공사는 甲이 카페를 운영하기 위한 필요에 의하여 행하여진 것이고 그로 인하여 이 사건 점포의 객관적 가치가 증가한 것은 아니어서, 이를 위하여 지출한 돈은 유익비에 해당하지 아니한다</u>(대판 1991.10.8. 91다8029).

② **행사**
㉠ 임대차가 종료하고, ㉡ 가액의 증가가 현존할 경우, ㉢ 임차인의 지출금액 또는 목적물의 증가액 중 임대인이 선택한 금액의 상환을 청구할 수 있다(제626조 제2항).

③ **유치권**(제320조)**의 취득**
필요비 또는 유익비는 임차목적물에 관하여 생긴 채권이므로 임차인은 임차목적물에 대해 유치권을 갖는다. 다만, 유익비의 경우 임대인의 청구로 법원이 상당한 상환기간을 허여(許與)하면 유치권이 성립할 수 없다.

3) 임차목적물의 소유자가 변경된 경우 비용상환청구의 상대방

① 임차권이 대항력 있는 임차권인 경우 신소유자를 상대로 제626조에 기해 비용상환을 청구할 수 있다.
② 대항력 없는 임차권의 임차인이 목적물에 비용을 지출한 후 소유자가 교체된 경우 종전 임대인을 상대로 제626조 제2항에 의해 임대차계약상의 <u>비용상환청구</u>만을 할 수 있다.
← 이를 피담보채권으로 신소유자에게 유치권을 주장할 수 있음

 점유자가 유익비를 지출할 당시 계약관계 등 적법한 점유권원을 가진 경우

민법 제203조 제2항에 의한 점유자의 회복자에 대한 유익비상환청구권은 점유자가 계약관계 등 적법하게 점유할 권리를 가지지 않아 소유자의 소유물반환청구에 응하여야 할 의무가 있는 경우에 성립되는 것으로서, 이 경우 점유자는 그 비용을 지출할 당시의 소유자가 누구이었는지 관계없이 점유회복 당시의 소유자 즉 회복자에 대하여 비용상환청구권을 행사할 수 있는 것이나, <u>점유자가 유익비를 지출할 당시 계약관계 등 적법한 점유의 권원을 가진 경우에 그 지출비용의 상환에 관하여는 그 계약관계를 규율하는 법조항이나 법리 등이 적용되는 것이어서,</u> 점유자는 그 계약관계 등의 상대방에 대하여 해당 법조항이나 법리에 따른 비용상환청구권을 행사할 수 있을 뿐 <u>계약관계 등의 상대방이 아닌 점유회복 당시의 소유자에 대하여 민법 제203조 제2항에 따른 지출비용의 상환을 구할 수는 없다</u>(대판 2003.7.25. 2001다64752).

4) 비용상환청구권의 포기 특약
① 비용상환청구권에 관한 규정은 임의규정이므로 이를 포기하는 약정도 가능하다.
② "임차인은 임대인의 승인하에 개축 또는 변조할 수 있으나 부동산의 반환기일 전에 임차인의 부담으로 원상복구키로 한다"라고 약정한 경우, 이는 각종 유익비의 상환청구권을 미리 포기하기로 한 취지이다(대판 1995.6.30. 95다12927).

5) 행사기간
① 필요비의 경우에는 지출한 때부터 반환을 청구할 수 있으나, 유익비는 임대차가 종료한 이후에만 반환청구할 수 있다.
② 필요비 또는 유익비의 상환청구는 임대인이 임대목적물을 반환 받은 때로부터 6월 내에 하여야 한다(제654조·제617조).
③ 이는 제척기간이나, 반드시 재판상 청구할 필요는 없다.

(4) 담보책임
임대차는 유상계약이기 때문에 매매에 관한 규정이 준용되어 임대인은 목적물의 하자에 대하여 매도인과 같은 담보책임을 진다. 따라서 권리의 하자 및 목적물의 하자에 관한 담보책임 규정이 준용된다(제569조 이하 참조).

3 임차인의 권리★★★   20·27·32·33회 출제

> 제643조(임차인의 갱신청구권, 매수청구권) 건물 기타 공작물의 소유 또는 식목, 채렴, 목축을 목적으로 한 토지임대차의 기간이 만료한 경우에, 건물, 수목 기타 지상시설이 현존한 때에는 제283조의 규정을 준용한다.
> 제646조(임차인의 부속물매수청구권) ① 건물 기타 공작물의 임차인이 그 사용의 편익을 위하여 임대인의 동의를 얻어 이에 부속한 물건이 있는 때에는 임대차의 종료시에 임대인에 대하여 그 부속물의 매수를 청구할 수 있다.
> ② 임대인으로부터 매수한 부속물에 대하여도 전항과 같다.

(1) 임차권

1) 의의 및 범위
목적물에 대한 사용·수익권을 말한다. 다만, 임차인은 계약 또는 그 목적물의 성질에 의하여 정하여진 용법으로 이를 사용·수익하여야 한다(제654조·제610조 제1항).

2) 임차권의 대항력
① 임차권은 본질적으로 채권이기 때문에 원칙적으로 임차인은 임대인 이외의 제3자에 대하여 대항하지 못한다.
② 부동산임대차를 등기하면 그때부터 임차권은 제3자에 대하여도 효력이 있다(제621조 제2항).
③ 당사자 사이에 반대 특약이 없으면 임차인은 임대인에 대하여 임대차의 등기절차에 협력할 것을 청구할 수 있다(제621조 제1항). 그러나 이를 강제하는 규정이 없는 점을 주의해야 한다.
→ 형성권이 아님을 주의한다.

④ 건물의 소유를 목적으로 하는 토지임대차는 이를 등기하지 않더라도 임차인이 그 지상건물을 등기하면 제3자에 대하여 대항력이 생긴다(제622조 제1항). 다만, 건물이 임대차기간 만료 전에 멸실 또는 후폐(朽廢)한 때에는 대항력이 소멸한다.
→ 썩어서 소용없게 됨

> **판례** 민법 제622조에 따른 대항력
>
> ❶ 민법 제622조 제1항의 규정은 건물등기의 지번이 반드시 토지등기의 지번과 일치할 것을 요구하고 있다고는 해석되지 아니하므로 설사 그 표시가 다르다 하더라도 그 지상건물이 등기부상의 건물표시와 사회통념상 동일성이 있고 그것이 임차한 토지 위에 건립되어 있어서 쉽게 경정등기를 할 수 있는 경우라면 경정등기 전이라 하더라도 동조 소정의 대항력을 갖추었다고 보아야 한다(대판 1986.11.25. 86다카1119).
> ❷ 甲이 대지와 건물의 소유자였던 乙로부터 이를 임차하였는데 그 후 甲이 그 건물을 강제경매절차에서 경락받아 그 대지에 관한 위 임차권은 등기하지 아니한 채 그 건물에 관하여 甲명의의 소유권이전등기를 경료하였다면, 甲과 乙 사이에 체결된 대지에 관한 임대차계약은 건물의 소유를 목적으로 한 토지임대차계약이 아님이 명백하므로, 그 대지에 관한 甲의 임차권은 민법 제622조에 따른 대항력을 갖추지 못하였다(대판 1994.11.22. 94다5458).
> ❸ 민법 제622조 제1항의 취지는 토지임차인이 임차지상의 건물을 등기함으로써 임대차의 등기가 없더라도 제3자에게 임대차의 효력을 주장할 수 있다는 것이지 그러한 건물만을 취득한 자에게 당연히 임차권이 생긴다는 것은 아니다(대판 1968.7.31. 67다2126).

(2) 부속물매수청구권·철거권 **24·29·30회 출제**

Professor Comment
임대차 종료 시 지상권과 전세권에서와는 달리 지상권설정자의 지상물매수청구권, 전세권설정자의 부속물매수청구권과 같은 권리가 임대인에게는 인정되지 않는다.

1) 부속물매수청구권

① **요 건**   → 토지 ✕
  ㉠ 건물 기타 공작물의 임차인이 그 사용의 편익을 위하여 임대인의 동의를 얻어 그에 부속시킨 물건 또는 임대인으로부터 매수한 부속물이 있는 때에는 임대차의 종료시에 매수청구할 수 있다(제646조 제1·2항).

부속물매수청구권

1) **형성권**
   임차인의 단독의 의사표시로 효력이 발생한다.

2) **편면적 강행규정**
   부속물매수청구권에 대하여 임차인에게 불리한 약정을 할 수 없다.

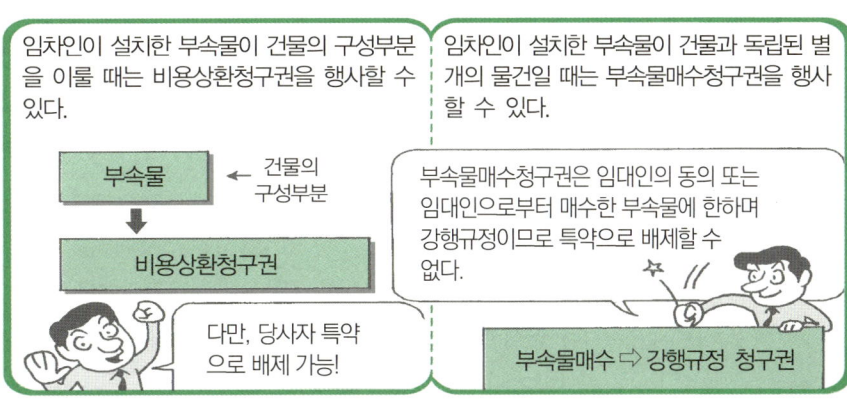

ⓛ 여기서 부속물이란 ⓐ 임차건물에 부속된 물건으로서 ⓑ 임차인의 소유에 속하고 ⓒ 건물의 구성부분으로는 되지 않은 것으로서 ⓓ 건물의 사용에 객관적 편익을 가져오게 하는 물건을 말한다.

ⓒ 임차인의 채무불이행으로 임대차계약이 해지된 경우 부속물매수청구권을 행사할 수 없다(대판 1990.1.23. 88다카7245).

판례 부속물매수청구권의 '부속물'의 범위

민법 제646조가 규정하는 매수청구의 대상이 되는 <u>부속물이란 건물에 부속된 물건으로서 임차인의 소유에 속하고, 건물의 구성부분으로는 되지 아니한 것으로서 건물의 사용에 객관적인 편익을 가져오게 하는 물건이라고 할 것이므로, 부속된 물건이 오로지 임차인의 특수목적에 사용하기 위하여 부속된 것일 때에는 이에 해당하지 않는다</u>(대판 1993.10.8. 93다25738).

② **법적 성질**

부속물매수청구권은 형성권으로서 임차인의 단독의 의사표시로 효력이 생기며, 이 경우 대금은 매수청구권을 행사할 때의 시가에 의한다.

③ **적용범위**

일시 사용을 위한 임대차에는 부속물매수청구권이 인정되지 않는다(제646조).

④ **편면적 강행규정**

부속물매수청구권에 관한 규정은 편면적 강행규정으로서 임차인에게 불리한 것은 그 효력이 없다(제652조·제646조). 다만 판례는 임차인에게 불리하다는 점에 대하여 객관적 사정을 종합적으로 고려하여 판단하고 있다.

판례 매수청구권 포기약정의 효력

1 건물 임대인이 임차보증금과 임료를 저렴하게 해 주는 대신 임차인이 부속물에 대한 시설비, 필요비, 권리금 등을 일체 청구하지 않기로 약정하였고, 임차권양수인들도 시설비 등을 청구하지 않기로 약정하였다면 임차인이나 양수인 등은 매수청구권을 포기한 경우, 위 약정이 임차인에게 일방적으로 불리한 것이라고 볼 수 없다(대판 1992.9.8. 92다24998·5007).

2 건물 <u>임차인이 자신의 비용을 들여 증축한 부분을 임대인 소유로 귀속시키기로 하는 약정은 임차인이 원상회복의무를 면하는 대신 투입비용의 변상이나 권리주장을 포기하는 내용이 포함된 것으로서 특별한 사정이 없는 한 유효</u>하므로, 그 약정이 부속물매수청구권을 포기하는 약정으로서 강행규정에 반하여 무효라고 할 수 없고 또한 그 증축 부분의 원상회복이 불가능하다고 해서 유익비의 상환을 청구할 수도 없다(대판 1996.8.20. 94다44705·4712).

2) **부속물철거권**

임대차 종료 시 임차인은 그의 임차권에 기초해 임차물에 부속시킨 물건을 철거할 수 있다(제654조·제615조). 특히, 임대인의 동의 없이 부착시킨 물건에 대해서는 부속물매수청구권은 인정되지 않고 철거권만 인정된다.

(3) **지상물매수청구권**   23·25·34·35회 출제

1) **요 건**(제643조)   건물위의 지상물은 상상하기 어렵다.

① 건물 기타 공작물의 소유 또는 식목·채염 목축을 목적으로 하는 <u>토지임대차</u>일 것

② 임대차의 기간이 만료한 때에 그 지상에 임차인 소유의 건물·수목 기타 지상시설이 현존하였을 것
③ 임차인이 계약의 갱신청구를 하였으나 임대인이 이를 거절하였을 것. 따라서 임차인의 채무불이행을 이유로 토지임대차 계약이 해지된 경우 갱신청구를 할 수 없으므로 지상물매수청구권도 행사할 수 없다(대판 2003.4.22. 2003다7685).

 판례 지상물매수청구권에 관한 판례

1 기간의 정함이 없는 임대차에 있어서 임대인의 해지통고에 의하여 소멸된 경우
토지임차인의 지상물매수청구권은 기간의 정함이 없는 임대차에 있어서 임대인에 의한 해지통고에 의하여 그 임차권이 소멸된 경우에도 마찬가지로 인정된다(대판 1995.7.11. 94다34265 전합).

2 지상건물의 객관적인 경제적 가치가 매수청구권의 행사요건인지 여부 — 행사요건 아님
민법 제643조, 제283조에 규정된 임차인의 매수청구권은, 그 지상 건물이 객관적으로 경제적 가치가 있는지 여부나 임대인에게 소용이 있는지 여부가 그 행사요건이라고 볼 수 없다(대판 2002.5.31. 2001다42080).

3 지상물매수청구권의 대상이 되는 건물이 임대차계약 당시의 기존건물이거나 임대인의 동의를 얻어 신축한 것에 한정되는지 여부
매수청구권의 대상이 되는 건물은 그것이 토지의 임대목적에 반하여 축조되고, 임대인이 예상할 수 없을 정도의 고가의 것이라는 특별한 사정이 없는 한 임대차기간 중에 축조되었다고 하더라도 그 만료시에 그 가치가 잔존하고 있으면 그 범위에 포함되는 것이고, 반드시 임대차계약 당시의 기존건물이거나 임대인의 동의를 얻어 신축한 것에 한정된다고는 할 수 없다(대판 1993.11.12. 93다34589).

4 무허가건물도 민법 제643조 소정의 토지 임차인의 건물매수청구권의 대상이 되는지 여부 — 한정적극
1) 임대차계약 종료시에 경제적 가치가 잔존하고 있는 건물은 그것이 토지의 임대목적에 반하여 축조되고 임대인이 예상할 수 없을 정도의 고가의 것이라는 등의 특별한 사정이 없는 한, 비록 행정관청의 허가를 받은 적법한 건물이 아니더라도 임차인의 건물매수청구권의 대상이 될 수 있다(대판 1997.12.23. 97다37753).
2) 건물을 매수하여 점유하고 있는 사람은 소유자로서의 등기명의가 없다 하더라도 그 권리의 범위 내에서는 그 점유 중인 건물에 대하여 법률상 또는 사실상의 처분권을 가지고 있다. (따라서) 종전 임차인으로부터 미등기 무허가건물을 매수하여 점유하고 있는 임차인은 특별한 사정이 없는 한 비록 소유자로서의 등기명의가 없어 소유권을 취득하지 못하였다 하더라도 임대인에 대하여 지상물매수청구권을 행사할 수 있는 지위에 있다(대판 2013.11.28. 2013다48364).

5 건물의 소유를 목적으로 한 토지임차인의 건물매수청구권 행사의 상대방
건물에 대하여 보존등기를 필하여 제3자에 대하여 대항할 수 있는 차지권을 가지고 있는 토지임차인은 그 신소유자에 대하여도 위 매수청구권을 행사할 수 있다(대판 1977.4.26. 75다348).

6 임차권 소멸 당시 이미 토지소유권을 상실한 임대인에 대한 건물매수청구권 행사의 가부
건물의 소유를 목적으로 하는 토지 임차인의 건물매수청구권 행사의 상대방은 원칙적으로 임차권 소멸 당시의 토지소유자인 임대인이고, 임대인이 임차권 소멸 당시에 이미 토지소유권을 상실한 경우에는 그에게 지상건물의 매수청구권을 행사할 수는 없으며, 이는 임대인이 임대차계약의 종료 전에 토지를 임의로 처분하였다 하여 달라지는 것은 아니다(대판 1994.7.29. 93다59717).

7 건물에 근저당권이 설정된 경우 토지 임차인의 건물매수청구권 인정 여부 및 행사방법
건물의 소유를 목적으로 한 토지임대차계약의 기간이 만료함에 따라 지상건물 소유자가 임대인에 대하여 행사하는 민법 제643조 소정의 매수청구권은 매수청구의 대상이 되는 건물에 근저당권이 설정되어 있는 경우에도 인정된다. 이 경우에 그 건물의 매수가격은 건물 자체의 가격 외에 건물의 위치, 주변 토지의 여러 사정 등을 종합적으로 고려하여 매수청구권 행사 당시 건물이 현존하는 대로의 상태에서 평가된 시가 상당액을 의미하고, 여기에서 근저당권의 채권최고액이나 피담보채무액을 공제한 금액을 매수가격으로 정할 것은 아니다. 다만, 매수청구권을 행사한 지상건물 소유자가 위와 같은 근저당권을 말소하지 않는 경우 토지소유자는 민법 제588조에 의하여 위 근저당권의 말소등기가 될 때까지 그 채권최고액에 상당한 대금의 지급을 거절할 수 있다(대판 2008.5.29. 2007다4356).

2) 효과

20회 출제

① 지상물매수청구권은 형성권으로서 그 행사로 임대인과 임차인사이에 지상물에 대한 매매가 성립한다. *매매계약이 성립되는 것일 뿐 소유권이 이전되는 것은 아님*
② 임차인의 건물명도 및 그 소유권이전등기의무와 토지임대인의 건물대금지급의무는 동시이행의 관계에 있다(대판 1998.5.8. 98다2389).
③ 임차인은 건물명도 및 그 소유권이전등기에 필요한 서류의 이행제공 전까지는 그 대지의 사용에 따른 임료상당의 부당이익을 반환하여야 한다(대판 2001.6.1. 99다60535).

 매수청구권의 허용범위

무릇 건물 소유를 목적으로 하는 토지임대차에 있어서 임차인 소유 건물이 임대인이 임대한 토지 외에 임차인 또는 제3자 소유의 토지 위에 걸쳐서 건립되어 있는 경우에는, 임차지 상에 서있는 건물부분 중 구분소유의 객체가 될 수 있는 부분에 한하여 임차인에게 매수청구가 허용된다(대판 1996.3.21. 93다42634).

 매수청구권의 포기

1 임대차가 종료하기 전에 임대인과의 사이에 건물 기타 지상 시설 일체를 포기하기로 한 약정
건물의 소유를 목적으로 한 토지의 임차인이 임대차가 종료하기 전에 임대인과 간에 건물 기타 지상 시설 일체를 포기하기로 약정을 하였다고 하더라도 임대차계약의 조건이나 계약이 체결된 경위 등 제반 사정을 종합적으로 고려하여 실질적으로 임차인에게 불리하다고 볼 수 없는 특별한 사정이 인정되지 아니하는 한 위와 같은 약정은 임차인에게 불리한 것으로서 민법 제652조에 의하여 효력이 없다(대판 2002.5.31. 2001다42080).

2 매수청구권의 포기가 허용된 경우
甲지방자치단체와 임차인 乙이 대부계약(실질은 식목을 목적으로 하는 토지임대차)을 체결하면서 한 지상물매수청구권 포기 약정이 乙에게 불리한 것인지가 문제된 사안에서, 乙은 이를 이식해 당초 자신의 사업대로 활용할 수 있으나 甲지방자치단체는 활용하기 어려운 점 등을 종합해 보면 위 지상물매수청구권 포기 약정이 전체적으로 보아 반드시 일방적으로 乙에게 불리한 것이었다고 단정할 수 없다(대판 2011.5.26. 2011다1231).

단락문제 Q08

제35회 기출

건물소유를 목적으로 하는 토지임차인의 지상물매수청구권에 관한 설명으로 옳은 것은? (다툼이 있으면 판례에 따름)

① 지상 건물을 타인에게 양도한 임차인도 매수청구권을 행사할 수 있다.
② 임차인은 저당권이 설정된 건물에 대해서는 매수청구권을 행사할 수 없다.
③ 토지소유자가 아닌 제3자가 토지를 임대한 경우, 임대인은 특별한 사정이 없는 한 매수청구권의 상대방이 될 수 없다.
④ 임대인이 임차권 소멸 당시에 이미 토지소유권을 상실하였더라도 임차인은 그에게 매수청구권을 행사할 수 있다.
⑤ 기간의 정함이 없는 임대차에서 임대인의 해고통고에 의하여 임차권이 소멸된 경우, 임차인은 매수청구권을 행사할 수 없다.

해설
① (×) 양수인에게 인정된다.
② (×) 저당권설정은 매수청구권 배척 사유가 아니다.
③ (○) 제3자가 임대차계약의 당사자로서 토지를 임대하였다면, 토지 소유자가 임대인의 지위를 승계하였다는 등의 특별한 사정이 없는 한 임대인이 아닌 토지 소유자가 직접 지상물매수청구권의 상대방이 될 수는 없다. (대판 2017. 4. 26. 2014다72449, 72456)
④ (×) 소멸 당시의 소유자가 매수청구의 상대방
⑤ (×) 토지임차인의 지상물매수청구권은 기간의 정함이 없는 임대차에 있어서 임대인에 의한 해지통고에 의하여 그 임차권이 소멸된 경우에도 마찬가지로 인정된다. (대판 1995. 7. 11. 94다34265)

답 ③

단락문제 Q09 — 제33회 기출

토지임차인에게 인정될 수 있는 권리가 아닌 것은?

① 부속물매수청구권
② 유익비상환청구권
③ 지상물매수청구권
④ 필요비상환청구권
⑤ 차임감액청구권

해설
① (×) 건물기타 공작물의 임차인에게 인정
 제646조(임차인의 부속물매수청구권) 제1항 건물 기타 공작물의 임차인이 그 사용의 편익을 위하여 임대인의 동의를 얻어 이에 부속한 물건이 있는 때에는 임대차의 종료시에 임대인에 대하여 그 부속물의 매수를 청구할 수 있다. 제2항 임대인으로부터 매수한 부속물에 대하여도 전항과 같다.
②, ③, ④, ⑤ 토지임차인에게 인정된 권리

답 ①

4 임차인의 의무 ★★★ 21·24회 출제

> 제633조(차임지급의 시기) 차임은 동산, 건물이나 대지에 대하여는 매월 말에, 기타 토지에 대하여는 매년 말에 지급하여야 한다. 그러나 수확기 있는 것에 대하여는 그 수확 후 지체 없이 지급하여야 한다.
> 제634조(임차인의 통지의무) 임차물의 수리를 요하거나 임차물에 대하여 권리를 주장하는 자가 있는 때에는 임차인은 지체 없이 임대인에게 이를 통지하여야 한다. 그러나 임대인이 이미 이를 안 때에는 그러하지 아니하다.
> 제641조(동전(同前)) 건물 기타 공작물의 소유 또는 식목, 채염, 목축을 목적으로 한 토지임대차의 경우에도 전조의 규정을 준용한다.

(1) 차임지급의무

1) 내용·지급시기

① 내 용
 ㉠ 임차인의 차임지급의무는 임대차계약의 요소이며, 가장 중요한 의무이다.
 ㉡ 차임은 금전에 한하지 않는다.
 ㉢ 수인이 공동하여 임차한 경우에는 그 수인의 임차인이 연대하여 차임지급의무를 부담한다(제654조·제616조).

제3편 계약법

② 차임지급의 시기

종류	동산, 건물이나 대지	기타 토지임대차	수확기가 있는 것
지급시기	매월 말	매년 말	수확 후 즉시

2) 차임의 증감청구

① **사정변경에 따른 증감청구** → 현저한 변동이어야 함

임대물에 대한 공과부담의 증감 기타 경제사정의 변동으로 인하여 약정한 차임이 상당하지 아니하게 된 때에는 '당사자'는 장래에 대한 차임의 증감을 청구할 수 있다(제628조).

② **일부멸실 등에 따른 증감청구**

임차물의 일부가 임차인의 과실 없이 멸실 기타 사유로 사용·수익할 수 없게 된 때에는 '임차인'은 그 부분의 비율에 의한 차임의 감액을 청구할 수 있다(제627조 제1항).

③ **행사방법·효과**

차임증액청구권은 형성권이므로, 재판상 또는 재판 외에서 상대방에게 의사표시를 하면 즉시 효력이 발생한다(대판 1974.8.30. 74다1124).

임대인이 민법 제628조에 의하여 장래에 대한 차임의 증액을 청구하고 법원이 증액청구를 상당하다고 인정한 경우에 차임증액청구 효력발생시기

민법 제628조에 의하여 장래에 대한 차임의 증액을 청구하였을 때에 그 청구가 상당하다고 인정되면 그 효력은 재판시를 표준으로 할 것이 아니고 그 청구시에 곧 발생한다고 보는 것이 상당하고 그 청구는 재판 외의 청구라도 무방하다(대판 1974.8.30. 74다1124).

차임불증액 특약이 있는 임대차에서 사정변경으로 인한 차임증액청구권이 인정되는지 여부(적극)

임대차계약에 있어서 차임불증액의 특약이 있더라도 그 약정 후 그 특약을 그대로 유지시키는 것이 신의칙에 반한다고 인정될 정도의 사정변경이 있다고 보여지는 경우에는 형평의 원칙상 임대인에게 차임증액청구를 인정하여야 한다(대판 1996.11.12. 96다34061).

3) 차임연체로 인한 계약해지

① 건물 기타 공작물의 임대차에서 임차인의 차임연체액이 2기분에 달하는 때에는 임대인은 계약을 해지할 수 있다(제640조). → 지상권의 2년과 구별할 것

② '차임연체액이 2기분에 달한 때'란 연속해서 2기의 차임을 연체한 경우는 물론이고, 연속해서 연체하지는 않더라도 연체차임총액이 2기분에 달하는 때도 포함한다.

③ 이는 강행규정이며, 이에 위반하는 약정으로서 임차인에게 불리한 것은 무효이다(제652조·제640조). 다만, 일시임대차에는 적용되지 않는다(제653조).

④ 「상가건물 임대차보호법」이 적용되는 경우에는 차임연체액이 3기의 차임액에 달하는 때에 임대인은 계약을 해지할 수 있다(동법 제10조의8).

(2) 임차물보관의무

1) 선관주의의무
① 임차인은 임대차종료시 임차물을 임대인에게 반환할 때까지 임차물을 선량한 관리자의 주의로 보관하여야 한다.
② 선관의무위반으로 임차물이 멸실·훼손되면 채무불이행에 의한 손해배상책임을 지며 임차인은 반환책임을 면하기 위해서 귀책사유 없음을 증명해야 한다.

 임대차계약이 임대인의 수선의무 지체로 해지된 경우의 증명책임

임차건물이 화재로 소훼된 경우에 있어서 그 화재의 발생원인이 불명인 때에도 임차인이 그 책임을 면하려면 그 임차건물의 보존에 관하여 선량한 관리자의 주의의무를 다하였음을 입증하여야 하는 것이며 그 임대차계약이 임대인의 수선의무 지체로 해지된 경우라도 마찬가지다(대판 2010.4.29. 2009다96984).

2) 통지의무
① 임차물의 수리를 요하거나 임차물의 권리를 주장하는 자가 있을 때 임차인은 지체 없이 이를 임대인에게 통지해야 한다.
② 임대인이 이미 알고 있는 때에는 통지할 필요가 없다(제634조).

3) 인용의무
① 임대인이 임차물의 보존에 필요한 행위를 하려고 할 때에는 임차인은 이를 거절하지 못한다(제624조).
② 임차인의 의사에 반한 보존행위로 인하여 임대차의 목적을 달성할 수 없는 때에는 임차인은 계약을 해지할 수 있다(제625조).

(3) 임차물반환의무와 원상회복의무
1) 임대차가 종료하면 임차인은 임차물을 임대인에게 반환하여야 한다.
2) 임차물을 반환할 때에는 임차인은 이를 원상에 회복시켜야 한다.
3) 임차물에 부속시킨 물건은 철거할 수 있다(제615조·제654조).
4) 임차물이 채무자의 귀책사유 없이 이행불능이 된 경우 임차인은 의무를 면하며(제537조) 채권자지체 중 임차인의 경과실로 인한 경우에도 같다(제401조).

제3편 계약법

단락핵심 — 임대인과 임차인의 권리의무

(1) 임차인이 목적물을 반환하는 때에는 이를 원상회복하여야 할 의무가 있다. (○)
(2) 수인이 공동으로 물건을 임차한 때에는 연대하여 차임을 지급할 의무를 부담한다. (○)
(3) 일시사용을 위한 임대차에 해당하는 숙박계약의 경우 임대인은 임차인의 안전을 배려할 의무가 있다. (○)
(4) 임차물에 대하여 권리를 주장하는 자가 있는 경우 임차인은 이 사실을 모르는 임대인에게 지체 없이 통지하여야 한다. (○)
(5) 임대인이 목적물을 임차인에게 인도한 후에는 특별한 사정이 없는 한 계약존속 중 그 사용·수익에 필요한 상태를 유지하게 할 의무까지 부담하는 것은 아니다. (×)
(6) 차임지급의 지체로 계약을 해지당한 임차인은 부속물매수청구권을 행사하여 손해를 회피할 수 있다. (×)
(7) 부속물매수청구권을 행사하려면 임대차가 종료하여야 한다. (○)
(8) 부속물매수청구권에 관한 규정은 강행규정이므로 이에 위반하는 약정으로 임차인이나 전차인에게 불리한 것은 그 효력이 없다. (○)
(9) 건물의 사용에 객관적 편익을 가져오는 것이 아니더라도 임차인의 특수목적에 사용하기 위해 부속된 것은 부속물매수청구권의 대상이 된다. (×)
(10) 임차인의 필요비상환청구권에 관한 규정은 편면적 강행규정이다. (×)

단락문제 Q10 제31회 기출

임대차의 차임에 관한 설명으로 **틀린** 것은? (다툼이 있으면 판례에 따름)

① 임차물의 일부가 임차인의 과실없이 멸실되어 사용·수익할 수 없는 경우, 임차인은 그 부분의 비율에 의한 차임의 감액을 청구할 수 있다.
② 여럿이 공동으로 임차한 경우, 임차인은 연대하여 차임지급의무를 부담한다.
③ 경제사정변동에 따른 임대인의 차임증액청구에 대해 법원이 차임증액을 결정한 경우, 그 결정 다음날부터 지연손해금이 발생한다.
④ 임차인의 차임연체로 계약이 해지된 경우, 임차인은 임대인에 대하여 부속물매수를 청구할 수 없다.
⑤ 연체차임액이 1기의 차임액에 이르면 건물임대인이 차임연체로 해지할 수 있다는 약정은 무효이다.

해설
③ (×) 민법 제628조에 의하여 장래에 대한 차임의 증액을 청구하였을 때에 당사자 사이에 협의가 성립되지 아니하여 법원이 결정해 주는 차임은 증액청구의 의사표시를 한 때에 소급하여 그 효력이 생기는 것이므로, 특별한 사정이 없는 한 증액된 차임에 대하여는 법원 결정 시가 아니라 증액청구의 의사표시가 상대방에게 도달한 때를 이행기로 보아야 한다(대판 2018.3.15. 2015다239508, 239515).
① (○) 제627조 제1항 ② (○) 제628조
④ (○) 임대차계약이 임차인의 채무불이행으로 인하여 해지된 경우에는 임차인은 민법 제646조에 의한 부속물매수청구권이 없다(대판 1990.1. 88다카7245, 88다카7252).
⑤ (○) 제640조, 제641조

답 ③

제2장 계약각론

5 임차권의 양도와 전대 ★★★   27·32회 출제

> 제629조(임차권의 양도, 전대의 제한) ① 임차인은 임대인의 동의 없이 그 권리를 양도하거나 임차물을 전대하지 못한다.
> ② 임차인이 전항의 규정에 위반한 때에는 임대인은 계약을 해지할 수 있다.
> 제630조(전대의 효과) ① 임차인이 임대인의 동의를 얻어 임차물을 전대한 때에는 전차인은 직접 임대인에 대하여 의무를 부담한다. 이 경우에 전차인은 전대인에 대한 차임의 지급으로써 임대인에게 대항하지 못한다.
> ② 전항의 규정은 임대인의 임차인에 대한 권리행사에 영향을 미치지 아니한다.

(1) 양도·전대의 제한주의

임차인은 임대인의 동의 없이 그 권리를 양도하거나 임차물을 전대하지 못한다(제629조 제1항).

※ 전대차계약 자체가 무효는 아님을 주의할 것

(2) 양도·전대의 의의 및 성질

1) 임차권의 양도

① 양도란 양도인(임차인)과 양수인 사이의 계약으로 그 동일성을 유지하면서 임차권을 이전하는 것을 말한다.
② 임대인은 이 계약의 당사자가 아니며, 양도계약 자체는 양도인(임차인)과 양수인 사이의 합의만으로 유효하게 성립한다.

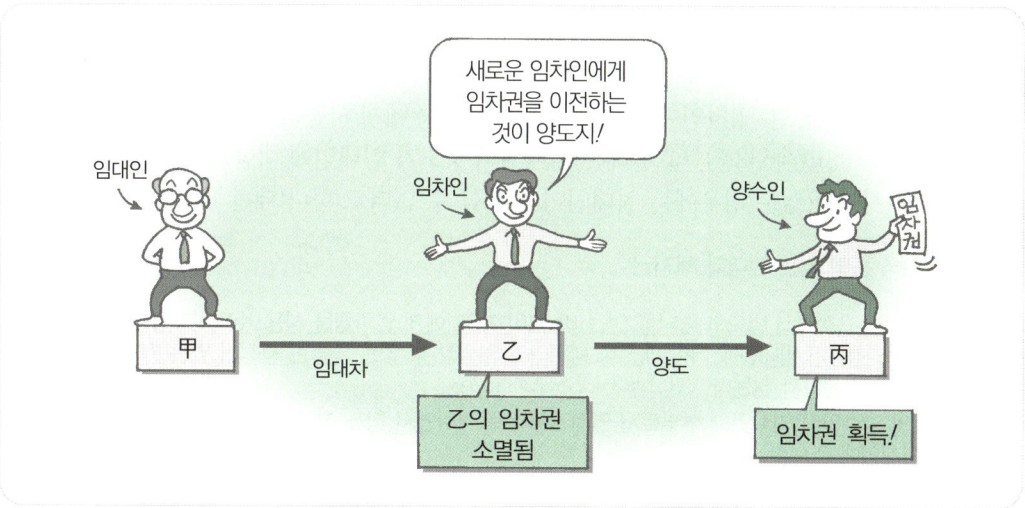

2) 임차물의 전대

① 전대(轉貸)란 임차목적물을 제3자(전차인)가 사용·수익하는 것을 내용으로 하는 임차인(전대인)과 제3자(전차인) 사이의 계약이다.
② 임대인은 계약의 당사자가 아니며, 전대차는 임차인(전대인)과 전차인 사이의 임대차계약만으로 유효하게 성립한다.

제3편 계약법

3) 양자의 차이
임차권의 양도에 있어서는 임차권은 종래의 임차인을 떠나 양수인에게 귀속하나, 전대에 있어서는 임차권은 여전히 종래의 임차인에게 귀속하고 전차인은 그를 기초로 한 새로운 임차권을 취득하게 된다.

4) 임대인의 동의(대항요건)
임차권의 양도 또는 전대는 임대인의 동의가 없어도 성립하고 다만 임대인은 동의 없음을 이유로 임대차계약을 해지할 수 있을 뿐이다(제629조 제2항). 이는 대항력을 갖추고 있는 경우에도 동일하다. 다만, ① 임차인이 건물의 소부분을 타인에게 사용하게 하는 경우에는 임대인의 동의가 필요 없고(제632조), ② 판례는 임차권의 양도가 임대인에 대한 배신적 행위로 볼 수 없는 특별한 사정이 있는 경우에는 임대인이 해지할 수 없다고 한다(대판 1993.4.27. 92다45308).

 임대인의 동의 없는 전대와 해지권

> 임차인이 임대인으로부터 별도의 승낙을 얻은 바 없이 제3자에게 임차물을 사용·수익하도록 한 경우에 있어서도 임차인의 당해 행위가 임대인에 대한 배신적 행위라고 인정할 수 없는 특별한 사정이 있는 경우에는 위 법조항에 의한 해지권은 발생하지 않는다(대판 1993.4.27. 92다45308).
> ➡ 임차권의 양수인이 임차인과 부부로서 임차건물에 동거하면서 함께 가구점을 경영하고 있는 등의 사정이 있었던 사례임에 주의할 것

(3) 동의 있는 양도·전대의 효과 `21·26회 출제`

1) 양도의 경우
① 양도에 의하여 임차인은 임대차관계에서 완전히 벗어나고, 양수인이 임차인의 지위를 승계하여 임차인으로서의 권리의무를 취득하게 된다.
② 다만, 이는 모두 장래에 향한 것이므로 양도인의 연체차임채무나 기타 다른 의무위반에 따른 손해배상채무 등은 특약이 없는 한 양수인에게 이전되지 않는다.
③ 법률의 규정에 의한 임차권이전(가령 경매절차를 통해 임차권을 이전받은 경락인)의 경우에도 임대인에게 대항하기 위해서는 임대인의 동의가 필요하다.

임차인이 임대인의 승낙 하에 임차권을 양도하고 신 임차인에게 임차목적물을 명도한 경우, 구 임차인의 임대인에 대한 명도의무의 이행완료 여부 — 이행완료

임대인이 임차권의 양도를 승낙하여 신 임차인이 구 임차인으로부터 임차목적물을 명도받았다면 구 임차인이 임대인에게 명도하여 임대인이 다시 신 임차인에게 명도하는 대신 구 임차인이 임대인의 승낙하에 직접 신 임차인에게 명도하는 것으로서 명도의무의 이행을 다한 것으로 보아야 한다(대판 1998.7.14. 96다17202).

 토지 임대인의 동의가 없어도 경락인은 임대인에 대하여 임차권의 취득을 대항할 수 있는지 여부(소극)

1. 건물의 소유를 목적으로 하여 토지를 임차한 사람이 그 토지 위에 소유하는 건물에 저당권을 설정한 때에는 민법 제358조 본문에 따라서 저당권의 효력이 건물뿐만 아니라 건물의 소유를 목적으로 한 토지의 임차권에도 미친다고 보아야 할 것이므로, 건물에 대한 저당권이 실행되어 경락인이 건물의 소유권을 취득한 때에는 특별한 다른 사정이 없는 한 건물의 소유를 목적으로 한 토지의 임차권도 건물의 소유권과 함께 경락인에게 이전된다.
2. 위의 경우에도 민법 제629조가 적용되기 때문에 토지의 임대인에 대한 관계에서는 그의 동의가 없는 한 경락인은 그 임차권의 취득을 대항할 수 없다고 할 것인바, 민법 제622조 제1항은 건물의 소유를 목적으로 한 토지임대차는 이를 등기하지 아니한 경우에도 임차인이 그 지상건물을 등기한 때에는 토지에 관하여 권리를 취득한 제3자에 대하여 임대차의 효력을 주장할 수 있음을 규정한 취지임에 불과할 뿐, 건물의 소유권과 함께 건물의 소유를 목적으로 한 토지의 임차권을 취득한 사람이 토지의 임대인에 대한 관계에서 그의 동의가 없이도 임차권의 취득을 대항할 수 있는 것까지 규정한 것이라고는 볼 수 없다(대판 1993.4.13. 92다24950).

2) 전대의 경우

① 임대인과 전차인의 관계

임대인과 전차인 사이에 직접 임대차관계가 성립하는 것은 아니나, 전차인은 임대인에 대하여 직접 의무를 부담한다(제630조 제1항 전단).
→ 차임지급의무 등

 임대인의 동의를 얻은 전대차의 전차인이 전대인에 대한 차임의 지급으로 임대인에게 대항할 수 없게 되는 차임의 범위

민법 제630조 제1항에 의하여 전차인이 임대인에게 대항할 수 없는 차임의 범위는 전대차계약상의 차임지급시기를 기준으로 하여 그 전에 전대인에게 지급한 차임에 한정되고, 그 이후에 지급한 차임으로는 임대인에게 대항할 수 있다(대판 2008.3.27. 2006다45459).

② 임대인과 임차인의 관계

원래의 임대인과 임차인 사이의 임대차관계에 기한 권리·의무는 전대차에 의해 영향받지 않는다. 즉, 전대차는 임대인의 임차인에 대한 권리행사에 영향을 미치지 아니한다(제630조 제2항).

③ 임차인(전대인)과 전차인의 관계

임차인과 전차인 사이에는 전대차계약의 내용에 따른 법률관계가 발생하고, 그 계약의 내용은 원래의 임대차와 다르게 합의되어도 무방하다.

④ **전대차의 존속기간**

전대차의 약정기간이 만료되거나, 원래의 임대차가 기간만료 또는 기타 사유로 종료되면 전대차는 종료된다. 그러나 임대인과 임차인의 합의로 임대차계약을 종료한 때에는 <U>전차인의 권리는 소멸하지 아니한다</U>(제631조). ← 전차인 보호를 위한 정책적 규정

⑤ **전차인의 부속물매수청구권**

건물 기타 공작물의 전대에 있어 전차인이 그 사용의 편익을 위하여 임대인의 동의를 얻어 이에 부속한 물건 또는 전차인이 임대인으로부터 매수한 부속물이나 그의 동의를 얻어 임차인으로부터 매수한 부속물이 있는 때에는 전대차의 종료시에 임대인에 대하여 그 부속물의 매수를 청구할 수 있다(제647조 제1항).

⑥ **전차인의 보증금반환청구권**

전차인은 전대차가 종료한 후 전대인을 상대로 보증금에서 연체차임 등을 공제한 잔액의 지급을 청구할 수 있다.

동의 없는 양도·전대

① 임차인이 무단으로(= 임대인의 동의 없이) 양도 또는 전대한 경우 임대인은 임대차계약을 해지할 수 있다.

② 임대차의 목적물이 건물인 경우 임차인이 그 건물의 소부분을 타인에게 사용하게 하는 경우 임대인의 동의 없이 할 수 있다.

(4) 동의 없는 양도·전대의 효과　　11·12·추가15·20·24·28·29회 출제

1) 양도의 경우

① **임차인과 양수인의 관계**

　　임대인의 동의를 받지 아니하고 임차권을 양도한 계약도 이로써 임대인에게 대항할 수 없을 뿐 임차인과 양수인 사이에는 유효한 것이고 이 경우 임차인은 양수인을 위하여 임대인의 동의를 받아 줄 의무가 있다. 임차인이 임대인의 동의를 얻지 못하면 담보책임을 부담한다(제567조).

② **임대인과 양수인의 관계**

　　양수인은 임차권을 가지고 임대인에게 대항할 수 없으므로 임대인은 양수인에 대하여 물권적 청구권(제213조·제214조)을 행사할 수 있다. 다만, 임대인이 양도인인 임차인과의 임대차계약을 해지(제629조 제2항)하지 않는 한 임대차목적물을 임차인에게 반환할 것을 청구할 수 있을 뿐이다(제207조 제2항).

③ **임대인과 임차인의 관계**

　　임대인은 임대차계약을 해지할 수 있다(제629조 제2항). 임대인이 계약을 해지하지 아니하면 임대차계약은 여전히 존속하므로 <u>임대인과 임차인의 권리·의무</u>는 여전히 존속한다.
　　　　　　　　　　　　　　　　　　　→ 가령, 차임지급 등

2) 전대의 경우

① **전대인**(임차인)**과 전차인의 관계**

　　전대차계약은 유효하므로 전대인과 전차인은 전대차계약상의 권리·의무를 부담한다.

② **임대인과 전차인의 관계**

　　전차인은 임대인에게 대항할 수 없고 임대인은 물권적 청구권을 행사할 수 있다.

③ **임대인과 임차인의 관계**

　　임대인은 임대차계약을 해지할 수 있고(제629조 제2항), 임대차계약을 해지하지 아니하는 한 종래의 임대차계약은 그대로 존속한다.

 임차인이 임대인의 동의 없이 임차물을 제3자에게 전대한 경우, 임대인이 제3자에게 손해배상청구나 부당이득반환청구를 할 수 있는지 여부

임차인이 임대인의 동의를 받지 않고 제3자에게 임차권을 양도하거나 전대하는 등의 방법으로 임차물을 사용·수익하게 하더라도, <u>임대인이 이를 이유로 임대차계약을 해지하거나 그 밖의 다른 사유로 임대차계약이 적법하게 종료되지 않는 한 임대인은 임차인에 대하여 여전히 차임청구권을 가지므로, 임대차계약이 존속하는 한도 내에서는 제3자에게 불법점유를 이유로 한 차임상당 손해배상청구나 부당이득반환청구를 할 수 없다</u>(대판 2008. 2. 28. 2006다10323).

제3편 계약법

단락핵심 임차권의 양도와 전대

(1) 임차인은 임대인의 동의 없이 그 권리를 양도하거나 임차물을 전대하지 못한다. (○)
(2) 임차권의 양도가 임대인에 대한 배신적 행위로 볼 수 없는 특별한 사정이 있는 경우라면 임대인은 해지할 수 없다. (○)
(3) 임차권의 대항력을 취득한 자는 임대인의 동의 없이도 임차권을 양도할 수 있다. (×)
(4) 적법한 전차인은 당연히 부속물매수청구권도 가진다. (○)
(5) 임대인이 임차권의 양도를 승낙하여 신 임차인이 구 임차인으로부터 임차목적물을 명도받았다면 구 임차인은 직접 신 임차인에게 명도하는 것으로서 명도의무의 이행을 다한 것으로 보아야 한다. (○)
(6) 무단전대의 경우 임차인의 임차권은 당연히 소멸한다. (×)
  ⇒ 임차권이 소멸하는 것은 아니고, 임대인은 임대차를 해지할 수 있을 뿐이다.

단락문제 Q11
제32회 기출

甲은 자기 소유 X창고건물 전부를 乙에게 월차임 60만원에 3년간 임대하였고, 乙은 甲의 동의를 얻어 X건물 전부를 丙에게 월차임 70만원에 2년간 전대하였다. 이에 관한 설명으로 틀린 것은? (단, 이에 관한 특약은 없으며, 다툼이 있으면 판례에 따름)

① 甲과 乙의 합의로 임대차 계약을 종료한 경우 丙의 권리는 소멸한다.
② 丙은 직접 甲에 대해 월차임 60만원을 지급할 의무를 부담한다.
③ 甲은 乙에게 월차임 60만원의 지급을 청구할 수 있다.
④ 甲에 대한 차임연체액이 120만원에 달하여 甲이 임대차계약을 해지한 경우, 丙에게 그 사유를 통지하지 않아도 해지로써 丙에게 대항할 수 있다.
⑤ 전대차 기간이 만료한 경우 丙은 甲에게 전전대차(前轉貸借)와 동일한 조건으로 임대할 것을 청구할 수 없다.

해설
① (×) 민법 제631조 소멸하지 않는다. ②, ③ (○) 민법 제630조 ① 본문
④ (○) 해지는 통지하지 않더라도 丙에게 대항 ⑤ (○) 민법 제644조 토지임차인에게만 임대청구권 인정

답 ①

6 임대목적물의 양도

(1) 원칙(매매는 임대차를 깨뜨린다)

임대인이 임대목적물을 제3자(양수인)에게 양도하더라도 임대인의 지위에 영향이 없다. 따라서 임차인은 임대인에 대하여만 임차권을 주장할 수 있을 뿐, 양수인의 반환청구에 대하여 임차권을 이유로 거절할 수 없다.

(2) 임대인지위의 승계 약정이 있는 경우

1) 임대인과 양수인은 임차인의 동의나 승낙이 없어도 임대인지위의 승계에 대하여 약정할 수 있다. 이 경우 임대인의 권리와 의무는 일괄적으로 양수인에게 이전한다. 따라서 임차인은 지상물매수청구권, 부속물매수청구권, 보증금반환청구권 등을 양수인에게만 행사할 수 있다.
2) 다만, 임대인의 변경을 원하지 않는 임차인은 상당한 기간 내에 임대차계약을 해지하고 임대인지위승계의 구속을 면할 수 있다(대결 1998.9.2. 98마100 참조).

(3) 임차인이 등기나 특별법상의 대항력을 구비한 경우

1) 임차인이 등기나 주택임대차보호법 등의 대항력을 구비하여 임대차관계를 임대 목적물의 양수인에게 대항할 수 있는 경우에는 임대인의 지위가 당연히 승계된다(대판 1996.6.14. 96다14517 참조, 「주택임대차보호법」 제3조 제4항).
2) 그러나 이 경우에도 임차인은 상당한 기간 내에 임대차계약을 해지하고 임대인지위 승계의 구속을 면할 수 있다(대판 2002.9.4. 2001다64615).

제3편 계약법

05 임대차의 종료 　35회 출제

1 존속기간의 만료

임대차의 존속기간이 약정되어 있는 경우에는 그 기간의 만료로 임대차는 종료한다. 다만, 일정한 경우에는 묵시적 갱신(법정갱신)이 되는 경우가 있다.

2 해지통고★★★ 　12회 출제

(1) 기간의 약정 없는 임대차(제635조)
1) 당사자는 언제든지 계약해지의 통고를 할 수 있다.
2) 이 경우 해지의 효력은 상대방이 그 통고를 받은 날로부터 다음 기간이 경과하여야 발생한다.
   ① 토지·건물 기타 공작물의 임대차에 있어서 임대인이 해지통고를 한 경우에는 6월, 임차인이 해지통고를 한 경우에는 1월
   ② 동산의 임대차에 있어서는 당사자 중 누가 해지통고를 하더라도 5일

(2) 해지권의 유보
임대차기간의 약정이 있는 때에도 당사자의 일방 또는 쌍방이 그 기간 내에 해지할 권리를 유보한 때에는 기간의 약정 없는 임대차의 해지통고에 관한 규정이 준용된다(제636조).

(3) 임차인의 파산선고와 해지통고
1) 임대차기간이 약정되어 있는 경우에도 임차인이 파산선고를 받은 때에는 임대인이나 파산관재인은 계약해지의 통고를 할 수 있다(제637조 제1항).
2) 이 때에도 통고 후 일정기간이 경과하여야 임대차는 종료되며, 다만 이 경우에는 해지로 인한 손해배상은 청구할 수 없다(제637조 제2항).

3 해 지★★★

다음의 경우에는 기간의 약정 유무에 관계없이 계약을 해지할 수 있고 해지의 효과(임대차 종료)는 일정기간의 경과를 기다리지 않고 즉시 발생한다.

(1) 임대인의 해지권
1) 임차인이 임대인의 동의 없이 임차권을 양도하거나 임차물을 전대한 때(제629조)
2) 부동산임대차에서 임차인이 2기분 이상의 차임을 연체한 때(제640조·제641조)
3) 임차인이 보증금지급의무를 이행하지 않은 때

제2장 계약각론

 임대인의 임대차계약 해지권이 행사상의 일신전속권인지 여부

임대인의 임대차계약 해지권은 오로지 임대인의 의사에 행사의 자유가 맡겨져 있는 <u>행사상의 일신전속권에 해당하는 것으로 볼 수 없다</u>(대판 2007.5.10. 2006다82700).

(2) 임차인의 해지권
1) 임차인의 의사에 반하는 보존행위로 임차의 목적을 달성할 수 없는 때(제625조)
2) 귀책사유 없이 임차물일부가 멸실되어 임차의 목적을 달성할 수 없는 때(제627조 제2항)

(3) 기 타
당사자일방에 의해 이행불능이 발생한 때 또는 부득이한 사유가 있는 때(제661조의 유추적용)

 임대인지위의 이전과 임차인의 이의권

임대차계약에 있어 임대인의 지위의 양도는 임대인의 의무의 이전을 수반하는 것이지만 임대인의 의무는 임대인이 누구인가에 의하여 이행방법이 특별히 달라지는 것은 아니고, 목적물의 소유자의 지위에서 거의 완전히 이행할 수 있으며, 임차인의 입장에서 보아도 신소유자에게 그 의무의 승계를 인정하는 것이 오히려 임차인에게 훨씬 유리할 수도 있으므로 <u>임대인과 신소유자와의 계약만으로써 그 지위의 양도를 할 수 있다</u> 할 것이나, 이 경우에 임차인이 원하지 아니하면 임대차의 승계를 임차인에게 강요할 수는 없는 것이어서 <u>스스로 임대차를 종료시킬 수 있어야 한다</u>는 공평의 원칙 및 신의성실의 원칙에 따라 임차인이 곧 이의를 제기함으로써 승계되는 임대차관계의 구속을 면할 수 있고, 임대인과의 임대차관계도 해지할 수 있다고 보아야 한다(대결 1998.9.2. 98마100).

4 종료의 효과

(1) 비소급효
소급효가 인정되지 않고 장래에 향해서만 소멸된다(제550조).

(2) 손해배상책임
해지에 의하여 종료되었다 하더라도 상대방에게 과실이 있으면 손해배상을 청구할 수 있다(제551조).

(3) 보증금 및 목적물의 반환
1) 임차인은 목적물을 원상에 회복하여 반환하여야 하고, 임대인은 보증금을 반환하여야 하며, 양자는 동시이행관계이다.

Professor Comment

보증금의 반환과 목적물의 원상회복 및 반환은 동시이행관계이나 이 둘 사이는 대가관계가 아니라는 점에 주의할 것

2) 임차인은 임차목적물을 원상회복하여야 한다. 이에는 단순한 물리적인 것뿐만 아니라 임대 당시의 부동산 용도에 맞게 다시 사용할 수 있도록 협력할 의무도 포함하므로 임차인은 임차건물 부분에서의 영업허가에 대하여 폐업신고절차를 이행할 의무도 있다(대판 2008.10.9. 2008다34903).

3) 임대목적물이 당사자의 귀책사유 없이 멸실하거나, 임대인의 귀책사유로 멸실하면 임차인은 반환의무를 면한다.

(4) 부당이득의 반환

1) 보증금의 반환과 목적물의 반환은 동시이행관계이므로 임차인의 점유가 불법점유에 해당하는 것은 아니나, 그 점유로 인해 실질적으로 얻은 이득이 있으면 이는 부당이득으로 반환하여야 한다.
2) 건물임대차 종료 후 건물을 점유하고 있으나 계약 목적에 따라 사용·수익하지 아니한 경우에는, 그로 인하여 임대인에게 손해가 발생하였다 하더라도 임차인의 부당이득반환 의무는 성립되지 아니한다. 이는 임차인의 사정으로 인하여 임차건물 부분을 사용·수익을 하지 못하였거나 임차인이 자신의 시설물을 반출하지 아니하였다고 하더라도 마찬가지이다(대판 1998.7.10. 98다8554).
3) 건물소유를 목적으로 한 토지임대차 종료 후 매수청구권을 행사한 경우라도 지상건물 등의 점유·사용을 통하여 그 부지를 계속하여 점유·사용하는 한 그로 인한 부당이득으로서 부지의 임료 상당액은 이를 반환할 의무가 있다(대판 2001.6.1. 99다60535). 다만, 건물의 사용을 중지하고 소유권이전에 필요한 서류를 제공하거나 제공할 준비를 하고 임대인에게 최고하면 부당이득반환의무를 면한다.

단락핵심 임대차의 종료

(1) 임차물의 일부가 임차인의 과실 없이 멸실 기타의 이유로 사용, 수익할 수 없게 된 때에도 임차인은 계약을 해지할 수 없다. (×)
 ⇒ 임차인은 그 부분의 비율에 의한 차임의 감액을 청구할 수 있고, 그 잔존부분으로 임차의 목적을 달성할 수 없을 때에는 임차인은 계약을 해지할 수 있다.
(2) 민법은 건물 기타 공작물의 임대차에는 임차인의 차임연체액이 2년분에 달하는 경우에 임대인이 계약을 해지할 수 있도록 규정하고 있다. (×)
 ⇒ 2기의 차임액이다(제640조). 2년은 지상권의 경우다(제287조).

06 보증금과 권리금 **11회 출제**

1 보증금(保證金)★★★ **33회 출제**

(1) 의의 및 기능

1) 의의
부동산임대차 특히 건물임대차에 있어서 임차인의 차임, 기타 손해배상채무 등 임대차 관계에서 발생하는 임차인의 채무를 담보하기 위하여 임차인 또는 제3자가 임대인에게 교부하는 금전 기타의 유가물을 말한다.
→ 제3자가 지급하여도 되는 점에 주의할 것

2) 기능
① 보증금은 임차물 훼손 시 임차인의 손해배상채무를 담보하는 기능과 차임연체 시 차임에의 충당금으로서 기능하는 외에 차임의 변칙적 지불방법으로 이용되어 왔다.
② 다액의 보증금이 교부됨으로써 전세금과 마찬가지로 차임지급의 기능을 하고 있다.

(2) 보증금계약

1) 의의
임대보증금은 보증금계약에 의하여 수수된 것으로, 이는 임대차계약과는 별개의 계약이지만 임대차계약에 부수한 종된 계약이다.

2) 특징
→ 임대차 종료시 제3자에게 반환해야 함
① 계약당사자는 임차인뿐만 아니라 제3자도 될 수 있으며
② 요물계약으로 행해지는 것이 보통이나 낙성계약으로도 가능하고
③ 임대차계약에 종된 독립한 계약이며
④ 보증금의 원본은 임차인의 채무를 담보하는 기능을 하며
⑤ 보증금의 이자부분은 실질적으로 사용료(임차료)의 기능을 한다.

(3) 효력

1) 담보적 효력
→ 예 임차물에 대한 멸실, 훼손 등으로 인한 채무
① 임대차관계에서 생길 수 있는 임차인의 모든 채무를 담보한다.
② 임대차가 종료한 때 이와 같은 채무가 있는 경우 임대인은 그 액만큼 보증금에서 공제하고 반환함으로써 우선변제를 받을 수 있는 것이다.
③ 임대차계약의 존속 중에 보증금을 가지고 연체차임 등에 충당할 것인가는 임대인의 자유이다.

> **보증금의 담보적 기능과 주장·증명책임**
>
> 1. 임대차보증금은 임대차계약 종료 후 목적물을 임대인에게 명도할 때까지 발생하는, 임대차에 따른 임차인의 모든 채무를 담보하는 것으로서, 그 피담보채무 상당액은 임대차관계의 종료 후 목적물이 반환될 때에, 특별한 사정이 없는 한 별도의 의사표시 없이 보증금에서 당연히 공제된다(대판 2005.9.28. 2005다8323·8330).
> 2. <u>임대차계약의 경우 임대차보증금에서 그 피담보채무 등을 공제하려면 임대인으로서는 그 피담보채무인 연체차임, 연체관리비 등을 임대차보증금에서 공제하여야 한다는 주장을 하여야 하고 나아가</u> 그 임대차보증금에서 공제될 차임채권, 관리비채권 등의 <u>발생원인에 관하여 주장·입증을 하여야 하는 것</u>이며, 다만 그 발생한 채권이 변제 등의 이유로 소멸하였는지에 관하여는 임차인이 주장·입증책임을 부담한다(대판 2005.9.28. 2005다8323·8330).
> 3. 임대인에게 임대차보증금이 교부되어 있더라도 임대인은 임대차관계가 계속되고 있는 동안에는 임대차보증금에서 연체차임을 충당할 것인지를 자유로이 선택할 수 있다. 따라서 <u>임대차계약 종료 전에는 공제 등 별도의 의사표시 없이 연체차임이 임대차보증금에서 당연히 공제되는 것은 아니고, 임차인도 임대차보증금의 존재를 이유로 차임의 지급을 거절할 수 없다</u>(대판 2016.11.25. 2016다211309). 그리고 임대인이 차임채권을 양도하는 등의 사정으로 인하여 차임채권을 가지고 있지 아니한 경우에는 특별한 사정이 없는 한 임대차계약 종료 전에 임대차보증금에서 공제한다는 의사표시를 할 수 있는 권한이 있다고 할 수도 없다(대판 2013.2.28. 2011다49608).

2) 묵시의 갱신과 보증금

① 묵시의 갱신이 있는 경우 임차인이 제공한 보증금은 그 효력을 유지한다.
② 제3자가 제공한 보증금이란 질권, 저당권 그밖의 보증등을 가리키는 것으로 보아야 할 것이고 건물의 임차보증금채권이 양도되었을 경우까지도 포함되는 개념이라고 해석할 수 없다(대판 76다951).

3) 임대인의 변경과 보증금의 승계

① 임대차에 있어서 보증금반환청구권의 상대방은 원칙적으로 임대인이며, 비록 임대목적물의 소유자가 변경되었다 하더라도 영향을 미치지 않는다. 그러나 임차인이 등기나 「주택임대차보호법」 등의 대항력을 구비하여 임대차관계를 임대 목적물의 양수인에게 대항할 수 있는 경우에는 임대인의 지위가 승계되므로, 임차인은 더 이상 종전 임대인에 대하여는 보증금의 반환을 청구할 수 없고, 새로운 소유자에게 청구하여야 한다(면책적 채무인수에 해당함, 대판 1996.6.14. 96다14517 참조).
② 임차인의 임대차보증금반환채권이 가압류된 상태에서 임차주택이 양도되면 가압류권자는 임차주택의 양수인에 대하여만 위 가압류의 효력을 주장할 수 있다(대판 2013.1.17. 2011다49523).

(4) 보증금의 반환

1) 보증금반환청구권의 발생
임대차관계의 종료와 동시에 보증금반환의무가 발생하고 다만 임대인은 임차인의 연체차임 기타 손해배상의무 등 보증금으로 담보된 모든 채무를 청산한 나머지를 반환하면 족하다고 한다.

2) 보증금과 임차물반환의 동시이행 〔23회 출제〕
임차물의 반환의무와 임대인이 보증금 중 연체차임 등 당해 임대차에 관하여 명도시(목적물이 반환되는 때)까지 생긴 모든 채무를 청산한 나머지를 반환할 의무는 서로 동시이행관계에 있다.

→ 다른 채권으로 상계 불가

임대차 보증금반환과 관련된 판례

1 임차물의 반환과 동시이행관계에 있는 보증금의 범위
1) 임대차계약의 기간이 만료된 경우에 임차인이 임차목적물을 명도할 의무와 임대인이 보증금 중 연체차임 등 당해 임대차에 관하여 명도시까지 생긴 모든 채무를 청산한 나머지를 반환할 의무는 동시이행의 관계가 있다(대판 1977.9.28. 77다1241,1242).
2) 임차인이 사소한 원상회복의무를 이행하지 아니한 채 건물의 명도 이행을 제공한 경우, 임대인이 이를 이유로 거액의 임대차보증금 전액의 반환을 거부하는 동시이행의 항변권을 행사할 수 없다. 즉 임차인이 금 326,000원이 소요되는 전기시설의 원상회복을 하지 아니한 채 건물의 명도 이행을 제공한 경우, 임대인이 이를 이유로 금 125,226,670원의 잔존 임대차보증금 전액의 반환을 거부할 동시이행의 항변권을 행사할 수 없다(대판 1999.11.12. 99다34697).

2 임대차계약에 기한 보증금 및 임료의 지급사실에 대한 증명책임의 소재
임대차계약에서 보증금을 지급하였다는 입증책임은 보증금의 반환을 구하는 임차인이 부담하고, 임대차계약이 성립하였다면 임대인에게 임대차계약에 기한 임료 채권이 발생하였다 할 것이므로 임료를 지급하였다는 입증책임도 임차인이 부담한다(대판 2005.1.13. 2004다19647).

3 임차물반환이 지연되는 경우
임차인은 임대차계약이 종료된 경우 특별한 사정이 없는 한 임대인에게 그 목적물을 명도하고 임대차 종료일까지의 연체차임을 지급할 의무가 있음은 물론, 임대차 종료일 이후부터 목적물 명도 완료일까지 그 부동산을 점유·사용함에 따른 차임 상당의 부당이득금을 반환할 의무도 있다고 할 것인데, 이와 같은 법리는 임차인이 임차물을 전대하였다가 임대차 및 전대차가 모두 종료된 경우의 전차인에 대하여도 특별한 사정이 없는 한 그대로 적용된다(대판 2007.8.23. 2007다21856).

3) 보증금반환청구권의 양도
보증금반환청구권도 제3자에게 양도할 수 있다. 다만 동일성을 유지하므로 임차물반환의무와 여전히 동시이행관계에 있다.

임차권양도의 금지와 임대차보증금반환채권의 양도금지

임대차계약의 당사자 사이에 '임차인은 임대인의 동의 없이는 임차권을 양도 또는 담보제공 하지 못한다'는 약정을 하였다면, 그 약정의 취지는 임차권의 양도를 금지한 것으로 볼 것이지 임대차계약에 기한 임대보증금반환채권의 양도를 금지하는 것으로 볼 수는 없다(대판 2013.2.28. 2012다104366).

제3편 계약법

단락핵심 보증금과 권리금

(1) 임대차에서 다액의 보증금이 교부되는 경우 그 보증금은 전세금과 마찬가지로 차임지급의 기능을 한다. (O)
(2) 임대차계약이 묵시적으로 갱신된 경우 제3자가 제공한 보증금은 효력을 잃는다. (X)
(3) 임대차계약의 존속 중에 보증금을 가지고 연체차임 등에 충당할 것인가는 임대인의 자유이다. (O)
(4) 임차인은 임대차보증금의 존재를 이유로 차임의 지급을 거절할 수 있다. (X)
(5) 부동산임대차에 있어 임차권의 대항력에 의하여 임차인과 임차부동산의 신소유자와의 사이에 종전의 임대차가 승계되면(제621조, 제622조) 보증금에 관한 권리·의무도 당연히 신소유자에게 이전한다. (O)
(6) 임차물의 반환의무와 보증금의 반환은 서로 동시이행관계이다. (O)
(7) 임차인은 임대인에 대하여 권리금의 반환을 청구할 수 있는 것이 원칙이다. (X)
(8) 임대인의 사정으로 임대차계약이 중도에 해지되는 것과 같은 특별한 사정이 있는 경우에는 권리금 중 잔존기간에 대응하는 금액의 반환청구를 할 수 있다. (O)
(9) 임대인이 임대차계약서의 단서 조항에 권리금액의 기재 없이 단지 '모든 권리금을 인정함'이라는 기재를 하였다고 하여 임대차 종료시 임차인에게 권리금을 반환하겠다고 약정하였다고 볼 수 있다. (X)

단락문제 Q12 제33회 기출

건물임대차계약상 보증금에 관한 설명으로 틀린 것을 모두 고른 것은? (다툼이 있으면 판례에 따름)

> ㄱ. 임대차계약에서 보증금을 지급하였다는 사실에 대한 증명책임은 임차인이 부담한다.
> ㄴ. 임대차계약이 종료하지 않은 경우, 특별한 사정이 없는 한 임차인은 보증금의 존재를 이유로 차임의 지급을 거절할 수 없다.
> ㄷ. 임대차 종료 후 보증금이 반환되지 않고 있는 한, 임차인의 목적물에 대한 점유는 적법점유이므로 임차인이 목적물을 계속하여 사용·수익하더라도 부당이득 반환의무는 발생하지 않는다.

① ㄱ ② ㄴ ③ ㄷ
④ ㄱ, ㄴ ⑤ ㄴ, ㄷ

해설

ㄱ (O) 보증금 지급 증명책임은 임차인에게 있다. 임대차계약에서 보증금을 지급하였다는 입증책임은 보증금의 반환을 구하는 임차인이 부담하고(대판 2005.1.13. 2004다19647)
ㄴ (O) 임대차보증금은 임대차계약이 종료된 후 임차인이 목적물을 명도할 때까지 발생하는 차임 및 기타 임차인의 채무를 담보하기 위하여 교부되는 것이므로 특별한 사정이 없는 한 임대차계약이 종료되었다 하더라도 목적물이 명도되지 않았다면 임차인은 보증금이 있음을 이유로 연체차임의 지급을 거절할 수 없다(대판 1999.7.27. 99다24881).
ㄷ (X) 임대차 종료일 이후부터 목적물 명도 완료일까지 그 부동산을 점유·사용함에 따른 차임 상당의 부당이득금을 반환할 의무도 있다고 할 것인데(대판 2007.8.23. 2007다21856, 21863)

답 ③

07 일시사용을 위한 임대차의 특례

일시사용을 하기 위한 임대차 또는 전대차인 것이 명백한 경우에는 차임증감청구권(제628조), 해지통고의 전차인에 대한 통지(제638조), 차임연체와 해지(제640조), 임차인의 부속물매수청구권(제646조), 전차인의 부속물매수청구권(제647조), 임차지의 부속물·과실 등에 대한 법정질권(제648조), 임차건물 등의 부속물에 대한 법정질권(제650조)에 관한 규정이 적용되지 않는다(제653조).

단락문제 Q13 제34회 기출

민법상 임대차계약에 관한 설명으로 틀린 것은? (다툼이 있으면 판례에 따름)

① 임대인이 목적물을 임대할 권한이 없어도 임대차계약은 유효하게 성립한다.
② 임차기간을 영구로 정한 임대차약정은 특별한 사정이 없는 한 허용된다.
③ 임차인은 특별한 사정이 없는 한 자신이 지출한 임차물의 보존에 관한 필요비 금액의 한도에서 차임의 지급을 거절할 수 있다.
④ 임대차가 묵시의 갱신이 된 경우, 전임대차에 대해 제3자가 제공한 담보는 원칙적으로 소멸하지 않는다.
⑤ 임대차 종료로 인한 임차인의 원상회복의무에는 임대인이 임대 당시의 부동산 용도에 맞게 다시 사용할 수 있도록 협력할 의무까지 포함된다.

해설
④ 민법 제639조②
① 민법 제569조의 준용
② 헌법재판소의 결정
③ 동시이행의 항변권
⑤ 임대차종료로 인한 임차인의 원상회복의무에는 임차인이 사용하고 있던 부동산의 점유를 임대인에게 이전하는 것은 물론 임대인이 임대 당시의 부동산 용도에 맞게 다시 사용할 수 있도록 협력할 의무도 포함한다(대판 2008. 10. 9. 2008다34903).

답 ④

제3편 계약법

단락문제 Q14
제32회 기출

乙이 甲으로부터 건물의 소유를 목적으로 X토지를 10년간 임차하여 그 위에 자신의 건물을 신축한 경우에 관한 설명으로 틀린 것은? (다툼이 있으면 판례에 따름)

① 특별한 사정이 없는 한 甲이 X토지의 소유자가 아닌 경우에도 임대차 계약은 유효하게 성립한다.
② 甲과 乙 사이에 반대약정이 없으면 乙은 甲에 대하여 임대차등기절차에 협력할 것을 청구할 수 있다.
③ 乙이 현존하는 지상건물을 등기해도 임대차를 등기하지 않은 때에는 제3자에 대해 임대차의 효력이 없다.
④ 10년의 임대차 기간이 경과한 때 乙의 지상건물이 현존하는 경우 乙은 임대차 계약의 갱신을 청구할 수 있다.
⑤ 乙의 차임연체액이 2기의 차임액에 달하는 경우, 특약이 없는 한 甲은 임대차 계약을 해지할 수 있다.

해설
① (O) 임대차는 채권계약기기 때문에 임대인에게 처분권이 있음을 요하지 아니한다. 민법 제567조에 의한 제569조의 준용
② (O) 민법 제621조
③ (X) 민법 제622조 건물등기로 대항력을 갖는다.
④ (O) 민법 제643조
⑤ (O) 민법 제640조

답 ③

빈출 함정 총정리

• 경록 교재에 모든 답이 있습니다.

01 임대차의 약정기간은 **20년을 초과할 수 있다**.
　　함정(X) 임대차의 약정기간은 20년을 넘을 수 없다.

02 임대차의 존속기간 만료 후 임대인이 **상당한 기간 내에** 이의를 하지 아니하면 전임대차와 동일한 조건으로 다시 임대차한 것으로 본다.
　　함정(X) 임대차의 존속기간 만료 후 임대인이 1개월 이내에 이의를 하지 아니하면 전임대차와 동일한 조건으로 다시 임대차한 것으로 본다.

03 묵시의 갱신이 인정되면 전임대차에 대하여 제3자가 제공한 **담보는** 소멸한다.
　　함정(X) 묵시의 갱신이 인정되면 전임대차에 대하여 제3자가 제공한 보증금은 소멸한다.

04 임대차의 차임은 동산, 건물이나 대지에 대하여는 매월 말에, 기타 토지에 대하여는 매년 말에 지급하여야 한다. 그러나 수확기가 있는 것에 대하여는 **그 수확 후 지체없이** 지급하여야 한다.
　　함정(X) 임대차의 차임은 동산, 건물이나 대지에 대하여는 매월 말에, 기타 토지에 대하여는 매년 말에 지급하여야 한다. 그러나 수확기가 있는 것에 대하여는 그 수확한 해의 말에 지급하여야 한다.

05 임대차기간의 약정이 없다면 당사자는 언제든지 계약해지를 통고할 수 있고 **임대인이 해지통고를 하면 6개월, 임차인이 하면 1개월 후에 해지의 효과가 발생한다**.
　　함정(X) 임대차기간의 약정이 없다면 당사자는 언제든지 계약해지를 통고할 수 있고 그 통고 후 6개월이 경과하면 해지의 효과가 발생한다.

06 부동산 임대차의 임대인은 임차인이 **2기** 이상 차임을 연체한 경우에야 비로서 임대차계약을 해지할 수 있다.
　　함정(X) 부동산 임대차의 임대인은 임차인이 2월 이상 차임을 연체한 경우에야 비로서 임대차계약을 해지할 수 있다.

07 반대의 특약이 없으면 부동산 임차인은 임대인에 대하여 **등기에 협력할 것을 청구할 수 있다**.
　　함정(X) 반대의 특약이 없으면 부동산 임차인은 임대인에 대하여 등기를 청구할 수 있다.

제3편 계약법

08 임차인이 필요비를 지출하면 **바로 반환을** 청구할 수 있다.
함정(X) 임차인이 필요비를 지출하면 임차물을 반환할 때 필요비의 반환을 청구할 수 있다.

09 비용상환청구권에 관한 규정은 **강행규정이 아니므로 포기할 수 있다.**
함정(X) 비용상환청구권에 관한 규정은 강행규정이므로 포기할 수 없다.

10 부속물매수청구권을 **배제하여 전차인에게 불리한 것은 그 효력이 없다.**
함정(X) 부속물매수청구권을 배제하는 특약은 언제나 무효이다.

11 임대인의 동의가 있는 전대의 경우 전차인은 직접 임대인에 대하여 의무를 부담하며, 전차인은 **전대인에** 대한 차임의 지급으로써 **임대인에게** 대항하지 못한다.
함정(X) 임대인의 동의가 있는 전대의 경우 전차인은 직접 임대인에 대하여 의무를 부담하며, 전차인은 임대인에 대한 차임의 지급으로써 전대인에게 대항하지 못한다.

12 임차인이 임대인의 동의를 얻어 임차물을 전대한 경우에는 임대인과 임차인의 합의로 계약을 종료한 때에도 **전차인의 권리는 소멸하지 아니한다.**
함정(X) 임차인이 임대인의 동의를 얻어 임차물을 전대한 경우에는 임대인과 임차인의 합의로 계약을 종료한 때에도 전차인의 권리도 소멸한다.

13 임대인의 동의 없는 전대인 경우 임차인과 전차인과의 계약은 **유효하다.**
함정(X) 임대인의 동의 없는 전대인 경우 임차인과 전차인과의 계약은 무효이다.

14 동의 없는 전대인 경우 임대인은 임차인과의 임대차를 **해지할 수 있다.**
함정(X) 동의 없는 전대인 경우 임대인은 임차인과의 임대차를 해지할 수 없다.

15 임대인의 동의 없는 전대인 경우 임대인은 **전차인에 대하여 차임청구를 할 수 없다.**
함정(X) 임대인의 동의 없는 전대인 경우 임대인은 임차인과 전차인에 대하여 차임을 청구할 수 있다.

16 보증금반환청구권은 **임대차 종료시에** 발생하고 임차물 반환시까지는 발생한 채권은 보증금에서 공제할 수 있다.
함정(X) 보증금반환청구권은 임차물 반환시에 발생하고 임차물 반환시까지는 발생한 채권은 보증금에서 공제할 수 있다.

17 **보증금반환과 임차물반환은 동시이행의 관계에 있다.**
함정(X) 보증금의 반환을 청구하기 위해서는 미리 임차물을 반환하여야 한다.

18 권리금을 지급하였으나 임대인의 사정으로 약정기간보다 1년 먼저 임대차계약이 **해지되었다면 임차인은 임대인에게 권리금의 일부에 대하여 반환을 청구할 수 있다.**
함정(X) 권리금을 지급하였으나 임대인의 사정으로 약정기간보다 1년 먼저 임대차계약이 해지되었더라도 임차인은 임대인에게 권리금의 반환을 청구할 수 없다.

제2장 계약각론

PART 04 민사특별법

	구 분	26회	27회	28회	29회	30회	31회	32회	33회	34회	35회	계	비율(%)
민사 특별법	제1장 주택임대차보호법	1	1	2	1	1	2	2	2	1	1	14	3.5
	제2장 상가건물임대차보호법	1	1	1	1	1	1	1	0	1	2	10	2.5
	제3장 가등기담보 등에 관한 법률	1	1	1	1	1	1	1	1	1	2	11	2.8
	제4장 집합건물의 소유 및 관리에 관한 법률	1	1	1	1	1	1	1	2	1	1	11	2.8
	제5장 부동산 실권리자명의 등기에 관한 법률	2	2	1	1	1	1	1	1	2	1	13	3.3
	소 계	6	6	6	5	5	6	6	6	6	7	59	14.8

CHAPTER 01 주택임대차보호법

학습포인트

- 주택임대차보호법은 대다수 국민들의 주거환경권을 확보하는 국가적 의무를 수행함에 있어 주거생활의 안정을 보호할 공익적 필요를 위하여 특별히 보호규정을 담고 있으므로 사적자치가 제한되는 영역이다.
- 그러므로 이와 같은 보호규정의 특징(물권화현상)을 중심으로 하는 내용 즉, 보호대상주택, 대항력, 우선변제권, 최우선변제권, 임차권등기명령 등을 중점적으로 학습한다.

CHAPTER 학습 & 출제되는 키워드

- ☑ 주택임대차
- ☑ 주택의 인도
- ☑ 법정갱신
- ☑ 보증금의 회수
- ☑ 금융기관등의 우선변제권 승계
- ☑ 최우선변제권(소액보증금의 보호)
- ☑ 주택임대차위원회
- ☑ 주택임차권의 승계
- ☑ 주거용 건물
- ☑ 주민등록(전입신고)
- ☑ 차임 등의 증감청구권
- ☑ 우선변제권
- ☑ 확정일자 부여
- ☑ 소액임차인의 기준
- ☑ 임차권등기명령제도
- ☑ 강행규정
- ☑ 대항력
- ☑ 주택임대차의 존속기간
- ☑ 월차임 전환시 산정률의 제한
- ☑ 보증금의 수령
- ☑ 임대차 정보제공
- ☑ 최우선변제액
- ☑ 경매에 의한 임차권 소멸
- ☑ 소액심판법의 준용

CHAPTER 학습 & 출제되는 질문

- ☑ 주택임대차보호법의 적용범위와 관련한 다음의 기술 중 틀린 것은?
- ☑ 다음 중 주택임대차보호법상 대항력 발생요건인 주민등록이 유효한 공시방법으로 보기 어려운 경우는?
- ☑ 주택임차권의 존속기간에 관한 다음 기술 중 틀린 것은?
- ☑ 주택임대차에 있어 계약의 갱신(更新)에 관한 설명이다. 틀린 것은?
- ☑ 甲은 乙을 채권자로 하는 소액의 저당권이 설정된 戊의 아파트를 3년 기한으로 임차하여 거주하고 있는 중에, 戊가 다시 丙으로부터 금전을 대출받고 저당권을 설정하여 주었다. 甲은 이사 오면서 즉시 주민등록 전입신고를 하였으나, 확정일자는 丙의 저당권설정등기 이후에 받았다. 이러한 사실관계에서 발생하는 법률관계를 설명한 아래의 내용 중에서 옳지 않은 것은?

제1장 주택임대차보호법

01 입법목적과 적용범위   21·24·27·34회 출제

1 입법목적과 법의 성격

(1) 입법목적(주거생활의 안정)

주거용 건물의 임대차에 관하여 민법에 대한 특례를 규정하여 국민의 주거생활의 안정을 보장함을 목적으로 한다(법 제1조).

(2) 법의 성격(민사특별법[1])

1) 주거용 건물 임대차에 관하여는 민법의 임대차에 관한 규정에 우선하여 「주택임대차보호법」이 적용된다. → 특별법 우선의 원칙
2) 주택임차인의 보호를 위한 특별법이므로 강행규정(편면적 강행규정)의 성격을 갖는다. 즉 법 제10조에서는 '이 법에 위반된 약정으로서 임차인에게 불리한 것은 그 효력이 없다'고 규정하고 있다.

> **용어사전**
> [1] **일반법(一般法)·특별법(特別法)**: 사람·장소·사항 등에 특별한 한정 없이 일반적으로 적용되는 법을 일반법 또는 보통법이라 하고, 일정한 한정된 사람이나 장소 또는 사항에 관해서만 적용되는 법을 특별법이라 한다. 어떤 사항에 관하여 특별법이 있으면 특별법이 일반법에 우선하여 적용된다.

2 적용범위 ★★★

(1) 물적 범위

1) **주거용 건물의 전부 또는 일부에 대한 임대차**

   ① **주거의 판단기준**

   주거용 건물과 비주거용 건물의 구분은 실질적으로 판단하여야 한다.

   > **판례** 주거용 건물의 판단기준
   >
   > 주택임대차보호법 제2조 소정의 주거용 건물에 해당하는지 여부는 임대차목적물의 공부상의 표시만을 기준으로 할 것이 아니라 그 실지 용도에 따라서 정하여야 하고 또 건물의 일부가 임대차의 목적이 되어 주거용과 비주거용으로 겸용되는 경우에는 구체적인 경우에 따라 그 임대차의 목적, 전체 건물과 임대차목적물의 구조와 형태 및 임차인의 임대차목적물의 이용관계 그리고 임차인이 그 곳에서 일상생활을 영위하는지 여부 등을 아울러 고려하여 합목적적으로 결정하여야 한다(건물이 공부상으로는 단층 작업소 및 근린생활시설로 표시되어 있으나 실제로 甲은 주거 및 인쇄소 경영 목적으로, 乙은 주거 및 슈퍼마켓 경영 목적으로 임차하여 가족들과 함께 입주하여 그 곳에서 일상생활을 영위하는 한편 인쇄소 또는 슈퍼마켓을 경영하고 있으며, 甲의 경우는 주거용으로 사용되는 부분이 비주거용으로 사용되는 부분보다 넓고, 乙의 경우는 비주거용으로 사용되는 부분이 더 넓기는 하지만 주거용으로 사용되는 부분도 상당한 면적이고, 위 각 부분이 甲·乙의 유일한 주거인 경우 주택임대차보호법 제2조 후문에서 정한 주거용 건물로 인정한 사례)(대판 1995.3.10. 94다52522).

   ② **판단시기**

   계약당시에는 주거용이 아니었으나 사후에 주거용으로 된 경우는 적용되지 않지만, 계약당시 임차인과의 합의 아래 주거용으로 개조하여 사용하기로 하고, 실제로 그렇게 개조 사용하는 경우에는 이 법이 적용된다.

주택임대차보호법 적용 여부에 관한 판단시기

① 주택임대차보호법이 적용되려면 먼저 임대차계약체결 당시를 기준으로 하여 그 건물의 구조상 주거용 또는 그와 겸용될 정도의 건물의 형태가 실질적으로 갖추어져 있어야 하고, 만일 그 당시에는 주거용 건물부분이 존재하지 아니하였는데 임차인이 그 후 임의로 주거용으로 개조하였다면 임대인이 그 개조를 승낙하였다는 등의 특별한 사정이 없는 한 위 법의 적용은 있을 수 없다(대판 1986.1.21. 85다카1367).

② 점포 및 사무실로 사용되던 건물에 근저당권이 설정된 후 그 건물이 주거용 건물로 용도 변경되어 이를 임차한 소액임차인도 특별한 사정이 없는 한「주택임대차보호법」제8조에 의하여 보증금 중 일정액을 근저당권자보다 우선하여 변제받을 권리가 있다(대판 2009.8.20. 2009다26879).

2) 겸용건물(兼用建物)

① 그 임대주택의 일부가 주거 외의 목적으로 사용되는 경우에도 동법의 적용을 받는 주택에 포함된다(법 제2조).
② 건물의 구조상 주거용 또는 그와 겸용될 정도의 형태가 갖추어지고 주용도가 주거의 용도로 사용될 수 있으면 보호된다.

 비주거용 건물의 일부임대차 — 적용제외

비주거용 건물의 일부가 주거용으로 쓰이는 때(여관의 방 한 칸을 내실로 사용하는 경우, 다방에 주거용 방이 딸린 경우 등)에는 동법이 적용되지 않는다(대판 1987.4.28. 86다카2407, 대판 1996.3.12. 95다51953).

3) 미등기 또는 무허가건물

어느 건물이 국민의 주거생활의 용도로 사용되는 주택에 해당하는 이상 비록 그 건물에 관하여 아직 등기를 마치지 아니하였거나 등기가 이루어질 수 없는 사정이 있다고 하더라도 다른 특별한 규정이 없는 한「주택임대차보호법」의 적용대상이 된다(대판 2007.6.21. 2004다26133).

4) 미등기전세에의 준용

「주택임대차보호법」은 주택의 등기하지 아니한 전세계약에 관하여 이를 준용한다. 이 경우 전세금은 임대차의 보증금으로 본다(법 제12조).

5) 일시사용을 위한 임대차

일시사용하기 위한 임대차임이 명백한 경우에는 적용하지 아니한다(법 제11조).

(2) 인적 범위

추가15회 출제

1) 임대차계약을 체결할 수 있는 권한을 가진 임대인과의 임대차계약

「주택임대차보호법」이 적용되는 임대차가 임차인과 주택의 소유자인 임대인 사이에 임대차계약이 체결된 경우로 한정되는 것은 아니나, 적어도 그 주택에 관하여 적법하게 임대차계약을 체결할 수 있는 권한을 가진 임대인이 임대차계약을 체결할 것이 요구된다(대판 2014.2.27. 2012다93794).

2) 주택임차인

주택임차인은 자연인에 한하므로, 외국인에게도 적용되나 법인에게는 원칙적으로 적용되지 않는다. 다만 법인이라 하더라도 법인이 주택도시기금을 재원으로 하여 저소득층의 무주택자에게 주거생활 안정을 목적으로 전세임대주택을 지원하는 경우에 법인에게 대항력 및 우선변제권이 인정된다(법 제3조 제2항). → 한국토지주택공사와 지방공사

 판례 | 법인도 주택임대차보호법이 적용되는지의 여부

주택임대차보호법은 자연인인 서민들의 주거생활의 안정을 보호하려는 취지에서 제정된 것으로서 법인을 보호대상으로 하고 있지 않으며, 법인은 애당초 동법 제3조 제1항 소정의 대항요건의 하나인 주민등록을 구비할 수 없기 때문이다. 따라서 법인의 직원이 주민등록을 마쳤더라도 이를 법인의 주민등록으로 볼 수 없으며, 확정일자를 구비하였다 하더라도 우선변제권을 주장할 수 없다(대판 1997.7.11. 96다7236).

3) 주택임차권의 승계인 등

① 임차인은 물론 임차인의 상속인, 임대인의 동의를 얻은 임차권의 양수인, 임차주택의 전차인도 보호를 받는다.
② 임차권의 승계인에도 적용된다(법 제9조).

Key Point | 주택임대차보호법의 적용범위

원 칙	주거용 건물	
예 외	적용 확대	미등기전세(주거용 건물)
	적용 제외	일시사용을 위한 임대차

단락핵심 | 주택임대차보호법의 입법목적과 적용범위

(1) 법인이 임차한 주택을 양수한 자는 동법에 의하여 임대인의 지위를 승계한다. (×)
  ⇒ 주택임대차보호법은 법인에 대해서는 적용이 없다.
(2) 주거용 건물에 해당하는지 여부는 공부만의 표시만을 기준으로 할 것이 아니라 실지 용도에 따라서 정하여야 한다. (○)
(3) 임대차계약 체결당시를 기준으로 하여 주택이 아니었으나 그 후 임의로 주거용으로 개조하였다면 특별한 사정이 없는 한 주택임대차보호법은 적용되지 않는다. (○)
(4) 점포로 사용되던 건물에 근저당권이 설정된 후 그 건물이 주거용 건물로 용도변경되어 이를 임차한 소액임차인도 주택임대차보호법의 적용대상이다. (○)

제4편 민사특별법

02 대항력(對抗力) 14·15·17·18·32·33회 출제

> **제3조(대항력 등)** ① 임대차는 그 등기가 없는 경우에도 임차인이 <u>주택의 인도와 주민등록을 마친 때에는</u> 그 다음 날부터 제3자에 대하여 효력이 생긴다. 이 경우 전입신고를 한 때에 주민등록이 된 것으로 본다.
> ② 주택도시기금을 재원으로 하여 저소득층 무주택자에게 주거생활안정을 목적으로 전세임대주택을 지원하는 법인이 주택을 임차한 후 지방자치단체의 장 또는 그 법인이 선정한 입주자가 그 주택을 인도받고 주민등록을 마쳤을 때에는 제1항을 준용한다. 이 경우 대항력이 인정되는 법인은 대통령령으로 정한다.
> ③ 「중소기업기본법」 제2조에 따른 중소기업에 해당하는 법인이 소속 직원의 주거용으로 주택을 임차한 후 그 법인이 선정한 직원이 해당 주택을 인도받고 주민등록을 마쳤을 때에는 제1항을 준용한다. 임대차가 끝나기 전에 그 직원이 변경된 경우에는 그 법인이 선정한 새로운 직원이 주택을 인도받고 주민등록을 마친 다음 날부터 제3자에 대하여 효력이 생긴다.
> ④ 임차주택의 양수인(讓受人)(그 밖에 임대할 권리를 승계한 자를 포함한다)은 임대인(賃貸人)의 지위를 승계한 것으로 본다.
> ⑤ 이 법에 따라 임대차의 목적이 된 주택이 매매나 경매의 목적물이 된 경우에는 「민법」 제575조 제1항·제3항 및 같은 법 제578조를 준용한다.
> ⑥ 제5항의 경우에는 동시이행의 항변권(抗辯權)에 관한 「민법」 제536조를 준용한다.

1 대항력의 요건 ★★★

(1) 대항력의 취득요건

유효한 임대차계약, 등기 또는 주택의 인도 및 주민등록(전입신고), 주택의 인도 및 **<u>주민등록(전입신고)의 존속</u>**이라는 요건이 필요하다.

→ 이를 존속요건이라 하는데, 주민등록이 이전되면 대항력도 상실됨

1) 유효한 임대차계약

대항력을 취득하기 위해서는 유효한 주택임대차계약이 존재하여야 한다.

대항력

① 대항력이란 후순위권리자(저당권자 등)의 권리(저당권) 실행으로부터 임대차 존속을 보장받는 것을 말한다.

② 대항력이 생기면 주인이 바뀌어도 존속기간과 보증금을 보장받는다.

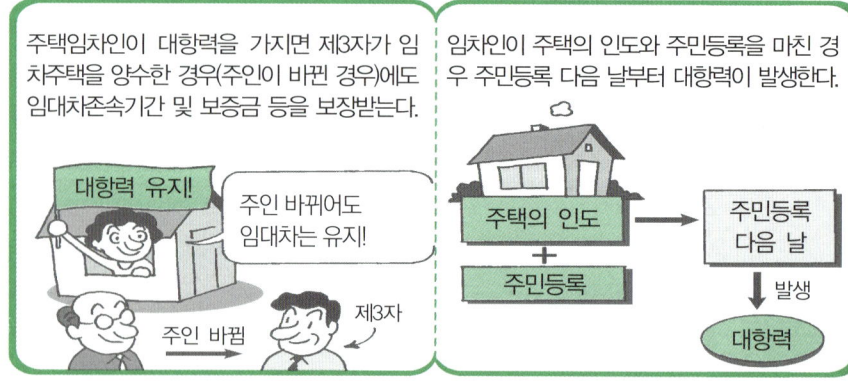

제1장 주택임대차보호법

 주택의 명의신탁자와 임대차계약을 체결한 경우

주택임대차보호법이 적용되는 임대차는 반드시 임차인과 주택의 소유자인 임대인 사이에 임대차계약이 체결된 경우에 한정된다고 할 수는 없고, 주택의 소유자는 아니지만 주택에 관하여 적법하게 임대차계약을 체결할 수 있는 권한(적법한 임대권한)을 가진 명의신탁자 사이에 임대차계약이 체결된 경우도 포함된다고 할 것이고, 이 경우 임차인은 등기부상 주택의 소유자인 명의수탁자에 대한 관계에서도 적법한 임대차임을 주장할 수 있는 반면 명의수탁자는 임차인에 대하여 그 소유자임을 내세워 명도를 구할 수 없다(대판 1999.4.23. 98다49753).

 가장 임대차의 주택임대차보호법상 대항력

임대차는 임차인으로 하여금 목적물을 사용·수익하게 하는 것이 계약의 기본 내용이므로, 채권자가 주택임대차보호법상의 대항력을 취득하는 방법으로 기존 채권을 우선변제 받을 목적으로 주택임대차계약의 형식을 빌려 기존 채권을 임대차보증금으로 하기로 하고 주택의 인도와 주민등록을 마침으로써 주택임대차로서의 대항력을 취득한 것처럼 외관을 만들었을 뿐 실제 주택을 주거용으로 사용·수익할 목적을 갖지 아니 한 계약은 주택임대차계약으로서는 통정허위표시에 해당되어 무효라고 할 것이므로 이에 주택임대차보호법이 정하고 있는 대항력을 부여할 수는 없다(대판 2002.3.12. 2000다24184·24191).

2) 주택의 인도 및 주민등록(전입신고)

① 임차인은 주택의 인도와 주민등록을 마쳐야 하고 전입신고를 한 때에 주민등록이 된 것으로 본다(법 제3조 제1항).
② 임차인이 법인인 경우 주택임대차보호법의 적용을 받지 않으나 주택도시기금을 재원으로 하여 저소득층 무주택자에게 주거생활 안정을 목적으로 전세임대주택을 지원하는 법인(「한국토지주택공사법」에 따른 한국토지주택공사와 「지방공기업법」 제49조에 따라 주택사업을 목적으로 설립된 지방공사)이 주택을 임차한 후 지방자치단체의 장 또는 그 법인이 선정한 입주자가 그 주택을 인도받고 주민등록을 마쳤을 때에도 대항력이 인정된다(법 제3조 제2항).
③ 다세대주택의 경우에는 동·호수를 정확히 기재하여야 하나 다가구주택의 경우에는 지번만 일치하면 된다(대판 2007.2.8. 2006다70516).

 주민등록의 효력발생시기 및 주민등록 내용의 기준

1 정확한 지번과 동, 호수로 주민등록 전입신고서를 작성·제출하였는데 담당공무원이 착오로 수정을 요구하여, 잘못된 지번으로 수정하고 동, 호수 기재를 삭제한 주민등록 전입신고서를 다시 작성·제출하여 그대로 주민등록이 된 사안에서, 그 주민등록이 임대차의 공시방법으로서 유효하지 않고 이것이 담당공무원의 요구에 기인한 것이라 하더라도 마찬가지다(대판 2009.1.30. 2006다17850).
2 임차인이 전입신고를 올바르게(즉 임차건물 소재지 지번으로) 하였다면 이로써 그 임대차의 대항력이 생기는 것이므로 설사 담당공무원의 착오로 주민등록표상에 신거주지 지번이 다소 틀리게(안양동 545의5가 안양동 545의2로) 기재되었다 하여 그 대항력에 영향을 끼칠 수는 없다(대판 1991.8.13. 91다18118).

제4편 민사특별법

 주민등록이 대항력의 요건을 충족시키는 공시방법이 되기 위한 요건

1. 주민등록이 대항력의 요건을 충족시킬 수 있는 공시방법이 되려면 단순히 형식적으로 주민등록이 되어 있다는 것만으로는 부족하고, 주민등록에 의하여 표상되는 점유관계가 임차권을 매개로 하는 점유임을 제3자가 인식할 수 있는 정도는 되어야 한다(대판 1999.4.23. 98다32939).
2. 주택임대차보호법 제3조 제1항에서 규정하고 있는 주민등록이라는 대항요건은 임차인 본인뿐만 아니라 그 배우자나 자녀 등 가족의 주민등록을 포함한다(대판 1996.1.26. 95다30338).
3. 간접점유자에 불과한 임차인 자신의 주민등록으로는 대항력의 요건을 적법하게 갖추었다고 할 수 없으며, 임차인과의 점유매개관계에 기하여 당해 주택에 실제로 거주하는 직접점유자가 자신의 주민등록을 마친 경우에 한하여 비로소 그 임차인의 임대차가 제3자에 대하여 적법하게 대항력을 취득할 수 있다(대판 2001.1.19. 2000다55645).
4. 다가구용 단독주택의 경우 (다세대주택과 달리) 임차인이 위 건물의 일부나 전부를 임차하고, 전입신고를 하는 경우 지번만 기재하는 것으로 충분하고, 나아가 위 건물 거주자의 편의상 구분하여 놓은 호수까지 기재할 의무나 필요가 있다고 할 수 없고, 지번을 정확히 기재하여 전입신고를 한 이상 일반 사회통념상 그 주민등록으로 위 건물에 임차인이 주소 또는 거소를 가진 자로 등록되어 있는지를 인식할 수 있어 임대차의 공시방법으로 유효하다고 할 것이고, 설사 위 임차인이 위 건물의 소유자나 거주자 등이 부르는 대로 지층 1호를 1층 1호로 잘못 알고, 이에 따라 전입신고를 '연립-101'로 하였다고 하더라도 달리 볼 것은 아니다.
5. 또한 처음에 다가구용 단독주택으로 소유권보존등기가 경료된 건물의 일부를 임차한 임차인은 이를 인도받고 임차 건물의 지번을 정확히 기재하여 전입신고를 하면 주택임대차보호법 소정의 대항력을 적법하게 취득하고, 나중에 다가구용 단독주택이 다세대 주택으로 변경되었다는 사정만으로 임차인이 이미 취득한 대항력을 상실하게 되는 것은 아니다(대판 2007.2.8. 2006다70516).

 주민등록이 직권말소된 경우 대항력의 유지

주택임차인의 의사에 의하지 아니하고 주민등록법 및 동법시행령에 따라 시장 군수 또는 구청장에 의하여 직권조치로 주민등록이 말소된 경우에도 원칙적으로 그 대항력은 상실된다고 할 것이지만, ① 직권말소 후 동법 소정의 이의절차에 따라 그 말소된 주민등록이 회복되거나 동법시행령 제29조에 의하여 재등록이 이루어짐으로써 주택임차인에게 주민등록을 유지
할 의사가 있었다는 것이 명백히 드러난 경우에는 소급하여 그 대항력이 유지된다고 할 것이고, 다만, 그 직권말소가 ② 주민등록법·소정의 이의절차에 의하여 회복된 것이 아닌 경우에는 직권말소 후 재등록이 이루어지기 이전에 주민등록이 없는 것으로 믿고 임차주택에 관하여 새로운 이해관계를 맺은 선의의 제3자에 대하여는 임차인은 대항력의 유지를 주장할 수 없다(대판 2002.10.11. 2002다20957).

3) 주택의 인도 및 주민등록의 존속

① **존속요건**

주택의 인도 및 주민등록은 그 대항력 취득시에만 구비하면 족한 것이 아니고 그 대항력을 유지하기 위하여서도 계속 존속하고 있어야 하므로 일단 임차권의 대항력을 취득한 후 어떤 이유에서든지 그 가족과 함께 일시적이나마 다른 곳으로 주민등록을 이전하였다면 그 대항력은 그 전출 당시 이미 소멸한다(대판 2003.7.25. 2003다25461).

② **새로운 대항력의 취득** ▶ 주민등록이 직권말소되었다가 회복된 경우와 구별

주택임대차계약의 계속 중 주민등록이 이전되었으나, 그 후 얼마 있지 않아 다시 원래의 주소지로 주민등록을 재전입하였다 하더라도 이로써 소멸되었던 대항력이 당초에 소급하여 회복되는 것이 아니라 그 재전입한 때부터 새로운 대항력이 재차 발생하는 것이다(대판 1998.1.23. 97다43468).

제1장 주택임대차보호법

(2) 「중소기업기본법」에 따른 특칙(제3조 제3항)

1) 중소기업에 해당하는 법인의 임대차계약

「중소기업기본법」 제2조에 따른 중소기업에 해당하는 법인이 소속 직원의 주거용으로 주택을 임차하였어야 한다.

2) 직원의 주택인도와 주민등록

법인이 선정한 직원이 해당 주택을 인도받고 주민등록을 마쳐야 한다. 임대차가 끝나기 전에 그 직원이 변경된 경우에는 그 법인이 선정한 새로운 직원이 주택을 인도받고 주민등록을 마친 다음 날부터 제3자에 대하여 효력이 생긴다.

2 대항력의 발생시기 ★★

(1) 「주택임대차보호법」 제3조

주택임대차는 등기가 없어도 주택의 인도와 주민등록(전입신고)을 마친 때에는 그 다음날부터 대항력이 발생한다.

(2) 익일의 의미

여기서 주택의 인도와 주민등록을 모두 갖춰야 하고, 그 다음날이라 함은 다음날 오전 0시를 말한다(대판 1999. 5. 25. 99다9981).

1) 2017년 9월 1일 주택의 인도와 주민등록을 갖추면 2017년 9월 2일 오전 0시부터 대항력이 발생한다.

2) 2017년 9월 1일 전입신고를 하였으나 2017년 9월 15일 주택의 인도를 받아 입주한 경우 2017년 9월 16일 오전 0시에 대항력이 발생한다.

판례 대항력의 발생시기에 관한 비교 판례

1 임대인인 乙이 甲과 위 임대차계약을 체결하고 임차인 甲이 위 전입신고를 한 이후에 위 아파트에 대한 소유권을 취득하였다고 하더라도, 주민등록상 전입신고를 한 날로부터 소유자 아닌 甲이 거주하는 것으로 나타나 있어서 제3자들이 보기에 甲의 주민등록이 소유권 아닌 임차권을 매개로 하는 점유라는 것을 인식할 수 있었으므로 위 주민등록은 甲이 전입신고를 마친 날로부터 임대차를 공시하는 기능을 수행하고 있었다고 할 것이고, 따라서 甲은 乙명의의 소유권이전등기가 경료되는 '즉시' 임차권의 대항력을 취득하였다(대판 2001. 1. 30. 2000다58026).

2 甲이 1988. 8. 30. 당해 주택에 관하여 자기 명의로 소유권이전등기를 경료하고 같은 해 10. 1. 그 주민등록 전입신고까지 마친 후 이에 거주하다가 1993. 10. 23. 乙과의 사이에 그 주택을 乙에게 매도함과 동시에 그로부터 이를 다시 임차하되 매매잔금 지급기일인 1993. 12. 23.부터는 주택의 거주관계를 바꾸어 甲이 임차인의 자격으로 이에 거주하는 것으로 하기로 약정하고 계속하여 거주해 왔으나, 위 매매에 따른 乙 명의의 소유권이전등기는 1994. 3. 9.에야 비로소 경료된 경우, 제3자로서는 그 주택에 관하여 甲으로부터 乙앞으로 소유권이전등기가 경료되기 전에는 甲의 주민등록이 소유권 아닌 임차권을 매개로 하는 점유라는 것을 인식하기 어려웠다 할 것이므로, 甲의 주민등록은 그 주택에 관하여 乙명의의 소유권이전등기가 경료된 1994. 3. 9. 이전에는 주택임대차의 대항력 인정의 요건이 되는 적법한 공시방법으로서의 효력이 없고, '그 이후에야' 비로소 갑과 을 사이의 임대차를 공시하는 유효한 공시방법이 된다(대판 1999. 4. 23. 98다32939).

➡ 판례 **1**의 경우에는 임차인을 보호하더라도 특별히 거래의 안전에 문제가 발생하지 아니하나, 판례 **2**의 경우에는 거래의 안전을 확보하기 위한 것으로 보면 된다.

3 대항력의 내용★★

(1) 임대인지위의 승계

1) 임차주택의 양수인 기타 임대할 권리를 승계한 자는 임대인의 지위를 승계한 것으로 본다(법 제3조 제4항). 즉 양수인은 임차인에게 보증금 반환 채무, 수선의무 등을 지게 되고, 양도인은 임대차와 관련된 의무를 면한다.
2) 여기에서 임차주택의 양수인이란 대항요건을 갖춘 후에 매매, 증여 등으로 임차주택의 <u>소유권을 취득한 자</u>를 말한다.
   → 제3취득자라고도 함.
3) 건물이 무허가로 미등기인 경우에는 그 건물의 소유권을 양수하여 사실상 소유자로 권리행사를 하는 자도 양수인에 해당하지만 양도담보에 의한 권리취득은 이에 해당하지 않는다.
4) 건물의 매도인이 건물을 매수인에게 매도하고 매수인이 이를 임대하여 임차인이 그 대항력을 갖춘 후 위 매매계약이 해제된 경우, 임차인은 매도인을 상대로 임차보증금반환청구권을 행사할 수 있다.

> **판례 대항력을 취득한 임대주택이 양도된 경우의 사안**
>
> 임대주택이 양도된 경우에 양수인은 주택의 소유권과 결합하여 임대인의 임대차 계약상의 권리·의무 일체를 그대로 승계하며, 그 결과 양수인이 임대차보증금반환채무를 면책적으로 인수하고, 양도인은 임대차관계에서 탈퇴하여 임차인에 대한 임대차보증금반환채무를 면하게 된다. 나아가 임차인에 대하여 임대차보증금반환채무를 부담하는 임대인임을 당연한 전제로 하여 임대차보증금반환채무의 지급금지를 명령받은 제3채무자의 지위는 임대인의 지위와 분리될 수 있는 것이 아니므로, 임대주택의 양도로 임대인의 지위가 일체로 양수인에게 이전된다면 채권가압류의 제3채무자의 지위도 임대인의 지위와 함께 이전된다(대판 2013.1.17, 2011다49523 전합).

(2) 임차인의 양수인에 대한 대항 여부

양수인은 종전 임대인의 지위를 승계하고 양도인은 기존의 임대차관계에서 벗어나므로(면책적 채무인수), 임차인은 소유권을 새로 취득한 양수인에 대하여 대항할 수 있다. 즉, 임차인은 임차주택을 종전과 같이 계속 <u>용익</u>할 수 있다.
→ 사용·수익

> **판례 임차주택이 임대차기간의 만료 전에 경매되는 경우**
>
> 임대차계약을 해지함으로써 종료시키고 우선변제를 청구할 수 있다. 그 경우 임차인에게 인정되는 해지권은 임차인의 사전 동의 없이 임대차 목적물인 주택이 경락으로 양도됨에 따라 임차인이 임대차의 승계를 원하지 아니할 경우에는 스스로 임대차를 종료시킬 수 있어야 한다는 공평의 원칙 및 신의성실의 원칙에 근거한 것이므로, 해지통고 즉시 그 효력이 생긴다(대판 1996.7.12, 94다37646).

(3) 선순위 권리자가 있는 경우 `23회 출제`

임차인이 대항요건을 갖추기 이전에 그 주택에 대해서 이미 저당권등기나 가압류, 압류등기 등이 행해졌고, 그 결과로 경매나 가등기에 의한 본등기로 소유권자가 변경된 경우에는 임차인은 신소유자에게 대항할 수 없다.

판례 임대인의 지위가 이전된 경우, 양도인의 보증금반환채무의 소멸 여부

1 통상의 경우
주택임대차보호법상의 대항력을 갖춘 후 임차부동산의 소유권이 이전되어 그 양수인이 임대인의 지위를 승계하는 경우에는 임대차보증금반환채무도 부동산의 소유권과 결합하여 일체로서 이전하는 것이며 이에 따라 양도인의 보증금반환채무는 소멸한다(대판 1987.3.10. 86다카1114).

2 임차인이 임대인의 지위승계를 원하지 않는 경우
대항력 있는 주택임대차에 있어 기간만료나 당사자의 합의 등으로 임대차가 종료된 상태에서 임차주택이 양도되었으나 임차인이 임대인의 지위승계를 원하지 않는 경우, 임차인이 임차주택의 양도사실을 안 때로부터 상당한 기간 내에 이의를 제기하면 양도인의 임차인에 대한 보증금 반환채무는 소멸하지 않는다(대판 2002.9.4. 2001다64615).

판례 선순위 저당권과 후순위 저당권 사이의 대항력 있는 임차권의 효력

후순위 저당권의 실행으로 목적부동산이 매각(경락)된 경우에는 구 민사소송법 제728조, 제608조 제2항의 규정에 의하여 선순위 저당권까지도 당연히 소멸하는 것이므로, 이 경우 비록 후순위 저당권자에게는 대항할 수 있는 임차권이라 하더라도 소멸된 선순위 저당권보다 뒤에 등기되었거나 대항력을 갖춘 임차권은 함께 소멸하는 것이고, 따라서 그 매수인(경락인)은 주택임대차보호법 제3조에서 하는 임차주택의 양수인 중에 포함된다고 할 수 없을 것이므로 매수인(경락인)에 대하여 그 임차권의 효력을 주장할 수 없다(대판 1999.4.23. 98다32939).

(4) 담보책임규정 등의 준용 [28회 출제]

1) 「주택임대차보호법」에 따라 임대차의 목적이 된 주택이 매매나 경매의 목적물이 된 경우에는 「민법」 제575조 제1항·3항 및 제578조를 준용하며 이 경우 동시이행의 항변권에 관한 「민법」 제536조를 준용한다.

2) 따라서 경매의 목적물에 대항력 있는 임대차가 존재하는 경우에 경락인은 담보책임만 물을 수 있을 뿐, 계약을 해제하지 않고 채무자나 경락대금을 배당받은 채권자들을 상대로 부당이득 반환을 청구할 수는 없다(대판 1996.7.12. 96다7106).

4 임차인의 진실고지 의무와 대항력의 제한

대항력 있는 임차권의 경우 임대인의 지위는 자동승계되는 반면 임차인의 대항요건은 등기된 임차권에 비해 그 공시가 불완전하여 임차주택을 매수하거나 담보권을 취득하려는 자가 임대차계약의 내용에 대해 문의할 경우 임차인은 이를 진실대로 고지할 의무가 있다. 만일 잘못된 사실을 고지할 경우, 임차인이 대항력을 주장하는 것이 신의칙이나 금반언의 원칙상 허용되지 않는 경우가 있다.

 판례 임차인이 잘못된 사실을 고지한 경우 전세보증금반환을 내세워 건물명도를 거부하는 것이 금반언 내지 신의칙에 위반된다고 한 사례

甲이 乙의 소유건물을 보증금 34,000,000원에 채권적 전세를 얻어 입주하고 있던 중 乙이 은행에 위 건물을 담보로 제공함에 있어 乙의 부탁으로 은행직원에게 임대차계약을 체결하거나 그 보증금을 지급한 바가 없다고 하고 그와 같은 내용의 각서까지 작성해 줌으로써 은행으로 하여금 위 건물에 대한 담보가치를 높게 평가하도록 하여 乙에게 대출하도록 하였고, 은행 또한 위 건물에 대한 경매절차가 끝날 때까지도 乙과 甲 사이의 위와 같은 채권적 전세관계를 알지 못하였다고 한다면 甲이 은행의 명도청구에 즈음하여 이를 번복하면서 위 전세금반환을 내세워 그 명도를 거부하는 것은 특단의 사정이 없는 한 금반언 내지 신의칙에 위반된다(대판 1987.11.24. 87다카1708).

제4편 민사특별법

단락핵심 대항력

(1) 주택점유와 주민등록은 대항력 취득시에 존재하면 족하고 그 대항력을 유지하기 위하여 계속 존속하고 있어야 하는 것은 아니다. (×)

(2) 임차인이 임대인의 승낙을 얻어 전대하고 그 전차인이 주택을 인도받아 주민등록을 마친 때에는 그 즉시 임차인이 대항력을 취득한다. (×)
⇒ 주민등록을 마친 다음날 "0"시부터 대항력을 취득한다.

(3) 경매목적 부동산이 매각된 경우에는 소멸된 선순위 저당권보다 뒤에 대항력을 갖춘 임차권은 함께 소멸하므로, 임차인은 그 매수인(경락인)에 대하여 임차권의 효력을 주장할 수 없다. (○)

(4) 주택이 양도되었으나 임차인이 임대인의 지위승계를 원하지 않는 경우, 임차인이 임차주택의 양도사실을 안 때로부터 상당한 기간 내에 이의를 제기하면 양도인의 임차인에 대한 보증금 반환채무는 소멸하지 않는다. (○)

(5) 주택임차인의 의사에 의하지 아니하고 주민등록법 및 동법 시행령에 따라 시장·군수 또는 구청장에 의하여 직권조치로 주민등록이 말소된 경우에도 원칙적으로 그 대항력은 상실된다. (○)

(6) 다가구용 단독주택의 경우에는 전입신고를 하는 경우 지번만 기재한 것으로는 부족하고 그 동과 호수를 정확히 기재하여야 대항력을 취득할 수 있다. (×)
⇒ 다세대 주택의 경우에는 지번뿐만 아니라 그 동과 호수도 정확하게 기재하여야 하지만, 다가구용 단독주택의 경우에는 지번만 정확하게 기재하면 대항력을 취득한다.

단락문제 Q01 제32회 기출

주택임대차보호법상의 대항력에 관한 설명으로 틀린 것은? (단, 일시사용을 위한 임대차가 아니고 임차권등기가 이루어지지 아니한 경우를 전제하며 다툼이 있으면 판례에 따름)

① 임차인이 타인의 점유를 매개로 임차주택을 간접점유하는 경우에도 대항요건인 점유가 인정될 수 있다.
② 임차인이 지위를 강화하고자 별도로 전세권 설정등기를 마친 후 「주택임대차보호법」상의 대항요건을 상실한 경우, 「주택임대차보호법」상의 대항력을 상실한다.
③ 주민등록을 마치고 거주하던 자기 명의의 주택을 매도자가 매도와 동시에 이를 다시 임차하기로 약정한 경우, 매수인 명의의 소유권 이전등기 여부와 관계없이 대항력이 인정된다.
④ 임차인이 주택의 인도와 주민등록을 마친 때에는 그 다음 날 오전 영시부터 대항력이 생긴다.
⑤ 임차인이 가족과 함께 임차주택의 점유를 계속하면서 가족의 주민등록은 그대로 둔 채 임차인의 주민등록만 일시적으로 옮긴 경우 대항력을 상실하지 않는다.

> **해설**
> ① (O) '주택의 인도'는 임차인이 주택에 거주하면서 이를 직접 점유하는 경우뿐 아니라 타인의 점유를 매개로 간접 점유하는 경우에도 인정될 수 있다.(서울행정법원 2005. 5. 13. 2004구합4017)
> ② (O) 전세권은 존속
> ③ (X) 매도자의 주민등록은 그 주택에 관하여 매수자 명의의 소유권이전등기가 경료된 1994. 3. 9. 이전에는 주택임대차의 대항력 인정의 요건이 되는 적법한 공시방법으로서의 효력이 없고, 그 이후에야 비로소 갑과 을 사이의 임대차를 공시하는 유효한 공시방법이 된다. (대판 1999. 4. 23. 98다32939)
> ④ (O) 주택임대차보호법 제3조의 임차인이 주택의 인도와 주민등록을 마친 때에는 그 '익일부터' 제3자에 대하여 효력이 생긴다고 함은 익일 오전 영시부터 대항력이 생긴다는 취지이다. (대판 1999. 5. 25. 99다9981)
> ⑤ (O) 주택임대차보호법 제3조 제1항에서 규정하고 있는 주민등록이라는 대항요건은 임차인 본인뿐만 아니라 그 배우자나 자녀 등 가족의 주민등록을 포함한다.(대판 1996. 1. 26. 95다30338)
>
> **답** ③

03 주택임대차의 존속기간 `15·25·30·35회 출제`

> **제4조(임대차기간 등)** ① 기간을 정하지 아니하거나 2년 미만으로 정한 임대차는 그 기간을 <u>2년으로 본다</u>. 다만, 임차인은 2년 미만으로 정한 기간이 유효함을 주장할 수 있다.
> ② 임대차기간이 끝난 경우에도 임차인이 보증금을 반환받을 때까지는 임대차관계는 존속되는 것으로 본다.
> **제6조(계약의 갱신)** ① 임대인이 임대차기간이 끝나기 6개월 전부터 2개월 전까지의 기간에 임차인에게 갱신거절의 통지를 하지 아니하거나 계약조건을 변경하지 아니하면 갱신하지 아니한다는 뜻의 통지를 하지 아니한 경우에는 그 기간이 끝난 때에 전 임대차와 동일한 조건으로 다시 임대차한 것으로 본다. 임차인이 임대차기간이 끝나기 1개월 전까지 통지하지 아니한 경우에도 또한 같다.
> ② 제1항의 경우 임대차의 <u>존속기간은 2년으로 본다</u>.
> ③ <u>2기의 차임액에 달하도록 연체</u>하거나 그 밖에 임차인으로서의 <u>의무를 현저히 위반한 임차인</u>에 대하여는 제1항을 적용하지 아니한다.
> **제6조의2(묵시적 갱신의 경우 계약의 해지)** ① 제6조 제1항의 경우 임차인은 언제든지 임대인에게 계약해지를 통지할 수 있다.
> ② 제1항에 따른 해지는 임대인이 그 통지를 받은 날부터 3개월이 지나면 그 효력이 발생한다.

1 최단존속기간 ★★

기간을 정하지 아니하거나 2년 미만으로 정한 임대차는 그 기간을 2년으로 본다. 다만 임차인은 2년 미만으로 정한 기간이 유효함을 주장할 수 있다(법 제4조 제1항).

> **판례** 기간을 2년 미만으로 정한 임대차의 임차인에 대한 효력
>
> 임대차기간을 2년 미만으로 약정을 하였더라도 임차인이 최소한 2년 기간을 주장할 수 있음에도 스스로 그 만료를 원하는 경우(임차보증금의 반환을 청구하는 경우)에는 그것은 유효하고 이런 경우에도 일률적으로 2년을 강제할 것은 아니다(대판 1995.5.26. 95다13258).

제4편 민사특별법

> **Key Point** | 임대차 존속기간
>
> | 기간 약정이 있는 경우 | • 2년 이상인 경우 → 약정에 따른다.
• 2년 미만인 경우 → 2년, 그러나 **임차인은 2년 미만 주장 가능** |
> |---|---|
> | 기간 약정이 없는 경우 | 2년이 된다. |

2 계약의 법정갱신(묵시적 갱신)★★★　　　　　　　　　　29회 출제

(1) 의 의
  1) 임대인이 임대차기간이 끝나기 6개월 전부터 2개월 전까지의 기간에 임차인에게 갱신거절(갱신거절)의 통지를 하지 아니하거나 계약조건을 변경하지 아니하면 갱신하지 아니한다는 뜻의 통지를 하지 아니한 경우에는 그 기간이 끝난 때에 전 임대차와 동일한 조건으로 다시 임대차한 것으로 본다. 임차인이 임대차기간이 끝나기 2개월 전까지 통지하지 아니한 경우에도 또한 같다(법 제6조 제1항).
  2) 임차인이 임대차기간이 끝나기 1개월 전까지 통지하지 않은 경우에도 또한 같다.

(2) 묵시적 갱신 후의 효력
  1) **존속기간**
  묵시적 갱신의 경우 임대차의 존속기간은 2년으로 본다(법 제6조 제2항).
  2) **임차인의 해지통지**
  계약해지를 원하는 임차인의 경우에도 계약기간 2년 규정에 구속시키는 것은 임차인보호에 역행하므로 법은 위와 같은 법정갱신(묵시적 갱신)의 경우 <u>임차인은 언제든지</u> 임대인에게 계약해지의 통지를 할 수 있도록 하고 있다(법 제6조의2 제1항). → 임대인은 2년간 해지할 수 없다.
  3) **해지통지의 효력발생시기**
  묵시적 계약갱신 후 해지통고는 임대인이 그 통지를 받은 날부터 3개월이 지나면 그 효력이 발생한다(법 제6조의2 제2항).

(3) 적용제한
2기의 차임액에 달하도록 차임을 연체하거나 그 밖에 임차인으로서의 의무를 현저히 위반한 임차인에 대하여는 적용되지 않는다(법 제6조 제3항).

3 계약갱신 요구 등　　　　　　　　　　　　　　　　　　32회 출제

(1) 요 건
법정갱신(제6조)에도 불구하고 임대인은 임차인이 제6조제1항 전단의 기간 이내에 계약갱신을 요구할 경우 정당한 사유 없이 거절하지 못한다. 다만, 다음 각 호의 어느 하나에 해당하는 경우에는 그러하지 아니하다(법 제6조의 3 제1항).

제1장 주택임대차보호법

1) 임차인이 2기의 차임액에 해당하는 금액에 이르도록 차임을 연체한 사실이 있는 경우
2) 임차인이 거짓이나 그 밖의 부정한 방법으로 임차한 경우
3) 서로 합의하여 임대인이 임차인에게 상당한 보상을 제공한 경우
4) 임차인이 임대인의 동의 없이 목적 주택의 전부 또는 일부를 전대(轉貸)한 경우
5) 임차인이 임차한 주택의 전부 또는 일부를 고의나 중대한 과실로 파손한 경우
6) 임차한 주택의 전부 또는 일부가 멸실되어 임대차의 목적을 달성하지 못할 경우
7) 임대인이 다음 각 목의 어느 하나에 해당하는 사유로 목적 주택의 전부 또는 대부분을 철거하거나 재건축하기 위하여 목적 주택의 점유를 회복할 필요가 있는 경우
   ① 임대차계약 체결 당시 공사시기 및 소요기간 등을 포함한 철거 또는 재건축 계획을 임차인에게 구체적으로 고지하고 그 계획에 따르는 경우
   ② 건물이 노후·훼손 또는 일부 멸실되는 등 안전사고의 우려가 있는 경우
   ③ 다른 법령에 따라 철거 또는 재건축이 이루어지는 경우
8) 임대인(임대인의 직계존속·직계비속을 포함한다)이 목적 주택에 실제 거주하려는 경우
9) 그 밖에 임차인이 임차인으로서의 의무를 현저히 위반하거나 임대차를 계속하기 어려운 중대한 사유가 있는 경우

(2) 내용

1) 임차인은 계약갱신요구권을 1회에 한하여 행사할 수 있다. 이 경우 갱신되는 임대차의 존속기간은 2년으로 본다(법 제6조의 3 제2항)
2) 갱신되는 임대차는 전 임대차와 동일한 조건으로 다시 계약된 것으로 본다. 다만, 차임과 보증금은 차임 등의 증감청구권(제7조)의 범위에서 증감할 수 있다(법 제6조의 3 제3항).
3) 갱신되는 임대차의 해지에 관하여는 제6조의2를 준용한다(법 제6조의 3 제4항)

(3) 손해배상

1) **요건** 임대인이 임대인 등의 실제주거(제1항 제8호)의 사유로 갱신을 거절하였음에도 불구하고 갱신요구가 거절되지 아니하였더라면 갱신되었을 기간이 만료되기 전에 정당한 사유 없이 제3자에게 목적 주택을 임대한 경우 임대인은 갱신거절로 인하여 임차인이 입은 손해를 배상하여야 한다(법 제6조의 3 제5항).
2) 손해배상액은 거절 당시 당사자 간에 손해배상액의 예정에 관한 합의가 이루어지지 않는 한 다음 각 호의 금액 중 큰 금액으로 한다(법 제6조의 3 제6항).
   ① 갱신거절 당시 월차임(차임 외에 보증금이 있는 경우에는 그 보증금을 제7조의2 각 호 중 낮은 비율에 따라 월 단위의 차임으로 전환한 금액을 포함한다. 이하 "환산월차임"이라 한다)의 3개월분에 해당하는 금액
   ② 임대인이 제3자에게 임대하여 얻은 환산월차임과 갱신거절 당시 환산월차임 간 차액의 2년분에 해당하는 금액
   ③ 임대인 등 거주(제1항 제8호)의 사유로 인한 갱신거절로 인하여 임차인이 입은 손해액

제4편　민사특별법

(4) 계약갱신 요구 등에 관한 적용례(부칙 제2조)
  1) **시행시기**
     계약갱신의 요구(제6조의3) 및 차임 등의 증감청구권(제7조)의 개정규정은 이 법 시행 당시 존속 중인 임대차에 대하여도 적용한다(부칙 제2조 제1항)
  2) **적용제외**
     이 법 시행 전에 임대인이 갱신을 거절하고 제3자와 임대차계약을 체결한 경우에는 이를 적용하지 아니한다(부칙 제2조 제2항).

단락문제 Q02　　　　　　　　　　　　　　　　　　　　　　　제32회 기출

주택임대차보호법상 임차인의 계약갱신요구권에 관한 설명으로 옳은 것을 모두 고른 것은?

> ㉠ 임대차기간이 끝나기 6개월 전부터 2개월 전까지의 기간에 행사해야 한다.
> ㉡ 임대차의 조건이 동일한 경우 여러 번 행사할 수 있다.
> ㉢ 임차인이 임대인의 동의 없이 목적 주택을 전대한 경우 임대인은 계약갱신요구를 거절하지 못한다.

① ㉠　　　　　　　　② ㉡　　　　　　　　③ ㉢
④ ㉠, ㉢　　　　　　⑤ ㉡, ㉢

해설
㉠ (O) 주택임대차보호법 제6조, 동 제6조의 3 ①
㉡ (X) 주택임대차보호법 제6조의 3 ②
㉢ (X) 주택임대차보호법 제6조 ① 제4호

답 ①

단락핵심　주택임대차의 존속기간

(1) 임대차가 종료된 경우에도 임차인이 보증금을 반환받을 때까지는 임대차관계는 존속하는 것으로 본다.　(O)
(2) 주택의 전(前)임대차기간이 지나도록 아무런 변경이 없으면 전임대차와 동일한 조건으로 임대차계약이 갱신된 것으로 본다.　(O)
(3) 주택임대차에서 임대차계약이 법정갱신된 경우라도 임차인은 언제든지 계약해지를 통지할 수 있다.　(O)
(4) 임차인이 2월의 차임을 연체하면 임대인은 해지할 수 있다.　(X)
　　⇒ 2기의 차임액에 달하면 해지할 수 있다.

04 차임·보증금의 증감청구권

1 차임 등의 증감청구권 ★★

(1) 의 의
당사자는 약정한 차임이나 보증금이 임차주택에 관한 조세, 공과금, 그 밖의 부담의 증감이나 경제사정의 변동으로 인하여 적절하지 아니하게 된 때에는 장래에 대하여 그 증감을 청구할 수 있다(법 제7조 제1항).

(2) 성 질
1) 형성권이므로 의사표시가 상대방에게 도달하면 효력이 발생한다.
2) 증감청구는 반드시 재판상으로 청구하여야만 하는 것은 아니고, 재판 외의 방법에 의해서도 행사할 수 있다.

(3) 증액의 제한   **21회 출제**
1) 증액청구는 약정한 차임이나 보증금의 <u>20분의 1</u>의 금액을 초과하지 못한다 (→ 5%). 다만, 특별시·광역시·특별자치시·도 및 특별자치도는 관할 구역 내의 지역별 임대차 시장 여건 등을 고려하여 본문의 범위에서 증액청구의 상한을 조례로 달리 정할 수 있다(법 제7조 제2항).
2) 증액청구는 임대차계약 또는 약정한 차임이나 보증금의 증액이 있은 후 1년 이내에는 하지 못한다(법 제7조 제1항).

(4) 적용범위
1) 법 제7조의 규정은 임대차계약의 존속 중 당사자 일방이 약정한 차임 등의 증감을 청구한 때에 한하여 적용된다.
2) 위 규정은 임대차계약의 존속중 당사자 일방이 약정한 차임 등의 증감을 청구한 때에 한하여 적용되고, 임대차계약이 종료된 후 재계약을 하거나 또는 임대차계약 종료 전이라도 당사자의 합의로 차임 등이 증액된 경우에는 적용되지 않는다(대판 2002.6.28. 2002다23482).

2 월차임 전환시 산정률의 제한 ★

보증금의 전부 또는 일부를 월 단위의 차임으로 전환하는 경우에는 그 전환되는 금액에 다음의 비율 중 낮은 비율을 곱한 월차임의 범위를 초과할 수 없다(법 제7조의2, 영 제9조).

(1) 「은행법」에 따른 은행에서 적용하는 대출금리와 해당 지역의 경제 여건 등을 고려하여 <u>대통령령으로 정하는 비율</u> → 연 1할
(2) 한국은행에서 공시한 기준금리에 <u>대통령령으로 정하는 이율</u>을 더한 비율 → 연 2%

3 초과 차임 등의 반환청구

증액비율을 초과하여 차임 또는 보증금을 지급하거나 월차임 산정률을 초과하여 차임을 지급한 경우에는 초과 지급된 차임 또는 보증금 상당금액의 반환을 청구할 수 있다(제10조의2).

제4편 민사특별법

단락핵심 차임·보증금의 증감청구권

(1) 차임의 증액청구는 임대차계약 또는 약정한 차임의 증액이 있은 후 1년 이내에는 이를 하지 못한다. (○)
(2) 차임의 증감청구권은 재판 외에서도 행사할 수 있다. (○)

05 보증금에 대한 임차인의 권리 (보증금의 회수) 11·20회 출제

제3조의2(보증금의 회수) ① 임차인(제3조 제2항 및 제3항의 법인을 포함한다. 이하 같다)이 임차주택에 대하여 보증금반환청구소송의 확정판결이나 그 밖에 이에 준하는 집행권원에 따라서 경매를 신청하는 경우에는 집행개시요건에 관한 민사집행법 제41조에도 불구하고 반대의무의 이행이나 이행의 제공을 집행개시의 요건으로 하지 아니한다.
② 제3조 제1항·제2항 또는 제3항의 대항요건과 임대차계약증서(제3조 제2항 및 제3항의 경우에는 법인과 임대인 사이의 임대차계약증서를 말한다)상의 확정일자를 갖춘 임차인은 「민사집행법」에 따른 경매 또는 「국세징수법」에 따른 공매를 할 때에 임차주택(대지를 포함한다)의 환가대금에서 후순위권리자나 그 밖의 채권자보다 우선하여 보증금을 변제받을 권리가 있다.
③ 임차인은 임차주택을 양수인에게 인도하지 아니하면 제2항의 규정에 의한 보증금을 수령할 수 없다.
④ 제2항 또는 제7항에 따른 우선변제의 순위와 보증금에 대하여 이의가 있는 이해관계인은 경매법원이나 체납처분청에 이의를 신청할 수 있다.
⑤ 제4항에 따라 경매법원에 이의를 신청하는 경우에는 「민사집행법」 제152조부터 제161조까지의 규정을 준용한다.
⑥ 제4항에 따라 이의신청을 받은 체납처분청은 이해관계인이 이의신청일부터 7일 이내에 임차인 또는 제7항에 따라 우선변제권을 승계한 금융기관 등을 상대로 소를 제기한 것을 증명하면 해당 소송이 끝날 때까지 이의가 신청된 범위에서 임차인 또는 제7항에 따라 우선변제권을 승계한 금융기관 등에 대한 보증금의 변제를 유보하고 남은 금액을 배분하여야 한다. 이 경우 유보된 보증금은 소송의 결과에 따라 배분한다.
⑦ 다음 각 호의 금융기관 등이 제2항, 제3조의3 제5항, 제3조의4 제1항에 따른 우선변제권을 취득한 임차인의 보증금반환채권을 계약으로 양수한 경우에는 양수한 금액의 범위에서 우선변제권을 승계한다.
1. 「은행법」에 따른 은행
2. 「중소기업은행법」에 따른 중소기업은행
3. 「한국산업은행법」에 따른 한국산업은행
4. 「농업협동조합법」에 따른 농협은행
5. 「수산업협동조합법」에 따른 수협은행
6. 「우체국예금·보험에 관한 법률」에 따른 체신관서
7. 「주택도시기금법」에 따른 한국주택금융공사
8. 「보험업법」 제4조 제1항 제2호 라목의 보증보험을 보험종목으로 허가받은 보험회사
9. 「주택법」에 따른 대한주택보증주식회사
10. 그 밖에 제1호부터 제9호까지에 준하는 것으로서 대통령령으로 정하는 기관
⑧ 제7항에 따라 우선변제권을 승계한 금융기관 등(이하 "금융기관등"이라 한다)은 다음 각 호의 어느 하나에 해당하는 경우에는 우선변제권을 행사할 수 없다.
1. 임차인이 제3조 제1항·제2항 또는 제3항의 대항요건을 상실한 경우
2. 제3조의3 제5항에 따른 임차권등기가 말소된 경우
3. 「민법」 제621조에 따른 임대차등기가 말소된 경우
⑨ 금융기관등은 우선변제권을 행사하기 위하여 임차인을 대리하거나 대위하여 임대차를 해지할 수 없다.

제1장 주택임대차보호법

> **제3조의6(확정일자 부여 및 임대차 정보제공 등)** ① 제3조의2 제2항의 확정일자는 주택 소재지의 읍·면사무소, 동 주민센터 또는 시(특별시·광역시·특별자치시는 제외하고, 특별자치도는 포함한다)·군·구(자치구를 말한다)의 출장소, 지방법원 및 그 지원과 등기소 또는 「공증인법」에 따른 공증인(이하 이 조에서 "확정일자부여기관"이라 한다)이 부여한다.
> ② 확정일자부여기관은 해당 주택의 소재지, 확정일자 부여일, 차임 및 보증금 등을 기재한 확정일자부를 작성하여야 한다. 이 경우 전산처리정보조직을 이용할 수 있다.
> ③ 주택의 임대차에 이해관계가 있는 자는 확정일자부여기관에 해당 주택의 확정일자 부여일, 차임 및 보증금 등 정보의 제공을 요청할 수 있다. 이 경우 요청을 받은 확정일자부여기관은 정당한 사유 없이 이를 거부할 수 없다.
> ④ 임대차계약을 체결하려는 자는 임대인의 동의를 받아 확정일자부여기관에 제3항에 따른 정보제공을 요청할 수 있다.
> ⑤ 제1항·제3항 또는 제4항에 따라 확정일자를 부여받거나 정보를 제공받으려는 자는 수수료를 내야 한다.
> ⑥ 확정일자부에 기재하여야 할 사항, 주택의 임대차에 이해관계가 있는 자의 범위, 확정일자부여기관에 요청할 수 있는 정보의 범위 및 수수료, 그 밖에 확정일자부여사무와 정보제공 등에 필요한 사항은 대통령령 또는 대법원규칙으로 정한다.

1 우선변제권 ★★★

`13·14회 출제`

(1) 우선변제권의 인정요건

1) 대항력과 확정일자의 구비

주택임차권의 대항요건(주택의 인도와 주민등록)과 임대차계약증서(제3조 제2항 및 제3항의 경우에는 법인과 임대인 사이의 임대차계약증서를 말함)상의 확정일자를 갖춘 임차인은 「민사집행법」에 따른 경매나 「국세징수법」에 따른 공매를 할 때에 임차주택(대지를 포함한다)의 환가대금에서 후순위권리자나 그 밖의 채권자보다 우선하여 보증금을 변제받을 권리가 있다(법 제3조의2 제2항).

2) 확정일자

확정일자란 사문서에 공증인 또는 법원서기가 찍은 확정일자인, 공정증서에 기입한 일자, 내용증명우편의 일자, 확정일자가 기재된 판결서 등 그 기재된 일자가 객관적으로 확정되고, 후에 변경되지 않는 것을 말한다(자세한 것은 뒤에서 본다).

 판례 우선변제권을 가진 임차인으로부터 임차권과 분리하여 임차보증금반환채권만을 양수한 채권양수인의 우선변제권 ― 부정

비록 채권양수인이 우선변제권을 행사할 수 있는 주택임차인으로부터 임차보증금반환채권을 양수하였다고 하더라도 임차권과 분리된 임차보증금반환채권만을 양수한 이상 그 채권양수인이 주택임대차보호법상의 우선변제권을 행사할 수 있는 임차인에 해당한다고 볼 수 없다. 다만, 이와 같은 경우에도 채권양수인이 일반 금전채권자로서의 요건을 갖추어 배당요구를 할 수 있음은 물론이다(대판 2010.5.27. 2010다10276).

(2) 우선변제권의 내용

1) 우선변제권의 발생시기

① 인도와 주민등록을 마친 후 확정일자를 받은 경우에는 확정일자를 받는 즉시 우선변제권이 발생한다(대판 1992.10.13. 92다30597).
② 법 제3조의2 제1항에 규정된 확정일자를 인도 및 주민등록과 같은 날 또는 그 이전에 갖춘 경우에는 대항력과 마찬가지로 인도와 주민등록을 마친 <u>다음날</u>을 기준으로 발생한다.
→ 익일 0시

제4편 민사특별법

 주택임대차보호법 제3조의2 제1항에 의한 우선변제권의 발생시기

우선변제권과 관련한 순위는 <u>원칙적으로 임대차계약증서상의 확정일자 부여일을 기준</u>으로 하고(대판 1992.10.13. 92다30597), <u>다만 주택의 임차인이 주택의 인도와 주민등록을 마친 당일 또는 그 이전에 임대차계약증서상에 확정일자를 갖춘 경우</u> 같은 법 제3조의2 제1항에 의한 우선변제권은 같은 법 제3조 제1항에 의한 대항력과 마찬가지로 <u>주택의 인도와 주민등록을 마친 다음날을 기준</u>으로 발생한다(대판 1999.3.23. 98다46938).

2) 재전입한 경우의 대항력 취득시기

주택의 임차인이 임차권의 대항력을 취득하고, 임대차계약서상에 확정일자를 갖춘 후 가족 전원이 다른 곳으로 주민등록을 이전하였다가 재전입하였다면, 우선변제권은 <u>재전입한 때</u>로부터 새로운 대항력을 취득한다.   재전입신고 다음날 ←

 우선변제권을 확보한 후 다른 곳으로 주민등록을 이전하였다가 재전입한 경우

주택의 임차인이 그 주택의 소재지로 전입신고를 마치고 입주함으로써 <u>임차권의 대항력을 취득한 후 일시적이나마 다른 곳으로 주민등록을 이전하였다면</u> 그 전출 당시 대항요건을 상실함으로써 대항력은 소멸하고, 그 후 임차인이 다시 그 주택의 소재지로 주민등록을 이전하였다면 대항력은 당초에 소급하여 회복되는 것이 아니라 <u>재전입한 때로부터 새로운 대항력이 다시 발생</u>하며, 이 경우 전출 이전에 이미 임대차계약서상에 확정일자를 갖추었고 임대차계약도 재전입 전후를 통하여 그 동일성을 유지한다면, <u>임차인은 재전입시 임대차계약서상에 다시 확정일자를 받을 필요 없이 재전입 이후에 그 주택에 관하여 담보물권을 취득한 자보다 우선하여 보증금을 변제받을 수 있다</u>(대판 1998.12.11. 98다34584).

3) 임대차종료 전의 경매

임차주택이 임대차기간만료 전에 경매되는 경우, 대항력을 갖춘 임차인은 임대차계약을 해지함으로써 종료시키고 우선변제를 청구할 수 있다(대판 1996.7.12. 94다37646).

4) 우선변제 받는 대상

건물만의 임차인이라 해도 대지를 포함한 환가대금으로부터 우선변제를 받을 수 있다(법 제3조의2 제2항).

 임차주택과 대지의 소유자가 서로 달라지게 된 경우, 대지의 환가대금에 대하여 우선변제권을 행사할 수 있는지 여부

<u>대항요건 및 확정일자를 갖춘 임차인과 소액임차인</u>은 임차주택과 그 대지가 함께 경매될 경우뿐만 아니라 <u>임차주택과 별도로 그 대지만이 경매될 경우에도 그 대지의 환가대금에 대하여 우선변제권을 행사할 수 있고</u>, 임대차 성립 당시 임대인의 소유였던 대지가 타인에게 양도되어 임차주택과 대지의 소유자가 서로 달라지게 된 경우에도 마찬가지이다(대판 2007.6.21. 2004다26133).

 대항력을 갖춘 임차인이 저당권설정등기 이후에 임차인과의 합의에 의하여 보증금을 증액한 경우

대항력을 갖춘 임차인이 저당권설정등기 이후에 임대인과 보증금을 증액하기로 합의하고 초과부분을 지급한 경우 임차인이 저당권설정등기 이전에 취득하고 있던 임차권으로 선순위로서 저당권자에게 대항할 수 있음은 물론이나 <u>저당권설정등기 후에 건물주와의 사이에 임차보증금을 증액하기로 한 합의는</u> 건물주가 저당권자를 해치는 법률행위를 할 수 없게 된 결과 <u>그 합의 당사자 사이에서만 효력이 있는 것이고 저당권자에게는 대항할 수 없다</u>(대판 1990.8.14. 90다카11377).

(3) 보증금의 수령

1) 집행개시와 주택의 인도

① 임차인(제3조 제2항의 법인을 포함함)이 임차주택에 대하여 보증금반환청구소송의 확정판결이나 그 밖에 이에 준하는 집행권원에 따라서 경매를 신청하는 경우에는 집행개시요건에 관한 「민사집행법」 제41조에도 불구하고 반대의무의 이행(주택의 반환)이나 이행의 제공을 집행개시의 요건으로 하지 아니한다(법 제3조의2 제1항).

② 그러나 임차인은 임차주택을 양수인에게 인도하지 아니하면 보증금을 수령할 수 없다(법 제3조의2 제3항).

Professor Comment

경매신청시 주택의 반환을 요구하면 사실상 경매신청이 불가능하기 때문이다. 그러나 보증금을 수령하기 위해서는 인도하여야함을 주의할 것

2) 이의신청

① 우선변제의 순위와 보증금에 대하여 이의가 있는 이해관계인은 경매법원이나 체납처분청에 이의를 신청할 수 있고(법 제3조의2 제4항), 이의신청은 「민사집행법」 제152조부터 제161조까지의 규정을 준용한다.

② 이의신청을 받은 체납처분청은 이해관계인이 이의신청일부터 7일 이내에 임차인 또는 우선변제권을 승계한 금융기관 등을 상대로 소를 제기한 것을 증명하면 해당 소송이 끝날 때까지 이의가 신청된 범위에서 임차인 또는 우선변제권을 승계한 금융기관 등에 대한 보증금의 변제를 유보하고 남은 금액을 배분하여야 한다. 이 경우 유보된 보증금은 소송의 결과에 따라 배분한다(법 제3조의2 제6항).

(4) 금융기관 등의 우선변제권 승계

1) 우선변제권을 승계할 수 있는 금융기관 등

주택임차권과 분리하여 임대차보증금을 양수한 자는 우선변제권을 상실한다(대판 2010.5.27. 2010다10276). 그러나 다음의 금융기관 등이 우선변제권을 취득한 임차인의 보증금반환채권을 계약으로 양수한 경우에도 양수한 금액의 범위에서 우선변제권을 승계한다(법 제3조의2 제7항).

① 「은행법」에 따른 은행
② 「중소기업은행법」에 따른 중소기업은행
③ 「한국산업은행법」에 따른 한국산업은행
④ 「농업협동조합법」에 따른 농협은행
⑤ 「수산업협동조합법」에 따른 수협은행
⑥ 「우체국예금·보험에 관한 법률」에 따른 체신관서
⑦ 「주택도시기금법」에 따른 한국주택금융공사
⑧ 「보험업법」 제4조 제1항 제2호 라목의 보증보험을 보험종목으로 허가받은 보험회사
⑨ 「주택법」에 따른 대한주택보증주식회사
⑩ 그 밖에 위에 준하는 것으로서 대통령령으로 정하는 기관(아직 규정된 것이 없다)

2) 우선변제권행사의 제한

우선변제권을 승계한 금융기관등은 ① 임차인이 대항요건을 상실한 경우, ② 임차권등기명령에 의한 임차권등기가 말소된 경우, ③ 민법 제621조에 따른 임대차등기가 말소된 경우에는 우선변제권을 행사할 수 없다(법 제3조의2 제8항).

3) 금융기관등의 행위제한

금융기관등은 우선변제권을 행사하기 위하여 임차인을 대리하거나 대위하여 임대차를 해지할 수 없다(법 제3조의2 제9항).

Wide 주택임대차계약증서상의 확정일자 부여 및 임대차 정보제공

① 확정일자 부여의 의의
  ㉠ 주택임대차계약증서의 소지인은 주택 소재지의 읍사무소, 면사무소, 동 주민센터 또는 시·군·구의 출장소에서 「주택임대차보호법」 제3조의2에 따른 임대차계약증서상의 확정일자(이하 "확정일자"라 한다)를 부여받을 수 있다.
  ㉡ 정보처리시스템을 이용하여 주택임대차계약을 체결한 경우 해당 주택의 임차인은 정보처리시스템을 통하여 전자계약증서에 확정일자 부여를 신청할 수 있다. 이때 신청은 확정일자부여기관 중 주택 소재지의 읍·면사무소, 동 주민센터 또는 시(특별시·광역시·특별자치시는 제외하고, 특별자치도는 포함한다)·군·구(자치구를 말한다)의 출장소(이하 "주민센터등"이라 한다)에 대하여 한다.

② 확정일자부여의 절차
  ㉠ 신 청
  주택임대차계약증서의 소지인은 주택 소재지의 읍사무소, 면사무소, 동 주민센터 또는 시·군·구의 출장소, 공증인(이들은 고유식별정보를 처리할 수 있음)에 신청한다.
  ㉡ 확정일자 부여시 확인사항
  확정일자부여기관은 다음의 요건을 갖추었는지를 확인하여야 한다.
    ⓐ 임대인·임차인의 인적 사항, 임대차 목적물, 임대차 기간, 차임·보증금 등이 적혀 있는 완성된 문서일 것
    ⓑ 계약당사자(대리인에 의하여 계약이 체결된 경우에는 그 대리인)의 서명 또는 기명날인이 있을 것
    ⓒ 글자가 연결되어야 할 부분에 빈 공간이 있는 경우에는 계약당사자가 빈 공간에 직선 또는 사선을 그어 그 부분에 다른 글자가 없음이 표시되어 있을 것
    ⓓ 정정한 부분이 있는 경우에는 그 난외 밖이나 끝부분 여백에 정정한 글자 수가 기재되어 있고 그 부분에 계약당사자의 서명이나 날인이 되어 있을 것
    ⓔ 계약증서(전자계약증서는 제외)가 두 장 이상인 경우에는 간인이 있을 것
    ⓕ 확정일자가 부여되어 있지 아니할 것. 다만, 이미 확정일자를 부여받은 계약증서에 새로운 내용을 추가 기재하여 재계약을 한 경우에는 그러하지 아니하다.
  ㉢ 확정일자의 부여방법
    ⓐ 확정일자는 계약증서의 여백(여백이 없는 경우에는 그 뒷면을 말한다)에 별지 제1호 서식의 확정일자인을 찍고, 인영(印影) 안에 날짜와 법 제3조의6 제1항에 따른 확정일자부의 확정일자번호를 아라비아숫자로 적는 방법으로 부여한다.
    ⓑ 계약증서가 두 장 이상인 경우(전자문서 제외)에는 간인하여야 한다. 다만, 간인은 천공(穿孔) 방식으로 갈음할 수 있다.
    ⓒ 계약증서와 확정일자부 사이는 계인(契印)을 한다. 다만, 확정일자부여기관(공증인은 제외

한다)이 법 제3조의6 제2항에 따른 전산정보처리조직을 이용하여 확정일자부를 작성하는 경우에는 전산입력한 확정일자부의 기재내용을 출력하여 신청인에게 입력사항에 오류가 있는지의 여부를 확인하게 하여야 한다.
  ⓓ 확정일자부에는 ㉮ 확정일자번호, ㉯ 확정일자 부여일, ㉰ 임대인·임차인의 인적사항(성명, 주소, 주민등록번호 등 또는 법인명·단체명, 법인등록번호·부동산등기용등록번호, 본점·주사무소 소재지), ㉱ 주택 소재지, ㉲ 임대차 목적물, ㉳ 임대차기간, ㉴ 차임·보증금, ㉵ 신청인의 성명과 주민등록번호 앞 6자리를 기재한다.
  ⓔ 전자계약증서상의 확정일자는 전자계약증서에 별지 제1호의2 서식의 전자확정일자인을 입력한 후 인영(印影) 안에 날짜와 확정일자부의 확정일자번호를 아라비아 숫자로 입력하는 방법으로 부여하고, 정보처리시스템 운영자는 임차인과 임대인에게 문자메시지 등의 방법으로 이를 통보하여야 한다.
  ⓕ 주민센터등은 전산장애 등 특별한 사정이 없는 한 전자확정일자 부여의 신청이 접수된 당일에 확정일자를 부여하여야 한다. 다만, 평일 16시 이후 또는 토요일이나 공휴일에 신청이 접수된 경우에는 다음 근무일에 부여할 수 있으나 이 경우 정보처리시스템 운영자는 신청인에게 확정일자가 당일 부여되지 않을 수 있음을 정보처리시스템 내에서 안내하여야 한다.
ⓔ **확정일자 부여시의 조치**(확정일자부의 작성과 폐쇄 및 보존)
  ⓐ 확정일자부의 확정일자번호는 신청 순으로 부여하여야 한다.
  ⓑ 확정일자부는 1년을 단위로 매년 만들고, 사용기간이 지난 확정일자부는 마지막으로 적힌 확정일자번호의 다음 줄에 폐쇄의 뜻을 표시한 후 폐쇄하여야 한다.
  ⓒ 폐쇄한 확정일자부는 20년간 보존하여야 한다.
  ⓓ 확정일자부를 작성하는 경우 확정일자부의 전국적인 통일을 위하여 별지 제2호 서식을 표준서식으로 사용할 수 있다. 다만, 공증인이 작성하는 확정일자부는 「확정일자부 및 일자인 조제에 관한 규정」에 따른다.
  ⓔ 확정일자부여기관(공증인은 제외한다)이 법 제3조의6 제2항 후단에 따라 확정일자부 작성시 이용할 수 있는 전산처리정보조직은 부동산 거래의 계약·신고·허가·관리 등의 업무와 관련하여 국토교통부장관이 구축·운영하는 정보체계를 말한다.

③ **임대차정보의 제공**
  주택의 임대차에 이해관계가 있는 자는 확정일자부여기관에 해당 주택의 확정일자 부여일, 차임 및 보증금 등 정보의 제공을 요청할 수 있다. 이 경우 요청을 받은 확정일자부여기관은 정당한 사유 없이 이를 거부할 수 없다.
  ㉠ **정보제공을 요청할 수 있는 자**
    ⓐ 주택의 임대차에 이해관계가 있는 자(㉮ 해당 주택의 임대인·임차인, ㉯ 해당 주택의 소유자, ㉰ 해당 주택 또는 그 대지의 등기기록에 기록된 권리자 중 환매권자, 지상권자, 전세권자, 질권자, 저당권자·근저당권자, 임차권자, 신탁등기의 수탁자, 가등기권리자, 압류채권자 및 경매개시결정의 채권자, ㉱ 우선변제권을 승계한 금융기관, ㉲ 그 밖에 앞에 열거한 자에 준하는 지위 또는 권리를 가지는 자로서 법무부령으로 정하는 자는 확정일자 부여기관에 확정일자 부여일 등의 정보제공을 요청할 수 있다.
    ⓑ 임대차계약을 체결하려는 자는 임대인의 동의를 받아 요청할 수 있다.
  ㉡ **요청할 수 있는 정보**
    ⓐ 임대차계약의 당사자는 ㉮ 임대차목적물, ㉯ 임대인·임차인의 인적사항, ㉰ 확정일자 부여일, ㉱ 차임·보증금, ㉲ 임대차기간에 대하여 열람 또는 그 내용을 기록한 서면의 교부를 요청할 수 있다.
    ⓑ 임대차계약의 당사자가 아닌 이해관계인 또는 임대차계약을 체결하려는 자는 ㉮ 임대차목적물, ㉯ 확정일자 부여일, ㉰ 차임·보증금, ㉱ 임대차기간에 대하여만 가능하다.

④ **수수료**
　확정일자부여 수수료는 1건마다 600원(계약증서의 장수가 4장을 초과할 때에는 초과하는 장수 4장마다 100원씩 추가), 정보제공수수료는 1건마다 600원(출력물이 10장을 초과할 경우 초과 1장마다 50원 추가). 다만, 국민기초생활수급자, 독립유공자 또는 그 유족, 국가유공자 또는 그 유족, 「한부모가족지원법」상의 보호대상자 등에 대하여는 수수료를 면제한다.

⑤ **지방법원 및 그 지원과 등기소의 확정일자 부여 및 정보제공**
　「주택임대차계약증서의 확정일자 부여 및 정보제공에 관한 규칙(대법원규칙 제2506호)」이 제정되어 <u>지방법원과 그 지원 및 등기소에서도 확정일자를 부여받을 수 있으며, 확정일자 정보제공요청</u>도 할 수 있다.

2 최우선변제권(소액보증금의 보호) ★★★　　　　　13·21·22회 출제

> **제8조(보증금 중 일정액의 보호)** ① 임차인은 보증금 중 일정액을 다른 담보물권자보다 우선하여 변제받을 권리가 있다. 이 경우 임차인은 주택에 대한 경매신청의 등기 전에 제3조 제1항의 요건을 갖추어야 한다.
> ② 제1항의 경우에는 제3조의2 제4항부터 제6항까지의 규정을 준용한다.
> ③ 제1항에 따라 우선변제를 받을 임차인 및 보증금 중 일정액의 범위와 기준은 제8조의2에 따른 주택임대차위원회의 심의를 거쳐 대통령령으로 정한다. 다만, 보증금 중 일정액의 범위와 기준은 주택가액(대지의 가액을 포함한다)의 2분의 1을 넘지 못한다.

(1) 의 의
　1) 임차인은 보증금 중 일정액을 다른 담보물권자보다 우선하여 변제받을 권리가 있다.
　2) 또한 주택임차인은 보증금 중 일정액에 관해서는 국세 또는 가산금보다 우선하여 변제받을 수 있다(「국세기본법」 제35조 제1항 제4호 등).

(2) 요 건
　1) **소액임차인**
　　① 임차인의 보증금이 일정 범위 내이어야 한다(소액보증금).
　　② 하나의 주택에 임차인이 2명 이상이고 이들이 그 주택에서 가정공동생활을 하는 경우에는 이들을 1명의 임차인으로 보아 각 보증금을 합산한다.

Key Point　소액임차인의 기준 및 최우선변제액

지역 시행일자	서울특별시	과밀억제권역(서울특별시 제외), 세종특별자치시, 용인시 및 화성시	광역시(과밀억제권역에 포함된 지역과 군지역 제외), 안산시, 김포시, 광주시 및 파주시	그 밖의 지역
2021.5.11.부터	1억5천만원 이하 임차인 중 5,000만원	1억3천만원 이하 임차인 중 4,300만원	7,000만원 이하 임차인 중 2,300만원	6,000만원 이하 임차인 중 2,000만원

임대차보증금의 감액으로 소액보증인에 해당하게 된 경우

실제 임대차계약의 주된 목적이 주택을 사용·수익하려는 것인 이상, 처음 임대차계약을 체결할 당시에는 보증금 액이 많아 주택임대차보호법상 소액임차인에 해당하지 않았지만 그 후 새로운 임대차계약에 의하여 정당하게 보증금을 감액하여 소액임차인에 해당하게 되었다면, <u>그 임대차계약이 통정허위표시에 의한 계약이어서 무효라 는 등의 특별한 사정이 없는 한 그러한 임차인은 같은 법상 소액임차인으로 보호받을 수 있다</u>(대판 2008.5.15. 2007다23203).

 사무실용 건물이 저당권 설정 후 주거용 건물로 용도변경된 경우에도 최우선변제권을 인정한 사례

점포 및 <u>사무실로 사용되던 건물에 근저당권이 설정</u>된 후 그 건물이 <u>주거용 건물로 용도 변경</u>되어 이를 임차한 소액임차인도 특별한 사정이 없는 한 주택임대차보호법 제8조에 의하여 <u>보증금 중 일정액을 근저당권자보다 우 선하여 변제받을 권리가 있다</u>(대판 2009.8.20. 2009다26879).

2) 대항요건의 구비와 유지
주택에 대한 경매신청의 등기 전에 그 대항력(주택의 인도와 주민등록)을 갖추어야 한다(법 제8조 제1항).

3) 경매신청의 개시요건
경매가 개시된 경우에 임차인은 임대차가 종료하지 않더라도 소액보증금 중 일정액에 대하여 경매법원에 우선변제(배당)를 청구할 수 있다.

4) 배당요구 또는 우선권 행사의 신고를 하였을 것
소액임차인이 우선변제를 받으려면 경매법원에 배당요구를 하거나 체납처분청에 우선권의 행사를 신고해야 한다.

 미등기 주택의 임차인이 임차주택 대지의 환가대금에 대하여 주택임대차보호법상 우선변제권을 행사할 수 있 는지 여부

대항요건 및 확정일자를 갖춘 임차인과 소액임차인에게 우선변제권을 인정한 주택임대차보호법 제3조의2 및 제 8조가 미등기 주택을 달리 취급하는 특별한 규정을 두고 있지 아니하므로, <u>대항요건 및 확정일자를 갖춘 임차인 과 소액임차인의 임차주택 대지에 대한 우선변제권에 관한 법리는 임차주택이 미등기인 경우에도 그대로 적용된 다. 이와 달리 임차주택의 등기 여부에 따라 그 우선변제권의 인정 여부를 달리 해석하는 것은 합리적 이유나 근거 없이 그 적용대상을 축소하거나 제한하는 것이 되어 부당하고, 민법과 달리 임차권의 등기 없이도 대항력과 우선변제권을 인정하는 같은 법의 취지에 비추어 타당하지 아니하다</u>(대판 2007.6.21. 2004다26133 전합).

(3) 소액보증금의 범위와 한도

1) 임차인의 소액보증금액이 주택가액의 1/2을 초과하는 경우(영 제10조 제2항)
주택가액의 1/2에 해당하는 금액까지만 우선변제권이 있다.

2) 하나의 주택에 임차인이 2명 이상이고, 그 각 보증금 중 일정액을 모두 합한 금액이 주택가액의 1/2을 초과한 경우(영 제10조 제3항)
그 각 보증금 중 일정액을 모두 합한 금액에 대한 각 임차인의 소액보증금 중 일정액의 비율로 그 주택가액의 1/2에 해당하는 금액을 분할한 금액을 각 임차인의 소액보증금으로 본다.

제4편 민사특별법

3) 하나의 주택에 임차인이 2명 이상이고 이들이 그 주택에서 가정공동생활을 하는 경우(영 제10조 제4항) → 혼인신고가 없어도 됨.

이들을 1명의 임차인으로 보아 이들의 각 보증금을 합산한다.

 주택임차인이 소액보증금에 대하여 대지와 건물 모두로부터 배당을 받는 경우 공동저당에 관한 민법 제368조 제1항이 유추적용되는지 여부 — 적극

주택임대차보호법 제8조에 규정된 소액보증금반환청구권은 임차목적 주택에 대하여 저당권에 의하여 담보된 채권, 조세 등에 우선하여 변제받을 수 있는 이른바 법정담보물권으로서, 주택임차인이 대지와 건물 모두로부터 배당을 받는 경우에는 마치 그 대지와 건물 전부에 대한 공동저당권자와 유사한 지위에 서게 되므로 대지와 건물이 동시에 매각되어 주택임차인에게 그 경매대가를 동시에 배당하는 때에는 민법 제368조 제1항을 유추적용하여 대지와 건물의 경매대가에 비례하여 그 채권의 분담을 정하여야 한다(대판 2003.9.5. 2001다66291).

(4) 효 과

1) 「주택임대차보호법」 제8조에 의해 다른 담보물권자보다 우선하여 변제받을 권리가 있다.
2) 여기서 담보물권이란 ① 저당권·근저당권 ② 담보가등기를 말하여, 압류·가압류는 해당하지 않는다. 다만 ③ 전세권도 전세기간 종료 후에는 우선변제권이 인정되므로 담보물권에 해당하며, ④ 우선변제권 있는 확정일자부 임차인도 이에 해당한다고 본다.

(5) 주택임대차보호법의 악용 제한

「주택임대차보호법」을 악용하여 부당한 이득을 취하고자 임대차계약을 체결한 경우에는 소액임차인으로 보호받을 수 없다.

 주택임대차보호법의 악용

1. 주택임대차보호법의 입법목적과 소액임차인 보호제도의 취지 등을 고려할 때, 채권자가 채무자 소유의 주택에 관하여 채무자와 임대차계약을 체결하고 전입신고를 마친 다음 그곳에 거주하였다고 하더라도, 임대차계약의 주된 목적이 주택을 사용·수익하려는 것에 있는 것이 아니고 소액임차인으로 보호받아 선순위 담보권자에 우선하여 채권을 회수하려는 것에 주된 목적이 있었던 경우에는, 그러한 임차인을 주택임대차보호법상 소액임차인으로 보호할 수 없다(대판 2008.5.15. 2007다23203).
2. 甲이 아파트를 소유하고 있음에도 공인중개사인 남편의 중개에 따라 근저당권 채권최고액의 합계가 시세를 초과하고 경매가 곧 개시될 것으로 예상되는 아파트를 소액임차인 요건에 맞도록 시세보다 현저히 낮은 임차보증금으로 임차한 다음 계약상 잔금지급기일과 목적물인도기일보다 앞당겨 보증금 잔액을 지급하고 전입신고 후 확정일자를 받은 사안에서, 甲은 주택임대차보호법의 보호대상인 소액임차인에 해당하지 않는다(대판 2013.12.12. 2013다62223).

단락핵심 보증금에 대한 임차인의 권리

(1) 주택임차권의 대항요건과 임대차계약증서상의 확정일자를 갖춘 임차인은 임차주택(대지를 포함한다)의 환가대금에 대하여 우선변제권을 가진다. (○)

(2) 임차주택이 임대차기간만료 전에 경매되는 경우, 우선변제권을 갖는 임차인은 임대차계약을 해지할 수 없고, 임대차기간의 만료를 기다려 우선변제를 청구할 수 있다. (×)

(3) 임대차계약을 체결하려는 자는 당연히 확정일자부여기관에 대하여 확정일자 부여일 등의 정보를 요청할 수 있다. (×)

(4) 임차인이 일정한 보증금 중 일정액을 우선변제받기 위해서는 임차주택에 대한 경매개시 결정등기 전에 임차권의 대항력요건 이외에 확정일자를 갖출 필요는 없다. (○)

(5) 점포 및 사무실로 사용되던 건물이 주거용 건물로 용도 변경되어 이를 임차한 소액임차인에게도 최우선 변제권이 인정되고, 용도 변경 전에 그 건물에 저당권이 설정되어 있었다고 하더라도 마찬가지이다. (○)

(6) 소액임차인은 경매법원에 배당요구를 하거나 체납처분청에 우선권의 행사를 신고하지 않아도 최우선변제를 받을 수 있다. (×)

(7) 임차권 등기명령에 의해 임차권이 등기된 경우, 임대인의 보증금반환의무와 임차인의 등기말소의무는 동시이행의 관계가 아니다. (○)

(8) 소액보증금 산정시, 하나의 주택에 임차인이 2명 이상이고 이들이 그 주택에서 가정공동생활을 하는 경우 이들을 1명의 임차인으로 보아 이들의 각 보증금을 합산한다. (○)

제4편 민사특별법

3 임차권등기명령제도 ★★★　　　　　　　　　　　　　　　　　　　12회 출제

> **제3조의3(임차권등기명령)** ① 임대차가 끝난 후 보증금이 반환되지 아니한 경우 임차인은 임차주택의 소재지를 관할하는 지방법원·지방법원지원 또는 시·군 법원에 임차권등기명령을 신청할 수 있다.
> ② 임차권등기명령의 신청서에는 다음 각 호의 사항을 적어야 하며, 신청의 이유와 임차권등기의 원인이 된 사실을 소명하여야 한다.
> 1. 신청의 취지 및 이유
> 2. 임대차의 목적인 주택(임대차의 목적이 주택의 일부분인 경우에는 해당 부분의 도면을 첨부한다)
> 3. 임차권등기의 원인이 된 사실(임차인이 제3조 제1항·제2항 또는 제3항에 따른 대항력을 취득하였거나 제3조의2 제2항에 따른 우선변제권을 취득한 경우에는 그 사실)
> 4. 그 밖에 대법원규칙으로 정하는 사항
> ③ 다음 각 호의 사항 등에 관하여는 민사집행법 제280조 제1항, 제281조, 제283조, 제285조, 제286조, 제288조 제1항·제2항 본문, 제289조, 제290조 제2항 중 제288조 제1항에 대한 부분, 제291조 및 제293조를 준용한다. 이 경우 "가압류"는 "임차권등기"로, "채권자"는 "임차인"으로, "채무자"는 "임대인"으로 본다.
> 1. 임차권등기명령의 신청에 대한 재판
> 2. 임차권등기명령의 결정에 대한 임대인의 이의신청 및 그에 대한 재판
> 3. 임차권등기명령의 취소신청 및 그에 대한 재판
> 4. 임차권등기명령의 집행
> ④ 임차권등기명령의 신청을 기각하는 결정에 대하여 임차인은 항고할 수 있다.
> ⑤ 임차인은 임차권등기명령의 집행에 따른 임차권등기를 마치면 제3조 제1항·제2항 또는 제3항에 따른 대항력과 제3조의2 제2항에 따른 우선변제권을 취득한다. 다만, 임차인이 임차권등기 이전에 이미 대항력이나 우선변제권을 취득한 경우에는 그 대항력이나 우선변제권은 그대로 유지되며, 임차권등기 이후에는 제3조 제1항·제2항 또는 제3항의 대항요건을 상실하더라도 이미 취득한 대항력이나 우선변제권을 상실하지 아니한다.
> ⑥ 임차권등기명령의 집행에 따른 임차권등기가 끝난 주택(임대차의 목적이 주택의 일부분인 경우에는 해당 부분으로 한정한다)을 그 이후에 임차한 임차인은 제8조에 따른 우선변제를 받을 권리가 없다.
> ⑦ 임차권등기의 촉탁, 등기공무원의 임차권등기 기입 등 임차권등기명령을 시행하는 데에 필요한 사항은 대법원규칙으로 정한다.
> ⑧ 임차인은 제1항에 따른 임차권등기명령의 신청과 그에 따른 임차권등기와 관련하여 든 비용을 임대인에게 청구할 수 있다.
> ⑨ 금융기관등은 임차인을 대위하여 제1항의 임차권등기명령을 신청할 수 있다. 이 경우 제3항·제4항 및 제8항의 "임차인"은 "금융기관등"으로 본다.

(1) 의의 및 기능

1) 의의

임대차가 끝난 후 보증금을 반환받지 못한 임차인과 우선변제권을 승계한 금융기관등은 임차주택의 소재지를 관할하는 지방법원·지방법원지원 또는 시·군법원에 임차권등기명령을 신청할 수 있다.

2) 기능

임대차기간 종료 후 주거이전을 하여야 할 필요가 있는 임차인에게 간이한 절차에 의해서 등기하여 대항력과 우선변제권을 유지하면서 주거이전의 기회를 제공하려는 것이다.

(2) 등기명령신청　　　　　　　　　　　　　　　　　　　　　　　　　13회 출제

1) 신청요건

① 임대차가 끝난 후일 것 → 기간만료, 해지 등 사유 불문
② 보증금을 반환받지 못한 임차인이나 우선변제권을 승계한 금융기관등이 **신청할 것**
　　　　　　　　　　　　　　　　　　　　　　　　　　　　　단독신청임 주의 ←

2) 신청절차

① **신청서 제출처** → 신청서의 제출처를 임대인의 주소지로 착각하기 쉬우니 주의할 것

임차주택의 소재지를 관할하는 지방법원·지방법원지원 또는 시·군법원

② **신청서 기재사항**
- ㉠ 신청의 취지 및 이유
- ㉡ 임대차의 목적인 주택
- ㉢ 임차권등기의 원인이 된 사실
- ㉣ 그 밖에 대법원규칙이 정하는 사항

③ **불복방법**(항고)

임차권등기명령의 신청을 기각하는 결정에 대하여 임차인은 항고할 수 있다.

(3) 등기경료의 효력　　　　　　　　　　　　25·26회 출제

1) 대항력 및 우선변제권 취득

→ 주택의 인도와 주민등록

임차권등기를 마치면 임차인은 대항력 및 우선변제권을 취득한다. 임차인이 임차권등기 이전에 이미 대항력이나 우선변제권을 취득한 경우에는 그 대항력이나 우선변제권은 그대로 유지되며, 임차권등기 이후에 제3조 제1항의 대항요건을 상실하더라도 이미 취득한 대항력 또는 우선변제권을 상실하지는 않는다(법 제3조의3 제5항).

임차권등기명령

임차권등기가 경료된(이미 이뤄진) 주택에 제3자가 임차하는 경우 그 임차인(제3자)은 소액보증금의 일정금액(= 최우선변제액)도 받을 권리가 없다.

2) 임차권등기 이후의 주택임차인

임차권등기명령의 집행에 따른 임차권등기가 끝난 주택을 그 이후에 임차한 임차인은 제8조(최우선변제권)에 따른 우선변제를 받을 권리가 없다(동조 제6항).

3) 임차인의 등기비용청구권

임차인은 임차권등기명령의 신청과 그에 따른 임차권등기와 관련하여 든 비용을 임대인에게 청구할 수 있다(동조 제8항).

> **판례** 임차권등기명령과 관련된 판례
>
> ① 임차권등기명령에 의하여 임차권등기를 한 임차인은 우선변제권을 가지며, 위 임차권등기는 임차인으로 하여금 기왕의 대항력이나 우선변제권을 유지하도록 해주는 담보적 기능을 주목적으로 하고 있으므로, 그 임차인은 별도로 배당요구를 하지 않아도 당연히 배당받을 채권자에 속하는 것으로 보아야 한다(대판 2005.9.15. 2005다33039).
>
> ② 임대인의 임대차보증금의 반환의무와 (임차권등기명령에 의한) 임차권등기에 대한 임차인의 말소의무를 동시이행관계에 있는 것으로 해석할 것은 아니고, 특히 위 임차권등기는 임차인으로 하여금 기왕의 대항력이나 우선변제권을 유지하도록 해주는 담보적 기능만을 주목적으로 하는 점 등에 비추어 볼 때, 임대인의 임대차보증금의 반환의무가 임차인의 임차권등기 말소의무보다 먼저 이행되어야 할 의무이다(대판 2005.6.9. 2005다4529).

4 경매에 의한 임차권의 소멸   〔28회 출제〕

(1) 임차권은 임차주택에 대하여 「민사집행법」에 따른 경매가 행하여진 경우에는 그 임차주택의 경락에 따라 소멸한다. 다만, 보증금이 모두 변제되지 아니한, 대항력이 있는 임차권은 그러하지 아니하다(법 제3조의5). 따라서, 임차인이 보증금을 반환받을 때까지는 임대차관계가 존속되는 것으로 보며(법 제4조 제2항), 경락인은 임대인의 지위를 승계한다(법 제3조 제3항).

예) 임차보증금 중 4,000만원 중 3,000만원만 변제된 경우 임차인의 우선변제권은 소멸하나, 대항력은 유지된다.

(2) 여기에서 '대항력 있는 임차권'이란 주택임차인이 최선순위의 가압류나 근저당보다 먼저 대항력을 갖춘 것을 말한다.

경매에 의한 임차권의 소멸

① 대항력이 없는 임차권은 소멸한다.

② 그러나 보증금이 전액변제되지 아니한 '대항력 있는 임차권'은 소멸하지 않는다(법 제3조의5 단서).

단락핵심 임차권등기명령제도

(1) 보증금을 반환받지 못한 임차인이나 우선변제권을 승계한 금융기관등은 임차권등기명령을 단독으로 신청할 수 있다. (○)
(2) 임차권등기명령은 임차인 등이 임대인의 주소지를 관할하는 법원에 신청한다. (×)
(3) 임차권등기명령의 집행에 따른 임차권등기가 끝난 주택을 그 이후에 임차한 임차인은 제8조(최우선변제권)에 따른 우선변제를 받을 권리가 없다. (○)
(4) 임차인은 임차권등기명령의 신청과 그에 따른 임차권등기와 관련하여 든 비용을 임대인에게 청구할 수 있다. (○)
(5) 임차권등기명령에 따라 임차권 등기를 한 임차인은 별도로 배당요구를 하지 않아도 당연히 배당받을 채권자에 속한다. (○)

06 주택임차권의 승계   [11회 출제]

1 승계인(임차인이 사망한 경우)★★★

(1) 법정상속권자가 있는 경우
1) 임차인과 법정상속권자가 가정공동생활을 하고 있는 경우는 법정상속권자만이 임차인의 권리와 의무를 승계한다.
2) 임차인이 사망한 때에 사망 당시 상속인이 그 주택에서 가정공동생활을 하고 있지 아니한 경우에는 그 주택에서 가정공동생활을 하던 사실상의 혼인관계에 있는 자와 2촌 이내의 친족이 공동으로 임차인의 권리와 의무를 승계한다(법 제9조 제2항).
   → 실질적으로 판단

(2) 법정상속권자가 없는 경우
임차인이 상속인 없이 사망한 경우에는 그 주택에서 가정공동생활을 하던 사실상의 혼인관계에 있는 자가 임차인의 권리와 의무를 승계한다(법 제9조 제1항).
→ 상속받은 것과 유사한 효과를 가져옴

2 승계의 효과

(1) 임대차 관계에서 생긴 채권·채무는 동일성을 유지한 채 임차인의 권리·의무를 승계한 자에게 귀속된다(법 제9조 제4항).
(2) 임차권을 공동으로 승계하는 경우 주로 사망한 임차인의 연체차임과 임차보증금반환청구권을 그 대상으로 한다.

3 승계의 제한★★

임차인이 사망한 후 1개월 이내에 임대인에게 승계대상자가 반대의사, 즉 상속하지 않겠다는 등의 의사표시를 한 때에는 승계되지 않는다(법 제9조 제3항).

> **단락핵심** 주택임차권의 승계
>
> (1) 임차주택에서 가정공동생활을 하던 사실혼 배우자는 임차인의 사망 후 1월 내에 임대인에게 반대의사를 표시함으로써 임차권을 승계하지 않을 수 있다. (○)
> (2) 사실혼 관계인 임차인이 사망하면 임차권은 항상 공동승계된다. (×)
> (3) 사실혼 관계에 있는 자는 임차인이 사망한 후 그 사실을 안 날로부터 1개월 이내에 승계에 반대할 수 있다. (×)

07 강행규정 및 소액심판법의 준용 〔12회 출제〕

(1) 「주택임대차보호법」에 위반된 약정으로서 임차인에게 불리한 것은 그 효력이 없다(법 제10조, 편면적 강행규정).
(2) 임차인이 임대인에 대하여 제기하는 보증금반환청구소송에 관하여는 「소액사건심판법」 제6조, 제7조, 제10조 및 제11조의2가 준용되므로(법 제13조) 보증금(청구금액)이 소액사건에 해당하지 않더라도(2,000만원 초과) 간이한 절차를 이용할 수 있다.

08 주택임대차위원회 (법 제8조의2)

1 설 치
제8조에 따라 우선변제를 받을 임차인 및 보증금 중 일정액의 범위와 기준을 심의하기 위하여 법무부에 주택임대차위원회(이하 "위원회"라 한다)를 둔다.

2 위원회의 구성
(1) 위원회는 위원장 1명을 포함한 9명 이상 15명 이하의 위원으로 성별을 고려하여 구성한다(법 제8조의2 제2항).

(2) 위원회의 위원장은 법무부차관이 된다(법 제8조의2 제3항).
(3) 위원회의 위원은 다음 각 호의 어느 하나에 해당하는 사람 중에서 위원장이 임명하거나 위촉하되, 제1호부터 제5호까지에 해당하는 위원을 각각 1명 이상 임명하거나 위촉하여야 하고, 위원 중 2분의 1 이상은 제1호·제2호 또는 제6호에 해당하는 사람을 위촉하여야 한다(법 제8조의2 제3항).

1) 법학·경제학 또는 부동산학 등을 전공하고 주택임대차 관련 전문지식을 갖춘 사람으로서 공인된 연구기관에서 조교수 이상 또는 이에 상당하는 직에 5년 이상 재직한 사람
2) 변호사·감정평가사·공인회계사·세무사 또는 공인중개사로서 5년 이상 해당 분야에서 종사하고 주택임대차 관련 업무경험이 풍부한 사람
3) 기획재정부에서 물가 관련 업무를 담당하는 고위공무원단에 속하는 공무원
4) 법무부에서 주택임대차 관련 업무를 담당하는 고위공무원단에 속하는 공무원(이에 상당하는 특정직 공무원을 포함한다)
5) 국토교통부에서 주택사업 또는 주거복지 관련 업무를 담당하는 고위공무원단에 속하는 공무원
6) 그 밖에 주택임대차 관련 학식과 경험이 풍부한 사람으로서 대통령령으로 정하는 사람

(4) 그 밖에 위원회의 구성 및 운영 등에 필요한 사항은 대통령령으로 정한다(법 제8조의2 제4항).

09 주택임대차분쟁조정위원회 (법 제14조)

1 설치

(1) 이 법의 적용을 받는 주택임대차와 관련된 분쟁을 심의·조정하기 위하여 대통령령으로 정하는 바에 따라 「법률구조법」 제8조에 따른 대한법률구조공단(이하 "공단"이라 한다)의 지부, 「한국토지주택공사법」에 따른 한국토지주택공사(이하 "공사"라 한다)의 지사 또는 사무소 및 「한국감정원법」에 따른 한국감정원(이하 "감정원"이라 한다)의 지사 또는 사무소에 주택임대차분쟁조정위원회(이하 "조정위원회"라 한다)를 둔다. 특별시·광역시·특별자치시·도 및 특별자치도(이하 "시·도"라 한다)는 그 지방자치단체의 실정을 고려하여 조정위원회를 둘 수 있다(제14조 제1항).

(2) 조정위원회는 다음 각 호의 사항을 심의·조정한다(제14조 제2항).
1) 차임 또는 보증금의 증감에 관한 분쟁
2) 임대차 기간에 관한 분쟁
3) 보증금 또는 임차주택의 반환에 관한 분쟁
4) 임차주택의 유지·수선 의무에 관한 분쟁
5) 그 밖에 대통령령으로 정하는 주택임대차에 관한 분쟁

- **(3)** 조정위원회의 사무를 처리하기 위하여 조정위원회에 사무국을 두고, 사무국의 조직 및 인력 등에 필요한 사항은 대통령령으로 정한다(제14조 제3항).
- **(4)** 사무국의 조정위원회 업무담당자는 「상가건물 임대차보호법」 제20조에 따른 상가건물임대차분쟁조정위원회 사무국의 업무를 제외하고 다른 직위의 업무를 겸직하여서는 아니 된다(제14조 제4항).

2 설치·운영에 관한 절차적 조항

제15조(예산의 지원), 제17조(조정부의 구성 및 운영), 제18조(조정위원의 결격사유), 제19조(조정위원의 신분보장), 제20조(조정위원의 제척 등), 제21조(조정의 신청 등), 제22조(조정절차), 제23조(처리기간), 제24조(조사 등), 제28조(비밀유지의무)

3 조정의 성립(제26조)

- **(1)** 조정위원회가 조정안을 작성한 경우에는 그 조정안을 지체 없이 각 당사자에게 통지하여야 한다(제1항).
- **(2)** 제1항에 따라 조정안을 통지받은 당사자가 통지받은 날부터 7일 이내에 수락의 의사를 서면으로 표시하지 아니한 경우에는 조정을 거부한 것으로 본다(제2항).
- **(3)** 제2항에 따라 각 당사자가 조정안을 수락한 경우에는 조정안과 동일한 내용의 합의가 성립된 것으로 본다(제3항).
- **(4)** 제3항에 따른 합의가 성립한 경우 조정위원회위원장은 조정안의 내용을 조정서로 작성한다. 조정위원회위원장은 각 당사자 간에 금전, 그 밖의 대체물의 지급 또는 부동산의 인도에 관하여 강제집행을 승낙하는 취지의 합의가 있는 경우에는 그 내용을 조정서에 기재하여야 한다(제4항).

4 조정의 효력(집행력의 부여)

제26조 제4항 후단에 따라 강제집행을 승낙하는 취지의 내용이 기재된 조정서의 정본은 「민사집행법」 제56조에도 불구하고 집행력 있는 집행권원과 같은 효력을 가진다. 다만, 청구에 관한 이의의 주장에 대하여는 같은 법 제44조 제2항을 적용하지 아니한다(제27조).

5 기타 규정

- **(1) 다른 법률의 준용**(제29조)

    조정위원회의 운영 및 조정절차에 관하여 이 법에서 규정하지 아니한 사항에 대하여는 「민사조정법」을 준용한다.

- **(2) 주택임대차표준계약서 사용**(제30조)

    주택임대차계약을 서면으로 체결할 때에는 법무부장관이 국토교통부장관과 협의하여 정하는 주택임대차표준계약서를 우선적으로 사용한다. 다만, 당사자가 다른 서식을 사용하기로 합의한 경우에는 그러하지 아니하다.

(3) 벌칙 적용에서 공무원 의제(제31조)

공무원이 아닌 주택임대차위원회의 위원 및 주택임대차분쟁조정위원회의 위원은 「형법」 제127조, 제129조부터 제132조까지의 규정을 적용할 때에는 공무원으로 본다.

단락문제 Q03 제35회 기출

甲은 자신의 X주택을 보증금 2억원, 월차임 50만원으로 乙에게 임대하였는데, 乙이 전입신고 후 X주택을 점유·사용하면서 차임을 연체하다가 계약이 종료되었다. 계약 종료 전에 X주택의 소유권이 매매를 원인으로 丙에게 이전되었다. 다음 설명 중 틀린 것은? (다툼이 있으면 판례에 따름)

① 특별한 사정이 없는 한 丙이 임대인의 지위를 승계한 것으로 본다.
② 연체차임에 대한 지연손해금의 발생종기는 특별한 사정이 없는 한 X주택이 반환되는 때이다.
③ 丙은 甲의 차임채권을 양수하지 않았다면 X주택을 반환받을 때 보증금에서 이를 공제할 수 없다.
④ X주택을 반환할 때까지 잔존하는 甲의 차임채권은 압류가 되었더라도 보증금에서 당연히 공제된다.
⑤ X주택을 반환하지 않으면, 특별한 사정이 없는 한 乙은 보증금이 있음을 이유로 연체차임의 지급을 거절할 수 없다.

해설
① (○) 주택임대차보호법 제3조④, 임대인의 지위승계
② (○) 주택임대차보호법 제4조②,
③ (×) 임대인은 기한이 도래한 차임을 보증금에서 공제할 수 있다. 보증금은 차임채권을 담보하는 기능이 있다. (주택임대차보호법 제4조②)
④ (○)
⑤ (○) 임차인은 보증금에서 차임을 공제할 것을 청구할 수 없다.

답 ③

제4편 민사특별법

단락문제 Q04
제34회 기출

甲은 2023. 1. 5. 乙로부터 그 소유의 X주택을 보증금 2억원, 월 임료 50만원, 기간은 계약일로부터 1년으로 정하여 임차하는 내용의 계약을 체결하고, 당일 乙에게 보증금을 지급함과 동시에 X주택을 인도받아 주민등록을 마치고 확정일자를 받았다. 다음 중 주택임대차보호법의 적용에 관한 설명으로 틀린 것은? (다툼이 있으면 판례에 따름)

① 甲은 2023. 1. 6. 오전 영시부터 대항력을 취득한다.
② 제3자에 의해 2023. 5. 9. 경매가 개시되어 X주택이 매각된 경우, 甲은 경매절차에서 배당요구를 하지 않아도 보증금에 대해 우선변제를 받을 수 있다.
③ 乙이 X주택을 丙에게 매도하고 소유권이전등기를 마친 경우, 乙은 특별한 사정이 없는 한 보증금 반환의무를 면한다.
④ 甲이 2기의 차임액에 달하는 차임을 연체하면 묵시적 갱신이 인정되지 않는다.
⑤ 묵시적 갱신이 된 경우, 갱신된 임대차계약의 존속기간은 2년이다.

해설
② 배당요구를 해야 한다.
① 주택임대차보호법 법 제3조① 단서 초과 보증금에도 대항력은 인정
③ 면책적 채무인수
④ 주택임대차보호법 제6조③
⑤ 주택임대차보호법 제6조②

답 ②

제1장 주택임대차보호법

단락문제 Q05 제33회 기출

주택임대차보호법에 관한 설명으로 옳은 것을 모두 고른 것은? (다툼이 있으면 판례에 따름)

> ㄱ. 다가구용 단독주택 일부의 임차인이 대항력을 취득하였다면, 후에 건축물 대장상으로 다가구용 단독주택이 다세대 주택으로 변경되었다는 사정만으로는 이미 취득한 대항력을 상실하지 않는다.
> ㄴ. 우선변제권 있는 임차인은 임차주택과 별도로 그 대지만이 경매될 경우, 특별한 사정이 없는 한 그 대지의 환가대금에 대하여 우선변제권을 행사할 수 있다.
> ㄷ. 임차인이 대항력을 가진 후 그 임차주택의 소유권이 양도되어 양수인이 임차보증금 반환채무를 부담하게 되었더라도, 임차인이 주민등록을 이전하면 양수인이 부담하는 임차보증금반환채무는 소멸한다.

① ㄱ   ② ㄷ   ③ ㄱ, ㄴ
④ ㄴ, ㄷ   ⑤ ㄱ, ㄴ, ㄷ

해설

ㄱ. (O) 처음에 다가구용 단독주택으로 소유권보존등기가 경료된 건물의 일부를 임차한 임차인은 이를 인도받고 임차 건물의 지번을 정확히 기재하여 전입신고를 하면 주택임대차보호법 소정의 대항력을 적법하게 취득하고, 나중에 다가구용 단독주택이 다세대 주택으로 변경되었다는 사정만으로 임차인이 이미 취득한 대항력을 상실하게 되는 것은 아니다(대판 2007.2.8. 2006다70516).

ㄴ. (O) 임차주택의 대지만에 관하여 진행된 경매절차에서 대지의 환가대금에서도 우선변제를 받을 수 있다고 할 것이다.(서울고법 2004.4.27. 2003나40653)

ㄷ. (X) 대항력은 상실되지만 보증금 반환채무가 소멸하는 것은 아니다.

 ③

주택임대차보호법

CHAPTER 01

• 경록 교재에 모든 답이 있습니다.

적용범위

01 주택임대차보호법은 주거용 건물을 **자연인이** 임차하는 경우에 적용된다.
　함정(X) 주택임대차보호법은 주거용 건물을 법인이 임차하는 경우에 적용된다.

02 주택임대차보호법은 주택의 일부가 주거 외의 목적으로 사용되는 **경우에도 적용된다.**
　함정(X) 주택임대차보호법은 주택의 일부가 주거 외의 목적으로 사용되는 경우에는 적용되지 않는다.

03 주택임대차보호법은 **일시임대차에는 적용되지 않는다.**
　함정(X) 주택임대차보호법은 일시임대차에도 적용된다.

04 주택임대차보호법은 **임대차뿐만 아니라 채권적 전세(미등기 전세)에도 적용된다.**
　함정(X) 주택임대차보호법은 채권적 전세에는 적용되지 않는다.

대항력

05 임대차는 등기가 없는 경우에도 임차인이 주택의 인도와 주민등록을 마친 때에는 **그 다음 날부터** 제3자에 대하여 효력이 있다.
　함정(X) 임대차는 등기가 없는 경우에도 임차인이 주택의 인도와 주민등록을 마친 때에는 그 때부터 제3자에 대하여 효력이 있다.

06 **대항력을 취득한 임차주택의** 양수인은 임대인의 지위를 승계한 것으로 **본다.**
　함정(X) 임차주택의 양수인은 임대인의 지위를 승계한 것으로 추정한다.

제1장 주택임대차보호법

존속기간

07 기간을 정하지 아니하거나 **2년** 미만으로 정한 주택임대차는 그 기간을 **2년으로** 본다.
　　함정(X) 기간을 정하지 아니하거나 1년 미만으로 정한 주택임대차는 그 기간을 1년으로 본다.

08 **주택임차인은** 2년 미만으로 정한 기간이 유효함을 주장할 수 있다.
　　함정(X) 주택임대인은 2년 미만으로 정한 기간이 유효함을 주장할 수 있다.

09 임대차가 종료한 경우에도 임차인이 보증금을 반환받을 때까지는 임대차관계는 존속하는 것으로 **본다**.
　　함정(X) 임대차가 종료한 경우에도 임차인이 보증금을 반환받을 때까지는 임대차관계는 존속하는 것으로 추정한다.

10 임대인이 임대차기간 만료 전 **6월부터** 1월까지에 임차인에 대하여 갱신거절의 통지 또는 계약조건을 변경하지 아니하면 갱신하지 아니한다는 뜻의 통지를 하지 아니한 경우에는 그 기간이 끝난 때에 전임대차와 동일한 조건으로 다시 임대차한 것으로 본다.
　　함정(X) 임대인이 임대차기간 만료 전 3월부터 1월까지에 임차인에 대하여 갱신거절의 통지 또는 계약조건을 변경하지 아니하면 갱신하지 아니한다는 뜻의 통지를 하지 아니한 경우에는 그 기간이 끝난 때에 전임대차와 동일한 조건으로 다시 임대차한 것으로 본다.

11 묵시적 갱신의 경우 임대차의 존속기간은 **2년으로 본다**.
　　함정(X) 묵시적 갱신의 경우 임대차의 존속기간은 정하지 아니한 것으로 본다.

12 묵시적 갱신의 경우 **임차인은** 언제든지 계약해지를 통지할 수 있고, **임대인이** 해지통지를 받은 날로부터 **3개월이** 지나면 그 효력이 발생한다.
　　함정(X) 묵시적 갱신의 경우 임대인은 언제든지 계약해지를 통지할 수 있고, 임차인이 해지통지를 받은 날로부터 1개월이 지나면 그 효력이 발생한다.

보증금의 회수

13 보증금반환청구소송의 판결에 의한 경매를 신청하는 경우에 주택의 반환은 **집행개시의 요건이 아니다**.
　　함정(X) 보증금반환청구소송의 판결에 의한 경매를 신청하는 경우에 주택의 반환은 집행개시의 요건이다.

14 **대항요건과 임대차계약증서상의 확정일자를** 갖춘 임차인은 「민사집행법」에 따른 경매 또는 「국세징수법」에 따른 공매를 할 때에 임차주택(**대지를 포함한다**)의 환가대금에서 후순위권리자나 그 밖의 채권자보다 우선하여 보증금을 변제받을 권리가 있다.
  - **함정(X)** 대항요건을 갖춘 임차인은 「민사집행법」에 따른 경매 또는 「국세징수법」에 따른 공매를 할 때에 임차주택(대지는 포함하지 않는다)의 환가대금에서 후순위권리자나 그 밖의 채권자보다 우선하여 보증금을 변제받을 권리가 있다.

15 금융기관등이 우선변제권을 취득한 임차인의 보증금반환채권을 계약으로 양수한 경우에는 양수한 금액의 범위에서 우선변제권을 승계하고 우선변제권을 행사하기 위하여 임차인을 대리하거나 대위하여 임대차를 해지할 수 **없다**.
  - **함정(X)** 금융기관등이 우선변제권을 취득한 임차인의 보증금반환채권을 계약으로 양수한 경우에는 양수한 금액의 범위에서 우선변제권을 승계하고 우선변제권을 행사하기 위하여 임차인을 대리하거나 대위하여 임대차를 해지할 수 있다.

임차권등기명령

16 임차인은 **임차주택의 소재지를** 관할하는 **지방법원·지방법원지원 또는 시·군 법원에** 임차권등기명령을 신청할 수 있다.
  - **함정(X)** 임차인은 **임대인의 주소지를** 관할하는 **동사무소에** 임차권등기명령을 신청할 수 있다.

17 임차권등기명령이 경료된 이후에 임차한 임차인은 **우선변제를 받을 권리가 없다**.
  - **함정(X)** 임차권등기명령이 경료된 이후에 임차한 임차인은 **임차권등기명령을 한 임차인보다 후순위의 우선변제권을 취득한다**.

18 금융기관등은 임차인을 대위하여 임차권등기명령을 신청할 수 **있다**.
  - **함정(X)** 금융기관등은 임차인을 대위하여 임차권등기명령을 신청할 수 없다.

차임·보증금의 증감청구

19 증액청구는 약정한 차임이나 보증금의 **1/20의** 금액을 초과할 수 없다.
함정(X) 증액청구는 약정한 차임이나 보증금의 1/10의 금액을 초과할 수 없다.

20 주택임대차보호법 제7조의 차임 등의 증감청구권 제한 규정은 임대차계약이 종료된 후 재계약을 하거나 또는 임대차계약 종료 전이라도 당사자의 합의로 차임 등이 증액된 **경우에는 적용되지 않는다.**
함정(X) 주택임대차보호법 제7조의 차임 등의 증감청구권 제한 규정은 임대차계약이 종료된 후 재계약을 하거나 또는 임대차계약 종료 전이라도 당사자의 합의로 차임 등이 증액된 경우에도 적용된다.

보증금 중 일정액의 보호

21 소액보증금의 최우선변제를 받기 위해 임차인은 주택에 대한 경매신청의 등기 전에 대항요건을 갖추어야 한다. **그러나 확정일자는 요건은 아니다.**
함정(X) 소액보증금의 최우선변제를 받기 위해 임차인은 주택에 대한 경매신청의 등기 전에 대항요건을 갖추어야 한다. 그리고 확정일자를 갖추어야 한다.

임차인의 권리·의무의 승계

22 임차인이 **상속인 없이 사망한 경우에는**, 그 주택에서 가정공동생활을 하던 사실혼 관계에 있는 자가 사망한 임차인의 권리·의무를 승계한다.
함정(X) 임차인이 **사망한 경우에는**, 그 주택에서 가정공동생활을 하던 사실혼 관계에 있는 자가 사망한 임차인의 권리·의무를 승계한다.

23 임차인의 사망당시 상속인이 그 주택에서 가정공동생활을 하고 있지 아니한 경우에는 그 주택에서 가정공동생활을 하던 **사실혼 관계에 있는 자와 2촌 이내의 친족이 공동으로** 승계한다.
함정(X) 임차인의 사망당시 상속인이 그 주택에서 가정공동생활을 하고 있지 아니한 경우에는 그 주택에서 가정공동생활을 하던 **사실혼 관계에 있는 자가** 승계한다.

CHAPTER 02 상가건물 임대차보호법

학습포인트

- 상가건물에 대해서는 그동안 일반 민법상의 임대차규정을 적용받아 왔으나, 많은 사회문제가 발생하게 되자 임차인의 지위를 보호하기 위하여 특별법을 규정하게 되었다.
- 주택임대차보호법과 유사한 내용을 담고 있으나, 상가건물 특유의 성격에 따른 차이점도 있다. 그러므로 주택임대차보호법과의 같은 점과 차이점을 비교·정리하여 학습해두자.

CHAPTER 학습 & 출제되는 키워드

- ☑ 상가건물
- ☑ 미등기전세
- ☑ 사업자등록
- ☑ 최단기간
- ☑ 보증금의 회수
- ☑ 최우선변제권(소액보증금의 보호)
- ☑ 임차인의 등기비용청구권
- ☑ 월차임 전환시 산정률의 제한
- ☑ 보증금의 범위
- ☑ 대항력
- ☑ 등록사항의 열람·제공
- ☑ 계약의 갱신요구권
- ☑ 우선변제권
- ☑ 임차권등기명령
- ☑ 차임 등의 증감청구권
- ☑ 편면적 강행규정
- ☑ 환산보증금
- ☑ 건물의 인도
- ☑ 존속기간
- ☑ 묵시적 갱신(법정갱신)
- ☑ 금융기관등의 우선변제권의 승계
- ☑ 대항력 및 우선변제권 취득
- ☑ 증액의 제한
- ☑ 주택임대차보호법과의 비교

CHAPTER 학습 & 출제되는 질문

- ☑ 다음은 상가건물 임대차보호법에서 정한 지역별 최우선변제를 받을 임차인의 보증금의 상한액이다. 올바른 것은?
- ☑ 다음은 주택임대차보호법(A)과 상가건물 임대차보호법(B)을 비교·설명한 것이다. 틀린 것은?
- ☑ 상가건물 임대차보호법상 임차인의 계약갱신요구에 대하여 임대인이 거절할 수 있는 사유가 아닌 것은?
- ☑ 乙은 甲소유의 X상가건물을 보증금 1억원에 임차하여 인도받은 후 부가가치세법 등에 의한 사업자등록을 구비하고 확정일자도 받았다. 다음 중 옳은 것은?

제2장 상가건물 임대차보호법

공무원이 아닌 주택임대차위원회의 위원 및 주택임대차분쟁조정위원회의 위원은 「형법」 제127조, 제129조부터 제132조까지의 규정을 적용할 때에는 공무원으로 본다.

01 제정취지 `30회 출제`

「상가건물 임대차보호법」은 상가건물의 임대차에 관하여 민법에 대한 특례를 규정함으로써 일반적으로 사회적·경제적 약자인 임차인을 보호하고 국민 경제생활의 안정을 보장함을 목적으로 한다(법 제1조).

02 적용범위 ★★★

> 제2조(적용범위) ① 이 법은 상가건물(제3조제1항에 따른 사업자등록의 대상이 되는 건물을 말한다)의 임대차(임대차 목적물의 주된 부분을 영업용으로 사용하는 경우를 포함한다)에 대하여 적용한다. 다만, 제14조의2에 따른 상가건물임대차위원회의 심의를 거쳐 대통령령으로 정하는 보증금액을 초과하는 임대차에 대하여는 그러하지 아니하다.
> ② 제1항 단서에 따른 보증금액을 정할 때에는 해당 지역의 경제 여건 및 임대차 목적물의 규모 등을 고려하여 지역별로 구분하여 규정하되, 보증금 외에 차임이 있는 경우에는 그 차임액에 「은행법」에 따른 은행의 대출금리 등을 고려하여 대통령령으로 정하는 비율을 곱하여 환산한 금액을 포함하여야 한다.

> ③ 제1항 단서에도 불구하고 제3조, 제10조제1항, 제2항, 제3항 본문, 제10조의2부터 제10조의9까지의 규정 및 제19조는 제1항 단서에 따른 보증금액을 초과하는 임대차에 대하여도 적용한다.
> **시행령 제2조(적용범위)** ① 「상가건물 임대차보호법」(이하 "법"이라 한다) 제2조 제1항 단서에서 "대통령령으로 정하는 보증금액"이라 함은 다음 각호의 구분에 의한 금액을 말한다.
> 1. 서울특별시 : 9억원
> 2. 「수도권정비계획법」에 따른 과밀억제권역(서울특별시는 제외한다) 및 부산광역시 : 6억9천만원
> 3. 광역시(「수도권정비계획법」에 따른 과밀억제권역에 포함된 지역과 군지역, 부산광역시는 제외한다), 세종특별자치시, 파주시, 화성시, 안산시, 용인시, 김포시 및 광주시 : 5억4천만원
> 4. 그 밖의 지역 : 3억7천만원
> ② 법 제2조 제2항의 규정에 의하여 보증금 외에 차임이 있는 경우의 차임액은 월 단위의 차임액으로 한다.
> ③ 법 제2조제2항에서 "대통령령으로 정하는 비율"이라 함은 1분의 100을 말한다.

1 사업자등록의 대상이 되는 상가건물의 임대차 `27·28회 출제`

(1) 상가건물
1) 이 법은 사업자등록의 대상이 되는 상가건물의 임대차에 대하여 적용되며, 상가건물에 해당하는 지는 공부상 표시가 아닌 건물의 현황·용도 등에 비추어 영업용으로 사용하느냐에 따라 실질적으로 판단한다.

제4편 민사특별법

 판례 상가건물의 판단

> 상가건물 임대차보호법이 적용되는 상가건물에 해당하는지는 <u>공부상 표시가 아닌 건물의 현황·용도 등에 비추어 영업용으로 사용하느냐에 따라 실질적으로 판단</u>하여야 하고, 단순히 상품의 보관·제조·가공 등 사실행위만이 이루어지는 공장·창고 등은 영업용으로 사용하는 경우라고 할 수 없으나 <u>그곳에서 그러한 사실행위와 더불어 영리를 목적으로 하는 활동이 함께 이루어진다면 상가건물 임대차보호법 적용대상인 상가건물에 해당한다</u>. 따라서 임차인이 상가건물의 일부를 임차하여 도금작업을 하면서 <u>임차부분에 인접한 컨테이너 박스에서 도금작업의 주문을 받고 완성된 도금제품을 고객에 인도하여 수수료를 받는 등 영업활동을 해 온 사안에서, 임차부분과 이에 인접한 컨테이너 박스는 일체로서 도금작업과 더불어 영업활동을 하는 하나의 사업장이므로 위 임차부분은 상가건물 임대차보호법이 적용되는 상가건물에 해당한다</u>(대판 2011.7.28. 2009다40967).

2) 상가건물은 현행 「부가가치세법」, 「소득세법」, 「법인세법」에서의 사업자등록의 대상이 되는 건물을 말하므로 종교·자선단체 및 친목모임 사무실 등은 적용대상이 아니다.

3) 「주택임대차보호법」과는 달리 사업자등록의 대상은 자연인(외국인 포함)은 물론 법인도 포함하고 있다(영 제3조 제4항).

 상가건물

① 사업자등록대상이 되는 건물을 말한다.
② 자연인(외국인 포함) 및 법인도 사업자등록 대상이 된다.
③ 주택임대차보호법에서는 자연인(외국인 포함)은 보호되나 법인은 보호되지 않는다.

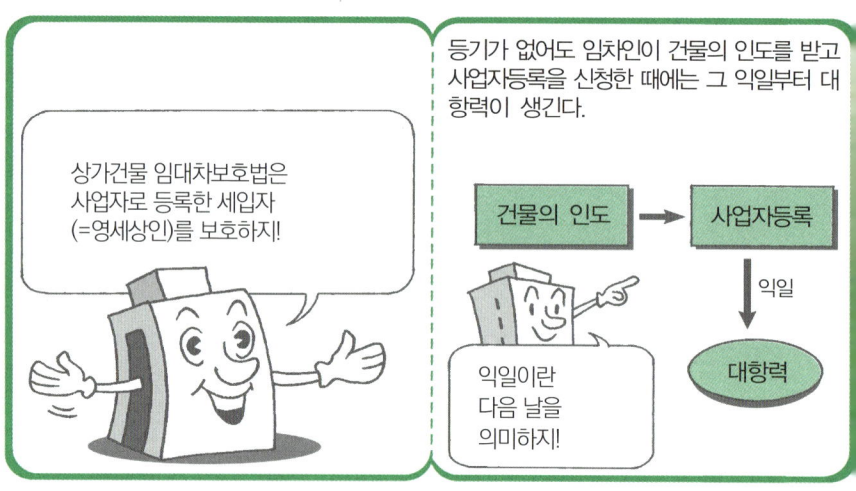

▶ 상가건물 임대차보호법의 우선변제범위

지 역	소액보증금	최우선변제액
서울특별시	6천5백만원 이하	2천2백만원
과밀억제권역(서울특별시 제외)	5천5백만원 이하	1천9백만원
광역시(과밀억제권역에 포함된 지역과 군지역 제외), 안산시, 용인시, 김포시, 광주시	3천8백만원 이하	1천3백만원
그 밖의 지역	3천만원 이하	1천만원

(2) 보증금의 범위 　　　　　　　　　　　　　　　　　　　　**14회 출제**

1) 「상가건물 임대차보호법」은 대통령령이 정하는 보증금액을 초과하는 임대차에 대하여는 적용되지 않는다. 다만 다음의 사항은 대통령령이 정하는 보증금액을 초과하더라도 적용된다(법 제2조 제1항 단서).
   ① 대항력과 관련된 동법 제3조(2015.5.13. 후 최초로 계약이 체결되거나 갱신되는 임대차부터 적용)
   ② 계약갱신요구권과 그에 따른 차임과 보증금의 증감에 관한 동법 제10조 제1항·2항·3항 본문, 제10조의2
   ③ 권리금과 관련된 제10조의3 내지 제10조의7
   ④ 차임연체와 해지에 관한 제10조의8
   ⑤ 표준계약서의 작성과 관련된 제19조

2) 해당 지역별로 다음 금액 이하인 경우에만 적용한다.

① 서울특별시	9억원
② 수도권정비계획법에 의한 과밀억제권역(서울특별시는 제외) 및 부산광역시	6억9천만원
③ 광역시(과밀억제권역에 포함된 지역과 군지역, 부산광역시 제외), 세종특별자치시, 파주시, 화성시, 안산시, 용인시, 김포시 및 광주시	5억4천만원
④ 그 밖의 지역	3억7천만원

3) **환산보증금**(換算保證金)
   보증금 외에 차임이 있는 경우에는 그 차임액에 100을 곱하여 환산한 금액을 보증금에 포함시켜야 한다(법 제2조 제2항·영 제2조 제3항).
   예) 보증금이 1억원이고 월세가 100만원이면, 환산보증금은 2억원(1억원 + 100만원 × 100)이다.

2 적용제외

일시사용을 위한 임대차임이 명백한 경우에는 동법을 적용하지 아니한다(법 제16조).

3 미등기전세에의 준용

(1) 동법은 목적건물의 등기를 하지 아니한 전세계약에 관하여 준용한다.
(2) 이 경우 전세금은 임대차의 보증금으로 본다(법 제17조).

단락핵심 상가건물 임대차보호법의 적용범위

(1) 서울특별시의 경우 임대차 보증금이 9억원을 초과하는 계약에 대하여는 상가건물 임대차보호법이 적용되지 않는다.　　　　　　　　　　　　　　　　　　　　(○)
(2) 서울특별시에 소재한 상가건물의 임대차 보증금이 6억원이고 월 임대료가 150만원인 경우에는 상가건물 임대차보호법이 적용된다.　　　　　　　　　　　　　　　　　(○)
　⇒ 환산보증금(6억원+(150만원×100) = 7억5천만원)이 9억원을 초과하지 않으므로 상가건물 임대차보호법이 적용된다.

제4편 민사특별법

03 대항력 (對抗力) ★★ 21·23·33·34회 출제

> 제3조(대항력 등) ① 임대차는 그 등기가 없는 경우에도 임차인이 건물의 인도와「부가가치세법」제8조,「소득세법」제168조 또는「법인세법」제111조에 따른 사업자등록을 신청하면 그 다음 날부터 제3자에 대하여 효력이 생긴다.
> ② 임차건물의 양수인(그 밖에 임대할 권리를 승계한 자를 포함한다)은 임대인의 지위를 승계한 것으로 본다.

1 취득요건

상가건물 임대차는 그 등기가 없는 경우에도 임차인이 건물의 인도와「부가가치세법」,「소득세법」또는「법인세법」에 의한 사업자등록을 신청한 때에는 그 다음 날부터 제3자에 대하여 효력이 생긴다(법 제3조 제1항). → 익일 0시

 판례 상가건물 임대차보호법상의 대항력 취득 요건

1. 사업자등록이 어떤 임대차를 공시하는 효력이 있는지 여부는 일반 사회통념상 그 사업자등록으로 당해 임대차건물에 사업장을 임차한 사업자가 존재하고 있다고 인식할 수 있는지 여부에 따라 판단하여야 한다.
2. 사업자등록신청서에 첨부한 임대차계약서상의 임대차목적물 소재지가 당해 상가건물에 대한 등기부상의 표시와 불일치하는 경우에는 특별한 사정이 없는 한 그 사업자등록은 제3자에 대한 관계에서 유효한 임대차의 공시방법이 될 수 없다. 또한 건물의 일부분을 임차한 경우 그 사업자등록이 제3자에 대한 관계에서 유효한 임대차의 공시방법이 되기 위해서는 사업자등록신청시 그 임차 부분을 표시한 도면을 첨부하여야 한다(대판 2008.9.25. 2008다44238).

판례 상가건물의 임차인이 임대차보증금 반환채권에 대하여 상가건물 임대차보호법상 대항력 또는 우선변제권을 가지기 위한 요건

상가건물의 임차인이 임대차보증금 반환채권에 대하여 상가건물 임대차보호법 제3조 제1항 소정의 대항력 또는 같은 법 제5조 제2항 소정의 우선변제권을 가지려면 임대차의 목적인 상가건물의 인도 및 부가가치세법 등에 의한 사업자등록을 구비하고, 관할세무서장으로부터 확정일자를 받아야 하며, 그 중 사업자등록은 대항력 또는 우선변제권의 취득요건일 뿐만 아니라 존속요건이기도 하므로, 배당요구의 종기까지 존속하고 있어야 한다(대판 2006.1.13. 2005다64002).

2 대항력의 내용 → 그 밖에 임대할 권리를 승계한 자를 포함

(1) 임차건물의 양수인은 임대인의 지위를 승계한 것으로 본다(법 제3조 제2항).
→ 보증금반환의무 등의 승계

(2) 이때 '임차건물의 양수인'이란 임차인이 대항력을 갖춘 후에 매매, 증여 등으로 임차건물의 소유권을 취득한 자를 말한다.

> **판례** 대항력이 소멸하는 경우
>
> 임차권의 대항 등을 받는 새로운 소유자라고 할지라도 임차인과의 계약에 기하여 그들 사이의 법률관계를 그들의 의사에 좇아 자유롭게 형성할 수 있는 것이다. 따라서 새로운 소유자와 임차인이 동일한 목적물에 관하여 종전 임대차계약의 효력을 소멸시키려는 의사로 그와는 별개의 임대차계약을 새로이 체결하여 그들 사이의 법률관계가 이 새로운 계약에 의하여 규율되는 것으로 정할 수 있다. 그리고 그 경우에는 종전의 임대차계약은 그와 같은 합의의 결과로 그 효력을 상실하게 되므로, 다른 특별한 사정이 없는 한 이제 종전의 임대차계약을 기초로 발생하였던 대항력 또는 우선변제권 등도 종전 임대차계약과 함께 소멸하여 이를 새로운 소유자 등에게 주장할 수 없다고 할 것이다(대판 2013.12.12. 2013다211919).

04 존속기간 ★★★   14·17·35회 출제

1 최단기간

기간의 정함이 없거나 기간을 1년 미만으로 정한 임대차는 그 기간을 1년으로 본다(법 제9조 제1항 본문). 다만, 임차인은 1년 미만으로 정한 기간의 유효함을 주장할 수 있다(법 제9조 제1항 단서).

2 보증금의 반환과 임대차 관계의 존속

임대차가 종료한 경우에도 임차인이 보증금을 반환받을 때까지는 임대차 관계는 존속하는 것으로 본다(법 제9조 제2항).

3 계약의 갱신요구권   추가15·19·20회 출제

(1) 의 의

임대인은 임차인[법 제2조 제1항 단서에 따라 대통령령으로 정한 **보증금액을 초과하는 임대차의 임차인을 포함한다**(법 제2조 제3항)]이 임대차기간 만료 전 6월부터 1월까지 사이에 행하는 계약갱신 요구에 대하여 다음의 경우 외에는 이를 거절하지 못한다(법 제10조 제1항).

1) 임차인이 3기의 차임액에 달하도록 차임을 연체한 사실이 있는 경우
2) 임차인이 거짓 그 밖의 부정한 방법으로 임차한 경우
3) 서로 합의하여 임대인이 임차인에게 상당한 보상을 제공한 경우
4) 임차인이 임대인의 동의 없이 목적 건물의 전부 또는 일부를 전대한 경우
5) 임차인이 임차한 건물의 전부 또는 일부를 고의 또는 중대한 과실로 파손한 경우
6) 임차한 건물의 전부 또는 일부가 멸실되어 임대차의 목적을 달성하지 못할 경우

7) 임대인이 다음의 어느 하나에 해당하는 사유로 목적 건물의 전부 또는 대부분을 철거하거나 재건축하기 위해 목적 건물의 점유 회복이 필요한 경우
   ① 임대차계약 체결 당시 공사시기 및 소요기간 등을 포함한 철거 또는 재건축 계획을 임차인에게 구체적으로 고지하고 그 계획에 따르는 경우
   ② 건물이 노후·훼손 또는 일부 멸실되는 등 안전사고의 우려가 있는 경우
   ③ 다른 법령에 따라 철거 또는 재건축이 이루어지는 경우
8) 그 밖에 임차인이 임차인으로서의 의무를 현저히 위반하거나 임대차를 계속하기 어려운 중대한 사유가 있는 경우

> **판례** 임차인의 계약갱신요구권
>
> ❶ 임차인이 계약갱신요구권을 행사한 이후 임차인과 임대인이 종전 임대차기간이 만료할 무렵 신규 임대차계약의 형식을 취한 경우에도 그것이 임차인의 계약갱신요구권 행사에 따른 갱신의 실질을 갖는다고 평가되는 한 이를 두고 종전 임대차에 관한 재계약으로 볼 것은 아니다(대판 2014.4.30. 2013다35115).
> ❷ 법 제10조 제4항에 따른 임대인의 갱신 거절의 통지에 법 제10조 제1항 제1호 내지 제8호에서 정한 정당한 사유가 없는 한 그와 같은 임대인의 갱신 거절의 통지의 선후와 관계없이 임차인은 법 제10조 제1항에 따른 계약갱신요구권을 행사할 수 있고, 이러한 임차인의 계약갱신요구권의 행사로 인하여 종전 임대차는 법 제10조 제3항에 따라 갱신된다(대판 2014.4.30. 2013다35115).

계약갱신요구권

① 상가건물임차인이 3기의 차임 연체시 임대인은 계약을 해지할 수 있으며, 임차인의 계약갱신요구권도 인정되지 않는다.
② 주택임차인의 경우 갱신요구권은 인정되지 않고 법정갱신이 인정된다.
③ 주택임차인의 경우 2기의 차임 연체시 법정갱신이 인정되지 않는다(주택임대차의 경우에도 계약갱신요구권 있음).

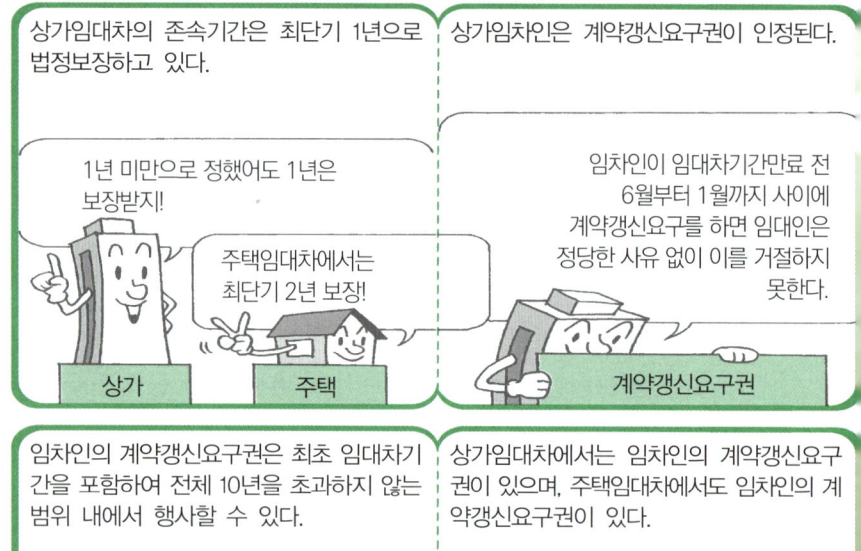

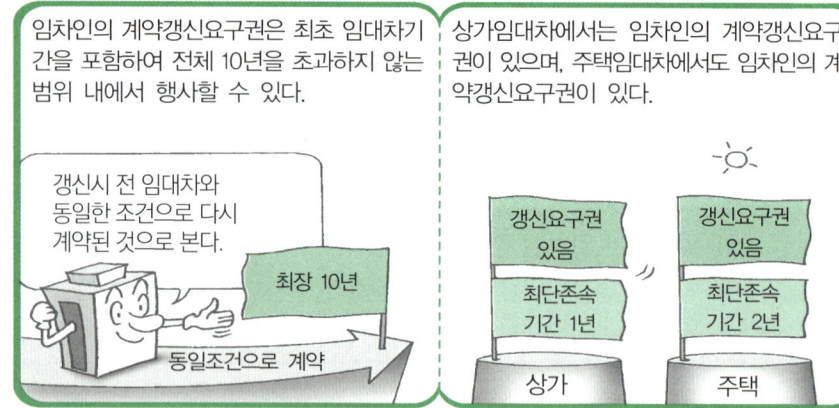

제2장 상가건물 임대차보호법

 차임연체를 이유로 갱신된 임대차계약을 해지

갱신 전후 상가건물 임대차계약의 내용과 성질, 임대인과 임차인 사이의 형평, 상가건물 임대차보호법 제10조와 민법 제640조의 입법 취지 등을 종합하여 보면, <u>상가건물의 임차인이 갱신 전부터 차임을 연체하기 시작하여 갱신 후에 차임연체액이 2기의 차임액에 이른 경우에도 임대차계약의 해지사유인 '임차인의 차임연체액이 2기의 차임액에 달하는 때'에 해당</u>하므로, 이러한 경우 특별한 사정이 없는 한 임대인은 2기 이상의 차임연체를 이유로 갱신된 임대차계약을 해지할 수 있다(대판 2014.7.24. 2012다28486).

(2) 계약갱신요구권의 행사범위

임차인의 계약갱신요구권은 최초의 임대차 기간을 포함한 전체 임대차 기간이 10년을 초과하지 않는 범위 내에서만 행사할 수 있다(법 제10조 제2항).

 상가건물 임대차보호법 제10조 제2항의 '최초의 임대차 기간'의 의미

상가건물 임대차보호법 제10조 제2항은 '임차인의 계약갱신요구권은 최초의 임대차 기간을 포함한 전체 임대차 기간이 5년(현행 10년)을 초과하지 않는 범위 내에서만 행사할 수 있다'라고 규정하고 있는바, 위 법률규정의 문언 및 임차인의 계약갱신요구권을 전체 임대차 기간 5년(현행 10년)의 범위 내에서 인정하게 된 입법 취지에 비추어 볼 때 '최초의 임대차 기간'이라 함은 위 법 시행 이후에 체결된 임대차계약에 있어서나 위 법 시행 이전에 체결되었다가 위 법 시행 이후에 갱신된 임대차계약에 있어서 모두 당해 상가건물에 관하여 최초로 체결된 임대차계약의 기간을 의미한다고 할 것이다(대판 2006.3.23. 2005다74320).

(3) 갱신되는 임대차의 조건

1) **동일한 조건**

갱신되는 임대차는 전 임대차와 동일한 조건으로 다시 계약된 것으로 본다.

2) **차임 등 증감청구**

① 법 제2조 제1항 단서에 따라 대통령령으로 정한 보증금액에 포함되는 임대차의 경우, 차임과 보증금은 법 제11조의 규정에 의한 범위 안에서 증감할 수 있다(법 제10조 제3항).

② 법 제2조 제1항 단서에 따라 대통령령으로 정한 보증금액을 초과하는 임대차의 경우에는 법 제11조의 제한 없이 차임과 보증금의 증감을 청구할 수 있다(법 제10조의2).

(4) 계약 갱신요구 등에 관한 임시 특례(제10조의9)

임차인이 이 법(법률 제17490호 상가건물 임대차보호법 일부 개정법률을 말한다) 시행일부터 6개월까지의 기간 동안 연체한 차임액은 갱신요구 거절 사유(제10조 제1항 제1호), 권리금 회수 기회보호의 제외사유(제10조의4 제1항 단서) 및 차임연체와 계약해지(제10조의8)의 적용에 있어서는 차임연체액으로 보지 아니한다. 이 경우 연체한 차임액에 대한 임대인의 그 밖의 권리는 영향을 받지 아니한다.

제4편 민사특별법

4 묵시적 갱신(법정갱신)　　　　　　　　　　　　　　　　　　　　14회 출제

(1) 의 의

임대인이 갱신요구기간(→ 임대차기간 만료 전 6월부터 1월까지) 이내에 임차인[법 제2조 제1항 단서에 따라 대통령령으로 정한 **보증금액을 초과하는 임대차의 임차인은 포함되지 않는다**(법 제2조 제3항)]에 대하여 갱신거절의 통지 또는 조건의 변경에 대한 통지를 하지 아니한 경우에는 그 기간이 만료된 때에 전임대차와 동일한 조건으로 다시 임대차한 것으로 본다. 이 경우에 임대차의 존속기간은 1년으로 본다(법 제10조 제4항).

(2) 임차인의 해지통고

묵시적 갱신이 된 경우 임차인(임대인은 포함되지 않는다)은 언제든지 임대인에 대하여 계약해지의 통고를 할 수 있고, 임대인이 그 통고를 받은 날부터 **3월**이 경과하면 그 효력이 발생한다(법 제10조 제5항). (→ 일반 임대차의 6월·1월과 구별할 것)

5 임대인의 해지권

일반 임대차와 주택임대차의 경우에는 차임연체액이 2기의 차임액에 달하는 때에 임대인이 계약을 해지할 수 있지만 상가건물 임대차의 경우에는 차임연체액이 3기의 차임액에 달하는 때에 임대인이 계약을 해지할 수 있다.

> 개정조문) 제11조의2(폐업으로 인한 임차인의 해지권) 2022. 1. 4
> ① 임차인은 「감염병의 예방 및 관리에 관한 법률」 제49조 제1항 제2호에 따른 집합 제한 또는 금지 조치(같은 항 제2호의2에 따라 운영시간을 제한한 조치를 포함한다)를 총 3개월 이상 받음으로써 발생한 경제사정의 중대한 변동으로 폐업한 경우에는 임대차계약을 해지할 수 있다.
> ② 제1항에 따른 해지는 임대인이 계약해지의 통고를 받은 날부터 3개월이 지나면 효력이 발생한다.

단락핵심 존속기간

(1) 임대차기간을 1년 미만으로 정한 특약이 있는 경우, 임대인은 그 기간의 유효함을 주장할 수 있다. (×)
⇒ 1년 미만으로 정한 임대차는 그 기간을 1년으로 본다. 다만 임차인은 1년 미만으로 정한 기간이 유효함을 주장할 수 있다(법 제9조 제1항).
(2) 상가건물의 경우 임차인의 계약갱신요구권은 최초의 임대차기간을 포함한 전체 임대차기간이 10년을 초과하지 않는 범위 내에서만 행사할 수 있다. (○)
(3) 상가건물의 경우 임차인이 3기의 차임액에 달하도록 차임을 연체한 경우, 임대인은 임차인의 계약갱신요구를 거절할 수 있다. (○)
(4) 건물의 일부를 과실로 파손한 경우, 상가건물의 임대인은 임차인의 계약갱신요구를 거절할 수 없다. (○)
(5) 乙이 X건물의 환가대금에서 후순위권리자보다 보증금을 우선변제받기 위해서는 사업자등록이 경매개시결정시까지 존속하면 된다. (×)
(6) 묵시적 갱신이 된 경우 임차인은 언제든지 임대인에 대하여 계약해지의 통고를 할 수 있고, 임대인이 그 통고를 받은 날부터 1월이 경과하면 그 효력이 발생한다. (×)
(7) 계약갱신요구권과 묵시적 갱신은 모두 전체 임대차 기간이 10년을 초과하지 않는 범위 내에서만 행사할 수 있다. (×)

제2장 상가건물 임대차보호법

05 보증금의 회수 ★★★

35회 출제

제5조(보증금의 회수) ① 임차인이 임차건물에 대하여 보증금반환청구소송의 확정판결, 그 밖에 이에 준하는 집행권원에 의하여 경매를 신청하는 경우에는 「민사집행법」 제41조에도 불구하고 반대의무의 이행이나 이행의 제공을 집행개시의 요건으로 하지 아니한다.
② 제3조 제1항의 대항요건을 갖추고 관할 세무서장으로부터 임대차계약서상의 확정일자를 받은 임차인은 「민사집행법」에 따른 경매 또는 「국세징수법」에 따른 공매 시 임차건물(임대인 소유의 대지를 포함한다)의 환가대금에서 후순위권리자나 그 밖의 채권자보다 우선하여 보증금을 변제받을 권리가 있다.
③ 임차인은 임차건물을 양수인에게 인도하지 아니하면 제2항에 따른 보증금을 받을 수 없다.
④ 제2항 또는 제7항에 따른 우선변제의 순위와 보증금에 대하여 이의가 있는 이해관계인은 경매법원 또는 체납처분청에 이의를 신청할 수 있다.
⑤ 제4항에 따라 경매법원에 이의를 신청하는 경우에는 「민사집행법」 제152조부터 제161조까지의 규정을 준용한다.
⑥ 제4항에 따라 이의신청을 받은 체납처분청은 이해관계인이 이의신청일부터 7일 이내에 임차인 또는 제7항에 따라 우선변제권을 승계한 금융기관 등을 상대로 소(訴)를 제기한 것을 증명한 때에는 그 소송이 종결될 때까지 이의가 신청된 범위에서 임차인 또는 제7항에 따라 우선변제권을 승계한 금융기관 등에 대한 보증금의 변제를 유보(留保)하고 남은 금액을 배분하여야 한다. 이 경우 유보된 보증금은 소송 결과에 따라 배분한다.
⑦ 다음 각 호의 금융기관 등이 제2항, 제6조 제5항 또는 제7조 제1항에 따른 우선변제권을 취득한 임차인의 보증금반환채권을 계약으로 양수한 경우에는 양수한 금액의 범위에서 우선변제권을 승계한다.
1. 「은행법」에 따른 은행
2. 「중소기업은행법」에 따른 중소기업은행
3. 「한국산업은행법」에 따른 한국산업은행
4. 「농업협동조합법」에 따른 농협은행
5. 「수산업협동조합법」에 따른 수협은행
6. 「우체국예금·보험에 관한 법률」에 따른 체신관서
7. 「보험업법」 제4조 제1항 제2호 라목의 보증보험을 보험종목으로 허가받은 보험회사
8. 그 밖에 제1호부터 제7호까지에 준하는 것으로서 대통령령으로 정하는 기관
⑧ 제7항에 따라 우선변제권을 승계한 금융기관 등(이하 "금융기관등"이라 한다)은 다음 각 호의 어느 하나에 해당하는 경우에는 우선변제권을 행사할 수 없다.
1. 임차인이 제3조 제1항의 대항요건을 상실한 경우
2. 제6조 제5항에 따른 임차권등기가 말소된 경우
3. 「민법」 제621조에 따른 임대차등기가 말소된 경우
⑨ 금융기관등은 우선변제권을 행사하기 위하여 임차인을 대리하거나 대위하여 임대차를 해지할 수 없다.

1 우선변제권

25회 출제

(1) 우선변제권의 인정

대항요건을 갖추고 상가건물 소재지 관할 세무서장(사업자 단위 과세가 적용되는 사업자의 경우 해당 사업자의 본점 또는 주사무소 관할 세무서장에게 신청할 수 있다)으로부터 임대차계약서상의 확정일자를 받은 임차인은 「민사집행법」에 의한 경매 또는 「국세징수법」에 의한 공매시, 임차건물의 환가대금에서 후순위권리자 그 밖의 채권자보다 우선하여 보증금을 변제받을 권리가 있다(법 제5조 제2항). ← 임대인소유의 대지를 포함

(2) 우선변제권의 행사 방법

1) 우선변제의 순위와 보증금에 대하여 이의가 있는 이해관계인은 경매법원 또는 체납처분청에 이의를 신청할 수 있다(법 제5조 제4항).

제4편 민사특별법

2) 임차인이 임차건물에 대하여 보증금반환청구소송의 확정판결 그 밖에 이에 준하는 집행권원에 기한 경매를 신청하는 경우에는 「민사집행법」 제41조의 규정에 불구하고 **반대의무**의 이행 또는 이행의 제공을 집행개시의 요건으로 하지 아니한다(법 제5조 제1항). 그러나 임차인은 임차건물을 양수인에게 인도하지 아니하면 보증금을 수령할 수 없다(법 제5조 제3항).

   ▶ 통상 건물의 인도의무

(3) 금융기관등의 우선변제권 승계

1) 우선변제권을 승계할 수 있는 금융기관등

임차권과 분리하여 임대차보증금을 양수한 자는 우선변제권을 상실한다(주택임대차보호법과 관련하여 대판 2010.5.27. 2010다10276). 그러나 다음의 금융기관 등이 우선변제권을 취득한 임차인의 보증금반환채권을 계약으로 양수한 경우에도 양수한 금액의 범위에서 우선변제권을 승계한다(법 제5조 제7항).

> ① 「은행법」에 따른 은행
> ② 「중소기업은행법」에 따른 중소기업은행
> ③ 「한국산업은행법」에 따른 한국산업은행
> ④ 「농업협동조합법」에 따른 농협은행
> ⑤ 「수산업협동조합법」에 따른 수협은행
> ⑥ 「우체국예금·보험에 관한 법률」에 따른 체신관서
> ⑦ 「보험업법」 제4조 제1항 제2호 라목의 보증보험을 보험종목으로 허가받은 보험회사
> ⑧ 그 밖에 위에 준하는 것으로서 대통령령으로 정하는 기관(아직 규정된 것이 없다)

2) 우선변제권행사의 제한

우선변제권을 승계한 금융기관등은 ① 임차인이 대항요건을 상실한 경우, ② 임차권등기명령에 의한 임차권등기가 말소된 경우, ③ 「민법」 제621조에 따른 임대차등기가 말소된 경우에는 우선변제권을 행사할 수 없다(법 제5조 제8항).

3) 금융기관등의 행위제한

금융기관등은 우선변제권을 행사하기 위하여 임차인을 대리하거나 대위하여 임대차를 해지할 수 없다(법 제5조 제9항).

(4) 등록사항 등의 열람·제공

1) 등록사항 등의 열람·제공 범위

건물의 임대차에 이해관계가 있는 자는 건물의 소재지 관할 세무서장에게 일정한 사항의 열람 또는 제공을 요청할 수 있다. 이때 관할 세무서장은 정당한 사유 없이 이를 거부할 수 없다(법 제4조 제2항).

① **이해관계 있는 자의 범위**(영 제3조의2)
  ㉠ 해당 상가건물 임대차계약의 임대인·임차인
  ㉡ 해당 상가건물의 소유자
  ㉢ 해당 상가건물 또는 그 대지의 등기부에 기록된 권리자 중 **법무부령으로 정하는 자**

◀ 해당 상가건물 또는 대지의 등기부에 기록되어 있는 환매권자, 지상권자, 전세권자, 질권자, 저당권자·근저당권자, 임차권자, 신탁등기의 수탁자, 가등기권리자, 압류채권자 및 경매개시결정의 채권자

- ② 법 제5조 제7항에 따라 우선변제권을 승계한 금융기관 등
- ⑩ 위에서 규정한 자에 준하는 지위 또는 권리를 가지는 자로서 임대차 정보의 제공에 관하여 법원의 판결을 받은 자

② **열람 또는 제공할 사항**(임대차계약의 당사자)
- ㉠ 임대인·임차인의 성명, 주소, 주민등록번호 또는 외국인등록번호의 앞의 6자리(임대인·임차인이 법인이거나 법인 아닌 단체인 경우에는 법인명 또는 단체명, 대표자, 법인등록번호, 본점·사업장 소재지)
- ㉡ 건물의 소재지, 임대차 목적물 및 면적
- ㉢ 사업자등록 신청일
- ㉣ 보증금 및 차임, 임대차기간
- ㉤ 확정일자부여일
- ㉥ 임대차계약이 변경되거나 갱신된 경우에는 변경·갱신된 날짜, 새로운 확정일자 부여일, 변경된 보증금·차임 및 임대차기간
- ㉦ 그 밖에 대통령령으로 정하는 사항(건물 일부의 임대차의 경우 그 부분의 도면)

Professor Comment

임대차계약의 당사자가 아닌 이해관계인 또는 임대차계약을 체결하려는 자는 임대인과 임차인의 인적사항에 대하여는 열람 또는 제공받을 수 없다. 즉 임대차계약의 당사자가 아닌 이해관계인이나 임대차계약을 체결하려는 자는 "임대인·임차인의 성명, 주소, 주민등록번호 또는 외국인등록번호의 앞의 6자리(임대인·임차인이 법인이거나 법인 아닌 단체인 경우에는 법인명 또는 단체명, 대표자, 법인등록번호, 본점·사업장 소재지)"를 확인할 수 없다.

2) 첨부서류

등록사항 등의 열람 또는 제공을 요청하는 때에는 동법 시행령 별지 [서식 1]에 의한 요청서에 이해관계가 있는 자임을 입증할 수 있는 서류를 첨부하여야 한다.

3) 열람·제공의 방법

① 사업자등록신청서·사업자등록정정신고서 및 그 첨부서류와 확정일자를 기재한 장부중 열람을 요청한 사항을 열람하게 하거나, 별지 [서식 2]에 의한 현황서나 건물도면의 등본을 교부하는 방법에 의한다.
② 등록사항 등의 열람 또는 제공은 전자적 방법에 의할 수 있다.

2 최우선변제권(소액보증금의 보호)

제14조(보증금중 일정액의 보호) ① 임차인은 보증금 중 일정액을 다른 담보물권자보다 우선하여 변제받을 권리가 있다. 이 경우 임차인은 건물에 대한 경매신청의 등기 전에 제3조 제1항의 요건을 갖추어야 한다.
② 제1항의 경우에 제5조 제4항부터 제6항까지의 규정을 준용한다.
③ 제1항에 따라 우선변제를 받을 임차인 및 보증금 중 일정액의 범위와 기준은 임대건물가액(임대인 소유의 대지가액을 포함한다)의 2분의 1범위에서 해당 지역의 경제 여건, 보증금 및 차임 등을 고려하여 대통령령으로 정한다.

(1) 의 의
임차인이 임대건물가액(임대인소유의 대지가액을 포함함)의 2분의 1의 범위 안에서 보증금 중 일정액을 다른 담보물권자보다 우선하여 변제받을 권리를 말한다.

(2) 요 건
1) 임차인의 보증금이 일정범위 내이어야 한다.
2) 임차인은 건물에 대한 경매신청의 등기 전에 법 제3조 제1항의 요건(대항요건)을 갖추어야 한다. 즉, 임차건물의 인도와 사업자등록을 갖춰야 한다.
3) 확정일자를 갖추지 않아도 최우선변제권은 행사할 수 있다.

> **Key Point** 상가건물 소액임차인의 우선 변제액의 범위

구 분	우선변제 대상 보증금의 범위 및 변제액	
	보증금	최우선변제금
서울특별시	6천5백만원 이하	2천2백만원
과밀억제권역(서울특별시 제외)	5천5백만원 이하	1천9백만원
광역시(과밀억제권역에 포함된 지역과 군지역은 제외), 안산시, 용인시, 김포시, 광주시	3천8백만원 이하	1천3백만원
그 밖의 지역	3천만원 이하	1천만원

(3) 우선변제를 받을 보증금의 범위(영 제7조)
1) **임차인의 보증금 중 일정액이 상가건물의 가액의 2분의 1을 초과하는 경우**
   상가건물의 가액의 2분의 1에 해당하는 금액에 한하여 우선변제권이 있다(동조 제2항).
2) **하나의 상가건물에 임차인이 2인 이상이고, 그 각 보증금 중 일정액의 합산액이 상가건물의 가액의 2분의 1을 초과하는 경우**
   그 각 보증금 중 일정액의 합산액에 대한 각 임차인의 보증금 중 일정액의 비율로 그 상가건물의 가액의 2분의 1에 해당하는 금액을 분할한 금액을 각 임차인의 보증금 중 일정액으로 본다(동조 제3항).

단락핵심 보증금의 회수

(1) 상가건물 임대차보호법상의 우선변제권을 가진 임차인은 임차건물뿐만 아니라 임대인 소유의 대지의 환가대금에서 보증금을 변제받을 권리가 있다. (○)
(2) 우선변제권을 승계한 금융기관등은 우선변제권을 행사하기 위하여 임차인을 대리하거나 대위하여 임대차를 해지할 수 있다. (×)
(3) 소액임차인은 상가건물가액의 1/4에 해당하는 금액에 한하여 우선변제권이 있다. (×)
(4) 상가건물 임대차보호법은 권리금의 회수에 관한 명문규정을 두어 임차인을 보호한다. (○)

06 임차권등기명령제도 ★★★　　　　　　　　　　추가15회 출제

제6조(임차권등기명령) ① 임대차가 종료된 후 보증금이 반환되지 아니한 경우 임차인은 임차건물의 소재지를 관할하는 지방법원, 지방법원지원 또는 시·군법원에 임차권등기명령을 신청할 수 있다.
② 임차권등기명령을 신청할 때에는 다음 각 호의 사항을 기재하여야 하며, 신청 이유 및 임차권등기의 원인이 된 사실을 소명하여야 한다.
1. 신청 취지 및 이유
2. 임대차의 목적인 건물(임대차의 목적이 건물의 일부분인 경우에는 그 부분의 도면을 첨부한다)
3. 임차권등기의 원인이 된 사실(임차인이 제3조 제1항에 따른 대항력을 취득하였거나 제5조 제2항에 따른 우선변제권을 취득한 경우에는 그 사실)
4. 그 밖에 대법원규칙으로 정하는 사항
③ 임차권등기명령의 신청에 대한 재판, 임차권등기명령의 결정에 대한 임대인의 이의신청 및 그에 대한 재판, 임차권등기명령의 취소신청 및 그에 대한 재판 또는 임차권등기명령의 집행 등에 관하여는 민사집행법 제280조 제1항, 제281조, 제283조, 제285조, 제286조, 제288조 제1항·제2항 본문, 제289조, 제290조 제2항 중 제288조 제1항에 대한 부분, 제291조, 제293조를 준용한다. 이 경우 "가압류"는 "임차권등기"로, "채권자"는 "임차인"으로, "채무자"는 "임대인"으로 본다.
④ 임차권등기명령신청을 기각하는 결정에 대하여 임차인은 항고할 수 있다.
⑤ 임차권등기명령의 집행에 따른 임차권등기를 마치면 임차인은 제3조 제1항에 따른 대항력과 제5조 제2항에 따른 우선변제권을 취득한다. 다만, 임차인이 임차권등기 이전에 이미 대항력 또는 우선변제권을 취득한 경우에는 그 대항력 또는 우선변제권이 그대로 유지되며, 임차권등기 이후에는 제3조 제1항의 대항요건을 상실하더라도 이미 취득한 대항력 또는 우선변제권을 상실하지 아니한다.
⑥ 임차권등기명령의 집행에 따른 임차권등기를 마친 건물(임대차의 목적이 건물의 일부분인 경우에는 그 부분으로 한정한다)을 그 이후에 임차한 임차인은 제14조에 따른 우선변제를 받을 권리가 없다.
⑦ 임차권등기의 촉탁, 등기관의 임차권등기 기입 등 임차권등기명령의 시행에 관하여 필요한 사항은 대법원규칙으로 정한다.
⑧ 임차인은 제1항에 따른 임차권등기명령의 신청 및 그에 따른 임차권등기와 관련하여 든 비용을 임대인에게 청구할 수 있다.
⑨ 금융기관등은 임차인을 대위하여 제1항의 임차권등기명령을 신청할 수 있다. 이 경우 제3항·제4항 및 제8항의 "임차인"은 "금융기관등"으로 본다.

1 제도의 의의

임대차가 종료된 후 보증금이 반환되지 아니한 경우 임차인은 임차건물의 소재지를 관할하는 지방법원·지방법원지원 또는 시·군법원에 임차권등기명령을 신청할 수 있다(법 제6조 제1항).

2 등기명령신청

(1) 신청요건

1) 임대차가 종료되어야 한다.
2) 임대차가 종료된 후 보증금을 반환받지 못한 임차인 또는 우선변제권을 승계한 금융기관등이 신청하여야 한다.

(2) 신청절차

1) **신청서 제출처**(법 제6조 제1항)
   임차건물의 소재지를 관할하는 지방법원·지방법원지원 또는 시·군법원

2) 신청서 기재사항(법 제6조 제2항)

① 신청의 취지 및 이유
② 임대차의 목적인 건물(임대차의 목적이 건물의 일부분인 경우에는 그 도면을 첨부함)
③ 임차권등기의 원인이 된 사실(임차인이 대항력을 취득하였거나 우선변제권을 취득한 경우에는 그 사실)
④ 그 밖에 대법원규칙이 정하는 사항

3) 항 고

임차권등기명령신청을 기각한 결정에 대하여 임차인은 항고할 수 있다(법 제6조 제4항).

3 임차권등기명령의 효력

(1) 대항력 및 우선변제권 취득

1) 임차권등기명령의 집행에 의한 임차권등기가 경료되면 임차인은 대항력 및 우선변제권을 취득한다.
2) 임차권등기 이후에는 제3조 제1항의 대항요건을 상실하더라도 이미 취득한 대항력 또는 우선변제권을 상실하지는 않는다(법 제6조 제5항).

(2) 임차권등기 이후의 임차인

임차권등기명령의 집행에 의한 임차권등기가 마쳐진 건물을 그 이후에 임차한 임차인은 제14조의 규정에 의한 우선변제를 받을 권리가 없다(법 제6조 제6항).

(3) 임차인의 등기비용청구권

임차인은 임차권등기명령의 신청 및 그에 따른 임차권등기와 관련하여 소요된 비용을 임대인에게 청구할 수 있다(법 제6조 제8항).

07 차임 등의 증감청구권★★

1 의 의

차임 또는 보증금이 임차건물에 관한 조세, 공과금, 그 밖의 부담의 증감이나 「감염병의 예방 및 관리에 관한 법률」 제2조 제2호에 따른 제1급 감염병 등에 의한 경제사정의 변동으로 인하여 상당하지 아니하게 된 경우에는 당사자는 장래의 차임 또는 보증금에 대하여 증감을 청구할 수 있다(법 제11조 제1항).

2 증액의 제한

추가15·21회 출제

(1) 증액의 경우에는 차임 또는 보증금의 증액청구는 청구 당시의 차임 또는 보증금의 100분의 5의 금액을 초과하지 못한다(영 제4조). 따라서 증액비율을 초과하여 지급하기로 하는 차임에 관한 약정은 증액비율을 초과하는 범위 내에서 무효라고 할 것이고, 임차인은 그 초과 지급된 차임에 대하여 부당이득으로 반환을 구할 수 있다(대판 2014.4.30. 2013다35115).

(2) 증액청구는 임대차계약 또는 약정한 차임등의 증액이 있은 후 1년 이내에는 이를 하지 못한다(법 제11조 제2항). 증액청구 규정은 임대차계약의 존속 중 당사자 일방이 약정한 차임 등의 증감을 청구한 경우에 한하여 적용되고, 임대차계약이 종료한 후 재계약을 하거나 임대차계약 종료 전이라도 당사자의 합의로 차임 등을 증액하는 경우에는 적용되지 않는다(대판 2014.2.13. 2013다80481).

(3) 「감염병의 예방 및 관리에 관한 법률」 제2조 제2호에 따른 제1급 감염병에 의한 경제사정의 변동으로 차임 등이 감액된 후 임대인이 제1항에 따라 증액을 청구하는 경우에는 증액된 차임 등이 감액 전 차임 등의 금액에 달할 때까지는 같은 항 단서를 적용하지 아니한다(제11조 제3항).

08 월차임 전환 시 산정률의 제한

보증금의 전부 또는 일부를 월 단위의 차임으로 전환하는 경우에는 그 전환되는 금액에 다음의 비율 중 낮은 비율을 곱한 월차임의 범위를 초과할 수 없다(법 제12조·영 제5조).

(1) 「은행법」에 따른 은행의 대출금리 및 해당 지역의 경제 여건 등을 고려하여 <u>대통령령으로 정하는 비율</u> → 연 1할2푼

(2) 한국은행에서 공시한 기준금리에 <u>대통령령으로 정하는 배수</u>를 곱한 비율 → 4.5배

09 편면적 강행규정

「상가건물 임대차보호법」의 규정에 위반된 약정으로서 임차인에게 불리한 것은 그 효력이 없다(법 제15조).

10 권리금

1 의의

(1) 권리금의 의의
「상가건물 임대차보호법」상의 권리금이란 임대차 목적물인 상가건물에서 영업을 하는 자 또는 영업을 하려는 자가 영업시설·비품, 거래처, 신용, 영업상의 노하우, 상가건물의 위치에 따른 영업상의 이점 등 유형·무형의 재산적 가치의 양도 또는 이용대가로서 임대인, 임차인에게 보증금과 차임 이외에 지급하는 금전 등의 대가를 말한다(법 제10조의3 제1항).

(2) 권리금계약의 의의
권리금 계약이란 신규임차인이 되려는 자가 임차인에게 권리금을 지급하기로 하는 계약을 말한다. 따라서 임대인은 권리금 계약의 당사자가 아니다(법 제10조의3 제2항).

2 권리금 회수기회의 보호 **26·29·30회 출제**

(1) 임대인의 방해행위 금지의무
1) 임대인은 임대차기간이 끝나기 6개월 전부터 임대차 종료 시까지 다음의 어느 하나에 해당하는 행위를 함으로써 권리금 계약에 따라 임차인이 주선한 신규임차인이 되려는 자로부터 권리금을 지급받는 것을 방해하여서는 아니 된다(법 제10조의4 제1항 본문).
   ① 임차인이 주선한 신규임차인이 되려는 자에게 권리금을 요구하거나 임차인이 주선한 신규임차인이 되려는 자로부터 권리금을 수수하는 행위
   ② 임차인이 주선한 신규임차인이 되려는 자로 하여금 임차인에게 권리금을 지급하지 못하게 하는 행위
   ③ 임차인이 주선한 신규임차인이 되려는 자에게 상가건물에 관한 조세, 공과금, 주변 상가건물의 차임 및 보증금, 그 밖의 부담에 따른 금액에 비추어 현저히 고액의 차임과 보증금을 요구하는 행위
   ④ 그 밖에 정당한 사유 없이 임대인이 임차인이 주선한 신규임차인이 되려는 자와 임대차계약의 체결을 거절하는 행위. 다만 다음의 경우에는 정당한 사유가 있는 것으로 본다(법 제10조의4 제2항).
      ㉠ 임차인이 주선한 신규임차인이 되려는 자가 보증금 또는 차임을 지급할 자력이 없는 경우
      ㉡ 임차인이 주선한 신규임차인이 되려는 자가 임차인으로서의 의무를 위반할 우려가 있거나 그 밖에 임대차를 유지하기 어려운 상당한 사유가 있는 경우
      ㉢ 임대차 목적물인 상가건물을 1년 6개월 이상 영리목적으로 사용하지 아니한 경우
      ㉣ 임대인이 선택한 신규임차인이 임차인과 권리금 계약을 체결하고 그 권리금을 지급한 경우

2) 다만, 다음의 어느 하나에 해당하는 사유(갱신요구시 거절 사유)가 있는 경우에는 임대인이 임차인의 권리금 회수 기회를 보장할 필요가 없다(법 제10조의4 제1항 단서).
  ① 임차인이 3기의 차임액에 해당하는 금액에 이르도록 차임을 연체한 사실이 있는 경우
  ② 임차인이 거짓이나 그 밖의 부정한 방법으로 임차한 경우
  ③ 서로 합의하여 임대인이 임차인에게 상당한 보상을 제공한 경우
  ④ 임차인이 임대인의 동의 없이 목적 건물의 전부 또는 일부를 전대(轉貸)한 경우
  ⑤ 임차인이 임차한 건물의 전부 또는 일부를 고의나 중대한 과실로 파손한 경우
  ⑥ 임차한 건물의 전부 또는 일부가 멸실되어 임대차의 목적을 달성하지 못할 경우
  ⑦ 임대인이 다음의 어느 하나에 해당하는 사유로 목적 건물의 전부 또는 대부분을 철거하거나 재건축하기 위하여 목적 건물의 점유를 회복할 필요가 있는 경우
    ㉠ 임대차계약 체결 당시 공사시기 및 소요기간 등을 포함한 철거 또는 재건축 계획을 임차인에게 구체적으로 고지하고 그 계획에 따르는 경우
    ㉡ 건물이 노후·훼손 또는 일부 멸실되는 등 안전사고의 우려가 있는 경우
    ㉢ 다른 법령에 따라 철거 또는 재건축이 이루어지는 경우
  ⑧ 그 밖에 임차인이 임차인으로서의 의무를 현저히 위반하거나 임대차를 계속하기 어려운 중대한 사유가 있는 경우

(2) 임대인의 손해배상책임

1) 임대인이 위 (1)의 의무를 위반하여 임차인에게 손해를 발생하게 한 때에는 그 손해를 배상할 책임이 있다. 이 경우 그 손해배상액은 신규임차인이 임차인에게 지급하기로 한 권리금과 임대차 종료 당시의 권리금 중 낮은 금액을 넘지 못한다(법 제10조의4 제3항).
2) 임대인에게 손해배상을 청구할 권리는 임대차가 종료한 날부터 3년 이내에 행사하지 아니하면 시효의 완성으로 소멸한다(법 제10조의4 제4항).

(3) 자력 등의 정보제공의무

임차인은 임대인에게 임차인이 주선한 신규임차인이 되려는 자의 보증금 및 차임을 지급할 자력 또는 그 밖에 임차인으로서의 의무를 이행할 의사 및 능력에 관하여 자신이 알고 있는 정보를 제공하여야 한다(법 제10조의4 제5항).

(4) 적용의 제외

권리금의 보호에 대한 제10조의4 규정은 다음의 어느 하나에 해당하는 상가건물 임대차의 경우에는 적용하지 아니한다(법 제10조의5).

1) 임대차 목적물인 상가건물이 「유통산업발전법」 제2조에 따른 대규모점포 또는 준대규모 점포의 일부인 경우(다만, 「전통시장 및 상점가 육성을 위한 특별법」 제2조 제1호에 따른 전통시장은 제외)
2) 임대차 목적물인 상가건물이 「국유재산법」에 따른 국유재산 또는 「공유재산 및 물품 관리법」에 따른 공유재산인 경우

3 표준권리금계약서의 작성

국토교통부장관은 임차인과 신규임차인이 되려는 자가 권리금 계약을 체결하기 위한 표준권리금계약서를 정하여 그 사용을 권장할 수 있다(법 제10조의6).

Professor Comment

표준권리금계약서와 마찬가지로 법무부장관은 보증금, 차임액, 임대차기간, 수선비 분담 등의 내용이 기재된 상가건물임대차표준계약서를 정하여 그 사용을 권장할 수 있다(법 제19조).

4 권리금 평가기준의 고시

국토교통부장관은 권리금에 대한 감정평가의 절차와 방법 등에 관한 기준을 고시할 수 있다(법 제10조의7).

11 전대차관계에 대한 적용

(1) 임차인의 계약갱신요구권 및 그에 따른 차임과 보증금의 증감 청구권(제10조, 제10조의2), 차임연체에 따른 해지권(제10조의8), 차임 등의 증감청구권(제11조) 및 월 차임 전환 시 산정률의 제한(제12조)에 관한 내용은 전대인(轉貸人)과 전차인(轉借人)의 전대차관계에 적용한다(제13조 제1항).
(2) 임대인의 동의를 받고 전대차계약을 체결한 전차인은 임차인의 계약갱신요구권 행사기간 이내에 임차인을 대위(代位)하여 임대인에게 계약갱신요구권을 행사할 수 있다(제13조 제2항).

12 상가건물임대차분쟁조정위원회

1 조정위원회의 설치

이 법의 적용을 받는 상가건물 임대차와 관련된 분쟁을 심의·조정하기 위하여 대통령령으로 정하는 바에 따라「법률구조법」제8조에 따른 대한법률구조공단의 지부,「한국토지주택공사법」에 따른 한국토지주택공사의 지사 또는 사무소 및「한국부동산원법」에 따른 한국부동산원의 지사 또는 사무소에 상가건물임대차분쟁조정위원회(이하 "조정위원회"라 한다)를 둔다. 특별시·광역시·특별자치시·도 및 특별자치도는 그 지방자치단체의 실정을 고려하여 조정위원회를 둘 수 있다(제20조 제1항).

2 심의사항

조정위원회는 다음 각 호의 사항을 심의·조정한다.
(1) 차임 또는 보증금의 증감에 관한 분쟁
(2) 임대차 기간에 관한 분쟁
(3) 보증금 또는 임차상가건물의 반환에 관한 분쟁
(4) 임차상가건물의 유지·수선 의무에 관한 분쟁
(5) 그 밖에 대통령령으로 정하는 상가건물 임대차에 관한 분쟁

3 위원회의 조직 등

(1) 조정위원회의 사무를 처리하기 위하여 조정위원회에 사무국을 두고, 사무국의 조직 및 인력 등에 필요한 사항은 대통령령으로 정한다(제20조 제3항).
(2) 사무국의 조정위원회 업무담당자는「주택임대차보호법」제14조에 따른 주택임대차분쟁조정위원회 사무국의 업무를 제외하고 다른 직위의 업무를 겸직하여서는 아니 된다(제20조 제4항).

(3) **주택임대차분쟁조정위원회 준용**

조정위원회에 대하여는 이 법에 규정한 사항 외에는 주택임대차분쟁조정위원회에 관한「주택임대차보호법」제14조부터 제29조까지의 규정을 준용한다. 이 경우 "주택임대차분쟁조정위원회"는 "상가건물임대차분쟁조정위원회"로 본다.

(4) **벌칙적용에서 공무원 의제**

공무원이 아닌 상가건물임대차위원회의 위원 및 상가건물임대차분쟁조정위원회의 위원은「형법」제127조, 제129조부터 제132조까지의 규정을 적용할 때에는 공무원으로 본다.

제4편 민사특별법

13. 주택임대차보호법과의 비교

「상가건물 임대차보호법」과 「주택임대차보호법」은 유사하므로 그 차이를 살펴보아야 한다.

Key Point 주택임대차보호법과 상가건물 임대차보호법의 비교

구 분	주택임대차보호법	상가건물 임대차보호법
적용대상	① 주거용건물의 전부 또는 일부의 임대차(보증금제한 없음)(법 제2조) ② 임차인이 법인인 경우 예외적으로 적용(법 제3조 제2항)	① 사업자등록의 대상이 되는 상가건물의 임대차(대통령령 제2조가 정하는 일정범위의 보증금제한 있음)(법 제2조 제1항, 영 제2조) ② 임차인이 법인인 경우 적용
최단기간의 보호	2년(임차인은 2년 미만의 약정 기간 주장 가능)(법 제4조 제1항)	1년(임차인은 1년 미만의 약정 기간 주장 가능)(법 제9조 제1항)
대항력발생요건	등기 또는 주택의 인도 및 주민등록(전입신고)(법 제3조 제1항)	등기 또는 건물의 인도 및 사업자 등록신청(법 제3조 제1항)
대항력발생시기	주택의 인도 및 주민등록을 갖춘 때에는 그 다음 날(법 제3조 제1항)	건물의 인도 및 사업자등록신청을 한 때에는 그 다음 날(법 제3조 제1항)
우선변제권요건	대항요건과 임대차계약증서상의 확정일자(법 제3조의2 제2항)	대항요건과 임대차계약서상의 관할 세무서장의 확정일자(법 제5조 제2항)
보증금 중 일정액의 보호(최우선변제)	① 주택가액(대지포함)의 1/2범위 내의 일정액 ② 대항요건을 갖출 것(법 제8조, 영 제3조·제4조)	① 건물가액(임대인소유의 대지가액 포함)의 1/2범위내의 일정액 ② 대항요건을 갖출 것(법 제6조·제7조)
차임·보증금 증액청구제한	약정한 차임·보증금의 5/100 초과 못함(법 제7조, 영 제2조)	청구당시의 차임·보증금의 100분의 5 초과 못함(법 제11조, 영 제4조)
묵시의 갱신 (법정갱신)	① 임대인이 기간만료 6월 전부터 1월 전 사이에 갱신거절의 통지 또는 조건변경의 통지가 없을 것 ② 기간은 2년으로 봄(법 제6조 제1항 및 제2항) ③ 갱신청구권은 없고 묵시의 갱신은 인정됨(법 제6조 제3항)	① 임대인이 기간만료 6월 전부터 1월 전 사이에 갱신거절의 통지 또는 조건변경의 통지가 없을 것 ② 기간은 1년으로 봄(법 제10조 제4항) ③ 갱신청구권과 묵시의 갱신이 모두 인정되나 제한사유 있음(법 제10조 제1항)
계약갱신요구권	인정됨	최초 임차일로부터 10년 계약 만료 전 6월부터 1월 사이에 청구
차임연체와 해지	2기의 차임액에 달하면 해지 가능 (민법 제640조)	3기의 차임액에 달하면 해지 가능 (법 제10조의8)
월차임전환이율 제한	대통령령으로 정하는 비율과 기준금리에 대통령령으로 정하는 이율(연 3.5%)을 더한 비율 중 낮은 것(법 제7조의2)	대통령령으로 정하는 비율과 기준금리에 대통령령으로 정하는 배수(4.5배)를 곱한 비율 중 낮은 것(법 제12조)
일시임대차와 미등기전세의 경우	일시임대차의 경우 적용되지 않고 미등기전세에 적용됨(법 제11조, 제12조)	일시임대차의 경우 적용되지 않고 미등기전세에 적용됨(법 제16조, 제17조)
등록사항 열람·제공	이해관계인 등이 확정일자부여기관에 대하여 임대차 정보의 제공 요청 가능(법 제3조의6 제3항, 제4항)	세무서장에게 열람·제공 요청 가능(법 제4조 제3항)

제2장 상가건물 임대차보호법

단락문제 Q01
제35회 기출

상가건물임대차보호법이 적용되는 X건물에 관하여 임대인 甲과 임차인 乙이 보증금 3억원, 월차임 60만원으로 정하여 체결한 임대차가 기간만료로 종료되었다. 그런데 甲이 乙에게 보증금을 반환하지 않아서 乙이 현재 X건물을 점유·사용하고 있다. 다음 설명 중 옳은 것은? (다툼이 있으면 판례에 따름)

① 甲은 乙에게 불법행위로 인한 손해배상을 청구할 수 있다.
② 乙은 甲에 대해 채무불이행으로 인한 손해배상의무를 진다.
③ 甲은 乙에게 차임에 상당하는 부당이득반환을 청구할 수 있다.
④ 甲은 乙에게 종전 임대차계약에서 정한 차임의 지급을 청구할 수 있다.
⑤ 乙은 보증금을 반환받을 때까지 X건물에 대해 유치권을 행사할 수 있다.

해설
① ② ③ (×) 보증금 반환시까지 임대차 존속 (상가건물임대차보호법 제9조②)
④ (○) 상가건물임대차보호법 제9조②
⑤ (×) 보증금에는 유치권 불성립. 동시이행은 성립

답 ④

단락문제 Q02
제34회 기출

乙은 식당을 운영하기 위해 2023. 5. 1. 甲으로부터 그 소유의 서울특별시 소재 X상가건물을 보증금 10억원, 월 임료 100만원, 기간은 정함이 없는 것으로 하여 임차하는 상가임대차계약을 체결하였다. 상가건물 임대차보호법상 乙의 주장이 인정되는 것을 모두 고른 것은? (다툼이 있으면 판례에 따름)

ㄱ. X상가건물을 인도받고 사업자등록을 마친 乙이 대항력을 주장하는 경우
ㄴ. 乙이 甲에게 1년의 존속기간을 주장하는 경우
ㄷ. 乙이 甲에게 계약갱신요구권을 주장하는 경우

① ㄱ　　② ㄷ　　③ ㄱ, ㄴ　　④ ㄴ, ㄷ　　⑤ ㄱ, ㄴ, ㄷ

해설
ㄱ. 상가건물임대차보호법 제2조③ 초과보증금에도 대항력은 인정된다.
ㄴ. 기간(제9조)은 초과보증금에 인정되지 않는다.
ㄷ. 기간의 정함이 없으니 갱신요구권도 인정되지 않는다.

답 ①

제4편 민사특별법

단락문제 Q03
제33회 기출

세종특별자치시에 소재하는 甲 소유의 X상가건물의 1층 점포를 乙이 분식점을 하려고 甲으로부터 2022. 2. 16. 보증금 6억 원, 차임 월 100만 원에 임차하였고 임차권 등기는 되지 않았다. 이에 관한 설명으로 옳은 것을 모두 고른 것은?

> ㄱ. 乙이 점포를 인도받은 날에 사업자등록을 신청한 경우, 그 다음 날부터 임차권의 대항력이 생긴다.
> ㄴ. 乙이 대항요건을 갖춘 후 임대차계약서에 확정일자를 받은 경우, 「민사집행법」상 경매 시 乙은 임차건물의 환가대금에서 후순위권리자보다 우선하여 보증금을 변제받을 권리가 있다.
> ㄷ. 乙은 감염병의 예방 및 관리에 관한 법률 제49조 제1항 제2호에 따른 집합 제한 또는 금지조치를 총 3개월 이상 받음으로써 발생한 경제사정의 중대한 변동으로 폐업한 경우에는 임대차계약을 해지할 수 있다.

① ㄴ   ② ㄷ   ③ ㄱ, ㄴ   ④ ㄱ, ㄷ   ⑤ ㄱ, ㄴ, ㄷ

해설
ㄱ. (O) 상가건물임대차보호법 제2조 ③에 따라서 대항력 인정
ㄴ. (X) 상가건물임대차보호법 제5조 ② 임차건물(대지 포함)의 환가대금에서 우선변제
ㄷ. (O) 상가건물임대차보호법 제11조의2(폐업으로 인한 임차인의 해지권) 제1항 임차인은 「감염병의 예방 및 관리에 관한 법률」 제49조 제1항 제2호에 따른 집합 제한 또는 금지 조치(같은 항 제2호의2에 따라 운영시간을 제한한 조치를 포함한다)를 총 3개월 이상 받음으로써 발생한 경제사정의 중대한 변동으로 폐업한 경우에는 임대차계약을 해지할 수 있다.
답 ④

단락문제 Q04
제32회 기출

甲은 2021년 2월 1일 서울특별시에 위치한 乙 소유 X상가건물에 대하여 보증금 5억원, 월차임 5백만원으로 임대차계약을 체결하였다. 甲은 2021년 2월 15일 건물의 인도를 받아 영업을 개시하고, 사업자등록을 신청하였다. 이에 관한 설명으로 옳은 것을 모두 고른 것은? (다툼이 있으면 판례에 따름)

> ㉠ 위 계약에는 확정일자 부여 등에 대해 규정하고 있는 「상가건물 임대차보호법」 제4조의 규정이 적용된다.
> ㉡ 甲이 임차건물의 일부를 중과실로 파손한 경우 계약갱신을 요구할 수 있다.
> ㉢ 甲이 2개월분의 차임을 연체하던 중 매매로 건물의 소유자가 丙으로 바뀐 경우, 특별한 사정이 없는 한 연체차임은 乙에게 지급해야 한다.

① ㉠   ② ㉡   ③ ㉢   ④ ㉠, ㉡   ⑤ ㉠, ㉢

해설
시험 당국의 결정에 따라 전항 정답으로 변경되었습니다.

빈출 함정 총정리

• 경록 교재에 모든 답이 있습니다.

01 「상가건물 임대차보호법」이 적용되는 상가건물에 해당하는지는 **공부상 표시가 아닌 건물의 현황·용도 등에 비추어 영업용으로 사용하느냐에 따라 실질적으로** 판단하여야 한다.

> 함정(X) 「상가건물 임대차보호법」이 적용되는 상가건물에 해당하는지는 공부상의 표시에 따라 판단하여야 한다.

02 대항력 및 계약갱신요구권에 관한 사항은 대통령령이 정하는 보증금액을 초과하는 **상가건물 임대차에 대하여도 적용된다.**

> 함정(X) 대항력 및 계약갱신요구권에 관한 사항은 대통령령이 정하는 보증금액을 초과하는 상가건물 임대차에 대하여는 적용되지 않는다.

03 보증금 외에 차임이 있는 경우에는 **그 차임액에 100을 곱하여** 환산한 금액을 보증금에 포함시켜야 한다.

> 함정(X) 보증금 외에 차임이 있는 경우에는 그 차임액에 1000을 곱하여 환산한 금액을 보증금에 포함시켜야 한다.

04 「상가건물 임대차보호법」에서 사업자등록은 대항력 또는 우선변제권의 취득요건**일 뿐만 아니라 존속요건이기도 하므로, 배당요구의 종기까지 존속하고 있어야 한다.**

> 함정(X) 「상가건물 임대차보호법」에서 사업자등록은 대항력 또는 우선변제권의 취득요건이므로 배당요구 전에 말소되더라도 우선변제권에 영향을 주지 않는다.

05 상가건물 임대차계약상 기간의 정함이 없거나 기간을 **1년** 미만으로 정한 임대차는 그 기간을 **1년으로** 본다.

> 함정(X) 상가건물 임대차계약상 기간의 정함이 없거나 기간을 2년 미만으로 정한 임대차는 그 기간을 2년으로 본다.

제4편 민사특별법

06 임차인이 임차한 건물의 전부 또는 일부를 **고의 또는 중대한 과실로** 파손한 경우, 임차인은 계약의 갱신을 요구할 수 없다.
　함정(X) 임차인이 임차한 건물의 전부 또는 일부를 고의 또는 과실로 파손한 경우, 임차인은 계약의 갱신을 요구할 수 없다.

07 **계약갱신요구권은** 최초의 임대차 기간을 포함한 전체 임대차 기간이 10년을 초과하지 않는 범위 내에서만 인정된다.
　함정(X) 묵시적 갱신은 최초의 임대차 기간을 포함한 전체 임대차 기간이 10년을 초과하지 않는 범위 내에서만 인정된다.

08 상가건물 임대차의 경우에는 차임연체액이 **3기의** 차임액에 달하는 때에 임대인이 계약을 해지할 수 있다.
　함정(X) 상가건물 임대차의 경우에는 차임연체액이 2기의 차임액에 달하는 때에 임대인이 계약을 해지할 수 있다.

09 금융기관등은 우선변제권을 행사하기 위하여 임차인을 대리하거나 대위하여 임대차를 해지할 수 **없다**.
　함정(X) 금융기관등은 우선변제권을 행사하기 위하여 임차인을 대리하거나 대위하여 임대차를 해지할 수 있다.

10 소액보증금의 최우선변제에 있어서 임차인의 보증금 중 일정액이 상가건물의 가액의 **2분의 1을** 초과하는 경우 상가건물의 가액의 **2분의 1에** 해당하는 금액에 한하여 우선변제권이 있다.
　함정(X) 소액보증금의 최우선변제에 있어서 임차인의 보증금 중 일정액이 상가건물의 가액의 3분의 1을 초과하는 경우 상가건물의 가액의 3분의 1에 해당하는 금액에 한하여 우선변제권이 있다.

11 권리금 계약이란 신규임차인이 되려는 자가 **임차인에게** 권리금을 지급하기로 하는 계약을 말한다.
　함정(X) 권리금 계약이란 신규임차인이 되려는 자가 임대인에게 권리금을 지급하기로 하는 계약을 말한다.

가등기담보 등에 관한 법률

학습포인트
- 종전 비전형담보물권의 형태로 행해진 가등기담보, 양도담보, 매도담보, 환매, 재매매의 예약 등이 그 이용자에게 대단히 불리하게 행해져 많은 사회적 문제를 야기시켜 옴으로써 변칙적 채권담보제도를 법제도 내에서 규율하기 위한 것이다.
- 가담법의 중요내용은 청산과정에 있으므로 청산을 중심으로 이해하여 정리해두면 효율적인 학습이 될 것이다.

CHAPTER 학습 & 출제되는 키워드

- ☑ 비전형담보제도
- ☑ 매도담보
- ☑ 양도담보
- ☑ 가등기담보의 성질
- ☑ 가등기담보계약
- ☑ 소비대차에 기한 채권
- ☑ 가등기
- ☑ 법률의 적용범위
- ☑ 가등기담보권의 효력
- ☑ 양도성과 별제권
- ☑ 가등기담보권의 실행
- ☑ 귀속청산
- ☑ 실행통지
- ☑ 청산
- ☑ 소유권의 취득
- ☑ 후순위권리자의 보호
- ☑ 경매에 의한 실행
- ☑ 경매청구와 우선변제
- ☑ 경매절차상의 배당참가
- ☑ 가등기담보권의 소멸
- ☑ 채무자 등의 말소청구권
- ☑ 양도담보
- ☑ 소유권이전등기형식
- ☑ 양도담보와 경매신청

CHAPTER 학습 & 출제되는 질문

- ☑ 「가등기담보 등에 관한 법률」에 대한 다음의 기술 중 옳지 않은 것은?
- ☑ 가등기담보권에 관한 다음 기술 중 맞는 것은?
- ☑ 甲은 乙의 건물을 구입하면서 그 대금 중 일부의 지급을 담보하기 위하여 丙에게 부탁하여 그 소유토지의 등기를 乙앞으로 이전시켰다. 다음 중 틀린 것은?
- ☑ 다음은 가등기담보에 특유한 소멸원인인 채무자의 가등기말소청구권에 관한 기술이다. 틀린 것은?

제4편 민사특별법

01 비전형담보제도 (非典型擔保制度)

1 의의

민법은 담보물권으로서 유치권(제320조), 질권(제329조), 저당권(제356조)을 규정하고 있는 바, 이러한 민법상의 담보물권 외에 일반 거래에서 채권담보로서의 기능을 수행하고 있는 것을 민법상의 전형담보에 대응하여 비전형담보라고 한다.

2 종류

(1) 매매의 형식을 이용하는 경우(매도담보)

필요한 자금을 얻고 목적물의 소유권을 상대방에게 이전하나 장래에 그 목적물을 다시 매수할 수 있도록 하는 형태로 환매나 재매매의 예약이 이에 속한다.

예 돈이 필요한 甲이 자신의 부동산을 乙에게 매도하여 소유권을 이전해주면서 매매대금에 해당하는 돈을 얻고 장래의 일정한 시기에 乙로부터 그 부동산을 다시 매수하기로 하는 경우

(2) 소비대차의 형식을 이용하는 경우

자금을 소비대차(민법 제598조)계약에 의해서 얻고 그 채무를 담보하기 위해서 목적물의 소유권을 이전하기로 약정하는 형태의 양도담보를 말한다.

(3) 소비대차의 형식과 가등기를 이용하는 경우(가등기담보)

채무의 변제기에 이르러 채무자의 채무불이행이 있는 경우 담보목적물의 소유권을 이전하기로 약정하고(대물변제의 예약) 이러한 대물변제약정에 기한 소유권이전등기청구권을 보전하기 위하여 가등기를 하는 형태의 담보를 말한다.

제3장 가등기담보 등에 관한 법률

02 가등기담보의 성질

1 담보물권성

다수의 학설은 가등기담보의 경우 가등기담보권자에게 경매청구권을 인정하고 있고[가등기담보 등에 관한 법률 (이하 '법') 제12조], 가등기목적물에 관하여 강제경매가 개시된 경우 우선변제권이 있다는 점(법 제13조)과 청산기간이 경과해야 본등기를 통하여 목적물에 대한 권리를 취득할 수 있는 점(법 제4조 제2항)에 비추어 담보물권의 일종으로 본다.

2 담보물권의 특성

가등기담보권도 담보물권의 일종이므로 담보물권의 일반적 특성인 부종성·수반성·불가분성·물상대위성을 가지고 양도가능하다.

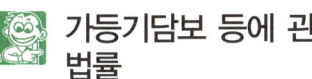

가등기담보 등에 관한 법률

① 「가등기담보 등에 관한 법률」이 적용되려면 차용물의 반환에 관하여 다른 재산권을 이전할 것을 예약한 경우 적용되는 것으로 매매대금 채권을 담보하기 위한 가등기에는 이 법이 적용되지 않는다.

② 이 법률은 '청산과정'을 중심으로 이해해야 한다.

03 가등기담보권의 설정 및 적용범위   12·33회 출제

가등기담보권은 당사자 간에 가등기담보권을 설정하려는 가등기담보설정계약과 그에 따른 가등기에 의하여 성립된다. 아래의 요건을 갖추지 못한 경우에는 동법이 적용되지 않는다.

1 가등기담보계약★★

(1) 의 의
1) 채권의 담보를 위하여 그 불이행이 있는 때에는 채무자 또는 제3자에게 속하는 소유권 또는 기타 재산권을 채권자에게 이전할 목적으로 행하여진 <U>대물변제예약 및 기타의 계약</U>이어야 한다. → 매매예약·증여예약 등 그 명칭여하를 불문
2) 그 계약에 의한 채권자의 권리에 관하여 <U>가등기</U> 할 수 있는 것이어야 한다.
   └→ 또는 가등록

(2) 가등기담보계약의 당사자
가등기담보권자는 채권자에 한하나, 가등기담보권의 설정자는 채무자에 한하지 않고 제3자(물상보증인)라도 상관없다.

 채권자 아닌 제3자 명의로 설정된 저당권 또는 채권담보 목적의 가등기의 효력(=제한적 유효)

> 채권담보의 목적으로 채무자 소유의 부동산을 담보로 제공하여 저당권을 설정하는 경우에는 담보물권의 부종성의 법리에 비추어 원칙적으로 채권과 저당권이 그 주체를 달리할 수 없는 것이지만, <U>채권자 아닌 제3자의 명의로 저당권등기를 하는 데 대하여 채권자와 채무자 및 제3자 사이에 합의가 있었고, 나아가 제3자에게 그 채권이 실질적으로 귀속되었다고 볼 수 있는 특별한 사정이 있거나, 묵시적으로 채권자와 제3자가 불가분적 채권자의 관계에 있다고 볼 수 있는 경우에는, 그 제3자 명의의 저당권등기도 유효하다고 볼 것인 바, 이러한 법리는 저당권의 경우뿐 아니라 채권 담보를 목적으로 가등기를 하는 경우에도 마찬가지로 적용된다고 보아야 할 것이고,</U> 이러한 법리가 「부동산 실권리자명의 등기에 관한 법률」에 규정된 명의신탁약정의 금지에 위반된다고 할 것은 아니다(대판 2000.12.12. 2000다49879).

(3) 목적물
1) 담보계약의 목적물은 보통 부동산인 경우가 대부분이나 동산 중에서도 등기 또는 등록할 수 있는 것(선박, 자동차 등)이면 가능하다.
2) 등기 또는 등록할 수 있는 부동산 소유권 외의 권리(질권·저당권 및 전세권 제외)의 취득을 목적으로 하는 경우에도 준용된다(법 제18조).

 토지의 지분에 대한 가등기담보

> <U>공동명의로 담보가등기</U>를 마친 수인의 채권자가 각자의 지분별로 별개의 독립적인 매매예약완결권을 가지는 경우, <U>채권자 중 1인은 단독으로 자신의 지분에 관하여 가등기담보 등에 관한 법률이 정한 청산절차를 이행한 후 소유권이전의 본등기절차 이행청구</U>를 할 수 있다(대판 2012.2.16. 2010다82530).

제3장 가등기담보 등에 관한 법률

(4) 소비대차에 기한 채권(피담보채권)

가등기담보권을 설정할 수 있는 채권은 소비대차에 기한 채권이어야 한다. 따라서 매매대금채권·공사대금채권 등은 본법의 규제대상이 아니다.

(5) 채권의 특정 여부

현재의 특정채권뿐만 아니라 장래의 불특정채권을 최고액까지 담보하는 이른바 '근가등기담보'의 설정도 가능하다.

(6) 피담보 채권에 대한 판례의 태도 정리

1) 발생원인

① 차주가 차용물의 반환에 관하여 차용물에 갈음하여 다른 재산권을 이전할 것을 예약할 때, 즉 피담보채권은 소비대차에 기한 채권인 때에만 적용된다.

② 판례는 매매잔대금채권을 담보하기 위한 경우(대판 2007.12.13. 2005 다52214)나 공사대금채권을 담보하기 위한 경우(대판 1992.4.10. 91다45356·91다45363)에는 가등기담보등에 관한 법률이 적용되지 않는다고 본다.

 소비대차에 기한 차용금반환채무와 그 외의 원인으로 발생한 채무를 동시에 담보할 목적으로 경료되었으나 그 후 금전소비대차나 준소비대차에 기한 차용금 반환 채무만이 남게 된 경우

가등기담보 등에 관한 법률은 차용물의 반환에 관하여 다른 재산권을 이전할 것을 예약한 경우에 적용되므로 금전소비대차나 준소비대차에 기한 차용금반환채무 이외의 채무를 담보하기 위하여 경료된 가등기나 양도담보에는 위 법이 적용되지 아니하나, 금전소비대차나 준소비대차에 기한 차용금반환채무와 그 외의 원인으로 발생한 채무를 동시에 담보할 목적으로 경료된 가등기나 소유권이전등기라도 그 후 후자의 채무가 변제 기타의 사유로 소멸하고 금전소비대차나 준소비대차에 기한 차용금반환채무의 전부 또는 일부만이 남게 된 경우에는 그 가등기담보나 양도담보에 가등기담보 등에 관한 법률이 적용된다(대판 2004.4.27. 2003다29968).

2) 예약 당시 담보목적물의 가액이 피담보채권인 차용액과 이자의 합산액을 넘을 것

동법은 담보권자의 폭리를 규제하기 위한 것이므로 차용액 및 이에 따른 이자의 합산액이 담보목적부동산의 가액(실질가치)을 초과하는 경우에는 채권자가 폭리를 취할 우려가 없어 동법을 적용하지 않는다(대판 1993.10.26. 90다27611).

 가등기담보 채권자가 그의 권리를 보전하기 위하여 채무자의 선순위 가등기담보채무를 대위변제하여 가지는 구상금채권도 피담보채권에 포함되는지 여부

가등기담보 채권자가 가등기담보권을 실행하기 이전에 그의 계약상의 권리를 보전하기 위하여 가등기담보 채무자의 제3자에 대한 선순위 가등기담보채무를 대위변제하여 구상권이 발생하였다면 특별한 사정이 없는 한 이 구상권도 가등기담보계약에 의하여 담보된다고 보는 것이 상당하다(대판 2002.6.11. 99다41657).

2 가등기(또는 가등록)★★

(1) 의 의
1) 가등기담보권은 그 공시방법으로서의 가등기를 갖추어야 효력을 발생하는데, 이 가등기를 특히 '담보가등기'라고 한다. → 또는 가등록
2) 가등기담보에 관한 설정계약만 되어 있고 가등기 또는 가등록이 되어 있지 않으면 「가등기담보 등에 관한 법률」은 적용되지 않는다.
3) 가등기비용은 담보권자인 채권자가 부담한다(대판 1981.7.28. 81다257).

(2) 저당권설정등기와의 차이
담보가등기는 저당권설정등기와는 달라서 담보되는 채권에 관한 사항은 전혀 기재되지 않으므로 공시방법으로는 불완전하다. → 채권액·채무자·변제기·이자 등

(3) 담보가등기의 특수한 효력
1) 담보가등기에는 보통의 가등기의 효력인 순위보전적 효력 이외에 일정한 실체적 효력이 인정된다.
2) 그 중 가장 중요한 효력은 다른 채권자에 의한 목적물의 경매시 그 가등기의 순위에 의한 우선변제권이다(법 제13조).

(4) 양도담보의 경우 소유권이전등기(등록)
양도담보의 경우 가등기가 아닌 소유권이전의 본등기를 한다.

3 「가등기담보 등에 관한 법률」의 적용범위

(1) 가등기담보권이나 양도담보권의 설정요건을 갖춘 경우에 한하여 「가등기담보 등에 관한 법률」이 적용된다. → 질권·저당권 및 전세권 제외
(2) 등기 또는 등록할 수 있는 부동산 소유권 외의 권리의 취득을 목적으로 위의 가등기담보권이나 양도담보권의 설정요건을 갖춘 경우에도 준용된다(법 제18조).

제3장 가등기담보 등에 관한 법률

단락핵심 「가등기담보 등에 관한 법률」의 목적 및 적용범위 34회 출제

(1) 가담법은 양도담보, 매도담보, 환매, 재매매의 예약에 대해서도 적용된다. (○)
(2) 가담법상의 청산방법은 귀속청산을 원칙으로 한다. (○)
(3) 가등기의 주된 목적이 매매대금채권의 확보에 있고, 대여금채권의 확보는 부수적인 목적인 경우, 동법은 적용되지 않는다. (○)
(4) 가등기담보권자가 담보권실행 전에 그의 권리를 보전하기 위하여 채무자의 제3자에 대한 선순위담보채무를 대위변제하여 발생한 구상권도 가등기담보계약에 의하여 담보되는 것이 원칙이다. (○)
(5) 공사대금채권을 담보하기 위한 가등기에는 이 법이 적용되지 않는다. (○)
(6) 등기나 등록할 수 없는 주식이나 동산은 가등기담보권의 목적물이 될 수 없다. (○)
(7) 대물변제예약 당시의 담보물 가액이 차용액 및 이에 붙인 이자의 합산액에 미치지 못하는 경우에는 이 법이 적용되지 않는다. (○)
(8) 매매대금의 지급을 담보하기 위하여 가등기를 한 경우에도 가등기담보 등에 관한 법률이 적용된다. (×)

단락문제 Q01 제34회 기출

가등기담보 등에 관한 법률이 원칙적으로 적용되는 것은? (단, 이자는 고려하지 않으며, 다툼이 있으면 판례에 따름)

① 1억원을 차용하면서 부동산에 관하여 가등기나 소유권 이전등기를 하지 않은 경우
② 매매대금채무 1억원의 담보로 2억원 상당의 부동산 소유권이전등기를 한 경우
③ 차용금채무 1억원의 담보로 2억원 상당의 부동산에 대해 대물변제예약을 하고 가등기한 경우
④ 차용금채무 3억원의 담보로 이미 2억원의 다른 채무에 대한 저당권이 설정된 4억원 상당의 부동산에 대해 대물변제예약을 하고 가등기한 경우
⑤ 1억원을 차용하면서 2억원 상당의 그림을 양도담보로 제공한 경우

해설
③ 가등기담보 등에 관한 법률 제1조
① 가등기담보 등에 관한 법률 제1조 가등기 또는 소유권이전등기가 요건
② 가등기담보 등에 관한 법률 제1조. 매매대금은 적용대상 아니다.
④ 가등기담보 등에 관한 법률 제1조. 선순위까지 포함해서 차용금이 담보재산의 가격 초과
⑤ 등기할 수 없는 동산은 적용 제외

답 ③

04 가등기담보권의 효력 [35회 출제]

1 효력이 미치는 범위 ★★★

(1) 피담보채권의 범위

저당권의 경우와 마찬가지로 원본, 이자, 위약금, 채무불이행으로 인한 손해배상, 담보권실행비용이 포함된다(법 제3조 제2항).
→ 다만 이행기를 경과한 1년분에 한함

> **판례** 가등기담보권의 후순위권리자가 생긴 후 피담보채권액을 추가한 경우
>
> 가등기담보권 설정 후에 후순위권리자나 제3취득자 등 이해관계 있는 제3자가 생긴 상태에서 새로운 약정으로 기존 가등기담보권에 피담보채권을 추가하거나 피담보채권의 내용을 변경, 확장하는 경우에는 이해관계 있는 제3자의 이익을 침해하게 되므로, 이러한 경우에는 피담보채권으로 추가, 확장한 부분은 이해관계 있는 제3자에 대한 관계에서는 우선변제권 있는 피담보채권에 포함되지 않는다고 보아야 한다(대판 2011.07.14. 2011다28090).

(2) 목적물의 범위

1) 다른 특약이 없는 이상 부합물·종물에 대해서도 미치는 점에서 저당권의 경우와 같다.
2) 물상대위성도 인정되므로 목적물에 갈음하는 대표물 위에 효력이 미친다.

2 대내적 효력

가등기담보의 경우에는 그 담보권의 실행이 있기까지는 목적물의 소유권은 대내적이든 대외적이든 가등기담보권설정자에게 있으므로 가등기설정자는 담보목적물을 점유, 사용할 수 있다.

3 대외적 효력

(1) 양도성

가등기담보권자는 가등기담보권을 그 피담보채권과 함께 제3자에게 양도할 수 있다.

(2) 별제권 등 [17회 출제]

가등기담보설정자가 파산한 경우에 가등기담보권자는 별제권(법 제17조 제1항)을 가지며, 그 밖에 경매청구권(법 제12조), 우선변제권(법 제13조)을 가진다.

단락핵심 가등기담보권의 효력

(1) 가등기담보도 담보물권의 일종이므로 피담보채권이 소멸하면 가등기담보도 당연히 소멸한다. (○)
(2) 가등기담보에 의해 담보되는 채권범위는 민법 제360조 규정에 의한다. (○)

제3장 가등기담보 등에 관한 법률

05 가등기담보권의 실행 12·14·18·29·35회 출제

제3조(담보권의 실행의 통지와 청산기간) ① 채권자가 담보계약에 따른 담보권을 실행하여 그 담보목적부동산의 소유권을 취득하기 위하여는 그 채권의 변제기 후에 제4조의 청산금의 평가액을 채무자등에게 통지하고, 그 통지가 채무자등에게 도달한 날부터 2개월(이하 "청산기간"이라 한다)이 지나야 한다. 이 경우 청산금이 없다고 인정되는 경우에는 그 뜻을 통지하여야 한다.
② 제1항에 따른 통지에는 통지 당시의 담보목적부동산의 평가액과 민법 제360조에 규정된 채권액을 밝혀야 한다. 이 경우 부동산이 둘 이상인 경우에는 각 부동산의 소유권이전에 의하여 소멸시키려는 채권과 그 비용을 밝혀야 한다.

제4조(청산금의 지급과 소유권의 취득) ① 채권자는 제3조 제1항에 따른 통지 당시의 담보목적부동산의 가액에서 그 채권액을 뺀 금액(이하 "청산금"이라 한다)을 채무자등에게 지급하여야 한다. 이 경우 담보목적부동산에 선순위담보권(先順位擔保權) 등의 권리가 있을 때에는 그 채권액을 계산할 때에 선순위담보 등에 의하여 담보된 채권액을 포함한다.
② 채권자는 담보목적부동산에 관하여 이미 소유권이전등기를 마친 경우에는 청산기간이 지난 후 청산금을 채무자 등에게 지급한 때에 담보목적부동산의 소유권을 취득하며, 담보가등기를 마친 경우에는 청산기간이 지나야 그 가등기에 따른 본등기를 청구할 수 있다.

제9조(통지의 구속력) 채권자는 제3조 제1항에 따라 그가 통지한 청산금의 금액에 관하여 다툴 수 없다.

제11조(채무자 등의 말소청구권) 채무자등은 청산금채권을 변제받을 때까지 그 채무액(반환할 때까지의 이자와 손해금을 포함한다)을 채권자에게 지급하고 그 채권담보의 목적으로 마친 소유권이전등기의 말소를 청구할 수 있다. 다만, 그 채무의 변제기가 지난 때부터 10년이 지나거나 선의의 제3자가 소유권을 취득한 경우에는 그러하지 아니하다.

1 가등기담보권의 실행방법 2가지

(1) 가등기담보권자가 가등기에 기한 본등기를 하여 <u>담보목적물의 소유권을 취득하는 권리취득에 의한 실행</u>(법 제3조·제4조)을 할 수 있다. →귀속청산

(2) 담보목적물에 대한 경매를 신청하여 우선변제를 받는 경매에 의한 실행을 할 수 있다.

(3) 담보권자가 먼저 목적물의 소유권을 취득한 뒤 그것을 제3자에게 처분하여 그 대금으로부터 변제를 받고 나머지를 청산금으로 지급하는 처분청산의 방식은 허용되지 않는다(대판 2002.4.23. 2001다81856).

가등기담보권의 실행방법
① 청산과 경매 2가지가 있다.
② 경매는 가등기담보권자의 경매신청으로 이뤄지며, 경매시 가등기담보권은 저당권으로 본다.

청산(=귀속청산)은 채권자가 대상부동산(=담보물)의 평가액(=시가)에서 채권액 등을 공제하고

그 나머지(=청산금)를 소유자(=채무자 등)에게 반환하고 대상 부동산의 소유권을 채권자가 취득하는 청산방식이다.

*주의: 실행 전 2개월(청산기간)을 기다려주어야 한다.

2 권리취득에 의한 실행(귀속청산) ★★★

> 16·24·26·27회 출제

(1) 실행통지

1) 통지사항
① 통지당시의 담보목적부동산의 평가액과 민법 제360조에 규정된 채권액을 밝혀야 한다(법 제3조 제2항).
② 이 경우 부동산이 둘 이상인 경우에는 각 부동산의 소유권이전에 의하여 소멸시키려는 채권과 그 비용을 밝혀야 한다(법 제3조 제2항).
③ 평가 결과 청산금이 없다고 인정되는 경우에도 그 뜻을 통지하여야 한다(법 제3조 제1항).
④ 채권자가 통지한 청산금액수가 객관적으로 정확하게 계산된 액수와 맞지 않을지라도 통지로서 청산기간은 진행하나 통지한 청산금액은 채무자를 구속하는 효력은 없고, 다만 채권자는 이에 구속되어 자신이 통지한 액수를 다툴 수 없다(법 제9조).

2) 통지의 상대방 (법 제3조 제1항·제2조 제2호)
채무자, 물상보증인 및 가등기담보 후에 소유권을 취득한 제3자이며, 이들 모든 자에 대해서 통지가 이루어져야 하고, 만일 그렇지 않은 경우에는 가등기에 기한 본등기를 청구할 수 없고, 설령 편법으로 본등기를 마쳤더라도 그 소유권을 취득할 수 없다(대판 2002.4.23. 2001다81856).

3) 통지의 시기
피담보채권의 변제기 이후이어야 하며, 변제기 이후이기만 하면 언제라도 상관없다(법 제3조 제1항).

4) 통지의 방법
제한이 없으므로 서면뿐만 아니라 구두로도 가능하다.

> **판례** 청산절차를 거치지 아니하고 가등기담보권자가 경료한 사례
>
> **1** 가등기담보 등에 관한 법률 제3조, 제4조의 각 규정에 비추어 볼 때 위 각 규정을 위반하여 담보가등기에 기한 본등기가 이루어진 경우에는 그 본등기는 무효라고 할 것이고, 설령 그와 같은 본등기가 가등기권리자와 채무자 사이에 이루어진 특약에 의하여 이루어졌다고 할지라도 만일 그 특약이 채무자에게 불리한 것으로서 무효라고 한다면 그 본등기는 여전히 무효일 뿐, 이른바 약한 의미의 양도담보로서 담보의 목적 내에서는 유효하다고 할 것이 아니고, 다만 가등기권리자가 가등기담보 등에 관한 법률 제3조, 제4조에 정한 절차에 따라 청산금의 평가액을 채무자 등에게 통지한 후 채무자에게 정당한 청산금을 지급하거나 지급할 청산금이 없는 경우에는 채무자가 그 통지를 받은 날로부터 2월의 청산기간이 경과하면 위 무효인 본등기는 실체적 법률관계에 부합하는 유효한 등기가 될 수 있을 뿐이다(대판 2002.6.11. 99다41657).
>
> **2** 가등기담보등에관한법률 제3조·제4조의 각 규정에 위반하여 담보가등기에 기한 본등기가 이루어진 경우에는 그 본등기는 무효라고 할 것이고, 설령 그와 같은 본등기가 가등기권리자와 채무자 사이에 이루어진 특약에 의하여 이루어졌다고 할지라도 만일 그 특약이 채무자에게 불리한 것으로서 무효라고 한다면 그 본등기는 여전히 무효일 뿐, 이른바 약한 의미의 양도담보로서 담보의 목적 내에서 유효하다고 할 것이 아니다(대판 2002.6.11. 2002다9127).

제3장 가등기담보 등에 관한 법률

 판례 청산금이 정당하게 평가된 청산금에 미치지 못하는 경우, 그 통지의 효력(유효)과 이때 채무자가 정당하게 평가된 청산금을 청구할 수 있는지 여부(적극)

1 채권자가 이와 같이 주관적으로 평가한 청산금의 액수가 정당하게 평가된 청산금의 액수에 미치지 못한다고 하더라도 담보권 실행의 통지로서의 효력이나 청산기간의 진행에는 아무런 영향이 없고 청산기간이 경과한 후에는 그 가등기에 기한 본등기를 청구할 수 있다.

2 이 경우에 채무자 등은 채권자가 통지한 ① 청산금액을 다투고 정당하게 평가된 청산금을 지급받을 때까지 목적부동산의 소유권이전등기 및 인도채무의 이행을 거절하거나 ② 피담보채무 전액을 채권자에게 지급하고 채권담보의 목적으로 마쳐진 가등기의 말소를 구할 수 있을 뿐 아니라 ③ 채권자에게 정당하게 평가된 청산금을 청구할 수도 있다. 한편, 채무자는 채권자가 통지한 청산금액에 동의함으로써 청산금을 확정시킬 수 있으며, 그 경우 <u>동의</u>는 명시적 뿐만 아니라 <u>묵시적으로도 가능</u>하다.

3 채무자가 채권자의 청산금이 없다는 취지의 가등기담보권의 실행 통지에 대하여 아무런 이의를 하지 아니한 채 담보물에 대한 채권자의 본등기청구 내지 인도청구에 응한 경우에도 <u>여러 사정을 종합적으로 고려하여 볼 때, 본등기 경료 내지 인도 당시 채무자가 청산금액에 대하여 더 이상 다투지 아니할 의사이었다고 보여질 정도라면 청산금에 대하여 묵시적으로 동의한 것으로 인정할 수 있을 것이다</u>(대판 2008.4.11. 2005다36618).

 가등기담보권의 실행절차

청산절차(=귀속청산절차) 또는 경매에 의한다.

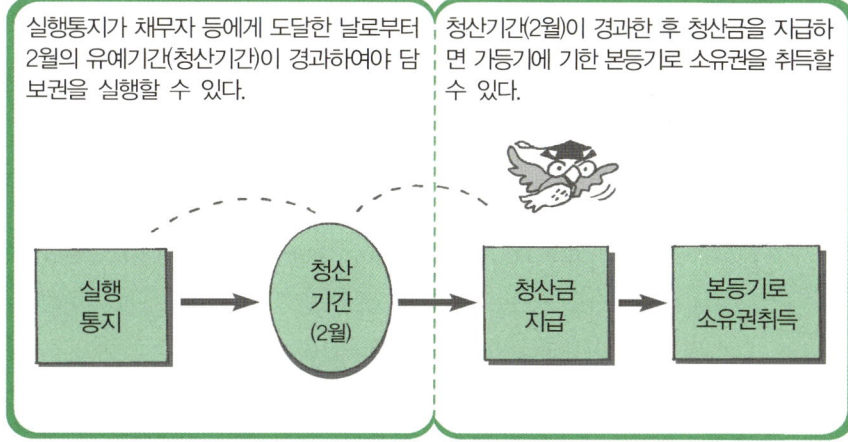

(2) 청 산

1) 청산금

청산금은 실행통지당시의 담보목적부동산의 가액에서 그 시점의 피담보채권액을 공제한 차액으로서 목적부동산에 선순위담보권 등의 권리가 있을 때에는 그 채권액을 계산할 때에 선순위담보 등에 의하여 담보된 채권액을 포함한다(법 제4조 제1항).

2) 청산금 청구권자

① **채무자 등**
채무자와 목적부동산의 물상보증인 및 담보가등기 후 소유권을 취득한 제3취득자 등을 말한다(법 제4조 제1항·제2조 제2호).

② **후순위권리자**
담보가등기 후에 등기된 저당권자, 전세권자, 담보가등기권리자 등을 말한다(법 제5조 제1항).

③ **담보가등기 후에 성립한 대항력 있는 임차권자**
청산금의 범위 내에서 보증금의 반환을 청구할 수 있다(법 제5조 제5항).

3) 청산금의 지급시기

① 청산기간의 만료시이다. 즉 실행통지가 채무자 등에게 도달한 날로부터 2월이 지난 때이다(법 제4조 제2항·제3조 제1항).

② 청산기간이 지나기 전에 채권자가 채무자에게 청산금을 지급하거나, 채무자가 청산금에 관한 권리를 제3자에게 양도나 그 밖의 처분을 한 때에는, 이로써 후순위권리자에게 대항하지 못한다(법 제7조).

4) 청산금의 공탁

① 청산금채권이 압류되거나 가압류된 경우에 채권자는 청산기간이 지난 후 이에 해당하는 청산금을 채무이행지를 관할하는 지방법원이나 지원에 공탁하여 그 범위에서 채무를 면할 수 있다(법 제8조 제1항).

② 채권자가 청산금을 공탁한 경우에는 채무자등과 압류채권자 또는 가압류채권자에게 지체 없이 공탁의 통지를 하여야 한다(법 제8조 제4항).

(3) 소유권의 취득

1) 가등기담보권자가 위와 같은 실행통지와 청산을 거쳐 담보가등기에 기하여 본등기를 하게 되면 목적물에 대한 소유권을 취득한다.

2) 여기서 청산금의 지급채무와 부동산의 소유권이전등기 및 인도채무는 동시이행의 관계에 있다(법 제4조 제3항).

3) 청산절차를 위반한 본등기는 무효이나 이후에 청산금을 지급하거나, 지급할 청산금이 없는 경우 청산금을 통지한 후 2월이 경과하면 무효인 본등기가 실체적 법률관계에 부합하는 유효한 등기가 될 수 있다(대판 2002.6.11. 99다41657).

4) 법정지상권(법 제10조)

① 토지와 그 위의 건물이 동일한 소유자에게 속하는 경우 그 토지나 건물에 대하여 가등기담보권자 또는 양도담보권자가 소유권을 취득하는 때에는 그 토지 위에 건물의 소유를 목적으로 지상권이 설정된 것으로 본다. → 청산금의 지급과 본등기를 모두 갖춘 때

② 그 존속기간과 지료는 당사자의 청구에 의하여 법원이 정한다.

(4) 후순위권리자의 보호

> **제5조(후순위권리자의 권리행사)** ① 후순위권리자는 그 순위에 따라 채무자등이 지급받을 청산금에 대하여 제3조 제1항에 따라 통지된 평가액의 범위에서 청산금이 지급될 때까지 그 권리를 행사할 수 있고, 채권자는 후순위권리자의 요구가 있는 경우에는 청산금을 지급하여야 한다.
> ② 후순위권리자는 제1항의 권리를 행사할 때에는 그 피담보채권의 범위에서 그 채권의 명세와 증서를 채권자에게 교부하여야 한다.
> ③ 채권자가 제2항의 명세와 증서를 받고 후순위권리자에게 청산금을 지급한 때에는 그 범위에서 청산금채무는 소멸한다.
>
> **제6조(채무자 등 외의 권리자에 대한 통지)** ① 채권자는 제3조 제1항에 따른 통지가 채무자등에게 도달하면 지체 없이 후순위권리자에게 그 통지의 사실과 내용 및 도달일을 통지하여야 한다.
> ② 제3조 제1항에 따른 통지가 채무자등에게 도달한 때에는 담보가등기 후에 등기한 제삼자(제1항에 따라 통지를 받을 자를 제외하고, 대항력 있는 임차권자를 포함한다)가 있으면 채권자는 지체 없이 그 제삼자에게 제3조 제1항에 따른 통지를 한 사실과 그 채권액을 통지하여야 한다.
> ③ 제1항과 제2항에 따른 통지는 통지를 받을 자의 등기부상의 주소로 발송함으로써 그 효력이 있다. 그러나 대항력 있는 임차권자에게는 그 담보목적부동산의 소재지로 발송하여야 한다.
>
> **제7조(청산금에 대한 처분제한)** ① 채무자가 청산기간이 지나기 전에 한 청산금에 관한 권리의 양도나 그 밖의 처분은 이로써 후순위권리자에게 대항하지 못한다.
> ② 채권자가 청산기간이 지나기 전에 청산금을 지급한 경우 또는 제6조 제1항에 따른 통지를 하지 아니하고 청산금을 지급한 경우에도 제1항과 같다.

1) 청산금에 대한 권리행사(법 제5조)

① 후순위권리자(담보가등기 후에 등기된 저당권자·전세권자 및 가등기담보권자)는 그 순위에 따라 채무자등이 지급받을 청산금에 대하여 통지된 평가액의 범위에서 청산금이 지급될 때까지 그 권리를 행사할 수 있다.

② 즉, 후순위권리자는 채권자에게 직접 자신에게 청산금을 지급할 것을 요구할 수 있으며 채권자가 채권의 명세와 증서를 받고 후순위권리자에게 청산금을 지급한 때에는 그 범위에서 청산금채무는 소멸한다(법 제5조 제1·3항).

2) 채무자 등 외의 권리자에 대한 통지 → 채무자 등에 대한 통지

① 채권자는 제3조 제1항에 따른 통지가 채무자등에게 도달하면 지체 없이 후순위권리자에게 그 통지의 사실과 내용 및 도달일을 통지하여야 한다.

② 제3조 제1항에 따른 통지가 채무자등에게 도달한 때에는 담보가등기 후에 등기한 제3자가 있으면 채권자는 지체 없이 그 제3자에게 채무자 등에 따른 통지를 한 사실과 그 채권액을 통지하여야 한다. ← 제3조 제항의 채무자 등을 제외하고 대항력 있는 임차권자를 포함한다.

③ 위의 통지는 통지를 받을 자의 등기부상의 주소로 발송함으로써 그 효력이 있다. 그러나 대항력 있는 임차권자에게는 그 담보목적부동산의 소재지로 발송하여야 한다.

제4편 민사특별법

3) 후순위권리자는 청산기간에 한정하여 그 피담보채권의 변제기 도래 전이라도 담보목적부동산의 경매를 청구할 수 있고, 이 경우 가등기담보권자는 그 경매에 참가해서 자기 채권의 우선변제를 받아야 한다(법 제12조 제2항).
4) 채무자가 청산기간이 지나기 전에 한 청산금에 관한 권리의 양도나 그 밖의 처분은 이로써 후순위권리자에게 대항하지 못한다(법 제7조 제1항).

> **판례** 후순위권리자에 대한 통지를 결여한 채 행하여진 청산절차의 효력
>
> 가등기담보권자인 채권자가 청산기간이 경과하기 전 또는 가등기담보 등에 관한 법률 제6조 제1항에 의하여 채무자에게 청산통지를 하였다는 사실 등을 후순위권리자에게 통지하지 아니하고, 채무자에게 청산금을 지급한 경우에는 이로써 후순위권리자에게 대항할 수 없는 것이나, **후순위권리자가 존재한다는 사유만으로 채무자에게 담보권의 실행을 거부할 권원을 부여하는 것은 아니다**(대판 2002.12.10. 2002다42001).

3 경매에 의한 실행★ 〔11·13·추가15회 출제〕

제12조(경매의 청구) ① 담보가등기권리자는 그 선택에 따라 제3조에 따른 담보권을 실행하거나 담보목적부동산의 경매를 청구할 수 있다. 이 경우 경매에 관하여는 담보가등기권리를 저당권으로 본다.
② 후순위권리자는 청산기간에 한정하여 그 피담보채권의 변제기 도래 전이라도 담보목적부동산의 경매를 청구할 수 있다.

(1) 경매청구와 우선변제

1) 가등기담보권자가 경매에 의하여 담보권을 실행하는 때에는 가등기담보권을 저당권으로 본다(법 제12조 제1항).
2) 담보가등기를 마친 부동산에 대하여 강제경매등이 개시된 경우에 담보가등기권리자는 다른 채권자보다 자기채권을 우선변제 받을 권리가 있다.
3) 이 경우 그 순위에 관하여는 그 담보가등기권리를 저당권으로 보고, 그 담보가등기를 마친 때에 그 저당권의 설정등기가 행하여진 것으로 본다(법 제13조).

(2) 경매절차상의 배당참가

압류등기 전에 이루어진 담보가등기권리가 매각에 의하여 소멸되면 가등기권리자가 법원에 채권신고를 한 경우에만 매각대금에서 배당받거나 변제금을 받을 수 있다(법 제16조 제2항).

단락핵심 가등기담보권의 실행

(1) 채권자가 담보계약에 의한 담보권을 실행하기 위하여는 채권변제기 후에 청산금의 평가액을 채무자에게 통지하여야 한다. (○)
(2) 담보부동산에 관하여 이미 채권자명의로 소유권이전등기가 경료된 경우 채권자는 청산기간 경과 후 청산금을 채무자 등에게 지급한 때에 목적 부동산의 소유권을 취득한다. (○)
(3) 동법 소정의 절차를 거치지 아니하고 가등기담보권자가 경료한 소유권이전등기는 원칙적으로 무효이다. (○)

제3장 가등기담보 등에 관한 법률

(4) 채권자는 채무자 등에 대한 적법한 통지가 도달한 이후 지체 없이 후순위권리자에게 그 통지의 사실·내용 및 도달일을 통지하여야 한다. (○)
(5) 청산금의 평가액을 통지한 후에라도 채권자는 청산금의 평가액 자체가 불합리하게 산정되었음을 증명하여 액수를 다툴 수 있다. (×)
(6) 채권자가 담보권을 실행하여 담보목적물의 소유권을 취득하기 위해서는 청산금의 평가액을 채무자, 담보가등기 목적 부동산의 물상보증인, 담보가등기 후 소유권을 취득한 제3자에게 통지하여야 한다. (○)
(7) 채권자가 담보목적 부동산의 소유권을 취득하기 위하여는 가등기담보권의 실행통지가 상대방에게 도달한 날로부터 1개월이 지나야 한다. (×)
(8) 부동산의 평가액이 피담보채권에 미달하는 경우에는 가등기담보권의 실행통지를 할 필요가 없다. (×)

06 가등기담보권의 소멸   `11·24회 출제`

1 일반적 소멸사유
→ 소멸시효의 완성, 채무의 변제 등에 의한 피담보채권의 소멸, 목적물의 멸실 등

(1) 담보물권 일반에 <u>공통된 소멸원인</u>에 의하여 소멸한다.
(2) 가등기담보권의 권리취득에 의한 실행에 있어서 청산금지급채무와 소유권이전등기 및 인도채무는 동시이행의 관계에 있으나(법 제4조 제3항) 판례에 의하면 가등기담보권을 말소하기 위한 채무자의 피담보채무의 변제의무와 채권자의 가등기말소의무는 동시이행관계가 아니라 피담보채무의 변제의무가 선이행의무라고 한다(아래 판례).
(3) 피담보채권과는 별도로 가등기담보권만 시효로 소멸하지 않는다.

 판례 가등기 말소의무가 선이행의무인지 여부(적극)

> 채무담보를 위하여 근저당권설정등기, 가등기 등이 경료되어 있는 경우 그 채무의 변제의무는 그 등기의 말소의무보다 선행되는 것이며, 채무의 변제와 그 등기말소절차의 이행을 교환적으로 구할 수 없다(대판 1991.4.12, 90다9872).

2 채무자 등의 말소청구권

(1) 의 의
　채무자 등은 청산금채권을 변제받을 때까지 채무액을 채권자에게 지급하고 소유권이전등기의 말소를 청구할 수 있다(제11조).

(2) 행사방법
　1) **주체**(채무자 등)
→ 가등기담보에도 적용된다는 판례의 입장
　　채무자, 물상보증인, <u>담보가등기 후 소유권을 취득한 제3취득자가 행사한다.</u>

제4편 민사특별법

2) 행사시기
채권자가 청산금을 지급할 때까지 행사하면 된다. 그러나 채무의 변제기가 지난 후 10년이 경과하거나 선의의 제3자가 소유권을 취득한 경우에는 말소청구할 수 없다.

> → 청산금이 없는 때에는 청산기간 경과시까지

3) 채무액의 지급
피담보채무 전액과 그 이자 및 손해금을 위의 기간 안에 지급하여야 한다(대판 2014.8.20, 2012다47074).

> 등기말소와 동시이행관계가 아님을 주의 ←

(3) 적용범위의 확장
법문이 '소유권이전등기의 말소'를 청구할 수 있다고 규정함에도 불구하고 가등기담보의 경우에도 적용되므로 가등기담보권의 채무자 등도 '담보가등기의 말소'를 청구할 수 있다(대판 1994.6.28, 94다3087·94다3094).

3 목적물의 매각(경매에 의한 소멸)   25회 출제

담보가등기를 마친 부동산에 대하여 강제경매 등이 행하여진 경우에는 담보가등기권리는 그 부동산의 매각에 의하여 소멸한다(법 제15조).

> **판례** 경매로 인하여 경락인이 소유권을 취득한 후 담보가등기에 기하여 경료된 본등기의 효력
>
> 매수인이 경락허가결정을 받아 그 매각대금을 모두 지급함으로써 소유권을 취득하였다면 담보가등기권리는 소멸되었다고 보아야 할 것이고, 그 후에 경료된 위 가등기에 기한 본등기는 원인을 결여한 무효의 등기이며, 위 가등기에 기한 본등기가 종전소유자와의 대물변제 합의에 기하여 이루어진 것이라 하여도 이는 소유권을 매수인이 취득한 후에 무효인 가등기를 유용하는 것에 해당하므로 역시 무효이다(대판 1994.4.12, 93다52853).

07 양도담보에 특유한 점

1 담보권의 설정방법상 차이

가등기담보는 가등기의 형식을 갖추지만 양도담보의 경우에는 소유권이전등기의 형식을 갖는다 (법 제1조).

2 담보권의 실행방법상 차이

(1) 가등기담보와 달리 권리취득에 의한 실행(법 제3조·제4조)만 인정될 뿐 경매에 의한 실행(법 제12조)이 인정되지 아니한다.

(2) 가등기담보의 경우에는 청산기간경과 후 가등기에 기한 본등기를 하여야 권리를 취득하나 양도담보의 경우에는 이미 소유권이전등기가 되어 있으므로 청산기간경과 후 청산금만 지급하면 별다른 조치 없이 권리를 취득한다(법 제4조 제2항).

단락문제 Q02 제35회 기출

甲은 乙에게 무이자로 빌려준 1억원을 담보하기 위해, 丙명의의 저당권(피담보채권 5,000만원)이 설정된 乙소유의 X건물(시가 2억원)에 관하여 담보가등기를 마쳤고, 乙은 변제기가 도래한 甲에 대한 차용금을 지급하지 않고 있다. 다음 설명 중 틀린 것은? (다툼이 있으면 판례에 따름)

① 甲이 귀속정산절차에 따라 적법하게 X건물의 소유권을 취득하면 丙의 저당권은 소멸한다.
② 甲이 乙에게 청산금을 지급하지 않고 자신의 명의로 본등기를 마친 경우, 그 등기는 무효이다.
③ 甲의 청산금지급채무와 乙의 가등기에 기한 본등기 및 X건물 인도채무는 동시이행관계에 있다.
④ 경매절차에서 丁이 X건물의 소유권을 취득하면 특별한 사정이 없는 한 甲의 가등기담보권은 소멸한다.
⑤ 만약 청산금이 없는 경우, 적법하게 실행통지를 하여 2개월의 청산기간이 지나면 청산절차의 종료와 함께 X건물에 대한 사용·수익권은 甲에게 귀속된다.

해설
① (×) 선순위 저당권은 우선변제 받을 때까지 존속한다.
② (○) 가등기담보 등에 관한 법률4조③
③ (○) 가등기담보 등에 관한 법률4조②
④ (○) 가등기담보 등에 관한 법률15조
⑤ (○) 청산금이 없는 경우에는 소정절차의 종료로 甲에게 소유권 귀속

답 ①

제4편 민사특별법

단락문제 Q03 제33회 기출

甲은 乙에게 무이자로 빌려준 1억원을 담보하기 위해, 丙명의의 저당권(피담보채권 5,000만원)이 설정된 乙소유의 X건물(시가 2억원)에 관하여 담보가등기를 마쳤고, 乙은 변제기가 도래한 甲에 대한 차용금을 지급하지 않고 있다. 다음 설명 중 틀린 것은? (다툼이 있으면 판례에 따름)

① 甲이 귀속정산절차에 따라 적법하게 X건물의 소유권을 취득하면 丙의 저당권은 소멸한다.
② 甲이 乙에게 청산금을 지급하지 않고 자신의 명의로 본등기를 마친 경우, 그 등기는 무효이다.
③ 甲의 청산금지급채무와 乙의 가등기에 기한 본등기 및 X건물 인도채무는 동시이행관계에 있다.
④ 경매절차에서 丁이 X건물의 소유권을 취득하면 특별한 사정이 없는 한 甲의 가등기담보권은 소멸한다.
⑤ 만약 청산금이 없는 경우, 적법하게 실행통지를 하여 2개월의 청산기간이 지나면 청산절차의 종료와 함께 X건물에 대한 사용·수익권은 甲에게 귀속된다.

해설
① (X) 제3자(물상보증인도 설정자가 될 수 있다).
② (X) 다툴 수 없다. 제9조(통지의 구속력)
  채권자는 제3조 제1항에 따라 그가 통지한 청산금의 금액에 관하여 다툴 수 없다.
③ (X) 제2조 차용물(금)반환채무여야 한다. 가등기담보 등에 관한 법률 제1조
  이 법은 차용물(借用物)의 반환에 관하여 차주(借主)가 차용물을 갈음하여 다른 재산권을 이전할 것을 예약할 때
④ (O) 양도 가능. 민법 제361조 참조
⑤ (X) 가등기담보 등에 관한 법률 제12조(경매의 청구) 제1항
  담보가등기권리자는 그 선택에 따라 제3조에 따른 담보권을 실행하거나 담보목적부동산의 경매를 청구할 수 있다.

 ④

제3장 가등기담보 등에 관한 법률

단락문제 Q04   제32회 기출

가등기담보등에 관한 법률에 관한 설명으로 틀린 것은? (다툼이 있으면 판례에 따름)

① 담보가등기를 마친 부동산에 대하여 강제경매가 된 경우 담보가등기권리는 그 부동산의 매각에 의해 소멸한다.
② 가등기의 피담보채권은 당사자의 약정과 관계없이 가등기의 원인증서인 매매예약서상의 매매대금의 한도로 제한된다.
③ 채무자가 청산기간이 지나기 전에 한 청산금에 관한 권리의 양도는 이로써 후순위권리자에게 대항하지 못한다.
④ 가등기가 담보가등기인지 여부는 거래의 실질과 당사자의 의사해석에 따라 결정된다.
⑤ 가등기담보부동산의 예약 당시 시가가 그 피담보채무액에 미달하는 경우에는 청산금평가액의 통지를 할 필요가 없다.

해설

① (O) 가등기담보 등에 관한 법률 제15조
② (X) 가등기의 원인증서인 매매예약서상의 매매대금은 가등기절차의 편의상 기재하는 것에 불과하고 가등기의 피담보채권이 그 한도로 제한되는 것은 아니며 피담보채권의 범위는 당사자의 약정 내용에 따라 결정된다.(대판 1996. 12. 23. 96다39387,39394)
③ (O) 가등기담보 등에 관한 법률 제7조 ①
④ (O) 어떤 가등기가 담보가등기인지 여부는 그 등기기록의 표시나 등기를 할 때에 주고받은 서류의 종류에 의하여 형식적으로 결정할 것이 아니고 거래의 실질과 당사자의 의사해석에 따라 결정하여야 한다(대판 2016. 10. 27. 2015다63138, 63145)
⑤ (O) 가등기담보 등에 관한 법률 제1조 참조. 이 법이 적용되지 아니한다.   **답** ②

가등기담보 등에 관한 법률

CHAPTER 03

• 경록 교재에 모든 답이 있습니다.

가등기담보법의 총설

01 「가등기담보 등에 관한 법률」은 금전소비대차를 하고 대물반환예약에서 담보재산 가액이 **대차원리금을 초과하는 경우에** 적용된다.

> **함정(X)** 「가등기담보 등에 관한 법률」은 금전소비대차를 하고 대물반환예약에서 담보재산 가액이 대차원리금에 미달하는 경우에 적용된다.

02 「가등기담보 등에 관한 법률」에서 채무자등이란 채무자, 담보가등기목적 부동산의 물상보증인, **담보가등기 후 소유권을 취득한 제3자를** 말한다.

> **함정(X)** 「가등기담보 등에 관한 법률」에서 채무자등이란 채무자, 담보가등기목적 부동산의 물상보증인, 담보가등기 후 담보물권을 취득한 자를 말한다.

가등기담보권의 성립

03 가등기담보권의 설정자는 **채무자 이외의 제3자도 가능하다.**

> **함정(X)** 가등기담보권의 설정자는 채무자이어야 한다.

04 가등기담보권설정자는 담보권의 실행 전까지는 **담보목적물의 점유·사용뿐만 아니라 제3자를 위한 용익권을 설정할 수도 있다.**

> **함정(X)** 가등기담보권설정자는 담보권의 실행 전까지는 담보목적물을 관리할 수 있으나 처분할 수 없다.

가등기담보권의 실행

05 담보권 실행을 위해서는 채권의 변제기 후에 청산금 평가액을 **채무자등에게** 통지해야 한다.

> **함정(X)** 담보권 실행을 위해서는 채권의 변제기 후에 청산금 평가액을 채무자에게 통지해야 한다.

06 채권자는 통지 당시의 담보목적부동산의 가액에서 그 채권액을 뺀 금액을 채무자등에게 지급하여야 한다. 이 경우 담보목적부동산에 선순위담보권 등의 권리가 있을 때에는 그 채권액을 계산할 때에 선순위담보 등에 의하여 담보된 **채권액을 포함한다**.

> **함정(X)** 채권자는 통지 당시의 담보목적부동산의 가액에서 그 채권액을 뺀 금액을 채무자등에게 지급하여야 한다. 이 경우 담보목적부동산에 선순위담보권 등의 권리가 있을 때에는 그 채권액을 계산할 때에 선순위담보 등에 의하여 담보된 **채권액은 포함하지 않는다**.

07 청산통지가 채무자등에게 도달하면 후순위권리자와 가등기 후에 등기한 제3자에게도 **그 통지의 사실과 내용 및 도달일을** 통지하여야 한다.

> **함정(X)** 청산통지가 채무자등에게 도달하면 후순위권리자와 가등기 후에 등기한 제3자에게도 **청산금액을** 통지하여야 한다.

08 채권자가 담보권을 위한 절차는 다음과 같다.

> **채무변제기 도래 → 담보권실행통지(청산금지급평가액을 채무자등에게 통지) → 청산기간(2개월)경과 → 청산금지급 → 담보실행(본등기로 채권자가 소유권 취득)**

> **함정(X)** 채권자가 담보권을 위한 절차는 다음과 같다.
>> 채무변제기 도래 → 담보권실행통지(청산금지급평가액을 채무자등에게 통지) → 청산기간(3개월)경과 → 청산금지급 → 담보실행(본등기로 채권자가 소유권 취득)

09 후순위권리자는 그 담보채권의 변제기 도래 **전이라도 담보목적부동산의 경매를 청구할 수 있다**.

> **함정(X)** 후순위권리자는 그 담보채권의 변제기 도래 **전이라면 목적부동산의 경매를 청구할 수 없다**.

제4편 민사특별법

10 채권자는 **그가 통지한 청산금의 액수에 관하여 다툴 수 없다.**
   함정(X) 채권자가 통지한 청산금이 실제 청산금에 미달하면 그 통지는 무효이다.

11 담보가등기권리자는 **그 선택에 따라 청산금 지급 후 본등기를 하여 취득하거나, 아니면 청산절차를 거치지 아니하고 바로 경매를 법원에 신청할 수 있다.**
   함정(X) 담보가등기권리자는 청산금 지급 후 본등기를 하는 방식으로 청산하여야 하며, 경매를 청구할 수 없다.

가등기담보권의 소멸

12 채무자, 물상보증인, 제3취득자는 **청산금채권을 변제받을 때까지** 채무액을 채권자에게 지급하고 가등기나 소유권이전등기의 말소를 청구할 수 있다.
   함정(X) 채무자, 물상보증인, 제3취득자는 청산금액을 통지 받은 후 2개월까지 채무액을 채권자에게 지급하고 가등기나 소유권이전등기의 말소를 청구할 수 있다.

13 경매신청으로 인한 **매각에 의해서 담보가등기권리는 소멸한다.**
   함정(X) 경매신청으로 인한 매각이 있더라도 담보가등기권리는 소멸하지 않는다.

집합건물의 소유 및 관리에 관한 법률

학습포인트

- 집합건물, 특히 공동주택의 소유 및 관리에 관한 법률은 오늘날 주거생활의 중요한 형태로 등장한 집합건물 관련내용을 담고 있다.
- 매년 1~2문제는 출제되는 영역이므로 소유관계 및 관리내용을 중점적으로 학습한다. 특히 재건축부분은 정확히 이해해두어야 하고, 정부의 부동산 정책변화에 따른 입법개정 여부도 주의해 두어야 한다.

CHAPTER 학습 & 출제되는 키워드

- ☑ 건물의 구분소유
- ☑ 구분소유권
- ☑ 전유부분
- ☑ 공용부분
- ☑ 대지 및 대지사용권
- ☑ 관리조직
- ☑ 분양자의 관리의무
- ☑ 관리단
- ☑ 단지관리단
- ☑ 관리인
- ☑ 관리위원회
- ☑ 규약
- ☑ 관리단집회
- ☑ 정기집회와 임시집회
- ☑ 집회의 소집통지
- ☑ 결의사항
- ☑ 의결권과 의결방법
- ☑ 집회결의의 효력과 결의취소의 소
- ☑ 구분소유자의 권리
- ☑ 하자담보추급권
- ☑ 구분소유자의 의무
- ☑ 재건축
- ☑ 복구
- ☑ 집합건물분쟁조정위원회

CHAPTER 학습 & 출제되는 질문

- ☑ 집합건물의 구분소유권에 관한 설명으로 옳은 것은?
- ☑ 집합건물의 소유 및 관리에 관한 법률과 관련된 설명 중 틀린 것은?
- ☑ 집합건물에 대한 판례의 태도가 아닌 것은?
- ☑ 집합건물의 구분소유에 관한 규약 및 집회에 대한 다음 설명 중 맞는 것은?
- ☑ 집합건물의 구분소유자의 권리와 의무에 대한 다음 설명 중 틀린 것은?
- ☑ 다음은 집합건물의 재건축에 관한 집합건물의 소유 및 관리에 관한 법률의 규정이다. 잘못된 것은?

제4편 민사특별법

01 서설

> **제2조(정의)** 이 법에서 사용하는 용어의 뜻은 다음과 같다.
> 1. "구분소유권"이란 제1조 또는 제1조의2에 규정된 건물부분[제3조 제2항 및 제3항에 따라 공용부분(共用部分)으로 된 것은 제외한다]을 목적으로 하는 소유권을 말한다.
> 2. "구분소유자"란 구분소유권을 가지는 자를 말한다.
> 3. "전유부분"(專有部分)이란 구분소유권의 목적인 건물부분을 말한다.
> 4. "공용부분"이란 전유부분 외의 건물부분, 전유부분에 속하지 아니하는 건물의 부속물 및 제3조 제2항 및 제3항에 따라 공용부분으로 된 부속의 건물을 말한다.
> 5. "건물의 대지"란 전유부분이 속하는 1동의 건물이 있는 토지 및 제4조에 따라 건물의 대지로 된 토지를 말한다.
> 6. "대지사용권"이란 구분소유자가 전유부분을 소유하기 위하여 건물의 대지에 대하여 가지는 권리를 말한다.
>
> **제2조의2(다른 법률과의 관계)** 집합주택의 관리 방법과 기준, 하자담보책임에 관한 「주택법」 및 「공동주택관리법」의 특별한 규정은 이 법에 저촉되어 구분소유자의 기본적인 권리를 해치지 아니하는 범위에서 효력이 있다.

1 입법목적

(1) 아파트, 연립주택 등 집합건물의 소유 및 관리관계를 합리적이고 효율적으로 규율함으로써, 구분소유자의 보호와 공동생활의 이해를 조정하기 위한 민사특별법이다.

(2) 「민법」 제215조에서 건물의 구분소유에 대하여 규정하고 있으나, 경제발전과 인구의 도시집중으로 다양한 형태의 집합건물이 증가됨에 따라, 「민법」 제215조만으로는 구분건물을 둘러싼 법률관계를 적절하게 규율할 수가 없어 제정한 것이다.

2 적용범위

(1) 집합건물

1) 아파트나 연립주택과 같은 공동주택은 물론이고 오피스텔, 업무용 빌딩, 상가, 복합건물 등 모든 집합건물에 대하여 적용된다.

2) 1동의 건물이 구조상·기능상 수개의 부분으로 구분되어 각 부분이 독립적으로 그 경제적 용도에 따라 사용될 수 있는 경우에는 각 부분마다 <u>독립의 소유권</u>이 인정됨과 동시에 모두 「집합건물의 소유 및 관리에 관한 법률」에 의한 관리의 대상이 된다(법 제1조).
   → 구분소유권

(2) 다른 법률과의 관계

집합주택의 관리 방법과 기준, 하자담보책임에 관한 「주택법」 및 「공동주택관리법」의 특별한 규정은 이 법에 저촉되어 구분소유자의 기본적인 권리를 해치지 아니하는 범위에서 효력이 있다.

02 건물의 구분소유

11·18회 출제

제1조(건물의 구분소유) 1동의 건물 중 <u>구조상</u> 구분된 여러 개의 부분이 <u>독립한 건물로서 사용</u>될 수 있을 때에는 그 각 부분은 이 법에서 정하는 바에 따라 <u>각각 소유권의 목적으로 할 수 있다.</u>
제1조의2(상가건물의 구분소유) ① 1동의 건물이 다음 각 호에 해당하는 방식으로 여러 개의 건물부분으로 이용상 구분된 경우에 그 건물부분(이하 "구분점포"라 한다)은 이 법에서 정하는 바에 따라 각각 소유권의 목적으로 할 수 있다.
  1. 구분점포의 용도가 「건축법」 제2조 제2항 제7호의 판매시설 및 같은 항 제8호의 운수시설(집배송시설은 제외한다)일 것
  2. 1동의 건물 중 구분점포를 포함하여 제1호의 판매시설 및 운수시설(이하 "판매시설등"이라 한다)의 용도에 해당하는 바닥면적의 합계가 <u>1천제곱미터 이상일 것</u>
  3. 경계를 명확하게 알아볼 수 있는 <u>표지를 바닥에 견고하게 설치할 것</u>
  4. 구분점포별로 부여된 <u>건물번호표지를 견고하게 붙일 것</u>
     ② 제1항에 따른 경계표지 및 건물번호표지에 관하여 필요한 사항은 대통령령으로 정한다.

1 구분소유권

(1) 의 의

구분소유권이란 1동의 건물 중 구조상 독립성 및 이용상의 독립성을 가진 전유부분을 목적으로 하는 소유권을 말한다.

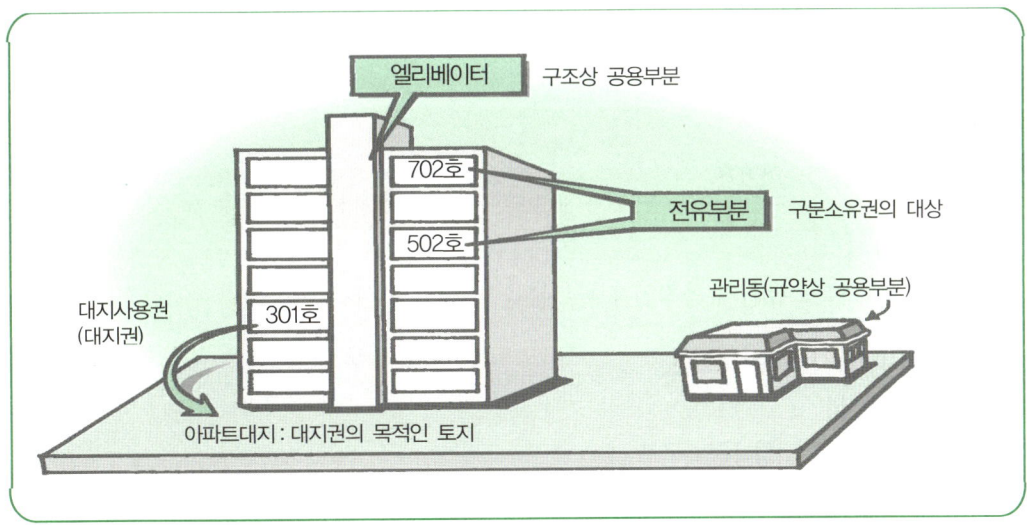

(2) 구분소유의 성질

독립된 단독의 소유권으로서 그 성질은 보통의 소유권과 본질적으로 다르지 않다.

(3) 성립 요건

1) 1동의 건물 중 일정부분이 ① 구조상·이용상의 독립성이 인정되어야 하며, ② 그 건물을 구분소유권의 객체로 하려는 의사표시(구분행위 : 반드시 등기나 등록일 필요는 없음)가 있어야 한다.

2) 건축물대장에 구분건물로 등록된 시점에 구분소유가 성립(구조상·이용상 독립성과 구분행위가 모두 존재하면 족하고 반드시 건축물대장에 기재되어야 하는 것은 아님, 제2편 제4장 제1절 03 건물의 구분소유 참조)하며 그 후의 건물 개조나 이용상황의 변화 등은 전유부분인지 공용부분 인지 여부에 영향을 미칠 수 없다(대판 1999.9.17. 99다1345).

 집합건물의 신축과 소유권귀속

신축건물의 소유권은 원칙상 자기의 노력과 재료를 들여 이를 건축한 사람이 원시취득하는 것임은 물론이나, 건물신축도급계약에 있어서는 수급인이 자기의 노력과 재료를 들여 건물을 완성하더라도 도급인과 수급인 사이에 도급인 명의로 건축허가를 받아 소유권보존등기를 하기로 하는 등 <u>완성된 건물의 소유권을 도급인에게 귀속시키기로 합의한 경우에는 그 건물의 소유권은 도급인에게 원시적으로 귀속되는바</u>, 이때 <u>신축건물이 집합건물로서 여러 사람이 공동으로 건축주가 되어 도급계약을 체결한 것이라면, 그 집합건물의 각 전유부분 소유권이 누구에게 원시적으로 귀속되느냐는 공동 건축주들의 약정에 따라야 한다</u>(대판 2005.11.25. 2004다36352).
※ 따라서 공동 건축주들이 각 전유부분소유권을 개별적으로 원시취득하는 내용도 유효하다.

 구분폐지행위로 인한 구분소유권 소멸

구분건물이 물리적으로 완성되기 전에 분양계약 등을 통하여 장래 신축되는 건물을 구분건물로 하겠다는 구분 의사를 표시함으로써 구분행위를 한 다음 1동의 건물 및 구분행위에 상응하는 구분건물이 객관적·물리적으로 완성되면 그 시점에서 구분소유가 성립하지만, 이후 소유권자가 분양계약을 전부 해지하고 1동 건물의 전체를 1개의 건물로 소유권보존등기를 마쳤다면 이는 구분폐지행위를 한 것으로서 구분소유권은 소멸한다. 그리고 이러한 법리는 구분폐지가 있기 전에 개개의 구분건물에 대하여 유치권이 성립한 경우라 하여 달리 볼 것은 아니다(대판 2016.1.14. 2013다219142).

2 전유부분(專有部分)★★★

(1) 의 의
전유부분이란 구분소유권의 목적인 건물부분을 말한다(법 제2조 제3호).

(2) 전유부분이 되기 위한 요건
1) 구조상 독립성
   벽, 천장, 바닥, 문, 창 등의 구조

2) 기능상 독립성
   주거, 점포, 창고, 사무실 등으로 사용 가능

제4장 집합건물의 소유 및 관리에 관한 법률

> **판례** 독립한 소유권 객체가 되기 위한 요건
>
> **1** 임차인이 임차한 건물에 증축한 부분이 기존 건물과 구분되는 독립성이 있는 경우 독립한 소유권 객체가 될 수 있는지 여부
> 증축된 부분이 구조상으로나 이용상으로 기존 건물과 구분되는 독립성이 있는 때에는 구분소유권이 성립하여 증축된 부분은 독립한 소유권의 객체가 된다(대판 1999.7.27. 99다14518).
>
> **2** 일시적 독립성 상실 ─ 구분건물 등기 유효
> 인접한 구분건물 사이에 설치된 경계벽이 제거되어 각 구분건물이 구조상 및 이용상의 독립성을 상실하였으나, 각 구분건물의 위치와 면적 등을 특정할 수 있고 사회통념상 복원을 전제로 한 일시적인 것으로서 그 복원이 용이한 경우, 그 구분건물에 관한 등기는 유효하다(대결 1999.6.2. 98마1438).

3) 상가건물의 구분소유 특례

판매시설 및 운수시설(집배송시설은 제외한다)의 바닥면적의 합계가 1천제곱미터 이상이고 경계를 명확하게 알아볼 수 있는 표지를 바닥에 견고하게 설치하고 구분점포별로 부여된 건물번호표지를 견고하게 붙인 경우에는 구분소유의 대상이 되는 전유부분이 될 수 있다(법 제1조의2).

3 공용부분 ★★★　　　　　　　　　　　　　11·14·26·29·33회 출제

(1) 의의 및 범위

1) 의 의

집합건물에서 전유부분을 제외한 건물부분을 말하는 것으로서 전유부분 외의 건물부분, 전유부분에 속하지 아니하는 건물의 부속물 및 규약에 의하여 공용부분으로 된 부속의 건물을 말한다.

2) 범위

① 1동의 건물 중 구분소유권의 객체로 되어 있는 전유부분 이외의 건물의 부분
  예) 옥상, 계단, 지주, 지붕, 복도, 현관홀, 승강기 등
② 전유부분에 속하지 아니하는 건물의 부속물
  예) 수위실, 화장실, 전기, 수도, 가스등의 배관, 냉난방시설, 소화설비, 쓰레기 수거시설
③ 규약이나 공정증서에 의하여 공용부분으로 된 건물부분이나 부속건물
  예) 관리인실, 집회실, 공동창고, 차고 등

3) 등기 여부 → 전유부분 이외의 건물부분, 전유부분에 속하지 않는 건물의 부속물

성질상 공용부분은 등기할 필요가 없으나 규약에 의한 공용부분은 공용부분의 취지를 등기해야 한다(법 제3조 제4항).
　　　　　　　　　　　　　　　　→ 독립한 물건이 될 수 있으나 규약으로써 공용부분으로 정한 부분

(2) 공용부분의 귀속　　　　　　　　　　　　　　　　　　　13회 출제

1) 원칙
원칙적으로 구분소유자 전원의 공유에 속한다(법 제10조 제1항).

2) 예외
일부공용부분(일부의 구분소유자만의 공용에 제공되는 공용부분)은 이를 공유할 구분소유자의 공유에 속한다(법 제10조 제1항 단서).

(3) 공용부분에 대한 지분 **34회 출제**

1) **공유자의 지분권**

각 공유자의 지분은 그가 가지는 전유부분의 <u>면적의 비율</u>에 의하며(→가액비율이 아님), 일부공용부분은 그 공용부분을 공용하는 구분소유자의 전유부분의 면적 비율에 따라 배분하여 그 면적을 각 구분소유자의 전유부분 면적에 포함한다(법 제12조 제1·2항).

2) **지분의 일체성**

① 공유자의 공용부분에 대한 지분은 그가 가지는 전유부분의 처분에 따르며 공유자는 그가 가지는 전유부분과 분리하여 공용부분에 대한 지분을 처분할 수 없다(법 제13조 제1·2항).
② 공용부분에 대한 물권의 득실변경은 등기를 요하지 아니한다(법 제13조 제3항).

(4) 공용부분의 사용권

각 공유자는 공용부분을 그 용도에 따라 사용할 수 있다(법 제11조).

(5) 공용부분의 변경(법 제15조)

1) 공용부분의 변경에 관한 사항은 관리단집회에서 구분소유자의 3분의 2 이상 및 의결권의 3분의 2 이상의 결의로써 결정한다. 다만,

2) 다음 각 호의 어느 하나에 해당하는 경우에는 제38조 제1항에 따른 통상의 집회결의로써 결정할 수 있다.
   ① 공용부분의 개량을 위한 것으로서 지나치게 많은 비용이 드는 것이 아닐 경우
   ② 관광진흥법 제3조 제1항 제2호 나목에 따른 휴양 콘도미니엄업의 운영을 위한 휴양 콘도미니엄의 공용부분 변경에 관한 사항인 경우 : 이 경우에 공용부분의 변경이 다른 구분소유자의 권리에 특별한 영향을 미칠 때에는 그 구분소유자의 승낙을 받아야 한다.

(6) 권리변동 있는 공용부분의 변경(법 제15조의 2)

1) 제15조에도 불구하고 건물의 노후화 억제 또는 기능 향상 등을 위한 것으로 구분소유권 및 대지사용권의 범위나 내용에 변동을 일으키는 공용부분의 변경에 관한 사항은 관리단집회에서 구분소유자의 5분의 4 이상 및 의결권의 5분의 4 이상의 결의로써 결정한다.

2) 제1항의 결의에서는 다음 각 호의 사항을 정하여야 한다. 이 경우 ③부터 ⑦까지의 사항은 각 구분소유자 사이에 형평이 유지되도록 정하여야 한다.
   ① 설계의 개요
   ② 예상 공사 기간 및 예상 비용(특별한 손실에 대한 전보 비용을 포함한다)
   ③ 제2호에 따른 비용의 분담 방법
   ④ 변경된 부분의 용도
   ⑤ 전유부분 수의 증감이 발생하는 경우에는 변경된 부분의 귀속에 관한 사항
   ⑥ 전유부분이나 공용부분의 면적에 증감이 발생하는 경우에는 변경된 부분의 귀속에 관한 사항
   ⑦ 대지사용권의 변경에 관한 사항
   ⑧ 그 밖에 규약으로 정한 사항

3) 1)의 결의를 위한 관리단집회의 의사록에는 결의에 대한 각 구분소유자의 찬반 의사를 적어야 한다. 결의가 있는 경우에는 제48조 및 제49조를 준용한다.

> **판례** 공용부분의 변경으로 볼 수 없는 경우
>
> 공용부분에 집합건물을 증축하여 전유부분을 새로 만듦으로써 증축된 전유부분에 관한 대지사용권의 성립 등으로 구분소유자들의 기존 전유부분에 관한 대지사용권 등에 변동을 가져오거나 구분소유자들에게 증축된 전유부분에 관한 지분을 새로이 취득하게 하고 관련 공사비용을 부담하도록 하는 것과 같이, 공용부분의 용도 및 형상의 변경이 이용관계의 단순한 변화를 넘어서서 <u>집합건물의 구조를 변경하여 구분소유자의 전유부분에 대한 소유권의 범위 및 대지사용권의 내용에 변동을 일으키는 경우</u>에는 위 조항에서 말하는 <u>공용부분의 변경에 해당하지 않고</u>, 이에 대하여는 <u>민법상 일반적인 공유물의 처분·변경과 마찬가지로 구분소유자 전원의 동의 등이 필요</u>하다(대판 2014.9.4. 2013두25955).

(7) 공용부분의 관리(제16조의 2)

1) 공용부분의 관리에 관한 사항은 제15조제1항 본문 및 제15조의2의 경우를 제외하고는 제38조제1항에 따른 통상의 집회결의로써 결정한다. 다만, 보존행위는 각 공유자가 할 수 있다.
2) 구분소유자의 승낙을 받아 전유부분을 점유하는 자는 제1항 본문에 따른 집회에 참석하여 그 구분소유자의 의결권을 행사할 수 있다. 다만, 구분소유자와 점유자가 달리 정하여 관리단에 통지한 경우에는 그러하지 아니하며, 구분소유자의 권리·의무에 특별한 영향을 미치는 사항을 결정하기 위한 집회인 경우에는 점유자는 사전에 구분소유자에게 의결권 행사에 대한 동의를 받아야 한다. 이에 관한 사항은 규약으로써 달리 정할 수 있다.

(8) 하자의 추정

[23회 출제]

전유부분이 속하는 1동의 건물의 설치 또는 보존의 하자로 인하여 타인에게 손해를 가한 때에는 그 하자는 공용부분에 존재하는 것으로 추정한다(법 제6조).

(9) 공용부분의 부담·수익

지분비율에 따라 공용부분의 관리비용 기타 의무를 부담하며 공용부분에서 생기는 이득을 취득한다(법 제17조).

> **판례** 관리비 징수에 관한 유효한 관리단 규약 등이 존재하지 않을 때에도 관리단이 공용부분에 대한 관리비를 그 부담의무자인 구분소유자에게 청구할 수 있다.
>
> 집합건물의 소유 및 관리에 관한 법률 제17조와 제25조 제1항에 의하면, 위 법상 관리단은 관리비 징수에 관한 유효한 관리단 <u>규약 등이 존재하지 않더라도</u>, 위 법 제25조 제1항 등에 따라 <u>적어도 공용부분에 대한 관리비는 이를 그 부담의무자인 구분소유자에 대하여 청구할 수 있다</u>고 봄이 상당하다(대판 2009.7.9. 2009다22266·22273).

제4편 민사특별법

 아파트의 전 입주자가 체납한 관리비가 승계되는지 여부(=공용부분에 한하여 승계)

아파트의 특별승계인은 전 입주자의 체납관리비 중 공용부분에 관하여는 이를 승계하여야 한다고 봄이 타당하다(대판 2001.9.20, 2001다8677). 그러나 관리비 납부를 연체할 경우 부과되는 연체료는 특별승계인에게 승계되는 공용부분 관리비에 포함되지 않는다(대판 2007.2.22, 2005다65821).

 구분소유권이 순차로 양도된 경우 각 특별승계인의 책임

구분소유권이 순차로 양도된 경우 각 특별승계인들은 이전 구분소유권자들의 채무를 중첩적으로 인수한다고 봄이 상당하므로, 현재 구분소유권을 보유하고 있는 최종 특별승계인뿐만 아니라 그 이전의 구분소유자들도 구분소유권의 보유 여부와 상관없이 공용부분에 관한 종전 구분소유자들의 체납관리비채무를 부담한다(대판 2008.12.11, 2006다50420).

(10) 공용부분에 관하여 발생한 채권의 효력

공유자가 공용부분에 관하여 다른 공유자에 대하여 가지는 채권은 그 특별승계인에 대하여도 행사할 수 있다(법 제18조).

(11) 부속시설(법 제19조)

부속시설을 구분소유자가 공유하는 경우에는 공용부분에 관한 규정이 준용된다.

단락문제 Q01 제33회 기출

집합건물의 소유 및 관리에 관한 법률상 공용부분에 관한 설명으로 옳은 것을 모두 고른 것은? (다툼이 있으면 판례에 따름)

ㄱ. 관리단집회 결의나 다른 구분소유자의 동의 없이 구분소유자 1인이 공용부분을 독점적으로 점유·사용하는 경우, 다른 구분소유자는 공용부분의 보존행위로서 그 인도를 청구할 수 있다.
ㄴ. 구분소유자 중 일부가 정당한 권원 없이 구조상 공용부분인 복도를 배타적으로 점유·사용하여 다른 구분소유자가 사용하지 못하였다면, 특별한 사정이 없는 한 이로 인하여 얻은 이익을 다른 구분소유자에게 부당이득으로 반환하여야 한다.
ㄷ. 관리단은 관리비 징수에 관한 유효한 규약이 없더라도 공용부분에 대한 관리비를 그 부담의무자인 구분소유자에게 청구할 수 있다.

① ㄱ ② ㄴ ③ ㄱ, ㄷ
④ ㄴ, ㄷ ⑤ ㄱ, ㄴ, ㄷ

> **해설**
> ㄱ. (×) 공유물의 소수지분권자가 다른 공유자와 협의 없이 공유물의 전부 또는 일부를 독점적으로 점유·사용하고 있는 경우 다른 소수지분권자는 공유물의 보존행위로서 그 인도를 청구할 수는 없고, 다만 자신의 지분권에 기초하여 공유물에 대한 방해 상태를 제거하거나 공동 점유를 방해하는 행위의 금지 등을 청구할 수 있다(대판 2020.10.15, 2019다245822).
> ㄴ. (○) 구분소유자 중 일부가 정당한 권원 없이 집합건물의 복도, 계단 등과 같은 공용부분을 배타적으로 점유·사용한 경우, 해당 공용부분을 점유·사용함으로써 얻은 이익을 부당이득으로 반환할 의무가 있다(대판 2020.5.21, 2017다220744).
> ㄷ. (○) 관리단은 관리비 징수에 관한 유효한 관리단 규약 등이 존재하지 않더라도, 위 법 제25조 제1항 등에 따라 적어도 공용부분에 대한 관리비는 이를 그 부담의무자인 구분소유자에 대하여 청구할 수 있다(대판 2009.7.9, 2009다22266,22273).
>
> 답 ④

4 대지 및 대지사용권 ★★★ 〔20회 출제〕

> 제4조(규약에 의한 건물의 대지) ① 통로, 주차장, 정원, 부속건물의 대지, 그 밖에 전유부분이 속하는 1동의 건물 및 그 건물이 있는 토지와 하나로 관리되거나 사용되는 토지는 규약으로써 건물의 대지로 할 수 있다.
> ② 제1항의 경우에는 제3조 제3항을 준용한다.
> ③ 건물이 있는 토지가 건물의 일부 멸실함에 따라 건물이 있는 토지가 아닌 토지로 된 경우에는 그 토지는 제1항에 따라 규약으로써 건물의 대지로 정한 것으로 본다. 건물이 있는 토지의 일부가 분할로 인하여 건물이 있는 토지가 아닌 토지로 된 경우에도 같다.
> 제20조(전유부분과 대지사용권의 일체성) ① 구분소유자의 대지사용권은 그가 가지는 전유부분의 처분에 따른다.
> ② 구분소유자는 그가 가지는 전유부분과 분리하여 대지사용권을 처분할 수 없다. 다만, 규약으로써 달리 정한 경우에는 그러하지 아니하다.
> ③ 제2항 본문의 분리처분금지는 그 취지를 등기하지 아니하면 선의(善意)로 물권을 취득한 제3자에게 대항하지 못한다.
> ④ 제2항 단서의 경우에는 제3조 제3항을 준용한다.
> 제21조(전유부분의 처분에 따르는 대지사용권의 비율) ① 구분소유자가 둘 이상의 전유부분을 소유한 경우에는 각 전유부분의 처분에 따르는 대지사용권은 제12조에 규정된 비율에 따른다. 다만, 규약으로써 달리 정할 수 있다.
> ② 제1항 단서의 경우에는 제3조 제3항을 준용한다.

(1) 건물의 대지

1) 의의

전유부분이 속하는 1동의 건물이 소재하는 토지 및 규약에 의하여 건물의 대지로 된 토지를 말한다(법 제2조·제4조).

2) 범위

① 전유부분이 속하는 1동의 건물이 소재하는 토지(법 제2조 제5호)
② 규약이나 공정증서에 의하여 건물의 대지로 된 통로·주차장·정원·부속건물의 대지 기타 전유부분이 속하는 1동의 건물 및 그 건물이 소재하는 토지와 일체로서 관리 또는 사용되는 토지(법 제4조 제1항)
③ 건물이 소재하는 토지가 건물의 일부멸실함에 따라 건물이 소재하는 토지가 아닌 토지로 된 때의 토지(법 제4조 제3항)
④ 건물이 소재하는 토지의 일부가 분할에 의하여 건물이 소재하는 토지가 아닌 토지로 된 때의 토지(법 제4조 제3항)

3) 건물대지의 분할 금지

대지 위에 구분소유권의 목적인 건물이 속하는 1동의 건물이 있는 때에는 그 대지공유자는 그 건물의 사용에 필요한 범위 내의 대지에 대하여는 분할을 청구하지 못한다(법 제8조).

(2) 대지사용권 → 공용부분과 착오하기 쉬우므로 정확히 구별해야 한다.

1) 의의

① 구분소유자가 전유부분을 소유하기 위하여 건물의 대지에 대하여 가지는 권리를 말한다(법 제2조 제6호).
② 구분소유자의 대지에 대한 권리는 소유권일 수도 있고, 지상권이나 임차권일 수도 있다.

대지·대지사용권

1) 대 지
   - 법정대지 : 1동의 건물이 소재하는 대지
   - 규약대지 : 규약으로 정한 대지

2) 대지사용권
   구분소유자가 대지에 대하여 가지는 권리

2) 구분소유권(전유부분)과 대지사용권의 일체성   `21회 출제`

① 구분소유자의 대지사용권은 그가 가지는 전유부분의 처분에 따른다(법 제20조 제1항).
② 구분소유자는 그가 가지는 전유부분과 분리하여 대지사용권만을 처분을 할 수 없다(동조 제2항). 다만, 규약으로써 달리 정한 때에는 그러하지 아니하다(동조 제2항).
③ 분리처분금지는 그 취지를 등기하지 아니하면 선의로 물권을 취득한 제3자에게 대항하지 못한다(동조 제3항).
④ 매수인이 전유부분에 대해서만 소유권이전등기를 경료받고 대지지분에 대해서는 이전등기를 경료받지 못한 경우에도 판례는 매매계약의 효력으로써 대지사용권이 있다고 본다.

 구분소유권과 대지사용권의 취득 및 분리처분 가능 여부

1 아파트와 같은 대규모 집합건물의 경우, 전유부분과 대지지분을 함께 분양의 형식으로 매수하여 그 대금을 모두 지급함으로써 소유권 취득의 실질적 요건은 갖추었지만 전유부분에 대한 소유권이전등기만 경료받고 대지지분에 아직 소유권이전등기를 경료받지 못한 자는 매매계약의 효력으로써 전유부분의 소유를 위하여 건물의 대지를 점유·사용할 권리가 있는바, 매수인의 지위에서 가지는 이러한 점유·사용권은 단순한 점유권과는 차원을 달리하는 본권으로서 대지사용권에 해당한다고 할 것이고, 수분양자로부터 전유부분과 대지지분을 다시 매수하거나 증여 등의 방법으로 양수받거나 전전 양수받은 자 역시 당초 수분양자가 가졌던 이러한 대지사용권을 취득한다(대판 2000.11.16. 98다45652·45669).

2 구분건물의 전유부분만에 관하여 설정된 저당권의 효력은 대지사용권의 분리처분이 가능하도록 규약으로 정하는 등의 특별한 사정이 없는 한 그 전유부분의 소유자가 사후에라도 대지사용권을 취득함으로써 전유부분과 대지권이 동일소유자의 소유에 속하게 되었다면 그 대지사용권에까지 미치고 여기의 대지사용권에는 지상권 등 용익권 이외에 대지소유권도 포함된다고 해석함이 상당하다고 할 것이다(대판 2001.2.9. 2000다62179).

3 전유부분에 대하여만 소유권이전등기를 경료받았으나 매수인의 지위에서 대지에 대하여 가지는 점유·사용권에 터잡아 대지를 점유하고 있는 수분양자는 대지지분에 대한 소유권이전등기를 받기 전에 대지에 대하여 가지는 점유·사용권인 대지사용권을 전유부분과 분리 처분하지 못할 뿐만 아니라, 전유부분 및 장래 취득할 대지지분을 다른 사람에게 양도한 후 그 중 전유부분에 대한 소유권이전등기를 경료해 준 다음 사후에 취득한 대지지분도 전유부분의 소유권을 취득한 양수인이 아닌 제3자에게 분리 처분하지 못한다 할 것이고, 이를 위반한 대지지분의 처분행위는 그 효력이 없다(대판 2000.11.16. 98다45652·45669 전합).

4 구분소유자 아닌 자가 집합건물 건축 전부터 그 집합건물의 대지로 된 토지에 대하여 가지고 있던 권리와 분리처분 금지의 제한 — 제한 받지 않음
구분소유자 아닌 자가 집합건물의 건축 이전부터 전유부분의 소유와 무관하게 집합건물의 대지로 된 토지에 대하여 가지고 있던 권리는 구분소유자가 전유부분을 소유하기 위하여 건물의 대지에 대하여 가지는 권리라 볼 수 없어 구 집합건물의 소유 및 관리에 관한 법률상의 대지사용권이라 할 수 없으므로 국가가 위 토지를 공매한 것은 같은 법 제20조의 분리처분 금지 규정에 반하지 않는다(대판 2010.5.27. 2010다6017).

3) 전유부분의 처분에 따르는 대지사용권의 비율

구분소유자가 2개 이상의 전유부분을 소유한 때에는 규약이나 공정증서로 달리 정함이 없으면 각 전유부분의 처분에 따르는 대지사용권은 전유부분의 면적의 비율에 의한다(법 제21조).

4) 공유지분포기 규정의 준용 예외

민법 제267조 등은 준용되지 아니하므로 전유부분에 대한 권리를 포기하거나 상속인 없이 사망하더라도 그 지분이 다른 공유자에게 귀속하는 것은 아니다(법 제22조).

5) 구분소유권에 대한 매도청구권

대지사용권을 가지지 아니한 구분소유자가 있을 때에는 그 전유부분의 철거를 구할 권리를 가진 자는 그 구분소유자에 대하여 구분소유권을 시가로 매도할 것을 청구할 수 있다(법 제7조).

→ 당사자의 합의나 법원의 결정으로 정해진다.

단락핵심 건물의 구분소유

(1) 전유부분과 공용부분의 구별은 건물전체가 완성되어 당해 건물에 관한 건축물대장에 구분건물로 등록된 시점을 기준으로 판단함이 원칙이다. (○)
(2) 공용부분 관리비에 대한 연체료는 전 구분소유자의 특별승계인에게 승계되는 공용부분 관리비에 포함되지 않는다. (○)
(3) 대지사용권의 분리처분금지는 등기하지 아니하면 선의로 물권을 취득한 제3자에게 대항하지 못한다. (○)

---

03 관리조직 22·33회 출제

1 분양자의 관리의무 등(법 제9조의3)

> 제9조의3(분양자의 관리의무 등) ① 분양자는 제23조 제1항에 따른 관리단이 관리를 개시(開始)할 때까지 선량한 관리자의 주의로 건물과 대지 및 부속시설을 관리하여야 한다.
> ② 분양자는 제28조 제4항에 따른 표준규약을 참고하여 공정증서로써 규약에 상응하는 것을 정하여 분양계약을 체결하기 전에 분양을 받을 자에게 주어야 한다.
> ③ 분양자는 예정된 매수인의 2분의 1 이상이 이전등기를 한 날부터 3개월 이내에 구분소유자가 규약 설정 및 관리인 선임(選任)(제24조 제1항의 경우에만 해당한다)을 하기 위한 관리단집회를 소집하지 아니하는 경우에는 지체 없이 이를 위한 관리단집회를 소집하여야 한다.

(1) 관리의무

분양자는 관리단이 관리를 개시(開始)할 때까지 선량한 관리자의 주의로 건물과 대지 및 부속시설을 관리하여야 한다.

(2) 규약의 제정 및 교부의무

분양자는 표준규약(법 제28조 제4항 참조)을 참고하여 공정증서로써 규약에 상응하는 것을 정하여 분양계약을 체결하기 전에 분양을 받을 자에게 주어야 한다.

(3) 관리단집회 소집의무

분양자는 예정된 매수인의 2분의 1 이상이 이전등기를 한 날부터 3개월 이내에 구분소유자가 규약 설정 및 관리인 선임(구분소유자가 10인 이상인 경우에 한함)을 하기 위한 관리단집회를 소집하지 아니하는 경우에는 지체 없이 이를 위한 관리단집회를 소집하여야 한다.

2 관리단

> 제23조(관리단의 당연 설립 등) ① 건물에 대하여 구분소유 관계가 성립되면 구분소유자 전원을 구성원으로 하여 건물과 그 대지 및 부속시설의 관리에 관한 사업의 시행을 목적으로 하는 관리단이 설립된다.
> ② 일부공용부분이 있는 경우 그 일부의 구분소유자는 제28조 제2항의 규약에 따라 그 공용부분의 관리에 관한 사업의 시행을 목적으로 하는 관리단을 구성할 수 있다.
> 제23조의2(관리단의 의무) 관리단은 건물의 관리 및 사용에 관한 공동이익을 위하여 필요한 구분소유자의 권리와 의무를 선량한 관리자의 주의로 행사하거나 이행하여야 한다.

(1) 의 의

1) 구분소유자들로 구성되는 인적 결합단체이며 법인격 없는 사단이다.
2) 건물에 대하여 구분소유관계가 성립되면, 구분소유자는 전원으로서 건물 및 그 대지와 부속시설의 관리에 관한 사업의 시행을 목적으로 한 관리단을 구성(당연설립)한다(법 제23조).
3) 공동관리의 필요가 생긴 때에는 그 당시의 미분양된 전유부분의 구분소유자를 포함한 구분소유자 전원을 구성원으로 하는 관리단이 설립된다(대판 2005.11.10. 2003다45496).

(2) 관리단의 의무

관리단은 건물의 관리 및 사용에 관한 공동이익을 위하여 필요한 구분소유자의 권리와 의무를 선량한 관리자의 주의로 행사하거나 이행하여야 한다(법 제23조의2).

(3) 관리단채무와 구분소유자의 책임(법 제27조)

1) 관리단이 그의 재산으로 채무를 전부 변제할 수 없는 경우에는 구분소유자는 지분비율에 따라 관리단의 채무를 변제할 책임을 진다. 다만, 규약으로써 그 부담비율을 달리 정할 수 있다.
2) 구분소유자의 특별승계인은 승계 전에 발생한 관리단의 채무에 관하여도 책임을 진다.

3 관리인 ★★ 25·33·35회 출제

> **제24조(관리인의 선임 등)** ① 구분소유자가 10인 이상일 때에는 관리단을 대표하고 관리단의 사무를 집행할 관리인을 선임하여야 한다.
> ② 관리인은 구분소유자일 필요가 없으며, 그 임기는 2년의 범위에서 규약으로 정한다.
> ③ 관리인은 관리단집회의 결의로 선임되거나 해임된다. 다만, 규약으로 제26조의2에 따른 관리위원회의 결의로 선임되거나 해임되도록 정한 경우에는 그에 따른다.
> ④ 구분소유자의 승낙을 받아 전유부분을 점유하는 자는 제3항 본문에 따른 관리단집회에 참석하여 그 구분소유자의 의결권을 행사할 수 있다. 다만, 구분소유자와 점유자가 달리 정하여 관리단에 통지하거나 구분소유자가 집회 이전에 직접 의결권을 행사할 것을 관리단에 통지한 경우에는 그러하지 아니하다.
> ⑤ 관리인에게 부정한 행위나 그 밖에 그 직무를 수행하기에 적합하지 아니한 사정이 있을 때에는 각 구분소유자는 관리인의 해임을 법원에 청구할 수 있다.
>
> **제25조(관리인의 권한과 의무)** ① 관리인은 다음 각 호의 행위를 할 권한과 의무를 가진다.
> 1. 공용부분의 보존·관리 및 변경을 위한 행위
> 2. 관리단의 사무 집행을 위한 분담금액과 비용을 각 구분소유자에게 청구·수령하는 행위 및 그 금원을 관리하는 행위
> 3. 관리단의 사업 시행과 관련하여 관리단을 대표하여 하는 재판상 또는 재판 외의 행위
> 4. 그 밖에 규약에 정하여진 행위
> ② 관리인의 대표권은 제한할 수 있다. 다만, 이로써 선의의 제3자에게 대항할 수 없다.
>
> **제26조(관리인의 보고의무 등)** ① 관리인은 대통령령으로 정하는 바에 따라 매년 1회 이상 구분소유자에게 그 사무에 관한 보고를 하여야 한다.
> ② 이해관계인은 관리인에게 제1항에 따른 보고 자료의 열람을 청구하거나 자기 비용으로 등본의 교부를 청구할 수 있다.
> ③ 이 법 또는 규약에서 규정하지 아니한 관리인의 권리의무에 관하여는 「민법」의 위임에 관한 규정을 준용한다.

(1) 관리인의 선임과 해임(법 제24조)

1) 구분소유자가 10인 이상인 경우 관리인 선임은 의무적이다.

2) 관리인은 <u>관리단집회 또는 관리위원회의 결의(규약 필요)</u>에 의해서만 선임되거나 해임되며 이는 강행규정이다(동조 제2항, 대판 2012.3.29. 2009다45320). → 서면 결의로도 가능하다.

3) 관리인은 구분소유자일 필요가 없으며, 임기는 2년의 범위 내에서 규약으로 정한다.

4) 관리인에게 부정한 행위나 그 밖에 직무수행에 적합하지 아니한 사정이 있을 때에는 각 구분소유자가 관리인의 해임을 법원에 청구할 수 있다.

(2) 관리인의 권한(법 제25조) 19회 출제

1) **공용부분 등의 보존·관리 및 변경**(법 제25조 제1항 제1호)

① **보존행위**

그 대상이 되는 물건의 가치를 현상유지하는 행위로서 청소나 점검·보수 등을 포함하며, 이는 각 공유자가 단독으로도 할 수 있기 때문에(법 제16조 제1항 단서) 관리인의 직무권한과 병존하게 된다.

② 관리행위
관리행위에 관한 사항은 관리인이 독자적으로 결정하여 집행하는 것이 아니라 규약에 달리 정함이 없는 한 관리단집회의 보통결의, 즉 구분소유자 및 의결권의 각 과반수의 찬성을 얻어야 한다(법 제16조 제1·2항).

③ 변경행위
구분소유자 및 의결권의 각 4분의 3 이상의 다수에 의한 관리단집회의 특별결의가 있어야 한다. 이 경우 그 변경이 다른 구분소유자의 권리에 특별한 영향을 미칠 때에는 그 구분소유자의 승낙을 얻어야 한다(법 제15조 제1항).

2) 분담금 등의 청구·수령 및 관리(법 제25조 제1항 제2호)
관리인은 관리단사무의 집행을 위한 분담금 및 기타 비용을 각 구분소유자에게 청구·수령하고, 그 금원을 관리할 권한과 의무를 갖는다(법 제25조 제1항 제2호).

3) 사업시행과 관련한 관리단 대표권(법 제25조 제1항 제3호)

① 관리단대표권
관리인은 관리단의 사업시행과 관련하여 관리단을 대표하여 재판상 또는 재판 외의 행위를 할 권한과 의무를 갖는다(법 제25조 제1항 제3호).

② 대표권의 제한
관리인의 대표권은 관리단의 사업시행에 관련된 일체의 재판상 또는 재판 외의 행위에 미치는 포괄적인 것이지만 규약이나 관리단집회의 결의로 이를 제한할 수 있다. 그러나 이로써 선의의 제3자에게 대항할 수 없다(법 제25조 제2항).

4) 기타 규약 및 관리단집회의 결의에서 정한 사항의 업무집행권
당해 집합건물의 관리업무를 총괄하는 자로서 구분소유자를 위하여 규약이나 관리단집회의 결의에서 정한 사항을 집행할 권한과 의무를 갖는다(법 제25조 제1항 제4호).

(3) 관리인의 의무

1) 수임인으로서의 의무
관리인과 구분소유자와의 관계는 기본적으로 민법상의 위임관계에 있기 때문에 그에 의한 일반적인 권리·의무를 가진다(법 제26조 제3항, 민법 제680조).

2) 보고의무
관리인은 대통령령으로 정하는 바에 따라 매년 1회 이상 구분소유자에게 그 사무에 관한 보고를 하여야 하고(법 제26조 제1항) 이해관계인은 관리인에게 그 보고 자료의 열람을 청구하거나 자기 비용으로 등본의 교부를 청구할 수 있다(법 제26조 제2항).

제4편 민사특별법

단락문제 Q02
제35회 기출

집합건물의 소유 및 관리에 관한 법률상 관리인에 관한 설명으로 틀린 것은?

① 관리인은 구분소유자여야 한다.
② 관리인은 공용부분의 보존행위를 할 수 있다.
③ 관리인의 임기는 2년의 범위에서 규약으로 정한다.
④ 관리인은 규약에 달리 정한 바가 없으면 관리위원회의 위원이 될 수 없다.
⑤ 관리인의 대표권은 제한할 수 있지만, 이를 선의의 제3자에게 대항할 수 없다.

해설
① (×) 구분소유자일 필요 없다. (집합건물의 소유 및 관리에 관한 법률 제24조②)
② (○) 집합건물의 소유 및 관리에 관한 법률 제25조① 1호
③ (○) 집합건물의 소유 및 관리에 관한 법률 제24조②
④ (○) 집합건물의 소유 및 관리에 관한 법률 제26조의 4②
⑤ (○) 집합건물의 소유 및 관리에 관한 법률 제25조②

답 ①

4 관리위원회
24·33회 출제

> 제26조의2(관리위원회의 설치 및 기능) ① 관리단에는 규약으로 정하는 바에 따라 관리위원회를 둘 수 있다.
> ② 관리위원회는 이 법 또는 규약으로 정한 관리인의 사무 집행을 감독한다.
> ③ 제1항에 따라 관리위원회를 둔 경우 관리인은 제25조 제1항 각 호의 행위를 하려면 관리위원회의 결의를 거쳐야 한다. 다만, 규약으로 달리 정한 사항은 그러하지 아니하다.
> 제26조의3(관리위원회의 구성 및 운영) ① 관리위원회의 위원은 구분소유자 중에서 관리단집회의 결의에 의하여 선출한다. 다만, 규약으로 관리단집회의 결의에 관하여 달리 정한 경우에는 그에 따른다.
> ② 관리위원회 위원의 임기 및 점유자의 의결권 행사에 관하여는 제24조 제2항 및 제4항을 준용한다.
> ③ 제1항 및 제2항에서 규정한 사항 외에 관리위원회의 구성 및 운영에 필요한 사항은 대통령령으로 정한다.

(1) 의 의
규약으로 설치할 수 있는 임의기관으로 관리인의 사무 집행을 감독하고, 관리위원회가 설치된 경우에는 규약에 특별한 정함이 없는 한 관리인의 권한 행사 시 관리위원회의 결의를 거쳐야 한다(법 제26조의2).

(2) 구성 및 운영(법 제26조의3)

1) 관리위원회의 위원은 규약에 특별한 정함이 없으면, 구분소유자 중에서 관리단집회의 결의에 의하여 선출한다.

2) 관리위원회의 구성 및 운영에 관한 사항은 대통령령으로 정한다.

제4장 집합건물의 소유 및 관리에 관한 법률

5 규약★★

> **제28조(규약)** ① 건물과 대지 또는 부속시설의 관리 또는 사용에 관한 구분소유자들 사이의 사항 중 이 법에서 규정하지 아니한 사항은 규약으로써 정할 수 있다.
> ② 일부공용부분에 관한 사항으로써 구분소유자 전원에게 이해관계가 있지 아니한 사항은 구분소유자 전원의 규약에 따로 정하지 아니하면 일부공용부분을 공용하는 구분소유자의 규약으로써 정할 수 있다.
> ③ 제1항과 제2항의 경우에 구분소유자 외의 자의 권리를 침해하지 못한다.
> ④ 특별시장·광역시장·특별자치시장·도지사 및 특별자치도지사(이하 "시·도지사"라 한다)는 이 법을 적용받는 건물과 대지 및 부속시설의 효율적이고 공정한 관리를 위하여 대통령령으로 정하는 바에 따라 표준규약을 마련하여 보급하여야 한다.
>
> **제29조(규약의 설정·변경·폐지)** ① 규약의 설정·변경 및 폐지는 관리단집회에서 구분소유자의 4분의 3 이상 및 의결권의 4분의 3 이상의 찬성을 얻어서 한다. 이 경우 규약의 설정·변경 및 폐지가 일부 구분소유자의 권리에 특별한 영향을 미칠 때에는 그 구분소유자의 승낙을 받아야 한다.
> ② 제28조 제2항에 규정한 사항에 관한 구분소유자 전원의 규약의 설정·변경 또는 폐지는 그 일부공용부분을 공용하는 구분소유자의 4분의 1을 초과하는 자 또는 의결권의 4분의 1을 초과하는 의결권을 가진 자가 반대할 때에는 할 수 없다.
>
> **제30조(규약의 보관 및 열람)** ① 규약은 관리인 또는 구분소유자나 그 대리인으로서 건물을 사용하고 있는 자 중 1인이 보관하여야 한다.
> ② 제1항에 따라 규약을 보관할 구분소유자나 그 대리인은 규약에 다른 규정이 없으면 관리단집회의 결의로써 정한다.
> ③ 이해관계인은 제1항에 따라 규약을 보관하는 자에게 규약의 열람을 청구하거나 자기 비용으로 등본의 발급을 청구할 수 있다.

(1) 규약의 의의

규약이란 관리단이라는 구분소유자의 인적 결합단체에 있어서 그 목적의 원활한 달성을 위하여 그 의사에 기하여 제정한 일종의 법인의 정관에 유사한 자치법규(규범)이다.

(2) 규약의 제정과 표준규약(법 제28조)

1) 규약을 만들 것인가의 여부, 언제 만들 것인가의 결정은 구분소유자의 자유이나(법 제28조 제1항) 그 내용은 현저히 사회통념에 반하지 않아야 한다.

2) 특별시장·광역시장·특별자치시장·도지사 및 특별자치도지사(이하 "시·도지사"라 한다)는 집합건물과 그 대지 및 부속시설의 효율적이고 공정한 관리를 위하여 대통령령으로 정하는 바에 따라 표준규약을 마련하여 보급하여야 한다.

> **판례** 집합건물의 관리인에게 건물 전체 또는 상당 부분에 대한 임대권한을 위임하는 내용의 규약은 무효이다.

집합건물의 <u>관리인에게 건물 전체 또는 상당 부분에 대한 임대권한을 위임하는 내용의 규약은</u>, 구분소유자가 원칙적으로 독점적·배타적 사용·관리 권한을 가지는 전유부분에 대하여 다른 구분소유자와의 조정의 범위를 초과하는 사용제한을 설정한 것으로서, <u>구분소유자의 소유권을 과도하게 침해 내지 제한</u>함으로써 사회관념상 현저히 타당성을 잃은 것으로서 <u>무효</u>이다(대판 2009.4.9. 2009다242).

(3) 규약의 설정·변경·폐지 `13회 출제`

관리단의 규약은 관리단집회에서 구분소유자 및 의결권의 각 4분의 3 이상의 찬성에 의하여 설정, 변경, 폐지할 수 있으나 규약의 설정·변경·폐지가 일부의 구분소유자의 권리에 특별한 영향을 미칠 때에는 그 구분소유자의 승낙을 얻어야 한다(법 제29조 제1항).

(4) 규약의 효력

1) 규약은 그 제정 당시의 구분소유자뿐만 아니라 그 포괄승계인에 대해서도 효력이 있고, 점유자도 구분소유자가 건물이나 대지 또는 부속시설의 사용과 관련하여 규약에 따라 부담하는 의무와 동일한 의무를 진다(법 제42조).
2) 규약은 일종의 자치법규이므로 동일구역 내의 집합건물 소유자 및 점유자 이외의 자에게는 효력이 없고, 구분소유자 이외의 자의 권리를 해하지 못한다(법 제28조 제3항).

(5) 규약의 보관 및 열람

1) **규약의 보관**
   규약은 관리단 집회의 결의로 정한 관리인 또는 구분소유자나 그 대리인으로서 건물을 사용하는 자 중 1인이 보관하여야 한다(법 제30조 제1항).

2) **규약의 열람**
   이해관계인은 규약보관자에게 규약의 열람을 청구하거나 자기 비용으로 등본의 발급을 청구할 수 있다(법 제30조 제2항).

3) **과태료**
   위의 1) 또는 2)의 사항을 위반하면 100만원의 과태료에 처한다(법 제66조 제2항).

6 관리단집회★★★

(1) 의 의

> 제31조(집회의 권한) 관리단의 사무는 이 법 또는 규약으로 관리인에게 위임한 사항 외에는 관리단집회의 결의에 따라 수행한다.

1) 구분소유자 전원으로 구성되는 관리단의 최고의사결정기관으로서 「집합건물의 소유 및 관리에 관한 법률」에 의한 구분소유건물의 관리에 있어서는 필수기관이다.
2) 관리단의 사무는 이 법 또는 규약으로 관리인에게 위임한 사항 외에는 관리단집회의 결의에 따라 수행한다.

(2) 집회의 소집

> 제32조(정기 관리단집회) 관리인은 매년 회계연도 종료 후 3개월 이내에 정기 관리단집회를 소집하여야 한다.
> 제33조(임시 관리단집회) ① 관리인은 필요하다고 인정할 때에는 관리단집회를 소집할 수 있다.
> ② 구분소유자의 5분의 1 이상이 회의의 목적 사항을 구체적으로 밝혀 관리단집회의 소집을 청구하면 관리인은 관리단집회를 소집하여야 한다. 이 정수(定數)는 규약으로 감경할 수 있다.
> ③ 제2항의 청구가 있은 후 1주일 내에 관리인이 청구일부터 2주일 이내의 날을 관리단집회일로 하는 소집통지 절차를 밟지 아니하면 소집을 청구한 구분소유자는 법원의 허가를 받아 관리단집회를 소집할 수 있다.
> ④ 관리인이 없는 경우에는 구분소유자의 5분의 1 이상은 관리단집회를 소집할 수 있다. 이 정수는 규약으로 감경할 수 있다.

1) 정기집회
매년 회계연도 종료 후 3개월 이내에 정기 집회를 가진다(법 제32조).

2) 임시집회
① 관리인이 필요하다고 인정할 때(법 제33조 제1항)
② <u>구분소유자의 5분의 1 이상</u>으로서 회의의 목적사항을 명시하여 관리인에게 소집청구를 한 때(법 제33조 제2항) → 규약으로 감경 가능
③ 관리인이 없는 경우 구분소유자의 5분의 1 이상이 소집할 때(법 제33조 제4항).

(3) 집회의 소집통지

> **제34조(집회소집통지)** ① 관리단집회를 소집하려면 관리단집회일 <u>1주일 전</u>에 회의의 목적사항을 구체적으로 밝혀 각 구분소유자에게 통지하여야 한다. 다만, 이 기간은 규약으로 달리 정할 수 있다.
> ② 전유부분을 여럿이 공유하는 경우에 제1항의 통지는 제37조 제2항에 따라 정하여진 의결권을 행사할 자(그가 없을 때에는 공유자 중 1인)에게 통지하여야 한다.
> ③ 제1항의 통지는 구분소유자가 관리인에게 따로 통지장소를 제출하였으면 그 장소로 발송하고, 제출하지 아니하였으면 구분소유자가 소유하는 전유부분이 있는 장소로 발송한다. 이 경우 제1항의 통지는 통상적으로 도달할 시기에 도달한 것으로 본다.
> ④ 건물 내에 주소를 가지는 구분소유자 또는 제3항의 통지장소를 제출하지 아니한 구분소유자에 대한 제1항의 통지는 건물 내의 <u>적당한 장소에 게시함으로써 소집통지를 갈음할</u> 수 있음을 규약으로 정할 수 있다. 이 경우 제1항의 통지는 게시한 때에 도달한 것으로 본다.
> ⑤ 회의의 목적사항이 제15조 제1항, 제29조 제1항, 제47조 제1항 및 제50조 제4항인 경우에는 그 통지에 그 의안 및 계획의 내용을 적어야 한다.
> **제35조(소집절차의 생략)** 관리단집회는 구분소유자 전원이 동의하면 소집절차를 거치지 아니하고 소집할 수 있다.

1) 집회일의 1주일 전(규약으로 변경 가능)에 회의의 목적사항을 명시하여 관리인(관리인이 없는 경우에는 구분소유자의 5분의 1 이상이)이 각 구분소유자에게 통지한다(법 제34조 제1항).

2) 구분소유자 5분의 1 이상의 소집청구가 있은 후 1주일 내에 관리인이 청구일부터 2주일 이내의 날을 관리단집회일로 하는 소집통지 절차를 밟지 아니하면 소집을 청구한 구분소유자는 법원의 허가를 받아 관리단집회를 소집할 수 있다(법 제33조 제3항).

3) 관리단집회는 구분소유자 전원의 동의가 있는 때에는 소집절차를 거치지 않고 소집할 수 있다(법 제35조).

(4) 결의사항

1) 관리단집회는 소집통지서에 통지한 사항에 관하여서만 결의할 수 있다(법 제36조 제1항).

2) 다만 ① 이 법에서 의결정족수를 특별히 정한 것이 아닌 사안에 대하여는 규약으로 이와 달리 정할 수 있으며, ② 구분소유자 전원의 동의에 의해서 소집절차 없이 소집되는 관리단 집회에는 그러한 제한 없이 결의할 수 있다(법 제36조 제2·3항).

(5) 의결권

> 제37조(의결권) ① 각 구분소유자의 의결권은 규약에 특별한 규정이 없으면 제12조에 규정된 지분비율에 따른다.
> ② 전유부분을 여럿이 공유하는 경우에는 공유자는 관리단집회에서 의결권을 행사할 1인을 정한다.
> ③ 구분소유자의 승낙을 받아 동일한 전유부분을 점유하는 자가 여럿인 경우에는 제16조 제2항, 제24조 제4항 또는 제26조의3 제2항에 따라 해당 구분소유자의 의결권을 행사할 1인을 정하여야 한다.

1) 의결권은 규약에 특별한 규정이 없으면, 각 구분소유자의 지분비율(전유부분의 면적의 비율)에 의한다(법 제37조 제1항).
2) 전유부분이 수인의 공유에 속한 경우에는 공유자는 관리단집회에서 의결권을 행사할 1인을 정한다(법 제37조 제2항).

 분양대금을 완납하였음에도 소유권이전등기를 경료받지 못한 수분양자의 의결권

> 구분소유자라 함은 일반적으로 구분소유권을 취득한 자를 지칭하는 것이나, 다만 수분양자로서 분양대금을 완납하였음에도 분양자측의 사정으로 소유권이전등기를 경료받지 못한 경우와 같은 특별한 사정이 있는 경우에는 이러한 수분양자도 구분소유자에 준하는 것으로 보아 관리단의 구성원이 되어 의결권을 행사할 수 있다(대결 2005.12.16, 2004마515).

3) **전유부분을 점유하는 자의 의결권**(법 제16조·제24조·제26조 참조)
   ① 구분소유자의 승낙을 받아 전유부분을 점유하는 자는 ㉠ 공용부분의 관리에 관한 결의, ㉡ 관리인의 선임과 해임에 관한 결의, ㉢ 관리위원회의 구성에 관한 결의에 대하여 구분소유자의 의결권을 행사할 수 있다.
   ② 다만, 구분소유자와 점유자가 달리 정하여 관리단에 통지한 경우에는 의결권을 행사할 수 없으며, 구분소유자의 권리·의무에 특별한 영향을 미치는 사항을 결정하기 위한 집회인 경우에는 점유자는 사전에 구분소유자에게 의결권 행사에 대한 동의를 받아야 한다.
   ③ 동일한 전유부분에 관하여 구분소유자의 승낙을 받아 점유하는 자가 여럿인 경우에는 위의 의결권을 행사할 1인을 정하여야 한다.

(6) 의결방법(법 제38조)

> 제38조(의결 방법) ① 관리단집회의 의사는 이 법 또는 규약에 특별한 규정이 없으면 구분소유자의 과반수 및 의결권의 과반수로써 의결한다.
> ② 의결권은 서면이나 전자적 방법(전자정보처리조직을 사용하거나 그 밖에 정보통신기술을 이용하는 방법으로서 대통령령으로 정하는 방법을 말한다. 이하 같다)으로 또는 대리인을 통하여 행사할 수 있다.
> ③ 제34조에 따른 관리단집회의 소집통지나 소집통지를 갈음하는 게시를 할 때에는 제2항에 따라 의결권을 행사할 수 있다는 내용과 구체적인 의결권 행사 방법을 명확히 밝혀야 한다.
> ④ 제1항부터 제3항까지에서 규정한 사항 외에 의결권 행사를 위하여 필요한 사항은 대통령령으로 정한다.
>
> 제39조(집회의 의장과 의사록) ① 관리단집회의 의장은 관리인 또는 집회를 소집한 구분소유자 중 연장자가 된다. 다만, 규약에 특별한 규정이 있거나 관리단집회에서 다른 결의를 한 경우에는 그러하지 아니하다.
> ② 관리단집회의 의사에 관하여는 의사록을 작성하여야 한다.
> ③ 의사록에는 의사의 경과와 그 결과를 적고 의장과 구분소유자 2인 이상이 서명날인하여야 한다.
> ④ 의사록에 관하여는 제30조를 준용한다.
>
> 제41조(서면 또는 전자적 방법에 의한 결의 등) ① 이 법 또는 규약에 따라 관리단집회에서 결의할 것으로 정한 사항에 관하여 구분소유자의 5분의 4 이상 및 의결권의 5분의 4 이상이 서면이나 전자적 방법 또는 서면과 전자적 방법으로

제4장 집합건물의 소유 및 관리에 관한 법률

> 합의하면 관리단집회에서 결의한 것으로 본다. 다만, 제15조 제1항 제2호의 경우에는 구분소유자의 과반수 및 의결권의 과반수가 서면이나 전자적 방법 또는 서면과 전자적 방법으로 합의하면 관리단집회에서 결의한 것으로 본다.
> ② 구분소유자들은 미리 그들 중 1인을 대리인으로 정하여 관리단에 신고한 경우에는 그 대리인은 그 구분소유자들을 대리하여 관리단집회에 참석하거나 서면 또는 전자적 방법으로 의결권을 행사할 수 있다.
> ③ 제1항의 서면 또는 전자적 방법으로 기록된 정보에 관하여는 제30조를 준용한다.

1) 관리단집회의 의사는 이 법 또는 규약에 특별한 규정이 없으면 구분소유자의 과반수 및 의결권의 과반수로써 의결한다.

Key Point — 집합건물에 있어서의 의결정족수

일반적 사항	2/3를 요하는 사항	3/4을 요하는 사항	4/5를 요하는 사항
구분소유자 및 의결권자의 각 과반수(법 제38조 제1항)	공용부분의 변경(법 제15조 제1항)	① 구분소유자의 사용금지 청구(법 제44조 제2항) ② 구분소유권의 경매청구(법 제45조 제2항) ③ 규약의 설정, 변경, 폐지(법 제29조 제1항) ④ 전유부분의 점유자에 대한 인도청구(법 제46조 제2항)	① 건축 결의 (법 제47조 제2항) ② 멸실된 공용부분의 복구 결의(법 제50조 제4항)

2) **서면 또는 전자적 방법에 의한 결의**(법 제38조·제41조)
   ① 의결권은 서면이나 전자적 방법(전자정보처리조직을 사용하거나 그 밖에 정보통신기술을 이용하는 방법으로서 대통령령으로 정하는 방법을 말한다. 이하 같다)으로 또는 대리인을 통하여 행사할 수 있다.
   ② 관리단집회에서 결의할 것으로 정한 사항에 관하여 구분소유자의 5분의 4 이상 및 의결권의 5분의 4 이상이 서면이나 전자적 방법 또는 서면과 전자적 방법으로 합의하면 관리단집회에서 결의한 것으로 본다. 다만, 휴양콘도미니엄의 공용부분 변경에 관한 사항인 경우에는 구분소유자의 과반수 및 의결권의 과반수가 서면이나 전자적 방법 또는 서면과 전자적 방법으로 합의하면 관리단집회에서 결의한 것으로 본다.
   ③ 구분소유자들은 미리 그들 중 1인을 대리인으로 정하여 관리단에 신고한 경우에는 그 대리인은 그 구분소유자들을 대리하여 관리단집회에 참석하거나 서면 또는 전자적 방법으로 의결권을 행사할 수 있다.
   ④ 서면 또는 전자적 방법으로 기록된 정보는 법 제30조에 따라 관리인 등이 보관하며 이해관계인은 이를 열람하거나 자기의 비용으로 등본의 발급을 청구할 수 있다.
   ⑤ 관리단집회의 소집통지나 소집통지를 갈음하는 게시를 할 때에는 서면이나 전자적 방법으로 의결권을 행사할 수 있다는 내용과 구체적인 의결권 행사방법을 명확히 밝혀야 한다.

3) 이 외에 의결권 행사를 위하여 필요한 사항은 대통령령으로 정한다.

(7) 점유자의 의견진술권

구분소유자의 승낙을 받아 전유부분을 점유하는 자는 집회의 목적사항에 관하여 이해관계가 있는 경우에는 집회에 출석하여 의견을 진술할 수 있다. 이 경우 집회를 소집하는 자는 법 제34조에 따라 소집통지를 한 후 지체 없이 집회의 일시, 장소 및 목적사항을 건물 내의 적당한 장소에 게시하여야 한다(법 제40조).

(8) 집회결의의 효력 *17회 출제*

1) 결의 당시의 구분소유자에게만 효력을 미치는 것이 아니라 그 포괄승계인은 물론이고, 그 특별승계인에 대하여도 효력이 있다(법 제42조 제1항).
2) 건물 등의 사용과 관련된 결의에 대해서는 점유자도 동일한 의무가 있다(법 제42조 제2항).

(9) 결의취소의 소

구분소유자는 ① 집회의 소집 절차나 결의 방법이 법령 또는 규약에 위반되거나 현저하게 불공정한 경우, 또는 ② 결의 내용이 법령 또는 규약에 위배되는 경우에는 집회 결의 사실을 안 날부터 6개월 이내에, 결의한 날부터 1년 이내에 결의취소의 소를 제기할 수 있다(법 제42조의2).

제4장 집합건물의 소유 및 관리에 관한 법률

04 구분소유자 등의 권리·의무·책임   12·15·27회 출제

제5조(구분소유자의 권리·의무 등) ① 구분소유자는 건물의 보존에 해로운 행위나 그 밖에 건물의 관리 및 사용에 관하여 구분소유자 공동의 이익에 어긋나는 행위를 하여서는 아니 된다.
② 전유부분이 주거의 용도로 분양된 것인 경우에는 구분소유자는 정당한 사유 없이 그 부분을 주거 외의 용도로 사용하거나 그 내부 벽을 철거하거나 파손하여 증축·개축하는 행위를 하여서는 아니 된다.
③ 구분소유자는 그 전유부분이나 공용부분을 보존하거나 개량하기 위하여 필요한 범위에서 다른 구분소유자의 전유부분 또는 자기의 공유(共有)에 속하지 아니하는 공용부분의 사용을 청구할 수 있다. 이 경우 다른 구분소유자가 손해를 입었을 때에는 보상하여야 한다.
④ 전유부분을 점유하는 자로서 구분소유자가 아닌 자(이하 "점유자"라 한다)에 대하여는 제1항부터 제3항까지의 규정을 준용한다.

제9조(담보책임) ① 제1조 또는 제1조의2의 건물을 건축하여 분양한 자(이하 "분양자"라 한다)와 분양자와의 계약에 따라 건물을 건축한 자로서 대통령령으로 정하는 자(이하 "시공자"라 한다)는 구분소유자에 대하여 담보책임을 진다. 이 경우 그 담보책임에 관하여는 「민법」 제667조 및 제668조를 준용한다.
② 제1항에도 불구하고 시공자가 분양자에게 부담하는 담보책임에 관하여 다른 법률에 특별한 규정이 있으면 시공자는 그 법률에서 정하는 담보책임의 범위에서 구분소유자에게 제1항의 담보책임을 진다.
③ 제1항 및 제2항에 따른 시공자의 담보책임 중 「민법」 제667조 제2항에 따른 손해배상책임은 분양자에게 회생절차개시 신청, 파산 신청, 해산, 무자력(無資力) 또는 그 밖에 이에 준하는 사유가 있는 경우에만 지며, 시공자가 이미 분양자에게 손해배상을 한 경우에는 그 범위에서 구분소유자에 대한 책임을 면(免)한다.
④ 분양자와 시공자의 담보책임에 관하여 이 법과 「민법」에 규정된 것보다 매수인에게 불리한 특약은 효력이 없다.

제9조의2(담보책임의 존속기간) ① 제9조에 따른 담보책임에 관한 구분소유자의 권리는 다음 각 호의 기간 내에 행사하여야 한다.
1. 「건축법」 제2조 제1항 제7호에 따른 건물의 주요구조부 및 지반공사의 하자 : 10년
2. 제1호에 규정된 하자 외의 하자 : 하자의 중대성, 내구연한, 교체가능성 등을 고려하여 5년의 범위에서 대통령령으로 정하는 기간
② 제1항의 기간은 다음 각 호의 날부터 기산한다.
1. 전유부분 : 구분소유자에게 인도한 날
2. 공용부분 : 「주택법」 제49조에 따른 사용검사일(집합건물 전부에 대하여 임시 사용승인을 받은 경우에는 그 임시 사용승인일을 말하고, 「주택법」 제49조 제1항 단서에 따라 분할 사용검사나 동별 사용검사를 받은 경우에는 분할 사용검사일 또는 동별 사용검사일을 말한다) 또는 「건축법」 제22조에 따른 사용승인일
③ 제1항 및 제2항에도 불구하고 제1항 각 호의 하자로 인하여 건물이 멸실되거나 훼손된 경우에는 그 멸실되거나 훼손된 날부터 1년 이내에 권리를 행사하여야 한다.

1 구분소유자의 권리 ★★★

(1) 공용부분에 대한 사용권(법 제11조)

(2) 관리단집회에서의 의결권(법 제37조 제1항)

(3) 관리인 해임청구권(법 제24조 제3항)

(4) 관리단집회의 소집청구 및 소집권(법 제33조 제2·3항)

(5) 타전유부분 및 공용부분 사용청구권(법 제5조 제3항)

1) 구분소유자는 그 전유부분 또는 공용부분을 보존 또는 개량하기 위하여 필요한 범위 내에서 다른 구분소유자의 전유부분 또는 자기의 공유(共有)에 속하지 아니하는 공용부분의 사용을 청구할 수 있다.
2) 이 경우 다른 구분소유자가 손해를 입은 때에는 이를 보상하여야 한다.

(6) 하자담보추급권 `23회 출제`

1) **분양자와 시공자의 담보책임**
   ① 분양자와 시공자는 구분소유자에 대하여 민법 제667조 및 제668조에 따른 담보책임을 진다.
   ② 시공자가 분양자에게 부담하는 담보책임에 관하여 다른 법률에 특별한 규정이 있으면 시공자는 그 법률에서 정하는 담보책임의 범위에서 구분소유자에게 담보책임을 진다.
   ③ 시공자의 담보책임 중 민법 제667조 제2항에 따른 손해배상책임은 분양자에게 회생절차개시 신청, 파산 신청, 해산, 무자력(無資力) 또는 그 밖에 이에 준하는 사유가 있는 경우에만 지며, 시공자가 이미 분양자에게 손해배상을 한 경우에는 그 범위에서 구분소유자에 대한 책임을 면(免)한다.
   ④ 분양자와 시공자의 담보책임에 관하여 이 법과 민법에 규정된 것보다 매수인에게 불리한 특약은 효력이 없다.

2) **담보책임의 존속기간**(제척기간)
   ① ㉠ 건물의 주요구조부 및 지반공사의 하자는 10년 이내에 ㉡ 그 밖의 하자는 하자의 중대성, 내구연한, 교체가능성 등을 고려하여 5년의 범위에서 대통령령으로 정하는 기간 내에 담보책임을 물을 수 있다.
   ② 이 때 그 기간은 ㉠ 전유부분의 경우에는 구분소유자에게 인도한 날로부터, ㉡ 공용부분의 경우에는 사용검사일 또는 사용승인일로부터 기산한다.
   ③ 다만 하자로 인하여 건물이 멸실·훼손된 경우에는 멸실·훼손된 날부터 1년 이내에 담보책임을 추궁하면 된다.

> **판례** 담보책임과 관련한 판례들
>
> **1** 집합건물의 관리 및 보존에 관한 법률 제9조의 담보책임은 건물의 건축상의 하자 외에 대지부분의 권리상의 하자에까지 적용되는 것인지 여부 — 적용 안 됨
> 집합건물의 소유 및 관리에 관한 법률 제9조는, 민법 제667조 내지 제671조에 따른 담보책임이 집합건물에도 적용됨을 규정하는 것인데, <u>위 민법 각 규정에 따른 담보책임은 건물의 건축상의 하자에 관한 것으로, 대지부분의 권리상의 하자에까지 적용되는 것이라 하기 어렵다</u>(대판 2002.11.8. 99다58136).
>
> **2** 집합건물 양도된 경우 집합건물의 소유 및 관리에 관한 법률 제9조 소정의 하자담보추급권의 귀속관계(=현재의 집합건물의 구분소유자)
> 집합건물의 소유 및 관리에 관한 법률 제9조에 의한 하자담보추급권은 집합건물의 수분양자가 집합건물을 양도한 경우 양도 당시 양도인이 이를 행사하기 위하여 유보하였다는 등의 특별한 사정이 없는 한 <u>현재의 집합건물의 구분소유자에게 귀속한다</u>(대판 2003.2.11. 2001다47733).

2 구분소유자의 의무★★★

13회 출제

(1) 건물의 보존행위에 해로운 행위금지

구분소유자 또는 점유자는 건물의 보존에 해로운 행위 기타 건물의 관리 및 사용에 관하여 구분소유자의 공동의 이익에 반하는 행위를 하여서는 아니 된다(법 제5조 제1항).

(2) 목적 이외의 사용금지(건물의 구조변경금지)

전유부분이 주거의 용도로 분양된 것인 경우에는 구분소유자 및 점유자는 정당한 사유 없이 그 부분을 주거 이외의 용도로 사용하거나 증·개축하는 행위를 하여서는 아니 된다(법 제5조 제2항).

(3) 의무위반자에 대한 조치

14회 출제

구분소유자 또는 점유자가 공동의 이익에 반하는 행위를 한 경우에는 관리인이나 관리단집회의 결의에 의하여 지정된 구분소유자는 다음의 조치를 취할 수 있다.

1) 공동의 이익에 반하는 행위의 정지청구(법 제43조)

구분소유자 또는 점유자가 공동의 이익에 반하는 행위를 한 경우에는 그 행위의 정지나 결과의 제거 등 필요한 조치를 취할 수 있다.

2) 전유부분의 사용금지청구(법 제44조)

공동생활상의 의무위반으로 공동생활상의 상당한 장해가 현저하여 공동생활관계의 유지가 곤란한 경우 상당기간 당해 구분소유자의 전유부분의 사용을 금지시키는 조치를 할 수 있다.

3) 구분소유권의 경매청구(법 제45조)

건물보존에 해로운 행위 기타 구분소유자의 이익에 반하는 행위(법 제5조 제1항)와 주거용도인 전유부분을 정당한 사유 없이 주거 이외의 용도로 사용하거나 증·개축하는 행위(법 제5조 제2항) 및 규약상의 의무위반행위를 하는 구분소유자의 전유부분 및 대지사용권의 경매를 명할 것을 법원에 청구할 수 있다.

 구 집합건물의 소유 및 관리에 관한 법률 제45조에서 규정하는 구분소유자의 전유부분 및 대지사용권에 대한 경매청구권의 발생요건 및 판단 방법

1. 법 제45조에서 정하는 구분소유자의 전유부분 및 대지사용권에 대한 경매청구권이 발생하려면 <u>구분소유자 및 의결권의 4분의 3 이상의 다수에 의한 관리단집회결의가 있는 것만으로는 부족</u>하고, '<u>구분소유자가 건물의 보존에 해로운 행위 기타 건물의 관리 및 사용에 관하여 구분소유자의 공동의 이익에 반하는 행위를 한 결과 공동생활의 유지가 심히 곤란하게 되었다</u>'고 하는 요건이 충족되어야 한다. 따라서 단지 당해 구분소유자의 권리행사 등 일정한 행위가 <u>다수의 다른 구분소유자들의 의사와 계속적·반복적으로 배치된다거나 관리단 또는 다른 구분소유자들과의 사이에 갈등이나 반목이 발생하였다는 것만으로 쉽사리 이를 긍정하여서는 아니 된다</u>.

2. 법 제45조에 기하여 법원에 경매청구를 할 수 있는 사람에 대하여 같은 조 제1항은 '관리인 또는 관리단집회의 결의에 의하여 지정된 구분소유자'라고 정하고 있으므로 집합건물의 구분소유자라도 관리단집회의 결의에 의하여 위와 같이 <u>경매청구를 할 수 있는 사람으로 지정되지 아니하였다면 그는 위 경매청구를 할 당사자 적격을 가지지 못한다</u>(대판 2009.12.24. 2009다41779).

4) 전유부분의 점유자에 대한 인도청구(법 제46조)

임차인 등 구분소유자와의 일정한 법률관계에 기해 전유부분을 점유하는 자가 공동생활상의 의무위반으로 전체구분소유자의 공동생활이 심히 곤란하게 된 때에는 구분소유자와 점유자간의 전유부분을 목적으로 하는 계약(임대차계약)을 해제하고 그 인도를 청구할 수 있다.

05 재건축 및 복구

제47조(재건축의 결의) ① 건물 건축 후 상당한 기간이 경과되어 건물이 훼손 또는 일부 멸실되거나 그 밖의 사정에 의하여 건물의 가격에 비하여 과다한 수선·복구비나 관리비용이 소요되는 경우 또는 부근 토지의 이용상황의 변화나 그 밖의 사정에 의하여 건물을 재건축하면 그에 소요되는 비용에 비하여 현저한 효용의 증가가 있게 되는 경우 관리단집회는 그 건물을 철거하여 그 대지를 구분소유권의 목적이 될 신건물의 대지로 이용할 것을 결의할 수 있다. 다만, 재건축의 내용이 단지 내의 다른 건물의 구분소유자에게 특별한 영향을 미칠 때에는 그 구분소유자의 승낙을 얻어야 한다.
② 제1항의 결의는 구분소유자 및 의결권의 각 5분의 4 이상의 다수에 의한 결의에 의한다.
③ 재건축의 결의를 할 때에는 다음의 사항을 정하여야 한다.
1. 신건물의 설계의 개요
2. 건물의 철거 및 신건물의 건축에 소요되는 비용의 개산액
3. 제2호에 규정한 비용의 분담에 관한 사항
4. 신건물의 구분소유권의 귀속에 관한 사항
④ 제3항 제3호 및 제4호의 사항은 각 구분소유자 사이에 형평이 유지되도록 정하여야 한다.
⑤ 제1항의 결의를 위한 관리단집회의 의사록에는 결의에 대한 각 구분소유자의 찬반 의사를 적어야 한다.
제49조(재건축에 관한 합의) 재건축 결의에 찬성한 각 구분소유자, 재건축 결의 내용에 따른 재건축에 참가할 뜻을 회답한 각 구분소유자 및 구분소유권 또는 대지사용권을 매수한 각 매수지정자(이들의 승계인을 포함한다)는 재건축 결의 내용에 따른 재건축에 합의한 것으로 본다.

1 재건축★★★ 12·16·24·30회 출제

(1) 의 의

재건축이란 당해건물을 철거하고 그 대지에 구분소유권의 목적이 될 신건물을 다시 건축하는 것을 말한다.

(2) 요 건

① 건물 건축 후 상당한 기간이 경과되어 건물이 훼손 또는 일부 멸실되거나 그 밖의 사정에 의하여 건물의 가격에 비하여 과다한 수선·복구비나 관리비용이 소요되는 경우이거나
② 부근 토지의 이용상황의 변화나 그 밖의 사정에 의하여 건물을 재건축하면 그에 소요되는 비용에 비하여 현저한 효용의 증가가 있어야 한다(법 제47조 제1항).

(3) 결 의 28회 출제

1) 정족수

관리단집회의 결의는 구분소유자 및 의결권의 각 5분의4 이상의 다수에 의한 결의에 의한다(법 제47조 제2항).

2) 타 건물 구분소유자의 승낙

재건축의 내용이 단지 내의 다른 건물의 구분소유자에게 특별한 영향을 미칠 때에는 그 구분소유자의 승낙을 얻어야 한다(법 제47조 제1항 단서).

3) 관리단집회의 특별결의

20회 출제

재건축을 결의할 때에는 다음 사항을 정하여야 한다(법 제47조 제3항).
① 새 건물의 설계의 개요
② 건물의 철거 및 새 건물에 드는 비용을 개략적으로 산정한 금액
③ 비용의 분담에 관한 사항
④ 새 건물의 구분소유권의 귀속에 관한 사항

 재건축 결의의 요건·방식 및 효력

1 하나의 단지 내에 여러 동의 건물이 있는 경우 재건축결의의 요건
하나의 단지 내에 여러 동의 건물이 있고 그 대지가 건물소유자 전원의 공유에 속하여 단지 내 여러 동의 건물 전부를 일괄하여 재건축하고자 하는 경우에는 각각의 건물마다 그 구분소유자의 4/5 이상의 다수에 의한 재건축 결의가 있어야 하고, 그와 같은 요건을 갖추지 못한 이상 단지 내 건물소유자 전원의 4/5 이상의 다수에 의한 재건축 결의가 있었다는 것만으로 재건축에 참가하지 아니하는 자에 대하여 법 제48조에 규정된 매도청구권을 행사할 수는 없다(대판 1998.3.13. 97다41868).

2 재건축비용의 분담에 관한 사항은 재건축 결의의 내용 중 가장 중요하고 본질적인 부분으로서, 이를 정하지 아니한 재건축 결의는 특별한 사정이 없는 한 무효이다(대판 1998.6.26. 98다15996).

3 집합건물법상 구건물을 철거한 다음 그 대지와 인접한 주위 토지를 합하여 이를 신건물의 대지로 이용할 것을 내용으로 하는 (용도변경을 요하는) 재건축결의도 허용된다(대판 2008.2.1. 2006다32217).

4 재건축조합은 대체로 그 조합원의 수가 많고, 재건축에 대한 관심과 참여 정도가 조합원에 따라 현격한 차이가 있으며, 재건축의 과정이 장기간에 걸쳐 복잡하게 진행될 뿐만 아니라 재건축 대상인 건물이 일단 철거된 후에는 조합원의 주거지가 여러 곳으로 분산되는 등의 사정이 있음에 비추어, 재건축 결의의 내용을 변경하는 것도 같은 법 제41조 제1항을 유추적용하여 서면합의에 의할 수 있다고 할 것이다(대판 2005.4.21. 2003다4969).

5 유효한 재건축결의가 있었는지의 여부는 반드시 최초의 관리단집회에서의 결의에만 한정하여 볼 것은 아니고 비록 최초의 관리단집회에서의 재건축동의자가 재건축에 필요한 정족수를 충족하지 못하였다고 하더라도 그 후 이를 기초로 하여 재건축 추진과정에서 구분소유자들이 재건축에 동의하는 취지의 서면을 별도로 제출함으로써 재건축결의 정족수를 갖추게 된다면 그로써 관리단집회에서의 결의와는 별도의 재건축결의가 유효하게 성립한다고 보아야 할 경우가 있고, 그와 같은 서면결의를 함에 있어서는 따로 관리단집회를 소집·개최할 필요가 없다(대판 2005.6.24. 2003다55455).

(4) 재건축절차

1) 재건축반대자에 대한 촉구

30회 출제

① 재건축의 결의가 있은 때에 집회를 소집한 자는 지체 없이 그 결의에 찬성하지 아니한 구분소유자에 대하여 재건축에의 참가여부를 회답할 것을 서면으로 최고하여야 한다(법 제48조 제1항).
② 재건축반대자는 촉구 후 2개월 내에 회답하여야 하고 이 기간 내에 회답하지 아니한 경우 그 구분소유자는 재건축에 참가하지 아니하는 뜻을 회답한 것으로 본다(법 제48조 제2항·3항).

2) 구분소유권의 매도청구

재건축의 결의에 찬성한 각 구분소유자, 재건축의 결의내용에 따른 재건축에 참가할 뜻을 회답한 각 구분소유자 또는 이들 전원의 합의에 의하여 구분소유권 및 대지사용권을 매수하도록 지정된 자(매수지정자)는 2월 이내에 재건축에 참가하지 아니하는 뜻을 회답한 구분소유자에 대하여 구분소유권 및 대지사용권을 시가에 따라 매도할 것을 청구할 수 있다. 재건축의 결의가 있은 후에 이 구분소유자로부터 대지사용권만을 취득한 자의 대지사용권에 대하여도 같다(법 제48조 제4항).

※ 그의 승계인을 포함(이하 같다)

 매도청구권의 상대방

아파트 분양자가 분양자 소유의 아파트를 이미 제3자에게 분양하여 그의 일부 잔대금 청산이 완결될 때까지만 그의 소유권을 보유하고 있는 상태라고 하더라도 그의 소유권보존등기가 아직 분양자 명의로 남아 있는 이상 그 분양자는 대외적으로 그 아파트의 처분권을 갖고 있는 적법한 소유자라고 할 것이므로, 집합건물의 소유 및 관리에 관한 법률 제48조에 정한 매도청구권은 대외적인 법률상의 처분권을 갖고 있는 등기부상 소유자인 분양자에게 행사하여야 한다(대판 2000.6.23. 99다63084).

 법 제48조 제2항, 제4항 소정의 매도청구권 행사기간의 법적 성격(제척기간)

매도청구권이 형성권으로서 상대방의 정당한 법적 이익을 보호하고 아울러 재건축을 둘러싼 법률관계를 조속히 확정하기 위한 것이라고 봄이 상당하므로, 매도청구권은 행사기간 내에 이를 행사하지 아니하면 그 효력을 상실한다(대판 2002.9.24. 2000다22812).

 재건축결의 요건 판단기준(동별로 판단)과 매도청구권 행사

하나의 단지 내에 있는 여러 동의 집합건물을 재건축하는 경우에 일부 동에 재건축 결의의 요건을 갖추지 못하였지만 나머지 동에 재건축결의의 요건을 갖춘 경우 그 나머지 동에 대하여는 적법한 재건축결의가 있었으므로 그 나머지 동의 구분소유자 중 재건축결의에 동의하지 아니한 구분소유자에 대하여 매도청구권을 행사할 수 있다고 할 것이다(대판 2006.11.23. 2005다68769·68776).

2 복구 ★★★ 17회 출제

(1) 의 의
복구란 자연재해 등 특정인의 인위적 행위에 의하지 않고 건물이 일부멸실된 경우에 그 본래의 상태를 유지하기 위한 보수 및 수선행위를 말한다.

(2) 전유부분의 복구
각 구분소유자는 자기의 책임과 비용으로 전유부분을 복구하여야 한다(법 제50조 제2항 참조).

(3) 공용부분의 복구

1) 건물가격의 2분의 1 이하에 상당하는 부분이 멸실된 경우
① 각 구분소유자가 그 멸실된 공용부분을 복구할 수 있다(법 제50조 제1항).
② 이를 복구한 자는 다른 구분 소유자에게 그 지분비율에 따라 복구에 소요된 비용의 상환을 청구할 수 있다(법 제50조 제2항).

2) 건물가격의 2분의 1을 초과하는 건물부분이 멸실된 경우
① 결 의
관리단집회의 <u>특별결의</u>에 의하여 복구여부를 결정할 수 있다(법 제50조 제4항).
→ 구분소유자 및 의결권의 4/5 이상(재건축결의와 동일)

② 매수청구권
건물의 일부가 멸실한 날로부터 6월 이내에 복구 또는 재건축결의가 없으면 각 구분소유자는 다른 구분소유자에 대하여 건물 및 그 대지에 관한 권리를 <u>시가</u>에 따라 매수할 것을 청구할 수 있다(법 제50조 제6항).
← 공시지가나 감정가 아님 주의

제4편 민사특별법

Wide 집합건물분쟁조정위원회 관련 규정 요약 정리

제52조의2(집합건물분쟁조정위원회) ① 이 법을 적용받는 건물과 관련된 분쟁을 심의·조정하기 위하여 특별시·광역시·특별자치시·도 또는 특별자치도(이하 "시·도"라 한다)에 집합건물분쟁조정위원회(이하 "조정위원회"라 한다)를 둔다.

② 조정위원회는 분쟁 당사자의 신청에 따라 다음 각 호의 분쟁(이하 "집합건물분쟁"이라 한다)을 심의·조정한다.
1. 이 법을 적용받는 건물의 하자에 관한 분쟁. 다만, 「공동주택관리법」 제36조 및 제37조에 따른 공동주택의 담보책임 및 하자보수 등과 관련된 분쟁은 제외한다.
2. 관리인·관리위원의 선임·해임 또는 관리단·관리위원회의 구성·운영에 관한 분쟁
3. 공용부분의 보존·관리 또는 변경에 관한 분쟁
4. 관리비의 징수·관리 및 사용에 관한 분쟁
5. 규약의 제정·개정에 관한 분쟁
6. 재건축과 관련된 철거, 비용분담 및 구분소유권 귀속에 관한 분쟁
7. 그 밖에 이 법을 적용받는 건물과 관련된 분쟁으로서 대통령령으로 정한 분쟁

제52조의3(조정위원회의 구성과 운영) ① 조정위원회는 위원장 1명과 부위원장 1명을 포함한 10명 이내의 위원으로 구성한다.

② 조정위원회의 위원은 집합건물분쟁에 관한 법률지식과 경험이 풍부한 사람으로서 다음 각 호의 어느 하나에 해당하는 사람 중에서 시·도지사가 임명하거나 위촉한다. 이 경우 제1호 및 제2호에 해당하는 사람이 각각 2명 이상 포함되어야 한다.
1. 법학 또는 조정·중재 등의 분쟁조정 관련 학문을 전공한 사람으로서 대학에서 조교수 이상으로 3년 이상 재직한 사람
2. 변호사 자격이 있는 사람으로서 3년 이상 법률에 관한 사무에 종사한 사람
3. 건설공사, 하자감정 또는 공동주택관리에 관한 전문적 지식을 갖춘 사람으로서 해당 업무에 3년 이상 종사한 사람
4. 해당 시·도 소속 5급 이상 공무원으로서 관련 업무에 3년 이상 종사한 사람

③ 조정위원회의 위원장은 해당 시·도지사가 위원 중에서 임명하거나 위촉한다.

④ 조정위원회에는 분쟁을 효율적으로 심의·조정하기 위하여 3명 이내의 위원으로 구성되는 소위원회를 둘 수 있다. 이 경우 소위원회에는 제2항 제1호 및 제2호에 해당하는 사람이 각각 1명 이상 포함되어야 한다.

⑤ 조정위원회는 재적위원 과반수의 출석과 출석위원 과반수의 찬성으로 의결하며, 소위원회는 재적위원 전원 출석과 출석위원 과반수의 찬성으로 의결한다.

⑥ 제1항부터 제5항까지에서 규정한 사항 외에 조정위원회와 소위원회의 구성 및 운영에 필요한 사항과 조정 절차에 관한 사항은 대통령령으로 정한다.

제52조의4(위원의 제척 등) ① 조정위원회의 위원이 다음 각 호의 어느 하나에 해당하는 경우에는 그 사건의 심의·조정에서 제척(除斥)된다.
1. 위원 또는 그 배우자나 배우자이었던 사람이 해당 집합건물분쟁의 당사자가 되거나 그 집합건물분쟁에 관하여 당사자와 공동권리자 또는 공동의무자의 관계에 있는 경우
2. 위원이 해당 집합건물분쟁의 당사자와 친족이거나 친족이었던 경우
3. 위원이 해당 집합건물분쟁에 관하여 진술이나 감정을 한 경우
4. 위원이 해당 집합건물분쟁에 당사자의 대리인으로서 관여한 경우
5. 위원이 해당 집합건물분쟁의 원인이 된 처분이나 부작위에 관여한 경우

② 조정위원회는 위원에게 제1항의 제척 원인이 있는 경우에는 직권이나 당사자의 신청에 따라 제척의 결정을 한다.
③ 당사자는 위원에게 공정한 직무집행을 기대하기 어려운 사정이 있으면 조정위원회에 해당 위원에 대한 기피신청을 할 수 있다.
④ 위원은 제1항 또는 제3항의 사유에 해당하면 스스로 그 집합건물분쟁의 심의·조정을 회피할 수 있다.

제52조의5(분쟁조정신청과 통지 등) ① 조정위원회는 당사자 일방으로부터 분쟁의 조정신청을 받은 경우에는 지체 없이 그 신청내용을 상대방에게 통지하여야 한다.
② 제1항에 따라 통지를 받은 상대방은 그 통지를 받은 날부터 7일 이내에 조정에 응할 것인지에 관한 의사를 조정위원회에 통지하여야 한다.
③ 제1항에 따라 분쟁의 조정신청을 받은 조정위원회는 분쟁의 성질 등 조정에 적합하지 아니한 사유가 있다고 인정하는 경우에는 해당 조정의 불개시(不開始) 결정을 할 수 있다. 이 경우 조정의 불개시 결정 사실과 그 사유를 당사자에게 통보하여야 한다.

제52조의6(조정의 절차) ① 조정위원회는 제52조의5 제1항에 따른 조정신청을 받으면 같은 조 제2항에 따른 조정 불응 또는 같은 조 제3항에 따른 조정의 불개시 결정이 있는 경우를 제외하고는 지체 없이 조정 절차를 개시하여야 하며, 신청을 받은 날부터 60일 이내에 그 절차를 마쳐야 한다.
② 조정위원회는 제1항의 기간 내에 조정을 마칠 수 없는 경우에는 조정위원회의 의결로 그 기간을 30일의 범위에서 한 차례만 연장할 수 있다. 이 경우 그 사유와 기한을 분명히 밝혀 당사자에게 서면으로 통지하여야 한다.
③ 조정위원회는 제1항에 따른 조정의 절차를 개시하기 전에 이해관계인 등의 의견을 들을 수 있다.
④ 조정위원회는 제1항에 따른 절차를 마쳤을 때에는 조정안을 작성하여 지체 없이 각 당사자에게 제시하여야 한다.
⑤ 제4항에 따른 조정안을 제시받은 당사자는 제시받은 날부터 14일 이내에 조정안의 수락 여부를 조정위원회에 통보하여야 한다. 이 경우 당사자가 그 기간 내에 조정안에 대한 수락 여부를 통보하지 아니한 경우에는 조정안을 수락한 것으로 본다.

제52조의7(조정의 중지 등) ① 조정위원회는 당사자가 제52조의5 제2항에 따라 조정에 응하지 아니할 의사를 통지하거나 제52조의6 제5항에 따라 조정안을 거부한 경우에는 조정을 중지하고 그 사실을 상대방에게 서면으로 통보하여야 한다.
② 조정위원회는 당사자 중 일방이 소를 제기한 경우에는 조정을 중지하고 그 사실을 상대방에게 통보하여야 한다.
③ 조정위원회는 법원에 소송계속 중인 당사자 중 일방이 조정을 신청한 때에는 해당 조정 신청을 결정으로 각하하여야 한다.

제52조의8(조정의 효력) ① 당사자가 제52조의6 제5항에 따라 조정안을 수락하면 조정위원회는 지체 없이 조정서 3부를 작성하여 위원장 및 각 당사자로 하여금 조정서에 서명날인하게 하여야 한다.
② 제1항의 경우 당사자 간에 조정서와 같은 내용의 합의가 성립된 것으로 본다.

제52조의9(하자 등의 감정) ① 조정위원회는 당사자의 신청으로 또는 당사자와 협의하여 대통령령으로 정하는 안전진단기관, 하자감정전문기관 등에 하자진단 또는 하자감정 등을 요청할 수 있다.
② 조정위원회는 당사자의 신청으로 또는 당사자와 협의하여 「공동주택관리법」 제39조에 따른 하자심사·분쟁조정위원회에 하자판정을 요청할 수 있다.
③ 제1항 및 제2항에 따른 비용은 대통령령으로 정하는 바에 따라 당사자가 부담한다.

집합건물의 소유 및 관리에 관한 법률

CHAPTER 04

• 경록 교재에 모든 답이 있습니다.

집합건물의 개념

01 **성질상 공용부분은** 등기가 없더라도 구분소유자의 공유에 속하며 공용부분에 대한 지분은 그가 가지는 전유부분의 처분시 함께 처분되는 것이다.
　함정(X) 규약상 공용부분은 등기가 없더라도 구분소유자의 공유에 속하며 공용부분에 대한 지분은 그가 가지는 전유부분의 처분시 함께 처분되는 것이다.

02 공용부분에 관한 물권의 득실변경은 **등기를 요하지 아니한다**.
　함정(X) 공용부분에 관한 물권의 득실변경은 등기하여야 효력이 발생한다.

03 공유자는 그가 가지는 전유부분과 분리하여 공용부분에 대한 지분을 처분할 수 **없다**.
　함정(X) 공유자는 그가 가지는 전유부분과 분리하여 공용부분에 대한 지분을 처분할 수 있다.

04 각 공유자는 공용부분을 **그 용도에 따라** 사용할 수 있다.
　함정(X) 각 공유자는 공용부분을 그 지분에 따라 사용할 수 있다.

05 공용부분의 변경에 관한 사항은 관리단집회에서 구분소유자의 **3분의 2** 이상 및 의결권의 **3분의 2** 이상의 결의로써 결정한다.
　함정(X) 공용부분의 변경에 관한 사항은 관리단집회에서 구분소유자의 4분의 3 이상 및 의결권의 4분의 3 이상의 결의로써 결정한다.

06 공유자가 공용부분에 관하여 다른 공유자에 대하여 가지는 채권은 그 **특별승계인에 대하여도 행사할 수 있다**.
　함정(X) 공유자가 공용부분에 관하여 다른 공유자에 대하여 가지는 채권은 그 포괄승계인에 대하여 행사할 수 있으나 특별승계인에 대하여는 행사할 수 없다.

07 구분소유자는 그가 가지는 전유부분과 분리하여 대지사용권을 처분할 수 없다. **다만, 규약으로써 달리 정한 경우에는 그러하지 아니하다**.
　함정(X) 구분소유자는 그가 가지는 전유부분과 분리하여 대지사용권을 처분할 수 없다. 이는 규약으로도 변경할 수 없다.

제4장 집합건물의 소유 및 관리에 관한 법률

08 대지사용권은 전유부분의 **면적 비율**에 의한다.
 함정(X) 대지사용권은 전유부분의 가격 비율에 의한다.

관리조직

09 관리단은 당연히 성립하며, 관리인은 구분소유자 수가 **10명** 이상인 때부터 반드시 선임해야 한다.
 함정(X) 관리단은 당연히 성립하며, 관리인은 구분소유자 수가 30명 이상인 때부터 반드시 선임해야 한다.

10 정기관리단 집회는 매년 회계연도 종료 후 **3개월** 이내에 소집하여야 한다.
 함정(X) 정기관리단 집회는 매년 회계연도 종료 후 30일 이내에 소집하여야 한다.

11 관리단에는 규약으로 정하는 바에 따라 관리위원회를 **둘 수 있다**.
 함정(X) 관리단에는 규약으로 정하는 바에 따라 관리위원회를 두어야 한다.

구분소유자 등의 권리·의무

12 구분소유자가 공동이익에 반하는 행위를 한 경우 취할 수 있는 조치는 ㉠ 공동이익에 반하는 행위의 정지청구 ㉡ 전유부분의 사용금지 청구 ㉢ **구분소유권의 경매청구** ㉣ 전유부분의 점유자에 대한 인도청구가 있다.
 함정(X) 구분소유자가 공동이익에 반하는 행위를 한 경우 취할 수 있는 조치는 ㉠ 공동이익에 반하는 행위의 정지청구 ㉡ 전유부분의 사용금지 청구 ㉢ 구분소유권의 매수청구 ㉣ 전유부분의 점유자에 대한 인도청구가 있다.

13 **관리인 또는 관리단집회의 결의로 지정된 구분소유자는** 건물보존에 해로운 행위를 한 구분소유자의 전유부분 및 대지사용권의 경매를 법원에 청구할 수 있다.
 함정(X) 구분소유자는 건물보존에 해로운 행위를 한 구분소유자의 전유부분 및 대지사용권의 경매를 법원에 청구할 수 있다.

재건축

14 재건축의 결의는 구분소유자 및 의결권의 각 **5분의 4**이상의 결의가 있어야 한다.
　　함정(X) 재건축의 결의는 구분소유자 및 의결권의 각 4분의 3 이상의 결의가 있어야 한다.

15 하나의 단지 내에 여러 동의 건물이 있고 그 대지가 건물 소유자 전원의 공유에 속하여 단지 내 여러 동의 건물 전부를 일괄하여 재건축하고자 하는 경우에는 **각각의 건물마다 그 구분소유자의 4/5 이상의 다수에 의한 재건축 결의가** 있어야 한다.
　　함정(X) 하나의 단지 내에 여러 동의 건물이 있고 그 대지가 건물 소유자 전원의 공유에 속하여 단지 내 여러 동의 건물 전부를 일괄하여 재건축하고자 하는 경우에는 그 단지 내의 구분소유자의 4/5 이상의 다수에 의한 재건축 결의가 있어야 한다.

16 재건축에 찬성하지 않은 구분소유자가 참가여부에 대한 최고를 받고도 일정기한 내 회답을 하지 않은 경우 재건축에의 **참가승낙을 거부한** 것으로 본다.
　　함정(X) 재건축에 찬성하지 않은 구분소유자가 참가여부에 대한 최고를 받고도 일정기한 내 회답을 하지 않은 경우 재건축에의 **참가를 승낙한** 것으로 본다.

건물 일부멸실의 경우 복구

17 **건물가격의** 2분의 1 이하에 상당하는 건물 부분이 멸실되었을 때에는 각 구분소유자는 멸실한 공용부분과 자기의 전유부분을 복구할 수 있다.
　　함정(X) 건물연면적의 2분의 1 이하에 상당하는 건물 부분이 멸실되었을 때에는 각 구분소유자는 멸실한 공용부분과 자기의 전유부분을 복구할 수 있다.

부동산 실권리자명의 등기에 관한 법률

학습포인트

- 최근 시험에 자주 출제되는 부분으로 주의 깊은 학습이 요구된다. 가장 중요한 것은 명의신탁 약정 및 그에 의한 등기의 효력과 유형별 법률관계를 숙지하는 것이다.
- 특히 명의신탁으로 보지 않는 경우와 예외적으로 허용되는 경우도 잊지 않아야 한다.

CHAPTER 학습 & 출제되는 키워드

- ☑ 입법의 목적
- ☑ 명의수탁자
- ☑ 금지되는 명의신탁
- ☑ 상호명의신탁

- ☑ 명의신탁약정
- ☑ 법률의 적용범위
- ☑ 적용제외
- ☑ 신탁법

- ☑ 명의신탁자
- ☑ 실권리자 명의등기 의무
- ☑ 양도담보 및 가등기담보
- ☑ 자본시장과 금융투자업에 관한 법률

- ☑ 종중의 특례
- ☑ 유효한 명의신탁의 법률관계
- ☑ 당사자 사이의 효력
- ☑ 중간생략형 명의신탁

- ☑ 배우자의 특례
- ☑ 명의신탁약정의 효력
- ☑ 제3자에 대한 효력
- ☑ 계약명의신탁

- ☑ 종교단체의 특례
- ☑ 등기의 효력
- ☑ 2자간 등기명의신탁
- ☑ 횡령죄와 배임죄의 성립

CHAPTER 학습 & 출제되는 질문

- ☑ 부동산 실권리자명의 등기에 관한 법률에 관한 설명으로 틀린 것은?
- ☑ 甲종중이 그 소유의 부동산을 종원 乙에게 명의신탁하였다. 이 사안에 관한 다음 설명 중 옳지 않은 것은?
- ☑ 2007년 甲은 丙의 토지를 매수한 뒤 친구 乙과의 사이에 명의신탁약정을 맺었고, 丙은 甲의 부탁에 따라 직접 乙에게 소유권이전등기를 하였다. 다음 중 옳은 것은?

제4편 민사특별법

01 서설 　　34회 출제

1 입법의 목적

이 법은 부동산에 관한 소유권 기타 물권을 권리관계에 부합하도록 실권리자명의로 등기하게 함으로써 부동산등기제도를 악용한 투기·탈세·탈법행위 등 반사회적 행위를 방지하고, 부동산거래의 정상화와 부동산가격의 안정을 도모하여 국민경제의 건전한 발전에 이바지함을 목적으로 한다[「부동산 실권리자명의 등기에 관한 법률」(이하 '법') 제1조].

2 명의신탁약정 ★★★

(1) 명의신탁약정

부동산에 관한 소유권 기타 물권을 보유한 자 또는 사실상 취득하거나 취득하려고 하는 자가 타인과의 사이에서 대내적으로는 실권리자가 부동산에 관한 물권을 보유하거나 보유하기로 하고 그에 관한 등기는 타인의 명의로 하기로 하는 약정을 말한다(법 제2조 제1호).

Professor Comment

일반적으로 통정허위표시로써 부동산의 소유명의만을 다른 사람에게 이전한 경우에 등기필증과 같은 권리관계를 증명하는 서류는 신탁자(양도인)가 소지하는 것이 상례이므로 수탁자가 등기필증 등을 소지하는 경우 특별한 사정이 없는 한 명의신탁행위라고 볼 수 없다.

(2) 명의신탁자

명의신탁약정에 의하여 자신의 부동산에 관한 물권을 타인의 명의로 등기하게 하는 실권리자를 말한다(법 제2조 제2호).

(3) 명의수탁자

명의신탁약정에 의하여 실권리자의 부동산에 관한 물권을 자신의 명의로 등기하는 자를 말한다(법 제2조 제3호).

(4) 명의신탁의 유형

1) 2자간 등기명의신탁

→ 점유 및 사용·수익 권한

토지소유권자인 甲이 乙과의 약정으로 토지에 대한 <u>실질적 권리</u>는 甲이 갖기로 하고 등기명의만 乙의 명의로 하기로 하는 경우

2) 중간생략형 등기명의신탁

甲이 丙과 토지매매계약을 체결하면서 甲과 乙의 약정에 따라 丙으로 하여금 등기명의를 乙로 하게 하는 경우

3) 계약명의신탁

甲이 丙과 직접 계약당사자가 되는 것이 아니라 甲과 乙사이의 약정에 따라 甲이 토지매매대금을 부담하면서 乙로 하여금 매수인으로서 丙과 토지매매계약을 체결하게 한 후 등기명의를 乙로 하게 하는 경우

02 적용범위

1 적용대상(금지되는 명의신탁)

> 제3조(실권리자명의 등기의무 등) ① 누구든지 부동산에 관한 물권을 명의신탁약정에 의하여 명의수탁자의 명의로 등기하여서는 아니된다.
> ② 채무의 변제를 담보하기 위하여 채권자가 부동산에 관한 물권을 이전받는 경우에는 채무자·채권금액 및 채무변제를 위한 담보라는 뜻이 기재된 서면을 등기신청서와 함께 등기관에게 제출하여야 한다.

법 제2조 제1호에서 명의신탁약정을 부동산에 관한 소유권 기타 물권을 보유하거나 취득하려는 자가 타인명의로 등기 또는 가등기하기로 하는 약정에 적용된다. 따라서 ① 동산을 제외한 부동산에 관한 것일 것 ② 소유권 기타 물권일 것 ③ 실권리자가 아닌 타인명의로 등기 또는 가등기할 것을 요한다.

 부동산경매절차에서 부동산을 매수하려는 사람이 매수대금을 자신이 부담하면서 다른 사람의 명의로 매각허가결정을 받기로 약정하여 그에 따라 매각허가가 이루어진 경우의 법률관계

> 부동산경매절차에서 부동산을 매수하려는 사람이 매수대금을 자신이 부담하면서 다른 사람의 명의로 매각허가결정을 받기로 그 다른 사람과 약정함에 따라 매각허가가 이루어진 경우, <u>그 경매절차에서 매수인의 지위에 서게 되는 사람은 어디까지나 그 명의인</u>이므로 <u>경매 목적 부동산의 소유권은 매수대금을 실질적으로 부담한 사람이 누구인가와 상관없이 그 명의인이 취득</u>한다. <u>이 경우 매수대금을 부담한 사람과 이름을 빌려 준 사람 사이에는 명의신탁관계가 성립</u>한다(대판 2008.11.27. 2008다62687).

2 적용제외(법 제2조 제1호 단서)★★★

(1) 양도담보 및 가등기담보
채무의 변제를 담보하기 위하여 채권자가 부동산에 관한 물권을 이전받거나 가등기하는 경우

(2) 부동산의 특정부분을 소유하면서 공유로 등기하는 경우(상호명의신탁)
부동산의 위치와 면적을 특정하여 2인 이상이 구분소유하기로 하는 약정을 하고 그 구분소유자의 공유로 등기하는 경우, 즉 이른바 구분소유적 공유에 해당하는 경우

제4편 민사특별법

(3) 「신탁법」 및 「자본시장과 금융투자업에 관한 법률」에 따른 신탁
「신탁법」과 「자본시장과 금융투자업에 관한 법률」에 의해 신탁재산인 사실을 등기한 경우

Professor Comment
위의 각 경우는 처음부터 개별 법령에 의하여 유효한 명의신탁으로 보는 반면, 법 제8조의 경우는 「부동산 실권리자명의 등기에 관한 법률」이 적용되고, 단지 예외적으로 명의신탁을 유효하다고 보는 점에서 구별된다.

3 명의신탁의 예외적 허용★★★   15·21회 출제

> 제8조(종중, 배우자 및 종교단체에 대한 특례) 다음 각호의 1에 해당하는 경우로서 조세포탈·강제집행의 면탈 또는 법령상 제한의 회피를 목적으로 하지 아니하는 경우에는 제4조부터 제7조까지 및 제12조 제1항부터 제3항까지의 규정을 적용하지 아니한다.
> 1. 종중이 보유한 부동산에 관한 물권을 종중(종중과 그 대표자를 같이 표시하여 등기한 경우를 포함한다) 외의 자의 명의로 등기한 경우
> 2. 배우자에 관한 명의로 부동산에 관한 물권을 등기한 경우
> 3. 종교단체의 명의로 그 산하 조직이 보유한 부동산에 관한 물권을 등기한 경우

① 종중소유의 부동산의 명의신탁과 ② 배우자 간의 명의신탁 및 ③ 종교단체의 명의로 그 산하 조직이 보유한 부동산에 대하여 물권을 등기를 한 경우에는 조세를 포탈하거나 강제집행 또는 법령상 제한을 회피하기 위한 목적이 아닌 경우에 한해서 유효하다(법 제8조 제1·2·3호).

판례 「부동산 실권리자명의 등기에 관한 법률」 제8조 제2호 특례의 적용범위

1 부동산 실권리자명의 등기에 관한 법률 제8조 제2호 소정의 '배우자'에 사실혼 관계의 배우자가 포함되는지 여부
부동산 실권리자명의 등기에 관한 법률 제5조에 의하여 부과되는 과징금에 대한 특례를 규정한 같은 법 제8조 제2호 소정의 '배우자'에는 사실혼 관계에 있는 배우자는 포함되지 아니한다(대판 1999. 5. 14. 99두35).

2 명의신탁등기가 부동산 실권리자명의 등기에 관한 법률에 따라 무효가 된 후 신탁자와 수탁자가 혼인하여 그 등기명의자가 배우자로 된 경우, 같은 법 제8조 제2호의 특례가 적용되는지 여부
어떠한 명의신탁등기가 위 법률에 따라 무효가 되었다고 할지라도 그 후 신탁자와 수탁자가 혼인하여 그 등기의 명의자가 배우자로 된 경우에는 조세포탈, 강제집행의 면탈 또는 법령상 제한의 회피를 목적으로 하지 아니하는 한 이 경우에도 위 법률 제8조 제2호의 특례를 적용하여 그 명의신탁등기는 당사자가 혼인한 때로부터 유효하게 된다고 보아야 한다(대판 2002. 10. 25. 2002다23840).

4 유효한 명의신탁의 법률관계

(1) 명의신탁관계
1) 법 제8조가 적용되거나 기타 사유로 유효한 명의신탁약정이 성립할 수 있다.
2) 내부적으로는 신탁자가 소유권자로서 사용·수익하며, 외부적으로는 수탁자가 완전한 소유자로서 권리를 행사한다.

3) 수탁자가 (등기부)점유취득시효를 주장하더라도 이는 내부관계에 불과하므로 수탁자의 점유는 타주점유에 불과하며 따라서 (등기부)점유취득시효에 의한 소유권 취득은 허용되지 않는다.
4) 제3자가 점유취득시효를 주장하면, 이는 외부관계에 해당하므로 시효완성자는 수탁자에 대하여 등기청구권을 행사하여야 한다.

(2) 명의신탁관계의 종료
1) 수탁부동산의 멸실, 명의신탁의 해지 등에 의하여 명의신탁관계는 종료된다.
2) 명의신탁이 해지되면 신탁자는 등기의 말소 또는 진정명의회복을 위한 소유권이전등기를 청구할 수 있다. 특히 주의할 것은 이 경우 등기청구권은 물권적 청구권으로서 소멸시효에 걸리지 않는다(대판 1991.11.26. 91다34387).

단락핵심 「부동산 실권리자명의 등기에 관한 법률」의 적용범위

(1) 전세권 등기를 타인명의로 하는 것도 부동산 실권리자명의 등기에 관한 법률의 규제대상이다. (○)
(2) 상호명의신탁은 동법의 적용을 받지 않는다. (○)

명의신탁과 제3자 보호(Ⅰ)

① 명의신탁(약정)은 당사자 사이에는 무효이다.
② 명의신탁하여 장기간 미등기시 위탁자는 5년 이하의 징역 또는 2억원 이하의 벌금에 처해진다.

제4편 민사특별법

03 명의신탁의 법률관계 〔35회 출제〕

1 명의신탁약정 및 그에 의한 등기의 효력★★★

> 제4조(명의신탁약정의 효력) ① 명의신탁약정은 무효로 한다.
> ② 명의신탁약정에 따라 행하여진 등기에 의한 부동산에 관한 물권변동은 무효로 한다. 다만, 부동산에 관한 물권을 취득하기 위한 계약에서 명의수탁자가 그 일방당사자가 되고 그 타방당사자는 명의신탁약정이 있다는 사실을 알지 못한 경우에는 그러하지 아니하다.
> ③ 제1항 및 제2항의 무효는 제3자에게 대항하지 못한다.

(1) 당사자 사이의 효력

1) 원칙
명의신탁약정과 물권변동은 당사자 사이에는 무효이다(법 제4조).

2) 예외
계약명의신탁의 경우 수탁자의 상대방이 '선의'인 때에는 수탁자의 상대방으로부터 수탁자로의 물권변동(명의신탁약정이 아님)은 '유효'하다(법 제4조 제2항 단서).

(2) 제3자에 대한 효력

명의신탁약정과 물권변동의 무효는 제3자에게는 선의, 악의를 불문하고 대항할 수 없다. 즉, 명의수탁자로부터 그 신탁부동산을 취득한 제3자는 선의, 악의를 불문하고 유효하게 권리를 취득한다(법 제4조 제3항). 다만, 제3자가 수탁자의 처분행위에 적극 가담함으로써 사회질서에 반한다고 판단되는 등 특별한 사정이 있는 경우 그 제3자명의 등기는 무효로 보는 것이 판례이다(대판 2004.8.30, 2002다48771). 여기에서 말하는 제3자라 함은 명의수탁자가 물권자임을 기초로 그와의 사이에 새로운 이해관계를 맺은 자를 말한다.

> **판례 무효인 명의신탁약정과 제3자 보호**
>
> **1 부동산 실권리자명의 등기에 관한 법률에 위반과 불법원인급여 — 불법원인급여 아님**
> 법률이 비록 부동산등기제도를 악용한 투기·탈세·탈법행위 등 반사회적 행위를 방지하는 것 등을 목적으로 제정되었다고 하더라도, 무효인 명의신탁약정에 기하여 타인 명의의 등기가 마쳐졌다는 이유만으로 그것이 당연히 불법원인급여에 해당한다고 볼 수 없다(대판 2003.11.27, 2003다41722).
>
> **2 부동산 실권리자명의 등기에 관한 법률의 '제3자'**
> 오로지 명의신탁자와 부동산에 관한 물권을 취득하기 위한 계약을 맺고 단지 등기명의만을 명의수탁자로부터 경료받은 것 같은 외관을 갖춘 자는 부동산 실권리자명의 등기에 관한 법률 제4조 제3항의 제3자에 해당하지 아니한다. 다만 이러한 자도 자신의 등기가 실체관계에 부합하는 등기로서 유효하다는 주장은 할 수 있다(대판 2008.12.11, 2008다45187).
>
> **3 제3자의 소유권 취득과 명의신탁자의 지위**
> 1) 양자간 등기명의신탁에서 명의수탁자가 신탁부동산을 처분하여 제3취득자가 유효하게 소유권을 취득하고 이로써 명의신탁자가 신탁부동산에 대한 소유권을 상실하였다면, 명의신탁자의 소유권에 기한 물권적 청구권, 즉 말소등기청구권이나 진정명의회복을 원인으로 한 이전등기청구권도 더 이상 그 존재 자체가 인정되지 않는다.

2) 그 후 명의수탁자가 우연히 신탁부동산의 소유권을 다시 취득하였다고 하더라도 명의신탁자가 신탁부동산의 소유권을 상실한 사실에는 변함이 없으므로, 여전히 물권적 청구권은 그 존재 자체가 인정되지 않는다(대판 2013.2.28, 2010다89814).

2 명의신탁의 유형별 효력★★★

24회 출제

(1) 2자간 등기명의신탁

1) 의의
신탁자와 수탁자의 명의신탁약정에 의하여 신탁자의 부동산에 관한 물권을 수탁자의 명의로 등기하는 것을 말한다.

2) 효력
① 이 경우는 甲과 乙간의 명의신탁약정과 이전등기는 무효이다(법 제4조 제1항·제2항).
② 명의신탁 약정은 무효이므로 명의신탁자는 명의수탁자에 대하여 명의신탁해지를 원인으로 한 소유권이전등기를 할 수 없다.
③ 신탁자는 수탁자를 상대로 소유권에 기한 방해배제청구권을 행사하여 수탁자명의의 등기의 말소를 구하거나(대판 2007.6.14, 2005다5140) 부당이득 반환청구로 등기의 말소를 청구할 수 있다(대판 2003.11.27, 2003다41722). 등기말소청구 대신 이전등기청구도 가능하다.
④ 수탁자 乙이 제3자 丙에게 부동산을 임의로 양도한 경우 丙의 선의, 악의를 불문하고 丙은 소유권을 취득한다(법 제4조 제3항).
⑤ 수탁자가 목적물을 양도하여 소유권을 상실한 경우 신탁자는 수탁자에 대하여 불법행위를 근거로 손해배상을 청구하거나 양도대가에 대하여 부당이득의 반환을 청구할 수 있다.

제4편 민사특별법

 판례 진정명의회복을 원인으로 한 이전등기를 구할 수 있는 경우

> 원칙적으로 일반 명의신탁의 명의신탁자는 명의수탁자를 상대로 원인무효를 이유로 그 등기의 말소를 구하여야 하는 것이기는 하나, ① 자기 명의로 소유권을 표상하는 등기가 되어 있었거나, ② 법률에 의하여 소유권을 취득한 진정한 소유자는 그 등기명의를 회복하기 위한 방법으로 그 소유권에 기하여 현재의 원인무효인 등기명의인을 상대로 진정한 등기명의의 회복을 원인으로 한 소유권이전등기절차의 이행을 구할 수도 있으므로, 명의신탁대상 부동산에 관하여 자기 명의로 소유권이전등기를 경료한 적이 있었던 명의신탁자로서는 명의수탁자를 상대로 진정명의회복을 원인으로 한 이전등기를 구할 수도 있다(대판 2002.9.6. 2002다35157).

(2) 중간생략형 명의신탁(3자간 명의신탁)   **25회 출제**

1) 의 의

신탁자가 일정한 당사자와 부동산물권을 취득하기로 하는 계약을 체결하면서 그 등기는 그 당사자로부터 수탁자에게 직접 이전하기로 하는 경우이다.

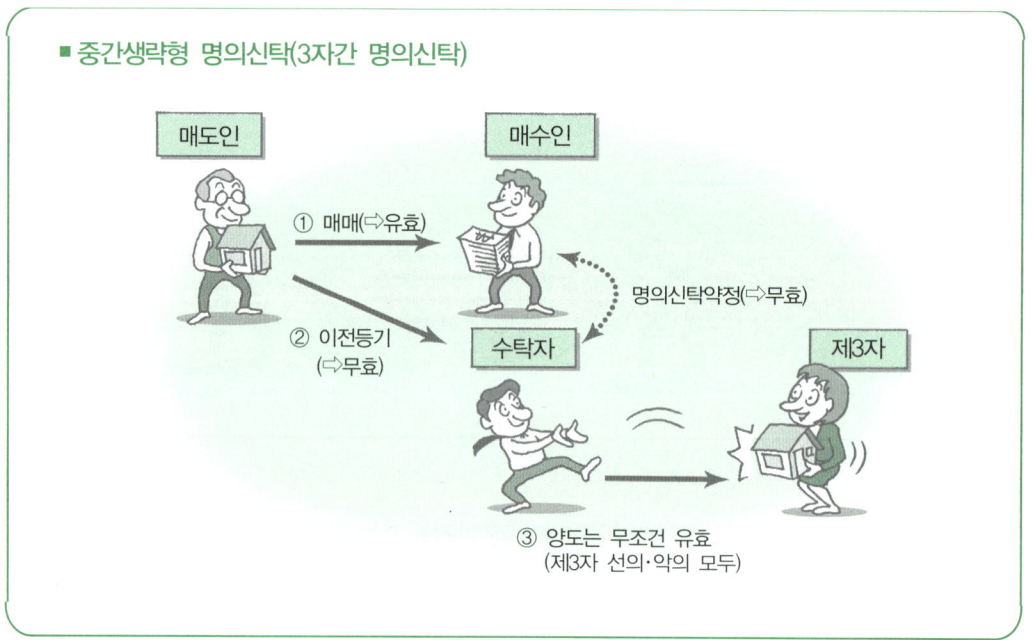

 명의신탁과 제3자 보호(Ⅱ)

丙이 무조건 소유권 취득
① 丙이 악의여도 소유권을 취득한다.
② 명의수탁자로부터 그 신탁부동산을 취득한 제3자(丙)는 선의·악의를 불문하고 유효하게 권리를 취득한다.

2) 효력

① 명의신탁약정과 부동산물권변동은 무효이므로(법 제4조 제2항) 수탁자명의의 등기는 무효가 되어 부동산물권은 그 당사자에게로 귀속되고 따라서 그 당사자는 수탁자에 대하여 물권적청구권으로서 수탁자명의의 등기말소를 청구할 수 있다.

② 명의신탁약정만이 무효이므로 신탁자와 그 당사자 간의 물권취득을 위한 계약 예컨대 매매계약은 유효하므로 신탁자는 그 당사자에 대하여 매매대금을 지급하면서 소유권이전등기를 청구할 수 있고, 또한 그 당사자의 수탁자에 대한 등기말소청구권을 대위행사(민법 제404조)할 수도 있다.

③ 명의수탁자가 신탁부동산을 제3자에게 처분하면 제3자에게 대항하지 못한다(법 제4조 제3항).

> **판례** 부동산 실권리자 명의등기에 관한 법률에 대한 등기 관련 판례
>
> **1** 법은 (3자간 명의신탁의 경우) 매도인과 명의신탁자 사이의 매매계약의 효력을 부정하는 규정을 두고 있지 아니하여 위 유예기간 경과 후로도 매도인과 명의신탁자 사이의 매매계약은 여전히 유효하므로, 명의신탁자는 위 매매계약에 기한 매도인에 대한 소유권이전등기청구권을 보전하기 위하여 매도인을 대위하여 명의수탁자에게 무효인 명의수탁자 명의의 등기의 말소를 구할 수 있다(대판 1999.9.17. 99다21738).
>
> **2** 이른바 3자간 등기명의신탁에 있어서, 유예기간 경과 후로도 매도인과 명의신탁자 사이의 매매계약은 여전히 유효하므로, 명의수탁자가 명의신탁자 앞으로 바로 경료해 준 소유권이전등기는 결국 실체관계에 부합하는 등기로서 유효하다(대판 2004.6.25. 2004다6764).
>
> **3** 3자간 등기명의신탁약정과 그에 의한 등기가 무효로 된 경우, 명의신탁자가 명의수탁자를 상대로 부당이득반환을 원인으로 한 소유권이전등기를 구할 수 있는지 여부
> 이른바 3자간 등기명의신탁의 경우 부동산 실권리자명의 등기에 관한 법률에서 정한 유예기간 경과에 의하여 그 명의신탁 약정과 그에 의한 등기가 무효로 되더라도 명의신탁자는 매도인에 대하여 매매계약에 기한 소유권이전등기청구권을 보유하고 있어 그 유예기간의 경과로 그 등기 명의를 보유하지 못하는 손해를 입었다고 볼 수 없다. 또한 명의신탁 부동산의 소유권이 매도인에게 복귀한 마당에 명의신탁자가 무효인 등기의 명의인인 명의수탁자를 상대로 그 이전등기를 구할 수도 없다. 결국 3자간 등기명의신탁에 있어서 명의신탁자는 명의수탁자를 상대로 부당이득반환을 원인으로 한 소유권이전등기를 구할 수 없다(대판 2008.11.27. 2008다55290,55306).

(3) 계약명의신탁(법 제4조 제2항)

`17·20·23·25·26·27·28·30회 출제`

1) 의의

신탁자와 수탁자 간에 명의신탁약정이 있고 부동산물권을 취득하기 위한 계약에서 수탁자가 계약의 일방당사자가 되어 물권자인 상대방과 계약을 체결하고 수탁자의 명의로 등기하기로 하는 경우이다.

> **판례** 3자간 명의신탁약정과 계약명의신탁의 구별
>
> 계약명의자가 명의수탁자로 되어 있다 하더라도 계약당사자를 명의신탁자로 볼 수 있다면 이는 3자간 등기명의신탁이 된다. 따라서 계약명의자인 명의수탁자가 아니라 명의신탁자에게 계약에 따른 법률효과를 직접 귀속시킬 의도로 계약을 체결한 사정이 인정된다면 명의신탁자가 계약당사자라고 할 것이므로, 이 경우의 명의신탁관계는 3자간 등기명의신탁으로 보아야 한다. 따라서 甲이 매매계약 당사자로서 계약 상대방으로부터 토지 지분을 매수하면서 그 중 1/2 지분에 관한 등기명의만을 乙로 하기로 한 것으로, 그 매매계약에 따른 법률효과를 甲에게 직접 귀속시킬 의도였던 사정이 인정되므로 甲과 乙의 명의신탁약정은 3자간 등기명의신탁에 해당한다(대판 2010.10.28. 2010다52799).

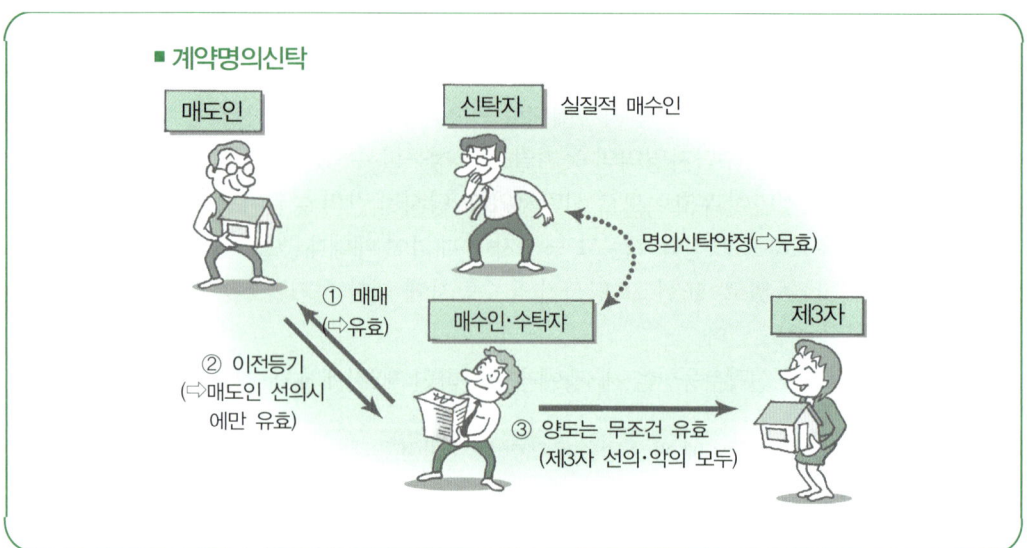

2) 효력

① 계약명의신탁의 경우에도 명의신탁은 무효가 되고 소유권은 여전히 매도인에게 귀속한다. 다만, 수탁자의 계약상대방이 명의신탁약정이 있었음을 모른 경우에는 그 물권변동은 유효하게 되어 수탁자가 물권을 취득하게 된다(법 제4조 제2항).

② 신탁자는 매도인(수탁자의 상대방)에 대하여 어떠한 청구도 할 수 없다. 법률관계를 맺은 바 없기 때문이다.

③ 매도인이 선의여서 물권변동이 유효한 경우 수탁자가 부동산을 제3자에게 처분하면 제3자는 당연히 부동산을 취득하고, 물권변동이 무효인 경우에도 그 무효를 제3자에게 대항하지 못하므로(법 제4조 제3항) 제3자는 부동산을 취득하게 된다.

④ 신탁자와 수탁자 간의 관계에 있어서는 신탁자와 수탁자간의 명의신탁약정은 무효이므로 매도인이 선의여서 수탁자가 부동산물권을 취득한 경우 신탁자는 수탁자에 대하여 명의신탁약정에 기한 반환청구권을 행사할 수 없고 다만 수탁자에게 부당이득반환청구권을 행사할 수 있을 뿐이다. 여기서, 판례는 부당이득반환청구의 대상에 관하여, 계약명의신탁약정과 그에 따른 등기가 ㉠ 법률시행 전에 이루어진 것이면 수탁자가 취득한 '부동산자체'이고, ㉡ 법 시행 이후에 이루어진 경우에는 신탁자가 수탁자에게 제공한 '금전'이라고 한다.

제5장 부동산 실권리자명의 등기에 관한 법률

 판례 부동산 실권리자명의 등기에 관한 법률 '시행 전'에 명의신탁약정을 한 경우, 명의수탁자가 당해 부동산의 완전한 소유권을 취득한 경우, 명의수탁자가 명의신탁자에게 반환하여야 할 부당이득의 대상(=당해 부동산 자체)

1 부동산 실권리자명의 등기에 관한 법률 <u>시행 전</u>에 명의수탁자가 명의신탁 약정에 따라 부동산에 관한 소유명의를 취득한 경우 위 법률의 시행 후 같은 법 제11조의 유예기간이 경과하기 전까지 명의신탁자는 언제라도 명의신탁 약정을 해지하고 당해 부동산에 관한 소권을 취득할 수 있었던 것으로, 실명화 등의 조치 없이 위 유예기간이 경과함으로써 같은 법 제12조 제1항, 제4조에 의해 명의신탁 약정은 무효로 되는 한편, 명의수탁자가 당해 부동산에 관한 완전한 소유권을 취득하게 된다 할 것인데, 같은 법 제3조 및 제4조가 명의신탁자에게 소유권이 귀속되는 것을 막는 취지의 규정은 아니므로 명의수탁자는 명의신탁자에게 자신이 취득한 <u>당해 부동산을 부당이득으로 반환할 의무</u>가 있다 할 것인바, 이와 같은 경우로 명의신탁자가 당해 부동산의 회복을 위해 명의수탁자에 대해 가지는 소유권이전등기청구권은 그 성질상 법률의 규정에 의한 부당이득반환청구권으로서 민법 제162조 제1항에 따라 <u>10년의 기간이 경과함으로써 시효로 소멸</u>한다.

2 명의신탁계약 및 그에 기한 등기를 무효로 하고 그 위반행위에 대하여 형사처벌까지 규정한 부동산 실권리자명의 등기에 관한 법률의 시행에 따라 그 권리를 상실하게 된 위 법률 시행 이전의 명의신탁자가 그 대신에 부당이득의 법리에 따라 법률상 취득하게 된 명의신탁 부동산에 대한 부당이득반환청구권의 경우, 무효로 된 명의신탁약정에 기하여 처음부터 명의신탁자가 <u>그 부동산의 점유 및 사용 등 권리를 행사하고 있다 하여</u> 위 부당이득반환청구권 자체의 실질적 행사가 있다고 볼 수 없을 뿐만 아니라, 명의신탁자가 그 부동산을 점유·사용하여 온 경우에는 명의신탁자의 명의수탁자에 대한 부당이득반환청구권에 기한 <u>등기청구권의 소멸시효가 진행되지 않는다고 보아야 한다면</u>, 이는 명의신탁자가 부동산 실권리자명의 등기에 관한 법률의 유예기간 및 시효기간 경과 후 여전히 실명전환을 하지 않아 위 법률을 위반한 경우임에도 그 권리를 보호하여 주는 결과로 되어 <u>부동산 거래의 실정 및 부동산 실권리자명의 등기에 관한 법률 등 관련 법률의 취지에도 맞지 않는다</u>(대판 2009.7.9. 2009다23313).

 판례 부동산 실권리자명의 등기에 관한 법률 '시행 후'에 이른바 계약명의신탁약정을 한 경우, 명의수탁자가 명의신탁자에게 반환하여야 할 부당이득의 대상(=매수자금)

<u>계약명의신탁약정이 부동산 실권리자명의 등기에 관한 법률 시행 후인 경우에는 명의신탁자는 애초부터 당해 부동산의 소유권을 취득할 수 없었으므로 위 명의신탁약정의 무효로 인하여 명의신탁자가 입은 손해는 당해 부동산 자체가 아니라 명의수탁자에게 제공한 매수자금이라 할 것이고, 따라서 명의수탁자는 명의신탁자로부터 제공받은 매수자금을 부당이득하였다고 할 것이다</u>(대판 2005.1.28. 2002다66922).

제4편 민사특별법

 판례 부동산경매절차에서 매수대금을 부담한 명의신탁자와 매수인 명의를 빌려준 명의수탁자 및 제3자 사이의 새로운 명의신탁약정에 따라 확정판결에 의하여 명의수탁자가 다시 제3자 명의로 소유권이전등기를 마쳐 준 경우, 부동산의 소유자(=명의수탁자)

1 부동산경매절차에서 부동산을 매수하려는 사람이 다른 사람과의 명의신탁약정 아래 그 사람의 명의로 매각허가결정을 받아 자신의 부담으로 매수대금을 완납한 경우, 경매목적 부동산의 소유권은 매수대금의 부담 여부와는 관계없이 그 명의인이 취득하게 되고, 매수대금을 부담한 명의신탁자와 명의를 빌려 준 명의수탁자 사이의 명의신탁약정은 부동산 실권리자명의 등기에 관한 법률 제4조 제1항에 의하여 무효이므로, 명의신탁자는 명의수탁자에 대하여 그 부동산 자체의 반환을 구할 수는 없고 명의수탁자에게 제공한 매수대금에 상당하는 금액의 부당이득반환청구권을 가질 뿐이다.

※ 다만 매수자금반환의무의 이행에 갈음하여 명의신탁된 부동산 자체를 양도하기로 합의하고 그에 기하여 명의신탁자 앞으로 소유권이전등기를 마쳐준 경우에는 그 소유권이전등기는 새로운 소유권 이전의 원인인 대물급부의 약정에 기한 것이므로 약정이 무효인 명의신탁약정을 명의신탁자를 위하여 사후에 보완하는 방책에 불과한 등의 다른 특별한 사정이 없는 한 유효하고, 대물급부의 목적물이 원래의 명의신탁 부동산이라는 것만으로 유효성을 부인할 것은 아니다(대판 2014.08.20. 2014다30483).

2 경매절차에서 매수대금을 부담한 명의신탁자와 매수인 명의를 빌려준 명의수탁자 및 제3자 사이의 새로운 명의신탁약정에 의하여 명의수탁자가 다시 명의신탁자가 지정하는 제3자 앞으로 소유권이전등기를 마쳐 주었다면, 제3자 명의의 소유권이전등기는 위 법률 제4조 제2항에 의하여 무효이므로, 제3자는 소유권이전등기에도 불구하고 그 부동산의 소유권을 취득하거나 그 매수대금 상당의 이익을 얻었다고 할 수 없다. 또한, 소유권이전등기절차의 이행을 명한 확정판결의 기판력은 소송물인 이전등기청구권의 존부에만 미치고 소송물로 되어 있지 아니한 소유권의 귀속 자체에까지 미치지는 않으므로, 명의수탁자가 여전히 그 부동산의 소유자임은 마찬가지이다(대판 2009.9.10. 2006다73102).

Wide | 명의신탁에서 수탁자의 처분행위가 횡령죄 및 배임죄에 해당하는지에 대한 대법원의 입장

① **중간생략등기형 명의신탁**(횡령죄 성립)
명의수탁자가 명의신탁약정에 따라 그 명의로 신탁된 부동산을 임의로 처분하였다면 신탁자에 대한 횡령죄가 성립한다(대판 2010.1.28. 2009도1884).

② **매도인이 선의인 계약명의신탁**(횡령죄와 배임죄 모두 성립하지 않음)
수탁자는 전소유자인 매도인뿐만 아니라 신탁자에 대한 관계에서도 유효하게 당해 부동산의 소유권을 취득한 것으로 그 수탁자는 타인의 재물을 보관하는 자라고 볼 수 없어 횡령죄가 성립하지 아니한다(대판 2000.3.24. 98도4347).

제5장 부동산 실권리자명의 등기에 관한 법률

단락핵심 명의신탁의 법률관계

(1) 2자간 등기명의신탁이 무효라고 하더라도 명의수탁자로부터 권리를 이전받은 자는 적법하게 권리를 취득할 수 있다. (○)
(2) 중간생략형 3자간 등기명의신탁에서 신탁자는 수탁자에 대한 매도인의 말소등기청구권을 대위 행사할 수 있다. (○)
(3) 계약명의신탁에서 매도인이 선의인 경우라면 그 명의신탁약정은 유효하다. (×)
(4) 매도인이 선의인 상태에서 계약명의신탁이 이루어진 경우 명의수탁자는 취득한 부동산을 명의신탁자에게 부당이득으로 반환하여야 한다. (×)
(5) 경매절차에서 타인의 자금으로 부동산을 매수하여 소유권등기를 자기명의로 경료하기로 약정하고 이를 실행한 자와 그 대금부담자는 명의신탁관계에 있다. (○)

단락문제 Q01 제35회 기출

甲은 친구 乙과의 명의신탁약정에 따라 2024. 3. 5. 자신의 X부동산을 乙명의로 소유권이전등기를 해 주었고, 그 후 乙은 丙에게 이를 매도하고 丙명의로 소유권이전등기를 해 주었다. 다음 설명 중 옳은 것은? (다툼이 있으면 판례에 따름)

① 甲은 乙을 상대로 불법행위로 인한 손해배상을 청구할 수 있다.
② 甲과 乙의 명의신탁약정으로 인해 乙과 丙의 매매계약은 무효이다.
③ 甲은 丙을 상대로 X부동산에 관한 소유권이전등기말소를 청구할 수 있다.
④ 甲은 乙을 상대로 명의신탁약정 해지를 원인으로 하는 소유권이전등기를 청구할 수 있다.
⑤ 만약 乙이 X부동산의 소유권을 丙으로부터 다시 취득한다면, 甲은 乙을 상대로 소유권에 기하여 이전등기를 청구할 수 있다.

해설
① (○) 명의신탁자의 부동산횡령 = 불법행위
② (×) 부동산실권리자명의 등기에 관한 법률 제4조②
③ (×) 부동산실권리자명의 등기에 관한 법률 제4조②
④ (×) 무효등기의 말소를 청구할 수 있다. (부동산실권리자명의 등기에 관한 법률 제4조②)
⑤ (×) 다시 취득한 X부동산에 대하여는 이전등기를 청구할 수 없다. 답 ①

제4편 민사특별법

단락문제 Q02
제34회 기출

부동산 명의신탁약정과 그에 따른 등기와 무효로 대항할 수 없는 제3자(부동산 실권리자명의 등기에 관한 법률 제4조 제3항)에 해당하는 자를 모두 고른 것은? (다툼이 있으면 판례에 따름)

> ㄱ. 명의수탁자의 상속인
> ㄴ. 명의신탁된 부동산을 가압류한 명의수탁자의 채권자
> ㄷ. 명의신탁자와 명의신탁된 부동산소유권을 취득하기 위한 계약을 맺고 등기명의만을 명의수탁자로부터 경료받은 것과 같은 외관을 갖춘 자
> ㄹ. 학교법인이 명의수탁자로서 기본재산에 관한 등기를 마친 경우, 기본재산 처분에 관하여 허가권을 갖는 관할청

① ㄴ   ② ㄱ, ㄷ   ③ ㄷ, ㄹ   ④ ㄱ, ㄴ, ㄷ   ⑤ ㄴ, ㄷ, ㄹ

해설
ㄱ. 포괄승계인은 제3자 x   ㄴ. 가압류채권자도 권리를 취득한 제3자
ㄷ. 부동산실권리자 명의 등기에 관한 법률 제4조③의 권리취득자가 아니다.
ㄹ. 허가관청은 명의신탁재산을 취득한 제3자가 아니다.

답 ①

단락문제 Q03
제34회 기출

甲은 법령상 제한을 회피할 목적으로 2023. 5. 1. 배우자 乙과 자신 소유의 X건물에 대해 명의신탁약정을 하고, 甲으로부터 乙 앞으로 소유권이전등기를 마쳤다. 다음 설명 중 틀린 것은? (특별한 사정은 없으며, 다툼이 있으면 판례에 따름)

① 甲은 乙을 상대로 진정명의회복을 원인으로 한 소유권이전등기를 청구할 수 있다.
② 甲은 乙을 상대로 부당이득반환을 원인으로 한 소유권이전등기를 청구할 수 있다.
③ 甲은 乙을 상대로 명의신탁해지를 원인으로 한 소유권이전등기를 청구할 수 없다.
④ 乙이 丙에게 X건물을 매도하고 소유권이전등기를 해준 경우, 丙은 소유권을 취득한다.
⑤ 乙이 丙에게 X건물을 매도하고 소유권이전등기를 해준 경우, 乙은 甲에게 불법행위책임을 부담한다.

해설
② 그 명의신탁 약정과 그에 의한 등기가 무효로 명의신탁자는 수탁자에 대하여 매매계약에 기한 소유권이전등기청구권을 보유하고 있어 그 유예기간의 경과로 그 등기 명의를 보유하지 못하는 손해를 입었다고 볼 수 없다. 명의신탁 부동산의 소유권이 신탁자에게 복귀한 마당에 명의신탁자가 무효인 등기의 명의인인 명의수탁자를 상대로 그 이전등기를 구할 수도 없다.(대판 2008. 11. 27. 2008다55290,55306) 참조
① 종전에 명의신탁 대상 부동산에 관하여 소유권이전등기를 경료한 적이 있던 명의신탁자는 명의수탁자를 상대로 진정명의 회복을 원인으로 한 이전등기를 구할 수 있다(대판 2002. 9. 6. 2002다35157).
③ 무효이므로 명의신탁해지를 원인으로 한 소유권이전등기는 청구할 수 없다.
④ 부동산실권리자명의 등기에 관한 법률 제4조③
⑤ 乙은 甲에게 불법행위책임을 진다.

답 ②

제5장 부동산 실권리자명의 등기에 관한 법률

단락문제 Q04 제33회 기출

2022. 8. 16. 甲은 조세포탈의 목적으로 친구인 乙과 명의신탁약정을 맺고 乙은 이에 따라 甲으로부터 매수자금을 받아 丙 소유의 X토지를 자신의 명의로 매수하여 등기를 이전받았다. 이에 관한 설명으로 **틀린 것은?** (다툼이 있으면 판례에 따름)

① 甲과 乙의 명의신탁약정은 무효이다.
② 甲과 乙의 명의신탁약정이 있었다는 사실을 丙이 몰랐다면, 乙은 丙으로부터 X토지의 소유권을 승계취득한다.
③ 乙이 X토지의 소유권을 취득하더라도, 甲은 乙에 대하여 부당이득을 원인으로 X토지의 소유권이전등기를 청구할 수 없다.
④ 甲은 乙에 대해 가지는 매수자금 상당의 부당이득반환 청구권에 기하여 X토지에 유치권을 행사할 수 없다.
⑤ 만일 乙이 丁에게 X토지를 양도한 경우, 丁이 명의신탁 약정에 대하여 단순히 알고 있었다면 丁은 X토지와 소유권을 취득하지 못한다.

해설

① (O) 부동산실권리자명의 등기에 관한 법률 제4조(명의신탁약정의 효력) 제1항
   명의신탁약정은 무효로 한다.
② (O) 부동산실권리자명의 등기에 관한 법률 제4조(명의신탁약정의 효력) 제2항
   명의신탁약정에 따른 등기로 이루어진 부동산에 관한 물권변동은 무효로 한다. 다만, 부동산에 관한 물권을 취득하기 위한 계약에서 명의수탁자가 어느 한쪽 당사자가 되고 상대방 당사자는 명의신탁약정이 있다는 사실을 알지 못한 경우에는 그러하지 아니하다.
③ (O) 명의신탁약정의 무효로 인하여 명의신탁자가 입은 손해는 당해 부동산 자체가 아니라 명의수탁자에게 제공한 매수자금이라 할 것이고, 따라서 명의수탁자는 당해 부동산 자체가 아니라 명의신탁자로부터 제공받은 매수자금을 부당이득하였다고 할 것이다(대판 2005.1.28. 2002다66922).
④ (O) 유치권이 성립하지 않는다.
⑤ (X) 소유권을 취득한다.
   제1항 및 제2항의 무효는 제3자에게 대항하지 못한다(부동산 실권리자명의 등기에 관한 법률 제4조 ③). ⑤

제4편 민사특별법

단락문제 Q05 제32회 기출

집합건물의 소유 및 관리에 관한 법률에 관한 설명으로 틀린 것을 모두 고른 것은? (다툼이 있으면 판례에 따름)

> ㉠ 구분건물이 객관적·물리적으로 완성되더라도 그 건물이 집합건축물대장에 등록되지 않는 한 구분소유권의 객체가 되지 못한다.
> ㉡ 집합건물구분소유권의 특별승계인이 그 구분소유권을 다시 제3자에게 이전한 경우, 관리규약에 달리 정함이 없는 한, 각 특별승계인들은 자신의 전(前)구분소유자의 공용부분에 대한 체납관리비를 지급할 책임이 있다.
> ㉢ 전유부분은 구분소유권의 목적인 건물부분을 말한다.

① ㉠   ② ㉡   ③ ㉢   ④ ㉠, ㉡   ⑤ ㉡, ㉢

해설

㉠ (X) 1동의 건물 및 그 구분행위에 상응하는 구분건물이 객관적·물리적으로 완성되면 아직 그 건물이 집합건축물대장에 등록되거나 구분건물로서 등기부에 등기되지 않았더라도 그 시점에서 구분소유가 성립한다.(대판 2013. 1. 17. 2010다71578)
㉡ (O) 아파트의 특별승계인은 전 입주자의 체납관리비 중 공용부분에 관하여는 이를 승계하여야 한다고 봄이 타당하다.(대판 2001. 9. 20. 2001다8677)
㉢ (O) 집합건물 소유 및 관리에 관한 법률 제2조 제3호

답 ①

빈출 함정 총정리

• 경록 교재에 모든 답이 있습니다.

01. 채무의 변제를 담보하기 위하여 채권자가 부동산에 관한 물권을 이전받거나 가등기 하는 것은 명의신탁약정에 **해당하지 않는다.**
   - 함정(X) 채무의 변제를 담보하기 위하여 채권자가 부동산에 관한 물권을 이전받거나 가등기하는 것은 명의신탁약정에 해당한다.

02. 종교단체의 명의로 그 산하 조직이 보유한 부동산에 대하여 물권을 등기를 한 경우에는 **조세를 포탈하거나 강제집행 또는 법령상의 제한을 회피하기 위한 목적이 아닌 경우에 한하여 유효하다.**
   - 함정(X) 종교단체의 명의로 그 산하 조직이 보유한 부동산에 대하여 물권을 등기를 한 경우에는 유효하다.

03. 유효한 명의신탁이 해지되면 신탁자는 등기의 말소 또는 진정명의회복을 위한 소유권이전등기를 청구할 수 있고 이 경우 등기청구권은 **물권적 청구권으로서 소멸시효에 걸리지 않는다.**
   - 함정(X) 유효한 명의신탁이 해지되면 신탁자는 등기의 말소 또는 진정명의회복을 위한 소유권이전등기를 청구할 수 있고 이 경우 등기청구권은 명의신탁약정에 의한 것이므로 10년의 소멸시효에 걸린다.

04. 「부동산 실권리자명의 등기에 관한 법률」상 중간생략형 명의신탁에서 명의수탁자가 신탁부동산을 제3자에게 처분하면 **제3자에게 대항하지 못한다.**
   - 함정(X) 「부동산 실권리자명의 등기에 관한 법률」상 중간생략형 명의신탁에서 명의수탁자가 신탁부동산을 제3자에게 처분하면 악의의 제3자에 대하여는 무효를 주장할 수 있다.

05. 계약명의신탁에서 수탁자의 계약상대방이 명의신탁약정이 있었음을 **모른 경우에는** 그 물권변동은 유효하고 수탁자가 물권을 취득하게 된다.
   - 함정(X) 계약명의신탁에서 수탁자의 계약상대방이 명의신탁약정이 있었음을 몰랐고 모르는데 과실이 없는 때에 한하여 그 물권변동은 유효하고 수탁자가 물권을 취득하게 된다.

06. 부동산실명법 시행 후 매도인이 선의인 상태에서 계약명의신탁이 이루어진 경우 명의수탁자는 **그 부동산 취득을 위하여 제공한 자금을** 명의신탁자에게 부당이득으로 반환하여야 한다.
   - 함정(X) 부동산실명법 시행 후 매도인이 선의인 상태에서 계약명의신탁이 이루어진 경우 명의수탁자는 그 취득한 부동산을 명의신탁자에게 부당이득으로 반환하여야 한다.

한방에 합격은 경록이다

제1회 시험부터 수많은 합격자를 배출한 전문성 - 경록

부록

제35회 공인중개사 기출문제

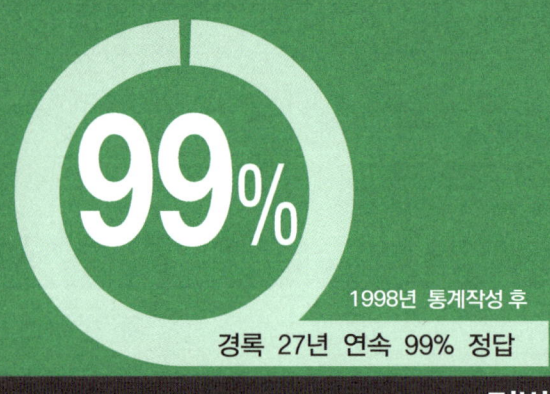

공인중개사 1차
제35회 기출문제
2024. 10. 26. 시행

민법 및 민사특별법

01 경록 '25 기본서 26쪽 출제

반사회질서의 법률행위에 해당하는 것은?(다툼이 있으면 판례에 따름)

① 법령에서 정한 한도를 초과하는 부동산중개수수료 약정
② 강제집행을 면할 목적으로 허위의 근저당권을 설정하는 행위
③ 다수의 보험계약을 통해 보험금을 부정취득할 목적으로 체결한 보험계약
④ 반사회적 행위에 의하여 조성된 비자금을 소극적으로 은닉하기 위한 임치계약
⑤ 양도소득세를 회피할 목적으로 실제 거래가액보다 낮은 금액을 대금으로 기재한 매매계약

해설
① (×) 강행법규(효력규정) 위반 무효 (20000다5406)
② (×) 허위표시 무효 (민법 제108조)
③ (○) 보험계약이 보험금의 부정취득을 목적으로 체결된 것으로서 선량한 풍속, 기타 사회질서에 반하여 무효 (대판 2005. 7. 28. 2005다23858)
④ (×) 불법원인급여 아니다. (2000다49343)
⑤ (×) 불법원인급여 아니다.

02 경록 '25 기본서 59쪽 출제

甲은 강제집행을 피하기 위해 자신의 X부동산을 乙에게 가장매도하여 소유권이전등기를 해 주었는데, 乙이 이를 丙에게 매도하고 소유권이전등기를 해 주었다. 다음 설명 중 틀린 것은?(다툼이 있으면 판례에 따름)

① 甲과 乙 사이의 계약은 무효이다.
② 甲과 乙 사이의 계약은 채권자취소권의 대상이 될 수 있다.
③ 丙이 선의인 경우, 선의에 대한 과실의 유무를 묻지 않고 丙이 소유권을 취득한다.
④ 丙이 악의라는 사실에 관한 증명책임은 허위표시의 무효를 주장하는 자에게 있다.
⑤ 만약 악의의 丙이 선의의 丁에게 X부동산을 매도하고 소유권이전등기를 해 주더라도 丁은 소유권을 취득하지 못한다.

정답 01. ③ 02. ⑤

해설
① (×) 허위표시 무효
② (×) 채권자취소의 대상이 될 수 있다. (민법 제406조)
③ (×) 무효로 선의의 제3자에 대항하지 못한다. (민법 제108조 ②)
④ (×) 제3자의 선의 추정
⑤ (○) 취득한다. 선의의 丙이 권리자. 丁은 당연히 권리자로부터 취득한 것

03

착오로 인한 의사표시에 관한 설명으로 옳은 것을 모두 고른 것은? (다툼이 있으면 판례에 따름)

> ㄱ. 착오로 인한 의사표시의 취소는 선의의 제3자에게 대항하지 못한다.
> ㄴ. 의사표시의 상대방이 의사표시자의 착오를 알고 이용한 경우, 착오가 중대한 과실로 인한 것이라도 의사표시자는 의사표시를 취소할 수 있다.
> ㄷ. X토지를 계약의 목적물로 삼은 당사자가 모두 지번에 착오를 일으켜 계약서에 목적물을 Y토지로 표시한 경우, 착오를 이유로 의사표시를 취소할 수 있다.

① ㄱ   ② ㄷ   ③ ㄱ, ㄴ   ④ ㄴ, ㄷ   ⑤ ㄱ, ㄴ, ㄷ

해설
ㄱ. (○) 민법 제107조 ②
ㄴ. (○) 이런 경우 상대방의 보호가 필요 없어 취소 가능
ㄷ. (×) 오표시무해의 원칙

04

사기·강박에 의한 의사표시에 관한 설명으로 옳은 것을 모두 고른 것은? (다툼이 있으면 판례에 따름)

> ㄱ. 아파트 분양자가 아파트단지 인근에 대규모 공동묘지가 조성된 사실을 알면서 수분양자에게 고지하지 않은 경우, 이는 기망행위에 해당한다.
> ㄴ. 교환계약의 당사자가 목적물의 시가를 묵비한 것은 원칙적으로 기망행위에 해당한다.
> ㄷ. '제3자의 강박'에 의한 의사표시에서 상대방의 대리인은 제3자에 포함되지 않는다.

① ㄱ   ② ㄴ   ③ ㄱ, ㄷ   ④ ㄴ, ㄷ   ⑤ ㄱ, ㄴ, ㄷ

정답 03. ③   04. ③

> 해설

ㄱ. (○) 판례는 분양자에게 신의칙상의 고지의무가 있다고 하여 기망행위 인정
ㄴ. (×) 당사자 일방이 알고 있는 정보를 상대방에게 사실대로 고지하여야 할 신의칙상의 주의의무가 인정된다고 볼 만한 특별한 사정이 없는 한, 어느 일방이 교환 목적물의 시가나 그 가액 결정의 기초가 되는 사항에 관하여 상대방에게 설명 내지 고지를 할 주의의무를 부담한다고 할 수 없고,(대판 2002. 9. 4. 2000다54406, 54413)
ㄷ. (○) 상대방과 동일시되는 대리인은 제3자 아니다.

05

경록 '25 기본서 157쪽 출제

의사표시의 취소에 관한 설명으로 옳은 것을 고른 것은?

> ㄱ. 취소권은 추인할 수 있는 날로부터 10년이 경과하더라도 행사할 수 있다.
> ㄴ. 강박에 의한 의사표시를 한 자는 강박상태를 벗어나기 전에도 이를 취소할 수 있다.
> ㄷ. 취소할 수 있는 법률행위의 상대방이 확정되었더라도 상대방이 그 법률행위로부터 취득한 권리를 제3자에게 양도하였다면 취소의 의사표시는 그 제3자에게 해야 한다.

① ㄱ   ② ㄴ   ③ ㄷ   ④ ㄱ, ㄴ   ⑤ ㄴ, ㄷ

> 해설

ㄱ. (×) 취소권은 추인할 수 있는 날로부터 3년 내에, 법률행위를 한 날로부터 10년 내에 행사하여야 한다. (민법 제146조)
ㄴ. (○) 추인은 할 수 없으나 취소는 할 수 있다. (민법 제140조)
ㄷ. (×) 취소의 상대방은 의사표시의 상대방

06

경록 '25 기본서 85쪽 출제

甲의 乙에 대한 의사표시에 관한 설명을 옳은 것은?(다툼이 있으면 판례에 따름)

① 甲이 부동산 매수청약의 의사표시를 발송한 후 사망하였다면 그 효력은 발생하지 않는다.
② 乙이 의사표시를 받은 때에 제한능력자이더라도 甲은 원칙적으로 그 의사표시의 효력을 주장할 수 있다.
③ 甲의 의사표시가 乙에게 도달되었다고 보기 위해서는 乙이 그 내용을 알았을 것을 요한다.
④ 甲의 의사표시가 등기우편의 방법으로 발송된 경우, 상당한 기간 내에 도달되었다고 추정할 수 없다.
⑤ 乙이 정당한 사유 없이 계약해지 통지의 수령을 거절한 경우, 乙이 그 통지의 내용을 알 수 있는 객관적 상태에 놓여 있는 때에 의사표시의 효력이 생긴다.

정답   05. ②   06. ⑤

해설
① (×) 의사표시자가 그 통지를 발송한 후 사망하거나 제한능력자가 되어도 의사표시의 효력에 영향을 미치지 아니한다. (민법 제111조 ②)
② (×) 주장하지 못한다. 제한능력자 측에서는 주장 가능
③ (×) 도달로 족하고 알 필요까지는 없다. 요지주의 아니다.
④ (×) 등기우편, 내용증명우편의 경우에는 도달추정 (기본서 86쪽 판례 참조)
⑤ (○) 도달주의의 결과이다.

07

'25 기본서 1쪽 출제

계약의 무권대리에 관한 설명으로 옳은 것은? (다툼이 있으면 판례에 따름)

① 본인이 추인하면 특별한 사정이 없는 한 그때부터 계약의 효력이 생긴다.
② 본인의 추인의 의사표시는 무권대리행위로 인한 권리의 승계인에 대하여는 할 수 없다.
③ 계약 당시 무권대리행위임을 알았던 상대방은 본인의 추인이 있을 때까지 의사표시를 철회할 수 있다.
④ 무권대리의 상대방은 상당한 기간을 정하여 본인에게 추인여부의 확답을 최고할 수 있고, 본인이 그 기간 내에 확답을 발하지 않으면 추인한 것으로 본다.
⑤ 본인이 무권대리행위를 안 후 그것이 자기에게 효력이 없다고 이의를 제기하지 않고 이를 장시간 방치한 사실만으로는 추인하였다고 볼 수 없다.

해설
① (×) 소급하여 효력이 생긴다. (민법 제133조)
② (×) 할 수 있다. (기본서 131쪽 판례 참조)
③ (×) 최고는 할 수 있으나 철회는 할 수 없다. (민법 제134조 단서)
④ (×) 추인을 거절한 것으로 본다. (민법 제131조)
⑤ (○) 추인이 있다고 단정할 수 없다. (기본서 132쪽 판례 참조)

08

'25 기본서 3쪽 출제

甲은 자신의 토지에 관한 매매계약 체결을 위해 乙에게 대리권을 수여하였고, 乙은 甲의 대리인으로서 丙과 매매계약을 체결하였다. 다음 설명 중 옳은 것을 모두 고른 것은? (다툼이 있으면 판례에 따름)

> ㄱ. 乙은 원칙적으로 복대리인을 선임할 수 있다.
> ㄴ. 乙은 특별한 사정이 없는 한 계약을 해제할 권한이 없다.
> ㄷ. 乙이 丙에게 甲의 위임장을 제시하고 계약을 체결하면서 계약서상 매도인을 乙로 기재한 경우, 특별한 사정이 없는 한 甲에게 그 계약의 효력이 미치지 않는다.

① ㄴ　　② ㄷ　　③ ㄱ, ㄴ　　④ ㄱ, ㄷ　　⑤ ㄴ, ㄷ

정답　07. ⑤　08. ①

해설
ㄱ. (×) 본인의 승낙 부득이한 사유에만 선임가능 (민법 제120조)
ㄴ. (○) 대리권에는 해제권 불포함
ㄷ. (×) 대리의 효과가 생긴다. (기본서 115쪽 판례 참조)

09

경록 '25 기본서
164쪽 출제

취소할 수 있는 법률행위의 법정추인 사유가 <u>아닌</u> 것은?

① 혼동
② 경개
③ 취소권자의 이행청구
④ 취소권자의 강제집행
⑤ 취소권자인 채무자의 담보제공

해설
① (×) 물권과 채권의 소멸사유
②, ③, ④, ⑤ (○) 취소할 수 있는 법률행위의 법정추인 사유 (민법 제145조)

10

경록 '25 기본서
171쪽 출제

법률행위의 부관에 관한 설명으로 <u>틀린</u> 것은?(다툼이 있으면 판례에 따름)

① 조건의사가 있더라도 외부에 표시되지 않으면 그것만으로는 조건이 되지 않는다.
② 기한이익 상실특약은 특별한 사정이 없는 한 정지조건부 기한이익 상실특약으로 추정한다.
③ 조건을 붙일 수 없는 법률행위에 조건을 붙인 경우, 다른 정함이 없으면 그 법률행위 전부가 무효로 된다.
④ '정지조건부 법률행위에 해당한다는 사실'에 대한 증명책임은 그 법률행위로 인한 법률효과의 발생을 다투는 자에게 있다.
⑤ 불확정한 사실이 발생한 때를 이행기한으로 정한 경우, 그 사실의 발생이 불가능하게 된 때에도 기한이 도래한 것으로 보아야 한다.

해설
① (○) 조건도 의사표시
② (×) 형성권적 기한의 이익 상실의 특약으로 추정 (기본서 181쪽 판례 참조)
③, ④ (○)
⑤ (○) 판례 당사자가 불확정한 사실이 발생한 때를 이행기한으로 정한 경우에 있어서 그 사실이 발생한 때는 물론 그 사실의 발생이 불가능하게 된 때에도 이행기한은 도래한 것으로 보아야 한다. (대판 1989. 6. 27. 88다카10579)

정답   09. ①   10. ②

11

물권에 관한 설명으로 옳은 것은?(다툼이 있으면 판례에 따름)

① 관습법에 의한 물권은 인정되지 않는다.
② 저당권은 법률규정에 의해 성립할 수 없다.
③ 부동산 물권변동에 관해서 공신의 원칙이 인정된다.
④ 1필 토지의 일부에 대해서는 저당권이 성립할 수 없다.
⑤ 물건의 집단에 대해서는 하나의 물권이 성립하는 경우가 없다.

해설
① (×) 인정된다. 물권법정주의 (민법 제185조)
② (×) 법정저당권의 성립 (민법 제649조)
③ (×) 부동산에는 공신의 원칙 부인
④ (○)
⑤ (×) 있다. 특별법(재단저당법, 입목에 관한 법률)상의 예외, 관습법(집합물의 양도담보)상의 인정

12

등기 없이도 부동산 물권취득의 효력이 있는 경우를 모두 고른 것은?(다툼이 있으면 판례에 따름)

| ㄱ. 매매 | ㄴ. 건물신축 |
| ㄷ. 점유시효취득 | ㄹ. 공유물의 현물분할판결 |

① ㄱ, ㄴ   ② ㄴ, ㄷ   ③ ㄴ, ㄹ   ④ ㄷ, ㄹ   ⑤ ㄱ, ㄷ, ㄹ

해설
ㄱ. 매매 법률행위 등기 요
ㄴ. 사실행위
ㄷ. 등기 요 (민법 제245조①)
ㄹ. 등기 불요 (민법 제187조)

13

점유보호청구권에 관한 설명으로 틀린 것은?(다툼이 있으면 판례에 따름)

① 점유권에 기인한 소는 본권에 관한 이유로 재판하지 못한다.
② 과실 없이 점유를 방해하는 자에 대해서도 방해배제를 청구할 수 있다.
③ 점유자가 사기를 당해 점유를 이전한 경우, 점유물반환을 청구할 수 없다.
④ 공사로 인하여 점유의 방해를 받은 경우, 그 공사가 완성한 때에는 방해의 제거를 청구하지 못한다.
⑤ 타인의 점유를 침탈한 뒤 제3자에 의해 점유를 침탈당한 자는 점유물반환청구권의 상대방이 될 수 있다.

정답   11. ④   12. ③   13. ⑤

해설
① (○) 민법 제208조②
② (○) 물권적청구권의 성립에는 과실 불요
③ (○) 침탈당한 경우여야 한다. (민법 제204조, 기본서 296쪽 판례 참조)
④ (○) 민법 제205조③
⑤ (×) 민법 제204조 침탈당한 점유자이면 본권 없는 점유자라도 반환청구 가능

14
경록 '25 기본서 235쪽 출제

甲은 자신의 토지를 乙에게 매도하여 인도하였고, 乙은 그 토지를 점유·사용하다가 다시 丙에게 매도하여 인도하였다. 甲과 乙은 모두 대금 전부를 수령하였고, 甲·乙·丙 사이에 중간생략등기의 합의가 있었다. 다음 설명 중 옳은 것은?(다툼이 있으면 판례에 따름)

① 甲은 丙을 상대로 소유물반환을 청구할 수 있다.
② 甲은 乙을 상대로 소유물반환을 청구할 수 없다.
③ 丙은 직접 甲을 상대로 소유권이전등기를 청구할 수 없다.
④ 丙은 乙을 대위하여 甲을 상대로 소유권이전등기를 청구할 수 없다.
⑤ 만약 乙이 인도받은 후 현재 10년이 지났다면, 乙은 甲에 대해 소유권이전등기를 청구할 수 없다.

해설
① (×) 반환청구할 수 없다. (민법 제214조 단서)
② (○) 반환청구할 수 없다. (민법 제214조 단서)
③ (×) 중간생략등기 합의. 직접 등기청구 가능
④ (×) 등기청구권도 대위행사(민법 제404조) 가능
⑤ (×) 소멸시효가 진행하지 않는다. (기본서 241쪽 판례 참조)

15
경록 '25 기본서 342쪽 출제

부동산 공유에 관한 설명으로 틀린 것은?(다툼이 있으면 판례에 따름)

① 공유물의 보존행위는 공유자 각자가 할 수 있다.
② 공유자는 공유물 전부를 지분의 비율로 사용·수익할 수 있다.
③ 공유자는 다른 공유자의 동의 없이 공유물을 처분하거나 변경하지 못한다.
④ 공유자는 자신의 지분에 관하여 단독으로 제3자의 취득시효를 중단시킬 수 없다.
⑤ 공유물 무단점유자에 대한 차임 상당 부당이득반환청구권은 특별한 사정이 없는 한 각 공유자에게 지분 비율만큼 귀속된다.

정답 14. ② 15. ④

> **해설**

① (○) 민법 제265조 단서
② (○) 민법 제263조
③ (○) 민법 제264조
④ (×) 단독중단 가능 판례 보존행위
　　공유자의 한 사람이 공유물의 보존행위로서 제소한 경우라도, 동 제소로 인한 시효중단의 효력은 재판상의 청구를 한 그 공유자에 한하여 발생하고, 다른 공유자에게는 미치지 아니한다. (대판 1979. 6. 26. 선고 79다639)
⑤ (○)

16

'25 기본서
47쪽 출제

공유물분할에 관한 설명으로 옳은 것을 모두 고른 것은?(다툼이 있으면 판례에 따름)

> ㄱ. 재판상 분할에서 분할을 원하는 공유자의 지분만큼은 현물분할하고, 분할을 원하지 않는 공유자는 계속 공유로 남게 할 수 있다.
> ㄴ. 토지의 협의분할은 등기를 마치면 그 등기가 접수된 때 물권변동의 효력이 있다.
> ㄷ. 공유자는 다른 공유자가 분할로 인하여 취득한 물건에 대하여 그 지분의 비율로 매도인과 동일한 담보책임이 있다.
> ㄹ. 공유자 사이에 이미 분할협의가 성립하였는데 일부 공유자가 분할에 따른 이전등기에 협조하지 않은 경우, 공유물분할소송을 제기할 수 없다.

① ㄱ　　② ㄴ, ㄷ　　③ ㄷ, ㄹ　　④ ㄱ, ㄴ, ㄹ　　⑤ ㄱ, ㄴ, ㄷ, ㄹ

> **해설**

ㄱ. (○) 재판에 의한 공유물 분할의 방법 및 공유물분할청구의 소에서 분할청구자 지분의 일부에 대하여만 공유물 분할을 명하고 일부 지분에 대하여는 이를 분할하지 아니한 채 공유관계를 유지하도록 할 수 있다. (대판 2011. 3. 10. 2010다92506)
ㄴ. (○) 부동산등기법 제6조②
ㄷ. (○) 민법 제270조
ㄹ. (○) 공유지분 이전청구소송을 제기할 수 있다.

정답　16. ⑤

17

甲소유 토지에 乙이 무단으로 건물을 신축한 뒤 丙에게 임대하여 丙이 현재 그 건물을 점유하고 있다. 다음 설명 중 틀린 것은?(다툼이 있으면 판례에 따름)

① 甲은 丙을 상대로 건물에서의 퇴거를 청구할 수 없다.
② 甲은 乙을 상대로 건물의 철거 및 토지의 인도를 청구할 수 있다.
③ 甲은 乙을 상대로 토지의 무단 사용을 이유로 부당이득반환청구권을 행사할 수 있다.
④ 만약 乙이 임대하지 않고 스스로 점유하고 있다면, 甲은 乙을 상대로 건물에서의 퇴거를 청구할 수 없다.
⑤ 만약 丙이 무단으로 건물을 점유하고 있다면, 乙은 丙을 상대로 건물의 인도를 청구할 수 있다.

해설

① (×) 건물소유자가 아닌 사람이 건물을 점유하고 있는 경우, 토지소유자가 건물점유자에 대하여 퇴거청구를 할 수 있는지 여부(적극) (대판 2010. 8. 19. 2010다43801)
② (○) 건물의 소유자가 그 건물의 소유를 통하여 타인 소유의 토지를 점유하고 있다고 하더라도 그 토지 소유자로서는 그 건물의 철거와 그 대지 부분의 인도를 청구할 수 있을 뿐, 자기 소유의 건물을 점유하고 있는 자에 대하여 그 건물에서 퇴거할 것을 청구할 수는 없다. (대판 1999. 7. 9. 98다57457, 57464)
③ (○) 소유자로서의 권리
④ (○) ②의 해설
⑤ (○) 점유물 반환청구권 행사 가능

18

분묘기지권에 관한 설명으로 옳은 것을 모두 고른 것은?(다툼이 있으면 판례에 따름)

> ㄱ. 분묘기지권은 봉분 등 외부에서 분묘의 존재를 인식할 수 있는 형태를 갖추고 등기하여야 성립한다.
> ㄴ. 토지소유자의 승낙을 얻어 분묘를 설치함으로써 분묘기지권을 취득한 경우, 설치할 당시 토지소유자와의 합의에 의하여 정한 지료지급의무의 존부나 범위의 효력은 그 토지의 승계인에게는 미치지 않는다.
> ㄷ. 자기 소유 토지에 분묘를 설치한 사람이 그 토지를 양도하면서 분묘를 이장하겠다는 특약을 하지 않음으로써 분묘기지권을 취득한 경우, 분묘기지권자는 특별한 사정이 없는 한 분묘기지권이 성립한 때부터 지료를 지급할 의무가 있다.

① ㄱ ② ㄷ ③ ㄱ, ㄴ ④ ㄴ, ㄷ ⑤ ㄱ, ㄴ, ㄷ

정답 17. ① 18. ②

해설
ㄱ. (×) 등기는 분묘기지권의 요건이 아니다.
ㄴ. (×) 소유자의 승낙에 의하여 성립하는 분묘기지권의 경우 성립 당시 토지 소유자와 분묘의 수호·관리자가 지료 지급의무의 존부나 범위 등에 관하여 약정을 하였다면 그 약정의 효력은 분묘 기지의 승계인에 대하여도 미친다. (대판 2021. 9. 16. 2017다271834, 271841)
ㄷ. (○) 자기 소유 토지에 분묘를 설치한 사람이 그 토지를 양도하면서 분묘를 이장하겠다는 특약을 하지 않음으로써 분묘기지권을 취득한 경우, 특별한 사정이 없는 한 분묘기지권자는 분묘기지권이 성립한 때부터 토지 소유자에게 그 분묘의 기지에 대한 토지사용의 대가로서 지료를 지급할 의무가 있다. (대판 2017다271834, 271841)

19

지역권에 관한 설명으로 틀린 것은?

① 지역권은 요역지와 분리하여 양도할 수 없다.
② 지역권은 표현된 것이 아니더라도 시효취득할 수 있다.
③ 요역지의 소유권이 이전되면 다른 약정이 없는 한 지역권도 이전된다.
④ 요역지의 공유자 1인은 그 토지 지분에 관한 지역권을 소멸시킬 수 없다.
⑤ 공유자의 1인이 지역권을 취득한 때에는 다른 공유자도 지역권을 취득한다.

해설
① (○) 민법 제292조②
② (×) 지역권은 계속되고 표현된 것에 한하여 제245조의 규정을 준용한다.(민법 제294조)
③ (○) 민법 제292조①
④ (○) 민법 제293조①
⑤ (○) 민법 제295조①
참조 : 민법 제245조(점유로 인한 부동산소유권의 취득기간)
　　　① 20년간 소유의 의사로 평온, 공연하게 부동산을 점유하는 자는 등기함으로써 그 소유권을 취득한다.
　　　② 부동산의 소유자로 등기한 자가 10년간 소유의 의사로 평온, 공연하게 선의이며 과실없이 그 부동산을 점유한 때에는 소유권을 취득한다.

정답　19. ②

20

전세권에 관한 설명으로 틀린 것은?

① 전세금의 반환은 전세권말소등기에 필요한 서류를 교부하기 전에 이루어져야 한다.
② 전세권자는 전세권설정자에 대하여 통상의 수선에 필요한 비용의 상환을 청구할 수 없다.
③ 전전세한 목적물에 불가항력으로 인한 손해가 발생한 경우, 그 손해가 전전세하지 않았으면 면할 수 있는 것이었던 때에는 전세권자는 그 책임을 부담한다.
④ 대지와 건물을 소유한 자가 건물에 대해서만 전세권을 설정한 후 대지를 제3자에게 양도한 경우, 제3자는 전세권설정자에 대하여 대지에 대한 지상권을 설정한 것으로 본다.
⑤ 타인의 토지에 지상권을 설정한 자가 그 위에 건물을 신축하여 그 건물에 전세권을 설정한 경우, 그 건물소유자는 전세권자의 동의 없이 지상권을 소멸하게 하는 행위를 할 수 없다.

해설
① (×) 동시이행관계
② (○) 전세권은 물권이기 때문에 전세권자가 필요비를 지출해야 한다.
③ (○) 민법 제308조
④ (○) 민법 제305조① 前文
⑤ (○) 제304조①②

21

민법상 유치권에 관한 설명으로 틀린 것은? (다툼이 있으면 판례에 따름)

① 권리금반환청구권은 유치권의 피담보채권이 될 수 없다.
② 유치권의 행사는 피담보채권 소멸시효의 진행에 영향을 미치지 않는다.
③ 공사대금채권에 기하여 유치권을 행사하는 자가 스스로 유치물인 주택에 거주하며 사용하는 것은 특별한 사정이 없는 한 유치물의 보존에 필요한 사용에 해당한다.
④ 유치권에 의한 경매가 목적부동산 위의 부담을 소멸시키는 법정매각조건으로 실시된 경우, 그 경매에서 유치권자는 일반채권자보다 우선하여 배당을 받을 수 있다.
⑤ 건물신축공사를 도급받은 수급인이 사회통념상 독립한 건물이 되지 못한 정착물을 토지에 설치한 상태에서 공사가 중단된 경우, 수급인은 그 정착물에 대하여 유치권을 행사할 수 없다.

정답 20. ① 21. ④

> 해설
① (○) 목적물에 관하여 생긴 채권이 아니다. (민법 제320조)
② (○) 민법 제326조
③ (○) 공사대금채권에 기하여 유치권을 행사하는 자가 스스로 유치물인 주택에 거주하며 사용하는 것은 특별한 사정이 없는 한 유치물인 주택의 보존에 도움이 되는 행위로서 유치물의 보존에 필요한 사용에 해당한다고 할 것이다. (대판 2009. 9. 24. 2009다40684)
④ (×) 유치권자에게는 우선배당 받을 권리가 없다.
⑤ (○) 독립한 물건이 아니기 때문이다.

22

저당물의 경매로 토지와 건물의 소유자가 달라지는 경우에 성립하는 법정지상권에 관한 설명으로 옳은 것을 모두 고른 것은?(다툼이 있으면 판례에 따름)

> ㄱ. 토지에 관한 저당권설정 당시 해당 토지에 일시사용을 위한 가설건축물이 존재하였던 경우, 법정지상권은 성립하지 않는다.
> ㄴ. 토지에 관한 저당권설정 당시 존재하였던 건물이 무허가건물인 경우, 법정지상권은 성립하지 않는다.
> ㄷ. 지상건물이 없는 토지에 저당권을 설정받으면서 저당권자가 신축 개시 전에 건축을 동의한 경우, 법정지상권은 성립하지 않는다.

① ㄴ   ② ㄷ   ③ ㄱ, ㄴ   ④ ㄱ, ㄷ   ⑤ ㄱ, ㄴ, ㄷ

> 해설
ㄱ. (○) 가설건축물에 관하여 민법 제366조의 법정지상권이 성립하는지 여부(원칙적 소극) (대판 2022. 2. 10. 선고 2016다262635, 262642)
ㄴ. (×) 무허가 건물에도 법정지상권이 성립
ㄷ. (○) 건물이 없는 토지에 관하여 저당권이 설정될 당시 근저당권자가 토지소유자에 의한 건물의 건축에 동의하였다고 하더라도 법정지상권이 성립되지 않는다. (대판 2003. 9. 5. 2003다26051)

23

甲은 2020. 1. 1. 乙에게 1억원을 대여하면서 변제기 2020. 12. 31., 이율 연 5%, 이자는 매달 말일 지급하기로 약정하였고, 그 담보로 당일 乙소유 토지에 저당권을 취득하였다. 乙이 차용일 이후부터 한 번도 이자를 지급하지 않았고, 甲은 2023. 7. 1. 저당권 실행을 위한 경매를 신청하였다. 2023. 12. 31. 배당절차에서 배당재원 3억원으로 배당을 실시하게 되었는데, 甲은 총 1억 2,000만원의 채권신고서를 제출하였다. 甲의 배당금액은?(甲보다 우선하는 채권자는 없으나 2억권의 후순위저당권자가 있고, 공휴일 및 소멸시효와 이자에 대한 지연손해금 등은 고려하지 않음)

① 1억 500만원   ② 1억 1,000만원   ③ 1억 1,500만원
④ 1억 1,750만원 ⑤ 1억 2,000만원

정답 22. ④ 23. ②

> 해설

원금 1억 + 약정이자 5백만원 + 지연배상 1년분 = 1억 1,000만원

저당권은 원본, 이자, 위약금, 채무불이행으로 인한 손해배상 및 저당권의 실행비용을 담보한다. 그러나 지연배상에 대하여는 원본의 이행기일을 경과한 후의 1년분에 한하여 저당권을 행사할 수 있다. (민법 제360조)

24

경록 '25 기본서 471쪽 출제

근저당권에 관한 설명으로 옳은 것을 모두 고른 것은?(다툼이 있으면 판례에 따름)

> ㄱ. 채무자가 아닌 제3자도 근저당권을 설정할 수 있다.
> ㄴ. 피담보채무 확정 전에는 채무자를 변경할 수 있다.
> ㄷ. 근저당권에 의해 담보될 채권최고액에 채무이자는 포함되지 않는다.

① ㄱ   ② ㄷ   ③ ㄱ, ㄴ   ④ ㄴ, ㄷ   ⑤ ㄱ, ㄴ, ㄷ

> 해설

ㄱ. (○) 물상보증인
ㄴ. (○) 판례
ㄷ. (×) 포함된다. (민법 제357조)

25

경록 '25 기본서 496쪽 출제

민법상 계약에 관한 설명으로 옳은 것은?

① 매매계약은 요물계약이다.
② 도급계약은 편무계약이다.
③ 교환계약은 무상계약이다.
④ 증여계약은 요식계약이다.
⑤ 임대차계약은 유상계약이다.

> 해설

① (×) 매매는 낙성계약
② (×) 도급은 쌍무계약
③ (×) 교환은 유상계약
④ (×) 증여는 불요식계약
⑤ (○)

정답   24. ③   25. ⑤

26

계약의 성립과 내용에 관한 설명으로 틀린 것은? (다툼이 있으면 판례에 따름)

① 격지자 간의 계약은 승낙의 통지를 발송한 때에 성립한다.
② 관습에 의하여 승낙의 통지가 필요하지 않는 경우, 계약은 승낙의 의사표시로 인정되는 사실이 있는 때에 성립한다.
③ 당사자 간에 동일한 내용의 청약이 상호교차된 경우, 양 청약이 상대방에게 도달한 때에 계약이 성립한다.
④ 승낙자가 청약에 대하여 변경을 가하여 승낙한 때에는 그 청약의 거절과 동시에 새로 청약한 것으로 본다.
⑤ 선시공·후분양이 되는 아파트의 경우, 준공 전 그 외형·재질에 관하여 분양광고에만 표현된 내용은 특별한 사정이 없는 한 분양계약의 내용이 된다.

해설

① (○) 민법 제531조 발신주의
② (○) 민법 제 532조 의사실현
③ (○) 민법 제533조 교차청약
④ (○) 민법 제534조
⑤ (×) 단순한 광고내용은 청약의 내용이 아니다.

27

계약체결상의 과실책임에 관한 설명으로 옳은 것을 모두 고른 것은? (다툼이 있으면 판례에 따름)

> ㄱ. 계약이 의사의 불합치로 성립하지 않는다는 사실을 알지 못하여 손해를 입은 당사자는 계약체결 당시 그 계약이 불성립될 수 있다는 것을 안 상대방에게 계약체결상의 과실책임을 물을 수 있다.
> ㄴ. 부동산 수량지정 매매에서 실제면적이 계약면적에 미달하는 경우, 그 부분의 원시적 불능을 이유로 계약체결상의 과실책임을 물을 수 없다.
> ㄷ. 계약체결 전에 이미 매매목적물이 전부 멸실된 사실을 알지 못하여 손해를 입은 계약당사자는 계약체결 당시 그 사실을 안 상대방에게 계약체결상의 과실책임을 물을 수 있다.

① ㄱ   ② ㄴ   ③ ㄱ, ㄷ   ④ ㄴ, ㄷ   ⑤ ㄱ, ㄴ, ㄷ

해설

ㄱ. (×) 목적불능의 계약체결이 해당. 계약의 불성립은 해당 안 됨 (민법 제535조)
ㄴ. (○) 판례(99다47396)의 경우 민법535조의 적용 배제. 매도인의 담보책임(제574조 제572조)을 적용해야 한다고 함
ㄷ. (○) 민법 제535조①

정답 26. ⑤   27. ④

28

경록 '25 기본서 518쪽 출제

동시이행의 항변권에 관한 설명으로 틀린 것은? (다툼이 있으면 판례에 따름)

① 서로 이행이 완료된 쌍무계약이 무효로 된 경우, 당사자 사이의 반환의무는 동시이행관계에 있다.
② 구분소유적 공유관계가 해소된 경우, 공유지분권다 상호간의 지분이전등기의무는 동시이행관계에 있다.
③ 동시이행의 항변권이 붙어 있는 채권은 특별한 사정이 없는 한 이를 자동채권으로 하여 상계하지 못한다.
④ 양 채무의 변제기가 도래한 쌍무계약에서 수령지체에 빠진 자는 이후 상대방이 자기 채무의 이행제공 없이 이행을 청구하는 경우, 동시이행의 항변권을 행사할 수 있다.
⑤ 채무를 담보하기 위해 채권자 명의의 소유권이전등기가 된 경우, 피담보채무의 변제의무와 그 소유권이전등기의 말소의무는 동시이행관계에 있다.

해설

① (○) 판례가 인정
계약이 해제되면 계약당사자는 상대방에 대하여 원상회복의무와 손해배상의무를 부담하는데, 이 때 계약당사자가 부담하는 원상회복의무뿐만 아니라 손해배상의무도 함께 동시이행의 관계에 있다. (대판 1996. 7. 26. 95다25138, 25145)
② (○) 판례
③ (○) 자동채권으로 상계하지 못한다. 수동채권으로는 상계 가능
④ (○) 상대방의 이행제공이 계속되어야 동시이행의 항변권을 상실한다.
⑤ (×) 동시이행의 관계 (가등기 담보등에 관한 법률 제4조③)

29

경록 '25 기본서 527쪽 출제

甲은 X건물을 乙에게 매도하고 乙로부터 계약금을 지급받았는데, 그 후 甲과 乙의 귀책사유 없이 X건물이 멸실되었다. 다음 설명 중 옳은 것을 모두 고른 것은? (다툼이 있으면 판례에 따름)

> ㄱ. 甲은 乙에게 잔대금의 지급을 청구할 수 있다.
> ㄴ. 乙은 甲에게 계약금의 반환을 청구할 수 있다.
> ㄷ. 만약 乙의 수령지체 중에 甲과 乙의 귀책사유 없이 X건물이 멸실된 경우, 乙은 甲에게 계약금의 반환을 청구할 수 있다.

① ㄴ ② ㄷ ③ ㄱ, ㄴ ④ ㄱ, ㄷ ⑤ ㄴ, ㄷ

해설

ㄱ. (×) 채무자위험부담 (민법 제536조)
ㄴ. (○) 이미 급부한 것 반환
ㄷ. (×) 채권자위험부담 (민법 제538조)

정답 28. ⑤ 29. ①

30

매도인 甲과 매수인 乙 사이에 매매대금을 丙에게 지급하기로 하는 제3자를 위한 계약을 체결하였고, 丙이 乙에게 수익의 의사표시를 하였다. 다음 설명 중 옳은 것은?(다툼이 있으면 판례에 따름)

① 乙의 대금채무 불이행이 있는 경우, 甲은 丙의 동의 없이 乙과의 계약을 해제할 수 없다.
② 乙의 기망행위로 甲과 乙의 계약이 체결된 경우, 丙은 사기를 이유로 그 계약을 취소할 수 있다.
③ 甲과 丙의 법률관계가 무효인 경우, 특별한 사정이 없는 한 乙은 丙에게 대금지급을 거절할 수 있다.
④ 乙이 매매대금을 丙에게 지급한 후에 甲과 乙의 계약이 취소된 경우, 乙은 丙에게 부당이득반환을 청구할 수 있다.
⑤ 甲과 乙이 계약을 체결할 때 丙의 권리를 변경시킬 수 있음을 유보한 경우, 甲과 乙은 丙의 권리를 변경시킬 수 있다.

해설
① (×) 동의 없이 해제 가능
② (×) 제3자 丙에게는 취소권이 없다.
③ (×) 甲과 병의 법률관계는 제3자를 위한 계약의 효력에 영향이 없다.
④ (×) 乙은 丙에게 반환청구할 수 없고 계약당사자 간에 해결해야 한다.
⑤ (○) 丙의 수익의 의사표시에 불구하고 권리변경 유보에 따라 변경할 수 있다.

31

매도인 甲과 매수인 乙 사이의 X주택에 관한 계약이 적법하게 해제된 경우, 해제 전에 이해관계를 맺은 자로서 '계약해제로부터 보호되는 제3자'에 해당하지 않는 자는?(다툼이 있으면 판례에 따름)

① 乙의 소유권이전등기청구권을 압류한 자
② 乙의 책임재산이 된 X주택을 가압류한 자
③ 乙명의로 소유권이전등기가 된 X주택에 관하여 저당권을 취득한 자
④ 乙과 매매예약에 따라 소유권이전등기청구권보전을 위한 가등기를 마친 자
⑤ 乙명의로 소유권이전등기가 된 X주택에 관하여 주택임대차보호법상 대항요건을 갖춘 자

해설
① 계약해제에 의하여 소멸될 권리(소유권 이전청구권) 위에 가압류한 자는 보호받는 제3자가 아니다.
②, ③, ④, ⑤ 보호받는 제3자에 해당

정답 30. ⑤ 31. ①

32

乙은 甲소유 X토지를 매수하고 계약금을 지급한 후 X토지를 인도받아 사용·수익하고 있다. 다음 설명 중 틀린 것은?(다툼이 있으면 판례에 따름)

① 계약이 채무불이행으로 해제된 경우, 乙은 甲에게 X토지와 그 사용이익을 반환할 의무가 있다.
② 계약이 채무불이행으로 해제된 경우, 甲은 乙로부터 받은 계약금에 이자를 가산하여 반환할 의무를 진다.
③ 甲이 乙의 중도금 지급채무 불이행을 이유로 계약을 해제한 이후에도 乙은 착오를 이유로 계약을 취소할 수 있다.
④ 만약 甲의 채권자가 X토지를 가압류하면, 乙은 이를 이유로 계약을 즉시 해제할 수 있다.
⑤ 만약 乙명의로 소유권이전등기가 된 후 계약이 합의해제되면, X토지의 소유권은 甲에게 당연히 복귀한다.

해설

① (○) 원상회복의무 (민법 제548조① 본문)
② (○) 민법 제548조②
③ (○) 매도인이 매수인의 중도금 지급채무 불이행을 이유로 매매계약을 적법하게 해제한 후라도 매수인으로서는 상대방이 한 계약해제의 효과로서 발생하는 손해배상책임을 지거나 매매계약에 따른 계약금의 반환을 받을 수 없는 불이익을 면하기 위하여 착오를 이유로 한 취소권을 행사하여 매매계약 전체를 무효로 돌리게 할 수 있다. (대판 1996.12.6. 95다24982,24999)
④ (×) 해제사유인 채무불이행 아니다.
⑤ (○) 판례 무권행위의 유인성

33

건물소유를 목적으로 하는 토지임차인의 지상물매수청구권에 관한 설명으로 옳은 것은?(다툼이 있으면 판례에 따름)

① 지상 건물을 타인에게 양도한 임차인도 매수청구권을 행사할 수 있다.
② 임차인은 저당권이 설정된 건물에 대해서는 매수청구권을 행사할 수 없다.
③ 토지소유자가 아닌 제3자가 토지를 임대한 경우, 임대인은 특별한 사정이 없는 한 매수청구권의 상대방이 될 수 없다.
④ 임대인이 임차권 소멸 당시에 이미 토지소유권을 상실하였더라도 임차인은 그에게 매수청구권을 행사할 수 있다.
⑤ 기간의 정함이 없는 임대차에서 임대인의 해고통고에 의하여 임차권이 소멸된 경우, 임차인은 매수청구권을 행사할 수 없다.

정답 32. ④ 33. ③

> 해설

① (×) 양수인에게 인정된다.
② (×) 저당권설정은 매수청구권 배척 사유가 아니다.
③ (○) 제3자가 임대차계약의 당사자로서 토지를 임대하였다면, 토지 소유자가 임대인의 지위를 승계하였다는 등의 특별한 사정이 없는 한 임대인이 아닌 토지 소유자가 직접 지상물매수청구권의 상대방이 될 수는 없다. (대판 2017. 4. 26. 2014다72449, 72456)
④ (×) 소멸 당시의 소유자가 매수청구의 상대방
⑤ (×) 토지임차인의 지상물매수청구권은 기간의 정함이 없는 임대차에 있어서 임대인에 의한 해지통고에 의하여 그 임차권이 소멸된 경우에도 마찬가지로 인정된다. (대판 1995. 7. 11. 94다34265)

34

'25 기본서
04쪽 출제

甲은 자신의 X주택을 보증금 2억원, 월차임 50만원으로 乙에게 임대하였는데, 乙이 전입신고 후 X주택을 점유·사용하면서 차임을 연체하다가 계약이 종료되었다. 계약 종료 전에 X주택의 소유권이 매매를 원인으로 丙에게 이전되었다. 다음 설명 중 틀린 것은? (다툼이 있으면 판례에 따름)

① 특별한 사정이 없는 한 丙이 임대인의 지위를 승계한 것으로 본다.
② 연체차임에 대한 지연손해금의 발생종기는 특별한 사정이 없는 한 X주택이 반환되는 때이다.
③ 丙은 甲의 차임채권을 양수하지 않았다면 X주택을 반환받을 때 보증금에서 이를 공제할 수 없다.
④ X주택을 반환할 때까지 잔존하는 甲의 차임채권은 압류가 되었더라도 보증금에서 당연히 공제된다.
⑤ X주택을 반환하지 않으면, 특별한 사정이 없는 한 乙은 보증금이 있음을 이유로 연체차임의 지급을 거절할 수 없다.

> 해설

① (○) 주택임대차보호법 제3조④, 임대인의 지위승계
② (○) 주택임대차보호법 제4조②,
③ (×) 임대인은 기한이 도래한 차임을 보증금에서 공제할 수 있다. 보증금은 차임채권을 담보하는 기능이 있다. (주택임대차보호법 제4조②)
④ (○)
⑤ (○) 임차인은 보증금에서 차임을 공제할 것을 청구할 수 없다

정답   34. ③

35

임차인 乙은 임대인 甲에게 2024. 3. 10.로 기간이 만료되는 X주택의 임대차계약에 대해 주택임대차보호법에 따라 갱신요구 통지를 하여 그 통지가 2024. 1. 5. 甲에게 도달하였고, 甲이 갱신거절 통지를 하지 않아 계약이 갱신되었다. 그 후 乙이 갱신된 계약기간이 개시되기 전인 2024. 1. 29. 갱신된 임대차계약의 해지를 통지하여 2024. 1. 30. 甲에게 도달하였다. 임대차계약의 종료일은?(다툼이 있으면 판례에 따름)

① 2024. 1. 30.
② 2024. 3. 10.
③ 2024. 4. 30.
④ 2024. 6. 10.
⑤ 2026. 3. 10.

해설
③ (○) 임대차는 주택임대차보호법 제6조①에 의하여 갱신, 갱신임대차는 주택임대차보호법 제6조의2에 따라서 3월이 경과한 2024. 4. 30일에 종료한다.

36

집합건물의 소유 및 관리에 관한 법률상 관리인에 관한 설명으로 <u>틀린</u> 것은?

① 관리인은 구분소유자여야 한다.
② 관리인은 공용부분의 보존행위를 할 수 있다.
③ 관리인의 임기는 2년의 범위에서 규약으로 정한다.
④ 관리인은 규약에 달리 정한 바가 없으면 관리위원회의 위원이 될 수 없다.
⑤ 관리인의 대표권은 제한할 수 있지만, 이를 선의의 제3자에게 대항할 수 없다.

해설
① (×) 구분소유자일 필요 없다. (집합건물의 소유 및 관리에 관한 법률 제24조②)
② (○) 집합건물의 소유 및 관리에 관한 법률 제25조① 1호
③ (○) 집합건물의 소유 및 관리에 관한 법률 제24조②
④ (○) 집합건물의 소유 및 관리에 관한 법률 제26조의 4②
⑤ (○) 집합건물의 소유 및 관리에 관한 법률 제25조②

정답 35. ③ 36. ①

37

甲은 乙에게 무이자로 빌려준 1억원을 담보하기 위해, 丙명의의 저당권(피담보채권 5,000만원)이 설정된 乙소유의 X건물(시가 2억원)에 관하여 담보가등기를 마쳤고, 乙은 변제기가 도래한 甲에 대한 차용금을 지급하지 않고 있다. 다음 설명 중 틀린 것은?(다툼이 있으면 판례에 따름)

① 甲이 귀속정산절차에 따라 적법하게 X건물의 소유권을 취득하면 丙의 저당권은 소멸한다.
② 甲이 乙에게 청산금을 지급하지 않고 자신의 명의로 본등기를 마친 경우, 그 등기는 무효이다.
③ 甲의 청산금지급채무와 乙의 가등기에 기한 본등기 및 X건물 인도채무는 동시이행관계에 있다.
④ 경매절차에서 丁이 X건물의 소유권을 취득하면 특별한 사정이 없는 한 甲의 가등기담보권은 소멸한다.
⑤ 만약 청산금이 없는 경우, 적법하게 실행통지를 하여 2개월의 청산기간이 지나면 청산절차의 종료와 함께 X건물에 대한 사용·수익권은 甲에게 귀속된다.

해설
① (×) 선순위 저당권은 우선변제 받을 때까지 존속한다.
② (○) 가등기담보 등에 관한 법률4조③
③ (○) 가등기담보 등에 관한 법률4조②
④ (○) 가등기담보 등에 관한 법률15조
⑤ (○) 청산금이 없는 경우에는 소정절차의 종료로 甲에게 소유권 귀속

38

甲은 친구 乙과의 명의신탁약정에 따라 2024. 3. 5. 자신의 X부동산을 乙명의로 소유권이전등기를 해 주었고, 그 후 乙은 丙에게 이를 매도하고 丙명의로 소유권이전등기를 해 주었다. 다음 설명 중 옳은 것은?(다툼이 있으면 판례에 따름)

① 甲은 乙을 상대로 불법행위로 인한 손해배상을 청구할 수 있다.
② 甲과 乙의 명의신탁약정으로 인해 乙과 丙의 매매계약은 무효이다.
③ 甲은 丙을 상대로 X부동산에 관한 소유권이전등기말소를 청구할 수 있다.
④ 甲은 乙을 상대로 명의신탁약정 해지를 원인으로 하는 소유권이전등기를 청구할 수 있다.
⑤ 만약 乙이 X부동산의 소유권을 丙으로부터 다시 취득한다면, 甲은 乙을 상대로 소유권에 기하여 이전등기를 청구할 수 있다.

정답 37. ① 38. ①

> 해설
① (○) 명의신탁자의 부동산횡령 = 불법행위
② (×) 부동산실권리자명의 등기에 관한 법률 제4조②
③ (×) 부동산실권리자명의 등기에 관한 법률 제4조②
④ (×) 무효등기의 말소를 청구할 수 있다. (부동산실권리자명의 등기에 관한 법률 제4조②)
⑤ (×) 다시 취득한 X부동산에 대하여는 이전등기를 청구할 수 없다.

39
경록 '25 기본서 691쪽 출제

임차인 乙은 甲소유의 X상가건물에 관하여 월차임 200만원, 기간 2023. 5. 24.~2024. 5. 23.로 하는 임대차계약을 甲과 체결하였고, 기간만료 14일 전인 2024. 5. 9. 갱신거절의 통지를 하여 다음날 甲에게 도달하였다. 임대차계약의 종료일은?(다툼이 있으면 판례에 따름)

① 2024. 5. 10.   ② 2024. 5. 23.   ③ 2024. 8. 23.
④ 2024. 11. 23. ⑤ 2025. 5. 23.

> 해설
② (○) 갱신 거절의 통지는 기간만료 전 6월~2월까지 해야 한다.

40
경록 '25 기본서 695쪽 출제

상가건물임대차보호법이 적용되는 X건물에 관하여 임대인 甲과 임차인 乙이 보증금 3억원, 월차임 60만원으로 정하여 체결한 임대차가 기간만료로 종료되었다. 그런데 甲이 乙에게 보증금을 반환하지 않아서 乙이 현재 X건물을 점유·사용하고 있다. 다음 설명 중 옳은 것은?(다툼이 있으면 판례에 따름)

① 甲은 乙에게 불법행위로 인한 손해배상을 청구할 수 있다.
② 乙은 甲에 대해 채무불이행으로 인한 손해배상의무를 진다.
③ 甲은 乙에게 차임에 상당하는 부당이득반환을 청구할 수 있다.
④ 甲은 乙에게 종전 임대차계약에서 정한 차임의 지급을 청구할 수 있다.
⑤ 乙은 보증금을 반환받을 때까지 X건물에 대해 유치권을 행사할 수 있다.

> 해설
①②③ (×) 보증금 반환시까지 임대차 존속 (상가건물임대차보호법 제9조②)
④ (○) 상가건물임대차보호법 제9조②
⑤ (×) 보증금에는 유치권 불성립. 동시이행은 성립

정답 39. ② 40. ④

알고 보니 경록이다

우리나라 부동산전문교육의 본산 경록 1957

한방에 합격은 경록이다

제1회 시험부터 수많은 합격자를 배출한 전문성 – 경록

시험장에서 눈을 의심할 만큼, 진가를 합격으로 확인하세요

정가 41,000원

1회 시험부터 수많은 합격자를 배출한 독보적 교재

공인중개사 기본서
1차 ❷ 민법 및 민사특별법

27년연속99%
독보적 정답률

시험최적화 대한민국 1등 교재
(100인의 부동산학 대학교수진, 2021)

최초로 부동산학을 정립한 부동산학의
모태(원조)로서 부동산전문교육
1위 인증(한국부동산학회)

대한민국 부동산교육 공헌대상(한국부동산학회)
4차산업혁명대상(대한민국 국회)
고객만족대상(교육부)
고객감동 1위(중앙일보)
고객만족 1위(조선일보)
고객감동경영 1위(한국경제)
한국소비자만족도 1위(동아일보) 등 석권

발 행	2025년 1월 10일
인 쇄	2024년 11월 18일
연 대	최초 부동산학 연구논문에서부터 현재까지 (1957년 원전 ~ 현재)
편 저	경록 공인중개사 교재편찬위원회, 신한부동산연구소 편
발 행 자	이 성 태 / 李 星 兌
발 행 처	경록 / 景鹿
주 소	서울시 강남구 영동대로 114길 7 (삼성동 91-24) 경록메인홀
문 의	02)3453-3993 / 02)3453-3546
홈페이지	www.kyungrok.com
팩 스	02)556-7008
등 록	제16-496호
I S B N	979-11-93559-82-6 14320

대표전화 1544-3589

이 책의 무단전재 · 복제를 금함

이 책은 저작권법에 의해 저작권이 보호됩니다. 무단전재 및 복제행위는 이 법 제136조에 의해 5년 이하의 징역 또는 5,000만원 이하의 벌금에 처하거나 병과(倂科)할 수 있습니다.

개정법령 및 정오사항 등은 경록 홈페이지에서 서비스됩니다.

부동산전문교육 68년 전통과 노하우